Irmtrud Wojak
Fritz Bauer 1903–1968

Irmtrud Wojak

Fritz Bauer 1903–1968
Eine Biographie
———————————

Verlag C. H. Beck

Für die Drucklegung haben folgende Institutionen großzügig
Unterstützung gewährt:

- Fritz Bauer Institut. Studien- und Dokumentationszentrum zur
  Geschichte und Wirkung des Holocaust, Frankfurt am Main.
  Diese Biographie erscheint zugleich als Band 23 der Schriften-
  reihe des Fritz-Bauer-Instituts.
- Hessisches Ministerium der Justiz, Wiesbaden.
- Stiftung Irène Bollag-Herzheimer, Basel.

Mit 24 Abbildungen

2., durchgesehene Auflage. 2009

© Verlag C. H. Beck oHG, München 2009 | Gesetzt aus der Sabon bei
Fotosatz Amann | Druck und Bindung: cpi – Ebner & Spiegel, Ulm | Foto
Frontispiz: © Stefan Moses | Gedruckt auf säurefreiem, alterungsbestän-
digem Papier | (hergestellt aus chlorfrei gebleichtem Zellstoff) | Printed in
Germany | ISBN 978 3 406 58154 0
www.beck.de

Inhalt

Geleitwort von Michael Stolleis	7
Einführung	11
«Tübingen, die alte Kronenstraße, die Stille der Alleen» Die frühesten Erinnerungen	31
«Dann bauen wir Städte der Zukunft» Beginn des 20. Jahrhunderts in Stuttgart	44
«Meine Familie war brav und bürgerlich» Schuljahre vor und im Weltkrieg	56
«Im Kampf um des Menschen Rechte» Jurastudium, Richterberuf, Bekenntnis zur Weimarer Republik	82
«Die glückliche Insel Dänemark» KZ-Haft, Flucht und erstes Exil 1933–1943	113
«Wäre es eine Sommerfrische – großartig!» Emigrant in Schweden 1943–1945	155
«Eine Lektion im Völkerrecht» Nach dem Krieg – wieder in Dänemark	185
«Dem Schwebezustand ein Ende setzen» Von Kopenhagen über Hannover nach Braunschweig	217

«Verbrechen gegen die Menschlichkeit» — 244
Richter und Generalstaatsanwalt in Braunschweig 1949–1956

«Eine Grenze hat Tyrannenmacht» — 265
Plädoyer für den 20. Juli 1944 im Remer-Prozess

«Mörder unter uns» — 284
Eichmann, Bormann, Mengele – Die «Endlösung» soll vor Gericht

«Wer an dieser Mordmaschine hantierte» — 317
Der große Auschwitz-Prozess 1963–1965

«Heute bleibt nur bescheidene Kärrnerarbeit» — 363
Ungesühnte NS-Justiz und so genannte Euthanasie

«That thou shalt do no murder» — 401
Die endlose Liste der Nazi-Verbrechen

«Auf der Suche nach dem Recht» — 431
Ein Leben aus sachlicher Leidenschaft

«Pflicht zum Ungehorsam» — 452
30. Juni 1968 – Tod und Vermächtnis

Dank — 462

Anhang

Auswahl der Schriften von Fritz Bauer — 466

Quellen- und Literaturverzeichnis — 473

Anmerkungen — 509

Personenregister — 627

Geleitwort

Wer die Jahre zwischen 1960 und 1968 bewusst erlebt hat, erinnert sich ohne Zweifel an Fritz Bauer, den «streitbaren» Frankfurter Generalstaatsanwalt, an den von ihm in Gang gebrachten Auschwitz-Prozess, an die Euthanasieprozesse, an die Auseinandersetzungen um die Bestrafung von «furchtbaren Juristen». Auch seine Rolle bei der Ergreifung von Adolf Eichmann und der Suche nach Bormann und Mengele mag manchem im Gedächtnis geblieben sein. Als er 1968 verstorben war, gab es viele Gedächtnisartikel und Zeugnisse von Betroffenheit, aber unverkennbar auch eine gewisse Erleichterung, weil er die verdrängte Erinnerung der Deutschen an die Verbrechen des Nationalsozialismus aufgeweckt, sie zur Stellungnahme gefordert und auch strapaziert hatte. Er vereinte in seiner Person den deutsch-jüdischen Emigranten, idealistischen Sozialisten, engagierten Juristen, eindrucksvollen Redner, den einsamen Workaholic und Chef einer Behörde, die durch ihn zu Höchstleistungen getrieben wurde. Fritz Bauer war, vergleichbar Robert Kempner in Nürnberg, «der» Ankläger seiner Epoche. Eine Biographie gab es bisher nicht.

Diese Biographie wird nun von der Historikerin Irmtrud Wojak vorgelegt. Da Fritz Bauer mit persönlichen Äußerungen sehr zurückhaltend war, musste sein Leben mit Hilfe von gedrucktem und ungedrucktem Material vor allem aus Deutschland, Dänemark, Schweden, Israel und Südamerika rekonstruiert werden. Bauer hat viele Jahre als Publizist gearbeitet, zahllose Artikel geschrieben und Vorträge gehalten, traumatisiert durch den «Zivilisationsbruch» des Nationalsozialismus. Sein Leben hätte ganz anders verlaufen können. Es begann glücklich in Tübingen und Stuttgart, führte ihn durch das Erlebnis des Ersten Weltkriegs zur Sozialdemokratie, zum Jurastudium nach Heidelberg, München und Tübingen, zu einem brillanten Examen, zur Promotion bei Karl Geiler – dem ersten hessischen Ministerpräsidenten nach 1945 – sowie zur Mitgliedschaft im Republikanischen Richterbund und im «Reichsbanner».

Mit 23 Jahren war er Richter am Landgericht Stuttgart, mit 27 Jahren Amtsrichter.

Diese Linie des Erfolgs und des politischen Engagements bricht 1933 ab. Bauer wird verhaftet und nacheinander in zwei Konzentrationslager gebracht. 1935 flieht er nach Dänemark und führt dort und in Schweden das Leben eines politischen Aktivisten im Exil. Gemeinsam mit Willy Brandt gibt er die *Sozialistische Tribüne* heraus und schreibt, neben vielem anderen, auch ein Buch *Kriegsverbrecher vor Gericht* (1944). Es enthält im Kern schon alles, was Bauer sich für die Nachkriegszeit vorgenommen hatte und was er unter Aufbietung aller Kräfte letztlich auch erreichte.

Nach 1945 geht Bauer nicht in die Politik, sondern in die Justiz, zunächst nach Braunschweig, dann ab 1956 nach Frankfurt. Er mischt sich intensiv in die schwierige Debatte um die juristische Auseinandersetzung mit den NS-Gewaltverbrechen ein, kämpft gegen die allzu rasche Amnestierung von NS-Tätern, gegen die den Tätern sehr günstige Rechtsprechung des Bundesgerichtshofs und gegen die Trägheit der Ermittlungsbehörden. Die NS-Vergangenheit kann er nicht kühl analysieren oder historisieren, sie ist für ihn Gegenwart, solange es noch Täter gibt, die ungeschoren ins bürgerliche Leben zurückgekehrt sind. Bauer war weder Rechtstheoretiker noch Rechtsphilosoph oder Historiker. Sein Ziel war es vielleicht weniger die Täter zu bestrafen als die Öffentlichkeit zum Hinsehen zu bringen. Eichmann, Bormann und Mengele sowie die Täter des riesigen Komplexes «Auschwitz» waren aus der deutschen Gesellschaft gekommen, und diese Gesellschaft sollte es wissen und innerlich verarbeiten.

In Frau Wojaks Buch erleben wir nicht nur die dramatische Spurensuche nach Eichmann, Bormann und Mengele, sondern auch und vor allem die Strafsache 4 Ks 2/63 gegen Mulka u.a., also den Auschwitz-Prozess mit 22 Angeklagten und Hunderten Zeugen. Dieser Prozess war ein Wendepunkt der Justizgeschichte und der deutschen Innenpolitik im Umgang mit den Straftaten des Regimes. Es gab eine Ausstellung, eine Fernseh-Dokumentation, und Peter Weiss schrieb 1965 *Die Ermittlung*. Die Bundesrepublik war nach diesem Prozess eine andere geworden. Die Euthanasieprozesse schlossen sich an, viele weitere Verfahren wurden von Bauer noch in Gang gesetzt, ohne dass er ihren Abschluss erleben konnte, zuletzt etwa die Ermittlung in der Mordaktion Babi Jar (Ukraine) an fast 34.000 Juden. Bauer wurde heftigst angegriffen, auch bewusst oder unbewusst missverstanden. Dass er Reinigung, Klärung des allgemeinen Bewusstseins und historische Verarbeitung wollte, durchaus auch im psychoanalytischen Sinn, war nur den immer breiter werdenden Schichten des deutschen Volkes zu vermitteln, die seine ethisch begründete Auffassung teilten. Bauers Grundlage war immer noch die humanistisch-idealistische Haltung seiner Jugend und das Verantwortungsgefühl des Überlebenden, das ihm sagte, es müsse hier etwas geleistet werden, was die Geschichte und die zahllosen Toten von ihm und anderen erwarteten.

Blickt man auf diese Prozesse, die ihren Höhepunkt 1968 erreichten, sowie auf die Arbeit der schon seit 1958 tätigen Zentralen Ermittlungsstelle in Ludwigsburg zurück, dann kann man alles als ungenügend verwerfen, kann auf die vielen durch die Maschen geschlüpften Täter verweisen, ja kann angesichts der Toten das Strafrecht für ein ungeeignetes Mittel der Auseinandersetzung halten. Aber so dachten weder Fritz Bauer noch jene Unzähligen, die sich mit ihm engagierten. Auch wenn die Unvollkommenheiten dieser Prozesse leicht zu kritisieren sind, so waren sie doch ein «Versuch der Gerechtigkeit», der Versuch, einem Geschehen, das unverändert ein «Primärgefühl der Fassungslosigkeit» (Saul Friedländer) auslöst, mit begrenzten Mitteln irgendwie «gerecht zu werden». Das Unrecht sollte Unrecht genannt und so behandelt werden. Darin stecken ein idealistisches pädagogisches Argument und eine Hoffnung, solche Prozesse würden wieder einige Maßstäbe befestigen, an denen sich die nächsten Generationen orientieren könnten.

In diesem Sinne ist das vorliegende Buch, das die Erinnerung an einen großen Humanisten und Kämpfer für Gerechtigkeit festhält, auch ein Zeugnis dafür, was die Energie Einzelner vermag. Fritz Bauer hat die Bundesrepublik verändert. Der Auschwitz-Prozess hat symbolhaft die Nachkriegszeit des Beschweigens und Verschweigens beendet und, nebenbei, auch zahlreiche Anstöße für die Juristische Zeitgeschichte gegeben. Die nun vierzig Jahre nach dem Ende von Bauers rastlosem Leben vorgelegte umsichtige und faire Biographie ist nicht nur eine wissenschaftliche Leistung, sondern auch ein würdiges Gedenken an einen bedeutenden Deutschen.

Michael Stolleis

«Ein Kämpfer für Recht, Gerechtigkeit und
Menschlichkeit, dessen wirkliche Bedeutung erst
in späteren Jahren gewürdigt werden wird.»
Walter Fabian[1]

Einführung

«Die Frankfurter wußten zu allen Zeiten, was sie ihren Gästen schuldig waren, und sie dankten es ihnen mit überschwenglichem Lob», heißt es in einem 1994 herausgegebenen Sammelband ausgearbeiteter Rundfunkbeiträge über Frankfurter Kulturschaffende, Schriftsteller, Politiker, Wissenschaftler, beispielsweise Theodor W. Adorno, geboren 1903, im gleichen Jahr wie der Protagonist der hier vorgelegten Biographie: Fritz Bauer.[2] Das Schicksal der Emigration und der Rückkehr, ihre letzte Zeit und auch das Leben als «Fremde in dieser Stadt», wie es in dem Nachruf des Schriftstellerfreundes Horst Krüger heißt, teilten beide.[3]

Bis in den Tod war er so bescheiden aufgetreten, dass niemand in ihm Hessens obersten Ankläger vermutet hätte, meinte Horst Krüger.[4] Man fragt sich, wer überhaupt Fritz Bauer gekannt hat oder noch kennt – damals wie heute. In dem genannten Gedächtnisbuch über *Die großen Frankfurter* schreiben wohlbekannte Autoren, selbst Kulturschaffende, über die Größen, die ihrer Stadt zur Ehre gereichen. Jedoch der größte Frankfurter Anwalt des Rechts in der Nachkriegszeit, von 1956 bis 1968 hessischer Generalstaatsanwalt, wird von keinem erwähnt. Obwohl doch fast alle diesen bedeutenden Zeitgenossen gekannt und erlebt haben müssen.

Zehn Jahre später, anno 2004, noch einmal derselbe Buchtitel. In der von Hilmar Hoffmann herausgegebenen Edition zählt Fritz Bauer nun doch zu den «großen Frankfurtern»: «Von Karl dem Großen bis Friedrich von Metzler».[5] Allerdings ist zugleich die Anmerkung nachzulesen, dass der Generalstaatsanwalt weder zu seinen Lebzeiten noch nach seinem allzu frühen Tod auch nur eine Auszeichnung durch die Stadt Frankfurt entgegennehmen durfte: keine Ehrenbürgerschaft, keine Ehrenplakette, keinen Goethe-Preis. Die Presse des In- und Auslands würdigte ihn 1968 in Nachrufen, die ihm einen Platz in der Justizgeschichte unseres Landes einräumten. Aber nur in wenigen Fachzeitschriften erschienen Worte des Gedenkens oder ein Essay, der sich mit seinem Werk auseinandersetzte.[6] Ausnahmen machten die *Tribüne. Zeitschrift zum Verständnis des Judentums*, wo es die Juristin Ilse Staff war – Ehefrau des Frankfurter Oberlandesgerichtspräsidenten Curt Staff und mit Bauer besonders befreundet –[7], die den Menschen, besonders den Strafrechtsreformer Fritz Bauer würdigte, ebenso die *Kritische Justiz*, deren Gründung der hessische Generalstaatsanwalt selbst noch unterstützt hatte.[8] Das Erscheinen der Zeitschrift war für ihn zum Vermächtnis geworden. Im ersten Heft erschien der Nachruf von Oberlandesgerichtspräsident Richard Schmid (1899–1986), seinem Stuttgarter Freund. Es war Schmids Gedenkrede auf der Trauerfeier im Frankfurter Hof, wo sich ein enger Kreis von Freunden versammelt hatte. Fritz Bauers Tod sei der schmerzlichste Verlust, den das deutsche Rechtsleben nach dem Kriege getroffen habe, lautete der zentrale Satz.[9]

Eine solche Würdigung ließ anderes erwarten – stattdessen geschah, was Walter Fabian, Linkssozialist, Schriftsteller und Journalist, der 1957 aus der Schweiz nach Deutschland zurückgekehrt und Chefredakteur der *Gewerkschaftlichen Monatshefte* geworden war, vorausgesehen hatte: Fritz Bauers Lebenswerk würde erst Jahre später in Erinnerung kommen[10] – selbst in Niedersachsen, wo Bauer 1952 in einem Aufsehen erregenden Prozess den ehemaligen Kommandeur des Wachbataillons «Großdeutschland», Otto Ernst Remer, wegen Beleidigung der Widerstandskämpfer vor Gericht und eine glanzvolle Rehabilitierung des Aufstandsversuchs vom 20. Juli 1944 zuwege brachte. Beim Bundespräsidialamt ging daraufhin die Anregung ein, ihn «wegen seiner Verdienste um die Stärkung des demokratischen Gedankens» mit dem Bundesverdienstkreuz auszuzeichnen; aber sowohl in der niedersächsischen Staatskanzlei als auch im Justizministerium zog man sich auf die Entschuldigung zurück, dass «die Verleihungsbeschränkungen für Beamte greifen».[11]

Eine Auszeichnung besonderer Art wurde Fritz Bauer schließlich doch noch zuteil: die nach dem bayerischen Volksdichter benannte Ludwig-Thoma-Medaille für Zivilcourage der Stadt München – am 30. April 1968.[12] Wahrlich keine Ehrung, die Aufsehen erregt, die Glanz oder Würde verliehen hätte, lautete ein Kommentar.[13] Bauer hat davon noch erfahren, auf den Tag genau zwei Monate später war er tot. Die Medaille wurde ihm vom damaligen Münchner Oberbürgermeister Dr. Hans-Jochen Vogel verliehen.[14] Danach, so scheint es, wurde der braunschweigische und hessische Generalstaatsanwalt, der zu seinen Lebzeiten so große Resonanz und politische Debatten ausgelöst hatte, von der «offiziellen» Politik und Justiz ganz und gar vergessen – allerdings auch von seiner Sozialdemokratischen Partei, der er sich bereits in seiner Jugend, nach dem Ersten Weltkrieg, angeschlossen hatte.

Jedenfalls war es erst jüngst ein Stadtrat von der Partei «Die Grünen», Michael Kienzle, der in Stuttgart den Vorschlag machte, eine Straße nach Fritz Bauer zu benennen. Der Erfolg war ein «Fritz-Bauer-Weg»; der entsprechende Wegweiser wurde aus Anlass des hundertsten Geburtstags tatsächlich aufgestellt. «Eine Staffel am Bobser erinnert an Fritz Bauer», titelte die *Stuttgarter Zeitung* am 19. November 2003, und darunter setzte der Gedenkartikel mit den Worten ein: «Noch immer ist sein Name wenig bekannt, dabei hat Fritz Bauer Bedeutendes dafür getan, dass Deutschland sich zu einem Rechtsstaat heutiger Prägung entwickelt hat.»

Sein Lebenslauf in Kürze

Fritz Max Bauer wurde 1903 als Sohn des jüdischen Kaufmanns Ludwig Bauer und seiner Frau Ella in Stuttgart geboren. Er studierte in Heidelberg, München und Tübingen Rechts- und Staatswissenschaften, promovierte in Wirtschaftsrecht bei Professor Karl Geiler in Heidelberg zum Dr. jur. und trat unmittelbar danach den Staatsdienst im Stuttgarter Amtsgericht, bald darauf im Landgericht an. Vor dem jungen Juristen, der glänzende Zeugnisse hatte und in der deutschen Geschichte und Literatur höchst bewandert war – ein Schiller- oder Goethe-Zitat hatte Fritz Bauer stets parat, noch häufiger ein Wort von Heine oder Tucholsky –, lag eine viel versprechende berufliche Laufbahn.

Als Student, den die Aufbruchstimmung der jungen Demokraten und Revolutionäre nach dem Zusammenbruch des Kaiserreichs am Ende des Ersten Weltkriegs mitriss, schloss Fritz Bauer sich der Sozialdemokratischen Partei an. Ausschlaggebend für seine Entscheidung war offenbar die erste Begegnung mit Kurt Schumacher, dessen «Aufstieg im liberalen Musterländle» 1920 in Stuttgart begann. Ohne Zweifel hat er auf Fritz Bauer großen Eindruck gemacht. Ende der zwanziger Jahre wurde Bauer in Stuttgart Vorsitzender des «Reichsbanners Schwarz-Rot-Gold», einer überparteilichen, jedoch weitgehend von der SPD getragenen Republikschutz-Organisation. Bis zum letzten Tag kämpfte er an der Seite Schumachers für den Erhalt der Republik.

Die «Machtergreifung» der Nationalsozialisten beendete die Laufbahn des jungen Juristen jäh. Sofort wurde er, der den Nazis als Sozialdemokrat und Jude gleich doppelt verhasst war, ins KZ gesperrt. Im April 1933 wurde er aufgrund des «Gesetzes zur Wiederherstellung des Berufsbeamtentums» aus dem Amt entlassen. Ende 1935 flüchtete Bauer nach Kopenhagen, unter das «dänische Strohdach», wie Bertolt Brecht es nannte. Als die Nationalsozialisten die «Endlösung der Judenfrage» auch in Dänemark in Gang setzten, floh er im Oktober 1943 nach Schweden. Aus Stockholm kehrte Fritz Bauer 1945 nach Kopenhagen zurück, um dann, nach einem lang dauernden Schwebezustand, im Jahr 1949 die Heimkehr nach Deutschland zu wagen. Wenige Wochen vor Gründung der Bundesrepublik und der Verabschiedung des Grundgesetzes kam Fritz Bauer im niedersächsischen Braunschweig an. Eine Heimkehr ins Schwabenland, wohin es ihn zog, gelang ihm nicht. Zunächst zum Landgerichtsdirektor, dann 1950 zum Generalstaatsanwalt am Braunschweiger Oberlandesgericht ernannt, berief ihn 1956 der hessische Ministerpräsident und Sozialdemokrat Georg August Zinn (1901–1976) in das Amt des Generalstaatanwalts nach Frankfurt am Main. Dort wirkte er zwölf Jahre, bis zu seinem überraschenden Tod 1968.

Fritz Bauers Leben und Denken war durch die tiefen politischen und sozialen Einschnitte des zu Ende gehenden 19. und der ersten Hälfte des 20. Jahrhunderts geprägt. Ebenso beeinflussten ihn seine jüdische Herkunft und der emanzipatorische Geist, der im Haus der Großeltern in Tübingen herrschte, der Heimatstadt seiner Mutter, mit der ihn zeitlebens eine innige Beziehung verband. Seine Jugend fiel mit den Jahren des Weltkriegs zusammen. Spätestens seit der Revolution von 1918/19 wusste er, wo sein politisches Herz schlug. Fritz Bauer wollte ein Jurist aus «Freiheitssinn» werden. Seit Mitte der zwanziger Jahre setzte er sich aktiv für die Verteidigung des Rechtsstaates und den Ausbau einer freiheitlichen, demokratischen Staatsordnung ein. In der Weimarer Republik wurde er zum radikal-demokratischen Sozialisten und politischen Akteur, der um die Verwirklichung der Menschenrechte kämpfte. Auch nach dem Ende des Zweiten Weltkriegs, als Verfolgung, KZ-Haft und zwölf Jahre harten

Emigrantendaseins hinter ihm lagen, blieb das so. Es ist bezeichnend, dass er den einzigen Aufsatz, in dem er etwas mehr über seine persönliche Entwicklung preisgab, mit dem Titel versah: «Im Kampf um des Menschen Rechte».[15]

Mit diesem «Programm» kehrte er nach Deutschland zurück, in der Hoffnung, bei einem grundlegenden Neubeginn mithelfen zu können und die dringend erforderliche «geistige Revolution der Deutschen» mitzubewirken.[16] Die Auseinandersetzung mit den Wurzeln faschistischen und nationalsozialistischen Handelns hielt er für unumgänglich. Für ihn bedeutete das «Selbstreinigung». Die Deutschen sollten «Gerichtstag halten» über sich selbst. Davon wollte sich auch der ehemalige KZ-Häftling und Emigrant nicht ausnehmen. Den Aufbau einer demokratischen und sozialen Justiz, die Reform des politischen Strafrechts und die Prozesse wegen nationalsozialistischer Gewaltverbrechen machte er zu seiner Lebensaufgabe. In einer Zeit, als man kaum noch von dieser Vergangenheit hören wollte und immer häufiger das Wort «Schlussstrich» fiel, war er ein unbequemer Mahner, der sich damit nur wenige Freunde machte.

Radikaler Humanist und Außenseiter

Fritz Bauer hielt der westdeutschen Wirtschaftswunder-Gesellschaft in der Ära Adenauers den Spiegel vor, in den viele Deutsche nicht gern schauten.[17] Denn wer wollte sich schon mit der Sichtweise der Remigranten, ehemaligen Widerstandskämpfer und schon gar der Millionen Opfer des NS-Regimes ernsthaft auseinandersetzen? Nur einen Moment innehalten und darüber nachdenken, was der aus Auschwitz zurückgekehrte Jude Joseph Wulf (1912–1974) sein Lebtag in hebräischer Schrift über seinem Schreibtisch stehen hatte: «Erinnere Dich an die 6 Millionen!!!»[18] Fritz Bauers eigene Zunft jedenfalls wollte davon möglichst nichts hören, nichts sehen und nichts wissen. Im Gegenteil, die von Bauer eingeforderte Auseinandersetzung mit der Vergangenheit löste nicht selten massive Gegenwehr bei den Nachkriegsdeutschen aus. Er provozierte das schlechte Gewissen.

Vor diesem Hintergrund überrascht nicht, dass es kein «offizielles» politisches Gedenken, keine staatlichen Ehrungen für Fritz Bauer gab. Vielmehr war es die erste Bürgerrechtsorganisation der Bundesrepublik

Deutschland, die 1961 gegründete «Humanistische Union», die sich seit seinem Tod darum bemühte, das Gedächtnis an den hessischen Generalstaatsanwalt wachzuhalten. Fritz Bauer selbst hatte wichtige Impulse zu ihrer Gründung gegeben. Im November 1961 wurde er Mitglied der Organisation, ab 1963 war er im Vorstand.[19] In dem Gründungsaufruf, den der Schriftsteller Gerhard Szczesny verfasst hatte, verschafften sich Opposition und Kritik an den restaurativen, vor allem der Aufarbeitung der nationalsozialistischen Vergangenheit entgegenwirkenden Tendenzen in Staat und Gesellschaft hörbar Luft.[20] Befürchtungen einer Entdemokratisierung wurden laut, gar die Besorgnis, bereits in einem Konfessionsstaat angekommen zu sein.[21] In einem seiner ersten Beiträge in der HU-Zeitschrift *Vorgänge* hielt Bauer fest: «Nach dem Grundgesetz hat keine Weltanschauung ein Monopol.»[22]

Die HU stiftete unmittelbar nach Fritz Bauers Tod den «Fritz-Bauer-Preis», der seither an seinem Geburtstag an Persönlichkeiten oder Institutionen vergeben wird, die sich «darum bemüht haben, der Gerechtigkeit und Menschlichkeit in unserer Gesetzgebung, Rechtsprechung und im Strafvollzug Geltung zu verschaffen».[23] Unter den Preisträgern sind bedeutende und bekannte, vor allem streitbare und demokratisch denkende Juristen, Journalisten, Schriftsteller und Politiker, voran Gustav Heinemann, Heinrich Hannover, Gerald Grünwald, Ruth Leuze, Ossip Flechtheim, Eckart Spoo, Liselotte Funcke, später auch Günter Grass und Regine Hildebrandt.[24]

Die erste Preisträgerin war Helga Einsele (1910–2005), Leiterin der Hessischen Straf- und Untersuchungshaftanstalt für Frauen in Frankfurt-Preungesheim, engagierte Verfechterin eines humanen Strafvollzugs.[25] Sie leitete die Anstalt fast dreißig Jahre (1947–1975) und war Generalstaatsanwalt Bauer, dessen Behörde damals die Dienstaufsicht über den hessischen Strafvollzug innehatte, besonders verbunden. Helga Einsele war Praktikerin und Wissenschaftlerin zugleich, der frühere Reichsjustizminister Gustav Radbruch hatte sie nach dem Krieg als geeignete Kraft für den höheren Strafvollzugsdienst vorgeschlagen. Als Mitglied der Strafvollzugskommission des Bundesjustizministeriums setzte sie sich jahrzehntelang für eine Modernisierung des Strafvollzugs bis hin zur Abschaffung des Begriffs ein, der ihr ganz nach überkommenem Schuld- und Sühnestrafrecht klang.

Helga Einsele wurde am 16. Juli 1969 in der Frankfurter Frauenstrafanstalt, im Beisein vieler Ehrengäste und auch von Häftlingen, vom damaligen HU-Vorsitzenden Dr. Walter Fabian ausgezeichnet. Es sprachen zwei Laudatoren: Professor Armand Mergen (1919–1999), einer der Mitgründer der Deutschen Kriminologischen Gesellschaft (zu denen Fritz Bauer ebenfalls zählte) und bis 1985 Inhaber eines Lehrstuhls für Kriminologie und Strafrecht an der Universität Mainz, sowie der Göttinger Strafrechtslehrer Professor Horst Schüler-Springorum.[26]

Dass die Preisverleihung in einer Haftanstalt stattfand und im Anschluss heftig über die Zustände im Strafvollzug und die Nöte der Häftlinge diskutiert wurde, verursachte damals in der Öffentlichkeit einiges Aufsehen.[27] Das war aber durchaus im Sinne der «Humanistischen Union» und auch Fritz Bauers, dessen Name auf diese Weise in Erinnerung gerufen und zugleich mit der Schaffung eines neuen, zeitgerechten Strafrechts sowie humaneren Strafvollzugs verknüpft wurde. Auch Fritz Bauer hatte sich stark für die Bildung und Resozialisierung von Häftlingen eingesetzt, nicht selten sogar individuelle Bewährungshilfe geleistet.[28] 1957 gründete er den Verein «Die Freizeit e. V.», dessen Name nach seinem Tod um «Gefangenenbildungswerk Dr. Fritz Bauer» erweitert wurde. Der Verein wirkte für die Resozialisierung der Insassen hessischer Vollzugsanstalten und leistete Unschätzbares für ihre berufliche und kulturelle Bildung, wie Helga Einsele berichtete. Wenn seine stets knappe Zeit es erlaubte, nahm Fritz Bauer auch an den durch den Kreis finanzierten Theateraufführungen teil.[29]

Ernst Müller-Meiningen jr. (1908–2006), Jurist und Redakteur der *Süddeutschen Zeitung*, hat über Fritz Bauers rechtsphilosophische und kriminalpolitische Anschauungen gesagt, er habe sich – «Ankläger zwar von Profession» – in der Strafrechtsreform vor allem als mitfühlender, mitleidender Mensch engagiert.[30] Ilse Staff bemerkte, dass Bauers Ziele nicht nur mitbürgerliche Solidarität, sondern auch eine sozial und politisch lernfähige Gesellschaft voraussetzten.[31] Bauer verstand das Strafrecht als «soziale Verteidigung» – theoretisch bekannte er sich zur «défense sociale nouvelle». Er setzte sich dafür ein, die Vergeltungs- und Sühnestrafe abzuschaffen. Solche Ideen muteten in den fünfziger und sechziger Jahren noch geradezu revolutionär an.

Umso mehr muss es den Juristen enttäuscht haben, dass er von der unmittelbaren Mitwirkung an der Gestaltung des neuen Strafgesetzbuches in der 1954 vom Bundesjustizminister einberufenen «Großen Strafrechtskommission» ausgeschlossen war. Als langjähriger Vorsitzender des «Unterausschusses Strafrechtsreform» beim Rechtspolitischen Ausschuss des SPD-Parteivorstandes wirkte er dennoch mit. Vor einer großen Reform des Strafrechts, der alle seine Bemühungen galten, musste man «den für die freiheitliche Ordnung wesentlichsten Teil, das politische Strafrecht, [...] novellieren».[32] Dass endlich eine Kommission für die Reform des Strafvollzugs eingesetzt wurde, ging ebenfalls auf seine Mahnungen zurück.[33] Desgleichen das Modell einer sozialtherapeutischen Anstalt in dem 1966 erschienenen «Alternativ-Entwurf eines Strafgesetzbuches», das dann auch von der Strafvollzugskommission der Bundesregierung empfohlen wurde.[34] Wie auch die im Strafvollzugsgesetz von 1976 normierten Ziele den Vorstellungen Fritz Bauers entsprachen: vorrangige Resozialisierung des Täters und daneben Sicherung der Allgemeinheit.[35]

Man kann, schrieb Ernst Müller-Meiningen jr. 1968, den hessischen Generalstaatsanwalt einen Radikalen und Außenseiter, einen Ketzer nennen, was seinen Kampf gegen die Strafe und für den Maßregelvollzug angeht. Während sich längst ein überwiegend konservatives künftiges deutsches Strafrecht abzeichnete, hoffte er, dass Bauers humanitäre Grundgedanken wenigstens im Kern weiterwirken würden. Ilse Staff stellte allerdings fünfundzwanzig Jahre später fest, viele Überlegungen und Anliegen Bauers hätten nichts von ihrer Aktualität eingebüßt.[36] Tatsächlich wird die Funktion des Strafrechts heute wieder etwas anders gesehen. Die Resozialisierung des Täters, die für Bauer vorrangig war, tritt gegenüber der allgemeinen Sicherung wieder zurück beziehungsweise wird als gleichwertiges Vollzugsziel bezeichnet.[37]

Fritz Bauer war ein Jurist, der sich nicht scheute, in seiner Position als Staatsbeamter zu aktuellen politischen Themen Stellung zu nehmen. Nicht selten führten seine Interventionen zu öffentlichen Auseinandersetzungen, gelegentlich brachten sie ihm auch Strafanzeigen ein. So beispielsweise, als auf der Frankfurter Buchmesse 1967 der Staatsverlag der DDR im Rahmen seiner Propagandakampagne gegen ehemalige Nationalsozialisten im westdeutschen Staatsdienst das *Braunbuch* ausstellte und die rechtskonservative Deutschland-Stiftung e. V. daraufhin Fritz Bauer wegen Begünstigung im Amt verklagte. Bauer und seine Staatsanwaltschaft wurden beschuldigt, keine strafrechtlichen Schritte eingeleitet zu haben, um die Bücher zu beschlagnahmen. Doch der Vorwurf ließ sich mit der

Begründung entkräften, dass dies im Geltungsbereich des hessischen Pressegesetzes nicht erlaubt gewesen wäre.[38]

Solche Auseinandersetzungen gingen nicht spurlos an Bauer vorüber, sondern waren mit einer wachsenden beruflichen und privaten Isolation verbunden. Anonyme Briefschreiber stempelten ihn als Denunzianten und Störenfried ab, und manche der Drohbriefe, deren Anzahl mehr und mehr wurde, hatten diesen Tenor: «Geehrter Herr Staatsanwalt! Der größte Lump im ganzen Land, das ist und bleibt der Denunziant. Was ist im Kongo los? Wer verfolgt dort die Mörder?»[39] Mal waren es anonyme Anrufe, die auch vor der Privatadresse Bauers nicht Halt machten, mal anonyme Schmähschriften, die offenbar auf die Ermittlungen der Generalstaatsanwaltschaft gegen den früheren hessischen SA-Obergruppenführer und zeitweiligen Polizeipräsidenten von Frankfurt, Adolf Heinz Beckerle, reagierten. «Das Amtsgericht», so ein Schreiben, «urteilt sehr gerecht, aber dieser Terrorstaatsanwalt [erlaubt] keine Gerechtigkeit! An hessisches Justizministerium! Die Morgenthaubeschuldigungen gegen echt deutsche Vaterlandsliebende Deutsche sind tipisch jüdische Lügen und Betrugsmanöver. In betr. Katynmorde beschuldigte man auch deutsche Nazionalisten, aber es stellte sich herraus, daß an den Morden imperialistische verbrecherische Russen, Juden und Pollaken beteiligt waren. Wenn in Deutschland oder in Polen Juden während des Krieges umkamen, so geschah dies durch alliierte Bombenangriffe u.s.w.»[40]

Am Ende jahrelanger Bemühungen und Anfeindungen, so scheint es, war Fritz Bauer ein Einsamer. Jürgen Seifert (1928–2005), als Mitglied des SDS 1961 mit anderen aus der SPD ausgeschlossen, der von Bauer ausdrückliche Unterstützung bei der Publikation seiner kritischen Analyse der Pläne für die umstrittene Notstandsgesetzgebung bekam, fragte sich schon damals, warum Bauer, «wie die meisten Überlebenden der demokratischen Arbeiterbewegung», solche Einzelkämpfer seien.[41] Härter formulierte es der Präsident der Deutschen Kriminologischen Gesellschaft: «Fritz Bauer war allein, als der Tod ihn traf.»[42] Ein freiheitliches Demokratieverständnis und Postulat mitmenschlicher Solidarität, wie Bauer es vertrat, wurden bestenfalls belächelt. Bei vielen aber lösten solche Ideen, die ohne den Respekt vor individueller Freiheit und Gleichheit nicht denkbar waren, erneut den ängstlichen Ruf nach Autorität und Machtstaat aus. Möglicherweise eine Folge der Zwänge des NS-Regimes und des jahrelangen Drills einer «Volksgemeinschaft», die nach innen und außen Krieg geführt hatte.

Für Karl-Hermann Flach von der *Frankfurter Rundschau* hatten die Fragen Fritz Bauers an die Deutschen indessen Bestand: Sind wir wirklich für alle Zeiten vor einem «starken Mann» gefeit, der «Ordnung schafft» und der «Staatsraison» auf Kosten einiger «veralteter bürgerlicher Freiheiten» zum Durchbruch verhilft? «Ist der Typ des ‹Mitläufers› ebenso ausgestorben wie jener oft wirklich tragische Zeitgenosse, der immer nur mitmacht, um ‹Schlimmeres zu verhüten›?»[43] Das waren brennende Fragen, so meinte Flach, mit denen die Deutschen unsanft aus ihrem Dornröschenschlaf geweckt werden mussten.

Die wenigsten sahen etwas Zukunftsweisendes darin, sich mit der Vergangenheit auseinanderzusetzen, schon gar nicht mit der eigenen Beteiligung am nationalsozialistischen Unrechtssystem. Mit seiner Aufgabe als Mahner, der das Denken und Handeln der Deutschen revolutionieren wollte, geriet Fritz Bauer immer mehr in eine Außenseiterrolle – in mancher Hinsicht bis heute.

Fortwirken in jüngerer Zeit

Zu den wenigen, die sich in jüngerer Zeit Fritz Bauers Anliegen zu eigen machten, gehört der ehemalige Richter am Oberlandesgericht Braunschweig, Dr. Helmut Kramer. Er versuchte die Vorgänge aufzuklären, die dazu geführt hatten, dass das Verfahren gegen die Spitzen der NS-Justiz, die an den «Euthanasie»-Morden beteiligt waren, eingestellt wurde.[44] Dabei erlebte Kramer noch in den achtziger Jahren ähnliche Anfeindungen wie seinerzeit Bauer, als er die Ermittlungen gegen eine ganze Reihe von Mitgliedern der eigenen Zunft in Gang setzte.

Zu Beginn der neunziger Jahre erinnerten dann gleich mehrere Juristen und einige Journalisten, die Bauer noch persönlich gekannt hatten, aus Anlass seines neunzigsten Geburtstags erneut an den streitbaren Justizreformer.[45] Hervorzuheben ist eine Gedenkfeier im November 1993, zu der Generalstaatsanwalt Dr. Hans Christoph Schaefer einlud. Fritz Bauers dritter Amtsnachfolger stellte damit eine juristische Traditionslinie her und äußerte sich zugleich zufrieden darüber, dass es der Stadt Frankfurt und der hessischen Justiz ein Anliegen sei, «das Andenken an Fritz Bauer zu bewahren». Er unterstrich, dass im Dezember des Jahres eine weitere Gedenkveranstaltung des Frankfurter Instituts für Stadtgeschichte geplant sei: aus Anlass der dreißigsten Wiederkehr des Beginns des Auschwitz-Prozesses (1963–1965), des in vieler Hinsicht erfolgreichsten – wenn man das Wort «Erfolg» in dem Zusammenhang überhaupt gebrauchen will – Beitrags Fritz Bauers zur Auseinandersetzung mit den NS-Verbrechen im Nachkriegsdeutschland.[46]

An der Gedenkfeier im November 1993 nahmen zahlreiche Pensionäre, Richter, Staatsanwälte und Anwälte teil, auch Juristen aus dem hessischen Strafvollzug, die allesamt mit Bauer einen besonderen Kontakt gehabt hatten, unter anderem dadurch, dass sie am ersten großen Auschwitz-Prozess mitwirkten. Schaefer nannte die Namen des Vorsitzenden Richters a. D. Josef Perseke, der Oberstaatsanwälte a. D. Dr. Hanns Großmann und Gerhard Wiese, des Rechtsanwalts Joachim Kügler, im Auschwitz-Prozess noch auf der Seite der Staatsanwaltschaft, sowie des Vorsitzenden Richters a. D. Karlheinz Staiger, der damals noch als Verteidiger tätig war.[47] Begrüßt wurde auch Rechtsanwalt Manfred Amend, der mit Fritz Bauer gut bekannt und sein Testamentsvollstrecker war.

Worte der Erinnerung sprachen der leitende Ministerialrat a. D. Dr. Heinz Meyer-Velde und wiederum Prof. Dr. Helga Einsele. Wie Einsele war auch Meyer-Velde freundschaftlich mit Fritz Bauer verbunden und zu seiner Zeit an leitender Stelle im hessischen Strafvollzug tätig gewesen. Prof. Dr. Ilse Staff hielt einen Gedenkvortrag unter der Überschrift: «Überlegungen zum Staat als einer ‹Vereinigung einer Menge von Menschen unter Rechtsgesetzen›».[48] Und gewiss wären noch andere Teilnehmer zu nennen, wollte man das ganze Team, die ehemalige «junge Garde» der Staatsanwälte Bauers, vollständig aufzählen, beispielsweise den Ersten Staatsanwalt Johannes Warlo, der vor allem mit den Ermittlungen über die Mordtaten der NS-«Euthanasie» befasst war. Oder auch die Staatsanwälte, die im Auftrag des «Generals» jahrelang die Spuren der NS-Verbrecher Eichmann, Bormann und Mengele verfolgten. Auch Staatsanwalt Joachim Richter nahm an der Gedenkfeier für Bauer teil. Richter hatte die Ermittlungen gegen Adolf Heinz Beckerle geleitet. Das Verfahren machte als «Frankfurter Diplomaten-Prozess» Geschichte, nicht zuletzt, weil Prominente wie der damalige Bundeskanzler Kiesinger als Zeuge geladen waren.

Die meisten der Staatsanwälte konnten aus eigener Erfahrung berichten, dass Fritz Bauers Versuch, das dunkelste Kapitel deutscher Geschichte aufzuklären, wegen der Besonderheiten der lang dauernden Ermittlungs- und Strafverfahren ohne die Unterstützung seiner engen Mitarbeiter nicht möglich gewesen wäre. Die bis ins historische Detail ausgearbeiteten Anklageschriften Bauers und seiner Staatsanwälte waren immer das Ergebnis langwieriger Ermittlungen und wären ohne engagierte Mitarbeiter nicht zustande gekommen.

Auf der Gedenkfeier im November 1993 zitierte Generalstaatsanwalt Hans Christoph Schaefer dann auch einige bemerkenswerte Sätze über das Arbeitsklima in der engeren Umgebung Bauers. Er entnahm sie der Rede für Fritz Bauer, die Oberstaatsanwalt Wilhelm Metzner, der frühere Vorsitzende des Personalrats, 1968 anlässlich der offiziellen Trauerfeier gehalten hatte. Sie vermittelten einen lebhaften Eindruck von Bauers Persönlichkeit. Darin hieß es, dass die, die enger mit dem «General» kooperierten, sich «mit einer gewissen Beglückung an Stunden [erinnerten], wenn er gelegentlich sein weites Herz öffnete und uns einen Blick freigab in seine große Seele. Doktor Fritz Bauer war – und wer wüsste es nicht – ein Mann großer Eigenwilligkeit, und als solcher war er mehr als andere Angriffen, Mißverständnissen und Widerwärtigkeiten ausgesetzt. Aber auch in solchen Augenblicken war er uns lieb und verehrungswürdig, wenn er sich gelegentlich in elementarem Ausbruch seiner vulkanischen Seele Luft machte gegenüber allem Bösen und Widrigen, was auf ihn zukam. So war unser Chef, und wir sind stolz darauf.»[49]

Literatur und Quellen

Anders als von diesen Zeitgenossen vielleicht erwartet, hat die Forschung das Leben und Werk Fritz Bauers erst spät entdeckt. So ist es in jüngerer Zeit wohl vor allem der Gründung des Fritz Bauer Instituts, des seit 1995 existierenden «Studien- und Dokumentationszentrums zur Geschichte und Wirkung des Holocaust», zu verdanken, dass sein Lebenswerk langsam aus der weitgehenden Vergessenheit herausgeholt wird. Übrigens gab es schon einmal die Idee zu einer solchen Institutsgründung von dem bereits genannten Historiker und Auschwitz-Überlebenden Joseph Wulf. In Berlin wollte er 1965 im «Haus der Endlösung», wie er den Ort nannte, wo die Wannseekonferenz stattgefunden hat, ein Internationales Dokumentationszentrum einrichten. Doch obwohl sich die Liste der Gründungsmitglieder wie ein *Who's who* der damaligen Kritiker der NS-Vergangenheit – darunter Fritz Bauer – liest, scheiterte das Projekt zunächst an mangelnder politischer Unterstützung und konnte erst 1992 realisiert werden.⁵⁰

Eine Auswahl der Schriften Fritz Bauers über seine großen Themen, den Aufbau einer demokratischen und sozialen Justiz, die Auseinandersetzung mit der nationalsozialistischen Vergangenheit und den Kampf gegen autoritäres Recht, erschien erstmals 1998, dreißig Jahre nach seinem Tod, unter dem Titel *Die Humanität der Rechtsordnung* in der wissenschaftlichen Reihe des seinen Namen tragenden Instituts.⁵¹ Bis dahin waren es zumeist jüngere Zeitgenossen Bauers, die sein rechtsphilosophisches Denken und seine historischen Verdienste um die Aufklärung der NS-Verbrechen in Aufsätzen vor dem vollständigen Vergessen bewahrten.⁵² Zusammen mit dem Strafrechtler Herbert Jäger, der dann viele Jahre Professor für Strafrecht und Kriminalpolitik an den Universitäten Gießen und Frankfurt war, plante Ilse Staff nach Bauers Tod eine Gesamtausgabe seiner Schriften. Sie kam jedoch nicht zustande, da Jäger die wissenschaftliche Bedeutung der Schriften Fritz Bauers für überholt hielt.⁵³ Dennoch gab er 1969 einen kleinen Band mit vier Aufsätzen Bauers unter dem Titel *Vom kommenden Strafrecht* heraus.⁵⁴ Zudem verfasste Jäger zum 90. Geburtstag Bauers auch einen Gedenkbeitrag. Bei aller Sympathie, die Jäger für die «suggestive Geschlossenheit und Folgerichtigkeit» in Bauers Denken bekundete, hieß es dort unmissverständlich:

«Der Zeitablauf hat es deutlich gemacht: Die Wirkung Bauers war an seine Person gebunden. Ein Wissenschaftler war er nicht. Seine Schriften vermögen kaum noch einen Eindruck von seiner Persönlichkeit zu vermitteln. Die Bücher, zahlreiche Aufsätze, […] Vorträge […] sind von nur zeitgebundener Bedeutung, sein Hauptwerk ‹Das Verbrechen und die Gesellschaft› (1957) […] ist mit seinem Empirismus heute wissenschaftlich überholt. […] Wer von seiner Menschlichkeit eine Vorstellung gewinnen möchte, bleibt auf weniges angewiesen. Sein Beitrag ‹Im Kampf um des Menschen Rechte› aus dem Jahr 1955, der wohl persönlichste Text, den es von ihm gibt und in dem man ihm am unmittelbarsten begegnet, gehört für mein Empfinden auch heute noch zum Bewegendsten, was er geschrieben hat».⁵⁵

War unter diesen Voraussetzungen überhaupt an eine Biographie Fritz Bauers zu denken, woher das Material dafür nehmen? Würde der Jurist überhaupt als die historische Persönlichkeit, die er ohne Zweifel war, erkennbar werden? War sein Denken tatsächlich bereits überholt? Die unverwechselbaren Porträts, die einige wenige Zeitgenossen von Fritz Bauer zeichneten, boten zumindest erste Ansatzpunkte. Dazu gehören auch Aufsätze des Juristen Rudolf Wassermann, der von 1971 bis 1990 Oberlandesgerichtspräsident in Braunschweig war. Er bezeichnete den von Bauer 1951/52 konzipierten Remer-Prozess als Meilenstein der juristischen Zeitgeschichte.[56] Ohne den Respekt vor der Würde eines jeden Menschen, betonte Wassermann, seien für Bauer «menschliche Gemeinschaft, Friede und Gerechtigkeit auf der Welt nicht denkbar». Das Bekenntnis des Grundgesetzes zur Unantastbarkeit der Menschenwürde habe er deshalb an den Gebäuden, die er für seine Staatsanwaltschaften in Braunschweig und Frankfurt bauen ließ, in Stein meißeln lassen. Das Gesicht Bauers, meinte Wassermann, glich einer «uralten Landschaft. Es war geprägt von Leid und Verfolgung, verriet Güte, Energie und Kontemplation. [...] Ein streitbarer Mann, wirkte er wie ein Prophet des Alten Testaments.»[57]

Der Historiker Norbert Frei war der Erste, der in seinem 1996 erschienenen Buch *Vergangenheitspolitik* und in einem Aufsatz über den Frankfurter Auschwitz-Prozess erneut auf den «willensstarken Initiator nicht nur dieses Verfahrens» hinwies und feststellte: «Auch wer dazu neigt, den möglichen Einfluß von Individuen auf gesellschaftliche Entwicklungen eher gering anzusetzen, wird an der Erkenntnis nicht vorbeikommen, daß es in erster Linie auf das singuläre Engagement von Fritz Bauer zurückzuführen ist, wenn die Kontinuität justitiellen Ahndungswillens in der sogenannten ‹Stille› der fünfziger Jahre nicht ganz und gar erstorben war.»[58]

Frei führte den Erfolg Bauers im spektakulären Prozess gegen Remer auf die zeitgeschichtlichen und moraltheologischen Gutachten zurück, die Bauer für das politisch und symbolisch hochbedeutende Verfahren angefordert hatte.[59] Ähnliche Gutachten sollten dann wieder rund zehn Jahre später im Auschwitz-Verfahren eine entscheidende Rolle spielen. Und nicht anders war es in den Strafverfahren gegen die an der NS-Justiz und den Euthanasie-Mordtaten beteiligten Juristen und Ärzte, die in den sechziger Jahren ebenfalls ein wichtiges Kapitel der Aufklärungsarbeit Bauers darstellten. Norbert Frei hat auch darauf hingewiesen, dass Bauers historisch angelegte Prozesse der damals noch jungen Zeitgeschichtsforschung zugutekamen.⁶⁰ Bauer habe einerseits als rastloser juristischer Akteur und Initiator gewirkt, andererseits seien von seinen Prozessen wichtige Impulse für die historische Forschung ausgegangen. Schließlich verdanken sich viele Erkenntnisse über Auschwitz und das nationalsozialistische Terrorsystem einzig der von Bauer so vehement vorangetriebenen justitiellen Auseinandersetzung.

Den Beiträgen Freis folgten zwei Monographien und einige Aufsätze, die sich mit Bauers Rechtsauffassung, seinem Demokratieverständnis und seiner historisch-juristischen Aufklärungsarbeit befassen und zugleich deren enge politische Verknüpfung mit den Zeitläuften beleuchten: 2006 erschien Claudia Fröhlichs politikwissenschaftliche Studie über den Widerstandsbegriff Fritz Bauers und die Aufarbeitung der NS-Verbrechen, die, ausgehend vom Remer-Prozess, den Beginn der «vergangenheitspolitischen» Arbeit Bauers im niedersächsischen Braunschweig rekonstruierte.⁶¹ Im Jahr 2001 erschien bereits die Studie des Historikers Matthias Meusch *Von der Diktatur zur Demokratie*, die Fritz Bauers Bemühungen zur Aufarbeitung der NS-Verbrechen in Hessen darstellt. Dabei geht es um den Rechtspolitiker Bauer und die Grundlagen seines Demokratieverständnisses sowie um die Frage nach dem Erfolg oder Misserfolg von Bauers Wirken.⁶² Trotz unterschiedlicher Fragestellungen und Herangehensweisen kommen sowohl Fröhlich als auch Meusch zu dem Ergebnis, dass Erfolg und Scheitern Fritz Bauers eng mit seinem Selbstverständnis als politischer Jurist zusammenhingen.

Fröhlich analysiert anhand von Bauers in den fünfziger und sechziger Jahren entwickelter Rechtsposition den Kampf «ihres Protagonisten ‹wider die Tabuisierung des Ungehorsams›», dessen Reibungspunkte sich aus dem Wandel des jungen westdeutschen Staates «vom Obrigkeitsstaat zur Demokratie» ergaben.⁶³ Die Untersuchung der Politikwissenschaftlerin macht zumindest eines deutlich: Der Aufbau einer demokratischen Kultur in Westdeutschland war keineswegs eine geradlinige Erfolgsgeschichte, wie Historiker heute gerne meinen. Vielmehr musste Bauer viel Opposition überwinden, um überhaupt eine Auseinandersetzung mit dem Widerstand gegen das Unrechtsregime in Gang zu bringen. Die juristische und politische Rehabilitierung des Widerstands durch Bauer ist deshalb für Fröhlich Bauers bedeutendste historische Leistung.

Meusch hingegen sieht den hessischen Generalstaatsanwalt vor allem als gescheiterten «(Rechts-)Politiker», der seine Zielsetzungen durchsetzen wollte, indem er die NS-Prozesse angeblich «instrumentalisierte» und dabei den NS-Tätern eine Sonderrolle zumaß.[64] Mit dem Versuch, die Prozesse für pädagogische Zwecke zu nutzen, habe Bauer jedoch keinen Anklang gefunden. Dies zeigten nicht zuletzt die milden Urteile gegen NS-Täter und die Ablehnung der NS-Verfahren durch die deutsche Bevölkerung. Zudem habe Bauer die Anpassungsbereitschaft der ehemaligen Täter an die neue Ordnung unterschätzt. Andererseits gibt auch Meusch zu bedenken, dass das Kapitel der Verfolgung der NS-Verbrechen für die westdeutsche Justizgeschichte ohne Fritz Bauer sehr viel schwächer ausgefallen wäre.[65]

Die jüngere Forschung ist also gewiss nicht einer Meinung, und natürlich färbt auch die politische Perspektive das jeweilige Urteil über Fritz Bauers Lebenswerk. Er selber hat sich ein Leben lang mit der Frage beschäftigt, welchen Einfluss gesellschaftliche und politische Antriebskräfte oder auch Zwänge auf das Handeln der Menschen haben, während persönliche Motive zwar im Strafprozess eine entscheidende Rolle spielen, nicht jedoch, wenn man zu den Ursachen und Möglichkeiten individuellen Handelns vordringen will. Die Frage nach der Freiheit des Individuums, für Fritz Bauer als Opfer der nationalsozialistischen Rassegesetzgebung, nach KZ-Haft und Jahren des Exils umso bedrängender, zog sich nach 1945 wie ein roter Faden als ungelöste Herausforderung durch sein Leben. Seine Antworten waren nicht bequem oder einfach, sonst würden sie nicht bis heute – auch in dem nach ihm benannten Institut – Streit und Konflikte auslösen.[66]

Was eine Biographie Fritz Bauers in erster Linie rechtfertigt, ist vor allem das Exemplarische seines von den Katastrophen des 20. Jahrhunderts, von Verfolgung und Widerstand geprägten Lebens, und zugleich das streitbare historisch-politische Erbe, das er hinterlassen hat. Obwohl er ein Mensch war, der sich nicht gern in den Vordergrund drängte, katapultierte ihn sein eigenes Streben, sein Wunsch nach mehr Mitmenschlichkeit und Widerstandsgeist, doch immer wieder mitten in die Auseinandersetzungen um das katastrophale Erbe der deutschen Geschichte. Er hat darunter gelitten. «Menschlich muß ich Ihnen sagen», schrieb er 1963, im Jahr der Eröffnung des Frankfurter Auschwitz-Prozesses, «daß ich am liebsten tagaus, tagein meine Pflicht tun will, ohne meine Anonymität aufzugeben. Warum aus dieser anonym getriebenen Tätigkeit ständig diese Publizität wird, weiß ich nicht. Ich verstehe es nicht.»[67]

Der Wunsch, anonym zu bleiben, hat Fritz Bauer jedoch nicht davon abgehalten, sich in Hunderten von Vorträgen und unzähligen Publikationen immer wieder der öffentlichen Debatte und Kritik zu stellen, was ihm vielfach als mit seinem Amt unvereinbar angekreidet wurde. Bei der Lektüre seiner Schriften und speziell in den Fernsehinterviews, die zwar nicht in großer Zahl, aber doch in eindrucksvoller Aussagekraft vorhanden sind, begegnet man dem Menschen Fritz Bauer oft sehr direkt.[68] Und doch gelang es ihm in gewisser Hinsicht, seine Anonymität vollkommen zu bewahren; und vielleicht gibt es deshalb keinen persönlichen Nachlass.[69]

Für eine Biographie ist das ein kaum ersetzbarer Verlust, ein gravierendes Manko, das nur durch zeitraubende Recherchen in zahlreichen deutschen Archiven und in mehreren europäischen Ländern, in den USA und in Israel teilweise ausgeglichen werden konnte. Alles, was sich sonst in einem Nachlass findet – und bei Fritz Bauer wird es nicht anders gewesen sein –, scheint verloren. Es gibt keine unveröffentlichten Manuskripte, nur wenige Vorarbeiten und Notizen, keine persönlichen Dokumente, keine Fotoalben und vor allem: keine privaten oder halbdienstlichen Korrespondenzen, die er doch in großem Umfang führte. Mit einer einzigen Ausnahme, die es in solchen Fällen immer gibt: die Briefe an Thomas Harlan. Der Schriftsteller und Filmregisseur bewahrte die persönlich gehaltenen Briefe Bauers auf, immerhin rund zweihundert handschriftliche und maschinengeschriebene Seiten. Seine eigenen Briefe sind indes verschwunden.[70]

Weder Fritz Bauers Testamentsvollstrecker, Rechtsanwalt Manfred Amend, noch Bauers Behörde, die Generalstaatsanwaltschaft Frankfurt am Main, besaßen für die Biographie solche Quellen, die sonst manche Lücken füllen und auch Aufschluss über das private Leben geben könnten. Dem Schreiben eines Sachbearbeiters bei der Generalstaatsanwaltschaft ist lediglich zu entnehmen: «Der verstorbene Generalstaatsanwalt Dr. Bauer ließ den von ihm zu führenden Schriftwechsel, soweit er nicht zu den Akten gelangt ist, in mehreren Leitzordnern alphabetisch geordnet durch sein Vorzimmer aufbewahren. Nach Auskunft des Geschäftsleiters der Behörde ist der gesamte Schriftwechsel dem Testamentsvollstrecker Rechtsanwalt Manfred Amend zugeleitet worden. Irgendwelcher Schriftwechsel des verstorbenen Behördenleiters befindet sich nicht mehr in der Behörde.»[71]

Die wenigen und deshalb umso wertvolleren persönlichen Schriftstücke, die etwas vom privaten Leben Fritz Bauers aufscheinen lassen, bewahrten einige seiner Freunde auf; es sind (abgesehen von den Briefen an Thomas Harlan) nicht einmal ein Dutzend. Umso wichtiger waren die persönlichen Interviews mit denjenigen, die Fritz Bauer noch gekannt haben und sich bereitwillig für Auskünfte zur Verfügung stellten. Einzig in den Reichsarchiven in Kopenhagen und in Stockholm, dort vor allem auch im Archiv der Arbeiterbewegung, finden sich aus der Exilzeit mehrere Briefwechsel, die, was die politischen Konflikte innerhalb der sozialdemokratischen Emigration angeht, eine dichtere Beschreibung ermöglichen. Erhalten und mittlerweile in die wissenschaftliche Literatur eingegangen sind auch die zustimmenden wie die abweisenden Briefe, die Fritz Bauer nach dem Remer-Prozess bekommen und großenteils selber beantwortet hat. Im Archiv der sozialen Demokratie in Bonn finden sich in den Nachlässen von politischen Weggefährten ebenfalls noch einige Briefe.

Hingegen ist die Korrespondenz Fritz Bauers mit seiner Frau nicht mehr vorhanden. In Kopenhagen heiratete er 1943 die Dänin Anna Maria Petersen (1903–2002), die er in sozialdemokratischen Exilkreisen kennen gelernt hatte. Die Ehe wurde wohl in erster Linie aus Freundschaft und zu seinem Schutz geschlossen. Als Fritz Bauer 1949 nach Deutschland zurückkehrte, blieb seine Frau in Dänemark. Anna Maria gab, nachdem sie im Alter erblindet war, die Briefe Fritz Bauers, die er ihr nach seiner Rückkehr aus Deutschland regelmäßig schrieb, Rolf Tiefenthal, einem der beiden Neffen Bauers, zum Lesen. Da sie nur Privates enthielten, wollte sie die Briefe dann nicht mehr länger aufbewahrt wissen.[72] Einzig die Postkarten, die er ihr aus Israel schrieb, blieben übrig. Sie halfen, die Rolle Fritz Bauers bei der Ergreifung des NS-Verbrechers Adolf Eichmann weitgehend zu klären.[73] Merkwürdig auch, dass Anna Maria die Familie ihres Mannes erst nach seinem Tod 1968 in Frankfurt, bei der Trauerfeier der hessischen Landesregierung, näher kennen gelernt hat. Margot Tiefenthal, Fritz Bauers Schwester, wusste zwar, dass ihr Bruder verheiratet gewesen war. Aus der überraschenden Bekanntschaft anlässlich der Trauerfeier entstand dann noch eine späte Verbundenheit, die Rolf Tiefenthal nach dem Tod seiner Mutter fortsetzte. Er erinnerte sich an zahlreiche Gespräche mit Anna Maria Bauer-Petersen: «Fritz Bauer und Anna Maria waren gute Kameraden, sie fuhren miteinander auf Ferien.»[74]

Die Korrespondenz Fritz Bauers mit seiner Mutter und der Schwester

Margot, die nach 1945 nicht nach Deutschland zurückkehrten, blieb – bis auf zwei Briefe – ebenfalls nicht erhalten. Und auch das Tagebuch, zu dem er als Kind von den Eltern angehalten wurde, verschwand. «Leider kommen Sie ein halbes Jahr zu spät», schrieb Fritz Bauer 1963 dem Feuilletonchef des *Tagesspiegels*, der für eine Umfrage die Idee aufgebracht hatte, Prominente um Aufsätze aus Kindertagen zu bitten, «vor einigen Monaten habe ich mein infantiles Tagebuch einschließlich ‹Lyrik› und ‹Epik›, meine – wie mir schien ganz ausgezeichneten!! – Schulaufsätze und dgl. aus Platzmangel weggeworfen.»[75]

Einiges an Quellenmaterial findet sich in den Tausenden von Prozessakten der Behörde des Frankfurter Generalstaatsanwalts, die im Hessischen Hauptstaatsarchiv Wiesbaden aufbewahrt werden. Und natürlich sind diese auch – zusammen mit der Aktenüberlieferung der Zentralen Stelle der Landesjustizverwaltungen zur Aufklärung der nationalsozialistischen Gewaltverbrechen in Ludwigsburg – die Hauptquellen, um Bauers Einfluss auf das Zustandekommen und die Konzeption der großen Frankfurter NS-Prozesse oder auch die jahrelange Suche nach Verbrechern wie Eichmann, Bormann und Mengele überhaupt rekonstruieren zu können.

Sieht man von den Ausnahmen ab, insbesondere den Briefen an Freunde aus den Jahren des Exils, hat Bauer selbst auf sein größtes Manko hingewiesen, die mangelnde Zeit für private Dinge.[76] Mögen sein Tagebuch und die Schulaufsätze auch mit der in solchen Fällen keineswegs ungewöhnlichen Begründung des Platzmangels in den Papierkorb befördert worden sein, so ist dies jedoch kaum eine ausreichende Erklärung dafür, dass überhaupt kein persönlicher Nachlass vorliegt. Gab es Gründe, gleich das ganze Interieur des Schreibtisches dem Papierkorb zu überantworten?

Eine der Vermutungen läuft darauf hinaus, Fritz Bauer habe im Laufe der Jahre, insbesondere während des Frankfurter Auschwitz-Prozesses, resigniert und der Nachwelt keine Aufzeichnungen oder sonstige persönliche Zeugnisse hinterlassen wollen. Eine Familie gab es nicht; und auch die Freunde fragten sich nach seinem Tod, ob sie ihm genügend zur Seite gestanden hatten. Einige von ihnen formulierten diese Frage noch Jahre später. Am deutlichsten sprach sie Robert M. W. Kempner in seiner Gedenkrede aus, die er im Namen derjenigen verstanden wissen wollte, «die selbst nicht mehr sprechen können», der Zehntausenden von Verfolgten und Ermordeten, denen der Generalstaatsanwalt eine Stimme gab. «Haben wir uns eigentlich genug um Fritz Bauer ‹gekümmert›?», fragte Kempner und bedauerte für seine Person, den «gemeinen politischen Rufmördern leider nicht rechts und links in die Fresse geschlagen» zu haben.[77]

Auch Jürgen Seifert hat der Befürchtung, dass Bauer resignierte, Ausdruck verliehen: «Am 24. Juni 1968 trat die Notstandsverfassung in Kraft. Wenige Tage später, am 1. Juli 1968 wurde Fritz Bauer tot in seiner Badewanne aufgefunden. Es wurde festgestellt, daß er eine große Dosis Schlafmittel genommen hatte.»[78] Seine Freunde betonen jedoch, dass dies wenig besagt, denn Schlafmittel seien bei Bauer keine Seltenheit gewesen. Bauers Schwester Margot beteuerte gegenüber Ilse Staff vehement, dass ein Suizid nicht zu ihrem Bruder gepasst habe.[79] Auf der anderen Seite machte Seifert sich selbst Vorwürfe, dass er Bauer nicht überzeugt hatte, welche Erfolge in der Notstandsauseinandersetzung aufgrund des gemeinsamen Widerstands erreicht werden konnten. Schließlich waren doch die schlimmsten Befürchtungen nicht eingetreten. Fritz Bauer aber war von der Zustimmung der SPD zur Notstandsverfassung tief getroffen, wie übrigens viele andere auch. Einer seiner besten Freunde, Richard Schmid, trat in der Folge aus der SPD aus.[80]

Das Testament Fritz Bauers, das er am 31. Dezember 1967 verfasste, kommt der Vermutung, er habe resigniert, zumindest entgegen: «Ich wünsche ohne jede Feierlichkeit verbrannt zu werden. Die Asche soll nicht beigesetzt werden.»[81] Bauer vermachte die Hälfte seines Vermögens der «Aktion Sühnezeichen», die andere Hälfte seiner Schwester in Schweden. Er befreite seinen Testamentsvollstrecker ansonsten von allen Verpflichtungen. Er solle denen, heißt es im Testament, die an ihm hingen, «von meinem Mobiliar geben, was sie sich wünschen».[82]

Fritz Bauers einsamer Tod hat dennoch über Jahre hinweg immer wieder Spekulationen verursacht. Die Obduktion ergab keinen Hinweis auf Fremdeinwirkung oder Selbsttötung.[83] Vielleicht wird es keine Auflösung dieses ungelösten Endes mehr geben – was das Erbe des Generalstaatsanwalts Fritz Bauer angeht, ändert dies jedoch nichts. Nach wie vor bleibt es Anliegen und Aufgabe: Leben und Lebenswerk des politischen Juristen und Verfechters einer freiheitlichen, demokratischen Rechtsordnung in Erinnerung zu bringen und dem Generalstaatsanwalt von Braunschweig und Frankfurt am Main den ihm gebührenden Platz in der Geschichte des deutschen Rechtswesens zu verschaffen.

«Tübingen, die alte Kronenstraße, die Stille der Alleen»
Die frühesten Erinnerungen

Fritz Max Bauer kam am 16. Juli 1903 in Stuttgart, Württembergs Hauptstadt, auf die Welt, als erster und einziger Sohn einer angesehenen, bürgerlichen jüdischen Familie. Bald darauf, am 23. April 1906, wurde seine Schwester Margot geboren. Dreißig Jahre oder eine Generation später, wie man damals noch – anders als heute – die Lebensalter maß, wurde Fritz Bauer über Nacht aus seiner Heimatstadt vertrieben: als jüngster Amtsrichter in Deutschland von den Nationalsozialisten aus dem Amt verjagt, ins Konzentrationslager verschleppt, mit dem Tode bedroht und zur Flucht ins Exil gezwungen. Er rettete sich 1936 nach Dänemark, im Gepäck außer ein paar Büchern fast nichts. Nur die Liebe zu seiner schwäbischen Heimat, zu seinem Vaterland begleitete ihn, dazu die frühesten Erinnerungen an die Zeit seiner Kindheit und Jugend, die Fritz Bauer vor allem in Tübingen verbrachte, wo seine Mutter herstammte und die Großeltern lebten und wo er mit seiner jüngeren Schwester glücklich aufwuchs.

Die Geburt seiner Schwester Margot war das früheste Ereignis, das Fritz Bauer in späteren Jahren «erinnerte». In einem seiner letzten Fernsehinterviews erzählte er davon: «Als ich zwei Jahre und etwa neun Monate war, war ich bei meinen Großeltern in Tübingen, wo meine Mutter geboren war und gelebt hatte, und ich erinnere mich noch ganz deutlich, wie eines Abends meine Oma zu mir sagte: ‹Fritz, jetzt gehen wir auf den Marktplatz [...], nimm in der Speisekammer ein Stück Zucker und lege es auf den Brunnen am Markte›. Ich, gespannt wie ich war, legte den Zucker auf den Brunnen auf dem wunderbaren Marktplatz in Tübingen, und am nächsten Morgen war meine Schwester da. Ich möchte also annehmen, es war alles wohlinszeniert, meine Schwester war bereits eingetroffen, der Zucker wurde entsprechend gelegt, denn es wurde mir auch ein Schwesterchen prophezeit. Das war mit zwei Jahren und neun Monaten.»[1]

Gustav und Emma Hirsch, Fritz Bauers Großeltern in Tübingen, in den 1920er Jahren. (Privatbesitz)

Die wieder und wieder wachgerufenen Erinnerungen an Tübingen sind die frühesten Zeugnisse vom Leben Fritz Bauers. Er hat sie in einem bewegenden Brief an die Mutter festgehalten: «‹Ich bin heute, schreibst Du, liebe Mutter, nach Tübingen gefahren, um Großvaters Geschäft aufzulösen…›»[2] Erschüttert antwortet ihr Sohn Fritz Bauer – zu diesem Zeitpunkt bereits Flüchtling in Kopenhagen – in geradezu feierlichem Ton: «Erinnerungen werden wach, ich schreibe sie auf, Dir, Mutter, zu Liebe.

Wenn ich, wie es in stillen Stunden immer geschah, in mich horchte, rückwärts schaute, stets standen Tübingen, die alte Kronenstraße und ihre Menschen, der betriebsame Markt mit Duft und Lärm, die idyllische Stille der Alleen, der Humanismus der Aula vor mir. Meine frühesten Kindheitserinnerungen ranken um Tübingen; oft habe ich mich verwundert gefragt, wie denn das möglich sei. Jahre um Jahre lebten wir in Stuttgart, wurden hier groß, und der Gesichtskreis weitete sich, aber lebendiger und farbiger als das Spielen in der Heimatstadt und ihrer Straße, das Essen und Schlafen im elterlichen Haus hat sich Tübingen in die Erinnerung eingeprägt.»3

Erfüllt von einer tiefen Neigung zu seiner Mutter wanderten die Gedanken Fritz Bauers zurück nach Tübingen, denn dort, so schrieb er an die Mutter Ella, «in seiner Atmosphäre, seinem Klang, seinem Tag und seiner Nacht», habe er das Kolorit der mütterlichen Welt, ihre dortige Verwurzelung und Bildung gespürt und erfaßt, ja, im Eilschritt seiner frühesten Jugendjahre miterlebt. «Auch meint die Wissenschaft», fuhr er fort, «der Großvater spiegele sich im Enkel. Ich vermag dies alles nicht zu entscheiden. Die Tübinger Jugendtage ragen in der Landschaft meiner ersten Jahre wie Hügel und Berge hervor, während das Stuttgarter Allerlei des Alltags in Vergessenheit getaucht ist.»4

Fritz Bauers Tübingen war der Ort seiner Kindheitserlebnisse, auch der Geschichten und wunderbaren Erzählungen seiner Mutter, die er sich als Kind und heranwachsender Bub noch romantischer, abenteuerlicher und märchenhafter vorstellte als die eigene Kindheit und seine Schuljahre in Stuttgart, die mitten in die Zeit des Ersten Weltkriegs fielen. Weder das berühmte Uhland-Denkmal noch die Bemühungen der Stadtoberen um großstädtischen Glanz konnten ihn ablenken, schrieb Bauer; seine Liebe gehörte einzig und allein der Kleinstadt Tübingen. Sie erinnerte ihn an die Welt des Malers Spitzweg, ganz besonders der Blick von der Neckarbrücke bei den sonntäglichen Familienspaziergängen, «die Fülle kleiner und kleinster Häuser am linken Neckarufer [...], eng aneinandergedrängt, ineinander geschachtelte Dächer, Fenster mit Blumen und Wäsche und alles von der schwäbisch-stolzen und trutzigen Stiftskirche überragt. Die Farbigkeit des Bildes wird vielleicht nur von dem Panorama übertroffen, das sich dem staunenden Reisenden vom Ponte Vecchio in Florenz bietet. Wie fühlte ich mich glücklich [...].»5

Die Ferien, die er mit seiner Schwester Margot bei den Großeltern in

Tübingen verbrachte, blieben Fritz Bauer als wundervolle Reisen in die Vergangenheit zeitlebens in Erinnerung. Tief erschütterten ihn deshalb 1938 die traurigen Nachrichten im Brief seiner Mutter und ließen sogleich die Atmosphäre im großelterlichen Haus wieder lebendig werden – das «Erleben der Kronengasse. Es ist schwer, alle Gefühlswerte wiederzugeben, die das steile Sträßchen für mich barg und die ich heute noch nicht vergessen kann. Alles, auch alles hatte seine Reize. Die Kronengasse war ein Kaufladen für den Knaben, nicht tot, voll von Geschäftigkeit. [...] Da war neben dem Haus der Großeltern der Metzger, daneben der Bäcker, und gegenüber gab es das Mehl. Die Wirtschaft lag zur Linken unseres Hauses. Und bei den Großeltern selbst war im Laden für Kleidung gesorgt. Wenige Häuser entfernt sah, ja schmeckte man das Café, die Konditorei. Alles, was das Herz begehrte, war da; nichts war verschlossen; es war die ganze Wirtschaftswelt des jungen Buben.»[6]

«Wie viele Geheimnisse gab es nicht in der Kronengasse 6. Alles lag in einem seltsamen Zwielicht. Dabei waren es die einfachsten Dinge der Welt, häufig nur Dinge, die eine oder zwei Generationen zurücklagen.» Beispielsweise war da das «Fremdenzimmer» im zweiten Stock, ein viele Jahre mit der Schwester geteiltes Feriendomizil: «[I]ch erinnere mich noch mit der schärfsten Deutlichkeit, was alles ich in meiner Jugendzeit dort fühlte.» Mit seinem seltsamen Mobiliar wirkte es wie ein Zimmer aus einem Museum: die bunte Absonderlichkeit der Tapete mit riesigen, inzwischen verblassten Chrysanthemen, der obligate rote Plüschsessel und der alte Tisch, die beide «hinkten», das Sofa, «dessen Eingeweide zeitlebens durch einen schweren Stoff mit bunten Blumen verdeckt waren». Als junger Knirps, so kam es Fritz Bauer wieder in den Sinn, hatte er es hier zu seiner ersten Ohnmacht gebracht, als er im Schlaf vom Sofa herunterfiel. Eine Szene, über die er seiner Schwester Margot nicht oft genug erzählen konnte.

Überhaupt war das Geschichtenerzählen in Tübingen ein Kapitel für sich. Im Halbdunkel der Gaslampe, die sie aus Angst vor den Mäusen die ganze Nacht mit schwacher Flamme brennen ließen, schrieb Fritz Bauer jetzt, 1938, an seine Mutter, habe er vor dem Einschlafen «Bandwürmer von Erzählungen» für seine Schwester Margot erfunden. Die Helden der Geschichte bestanden Abenteuer auf Abenteuer, und er habe damals alle Mühe darauf verwandt, die Erzählung fortzuführen, auszudehnen, möglichst lange keinen Schluss zu finden und erst dann, wenn sich einer der

Helden in einer ausweglosen Situation befand, seine Zuhörerin auf den nächsten Abend zu vertrösten.[7] «Nur in Tübingen war dergleichen möglich.»[8]

Die Tübinger Familie von Ella Gudele Bauer, geborene Hirsch, an die sich Fritz Bauer so gut erinnerte, war damals bereits lange Zeit – rund fünfundachtzig Jahre – in der schwäbischen Kleinstadt ansässig. Als Sitz der Landesuniversität und verschiedener Behörden des Oberamts, des Gerichtshofs für den Schwarzwaldkreis und der evangelischen Generalsuperintendenz besaß Tübingen, das im Jahr 1864 immerhin 8734 Einwohner zählte, durchaus regionale Bedeutung. Unter der überwiegend evangelischen Bevölkerung lebten 693 Katholiken und 20 Juden sowie 22 Leute verschiedener Konfession.[9] Handel und Gewerbe waren in der Universitätsstadt größtenteils auf die Einwohnerschaft der Stadt ausgerichtet, und die Bedürfnisse der Professoren und Universitätsangestellten ebenso wie der Studenten verschafften zahlreichen Bürgern Einnahmen durch Zimmervermietung und Dienstleistungen. Im Bereich des Buchhandels wurden die bedeutendsten Geschäfte gemacht: Es gab allein sieben Buchhandlungen und drei Druckereien.[10]

Tübingens Hohe Schule gründete Graf Eberhard im Bart nach der Rückkehr von einer Pilgerfahrt nach Rom im Jahr 1477. Zugleich ordnete er allerdings auch die Ausweisung aller Juden an. Seit 1495 erster Herzog von Württemberg, verfügte Graf Eberhard testamentarisch die «Ausschließung» der Juden aus seinem Territorium. Diese «Ausschließung» behielt bis zum Untergang der altwürttembergischen Verfassung 1806 Gesetzeskraft. Erst seit 1819 waren Juden wieder zum Studium an der Eberhard-Karls-Universität zugelassen.[11] Mit der Geschichte der Universität eng verbunden war das nach Einführung der Reformation in Württemberg 1536 gegründete Evangelische Stift, dem zahlreiche berühmte Namen Glanz verliehen. Friedrich Hölderlin begann im Tübinger Stift sein Theologiestudium, hier lernte er den Philosophen Georg Wilhelm Friedrich Hegel kennen und kurz darauf Friedrich Wilhelm Schelling. Stiftler wie das «Dreigestirn» Hegel, Hölderlin, Schelling und viele andere schrieben dort ein Stück europäischer Geistesgeschichte. Dabei sind es vor allem der von den Ideen der Französischen Revolution begeisterte Hölderlin und sein pädagogisches Ideal einer Volkserziehung gewesen, die Eindruck auf Fritz Bauer gemacht haben. Sein erzieherisches

Ideal, das die Bildung der Persönlichkeit weit über auswendig gelerntes Wissen und vor allem über äußeren Zwang stellte, geriet immer wieder in Konflikt mit den eigenen beruflichen und gesellschaftlichen Abhängigkeiten, die Hölderlins dichterisches Schaffen spürbar beschränkten.

Der gleiche Konflikt sollte auch Fritz Bauers Leben prägen, beginnend damit, dass ihm als Kind und heranwachsendem Knaben natürlich ebenfalls die für die damalige Zeit typische, streng-autoritäre väterliche Erziehung zuteilwurde – und zeitlebens entsprechend als tyrannisch in Erinnerung blieb.[12]

Doch kehren wir zurück an die Eberhard-Karls-Universität in Tübingen. Rund fünfzig Jahre vor Fritz Bauer schrieb sich dort sein Großonkel Robert Hirsch im Herbst 1874 als Student der Rechtswissenschaften ein. Dieser Onkel hinterließ in seinen autobiographischen Aufzeichnungen eine prägnante Beschreibung, was die Universität als Einnahmequelle bedeutete.[13] Über die Philister, die nichtakademische Einwohnerschaft Tübingens, bemerkte er, dass sie «im Vergleich zu der Bürgerschaft anderer württembergischer Kleinstädte als rückständig und gänzlich einseitig» bezeichnet werden müsste, von neuzeitlicher Denkweise weit entfernt. «Seit geraumer Zeit daran gewöhnt, mit den selbst nach veraltetem Brauchtum lebenden Studenten zu verkehren und ihren Erwerb von den Studenten zu beziehen, gingen diese Bürger ganz in den Anschauungen der Studentenschaft auf.» Alle hätten sich um Zimmervermietungen gekümmert, jeden neu angekommenen Studenten gekannt und gewusst, welcher Burschenschaft er beigetreten war – und nicht zuletzt, «wie viele Abfuhren die Rhenanen bei den letzten Mensuren bezogen hatten».[14]

Auch Robert Hirsch trat in eine studentische Verbindung ein, die Tübinger Landsmannschaft Ghibellinia, mit der er jedoch bald in Konflikt geriet. Wie es in der Festschrift von 1925 später hieß, betrieb die Ghibellinia vor allem Charakterbildung und «Erziehung zu ehrenhafter deutscher Gesinnung». Die Aufnahme von Juden lehnte sie grundsätzlich ab und forderte von den Studenten die ehrenwörtliche Erklärung, dass die Eltern und Großeltern «Arier» seien.[15] Robert Hirsch schloss sein Studium nach acht Semestern ab. Für die eingereichte Bearbeitung einer akademischen Preisaufgabe der Juristenfakultät *Über den Unterschied zwischen Mittäterschaft und Beihilfe* erhielt er einen Preis, und die Arbeit wurde 1881 als Dissertation anerkannt.[16] Er war der einzige Jurist in der Familie mütterlicherseits.

Robert Hirsch war als Amtsrichter an Gerichten in Münsingen, Aalen, Schondorf und Backnang tätig, 1886 wurde er als Rechtsanwalt am Amtsgericht Ulm zugelassen, später auch zum öffentlichen Notar bestellt. Zwischen 1884 und 1886 verfasste er nicht weniger als vierzig Bewerbungsschreiben auf «definitive Amtsrichter- und Hilfsstaatsanwaltschaftsstellen», die alle abschlägig beschieden wurden. Als ihm, dem jüdischen Juristen, im Februar 1886 eine Vorstellung beim württembergischen Justizminister Dr. Faber gewährt wurde, legte ihm dieser nahe, aus dem Staatsdienst auszuscheiden, denn er nahm «Anstand an seiner Konfession».[17] Der Minister wollte keinen Juden für den Staatsdienst vorschlagen.[18] Robert Hirsch eröffnete daraufhin die besagte Rechtsanwaltspraxis in Ulm, wo sich bereits vier seiner sieben Brüder niedergelassen und die Firmen «Gebrüder Hirsch» und «M. & H. Hirsch» gegründet hatten.[19]

Obgleich nach Reichs- und Landesrecht das religiöse Bekenntnis kein Hindernis für die Einstellung sein durfte, scheiterte Hirsch an den Bedenken des Justizministers und den allgemeinen Vorbehalten gegenüber den «Israeliten». Die Bezeichnung «Israelit», die analog zu Katholik oder Protestant verwandt wurde, dokumentierte zugleich den Grad der noch immer problematischen Emanzipation, die aus jüdischen Familien im 19. Jahrhundert deutsche Familien jüdischer Religion machen sollte. Auf der Bezeichnung «Jude» und der Betonung der ethnisch-kulturellen Gemeinschaft bestanden nur die Judengegner und manche Juden, die mit neuem Selbstbewusstsein «jüdisch» sein wollten.[20] Im Jahr 1890 nannte sich jedenfalls die erste Organisation, die alle deutschen Juden vereinigen wollte, «Centralverein deutscher Staatsbürger jüdischen Glaubens», als Hinweis auf die vielfach längst vollzogene Assimilation.[21] Robert Hirsch aber musste seinen Berufswunsch trotzdem aufgeben. Die volle Verwirklichung des Rechtsstaats kam eben, wie Reinhard Rürup betont hat, «nirgends vor der vollständigen Judenemanzipation» zustande.[22]

Leopold Hirsch, der Vater des Familienbiographen Robert Hirsch – und Fritz Bauers Urgroßvater –, war rund vierzig Jahre vorher erfolgreicher gewesen im Kampf um seine bürgerrechtliche Gleichstellung.[23] Anderthalb Jahre nach der Verabschiedung der «Grundrechte» durch die Frankfurter Nationalversammlung, am 27. Juli 1850, lag dem Tübinger Gemeinderat sein Gesuch vor: Der Jude Leopold Hirsch, Kaufmann aus

Wankheim, bat um die Aufnahme in den Tübinger Bürgerverband durch Verleihung des Bürgerrechts. «Wenn ein Mann wie ich», schrieb er, «der mehr und mehr darauf bedacht ist, sich der christlichen Bevölkerung des Landes ganz anzuschließen und schon seit Jahren damit beginnt, seine sieben Kinder in den Schulen der Stadt Tübingen auszubilden und sie Handwerke erlernen zu lassen, auch für seine Person in ein anderes Stadium zu treten wünscht, so ist ihm dieses gewiß nicht zu verdenken.» Er lebe schon seit über dreißig Jahren mehr in Tübingen als in Wankheim und betrachte sich als Mitbürger. Dies nunmehr wirklich werden und sich als «Verkäufler» mit einem Ladenlokal niederzulassen sei sein ausdrücklicher Wunsch.[24]

Urgroßvater Leopold wurde 1807 als erstes von sieben Kindern des aus Haigerloch zugewanderten Simon Seev Hirsch und seiner Frau Lea, geborene Hänle (möglicherweise auch Hühnle/Hünle), in dem reichsritterschaftlichen Dorf Wankheim geboren.[25] Die meisten Juden lebten dort vom Trödelhandel und anfänglich in sehr armseligen Verhältnissen. Wie sein Vater betrieb auch Leopold Hirsch Landwirtschaft sowie Kleiderhandel. Als Händler hatte er enge Kontakte mit der Tübinger Bevölkerung. Im August 1836 heiratete er Therese Wormser aus Aldingen, Fritz Bauers Urgroßmutter.[26] Hirsch war seit 1837 Vorsteher der jüdischen Gemeinde in Wankheim und wurde auch zehn Jahre nach seiner Übersiedlung nach Tübingen immer noch in diese Funktion gewählt. Sein kommunalpolitisches Engagement während der 1848er Revolution ist verschiedentlich belegt. Er vermittelte gemeinsam mit dem Ortspfarrer zwischen den Wankheimer Bauern und dem Gutsherrn, wurde sogar bei der Wahl des Ortsvorstehers am 10. Mai 1848 neben zwei anderen Juden aufgestellt, wenn auch nicht gewählt, und war Obmann des Bürgerausschusses.[27]

Als die Juden wegen zu hoher Zinseinnahmen in der Mitte des 15. Jahrhunderts aus Tübingen vertrieben worden waren, hatten sie vor allem in der nichtwürttembergischen Herrschaft Hohenberg und in Wankheim Aufnahme gefunden, wo seit Ende des 18. Jahrhunderts wieder eine größere jüdische Gemeinde entstand.[28] Durch eine Verfügung des Ministeriums wurden die Juden Wankheims, Tübingens und Dußlingens unter dem Bezirksrabbinat Mühringen 1832 zu einer Gemeinde zusammengefasst. Drei Jahre später weihten die Mitglieder die mit viel Mühe und unter großen Opfern errichtete Synagoge in Wankheim ein, zu deren Vorsteher

Leopold Hirsch 1837 gewählt wurde.²⁹ Im Zuge der Abwanderung in die städtischen Zentren wandten sich zahlreiche Wankheimer Juden nach Tübingen; und so wurde ihr Synagogenvorsteher Leopold Hirsch der erste und bis Ende der 1860er Jahre auch der einzige Jude, der sich (vierhundert Jahre nach der Vertreibung aller jüdischen Einwohner) wieder in der Universitätsstadt niederließ.³⁰

Viereinhalb Monate dauerte der Rechtsstreit um das Bürgerrecht, dann machte der Gemeinderat von Tübingen «der Stadtpflege Anzeige [...], daß Leopold Hirsch als Amtsangehöriger zu betrachten und die üblichen Gebühren von ihm einzuziehen seyen».³¹ Trotz aller Winkelzüge des Gemeinderats, der sich darauf berief, dass bisher keine Ausführungsbestimmungen zu Artikel 1 des von der Frankfurter Nationalversammlung verabschiedeten Grundrechtgesetzes vorhanden seien, nach dem jeder Deutsche im Reichsgebiet das Bürgerrecht bekommen könne, und zusätzlich betonte, der Antragsteller wolle seinen Schacherhandel fortsetzen, was in einer Universitätsstadt nicht wünschenswert sei, lehnten das Oberamt und danach auch die Regierung des Schwarzwaldkreises die Einwände ab.³²

Die Tübinger Familie Hirsch ist ein bezeichnendes Beispiel für die jüdische Emanzipation. Sie setzte auf Bildung als wichtiges Mittel des sozialen Aufstiegs zur Selbstverwirklichung des Menschen.³³ Leopold Hirsch, der sich rechtskundigen Beistand gesucht hatte, argumentierte in diesem Sinne; in seinem Hause wurden die überlebenden acht von 14 Söhnen ebenso streng patriotisch wie orthodox jüdisch erzogen. Hirsch schickte sie schon von Wankheim aus auf das Gymnasium und weiterführende Schulen Tübingens, um ihnen bessere Aufstiegschancen zu verschaffen.³⁴ Die drei ältesten wanderten später in die USA aus, vier Söhne – unter ihnen der erwähnte Robert – ließen sich in Ulm und Stuttgart nieder.³⁵ «Hier liegt begraben eine tüchtige Frau», steht auf dem Grabstein von Therese Tölzele; sie wurde 81 Jahre alt.³⁶ Ihr Ehemann Leopold Hirsch besaß – neben dem Trödelhandel – zu seinem Glück ausreichend Land, um seine große Familie zu ernähren. Die christlichen Gutsbesitzer von Wankheim bescheinigten ihm im Rahmen des Rechtsstreits um das Bürgerrecht im Übrigen auch, dass er die Landwirtschaft in gleichem Maße verstehe wie die christlichen Güterbesitzer.³⁷

Mag die Betonung der Gemeinsamkeiten von christlichem und jüdischem Ackerbau rückblickend auch als «voremanzipatorisch» zu betrachten sein – die Orientierung am Bildungsideal des deutschen Bürgertums führte über die nach 1848 zunächst retardierende Emanzipationsbewegung trotz weiterhin bestehender Vorurteile und Diskriminierungen hinaus und eröffnete den deutsch-jüdischen Bürgern den gesellschaftlichen Weg zur Gleichberechtigung. Die Ausrichtung am Menschenbild der Aufklärung trat «in den leeren Raum zwischen christlicher Tradition und Judentum als Offenbarungsreligion».[38] Leopold Hirsch griff sie als Forderung des Tages nach Gleichheit und Gleichberechtigung der Bürger auf und wurde damit zum Vorreiter der Emanzipation in Württemberg. Das Bildungsideal des deutschen Bürgertums, das er als fortschrittliche Kraft in Anspruch nahm, sollte in der Tat maßgeblich für viele bedeutende deutsch-jüdische Intellektuelle werden,[39] nicht zuletzt für seinen Urenkel, den Justizreformer Fritz Bauer.

Im Jahr 1852 konnte Leopold Hirsch das Bürgerrecht zunächst nur für seine Person und nicht für Frau und Kinder, die mit nach Tübingen umgezogen waren, erwerben. Die Familie, so lautete der Beschluss des Gemeinderats, könne von der Rente von siebentausend Gulden aus den verkauften Wankheimer Gütern nicht leben, und er müsse eben doch weiter den Schacherhandel betreiben.[40] Aber die Mitglieder des Gemeinderats täuschten sich: 1855 kaufte Hirsch das Haus in der Kronengasse 6 und gründete 1859 die Firma «Leopold Hirsch, Herrenkonfektion». Nachdem er zunächst nur Altwaren verkaufen durfte, konnte Hirsch seiner Kundschaft nach Einführung der Gewerbefreiheit auch neue Kleider zum Kauf anbieten.[41] Er nahm wie die anderen Juden der Stadt – Ärzte, Rechtsanwälte, ein Gymnasialprofessor, einige Viehhändler und eben vor allem Kaufleute – regen Anteil am öffentlichen Leben und wurde sogar Mitglied der Stadtgarde zu Pferd.[42]

Von Leopold Hirschs Kindern blieb Gustav, der am 28. Oktober 1848 in Wankheim geborene neunte Sohn, als Einziger in Tübingen zurück und arbeitete nach seiner Schulzeit im elterlichen Geschäft.[43] Im Jahr 1875, als sein Vater mit 68 Jahren starb, beantragte auch er das Bürgerrecht, das ihm ohne Weiteres gewährt wurde. Im selben Jahr heiratete Gustav in Stuttgart-Cannstatt seine Cousine Emma Lindauer, geboren 1853 in Menzingen (Bezirksamt Bretten/Baden); sechs seiner Kinder kamen dort auf die Welt, am 3. Januar 1881 die Tochter Ella Gudele, Fritz Bauers Mutter.[44]

Gustav Hirsch war sowohl in jüdischen wie in christlichen Kreisen sehr angesehen. Er begründete eine der fünf vor allem karitativen Stiftungen der jüdischen Gemeinde, die «Hirschesche Stiftung», und war bis 1928 Stiftungspfleger.[45] 25 Jahre, von 1900 bis 1925, war er als Synagogenvorsteher der jüdischen Gemeinde tätig, dann übernahm sein Sohn Leopold von 1925 bis 1934 das Amt. Gustav Hirsch hatte sich für die Verlegung der Synagoge von Wankheim nach Tübingen eingesetzt.[46] Das heißt, die jüdische Gemeinde Wankheim wurde Mitte 1882 aufgelöst, und am 8. Dezember des gleichen Jahres wurde die Tübinger Synagoge in der Gartenstraße 33 feierlich eingeweiht. (Sie wurde im November 1938 von den Nationalsozialisten zerstört.) Nach fast 400 Jahren hatte Tübingen jetzt wieder eine jüdische Gemeinde: Zur Jahrhundertwende lebten 100, 1910 bereits 139 jüdische Bürger in der Stadt, im Juni 1933 waren es allerdings nur noch 90.[47]

Gustav Hirsch betätigte sich bis in die Mitte der zwanziger Jahre im gemeinnützigen Bürgerverein als Schriftführer und Kassierer.[48] Wie die anderen jüdischen Bürger nahm auch er regen Anteil am öffentlichen Leben. Seinem Enkel Fritz Bauer blieben vor allem die Atmosphäre des großelterlichen Hauses und das Konfektionsgeschäft, das sein Onkel Leopold (Gustavs ältester Sohn) seit 1910 in dritter Generation führte,[49] lebhaft in Erinnerung. Hier hatte sich alles zusammengedrängt, «was der händlerische Sinn eines Jungen braucht». Wenn er mit seiner Schwester Margot allein im Laden war, stolzierten sie hinter den Ladentischen auf und ab, «musterten die Ware und warteten auf Kundschaft». Insgeheim aber waren sie glücklich, wenn die Ladenglocke nicht gerade während ihres Spiels läutete, «wußte doch keiner was Kluges zu reden, falls wirklich jemand mit einem Wunsche kam».[50] Die Absonderlichkeiten und märchenhaft ausgemalten Eindrücke der Kronenstraße verbargen sich hinter den einfachsten Dingen der Welt. Die Fotoalben mit den Bildern der Ahnen gehörten ebenso dazu wie das Buch mit dem wunderlichen Titel *Blumen aus Jerusalem*. In Fritz Bauers schon mehrfach zitiertem Brief an seine Mutter steht der Satz: «Olivenblüten, Orangenblüten und was der Orient an Blumen hervorbringt, war zu Büscheln gefaßt und wie in einem Herbarium aufbewahrt. Der ganze Orient trat vor meine Augen, wenn ich darunter las ‹Erinnerung an Samaria›, ‹Blüten vom Ölberg›, ‹Veilchen von Nazareth und Tiberias›.»[51]

Gustav und Emma Hirsch erzogen ihre sechs Kinder streng nach jü-

Das großelterliche Konfektionsgeschäft Gustav Hirsch in Tübingen; Aufnahme aus den 1930er Jahren nach der «Arisierung» durch den Nationalsozialisten Tressel. (Privatbesitz)

discher Tradition. Ihr Enkel Fritz Bauer erinnerte sich später, in «der großelterlichen Welt [habe] die ‹Religion› immer ihren tieferen, inneren Sinn gewonnen; das Alte Testament wurde angesichts der Generationen, die bildhaft auf mich niedersahen, ja angesichts der alten Möbel, nicht zuletzt angesichts [des] Großvaters, der namentlich in der Zeit nach dem Tod der lieben Großmutter einen alttestamentarischen Eindruck auf mich machte, ganz anders lebendig als in der Schule».[52] Großvater Gustav Hirsch, der dem Enkel zum Vorbild wurde, starb am 16. September 1933 im Alter von fünfundachtzig Jahren in Tübingen. 15 Jahre nach dem Tod seiner Frau Emma wurde auch er, neben ihr, auf dem alten jüdischen Friedhof in Wankheim bestattet.[53] Die Flucht seiner Kinder und mittlerweile erwachsenen Enkel aus Deutschland und die Deportation seiner jüngsten Tochter Paula, geboren 1897, nach Riga musste er nicht mehr erleben. Gustavs jüngerer Bruder Robert Hirsch, der Advokat in der Familie, dem wie vielen anderen Juden der Eintritt in den Staatsdienst noch 1886 verwehrt worden war, durfte seit 1936 nicht mehr die Bezeichnung «Rechtsanwalt i. R.» tragen. Er konnte die mit der so genannten Machtergreifung 1933 einsetzenden Verfolgungen und Demütigungen nicht ertragen und nahm sich Anfang 1939 im Alter von 82 Jahren das Leben.[54]

Zerstörte Hoffnungen … – zu Recht haben die Herausgeber der Dokumentation über die Wege Tübinger Juden diesen Titel für ihr Opus gewählt. Den meisten jüdischen Familien Tübingens sollte es zwar gelingen, sich vor den Nationalsozialisten ins Ausland zu retten; die Gemeinde wurde 1939 aufgelöst. In den Jahren 1941/42 wurden die letzten 14 nach Riga, Izbica, Theresienstadt und Auschwitz deportiert.[55] Die Geschichte der Familie Hirsch ist exemplarisch für den Weg des emanzipierten Judentums in Deutschland, exemplarisch für die Geschichte einer angestrebten, am Ende aber gescheiterten jüdisch-deutschen Akkulturation.

«Dann bauen wir Städte der Zukunft»
Beginn des 20. Jahrhunderts in Stuttgart

Als die Familie Bauer gegen Ende der 1890er Jahre in Stuttgart ansässig wurde, war die jüdische Emanzipationsbewegung in Deutschland weitgehend abgeschlossen. Aber nicht nur das: schon längst hatte die Lebens- und Arbeitswelt der Menschen ein tief greifender Wandel erfasst und sie in eine neue, völlig veränderte Zukunft vorangestoßen, hatte eine moderne Industrie- und Stadtgesellschaft geschaffen, die nunmehr das neue Jahrhundert prägen sollte.

Stuttgart – «war das überhaupt eine Stadt?» Diese Frage stellte der Historiker Otto Borst in einem der anschaulichsten Bücher über die Geschichte der württembergischen Landeshauptstadt.[1] Hatte die alte schwäbische Fürstenresidenz mit ihren Gassen und Steigen, ihrer behäbigen Gemütlichkeit, eigentlich mit der industriellen Revolution Schritt gehalten und sich zu Beginn des neuen Säkulums in eine moderne Großstadt verwandelt? Welche Atmosphäre herrschte dort am Ende des «langen» 19. Jahrhunderts, das genau genommen für die Deutschen erst mit dem Weltkrieg und dem Untergang des Kaiserreichs zu Ende ging? Die «binnenterritorialen Umrisse», die «Kessellage» sowie die Stuttgarter Tradition erwiesen sich auch am Ende des 19. Jahrhunderts noch als so stark, meinte Borst, dass sie nicht «von heute auf morgen überspielt hätten werden können». Dennoch habe sich Stuttgart um die Jahrtausendwende und dann in den Jahren vor dem Ersten Weltkrieg rasant in eine moderne Industriestadt verwandelt. Die Mentalität der Bürger veränderte sich, die Stadt streifte das «Verhockte» ab und ließ «das sozusagen Ventillose, das im älteren Stuttgart zu Hause war», hinter sich.[2]

Fritz Bauer erlebte seine Kindheit in den letzten Friedensjahren des Kaiserreichs; seine Jugend fiel mitten in die Kriegsjahre, als Student schloss er sich den Sozialdemokraten an. In diesen beiden Jahrzehnten setzten im kulturellen Bereich, in Literatur, bildender Kunst und Architektur, Entwicklungen ein, die in Form neuer Kunstrichtungen und eines völlig veränderten Lebensstils einen ausgesprochenen Aufbruch und Umbruch markierten. Sein Geburtsjahr 1903 fiel in eine Zeit bedeutsamer Innovationen, in der sich Deutschland der Moderne öffnete. Man denke nur an die erste Ausstellung der Berliner Secession kurz vor der Jahrhundertwende. Ihre Repräsentanten im Jahr 1899 waren Max Liebermann, Max Slevogt, Lovis Corinth, Käthe Kollwitz und noch einige andere mehr. Im europäischen Vergleich vertraten die Berliner Secessionisten zwar ein eher zahmes Programm, doch formierten sich damals, vor allem in Süddeutschland, bereits ausgesprochen avantgardistische Künstlergruppen.[3] Dabei erkannten die süddeutschen Monarchien den Zeitgeist besser und zeigten sich offener für moderne Kunstrichtungen als Preußen mit seinem vom Wilhelminismus geprägten Kunstverständnis. Die Gründung des «Deutschen Werkbunds» in München 1907, dem die führenden Architekten Deutschlands – unter ihnen Hans Poelzig und Walter Gropius – angehörten, war bereits das Resultat einer Entwicklung zu modernen Baustilen, die bis in die Gegenwart als verbindlich betrachtet werden.[4]

Im 19. Jahrhundert war Stuttgart zwar nie Schnitt- oder Drehpunkt kontroverser Ideologiekonzepte gewesen, es hat – abgesehen von dem «Schwäbischen Dichterkreis» um Gustav Schwab, Uhland, Kerner, Hauff und Mörike – keine eigene «Schule» gegeben.[5] Zu Beginn des 20. Jahrhunderts jedoch gelang der Stadt der Durchbruch zur Welt, jetzt entstanden bedeutende Architektur- und Kunstschulen. Zu erinnern ist dabei vor allem an den Maler und Kunstpädagogen Adolf Hölzel (1853–1934), der seit 1888 der Dachauer Malerkolonie angehört hatte und dann von 1905 bis 1919 als Professor an der Kunstakademie in Stuttgart wirkte. Hölzel entwickelte, ausgehend von Goethes Farbenlehre, eine spezielle Farbentheorie und begann schon 1905 mit abstrakten Gemälden. Sein bildnerischer Unterricht wurde vom Bauhaus in Dessau weitergeführt und später an vielen modernen Kunsthochschulen praktiziert. Ida Kerkovius (1879–1970), Stuttgarts bedeutendste Künstlerin, eine der wichtigsten Wegbereiterinnen der südwestdeutschen Moderne, war Hölzels Meisterschülerin. Seit 1908 studierte sie an der Stuttgarter Kunstakademie, in den zwanziger Jahren am Bauhaus. Eine ganze Reihe von Hölzel-Schülern wurde zu «Klassikern»: Willi Baumeister, Oskar Schlemmer, Otto Meyer-Amden, Johannes Itten, Max Ackermann. «Doch erst nach Jahren wurde klar», schreibt Otto Borst, «daß es nicht nur in München den ‹Blauen

Reiter› und in Dresden ‹Die Brücke› gab, sondern auch in Stuttgart eine eigenständig-moderne Bewegung.» Was das Theater- und Konzertleben, die Malerei und Architektur angeht: Um 1900 war Stuttgart eine richtige «Residenz der Musen» geworden.[6]

Am Anfang des neuen Jahrhunderts in Stuttgart zu leben, schrieb der damalige Hof- und Garnisonsvikar Rudolf Brügel in seinen Erinnerungen, «war eine Lust»; «ein reiches, fast überreiches geistiges und kulturelles Leben durchpulste die Stadt».[7] Auch er meinte, Stuttgart habe die behäbige Ruhe abgelegt und sei ein brodelnder Talkessel voll vielseitigen künstlerischen Lebens gewesen. In seinen Erinnerungen schilderte Brügel besonders die große Bedeutung, die sich Stuttgart als Zentrum kirchenmusikalischen Schaffens erwarb, weshalb die schwäbische Residenz den Ruf einer Musikstadt durchaus hohen Ranges genoss. Damals stand auch die alte Liederhalle des Stuttgarter Liederkranzes noch: «Ein avantgardistisches Auditorium, das einer Weltstadt Ehre macht», lobte sogar die *Los Angeles Times*.[8]

In der Liederhalle tagte 1907 der 12. Internationale Sozialistenkongress zum ersten Mal in Deutschland, mit den führenden Sozialisten Europas, allen voran August Bebel, Jean Jaurès und Victor Adler. Noch 1896 hatte die Stuttgarter Stadtdirektion den sozialdemokratischen Antrag, Gerhart Hauptmanns sozialkritisches Schauspiel *Die Weber* aufzuführen, als tendenziös abgelehnt.[9] Jetzt aber, an dem Eröffnungstreffen des Sozialistenkongresses auf dem Cannstatter Wasen, nahmen angeblich 30 000 bis 60 000 Menschen teil. Die Zahlenangaben schwanken erheblich, gewiss jedoch war es das erste «Massenmeeting», bei dem deutsche und ausländische Sozialisten in Deutschland gemeinsam auf die Straße gingen.[10] Denkwürdig war das Ereignis auch insofern, als den Sozialdemokraten, die just im Geburtsjahr Fritz Bauers 1903 bei den Reichstagswahlen erstmals in Württemberg die meisten Stimmen gewannen, zum Empfang der Gäste am Bahnhof von der Regierung der Wartesaal Erster Klasse zur Verfügung gestellt wurde.[11] Dieser so genannte Fürstensalon war sonst dem württembergischen König Wilhelm II. (1848–1921) und seinem Hof vorbehalten. Offensichtlich herrschte um die Jahrhundertwende in Württemberg ein vergleichsweise sanfteres politisches Klima als im streng regierten Preußen.[12] Die behördlichen Repressalien waren hier, zumal nach Aufhebung des Sozialistengesetzes, vergleichsweise milde. Schon 1893 eröffnete man in Stuttgart ein Gewerkschaftshaus, was eine

Seltenheit war. Betriebsvertrauensleute wurden eingesetzt, und ab 1897 gab es eines der ersten «Arbeitersekretariate» in Deutschland.[13]

König Wilhelm II., Urenkel des noch absolutistisch herrschenden Friedrich, trug seine monarchische Stellung nicht übertrieben zur Schau. Bekanntermaßen las er sogar regelmäßig die *Schwäbische Tagwacht*, das seit 1890 offizielle Organ der württembergischen Sozialdemokratie, und hatte, da er Reformen gegenüber aufgeschlossen war, auch unter Sozialdemokraten zahlreiche Sympathisanten.[14] «Um 1904 hatte Stuttgart für einen siebzehnjährigen Schweizer schon etwas Ungewohntes», so erinnerte sich der in der Schweiz weit besser als in Deutschland bekannte Maler Karl Hügin, der sich damals als Bauzeichner im Ausland durchschlagen musste. «Viel Militär war zu sehen, und verwunderlicherweise ging etwa ein Soldat auf dem Trottoir plötzlich in Achtungstellung, nur weil eine Hofkutsche herannahte. Wenn es der Zufall wollte, so konnte man bemerken, wie auf der Straße alle Männer den Hut vom Kopfe nahmen und einen stattlichen Mann freundlich und selbstverständlich grüßten. Dieser Mann war der König von Württemberg.»[15]

Wilhelm Keil (1870–1968), der 37 Jahre als Chefredakteur die *Schwäbische Tagwacht* leitete, ein württembergischer Sozialdemokrat und Reformpolitiker par excellence, setzte 1916 König Wilhelm II. zu dessen 25. Thronjubiläum ein seither oft zitiertes Denkmal: «Nehmen wir es alles in allem, so will uns scheinen, daß unter den gegebenen Verhältnissen gar nichts geändert würde, wenn morgen in Württemberg an die Stelle der Monarchie die Republik treten würde. Kein zweiter würde, wenn alle Bürger und Bürgerinnen zu entscheiden hätten, mehr Aussichten haben, an die Spitze des Staates gestellt zu werden, als der jetzige König», schrieb er in seiner Zeitung.[16] Wobei allerdings hinzuzufügen wäre, dass dennoch in Württemberg und seiner Hauptstadt zur damaligen Zeit keine «paradiesischen Verhältnisse» für die Sozialdemokraten herrschten und die Klassengegensätze durchaus noch deutlich spürbar blieben.[17]

Schließlich fiel Fritz Bauers Geburtsjahr auch mitten in eine Zeit sozialer Bewegung und politischen Aufbruchs. Die urbanistische Revolution verschärfte die Tendenzen zur sozioökonomischen Segregation.[18] Räumlich kam dies in der Trennung proletarischer und kleinbürgerlicher Stadtteile von den besonders reichen Villenvierteln der Großstädte zum Ausdruck. Zwar verbesserten sich allmählich die Wohnverhältnisse in den Arbeiterquartieren, doch ließ sich die gedrückte Lage der unteren

Einkommensklassen nicht verhüllen. Außerhalb wie auch innerhalb der Arbeiterschaft blieb die starke Asymmetrie der Einkommensverhältnisse bestehen. Selbst die wirtschaftliche Konjunktur, die nach der Gründerzeitkrise 1873 einsetzte und von Wolfgang Mommsen als erstes deutsches Wirtschaftswunder bezeichnet wurde, konnte das scharf ausgeprägte Lohngefälle nicht abmildern.[19] Obwohl die Reallöhne von 1895 bis 1914 kontinuierlich anstiegen, änderte das nichts daran, dass sich die Arbeiterentlohnung im Durchschnitt um das Existenzminimum herum bewegte.[20] In Württemberg beispielsweise, wo der Tageslohn eines männlichen Arbeiters 1905 zwischen 1,85 und drei Mark lag, hungerten viele Arbeiterfamilien und leisteten mancherlei Verzicht, um das Kommunalwahlrecht – das gleichwohl demokratischer war als in den meisten anderen Bundesstaaten – ausüben zu können, wofür sie eine Gebühr von fünf bis zehn Mark zahlen mussten.[21]

Der allmähliche Reallohnanstieg, den der Sozialhistoriker Hans-Ulrich Wehler als das «hervorstechende Merkmal der Epoche» bezeichnet hat, und die daraus resultierende Verbesserung der Lebensverhältnisse erklären, warum die Sozialdemokratische Partei in Deutschland darum rang, ihre Handlungskonzepte der veränderten Realität der bürgerlichen Gesellschaft anzupassen. Während sie sich mehr und mehr zur Massenpartei der Industriearbeiterschaft entwickelte, setzte sie auf eine reformistische Praxis unter Beibehaltung der revolutionären, gesellschaftstransformierenden Zielsetzungen.[22] Zwar bestand das politische Ungleichgewicht durch das Dreiklassenwahlrecht und das restriktive Vereinsrecht zum Nachteil der Sozialdemokratie fort, dennoch begann um die Jahrhundertwende die positive Integration der Arbeiterbewegung in die bürgerliche Gesellschaft.[23]

Die württembergische Sozialdemokratie dieser Zeit ist ein besonders gutes Beispiel für den Integrationswillen. Erfolgreich vermied sie es, klassenkämpferisch aufzutreten, nicht nur um drohenden Repressionen aus dem Weg zu gehen, sondern auch, um neben den Industriearbeitern noch andere, weiterhin traditionell-ländlich gebundene Bevölkerungsgruppen zu erreichen.[24] Die fünf Landtagsabgeordneten der württembergischen SPD stimmten 1906 für die Verfassungsreform, obgleich sie nicht alle ihre Wünsche erfüllte. Jedoch verbannte die Reform die Standesvertreter aus der Zweiten Kammer, und fortan wurden zwar nicht alle, wie von der SPD gefordert, aber wenigstens 23 der 92 Landtagsabgeordneten in Listen- und Verhältniswahl gewählt.[25]

In den Diskussionen um das Selbstverständnis der Partei wurde der Reformismus der süddeutschen und insbesondere der württembergischen Sozialdemokraten, der sich auf die Tagespolitik und das Ziel schrittweiser, durch praktische parlamentarische Mitarbeit zu erreichender Reformen konzentrierte, geradezu sprichwörtlich. Dies führte nicht zuletzt auch zu harter innerparteilicher Kritik. Angeblich um die reibungslose Durchführung des Internationalen Sozialistenkongresses zu gewährleisten, bewilligte die württembergische Landtagsfraktion 1907 erstmals den Landeshaushalt und löste damit in der Partei heftige Flügelkämpfe über die reformistischen Mandatsträger aus, die wiederum – allen voran Wilhelm Keil – die Budgetbewilligung als rein taktische Frage betrachteten.[26] An dieser Stelle lohnt es sich, den Konflikt zwischen Reformisten und Linken in Württemberg etwas genauer zu schildern. Schließlich sollte er sich bis in die Jahre der Weimarer Republik hinein fortsetzen, in denen Fritz Bauer sich der Stuttgarter SPD anschloss und auf der Seite Kurt Schumachers für eine militantere, das heißt vor allem weniger behäbig-bürokratische politische Praxis kämpfte. Zudem wird hier bereits das Muster sichtbar, nach dem sich gegen Ende des Ersten Weltkriegs die Spaltung der SPD auf Reichsebene vollzog.[27]

In Stuttgart stand die reformistische Fraktion der SPD, die sich von den günstigen politischen Umständen gestärkt fühlte, einer nicht weniger starken linken Führungsgruppe innerhalb der Partei gegenüber. Dazu gehörten Clara Zetkin, die von 1907 bis 1912 die Redaktion der sozialistischen Frauenzeitschrift *Die Gleichheit* in Stuttgart leitete, sowie Hermann und Käte Duncker, beides Intellektuelle, die sich für die sozialistische Arbeiterbildung und gegen Kinderarbeit engagierten, sowie Friedrich Westmayer, seit 1905 Redakteur der *Schwäbischen Tagwacht* und seit 1908 Stuttgarter Ortsvereinsvorsitzender. Diese Gruppe ging von einer Verschärfung des Klassenkampfes aus und setzte deshalb auf Massenaktionen sowie eine aktive anti-militaristische und anti-nationalistische Politik der Sozialdemokratie.[28]

Ende 1911 gelang es der Stuttgarter Parteiführung mit Hilfe der auf dem Jenaer Parteitag eingesetzten «Preßkommission» unter Vorsitz von Clara Zetkin, die Kontrolle über die *Schwäbische Tagwacht* zu übernehmen, deren reformistischer Kurs den Stuttgarter Linken seit Jahren ein Ärgernis war.[29] Der Pressekonflikt schwelte aber auch danach weiter. Die Haltung der *Tagwacht* bei Kriegsbeginn gab schließlich den Anstoß für die Spaltung in zwei gegnerische Parteigruppen. Die politische Redaktion aus drei Mitgliedern der Parteilinken, die von Clara Zetkin zur *Tagwacht* geholt worden waren, geriet jetzt auch in Gegensatz zum württembergischen Landesvorstand, der seinerseits die Bewilligung der Kriegskredite durch die SPD-Reichstagsfraktion am 4. August 1914 sowie die Burgfriedenspolitik der großen Mehrheit des Parteivorstands unterstützte – und dies eben auch von seinem Parteiorgan forderte.[30] Nach erbitterten Auseinandersetzungen und der sukzessiven Ausgrenzung der linken Opposition setzte der Landesvorstand am 4. November 1914 Wilhelm Keil als Chefredakteur der *Schwäbischen Tagwacht* ein und übernahm damit die Aufsicht über das wichtigste Publikationsorgan der Partei in Württemberg, während die drei linken Parteiredakteure suspendiert wurden.[31]

Nach dem Scheitern eines Vermittlungsversuches durch den Berliner Parteivorstand, der die Spaltung verhindern wollte, war diese im Grunde bereits vollzogen. Seine schrittweise Isolierung veranlasste den Stuttgarter Ortsverein, dem die drei suspendierten *Tagwacht*-Redakteure angehörten, ein eigenes Parteiorgan (*Sozialdemokrat*) ins Leben zu rufen. Der Landesvorstand schloss kurz darauf die so genannten Radikalinskis aus und gründete im Februar 1915 einen neuen SPD-Ortsverein in Stuttgart; zur Gründungsversammlung kamen etwa 500 Mitglieder. Die Leitung des alten Vereins rief daraufhin ebenfalls zu einer Versammlung auf, zu der 600 Teilnehmer erschienen – die Spaltung war perfekt.[32] Von da an zog sich der Riss in kurzer Zeit immer tiefer durch die württembergische Partei. Im Juli 1915 spaltete sich auch die Landtagsfraktion, und die SPD-Linken schlossen sich in der «Sozialistischen Vereinigung» zu einer eigenen Fraktion zusammen, deren größerer Teil dann ab 1916 den aus der «Gruppe Internationale» hervorgegangenen «Spartakus» unter Führung von Rosa Luxemburg und Karl Liebknecht unterstützte und 1917, wie der alte Stuttgarter Ortsverein, in der USPD aufging.[33]

Im Reformismus und theoretischen Revisionismusstreit der Sozialdemokratie spiegelten sich die zeitgenössischen Folgen der Industrialisierung, der Anbahnung einer kapitalistischen Marktwirtschaft, deren neuartige Dynamik andererseits auf tradierte politische Machtkonstellationen von starker Beharrungskraft stieß. Die ungeheure Schnelligkeit der Veränderungen in der Lebens- und Arbeitswelt rief Skeptiker und Zweifler auf den Plan.[34] Konservative Kulturkritiker wie Oswald Spengler deuteten den technischen und gesellschaftlichen Aufbruch der Jahrhundertwende bereits als Höhepunkt einer Krise, die bald zum Untergang der aus den Fugen geratenen europäischen Moderne führen musste. Bestätigt sahen sich diese Mahner nicht zuletzt durch die Naturwissenschaften selbst, die die Voraussetzungen für die industrielle Revolution und den gesellschaftlichen Wohlstand geschaffen hatten. So wurden die 1900 erschienene *Traumdeutung* Sigmund Freuds und die im selben Jahr bekannt gewordene physikalische Quantentheorie Max Plancks als «Umschlagspunkt» gedeutet, mit dem die Wissenschaft ihre eigenen Grenzen markierte.[35]

Auch im einstmals gemütlichen Stuttgart, wo die Uhren angeblich langsamer gingen, wurden immer mehr Stimmen laut, die die Signale keineswegs nur auf Aufbruch gestellt sahen. Die Jahre vor dem Ersten Weltkrieg waren, wie schon gesagt, Stuttgarts Anfang als Großstadt. In den zwanziger Jahren war diese Entwicklung zu einer modernen Industriestadt bereits abgeschlossen, «Alt-Stuttgart» existierte nicht mehr.[36] Unter den Stuttgartern machte sich die Angst vor immer neuen Umbrüchen und dem Verlust der gewohnten Umgebung bemerkbar. Die Gesellschaft vor 1914, so meinte Otto Borst, wurde «von Unsicherheiten und sichtlichem Unbehagen ergriffen, kaum daß die glücklichen Glocken des ersten Jahres 1900 verklungen» waren. Das neue Jahrhundert hatte nicht den kulturellen Aufstieg gebracht, «sondern Ruß, Streiks, Entlassungen, heruntergewirtschaftete Quartiere».[37] Als besondere Warnung empfand man allgemein, dass gerade jetzt, Ende Januar 1902, das Hoftheater abbrannte. Es war die größte Katastrophe seit den Bränden des 18. Jahrhunderts und bis zu den Fliegerbomben des Zweiten Weltkrieges.[38]

Ebenso wenig optimistisch stimmte die Stuttgarter, dass trotz aller modernen Bauentwicklung der «neue» Bahnhof schon wieder abbruchreif dastand. Den ersten Preis des Wettbewerbs für den (heutigen) Hauptbahnhof gewannen 1912 die Architekten Paul Bonatz (1877–1956) und Friedrich Eugen Scholer (1874–1949). Die Bauarbeiten begannen 1914, wurden freilich durch den Weltkrieg unterbrochen, so dass der neue Bahnhof erst 1922 eröffnet und 1927 endgültig fertig gestellt werden konnte. Mit seiner Säulenhalle zwischen riesigen Eingangsbogen war der Hauptbahnhof ein monumentales, geradezu pathetisches Bauwerk, über dessen Gestalt die Meinungen auseinandergingen. Architekt Bonatz gehörte zur «ersten» Stuttgarter Schule zwischen den Weltkriegen, deren Stilrichtungen an der Technischen Hochschule gelehrt wurden. Sein Vorgänger als Professor für Städtebau und Entwerfen war der berühmte Theodor

Fischer (1862–1938), dessen Bauten ebenfalls zum Teil dem Historismus und Neoklassizismus, zum Teil aber auch dem Jugendstil und dem Internationalen Stil verpflichtet waren. Zu seinen wichtigsten Entwürfen zählte das in der Nähe des Neuen Schlosses gelegene Kunstgebäude, im Volksmund nach dem Wappentier auf der Kuppel der «Goldene Hirsch» genannt, Schauplatz der «Großen Kunstausstellung in Stuttgart 1913». Insofern kann dem Loblied von Otto Borst auf Theodor Fischer, der als Repräsentant der Stuttgarter Architekturschule aus dem Chaos der Stile herausgeführt und eine gemäßigte Moderne vertreten habe, zugestimmt werden. Etwas vorsichtiger allerdings ist sein Schüler Bonatz zu beurteilen, dessen Werk später in die Nähe der NS-Kunst rückte.[39]

Die klassische Bauweise der «Stuttgarter Schule», wie sie an der Technischen Universität noch gelehrt wurde, stand in krassem Gegensatz zur Bauhausarchitektur, der wohl berühmtesten deutschen Architekturschule (1919–1933) der «Moderne». Und doch war es die Stadt Stuttgart, in der 1927 unter künstlerischer Leitung von Ludwig Mies van der Rohe die weltbekannte Siedlung am Weißenhof errichtet wurde. Sie war Teil der vom Deutschen Werkbund initiierten Ausstellung «Die Wohnung». Mit dieser Veranstaltung, so schrieb Thaddäus Troll al. Hans Bayer (1914–1980), «hatte Stuttgart eine Sternstunde [...] ein architektonisches Denkmal.»[40] Der Architekt Paul Bonatz hingegen prägte schon 1926 das langlebige Schimpfwort von der «Vorstadt Jerusalems», und die Nationalsozialisten bezeichneten die Mustersiedlung später als «Araberdorf».[41]

Als junger Mann hat Fritz Bauer die nur noch aus sechzig Wohneinheiten bestehende Siedlung in seiner Heimatstadt bewundert, vor allem den Entwurf des Schweizers Le Corbusier (1887–1965), der als einer der kühnsten Architekten des «Neuen Bauens» gilt. In seinem Büro in Frankfurt am Main ließ der spätere hessische Generalstaatsanwalt Bauer eine ganze Wand mit einer modernen, angeblich von Le Corbusier entworfenen Tapete dekorieren.[42] Ebenso ist überliefert, dass er bei seinem Umzug nach Frankfurt 1956 auf keinen Fall einen Altbau, sondern eine moderne Neubauwohnung bevorzugte.[43] Die Enttäuschung darüber, dass sich der «Siegeszug der Moderne», wie ihn miterlebt hatte, nach 1945 nicht fortsetzen ließ, hat Fritz Bauer vielfach zum Ausdruck gebracht. Zu dem Schriftsteller Gerhard Zwerenz sagte er wörtlich: «Wir Emigranten hatten so unsere heiligen Irrtümer. [...] Daß Deutschland in Trümmern lag, hat auch sein Gutes, dachten wir. Da kommt der Schutt weg, dann bauen wir Städte der Zukunft. Hell, weit und menschenfreundlich. Bauhaus. Gropius. Mies van der Rohe. So dachten wir damals. Alles sollte neu und großzügig werden.»[44]

Doch kehren wir zurück mitten hinein in die große Umbruchzeit der Jahrhundertwende. Als in der Tendenz eher kontinuierliches Fortschreiten stellte sich am Ende des «langen» 19. Jahrhunderts die wirtschaftliche Entwicklung Deutschlands dar. Nach der Überwindung der Gründerzeitkrise, die 1873 einsetzte, hatte sich das Kaiserreich noch einmal wirtschaftlich erholt, und bis zum Weltkrieg steigerte sich, von zwei kurzen Rezessionen unterbrochen, die beispiellose Hochkonjunktur.[45] In den Bereichen der neuen Leitsektoren, der chemischen und der Elektroindustrie, errang Deutschland in kurzer Zeit eine Monopolstellung. «Dieser große Sprung nach vorne», so der amerikanische Wirtschaftshistoriker David S. Landes, hatte «in seiner technischen Virtuosität und seinem aggressiven unternehmerischen Geist keine Parallele.»[46] Zugleich wuchs zwischen 1890 und 1913 die deutsche Bevölkerung um ein Drittel auf 66,9 Millionen – ein rasanter Anstieg, der fürs Bewusstsein keine geringe Rolle spielte.[47] Die jahrezehntelang dauernde Auswanderungswelle verebbte vor der Jahrhundertwende. Stattdessen setzte eine starke Binnenwanderung aus der agrarischen Provinz in die großen und rasch wachsenden Industrie- und Ballungszentren ein: die größte Bevölkerungsbewegung in der Geschichte Deutschlands, an der immerhin jeder zweite Deutsche beteiligt war.[48]

Die explosive Dynamik und Binnenmobilität der Wirtschaftsentwicklung kam besonders der Baukonjunktur zugute, und so setzte auch in Stuttgart ein gewaltiger Bauboom ein. Von 1898/99 bis 1901 wurden allein drei evangelische und vier katholische Kirchen gebaut, das Hauptsteuergebäude in der Schlossstraße, die Württembergische Sparkasse, die Lebensversicherungs- und Ersparnisbank, die Verwaltungsgebäude der Versicherungsanstalt Württemberg und der Allgemeinen Rentenanstalt, die Volksbibliothek, das Hofkammergebäude, das Katharinstift, mehrere Warenhäuser und noch einige andere Großbauten. Auch mit dem Neubau des Eberhard-Ludwigs-Gymnasiums, Württembergs Elitegymnasium mit hohem Rang in der humanistischen Bildung, das Fritz Bauer von September 1912 bis September 1920 besuchen und mit ausgezeichnetem Abitur verlassen sollte, wurde zur Jahrhundertwende begonnen.

Das traditionsreiche Eberhard-Ludwigs-Gymnasium in Stuttgart besuchte Fritz Bauer während des Ersten Weltkriegs.
(Privatbesitz)

Das neue Gebäude für das «Gymnasium illustre» aus dem Jahr 1686 wurde genau im Geburtsjahr Fritz Bauers (1903) in der Holzgartenstraße eingeweiht. Sein altehrwürdiger Vorgänger war die erste Ausbildungsstätte vieler großer Schüler gewesen, darunter Johann Friedrich Cotta, Johann Jakob Moser, Georg Friedrich Wilhelm Hegel, Karl Gerok, Robert Mohl, Berthold Auerbach, Georg Herwegh, Wilhelm Waiblinger und Gustav Schwab. In die neue Lehranstalt gingen Fritz Bauer, Berthold, Alexander und Claus von Stauffenberg, Eugen Gerstenmaier und andere, deren Namen man jetzt, auf der Website des nach dem Zweiten Weltkrieg wieder aufgebauten Gymnasiums, nachlesen kann – allerdings wird Bauer dort nicht erwähnt.[49] Vierzig Jahre bestand die seinerzeit, kurz nach Jahrhundertbeginn, besonders moderne Schule, bevor sie in der Nacht vom 12./13. September 1944 bei einem Bombenangriff zerstört wurde.

Gleich nach Beginn des neuen Säkulums vergrößerte sich auch das Stadtgebiet Stuttgarts erheblich, als wirtschaftliche Gründe zu mehreren Eingemeindungen führten: 1901 kam Gaisburg, 1905 Cannstatt, Untertürkheim und Wangen, 1908 Degerloch hinzu; und das bedeutete immerhin 52 000 neue Bürger. Zuwanderung und Eingemeindungen sowie der Anstieg der Geburtenrate führten zu einem geradezu sprunghaften Wachstum, wenngleich Stuttgart aufgrund seiner eher geringen Industrialisierung dem plötzlichen Wachstum in anderen Großstädten des Reiches hinterherhinkte.[50] In den zehn Jahren zwischen 1900 und 1910 stiegen die Einwohnerzahlen von 176 705 auf 286 218, ein solches Wachstum hat es nie zuvor und nie danach gegeben.[51] Im Juni 1933 zählte die württembergische Landeshauptstadt 415 028 Einwohner, weit mehr als doppelt so viel wie zur Jahrhundertwende.

Sieben von diesen Zuwanderern, diesen rund 100 000 Neubürgern Stuttgarts zu Anfang des 20. Jahrhunderts, waren die väterlichen Vorfahren von Fritz Bauer: zwei Elternteile und fünf Kinder, die, wie viele jüdische Familien aus der schwäbischen Provinz, in die größer und immer attraktiver werdende Hauptstadt umsiedelten. Als die Großeltern sich in Stuttgart niederließen, waren die Juden hier bereits zu einem wichtigen Wirtschaftsfaktor geworden. Gut ein Drittel aller württembergischen Juden lebte hier. Sie waren im Bankwesen und im Großhandel tätig, und sie gründeten zahlreiche neue Gewerbebetriebe. Bald sollten auch die Bauers als Kleinunternehmer zum Aufschwung der württembergischen Textilindustrie beitragen.[52]

«Meine Familie war brav und bürgerlich»
Schuljahre vor und im Weltkrieg

Adolf Abraham Bauer, Fritz Bauers Großvater, wurde am 7. September 1838 in dem bayerischen Dorf Einsbach nördlich von Fürstenfeldbruck geboren; seine Frau Auguste, eine geborene Regensteiner, am 18. August 1849 in dem nahe bei Bopfingen im Ostalbkreis gelegenen Örtchen Aufhausen, also in Württemberg.[1] Die beiden heirateten am 25. August 1868 in der ehemaligen Residenzstadt Ellwangen, seit der Säkularisation 1802/03 Oberamt Württemberg, einer kleinen Landgemeinde ebenfalls im Ostalbkreis, die damals nur um die dreißig jüdische Einwohner zählte.[2] Die Herkunft der Familie lässt sich namentlich noch eine Generation früher feststellen, dann allerdings verliert sich ihre Spur. Im Familienregister von Stuttgart, wo Adolf und Auguste Bauer seit dem 22. Oktober 1894 aufgeführt sind, werden noch die Namen des Kaufmanns Moses Samuel Bauer und seiner Frau Dole, geborene Isaak, sowie Lazarus Regensteiner und dessen Frau Sara (geborene Rosenfelder) erwähnt – Fritz Bauers Urgroßeltern väterlicherseits.[3]

Das genaue Datum des Umzugs nach Stuttgart ist nicht bekannt, jedenfalls zog die Familie Adolf Abraham Bauers mit der allgemeinen Abwanderung aus der Provinz in die städtischen Zentren, die Ende des 19. Jahrhunderts einsetzte, aus Ellwangen fort, mit fünf Kindern, zwei Töchtern und drei Söhnen. Ein Sohn war kurz nach der Geburt gestorben. Am 11. November 1870 wurde in Ellwangen ihr zweitältester Sohn Ludwig, der Vater Fritz Bauers, geboren.[4] Mit Ausnahme von Hedwig, der jüngsten Schwester von Ludwig, die 1903 einen Karlsruher Kaufmann heiratete, lebte die ganze Familie am Ende des Jahrhunderts im industriellen Zentrum Württembergs.[5] Hier gründete Adolf Bauer seine Manufakturwarenhandlung und baute das Geschäft zu einem gut gehenden Familienunternehmen aus, das von der ruhigen und relativ stetigen wirtschaftlichen Entwicklung profitierte.[6] Fritz Bauers Großvater starb 1908, noch vor Eintritt in sein 70. Lebensjahr; seine Frau Auguste 1927 im Alter von 78.[7] Erinnerungen Fritz Bauers an seine Großeltern väterlicherseits sind nicht überliefert.

Ludwig Bauer und seine beiden Brüder traten nach einer kaufmännischen Ausbildung das Erbe ihres Vaters an und führten das Geschäft so lange weiter, bis die Nationalsozialisten sie zum Verkauf und zur Emigration zwangen. «Manufakturwaren en gros, Seestraße 5», lautete der Eintrag der Firma für das Jahr 1929/30 im «Behörden-, Mitglieder- und Vereinsverzeichnis der Israelitischen Gemeinden Stuttgarts, Cannstatts, usw.»[8] Die Textil- und Bekleidungsbranche war einer der großen Industriezweige des Landes, freilich aufgrund ihrer Exportabhängigkeit zum Teil sehr krisenanfällig. Sie hatte sich einen europaweiten Markt erschlossen und konnte die starken wirtschaftlichen Rückschläge in den Jahren 1907 und 1913 überstehen.[9] Das galt im Übrigen auch für die Bereiche Elektrotechnik und Maschinenbau, mithin die beiden ersten Großbetriebe im Stuttgarter Raum: Robert Boschs Elektromotorische Fabrik und die Daimler-Motorengesellschaft in Untertürkheim. Der leidenschaftliche Erfinder Gottlieb Daimler (1834–1900), der zusammen mit Wilhelm Maybach (1846–1929) den ersten schnell laufenden Benzinmotor entwickelt hatte, sowie der Techniker Robert Bosch (1861–1942), der ein sozial denkender Unternehmer war, veränderten die Lebensverhältnisse radikal. Mit ihren Erfindungen verschafften sie sich und der Hauptstadt Weltgeltung, noch bevor die Stuttgarter es selber bemerkten.[10]

Ein Nebenerwerb in der Landwirtschaft, wie ihn viele Arbeiter beibehielten, wenn sie als Fabrikhandwerker in die Stadt gingen und draußen noch ein paar Felder bewirtschafteten, kam weder für Adolf Bauer noch für seine Söhne in Betracht. Die Bedeutung der Landwirtschaft und die damit verbundene wirtschaftliche Ausgewogenheit besorgten bis in die Weimarer Republik hinein, als die absoluten Zahlen der Beschäftigten im primären Sektor zurückgingen, eine relative Krisenfestigkeit Württembergs und sollten sich auch noch während der Weltwirtschaftskrise bemerkbar machen.[11]

Ludwig Bauer heiratete am 25. Mai 1902 als 32jähriger die elf Jahre jüngere Ella Gudele Hirsch aus Tübingen, Fritz Bauers Mutter. Das Ehepaar bezog unweit der Geschäftsräume der Firma «Adolf Bauer» eine geräumige Mietwohnung in der Wiederholdstraße 10. Hier verbrachten Fritz Bauer und seine drei Jahre jüngere Schwester Margot ihre Kindheit und Jugend in einem gutbürgerlichen Milieu. Dabei trugen die Bauers ihren Wohlstand nicht zur Schau, sondern waren durchaus «bescheiden in ihrer Lebensweise».[12] Infolge der traditionellen Rollenverteilung waren die Geschwisterspiele allerdings nicht so ganz frei von Eifersüchteleien, denn der jüngeren Margot blieb stets bewusst, dass ihr Bruder, noch dazu Erstgeborener und exzellenter Schüler, seinen Weg machen werde, während ihr eine entsprechende Ausbildung nicht vergönnt war. Finanziell wäre das zwar durchaus möglich gewesen, doch waren für Mädchen damals noch andere Lebenswege vorgesehen.

Seestraße und Wiederholdstraße, die beide heute noch existieren, liegen im nördlichen Stuttgart, unterhalb des Killesbergs, in einem damals wie heute beliebten Viertel nahe dem Stadtzentrum, das man von da aus leicht zu Fuß erreichen kann. Von hier aus unternahmen die Kinder ihre ersten Ausflüge und Erkundungen in der Großstadt, begleitet von einem Kindermädchen, das Fritz Bauer lebenslang in Erinnerung blieb.[13] Wiederum ganz in der Nähe, in der Hölderlin- und in der Jägerstraße, lebten die Familien der Brüder Max und Julius, der Geschäftspartner Ludwig Bauers in der Manufakturwarenhandlung. Wir wissen nicht, ob die Familien untereinander engeren oder ständigen Kontakt hielten, gemeinsam am gesellschaftlichen Leben teilnahmen, ob sie zusammen Konzerte oder Theateraufführungen besuchten.

Jedenfalls waren die Bauers eine typische deutsch-jüdische Kleinfamilie. Ein Foto der Eheleute Ludwig und Ella Gudele Bauer zeigt den Vater mit hochgezwirbeltem Kaiser-Wilhelm-Bart und Fliege. Seine Liebe zum Vaterland und seine patriotische Gesinnung hatte Ludwig Bauer schon als 22jähriger bekundet, als er sich im Oktober 1894 freiwillig zum Militär meldete und ein Jahr lang Dienst bei der 11. Kompanie des Grenadier-Regiments «Königin Olga» tat – benannt nach der Großfürstin Olga, der Tochter des Zaren Nikolaus I. von Russland, der Ehefrau des württembergischen Königs Wilhelm I. (1781–1864).[14] Seinen Militärdienst absolvierte er in einer Zeit, als die meisten deutschen Juden überzeugt davon waren, dass das neue Kaiserreich ihre Emanzipation vollenden würde. Sie waren «stolz auf alles, was deutsch hieß», schreibt Fritz Stern in seiner Doppelbiographie *Bismarck und sein Bankier Bleichröder*, und er fügt hinzu: «Ihre Ergebenheit, ihre übertriebene Vaterlandsliebe wurden nicht vergolten.»[15]

Ein anderes gestelltes Foto, das wohl etwas später entstand, zeigt den

Die Eltern Ella Hirsch und Ludwig Bauer heirateten 1902 in Stuttgart. (Privatbesitz)

Vater Ludwig Bauer als Patriarchen, der seine Familie überragt und streng in die Kamera blickt. Fritz Bauer, im Matrosenanzug, hält auf dem Familienporträt das mit großem Hut und Rüschenkleid ausstaffierte, etwas schüchtern dreinschauende Schwesterchen Margot an der Hand; die Mutter sitzt auf einer Parkbank, die ganze Gruppe paradiert vor einem Hintergrund, der – wie damals die Regel – eine phantastische Landschaft präsentierte. Das Foto zeigt einen pflichtbewussten, kaisertreuen Familienvater.

Familie Bauer in Stuttgart, um 1910. (Privatbesitz)

Matrosenanzüge spiegelten die damals populäre Flotten- und Kolonialpolitik des deutschen Kaisers Wilhelm II., der seine Weltmachtsträume bei jeder Gelegenheit zum Ausdruck brachte und seine Untertanen mit dieser Idee infizierte. Nebenbei gesagt: Der erfolgreiche Stuttgarter Matrosenanzughersteller Bleyle warb nicht einmal im Ersten Weltkrieg mit Flottenbegeisterung und nationaler Euphorie;[16] zudem missachtete die Firma die Uniformvorgaben für «echte» Matrosenanzüge. Dem Knabenanzug Fritz Bauers fehlten die Passen und Streifen an den Ärmeln. Am wenigsten entsprach in unserem Fall gewiss der Strohhut, den die Eltern dem Jungen für das Familienporträt aufgesetzt hatten, der militärischen Uniformierung.[17]

Wenn die exakte Nachahmung des Matrosenanzugs als Gradmesser der nationalen Gesinnung dienen sollte, so nahmen es die Bauers also offensichtlich nicht ganz so genau. Dennoch waren sie durchaus nationalistisch gesinnt, entsprach doch die von Kaiser Wilhelm II. im Jahr 1897 betriebene Weltmachtpolitik der begeisterten Überzeugung des ganzen deutschen Bildungsbürgertums, dem die Bauers zuzurechnen sind.[18] Im Zeitalter des Imperialismus sollte auch Deutschland nicht abseits stehen, sondern sich seinen «Platz an der Sonne» erobern.[19] Die Angst, dabei möglicherweise bereits zu spät gekommen zu sein, verlieh den wilhelminischen Initiativen jene nervöse Unrast, die als Hauptkennzeichen der Epoche bezeichnet wurde.[20] Tatsächlich bildete man sich schließlich ein, in einer Welt umringt von Feinden zu leben und sich aus dieser Einkreisung nur noch mit einem «Befreiungsschlag» erlösen zu können.

Durch den berühmten Admiral Alfred von Tirpitz (1849–1930), der 1897 zum Staatssekretär im Reichsmarineamt ernannt worden war, bekamen Wilhelm II. und der damalige Reichskanzler Bernhard von Bülow (1849–1929) ihre stärkste Unterstützung. Unentwegt trieb Tirpitz den Flottenbau voran und verfolgte damit auch Nebenzwecke: Er verspreche sich, hatte er bereits 1895 festgehalten, von der neuen «nationalen Aufgabe» zugleich ein «starkes Palliativ gegen gebildete und ungebildete Sozialdemokraten».[21] Das kostspielige Mammutprojekt mit seiner folgenreichen Stoßrichtung gegen Großbritannien trieb das staatliche Haushaltsdefizit ins Uferlose. Doch die dringend notwendig gewordene Reform der Finanz- und Steuerverfassung scheiterte am Widerstand der Konservativen. In dieser Lage ergriffen Bülow und seine imperialistischen Parteigänger «nur zu bereitwillig die Gelegenheit beim Schopfe, die ihnen ein Kolonialkrieg in ‹Deutsch-Südwestafrika› bot.»[22] Drei Jahre, von 1904 bis 1907, dauerte der Kampf gegen die Herero und Nama, die sich gegen den Landraub durch deutsche Siedler erhoben hatten. Bei der Niederschlagung des Aufstands – so lautet mittlerweile die einhellige Forschungsmeinung – tauchte bereits «die Fratze des künftigen Krieges» auf, eine Frühform planmäßiger Vernichtungspolitik:[23] Der Genozid an den Herero war der erste organisierte Völkermord im 20. Jahrhundert.[24]

Weitab davon lebten die Bauers in «braven und bürgerlichen» Verhältnissen, was auch bedeutete, sie bekamen nicht viel mit von den politischen

Debatten dieser Jahre und konnten sich gewiss nicht vorstellen, dass es in gar nicht so ferner Zukunft zu einem Weltkrieg kommen könnte. Ludwig und Ella Bauer erzogen ihre Kinder ebenso national wie autoritär, eben im Geiste jener vaterländischen Gesinnung des Wilhelminismus, der damals die deutsche Bürgergesellschaft beseelte. Die viel zitierten «deutschen Tugenden» Anstand, Fleiß, Pünktlichkeit standen im Erziehungsprogramm an oberster Stelle, und nicht selten herrschte Kasernenhofton. Unvergesslich blieben dem jungen Fritz die strengen Regeln, die ihm bei Tisch eingebläut wurden.[25] Vor den Folgen solcher geradezu soldatischen Disziplinierung, die sich nach dem Abitur in der Militärzeit fortsetzte, warnte Fritz Bauer später ganz bewusst und sah darin eine der Wurzeln inhumanen Denkens und Handelns. Vor Studenten sagte er einmal, in Deutschland gebe es *«eine ganze Reihe von Leuten [...], die erzogen worden sind so, wie auch ich als der kleine Fritz von meiner Mama und meinem Papa erzogen worden bin, nämlich autoritär. Du setzt dich wirklich brav an den Tisch hin, und halt das Maul, wenn der Papa redet, hast du nichts zu sagen. [...] wir kennen alle den Typus von Papa. Ich selber habe noch manchmal Alpträume, wenn ich daran denke, wie ich am Sonntagmittag die Frechheit besaß, meinen linken Arm zu bewegen, statt ihn brav auf dem Tisch zu halten. [...] Die autoritäre Erziehung in Deutschland war ja wirklich die Grundlage deutscher Ethik, sie besteht im Grunde darin [...]: Gesetz ist Gesetz und Befehl ist Befehl, das ist das A und O deutscher Tüchtigkeit, A und O des deutschen Wohlstands durch die letzten 150 Jahre. [...] Man hat an den Kompaß im eigenen Menschen appelliert. Meine Mama und mein Papa hatten erklärt: ‹Du mußt immer selber wissen, was richtig ist.› Man appellierte stillschweigend immer an den Kategorischen Imperativ von Kant, niemand hat sich viel darum gekümmert, wie ein junger Mensch mit den Problemen fertig wurde.»*[26]

Die beiden Kinder Fritz und Margot verlebten trotz aller Strenge eine sorglose und behütete Kindheit. Die finanzielle Situation der Familie erlaubte ohne Weiteres, in die Sommerfrische zu fahren und eines der damals modischen Seebäder oder den Kurort Baden-Baden zu besuchen. Eine dieser Reisen wurde der Anstoß für das zweite große Ereignis im Leben Fritz Bauers. Er war damals sieben Jahre alt und hatte die erste Klasse in der Elementarschule hinter sich, als die Familie wieder einmal nach Baden-Baden fuhr. Es müsse im Juli 1910 gewesen sein, erzählte er später gern von seinem besonderen Erlebnis, *«das man wahrscheinlich psychologisch als eine Art Urerlebnis bezeichnen könnte und an das ich mich heute immer wieder erinnere:*

Das war nach dem ersten Schuljahr, meine Eltern waren mit meiner Schwester und mir nach Baden-Baden gegangen, in ein Hotel außerhalb von der Stadt. Damals bekam ich den elterlichen Befehl, ein Tagebuch zu führen. Ich erinnere mich noch an das Klassenheft, es war umgeben mit einem erschreckenden blauen Einband, und der kleine Junge, der gerade ein Jahr in der Schule war, mußte jeden Nachmittag nach dem Mittagessen das Tagebuch führen. Es enthielt so geistvolle Bemerkungen wie: ‹Margot und ich gingen spazieren, wir pflückten Gänseblümchen, sie waren sehr schön, wir stellten sie in die Vase›, und ähnliche schicksalswichtige Dinge. Aber dann erinnere ich mich, daß ich einmal aus der Laube heraus, die im Hotel war, mit meinem Tagebuch in der Hand zu meiner Mutter ging. Ich war vor ganz kurzem wiederum in Baden-Baden und habe genau den Platz gesucht und ihn wiedergefunden. Ich kenne genau den Quadratmeter, wo meine Mutter saß, ich ging zu ihr und ich sagte zu ihr: ‹Mutti, was ist eigentlich Gott?› Das war die Frage, die den Sechseinhalb-, Sechsdreivierteljährigen beschäftigt hat, und ich weiß ganz genau, und ich sehe es deutlich vor meinen Augen, wie meine Mutter zu mir gesagt hat: ‹Das kann ich dir nicht sagen, vielleicht kann ich es dir nie sagen, aber es gibt einen Satz, und den merke dir, der gibt dir die Antwort fürs ganze Leben›. Und ich habe den Satz eigentlich auch nie vergessen, er lautete: ‹Was du nicht willst, daß man dir tu', das füg' auch keinem anderen zu.› Wenn ich also rückblicke, dann muß ich sagen, dieses Erlebnis, das also wirklich ganz inselhaft aus meinen früheren Erinnerungen auftaucht, dieses Wort hat sich so tief in mich eingeprägt, daß es eigentlich zur Richtschnur meines Lebens geworden ist.»[27]

Zur autoritären Erziehung in der «guten alten Zeit» gehörte auch die Einweisung in die standesgemäße Lebensweise. Auf die Frage, ob er denn nicht, wie es damals zum guten Ton gehörte, ein Musikinstrument lernen musste, antwortete er in dem bereits erwähnten Rundfunkinterview (1967) lachend: *«Ganz sicher. Sowohl meine Schwester als auch ich. Wir wurden zunächst geschickt zu Fräulein Heimberger und übten Czerny, ‹Die Schule der Geläufigkeit›. Nach wenigen Augenblicken, wenigen Stunden war ich schon böse, ich war wahrscheinlich neun oder zehn Jahre. Besagte Dame hatte die Unverschämtheit besessen, einen Mann, nämlich mich, zu prügeln. Sie schlug nämlich den Takt auf meinem Arm, und ich hatte das Gefühl, das sei meiner unwürdig. Nach einiger Zeit hatte ich auch Czerny und ähnliche Dinge satt, und ich stürzte mich, als ich es zuhause bei meinem Vater fand, auf die Ouvertüre zum ‹Rheingold›. Da gab es jedenfalls ganz unten am Klavier, soweit meine Händchen reichten, tiefe und dunkle Töne und das Rauschen des Rheins, die ganze Schönheit des Rheingolds. Hier erging ich und ergötzte mich und hatte das Gefühl, in die tiefsten Tiefen deutscher Musik eingedrungen zu sein.»*[28] Aber dabei blieb es auch, beim frühzeitigen Ende seiner musikalischen Karriere.[29]

In Stuttgart lebte die Familie Ludwig Bauers ziemlich säkularisiert und assimiliert; man war nicht Mitglied der jüdischen Gemeinde und ging auch an den hohen Feiertagen nicht in die Synagoge. Insofern waren die Bauers im Rahmen der vielfältigen religiösen und kulturellen Anlässe der jüdischen Gemeinde offenbar nicht besonders beteiligt.[30] In den Quellen taucht der Name Fritz Bauer nur einmal, und zwar erst zu Beginn der dreißiger Jahre in Verbindung mit dem jüdischen Vereinsleben auf: als Redner beim «Verein jüdischer Handwerker», der 1930 im Zuge der wirtschaftlichen Umwälzungen gegründet wurde und zahlreichen jugendlichen Arbeitslosen zu einer Ausbildung verhalf.[31] Assimilierte jüdische Familien wie die Bauers repräsentierten eine Übergangsgesellschaft, deren kulturelle Identität sich nicht mehr allein aus religiösen Quellen speiste, in der man aber dennoch die eigene Herkunft nicht vergaß.[32] Am ehesten traf auf sie die Formel von den «deutschen Staatsbürgern jüdischen Glaubens» zu, nach dem gleichnamigen «Centralverein», der 1893 auf dem Höhepunkt des politischen Antisemitismus zur Verteidigung der im Zuge der Emanzipation errungenen Rechtsstellung der Juden gegründet worden war.[33] Ob die Gründung einer Defensivorganisation zugleich ein Zeichen dafür war, dass die Juden damit in einer immer feindlicher werdenden Umgebung ihr früheres Vertrauen auf das Wohlwollen des Staats aufgaben, wie Fritz Stern meint, ist allerdings in unserem Fall, aber auch in den meisten anderen, nur schwer zu beurteilen.[34] So mag Ludwig Bauer, als er 1894 seinen Militärdienst antrat, auf mehr als eine stillschweigend zustimmende Anerkennung seiner gesellschaftlichen Existenz gehofft haben, wie sie Fritz Stern am Beispiel Gerson Bleichröders als eine der «Versuchungen der Assimilation» dargestellt hat.[35]

Die bald darauf einsetzende Umformung des «Centralvereins» in einen Kulturverband, der sich auch die systematische Förderung der jüdischen Literatur, Kunst, Musik und Wissenschaft zum Ziel setzte, erweiterte jedoch beträchtlich die ursprüngliche, eher politische Konzeption. Es ging jetzt darum, Teilaspekte jüdischer Traditionen in eine moderne, säkulare Kultur einzupassen. Die Rückbesinnung auf die eigene Herkunft und Kultur verdankt sich also weniger einer kulturellen Abwehrhaltung als einem neuen Selbstbewusstsein. In ihr spiegelte sich die Hoffnung der deutschjüdischen Bevölkerungsgruppe, künftig ihren Platz in der Gesellschaft des Kaiserreichs gleichberechtigt und respektiert behaupten zu können.

Auch Fritz Bauer fühlte sich noch dem traditionellen jüdischen Milieu verhaftet, zugleich aber bereits von der Erfahrung geprägt, einer Generation der Neuorientierung anzugehören.[36] Seine Kindheit fiel noch in *Die Welt von gestern*, die Stefan Zweig (1881–1942) so farbig und gewissermaßen harmlos beschrieben hat: in das lange bürgerliche Zeitalter und die bis dahin längste erinnerbare Friedensepoche in Europa. Es war die Zeit, als das Jahrhundert noch jung war, noch niemand an den Weltkrieg dachte und «niemand außer ein paar schon verhutzelten Greisen […] um die ‹gute alte Zeit› [klagte]».[37] Optimismus beschwingte das Leben der Menschen und eine «wunderbare Unbesorgtheit», denn was sollte diesen Aufstieg hemmen, «der aus seinem eigenen Schwung immer neue Kräfte zog»? Es waren die Jahre des Anbruchs der Moderne und des neuen «Jugendstils» als des «modernen Stils unserer Zeit». Nicht nur die Städte wurden größer, und nicht nur das Raumgefühl änderte sich durch das Fahrrad, das Automobil und die elektrischen Bahnen, sondern auch die Menschen veränderten sich. In der verklärenden Erinnerung Stefan Zweigs wurden sie schöner und gesünder, ernährten sich besser, blieben an den Wochenenden nicht mehr zu Hause. Die Jugendbewegung entdeckte für sich die Natur, den sportlichen Wettkampf und das Leben in der Gemeinschaft.

Kein Zweifel: Die Welt war größer und mobiler geworden in den ersten zehn Jahren des neuen Säkulums, und mit den wachsenden Möglichkeiten der Technik und den damit verbundenen Veränderungen der Lebenswelt wuchs auch die Kritik an der bürgerlichen Moderne. So protestierte die aufkommende Jugendbewegung gegen das «bürgerliche Sicherheitsdenken» und «Spießertum». Hier machte sich bereits ein um sich greifender Wertrelativismus, die Tendenz zum Dezisionismus bemerkbar.[38] Zwar geschah das in der spätwilhelminischen Zeit noch innerhalb des bürgerlichen Lagers, wie Hans Mommsen feststellte, deutete jedoch bereits auf Entwicklungen, die sich später, in den zwanziger Jahren, zu einem ideologisch überformten Generationskonflikt verdichteten.

Der Protest der Jugendbewegung gegen die autoritären und militärischen Tendenzen der ausgehenden Epoche resultierte vor allem aus der Enttäuschung über die kriegerischen Ideologien vor 1914.[39] In der Umkehrung führte diese Kritik und scheinbare Politisierung der Kriegs- und Nachkriegsjugend jedoch zur Aushöhlung bürgerlicher Traditionen. Eine gefährliche Euphorie und Flucht aus der politischen und sozialen Realität waren die Folge. Nicht zuletzt auf diesem Boden konnten sich die apolitischen radikalen Ideen, wie beispielsweise die antisemitischen und völkisch-nationalistischen Stimmen aus der Vorkriegszeit, weiterentwickeln.[40]

Fritz Bauer wurde 1903 mitten in eine Übergangszeit hineingeboren: des ungebrochenen Fortschrittsoptimismus einer bürgerlich-rationalen Welt auf der einen Seite, aber auch schon der sich ankündigenden Gegenbewegung eines irrationalistischen, völkisch-nationalen Geistes auf der anderen Seite. Es war die Zeit zwischen der vollen Gleichberechtigung der Juden, die 1869 gesetzlich festgeschrieben worden war, und ihrer abrupten Widerrufung 1933. Aber schon 1903 konnte man kaum noch von einem hoffnungsvollen Beginn einer «neuen Ära» für die deutschen Juden sprechen. Und in der Nachkriegsgesellschaft der zwanziger Jahre wurden die assimilierten Juden bereits als Sündenböcke für das Desaster der Kriegsniederlage und den «Einsturz» des nationalen Selbstwertgefühls der Deutschen verantwortlich gemacht. Befangen in einer Art «Bewältigung der Realität» hielten die assimilierten deutschen Juden jetzt erst recht an ihrem Traum von vollkommener Gleichberechtigung und Anerkennung fest, je mehr die gesellschaftliche und politische Realität sie als Paris in Frage stellte.[41]

Das neue Jahrhundert wurde so auch die Epoche der gerade jetzt, nach 1900, geborenen «Tätergeneration», die in den Jahren 1933/45 ein «Tausendjähriges Reich» errichten wollte, das auf immer ein historisches Schandmal bleiben wird. Als das «Katastrophenzeitalter» im «Zeitalter der Extreme» hat Eric Hobsbawm die Periode von 1914 bis zu den Nachwirkungen des Zweiten Weltkrieges in seinem aufrüttelnden Werk *Age of Extremes* bezeichnet. Fritz Stern sprach vom «zweiten Dreißigjährigen Krieg», dessen Höhepunkt der Zweite Weltkrieg gewesen sei, «ein Höhepunkt unvorstellbaren Grauens».[42] Für diejenigen, die wie Fritz Bauer noch vor dieser Zeit aufgewachsen waren, sei der Kontrast so dramatisch, meint Hobsbawm, dass sie keine Kontinuität mehr herstellen konnten. «Im Frieden», das bedeutete für sie: «vor 1914».[43]

Der Kontinuitätsbruch, oder vielmehr der gewaltsame Verlust der Vergangenheit, durch den zu guter Letzt die kindliche Hoffnung auf eine bessere Zukunft des menschlichen Zusammenlebens endgültig zerstört wurde, bildete sich auch in Fritz Bauers Rückschau auf seine Kindheits- und Jugendjahre ab. Und wie beim gleichaltrigen Theodor W. Adorno (1903–1969), der ihm später in Frankfurt am Main zum Freund wurde, und bei vielen anderen jüdischen Intellektuellen seiner Generation findet sich auch bei ihm der Rückgriff, die Zuflucht zum Dichter der Humanität, Goethe: «Was der junge ABC-Schütze an Leid und Enttäuschung damals erfuhr, sein unklares Aufbegehren gegen Unrecht, wo immer es geschehe, sein Widerstandswille und sein Tagtraum von einer besseren, einer guten Welt hat sich, um mit Goethes Urworten zu sprechen ‹lebend entwickelt›», schrieb Fritz Bauer 1955.[44]

Dem jungen Fritz muss Goethe als «eine humanisierende Kraft gegen den Ungeist der Zeit», insbesondere gegen den immer wieder aufflammenden Antisemitismus erschienen sein, der als Echo der Emanzipation ständig vorhanden war.[45] Die Goethe-Rezeption deutscher Juden ist mittlerweile eingehend erforscht und kennt dafür zahlreiche Beispiele. Goethe bildete geradezu eine Garantie dafür, dass das humanistische Weltbild, Erbe der klassischen Zeit, auch in die Gegenwart hinein weiterwirken und schließlich den «deutschen Charakter» gestalten werde. Sie hofften über Goethe zu einem positiven nationalen Volksbegriff zu gelangen, der den primitiven Nationalismus idealistisch läuterte. Zugleich jedoch mussten sie fürchten, dass dieser Volksbegriff sich gegen sie wenden und schließlich auf ihre gewaltsame Ausgrenzung aus der Volksgemeinschaft, wie überhaupt aus der Menschheit, zielen könnte.[46]

In dieser Lage zwischen Optimismus und banger Hoffnung schwebte dem jungen Fritz Bauer als Berufsbild zunächst ein «staatlicher Rechtsanwalt» vor, der «dem Polizisten mit Pickelhaube, Schleppsäbel und martialischem Schnurrbart» gleichsah. Dieser «Polizist» war, als Reaktion auf ein einschneidendes Erlebnis, dem Sechs- oder Siebenjährigen zum Leitbild geworden. In der Elementarschule hatte der Lehrer eine kleine Federbüchse gezeigt und gefragt, was wohl drinnen sei. Nach einigem Herumraten antwortete Fritz Bauer als Einziger: «Luft!» und bekam die Büchse, aber nachher fielen seine Schulkameraden über ihn her und schrien in ihrer Eifersucht und ihrem Neid: «Du und deine Eltern, ihr habt Christus umgebracht!» Wieder suchte der Bub Trost bei seiner Mutter, denn im Moment «war ich sehr unglücklich», erinnerte er sich, und weiter: «Damals wollte ich Polizist werden, weil man ihm mit dem Säbel nichts anhaben konnte. Aber es ging doch noch einiges mehr in meinem Kopfe herum. Die Polizisten sind dazu da, daß niemandem Unrecht geschieht, und ich hatte das Gefühl, es geschehe mir Unrecht. Daß Unrecht geschehen könne, war mir eine neue Erfahrung.»[47]

Später noch einmal auf das Schulerlebnis zurückkommend, fügte Fritz Bauer hinzu: «Damals, mit sechs Jahren, begann ich unter dem zu leiden, was man eigentlich heute Kollektivschuld nennt. Ich verstand es nicht, das war mein persönliches Erlebnis, [und] hat übrigens auch dazu geführt, daß ich später eigentlich glaubte, auch im Juristischen das eine oder andere tun zu können.»[48]

Die Erfahrungen Fritz Bauers dürften kein Einzelfall gewesen sein.[49] Der Schriftsteller, Pazifist und Revolutionär Ernst Toller (1893–1939) zum Beispiel erinnerte sich genauso daran, dass er als Kind und Heranwachsender immer wieder antisemitische Anfeindungen seiner Freunde oder Mitschüler abwehren musste: «Bleib da nicht stehen, das ist ein Jude», oder auch «Wenn du's wissen willst, Großmutter sagt, die Juden haben unsern Heiland ans Kreuz geschlagen». Auch bei Ernst Toller löste dieser Vorwurf das Gefühl einer Kollektivschuld aus, er lief weg, versteckte sich in der Scheune und bat schließlich – vor dem Kreuz! – im Haus seines katholischen Freundes Stanislaus den Heiland um Verzeihung, «daß die Juden dich totgeschlagen haben».[50] Er habe bitterlich gelitten, schrieb der 40jährige in seinen Erinnerungen, und daraus lässt sich schließen, welchen Schutzpanzer sich ein Kind in dieser Notlage zulegen musste, um solchen Anfeindungen standzuhalten.

Ein anderes, vielleicht das bekannteste Beispiel, ist die Geschichte von Walther Rathenau (1867–1922), dem Reichsaußenminister der Weimarer Republik – dessen Schicksal, wie bald noch deutlicher werden wird, auf Fritz Bauer einen wesentlichen Eindruck machte. Rathenau, der das preußische Militär verehrte und über die Reserveoffizierslaufbahn Aufnahme in den diplomatischen Dienst finden wollte, wurde trotz exzellenter Beurteilungen nicht zum Offiziersexamen zugelassen. Diese Stigmatisierung fasste er im Nachhinein in folgende Worte: «In den Jugendjahren eines jeden deutschen Juden gibt es einen schmerzlichen Augenblick, an den er sich zeitlebens erinnert: wenn ihm zum ersten Male voll bewußt wird, daß er als Bürger zweiter Klasse in die Welt getreten ist und daß keine Tüchtigkeit und kein Verdienst ihn daraus befreien kann» (1911).[51]

Fritz Bauer sprach selten von seiner Kindheit und Jugend, erinnerte sich die Juristin Ilse Staff, also von dem «kleinen Fritz», wie er sich dann selbst tituliert habe. Eine der spärlichen Erzählungen handelte davon, dass der «kleine Fritz» und seine Schwester gern wie alle Freunde in Stuttgart einen Weihnachtsbaum wollten, «aber es gab ihn nur […] für die christlichen, nicht für die jüdischen Kinder», denen noch dazu von ihren christlichen Freunden die Weihnachtsgeschenke präsentiert wurden. Diese «erste kindliche Erfahrung des Anders-Seins – nein, des Anders-Sein-Sollens» hat Fritz Bauer «als tiefes Unglück empfunden», meinte Ilse Staff über die Jugendjahre ihres Freundes: weil hier «Trennungslinien zwischen Menschen gezogen wurden, die ihm zutiefst unbegreiflich blieben».[52]

Wem sollten derlei Erfahrungen nicht jahrelang, mitunter ein Leben lang zu schaffen machen? Und mussten sie nicht ein Gefühl der Minderwertigkeit auslösen?[53] Bei Fritz Bauer kamen sie zeitlebens in seiner ausgeprägten Ablehnung autoritärer, obrigkeitlicher Strukturen und besonders in einem feinen Gespür, ja geradezu einer Verletzbarkeit gegenüber jeder Art von Unrecht zum Ausdruck. Die Ecken und Kanten, die manchmal auch andere zu spüren bekamen – das sollte hier angemerkt werden –, wurden ihm selbst schon früh beigebracht. Sie hinterließen schmerzhafte Kerben in seiner Lebensgeschichte und waren die Ursache für eine gewisse Ruppigkeit, aber auch, wenn man den wenigen Erzählungen vertraut, die es darüber gibt, der Grund für eine spürbare Traurigkeit, Isolation und Einsamkeit, die den Menschen Fritz Bauer in seinem späteren Leben umgab.

Doch kommen wir zurück auf den Knaben: Das Berufsbild des elfjährigen Gymnasiasten hatte sich, wie er sagte, «lebend entwickelt». Wenige Jahre darauf genügte der «Polizist mit Pickelhaube», der ihm zuvor «als das Großartigste auf Erden erschienen war», seinen «sozialen Ansprüchen» schon nicht mehr.[54] Als Elfjähriger beantwortete er die Frage, was er einmal werden möchte, mit der Zeichnung eines Firmenschildes, auf dem als Beruf «Oberstaatsanwalt» stand, in seiner damaligen Vorstellung ein «besserer Rechtsanwalt», der ganz im Gegensatz zu der gewöhnlich autoritären Auffassung nicht der «Anwalt irgendwelcher Staatsräson», «sondern des Rechts der Menschen und ihrer sozialen Existenz gegen private und staatliche Willkür» sein sollte.[55]

«Das Leitbild vom Polizisten, auf dessen Schleppsäbel ich jedoch bald verzichtete und den ich in Gedanken nie mit dem fürchterlichen Richtschwert der Justitia vertauschte», erinnerte sich Fritz Bauer 1955, «hat mich nicht nur zum Juristen, sondern auch zum politisch interessierten und aktiven Menschen gemacht. ‹Politisch Lied, ein garstig Lied› galt auch in meiner väterlichen Familie, aber meine Mutter hatte mir schon früh von ihrem Vater erzählt, der ‹Politiker› sei. Was das sei, fragte ich, und meine Mutter erklärte, er sorge für Bänke im Walde und neue Wege, auf denen wir spazierengehen könnten. Dieser kommunale Verschönerungsverein, personifiziert in meinem Großvater, hat mir sehr imponiert, und da ich meinen Großvater und seine weitausholenden Erörterungen vieler Dinge zwischen Himmel und Erde bewunderte und sah, wie er Hinz und Kunz mit Rat und Tat beistand, war der Bann gebrochen, der sonst einen braven Bürgersohn von den Bereichen des Politischen abhält.»[56]

Noch einmal trat hier die in der Familie mütterlicherseits vorgelebte jüdische Emanzipation als nachdrücklich «Ererbtes» hervor: als eine kompensatorische Energie, als Wunsch nach Unabhängigkeit, der den Willen zur Integration in die 1871 von oben herab geeinte deutsche Nation noch mit Nachdruck verstärkte.[57] Der junge Fritz Bauer, der «brave Bürgerssohn», hatte diese Energie für sich in die Aufforderung verwandelt, sozial zu denken und politisch tätig zu werden. Es war sein erster Schritt in die Welt der «Erwachsenen», gewiss verbunden mit jugendlichem Eifer und Glauben an Ideale. Aus dem «Stuttgarter Allerlei des Alltags»[58], an den sich Fritz Bauer in dem bereits mehrfach zitierten Brief an seine Mutter 1938 zu erinnern versuchte, kamen ihm erst nach dem Krieg wieder Erlebnisse ins Gedächtnis, die sich durchaus zu einer komplexen Lebensgeschichte zusammenfügen lassen. Eines davon war der Beginn des Ersten Weltkriegs.

Im Juli 1914, kurz vor Ausbruch des Krieges, reiste die Familie in die Sommerfrische, diesmal über den bekannten belgischen Badeort Ostende, «Königin der Seebäder», nach Blankenberge. Wohl hatte einen Monat vor dem Aufbruch in die Sommerferien die Nachricht, dass der österreichische Thronfolger Erzherzog Franz Ferdinand von Österreich-Ungarn und seine Gemahlin im bosnischen Sarajevo ermordet worden waren, einen Augenblick die Nation aufgerüttelt, jedoch niemanden wirklich erschüttert, zumal der mit Pistolenschüssen Ermordete nicht sonderlich beliebt war, wie Stefan Zweig sich erinnerte.[59] In der deutschen Öffentlichkeit und insbesondere den bürgerlichen Kreisen schwankte die Stimmung zwischen Hoffen und Bangen, nationaler Euphorie, aber auch Kriegsfurcht, die erst nach Kriegsbeginn in Begeisterung umschlug.[60]

Auch Stefan Zweig, der im Juli 1914 aus Wien nach Belgien abreiste, nahm damals ganz in der Nähe der Bauers in dem kleinen Nordseebad Le Coq (De Haan) sein Ferienquartier. «Alle denkbaren Nationen fanden sich friedlich zusammen, man hörte insbesondere viel deutsch sprechen», erinnerte er sich: «Die einzige Störung kam von den Zeitungsjungen, die, um den Verkauf zu fördern, die drohenden Überschriften der Pariser Blätter laut ausbrüllten: ‹L'Autriche provoque la Russie›, ‹L'Allemagne prépare la mobilisation›».[61] Doch diese Meldungen verdüsterten die Gesichter der Urlauber nur momentan, denn keiner glaubte, dass es ernst würde. «Unsinn!», so sagte Stefan Zweig auch noch in den letzten kritischen Julitagen zu seinen belgischen Freunden. «Hier an dieser Laterne könnt ihr mich aufhängen, wenn die Deutschen in Belgien einmarschieren!»[62] In diesen «allerletzten kritischen Julitagen» 1914, als bereits «jede Stunde eine andere widersprechende Nachricht» kam («die Telegramme des Kaisers Wilhelm an den Zaren, die Telegramme des Zaren an Kaiser Wilhelm, die Kriegserklärung Österreichs an Serbien, die Ermordung Jaurès»), hielt Fritz Bauers Vater einen Krieg, einen Krieg der europäischen Großmächte gar, noch für vollkommen unmöglich, ja undenkbar, so dass die Familie von den Ereignissen wie vom Blitzschlag überrascht wurde.[63]

«Damals war ich elf Jahre, und da kann ich also wirklich eine nette Geschichte erzählen, die wirklich kennzeichnend ist [...] für weiteste Teile des deutschen Bürgertums, für ihren ungewöhnlichen und heute fast unglaubhaften Fortschrittsoptimismus. Die Familie Bauer hatte beschlossen: [...] Ende Juli reist die Familie nach Belgien, nämlich nach Blankenberge [...]. Wenn ich heute rückwärts blicke, dann muß ich mir sagen, in der Zwischenzeit war der Mord in Sarajevo geschehen, es zogen die schwärzesten Wolken am Himmel auf, die Presse muß gefüllt gewesen sein von Kriegsangst, meine Eltern pflegten sicherlich auch Zeitungen zu lesen, in aller Regel sogar die ‹Frankfurter›, aber all das hat die Familie Bauer nicht bewegt. Ich erinnere mich noch, wie mein Vater sagte: Im 20. Jahrhundert gibt es keinen Krieg, das ist ganz unmöglich, wir sind fortgeschrittene Menschen, Krieg ist ausgeschlossen. Also packte die Familie vier, fünf riesige Rohrplattenkoffer [...]. Wir sind wahrscheinlich in Blankenberge so am 27., 28. Juli eingetroffen [...]. Meine Mutter, daran erinnere ich mich noch, träumte von Ostende, weil damals der Tango auf-

kam und meine Mutter unter allen Umständen den Tango sehen wollte [...]. Dieweil meine Mutter sich in einem changierenden Kleid dem Tango widmete, sammelten meine Schwester und ich Seesterne am Strand von Ostende – die spielen jetzt gleich eine gewisse Rolle. Das waren keine toten Seesterne, sondern lebendige, quallenartige Dinge, fleischig und naß, salzig und mit viel Sand. Wie wir von Ostende nach Hause kamen, [...] verließ plötzlich mein Papa den Tisch, die Männer stürzten in der Mitte zusammen und scharten sich um ein Stück Papier, das rot war, mein Papa kam zurück und sagte: ‹Es ist Krieg›. Jähes Entsetzen! Ein Zug fährt morgen von Ostende und Blankenberge noch nach Deutschland zurück, und wir fuhren also am nächsten Tag zurück. Die Familie war außer sich, die gesamte Berechnung, die gesamte Einschätzung des 20. Jahrhunderts war plötzlich in die Brüche gegangen. Krieg! Wir fuhren also an die Grenze, und die ganze Härte des Ersten Weltkriegs zeigte sich darin zum Entsetzen sämtlicher Deutschen, daß sie an der Grenze fünfzig Meter gehen mußten. [...] die Gleise waren nämlich fünfzig Meter aufgebrochen; und so begann für mich, den Elfjährigen, der Erste Weltkrieg.

Als wir zu Hause waren, hatten wir natürlich keine Koffer, und ich muß also das mehr oder minder grotesk-komische Nachspiel anführen. Auch hier bewährte sich der Optimismus meines Vaters und meiner Mutter. Die riesigen Koffer lagen natürlich in Blankenberge, aber die Familie Bauer war überzeugt, daß es der deutschen Kriegsmacht gelingen wird, sehr schnell Belgien zu erobern. Und eigentlich war die Eroberung Belgiens der Versuch der Eroberung unserer Koffer. [...] Der Glaube der Bauers an die Eroberung von Größerem, von Antwerpen und so weiter, insbesondere auch der Glaube an die Eroberung unserer Koffer, wurde nicht enttäuscht. Ich möchte annehmen, im Oktober oder November traf die Nachricht vom deutschen [Sieg] ein: Die Koffer sind in Stuttgart eingetroffen! [...] Als die Koffer durch den Spediteur gebracht wurden, roch die Familie auf fünfzig bis hundert Meter, daß irgend etwas mit dem Krieg nicht ganz in Ordnung war. Beim Öffnen der vier oder fünf Rohrplattenkoffer erwies sich, daß die Seesterne meiner Schwester und von mir in der Zwischenzeit in Verwesung übergegangen waren, und sämtliche Kleider, Hemden etc. pp. zunichte gemacht haben. Im Grund genommen ein deutliches Beispiel dafür, daß jeder militärische Sieg auch seine Schattenseiten hat und nicht das bringt, was man sich versprach.»[64]

Bereits auf dem Rückweg von Blankenberge war also klar, dass die

Deutschen die Neutralität Belgiens nicht berücksichtigen würden und ihre Truppen auf dem Vormarsch nach Frankreich waren. Die gleiche Erfahrung machte auch Stefan Zweig. Wie die Bauers und Tausende andere Urlauber hatte er seine Koffer gepackt, das Hotel verlassen, und es war ihm gelungen, trotz des Ansturms auf die Züge noch ein Billet zu ergattern: für den letzten Ostende-Express aus Belgien nach Deutschland. Als der Zug bei der ersten deutschen Station nach der Grenze plötzlich mitten auf freiem Feld anhielt, sah der Schriftsteller im Dunkeln, wie Lastwagen in langen Kolonnen an ihnen vorbeifuhren. Das war der Vormarsch der deutschen Armee – es gab keinen Zweifel mehr.[65]

Der Knabe Fritz Bauer, der sich zunächst vom Hurrapatriotismus und der allgemeinen Kriegsbegeisterung genauso anstecken ließ wie das ganze deutsche Volk, erlebte, dass der so genannte Geist von 1914, der die Nation zunächst einte, schnell an ursprünglicher Kraft einbüßte. Bald schon folgten die ersten Niederlagen, bereits der Vormarsch der deutschen Truppen stellte die Siegesgewissheit der Soldaten aufgrund des hartnäckigen Widerstands der belgischen Verbände auf die Probe. Die im Rahmen des Schlieffen-Plans vom Generalstabschef des Feldheers Helmuth von Moltke (1848–1916) überfallartig geplante Westoffensive drohte tatsächlich schon am Anfang stecken zu bleiben. Der Zeitplan sah vor, nach dem raschen Vorstoß durch Belgien die französischen Fronten im Festungsgürtel um Verdun und Metz zu vernichten, um danach alle deutschen Streitkräfte an die Ostfront zu werfen und dort den endgültigen Sieg im Kampf gegen das zaristische Russland sicherzustellen. Beim verlustreichen, unverantwortlich hastigen Vormarsch durch Belgien hinterließen die nervösen Truppen furchtbare Verwüstungen, etwa fünfeinhalbtausend Zivilisten fielen ihnen zum Opfer, und in Frankreich wurden nach Schätzungen nochmals mehrere hundert Zivilisten vorsätzlich getötet.[66] Als die Deutschen dann kurz vor Paris standen, ging die französische Armee zur Gegenoffensive über. In der so genannten Marneschlacht gelang es ihr, den deutschen Angriffsschwung endgültig zu stoppen. Damit waren der Schlieffen-Plan und der deutsche Blitzfeldzug bereits in der ersten Septemberwoche 1914 gescheitert.

Dennoch glaubten die Deutschen weiterhin an den Sieg. Bis zum Kriegsende machte man sich Illusionen, da die Bevölkerung über die wirkliche militärische Lage vollkommen im Unklaren gelassen wurde. Auch der Schüler Fritz Bauer setzte noch nach der Marneschlacht auf den deutschen Sieg. «Während des Kriegs war ich in unserer Schule», erinnerte er sich 1955, «und ich war sicherlich einer der nationalen jungen Männer, ganz genau so, wie es damals im Zuge der Zeit lag. Während des Krieges hatte ich einmal Scharlach, und ich war todunglücklich, daß ich [...] wegen des Scharlachs nicht imstande war, die schwarz-weiß-roten Fähnchen auf den riesigen Karten, die ich in meinem Zimmer aufgehängt hatte, vorwärts zu rücken. Zunächst war es die Schuld von Scharlach, später, nachher wurde es auch die Schuld von der Marneschlacht, die verloren ging. Aber ich war während des Krieges, etwa bis zum Jahr 1918, überzeugt national, genau so, wie es das Gymnasium verlangte.»[67]

Im vaterländischen Unterricht wurde den Schülern regelrecht die Begeisterung eingepaukt, und auch im Stuttgarter Eberhard-Ludwigs-Gymnasium hingen, wie in allen deutschen Klassenzimmern, die Landkarten mit den Fähnchen, die den Frontverlauf markierten. Fred Uhlmann, ein zwei Jahre älterer Mitschüler, schreibt in seinen Erinnerungen, wie «schrecklich aufregend alles war», «alle waren durch die lange Friedenszeit gelangweilt», «Soldaten marschierten mit Blumen an ihren Helmen durch die Straßen, Frauen folgten ihnen singend und tanzend; Offiziere schienen trunken vor Freuden».[68] Tatsächlich war die Kriegsbegeisterung vor allem in den bürgerlich-akademischen Kreisen zu spüren, und – wie wir noch sehen werden – ganz besonders in den jüdischen, zu denen die Bauers und die Uhlmanns gehörten, die mit der «Pflichterfüllung» für das Vaterland die Hoffnung auf allgemeine gesellschaftliche Anerkennung verbanden. In ländlichen Regionen und in der großstädtischen Arbeiterschaft hingegen flaute der Kriegsenthusiasmus schnell wieder ab. Denn schon im August 1914 machte sich Massenarbeitslosigkeit bemerkbar, in deren Folge viele Familien auf die Wohlfahrt angewiesen waren.[69] In kurzer Zeit wurde deutlich, dass der Krieg nicht – wie erhofft – dazu beitrug, die Klassengegensätze abzubauen, und dass die ökonomische Stabilität der Vorkriegsjahre nicht wiederhergestellt werden konnte, im Gegenteil.[70]

Der Krieg wurde zum Bestandteil des Schulunterrichts, der allerdings schon bald kaum noch in geregelten Bahnen verlief, zumal es anfänglich bei jedem militärischen Erfolg «siegfrei» gab.[71] Lehrer wurden eingezogen oder meldeten sich ebenso wie ältere Schüler freiwillig an die Front, jüngere Schüler wurden zu vormilitärischen Übungen, zum Ernteeinsatz und zu Sammelaktionen herangezogen.[72] Zeitweilig wurden einige Schulräume des traditionsreichen Gymnasiums als Transitlager für französische Kriegsgefangene genutzt, was doch zumindest für einige kriegerische Erfolge sprach und neue Hoffnung gab.[73]

Indes machte die «Heimatfront» schon bald eine ganz eigene Erfahrung. Die Nahrungsmittel wurden knapp, denn die alliierte Wirtschaftsblockade schnitt das Deutsche Reich von den Lebensmittelzufuhren ab. In den Großstädten führte das zu Hamsterkäufen und Schwarzhandel. Da es den Behörden nicht gelang, die Lebensmittel halbwegs gerecht zu verteilen, verschärften sich die sozialen Unterschiede noch mehr.[74] Im Februar 1915 wurde die Brotkarte eingeführt, im Sommer 1915 waren Fleisch, Butter und Eier für die Masse der Großstadtbevölkerung bereits Luxusartikel. Im Oktober kam es in Berlin-Lichtenberg zu ersten Lebensmittelunruhen, im Winter 1915/16 erreichte die Versorgungslage bereits ein kritisches Stadium.[75] Lange Schlangen bildeten sich vor Geschäften und Marktständen, wo sich mancher Unmut äußerte, der allerdings in der auf «Burgfrieden» eingeschworenen Presse keinen Niederschlag fand. Am Eberhard-Ludwigs-Gymnasium hieß es: Gelogen wird nur in der feindlichen Presse. Einer der Lehrer wollte deshalb den Satz «Du lügst wie Reuters» zur neuen Redewendung erklären.[76]

Im Alltag der Frauen und Kinder bedeutete der Krieg einen tiefen Einschnitt. Viele Jugendliche waren jetzt sich selbst überlassen oder mussten gemeinsam mit ihren Müttern die Familie versorgen. Besonders hart war der Winter 1916/17. Man bekam fast keine Kartoffeln mehr, Kohlen nicht einmal auf Bezugsschein, nur Steckrüben gab es noch: als Suppe und als Gemüse, als Vor-, Haupt- und Nachspeise. Sogar neue Kochbücher erschienen in diesem «Steckrübenwinter». Mit fortschreitender Kriegsdauer, erinnerte sich Fred Uhlmann, wurden die Schüler seines Gymnasiums mit immer neuen Aufgaben betraut: «Erntehilfe, Sammeln von grünen Blättern, aus denen eine Art Pferdefutter gemacht wurde, vor allem Kupfer, Messing, Blech und Eisen – und immer weniger waren wir mit unseren Unterrichtsstunden beschäftigt. Dadurch und durch das Verschwinden der Lehrer und Väter fand ein seltsamer Wandel statt. Die Gewalt und Demoralisierung der älteren Generation begann auch auf die jüngeren überzugreifen».[77]

Die Söhne begannen den Vätern an der Front nachzueifern. Eines Tages errichteten einige Schüler in der Straße, wo die Uhlmanns wohnten, nur wenige Straßenzüge von den Bauers entfernt, eine Art Schützengraben und einen Unterstand, den sie mit Stacheldraht befestigten. Die Aktion führte nach anfänglichen kleineren Bandenkämpfen zu einer regelrechten Straßenschlacht, bei der sich fast zweihundert Jungen lärmend gegenüberstanden: die einen aus der Arbeiterklasse und unteren Mittelschicht, die anderen aus der Mittel- und Oberschicht, zu der die Uhlmanns und die Bauers gehörten. Die Polizei musste eingreifen und beendete den Kampf, erinnerte sich der beteiligte Schüler Uhlmann – und der ausgehobene Graben «füllte sich langsam mit Wasser, genauso wie die Schützengräben in Flandern, wo so viele der Väter der Jungen gestorben waren und immer noch starben».[78]

Zum Hunger und Mangel, den Entbehrungen und Ängsten in der Heimat oder, wie es im Militärjargon hieß, an der Heimatfront, kam die Erfahrung des massenhaften Todes und Sterbens an der Front. Für den Soldaten im technischen Zeitalter war das Kämpfen und Töten kalte, mechanische Pflichterfüllung, beschreibt Volker Ullrich den heroisierenden Mythos des «Kriegserlebnisses». Doch die Angehörigen zu Hause konnten sich diesen mörderischen Kriegsalltag gar nicht wirklich vorstellen. Das unterschiedliche Erleben führte nicht selten zu tiefer Entfremdung, die einen Fronturlaub der Soldaten zur Pein machen konnte.[79]

Nach den Stellungskriegen und Massenschlachten im Westen zählte man allein bei Verdun 700 000 tote beziehungsweise verwundete Franzosen und Deutsche. An der Somme waren es 1,1 Millionen tote und verwundete Engländer, Franzosen und Deutsche. Das deutsche Feldheer konnte den Aderlass an jüngeren Offizieren kaum noch überwinden.[80] 115 Schüler des Eberhard-Ludwigs-Gymnasiums fielen auf den Schlachtfeldern des Ersten Weltkriegs.[81]

Die allgemeine Begeisterung zu Beginn des Krieges erfasste in Stuttgart wie in anderen Städten besonders auch die jüdischen Bürger: «Für König und Vaterland, Kaiser und Reich!»[82] Frauen und Mädchen erschienen in den Kasernen und übernahmen Lazarettdienste, Knaben und ergraute Männer meldeten sich freiwillig. Zu denen, die dem kaiserlichen Kriegsruf folgten, gehörte auch der vierundvierzigjährige Reservist Ludwig Bauer, Fritz Bauers Vater. Der Großteil der Freiwilligen wurde einem württembergischen Truppenteil zugewiesen, das heißt Ludwig Bauer dem Grenadier-Regiment Königin Olga, wo er schon einmal gedient hatte.[83] Als Elfjähriger und Achtjährige erlebten Fritz und Margot, wie ihr Vater in den Krieg zog und ihre Mutter gewiss keine geringen Ängste ausstehen musste. Acht Männer der Israelitischen Gemeinde in Stuttgart waren bereits im August 1914 auf dem «Feld der Ehre» gefallen. Die wohlhabenden jüdischen Familien spendeten dennoch weiter und stifteten große Geldbeträge. Einen ganzen Lazarettzug rüsteten sie aus und schenkten dem Roten Kreuz ein neues Gebäude.[84] Im Verlaufe des Krieges kühlte sich die Euphorie jedoch spürbar ab, denn fast keine Familie blieb von den Todesnachrichten von der Front verschont. «Von den Israelitischen Gemeinden Stuttgart und Cannstatt, die 1910 zusammen 4291 Mitglieder zählten (Cannstatt allein 469), standen 520 Männer an der Front. Von diesen 520 Kriegsteilnehmern […] erlitten 158 Verwundungen, die teilweise lebenslange Behinderungen zur Folge hatten. Auf dem Denkmal in dem von der Israelitischen Gemeinde Stuttgart angelegten Ehrenhain auf dem Pragfriedhof sind die Namen von 98 Gefallenen und Vermißten verzeichnet», resümiert der Historiker und Archivar Paul Sauer und stellt fest: «Die Juden haben in gleicher Weise wie ihre christlichen Landsleute im Ersten Weltkrieg an der Front ihren Mann gestanden.»[85]

Die schändliche Judenzählung, Höhepunkt antisemitischer Stimmungsmache, die am 11. Oktober 1916 vom preußischen Kriegsministerium angeordnet wurde, wird jedoch nicht eigens erwähnt, obwohl sie die Stuttgarter Juden so bitter traf.[86] Der Aufruf des Kaisers, von jetzt an kenne er keine Parteien mehr, sondern nur noch Deutsche, war von der jüdischen Bevölkerung begeistert begrüßt worden, weil er, ähnlich wie bei den bis dato als «vaterlandslos» verfemten Sozialdemokraten und den im Kulturkampf verfolgten Katholiken, die Hoffnung auslöste, endlich die lange vorenthaltene vollständige Gleichstellung und Integration zu erlangen.[87] Bis zum November 1915 waren rund 710 Juden Offiziere geworden – zuvor seit 1885 kein einziger.[88] Die damit verbundenen Hoffnungen mussten jetzt, durch die «Judenzählung», abgrundtiefer Enttäuschung weichen. Denn die statistische Erhebung bedeutete so viel wie die Verdächtigung, dass die Juden sich «gedrückt» hätten bei der Erfüllung nationaler Soldatenpflicht, bedeutete also die «grausame Desillusionierung», dass die 12 000 jüdischen Soldaten, die auf den Schlachtfeldern starben, noch immer «nicht genug [waren], um eine ‹Gemeinschaft im Schützengraben› zu stiften».[89] Was für die deutschen Juden zunächst als einzigartige Gelegenheit erschien, verkehrte sich ins Gegenteil: Die Schranken zwischen jüdischen und nichtjüdischen Deutschen wurden höher. Der Antisemitismus machte auch vor gemeinsam erlebter Not nicht Halt – die Isolation der deutschen Juden wurde durch den Krieg eher noch verstärkt.[90]

Die vom preußischen Kriegsminister angeordnete «Judenzählung» im Herbst 1916 war gewiss die «größte statistische Ungeheuerlichkeit», deren sich eine Behörde jemals schuldig gemacht hat.[91] Endgültig mussten die deutschen Juden «alle Hoffnung aufgeben, im Kaiserreich jemals als gleichberechtigte Staatsbürger behandelt zu werden».[92] Der «Geist von 1914» war endgültig erloschen. Umso mehr eskalierte der Antisemitismus. Auch wenn die Ergebnisse nie veröffentlich wurden – der angerichtete Schaden war unermesslich. Die jüdischen Frontsoldaten kämpften von jetzt an gegen zwei Gegner: gegen die Feinde des Deutschen Reiches und die Feinde im Deutschen Reich, die sich mehr und mehr in radikalen Parteigruppen und Sammelbewegungen zusammenschlossen. Dazu gehörten die 1917 gegründete «Deutsche Vaterlandspartei» unter dem Großadmiral von Tirpitz und der 1891 gegründete «Alldeutsche Verband» sowie andere nationalistische und völkische Agitationsgruppierungen.[93]

Die sich abzeichnende Niederlage provozierte förmlich eine Kampagne, die ihre Propaganda gegen «jüdische Drückeberger» und «Kriegsgewinnler» mit dem Vorwurf verband, das kämpfende Heer sei «von den Linken», «den Sozialdemokraten» und «den Juden» verraten und um den Sieg gebracht worden: «Der Vernichtungsfriede – Werk der Juden!», lautete der Titel eines antisemitischen Flugblattes.[94] Es dauerte nicht mehr lange, bis die Hetzkampagne die traditionellen Vorurteile zu einem Vernichtungswillen steigerte, der schließlich in Visionen von einem «rassisch reinen Dritten Reich» handgreiflich wurde. In der «vaterländischen» Propaganda gegen die Juden und Sozialdemokraten amalgamierten die völkisch-nationalen und antisemitischen Parolen und mobilisierten alsbald ein bislang unvorstellbares Wählerpotential.[95] Fritz Stern hat die drohende Entwicklung auf den Punkt gebracht: «Die Vaterländische Partei mit ihren Anhängern in den deutschen Eliten gab einen Vorgeschmack von dem erbitterten Haß, der dann das besiegte Deutschland kennzeichnete.»[96] Der Historiker Friedrich Meinecke fragte nach 1946: «Kann man noch zweifeln, daß Alldeutsche und Vaterlandspartei ein genaues Vorspiel für den Aufstieg Hitlers waren?»[97]

Fritz Bauers Vater kehrte nach den Jahren der nationalen «Pflichterfüllung» nach Stuttgart heim – wir wissen nicht, aus welchem Schützengraben, oder aus der Heeresreserve, wo ein großer Teil der deutschen Soldaten bereits vor der Demobilisierung 1918 zusammengefasst war. Den

Grenadieren des Regiments Königin Olga wurde am 19. Dezember 1918 auf dem Schlossplatz eine große Begrüßungsfeier bereitet, einen Monat nach Ausbruch der Revolution, von der in Württemberg weniger zu bemerken war, die aber dennoch den Kaiser des Deutschen Reiches wie auch den württembergischen König Wilhelm II. zur Abdankung zwang.[98] Fritz Bauer hat von den Ereignissen der Jahre 1916 bis 1918 fast nie gesprochen, jedenfalls ist nichts davon überliefert. Dass die Judenzählung, wie der Reichstagsabgeordnete Dr. Ludwig Haas von der Fortschrittlichen Volkspartei damals meinte, «eine durchaus populäre Sache war», kann ihm nicht entgangen sein.[99]

Im Stuttgarter Eberhard-Ludwigs-Gymnasium lösten sich die letzten Hoffnungen auf einen deutschen Sieg wie vielerorts erst kurz vor der Niederlage auf.[100] Für Lehrer wie Schüler ein schwerer Schlag. Fred Uhlmann erinnerte sich, er habe damals «Schock, Entsetzen und einen wilden und heftigen Zorn gegen die Regierung, den Kaiser und die ganze ältere Generation [gefühlt], Eltern wie Lehrer, die uns nach unserem Empfinden Lügen erzählt hatten und für den Krieg verantwortlich waren. Wie mein Glaube an die Religion war nun auch mein Glaube an die Wahrheit und Ehrlichkeit erschüttert.»[101]

Dem Schüler Fritz Bauer, der im Sommer 1918 fünfzehn Jahre alt geworden war, erging es nicht anders; auch er erwachte im Herbst 1918 aus seinen siegesgewissen Träumereien, die von den Propagandisten des «Alldeutschen Verbandes» jahrelang angefacht worden waren. Der Verband, der sich nicht als Massenbewegung, sondern als nationale Elite verstand, hatte die Zahl seiner Mitglieder während des Krieges immerhin verdoppeln können und überlebte als einzige Organisation der Rechten dann den Zusammenbruch.[102] Die antisemitischen und sozialdarwinistischen Parolen der «Alldeutschen» waren offenbar auch im Eberhard-Ludwigs-Gymnasium bei einigen Lehrern gut angekommen. Fritz Bauer erinnerte sich an einen Lehrer:

«Wir hatten alldeutsche Lehrer, und ich erinnere mich für meine Person ganz deutlich. Der Lehrer war zugleich Nachhilfelehrer bei einem meiner Mitschüler, der hieß Constantin von Neurath, und sein Vater wurde später Außenminister, er war damals Kabinettschef des Königs. Mein Schulkamerad Constantin von Neurath war so begabt, daß er sogar in Geographie Nachhilfeunterricht benötigte, weswegen unser alldeutscher Lehrer bei dem Kabinettchef des Königs ein- und ausging und seinen Geographie-

unterricht mit den Worten begann: ‹Wie ich von zuverlässiger Quelle weiß ...›

So wußte er von zuverlässiger Quelle etwa Ende Oktober oder Anfang November 1918, [...] daß es dringend notwendig sei, eine Brücke zwischen Deutsch-Ost-Afrika und Deutsch-Südwest-Afrika zu besitzen, also den ganzen belgischen Kongo zu erobern. Und ich erinnere mich noch, wie er mit einer großen Geste Afrika in die Tasche des deutschen Heeres oder des Deutschen Reiches steckte. Und dann wurde ich skeptisch. Einige Tage später kam der 9. November und der Zusammenbruch des Kaiserreichs. Er begab sich damals auf den Katheder und deklarierte die Worte aus Wilhelm Tell: ‹Ein Sprung von dieser Brücke macht mich frei.› Ich selber war damals immerhin bereits fünfzehn Jahre und wartete mindestens darauf, daß er vom Katheder sprang, er sprang aber nicht ... [...] Er sprang überhaupt nicht. Ich muß ganz einfach sagen, damals brach etwas in mir. Damals sah ich den Unterschied zwischen Wort und der wirklichen Tat. Und dann kam die Revolution.»[103]

Was aber blieb nach all den großen Hoffnungen und Enttäuschungen? Die Kriegsjahre waren nicht nur die Schuljahre, sondern auch die politischen Lehrjahre des jungen Fritz Bauer. Mit dem Untergang des Kaiserreichs hatte sich seine Einstellung zu Nation und Krieg, zu Nationalismus und imperialistischem Weltmachtstreben, ja auch zur Verantwortung deutscher Politik, grundlegend gewandelt. Der Krieg hatte seine Jugendzeit und die einer ganzen Generation junger Deutscher, Juden und Nichtjuden, erheblich verkürzt, die nur wenige Jahre ältere Generation der vor 1900 Geborenen war ganz um ihre Jugend gebracht worden.[104] Viele assimilierte deutsche Juden fanden durch das Kriegserlebnis und die Judenzählung zurück zum Judentum oder wurden zu Anhängern der zionistischen Idee. Nur ein kleiner Teil der politisch Aktiven, die meistens keine Bindung an das Judentum mehr besaßen, wandte sich radikalen und revolutionären Ideen zu und entdeckte für sich die Ideen des Sozialismus.

Die Juden machten sich nach dem Krieg kaum noch Illusionen über ihr «Heimatland» und den allgegenwärtigen Antisemitismus. Walther Rathenau hatte schon im August 1916 jede Hoffnung auf eine, wie er sagte, «Milderung dieses Hasses» verloren: «Je mehr Juden in diesem Krieg fallen, desto nachhaltiger werden ihre Gegner beweisen, daß sie alle hinter der Front gesessen haben, um Kriegswucher zu treiben. Der Haß wird sich verdoppeln und verdreifachen.»[105] In dieser Lage entschlossen sich

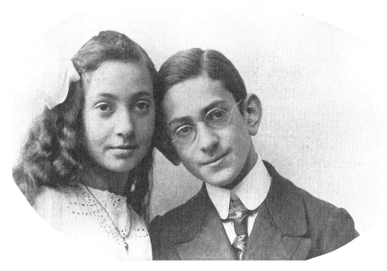

Fritz Bauer mit seiner Schwester Margot während des Weltkriegs. (Privatbesitz)

die deutschen Juden, die Mehrheitsparteien im Reichstag, Sozialdemokratie, Zentrum und Fortschrittliche Volkspartei, zu unterstützen. Sie setzten sich für die Friedensresolution und gegen Annexionen sowie für eine innenpolitische Demokratisierung ein. Die bessere und gerechtere Ordnung musste die parlamentarische Demokratie sein.[106]

Fritz Bauer erlebte die nachfolgenden Ereignisse als fünfzehn-, sechzehnjähriger Pennäler gemeinsam mit vielen ähnlich denkenden Jugendlichen, die nunmehr hofften und glaubten, dass mit dem Umsturz und der Revolution endlich ein Schritt auf dem Weg der «Selbsterlösung» der Menschheit, ein «Sieg des Geistes», der «Freiheit und Gerechtigkeit» will, zu erringen sei.[107] Das Jahr 1918 und die unmittelbar folgenden bezeichnen jedenfalls eine Wendemarke in seiner politischen Entwicklung. Während der Kampf für die Menschenrechte schon durch die diskriminierenden Erfahrungen in der Kindheit und Jugend vorgezeichnet war, entdeckte er nun die sozialistische Idee. Damit verbunden war die Hoffnung, der neue Geist würde das Zusammenleben der Menschen langfristig verändern und dazu führen, dass alle Deklassierten und Benachteiligten, darunter auch die Juden, freier und selbstbewusster leben konnten.[108]

«Im Kampf um des Menschen Rechte»
Jurastudium, Richterberuf, Bekenntnis zur Weimarer Republik

«Es sollte möglich sein,
für Recht und Gerechtigkeit zu leben
und – wenn es sein muß –
zu sterben.»
Fritz Bauer, 1965[1]

Fritz Bauer, der sich als einen «seiner einstigen Schule tief verpflichteten humanistischen Pennäler» bezeichnete,[2] wusste am Ende seiner Schulzeit, was er studieren und wo er seinen «Tagtraum von einer besseren, einer guten Welt» verwirklichen wollte. Seine Reifeprüfung schloss er als einer der Klassenbesten ab. Das Abiturzeugnis liegt noch heute im Archiv des Eberhard-Ludwigs-Gymnasiums, denn wie der Zufall es wollte, brannte es nicht mit ab, als das Schulgebäude bei dem verheerenden Bombenangriff auf Stuttgart im September 1944 zerstört wurde.

In den Fächern Geschichte der deutschen Literatur, Philosophie und Mathematik wurde der Prüfling jeweils mit einem «Sehr gut» ausgezeichnet. Alle anderen Fächer einschließlich Englisch, das er als Wahlpflichtfach an Stelle von Hebräisch gewählt hatte, wurden mit der Note «Gut» bewertet: Aufsatz, Latein, Griechisch und Französisch, Geschichte und Erdkunde sowie Naturgeschichte. Am Religionsunterricht nahm Fritz Bauer nicht teil, oder jedenfalls wurde ihm als jüdischem Schüler keine Zensur erteilt. Er selbst hat sich allerdings später erinnert, dass er unter der Strenge seiner Religionslehrer gelitten habe. Das einzige «Befriedigend» wurde ihm im Turnen erteilt, während wiederum die so genannten Schülertugenden Verhalten, Fleiß und wissenschaftliches Interesse allesamt mit «Sehr gut» benotet wurden. In die Rubrik «künftiger Beruf» am Ende des Zeugnisses wurden Rechts- und Staatswissenschaft eingetragen.[3] Danach begann ein neues Kapitel im Leben Fritz Bauers.[4]

Doch das ist auch schon alles, was Fritz Bauer über seine Studienjahre

Fritz Bauer (rechts) auf einer Studenten-Party der 1920er Jahre. (Privatbesitz)

preisgegeben hat. Die Jahre vor und nach dem Abitur sowie die Studentenzeit Fritz Bauers von 1921 bis 1924, die lebensgeschichtlich sicherlich bedeutsam und aufschlussreich wären, liegen größtenteils im Dunkeln. Nichts ist bekannt von Freunden, Schulkameraden oder über die Nöte und Auseinandersetzungen eines Heranwachsenden, ganz zu schweigen von einer ersten großen Liebe, deren Erwähnung gewiss in diesen Abschnitt gehörte. Wir wissen nichts von Kommilitonen, es gibt keine überlieferten Briefe, beispielsweise an die Eltern, und kaum einen autobiographischen Satz über die siebensemestrige Studienzeit.

Ein Foto aus den zwanziger Jahren, das Fritz Bauer im Kreis von Freunden wahrscheinlich auf einem Kostüm- oder Faschingsfest zeigt, bildet eine der wenigen Ausnahmen. Das übermäßige Rauchen übrigens, später waren es Zigarren oder Roth-Händle-Zigaretten, hat er bis an sein Lebensende beibehalten. Es gibt kaum eine Fotografie, auf der Fritz Bauer nicht eine Zigarette in der Hand hielte und bei Tonaufnahmen nicht selten auch sein unbändiges Husten zu hören wäre. Der Schnappschuss vermittelt den Eindruck einer fröhlichen Festivität mitten in den so genannten Goldenen Zwanziger Jahren. Merkwürdig beziehungslos wirkt dieser Ausschnitt, doch gerade dies scheint symptomatisch für eine ganze deutsch-jüdische Generation zu sein. Der sich anbahnende Bruch im Leben dieser Menschen hat möglicherweise schon die Erfahrung einer unbeschwerten Studentenzeit versperrt. Theodor W. Adorno, wie Fritz Bauer 1903 geboren, stellte in seiner 1944 begonnenen Sammlung der *Minima Moralia* – mit dem Untertitel *Reflexionen aus dem beschädigten Leben* – programmatisch den geschichtlichen Zusammenhang her,5 in dem sein Leben ebenso wie das Fritz Bauers zu erzählen wäre: «Überall, mit jeder Explosion», schrieb Adorno, «hat er [der Krieg] den Reizschutz durchbrochen, unter dem Erfahrung, die Dauer zwischen heilsamem Vergessen und heilsamem Erinnern sich bildet. Das Leben hat sich in eine zeitlose Folge von Schocks verwandelt, zwischen denen Löcher, paralysierte Zwischenräume klaffen.»6

Doch trotz aller fehlenden späteren Kommentierung müssen die Jahre nach dem Ersten Weltkrieg für den jugendlichen Fritz Bauer entscheidend gewesen sein. Viele, gerade junge Menschen haben sie als Aufbruch zum Frieden erlebt, als Anfang einer neuen, sozialistischen Gesellschaft, der sie aus den autoritären, obrigkeitlichen und chauvinistischen Traditionen des Kaiserreichs herausführte. Fritz Bauer wird das so ähnlich empfunden haben wie sein älterer Schulkamerad Fred Uhlmann, der ein Jahr früher, 1920, vor dem Abitur stand, bei Kriegsende also fast achtzehn war und beinahe noch einberufen worden wäre. Wie man nur «so unglaublich naiv und weltfremd» sein konnte, fragte er sich später; und so ganz abwegig ist diese Feststellung auch für das vergleichbare Herkunftsmilieu Bauers nicht. Beispielsweise wenn Uhlmann sich erinnerte: «Niemand zu Hause oder in der Schule erwähnte jemals die Arbeiterklasse oder die Bedingungen, unter denen sie lebte. Wir wußten alles über Griechenland und Rom, über Plato und Sophokles, Horaz und Vergil, aber in unserem Lehrbuch tauchten die Millionen von Männern, die in diesem Krieg so mutig gelitten hatten und zu Hunderttausenden für uns alle gestorben waren, nicht auf. Als wir nach der Revolution einen Schülerrat wählten, stand ich bei einer Versammlung auf und machte den Vorschlag, daß wir endlich etwas über unsere Verfassung erfahren müßten und auch etwas über Karl Marx, über den alle sprachen. Die Lehrer schauten mich amüsiert und ironisch lächelnd an und einige sogar, so schien es, verächtlich.»7

Als Fritz Bauer einmal gebeten wurde, einen Aufsatz aus der Jugendzeit für eine Publikation einzuschicken, bestätigte er diese Sichtweise und schickte eine Seite aus dem seinerzeit gefürchteten Klassenbuch. Dort finde der Leser die Bemerkung des Schuldirektors: «Fleischauer, Bauer, Weinberg erhalten, wenn wieder ein Lehrer sich über Unverschämtheit ihrerseits zu beklagen hat, vom Rektorat zwei Stunden Karzer. Klett» Die besondere Pointe bestehe darin, schrieb Bauer, «daß der Schüler Bauer, nachmals Wahrer des Rechts im Lande Hessen, die Seite herausgerissen hat, um dem Rektor den späteren Beweis der Rückfallsvoraussetzungen zu erschweren.» Die strafbare Handlung sei verjährt, aber der Generalstaatsanwalt von heute wolle die Gelegenheit nutzen, «seinen Dank einem Gymnasium auszusprechen, das ihm an einem Tag Cicero, die Apologie Platons, Lessings Laokoon und noch den Kosinussatz beigebracht habe».[8]

Fred Uhlmann konnte nicht verstehen, «daß überhaupt jemand während der Revolution in die Schule gehen wollte». Er schloss sich im November 1918 einer bewaffneten Einwohnerwehr aus wohlhabenden, älteren Geschäftsleuten an – «mit Erlaubnis des Klassenlehrers» –, um das «Privateigentum zu verteidigen, weniger gegen die Spartakisten als vielmehr gegen bewaffnete Einbrecher».[9] Am 8. November 1918, so erinnerte er sich in ironischem Ton, hatten nämlich die Zeitungen zwischen den Zeilen angedeutet, «daß morgen, am 9. November, um elf Uhr, die Revolution beginnen sollte». Zu lesen war, dass sich die Arbeiterklasse auf dem Stuttgarter Schlossplatz versammeln werde, «um eine neue Regierung zu wählen, daß Ruhe wichtig und Blutvergießen unnötig sei». Tatsächlich geschah nichts, und «kein Schuß fiel». Erst danach überschlugen sich die Ereignisse: «Der König dankte ab, die Regierung ebenso, in Württemberg wurde die Republik ausgerufen, ein Präsident wurde gewählt, Soldaten zerbrachen ihre Gewehre und gingen nach Hause, Offiziere verschwanden.»[10]

Fritz Bauer erinnerte sich an diese Geschehnisse mit der mehr ironisch klingenden Enttäuschung eines Bürgersohns, der nur Zuschauer gewesen war. Die Schüler des Eberhard-Ludwigs-Gymnasiums wurden am 8. November nach Hause geschickt.[11] «Und dann kam die Revolution. Die Revolution habe ich selber erleben wollen, ich erinnere mich, wie ich zu meinem Vater am 9. oder 10. November 1918 sagte: ‹Nun muß ich einmal sehen, wie man eine Revolution macht›. Wir begaben uns [...] herunter in die Stadt auf die Königstraße, ich wollte unter allen Umständen sehen, wie das Nachspiel der Französischen Revolution sich in Stuttgart abspielte. Leider Gottes geschah überhaupt nichts. Wir gingen auf und ab, in weitester, weitester Ferne ertönte ein Schuß, ich war tiefunglücklich, daß die deutsche Revolution, wie üblich, im Saale stattfand. Am Tag später begab ich mich mit einem Schulkameraden erneut in die Stadt, in der Erwartung, nun endlich einmal den großen Zusammenstoß der Ideologien zu erleben. Das einzige, was wir [...] sahen, war, daß an irgendeinem goldenen Kaiser oder König Wilhelm, genauer gesagt am Schwanze des Pferdes, ein rotes Taschentuch hing. Einen tieferen Eindruck hatte ich jedenfalls von der Revolution vom 9. November 1918 nicht.»[12]

Wie sollte er auch, denn was sich abspielte, so urteilte auch Stadthistoriker Otto Borst, «war keine Revolution».[13] Während der Reden im Schlosshof und auf dem Schillerplatz schickte sich ein «wilder Haufe» an, in das Palais König Wilhelms einzudringen, es müsse eine «peinliche, eine wüste, eine sinnlose Sache gewesen sein». König Wilhelm verließ sein Palais aber nicht wie erwartet durch den Nebeneingang, sondern durch das Hauptportal. Er hat Stuttgart danach nie mehr betreten und legte am 30. November 1918 freiwillig seine Krone nieder. Die Republik jedoch wurde auf keiner der Veranstaltungen des 9. November ausgerufen.[14]

Auch in der Biographie Kurt Schumachers, der im Jahr 1920 in Stuttgart eintraf, um als Chef vom Dienst bei der *Schwäbischen Tagwacht* unter der Leitung ihres ziemlich staatstreuen Chefredakteurs Wilhelm Keil anzutreten, kommt nur eine besonders «verfehlte Revolution» vor.[15] Viele der zum Teil begeisterten Revolutionsanhänger waren vom Verlauf und den Folgen der Wirren im Winter 1918/19 enttäuscht und fanden schon bald, alles gehe weiter wie bisher. In seinem Essay über den Geist und die Kultur in der Weimarer Zeit hat Peter Gay dieses Geburtstrauma der Republik kenntlich gemacht; danach hatten die neuen und die alten Konservativen, die begannen, das wenige an revolutionären Neuerungen zu verachten und zu bekämpfen, ein leichtes Spiel, während die republikanische Linke einen Bürgerkrieg unter sich führte: «Der Kampf von ‹Sozialisten gegen Sozialisten›, wie Bernstein es nannte», brach aus, «kaum daß die Republik ausgerufen worden war. Ja, ihre Ausrufung selber richtete sich ja nicht nur gegen die Monarchie», betont Gay, «sondern auch gegen die Spartakisten.»[16]

Im liberalen schwäbischen Musterländle jedenfalls war von einer Revolution, von wirklich umstürzlerischen Verhältnissen also und der Auflösung überkommener Strukturen, die den Austausch der «Maschinerie der alten Ordnung»[17] aus Militär, Beamtenschaft und Justiz hätten erzwingen müssen, im Winter 1918/19 kaum die Rede.[18] Einer der Hauptgründe hierfür war die frühzeitige Spaltung der SPD, die hier schon immer «rechter» als der Berliner Parteivorstand entschied und bereits während des Krieges die Ausgrenzung und organisatorische Abstoßung der Parteilinken betrieben hatte.[19] Die württembergische Unabhängige Sozialistische Partei (USPD), der die Spartakisten 1917 beitraten, wurde darum zu keiner einflussreichen Bewegung, sondern verlor schon während des Krieges an Bedeutung. Da sie kaum Kontakte zu den Betrieben hatte, konnte sie nicht wie in anderen deutschen Ländern Streikbewegungen und Demonstrationen organisieren.[20] Erst im Sommer und Frühherbst 1918 bekam die württembergische Linke Anstoß durch die vorrevolutionären Aktivitäten ihrer Genossen im Reich, und am 4. November 1918 konstituierten die Vertrauensleute des Spartakusbunds in den großen Betrieben den ersten Arbeiterrat.[21]

So ganz ohne Unruhen, Streiks und Demonstrationen ging also auch im deutschen Südwesten der Sturz der Monarchie nicht vonstatten. Die Mehrheitssozialdemokraten (MSPD) unter Führung von Keil verhielten sich zunächst zurückhaltend, sie wollten unbedingt den Umsturz vermeiden. Keils einziges Ziel war zu diesem Zeitpunkt noch – er stimmte darin mit Friedrich Ebert überein – eine Parlamentarisierung unter Beibehaltung der monarchischen Staatsordnung.[22] Am 4. November setzte dann aber auch in Stuttgart die revolutionäre Bewegung mit Streiks in allen großen Betrieben ein, es kam zu Demonstrationszügen durch die Innenstadt, in Friedrichshafen traten am 5. und 6. November die Arbeiter der wichtigsten Rüstungsfirmen in den Generalstreik, um einen sofortigen Waffenstillstand zu erzwingen. Die Ereignisse brachten die MSPD an die Spitze der revolutionären Bewegung. Als die beiden Führer des Spartakus, Fritz Rück und August Thalheimer, sowie mit ihnen sechzehn Mitglieder des Stuttgarter Arbeiter- und Soldatenrats in der Nacht vor dem 7. November in Ulm verhaftet wurden, gelang es Keil, die Freilassung der Verhafteten zu erwirken. Um die Kontrolle über die Staatsumwälzung nicht zu verlieren, setzte er sich mit den Gewerkschaften und Vertretern der USPD an einen Tisch: Allesamt forderten sie jetzt die Einführung der Republik, das gleiche Wahlrecht sowie die Abschaffung der Ersten Kammer.[23]

Noch während der Demonstrationen am 9. November kamen MSPD, USPD und Gewerkschaftsführer überein, eine provisorische Regierung unter Wilhelm Blos (SPD) und Arthur Crispien (USPD) zu bilden; die beiden Spartakisten Albert Schreiner und August Thalheimer wurden als Kriegs- und Finanzminister vorgeschlagen.[24] Doch dieses Kabinett hat nie regiert, denn der Spartakist Thalheimer lehnte noch in der Nacht zum 10. November seine Mitarbeit ab und forderte die Schaffung eines Generalrats, der seine Richtlinien direkt von den Arbeiter- und Soldatenräten erhalten sollte. Dieser Verzicht ermöglichte es Keil bereits am 10. November, Vertreter der bürgerlichen Parteien in die provisorische Regierung aufzunehmen, um dieser eine breitere Basis zu verschaffen. Nachdem der Stuttgarter Arbeiter- und Soldatenrat als Kontrollgremium dieser Absicht zugestimmt hatte, wurde die erste Kabinettsliste um je einen Vertreter der Volkspartei, der Deutschen Partei und des Zentrums ergänzt.[25] In Württemberg fiel also die Entscheidung zwischen Sozialismus oder Sozialreformismus viel früher als in Berlin. Am 11. November 1918 übernahm die Koalition aus Sozialdemokraten und Bürgerlichen die Regierungsverantwortung.

Dieser Integrationswille der württembergischen Sozialdemokratie brachte ihr den Unmut der Arbeiterschaft ein. Bei den Landtagswahlen 1920 erlitten die Sozialdemokraten deshalb eine vernichtende Niederlage. Sie verloren über die Hälfte ihrer Stimmen von 1919 (von 450 000 auf 180 000), während die USPD ihren Anteil mehr als verdreifachen konnte (von 40 000 auf 145 000).[26] SPD, Zentrum und Demokraten hätten ihre Koalitionsregierung weiterführen können, doch lehnte es die MSPD ab, ohne Beteiligung des Wahlsiegers USPD zu regieren. Diese Entscheidung wiederum akzeptierten die bürgerlichen Parteien nicht, woraufhin die SPD aus der Regierung ausschied. Sie kehrte zwar von November 1921 bis Anfang 1923 zurück, konnte aber lange Zeit keine entscheidende Rolle mehr spielen.[27]

Fritz Bauers Hoffnungen auf den Umsturz und seine Entscheidung für den Sozialismus wurden jedoch wohl weniger durch diese politischen Ereignisse ausgelöst als durch eine persönliche Begegnung. In dem einzigen autobiographisch angelegten Artikel «Im Kampf um des Menschen Rechte» erwähnte er ausdrücklich seinen Philosophielehrer am Eberhard-Ludwigs-Gymnasium, der – für ihn offenbar etwas Außergewöhnliches – zum

Kultusminister der ersten republikanischen Regierung in Württemberg ernannt worden war. Tatsächlich ließ sich dieser Lehrer nicht ausfindig machen, aber womöglich verwechselte Bauer ihn mit dem Sozialdemokraten jüdischer Herkunft Berthold Heymann, der vom 11. November 1918 bis zum 20. Oktober 1919 das württembergische Kultusministerium und dann bis zum 1. Juli 1920 das Innenministerium verwaltete.[28] Dass nun auch in Stuttgart, wie in Berlin und München, ein Jude ein Ministeramt übernehmen konnte, war für die deutsch-jüdische Familie Bauer offenbar bedeutsam.

Sein Philosophielehrer habe ihn nicht nur philosophisch, sondern auch politisch beeinflusst, erinnerte sich Bauer an die Revolutionszeit, sehr schnell sei er damals zum Sozialisten geworden: «Ich fragte mich, warum ist dieser Mann, der ein erhebliches Wissen besaß, der mich tief beeinflußt hat im philosophischen Denken, warum ist dieser Mann Sozialist? Der Gedanke bohrte in mir, ich begann zu lesen, ich begann, die Revolutionsliteratur zu lesen, erst kam Toller und dann ähnliche Expressionisten, mit dem ganzen pazifistischen Schrei. Das waren Dinge, die mich tief erschüttert haben, ich erinnere mich an ‹Die Wandlung› von Toller. Ich ging weg, tief erschüttert, weil hier plötzlich eine ganz andere, eine neue Welt sich auftat.»[29] Zugleich, so pointierte Fritz Bauer später seine Erinnerungen an das Revolutionsjahr, schlugen die «liberalen Ideale der schwäbischen 48er […] blitzartig ein. ‹Wilhelm Meisters Wanderjahre›, die ich damals las, wurden mir zu einem sozialen Vorbild; vor mir sah ich eine fruchtbare Kameradschaft tätiger Genossen im Dienste der Forderung des Tages. Wenige Jahre später habe ich Kurt Schumacher getroffen, der einarmig vom Kriege zurückkehrte.»[30]

So waren es drei Faktoren, die den Weg Fritz Bauers zur Sozialdemokratie beeinflussten: Ein Jude wurde Minister, zweitens die Lektüre von Goethes *Wilhelm Meister* und drittens die persönliche Begegnung mit Kurt Schumacher. In dem Zitat, wo Fritz Bauer von «Kameradschaft» schreibt, ist auch noch ein vierter Anstoß zu entdecken, denn es war Gustav Radbruch (1878–1949), den Fritz Bauer hier wörtlich zitierte.[31] Ihm ging es darum, die freie Individualität der deutschen Romantik mit dem Ideal tätiger Gemeinschaft im Dienste des kulturellen Wirkens und Schaffens zu verbinden, so wie Goethe es im *Wilhelm Meister* beschrieben hatte.[32]

In seiner *Kulturlehre des Sozialismus* (1922) legte Radbruch später diese Auffassung, die er aus dem weltanschaulichen Gegensatz zwischen der «radikalsten Form der Demokratie: dem Sozialismus, und dem auf die äußerste Spitze getriebenen Liberalismus: dem Anarchismus»[33] entwickelte, umfassend dar. Womit er sich im Übrigen von vielen seiner sozialdemokratischen Zeitgenossen unterschied, denn von ihm wurde das parlamentarische System von Weimar nicht bloß als Vorstufe einer neuen Gesellschaft und neuen Geistesverfassung betrachtet, die es zu schaffen galt, sondern als Vollendung, für die zu kämpfen sich lohnte. Die neue Geistesverfassung, an die Radbruch dachte, betonte «sowohl den Wert des Einzelnen, der Persönlichkeit mit den Parolen von Freiheit und Gleichheit, als auch den Gedanken der Gemeinschaft und Kultur».[34]

Genau diese Haltung sprach aus zahlreichen späteren Formulierungen Fritz Bauers, der 1963 in einer Gedächtnisrede zum Geburtstag von Anne Frank meinte, das millionenfache Leid und Leiden in den Jahren 1933 bis 1945 appelliere an den Menschen und aktiviere «die menschlichen Energien im Kampf um das Gute». Auch Anne Frank habe gesagt, sie werde «in der Welt und für die Menschen arbeiten!» Fritz Bauer griff noch weiter aus. «Über die Metaphysik darf das Ethos, über dem Glauben darf die Liebe nicht vergessen werden», meinte er; und wir sollten uns erinnern, dass «alle Menschen nach dem Bilde Gottes geschaffen sind».[35]

Wie Radbruch ging auch Bauer davon aus, dass die Menschen von Natur aus zwar nicht gleich, aber gleichwertig sind, und erkannte insofern gewisse subjektive Rechte als der staatlichen Gesetzgebung vorgegeben an: «Im Wesentlichen das, was wir als Grund- und Menschenrechte bezeichnen».[36] Nichts anderes besagte die goldene Regel, die er sich zur Richtschnur gemacht hatte: Was du nicht willst, dass man dir tu'... Fritz Bauer forderte etwas Höheres als die Politik: vorurteilsfreie Nächstenliebe, nach dem Modell, das Lessing im *Nathan dem Weisen* entworfen hatte, und die Liebe «aus dem reinen Herzen mitfühlender Menschen», deren Quelle nach Schopenhauer das Mitleid mit den Erniedrigten und Beleidigten ist, in den Worten Fritz Bauers mit «den Mühseligen und Beladenen, den Enterbten, den Vergasten»; Mitleid, das allein Widerstand veranlassen kann, der nicht «aus der reinen Vernunft mitklügelnden Denkens» komme.[37]

Der Soziologe Karl Mannheim hat schon 1927 bemerkt, dass Generationen durch ein «prägendes Erlebnis» geformt werden können, welches in das besonders empfängliche Alter zwischen etwa siebzehn und fünfundzwanzig Jahren fällt.[38] Für die Generation Fritz Bauers wurde der Weltkrieg unweigerlich zum prägenden Urereignis, dem sie mit unterschiedlichen Reaktionen begegnete. Nach der einen Seite zog es alle jene, die sich durch Ernst Toller repräsentiert fühlten. Wer die Lazarett- und Krüppelszenen in seinem expressionistischen Drama *Die Wandlung* als erlebte Wirklichkeit begriff, musste sich mit den geschlagenen Heimkehrern identifizieren, die man vielfach betrogen hatte. Fritz Bauer spürte das, als er begann, die Revolutionsliteratur zu lesen.[39] Für die jungen Frontsoldaten stürzte eine Welt zusammen, als sie erkennen mussten, dass sie von einem Kaiser und einer kaiserlichen Regierung geradezu verheizt worden waren, von einem Imperialismus und Militarismus, der zum Krieg getrieben hatte: «[M]ir ist zumute, als sei das Land, das ich liebe, von Verbrechern verkauft und verraten.»[40] Der Schriftsteller Toller wollte mit seinen aus dem Schrecken des Krieges geborenen Büchern betroffen machen und anklagen; seine Erinnerungen schrieb er nach der brutalen Niederschlagung der bayerischen Räterepublik in Festungshaft. Die Desillusionierung durch den Krieg und der anwachsende Antisemitismus machten Toller zum radikalen Sozialisten.[41]

«Nie wieder Krieg!», mit diesem Aufruf «identifizierte ich mich wie Millionen anderer Deutscher mit dem Soldaten, der als aggressiver Nationalist in den Krieg zog» und als Pazifist zurückkehrte, schrieb auch Fritz Bauers Freund Uhlmann in der Erinnerung an Tollers Theaterstück *Die Wandlung*. Die Lektüre war aufrüttelnd, und ihre Wirkung auf diese Jugendlichen lässt erahnen, woher die Vehemenz kam, mit der Fritz Bauer später einmal Anklage gegen das Verbrechen des Massenmordens erheben und seine Hoffnung auf eine ganz andere Nachkriegsjugend setzen würde. Die Kriegsjahre 1914 bis 1918 schärften den Blick für die soziale Ungleichheit der Gesellschaft, die auch der Krieg nicht überwunden hatte, und machten ihn zu einem jungen Sozialisten. Gleich seinem Vorbild Toller schlug Bauer sich 1918 gedanklich auf die Seite der revolutionären Opposition. Auch für ihn gab es keinen Zweifel, dass die junge Generation und die von der Front heimkehrenden Soldaten leidenschaftlich Frieden und Versöhnung wollten, also auch einen neuen, gerechteren Staat, eine gerechtere Gesellschaft, eine deutsche Republik und

Demokratie. «Dieses Europa muß umgepflügt werden», schworen sich die Enttäuschten. Trotz ihrer pazifistischen Ziele verstanden sie sich als Rebellen gegen die alte Ordnung und schlossen sich in einem Kampfbund zusammen.[42]

Rebellen wollten aber auch jene ganz anderen Jugendlichen sein, die nicht mehr im Krieg gekämpft hatten, sondern 1914 ihre Väter begeistert und siegesgewiss an die Abfahrtbahnhöfe zur Front begleitet hatten, womöglich noch mehr als die Vätergeneration vom ursprünglich nationalen Wahn beseelt, noch nationalistischer von den Siegesparolen vergiftet und darum jetzt, im Moment der Niederlage, nicht bereit, mit den Frontsoldaten zu kapitulieren. Der demütigende Friedensvertrag von Versailles stürzte diese Jugendlichen in eine tiefe Existenzkrise. Für sie war eine Welt zusammengebrochen. Auf diesem Boden wuchs jene Rachegesinnung, die schließlich eine ganze Epoche der deutschen Geschichte prägen, ja umwälzen sollte.

Die Kriegsjugendgeneration musste sich früh entscheiden, wie sie mit der Katastrophe der Kriegsniederlage Deutschlands umgehen wollte. Sie konnte sich auf die linke Seite schlagen, den Ausgang des Krieges hinnehmen, Tollers «Werk der Reinigung» beginnen. Sie konnte sich aber auch auf die Seite der rechtsextremen Reaktion schlagen und mit der Wut der Verlierer alles ablehnen, was nicht auf die angeblich fällige Revanche zielte.[43] Schon Zeitgenossen wie Peter Suhrkamp fiel die «Achtlosigkeit gegen das Menschliche» in der zu dieser Gruppe gehörenden Jugendlichen auf.[44] Es ist bezeichnend, dass viele von den zwischen 1900 und 1907 Geborenen zu Funktionsträgern des NS-Staats wurden. Unter ihnen Heinrich Himmler, der bei Kriegsende 18 Jahre alt war, Martin Bormann und Hans Frank sowie der Auschwitz-Kommandant Rudolf Höß und viele andere – nicht zuletzt drei Viertel der Führungsgruppe des späteren Reichssicherheitshauptamtes waren um 1900 oder später geboren, wie der Historiker Michael Wildt gezeigt hat.[45] Es war eine Gemeinschaft von Verlierern, zu der man gehörte, ob man wollte oder nicht. Im Selbstverständnis dieser «neuen radikalen Rechten» spielte das Kampferlebnis eine zentrale Rolle. Das Leben eines Mannes erhielt seinen Wert erst durch Selbstaufopferung, durch die Opferung anderer oder Uniform und Disziplin.[46]

Schon lange vor dem Eingeständnis der Niederlage und der Kapitulation begannen die Militärs, ihre Verantwortung auf die zivile Reichsleitung abzuschieben, indem sie das Gerücht in die Welt setzten, dass nicht die Front, sondern die Heimat versagt habe.[47] Ihre Strategie war erfolgreich, denn nicht nur nationalistische Politiker, sondern auch die Zunft der Historiker folgte lange Zeit der so genannten Dolchstoßlegende. Das Kaiserreich – so die gängige Meinung – habe in einem ihm aufgezwungenen Existenzkampf, einem Verteidigungskrieg gestanden und einen Abwehrkampf geführt. Die von regierungsamtlicher Seite geforderte Widerlegung der Versailler «Kriegsschuldlüge» überlagerte rasch alle anderen historiographischen Fragen und vor allem das Bekenntnis der eigenen Mitschuld.[48]

Es waren linke Außenseiter, wie der Führer der bayerischen USPD Kurt Eisner und Karl Kautsky, die eine brisante Dokumentensammlung vorlegten, die bewies, dass die Politik des Deutschen Kaiserreichs vor 1914 keineswegs auf Frieden zielte, sondern das eigene Volk bewusst über ihre Ziele täuschte. Doch die neue Berliner Reichsregierung unter Friedrich Ebert entschied, die Dokumente nicht zu veröffentlichen. Die Konsequenzen dieser Entscheidung waren indes unabsehbar, denn nun konnte die nationalistische Rechte ungehindert die so genannte Kriegsunschuldlüge propagieren.[49] Den Aufhänger dafür bot Artikel 231 des Versailler Friedensvertrags, der den Deutschen die alleinige Schuld am Ausbruch des Weltkriegs zuschrieb, was die Deutschen aller Klassen erboste[50] – ein unschätzbares Kapital für die Propaganda der deutschen Rechten, wie Fritz Stern urteilte. In ihren Augen hatten die Vertreter der jungen Republik, die diesen «schändlichen» Artikel unterschrieben hatten, das Vaterland in den Schmutz gezogen. Fortan galten Marxisten, Pazifisten und Juden als diejenigen, die einer unbesiegten Armee den Dolchstoß versetzt und die Ehre der Nation verraten hatten.[51] Die Formel war schon im Frühjahr 1917 gefunden, als die SPD erstmals mit einer Friedensresolution an die Öffentlichkeit trat, nämlich: hier Annexions-, dort Verzichtspolitiker – hier Nationalisten, «dort schwächliche Anhänger der Internationale» – hier das Lager der «artbewußten Deutschen mit einer ‹alldeutschen› Vorhut, dort das der ‹entarteten Undeutschen› unter ‹alljüdischer› Leitung».[52] Von jetzt an nahm die Volksverhetzung durch die am 1. September 1917 gegründete Deutsche Vaterlandspartei ihren freien Lauf: Das Volk müsse sich aufbäumen gegen den «Reichstag der Judenwahlen», der ihm einen «Judenfrieden» und die Demokratie bescheren wolle.[53] «Nie war die antisemitische Leidenschaft in Deutschland wütender als in den Jahren 1919 bis 1923», behauptete Golo Mann vor dem jüdischen Weltkongress (1966).[54] Bereits am Anfang der Weimarer Republik gab es etwa 400 völkische Organisationen und 700 antisemitische Zeitschriften.[55] Während die Nationalversammlung die Weimarer Verfassung schuf und die Parteien der Regierungskoalition um eine festere Fundierung des neuen Staates rangen, organisierten die völkischen Führer eine große antiparlamentarische und antisemitische Massenbewegung.[56] Die Zahl der Mitglieder, darunter nicht wenige exponierte Angehörige der völkischradikalen Freikorps, wuchs rasch an; zur Zeit des Verbots – die letzten Verbände wurden 1923 aufgelöst – waren es über 200 000.[57] Allein im Jahr 1920 verteilte der Deutsch-Völkische Schutz- und Trutz-Bund 20 Millionen Flugblätter und Aufkleber.[58]

Die «Alldeutschen» propagierten pausenlos den Antisemitismus, so dass sich die Mehrheit der deutschen Juden bereits 1918 zu organisatorischer Gegenwehr entschließen musste – bereit, für die parlamentarische Demokratie zu kämpfen. Nur ein kleiner Teil, meistens ohne Bindung an das Judentum, wandte sich in dieser Situation radikalen und revolutionären Ideen zu.[59] Aber das genügte den Rechten, um Juden und bolschewistische Weltrevolution in einen untrennbaren Zusammenhang zu bringen und damit eines der wirksamsten Schlagworte in die Welt zu setzen, das den ersten demokratischen Staat der Deutschen tödlich vergiftete.[60]

Im Schatten des Weltkriegs und des durch ihn provozierten Antisemitismus, das ist der zwiespältige Befund aus innerjüdischer Sicht, wuchs einerseits die Saat «einer eindrucksvollen Blüte jüdischen Kultur- und Religionslebens» heran, während andererseits die plötzliche Präsenz in politischen Führungspositionen der «Linken» und sogar auf Ministersitzen den assimilierten deutschen Juden Verlegenheit und Sorge bereitete.[61] Das war auch in der Familie Fritz Bauers nicht anders. Den Eltern Ella und Ludwig hat die jugendliche Begeisterung ihres Sohnes für den Sozialismus kaum gefallen. Ihrer Herkunft nach gehörten sie zu den emanzipierten und ins Bürgertum integrierten deutschen Juden, denen die jüdischen Intellektuellen, Schriftsteller und Journalisten, die da plötzlich als Revolutions- und Parteiführer auftraten, ziemlich missfielen. Die von der Emanzipation geprägten deutschen Juden tendierten kaum nach links, ihre Mehrheit wählte die Deutsche Demokratische Partei, also keineswegs die Sozialdemokraten oder gar die KPD.

Als Fritz Bauer sich nach 1918 für den Sozialismus entschied, geriet auch er in der eigenen Familie in die Position eines Außenseiters, der er sein Leben lang blieb. Er gehörte zu denen, die sich in der Epoche der Weimarer Republik politisierten, wo Außenseiter, «Demokraten, Kosmopoliten, Juden», erstmals die Möglichkeit fanden, Stellungen in Gesellschaft, Geschäftsleben, Kultur, Universität und Politik zu erobern.[62] Entscheidender Anstoß war dann der Kapp-Putsch im März 1920, der seine politische Option, die Weimarer Republik, in Frage stellte. Bekanntlich brach das abenteuerliche Unterfangen des Generallandschaftsdirektors, der mit Hilfe von Freikorpsaufgeboten des Generals von Lüttwitz in Berlin die Macht an sich reißen wollte, schon nach wenigen Tagen zusammen; von Stuttgart aus, wohin sich Reichspräsident Ebert und die Reichsregierung abgesetzt hatten, riefen sie zum Generalstreik auf, der diesem «Verbrechen an der Nation» (so Theodor Heuss in einer Flugschrift) ein schnelles Ende bereitete.

Fritz Bauer konnte mit umso mehr Genugtuung seinen Lebensweg fortsetzen und sich im Sommersemester 1921 an der Ruprecht-Karls-Universität in Heidelberg zum Jurastudium immatrikulieren. Damit entschied er sich für einen Berufszweig, der in der jüdischen Emanzipationsgeschichte des 19. Jahrhunderts eine wichtige Rolle spielte. Die in vieler Hinsicht geglückte Integration war über das Recht erfolgt. Das Recht war der Schlüssel zur Emanzipation gewesen, es öffnete die Tür zur Gleichberechtigung und schien der Garant für bürgerliche Sicherheit und Ordnung[63] – wofür Fritz Bauers Vorfahren in Tübingen ja ein hervorragendes Beispiel gaben.

Noch freilich war der Umbruch zur Republik nicht vollends gesichert und «die Machtposition dieser Außenseiter sehr prekär».[64] Als Fritz Bauer im Sommer 1921 zu studieren begann, war er gerade achtzehn und hatte bereits miterlebt, wie viele der Sozialisten und Republikaner, deren Idealen und Zielen er sich verschrieben hatte, kaltblütig und brutal ermordet worden waren, ohne dass die Mordtaten von der Justiz sonderlich geahndet wurden. «Morde markierten die frühen Jahre der Weimarer Republik», schrieb Fritz Stern und nannte unter den folgenschwersten die barbarische Liquidierung von Karl Liebknecht und Rosa Luxemburg im Januar 1919, danach die Ermordung von Kurt Eisner und Hugo Haase, beide Mitglieder der USPD.⁶⁵ Das nächste Opfer wurde der Zentrumspolitiker Matthias Erzberger am 26. August 1921, ohnehin von vielen Seiten bekämpft und unpopulär wegen seiner 1919 als Minister durchgesetzten Finanzreform mit Zentralisierung der Steuereinnahmen; nun auch von dem deutschnationalen, extrem rechten Reichstagsabgeordneten Karl Helfferich (1872–1924) verschrien und verunglimpft als Vertreter der Friedensresolution von 1917 sowie vor allem als Unterzeichner des Waffenstillstands von 1918.

An der berühmten Heidelberger Universität herrschte damals ein relativ liberales und kaum antisemitisches Klima. Fritz Bauer hatte sie als ersten Studienort gewählt, «um allen Schwierigkeiten aus dem Weg zu gehen», zumal sich der Antisemitismus vor allem unter den Studenten und besonders in den deutschen Verbindungen, wo der «Arier»-Paragraph bereits eingeführt war, rasch ausbreitete.⁶⁶ Heidelberg galt in den frühen Weimarer Jahren als «akademische Hochburg des neuen Deutschland», viele der Professoren waren Anhänger der DDP, deren Selbstverständnis als Staatspartei offenbar dem konservativen Verständnis der Hochschullehrer entgegenkam. Immerhin übernahm ihr gerade erst gewählter Rektor Gerhard Anschütz ein politisches Mandat der DDP, was nicht nur für die damalige Zeit ungewöhnlich war.⁶⁷

Fritz Bauer studierte, was hervorgehoben werden sollte, in Heidelberg bei keinem der Hochschullehrer, die aufgrund ihres sozialistischen Denkens bekannt und in dieser Richtung politisch aktiv waren. Der Rechtsphilosoph Gustav Radbruch, dessen Schriften er intensiv las und sich zu eigen machte, gehörte noch nicht zum Lehrkörper, sondern war Reichstagsabgeordneter und später Justizminister in der Großen Koalition unter Stresemann. Erst 1926 wurde er als Professor an die Universität Heidelberg berufen. Und auch der links stehende, deutsch-jüdische Mathematiker und Pazifist Emil Julius Gumbel (1891–1966), der in Heidelberg am besonders liberal geltenden Institut für Sozial- und Staatswissenschaften unterrichtete, war kein Lehrer Fritz Bauers.⁶⁸

Die Professoren, bei denen Bauer studierte, zählten zu den so genannten Vernunftrepublikanern, die besonders zahlreich an der juristischen Fakultät vertreten waren. Eine Ausnahme war Hans Fehr, bei dem Bauer 1921 eine Vorlesung über «Deutsche Rechtsgeschichte» und im darauf folgenden Wintersemester «Deutsches Privatrecht als historische Einführung» belegte. Fehr gehörte als einziger Hochschullehrer zum inneren

Kreis der «Heidelberger Gemeinschaft», einem der kurzlebigen Zirkel am Rande der Heidelberger Gelehrtenkultur.⁶⁹ Hier verkehrten junge Literaten wie Carl Zuckmayer, Verleger wie Henry Goverts, auch spätere Sozialdemokraten wie Carlo Mierendorff und Theodor Haubach. Die «Gemeinschaft» organisierte expressionistische Dichterlesungen, Konzerte mit zeitgenössischer Musik und Theaterabende, Veranstaltungen mit Klabund, Theodor Däubler, Otto Flake oder legendär-skandalöse Theateraufführungen, die im Gedächtnis blieben.⁷⁰

1922 wechselte Bauer nach München, wo er im Künstlerstadtteil Schwabing als Untermieter ein Zimmer fand und zwei ganze Semester blieb.⁷¹ Der Umzug mag auch mit dem Ärger oder gar Tiefschlag zu tun gehabt haben, den er erlitt, als man ihn als Juden bei einem studentischen Sportclub in Heidelberg abwies und er das Kanu, das er sich mit einem nichtjüdischen Freund teilte, verkaufen musste.⁷² Jedenfalls wurde die Münchner Zeit für Fritz Bauer zu einer Erfahrung, die ihn vor allem wegen seiner jüdischen Herkunft herausforderte und ihn zu einem politischen – was bei ihm hieß: zu einem republikanischen – Juristen machte. Denn kaum in München angekommen, geschah das Attentat, das man als den Beginn der größten Krise der Weimarer Republik bezeichnen kann: die Ermordung des Reichsaußenministers Walther Rathenau.

Die Mörder Rathenaus von der rechtsextremen «Organisation Consul» wollten vor allem den «Erfüllungspolitiker» Rathenau treffen, der gerade von der Weltwirtschaftskonferenz in Genua zurückgekehrt war, wo er zusammen mit Reichskanzler Wirth nicht unerhebliche Voraussetzungen für die zukünftige Stabilisierung der Weimarer Republik geschaffen hatte.⁷³ Der Reichskanzler würdigte seinen Außenminister in der Trauerrede vor dem Reichstag als «Anwalt des Volkes» und warnte zugleich die deutsche Öffentlichkeit vor dem Wüten der deutschnationalen Reaktionäre und Mörderbanden hinter ihnen, indem er ausrief: «Dieser Feind steht rechts!»⁷⁴ Alle Republikaner mussten Wirth zustimmen, und zuallererst tat dies der Student Fritz Bauer, der in seinen spärlichen Erinnerungen auch später noch sein Entsetzen über die Mordtat zum Ausdruck brachte:

«Ich erlebte in München die Unruhen, die nationalsozialistischen Unruhen, das erste Auftauchen der NSDAP Hitlers, ich erinnere mich an die riesigen Plakate in München, knallrot, beispielsweise mit der Unterschrift oder Aufschrift, die jeder lesen konnte, was niemand heute bestreiten soll:

‹Den Juden ist der Zutritt verboten›. Ich sah die Radauaufzüge der Nationalsozialisten[75] und erlebte in München, zusammen mit Freunden, den Tod Rathenaus. Er kam und wir waren tief erschüttert, und wir hatten den Eindruck, daß die Weimarer Demokratie, an der unser Herz hing, um der Grundrechte willen, daß sie gefährdet war.
Ausdruck dessen, unserer ganzen Erschütterung war, daß wir sofort in die Alpen zogen, uns fragten: ‹Was muß nun geschehen, was können wir eigentlich tun? So kann es nicht weitergehen›. Ich erinner' mich, daß wir in einer Höhle in den bayerischen Alpen, oder in den österreichischen Alpen, hoch oben einen Brief schrieben, verfaßten, an Thomas Mann. Wir schrieben nicht an Gerhart Hauptmann, sondern wir schrieben bewußt an Thomas Mann. Wir wußten, Thomas Mann gehörte damals noch oder wurde zugerechnet der deutschen Rechten, aber wir hatten das Gefühl, ein Mann wie Thomas Mann, den wir über alles liebten und der unsere Jugend bestimmt hat seit den Tagen des Tonio Kröger, daß Thomas Mann nicht schweigen kann und nicht schweigen darf. Und es war einfach unser Gefühl, Thomas Mann wird jetzt auf unserer Seite stehen. Und wir bekamen eine Antwort, ich vergesse sie nie, es war ein Brief von Thomas Mann, geschrieben mit seiner Handschrift und mit Korrekturen in jeder Linie. So ging es bei Thomas Mann zu, ich sage, er kämpfte selbst in einem Brief an junge Studenten um jedes Wort, er hat durchgestrichen, darüber geschrieben, das Überschriebene noch einmal durchgestrichen und wieder korrigiert. Und der Inhalt war: Wir hätten Recht, er stünde auf unserer Seite, wenn wir aber von ihm verlangten, daß er jetzt in München spreche, so sei er überfordert, er werde aber demnächst sprechen, und das war dann seine Rede über die deutsche Republik.»[76]

War es verwunderlich, dass dem jungen Jurastudenten Fritz Bauer Thomas Mann aus dem Herzen sprach? Tatsächlich wurde aus der brieflich angekündigten Rede eine ganze Aktion mit viel öffentlicher Resonanz. Der bereits weltbekannte Schriftsteller schrieb unmittelbar nach dem Mordereignis im Sommer 1922 den berühmten Text nieder und konnte schon am 4. September Arthur Schnitzler mitteilen: «Im Oktober-Heft der Neuen Rundschau werden Sie einen größeren Beitrag von mir finden, einen Aufsatz, betitelt ‹Von deutscher Republik›. [...] Ich ermahne darin die renitenten Teile unserer Jugend und unseres Bürgertums, sich endlich vorbehaltlos in den Dienst der Republik und der Humanität zu stellen – eine Tendenz, über die Sie vielleicht erstaunt sein werden. Aber gerade als

Verfasser der ‹Betrachtungen eines Unpolitischen› glaubte ich, meinem Lande ein solches Manifest schuldig zu sein.»77 Seine Rede, die er anlässlich des sechzigsten Geburtstags von Gerhart Hauptmann hielt, erschien 1923 als Einzeldruck bei S. Fischer und als Vorabdruck in der *Frankfurter Zeitung* am 24. Dezember 1922.[78]

Es waren nur wenige Professoren und Intellektuelle, die nach dem Krieg ihr traditionelles Bild von der «guten alten Zeit» des Kaiserreichs einer Kritik beziehungsweise Revision unterzogen und erkannten, welche schöpferischen Möglichkeiten die Republik bot, aber auch verlangte. Ausnahmen waren drei Persönlichkeiten, die den Ernst der Stunde vollauf begriffen: der oft vergessene Jurist Gustav Radbruch, sodann Thomas Mann mit seinem Bekenntnis «Von deutscher Republik», schließlich der Historiker und evangelische Theologe Ernst Troeltsch, der nach der Ermordung von Rathenau schrieb: «Trotz aller Revolution regieren im Grunde die alten Beamten, urteilen die gleichen Gerichte im Sinne des alten Systems, werden die Vertreter der Linken ermordet, wird denen der Rechten kein Haar gekrümmt. [...] ein neuer Beweis der Barbarei der deutschen Herrenschicht, womit das Dogma von der Kriegsschuld neu belebt werden kann.»[79]

Die Jahre 1922/23 konnten Fritz Bauer nur noch mehr mit Sorge erfüllen: War die deutsche Republikgründung bereits durch die Gebietsabtretungen sowie die Reparationsverpflichtungen des Versailler Vertrags und vor allem durch die ökonomischen Folgen der Kriegsanleihen belastet, wurde jetzt immer deutlicher, wie sehr die versäumte Demokratisierung des abgerüsteten Militärs und auch des Justizapparats, der die rechtsextremen Republikfeinde über die Maßen verschone, das politische Klima vergiftete. Hinzu kamen die Ruhrbesetzung durch französische und belgische Truppen und eine galoppierende Inflation, die eine einzigartige Geldentwertung mit sich brachte. Deutschland war, wie es schien, am Ende: wirtschaftlich und auch politisch. Im Herbst 1923 musste der passive Widerstand gegen die Invasion der Franzosen abgebrochen und die Inflation radikal beendet werden. Und gleichzeitig hatte sich Berlin gegen die Insubordination der Länder Bayern, Sachsen und Thüringen zu wehren; in München zumal kam es zu einem regelrechten Umsturzversuch: zu dem berüchtigten Hitler-Putsch am 9. November 1923, bei dem sich die Nationalsozialisten zusammen mit General Ludendorff für einen Augenblick mit den bayerischen Machthabern verbünden konnten, um den Abfall von Berlin zu betreiben beziehungsweise die Macht zu erobern.

Fritz Bauer war bereits lange zuvor zur Fortsetzung seines Studiums nach Heidelberg zurückgekehrt, wo er im Sommersemester 1923 wieder bei Professor Hans Fehr an einer Übung im Strafrecht und einer im Handelsrecht teilnahm. Mittlerweile interessierte er sich offenbar zunehmend für ökonomische Fragen. Folglich besuchte er jetzt, in seinem fünften Semester, auch zwei Veranstaltungen über Steuer- und Wirtschaftsrecht bei Karl Geiler (1878–1953).[80] Ebendieser sollte dann sein Doktorvater werden, ein loyaler Republikaner, der nach dem Zweiten Weltkrieg von den Besatzungsmächten als erster Ministerpräsident von Hessen eingesetzt wurde.[81] Daneben besuchte Bauer auch eine Vorlesung bei Leopold Perels (Zivilprozess II), Professor für Privatrecht und Rechtsgeschichte in Heidelberg, der offenbar sein einziger jüdischer Lehrer war.[82] Der politisch so engagierte Studiosus wollte aber auch den siebzigjährigen Eberhard Gothein (1853–1923), den berühmten Nationalökonomen, Kultur- und Wirtschaftshistoriker, nicht versäumen, der eine besonders zeitnahe Vorlesung über «Wirtschaftsgeschichte und Politik» angekündigt hatte. Gothein, der zu den ausgesprochen liberalen Demokraten und Vernunftrepublikanern zählte, war 1914/15 Rektor der Universität gewesen und hatte den Lehrstuhl Max Webers übernommen. Seit 1919 saß er als Abgeordneter der DDP im badischen Landtag, wo er die Verfassung des Landes mitgestaltete. An der Universität hatte er die viel beachteten «Soziologischen Diskussionsabende» eingeführt, auf denen die aktuelle ökonomische, literarische und wissenschaftliche Literatur, aber auch die Zeitprobleme diskutiert wurden. Es mag diese «Gelehrtenrepublik» gewesen sein – der besondere «Heidelberger Geist», wo Wissenschaft und aktuelle Politik zu einer seltenen Einheit fanden –, was junge Intellektuelle wie Fritz Bauer so besonders anzog.[83]

Seine bisherigen Studien hatten ihn vor allem auf Gustav Radbruch gelenkt, von dem er sich in seinem kritischen Denken bestärkt fühlte. Bauer hat den Gelehrten zwar nicht mehr auf dem Katheder erlebt, dafür aber seine Bücher gelesen. Gleich zu Beginn seiner Heidelberger Studienzeit, schrieb er, habe er sich das *Corpus juris* gekauft und dazu Gustav Radbruchs «wunderbare ‹Einführung in die Rechtswissenschaft›. Das ‹Corpus juris› war zu dick, um in die Frühjahrslandschaft Heidelbergs mitgenommen zu werden, aber Radbruchs Einführung las ich bewegt, begeistert in den Wäldern rings um das Schloß.» Es war vor allem die hier von Radbruch entwickelte Figur des «Juristen aus Freiheitssinn», die Bauer begeisterte. Ihm gegenüber stand der «Jurist aus Ordnungssinn», dessen Rechtsauffassung sich an den Belangen des Staates, nicht an der Freiheit des Einzelnen orientierte.

Die Lektüre von Radbruch bekräftigte ganz offensichtlich Fritz Bauers bereits als Schüler gehegten Berufwunsch: Er wollte kein Ordnungshüter, sondern ein Anwalt der Menschenrechte sein. Jahre später noch, nachdem ihm die Konsequenzen bewusst geworden waren, die sich daraus für sein eigenes Leben ergaben, geißelte er den Untertanengeist als das Grundübel deutscher Mentalität und klagte die mangelnde Zivilcourage als Ursache dafür an, dass die deutsche Geschichte nach dem Ende des Kaiserreichs so rasch in die Diktatur geführt habe. «Opposition, Kritik, Originalität, Zivilcourage werden als ‹Zwietracht› und – welche Verkehrung der Dinge! – als ‹deutsches Erbübel› verfemt», erklärte er. Und weiter: «Dem ‹Rechtspositivismus› entsprach und entspricht der falsche Gehorsam, die mißverstandene Loyalität, die politische Ohnmacht und Trägheit gegenüber den Menschenrechten, der Byzantinismus, der Untertanengeist, der Hordentrieb und das spezifisch deutsche Talent zur Staatsfrömmigkeit – Eigenschaften, die die [...] Freiheitsidee zugunsten eines reinen Ordnungsdenkens verkümmern ließen.»[84]

Es war kein Zufall, dass ihm der Rechtsphilosoph Gustav Radbruch in mancher Hinsicht zum Vorbild wurde. Radbruch, der sich als Justizminister in der Weimarer Republik um die Verwirklichung einer sozialen Demokratie und um die umfassende Reformierung des Strafrechts bemühte, war eine Ausnahmepersönlichkeit unter den damaligen Juristen. Und vor allem: ein Jurist, der auch vor der Erprobung in aktiver Politik nicht zurückscheute.[85] Nach dem Mord an Walther Rathenau wurde ihm die rechtliche Antwort in Form der auf Art. 48 der Weimarer Reichsverfassung gestützten Notverordnung zum Schutz der Republik sowie des vom Parlament beschlossenen «Republikschutzgesetzes» abverlangt.[86] Um die Durchsetzung der Republikschutznormen sicherzustellen, stimmte Radbruch wider seine Überzeugung der Androhung der Todesstrafe zu. Die Geschichte gab ihm, was seine Vorbehalte gegen diese Strafe anging, nur allzu schnell Recht. Denn die Gesetzgebung, die sich in erster Linie gegen die rechtsextremistischen Republikfeinde richten sollte, gewann rasch eine viel stärkere Stoßrichtung gegen «links».[87]

Als Fritz Bauer zum Winterhalbjahr 1923/24 nach Tübingen wechselte, begann man sich in Heidelberg schon wieder von dem seit der Novemberrevolution gepflegten liberalen Geist zu verabschieden. Deutlich wurde dies am «Fall Emil Julius Gumbel». Der Privatdozent arbeitete an einer Untersuchung mit dem Titel *Vier Jahre politischer Mord*, die auf Initiative Justizminister Radbruchs als Denkschrift des Reichsjustizministeriums veröffentlicht werden sollte. Darin hatte Gumbel jene Tendenz in der deutschen Rechtsprechung kritisiert, die die politische Rechte privilegierte. Nach seiner Analyse waren von 304 vorsätzlichen Tötungen links stehender Personen 22 gesühnt worden, denen 282 ungesühnte Todesfälle gegenüberstanden.[88] Doch Radbruch schied vor dem Abschluss der Denkschrift aus dem Amt, mit der gravierenden Folge, dass Gumbel seine Untersuchungsergebnisse auf eigene Kosten publizieren musste.[89] Als der Heidelberger Dozent dann 1924 auch noch ein Buch über republikfeindliche Geheimbünde veröffentlichte, überzog ihn die Justiz mit einem später eingestellten Landesverratsverfahren, und seine Fakultät veranlasste mehrere Disziplinarverfahren.[90]

Fritz Bauer schloss sich damals dem Republikanischen Richterbund an, einem laut Satzung überparteilichen Verband, dem viele Mitglieder der SPD, aber auch des Zentrums angehörten – ebenjene Minderheit der deutschen Richterschaft, die nicht konservativ und nicht national-liberal dachte.[91] Es war ein kleines Häuflein, das von der konservativen, zum Teil reaktionären Standesorganisation der Richter und Staatsanwälte, dem Deutschen Richterbund, ständig attackiert wurde.[92] Als Mitglied der württembergischen Landesgruppe war Bauer auch die seit 1925 erscheinende Zeitschrift des Republikanischen Richterbundes, *Die Justiz*, vertraut, die sich *Zeitschrift für Erneuerung des Deutschen Rechtswesens* nannte und als Zentralthemen die Reform des Strafrechts und die Juristenausbildung sowie die Auswüchse der republikfeindlichen Strafjustiz behandelte. In einem Aufsatz empfahl Fritz Bauer später die Lektüre dieser Zeitschrift mit dem Hinweis, dass die «Nazijustiz» schließlich nicht erst 1933 begonnen habe: «Undemokratische, autoritäre, antisemitische Urteile hat es schon vorher in beachtlicher Zahl gegeben.» In der Zeitschrift, fuhr er fort, könne man einiges über die «Legalisierung des politischen Mords» lesen: «Wir erfahren von den Prozessen gegen die Linke und die Mitte sowie von den sogenannten ‹Prozessen› gegen Hitler und seine Spießgesellen. Die Zeitschrift warnt immer wieder vor einer Überschätzung der technischen Jurisprudenz und einer Unterschätzung der menschlichen Seite der Rechtspflege. Sie wünscht sich nicht äußerliche Korrektheit, sondern ‹Dienst an der Pflege von Menschengut›. In dem Mangel an gebildeten, gerechten Menschen, an Menschlichkeit, liege eine große Gefahr.»[93] Der Republikanische Richterbund – er hatte etwa 500 Mitglieder, während der Deutsche Richterbund rund 12 000 zählte – und seine Zeitschrift existierten bis 1933, danach fielen sie dem NS-Terror zum Opfer.

Als Fritz Bauer im Wintersemester 1923/24 nach Tübingen ging, war ihm noch in Erinnerung, dass er gern von Anfang an hier studiert hätte, wie so mancher seiner Schulkameraden. Doch er war zunächst vor dem deutschnationalen und reaktionären, nicht zuletzt antisemitischen Ruf der Universität zurückgeschreckt.[94] Jetzt aber war er wieder in dem ihm so vertrauten Tübingen, an dem seine schönsten Kindheitserinnerungen hingen. Er schrieb sich an der dortigen Eberhard-Karls-Universität ein, womit er einer von nur zehn jüdischen Studenten war, von denen wiederum vier Jura studierten[95] – unter ihnen auch sein Stuttgarter Freund Fred Uhlmann, den er hier wiedersah. Sein späterer Rückblick: «Die Stadt war in schlechtem Zustand. Seit 1914 war nichts mehr restauriert worden, der Verputz blätterte von den alten Häusern ab und sie sahen aus, als ob sie an einer Hautkrankheit litten. Das Pflaster in den Hauptstraßen wellte sich wie Wellblech und alles sah heruntergekommen und deprimierend aus. Die meisten Studenten waren ärmlich gekleidet. […] Die Läden waren leer, die Inflation in vollem Gange. […] Das Tübinger juristische Examen war und ist wahrscheinlich eines der härtesten in ganz Deutschland. […] Ich haßte die Atmosphäre von Armut und Hoffnungslosigkeit, aber noch mehr die wachsenden politischen Spannungen. Fast alle Studenten waren nationalistisch und reaktionär, und es kursierten Geschichten von geheimen Wehrübungen und versteckten Waffen. Die meisten von ihnen haßten die Novemberverbrecher, die Männer, die für die Novemberrevolution von 1918 verantwortlich waren».[96] Fritz Bauer studierte hier zwei weitere Semester Jura und, was seine besonderen Interessen bekundet, evangelische Theologie.

Er hörte an der juristischen Fakultät Professor Max Rümelin (1861–1931), den bekannten Rektor und von 1908 bis zu seinem Tod Kanzler der Universität, der im Vorlesungsverzeichnis für das Winterhalbjahr eine Vorlesung über «Bürgerliches Recht I: Allgemeiner Teil» angekündigt hatte. Bei Hans Kreller belegte Bauer «Arbeitsvertragsrecht II und Pandektenexegetikum III», bei Arthur Benno Schmidt «Katholisches und Protestantisches Kirchenrecht» und schließlich bei Ludwig von Köhler «Repetitorium im bürgerlichen Recht I». In evangelischer Theologie schrieb sich Bauer ebenfalls bei mehreren Professoren ein und hörte bei Karl Heim «Dogmatik und Einführung in die Theologie Schleiermachers und Ritschels», bei Heitmüller «die Erklärung des Römerbriefs» sowie «Dogmengeschichte», bei Otto Scheel und bei Friedrich Traub «Neutestamentliche Theologie».

Der 9. Dezember 1924 war bereits der Tag seiner ersten Staatsprüfung. Das Ergebnis wurde von der Justizprüfungskommission mit «Gut» benotet, dem Prüfling unmittelbar darauf seine Urkunde, unterzeichnet von Württembergs Justizminister Dr. Ernst Josef Beyerle, ausgehändigt – und so kehrte Fritz Bauer wieder zurück nach Stuttgart. Kurz darauf, am 16. Januar 1925, folgte in der Heimatstadt die erste Vereidigung im Staatsdienst, der mit dem juristischen Vorbereitungsdienst als Referendar am Amtsgericht Stuttgart I begann, bis er als Richter dann Anfang 1926 dem Landgericht Stuttgart zugeteilt wurde.[97]

Zum Abschluss seiner Studien fertigte Fritz Bauer auch noch seine Dissertation an. «Eine ausgezeichnete Arbeit!», gutachtete Karl Geiler, die sich, «was ihr ganzes geistiges Niveau anbelangt, über den Durchschnitt [erhebt]. Schon der Stil des Verfassers und die Art, wie er seine Gedanken zu formulieren versteht, beweisen eine erfreuliche Geisteshaltung. Aber auch inhaltlich basiert die Arbeit auf einer über das Fachwissenschaftliche hinausgehenden allgemeinen Geistesbildung.»[98] Bereits der Titel, *Die rechtliche Struktur der Truste. Ein Beitrag zur Organisation der wirtschaftlichen Zusammenschlüsse in Deutschland unter vergleichender Heranziehung der Trustformen in den Vereinigten Staaten und Rußland*, verriet, dass es sich um eine ebenso komplexe wie komplizierte Thematik handelte. So wies denn auch die Promotionsurkunde, ausgestellt am 14. Februar 1927 in Heidelberg, ein «magna cum laude» aus.

Im Vorwort der Veröffentlichung schrieb Karl Geiler enthusiastisch: «Ich habe die folgende Arbeit eines meiner Schüler besonders gern in meine Schriftenreihe aufgenommen. Denn sie erhebt sich nach ihrem ganzen geistigen Gehalt erheblich über das Niveau einer normalen Doktorarbeit. Sie ist zugleich auch ein deutlicher Beweis für die Fruchtbarkeit der wirtschaftsrechtlichen Methode, ohne die eine Erfassung solch schwieriger modernrechtlicher Probleme, wie es das Trustproblem ist, gar nicht möglich ist. Durch Verbindung von scharfer Rechtsanalyse und rechtskonstruktiver Theorie mit einer Klärung der praktischen Rechtsgestaltung unter Einbezug zugleich der öffentlich-rechtlichen, volkswirtschaftlichen und wirtschaftssoziologischen Seite des Problems und des Auslandsrechts weitet sich die Schrift zu einer die Theorie und die Praxis in gleicher Weise fördernden grundlegenden Arbeit über die so wichtige Wirtschaftsform der Truste.»[99] In der *Kartell-Rundschau* von 1927 hieß es, der Hauptwert der Arbeit liege «in der außergewöhnlich vielseitigen und eingehenden kritischen Analyse [...]. Jedenfalls wird die weitere wissenschaftliche Behandlung der Kartell- und Trustfragen an dieser Arbeit nicht vorübergehen können.»

In dem vorangestellten Motto zitierte Fritz Bauer den ermordeten früheren Außenminister Walther Rathenau, dessen politische und wirtschaftliche Kapazität so bitter notwendig gewesen wäre für den Aufbau der ersten deutschen Demokratie. Nach dessen Meinung sei der Trust die «Verschmelzung der Interessen und der Selbstverwaltung [...], die allgemeine Form, in der eine jede Wirtschaft in Zukunft organisiert werden wird [...], eine Ordnung, bei der jeder mitwirkt, der Unternehmer, wie der Arbeiter, wie der Konsument». Fritz Bauer, der die Probleme einer sozialistischen Wirtschaft analysierte, sah darin «eine eminent aktive Geistesrichtung», durch welche eine «Umwandlung der Warenproduktion in sozialistische, für und durch die Gesellschaft betriebene Produktion» angestrebt werde.[100] Drei Grundgedanken trügen dieses neue und zeitgerechte sozialistische System, «einmal die Vorstellung einer Planwirtschaft [...], sodann die Forderung der Beteiligung der Arbeitenden am Produktionsprozeß, der ‹konstitutionellen Fabrik›, und zuletzt die moralisch, human orientierte Idee überhaupt».[101] Zur genaueren Erklärung wiederholte der Autor mehrfach das Stichwort «Wirtschaftsgesinnung», die vom Extrem des «Liberalismus», dem traditionellen «laissez faire», abrückt. Die Position Bauers war erkennbar von dem marxistischen Theoretiker und Ökonomen Rudolf Hilferding und seinem Hauptwerk über *Das Finanzkapital* beeinflusst. Bauers Überlegungen bauten auf dessen Theorie des «organisierten Kapitalismus» auf. Die heute noch vorherrschende Planwirtschaft sollte durch das Modell der «Sozialtruste» abgelöst werden, in dem individuelle und gemeinschaftliche Interessen, liberale und soziale Wirtschaftsprogramme miteinander verbunden sind – mit einem

Wort: Individuum und Gemeinschaft.[102] Und so verwundert es nicht, dass Bauer längst seine politische Heimat bei der Sozialdemokratischen Partei gefunden hatte.[103]

Im Titel der Dissertation kommt auch Russland vor, das Fritz Bauer unter «vergleichender Heranziehung» eigens behandelte. Ihn beschäftigte die Frage, ob der Sowjetkommunismus tatsächlich ein historisches Modell im Zeitalter der Massen, der Mechanisierung sowie der Großindustrie abgeben könne, er stellte diese Frage zur Diskussion. Nicht von ungefähr fanden sich im Bücherregal Fritz Bauers zahlreiche einschlägige Werke: sowohl des bürgerlichen Autors Hans Kohn als auch des linkssozialdemokratischen Max Adler oder des sowjetischen Autors Aron Jugow mit zahlreichen Unterstreichungen. Daneben Neuerscheinungen wie Arthur Rosenbergs *Geschichte des Bolschewismus* (Berlin 1932); Rudolf Schlesinger, *Soviet Legal Theory. Its Social Background and Development* (London 1945), in der von Karl Mannheim herausgegebenen *International Library of Sociology and Social Reconstruction*. Sie alle diskutierten – wenn auch kritisch – die Frage nach dem Wert des sowjetischen Modells für die Gestaltung der zukünftigen Weltordnung.

Mit seiner Dissertation hätte Fritz Bauer 1926/27 zweifellos eine akademische Laufbahn einschlagen können, doch er entschied sich anders: «Meine akademischen Ambitionen […] habe ich sofort nach meinem Assessorexamen zu Gunsten einer strafrichterlichen und politisch aktiven Betätigung aufgegeben», schrieb er 1937 an Max Horkheimer.[104] So tief hatte ihn der Mord an Außenminister Rathenau berührt, dass er auch später noch meinte, sich erinnern zu können, dass er sich gleich danach bei Kurt Schumacher, dem Leiter der sozialdemokratischen Zeitung *Schwäbische Tagwacht*, gemeldet habe, mit «dem inneren Drang, irgend etwas zu tun». Dieser allerdings habe geantwortet: «Akademiker brauchen wir nicht, das heißt, ich bin zwar auch Akademiker, aber Arbeiter wünschen keine Akademiker zu sehen, Proleten oder Proletarier, die wünschen unter sich zu sein, aber Sie können es ja mal probieren. Und er schickte mich dann in einen Club der Jungsozialisten, die ungeheuer radikal waren, wo ich dann eine Rede hielt und gut ankam, das muß ich sagen. In der Folge, bis zum Jahre '33, war ich dann ständig mit Kurt Schumacher zusammen. Er redete, ich redete an jedem Wochenende, manchmal drei-, vier- oder fünfmal. Es galt unter anderem, den Kampf [aufzunehmen, I. W.] für die Weimarer Verfassung und teilweise auch den

Kampf gegen die Extreme in der Weimarer Zeit. Kurt Schumacher traf ich dann im Jahre '33 im Konzentrationslager, das war auf dem Heuberg, ich war bereits Anfang März, unmittelbar nach der Wahl [vom 5. März 1933, I. W.], als Vorsitzender des Reichsbanners [in Stuttgart, I. W.] verhaftet worden.»[105]

Fred Uhlmann, der nach dem Studium eine Anwaltspraxis in Stuttgart eröffnete und auch zu dem politischen Kreis um Schumacher gehörte, erwähnt in seinen Erinnerungen, dass er Kurt Schumacher und Fritz Bauer fast jeden Tag im Schlossgartencafé traf, wo viel diskutiert wurde, und sie nicht einmal bemerkt hätten, dass ihr Kellner ein Nazispion war.[106] Und genauso aktiv war Fritz Bauer in seinem engeren Tätigkeitsbereich. Aus seiner Personalakte ist ein Empfehlungsschreiben des Amtsgerichtsdirektors überliefert, worin es heißt: «Dr. Bauer ist ein sehr gewandter und kenntnisreicher Strafrichter von großem Fleiß und sehr gutem öffentlichen Auftreten, der einer Amtsrichterstelle vollauf gewachsen ist.»[107] Einer Urkunde des Staatspräsidiums vom 15. Mai 1930, wiederum gezeichnet von Justizminister Beyerle, ist zu entnehmen, dass der junge Jurist rückwirkend ab dem 1. April 1930 zum Amtsrichter ernannt wurde. Fritz Bauer, gerade 27 Jahre alt, war damit der jüngste Amtsrichter in ganz Deutschland geworden.

Da er auch politisch aktiv bleiben wollte, lag es nahe, den Kontakt zu Kurt Schumacher, der es in Stuttgart mittlerweile zu einiger Bekanntheit gebracht hatte, zu intensivieren. Bereits 1922/23 hatte Schumacher, ein glänzender Redner und Redakteur, begonnen, in der *Schwäbischen Tagwacht* umfangreiches Dokumentationsmaterial über die von rechts drohenden Gefahren zu publizieren. Das Material stammte von der Organisation «Schwabenland», einer auf seine Initiative hin entstandenen paramilitärischen Abwehrorganisation, die nach ihrem Verbot durch das württembergische Innenministerium im «Reichsbanner Schwarz-Rot-Gold» aufging, der größten überparteilichen Republikschutzorganisation, in der Fritz Bauer aktiver Mitstreiter wurde.[108]

Das «Reichsbanner» war 1924 als Gegenorganisation zum deutschnationalen «Stahlhelm» gegründet worden.[109] Um staatlichen Repressionen keine Angriffsflächen zu bieten, riefen die Initiatoren eine überparteilich-republikanische und keine sozialdemokratische Organisation ins Leben, hoffend, auf diese Weise weniger den Anfeindungen von rechts ausgesetzt zu sein. Zur Verteidigung gegen die rechten paramilitärischen

Verbände übernahm das «Reichsbanner» mit Absicht vergleichbare Organisationsformen, so dass viele Zeitgenossen nicht sofort unterscheiden konnten, ob sie ein «Stahlhelm»-Mitglied oder einen Kameraden des «Reichsbanners» vor sich hatten. Formationen, Uniformen, Fahnen und Marschgruppen kopierte das «Reichsbanner» vom «Stahlhelm», worüber sich dieser empörte. Die Mitgliedschaft im «Reichsbanner», das sich ursprünglich «Reichsbanner – Bund der Frontkriegsteilnehmer» genannt hatte, war nicht auf Kriegsveteranen beschränkt. Das Selbstverständnis war kein explizit soldatisches, die militärischen Formen kein Selbstzweck. In erster Linie ging es um die Verteidigung des parlamentarischen Systems. Bereits im Oktober 1924 zählte das «Reichsbanner» 2,25 Millionen Mitglieder, im Februar 1925 drei Millionen. Zu neunzig Prozent kamen sie aus den Reihen der Sozialdemokratie, in einigen katholischen Regionen mehr aus dem Zentrum oder der Demokratischen Partei.[110]

Die Republikschutzorganisation machte den Rechten Begriffe wie «Vaterland» und «Nation» streitig und sprach betont von «wahrer Volksgemeinschaft», die einen Volksstaat ohne soziale Privilegien bilden sollte. Der Kampfbund blieb allerdings sowohl in der SPD als auch in den anderen Parteien wegen seiner paramilitärischen Organisationsform und seines Bekenntnisses zur bürgerlichen Republik umstritten. Kurt Schumacher sah in der Organisation nicht nur ein Instrument zur «Abwehr putschistischer Angriffe», sondern eine förmliche Machtbasis der Republik.[111] Ebendies lag auch Fritz Bauer und anderen jungen Männern, darunter vielen ehemaligen Kriegsteilnehmern, am Herzen.

Zu den Stuttgarter «Reichsbanner»-Kämpfern zählte Helmut Mielke, der Stellvertretende Vorsitzende der Sozialistischen Arbeiterjugend (SAJ). Fritz Bauer lernte ihn 1926/27 auf einer Versammlung der SAJ oder des «Reichsbanners» kennen, wo er einen Vortrag hielt, und freundete sich mit ihm an. Laut Helmut Mielke war Bauer «damals der einzige Jude», der öffentlich auftrat und «durch sein Wissen großen Eindruck» machte. Er besuchte seinen Freund nicht selten zu Hause in der Wiederholdstraße. Seine Eltern seien sehr zurückhaltend gewesen, der Vater Ludwig Bauer habe die Mielkes «da unten im Obstgartenweg» nur ein einziges Mal aufgesucht, und Parteigänger der SPD seien sie wohl nicht gewesen. Außerdem sei sein Freund «nicht ganz so gesellig gewesen» und bei den Maifeiern auch schon mal frühzeitig nach Hause gegangen. Mielke hatte den Eindruck, dass Fritz Bauer auch in der Partei immer an «vorgeschobener

Stelle» gestanden habe. Er ging oft mit ihm zum Berthold-Auerbach-Verein[112], wo Bauer als Sozialdemokrat geredet habe. Er sei «bei den Juden auch sehr bekannt, aber nicht sehr beliebt» gewesen, denn er habe «keine ‹jüdische Gesinnung› zur Schau getragen». Kurzum: «Der Fritz war ein bißchen ein Außenseiter.»[113]

In der Tat war es eher ungewöhnlich, dass sich ein gerade frisch ernannter Gerichtsassessor jüdischer Herkunft bei Kurt Schumacher meldete und in das «Reichsbanner» eintrat, noch dazu in eine führende Stellung aufrückte und die Funktion des stellvertretenden Vorsitzenden in Stuttgart übernahm. Helmut Mielke berichtete über ihre damaligen Aktivitäten: «Wir haben Nachtmärsche gemacht, uns körperlich mobil gehalten und uns so die innere Befriedigung verschafft: wenn's mal drauf ankommt, können wir auch... Aber das war ja alles Illusion», fügte er hinzu und spielte damit auf die politischen Entwicklungen nach 1928 und vor allem in den Jahren 1932/33 an.[114] Mielke war die Aufbruchsatmosphäre der Treffen im «Schumacher-Kreis» noch gegenwärtig. Zumeist traf man sich im so genannten Zeppelinbau, dem Hotel «Zeppelin» am Hauptbahnhof; und fast immer kamen mehrere Genossen zusammen, darunter der junge Erwin Schoettle (1899–1976), seit September 1931 hauptamtlicher Parteisekretär der württembergischen SPD, sowie auch einige Frauen mit Parteifunktionen. Wenn sie abends nach den Parteiveranstaltungen auf ein Glas Bier oder Wein zusammensaßen, habe es immer geheißen: «Da ist die SPD!»[115]

Kurt Schumacher gelang der Durchbruch zum unangefochtenen Parteiführer in Stuttgart nach den Reichstagswahlen 1928, aus denen die SPD nach vier Jahren ohne Regierungsverantwortung als stärkste Partei hervorging.[116] Obgleich die SPD im Wahlkampf unter dem Motto «Kinderspeisung statt Panzerkreuzer» massiv gegen den Bau des Panzerkreuzers A zu Felde gezogen war, beugte sich der neue Reichskanzler Hermann Müller, der nun einer Großen Koalition vorstand, dem Druck der bürgerlichen Parteien und bewilligte die erste Rate für das Panzerschiff. Schumacher kritisierte dies im Reichstag scharf als Politik der gebrochenen Wahlversprechen und profilierte sich damit zu einem der einflussreichsten Kontrahenten der SPD-Minister in Berlin. Im ganzen Land mobilisierte er den Widerstand gegen die Konzessionsbereitschaft des Parteivorstands. Das Debakel erreichte seinen Höhepunkt, als SPD-Fraktionschef Otto Wels im Reichstag den Antrag stellte, auf den Bau des Panzerkreuzers zu verzichten. Unter dem Druck der Parteibasis zwang er die Minister, gegen ihren eigenen Entschluss zu stimmen. Selbst der Kanzler beugte sich der Fraktionsdisziplin. In Stuttgart wurde Schumacher nach dem Panzerkreuzerstreit am 3. Juli 1930 mit großer Mehrheit zum SPD-Vorsitzenden gewählt und löste damit seinen langjährigen Rivalen Wilhelm Keil ab. Wenig später nominierte ihn der Landesverband als Kandidaten für die Reichstagswahlen, und am 14. September 1930 schaffte der Fünfunddreißigjährige den Sprung nach Berlin.[117]

Doch gerade diese Reichstagswahlen von 1930 wurden ein Schock für die SPD. Bereits 1929 hatte eine starke Aufwärtsentwicklung der NSDAP in Stuttgart wie im Reich begonnen, jetzt aber konnte die Partei Hitlers einen enormen Wahlsieg feiern. Von entscheidender Bedeutung dafür war die Weltwirtschaftskrise, die Deutschland härter traf als die anderen europäischen Staaten. Nach dem «Börsenkrach» vom 25. Oktober 1929 an der New Yorker Wall Street wurden die kurzfristigen Auslandskredite aus Deutschland abgerufen. Der vor allem mit ausländischen Krediten finanzierte Wirtschaftsaufbau brach in sich zusammen, und die ohnehin hohe Arbeitslosenzahl stieg bis auf über sechs Millionen. In Berlin erlitt das Kabinett des Zentrumspolitikers Heinrich Brüning, mit dem im März 1930 die Ära der autoritären, auf Notverordnungen des Reichspräsidenten von Hindenburg gestützten «Präsidialkabinette» begonnen hatte, im September 1930 eine vernichtende Niederlage.[118]

Erstmals seit 1927 kam es in diesem Herbst auch in Stuttgart zu tätlichen Auseinandersetzungen zwischen NSDAP-Anhängern und Kommunisten, die gezielt versuchten, ein Bürgerkriegsklima zu schaffen.[119] Als Adolf Hitler am 7. Dezember 1930 nach dreieinhalb Jahren wieder zu einem öffentlichen Auftritt erschien, versammelten sich in der Stadthalle zehntausend seiner Anhänger. Doch Schumacher und seinen Parteigenossen gelang die Mobilisierung einer Gegenkundgebung auf dem Karlsplatz, an der dreißigtausend Arbeiter teilnahmen, und fast ebenso viele rückten dazu im Umzug aus der ganzen Stadt heran – allen voran die Kolonnen des «Reichsbanners». «Dem Pack die Zähne zeigen», so lautete Schumachers Parole, der damit vor allem die Jugend von den rechten Kampfverbänden fernhalten wollte.[120]

Mehr als zwei Jahre konnte Brüning, dessen eigentliche Machtbasis die Notverordnungen Hindenburgs waren, seine unpopuläre Deflations- und Sparpolitik betreiben. Als dann aber auch noch die ostpreußischen Großgrundbesitzer gegen Siedlungspläne, die auch ihnen Opfer abverlangten, radikal opponierten und es schafften, den Reichspräsidenten gegen Brünings Kurs festzulegen, war dessen politische Existenz schnell in Frage gestellt. Juristisch ebenso wie politisch schlecht beraten, entließ der vierundachtzigjährige Hindenburg seinen Kanzler Brüning, um am 1. Juni 1932 seinen Freund Franz von Papen, der für dieses Amt gänzlich ungeeignet war, zum Nachfolger zu bestellen. Papen war so vermessen, zu glauben, dass er mit seinem «Kabinett der Barone» – offiziell «Kabinett der nationalen Konzentration» – Hitler niederhalten und dessen SA- und SS-Bataillone in eine neu aufzubauende Reichswehr einordnen könne. Als Erstes löste er den Reichstag auf und setzte für den Juli 1932 Neuwahlen an, die den Nationalsozialisten erneut die Möglichkeit verschafften, einen terroristischen Wahlkampf aufzuziehen. Am Ende wurde die geschäftsführende SPD-Regierung in Preußen, die mit ihrer Polizei bislang das schlagkräftigste Kommando gegen die Extremisten von links und rechts in der Hand hatte, gewalttätig beseitigt. Durch eine staatsstreichartige «Reichsexekution» setzte die Regierung von Papen die preußische Regierung am 20. Juli 1932 ab. Ein Generalstreik gegen diesen «Preußenschlag» schien angesichts der sechs Millionen Arbeitslosen wenig Erfolg zu versprechen, so dass der SPD-Parteivorstand auf aktiven Widerstand verzichtete.[121]

Wie sehr sich die innenpolitischen Kräfteverhältnisse verschoben hatten, war allerdings schon bei der Wiederwahl Hindenburgs zum Reichspräsidenten deutlich geworden. Sogar die SPD hatte im Frühjahr 1932 zu dessen Wiederwahl aufgerufen. Grund dafür war sein schärfster Konkurrent Adolf Hitler, für den im zweiten Wahlgang über dreizehn Millionen Wähler stimmten. Bei den Reichstagswahlen vom 31. Juli 1932 erhielt die NSDAP dann über 37 Prozent aller Stimmen, die Kommunistische Partei über 14 Prozent. Die Wähler hatten den Parteien der bürgerlichen Mitte und der parlamentarischen Demokratie auf dem Höhepunkt der Wirtschaftskrise eine klare Absage erteilt. Hitler verfügte jetzt über die mit Abstand größte Reichstagsfraktion; seine SA hatte in blutigen Kämpfen inzwischen vollends die Straße erobert. Die Meinung, dass ein von konservativen Kabinettsmitgliedern «eingerahmter» NSDAP-Führer nur eine geringe Gefahr bedeute und dass Hitler, in die Mitte genommen, kontrolliert werden könne, erwies sich als folgenschwere Fehlspekulation.

Doch bereits sechs Monate später war es so weit, dass der Reichspräsident kapitulierte und Adolf Hitler die Macht übernehmen konnte. Im ganzen Reich triumphierten die Nazis und zogen noch am 30. Januar 1933 in endlosen Kolonnen überall zur Siegesfeier auf. Nur in Stuttgart beherrschten – noch einen Tag lang – die Gegner der neuen Regierung das Straßenbild. Kommunisten riefen zum Generalstreik auf, was der Allgemeine Deutsche Gewerkschaftsbund und der SPD-Parteivorstand jedoch ablehnten. Höhepunkt des Wahlkampfes in Stuttgart sollte ein Auftritt Hitlers am 15. Februar sein, die angekündigte Rede des «Führers» vom Rundfunk übertragen werden. Doch plötzlich brach die Übertragung ab, laut Polizeibericht um Schlag 21 Uhr 17, so dass Hitler nur noch in der Stadthalle zu hören war. Die Leitung zum Telegraphenamt war durchgeschnitten worden. Am Tag darauf verteilten Kommunisten ein Bekennerschreiben, die Saboteure konnten zunächst entkommen. Erst drei Jahre später wurden sie von der Gestapo verhaftet.[122]

Nach dem Reichstagsbrand in der Nacht vom 27. auf den 28. Februar setzten die Nationalsozialisten durch eine eilig entworfene Notverordnung des Reichspräsidenten «zum Schutz von Volk und Staat» die Grundrechte außer Kraft, was ihrem Willkürregiment vor allem gegen Sozialisten und Kommunisten freie Bahn verschaffte. Der Reichstag brannte noch, als bereits Polizei und «Hilfspolizei» die Büros der KPD durchstöberten, Hausdurchsuchungen vornahmen und verhafteten, wen sie «kommunistischer staatsgefährdender Gewaltakte» verdächtig hielten. Die heiße Phase des Wahlkampfs fand so im Ausnahmezustand statt; Aufmärsche von «Reichsbanner» und Arbeiterjugend wurden von der Polizei verboten. Am 3. März kam Vizekanzler von Papen vor rund 8000 Menschen in der Stadthalle zu Wort und erhielt für seine Komplimente an den württembergischen Föderalismus viel Beifall. Am Vorabend des Wahltags mobilisierten NSDAP und «Eiserne Front» nochmals ihre Anhänger. Kurt Schumacher sprach in der Stadthalle vor 14 000 Menschen. Es war sein letzter öffentlicher Auftritt, danach begann für ihn und viele andere die Illegalität, bald darauf die lange Leidenszeit in den Konzentrationslagern.[123] Auch Fritz Bauer drohte jetzt die Verhaftung.

«Die glückliche Insel Dänemark»
KZ-Haft, Flucht und erstes Exil 1933–1943

Bereits am 9. März 1933 fand in Stuttgart eine von langer Hand vorbereitete Razzia statt, um Funktionäre der Kommunistischen und der Sozialdemokratischen Partei zum Verschwinden zu bringen. Alle Verhafteten wurden in die ehemalige Reithalle an der Neckarstraße eingeliefert und dann schnellstens auf Lastwagen fortgeschafft.[1] Über die zweite große Verhaftungswelle nach den Märzwahlen berichtete die *Feuerbacher Zeitung* am 24. März 1933 wie folgt: «Stuttgarter Richter in Schutzhaft genommen. Nach einer Mitteilung, die vom Polizeipräsidium bestätigt wird, ist am Donnerstag der Stuttgarter Amtsrichter Dr. Bauer und am Freitagvormittag der beim Stuttgarter Amtsgericht I tätige Gerichtsassessor Kohler I in Schutzhaft genommen worden. Bei den beiden Inhaftierten handelt es sich um Richter, die der SPD angehören und auch Mitglieder des aufgelösten Reichsbanners waren.» Laut Bericht des Provinzblatts befanden sich Ende März bereits 2000 «Schutzhäftlinge» auf dem Heuberg, wo ein Lager für etwa 4000 ausgebaut werden sollte.[2]

Heuberg, das erste nationalsozialistische Konzentrationslager in Württemberg, war zugleich das berüchtigtste und größte und brachte es 1933 zeitweise auf 3000 Verfolgte. Insgesamt wurden dort etwa 15000 «Schutzhäftlinge» festgehalten.[3] Das Lager war damals neben Dachau das bekannteste Konzentrationslager in Deutschland und lag auf einer Hochfläche der Schwäbischen Alb. Vor dem Ersten Weltkrieg war dort ein großer Truppenübungsplatz entstanden, dessen Unterkünfte jetzt zur Unterbringung der Verfolgten dienten.

Erich Roßmann (1884–1953), von 1924 bis 1933 Landesvorsitzender der SPD in Württemberg und Reichstagsabgeordneter, wurde im Juni 1933 mit sechzig Kommunisten ins KZ Heuberg verschleppt.[4] Er erinnerte sich später, wie erschöpft und fast erfroren sie als Häftlinge dort angekommen waren und was für einen brutalen Empfang sie erlebten.[5] In den kleinen, insgesamt etwa 50 Baracken standen immer zwei Betten übereinander, die Belegung schwankte zwischen 30 und 40 Mann. Bei den Insassen handelte es sich in mindestens 95 Prozent der Fälle um politische Gegner, etwa zwei Drittel Kommunisten, ein Drittel Sozialdemokraten. Der Kommandant Karl Buck, der im Weltkrieg ein Bein verloren hatte, stammte aus Stuttgart-Degerloch. Er führte einen strengen Lagerdrill ein, den auch Fritz Bauer zu spüren bekam: «Um fünf Uhr morgens wurde geweckt, nach einer Stunde mußte das Waschen, das bei jeder Witterung auf dem Kasernenhof zu erfolgen hatte, das Ordnen der Betten, die Säuberung der Stube, das Einholen des Kaffees aus der Lagerküche und der gemeinschaftliche Gang nach der Toilette erledigt sein. Alles ging im Eiltempo vor sich.»[6]

Es gab unzählige Schikanemaßnahmen. Beispielsweise mussten die Häftlinge einen großen Haufen Steine auf dem Kasernenhof aufschichten und später in die Schotterdecke des Hofes einwalzen. Erich Roßmann erlebte das am eigenen Leibe, als er, zusammen mit dem Reichs- und Landtagsabgeordneten Fritz Ulrich aus Heilbronn und dem Landtagsabgeordneten Karl Ruggaber aus Schwenningen, vor eine Straßenwalze gespannt wurde und man sie zu regelrechten Zugtieren machte. Ruggaber, der mit den Quälereien nicht fertig wurde, starb kaum ein Jahr nach der Entlassung.[7]

Ein anderer Bericht über Lagerkommandant Karl Buck[8] liegt aus der Feder der Kommunistin Lina Haag aus Schwäbisch-Gmünd vor, die – zunächst selbst verhaftet, aber wieder freigelassen – über die Behandlung ihres Mannes Aufzeichnungen machte, die auf die Erzählungen eines 1933 noch einmal freigekommenen Mithäftlings zurückgingen.[9] Alfred Haag, Kommunist und KPD-Landtagsabgeordneter, war ebenfalls gleich Anfang März 1933 verhaftet worden. Nach dem Bericht ließ Buck die Häftlinge zum Empfang im Hof antreten und hielt eine Ansprache: Haag habe in Stuttgart Lügen verbreitet über die schlechte Behandlung der Leute und sogar beim Justizminister zu behaupten gewagt, die Gefangenen würden misshandelt und geprügelt. Als der Häftling widersprechen wollte, schlug Buck ihm die Reitpeitsche ins Gesicht. Ein anderer KZler, Robert Dinter, musste einen Holzkäfig bauen, in dem Haag gefesselt eingesperrt wurde. Die Nazis machten sich einen Spaß daraus, ihn durch die Gitter anzuspucken. Einige Tage wurde er dann nach Ulm ins Militärgefängnis «ausgeborgt»; als er zurückkam, konnte man ihn kaum wieder erkennen. Dann folgte Dunkelhaft in einer ausgehobenen Grube, über die Bohlen gelegt wurden, und einige Wachmänner vergnügten sich damit, mit ihren Motorrädern über die Grube zu fahren. Alfred Haag kam später über das KZ Dachau nach Mauthausen, wurde 1940 entlassen und, obwohl angeblich «wehrunwürdig», zur Wehrmacht eingezogen, später an die Ostfront versetzt, wo er in sowjetische Kriegsgefangenschaft geriet, aus der er 1948 freikam.

Im Zuge der von den Nationalsozialisten alsbald betriebenen Aufrüstung wurden die Gebäude auf dem Heuberg von der Reichswehr beansprucht und zurückgefordert, die Gefangenen in das alte Festungswerk auf dem Oberen Kuhberg bei Ulm verlegt. Dort aber herrschten noch furchtbarere Bedingungen. In den Räumen, wo Fritz Bauer und seine Leidensgefährten untergebracht wurden, «war jeweils eine Schießscharte von 65 mal 15 Zentimeter, die einen Schimmer von Tageslicht, aber auch Ratten, Mäusen und Fledermäusen Einlaß gewährte. In den Gewölben hingen ganze Trauben von Fledermäusen. Ununterbrochen tropfte es von den nackten Steinquadern. Der Lehmboden war aufgeweicht, schlüpfrig und mit Wasserlachen bedeckt.»[10]

Fritz Bauer musste, nach acht Monaten auf dem Heuberg, nicht mehr lange auf dem Oberen Kuhberg durchhalten, sondern wurde bald nach der Verlegung freigelassen. Er sprach nicht oft von seiner KZ-Zeit, nur ein Mal zum Zwecke der Dokumentation, weil er seinem Kameraden und Vorbild Kurt Schumacher ein Denkmal setzen wollte: «Ich erinnere mich noch, wie er 1933, als er von der spalierbildenden Wachmannschaft des Lagers mit Brennesseln blutig geschlagen war und der Lagerleiter höhnisch die Frage an ihn richtete: ‹Warum, Schumacher, sind Sie hier?› ohne Zögern antwortete: ‹Weil ich zur besiegten Partei gehöre.› Die freimütige Antwort hat sogar dem Lagerleiter die sonst übliche ordinäre Schimpfrede verschlagen. Ich, der kleinmütig die Stunde der Freiheit ersehnte, habe ihn dann gefragt, wie lange dies alles wohl dauere. Ohne mit der Wimper zu zucken, meinte er: ‹Ich bleibe hier zehn bis zwölf Jahre, dann ist der Spuk vorbei.› Diese Gewißheit ließ ihn überleben.»[11]

Für Fritz Bauer, der inzwischen seine Entlassung aus dem Justizdienst aufgrund des «Gesetzes zur Wiederherstellung des Berufsbeamtentums» vom 7. April 1933 zugestellt bekommen hatte[12], gab es in dem nunmehr installierten «Dritten Reich» keine Zukunft mehr. Ob er sofort nach der Freilassung seine Flucht plante, lässt sich mangels Quellen nicht feststellen. Vielleicht aber hat ihn der Gedanke an seine hilflosen Eltern zurückgehalten, denn sie waren noch nicht bereit, wegzugehen.

Bauer gehörte nicht zu den Juden, die glaubten, man werde auch die Nazis überstehen. Der nazistische Kampf um die politische Macht, so sagte er auch später, «wurde mit dem Schlagwort ‹Deutschland erwache, Juda verrecke!› geführt».[13] Anders als viele deutsche Juden, die hofften, dass die Nürnberger Gesetze vom September 1935, so diskriminierend sie auch waren, einen Schlusspunkt unter die antisemitischen Maßnahmen des Regimes setzen würden, machte sich Fritz Bauer keine Illusionen, als er am Ende dieses Jahres in die Emigration gehen musste.

Mit den «Nürnberger Gesetzen» waren den so genannten Glaubensjuden, die sich zur jüdischen Religion bekannten beziehungsweise Mitglieder der jüdischen Gemeinden waren (ungefähr 530 000), vom NS-Regime alle Personen zugerechnet worden, die nach den nationalsozialistischen Rassekriterien jüdischer Abstammung waren – ganz gleich, ob dies ihrem religiösen Bekenntnis, ihrer Identität oder ihrem Selbstbewusstsein entsprach.[14] Jetzt, dachten viele der Betroffenen, konnte man der angeblich «fremdrassischen» Minderheit doch eigentlich nichts mehr wegnehmen, sie nicht noch mehr diskriminieren: Sie war gekennzeichnet und somit ausgegliedert, ausgestoßen aus der «arischen Volksgemeinschaft», keine deutschen Bürger mehr.

Was die Betroffenen nach Jahrhunderten der Judenverfolgungen nicht sehen konnten, war, dass es gegenüber dem nazistischen Judenhass keinen Ausweg durch Anpassung mehr gab. Die Verordnungen im «Reichsbürgergesetz» beraubten, so sah es Bauer, die Juden nach und nach aller Rechte, «als ob es eine innere Stärke und Größe verriete, wenn eine überwältigende Mehrheit eine Minderheit zermalmte».[15] Die Entzweiung von Deutschen und Juden, die in der plötzlichen Aufkündigung lebenslanger Freundschaften zum Ausdruck kam, war die schlimmste Folge der Nazifizierung, wie Hannah Arendt später feststellte.[16] Ein Polizeibericht aus Stuttgart vom 10. August 1934 vermerkte: «Die Lage der württembergischen Juden kann insofern als eindeutig bezeichnet werden, als die Juden einerseits und die deutsche Bevölkerung andererseits sich voneinander möglichst fernhalten. Zwischenfälle mit unliebsamen Weiterungen sind seltene Ausnahmen.»[17] Dabei waren die Stuttgarter Juden bis dahin kaum als eigene Gruppe zu erkennen gewesen. Ein Eigenleben führten am ehesten die so genannten Ostjuden, die seit 1917 nach Stuttgart gekommen waren.[18]

Der jüdische Rechtsanwalt und Sozialdemokrat Fred Uhlmann, der am 24. März 1933 als einer der ersten Emigranten seine Heimatstadt verließ, schilderte rückblickend die Stuttgarter jüdische Gemeinde, die 1933 rund 4500 Glaubensjuden zählte. Das waren 1,1 Prozent der Stuttgarter Bevölkerung[19], an der Spitze der «Adel» von einem Dutzend alteingesessenen Familien, die auch für Stuttgarter Verhältnisse als reich gelten konnten und sich um eine vollständige Assimilation bemühten; die größere Gruppe bildeten Geschäftsleute und Selbständige, die wie die Familie Ludwig Bauer seit wenigen Generationen ansässig waren und die, so Uhlmann, «vielleicht ein paar nichtjüdische Bekannte hatten, in der Regel aber ihren jüdischen Freunden und Bekannten den Vorzug gaben. Ihre Familien waren klein; mehr als zwei Kinder waren außergewöhnlich. Noch tiefer angesiedelt waren die ärmeren Juden und die Neuankömmlinge, die Dorfjuden, die in der Hauptsache frühere Viehhändler und kleinere Kaufleute waren; ganz unten rangierten die Ostjuden, die Polacken, Juden aus Polen und Rußland.»[20] Obwohl viele dieser Juden Pöbeleien und auch Belästigungen erlebt hatten, meinte Uhlmann, fühlten sie sich hier durchaus heimisch. Seine Erinnerungen bezeugen allerdings auch, dass sich die persönlichen und freundschaftlichen Kontakte in Grenzen hielten, von Integration konnte also nicht die Rede sein.[21]

Die deutschen Juden waren weitgehend in ihrer Heimat verwurzelt und liebten ihr «Vaterland» oder ihre schwäbische Heimat. Ludwig Bauer hatte im Weltkrieg gekämpft und sein Leben fürs Vaterland riskiert, wofür ihm, «im Namen des Führers und Reichskanzlers», gerade jetzt erst, am 15. Mai 1935, das vom ehemaligen Reichspräsidenten von Hindenburg gestiftete «Ehrenkreuz für Kriegsteilnehmer» durch den Stuttgarter Polizeipräsidenten verliehen worden war.[22] Für die Überwindung des Versailler Vertrags und die Wiedergewinnung nationalen Selbstbewusstseins engagierte sich das Gros des jüdischen Bürgertums ebenso wie alle anderen national gesinnten, also «arischen» Deutschen, ob sie politisch zu den Liberalen, den Deutschnationalen, den Sozialdemokraten oder eben auch den Nationalsozialisten zu rechnen waren.

Und wenn schon die deutschen Juden bislang mit letzter Hoffnung ausharrten oder auch aus ideologischen, idealistischen Gründen Deutschland nicht verließen, sich also entschlossen hatten, die Zurückweisung und Zurücksetzung zu ertragen – warum konnte oder sollte es nicht auch ganz materialistische Gründe geben, die wohl situierte oder auch wohlhabende jüdische Familien zurückhielten, um dem befürchteten Bankrott oder gar der Armut zu entgehen? Fritz Bauers Eltern, die in Stuttgart ausharrten, erschien es trotz der Anfeindungen und Ausschreitungen, die sie seit der so genannten Machtübernahme Hitlers erleben mussten, undenkbar, dass, nachdem ihre bürgerlichen Rechte beseitigt waren, auch ihre wirtschaftlichen Existenzgrundlagen vernichtet werden könnten. Sie waren Leute von Stand, bewohnten zwar keine Villa und auch keine Luxuswohnung, aber sie hatten etwas aufgebaut, wovon sie sich nur schwer verabschieden konnten. Dies zumal in der Stuttgarter Textilbranche, wo die nationalsozialistische «Arisierung» noch nicht richtig begonnen hatte, sondern erst nach der Verschärfung der Devisenbestimmungen 1935 und dann im Januar 1938 in größerem Ausmaß einsetzte.[23] Gleichwohl ist auch hier festzuhalten, dass der «Bereicherungs-Wettlauf» der Nazis bereits mit dem «freiwilligen» Verkauf jüdischer Betriebe und Geschäfte 1933 anfing und die «Arisierung» als der Auftakt der vollkommenen Verdrängung und Ausmerzung zu bezeichnen ist.[24]

Die Ausnahmebestimmungen der widersprüchlichen antijüdischen Maßnahmen ließen jedoch bei den Betroffenen immer wieder neue Hoffnungen aufkeimen: so zum Beispiel die Sonderregelungen bei der «Arier-Gesetzgebung», deren Reichweite die Nationalsozialisten zunächst selber gar nicht erkannten und die besagten, dass Beamte oder Rechtsanwälte, die bereits vor dem 1. August 1914 als Beamte galten und die im Weltkrieg für Deutschland gekämpft hatten, weder vom «Gesetz zur Wiederherstellung des Berufsbeamtentums» noch vom «Gesetz über die Zulassung für die Rechtsanwaltschaft» betroffen waren.[25] Diese Regelung hatte zur Folge, dass siebzig Prozent der insgesamt fast 5000 in Deutschland zugelassenen jüdischen Rechtsanwälte vorerst ihre Zulassung behielten und von 717 Richtern und Staatsanwälten 336 im Dienst bleiben konnten.[26] Erst durch die «Nürnberger Gesetze» wurde eine Reihe dieser Ausnahmebestimmungen durch die «Erste Verordnung zum Reichsbürgergesetz» vom 14. November 1935 aufgehoben.[27] Nebenbei lassen die Zahlen den hohen Grad beruflicher Integration der Juden erkennen, woraus allerdings nicht umgekehrt auch auf eine positive Einstellung der deutschen zur deutsch-jüdischen Bevölkerung zu schließen ist. In erster Linie verdeutlichen die Ziffern die «Verkleidungen und Vermummungen» der NS-Judenpolitik, die bei den Verfolgten immer wieder die Hoffnung nährte, dass sie Schlimmeres nicht mehr befürchten mussten.[28]

So ging es auch Ludwig Bauer, der durch die Verhaftung seines Sohnes im März 1933 zwar einer schweren Belastung ausgesetzt war, die jedoch ebenso wenig wie die wilden Ausschreitungen nach den Märzwahlen oder der schmerzliche, aber eben doch aus der Sicht der Nazis letztlich gescheiterte Boykott gegen die jüdischen Geschäfte und Warenhäuser vom 1. April 1933 den Gedanken an Auswanderung zwangsläufig aufkommen ließ.[29] Der Weltkriegsteilnehmer Ludwig Bauer fühlte sich persönlich nicht bedroht, er war von der «gesetzlichen Entjudung» der Verwaltung in Form des «Berufsbeamtengesetzes»[30] nicht betroffen – das indessen von einer Reichsregierung beschlossen worden war, die sich noch auf die konservative Ministerialbürokratie stützte;[31] und er hatte sich auch nicht, wie sein Sohn, öffentlich politisch gegen die Hitler-Bewegung exponiert. Es gab also keinen Grund, auf gepackten Koffern zu sitzen, und noch weniger Gründe, sich den nahezu 1000 Stuttgarter Juden anzuschließen, die bis 1935 ihre Heimatstadt verließen.[32]

Der Politikwissenschaftler Raul Hilberg hat für die bürokratisch organisierte nationalsozialistische Austreibungspolitik eine der nüchternsten und deshalb schärfsten Formulierungen gefunden: «1933 waren die Juden nahezu vollständig emanzipiert und in die deutsche Gesellschaft integriert. Die Trennung von Juden und Deutschen war folglich eine sehr komplexe Operation.»[33] Wer dem wachsenden äußeren Druck nicht nachgeben, nicht ausweichen und fliehen konnte, stand nach kurzer Zeit und ohne es schnell genug zu merken, plötzlich wieder vor einer neuen, ausweglos erscheinenden Situation. Die jüdischen Familien lebten daher ständig in der Gefahr einer gewaltsamen Trennung und Auflösung. Fritz Bauer nannte diese Gefahr später «Atomisierung». Jahre nach den furchtbaren Ereignissen, die so viele Leben zerstörten, schrieb er an seine Schwester Margot, die bereits vor ihm nach Dänemark ausgewandert war: «Ich bin oft in Gedanken bei Dir – mit der Sehnsucht nach der Familie, die so weit auseinandergerissen ist. Bei solchen Vorstellungen merkt man dann, was doch die Jahre 1933 und folgende an Menschlichem zerrissen haben, indem sie die Familien teilweise auslöschten, teilweise atomisierten. Ich bin über dies und jenes oft sehr traurig.»[34]

Zunächst stieg die Zahl der Flüchtlinge mit den ersten Verfolgungen durch die Nationalsozialisten, ging aber dann wieder zurück. Nachdem 1933 rund 38 000 Juden Deutschland fluchtartig verlassen hatten, wanderten 1934 nur noch zwischen 22 000 und 23 000 aus, 1935 waren es 20 000 bis 21 000, die vor allem in die benachbarten Länder und in die USA flohen. Die diskriminierende Wirkung der «Nürnberger Gesetze» zeigte sich dann in einem erneuten Anstieg der Fluchtwelle auf 24 000 bis 25 000 Emigranten im Olympia-Jahr 1936. Jetzt versuchten die Verfolgten verstärkt, nach Übersee in die lateinamerikanischen Staaten zu entkommen, während die Olympischen Spiele in Berlin nach dem Eindruck vieler Juden wieder eine Beruhigung des antisemitischen Aktionismus brachten, so dass die Zahl der Flüchtlinge 1937 auf 23 000 herunterging.[35] Die Absicht der Nationalsozialisten, die «Judenfrage» durch geplante «legale» Austreibung zu lösen, war demnach ziemlich gescheitert.[36]

Von den Juden, die 1933 in Deutschland lebten, waren bis Anfang 1938 allenfalls 130 000 ausgewandert, rund ein Viertel und weniger jedenfalls, als dann im März mit dem «Anschluss» Österreichs neuerdings hinzukamen.[37] Noch negativer sah die Bilanz für die Nazis aus, wenn man alle so genannten Nichtarier zusammenrechnete: die Konfessionsjuden (530 000), die Konvertiten (rund 300 000), schließlich diejenigen, die mit Juden oder Jüdinnen verheiratet oder verwandt waren. In einer solchen «Volkszählung» erreichten die durch die «Nürnberger Gesetze» Betroffenen die eindrucksvolle Zahl von etwa 1,2 bis 1,5 Millionen Menschen, von denen im Jahr 1936 erst rund ein Zehntel, höchstens ein Achtel emigriert war.[38] Das erste Kapitel nationalsozialistischer Austreibungspolitik schloss also mit einem Misserfolg, und die Kreisleitung der NSDAP in Stuttgart vermerkte verärgert, dass wegen der anhaltenden Flucht vom Land in die anonymere Großstadt die Zahl der in Stuttgart ansässigen Juden 1935 sogar noch angestiegen war.[39]

Aus diesen Gründen gab es 1935 durchaus assimilierte Juden, die in der «gesetzlichen» Rassentrennung eine letzte Chance erkennen wollten, das Zusammen- oder Auseinanderleben gleichsam endgültig zu regeln.[40] In ihrer emanzipatorischen Tradition befangen, klammerten sich die Opfer an die Illusion eines Rechtsstaats und konnten sich nicht vorstellen, dass diese neuen, radikalen antijüdischen «Gesetze», denen sie jetzt unterworfen waren und die sie als rechtsverbindlichen Schlusspunkt zu akzeptieren bereit waren, eine gewaltsame und hasserfüllte Reaktion auf ihre erfolgreiche Integration war.[41]

Das Olympia-Jahr 1936, das Jahr der scheinbar geringsten Drangsalierungen und geringsten Judenemigration, wurde deshalb für die Verfolgten eine im Endeffekt ungeahnte Katastrophe. Ihr größter Irrtum war, dass sie zu glauben bereit waren, in diesem Jahr könnte oder müsste es zu irgendeiner definitiven Regulierung des Verhältnisses zwischen den gleichgeschalteten antisemitischen «Volksgenossen» und den angeblich «Fremdvölkischen» kommen. Zur Olympiade in Berlin entsandten die Nationen ihre besten Athleten. Im Vorfeld erzwang das Ausland durch viel Kritik die Zusicherung der NS-Regierung, den «Arierparagraphen» auf sportlichem Gebiet aufzuheben; und sogar die Teilnahme jüdischer Athleten wurde zugelassen.[42] Unbemerkt blieb, dass Hitler schon zu dieser Zeit Himmler beauftragt hatte, Juden mit deutschem Namen durch die Einführung zusätzlicher Vornamen zu kennzeichnen. Der erste Entwurf lag nach der durch die Olympiade ausgelösten Pause antisemitischer Maßnahmen vor. Die entsprechende Zwangsverordnung, die Juden als Vornamen «Sara» und «Israel» vorschrieb, wurde am 17. August 1938 erlassen.[43]

Doch obgleich gar nicht verhehlt wurde, dass es sich nur um vorübergehende Erleichterungen handelte, verweigerte kein Staat die Teilnahme. 52 Mannschaften marschierten im August 1936 unter den Augen des «Führers» und Reichskanzlers und unter großer Beachtung der ausländischen Presse in das neue Olympiastadion im Berliner Westend ein.[44] Hitler boten die Spiele ein einzigartiges Podium. Die ganze Sportwelt schien mit Deutschland verbunden und offenbar glücklich vereint. Doch in Wahrheit war die Olympiade erster Höhepunkt jener Appeasement-Politik, durch die das Ausland sich immer mehr in die Defensive drängen ließ und die, wie sich bald herausstellen sollte, Hitlers Kriegslaune und die Scharfmacher in der «Judenfrage» herausforderte.[45]

Wer dachte im Herbst 1936 an die deutschen Juden, und wer unter den deutschen Juden dachte noch an Emigration? Nicht wenige meinten, die bereits Geflüchteten hätten sich zu früh entschlossen, und kaum einer sah die Berliner Veranstaltung mit den Augen des Victor Klemperer, der in sein Tagebuch schrieb: «Die Olympiade geht nächsten Sonntag zu Ende, der Parteitag der NSDAP kündigt sich an, eine Explosion steht vor der Tür, und es ist natürlich, daß man sich zuerst gegen die Juden abreagieren wird. So vieles ist angehäuft [...], Mussolini hat straflos Abessinien eingesteckt – und seit ein paar Wochen ist der spanische Bürgerkrieg im Gang. In Barcelona sind vier Deutsche als Märtyrer des Nationalsozialismus von einem Revolutionsgericht ‹ermordet› worden, und schon vorher hieß es, die emigrierten deutschen Juden hetzten dort gegen Deutschland. Weiß Gott, was aus alledem wird».[46]

Fritz Bauer war wohl einer der wenigen, die ebenso oder ganz ähnlich dachten. Nach der Haft 1933 im Konzentrationslager und während der bedrückenden Monate danach hatte er immer in der Gefahr gelebt, von der Gestapo verhaftet zu werden. Beinahe überrascht es, dass er nicht direkt nach seiner Entlassung die Flucht ergriff – wie viele der Weimarer Politiker, die nach dem Reichstagsbrand in großer Zahl, als Urlauber getarnt oder illegal, über die Grenzen der unmittelbaren Nachbarländer nach Frankreich, Holland und Belgien, nach Dänemark, in die Tschechoslowakei, nach Österreich und in die Schweiz geflüchtet waren.[47] Doch konnte, durfte er seine Eltern allein zurücklassen? Ihm blieb keine andere Wahl mehr, als in Stuttgart ein Strafverfahren gegen ihn eingeleitet wurde, das ein weiteres Verbleiben zu Hause sinnlos machte.[48]

Fritz Bauers Schwester Margot lebte bereits seit 1934 mit ihrem Mann in Kopenhagen, wohin Geschäftskontakte der angeheirateten Familie bestanden, die ihr die Auswanderung erleichtert hatten. Margot und Walter Tiefenthal waren zu dieser Zeit dabei, eine neue Existenz in der Textilbranche aufzubauen. Im Juni 1935 konnten sie ihre beiden Söhne, den sechsjährigen Rolf und den dreijährigen Peter, die bei den Großeltern Bauer in Stuttgart zurückgeblieben waren, in Begleitung der Kinderschwester «Fine» nachkommen lassen – was ihrem Onkel Fritz Bauer eine erste Besuchsreise zu den Verwandten in Kopenhagen ermöglichte.[49]

Sein sozialdemokratischer Parteifreund Helmut Mielke erinnerte sich an die letzten Begegnungen mit Fritz Bauer in Stuttgart: «In wenigen Wochen lernte er Dänisch, später Schwedisch und emigrierte als Textilkaufmann nach Kopenhagen.»[50] Er plante seine Flucht als «Textilkaufmann» mit Hilfe des befreundeten Rechtsanwalts Richard Schmid, der auf beruflichen Auslandsreisen noch 1935/36 Kontakte zu Emigranten der Kommunistischen Partei Opposition (KPO) und der Sozialistischen Arbeiterpartei (SAP) in der Sowjetunion sowie in Zürich, Paris und Kopenhagen unterhielt.[51] Schmid war in die Widerstandstätigkeit der SAP einbezogen, die sich 1931 von der SPD abgespalten hatte, weil sie deren nachgiebigere Haltung strikt ablehnte. Nachdem er zunächst mit der SPD sympathisiert hatte, setzte Schmid seit den Septemberwahlen von 1930 verstärkt auf eine Zusammenarbeit der Linken gegen die nationalsozialistische Gefahr. Ab 1934 verteidigte er als Anwalt Mitglieder der illegalen Stuttgarter

Gruppe der SAP und übernahm es, die Aktivitäten der SAP zu unterstützen. Er organisierte illegale Grenzübertritte gefährdeter Sozialisten, hielt auch noch längere Zeit Kontakt zu Fritz Bauer, mit dem er in Kopenhagen einen ganzen Tag die weitere Strategie der Linken diskutierte, wurde dann aber 1938 selbst verhaftet und ein halbes Jahr später vom Volksgerichtshof in Berlin wegen Vorbereitung zum Hochverrat zu drei Jahren Zuchthaus verurteilt.[52]

Nüchtern notierte Fritz Bauer 1948 in seinem Lebenslauf: «Nach Erlaß der Nürnberger Gesetze zog ich Emigration einem weiteren Aufenthalt in Deutschland vor und emigrierte Ende 1935 nach Dänemark.»[53] Viel mitnehmen konnte er nicht, Bücher wohl vor allem; er selbst notierte: «Die Auswanderung nach Dänemark dürfte einschließlich der Kosten für die Beförderung von Umzugsgut (Möbel für 1 Zimmer) 150.- RM gekostet haben.»[54] Bei der Abreise traf er noch einmal mit seinem Freund Carlo Schmid (1896–1979) zusammen, der damals an der Universität Tübingen als Privatdozent tätig war und ihn ermutigen wollte. «Zu meinen unvergeßlichen Erinnerungen», schrieb Bauer später in einem Geburtstagsgruß an Carlo Schmid, «gehört unser Zusammentreffen im Bahnhof von Stuttgart, als ich Deutschland verließ. Ich habe Deine optimistischen Worte, die Du damals sprachst, in manchen schweren Jahren nicht vergessen. Ich habe sie oft im Ausland weitererzählt, sie haben anderen und mir Kraft gegeben und Mut gemacht. Sie haben den Glauben an ein anderes Deutschland aufrechterhalten.»[55]

Diesen Glauben zu bewahren war nicht leicht. Ein Dreivierteljahr nach seiner Ankunft konnte Fritz Bauer in Kopenhagen die Zeitungsmeldungen über die deutsche Olympiade lesen, die den schönen Schein der Nazi-Propaganda spiegelten, so gedämpft die Presseberichterstattung in Dänemark auch sein mochte.[56] «Das ist das ekelhafteste Charakteristikum des Hakenkreuzzuges, daß er verlogen und heimlich geführt wird», notierte Victor Klemperer im August 1936. Fritz Bauer konnte sich in diesem Augenblick wenigstens sagen, dass er sich in die Freiheit gerettet hatte, auch wenn sie mit großen Risiken verbunden war. Besondere Sorgen bereitete ihm das Schicksal seiner Eltern, die er in Stuttgart zurückgelassen hatte. Er konnte nicht wissen, wie nahe seine Befürchtungen der Realität kamen. Unmittelbar nach den Olympischen Spielen verschärfte die Stadt Stuttgart die antijüdischen Maßnahmen und beschloss unter dem Vorsitz von Staatskommissar Dr. Karl Strölin auf einer Ratsherren-

Sitzung am 21. September 1936 ein 30-Punkte-Programm, das die Beziehungen zwischen «arischen» und jüdischen Stuttgartern bis ins kleinste Detail regelte: Der geschäftliche Verkehr wurde auf ein Minimum reduziert; städtische Altersheime, Kindergärten und Freibäder waren Juden verboten; in den Krankenhäusern sollten jüdische Patienten separiert werden; jüdische Geschäftsleute durften keine Märkte und Messen mehr beschicken; Grundstücksgeschäfte und Warenverkehr mit Juden wurden eingestellt.[57]

Hinzu kam, dass sein Exilland Flüchtlingen kaum die Aussicht auf eine sichere Zukunft eröffnete. Zum einen praktizierte Dänemark selbst eine restriktive Asylpolitik, zum anderen nahm es früh Rücksicht auf die politischen und wirtschaftlichen Belange Deutschlands, das nach Großbritannien das wichtigste Exportland Dänemarks war. Und auch für Deutschland hatte Dänemark eine erhebliche ökonomische Bedeutung, die nach Kriegsbeginn 1939 noch zunahm. Etwa zehn bis fünfzehn Prozent des Gesamtbedarfs an Lebensmitteln wurden noch 1941 durch Einfuhren aus dem Nachbarland gedeckt.[58]

Im Herbst 1933 entschied das dänische Justizministerium, dass sich deutsche, österreichische und tschechische Staatsbürger – sofern sie sich um Aufenthaltsgenehmigungen in anderen Ländern bemühten, dem dänischen Staat nicht zur Last fielen und sich nicht politisch betätigten – sechs Monate im Land aufhalten durften. Ohne Genehmigung durften sie keine Arbeit annehmen.[59] Die Asylgesetzgebung wurde zwischen 1934 und 1939 dreimal verschärft, um vor allem Juden und Kommunisten fernzuhalten; die Staatspolizei, die dem Justizministerium unterstand, erhielt immer mehr Möglichkeiten zu Beschlagnahmen, Durchsuchungen und Verhaftungen.[60] Wer Emigranten Unterkunft gewährte, musste dies seit 1934 innerhalb von fünf Tagen der Polizei melden, seit 1938 innerhalb von zwei Tagen.[61]

Im April 1937 befanden sich nach offiziellen Angaben lediglich 1512 deutsche Emigranten (davon 825 Juden) im Land, zum Zeitpunkt des deutschen Überfalls am 9. April 1940 waren es 1550 Flüchtlinge (und 380 jüdische Landwirtschaftsschüler, dazu 265 Alijah-Kinder, die nach Palästina auswandern würden).[62] Dänemark war an erster Stelle ein Transitland für die Asylsuchenden, eine Zwischenstation auf dem Weg nach Schweden, England oder Übersee. Nach Schätzungen des Historikers Aage Friis (1870–1949), der in den dreißiger Jahren in der Flüchtlingshilfe eine zentrale Rolle spielte, sind zwischen 20 000 und 30 000 Emigranten über Dänemark in andere Länder geflohen.[63]

Im Juli 1938, drei Monate nach dem «Anschluss» Österreichs an das «Dritte Reich» und kurz vor der Internationalen Flüchtlingskonferenz von Evian, wurde für Österreicher der Visumszwang eingeführt – eine Katastrophe für die österreichischen Juden. Zudem wurde diese Entscheidung ab September indirekt auch auf die deutschen Juden erweitert, was für Fritz Bauer höchst alarmierend wirken musste. Von jetzt an durften die dänischen Gesandtschaften und die Grenzpolizei keine Deutschen mehr einreisen lassen, die nicht zurückkehren wollten oder konnten, also politisch Verfolgte waren. Juden brauchten eine besondere Genehmigung des Justizministeriums.[64] Im Oktober 1938 wurden die Grenzstellen und die Gesandtschaften streng vertraulich angewiesen, jüdische Flüchtlinge, die auch nach dem Bekanntwerden der «Nürnberger Gesetze» nicht als politische Asylsuchende angesehen wurden, abzuweisen.[65] Die Änderung der deutschen Gesetzgebung, das hatte der dänische Justizminister K. K. Steinke bereits 1937 erklärt, «führe zu keiner juristischen oder moralischen Verpflichtung, diejenigen aufzunehmen, die das Land aus diesem Grund [das heißt wegen der Rassegesetze, I. W.] verlassen wollten». Die Verfolgten konnten deshalb keineswegs damit rechnen, dass die Behörden sie als «politische Flüchtlinge» anerkennen würden, solange die Dänen eine «regelrechte Judeninvasion» befürchteten. Folglich verringerte sich Dänemarks Aufnahme von Flüchtlingen nach der Besetzung Österreichs und der Tschechoslowakei sowie nach der «Reichskristallnacht» zwischen 1938 und 1940.[66]

Schier unüberwindbar erschienen die Schwierigkeiten und Unsicherheiten, in Dänemark Fuß zu fassen. Immer musste Fritz Bauer damit rechnen, verhaftet oder gar ausgeliefert zu werden. Diese Gefahr bestand, selbst wenn man von einer Flüchtlingsorganisation wie dem internationalen Matteotti-Komitee der Sozialdemokratischen Partei und des Gewerkschaftsbunds akzeptiert wurde, einem Netzwerk von Freiwilligen, das verfolgten Sozialdemokraten Hilfe und finanzielle Unterstützung zu gewähren bestrebt war.[67] Im Vorstand des dänischen Komitees, das von Sozialdemokraten und dem Gewerkschaftsbund im Herbst 1933 gegründet wurde, saß auch Hans Hedtoft. Der Parteisekretär, der 1943, als die Nationalsozialisten die Judendeportationen aus Dänemark planten, eine lebenswichtige Vorwarnung der Verfolgten veranlasste, verschleierte seine politische Rolle durch loyal erscheinenden Opportunismus.[68] Ähnlich arbeiteten die privaten Flüchtlingskomitees während der deutschen Besatzungszeit überhaupt, indem sie praktisch eine Vermittlerfunktion zwischen den dänischen Justizbehörden und der deutschen «Aufsichtsverwaltung» einnahmen. Nach außen hin entstand so der Anschein, dass die Komitees für die restriktive dänische Flüchtlingspolitik verantwortlich waren.[69] Auf diese Weise in der Öffentlichkeit legitimiert, konnten die dänischen Behörden durch Kontrollen und Restriktionen gegenüber den Flüchtlingen nicht nur den deutschen Besatzern Konzessionen machen, sondern dieses Entgegenkommen gleichzeitig tarnen. Diese «Taktik des Unsichtbarbleibens» bestimmte die Haltung der Regierung in allen außenpolitischen Fragen gegenüber Deutschland und ganz besonders in der Flüchtlingspolitik.[70] Geschäftsführer des Matteotti-Komitees war ein sozialdemokratischer Emigrant aus Kiel, Richard Hansen (1887–1976), der seine Funktion «zur Disziplinierung der SPD-Emigration» benutzte.[71] Der Gewerkschafter und Mitbegründer des «Reichsbanners Schwarz-Rot-Gold» in Schleswig-Holstein war von 1933 bis April 1944 auch Leiter des Grenzsekretariats des Sozialdemokratischen Parteivorstands in der Emigration (SoPaDe) und der offizielle Kontaktmann zu den dänischen Sozialdemokraten.

Das Matteotti-Komitee, aber auch die dänischen und die deutschen Sozialdemokraten lehnten jegliche Zusammenarbeit mit den Kommunisten und der Roten Hilfe ab, deren Volksfrontpolitik sie für unehrlich hielten.[72] Die Rote-Hilfe-Flüchtlinge erhielten deshalb auch keine staatlichen Unterstützungsgelder und keine Arbeitsgenehmigungen.[73] Unter den sozialdemokratischen Emigranten befanden sich zahlreiche Gewerkschaftler, Parteijournalisten und Parteisekretäre, eine ganze Reihe aus Braunschweig, wie der frühere Minister Hans Sievers (1893–1965), der Landtagsabgeordnete Gustav Wolter (*1899), der Autor einer in der Schweiz erschienenen Schrift über die «Machtergreifung» Hans Reinowski (1900–1977), auch mehrere Mitglieder des Reichstags wie Kurt Heinig (1886–1956), Otto Buchwitz (1879–1964), Oskar Hünlich (1887–1963), Karl Raloff (1899–1976) und Fritz Tarnow (1880–1951), der den Kontakt zur Gewerkschaftsinternationale hielt. Und nicht zu vergessen der ehemalige Reichskanzler Philipp Scheidemann (1865–1939), der vier Monate vor dem Einmarsch deutscher Truppen in Kopenhagen starb. Mit einigen von ihnen kam Fritz Bauer in engeren Kontakt, insbesondere mit

Raloff und Tarnow, andere wie Reinowski und Heinig wurden seine politischen Opponenten, was sich jedoch erst später im schwedischen Exil richtig bemerkbar machte. Im Spätherbst 1939 unterstützte das Matteotti-Komitee in Dänemark 285 politische Emigranten, darunter auch Fritz Bauer. Hinzu kamen als wichtige Hilfsorganisation das Komitee der Jüdischen Gemeinde (420 Flüchtlinge) und das «Komitee zur Unterstützung landesflüchtiger Geistesarbeiter», das auf Initiative von Aage Friis ins Leben gerufen worden war.[74]

Ernsthafte Probleme bekam Fritz Bauer nicht zuletzt deshalb, weil er eine Zusammenarbeit mit KPD-Flüchtlingen nicht ausschloss – und dazu noch, weil er jüdischer Herkunft war. «Eine dänische Bereitschaft zur Aufnahme bestand kaum», erinnerte er sich im Nachhinein; und auch daran, dass sich bezeichnenderweise der vernehmende Polizeibeamte in der Ausländerabteilung, wo er sich melden musste, als «nazistischer Spitzel erwies».[75] Dabei hatte Bauer anfangs Glück, denn er war leicht über die Grenze gekommen, da er noch einen deutschen Reisepass besaß. Doch dann bekam er die «größten Schwierigkeiten», weil «die dänischen Behörden die Geschichte mit dem Paß nicht glaubten», nämlich seine ausgefallen klingende Geschichte vom Glück im Unglück: Er war «während des KZs» in die Einzelhaft eines Gefängnisses gekommen, «dessen leitender Oberwachtmeister nicht begriff, wie es möglich sei, einen Richter lediglich wegen seiner sozialdemokratischen Überzeugung und der Leitung des Reichsbanners Schwarz-Rot-Gold zu verhaften». Der Oberwachtmeister war also anscheinend kein Nazi, außerdem kannte er den Stuttgarter Amtsrichter von früher und war von ihm beeindruckt.[76] Da die Verwaltungsaufgaben im Gefängnis ihn überforderten, bat er Fritz Bauer um Hilfe, überließ ihm sogar «die Behandlung von Gnadengesuchen und die Zensur von Briefen». Der Häftling Bauer zensierte nun also die Post, kontrollierte und beantwortete Schreiben und Gesuche nach den Anweisungen des Oberwachtmeisters – und nutzte die erstbeste Gelegenheit, um seinen Pass aus der Häftlingsakte zu «stehlen». Eigenhändig versah er ihn mit einem Zensurstempel und schickte ihn nach Hause. In Dänemark glaubte man ihm zunächst kein Wort; der ordentliche Pass machte den Flüchtling eher verdächtig. War er wirklich ein politisch Verfolgter des Nazi-Regimes oder ein Spitzel? «Es bedurfte eines einstündigen Gesprächs mit dem späteren Ministerpräsidenten Hedthoft im Folketing, um ihn und das Matteotti-Komitee zu überzeugen.»[77] Danach wurde Fritz Bauer als politischer Flüchtling anerkannt und erhielt eine Aufenthaltsgenehmigung.

Vor allem eine Frage machte allen Emigranten Angst: Würde es gelingen, Arbeit zu finden und eine Arbeitserlaubnis zu bekommen? Die Bestimmungen waren restriktiv, «Arbeitserlaubnis wurde – im Hinblick auf die Wirtschaftsdepression – grundsätzlich nicht erteilt», das war die Erfahrung von Fritz Bauer.[78] Dabei war dieser deutsche Jurist und Volkswirt, wie der Nestor der dänischen Exilforschung Steffen Steffensen (1908–1984) schreibt, «eine der herausragenden Gestalten unter den deutschen Emigranten in Dänemark. Er war hochbegabt und ein Mann, der leidenschaftlich für das eintrat, was er für richtig hielt. Er war ein Einzelgänger mit einer besonderen Ausstrahlung.»[79] Bauers eigener, einziger nachträglicher Kommentar war: «Ich hatte Beziehungen zu den politischen Emigranten, deren bedeutendster Scheidemann war»; Einzelheiten könnten bei Karl Raloff[80] erfahren werden.[81] In den Erinnerungen von Karl Raloff *Ein bewegtes Leben* findet sich aber so gut wie nichts über politische Beziehungen zu Fritz Bauer. Nur der Hinweis, dass Raloff mit ihm nach dem Krieg als Redakteur bei der Flüchtlingszeitung *Deutsche Nachrichten* in Kopenhagen angestellt war, worauf noch zurückzukommen sein wird.[82]

Praxis der dänischen Behörden war, Arbeitsgenehmigungen erst nach einem längeren Aufenthalt zu erteilen, und zwar befristet und nur dann, wenn keine dänische Arbeitskraft verdrängt wurde.[83] Fritz Bauer gelang es nur ganz allmählich, die lebenswichtigen politischen Kontakte anzuknüpfen, die er brauchte, um wenigstens für kurze Zeit einen «Job» zu finden. Bis dahin war er – den Briefen in seiner Polizeiakte im Dänischen Reichsarchiv in Kopenhagen zufolge – ein immer erneut in Frage gestellter Flüchtling mit einer ausgesprochen ungesicherten Zukunft:

Am 11. Februar und am 13. März 1936 waren der Polizei Bescheinigungen vorgelegt worden, dass Fritz Bauer Mitarbeiter des sozialdemokratischen Tagblatts *Volksrecht* in Zürich sowie der *Central-Verein-Zeitung – Allgemeine Zeitung des Judentums* in Berlin sei.[84]

Am 16. April 1936 bestätigte Oluf Carlsson[85] vom Matteotti-Komitee, Fritz Bauer sei politischer Flüchtling, der bei Rückkehr nach Deutschland gefährdet wäre.

Am 4. Mai 1936 befürwortete der dänische Anwalt Leo Fischer die Aufenthaltsgenehmigung und verwies zugleich auf die vorliegende Erklärung des Matteotti-Komitees sowie darauf, dass der Emigrant für ausländische Zeitungen schreiben möchte.

Am 3. August 1936 erwähnte der Jurist (und Freund aus Stuttgart) Sepp Laufer[86], der mittlerweile in Jerusalem lebte, in einem Brief, dass Fritz Bauer sich um ein Visum an die USA gewandt hatte. Laufer schrieb am 25. Dezember 1936 wieder, diesmal, dass er sich bemühe, einen Aufsatz von Fritz Bauer über Dänemark in einer Jerusalemer Zeitung unterzubringen. Am 7. Juli 1937 traf erneut ein Brief von Sepp Laufer aus London ein, der besagte, dass er mittlerweile aus Jerusalem weggegangen war und jetzt ein Affidavit für die USA bekommen hatte. In den nächsten Wochen schrieb er noch mehrere Male aus London, denn er wollte seinem Freund Fritz Bauer aus seinen Finanznöten heraushelfen; die letzten Nachrichten schickte er am 11. und am 23. Juli 1937 aus den Niederlanden, dem Tag seiner Abreise in die USA.

Am 9. Oktober 1936 schrieb erneut Oluf Carlsson an die Staatspolizei und bat um Aufenthaltsgenehmigung für den politischen Flüchtling, «trotz der über ihn vorliegenden Auskünfte», denn die Gestapo hatte auf angebliche homosexuelle Freundschaften hingewiesen. Er habe gesagt, heißt es dort weiter, dass seine unnormalen Neigungen eine Krankheit seien, und erklärt, dass er natürlich in jeder Hinsicht die Gesetze des Landes einhalten werde.

Am 30. Oktober war nach einem Brief aus den USA zu schließen, dass sich Fritz Bauer weiterhin um ein Visum bemühte und von einer früheren Stuttgarter Freundin namens Ida Brenner in New York die Auskunft erhalten hatte, man brauche dafür vor allem Empfehlungen dänischer Geschäftsleute.

Bereits am 22. März 1937 war es dann wieder so weit. Fritz Bauer musste erneut um eine Verlängerung der Aufenthalts- und Arbeitserlaubnis nachsuchen, wobei er nun nicht mehr nur auf seine journalistischen Arbeiten, sondern auch auf seine künftige Tätigkeit als Handelsrepräsentant einer tschechischen Textilfirma, die ihm wohl durch seinen Schwager vermittelt worden war, hinweisen konnte.[87]

Schwieriger wurde die Lage am 3. Juni 1937, als der dänischen Staatspolizei mitgeteilt werden musste, dass die deutsche Konsularabteilung in Kopenhagen Fritz Bauer ausdrücklich die Verlängerung seines Passes nicht mehr gewähre.

Daraufhin beantragte am 3. Juli 1937 der schon mehrfach genannte

Oluf Carlsson namens des Matteotti-Komitees und des dänischen Gewerkschaftsverbandes einen Flüchtlingspass für Fritz Bauer, mit der Begründung, dass dieser sich als Repräsentant für eine tschechische Firma in Schweden und Norwegen betätigen wolle.

Mehrere Briefe aus London, einer vom 13. August 1937 von Otto Kahn-Freund, sprachen ausdrücklich von den Finanznöten Fritz Bauers und der Bereitschaft, ihm zu helfen. Kahn-Freund forderte Bauer auf, seinen Lebenslauf zu schicken. Er wolle ihn an Franz Neumann vom «Institute for Social Research» in New York weiterleiten, welches Stipendien vergebe, besonders auch an marxistische Emigranten.[88] Einen Monat später schrieb Bauer selber an Max Horkheimer, der mit Theodor W. Adorno das ehemalige Frankfurter Institut für Sozialforschung an der Columbia University neu gegründet hatte. Er entschuldigte sich für die «– leider – notwendige Egozentrik dieses Briefes», den ihm nur das «sentimentale Empfinden gemeinschaftlicher Stuttgarter Heimatluft» etwas leichter mache: Nachdem er seine akademische Laufbahn nach dem Assessorexamen zugunsten einer strafrichterlichen und politischen Betätigung aufgegeben habe, sei er «heute wieder auf den Ausgangspunkt zurückgeworfen. Ich lebe hier ziemlich an der Peripherie der Dinge […]. Ich würde mich aber freuen, mit dem Institut in eine nähere Verbindung treten zu können.»[89] Doch Horkheimers umgehende Antwort fiel negativ aus, obwohl er sehr gern helfen wollte, «ganz besonders Ihnen», schrieb er, «von dem ich durch meine Familie so Gutes gehört habe», aber das Institut müsse sich einschränken, habe keine Mittel und die Instituts-Zeitschrift sei auch schon für ein Jahr mit Beiträgen versehen.[90] «Leider enthielt Ihr Brief nicht die an sich recht wünschenswerten Silberstreifen am Horizont», antworte Bauer ein Vierteljahr später, um nochmals sein Arbeitsgebiet zu erläutern, «das sog. Wirtschaftsrecht, also jenes in der Nachkriegszeit bis zur Gegenwart angeschwemmte Neuland, das von der Statik des kodifizierten alten Handelsrechts nicht mehr erfaßt wird, sozusagen das internationale Recht eines new deal». Neu hinzugekommen sei jetzt noch, aus seiner «nunmehrigen skandinavischen Existenz», das «Interesse für die sozialen Demokratien des Nordens». Aber die daraufhin in Aussicht gestellte Möglichkeit, gegen Honorar skandinavische Bücher für das Institut zu rezensieren, war alles, was sich erreichen ließ.[91]

Endlich, am 7. November 1937, erhielt Fritz Bauer eine Arbeitsgenehmigung. Er durfte als Korrespondent für ausländische Zeitungen schreiben, befristet auf vier Monate, also bis zum 31. März 1938, abgezeichnet vom Chef der dänischen Staatspolizei.[92] Das war zumindest ein Hoffnungsschimmer nach den vielen Bemühungen und der aufreibenden Wohnungssuche. Bauer war seit seiner erstmaligen Meldung in Dänemark am 21. Dezember 1935 im Chr. Wintersvej 14 bereits dreimal umgezogen: am 14. April 1936 in den Ridder Stigsvej 8, wo er zur Untermiete bei Jensen wohnte, am 21.Oktober 1936 in die Maltagade 8, zur Untermiete bei Bach, was unmittelbar in der Nachbarschaft der Wohnung seiner Schwester und seines Schwagers war, und an ebendiesem 7. November 1937, als er die Arbeitserlaubnis bekam, wieder zurück in den Ridder Stigsvej, diesmal Hausnummer 3.[93]

Die Erlaubnis, für ausländische Zeitungen wie die *Central-Verein-Zeitung – Allgemeine Zeitung des Judentums* zu schreiben, erhielt Bauer offenbar erstmals 1936, doch durfte ihm das Honorar nicht ins Ausland geschickt werden, sondern wurde an seine Eltern in Stuttgart überwiesen.[94] Immerhin konnte er sich mit einem «Sonderbericht» an die in Deutschland ausharrenden jüdischen Landsleute wenden, um sie zu ermutigen, indem er ihnen einen Ausweg oder besser gesagt einen Fluchtweg signalisierte. In der Ausgabe vom 24. Dezember 1936 druckte die in Berlin erscheinende *C.-V.-Zeitung* seinen ersten Korrespondentenbericht: «Die glückliche Insel Dänemark».[95] Es war eine geradezu liebevolle Würdigung seines Gastlandes und der dänischen Bevölkerung, der unter anderem bescheinigt wurde, dass ihre Mentalität am ehesten derjenigen in Frankreich ähnelt. Unter Anspielung auf das bekannte Schlüsselwort umschrieb er seinen Eindruck: «Viele sind sogar der Meinung, Gott habe Europa verlassen», aber sie irrten sich, denn «noch gibt es mindestens Skandinavien, noch gibt es vor allem die glückliche Insel Dänemark». Und nun folgte eine Aufzählung der dänischen Annehmlichkeiten, vorweg die grundlegende Feststellung: «Die Dänen genießen das Glück ihres Lebens mit einer ungrüblerischen Selbstverständlichkeit.» Des Landes oder, besser gesagt, der glücklichen Insel «Volkscharakter ist nicht durch seine festländische Grenze, sondern durch seine Küstenlinie und die fast 500 Inseln des Reiches bestimmt. Das Meer, das Dänemark umspült, gibt ihm seine Note […]. Die Geschehnisse des Kontinents, der weiten Welt spielen jenseits des Wassers. Sie werfen ihre Wellen an die dänische Küste, aber es ist ein Spiel der Wellen, das nicht ins Land dringt. Dänemark fühlt sich als Zuschauer […] ein Land ohne Ehrgeiz. Die Dänen nennen sich

stolz Kosmopoliten. Mag sein, daß sie aus der Not eine Tugend machen. Das dänische Volk genießt seine Gegenwart in vollen Zügen [...].»
In Fritz Bauers Zeitungsbericht wimmelte es von Anspielungen, die Dänemark als Flüchtlingsland preisen. Der Artikel begann – nach einer knappen Statistik der jüdischen Gemeinde und dem Hinweis auf die restriktive Einwanderungspolitik – mit dem Bericht über Henri Nathansens Theaterstück *Hinter den Mauern*, das seit einiger Zeit in Kopenhagen aufgeführt wurde. Darin ging es um die Frage, ob man seine Kinder richtig erziehe, wenn man bloß wolle, dass sie einmal rechte Christen oder rechte Juden werden sollten. «Menschen sollen sie werden», zitierte Bauer Nathansen. Für Bauer war dieses Stück mit seinem humanistischen Ansatz das dänische Pendant zu Lessings *Nathan dem Weisen*. «Dieses Schauspiel», meinte der Kopenhagener C.-V.-Korrespondent, der jetzt schon ein Jahr auf der «glücklichen Insel» lebte, «gibt die dänische Mentalität richtig wieder».

Der Artikel konnte ohne Weiteres als Aufforderung verstanden werden, nach Dänemark zu kommen und das dänische Sprungbrett zu benutzen, um von dort nach Übersee zu gelangen, auch nach Palästina, denn Dänemarks Regierung und Bevölkerung förderten – so heißt es dort – die jüdische Einwanderung nach Palästina in weitestgehendem Maße. Zudem stünden die mustergültigen Einrichtungen der dänischen Landwirtschaft deutschen Juden zu Ausbildungszwecken offen. Fritz Bauer sprach in seinem Artikel nur indirekt von der zionistischen Idee, indem er die dänischen Zeitungen zitierte. Man verstehe in Skandinavien nicht, so zitierte er *Politiken*, warum es den jüdischen Einwanderern in Palästina so schwer erscheine, sich in der arabischen Umwelt zu assimilieren. Das einzige arabische Wort, das die bereits fünfzehnjährige Bewegung sich zu eigen gemacht habe, sei: «Salem Aleicum». Wie aber könnten die Araber bei solcher Distanz und Aversion zwischen den beiden Volkstümern begreifen lernen, «daß die Juden ihre arabischen Brüder nicht ausbeuten wollen, daß sie zur Entwicklung des Landes beitragen, daß sie die Araber nicht heimatlos machen». Er selbst hatte wohl, wie die meisten deutschen Juden dieser Zeit, keinen Zugang zum Zionismus.

Fritz Bauer empfahl in der *C.-V.-Zeitung* Dänemark als Transitland. Doch der Sprung nach Übersee, um den er sich selbst ja auch bemühte, wurde immer schwieriger und aussichtsloser. Alle Befürchtungen bestätigten sich, als die internationale Flüchtlingskonferenz im französischen

Évian, die für das weltweite Flüchtlingsproblem, das vor allem die Juden in Europa bedrohte, einen Ausweg zu finden versuchte, im Juli 1938 ihr klägliches Ergebnis präsentierte. Nicht weniger als 32 Delegationen der Völkerbundstaaten sowie Vertreter von 39 privaten Hilfsorganisationen trafen sich auf Einladung des amerikanischen Präsidenten, um festzulegen, wo und wie die aus dem «Dritten Reich» vertriebenen Juden und politischen Flüchtlinge unterzubringen wären. Doch die Konferenz scheiterte an der restriktiven Immigrationspolitik der Mitgliedsländer, die über die Schwierigkeiten der eigenen Wirtschaft klagten, darunter auch die skandinavischen Länder. Die USA, die diese Konferenz angeregt hatten, erhöhten nicht einmal selber die Einwanderungsquote, geschweige denn, dass sie finanzielle Mittel für die dringend benötigten Schiffskarten und die Unterbringung der Flüchtlinge bereitstellten. Dänemark argumentierte ganz besonders zurückhaltend und hatte auch nichts auszusetzen an der äußerst diplomatisch formulierten Schlussresolution, die aus Rücksicht auf Deutschland aufgesetzt worden war.[96] Die Konferenz von Évian endete mit einer Vertagung des Problems, indem ein «Intergovernmental Committee on Refugees» eingesetzt wurde, das die Asylländer jedoch langfristig ebenso wenig zu einer weiteren Öffnung der Grenzen bewegen konnte.[97]

Trotz aller Bedrängung fühlte sich Fritz Bauer indessen nicht unwohl in Dänemark. Er lernte in Kopenhagen mehrere junge, nach dem Krieg führende dänische Sozialdemokraten kennen, zum Beispiel die späteren Ministerpräsidenten Jens Otto Krag (1914–1978) und Viggo Kampmann (1910–1976) sowie den späteren Außenminister Per Haekkerup (1915–1979). Beziehungen zur jüdischen Emigration beziehungsweise zur jüdischen Gemeinde hatte er nicht.[98] Die Ursachen für diese Distanz dürften, wie schon früher in Stuttgart, seine sozialistische Überzeugung und seine politischen Aktivitäten gewesen sein. Seine linke Position ließ sich nicht mit einer jüdischen Emigration in Einklang bringen, die sich selbst als politisch neutral bezeichnete. Eine besondere Freundschaft, schreibt Steffensen, verband Bauer mit dem späteren sozialdemokratischen Finanzminister Henry Grünbaum (1911–2006), der sich verschiedentlich für ihn einsetzte.[99] Auch der Berliner Jurist und Volkswirt Erich H. Jacoby (1903–1979), der aus ähnlichen, assimilierten deutsch-jüdischen Verhältnissen wie Fritz Bauer stammte und nach dem Zusammenbruch des Deutschen Kaiserreichs 1918 zum Sozialisten geworden war, gehörte zu seinem Kreis. Er war ein anerkannter Arbeitsrechtler und publizierte wie Bauer in ausländischen Fachzeitschriften und Zeitungen, was zu einer Anstellung beim Wirtschaftsausschuss der Arbeiterbewegung führte, wo er eng mit Grünbaum und Krag zusammenarbeitete.[100] Fritz Bauer aber fand zunächst keine dauerhafte Anstellung, seine deutsche Juristenausbildung half ihm überhaupt nicht weiter, und deshalb wandte er sich an den Juraprofessor Dr. Stephan Hurwitz (1901–1981), später Dänemarks erster «Ombudsmand». Doch Hurwitz machte ihm keine Hoffnungen, über eine juristische Dissertation an eine akademische Stelle zu gelangen, was eine große Enttäuschung für Fritz Bauer war.[101]

Er musste also weiterhin alle vier bis fünf Monate dieselben Ansuchen um Verlängerung der Arbeits- und Aufenthaltsgenehmigung stellen, Vermerke von Behörden sowie Referenzen vom Matteotti-Komitee beibringen. Am 16. August 1938 schickte Hans Hedtoft-Hansen ein neuerliches Unterstützungsschreiben an das Justizministerium.[102] Ein ganzer Stapel von bürokratischen Schreiben und Notizen sammelte sich so, dicke Akten entstanden im Laufe der Jahre. Karl Raloff vermutete, dass sich die Gestapo mächtig gefreut haben musste, als die Nazis Dänemark besetzten, «denn sie fand bei der Polizei alle Akten über die deutschen Emigranten vor». Dass Hedtoft mit seinem Versuch scheiterte, den Polizeidirektor zu bewegen, die Unterlagen verschwinden zu lassen, war gewiss ein verhängnisvoller Sieg bürokratischer Ordnung über die Vernunft.[103] Denn Anfang Dezember 1940 forderte dann die deutsche Besatzungsmacht die Flüchtlingskartei und die Ausländerakten ein, und im Februar 1941 wurde die gesamte Kartei der Gestapo zur Verfügung gestellt.[104]

Der rechtliche Status der Emigranten verschlechterte sich indes schon vorher, weil sie aus politisch-ideologischen Gründen in Deutschland «strafexpatriiert» wurden. Dieses dem deutschen Justizsystem bisher fremde Rechtsinstitut, das einen staatlich legitimierten Rechtsbruch darstellte, ging auf einen Gesetzentwurf des Reichsinnenministeriums aufgrund des «Ermächtigungsgesetzes» zurück. Dem Ministerium oblag die Entscheidung über die Voraussetzungen der Ausbürgerung, in der Praxis maßte sich jedoch die Gestapo im Zuge der Gleichschaltung der Länder verstärkt an, darüber mit zu entscheiden.[105] Den Antrag auf Fritz Bauers Ausbürgerung stellte die Staatspolizeileitstelle Stuttgart am 12. Juli 1938 beim Geheimen Staatspolizeiamt in Berlin: «Bauer zählte zu den ‹prominenten› Mitgliedern der SPD. Seit dem Jahre 1930 entfaltete er außerdem eine überaus lebhafte Tätigkeit für das ‹Reichsbanner-Schwarz-Rot-Gold›», lautete die Begründung, und weiter, dass er dort eine «maßgebende Rolle» spielte und ein «überzeugter Anhänger der marxistischen Idee war». «Mit echt jüdischer Frechheit hetzte er bei jeder Gelegenheit gegen die nationalsozialistische Bewegung.» Die Gestapo hatte ihre Gegner schon immer genau beobachtet, und jetzt stellte sie empört fest, dass dieser Fritz Bauer ein «gewandter Redner» sei, der sich einer «verständlichen, sehr populären Ausdrucksweise» bediente, womit er auf zahlreichen Versammlungen «unbestreitbaren Erfolg» habe. Bauer habe auch die Errichtung von «Reichsbanner»-Kasernen vorgeschlagen «und hielt bei Tagungen usw. hauptsächlich Referate über ‹Aufruhr, Widerstand und Landfriedensbruch›. [...] Die Mitglieder des Reichsbanners erhielten von ihm auch Verhaltensmaßregeln für politische Vernehmungen usw. [...] Bauer, der auch Mitglied des ‹Berthold Auerbach-Vereins› war, wurde wegen seiner hetzerischen Betätigung am 23.3.1933 in Schutzhaft genommen.» Seit dem 15. März 1936 halte er sich in Kopenhagen auf. «Die Voraussetzungen für die Aberkennung der deutschen Staatsangehörigkeit», schloss der Bericht, «sind nach dem Erlaß des Reichsführers-SS und Chefs der Deutschen Polizei im Reichsministerium des Innern vom 30.7.1937 [...] erfüllt. (gez.) Böes.»[106]

Die Richtlinien für solche «Fälle» hatte der Chef der Sicherheitspolizei und des SD, Reinhard Heydrich, am 30. März 1937 fixiert, nämlich dass bei Emigranten, die Spitzenfunktionäre der KPD und der SPD waren, «die Tatsache des Aufenthalts im Ausland [genüge], um gegen sie das Verfahren der Aberkennung der deutschen Reichsangehörigkeit einzuleiten.»[107] In Berlin nahm der Chef des Judendezernats im Geheimen Staatspolizeiamt, Kurt Lischka[108], den Antrag entgegen. Er schickte am 12. August 1938 jeweils eine Durchschrift an das Auswärtige Amt sowie an das Reichsministerium des Innern und die Deutsche Gesandtschaft in Kopenhagen.[109] Der deutsche Gesandte Cécil von Renthe-Fink (1885–1964) antwortete am 25. August 1938, dass keine «außenpolitische Bedenken» gegen den Antrag erhoben werden – und so konnte das Innenministerium den Vorgang zu Ende bringen.[110] Am 23. September 1938 verkündete der *Deutsche Reichsanzeiger*, dass Fritz Bauer die deutsche Staatsangehörigkeit verloren habe.[111] Fritz Bauer war nun staatenlos, also ohne Legitimationspapiere schutzlos dem Asylrecht seines Exillandes ausgeliefert.[112]

Drei Monate später, Anfang Oktober 1938, wurden dann die Reisepässe von deutschen Juden allesamt für ungültig erklärt beziehungsweise mit einem «J» versehen.[113] Diese Kennzeichnung war eine neue Schreckensnachricht für alle Juden, die noch in Deutschland ausharrten. Gab es jetzt noch einen Fluchtweg für die Eltern Ludwig und Ella Bauer?

Von jetzt an waren auch die Tage der jüdischen Familie Bauer in Stuttgart und der so traditionsreichen Familie Hirsch in Tübingen gezählt. Die Nachrichten aus Deutschland, die Fritz Bauer erreichten, spitzten sich immer mehr zu, die Austreibung ging in offenen Terror über. In Tübingen, der Heimatstadt seiner Mutter, dem Ort seiner Kindheit und Jugend, setzte wie überall der «große Ausverkauf» ein: der Wettlauf um die Betriebe und das Eigentum der jüdischen Geschäftsleute, der unzählige nationalsozialistische Partei- und Volksgenossen auf der Suche nach geeigneten «Arisierungsobjekten» auf den Plan rief. Nun begannen sich diejenigen zu bereichern, die sich bis dahin zu den zu kurz Gekommenen rechneten und jetzt zu Emporkömmlingen wurden.[114] Leopold Hirsch, Ella Bauers Bruder, sah sich im Sommer 1938 zum Verkauf des väterlichen Geschäfts gezwungen. Von der alten Kundschaft war niemand mehr übrig.[115] Diese Notlage erkannte Josef Tressel, NSDAP-Mitglied und SA-Mann, der zehn Jahre zuvor selbst im Geschäftshaus Hirsch in der Kronenstraße gearbeitet hatte. Er nutzte den schleichenden Ruin des Betriebs für seine Zwecke und machte ein profitables «Arisierungs»-Geschäft.[116]

Kurz darauf kam es noch schlimmer: Die «Reichskristallnacht» markierte den Anfang der radikalen Verfolgung. Nach dem Pogrom vom 9. auf den 10. November 1938, als die Synagogen in Flammen aufgingen, glaubten immer mehr Betroffene, dass es für die deutschen Juden keine Überlebensmöglichkeit mehr gab. Unmittelbar setzte die größte Fluchtwelle ein. Der 62jährige Leopold Hirsch, ehemaliger Frontkämpfer des Weltkriegs und honoriger Textilkaufmann, wurde verhaftet und im Konzentrationslager Dachau interniert. Außer der Synagoge wurde in dieser Nacht und den folgenden Tagen kein weiteres Gebäude in Tübingen zerstört, was jedoch nur daran lag, dass kein Jude mehr ein Geschäft besaß; Leopold Hirsch hatte als Letzter verkauft.[117] Zwei Tage nach seiner Verhaftung, am 12. November, teilte der Landrat von Tübingen dem Polizeiamt mit, dass Josef Tressel das Bekleidungsgeschäft in der Kronenstraße übernommen habe, er müsse sich ins Handelsregister eintragen, Haftung für Verbindlichkeiten des Hirsch werde ausgeschlossen.[118] Leopold Hirsch gelang nach seiner Entlassung aus der Haft gemeinsam mit seiner Frau Johanna am 21. April 1939 die Flucht nach Südafrika, wo sie ihren Sohn Walter wiedersahen, der Mitte 1935 ausgewandert war.[119] Ihre Tochter Eleonora konnte nach Rhodesien fliehen, sie hatte keine Aufenthaltsgenehmigung für Südafrika mehr bekommen.[120]

Fritz Bauers Vater wurde zwar nicht ins KZ verschleppt. Die Zerstörungen und Brutalitäten der Terrormaßnahmen trafen den Weltkriegsveteranen darum nicht weniger empfindlich.[121] Hier wie überall in Deutschland taten sich 1938 Angehörige der NSDAP und der SA sowie der Sicherheitsorgane zusammen, um mit Unterstützung durch die Feuerwehr das Pogrom zu inszenieren, in dem sowohl die Stuttgarter wie die Bad Cannstatter Synagoge zerstört wurden. Andere Kommandos demolierten Ladengeschäfte, warfen Schaufenster ein, verwüsteten das Mobiliar und warfen es auf die Straße. Die Männer trugen keinerlei Uniformen, gingen aber ganz planmäßig vor. Besonders betroffen waren die Geschäfte in der Königstraße und am Marktplatz. Die Zerstörungen gingen auch noch am 10. November weiter. Zugleich setzte eine mehrtägige Verhaftungswelle ein. Die Stuttgarter Juden standen unter enormem psychischen Druck, einige nahmen sich das Leben. In mehreren Omnibussen wurden die Verhafteten zwischen dem 10. und 13. November in die Konzentrationslager Welzheim und Dachau deportiert, von wo sie nach und nach wieder zu ihren Familien zurückkehren durften; Ende Januar 1939 befanden sich noch immer vierzig württembergische Juden in Haft.

Schon vor der «Reichskristallnacht» waren zwei Drittel aller jüdischen Geschäfte aufgegeben worden. Im Lagebericht des Sicherheitsdienstes für das erste Quartal 1939 hieß es: «Die besten Anzeichen der Weiterschreitung der Verproletarisierung der Juden sind die zunehmende Zahl der Selbstmorde, die rapide Verschlechterung der jüdischen Winterhilfsspenden, die ständig sich steigernde Inanspruchnahme der jüdischen Fürsorgestellen, der im Wachsen begriffene Auswanderungsdrang, die wachsende Zahl der jüdischen Arbeitssuchenden, der schnell steigende Wohnungsmangel, der Verfall der Schulen, die ständige Belagerung der jüdischen Beratungsstellen und die Zunahme der Altersheime.»[122]

Auch den Brüdern Ludwig und Julius Bauer sowie ihrem Neffen Manfred Bauer, der an Stelle seines verstorbenen Vaters Max Bauer in die Firma eingetreten war, war 1938 vollends klar geworden, dass sie ihre Webwaren-Großhandlung nicht mehr halten konnten. Über einen Anwalt wurden Verhandlungen mit den Stuttgarter Kaufleuten Hugo Eissele und Otto Bossert geführt, am 30. August 1938 wurde das Geschäft aufgegeben, am 24. Oktober 1938 fand die Übergabe statt.[123] Die neu gegründete «Fa. Adolf Bauer Nachf. KG. Manufakturwarengroßhandlung Stuttgart-Nord» in der Seestraße 5 wurde fortan von vier Gesellschaftern geführt, die das «arische Personal», das heißt die fünf bisherigen Angestellten der Firma Bauer, übernahmen, ebenso die bestehenden Verpflichtungen sowie – nach Anweisung der Gauwirtschaftsstelle – das gesamte Inventar zum halben Preis seines Werts.[124] Dass es den neuen Eigentümern nach der «Arisierung» dennoch nicht gelang, die Firma auf dem gleichen Niveau fortzuführen, lag vor allem an ihrer Branchenunkenntnis (später auch am kriegsbedingten Umsatzrückgang und an Bombenschäden).[125] Die «Arisierer» beziehungsweise «Ariseure», wie sie nach dem Krieg in der Juristensprache der Entschädigungsverfahren genannt werden sollten, wollten mit der Übernahme in erster Linie einen raschen Profit erzielen. Deshalb behielten sie zunächst auch den früheren Firmennamen bei – was zumeist jedoch nicht zum erhofften Erfolg führte.

Während sich Fritz Bauer gemeinsam mit seiner Schwester Margot und ihrem Ehemann in Dänemark bemühte, so schnell wie möglich eine Einreiseerlaubnis für die Eltern zu bekommen, wurde die Lage der Bauers in Stuttgart von Monat zu Monat prekärer. Vierzehn Tage nach der «Reichskristallnacht», am 24. November 1938, konnten die Tiefenthals endlich das ersehnte Telegramm aus Kopenhagen an Ludwig Bauer richten: «Einreise und Aufenthalt hier genehmigt – Einleitet allerschnellstens Auswanderung».[126] Fritz Bauer war es gerade noch gelungen, die Einreiseerlaubnis zu bekommen. Wie dramatisch sich die Situation zuspitzte, hat er später selber beschrieben:

«Ich habe ständig gekämpft, daß meine Eltern nach Dänemark kommen könnten. Das wurde immer abgewiesen. Erst als die Kristallnacht geschehen war und Schwierigkeiten für meinen Vater entstanden waren, bin ich zu einem jungen Justizminister gegangen und habe ihm erklärt, wenn er meinen Eltern, die ziemlich alt waren, die Genehmigung nicht für Dänemark geben könnte, dann würde ich bitten, ihnen die Genehmigung für Grönland zu geben. Ich erinnere mich noch an das Gespräch mit dem jungen Justizminister, der selber auch Richter gewesen ist. Er hat mich

lange angeschaut und wirklich in diesem Augenblick gemerkt, worum es geht. Er war erschrocken, denn auf diese Idee war er nie gekommen, daß jemand nach Grönland wollte. Als ich sagte, mir wäre die Eiseskälte in Grönland immer noch lieber, weil ich dann wisse, meine Eltern leben wenigstens, es wäre besser als das, was kommen würde; es war 1938. Ich sagte ihm, es gehe einfach um das Leben. Und das Wort Grönland, das weiß ich ganz genau, hat ihn erschüttert und Eindruck auf ihn gemacht. Ich bekam sofort die Genehmigung, und andere bekamen sie auch. Denn plötzlich hatte die dänische Regierung gemerkt, daß wir nicht übertrieben.»[127]

Aber so schnell konnten die verfolgten Juden gar nicht entkommen, denn zur nationalsozialistischen Verfolgungspolitik gehörte zwar, dass Emigranten vor ihrer Auswanderung restlos ausgeplündert wurden, dass sie jedoch andererseits Schwierigkeiten bekamen, die umständliche Austreibungsprozedur zu überstehen und ein Land zu finden, das sie aufnahm. Denn welches Land wollte schon völlig verarmte Flüchtlinge in größerer Zahl aufnehmen; überall wurden Vorzeigegelder erhoben, die Flüchtlinge sollten Kapital in ihr Aufnahmeland mitbringen. Oft wurde auch direkt die Bedingung gestellt, dem Asylland finanziell nicht zur Last zu fallen. In diesem Punkte hatten die Eltern Fritz Bauers jetzt sogar noch Glück, weil ihre Kinder bereits in Kopenhagen waren und über Einkommen verfügten. Trotzdem mussten noch lange Monate überstanden werden, bis alle bürokratischen Hürden in Deutschland genommen waren. Am Ende war von ihrem einstigen Vermögen nichts mehr übrig.

Alle ihre Ersparnisse, auch der Erlös aus dem Verkauf der Warengroßhandlung und die Wertpapiere, die Ludwig Bauer bei der Deutschen Bank in Stuttgart angelegt hatte, mussten, nach Genehmigung durch die Devisenstelle, verkauft und die Erträge an die Deutsche Golddiskontbank (Berlin) abgeliefert werden, und zwar mit einem Transferverlust von 5,2 Prozent. Von den 64 800 Reichsmark, die Ludwig Bauer eigentlich transferieren konnte oder musste, blieben ihm nur 13 654 RM.[128] Doch damit nicht genug: Zur «Judenvermögensabgabe» beziehungsweise «Sühneabgabe», die nach der «Reichskristallnacht» eingeführt wurde und bis zur Auswanderung monatlich geleistet werden musste, kamen noch die Zwangsabgaben an die «Reichsvertretung der Juden in Deutschland», sodann eine «Reichsfluchtsteuer» sowie eine «Auswandererabgabe».[129] Das Finanzamt verlangte schließlich eine «Steuerunbedenklichkeitsbescheinigung» und schickte darüber hinaus einen Prüfer vorbei, der die Wertsachen begutachtete – vor allem Schmuck, Uhren, Silber und Ähnliches – und festlegte, was bei der Städtischen Pfandleihanstalt abgeliefert werden musste.[130] Als Einziges erhielten Ludwig und Ella Bauer, nachdem sie diese Bürokratie bewältigt hatten, im Dezember 1938 ihre neuen «Kennkarten», die mit einem großen roten «J» versehen waren. Juden mit deutscher Staatsangehörigkeit mussten sie bei allen Behördenanträgen unaufgefordert vorlegen.[131]

Über ein Jahr verging, bis alle Formalitäten erledigt waren und Fritz Bauers Vater endlich die Fahrkarten nach Kopenhagen kaufen konnte. Man muss deshalb schon viel Sinn für Bürokratie oder besonderen Gleichmut aufbringen, wenn man liest, dass die Württembergische Wiedergutmachungsstelle in den fünfziger Jahren tatsächlich prüfte, ob die beiden Flüchtlinge «Erster» oder «Zweiter Klasse» nach Kopenhagen gereist waren. Der Unterschied machte 26 Reichsmark aus – ganz abgesehen von der Ignoranz, die zynischerweise so tut, als hätten Juden seinerzeit noch immer die Auswanderung «Erster Klasse» in der Reichsbahn beantragen können. Fritz Bauer beantwortete die Nachfrage mit nur zwei Sätzen: «Meine Eltern fuhren seinerzeit 2. Klasse. Ich weiß das, weil ich sie selber an der dänischen Grenze abgeholt habe.»[132] Am Neujahrstag des Jahres 1940 kamen Ludwig und Ella Bauer in Dänemarks Hauptstadt an und zogen in ein kleines Apartment im selben Haus wie die Tiefenthals ein – das Kapitel Stuttgart war zu Ende.[133]

Ohne die ständige Sorge um die Eltern hätten die Jahre 1939/40 eine Art Ruhepause im Flüchtlingsleben Fritz Bauers sein können. Zwar musste er sich weiterhin um seinen Unterhalt kümmern und regelmäßig Verlängerung der Arbeits- und Aufenthaltsgenehmigung beantragen.[134] Doch war diese Notwendigkeit zu einer gewissen Routine geworden, er hatte genug zum Überleben und bekam außerdem am 7. Oktober 1939 die Erlaubnis, als Handelsrepräsentant arbeiten zu dürfen, was ihm für zwei Jahre einen gewissen Spielraum verschaffte. Zudem besorgten ihm dänische Freunde in der Sozialdemokratie vermutlich 1940, jedenfalls während des Krieges, eine Stellung im Preiskontrollat, wo er das Gehalt eines Büroangestellten erhielt.[135] Er knüpfte an seine früheren volks- und wirtschaftswissenschaftlichen Studien an, wobei er beispielsweise eine anerkannte Übersicht über die Monopolgesetzgebung verschiedener Länder erstellen konnte.

Tatsächlich stürzte sich Fritz Bauer geradezu in die Arbeit. Und bereits 1941 – also schon unter deutscher Besatzung – konnte im Kopenhagener Verlag Martins, ohne dass die Gestapo sich dafür interessierte, sein erstes «dänisches» Buch *Penge* (Geld) erscheinen, eine Publikation, die sich mit der Entstehung des Geldes und dem Geist des Kapitalismus befasste.[136] Die Niederschrift war im Grunde nur eine Vorstudie für ein weiteres Werk, das allerdings erst 1945 herauskommen konnte.[137] Denn am 9. April 1940, bevor Fritz Bauer die erste Fassung abschließen konnte, marschierte die deutsche Wehrmacht in Dänemark ein. Eine über die Maßen unheilvolle Wendung: Kaum zeichnete sich sein erster publizistischer Erfolg im Exil ab, geriet er erneut in die Fänge des NS-Regimes. Zusammen mit der Wehrmacht, die zugleich mit Norwegen auch Dänemark «einkassiert» hatte, war nämlich auch die Gestapo wieder in nächste Nähe gerückt, Fritz Bauer also ein zweites Mal vom KZ bedroht. Tatsächlich wurde ein Teil seines neuen Manuskripts im dänischen «Emigrantenlager» Horserød geschrieben.[138]

Die skandinavischen Länder Dänemark und Norwegen waren nach dem Einmarsch der Deutschen in Polen die nächsten, die ins Visier der völkischen Großmachtträume von einem «germanischen Reich» der Nationalsozialisten in Europa gerieten. Die Situation für die Flüchtlinge in Dänemark spitzte sich allerdings schon im Januar 1940 zu. Bekamen sie schon vorher die dänische Neutralitätspolitik gegenüber dem NS-Regime zu spüren, was ihre eigene Rechtsstellung immer mehr schwächte, so mussten sie im Januar 1940 noch schlimmere Einschränkungen hinnehmen. Wieder verschärfte die Regierung das Fremdengesetz, das nunmehr der Polizei weit reichende Befugnisse einräumte und alsbald auch von der deutschen Besatzungsmacht ausgenutzt wurde.[139] Fritz Bauer bekam als einer der Ersten die Konsequenzen der neuen Lage zu spüren: Am 17. Februar 1940 musste er seinen Flüchtlingspass an die Staatspolizei zurückgeben.[140] Politischer Flüchtling jüdischer Herkunft, ausgebürgert und somit staatenlos, jetzt auch noch ohne jeden Pass – aussichtsloser konnte sich die Situation für einen Emigranten aus Deutschland 1940 kaum darstellen.

Die «fünf verfluchten Jahre»[141], wie die Dänen die deutsche Besatzungszeit charakterisierten, begannen für Fritz Bauer wie für alle politischen und jüdischen Flüchtlinge mit bedrängenden Fragen: «... der 9. April. Wir hörten am frühen Morgen die Flieger über der Stadt, wir sahen, daß es deutsche waren. Würde die Menschenjagd jetzt weitergehen? Stand die Gestapo wieder bereit, an unsere Tür zu klopfen? War die Flucht in die Emigration vergeblich gewesen?», erinnerte sich Margarete Raloff an dieses Ereignis, das sie erneut in Angst und Schrecken versetzte. «Nach einigen Tagen der Ungewißheit und des Untertauchens, mal hier, mal da, stand man zum zweiten Male vor der Tatsache: entweder KZ oder wieder Flucht». Ihrem Mann, dem Sozialdemokraten Karl Raloff, den die Nazis schon 1933 verhaften wollten und der deshalb frühzeitig in Dänemark Zuflucht gesucht hatte, blieb nichts anderes, als wiederum das Abenteuer der heimlichen Flucht zu wagen, seine Familie zurückzulassen und zu versuchen, «in einem kleinen Fischerboot über den Sund zu kommen [...], der noch so viel Eis trug [...]». Margarete Raloff erinnerte sich daran nur schweren Herzens: «Man hatte hier [in Kopenhagen, I. W.] nach dem 9. April eine ganze Reihe von deutschen politischen Flüchtlingen verhaftet [...], später wurden sie nach Horserød in ein Lager gebracht.»[142]

Während Karl Raloff wie auch der Leiter des Grenzsekretariats der SoPaDe, Richard Hansen, und noch einige andere Sozialdemokraten, zum Beispiel Kurt Heinig, Hans Reinowski und Fritz Tarnow, noch im April nach Schweden entkommen konnten, gehörte Fritz Bauer zu denjenigen, die bei den wiederholten Aktionen 1940 verhaftet wurden, was für ihn eine doppelt schlimme Erfahrung bedeutete: zum zweiten Mal im Bereich der Gestapo-Gewalt, wenngleich in einem dänischen Lager.[143] Wie es zu seiner Internierung am 11. September 1940 kam und warum er nicht versuchte, nach Schweden zu fliehen – womöglich erneut aus Sorge um die Eltern oder weil die Fluchtrouten von Richard Hansen, der damit beauftragt wurde, nicht genügend vorbereitet worden waren –[144], lässt sich nicht mehr genau rekonstruieren. Jedenfalls wurden, mit Unterstützung des dänischen Justizministeriums, das über die polizeiliche Fremdenkartei verfügen konnte, 127 deutsche Emigranten festgenommen, hauptsächlich Kommunisten und Sozialdemokraten, zunächst ins «Vestre»-Gefängnis (Westgefängnis) gebracht und dann in das neu errichtete Barackenlager Horserod in Nordseeland überstellt.[145]

«S.P.D. – Jude – KZ – Matteotti», «konnte seinen Paß nicht verlängern», registrierte die Lagerverwaltung bei der Aufnahme des Häftlings am 19. September, und es war klar, dass Fritz Bauer fürchten musste, nach Deutschland abgeschoben zu werden – was 42 der Inhaftierten treffen sollte.[146] Einer von ihnen war Fritz Bauers Duzfreund Walter Hammer

(1888–1966), der gleich nach seiner Einlieferung in Einzelhaft gehalten und dann nach Deutschland zurückgebracht wurde, was unweigerlich die Einlieferung in ein Konzentrationslager bedeutete.[147] Am 10. Oktober 1940 teilte das Justizministerium in einem Schreiben an das dänische Außenministerium mit, Fritz Bauer sei auf Veranlassung der deutschen Behörden aufgrund § 14 des Fremdengesetzes verhaftet worden, eine Verlängerung der Aufenthalts- und Arbeitsgenehmigung werde abgelehnt; gleichzeitig habe das Ministerium seiner Mutter Ella Bauer mitgeteilt, dass ihrem Antrag auf Freilassung nicht entsprochen werden kann.[148] Die Verhaftung durch die dänische Polizei – und nicht die Gestapo – macht die Besonderheit der deutschen Okkupation deutlich. Voraussetzung dafür war, dass die Reichsregierung nach dem Einmarsch erklärte, eine Zusammenarbeit mit Dänemark anzustreben, worauf die dänische Verfassung in Kraft blieb. Ebenso verblieben König, Regierung und Verwaltung im Amt. Die deutschen Interessen vertrat, nunmehr als «Bevollmächtigter des Deutschen Reiches bei der Dänischen Regierung», der deutsche Gesandte Cécil von Renthe-Fink, sie wurden also auf diplomatischem Wege geregelt, während das Militär keine ausübende Gewalt, sondern allein sichernde Funktion besaß.[149] Chef der Abteilung Verwaltung in der deutschen Gesandtschaft war vom 12. April 1940 bis 28. August 1943 SS-Brigadeführer Paul Kanstein (1899–1980), bisher Gestapo-Chef von Berlin; an der Spitze der anfänglich nur zehnköpfigen Unterabteilung Gestapo stand der Polizeiattaché Anton Fest.[150] Als Ausgleich dafür, dass die Rechtspflege in dänischer Hand blieb, wurde das Amt eines Staatsanwalts für besondere Angelegenheiten eingerichtet, das zum Scharnier zwischen der Besatzungsmacht und der dänischen Polizei wurde.[151]

Fritz Bauer kam mit dem zweiten Häftlingstransport aus Kopenhagen nach Horserød, womit die Zahl der dort internierten Flüchtlinge auf 70 anstieg. Das Lager bestand aus nur zwei primitiven Baracken, die mit Stacheldraht eingezäunt waren, die Gefangenen mussten also auf sehr beengtem Raum leben, was die angespannte Atmosphäre unter den Internierten, die konkurrierenden politischen Lagern angehörten, noch steigerte.[152] Bauer gelang es trotzdem, die Zeit zu überbrücken, indem er sich auf sein Manuskript konzentrierte, das zwar kontrolliert, ihm aber nicht abgenommen wurde. Nach Monaten der Ungewissheit wurde er auf dänische Intervention am 4. Dezember 1940 entlassen. Er selbst vermutete im

Nachhinein: auf Fürsprache des Nationalbankpräsidenten Prof. Carl Valdemar Bramsnæs und des Volkswirtschaftlers der Universität Aarhus, Professor Jørgen Petersen.

Über die Zeit danach ist nur ganz wenig von Fritz Bauer überliefert: «Den Deutschen war damals viel daran gelegen, sich die Sympathien der dänischen Intelligenz zu erhalten. Bei Ausbruch des russischen Krieges wurde ich kurz wieder verhaftet. Dann lebte ich vorzugsweise illegal.» Und weiter: «Die Dänen selbst waren – zumal nach dem 9. April – sehr freundlich. Vorher war ihnen die politische Reichweite des Nazismus ziemlich unklar geblieben. Im allgemeinen konnte man sich auf die Solidarität der Dänen verlassen und hat das auch in der Praxis getan. Immerhin sind 1941 aus dem obengenannten sozialdemokratischen Kreis einige ausgebrochen, um Nazis zu werden. Ich denke an Niels Lindberg. Unter ihnen waren sogar zwei Sozialdemokraten, bei denen ich selbst vorher untergetaucht war.»[153] Letzteres war eine Anspielung auf die nazikonformistische «Globus»-Gruppe in Kopenhagen, benannt nach ihrer gratis verteilten Zeitung, die sich in Anbetracht von Hitlers militärischen Siegeszügen aus «nüchtern ökonomischer Überlegung», wie der Gewerkschaftsführer Fritz Tarnow glaubte, für die «Eingliederung» Dänemarks in die nationalsozialistische «Neuordnung» ausgesprochen hatte. Gegen den «Globus»-Kreis bildete sich dann ein «Antiglobus»-Kreis, dem Fritz Bauer und Henry Grünbaum angehörten.[154]

Viel mehr lässt sich über das Exilleben oder den Flüchtlingsalltag vor und nach den Ereignissen des Jahres 1940 nicht sagen. Außer dass Bauer seinen Duzfreund, den Schriftsteller und Verleger Walter Hammer, 1939/40 mehrfach getroffen hatte. Hammer war die beabsichtigte Flucht nach Schweden nicht gelungen. Nach seiner Auslieferung an die Gestapo versuchte er, im Wissen um das ihm drohende Schicksal, sich die Pulsadern aufzuschneiden. In Deutschland wurde er ins KZ Sachsenhausen überstellt, 1942 zu fünf Jahren Zuchthaus verurteilt. Am 27. April 1945 wurde er von der Roten Armee aus dem Zuchthaus Brandenburg befreit.[155] Hammer war nicht der Einzige aus dem Bekanntenkreis Fritz Bauers, dem es so erging. Der Journalist Erich Alfringhaus (1894–1941), vor 1933 Chefredakteur des *Sozialdemokratischen Pressedienstes* in Berlin und einflussreicher Berater von Otto Wels, wurde bei einem Fluchtversuch festgenommen und beging vor der Deportation Selbstmord.[156] Der Parteifunktionär Otto Buchwitz, der nach 1933 in der Illegalität die

Aktionseinheit mit der KPD befürwortete, wurde unmittelbar nach der deutschen Invasion von der dänischen Polizei an die Gestapo ausgeliefert, nach Berlin überstellt und 1941 vom Volksgerichtshof zu acht Jahren Zuchthaus verurteilt; er war bis zur Befreiung 1945 im Konzentrationslager Sonnenburg und im Zuchthaus Brandenburg inhaftiert.[157]

Fritz Bauer lebte fortan in Kopenhagen offenbar isoliert und zurückgezogen – bemüht, sich von den Streitereien unter den Emigranten, die innerhalb der SoPaDe-Organisation besonders heftig waren, möglichst fernzuhalten. Freundschaftliche Kontakte entstanden in dieser Zeit zur Familie Raloff, auch über seine Schwester Margot Tiefenthal. Die Tiefenthals hatten mittlerweile eine kleine Gardinenfabrikation aufgezogen und boten Grete Raloff, die mit ihren beiden Töchtern nach der Flucht ihres Mannes allein zurückblieb, Arbeit als Putzfrau an. Brigitte Åkjaer, eine der Raloff-Töchter, erinnerte sich später, dass «die Tiefenthals sehr hilfsbereit waren». Manchmal kam sie mit ihrer Mutter, was allein eine Stunde Fußmarsch bedeutete – und zurück noch mal dasselbe –, denn ihre Mutter musste meist die fünfzig Öre für die Straßenbahnfahrt sparen. «Fritz Bauer war in den Jahren von vierzig, als mein Vater weg war, bis dreiundvierzig, als die Juden verhaftet wurden, sehr viel bei meiner Mutter», wusste Brigitte Åkjaer noch, «und hat ihr geholfen, auch rein seelisch, [...]. Wir hatten die enge Beziehung zu der Familie Tiefenthal, und da kam er sehr oft mal rauf, [...] so ganz kurz, er hatte nie Zeit.» Er sei dann geradezu «heraufgestürmt», um der von finanziellen Sorgen geplagten Grete Raloff neuen Mut zu machen, und ausdrücklich fügte Tochter Brigitte noch hinzu: «Er war ein phantastischer Mensch, das war er wirklich.»[158] Engere Verbindungen knüpfte Fritz Bauer vor allem zu den dänischen Zirkeln junger Sozialdemokraten, wo er viele Vorträge hielt. Sie unterstützten ihn, ohne sich in die Grabenkämpfe unter den deutschen Flüchtlingen einzumischen. Jedenfalls war er in der ganzen Zeit der deutschen Besetzung durchweg auf seine dänischen Freunde angewiesen, die sich allesamt als unbedingt zuverlässig erwiesen.

Unmittelbar nach seiner Freilassung aus dem Lager Horserød im Dezember 1940 begann er wieder mit der «Routine» des Emigrantenlebens, beantragte erneut eine Arbeitserlaubnis und nahm seine Tätigkeit als Handelsvertreter oder Repräsentant einer Firma Seyffert GmbH in Naila (Bayern) auf. Als Hemdenverkäufer besuchte er verschiedene Kopenhagener Firmen; einige von seinen Handelspartnern stellten sogar Empfehlungsschreiben aus, die ihm als Arbeitsnachweis dienen konnten.[159] Doch die Freiheit währte nur kurz. Am 23. Juni 1941 spürte ihn die Fremdenpolizei erneut auf und verhaftete ihn zum dritten Mal, diesmal für eine Woche bis zum 30. Juni. Danach flüchtete er sich in die Illegalität.[160] Für 28 Monate, fast zweieinhalb Jahre, eine Zeit der Nichtexistenz, die fast keine Zeugnisse hinterlassen hat. Wir wissen nicht, wie der Verfolgte im Untergrund gelebt hat. Ständig auf der Flucht, ständig mit neuer Adresse – während gleichzeitig, im Zusammenhang mit dem Überfall der deutschen Wehrmacht auf die Sowjetunion, mehr als fünfzig Flüchtlinge aufgespürt und verhaftet wurden. Die Hälfte von ihnen wurde relativ bald wieder freigelassen, weil sie keine Kommunisten waren; doch macht allein der Zugriff die Diensteifrigkeit der dänischen Polizei deutlich, deren Opfer auch Fritz Bauer war.[161] Bereits vor dem Einmarsch in die Sowjetunion und erst recht danach lieferte die dänische Polizei mehrere Dutzend kommunistische Häftlinge an die Gestapo aus.[162] Dänemark opferte sein Asylrecht der Politik der Kollaboration. Dass viele Emigranten bis Oktober 1943 dennoch in Dänemark überleben konnten, verdankten sie indes weniger den dänischen Behörden als dem vorläufigen Desinteresse der deutschen Besatzungsmacht.[163]

In jedem Fall war Dänemark im Vergleich zu anderen besetzten Ländern Europas ein völkerrechtliches Unikum, ein Sonderfall, den der Karrierediplomat Renthe-Fink in einer Denkschrift vom 28. August 1942 an das Reichsaußenministerium so umschrieben hat: «Von einer deutschen Verwaltung in Dänemark kann im eigentlichen Sinne nicht gesprochen werden. Die Verwaltung des Landes wird allein durch dänische Organe ausgeübt. […] Die Einwirkung auf die dänische Verwaltung erfolgt dementsprechend im Wege des Verhandelns […] und des Warnens […]. Ein Weisungsrecht gegenüber der dänischen Verwaltung haben der Bevollmächtigte und die Beauftragten nicht. […] Dieses System der nur zurückhaltenden, die Landessouveränität im wesentlichen wahrenden Einflußnahme auf die Verwaltung hat sich grundsätzlich bewährt.» Die Analyse scheint einigermaßen korrekt zu sein – wenn man, wie Renthe-Fink, außer Acht lässt, dass Dänemark noch unter seiner Ägide im November 1941 gezwungen wurde, dem Antikomintern-Pakt der faschistischen Mächte beizutreten, und seinen Neutralitätsstatus künftig nicht mehr publik machen durfte.[164] Insgesamt konnte die deutsche Besatzungsmacht mit einem flexiblen Anpassungskurs der dänischen Sammlungsregierung aus Sozialdemokraten, Konservativen, Liberalkonservativen und zwei kleineren linksdemokratischen Parteien rechnen, solange die demokratische Verfassung Dänemarks und seine Monarchie, die Selbständigkeit der Justiz sowie die Existenz der Gewerkschaften unangetastet blieben.[165]

Die Kollaborationsbereitschaft der dänischen Regierung und Bevölkerung kam jedoch an ihre Grenzen, als sich der deutsche Druck bedingt durch die ungünstiger werdende Kriegslage immer mehr verstärkte. Vor dem Hintergrund einer möglichen Landung der alliierten Truppen im Winter 1941/42 vollzog sich ein Stimmungsumschwung in der dänischen Bevölkerung. Niemand glaubte mehr so entschieden wie bisher an einen deutschen Sieg. Damit aber verlor die bisherige «Zusammenarbeitspolitik» zwischen Deutschen und Dänen ihre Grundlage, noch bevor der SS-Ideologe und frühere Stellvertreter Heydrichs bei der Gestapo, Werner Best (1903–1989), der darin die effektivste Form der «Bündnisverwaltung» sah, im November 1942 unter wiederum ganz anderen Voraussetzungen den dänischen «Fall» übernahm.[166]

Zum Nachteil der jüdischen und politischen Emigranten entwickelte sich ab 1942 ein Machtkampf um die deutsche «Aufsichtsverwaltung» zwischen Wehrmachtführung, die ein hartes Militärregime wollte, dem Auswärtigen Amt, das versuchte, seinen Einfluss auf das einzige besetzte Gebiet, das ihm unterstand, zu behalten, sowie dem Reichssicherheitshauptamt, das mit der «Lösung der Judenfrage» auch in Dänemark beginnen wollte und hierfür nachhaltige Unterstützung von Seiten des Auswärtigen Amtes bekam.[167] Der «Bevollmächtigte des Deutschen Reiches» Renthe-Fink und sein Verwaltungschef Kanstein, die mit den wirtschaftlichen Vorteilen der bisherigen Praxis argumentierten, bekamen seit Mitte 1942 Unterstützung von SS-Gruppenführer Wilhelm Stuckart (1902–1953), Staatssekretär im Reichsministerium des Innern und wie Werner Best ein «Mann Himmlers». Stuckart und Best, die gegen eine Militärverwaltung waren, verknüpften eine effektive Herrschaft in den besetzten Ländern mit der künftig noch zu gestaltenden «völkischen Großraumordnung» in Europa und erhielten hierfür Himmlers volle Unterstützung.[168] In den Jahren 1942/43 lieferten sich die Machthaber des NS-Regimes derartige Konkurrenzkämpfe, dass sich der daraus entstehende Handlungszwang schließlich im Oktober 1943 in einer gewaltsamen Deportationsaktion entlud, die für die in Dänemark lebenden Juden das Schicksal der Vernichtung und Austilgung bedeutet hätte, wäre nicht zugleich der dänische Widerstand gegen die deutsche Besatzung den Juden durch ein beispielloses Rettungsunternehmen zu Hilfe gekommen.

Bereits am Ende des Jahres 1942 bemerkten die Dänen und mit ihnen auch die Emigranten und Gefährdeten im Untergrund, dass sich die Besatzungsverhältnisse offenbar von Grund auf verändern würden. Ausgelöst wurde diese Entwicklung durch ein Telegramm des dänischen Königs an Hitler, das auf die übermittelten Geburtstagswünsche des «Führers» nur allzu formell antwortete. Hitler war beleidigt und nahm das Telegramm zum Anlass, Renthe-Fink aus Dänemark abzuberufen und den als besonders resolut geltenden Generalleutnant Hermann von Hanneken als Militärbefehlshaber einzusetzen, der fortan einen härteren Besatzungskurs einschlagen sollte. In Zukunft «sei ein Staatsgebilde mit demokratischer Regierung […] in einem unter deutscher Führung neu geordneten Europa» unmöglich; Dänemark sei «Feindesland» und müsse «eine deutsche Provinz» werden. Als neuer Bevollmächtigter werde «ein Nationalsozialist mit harter Faust» kommen, der «den geringsten Widerstand mit Gewalt unterdrücken werde».[169] Den Auftrag bekam der SS-Gruppenführer Werner Best, der als neuer «Bevollmächtigter des Deutschen Reiches» keinerlei feindselige Haltung mehr dulden sollte.[170]

Mit diesem plötzlichen Sinneswandel Hitlers war der Konflikt in Dänemark eröffnet. Hitlers Entscheidung ließ vollkommen unberücksichtigt, dass der Auftrag, den er zuvor Hanneken erteilt hatte, genau das Gegenteil von Bests ursprünglich geplanter «Aufsichtsverwaltung» war. Best hatte sowohl in den dreißiger Jahren als auch nach Kriegsbeginn – in Anlehnung an Carl Schmitt – immer wieder öffentlich von einer nationalsozialistischen «Großraumordnung» schwadroniert, die das Ziel des Krieges sein müsse.[171] Danach konnte es in einem solchen Großraum wie dem «Dritten Reich» nur ein Herrschaftsvolk geben, nämlich das deutsche, und kein Völkerrecht. Widerstrebende Völker seien nicht «künstlich zu konservieren», sondern zu unvermeidbarer Mitwirkung zu bringen, indem man ihnen seinen Willen aufzwinge, ohne doch selbst zu regieren. Dieses Konzept sollte durch eine Aufsichtsverwaltung, das heißt eine übergeordnete Behörde des «Führungsvolkes», umgesetzt werden. Als Best nun Herr über das Königreich Dänemark wurde, sah er die Chance gekommen, seine Ideen auch politisch zu verwirklichen.

Man kann das von Best und Teilen der SS vertretene Programm einer europäischen Großraumordnung, die nur mit Hilfe der eroberten Völker zu regieren ist, durchaus als Gegenprogramm zum völkisch-antisemitischen Fanatismus Hitlers, Himmlers oder Heydrichs verstehen, der sich in Polen und den eroberten Gebieten der Sowjetunion Ausdruck verschaffte. Allerdings war darum ein Machttechniker wie Best nicht weniger Verbrecher und verfolgte mit seinem Konzept ebenfalls eine partielle Vernichtungsideologie.[172] Der Reichsbevollmächtigte Best kam am 5. November 1942 in Dänemark an, und sein «Erscheinen [...] wurde jedenfalls von den politisch Eingeweihten mit großen Befürchtungen begleitet», erinnerte sich Fritz Bauer an die Stimmungslage nach der Telegrammkrise. «Nach seinem Erscheinen wurde in eingeweihten Kreisen Dänemarks davon gesprochen, von dänischer Seite – wahrscheinlich seitens Bramsnæs – sei [...] mit ihm gesprochen worden. Er sei dabei erstaunlich zugänglich gewesen. Ich habe damals den Eindruck gewonnen, es sei den Dänen durch ihre politische Klugheit gelungen, Best irgendwie zu überzeugen. Best hat auch später die Sozialdemokratie und die Gewerkschaften respektiert.»[173] Hintergrund dieses Eindrucks war, dass die ersten Maßnahmen ganz im Stil der «Aufsichtsverwaltung» ausfielen: Die Dänen bildeten eine neue Regierung unter dem früheren Außenminister Erik Scavenius und unter Beteiligung der bisherigen Sammlungsparteien; am 23. März 1943 fanden sogar wie vorgesehen Reichstagswahlen statt, mit dem Ergebnis einer überwältigenden Mehrheit für die von den Sozialdemokraten angeführte Vier-Parteien-Koalition.[174] Es war Bests größter, allerdings nicht dauerhafter Erfolg.

Bests «Musterprotektorat» wurde gleich zu Beginn seines Amtsantritts bedenklich in Frage gestellt: Der seit dem Frühjahr 1943 zunehmende Widerstand, vor allem die sich häufenden kommunistischen Sabotagefälle und Aktionen englischer Agenten, verschärften die spürbar wachsende kollaborationsfeindliche Stimmung der Bevölkerung und stachelten die Auseinandersetzungen zwischen den deutschen Machtträgern in Dänemark an – zumal nach Ansicht der Militärführung eine alliierte Invasion drohte und die Landung der Engländer an der unzureichend gesicherten dänischen Westküste kurz bevorstand. Mit der Zahl der Sabotagefälle und Streiks gewann der drakonisch vorgehende Militärbefehlshaber Hanneken immer mehr an Gewicht. Der General widersetzte sich dem Reichsbevollmächtigten und dessen Kurs der sanften Gewalt, denn ihm schien es nicht genug, wenn man die dänische Regierung dazu aufrief, die Attentate zu verhindern und die entstehende Aufstandsgesinnung zu besänftigen.[175]

Im Mai 1943 wurde Best ein Polizeibataillon zur Verfügung gestellt, doch reichte diese «Exekutivmacht» nicht aus, als Ende Juli und im August – im Gefolge der Entmachtung Mussolinis und der Landung der Alliierten auf Sizilien – in Dänemark die Überzeugung wuchs, dass Deutschland den Krieg schon bald verlieren werde. Best musste erkennen, dass er die dänische Regierung, die selber die Kontrolle verloren hatte, nicht mehr beaufsichtigen oder steuern konnte. Das Ende seines Aufsichtsregimes und der versuchten Alternative zur reinen Gewaltherrschaft war in Sicht, als von deutscher Seite der dänischen Regierung ein unannehmbares Ultimatum gestellt wurde. Bests Rivale, Wehrmachtsgeneral Hanneken, hatte am 29. August den militärischen Ausnahmezustand ausgerufen. Das dänische Heer wurde entmachtet, ein Verbot von Streiks und Demonstrationen erlassen, der Telefonverkehr unterbrochen.[176]

Dass der enttäuschte Reichsbevollmächtigte in dieser Situation unerwartet rasch wieder ins Spiel kam, lag an der völligen Unfähigkeit des Generals. Nach dem bereits bekannten Muster machte Hitler seine Entscheidung rückgängig, Best wurde wieder federführend, ja sogar mit noch mehr Kompetenzen und dem Auftrag ausgestattet, eine neue Regierung zu schaffen – zu einer Militärherrschaft würde es nicht kommen.[177] In großer Eile wollte Best seine zurückgewonnene Machtposition sichern. Um genügend Druck auf die dänische Seite und die Bildung einer scheinparlamentarischen Regierung auszuüben, griff er deshalb selbst zur Politik der «harten Hand», forderte zwei weitere Polizeibataillone und 300 Beamte der Sicherheitspolizei an, ein Sondergericht sollte errichtet und die Geheime Staatspolizei ihm unterstellt werden.[178]

Bis zum Eintreffen seiner eigenen Exekutivtruppen setzte Best auf Zeit und führte scharfe Verordnungen gegen Streiks und Sabotage ein. Nachdem er antijüdische Maßnahmen vorher stets aus Rücksichtnahme und Angst vor Unruhen zurückgestellt hatte, löste er sie jetzt selber aus. Er richtete am 8. September 1943 ein Telegramm an Reichsaußenminister von Ribbentrop, in dem er diesen drängte, noch während des Ausnahmezustandes über die «Lösung der Judenfrage» in Dänemark zu entscheiden. Die etwa 6000 dort lebenden Juden mitsamt ihren Frauen und Kindern sollten «schlagartig» festgenommen und abtransportiert werden. Dafür brauche er die angeforderten Polizeikräfte und genügend Schiffe zum Abtransport.[179] Best setzte die Deportation der Juden aus reinem Zweckdenken in Gang: um die Dänen unter Druck zu setzen und die eigene Machtposition zu festigen. Schließlich war ihm klar geworden, dass mit einer verfassungsmäßigen Regierung seitens der Dänen nicht mehr gerechnet werden konnte, und Best hatte dies auch nach Berlin gemeldet. Dass diese eiskalte Instrumentalisierung der «Judenaktion» die Gewissheit voraussetzte, hierfür die nötige Zustimmung zu bekommen, leuchtet ein. Ulrich Herbert verkennt die zynische Berechnung Bests zum Teil, wenn er erklärt, dieser habe zwar als SS-Ideologe gewusst, dass die Juden vernichtet werden sollten, er habe die Juden aber nicht gehasst – eine Unterscheidung, die den antisemitischen Antrieb von NS-Machtstrategen wie Best oder auch Eichmann verkennt.[180]

Wenn Best sich dabei ein Doppelspiel ausdachte, nämlich einerseits die Judendeportationen zu veranlassen und andererseits über den langjährigen Schifffahrtssachverständigen bei der deutschen Gesandtschaft, Georg Ferdinand Duckwitz (1904–1973), die jüdische Gemeinde zu warnen, dann erscheint dies als zweitrangig, denn es änderte nichts an der Tatsache, dass er die «Endlösung» in Dänemark durch sein Telegramm initiierte. Ob er sich selbst reinwaschen oder ob er nach dem Scheitern seiner Verständigungspolitik gegenüber Berlin den harten Judenverfolger spielen wollte, bleibt unerheblich. Auf jeden Fall wusste er, dass damit die Vernichtungsmaschinerie unerbittlich anlaufen werde.[181] Sein Telegramm traf bei den zuständigen Dienststellen in Berlin sofort auf Zustimmung.[182] In Kopenhagen begann Best mit den Vorbereitungen noch am selben Tag, die Mitgliederverzeichnisse der jüdischen Gemeinde wurden von der Polizei beschlagnahmt.

Bereits am 11. September hatte Best den befreundeten Georg F. Duckwitz in seine Pläne eingeweiht, der entsetzt reagierte und die schwedische Regierung alarmierte sowie danach laufend den schwedischen Gesandten in Kopenhagen unterrichtete.[183] Doch weder Duckwitz noch Kanstein, noch der soeben erst angekommene neue Befehlshaber der Sicherheitspolizei und des Sicherheitsdienstes, SS-Obersturmbannführer Rudolf Mildner, der zuvor Gestapo-Chef in Kattowitz war, konnten daran etwas ändern. Alle Instanzen der deutschen Besatzungsmacht, auch die Wehrmacht, waren gegen die «Judenaktion», zum Teil, weil sie die Folgen voraussahen und ein Scheitern befürchteten, und auch, weil die bevorstehenden Maßnahmen längst in ganz Dänemark bekannt waren.[184] Best selber hatte ja zu den Gerüchten über eine bevorstehende antijüdische Aktion beigetragen, indem er die Mitgliederverzeichnisse der Gemeinde beschlagnahmen ließ.

«Die beabsichtigten antijüdischen Maßnahmen Ende September 1943 wurden erstmals im Zusammenhang mit der Beschlagnahme der Karteikarten der Mosaiske Troessamfund [Jüdischen Gemeinde, I. W.] erörtert», erinnerte sich auch Fritz Bauer. «Ich selber und eine Reihe anderer Emigranten hatten von den Liquidierungen in Polen usw. gehört. Es war schwer, selbst politische Menschen in Dänemark von diesen Gerüchten, Nachrichten usw. zu überzeugen. Sie wurden in aller Regel für schlechthin unwahrscheinlich gehalten. Offizielle Mitteilungen durch die Regierung, politische Parteien oder die Mosaiska Frosamfund über die bevorstehende ‹Endlösung der Judenfrage› sind nicht erfolgt. Es war lediglich gerüchteweise davon die Rede, was zuletzt eine Art Panik hervorrief.»[185] Tatsächlich widersetzte sich nur noch einer, als Berlin bezüglich der Deportationen nicht mehr umzustimmen war: Georg F. Duckwitz. Als er am 28. September von Best das Datum der «Judenaktion» erfuhr, gab er die Information an seine dänischen und schwedischen Freunde weiter, unter ihnen die sozialdemokratischen Politiker Hans Hedtoft und H. C. Hansen, die wiederum die jüdische Gemeinde informierten[186] – und zwar, wie Hedtoft später berichtete, bei einem Gottesdienst in der Synagoge am 29. September 1943.[187]

In der Nacht zum 2. Oktober schlug Mildner mit seinen Polizeieinheiten gegen die verschreckte Minderheit los – zum Glück für die Verfolgten nahezu ins Leere. In dieser Nacht konnten «nur» 202 Juden verhaftet werden, in den folgenden Tagen stieg die Zahl auf 481; sie wurden mit 150 Kommunisten aus dem Lager Horserød per Schiff nach Deutschland gebracht, die Juden ins KZ Theresienstadt.[188] Den anderen gelang rechtzeitig die Flucht, oder sie tauchten unter – das heißt, sie wurden von der Bevölkerung sowie eigens gebildeten Gruppen versteckt, so auch die Familien Bauer und Tiefenthal. Die israelische Historikerin Leni Yahil spricht von dieser «Stunde der Gnade» im Oktober 1943 in Worten der Dankbarkeit: Die dänische Rettungsaktion, geradezu eine «Legende», habe bei den verfolgten Juden «als Beweis für das Gute im Menschen [gewirkt], das durch die Greueltaten des Holocaust in tiefsten Zweifel gezogen war». In ihrem Buch erwähnt sie nicht nur «die gezielte Errettung von fast 8000 Menschen», sondern ausdrücklich auch «die 425 weiteren, die dank der Bemühungen der Dänen in Theresienstadt am Leben blieben und noch vor Kriegsende zurückgebracht wurden».[189]

Die Einzelheiten der dänischen Widerstands- und Rettungsaktion schildert Hermann Weiß: «Im Gegensatz zur offiziellen Zurückhaltung [der dänischen Verwaltungsspitze, I. W.] standen die Proteste dänischer Standesorganisationen, der Kirchen und Universitäten, des Obersten Gerichtshofes und der Polizei. Die Befehlshaber der dänischen Streitkräfte protestierten dagegen, daß diese quasi im Austausch gegen die Juden aus der Internierung entlassen werden sollten. [...] Ein bezeichnendes Beispiel dänischer Solidarität lieferten die Studenten der Universität Kopenhagen, die mit Streikandrohungen beim Senat durchsetzten, daß die Universität bis zum 10. Oktober geschlossen wurde, damit sie sich in großer Zahl an der Fluchthilfe für die Juden beteiligen konnten. [...] Aktive Hilfe bot aber vor allem die dänische Untergrundbewegung [...]. Viele Dänen betrachteten die Aufnahme geflüchteter Juden als eine Form des Widerstands gegen die Deutschen. [...] Den Dänen war es kurzzeitig sogar möglich, leerstehende Schulen und ähnliche geeignete Gebäude zu Quartieren für geflüchtete Juden umzufunktionieren. Über die zentrale Bettenvergabe der Kopenhagener Krankenhäuser wurden zahlreiche Juden auf die dortigen Hospitäler verteilt [...]», sogar die Fischer habe man in großer Zahl mobilisieren können. «Auf diese Weise gelang es, etwa 7900 gefährdete Personen nach Schweden überzusetzen, unter ihnen 686 nichtjüdische Partner von Mischehen.»[190]

Fritz Bauer und seine Familie gehörten zu den in dieser Stunde Geretteten. «Meine Familie floh Ende September 1943 oder anfangs Oktober 1943 von Rörvig nach Mölle. Das Fischerboot wurde von uns bezahlt. Der Preis betrug pro Kopf Dkr. 2000,–. Während der Überfahrt erschien im Kattegat in nahem Abstand ein größeres deutsches Schiff, das anhielt, aber zu unserem Staunen und zu unserer großen Erleichterung plötzlich kehrt machte», mit diesen wenigen Worten berichtete Fritz Bauer über die dramatische Flucht.[191] Er hatte einen Fischer ausfindig gemacht, der die Familie von Rörvig aus über die Meerenge nach Schweden ans rettende Ufer brachte.

Eine bedeutsame Hilfe, die Fritz Bauer in diesen Monaten erfuhr, kam von der gleichaltrigen Dänin Anna Maria Petersen, die er im Kreis der dänischen Sozialdemokraten kennengelernt und am 4. Juni 1943 in Kopenhagen geheiratet hatte.[192] Anna Maria bekam vor der Flucht noch zwei Nachrichten von ihrem Mann, mit dem sie nicht zusammenlebte, die erste am 27. September 1943: «Liebe Anna Maria, Vielen Dank für den Besuch gestern. Beigelegt die Karten [Lebensmittelkarten, I. W.] plus das Buch. Sonst gibt es nichts Neues. Ich hoffe, daß es gerade so gut geht, wie das Wetter schön ist. Viele Grüße Fritz.»[193] Am Tag zuvor hatten die beiden sich zum letzten Mal gesprochen und Anna Maria ihm noch den Schlüssel zu dem Kindergarten gegeben, den sie leitete. Für den Fall, dass er sich plötzlich verstecken müsse.[194] Den Abschiedsgruß, der optimistisch klingen sollte, schrieb Fritz Bauer am 1. Oktober 1943: «Liebe Anna Maria, Danke für Deinen Brief und alles andere. Lis [Elisabeth Jørgensen, I. W.] wird Dir von mir erzählen. Du wirst schon noch von mir hören, alles Gute, Fritz.»[195] Das nächste Mal hörte sie von ihm erst wieder aus Schweden, seinem zweiten Exilland, wiedersehen sollte sie ihn jedoch erst wieder nach Kriegsende.

«Wäre es eine Sommerfrische – großartig!»
Emigrant in Schweden 1943–1945

Es war die Nacht auf den 13. Oktober 1943, als der Fischkutter mit den deutschen Flüchtlingen das schwedische Ufer ansteuerte, an Bord Fritz Bauer mit seinen Eltern, dabei seine Schwester Margot mit ihrer Familie, den beiden Kindern Peter und Rolf sowie ihrem Mann Walter.[1] Viel Gepäck konnten sie nicht mitnehmen, nachdem sie, zum zweiten Mal auf der Flucht vor den Nazis, ihre Wohnung aufgelöst und in aller Eile einen alten Lederkoffer mit ein paar Habseligkeiten gepackt sowie den kleinen Kanarienvogel ihrer Kinder bei Margarete Raloff abgegeben hatten – «bis nach dem Krieg...».[2] Einige Tage hatten sie in großer Angst und Nervosität in einem Versteck verbracht: im Keller einer unbekannten dänischen Familie in Rörvig an der Küste. Schreckliche, alptraumhafte Tage des Wartens und der Ungewissheit, erinnerte sich später der damals dreizehnjährige Rolf Tiefenthal, einer der beiden Neffen Fritz Bauers.[3] Doch dann war es endlich so weit, und sie schlichen mit dem wenigen, was sie an Gepäck tragen konnten, am Ufer entlang bis zu dem kleinen Motorboot, mit dem ein dänischer Fischer sie nach Schweden übersetzte.

In dieser Nacht waren, wie auch an den Tagen vorher, noch zahlreiche andere Boote nach Schweden unterwegs, was das Risiko erhöhte. Äußerste Vorsicht war geboten, und einige Male stellte ihr Kapitän den Motor ab, um angestrengt in die Dunkelheit hinauszuhorchen, ob nicht das Geräusch eines fremden und vermutlich feindlichen Schiffes zu hören war. Als sie endlich die schwedische Küste erreichten, stellte sich heraus, dass sie nicht wie geplant im Hafen von Laholm, sondern in dem Badeort Mölle gelandet waren. Es war drei Uhr morgens, und ihr dänischer Retter, den sie vor der Abfahrt entlohnt hatten, machte sich sofort auf den Rückweg. Währenddessen suchten die sieben Flüchtlinge erschöpft nach einer momentanen Bleibe und fanden dafür einen Unterstand an der Uferstraße, wo sie sich für ein paar Stunden ausruhen konnten.[4]

Wie würde es in ihrem neuen Exilland weitergehen: Wer würde sich dort um die Flüchtlinge kümmern, wie konnten sie sich versorgen, wo unterkommen? Sie hatten ja auch jetzt wieder fast alles zurückgelassen. Ella und Ludwig Bauer waren mittlerweile nicht mehr die Jüngsten, sie 62 und er 72 Jahre alt. Es war also ausgeschlossen, noch einmal an einen Beruf, einen irgendwie gearteten Neuanfang zu denken. Und Fritz Bauer selbst, der gerade vierzig geworden war, wusste noch aus seinen ersten Jahren in Dänemark, dass ein deutscher Jurist nicht gerade gute Zukunftsaussichten in der Emigration hatte, auch nicht im politisch neutralen Schweden.[5]

Das neue Asylland war damals, so konnte man meinen, das einzige sichere Exil für Verfolgte in dem von den Nationalsozialisten besetzten Europa, die einzige Zufluchtsstätte, wo politisch Oppositionelle und jüdische Flüchtlinge noch Rettung finden konnten. Österreich, die Tschechoslowakei, Ungarn kamen schon vor dem Krieg nicht mehr in Frage, und seit 1940 waren auch Dänemark, Norwegen, Holland, Belgien, Frankreich und Rumänien in deutscher Hand. Die Schweiz wollte praktisch niemand hereinlassen; in Spanien und Portugal, deren Regierungen freundschaftliche Beziehungen zum NS-Regime pflegten, wurde man «zugelassen», allerdings möglichst schnell weitergeschickt. In der Sowjetunion fanden fast nur Kommunisten eine Zuflucht, die dann aber oftmals für diese zu einem Zwangsaufenthalt wurde. Schweden schien also das einzige Land, das Tausende von flüchtigen Ausländern, Emigranten aufnehmen konnte: deutsche, österreichische, ungarische, polnische, dänische, norwegische, finnische. Nur gegenüber Kommunisten blieb man reserviert in dieser «Heimstatt hoch im Norden».[6] Dennoch war Schweden alles andere als ein «Emigrantenparadies», vor allem nicht für Juden und Kommunisten.[7]

Auch Schweden praktizierte in den dreißiger Jahren eine restriktive, gegen die jüdische Immigration gerichtete Ausländerpolitik. Deutsche Juden galten selbst nach den «Nürnberger Gesetzen» weiterhin als Wirtschaftsflüchtlinge und nicht als politisch Verfolgte.[8] Im Sommer 1938, als die internationale Flüchtlingskonferenz in Évian am Genfer See zusammentrat, wehrte auch Schweden ab und argumentierte wie alle anderen Staaten mit den eigenen Arbeitslosen. Zudem fürchteten die Schweden, den Antisemitismus zu importieren, wenn sie Tausende von mittellosen Juden ins Land ließen.[9] Die rein bürokratische Behandlung der jüdischen

Flüchtlinge war beschämend.¹⁰ Schweden wollte nicht, so hieß es in einer Erklärung des für Flüchtlingsfragen zuständigen Sozialministers, «das Tor werden, durch das Deutschlands Nichtarier den Weg nach draußen suchten».¹¹

Der eigene Antisemitismus und der Einfluss nationalsozialistischer Propaganda verbanden sich mit der Furcht vor Arbeitslosigkeit und der Konkurrenz der Einwanderer zu einem fremdenfeindlichen Klima.¹² Diese Stimmung änderte sich nur allmählich. Den Ausschlag für den langsamen Umschwung gaben die «Reichskristallnacht» am 9. November 1938, die Besetzung Dänemarks und Norwegens 1940, vor allem aber der seit 1942/43 verfolgte Plan der Deutschen, auch dort die «Endlösung der Judenfrage» in Gang zu setzen. Erst jetzt öffnete Schweden endlich seine Grenzen und gewann unter den damaligen Aufnahmeländern, für politische wie jüdische Flüchtlinge, eine gewisse Sonderstellung.¹³

Dabei bot selbst Schwedens politische Neutralität durchaus keinen zuverlässigen Schutz für die Flüchtlinge. Wie Dänemark profitierte Schweden von seinen Agrarexporten nach Deutschland, zudem musste es nicht zuletzt wegen seiner Bodenschätze fürchten, ebenfalls von Deutschland überfallen zu werden, und verfolgte daher einen eher deutschfreundlichen Kurs. So ermöglichte Schweden es der deutschen Wehrmacht zu Beginn des Ostfeldzuges, eine ganze Infanteriedivision durch das Land hindurch an die finnische Front zu schleusen.¹⁴ Zur deutschfreundlichen Gesinnung trat hier noch eine traditionell antirussische Haltung hinzu.¹⁵ Mittlerweile kann als gesichert gelten, dass die Sozialdemokratische Partei und ihr Vorsitzender Per Albin Hansson, Chef einer Sammlungsregierung, damals den deutschen Absichten nachgaben, weil andernfalls die Koalition auseinandergebrochen wäre. Ohne zu zögern entschieden sich die bürgerlichen Parteien für die Unterstützung des «Dritten Reiches».¹⁶

Kommunistische und linkssozialistische Emigranten hatten es vor diesem Hintergrund in den ersten Kriegsjahren nicht leicht in Schweden. Sie wurden ab 1940 in Internierungs-, Auffang- und Arbeitslager gesperrt sowie zu mühseligen Wald- oder Holzarbeiten verpflichtet. Die politische Arbeit kam fast völlig zum Erliegen, und erst nach der Kriegswende in Stalingrad (Winter 1942/43) wurde die Presse- und Redefreiheit wieder eingeführt.¹⁷ Die schwedische Ausländergesetzgebung bis 1942 traf die Kommunisten und Sozialdemokraten besonders hart und versperrte Tausenden jüdischen Flüchtlingen die Einreise. Vergleichbar der Situation in

Dänemark führte das Zurückweichen vor dem Druck des NS-Regimes zu einer bedrückenden Rechtsunsicherheit.[18]

In den Erinnerungen von Karl Raloff – einem Freund Fritz Bauers – kann man nachlesen, wie es einem politischen Flüchtling erging, der 1940 über Nacht Dänemark verlassen und in Schweden Zuflucht suchen musste:

«*[…] wir froren sehr. Aber es ging alles gut. Prien steuerte direkt auf die schwedische Insel Hwen zu, und in deren Schutz fuhren wir an der schwedischen Küste entlang nach dem Hafen Rå, einige Kilometer von Hälsingborg, den wir gegen Mittag erreichten. Dort stand ein Soldat auf Wache […], der sofort nach Hälsingborg telefonierte, als er hörte, wer wir waren. Von dort kam ein freundlicher Oberstleutnant und brachte uns in einem Militär-PKW ins Rathaus zur Polizei. […] Nach 5 Tagen brachte ein freundlicher Polizeibeamter uns zu einem reservierten Eisenbahnwagen, zum Bahnhof. Darin saßen bereits dänische Soldaten, die nach Schweden geflüchtet waren, um zu kämpfen. Er brachte uns nach Loka, einer kleinen Station in der Provinz Dalarna in Mittelschweden, nördlich des Vänern-Sees. Einige Kilometer davon lag das ‹Königliche Bad Loka-Brunn›, ein alter Badeort […]. Jetzt war er zu einem Flüchtlingslager verwandelt worden, einem komfortablen Flüchtlingslager, muß man sagen. […] Schwedisch war aber auch der exakte Bürokratismus, den ich jetzt und in den nächsten Jahren kennenlernen sollte. In Loka-Brunn waren etwa 200 politische Flüchtlinge interniert, die teils aus Dänemark, zum größten Teil aber aus Norwegen gekommen waren; Österreicher, Sudetendeutsche, Tschechen und Deutsche, Frauen und Kinder. Davon waren etwa 150 Sozialdemokraten und 50 Kommunisten […]. Max Seydewitz*[19] *– den ich aus dem Reichstag kannte – und seine Frau waren meine Stubennachbarn. Ganz Loka-Brunn war mit einem soliden Stacheldraht umgeben, an dem bajonettbewaffnete Landsturmsoldaten patrouillierten. […] Dazu kam noch die gespannte und unsichere außenpolitische Situation. Man rechnete immer noch mit der Möglichkeit, daß Hitler den Versuch machen würde, auch Schweden anzugreifen […]. Eines Tages, im Juli 1940, öffneten sich für uns die Lagerpforten. Wir durften den Stacheldraht hinter uns lassen und waren ‹frei›. Man gab jedem eine Fahrkarte nach einem Ort, der Kinna hieß und in Västergötland liegt.*»[20]

Auch wenn Raloff lieber in Stockholm untergekommen wäre und anfänglich manchen Ärger durch die schwedische Immigrationspolitik bekam, fühlte er sich am Ende in Schweden aufgenommen. Die Restriktionen gegen die Flüchtlinge sollten indessen im Januar 1945 noch ein politisches Nachspiel haben: In einer Reichstagsdebatte stellte Sozialminister Gustav Möller, der in der Zeit des Nationalsozialismus für die Flüchtlinge und die Polizei zuständig war, die durchaus selbstkritische Frage, ob denn Schwedens Flüchtlingspolitik – die «restriktive Visapolitik» in den dreißiger Jahren, die zeitweiligen Zwangsmaßnahmen während des Krieges – nicht doch als «inhuman» zu bezeichnen wäre? Dabei gab er «sehr ernste Fehlgriffe» zu und sprach von der geringen Neigung seiner Landsleute, verfolgte Juden aufzunehmen. Ebenso kritisierte er die verfehlte Politik Schwedens gegenüber kommunistischen Flüchtlingen.[21]

Ein Beispiel dafür ist Herbert Wehner (1906–1990). Was der deutsche Kommunist in Schweden erlebte, widerfuhr auch zahlreichen anderen KPD-Genossen.[22] Wehner wurde im Februar 1941 aus Moskau nach Stockholm geschickt, um über die dortige KPD-Abschnittsleitung Nord ein neues, illegales Parteizentrum in Berlin aufzubauen. Ein Jahr nach seiner Ankunft verhaftete ihn die schwedische Geheimpolizei, er wurde mehrfach verurteilt und in Gefängnisse und Lager gesperrt.[23] Erst allmählich, als der Krieg gegen Nazi-Deutschland sich aussichtsreicher entwickelte, machte auch die weiterhin von dem Sozialdemokraten Hansson geführte Koalitionsregierung Konzessionen: Die Emigranten durften sich freier bewegen, politisch aktiv werden. Selbst die Kommunisten unter ihnen durften in der Öffentlichkeit ihre antinazistische Auffassung propagieren, Pläne für eine antifaschistische Nachkriegspolitik entwerfen und dafür um schwedische Unterstützung werben.

Fritz Bauer erreichte das rettende Ufer zu einem Zeitpunkt, als sich in Schweden bereits die Politik zugunsten der Flüchtlinge gewendet hatte. Innerhalb weniger Tage kamen im Spätherbst 1943 etwa 6000 bis 7000 jüdische Flüchtlinge aus Dänemark an, darunter 300 deutsche Juden.[24] Ihre Rettung vor der Deportation verdankten sie einer groß angelegten Aktion, die von dänischen, deutschen und schwedischen Diplomaten vorbereitet worden war. So wurde Georg Ferdinand Duckwitz, der Schiffahrtsexperte der deutschen Gesandtschaft in Kopenhagen, unmittelbar nachdem er von den Deportationsplänen erfuhr, bei der schwedischen Regierung aktiv. Am 21. September flog er nach Stockholm. Tags darauf teilte ihm der schwedische Ministerpräsident Hansson mit, dass Schweden in Berlin vorstellig und die Bereitschaft zur Aufnahme der dänischen Juden erklären werde, wenn die «Judenaktion» tatsächlich stattfinde.[25]

Am 29. September erfuhr man in Stockholm das Datum der geplanten «Aktion» und handelte danach. Der dänische Atomphysiker Niels Bohr (1885–1962) erreichte sogar noch, den schwedischen König einzuschalten. Und so kam es, dass sogar im Rundfunk über die deutschen Absichten berichtet wurde. Auf diese Weise erfuhren die Verfolgten von dem Angebot Schwedens und entschlossen sich nicht zuletzt deshalb massenweise zur Flucht.[26]

Von Fritz Bauer gibt es über die Flucht und die erste Zeit in Schweden keinen ausführlichen Bericht, einige Details lassen sich aber aus Briefen und Dokumenten rekonstruieren. Die jüdischen Flüchtlinge wurden nach ihrer Ankunft aus Dänemark zunächst in Auffanglagern untergebracht; vielfach stellte man Gemeinschaftsunterkünfte bereit, wobei die äußeren Umstände der Organisation sehr unterschiedlich ausfielen. Die Betreuung der politischen Emigranten war inzwischen von der schwedischen Sozialdemokratischen Arbeiterpartei und dem Gewerkschaftsbund zu einer regelrechten Organisation entwickelt worden, der «Arbetarrörelsens flyktingshjälp» (Flüchtlingshilfe der Arbeiterbewegung) mit Sitz in Stockholm. Wer Unterstützung brauchte, musste von ihr anerkannt werden, was wiederum voraussetzte, dass er Mitglied einer sozialdemokratischen Partei war oder einer Gewerkschaftsorganisation angehörte. Die Unterstützung entsprach in etwa der Arbeitslosenhilfe, war also nicht sehr hoch; für einen Junggesellen 15 Kronen wöchentlich und 30 Kronen Mietzuschuss im Monat.[27] Ebenfalls seit 1933 gab es ein Hilfskomitee der jüdischen Gemeinde («Mosaiska församlingens hjälpkommitté»), das beachtliche Hilfeleistungen aufbrachte, jetzt aber von der großen Zahl der Immigranten finanziell überfordert war.[28]

Fritz Gelbart, ein Sozialdemokrat jüdischer Herkunft, der in Dänemark mit Fritz Bauer im Lager Horserød inhaftiert war,[29] wurde in Schweden zunächst im Lager Tylösand untergebracht und von da mit 55 weiteren jüdischen Flüchtlingen ins «Grand Hotell» nach Mölle verlegt, ebendahin, wo Fritz Bauer mit seiner Familie untergekommen war.[30] Von Gelbart wissen wir auch, dass die Lage in Mölle, jedenfalls anfangs, im Vergleich zu anderen Lagern nicht ungünstig war. Er sei «sehr zufrieden», stellte der Flüchtling fest, auch wenn «nicht alles so gut organisiert wie in Tylösand ist, was z. B. Geld, Kleidung, Rationierungskarten etc. angeht». Aber sonst war es durchaus erfreulich: «Wir frieren nicht mehr, hier ist Zentralwärme, und das Essen ist auch bedeutend besser verteilt.» Nur mit der Arbeit sah es schlecht aus, Holzhackerarbeit war zu bekommen, sonst nichts, und ohne Pass könne er sich auch gar nicht aus Mölle «wegrühren».[31]

Zumal wenn er an seine Eltern dachte, konnte Fritz Bauer einigermaßen froh sein, dass sie in Mölle gestrandet waren, einem «der schönsten südschwedischen Orte», wie sich brieflich der in Stockholm lebende SPD-Genosse Kurt Heinig zur Begrüßung ausdrückte, nämlich einem Badeort und viel besuchten Urlaubsziel am Kattegat.[32] Fritz Bauers Schwester Margot Tiefenthal reiste mit ihrer Familie von Mölle aus weiter zu Verwandten nach Göteborg, wo sie den Winter außerhalb der Stadt in einem Sommerhaus verbrachten und dann im Frühjahr 1944 in eine eigene Wohnung umziehen konnten. Ella und Ludwig Bauer hingegen mussten mit dem Flüchtlingsheim Björboholm in der Nähe von Göteborg vorliebnehmen, lebten aber auf diese Weise wenigstens in der Nähe ihrer Tochter.[33]

Fritz Bauer hatte zunächst dreierlei im Sinn: einen neuen Fremdenpass besorgen, dann den Kontakt zu den Genossen wiederherstellen, aber in erster Linie musste er Arbeit finden – möglichst in der Hauptstadt. Zehn Tage nach der Ankunft stellte er den Antrag bei der Königlichen Sozialbehörde («Kungliga Socialstyrelsen»), am 24. Oktober nahm der Statskriminalkonstapel Thörner Karlsson hierfür die Personalien auf und protokollierte zum x-ten Mal: Nationalität: staatenlos, mitgebrachtes Geld: 170 Kronen, Guthaben in Schweden: keines, gültiger Pass: keinen, Grund der Flucht: Judenverfolgung.[34]

Kurt Heinig, an den Fritz Bauer sich um Hilfe wandte, war 1940 aus Dänemark nach Schweden geflohen, wo der Finanzfachmann zahlreiche wirtschaftswissenschaftliche Werke veröffentlichte.[35] Im März 1943 wurde Heinig zum Landesvertreter des in London sitzenden Parteivorstands der SPD ernannt und bemühte sich seitdem, was Bauer zu dem Zeitpunkt noch nicht ahnen konnte, die gesamte sozialdemokratische Emigration in Schweden autoritär auf seine Linie zu bringen.[36] Gegenüber dem Londoner Exilvorstand, damals unter Vorsitz von Erich Ollenhauer (1901–1963) und Hans Vogel (1881–1945), spielte er nicht selten ein Doppelspiel. Doch seine Absage an jegliche Zusammenarbeit mit der KPD und mit bürgerlichen Gruppen isolierte ihn am Ende sogar von der Mehrheit der sozialdemokratischen Emigration sowie der Landesgruppe des Allgemeinen Deutschen Gewerkschaftsbundes (ADGB). Im politischen Streit vergriff er sich nicht selten in der Wortwahl. An seinen wohl einzigen Freund in Schweden, Hans Reinowski (1900–1977),[37] schrieb er über den Genossen Fritz Tarnow, dem er die Zusammenarbeit mit der KPD verübelte, dass er ihn wie eine politische Wanze betrachte.[38] Eifrig bemüht nahm Heinig, der bis 1933 in der sozialdemokratischen Fraktion des Reichstags für Budget- und Wirtschaftsfragen zuständig war, sich im Exil der Beitragskasse der Exilorganisation an und begrüßte die Neuankommenden schon im ersten Brief mit der Anfrage, ab wann mit regelmäßiger Überweisung zu rechnen sei. Wahrlich «nicht die richtige Art der Begrüßung» – fand Fritz Tarnow in Stockholm, der seit 1942 die ADGB-Landesgruppe anführte. An Raloff in Kinna schrieb er, Fritz Bauer sei auf Heinig nicht gut zu sprechen, denn statt Hilfe habe er von ihm nur zur Antwort bekommen, dass es «hier eine Organisation der SoPaDe gebe, der er als Mitglied beitreten könne», der Monatsbeitrag betrage 40 Öre.[39] Mit seiner Antwort bemühte sich Fritz Bauer dennoch, Heinig milder zu stimmen:

«Lieber Kurt Heinig,
wie Sie konstatieren, sitze nunmehr auch ich hier. Ich muß ehrlich gestehen, dass ich nicht mehr mit dieser Möglichkeit gerechnet hatte, auch sonst kaum jemand in Dänemark. Ich hatte mir vorgestellt, Sie einmal wieder in Deutschland zu treffen.
Ich habe mich gestern mit dem Flyktingskommitté in Stockholm in Verbindung gesetzt. Wahrscheinlich werden Sie bereits davon gehört haben. Nachdem ich nunmehr Ihre Adresse aufgespürt habe, erhalten auch Sie einen privaten Brief.
Ich bin hier zusammen mit meinen Eltern (und einigen hundert anderen dazu). Es wäre hier – wäre es eine Sommerfrische – großartig! Hier: Möllens schönster Platz u. bestes Hotel. Sie werden aber verstehen, dass ich nicht viel Wert auf eine verspätete Sommerfrische lege. Geld habe ich keines mehr. Die Überreise ging so schnell, dass ich nur gerade noch die erforderlichen Moneten für das Fischerboot zusammenbringen konnte.
Ich nehme an, dass Sie mit bekannter Herzlichkeit u. Kameradschaft raten und helfen können. Ich weiß nicht, ob die schwedische Hilfsbereitschaft u. der nordische Gemeinschaftssinn auch für uns Staatenlose gilt, so dass wir mit gewissen Erleichterungen rechnen können. Am liebsten möchte ich natürlich eine geeignete Arbeit finden. Anspruchsvoll bin ich nicht. Natürlich möchte ich auch am liebsten in eine größere Stadt, wo es

einige Anregungen gibt, z. B. Stockholm, wo Sie sitzen! Über alle diese Dinge wissen Sie am besten Bescheid, u. ich wäre Ihnen sehr dankbar, wenn Sie mit Rat u. Tat meine Dinge stützen würden.

Von Ihnen selbst habe ich seit langem nicht viel gehört; ich habe aber die schwedische Ausgabe Ihres nationalökonomischen Buches in den Händen gehabt. Es wäre schön, wenn ich Sie bald einmal sprechen könnte.

Mit herzlichen Grüßen Fritz Bauer»[40]

Heinig kannte offenbar Bauers politische Einstellung nicht und hatte ihn noch nicht unter seinen «Feinden» einsortiert, jedenfalls gab er bereitwillig Auskunft: über die generelle Vorschrift, dass alle Flüchtlinge tunlichst in den ihnen zugewiesenen Quartieren bleiben sollten; dass sie sich politischer Aktivität zu enthalten hätten; dass die finanzielle Lage stets prekär war, dass man von der schwedischen Unterstützung nicht leben konnte und die Immigranten aus den nordischen Ländern bevorzugt wurden, beispielsweise die Dänen keine Arbeitserlaubnis beantragen mussten; dass zunächst vor allem eine «Nebenbeschäftigung» dringend vonnöten sei, wobei es jedoch – vor allem für Intellektuelle – große Schwierigkeiten mache, in der Provinz geeignete Arbeit zu bekommen. So könne er nur antworten: «Der einfachste Weg […] ist natürlich, irgendwelche körperliche Arbeit anzunehmen.» Dadurch komme man aus der Flüchtlingshilfe heraus und gewinne an Freiheit. Aber geistige Arbeit? «Möglich ist vielleicht, Ihr dänisches Buch über das Geld hier anzubieten? Vielleicht bei meinem Verlag: ‹Natur und Kultur›.» Jedenfalls meinte Heinig, dass Bauer nicht versuchen solle, gleich nach Stockholm zu gelangen. Besser gehe es bestimmt, wenn er eine Kleinstadt als «Zwischenstation» ansteure.[41]

Fritz Bauer wusste indes ziemlich genau, was er konnte und wollte, welche Art Arbeit er ansteuern musste. In seinen dänischen und jetzt auch den schwedischen Papieren stand zwar «Großhändler» und Jurist als Beruf, zum Glück aber hatte er auch Staats- und vor allem Wirtschaftswissenschaften studiert; und mit diesen Qualifikationen kam er, wie sich bereits in Kopenhagen gezeigt hatte, durchaus weiter voran. Warum also diesen Versuch nicht auch in Schweden wagen? Was er jetzt brauchte, waren Kontakte zu Instituten oder zu Professoren, Unterstützung für ein bereits geplantes Projekt. Da kam der Hinweis von Heinig gerade recht, dass der schwedische Staat Wissenschaftler aus Dänemark förderte, die unter Aufsicht eines schwedischen Professors ihre Arbeiten fortsetzen wollten. Heinig riet Bauer, den Antrag zu stellen, und sagte ihm die Unterstützung des Flüchtlingskomitees zu. Er meinte, dass Bauer einen Zuschuss von 300 Kronen monatlich erwarten könne.[42]

Noch im November 1943, vier Wochen nach seiner Ankunft, wurde Bauer bei einem Dr. Nordström, dem Leiter der «Arbetsmarknadskommissionen» in Stockholm, vorstellig und legte den Antrag auf ein Stipendium zur Fertigstellung und Publikation eines sozialökonomischen Werkes vor – unter anderem auch des Buches, auf das Heinig in seinem Brief angespielt hatte. An Heinig schrieb er, er wolle das Manuskript über die dänischen Nachkriegsverhältnisse überarbeiten und die Lücken füllen, die durch drei Jahre Zensur in Dänemark entstanden waren. Es ging ihm also nicht allein um eine Neubearbeitung seines Buches über das Geld, das gleichfalls demnächst in Heinigs Verlag in schwedischer Übersetzung erscheinen sollte.[43] Nicht zuletzt wollte er sich damit eine Grundlage für sein Leben in Dänemark nach dem Krieg schaffen. Dies plante er allerdings nur für den Fall, dass er nicht wieder nach Deutschland zurückgehen würde, wovor ihm zwar menschlich graue, wozu er aber aus politischen Gründen durchaus bereit sei.[44]

Fritz Bauer fühlte sich Dänemark in besonderem Maße verpflichtet und hatte sich in Kopenhagen wohl gefühlt, so dass er sich dort auch seine Zukunft vorstellen konnte. Auch wollte er persönlich mithelfen, die Nachkriegsprobleme zu lösen, vor allem durch seine wirtschaftswissenschaftlichen Studien, die er unter deutscher Besatzung in Kopenhagen nur unvollständig ausarbeiten, nun aber in Schweden, wo keine Zensur herrschte, vervollständigen konnte. Zum Glück hatte er jetzt diese Arbeit vor sich, denn sie lieferte ihm den Grund, warum er alsbald in eine Universitätsstadt umziehen musste. An eine anderweitige Beschäftigung war auch gar nicht zu denken. So hatte Heinig am 4. November Bauer brieflich mitgeteilt, dass zum Beispiel die Volkshochschulen, an denen Fritz Bauer hätte dozieren können, überlaufen seien. Pessimistisch war Heinig auch in Bezug auf die Möglichkeit, journalistisch zu arbeiten, denn bei den Zeitungen und Zeitschriften herrsche mittlerweile ein Überangebot von Emigranten.[45]

All die ungelösten Probleme hinderten Kurt Heinig derweil nicht daran, Fritz Bauer auf den fälligen Mitgliedsbeitrag für die Parteiorganisation anzusprechen. Ob er denn in Kopenhagen noch bis zum 1. April 1940 bezahlt habe, wollte er wissen und erwähnte noch, wer den Mitgliedsbeitrag bezahle, bekomme die Partei-Nachrichten schon für «jährlich 3.00 Kronen».[46] Die in Schweden erscheinende Publikation war eigentlich nur ein Blättchen mit dem Titel *Information*, herausgegeben vom «Vertreter des PV der SPD», wie es ausdrücklich in der Kopfleiste unter Heinigs Namen hieß. Seit April 1943 erschien sie monatlich als Schreibmaschinenvervielfältigung, ab August im Folioformat und meist im Umfang von jeweils zwölf bis 16 Seiten.

Die bescheidenen Auflagenzahlen, aber auch die magere inhaltliche Qualität der *Information* konnten sich indes kaum mit der kommunistischen Konkurrenz im schwedischen Exil, der Zeitschrift *Politische Information*, messen. Ihr Chefredakteur und Leitartikler, Erich Glückauf (1903–1977), ehemals Sekretär der KPD-Fraktion im Reichstag, war auch in linkssozialistischen Emigrantenkreisen wohlbekannt. Er schaffte es, die Zeitschrift in einer Auflage von 1200 bis 1500 Exemplaren mit jeweils bis zu 20 Druckseiten vierzehntägig für nur 25 Öre herauszubringen. Die *Politische Information* war also durchaus über den Kreis der deutschen Kommunisten hinaus, von denen es in Schweden bei Kriegsende etwa 120 gab, bekannt.[47] Erstmals 1943 erschienen, galt die Zeitschrift als die wichtigste Exilpublikation in Schweden. Sie betrachtete sich selbst als ein «Spiegelbild des ‹anderen Deutschland›» (Nr. 5/1943) und öffnete ihre Spalten nichtkommunistischen Autoren.

Bauer folgte dem Ratschlag Heinigs und schrieb einen Brief an die staatliche «Arbetsmarknadskommissionen» über seine bisherigen nationalökonomischen Studien, seine veröffentlichten und zum Teil zensierten Publikationen in Dänemark und das ebenso wissenschaftliche wie populärwissenschaftliche Buch *Penge* (*Geld*). Er informierte die Kommission, dass er eine bereits begonnene Arbeit über die dänische Nachkriegsökonomie fortsetzen und erweitern wolle. Als Professoren, die seine Arbeit begutachten konnten, nannte er den Nationalökonomen, Soziologen und Politiker Gunnar Myrdal (1898–1987) – der sich allerdings gerade in den USA aufhielt – sowie den Wirtschaftswissenschaftler Bertil Gotthard Ohlin (1899–1979), der 1944/45 Handelsminister in der Koalitionsregierung Hanssons und lange Zeit Vorsitzender der liberalen Volkspartei war.[48]

Nachdem die Flüchtlingshilfe zunächst am 3. November mitgeteilt hatte, vorläufig keine weiteren Flüchtlinge zu übernehmen, stellte sie Fritz

Bauer am 16. November 1943 dann doch eine Unterstützung in Aussicht.⁴⁹ Bereits zehn Tage später wurde er als Stipendiat bei dem Staatswissenschaftler Professor Herbert Tingsten (1896–1973), der sich wie Gunnar Myrdal für eine großzügigere schwedische Flüchtlingspolitik einsetzte, am Sozialwissenschaftlichen Institut, wo auch Heinig arbeitete, angenommen. So war es ihm in kurzer Zeit gelungen, durch eine Anstellung seine weiteren Arbeiten zu finanzieren. Am 27. November bat er bei der Königlichen Sozialbehörde, ihm eine Aufenthaltsgenehmigung und Arbeitserlaubnis zu erteilen; drei Tage später hatte er schon eine neue Bleibe gefunden: «Storgatan 16 II, c/o Eriksson».⁵⁰ Nun verfügte Bauer über ein Monatseinkommen von 325 Kronen und musste nichts anderes tun, als sich wissenschaftlich betätigen. Fritz Tarnow lobte das als «eine sehr anständige Hilfsaktion».⁵¹ Zugleich sorgte er sich darüber, wie Bauer politisch einzuordnen sei. «Er kann», so schrieb Tarnow an seinen Freund Karl Raloff, «sehr realpolitisch schreiben, aber auch etwas verwirrt radikal-revolutionär reden. […] ich muss erst noch abwarten, wie sich F. B. hier weiter machen wird.»⁵²

Fritz Bauer war, das ist demselben Schreiben zu entnehmen, bereits mit Henry Grünbaum, der auch aus Dänemark fliehen musste, «als dänischer Experte» in den «Internationalen Wirtschaftspolitischen Arbeitskreis» eingetreten, der von der «Landesgruppe Schweden der Auslandsvertretung deutscher Gewerkschaften» im Sommer 1943 gebildet worden war.⁵³ In der Hauptstadt angekommen, nahm er alsbald Kontakt zu den zahlreichen namhaften Mitstreitern und Parteikameraden auf, die längst dabei waren, Pläne für Nachkriegsdeutschland zu entwickeln, denn Hitlers Krieg – darin waren sich alle einig – war an der Jahreswende 1943/44 längst verloren. In Stockholm lebte zu dieser Zeit eine ansehnliche Zahl prominenter Sozialdemokraten. Kurt Heinig bezifferte sie 1944 auf rund 120, im ganzen Land auf 250, darunter viele Aktivisten, die in den ersten Jahren des NS-Regimes gerade noch rechtzeitig der KZ-Haft in Deutschland entkommen waren.⁵⁴

Sie alle brannten darauf, am politischen und ökonomischen Wiederaufbau eines neuen Deutschland mitzuplanen, für das sie seit Jahren gekämpft und sich dabei, wie es zu jeder Exilgeschichte gehört, heftig untereinander zerstritten hatten.⁵⁵ Neben dem Chef der schwedischen Exil-SPD Kurt Heinig, Karl Raloff und dem Gewerkschaftsführer Fritz Tarnow traf Fritz Bauer dort den Hamburger Literaturwissenschaftler

Walter A. Berendsohn (1884–1984), der in seinem sechzigsten Lebensjahr in einem lecken Ruderboot über den Öresund fliehen musste und dann zwanzig Jahre in Schweden als «Archivarbeiter» tätig war[56]; daneben linke Journalisten wie Paul Bromme (1906–1975) oder Otto Friedländer (1897–1954) oder den späteren österreichischen Bundeskanzler Bruno Kreisky (1911–1990), Mitbegründer der «Revolutionären Sozialistischen Jugend» in Wien, der 1938 flüchtete und Mitglied im «Kreis österreichischer Sozialisten» in Schweden war, auch den Ungarn Dr. Stefan Szende (1901–1985), Mitglied der SAP, der 1937 aus Prag nach Schweden kam, sich als Journalist und Schriftsteller engagierte und einer der wichtigsten Mitstreiter Willy Brandts wurde, mit dem er 1944 wieder der SoPaDe beitrat.[57]

Weiter links traf Fritz Bauer auf die früheren SAP-Mitglieder August und Irmgard Enderle (1887–1959 und 1895–1985) aus Bremen beziehungsweise Frankfurt am Main, die in der internationalen Gewerkschaftsbewegung einen Namen hatten und 1944 der SoPaDe beitraten; auf Hans Mugrauer (1899–1975), einen Bergarbeiter und Gewerkschafter, der über die Tschechoslowakei 1938 nach Schweden kam und sowohl der Gewerkschaftsgruppe wie der SoPaDe angehörte; auf den erwähnten Jahrgangsgenossen Erich Glückauf; auf Willy Langrock (1889–1962), der bis 1933 für alle Druckereien und Verlage der KPD verantwortlich war; auf Karl Mewis (1907–1987), den Gegenspieler Herbert Wehners in den internen KPD-Kämpfen um den Aufbau einer illegalen Organisation in Deutschland, der später DDR-Botschafter in Warschau wurde; auf den Kommunisten Max Spangenberg (1907–1987) und den ehemaligen kommunistischen Reichstagsabgeordneten Herbert Warnke (1902–1975), der dann 1958 im Politbüro der SED und seit 1971 im Staatsrat der DDR anzutreffen war.

Alle diese Namen und Persönlichkeiten tauchen in den Unterlagen von Kurt Heinig häufig auf, nur einer nicht, den man mit Bestimmtheit erwartet hätte: Willy Brandt. Vermutlich mied Heinig ihn, weil Brandt zu jenen Sezessionisten gehörte, die mit der Gründung der SAP 1931/32 der SPD den Rücken gekehrt hatten.[58] In Schweden hielt man Brandt zeitweilig für einen Kommunisten. Einmal wurde er sogar wegen des Verdachts auf Spionage verhaftet, weil er heimlich nach Norwegen, also in ein von den Deutschen besetztes Land zurückgekehrt war.[59] Willy Brandt war frühzeitig aus dem Lübecker Untergrund nach Norwegen emigriert, musste dann aber, als die Wehrmacht dort einfiel, nach Schweden weiterflüchten, um nicht verhaftet zu werden.[60] Hier schloss er sich den norwegischen

Emigranten an, in deren Kreis er zu einer zentralen Gestalt wurde. Brandt sprach offenbar erstmals Mitte Mai 1943 vor einem SoPaDe-Gremium über «Sozialistische Friedensziele», das heißt über seinen Entwurf für eine Diskussionsgrundlage des Stockholmer Kreises demokratischer Sozialisten, der als «Kleine Internationale» in die Geschichte des schwedischen Exils einging.[61] Im April 1943 hatte die Gruppe Brandts Text als «Friedensziele» verabschiedet und am 1. Mai auf einer großen, viel beachteten Kundgebung in Stockholm präsentiert.[62] Unterstützt wurde die «Internationale Gruppe demokratischer Sozialisten», wie sie sich ursprünglich im Herbst 1942 genannt hatte, von norwegischen, schwedischen, ungarischen, polnischen, österreichischen, französischen und deutschen Politikern – unter ihnen Alva und Gunnar Myrdal, der Sudetendeutsche Ernst Paul (der den Vorsitz übernahm), Bruno Kreisky, Fritz Tarnow, Henry Grünbaum, der ungarische Gewerkschafter Wilhelm Böhm, Maurycy Karniol von der polnischen Exilregierung in London, der Journalist und Schriftsteller Stefan Szende und Martin Tranmael, Chefredakteur von *Arbeiderbladet* und Vertreter der norwegischen Arbeiterbewegung in der Sozialistischen Internationale.[63]

Willy Brandt, der zum inneren Kreis der «Kleinen Internationale» gehörte, wurde zum ehrenamtlichen Sekretär und ständigen Referenten bestimmt, übernahm also eine konzeptionelle Schlüsselrolle.[64] Und so war es gewiss kein Zufall, dass Fritz Bauer in Stockholm alsbald auf diesen Aktivisten traf. Die Diskussionen unter den linken Emigranten wurden vor allem durch den Dualismus zwischen KPD und SPD bestimmt, der auch schon die Weimarer Republik belastet hatte. Schließlich mussten sich beide Seiten vorwerfen lassen, dass sie zusammen vielleicht den Aufstieg der NSDAP hätten verhindern können. Nun gaben sie sich gegenseitig die Schuld am Scheitern der ersten deutschen Republik.[65] In Schweden wurden die Spannungen sogar noch verschärft, weil sich hier mit der SAP und der Landesgruppe der deutschen Gewerkschaften eine Mehrheit formierte, die den Graben zwischen den Fronten überbrücken wollte. Ihr Ziel war es, nach dem Krieg eine vereinigte demokratisch-sozialistische Arbeiterpartei ins Leben zu rufen.[66]

Auf dieser politischen Plattform begegneten sich Ende 1943 Fritz Bauer und Willy Brandt, fanden ziemlich bald engeren Kontakt und wurden zu politischen Weggefährten, obgleich sie, zehn wichtige Jahre auseinander (1903/1913), sehr verschiedene Persönlichkeiten waren: der eine, Willy

Brandt, ein geborener Politiker, der in den Jahren des Exils zum nüchternen Pragmatiker wurde; der andere, Fritz Bauer, ein prinzipientreuer Jurist und Anwalt des Rechts.[67] Jedenfalls hieß es von Seiten seiner konservativen Gegner, Bauer sei «sehr links» eingestellt.[68] Und jetzt waren beide, Bauer und Brandt, Befürworter einer demokratisch-sozialistischen Einheitspartei, wollten weder die Zusammenarbeit mit Kommunisten noch eine Unterstützung seitens der Linksliberalen von vornherein ausschließen.[69] Damit gerieten sie mitten hinein in die SoPaDe-Auseinandersetzungen, vor allem ins Visier radikaler Kritik durch den Parteivorstands-Vertreter Kurt Heinig.

Doch schon 1943 kämpfte Heinig auf verlorenem Posten. Seine Gegenspieler, allen voran Tarnow, Enderle, Szende und Brandt, kamen über die «Kleine Internationale» in immer engeren Kontakt und bestimmten allmählich auch den Kurs der Stockholmer SoPaDe-Ortsgruppe.[70] Eine wichtige Rolle spielte dabei die gemeinsame Gewerkschaftsarbeit, in der die Beteiligten mit Fritz Tarnow konform gingen, zumal im Hinblick auf eine «einheitliche sozialistische Bewegung in Deutschland nach dem Krieg».[71] Am 21. Dezember 1943 schrieb Tarnow, er finde es einfach «taktisch richtig, die persönliche Fühlung mit den Kommunisten aufrecht zu erhalten, solange ihr praktisches Verhalten es gestattet». Ein halbes Jahr später, im Juli 1944, setzte Tarnow sogar hinzu, dass er die Zusammenarbeit mit den Kommunisten, was den Parteivorstand betrifft, zwar immer abgelehnt habe, dass er dies aber in Bezug auf die Gewerkschaften anders beurteile. Dort müssten Kommunisten Aufnahme finden, denn bei den Arbeitermassen in Deutschland sei die gefühlsmäßige Stimmung für eine einheitliche politische Arbeiterbewegung sehr stark.[72]

Dass sich Fritz Bauer von 1943 bis 1945 ganz auf der politischen Linie von Tarnow, Brandt und der «Kleinen Internationale» befand, was die Zusammenarbeit mit den kommunistischen Befürwortern einer künftigen Einheitspartei angeht, liegt offen zu Tage. Dies belegt auch seine aktive Mitarbeit in der zahlenmäßig größten Organisation im schwedischen Exil, dem «Freien Deutschen Kulturbund» (FDKB), sowie seine Einstellung zur kommunistischen Bewegung «Freies Deutschland», die in Schweden allerdings nie als eigenständige Organisation existierte. Doch immerhin stand ihr mit der *Politischen Information* eine wichtige Zeitschrift der schwedischen Emigration zur Verfügung. Hier erschien am 1. August 1943 auch die erste Mitteilung über die Gründung des «Nationalkomitees

Freies Deutschland» (NKFD).⁷³ Am 15. Oktober 1943 wurde in einer Sondernummer das Manifest des im Juli in Moskau ins Leben gerufenen Komitees abgedruckt. Chefredakteur Glückauf veröffentlichte aus diesem Anlass zustimmende Kommentare aus aller Welt, unter denen das Grußwort von Thomas Mann und der Beitrag des Schriftstellers Erich Weinert über die Entstehung des Komitees hervorstachen.⁷⁴

Mit einem Artikel zum Thema «Nationale Front?» eröffnete Erich Glückauf unter der Rubrik «Zeitfragen» im Jahr darauf eine Debattenreihe über die politische Linie des Nationalkomitees, das zur Bildung einer «Nationalen Front», die alle Gegner Hitlers aus dem Bürgertum, dem Militär und der Arbeiterschicht sammeln sollte, aufgerufen hatte.⁷⁵ Doch von einer Debatte konnte eigentlich kaum die Rede sein. Die «Debattenteilnehmer», unter ihnen Herbert Warnke, Karl Mewis und Paul Verner, stimmten alle kritiklos Glückaufs Meinung zu, dass eine Sammlung zur «Nationalen Front» nur unter der Führung der Arbeiterbewegung akzeptabel sei. Der einzige Artikel, der Zweifel am Schlagwort von der «Nationalen Front» anmeldete, kam von Fritz Bauer.⁷⁶ Er warnte vor der unkritischen Vereinnahmung der «Nation» durch die Linke.⁷⁷ Der irrationale Appell an das Nationalgefühl und gefühlsbetonte Werte seien noch kein Garant für eine einheitliche Bewegung. Hinter der Front gegen Hitler, so argumentierte er, standen schließlich sehr unterschiedliche Gruppen, wie Sozialisten, Pazifisten, Menschenrechtler, Religiöse, Opportunisten, Militaristen und Kapitalisten. Bauer bezweifelte, ob es diesen Kräften gelingen würde, gemeinsame Vorstellungen über die Gestaltung der deutschen Zukunft nach dem Ende des Nationalsozialismus zu entwickeln.

Nicht einer der auf diese Äußerungen Bauers folgenden Artikel teilte dessen Bedenken. Der Leiter der KPD-Landesleitung Karl Mewis äußerte Verständnis für Bauers «unbehagliches Gefühl» gegenüber dem Wort «national», doch «borniert[n] deutsche[n] Nationalismus» machte er allein bei einzelnen «sogenannte[n] Sozialdemokraten» aus, während der «Nationalismus der Volksseele» dem Fortschritt keineswegs feindlich gegenüberstehe – als hätten die Nationalsozialisten nicht gerade erst das Gegenteil demonstriert.⁷⁸ Die Gegensätze zwischen Kommunisten und Sozialdemokraten, zumal wenn diese so «weit links» standen wie Fritz Bauer, brachen hier wieder auf. Je näher das Ende des Krieges kam, desto geringer wurden die Verständigungsmöglichkeiten.

Die ersten ernsthaften Anläufe zur Gründung des «Freien Deutschen

Kulturbunds» gingen zurück auf das Jahr 1943. Der «eigentliche Leiter der hiesigen KPD-Leute», Karl Mewis, schrieb Fritz Tarnow zu der Zeit an seinen Freund Raloff, habe mit ihm extra Kontakt aufgenommen und «um engere Zusammenarbeit» geworben. Er habe Mewis gesagt, «daß irgendwelche offiziellen Verbindungen mit der SoPaDe nicht in Frage kämen [...], daß ich aber weitere Besprechungen und von Fall zu Fall auch gemeinsame Aktionen unter persönlicher Verantwortung der Beteiligten nicht ablehne.» Nun solle die Sache auf einen unpolitischen «Deutschen Kulturbund» abgestellt werden.[79]

Obgleich Tarnow die nationale, klassenübergreifende Sammelbewegung, wie sie vom NKFD ausging, eigentlich ablehnte, musste er doch zufrieden sein mit der Geschlossenheit, in der sich fast die gesamte politische Emigration – ausgenommen die Gruppe um Heinig – hinter den «Freien Deutschen Kulturbund» stellte.[80] Nachdem zunächst im Oktober 1943 in der *Politischen Information* ein «Aufruf zur Sammlung aller Deutschen in Schweden» erschienen war, den ausschließlich Kommunisten sowie einige Intellektuelle unterzeichnet hatten, kam es zu mehreren Treffen führender Funktionäre der SAP, der Gewerkschaftsgruppe und der SoPaDe, bei denen man sich einigte, die Bemühungen um den kulturpolitischen Zusammenschluss möglichst auszudehnen.[81] Der Gründungsaufruf wurde am 15. Januar 1944 in der *Politischen Information* abgedruckt, und auch Tarnow weigerte sich nicht, diese Willenserklärung an «die in Schweden lebenden Deutschen ohne Unterschied der Herkunft, Religion und der politischen Richtung» zu unterzeichnen. Sie wurden darin aufgefordert, sich zusammenzuschließen «zur Pflege der künstlerischen und wissenschaftlichen Tradition des deutschen Humanismus, zur Erneuerung seines Geistes und zur Verteidigung seines moralischen und politischen Gehalts gegen die nationalsozialistische Barbarei».[82]

«Fritz Bauer, Dr. jur., Amtsrichter» stand, des Alphabets wegen, als Erster auf der Unterzeichnerliste des neuen «Kulturbunds». Ihm folgte eine beachtliche Anzahl, nicht weniger als 54 Namen prominenter Emigranten aller politischen Richtungen und Professionen.[83] Der Aufruf war gewiss eine kleine Sensation, auch wenn hinter den Kulissen die Auseinandersetzungen weiter schwelten. Ersichtlich ist das unter anderem aus der bereits 1943 gedruckten Satzung des «Kulturbunds», die noch von 61 Emigranten unterzeichnet worden war und, für die Stockholmer Öffentlichkeit eine besondere Überraschung, von einer schwedischen «Vereinigung Freie Deutsche Kultur» mit 32 allgemein bekannten Namen unterstützt, ja begrüßt wurde, darunter Alva und Gunnar Myrdal, Professor Herbert Tingsten, in deren Institut Fritz Bauer untergekommen war, sowie von Philosophieprofessor Einar Tegen, dem Wirtschaftswissenschaftler Eli F. Heckscher und dem bekannten Volkshochschulleiter Gillis Hammar.[84]

Bei aller Kritik am «Kulturbund», vor allem von Seiten Heinigs, der dahinter eine kommunistische Tarnorganisation vermutete,[85] bleibt festzuhalten, dass der FDKB in Schweden keine kommunistische Organisation war. Unter den Unterzeichnern des Gründungsaufrufs befanden sich 16 Sozialdemokraten und 15 KPD-Genossen sowie drei Mitglieder der SAP. Der erste Vorstand, dessen Vorsitz der parteilose Dr. Max Hodann (1894–1946) und der Sozialdemokrat Carl Polenske (1876–1956) übernahmen, war ebenso wie die Pressekommission mit Erich Glückauf und Otto Friedländer paritätisch besetzt.[86] Mitte 1944 hatte die Vereinigung bereits 366 Mitglieder, und es dauerte nicht lange, bis der «Kulturbund» im Frühjahr 1945 nahezu 500 zählte, die offensichtlich dem Anliegen Beifall spendeten: «Es ist unsere Pflicht, an der Neugestaltung Deutschlands von Anbeginn an mitzuwirken. Unsere Aufgaben und Ziele sind klar: Die bedingungslose Vernichtung des Nazismus [...], die restlose Beseitigung des deutschen Militarismus, Imperialismus [...]. Wir wollen die Bestrafung der Kriegsverbrecher am deutschen Volke und den Einsatz aller Kräfte zur Wiedergutmachung der begangenen Verbrechen. [...] Im Interesse des Wiederaufbaues des neuen Deutschlands und der friedlichen Neugestaltung der Welt ist die Zusammenarbeit des deutschen Volkes mit den Besatzungsmächten notwendig.»[87]

Der auch von den meisten Sozialdemokraten mitgetragene Aufruf alarmierte jedoch den Londoner Exilvorstand der SPD. Noch während in Schweden die offizielle Gründungsveranstaltung vorbereitet wurde, schrieb Erich Ollenhauer an Kurt Heinig: «Lieber Freund, die Kommunisten verbreiten heute hier [in London, I. W.] die Behauptung, daß sich in Stockholm ein ‹Freies Deutschland-Komitee› unter führender Beteiligung von Sozialdemokraten gebildet habe. Es werden Tarnow, Hartwig und Mugrauer von den Sozialdemokraten und außerdem Friedländer, Seydewitz, Hodann und ein Professor Marr genannt.» Radio Moskau, schrieb Ollenhauer weiter, habe gestern dreimal diese Nachricht verbreitet. «Es wäre uns sehr lieb, wenn wir recht schnell einen ausführlichen Bericht darüber erhalten könnten, ob die Moskauer Meldung überhaupt richtig ist oder welchen wahren Kern sie enthält.»[88]

Ende Januar 1944 jedenfalls war es dann so weit, das Datum für die «1. Freie Deutsche Kultur-Veranstaltung» festgesetzt, auch der Programmzettel gedruckt und verteilt. Am «Freitag den 28. Januar 1944, 20 Uhr in Stockholms Borgarskolan, Kungstensgatan 2–4», trat der FDKB erstmals mit einer Kulturveranstaltung in einem der größten Säle Stockholms an die Öffentlichkeit.[89] Sowenig man damals in Schweden noch von Auschwitz wusste und wissen konnte – bemerkenswert war die Eröffnungsrede von Max Hodann, die ganz besonders die Schuld des deutschen Volkes am Krieg hervorhob.

«Was in den letzten Jahren und Tag für Tag weiter in Deutschlands Namen geschieht, ist schlimmer und mehr, als die kriminellste Phantasie es ausdenken könnte. […] Ich darf aber darauf hinweisen, daß das, was in Norwegen und Dänemark geschah und geschieht, bereits in Frankreich, Belgien, Luxemburg und Holland bei weitem überboten wird. Zählen die Opfer in den skandinavischen Staaten nach Hunderten, so in den westlichen besetzten Gebieten nach Tausenden. Zu Hunderttausenden, ja Millionen zählen sie in Polen, in der Tschechoslowakei, auf dem Balkan und nicht zuletzt in den besetzt gewesenen und noch besetzten Gebieten der Sowjetunion. […] Zu dem Vernichtungs- und Ausbeutungswillen […], kommt der Ausrottungsfeldzug gegen die Juden. Nicht nur, daß man die Juden aus der sozialen Gemeinschaft ausstößt; nicht nur, daß man sie physisch vernichtet, wie man sie vernichtet, auch darauf kommt es an:

Daß man sie massen-exekutioniert,
daß man sie vergast,
sie mit heißem Dampf tötet –
und das alles von jungen, dafür abgerichteten Deutschen machen läßt.»

«Das sind die Tatsachen», rief Hodann aus, und dagegen lasse sich mit «bloßem Protest» nicht aufkommen.

«Es ist zu billig. Die Reaktion […], daß man auf die Existenz eines anderen Deutschland hinweist, das ebenfalls terrorisiert sei, wirkt einigermaßen naiv. […]» Kurz vor Ausbruch des Krieges habe die amtliche deutsche Statistik mitgeteilt, «daß sich 162 734 Personen in Schutzhaft und 112 432 Personen in den Gefängnissen befanden, auf Grund sogenannter politischer Vergehen. Alles ohne Berücksichtigung der Judenverfolgungen.

Es gibt also ein anderes Deutschland. Es gibt Opposition in Deutschland. [...] Aber die Haltung breiter Massen ist auch heute noch charakterisiert durch ein irrationales Pflichtbewußtsein, durch Autoritätsglauben und durch ein militärisches Ideal [...]. Und trotzdem ein freier deutscher Kulturbund? Gerade deswegen!»[90]

Auch Professor Gunnar Myrdal hielt auf der Veranstaltung eine Begrüßungsansprache. Danach gab es Beethovens «Sonate pathétique», Auszüge aus Thomas Manns Radioreden, vorgelesen von dem Schauspieler und Regisseur Hermann Greid[91] mit einem Einführungsvortrag von Walter Berendsohn über «Thomas Mann im Exil». Und schließlich die Rütli-Szene aus Schillers *Wilhelm Tell*, gespielt von fünf Schauspielern «und einer Gruppe deutscher Jugendlicher», wie es ausdrücklich auf dem Programmzettel hieß. «Wir wollen sein ein einzig Volk von Brüdern, / In keiner Not uns trennen und Gefahr. / – Wir wollen frei sein, wie die Väter waren, / Eher den Tod, als in der Knechtschaft leben. / – Wir wollen trauen auf den höchsten Gott / Und uns nicht fürchten vor der Macht der Menschen.» Mit diesem Gelöbnis kulminierte der Abend im Beifall des begeisterten Publikums für die Darsteller der «Freien Bühne».

Nur Kurt Heinig, der auch den Gründungsaufruf nicht unterschrieben hatte, war bei der denkwürdigen Veranstaltung nicht dabei, und auch nicht auf der ersten ordentlichen Hauptversammlung, die vier Monate später am 20./21. Mai 1944 stattfand. Wie zu erwarten, missbilligte Heinigs *Information* die lebhafte Debatte, über die er bestens informiert worden war, als kommunistisch unterwanderte Werbeveranstaltung. Am tollsten, so berichtete die *Information* in bitter-ironischem Ton, habe es der Kommunist Glückauf getrieben. Dieser «aufrichtige Bolschewist» habe ohne Weiteres von der Einigung der deutschen Emigration als dem entscheidenden Motiv des Kulturbundes gesprochen.[92] Vor allem kritisierte Heinigs *Information* ausdrücklich «die Politisierung des Kulturbundes», die in den Vorstandswahlen zum Ausdruck gekommen sei: «Die Vorstandsliste [...] war derart ersichtlich das Ergebnis eines Diktates von kommunistischer Seite [...]. Eine geordnete Abstimmung fand nicht statt.» Nach kommunistischem Muster habe man, die übliche Wahlkomödie spielend, gleich zwei Vorsitzende bestellt, von denen der eine (Dr. Friedländer) Sozialdemokrat, der andere jedoch ein Parteiloser (nämlich Dr. Hodann) sei, «der bisher fast stets die kommunistischen Wünsche erfüllt hat».[93]

Derartiges kursierte offenbar schon bald im ganzen Land, so dass der Vorstand des «Kulturbunds» es für erforderlich hielt, den umlaufenden Verdächtigungen mit einer Erklärung entgegenzutreten, in der er auf mehrere 100 Mitglieder verwies, allesamt freiheitlich demokratisch und humanistisch gesinnte Deutsche ohne Unterschied der Herkunft, Partei oder Religion.[94] Namen von prominenten Mitgliedern wurden aufgezählt, über Vorträge der Professoren Myrdal und Berendsohn berichtet, ferner habe ein literarischer Abend zum Thema «Opfer der Gewalt» mit Rezitationen aus der antinazistischen Literatur und die Uraufführung eines Einakters von Bert Brecht stattgefunden. Eine ständige schwedisch-deutsche Zusammenarbeit sei bereits geplant.[95]

Der SPD-Parteivorstand in Schweden und die beiden Londoner SPD-Vorsitzenden interessierten sich indes wenig für den «Kulturbund», der in Emigrantenkreisen allgemein als wichtige gemeinsame Initiative geschätzt wurde. Erst nach dem 20. Juli 1944 plädierte auch Ollenhauer für eine größere Öffnung der Exil-SPD in Schweden. In einem Brief an Heinig vom 23. Juli 1944 forderte er diesen auf, eine Plattform zu schaffen, auf der die Befürworter und Gegner einer Zusammenarbeit mit den Kommunisten einen gemeinsamen sachlichen Standpunkt entwickeln könnten.[96]

Leider wissen wir fast nichts über die Reaktion der deutschen Emigranten auf das Umsturzunternehmen «Walküre» vom 20. Juli 1944, ebenso wenig von Fritz Bauers Kenntnis oder Unkenntnis. Eigentlich, so möchte man annehmen, hätte er als Freund Willy Brandts schon zuvor Ahnungen haben müssen. Noch im Juni war der Legationsrat Adam von Trott zu Solz (1909–1944) in Stockholm erschienen, um über Brandt eine Begegnung mit der sowjetischen Botschafterin Alexandra Kollontai zu erreichen.[97] Trott sollte erkunden, ob nicht Moskau nach Beseitigung Hitlers einen Vermittlungsfrieden gewähren würde – anstatt der von den Alliierten bis dato geforderten «bedingungslosen Kapitulation». Trotts Mission scheiterte, gleichwohl kann sie bezeugen, dass die Männer um Claus Schenk Graf von Stauffenberg nicht «nur» ihr Attentat vorbereiteten, sondern es mit dem Ziel planten, damit das fürchterliche Kriegsgeschehen zu Ende zu bringen.

Ein Nachspiel eigener Art auf den 20. Juli 1944 leistete sich der Stockholmer SPD-Vorstand Kurt Heinig, der auch jetzt noch seinen strikten Antikommunismus weiter betrieb und nicht einmal angesichts des gemeinsamen Widerstands auf eine neue Linie einschwenkte. Als im September eine Trauerkundgebung stattfinden und dabei der Nazi-Opfer Wilhelm Leuschner, Rudolf Breitscheid und Ernst Thälmann gedacht werden sollte, lehnte Heinig die Mitwirkung ab, weil man auch den Mord an dem KPD-Vorsitzenden beklagen wollte.[98] Die Kundgebung, auf der Fritz Tarnow und Karl Mewis Reden hielten, war auch ein Ergebnis der gemeinsamen Besprechungen, die im Herbst 1944 unter der Führung der Gewerkschaftsgruppe stattfanden und zur Gründung eines «Arbeitsausschusses» geführt hatten. Diese von Heinig «Kartell» genannte Dachorganisation, die Mitglieder aus den Vorständen der Gewerkschaftsgruppe, der SoPaDe, KPD und FDKB vereinte und im Gegensatz zum «Kulturbund» politische Aufgaben übernehmen sollte, gab es in keinem anderen Exilland. Anfang Oktober einigte sich die Organisation auf einen gemeinsamen Aufruf an das deutsche Volk, «den sinnlosen Krieg zu beenden».[99]

Mit Fritz Bauer, der zusammen mit Irmgard Enderle und Otto Friedländer dem neuen «Arbeitsausschuß deutscher antinazistischer Organisationen» angehörte, geriet Heinig jetzt vollends über Kreuz und verfolgte ihn fortan mit erbitterter Feindschaft. Gegenüber seinem Freund Gelbart schmähte er ihn noch Monate später als «Spaltpilz», der mit seiner unpolitischen Vergangenheit sowie seinem Übereifer eine Hilfsrolle für die Kommunisten gespielt habe.[100] Und damit nicht genug. Heinig berief für Mitte Oktober eine «provisorische Landeskonferenz» ein, zu der er allerdings nur seine eigenen Anhänger einlud.[101] Zu spät allerdings, denn inzwischen gab es bereits eine starke Opposition in der Stockholmer Ortsgruppe. Und diese veranstaltete nicht nur eine Gegenversammlung, auf der am 22. Oktober 1944 15 Mitglieder der SAP wieder in die SoPaDe aufgenommen wurden, unter ihnen Willy Brandt, Szende und die beiden Enderles, sondern nahm die Angelegenheit der Landeskonferenz selbst in die Hand.[102]

Die Partei-Opposition, die wie alle SPD-Emigranten schon des Längeren eine eigene Landesorganisation in Schweden bilden und auf diese Weise den Delegierten des in London sitzenden Parteivorstands loswerden wollte, rief nunmehr ihrerseits zu einer «1. Landeskonferenz der deutschen Sozialdemokraten in Schweden am 2./3. Dezember 1944»; und dort wählten die 120 Delegierten – darunter Fritz Bauer – erstmals eine richtige Landesleitung. Der bisherige Vorsitzende Kurt Heinig war in ihr nicht mehr vertreten. An seine Stelle trat der frühere sächsische Parteisekretär Willi Seifert (1893–1970); aus Stockholm gehörte der neunköpfigen Leitung jetzt auch Fritz Bauer an.[103]

Nur einen Tag später, am 4. Dezember, ließ die Londoner Zentrale der SoPaDe den neuen Landesvorstand wissen, dass sie die Beschlüsse dieser Landeskonferenz nicht anerkenne.[104] Das Verstörende daran war, dass im Gegensatz zur bisherigen Praxis nicht Ollenhauer das Telegramm unterschrieben hatte, sondern Hans Vogel. Doch Seifert ließ die Parteiführung in London wissen, dass dieser Einspruch zu spät kam, und antwortete: «Wir haben weder Zeit noch Lust, an dieser Stelle nochmals die ganze Vorgeschichte der Landeskonferenz und das ‹Spielchen› des PV-Vertreters hier zu wiederholen.»[105] Der Londoner Parteivorstand konnte nur noch klein beigeben. Am 14. Dezember signalisierte ein Brief Ollenhauers, dass die Parteiführung die Ergebnisse der Landeskonferenz anerkenne.[106] Die in Schweden lebenden Sozialdemokraten hatten, was ungewöhnlich war, ihre Landesleitung eigenhändig gebildet und sich damit, insoweit dies überhaupt möglich war, selbständig gemacht und dem Landesvorstand nahegelegt: «Durch die Wahl einer Landesleitung für die SPD in Schweden ist die Einrichtung des Postens eines Vertreters des PV überflüssig geworden. Die Landeskonferenz [...] beantragt daher beim PV, den Posten eines PV-Vertreters in Schweden zu kassieren.»[107]

Zugleich hatte die neue Landesleitung den Beschluss gefasst, eine neue Zeitschrift zu gründen. Sie sollte – anders als die *Information* – weit über ein innerparteiliches Mitteilungsblatt hinausgehen. Beabsichtigt war die Sammlung aller antinazistischen Kräfte, die sich über eine gemeinsame Politik verständigen sollten.[108] Diese *Sozialistische Tribüne* entwickelte sich unter der Stabführung ihres Chefredakteurs Fritz Bauer und des erfahrenen Journalisten Willy Brandt sowie Willi Seiferts, der als dritter Herausgeber fungierte, schnell zum Hauptorgan der deutschen Emigration in Schweden. Sie brachte es auf 20 Seiten und druckte unter anderem Gastbeiträge von Gunnar Myrdal, Bruno Kreisky, dem Tschechen Kassiol und dem Norweger Tranmael, auch gab es Artikel in Schwedisch. Gedruckt wurden bald 1000 Exemplare, von denen einige bis nach Amerika gelangten, einige in die Schweiz, nach Holland und ins benachbarte Helsinki; und auch unter den schwedischen Intellektuellen gab es viele Bezieher. Die Zeitschrift existierte allerdings nicht sehr lange in Stockholm – und in Deutschland, wohin sie nach den Wünschen der Herausgeber hätte «übersiedeln» sollen, war das Interesse bei der neuen SPD-Führung in

Hannover zu gering, als Willy Brandt im April 1946 ein entsprechendes Angebot machte. In dem halben Jahr der Chefredaktion Fritz Bauers erschienen Artikel zu verschiedensten politischen Fragen, beispielsweise über die Schwierigkeiten, welche sich den alliierten Mächten zur Aburteilung der Nazi-Führer stellten; oder über die Problematik des kommunistischen Wegs zum Sozialismus, wie sie sich in der internationalen Literatur spiegelte. Desgleichen diskutierte man, was nach dem Krieg im eroberten wie befreiten Deutschland geschehen solle. Auch Fritz Bauer verfasste einige Artikel, zum Beispiel über «Die Abrechnung mit den Kriegsverbrechern» oder «Ein kommunistisches Manifest von heute», über die «Kriegswirtschaft im Zeichen des totalen Krieges» oder – da war der Ex-Chefredakteur bereits wieder in Kopenhagen – einen «Brief aus Dänemark» über die dortigen Verhältnisse nach der Befreiung.[109]

Fritz Bauer beteiligte sich nicht an den Partei-«Spielchen», wie Ollenhauer die Auseinandersetzungen über und mit Heinig nannte. Er wurde in der kurzen Zeit seines Exils in Schweden in alle Gremien der Exilorganisation der SPD gewählt, schrieb Artikel für Zeitschriften, nahm auch an Diskussionen teil, doch wie schon in Dänemark verschwendete er seine Zeit nicht mit dem politischen Intrigenspiel, das in Schweden offensichtlich besondere Blüten trieb. Soweit es seine Zeit erlaubte, konzentrierte er sich auf die Planung neuer Bücher. Die Arbeit, mit der Bauer in Dänemark den Anfang gemacht hatte, das Buch über das «Geld», das er erweitern und revidieren wollte, erschien bereits 1944 auf Schwedisch: *Pengar i går, i dag och i morgon* – mit einem Vorwort des Wirtschaftsexperten der schwedischen Gewerkschaften Richard Sterner. Dieser war Vorstandsmitglied der «Kleinen Internationale», wo Fritz Bauer ihn kennen lernte, und Sekretär in der Kommission der schwedischen Sozialdemokraten, die das Nachkriegsprogramm der Partei ausarbeiten sollte, also ein wichtiger Gesprächspartner für Bauer, der weiterhin über ökonomische und juristische Nachkriegsprobleme forschte.[110] Er bezeichnete das Buch als wichtigen Beitrag zu unserer wirtschaftlichen Populärliteratur. Bauers Konzept der modernen Finanzwirtschaft hoffe auf eine endgültige Lösung aller Weltwirtschaftsprobleme nach dem Krieg durch die Verwirklichung der Atlantik-Charta.[111]

Kaum war es auf dem Markt, folgte noch 1944 die neue, bedeutsame

Noch vor den Nürnberger Prozessen erschien 1945 die deutsche Übersetzung des von Fritz Bauer im Exil in Schweden verfassten Buches über das Völkerrecht.
(Privatbesitz)

Publikation *Krigsförbrytarna inför domstol* (*Kriegsverbrecher vor Gericht*), zunächst wieder in dem Stockholmer Verlag «Natur och Kultur». So schnell kam diese höchst aktuelle Publikation in die schwedischen Buchhandlungen, dass eine der ersten Rezensionen bereits im Oktober-Heft der *Politischen Information*, von Erich Glückauf verfasst, erscheinen konnte. Glückauf lobte das Buch als «Waffe in der Hand der kriegsgeplagten Menschheit im Kampf für eine friedliche Zukunft, aber auch eine Waffe für alle aufrechten friedlichen Deutschen, für ein neues, anständiges, demokratisches Deutschland».[112]

Ganz besonders trieb Fritz Bauer das Problem der furchtbaren NS-Verbrechen um und wurde sogleich Diskussionsthema zahlreicher Abende. Der Rezension in der *Politischen Information* folgte eine persönliche Präsentation auf der nächsten Veranstaltung des Freien Deutschen Kulturbunds, wo Bauer seine hauptsächlichen Thesen zur Diskussion stellte. Es war ein Mittwoch, zugleich ein Datum, an dem Erinnerungen an die «Reichskristallnacht» vom 9. November 1938 hochkamen. Fritz Bauer sagte unter anderem:

«Das Kriegsverbrecherproblem kann juristisch gelöst werden [...]. Kriegsverbrecher ist nach dem geltenden Völkerrecht einmal der, der einen Krieg rechtswidrig beginnt und deswegen schuld am Kriege ist, sodann der, der einen Krieg rechtswidrig führt und deswegen Schuld im Krieg auf sich lädt. Das geltende Völkerrecht ist das Ergebnis eines langen Kampfes der Menschheit um die Pazifizierung der Welt und die Humanisierung des Krieges. Christentum und Humanismus haben den Begriff des gerechten und des ungerechten Krieges geschaffen und denjenigen, der einen Krieg um der Expansion, der Religion oder seines Prestiges willen beginnt, als Kriegsverbrecher gebrandmarkt und dem angegriffenen Staat das Recht der Bestrafung zugebilligt. Erst im 19. Jahrhundert siegte das machiavellistische Souveränitätsprinzip im Völkerrecht und damit die Vorstellung, daß Macht, nicht Recht die Außenpolitik der Völker bestimmen solle. [...]

Mit der Eröffnung des polnischen Krieges hat das nazistische Deutschland u.a. den Kelloggpakt gebrochen und ist deswegen völkerrechtlich schuld am Kriege. Die furchtbaren Geiselmorde, die Massenmorde in Polen und der Sowjetunion, die Deportationen, Verwüstungen und Plünderungen in den okkupierten Ländern sind klare Verletzungen des im Haag beschlossenen und von Deutschland unterzeichneten Landkriegsreglements. Sie können nach der herrschenden Auffassung der Juristen der ganzen Welt nach dem am Tatort geltenden Strafrecht bestraft werden, sie sind Mord, Totschlag, Freiheitsberaubung, Sachbeschädigung, Diebstahl usw.»[113]

Was Fritz Bauer hier summarisch zusammengefasst andeutete, wurde wenig später in den Nürnberger Prozessen als Kriegsverbrechen und Verbrechen gegen die Menschlichkeit verurteilt. Der Ortsname Auschwitz, wo die größte «Todesfabrik» der Nationalsozialisten installiert wurde und nicht weniger als 1,2 bis 1,5 Millionen Opfer – Juden, Zigeuner, politische Gegner, so genannte Untermenschen, Polen und Russen – ermordet worden waren, heute Synonym für die «Endlösungspolitik» der Nationalsozialisten, fiel 1943/44 bei der Abfassung seines Buches noch nicht.[114] Einer der Ersten, der in Deutschland den Ortsnamen notierte, war wohl Victor Klemperer in seinem Dresdener Versteck (16. März 1943), ohne jedoch Details über das Vernichtungslager zu wissen.[115]

Wie viel man im Ausland wusste, hing davon ab, was man den von den Alliierten verbreiteten Nachrichten entnehmen wollte, wie viel man den kursierenden Gerüchten glauben mochte. In Schweden zumal konnte man schon im November 1942 in einer Zeitung lesen, wie die Nationalsozialisten ihre «satanischen Ideen» in Polen verwirklichten. Daraufhin versammelten sich mehrfach Studenten zu Kundgebungen in Stockholm, um gegen die Judenverfolgungen zu demonstrieren – immerhin so lautstark, dass Hitlers Propagandaminister in Berlin aufgeschreckt wurde und seiner linientreuen Presse Gegenmaßnahmen verordnete.[116]

Die ersten Berichte über Vergasungen in Kraftwagen, meinte Willy Brandt rückblickend, wurden ihm 1942 von Dr. Maurycy Karniol, Mitglied der Polnischen Sozialistischen Partei, übermittelt. Er habe im Herbst 1942 daraus eine kleine Meldung für die New Yorker «Overseas News Agency» gemacht.[117] Deren damaliger Leiter erinnerte sich an diese spektakuläre Nachricht später noch so genau, dass er meinte, Brandt, der damals noch unter dem Namen Herbert Frahm lebte, sei überhaupt der erste Journalist gewesen, der den Holocaust an die Öffentlichkeit gebracht habe. «Wir hörten», heißt es auch in Willy Brandts Erinnerungen, «schauerliche Berichte aus den besetzten Ländern, beispielsweise die ersten detaillierten Meldungen über die Vergasungslager in Polen. Ich werde nie vergessen, wie Tarnow sich weigerte, an die ganze Wahrheit dieser Berichte zu glauben. Das konnte, das durfte einfach nicht wahr sein! Ich selbst habe nicht daran gezweifelt» –[118], was gewiss auch auf Fritz Bauer zutrifft. «So etwas machen Deutsche denn doch nicht ...», habe Fritz Tarnow hingegen gesagt, der die Nachrichten für das Wiederaufleben der Gräuelpropaganda aus dem Ersten Weltkrieg hielt.[119]

In Schweden konnte man über die Verbrechen der Nazis 1943 schon einiges wissen, doch es kamen immer noch neue, schrecklichere Informationen hinzu. Gerade im Oktober 1943, als die Juden aus Dänemark vor der Deportation flüchteten, war Adolf Folkmann, «der letzte Jude aus Polen»[120], angekommen, ein Flüchtling aus Lemberg, der den ersten umfangreichen Bericht über die Judenvernichtung im Generalgouvernement veröffentlichen konnte. In Stockholm traf er auf den ungarischen Juden Stefan Szende, der mit Willy Brandt und Fritz Bauer befreundet war und sowohl die Mitglieder der «Kleinen Internationale» als auch des Deutschen Kulturbunds unterrichtete.[121]

Dr. Max Hodanns Rede auf der Gründungsversammlung des FDKB Anfang 1944, wo er in schärfster Form die Vergasungsaktionen geißelte, ging auf dieses Wissen über die Judenvernichtungen zurück. Im selben Jahr schrieb Fritz Bauer sein Buch über die Kriegsverbrecher. Er berichtete über das KZ Majdanek bei Lublin, wo dieselben Vernichtungsmethoden praktiziert wurden wie in Auschwitz mit Zyklongas und Vergasungsbunkern, mit Krematorien und Scheiterhaufen.[122] Und dann, am 27. Januar 1945, wurde Auschwitz von der Roten Armee erobert und befreit, nachdem die SS die Gasbunker und Krematorien vorsorglich geschleift hatte und die noch marschfähigen Häftlinge auf Todesmärschen in andere Konzentrationslager getrieben worden waren. In Auschwitz fand man «nur» 7000 bis 8000 Kranke und Todgeweihte.

Die Befreiung von Auschwitz wurde zum Fanal für Fritz Bauer, zum Stichwort, das viele Jahre seines künftigen Lebens bestimmen sollte. Fast scheint es kein Zufall zu sein, dass er, noch während die Wahrheit über Auschwitz enthüllt wurde, eine Arbeit über das im Zweiten Weltkrieg so fundamental verachtete und verletzte Völkerrecht konzipierte – eben das Buch über die Kriegsverbrecher. Darin forderte er, gleichsam im Vorgriff auf die Nürnberger Prozesse, ein Strafgericht, ein Weltgericht. Fritz Bauer hätte als Lösung bevorzugt: «Noch besser wäre es, wenn das deutsche Volk den Ausgleich selbst vollziehen würde, wenn es nicht bloß ein mehr oder minder aufmerksamer Zuschauer wäre, ein mehr oder minder gelehriger Schüler wäre, sondern selbst das Schwert des Krieges mit dem Schwert der Gerechtigkeit vertauschte. Ein ehrliches deutsches ‹J'accuse› würde ‹das eigene Nest nicht beschmutzen› [...]. Es wäre ganz im Gegenteil das Bekenntnis zu einer neuen deutschen Welt.»[123]

Den gleichen Standpunkt nahm er auch am 9. Mai 1945 ein, als er namens des «Arbeitsausschusses der antinazistischen Organisationen» vor der internationalen Presse in Stockholm sein letztes öffentliches Wort über Deutschland zu sprechen hatte. Doch ehe es dazu kam, geschah etwas ganz anderes, das Nachspiel zur vollendeten Tragödie: Hitlers ganz persönliche Kapitulation. Es war am 1. Mai 1945 auf der letzten Veranstaltung der «Kleinen Internationale», an der Fritz Bauer teilnahm, als plötzlich sein Freund Willy Brandt zum Rednerpult stürmte und ausrief, dass Hitler am 30. April Selbstmord begangen habe.[124] «In tiefer Bewegung», so der Vorsitzende der «Kleinen Internationale» Ernst Paul, «gingen wir auseinander.»[125] Die Tyrannei war zu Ende, der Diktator hatte sich der Verantwortung entzogen. Acht Tage später, im Plenarsaal der schwedischen Gewerkschaften, erklärte Fritz Bauer in seiner Abschiedrede:[126]

«Deutschland ist eine tabula rasa [...], ein neues und besseres Deutschland kann und muß von Grund auf aufgebaut werden. Es ist nicht umzubauen, es ist neu aufzubauen. [...] Wir bejahen die Abrüstung Deutschlands und die Umstellung seiner Kriegswirtschaft auf Friedensproduktion. Wir bekämpfen jeden Versuch, die Alliierten gegeneinander auszuspielen sowie Revanchegedanken ins Volk zu tragen. Wir anerkennen die Verpflichtung Deutschlands zum Schadenersatz für die in seinem Namen begangenen Kriegsverbrechen. Wir wünschen, daß alle antinazistischen Kreise Deutschlands sich zusammenschließen, um den Nazismus in allen seinen Schattierungen und Verkleidungen niederzuschlagen und restlos auszurotten. Die Kriegsverbrecher und Verbrecher am deutschen Volke, diejenigen, die den Nazismus zur Macht gebracht und den Krieg vom Zaune gebrochen haben, die Verbrecher der Lager von Buchenwald, Belsen und Maidanek sollen auf das härteste bestraft werden. Die soziale und wirtschaftliche Grundlage für den deutschen Imperialismus und Militarismus muß beseitigt werden. Deswegen muß der Großgrundbesitz, die Kraftquelle des deutschen Feudalismus und Militarismus, sowie die Großindustrie, die Heimstätte des deutschen Imperialismus, enteignet werden. [...] Das deutsche Problem kann indessen nicht nur mit Kampfmaßnahmen gelöst werden. Die positiven Aufgaben bestehen in der Geburt einer neuen Demokratie. Ein Parlament und eine Regierung wird es nach den Verlautbarungen der Alliierten bis auf weiteres nicht geben. Demokratisches Leben wird sich in den Gemeinden, in den Betrieben und Gewerkschaften entfalten, hier werden Deutsche langsam das demokratische Laufen lernen. [...] Entscheidend wird aber der wirtschaftliche Neuaufbau des

Landes sein. Deutschland ist eine große Konkursmasse. Ein deutscher New Deal, ein Fünf- oder Zehnjahresplan muß in den Mittelpunkt der öffentlichen Diskussion gestellt werden, um die breitesten Massen an seiner Durchführung zu interessieren und ihnen die Gewißheit einer friedlichen, aufbauenden und sozialen Zukunft zu geben. [...] Niemand von uns verlangt Mitleid für das deutsche Volk. Wir wissen, daß das deutsche Volk erst in jahre-, jahrzehntelanger Arbeit sich die Achtung und Sympathie (Sympathie heißt Mitleid) erwerben muß. Wir hoffen, daß das deutsche Volk dies versteht, auf daß nach rücksichtsloser Ausrottung allen Nazismus das Wort in Erfüllung gehe: Und neues Leben blüht aus den Ruinen.» [127]

Es klang wie eine Ankündigung: dieses Bekenntnis zu einer neuen Welt. Die Formulierungen beschrieben ein Programm, das Fritz Bauers Lebensaufgabe werden sollte. Es wies nicht nur auf Nürnberg, sondern auf den Gesamtprozess der Entnazifizierung, die zu einer Selbstreinigung werden musste. Aber Fritz Bauer machte sich durchaus keine Illusionen, was die Ablehnung des Nationalsozialismus durch die deutsche Bevölkerung betraf.[128]

Am 7. Juni 1945, einen Monat nach der Befreiung Deutschlands, kehrte er «heim» nach Kopenhagen – mit einem der ersten Sammeltransporte, die per Schiff viele der 1943 über den Öresund Geflüchteten wiederum in die «Heimat» brachten.[129] Zurück blieben seine Mutter Ella, die noch bis 1956 bei ihrer Tochter in der Nähe von Göteborg lebte, und sein Vater Ludwig, der bereits am 12. Dezember 1945 in Sävedalen an Leukämie starb.[130]

«Eine Lektion im Völkerrecht»
Nach dem Krieg – wieder in Dänemark

Fritz Bauer war unter den ersten deutsch-jüdischen Flüchtlingen, die sich im Herbst 1943 nach Schweden retten mussten und die jetzt, unmittelbar nach Kriegsende, wieder über den Öresund nach Kopenhagen zurückkehren konnten. Wir wissen nicht viel von seinen Plänen in dieser Zeit. Ohne Weiteres lässt sich aber feststellen, dass er froh war, nicht sofort entscheiden zu müssen, ob eine Rückkehr nach Deutschland überhaupt in Frage kam. In Schweden hatten die Flüchtlinge schon angesichts der militärischen Niederlagen des «Dritten Reiches» begonnen, über die Remigration nachzudenken, und viele von den politischen Flüchtlingen betrachteten die Rückkehr sogar als ihre Pflicht.[1] Für die meisten jüdischen Emigranten war der Gedanke daran eine Zumutung. Sie wollten nicht in ein Land zurückkehren, aus dem sie vertrieben und als «minderwertig» ausgestoßen worden waren.[2] Auch für Fritz Bauer, der Details über die Vernichtung der Juden wusste, waren die schwer wiegenden Konsequenzen einer solchen Entscheidung unmöglich von heute auf morgen abzuwägen. Als er gegenüber Kurt Heinig seine prinzipielle Entschlossenheit erklärte, aus politischen Gründen zurückzukehren, und in Klammern hinzufügte, «menschlich schaudert es mich»,[3] da stand der Entschluss zur Rückkehr wohl noch in weiter Zukunft. Aber das Unheil, die Tragödie dieses Lebens, die mit der Rückkehr Fritz Bauers nach Deutschland begann, muss für ihn selbst schon spürbar gewesen sein.

Entscheidend war nicht der Gedanke an die Lebensverhältnisse in einem geschlagenen, weithin zerstörten und darum zunächst kaum aufnahmefähigen «Vaterland»: «Trümmer, Trümmer, nichts als Trümmer», stellte sich Ende 1943 auch Karl Raloff vor und hatte keine Ahnung, wie die Rückkehr einmal vor sich gehen sollte.[4] Jetzt aber musste er erst einmal, wie viele andere auch, die 1940 über den Sund nach Schweden gekommen waren, die Enttäuschung verkraften, dass seine Rückkehr nach

Kopenhagen, wo viele der Emigranten ihre Frauen und Kinder zurückgelassen hatten, von dänischer Seite keineswegs gewünscht war. Raloff überlegte, ob nicht seine Familie nach Stockholm umziehen sollte, um dann von dort aus nach Deutschland zurückzukehren. Doch dazu kam es nicht, denn weder seine Frau noch die beiden Töchter waren bereit, noch einmal in einem fremden Land von vorn anzufangen. Allerdings auch nicht in Deutschland, wie Karl Raloff bald nach seiner Ankunft in Kopenhagen Mitte Oktober 1945 feststellen musste. Seine Familie wollte in Dänemark bleiben.[5]

Fritz Bauer wusste, dass er sich glücklich schätzen konnte, so schnell dahin zurückkehren zu können, wo er schon einmal ein Asylland gefunden hatte, das ihm in sieben Jahren ans Herz gewachsen war: die «glückliche Insel Dänemark», mit Freunden, dänischen und deutschen Schicksalsgenossen aus Politik, Kultur und Wissenschaft. Er kam gern wieder hierher zurück, auch wenn es jetzt, 1945, das Wiedersehen mit einer veränderten Heimat werden musste. Auf jeden Fall hielt er es mit der Vernunft und dachte oft darüber nach, ob er nur aus Pflichtgefühl nach Deutschland zurückkehren wollte oder aus wirklicher Berufung. Ähnlich wie der Jurist Ernst Franke, der im Mitteilungsblatt der Gewerkschaft in Stockholm geschrieben hatte: «Wenn wir zurückkehren, so tun wir es nicht, weil wir dem kategorischen Gebot der Pflicht folgen, sondern weil wir es w o l l e n. Weil dies die logische Konsequenz unserer Emigration ist. [...] Wir treffen nicht die gleichen Menschen, die wir verlassen haben. Sie haben ein Jahrzehnt von Terror und Krieg erlebt. [...] Unsere Aufgabe ist nicht zu reden, sondern zu hören. Wir sollen offen sein für alles, was uns begegnet, und warten, warten, bis man uns fragt. Und man wird uns fragen.»[6]

Darauf allerdings mussten die meisten lange warten und viel Geduld aufbringen. Hatten sie nicht ständig Pläne für den Wiederaufbau eines anderen, neuen Deutschland gemacht? Viele von ihnen wurden bitter enttäuscht, denn obgleich sie die Not in Deutschland sahen und mithelfen wollten beim «Neubau», wurden sie weder zurückgerufen noch gefragt. Um nur ein Beispiel zu nennen: Als Fritz Bauer schon in Kopenhagen war, verhandelten im Sommer 1945 immer noch alliierte und schwedische Stellen über einen Heimtransport, für den sich 170 Flüchtlinge in Stockholm angemeldet hatten und bereits ein Schiff zur Verfügung stand. Die Alliierten wollten oder konnten keine Garantien geben, dass die Rückkehrer anfangs nicht in Auffanglagern untergebracht werden müssten. Nach monatelangem Hin und Her sagten die schwedischen Behörden schließlich den Transport ab, doch da hatten viele der Flüchtlinge bereits ihre Wohnung aufgelöst und das Mobiliar verkauft, saßen also erneut auf der Straße.[7] Ende 1945 gelang es dann der kommunistischen Landesgruppe, einige ihrer Funktionäre illegal über die von sowjetischen Truppen besetzte Ostseeinsel Bornholm heimzuschaffen, unter ihnen Herbert Warnke, Karl Mewis, Erich Glückauf und Max Seydewitz, die dann alle parteipolitisch Karriere machten. Daraufhin folgten mehrere Sammeltransporte für fast alle Mitglieder der KPD, deren Rückkehr von den Behörden in der sowjetischen Besatzungszone, anders als in den drei Westzonen, in jeder Weise unterstützt wurde.[8]

Auch die Emigranten der sich neu konstituierenden sozialdemokratischen Parteigruppe in Kopenhagen mussten in Kauf nehmen, dass sich ihre Remigration verzögerte. Sie konnten nicht ahnen, dass sie noch Jahre in Dänemark festsitzen würden. Ihre Heimkehrabsichten wurden aufgerieben zwischen dem mangelnden Interesse der eigenen Partei, fehlenden Bewilligungen seitens alliierter Stellen und ausbleibenden Befürwortungen von deutschen Behörden beziehungsweise Arbeitgebern – wobei aus subjektiver Sicht immer eine andere Stelle ausschlaggebend für neue Hindernisse war.

Einige dieser Genossen hatten die Besatzungszeit heimlich in Dänemark überlebt, wie ihr Vertrauensmann Gustav Wolter[9] und, bis Mitte November 1944, auch Karl Rowold[10]. Andere kamen jetzt, nach dem Umsturz, gern aus Schweden zurück und sammelten sich wieder in Kopenhagen. Unter ihnen waren Fritz Gelbart, Robert Stille sowie in zeitlichem Abstand der Schriftsteller und Redakteur Hans J. Reinowski, alle drei Freunde und Anhänger von Kurt Heinig, dem ehemaligen Parteivorstands-Vertreter der SoPaDe in Stockholm. Mit ihnen kamen aber auch dezidierte Gegner der Heinig-Linie und Anhänger der Seifert-Gruppe wie Fritz Bauer.[11] In zahlreichen Gesprächen verständigten sie sich darauf, dass die Spaltung der schwedischen Parteigruppe sich unter keinen Umständen in Dänemark wiederholen dürfe. Auf einer zum 21. Juli 1945 einberufenen Generalversammlung, die von fünfzig Genossinnen und Genossen besucht wurde, erklärte Wolter: «Wir wünschen nicht, in irgendeinem Abhängigkeitsverhältnis [zu stehen]», weder zu Heinig noch zu Seifert.[12] Zugleich betonte er, die Generalversammlung erkenne sowohl den zuletzt gewählten Parteivorstand in London als auch die Linie der Berliner Parteileitung unter der Führung Otto Grotewohls an, den Wolter aus jahrelanger Zusammenarbeit im Braunschweiger Landtag kannte.[13]

Dabei plädierte Wolter für gemeinsame Projekte von Kommunisten und Sozialdemokraten und wurde, was die Einheitslinie und Kooperation betraf, auch gleich konkret. Er setzte sich für die gemeinsame Herausgabe der schon seit 1943 illegal existierenden Zeitung *Deutsche Nachrichten* ein, die er als «auf breiter antinazistischer Basis» angelegtes Blatt bezeichnete, und – als zweite wichtige Aufgabe – für die Betreuung der großen Flüchtlingslager, in denen rund ein Viertel Million deutsche Zivilevakuierte einsaßen. In diesen Lagern, so erläuterte er, gebe es immer noch einen nazistischen Einfluss von nicht unbedeutendem Umfang, der durch politische Aufklärungs- und Unterrichtsarbeit gebrochen werden müsse. Die Kommunisten, die diese Arbeit bereits aufgenommen hätten, würden hierfür ihre Erfahrungen und ihr Organisationsmaterial einbringen. Des Weiteren müssten Verhandlungen mit dem dänischen Arbeits- und Sozialministerium fortgesetzt werden, um auch eine offizielle Anerkennung der Tätigkeit in den Flüchtlingslagern zu erwirken.

Diese Vorschläge wurden, wie Wolter selbst festhielt, einstimmig gutgeheißen. Nach all den innerparteilichen Querelen unter den Genossen in Schweden klang das Ergebnis so überzeugend, dass Wolter, der von seinem langjährigen Freund und Mitarbeiter aus der Braunschweiger SPD-Fraktion, Walter Schulze, unterstützt wurde, ganz gewiss der erfolgreiche Auftakt einer «außerordentlich komplizierte[n] Reorganisation» bescheinigt werden kann.[14] Die neue Landesgruppe stand vor keiner geringen Aufgabe, wollte sie doch, trotz aller weiterhin bestehender Differenzen mit der KPD, eine gemeinsame Zeitung für die deutschen Flüchtlinge aus den zuletzt geräumten Ostgebieten herausgeben, die größtenteils bis zur letzten Minute an den Sieg des Nationalsozialismus geglaubt hatten, mittellos und nicht selten krank waren und die jetzt, nach ihrer von Hitler befohlenen, unter chaotischen Begleitumständen erzwungenen Flucht, unter äußerst behelfsmäßigen Bedingungen in dänischen Lagern lebten.[15]

Die Teilnehmer der Generalversammlung wählten am 21. Juli auch noch einen neuen Landesvorstand, der ihre Absichten alsbald auf den Weg bringen sollte: Erster Vorsitzender und Zweiter Vorsitzender wurden Gustav Wolter und Walter Schulze, Karl Rowold wurde zum Schriftführer, Carla Gehrke und Peter Beck zu Beisitzern gewählt, Fritz Gelbart bekam den Posten des Kassierers.[16] Nach dieser «luftreinigenden» Versammlung ging der Vorstand an die Arbeit: befasste sich mit der Interessenwahrnehmung bei den dänischen Behörden, entsandte die Genossen Dr. Fritz Bauer und Adolf Hirsch in die Redaktionskommission der gemeinsam mit den Kommunisten herauszugebenden Zeitung sowie Walter Schulze und Karl Rowold in die Kommission für die Arbeit in den Flüchtlingslagern. «So begann ein völlig neuer Abschnitt in der Geschichte der deutschen sozialdemokratischen Emigration in Dänemark», resümierte Gustav Wolter.[17] Gegen Ende des ersten Nachkriegsjahrs zählte die «Sozialdemokratische Partei Deutschlands – Landesgruppe Dänemark» bereits 106 Mitglieder, dazu noch neun SAP-Genossen, die vorläufig noch nicht eintreten wollten.[18]

Schon bald aber vermittelten die Vorstandsprotokolle der neu konstituierten Landesgruppe weniger das Bild einer sich entwickelnden Organisation als vielmehr ein Wiederaufleben der alten Konflikte. Angesichts der unüberschaubaren Probleme in der Flüchtlingsfrage sowie der fortdauernden Schwierigkeiten einer Remigration war das nicht verwunderlich. Zudem war der Neubeginn in Kopenhagen von Anfang an belastet, da es trotz aller Bemühungen nicht gelang, die schwedische Parteispaltung personell zu überwinden. Tatsächlich kam es sogar dahin, dass Fritz Gelbart, weil er sich von dem in Stockholm zurückgebliebenen Exvertreter des Londoner Exilvorstands Kurt Heinig dazu berufen fühlte, innerparteiliche Konflikte auslöste, die schon bald seine Ablösung als Kassierer notwendig machen sollten.[19]

Gelbart korrespondierte nach wie vor lebhaft mit Heinig, der sich in die dortigen Verhältnisse einzumischen versuchte – in welchem Geist, das zeigt ein Brief vom 31. Mai 1945, in dem er zur Konstituierung einer sozialdemokratischen Ortsgruppe Kopenhagen aufforderte, nachdem Gelbart ihn um «Anweisungen» gebeten hatte.[20] Weiter hieß es: «Ich habe natürlich keine Lust, etwa auch für Dänemark wieder in der Dreckfront zu stehen. Ich hoffe aber, daß Ihr überhaupt verhindert, daß eine entsteht […]. Wichtig ist, daß Ihr alle, die von Schweden kommen, sofort in Euren Zusammenschluß nehmt. Dabei ist allerdings darauf zu achten, daß Ihr keine Spaltpilze mitbekommt. Unerfreulich war ja hier im besonderen Dr. Bauer, mit seiner unpolitischen Vergangenheit und seinem Übereifer, hier eine Hilfsrolle für die Kommunisten zu spielen […]. Ich freue mich, daß ich Dir diesen Auftrag mitgeben konnte.»[21]

Im Anhang des Briefes führte Heinig noch eine Liste der in Schweden wartenden Genossen auf, die demnächst nach Dänemark zurückkehren wollten. Für jeden von ihnen hatte er eine charakterisierende Beurteilung wie diese: «Bauer war in Dänemark ebenfalls abseits von der deutschen Sozialdemokratie. Erst durch mich in Schweden wieder an die Partei herangezogen. Versteht es ebenfalls sehr gut, seine persönlichen Interessen wahrzunehmen. Arbeitete hier intim mit den Kommunisten zusammen.»[22] Und weil dem ehemaligen Parteivorstandsvertreter, obgleich er keine Zuständigkeit für Dänemark besaß, die Anweisungen für seinen Freund Gelbart noch nicht ausreichend schienen, bekam gleichzeitig auch der bereits über den Öresund zurückgekehrte Genosse Paul Steiner denselben Sonderauftrag, damit «keine Stänker oder ‹Arbeitsfrontler› und ‹Volksdemokraten› anfangen, auch in Dänemark Resolutionen zu fabrizieren». «Und paß auf, daß die politisch Verrückten bei uns keinen Einlaß finden. Dr. Bauer ist ja auch wieder dort. Er muß gleich richtig abgewinkt bekommen, wenn er seiner Phantasie freien Lauf lassen will. Er ist ja ein großes Kind, das meint spielen zu können.»[23]

Trotz solcher vorauseilender Anfeindungen war Fritz Bauers erste Sorge, eine neue ihm gemäße Betätigung zu finden. Schneller als erwartet, berichtete Gelbart an Heinig nach Stockholm, habe Bauer eine Stelle als Redakteur bei den *Deutschen Nachrichten* bekommen. Und natürlich informierte er Heinig ausführlich von der auf der Generalversammlung beschlossenen «Zusammenarbeit mit den Komikern», wie in dem Briefwechsel fortan die Kommunisten bezeichnet wurden – womit angedeutet ist, was Fritz Bauer in der nächsten Zeit als Redakteur bei den *Deutschen Nachrichten* erleben sollte.[24] Hier war die Atmosphäre zwischen Kommunisten und Sozialdemokraten in der Tat schon früh vergiftet. Doch die nun folgenden Intrigen übertrafen so ziemlich alles.

Kurt Heinig hatte mit seiner Einschätzung Bauers gar nicht so falsch gelegen. Tatsächlich kehrte dieser nicht ohne gewichtiges Gepäck nach Dänemark zurück. Fritz Bauer hatte die anderthalb Jahre in Stockholm zur Abfassung gleich mehrerer Manuskripte genutzt. Er gehörte zu den Emigranten, die sich im Exil ein ungeheures Arbeitspensum abverlangten, was ihnen half, ihre Situation zu bewältigen.[25] In Stockholm arbeitete Bauer bis zum Schluss an seiner Schrift mit dem Titel *Ökonomisk Nyorientering (Ökonomische Neuorientierung)*, die sich mit der wirtschaftlichen Nachkriegsordnung auseinandersetzte und jetzt in Kopenhagen erscheinen sollte. Zudem war – wie bereits zitiert – 1944 seine aktuell zugespitzte Studie *Krigsförbrytarna inför domstol (Kriegsverbrecher vor Gericht)* auch ins Dänische übersetzt worden. Und was die deutschen Verhältnisse betrifft, wurde das dringende Anliegen des Autors, dass sein Buch bald in deutscher Sprache gedruckt werde, noch im selben Sommer 1945 vom Züricher Europa-Verlag verwirklicht. Zu Recht konnte der berühmt gewordene Schweizer Verleger Emil Oprecht das Werk der Öffentlichkeit auf der Innenklappe des Schutzumschlags mit folgender Ankündigung präsentieren: «Wie die sogenannten ‹Kriegsverbrecher› bestraft werden sollen, auf wen im genaueren diese Bezeichnung anzuwenden ist, und auf Grund welcher juristischen Handhaben die Aburteilung erfolgen kann, dies ist eines der brennendsten Probleme, denen sich die Völker heute zuwenden.»[26]

Die Nürnberger Prozesse hatten noch nicht begonnen, aber Fritz Bauer hatte die Notwendigkeit und das Ziel der alliierten Prozesse in vielem bereits begründet. Es ist ohne Weiteres anzunehmen, dass auch die Mitglieder des gerade entstehenden Internationalen Gerichtshofs einiges von dem Werk hätten profitieren können. Von einem der Offiziellen des Internationalen Militärtribunals von Nürnberg ist das durchaus anzunehmen, nämlich von Robert M. W. Kempner, der damals dem Stab der amerikanischen Anklagevertretung angehörte. Später, in den fünfziger und sechziger Jahren, sollte Kempner Fritz Bauer als hessischen Generalstaatsanwalt auch persönlich kennen lernen. Beide – 1933 aus dem deutschen Justizdienst vertrieben – verband eine gemeinsame Geschichte von KZ-Haft und Emigration. Sowohl Kempner als auch Bauer machten sich nach dem Krieg einen besonderen Namen: durch ihr unermüdliches Engagement, mit dem sie die Entnazifizierung vorantrieben, unter anderem mit Prozessen gegen NS-Verbrecher.[27]

Fritz Bauer, zum Spezialisten für Völkerrecht herangereift, behandelte in seinem Buch *Kriegsverbrecher vor Gericht*, das in der dänischen Fassung mit einem Vorwort von Professor Stephan Hurwitz erschien, der nach 1942 skandinavischer Delegierter in der alliierten War Crime Commission in London war, nicht nur in einer historischen Übersicht Praxis und Theorie der Kriegführung, wie sie im Laufe der Zeitalter zur Lehre vom «bellum iustum» entwickelt worden war, sondern explizit die neueren und neuesten Versuche, Kriege wie den Ersten Weltkrieg zu verhindern. «Das größte, das unheilvollste aller Verbrechen, der Krieg, wird von keinem Angreifer unternommen, ohne daß er seine Untat mit dem Vorwand der Gerechtigkeit rechtfertige», so lautete das von Voltaire übernommene Motto des Buches. Und Bauer kam sogleich zur Sache: «Am 13. Januar 1942 stellten neun besetzte Länder in einer gemeinsamen Erklärung, die im St. James-Palast in London abgegeben wurde, zum ersten Mal die Forderung auf, die Bestrafung der Vergehen gegen die Haager Konvention vom Jahre 1907 sollte zu einem Ziel des Krieges gemacht werden.»[28] Schließlich unterschrieben siebzehn Nationen das Abkommen, das daraufhin am 20. Oktober 1943 zustande kam. Deren Unterschriften machten deutlich, dass nicht bloß die Krieg führenden Alliierten, die drei Großmächte und dazu die französische Befreiungsbewegung unter de Gaulle das «Dritte Reich» vor ein Kriegsgericht stellen wollten, sondern – kurz gesagt – die ganze Welt. «Siegerjustiz», wie es damals, vor wie nach der Kapitulation, im Volksmund der geschlagenen Deutschen vielfach hieß?[29]

Bauer zeigte systematisch, wer als Kriegsverbrecher verantwortlich zu machen sei und wie die Auslieferung der Schuldigen zustande kommen solle. Einen Kollektivschuldvorwurf erhob er indes nicht, wie er gleich zu Anfang klarmachte.[30] Doch zunächst wusste auch Bauer noch nicht, wie sich die Situation nach dem Krieg darstellen würde. Würde Deutschland zum Beispiel bedingungslos kapitulieren, wie es die Alliierten 1943 in Casablanca gefordert hatten? Und würde es nach dem Krieg überhaupt noch eine deutsche Regierung geben?[31]

Unter Zuhilfenahme einer Fülle von nationaler wie internationaler Literatur, deutscher, englischer, amerikanischer, französischer, schwedischer, dänischer Fachbücher, diskutierte Fritz Bauer vor allem die deutsche Völkerrechtslehre vor und nach 1933, so dass man nicht sagen kann, er habe die Modelle der Nationalsozialisten unberücksichtigt gelassen. Besonders interessierte er sich für den Versailler Vertrag sowie dessen Kriegsschuld-Paragraphen. Die darin enthaltene These, dass der Weltkrieg ein Angriffskrieg der Deutschen war, hatte nicht unerheblich zum Erfolg der Nationalsozialisten beigetragen.[32] Wobei Bauer zu Recht betonte, dass die «tiefere Ursache des gegenwärtigen Krieges» nicht Versailles war. Der Zweite Weltkrieg, so hob er hervor, sei weder ein politischer noch ein wirtschaftlicher Verteidigungskrieg, «und er entstand auch aus keiner politischen oder wirtschaftlichen Notlage».[33]

Bauer stellte fest, dass die Völkerrechtler vor dem Ausbruch des Ersten

Weltkrieges 1914 durchaus noch Angriffskriege für legitim halten konnten. Danach sah die Lage jedoch grundsätzlich anders aus. Einen radikalen Neuanfang setzte 1928 der Briand-Kellogg-Pakt, der erreichte, dass 56 Staaten feierlich für ihre Völker erklärten, dass allenfalls Verteidigungskriege zu rechtfertigen seien.34 Etwas also hatte der von den Nationalsozialisten so angefeindete Völkerbund doch erreicht. Schließlich hatten die Deutschen in weiteren «Nichtangriffspakten» ausdrücklich versichert, dass «das Deutsche Reich [...] unter keinen Umständen zum Kriege oder zu irgendeiner anderen Form von Gewaltanwendung greifen [würde]».35 Seit 1928 – so Bauer – diskutierten Völkerrechtler über die Notwendigkeit, ein internationales Straf- und Prozessrecht zu schaffen, was verbunden war mit der Idee eines internationalen Gerichtshofes, jedoch bis heute nicht Wirklichkeit geworden sei.36

Der zweite Hauptgesichtspunkt Fritz Bauers galt den effektiven Vorgängen, also den Verbrechen, welche das NS-Regime und seine Helfershelfer im Krieg begangen hatten. Die Stichwörter hierfür lauteten: Verbrechen an der Zivilbevölkerung, Besatzungsregime, Verwüstungen, Geiselnahme, Kollektivbestrafung, Zwangsarbeit, Deportation, «Endlösung der Judenfrage». Den Höhepunkt der Darstellung und Argumentation erreichten die Kapitel über Schuld und Strafe, mit aktuellen Überschriften wie: «Verbrechen auf höheren Befehl», «Zurechnungsfähigkeit der Herrenmenschen», «Keine Strafe ohne Gesetz», «Schuld und Strafe der Quislinge» in Norwegen und Dänemark oder «Ziel des Verfahrens gegen Kriegsverbrecher».37 In allen Kapiteln wurde deutlich, wie genau der in Stockholm schreibende Autor über die tatsächliche Kriegführung im Bilde war, wie er also vom neutral gebliebenen Schweden aus seine Möglichkeiten genutzt und sich Informationen verschafft hatte. Schließlich zitierte er Friedrich Schiller, als dessen Schüler er sich ein Leben lang verstand. Dieser hatte in einem 1801 entstandenen Fragment von deutscher Größe gefordert, sie solle die «Freiheit der Vernunft erfechten» und damit «den großen Prozeß der Zeit [...] gewinnen». Das eigentliche Schlusswort des Buches über «Kriegsverbrecher vor Gericht» aber bildete der Satz: «Das deutsche Volk braucht eine Lektion im geltenden Völkerrecht.»38

Fritz Bauer brachte also einiges an gewichtigem «Gepäck» mit zurück nach Dänemark, nur zum Leben reichte es wahrlich nicht. Er konnte erleichtert sein, dass die neu gegründete SPD-Landesgruppe für die Flüchtlingszeitung seinen Namen ins Spiel brachte, weil man dringend fähige Leute brauchte, die den dänischen Behörden dabei halfen, für die deutschen Flüchtlinge zu sorgen – sozusagen die Erblast der Besatzungszeit zu bewältigen: ein Problem, welches das gerade befreite Dänemark und seine demokratische Staatsordnung, die von Grund auf reformiert und neu errichtet werden musste, ziemlich überforderte.[39]

Seit Februar 1945 hatte sich eine Unzahl von Flüchtlingen aus den deutschen Ostgebieten auf der Flucht vor der Roten Armee ziel- und planlos auf den Weg nach Westen gemacht. Da sich in Deutschland kaum noch Provinzorte oder -örtchen finden ließen, die nicht schon mit anderen Flüchtlingen oder mit Evakuierten aus den bombardierten Städten belegt waren, transportierte die Kriegsmarine die Flüchtlinge auf allen möglichen Dampfern über die Ostsee. Günter Grass hat diese Situation in seiner Novelle *Im Krebsgang*, die vom Schicksal des Flüchtlingsschiffes «Wilhelm Gustloff» handelt, in Erinnerung gebracht.[40] Die Flüchtlinge, die so in das zunächst immer noch von deutschen Truppen besetzte Dänemark gelangten, wurden dort in beschlagnahmten Notunterkünften untergebracht. Sie besetzten nach wie vor die meisten öffentlichen Gebäude, vor allem Schulen, Turnhallen, Hotels, und eigentlich wusste niemand, wie diese Lager zu verwalten und zu versorgen waren.

Nach Kriegsende verfügten die Alliierten, die sich die Entscheidung über die Flüchtlinge und Soldaten in Dänemark vorbehielten, dass sie dort, wo sie augenblicklich kampierten, vorläufig zu bleiben hätten. Freilich ohne zugleich klären zu können, wie man am jeweiligen Platz praktisch zu verfahren und wer die dafür nötigen Mittel aufzubringen habe.[41] Nicht nur die Flüchtlinge, sondern auch die Dänen fühlten sich also vorerst völlig im Stich gelassen. Eine Vier-Millionen-Bevölkerung sollte von heute auf morgen mit der Zuwanderung von 200 000 bis 250 000 Vertriebenen zurechtkommen, die mehr als fünf Prozent der Einwohnerschaft ausmachte. Von den Flüchtlingen und Kriegsgefangenen waren schätzungsweise nicht weniger als 89 000 Frauen, 76 000 Kinder bis zu 14 Jahren und nur 26 000 Männer, davon wiederum nur 12 000 unter 25 Jahre alt – also die weitaus meisten Flüchtlinge waren laut dieser Angaben Frauen und Kinder sowie ältere Menschen. Hinzu kam, dass sich zahlreiche in den Ostgebieten agierende Nazi-Funktionäre in die Flüchtlingstransporte eingeschlichen hatten und nun in Dänemark als «Lagerführer» in den deutschen Notquartieren herrschten, jedenfalls bis zur Kapitulation. Selbst danach dauerte die Ablösung der Parteifunktionäre, von denen einige in Sonderlager gebracht wurden, noch eine ganze Weile.[42] Auch Fritz Bauer wusste über die Einstellung der Flüchtlinge zu berichten, die Mehrheit – so bemerkte er – denke freiwillig oder unfreiwillig nazistisch, was mit ihrer sozialen und geographischen Herkunft zusammenhänge. In der Augustausgabe der *Sozialistischen Tribüne* schrieb er: «Oft rennt man gegen eine Mauer, insbesondere sitzt der Glaube an den deutschen ‹Herrenmenschen› tief.»[43]

Die deutsche Wehrmacht jedoch rührte vom 4. Mai 1945 an, dem Tag der Kapitulation in Dänemark, keinen Finger mehr für diese Landsleute, nicht einmal von ordentlicher Übergabe ist in den vorliegenden Quellen die Rede. Die Dänen mussten also sehen, wie sie mit dem Problem allein zurechtkamen.[44] «Am 4. Mai brach die gesamte deutsche Flüchtlingsfürsorge in sich zusammen», hielt Karl Rowold 1947 in seinem umfassenden Bericht fest. Da war er bereits SPD-Landesgruppenchef, während Gustav Wolter die Generalinspektion der Flüchtlingslager übernommen hatte und von einem Lager ins nächste reiste.[45] Rowold lieferte mit seinen Beobachtungen als Chefsekretär der Kulturabteilung der Flüchtlingsverwaltung und Mitglied im Flüchtlingsausschuss unmittelbar dänische Zeitgeschichte.[46]

Die erste Zwangsläufigkeit, die sich nach der Kapitulation aufgrund der schwierigen Unterbringungs- und Versorgungsfrage den Behörden stellte, war die Zusammenlegung der weit verstreuten Flüchtlinge. Aus logistischen Gründen, aber auch, um weitere Anfeindungen gegen die Deutschen zu vermeiden, und ganz besonders, um den dänischen Kindern wieder die nötigen Schulen frei zu machen, mussten die Flüchtlinge konzentriert und in Sammellagern zusammengefasst werden. Das stellte bereits unlösbare Probleme dar, denn Lager, das hieß nun einmal mit Stacheldraht umzingelte Barackenansammlungen, wogegen die Zusammengepferchten sich natürlich empörten und protestierten.[47] Lager, das hieß auch: Gliederung, Einteilung, Organisation; und, um nur einige Stichwörter aus dem SPD-Bericht Rowolds zu nennen: Kindergarten, Schulen, Verpflegung, Großküchen, Sanitätsstuben und Krankenanstalten, Bierlokale, Sportplätze, Abendveranstaltungen, Vergnügungen, Informationsmöglichkeiten, und so weiter. Bis alles organisiert war, verging notgedrungen einige Zeit, und unweigerlich kam es zu Fehlleistungen, widersinnigen und misslungenen Maßnahmen. War es verwunderlich, wenn schließlich in Rowolds Bilanz lakonisch, aber gewiss wahrheitsgemäß festgehalten werden musste, dass in den ersten drei Monaten, von Mai bis Juli 1945, 4149 Personen als Sterbefälle zu registrieren waren? In den Vergleichsmonaten von Mai bis Juni 1946 waren es dann noch 387. Zu diesem Zeitpunkt hatten sich die hygienischen und sozialen Verhältnisse in den Lagern, bereits beträchtlich verbessert.[48]

Später, im Abstand von einigen Jahrzehnten, wurde den Dänen und insbesondere der Ärzteschaft vorgeworfen, dass sie die Kinder- und Säuglingssterblichkeit in diesen Lagern nicht entschiedener eingedämmt hätten.[49] Vielen der 7000 bis 8000 Kinder, die infolge der mangelhaften Lebensbedingungen allein im Jahr 1945 gestorben seien, so die These der Ärztin und Historikerin Kirsten Lyloff, hätte geholfen werden können, wenn die Ärzte mehr und schnellere Hilfe geleistet hätten.[50] Lyloffs Thesen, die durch einen Artikel in der Tageszeitung Politiken bekannt wurden, widersprach Thorkild Frederiksen: Die Ärztin habe die damaligen schwierigen Umstände nicht genügend berücksichtigt, auch wenn ihr Urteil moralisch richtig erscheine.[51]

Doch schon im Januar 1947 konnte Karl Rowold in seinem Bericht feststellen: «Der Gesundheitszustand muß heute als außerordentlich gut bezeichnet werden. Alle Flüchtlinge sind gegen Typhus geimpft worden und alle Personen unter 18 Jahren auch gegen Diphteritis. [...] Säuglinge erhalten besondere Säuglingskost.» «Es werden etwa 50000 Kinder in den Lagerschulen von ungefähr 1500 Lehrern, Lehrerinnen und Schulhelfern unterrichtet.» Sowie: «Im ersten und zweiten Schuljahr erhalten die Kinder 12–18 Stunden Unterricht pro Woche, vom 3. bis zum 8. Schuljahr 20–34 Stunden wöchentlich.»[52] Dass derartige Probleme, wenngleich nicht zufrieden stellend, überhaupt gelöst werden konnten, war gewiss eine beachtliche Leistung des kleinen Staates.[53]

Dringend benötigte Unterstützung bekamen die Dänen auf ungewöhnliche und wohl auch unerwartete Weise durch die Emigranten. Als nämlich klar wurde, dass Dänemark die Flüchtlinge so schnell nicht loswerden würde, erkannte die neu geschaffene staatliche Flüchtlingsverwaltung unter Leitung des früheren Sozial- und Arbeitsministers Johannes Kjaerböl (1885–1973), dass die politischen Emigranten bei der dringend notwendigen Kulturarbeit in den Flüchtlingslagern sehr nützlich sein konnten. Die Emigranten wiederum erhofften sich eine finanzielle Absicherung durch eine längerfristige Anstellung bei der Flüchtlingsverwaltung.[54] Darauf konnte auch Fritz Bauer spekulieren, als der neu gewählte SPD-Landesgruppenvorstand ihn als Mitarbeiter in die Redaktion der Flüchtlingszeitung *Deutsche Nachrichten* entsandte.

Was in diesem Gemeinschaftsprojekt von Kommunisten und Sozialisten geschah, bestimmte der «Antinazistische Arbeitsausschuß», der paritätisch von der SPD-Landesgruppe und KPD-Funktionären besetzt wurde.[55] Hier musste immer erst Einigkeit hergestellt werden, bevor die Vertreter der beiden Arbeiterparteien, die im Sekretariat des «Flüchtlingsausschusses der deutschen antinazistischen Organisationen» und in der Redaktion der gemeinsam herausgegebenen Zeitung saßen, überhaupt agieren durften. Neben Wolter und Schulze für die SPD gehörte dem «Arbeitsausschuß» von der KPD Karl Winkel an sowie Alfred Drögemüller, der politische Leiter der Kommunisten.[56] Die *Deutschen Nachrichten. Zeitung für deutsche Flüchtlinge in Dänemark* (DN), die in einer Auflage von 20 000 erschienen, waren eines der wichtigsten gemeinsamen Projekte und ein echter Sonderfall der deutschsprachigen Exilpresse.[57]

Im Untergrund waren die *DN* von kommunistischen Emigranten der Bewegung «Freies Deutschland» gedruckt worden, die das Blatt deutschen Landsern zuspielten, nicht zuletzt, um auf diese Weise zu Kriegsende den Defätismus zu schüren.[58] Der KPD-Funktionär Max Spangenberg war einer der erfahrenen ehemaligen «illegalen» Redakteure, alle anderen waren aus Schweden zurückgekehrt. Er wurde bei der Neugründung der neue Chef- und Umbruchredakteur.[59] Verblüffend schnell, meint Klaus Schulte, wurden die *DN* von den Kommunisten von einem Widerstandsblatt in eine legale Lagerzeitung umgestellt.[60] Im Herbst 1945 entschloss sich die dänische Flüchtlingsverwaltung, die *DN* in ihren Etat aufzunehmen und als Wochenzeitung herauszugeben. Die Redaktion, deren Aufgabe es war, demokratische und antinazistische Aufklärungs- und Schulungsarbeit unter den Flüchtlingen zu leisten, konnte zunächst nur politische Fragen behandeln, denen der gemeinsame «Arbeitsausschuß» vorher zugestimmt hatte. Dabei blieben parteipolitisch umstrittene Themen wie die der neuen Grenzen Deutschlands ausgeschlossen.[61] Diese Struktur funktionierte mehr oder weniger bis Mitte Dezember 1945, als die erste größere kommunistische Kadergruppe nach Deutschland zurückkehren konnte und ihr Anfang 1946 fast alle anderen Mitglieder der Kopenhagener KPD-Gruppe folgten. Ihr Vorsitzender Alfred Drögemüller gehörte zur ersten Gruppe, Max Spangenberg zu den letzten Remigranten, die aus Dänemark nach Deutschland zurückkehrten, so dass ab April 1946 keine eigentliche Parteigruppe mehr existierte. Nur ein Redaktionsmitglied aus der KPD blieb bis zur Einstellung der *DN* und schließlich ganz in Dänemark zurück: Niels Rickelt[62], der mit Fritz Bauer freundschaftlich verbunden war.[63]

Ob die Zusammenarbeit von KPD und SPD auf längere Sicht tragfähig gewesen wäre, ist allerdings zu bezweifeln. Innerhalb weniger Monate eskalierten die Macht- und Richtungskämpfe unter den sozialdemokratischen Schweden-Emigranten, die einen regelrechten Kleinkrieg führten. Die SPD hatte mit dem Juristen und in der Emigration wieder zum Wirtschaftswissenschaftler gewordenen Fritz Bauer sowie mit Adolf Hirsch, der bis 1933 beim *Vorwärts* über Kultur und Theater schrieb, zwei journalistisch erfahrene «Emissäre» in die Redaktion entsandt, die für eine Zusammenarbeit mit den Kommunisten aufgeschlossen waren.[64] Damit aber waren, weder sachlich noch personell, nicht alle SPD-Genossen einverstanden, erwartungsgemäß am wenigsten der in Stockholm zurückgebliebene Kurt Heinig.

Bereits am 3. August 1945 schrieb er an Fritz Gelbart in Kopenhagen, er sei sehr skeptisch, was die Flüchtlingszeitung betreffe. Seiner Meinung nach druckten die Kommunisten nur 3000 Exemplare der *DN*, obgleich sie behaupteten, 6000 zu drucken. Heinig schlug vor, wenn es nur irgendwie zu erreichen wäre, lieber eine eigene Zeitung für die deutschen Flüchtlinge herauszugeben. Denn paritätisch besetzte Kommissionen bedeuteten doch nur, «daß die Kommunisten gemeinsam unterschriebene Erklärungen haben wollen, die sie dann in Deutschland – im russisch-deutschen Okkupationsgebiet – benutzen».[65] Am 1. September 1945 legte er noch einmal nach: «Was die Angriffe auf Euch angeht, so stammen sie sicherlich von Dr. Bauer [...]. Nehmt ihn ordentlich vor und schüttelt ihn aus den Lumpen.»[66]

Doch diesmal stimmte Gelbart seinem «Auftraggeber» Heinig nicht wie sonst zu, sondern hielt sich an die auf der SPD-Generalversammlung beschlossenen Abmachungen. Am 31. August und 7. September 1945 erklärte er Heinig: Zum «Thema unserer Zusammenarbeit mit den Komikern in der Frage der Flüchtlingsbetreuung», diese sei dringend notwendig gewesen: «Wir konnten den Kommunisten auf keinen Fall allein und unkontrolliert die Beeinflussung von über ¼ Million Menschen überlassen.» Hinzu komme, dass in vielen Lagern noch die Nazis ihren Einfluss geltend machten, vor allem in den Lagerleitungen. Die Beschlüsse über die politische Haltung in den großen Fragen überließen sie ansonsten dem Parteivorstand und dem «Zentral-Ausschuß» in Berlin.

Im zweiten Teil seines Briefes erinnerte Gelbart an die Gründungsgeschichte der *DN*, die zunächst illegal im Kontakt mit dänischen Widerständlern gemacht worden seien. Er hatte die Zeitung vor seiner Flucht nach Schweden im Oktober 1943 mehrfach zu lesen bekommen. Damals wurde sie in der deutschen Kolonie und unter den deutschen Soldaten verteilt. Sie habe auch ganz ausgezeichnet gewirkt. Ausführlich berichtete Gelbart dann über die besonderen Schwierigkeiten in Kopenhagen, wo man sich an die neuen Regierungs- und Verwaltungsverhältnisse gewöhnen müsse. Er meinte sogar, es sei zu befürchten, dass die Veröffentlichung konträrer Ansichten schnell wieder in ein Internierungslager führen könnte, wo Gelbart, zeitweise zusammen mit Fritz Bauer, Teile der Besatzungszeit verbracht hatte.

Alle diese Dinge in Betracht gezogen, erklärte Gelbart, müsse Heinig doch verstehen, dass man die Zeitung nicht einfach danach beurteilen könne, ob «die Komiker» oder wir mehr Einfluss hätten. Zu berücksichtigen sei auch, versicherte er, dass die *DN* für die Vertriebenen, eine im politischen Sinne größtenteils unaufgeklärte und primitive Landbevölkerung aus den Ostgebieten, gemacht würden. Deshalb müsse die Zeitung auch etwas seelsorgerisch wirken. Man müsse diesen Menschen, die noch unter dem Einfluss der nazistischen Denkweise stünden, wieder Hoffnung geben und sie nicht der Verzweiflung anheimfallen lassen. Er hoffe, durch die gute politische Schulung der sozialdemokratischen Emigranten der Aufgabe gewachsen zu sein. Für diese weitere Schulung brauche man unbedingt die von Heinig erstellten und versandten Parteinachrichten, man warte geradezu auf die nächste Nummer, behauptete Gelbart zu guter Letzt.[67] Dies aber war genau das, was viele Sozialdemokraten nicht mehr wollten. So beschloss die Vorstandssitzung der SPD-Landesgruppe am 25. April 1947 ein Schreiben des SPD-Landesgruppenvorsitzenden Karl Rowold an Kurt Heinig, in dem dieser davon in Kenntnis gesetzt wurde, dass gerade die *Information* keine Existenzberechtigung mehr habe. Die Sozialdemokraten – so hieß es weiter – seien an keiner inneren Zersetzung interessiert, wie sie noch in Schweden stattgefunden habe.[68]

Doch der Prozess der «inneren Zersetzung» innerhalb der Redaktion der DN war nicht mehr aufzuhalten. Schnell war man wieder da, wo man in Stockholm aufgehört hatte. Die sozialdemokratischen Aversionen gegen «linke» antinazistische Bündnisinitiativen entwickelten eine eigene Schubkraft. Die beiden Redaktionsmitglieder Fritz Bauer und Adolf Hirsch sowie der freie Mitarbeiter Karl Raloff gerieten ins Visier der «Heinigmänner» Hans Reinowski und Fritz Gelbart, wobei der weniger empfindliche und taktisch raffinierte Reinowski die Rolle des Hauptakteurs übernahm.[69]

Reinowski war, fünf Monate nach Fritz Bauer, nach Kopenhagen zurückgekehrt, in der vergeblichen Hoffnung auf eine sofortige Anstellung bei der Flüchtlingsverwaltung. Dennoch war er jetzt, wie er Heinig versicherte, «inoffiziell bereits sehr mit der geistigen Betreuung der Flüchtlinge beschäftigt» und hielt im Übrigen auch die Zusammenarbeit mit den Kommunisten für vorübergehend taktisch notwendig, um sie aus ihren Schlüsselpositionen herauszudrängen.[70] Und während Heinig die DN noch als «kommunistisch-stinkend-dumm» qualifizierte,[71] fand Reinowski genau da eine Anstellung, die ihm alsbald dazu verhelfen sollte, seinen Auffassungen Nachdruck zu verleihen. Am 1. Dezember 1945 wurde er als Redakteur für Umbruch und Feuilleton eingestellt. «Umbruch aus sachlichen (technischen) Gründen und auch aus politischen Gründen», erklärte er Heinig, weil er nämlich meinte, durch diese Doppelfunktion in kurzer Zeit ein Übergewicht zu bekommen. Durchgeboxt hätten ihn Wolter und Schulze. Die Kommunisten hätten ihn erstaunlicherweise am leichtesten «geschluckt», nur «unsere Leut'», Bauer und Hirsch, hatten sich angeblich auf die Hinterbeine gesetzt: «Hätten sie es nicht getan», so versicherte er Heinig, «wäre ich Chefredakteur geworden.»[72]

Fritz Bauer hatte auf der entscheidenden SPD-Funktionärsversammlung noch versucht, die Entsendung von Reinowski in die DN-Redaktion zu verhindern, um stattdessen Karl Raloff «durchzuboxen». Doch konnte er sich gegen Wolter und Schulze nicht durchsetzen. Es gelang ihm nicht einmal, Raloff zum Ausgleich mit einer Reportageserie über die Flüchtlingsarbeit zu beauftragen; Reinowski durchkreuzte den Plan umgehend.[73] Indessen bereiteten die Nachrichten aus Kopenhagen Heinig «allerlei Freude», er gratulierte «herzlich», auch wenn er noch immer im Unklaren war und besorgt nachfragte: «Wer ist nun der Chef der Zeitung? Etwa weiter Bauer?»[74] Der Ex-Parteivorstandsvertreter ignorierte schlichtweg, dass es offiziell gar keinen Chefredakteur gab. Postwendend kam die Antwort aus Kopenhagen und machte deutlich, dass der frisch installierte Umbruchredakteur sich längst auf seinen Kollegen Bauer eingeschossen hatte: «Bauer? Nein. Bauer ist nicht Chef. Soviel ich weiß, hat er offiziell überhaupt nichts mehr mit der Zeitung zu tun. Er ist nur noch ‹Berater› der Redaktion. Ich will ihn dies Jahr noch ein bißchen mitmurksen lassen.» Und dann werde er einen «Vorstoß machen», kündigte Reinowski selbstgewiss an und machte nochmals deutlich, dass er sein neues Amt als das eines Oberzensors verstand: «Davon merkst Du in den ersten Nummern natürlich wenig, aber warte nur ab.»[75]

Welcher Geist hier eingezogen war, konnte man an dem beispiellosen diffamierenden Ton merken, den die drei selbst ernannten Überwacher Reinowski, Heinig und Gelbart in ihren Briefwechseln anschlugen. Selbstverständlich, so möchte man meinen, gab und gibt es in allen Zeitungsredaktionen, Ämtern, Leitungsgremien und Vorständen ständig Differenzen und Auseinandersetzungen. Doch in der Redaktion der DN vergaß man vollständig, dass man eigentlich das gleiche Ziel verfolgte. Die Kollegen und eigenen Parteigenossen wurden hintenherum hemmungslos beschimpft; feindselig wurde gegen sie intrigiert. Und so wurden die Redaktionskollegen kurzerhand als «die drei Bolschewiken: Bauer, Hirsch und Rickelt», diese «hundertzwanzigprozentigen Kommunisten» oder «wurzellosen Botokuten», diese «Bauern und Hirsche», dieser «Nasen-Hirsch»[76] bezeichnet, wobei Heinig noch draufsetzte, «mit so einer Nase Emigrant zu sein ist schrecklich»[77]. Ebenso in anderen Briefen: «die Furze», hieß es am 5. Februar 1946 in einem Schreiben, oder auch drei Monate vorher «die russischen Quislinge». Am 20. September 1946 war in einem Brief von «dem ganzen Scheißklub» die Rede. Die antikommunistischen Scharfmacher polterten gegen die «pro-bolschewistischen Arschkriechereien»[78], gegen «den Eindruck der Charakterlosigkeit und der Speichelleckerei» oder gegen die «Gewissenlosigkeit und Unappetitlichkeit der Bauer und Hirsch»[79]. Noch schlimmer als ihr «grauer kommunistischer Mist»[80] sei allenfalls der Kotau vor den Alliierten, das Eintreten für «Wiedergutmachung und Potsdamer Beschlüsse […]. Dabei machen sie sich zu Schleppenträgern des übelsten Nationalismus – der anderen.»[81] «Dieses ewige den Russen in den Arschkriechen und dieses Huldigen der Justiztrauerspiele in Nürnberg ist richtig zum Kotzen […]. Wenn doch endlich Bauer nach Deutschland gehen wollte», wie Heinig an Reinowski am 21. August 1946 schrieb.[82] Was sie Bauer und Hirsch verübelten, war vor allem deren Anliegen, die Verbrechen der Deutschen zu bestrafen. Darin sah man den Verrat an den eigenen Landsleuten und ein gesinnungsloses Einknicken vor den Alliierten.[83]

Dass Fritz Bauer von diesen Feindseligkeiten hinter seinem Rücken etwas gespürt hat, lässt sich aus den wenigen überlieferten Äußerungen von seiner Seite nur schwer erkennen. Eine Reaktion war aber wohl bei so viel antisemitisch aufgeladener Feindseligkeit unvermeidlich. Die Gemeinheiten mit Nichtbeachtung zu behandeln war das eine, das andere eine kleine «Rache», wie sich noch immer Redakteure gerächt haben: Als Kurt Heinig im Frühjahr 1946 nach Hannover reiste, um als offizieller Vertreter der Stockholmer SPD-Emigranten an dem ersten Parteitag der wiedererstandenen Sozialdemokratie teilzunehmen (und um dabei dem neuen Parteivorsitzenden Schumacher gleich noch einiges über die Einheitssozialisten Brandt und Bauer zu «stecken»), hätte er hinterher gern einen Artikel für die Kopenhagener Flüchtlingszeitung *DN* geschrieben – und er tat es auch. Aber sein Freund Reinowski war zu diesem Zeitpunkt nicht zur Stelle, die Redaktion mit Bauer an der Spitze winkte ab und ließ das Manuskript in der Ablage verschwinden. Was Kurt Heinig ziemlich in Rage brachte: «Da sitzen diese Bauern und Hirsche und sind feige, aber sie sind auch noch rachsüchtig [...]. Daß Du es ihnen heimzahlen wirst», forderte er von Reinowski und setzte noch die Bemerkung drauf, man habe ihm nicht einmal das bisschen Honorar von zwanzig oder dreißig Kronen gegönnt.[84]

Aber auch Reinowskis Jubel über seinen Posten als «Oberzensor» kam zu früh. Bis zum Ende seiner Redaktionstätigkeit im Januar 1947 begleitete ihn der Zorn über die durch seine Ernennung erst entstandene «Fronde Bauer-Raloff», und Mitte Juni 1946 explodierte er gegenüber Heinig: «Bauer macht nach wie vor den wilden Mann.»[85] Vergeblich hatte Reinowski zuvor versucht, hinterrücks einen Keil zu treiben, indem er mit Wolter und Schulze verabredete, Fritz Bauer durch den nach wie vor Arbeit suchenden Raloff zu ersetzen. Auf diese Weise hoffte er, Raloff unter seine Kontrolle zu bringen.[86] Der skrupellose, auf Neid und Missgunst bauende Versuch schlug jedoch fehl, «aus dem großen Schießen [...] ist nichts geworden», erfuhr Heinig wenig später, nicht ohne den Zusatz, «es wäre doch weiter nichts dabei herausgekommen, als anstelle eines Hirschen oder Bauern einen Furz in Kauf zu nehmen».[87]

Zugleich berichtete Reinowski von einem neuen Hoffnungsschimmer für die «Heinigmänner», womöglich doch bald die Oberhand im Kleinkrieg zu gewinnen, da er mittlerweile vom «Arbeitsausschuß» als vollberechtigter Redakteur eingesetzt worden war.[88] Die Aussicht, sich wieder etwas weiter «vorschieben» zu können, wurde noch verbessert, als die Flüchtlingsverwaltung im Februar 1946 beschloss, ihn nach der Abreise Max Spangenbergs in die sowjetische Besatzungszone auf die staatliche Gehaltsliste zu setzen. Indem die dänische Aufsichtsbehörde ihn zu Spangenbergs Nachfolger machte, verloren die Kommunisten in der DN-Redaktion so gut wie ganz ihren Einfluss, den sie durch die Rückkehr nach Deutschland ohnehin schon zu einem guten Teil aufgegeben hatten.[89]

Ist es Fritz Bauer und seinen Kollegen nach diesem mehr als schwierigen Neustart noch gelungen, eine «paritätische Tonart» anzuschlagen und dem Auftrag der *Deutschen Nachrichten* gerecht zu werden? Aufschlussreich ist hier die Einschätzung des nach Berlin (Ost) zurückgekehrten KPD-Emigranten Alfred Drögemüller. Er meinte zwar: «Wenn Genosse Spangenberg aus dieser Arbeit herausgezogen wird, dann ist die Zeitung vollständig in SP-Händen. Rickelt ist alleine zu schwach, um unsre Interessen wahrzunehmen. Die ‹D. N.› werden vom Staat finanziert, alle Redakteure beziehen Gehalt. Die Sozialdemokraten verhindern durch unablässige Einsprüche die Ausgestaltung der Zeitung zu einer wirklich antifaschistischen Zeitung.» Aber der Charakter der Zeitung, die einer dänischen Vorzensur unterliege, fügte er an, «dürfte sich beim Ausscheiden unserer Genossen kaum ändern».[90]

Klaus Schulte hat die Ursachen für die komplizierte, konfliktreiche Zusammenarbeit in der Redaktion der *DN* detailliert herausgearbeitet und Drögemöllers Einschätzung im Großen und Ganzen bestätigt. Nachdem Ende 1945 die notwendige, einigermaßen vertrauensvolle Verbindung mit der dänischen Flüchtlingsverwaltung hergestellt war, wurde die Zeitung nicht nur respektiert, sondern durchaus als politisches Organ der Aufklärungsarbeit gegen die nach wie vor virulente «Gegenoffensive der Nazis in den Lagern» anerkannt und eingesetzt. Für die wenigen antinazistischen Flüchtlinge in den Flüchtlingscamps war dies ein wichtiger Schritt, ihre bisherige Isolation in Dänemark zu überwinden. Der Entrüstungssturm in der dänischen Presse gegen die Nazi-Aktivitäten in den Lagern führte sogar dazu, dass die Flüchtlingsverwaltung die politischen

Emigranten mit einer regelrechten Aufklärungskampagne zum Thema «Was ist Demokratie» beauftragte.[91]

Die kommunistischen Emigranten aber waren, mit Ausnahme von Niels Rickelt in der Redaktion der *DN*, an dieser groß angelegten Umerziehungs- und Schulungsarbeit schon nicht mehr beteiligt, obwohl die Zeitung beinahe im Sinne ihrer kommunistischen Gründer Agitationsarbeit leistete. Von Anfang März bis Anfang April publizierte die Redaktion Auszüge aus der Schrift des dänischen, der Sozialdemokratie nahestehenden Theologen Hal Koch *Was ist Demokratie?*, die gerade erst im Sommer 1945 erschienen war und jetzt nach dem Vorbild der Volkshochschulbewegung zur Grundlage einer umfangreichen Studienkreisarbeit gemacht wurde. Allmählich entwickelte sich die Zeitung sogar zum Forum einer Demokratiedebatte.[92] Und der durchsetzungsfähige «Chefredakteur» Hans Reinowski sollte dazu, wie wir sehen werden, noch ganz besonders beitragen, indem er zwei durchschlagende neue Zeitungsrubriken einführte.

Was an den *DN* von besonderem historischen Interesse sein dürfte, ist die Pionierleistung einer mehr oder weniger aus den Zeitumständen zusammengewürfelten Redaktion, die ein Experiment wagte, von dem niemand wissen konnte, was daraus werden und ob es Bestand haben würde. Das Ergebnis war nicht nur eine Fußnote in der Geschichte der deutschen Emigration. Die in Kopenhagen gefertigten und 1945 bis 1948 erschienenen *Deutschen Nachrichten* waren das Geschöpf jüdischer und nichtjüdischer, sozialistischer und kommunistischer Emigranten, deren gemeinsamer Nenner die erlittene Verfolgung war, die infolge des gleichen Schicksals in Dänemark oder in Schweden überlebten und zusammenleben mussten. Eine «Schicksalsgemeinschaft» wurden diese Menschen nie; sie waren Parteigenossen, Freundschaften kamen nicht oder nur ganz selten zustande. Jeder Blick hinter die Kulissen beziehungsweise in die noch auffindbaren Briefwechsel bringt Neid und Missgunst, Rivalitäten und Gegensätze, differente Ideologien, Charakterschwächen, politische Besserwisserei oder Schlagseiten, persönliche Vorlieben und Aversionen zu Tage. Was man zu lesen bekommt, weist auf jeden Fall auf eine vielfach misstrauische und missgünstige Beaufsichtigung dieser *Deutschen Nachrichten* und ihrer Redaktion durch die eigenen Parteigenossen hin. Dabei bestätigten sich die Aufpasser gegenseitig, dass ihnen das Blatt so, wie es gemacht wurde, ganz und gar nicht gefiel.

Dennoch aber gelang es für kurze Zeit, die Zusammenarbeit zwischen Sozialdemokraten und Kommunisten tatsächlich auf die gemeinsame Linie eines parteipolitisch neutralen Antinazismus zu bringen, wie es der Arbeits- und der Flüchtlingsausschuss im gemeinsamen «Aufruf zur Mitarbeit» am 25. September 1945 in den *DN* proklamiert hatte. Ähnliche oder gemeinsame Zukunftsinteressen der Emigranten und der Druck der dänischen Behörden begünstigten diese Entwicklung, während die durchaus bestehenden Konfliktlinien, beispielsweise über die Bestimmungen des Potsdamer Abkommens, die Grenz- und Vertriebenenfrage oder auch die Wiedergutmachung, infolge der frühzeitigen Remigration der KPD-Genossen entschärft wurden beziehungsweise nicht mehr aufbrechen konnten.[93]

Diesen für seine Zwecke günstigen Zustand wollte Reinowski im Februar 1946 erst einmal unbedingt erhalten wissen. Die Kämpfe um den Einfluss der beiden Lager auf die Gestaltung der *DN* rissen von nun an nicht mehr ab.[94] Die Gehässigkeit, mit der sie geführt wurden, gibt einen Eindruck von der Verfassung der Exil-SPD in der dänischen Emigration. Ließ sich unter solchen Umständen auf Dauer eine politische Zeitung machen, die dem Anspruch, Aufklärung und demokratische Bildungsarbeit zu leisten, gerecht wurde? Tatsächlich bleibt festzuhalten, dass die 160 bis 170 publizierten Ausgaben dieses von Fritz Bauer mitredigierten Wochenblatts von außerordentlicher Qualität waren, obgleich sie zum Teil von Amateuren gemacht wurden, die nur den Auftrag bekommen hatten, die Flüchtlinge mit einer Zeitung zu versorgen, die ihnen auch ein bisschen Unterricht in Demokratie geben sollte. Und dies durch politische Emigranten, die ihr eigenes Schicksal verdrängen mussten, um den ihnen anvertrauten, vielfach nach wie vor dem Nationalsozialismus anhängenden Leserinnen und Lesern einigermaßen gerecht zu werden. Zumindest kann man den Redakteuren bescheinigen, dass sie sich auf jede Weise darum bemühten, einseitige Schuldvorwürfe zu vermeiden, aber auch, dass man die aus dem Machtbereich der Sowjetunion kommenden Informationen berücksichtigte, und nicht nur die westlichen Nachrichtendienste, die bereits auf die Linie des sich anbahnenden Kalten Krieges ausgerichtet sein konnten.

Wenn deshalb ein Beobachter wie Kurt Heinig behauptete: «Der vordere Teil der ‹Deutschen Nachrichten› ist eben nach wie vor von Dr. Bauer im russischen Quislingsstil geschrieben», so war das eine durchaus neidvolle Diffamierung.[95] Die beschreibenden und berichtenden Artikel auf der Titelseite waren dazu gedacht, dass eine möglichst weit gehende Unterrichtung über die Weltverhältnisse und die aktuellen Probleme den Leser mündiger machte, und sie versuchten nicht, immerfort zu erläutern, was von den jeweiligen Ereignissen eigentlich zu halten ist. Niemals brachte die Redaktion ihre hauptsächliche Meinung in Leitartikeln auf der Titelseite, sondern in der Regel auf Seite 2. Fritz Bauer, der für außenpolitische Themen zuständig war, legte zum offiziellen Wiederanfang in Nr. 15 des 3. Jahrgangs vom 4. September 1945 mit einem ersten Namensartikel los, zum selben Thema, das er im vergangenen Mai unmittelbar nach der deutschen Kapitulation der versammelten Presse in Stockholm präsentiert hatte: «Wiedergutmachung und Neuaufbau». Der Artikel erschien auf den Seiten 3 und 4, und so oder ähnlich blieb es auch fortan.

Rund ein Dutzend «Leitartikel» schrieb Fritz Bauer während seiner dreieinhalbjährigen Tätigkeit von 1945 bis 1948 bei den *DN*, aber was war das schon, wenn man bedenkt, dass während seiner Redakteurszeit mindestens 160 Ausgaben der *Deutschen Nachrichten* erschienen? In den Artikeln Fritz Bauers kam eigene, erlebte und erlittene Geschichte zur Sprache, der Anfang vom Ende der ersten deutschen Republik, aber auch die Hoffnung auf eine Revolution und den Willen zur Selbstprüfung und Überwindung von obrigkeitlichem Denken, verbunden mit der Abkehr von politischem Zweckrationalismus und mit dem Ideal einer ökonomisch gerechteren Weltordnung. Seine Artikel schrieb Fritz Bauer immer dann, wenn es erforderlich wurde, das heißt, wenn er aus der Sicht der Redaktion an der Reihe war. Nicht ungern überließ er jedoch solches Tagesgeschäft auch seinem Kollegen Karl Raloff, der Anfang 1947, als Nachfolger von Hans Reinowski, in die Redaktion eintrat und sich als erfahrener Parteipolitiker und -journalist besser aufs Kommentieren verstand. Sein Wechsel in die Redaktion sollte die *DN* noch einmal gründlich verändern und etwas zur Beruhigung der Turbulenzen beitragen. Zudem brachte er viel Erfahrung in der Flüchtlingsarbeit mit, denn die dänischen Behörden hatten ihn Anfang 1946 als Leiter der Kulturabteilung im größten Lager Kopenhagens, Klövermarken, auf der Insel Amager eingesetzt, wo er zu einer Art Bürgermeister wurde.[96]

Während Raloff 1947/48 vor allem die Deutschlandpolitik behandelte und die weitaus größte Zahl der Leitartikel schrieb, verfasste Fritz Bauer nach der Erinnerung von Jef Jefsen viel lieber Sachartikel, die weiter ausholen durften und gelegentlich eine ganze Zeitungsseite füllten, vorzugsweise über Außenpolitik, wirtschaftliche und juristische Fragen.[97] Im Artikel «Die Wirtschaftsgesetzgebung in der Ostzone», der am 14. April 1947 erschien, erläuterte Bauer das System der von der sowjetischen Besatzungsmacht verordneten Planwirtschaft in der DDR bis ins Detail. Im «Blick hinter die Kulissen der Wirtschaft», der vierzehn Tage später gedruckt wurde und den er leicht provokant «Ein bißchen Arsenik» überschrieb, erklärte Bauer seinen Lesern die Geheimnisse der Trust- und Kartellbildung und warf die Frage auf, ob man mit der Sozialisierung oder Verstaatlichung derartiger Schlüsselbetriebe irgendetwas zur Sanierung der bankrotten Volkswirtschaft, also für den allgemeinen Lebensstandard gewinnen würde. In «Sozialismus und Sozialisierung», in den *DN* am 12. Mai 1947, versuchte Bauer seinen Lesern den in der Nazi-Zeit so verteufelten Karl Marx nahezubringen, indem er ihnen die «Lyrik» des achtzehnjährigen Marx über eine neue Weltordnung der Freiheit vorsetzte: «Es gibt Lebensmomente, die wie Grenzmarken vor eine abgelaufene Zeit sich stellen, aber zugleich auf eine neue Richtung mit Bestimmtheit hinweisen. In solch einem Übergangspunkt fühlen wir uns gedrungen, mit dem Adlerauge des Gedankens das Vergangene und Gegenwärtige zu betrachten, um so zum Bewußtsein unserer wirklichen Stellung zu gelangen. […] Der einzelne aber wird in solchen Augenblicken lyrisch, denn jede große Änderung ist teils Schwanengesang, teils Ouvertüre eines großen neuen Gedichts, das in noch verschwimmenden glanzreichen Farben Haltung zu gewinnen strebt.»

Fritz Bauer war ein ausgesprochen politischer Redakteur, das heißt, er bemühte sich, auf dem zur Verfügung stehenden Platz ein möglichst weit gespanntes Bild der gegenwärtigen Weltverhältnisse zu entwerfen. Wofür ihm ungleich mehr Quellen zur Verfügung standen als irgendeinem deutschen Organ der so genannten Lizenzpresse. In Kopenhagen konnte er viele Presseagenturen nutzen, Zeitungen aus aller Welt einsehen. Sogar die in den deutschen Besatzungszonen erscheinenden, in den vierziger Jahren noch ziemlich dürftigen Blätter standen ihm zur Verfügung. Außergewöhnlich war die wortwörtliche Wiedergabe eines Dokuments, das in den Nürnberger Prozessen eine Rolle spielte. Ihm widmeten die *DN* eine ganze Artikelreihe. Die Serie, von Spangenberg begonnen und von Fritz Bauer nach dessen Weggang übernommen, wurde fortgesetzt, bis die Urteile in Nürnberg gefallen waren, und endete mit einem Leitartikel von

Bauer, in dem er nicht nur aus seinem völkerrechtlichen Wissen schöpfte, sondern auch vielfach Goethe zitierte – ein Hinweis auf seine humanistische Bildung und den Willen, Deutschland im Geist des Humanismus zu erneuern.[98] Das immerhin erkannte auch Fritz Gelbart und berichtete nach Stockholm, Bauer spreche «in vielen Organisationen hier über den Nürnberger Prozeß», neuerlich erst im jüdischen Jugendheim und auch in dänischen Parteikreisen, wo er «gewissermaßen als Paradenummer» gelte.[99]

Bauers Leistung als außenpolitischer Redakteur der DN bestand auch darin, dass er zusammen mit seinen Redaktionskollegen Woche für Woche auswählen musste, was über die «Stärkung des demokratischen Denkens» hinaus zur Erbauung, Aufrichtung, Unterhaltung der Flüchtlingsleserschaft dienlich sein könnte.[100] Zum Beispiel ein Text von Benno Reifenberg, dem früheren Leiter des Feuilletons der *Frankfurter Zeitung* und später, ab 1958, Mitherausgeber der *Frankfurter Allgemeinen Zeitung*, eine Äußerung des bekannten Historikers Gerhard Ritter, Darstellungen über das jetzige Breslau von Immanuel Birnbaum oder über das im Bombenkrieg schwer zerstörte Würzburg von W. E. Süskind, ein Wort von Karl Jaspers oder ein Interview mit Willy Brandt, der gerade die Nürnberger Prozesse beobachtet hatte. Abgedruckt wurden darüber hinaus längere oder kürzere Zitate aus den Werken von Jean-Paul Sartre, Hans Fallada, Thomas Mann, Carl Zuckmayer, Erich Kästner, Luigi Pirandello, Anna Seghers, Leo Tolstoi, Heinrich Heine, Alexander Lernet-Holenia, Leopold von Ranke, Grimmelshausen oder Hermann Hesse.

Man sieht Redakteure am Werk, denen ihr Auftrag, eine gewiss nicht glückliche und zufriedene Lagerbelegschaft über die Runden zu bringen und sie für eine bessere Zukunft bereit zu machen, am Herzen lag. Hinzu kam, dass die Flüchtlingszeitung auf jede Weise bestrebt war, eine Art Gemeinschaftsleben in Gang zu bringen, wofür nichts nützlicher ist als Gespräch, Debatte, Meinungsaustausch, anders ausgedrückt: Mit der *DN* wurden zugleich bürgerliche oder demokratische Umgangsformen im Lager eingeübt. Dazu trug der Lokalteil im besonderen Maße bei. Hier wurde unter der Überschrift «Die Lager sprechen» über Ereignisse, Initiativen, Sorgen, Probleme und vereinte Anstrengungen der Lagergemeinschaft berichtet.

Die «Lagerseite» kam sehr gut an, und schon bald, erinnerte sich der verantwortliche dänische Redakteur, habe sich ein «wahrer Wettstreit» entwickelt, «wer von den meisten und besten Aktivitäten berichten konnte». Betreut wurde die Seite von dem Literaturspezialisten Niels Rickelt, der die Leser von den Fortschritten und Nöten in anderen Flüchtlingslagern informierte. Hier konnten die Betroffenen von Kritik an der Verpflegung bis hin zu Klagen über «nationalsozialistische Wühlarbeit» fast alles loswerden, und hier erfuhren sie zugleich von Neuigkeiten im Schulwesen, über Theateraufführungen, Rezitations- und Musikveranstaltungen. Nicht zuletzt bot die «Lagerseite» immer wieder eine Möglichkeit, die für die Flüchtlinge alles entscheidende Frage zu stellen, wann sie denn nun endlich nach Deutschland abreisen konnten.[101]

Noch eine weitere Zeitungsseite, die erstmals am 10. Dezember 1945 in den *DN* erschien und eine journalistische Glanzleistung Hans Reinowskis war, trug dazu bei, die Leser zu aktiver Mitarbeit zu bewegen: der «Wochenschwatz von Jochen Spatz».[102] Nicht nur im Blatt selbst, sondern auch in den Lagern wurde Reinowski 1946 schnell bekannt und berühmt als ernsthafter Unterhalter und zugleich ironischer Spaßmacher, der das Publikum zum Lachen bringen konnte. Als Jochen Spatz schrieb er Woche für Woche seine witzige oder auch gepfefferte Kolumne «Wochenschwatz», mit der er die Lagerinsassen vergnügte oder beschimpfte, auf jeden Fall einen Leserbrief-Verkehr anbahnte und eine ziemlich hemmungslose Aussprache zwischen den einzelnen Lagern und mit der Redaktion erreichte. Die *Deutschen Nachrichten* reservierten für die Leserbriefe eine ganze Seite unter dem Titel «Das Wort ist frei!» Kritische Stimmen von Seiten der Lager-Bürgermeister und anderer Flüchtlingsfunktionäre wurden durch die Zeitung publik gemacht und führten zu Verbesserungen und Neuerungen, die das Leben der Internierten erleichtern konnten. Reinowski machte sich mit dem «Wochenschwatz» ebenso beliebt wie angefeindet, wurde teilweise sogar arg attackiert, als Spatz, der sein eigenes Nest beschmutzt.[103] Doch genau diese Reaktion wollte er erreichen, so dass, als er die Redaktion verließ, nach Deutschland zurückkehrte und im Frühjahr 1947 Lizenzträger sowie Chefredakteur des *Darmstädter Echos* wurde, ein Verlust zu beklagen war. Der «Chef der Zeitung» Jef Jefsen setzte dem Schriftsteller und Journalisten Reinowski ein Denkmal:[104] Ohne das «spezielle journalistische Genre» des «Wochenschwatz von Jochen Spatz» wären die *Deutschen Nachrichten* in den Flüchtlingslagern auf weitaus weniger Resonanz gestoßen.

Wohl kaum aber ahnte dort jemand etwas von den Wellen, die in der

Redaktion und ebenso in der SPD-Landesgruppe immer wieder hochschlugen. Davon berichtete bereits Fritz Gelbarts Referat über die Funktionärsversammlung der Landesgruppe vom 27. Juni 1946, das er nach Stockholm schickte. Wieder einmal ein Bericht über die aktuellen Probleme des SPD-Vereins, und natürlich wiederum über den missliebigen Dr. Fritz Bauer, der es gewagt hatte, für einen zuletzt verhinderten Genossen einzuspringen und aus dem Handgelenk einen Vortrag aufzuziehen, den nach Ansicht Gelbarts besser ein ganz anderer gehalten hätte. Dabei ging es um das Thema «Was wollen die Sozialdemokraten?» Bauer bekannte, selbst ein Oppositioneller in der Partei zu sein, betonte jedoch, dass Opposition doch auch etwas sei und zum Beispiel in England vollauf gewürdigt werde. Dann berichtete Gelbart, wie Bauer das Programm, das die SPD-Führung in Deutschland inzwischen verfasst hatte, auseinandernahm. In Bauers Augen war dieses Programm zwar «blutrot», aber auch «aalglatt und diplomatisch». Als Bauer auf das Schuldproblem zu sprechen kam, betonte er, dass es gefährlich sei, davon abzurücken, vor allem wegen des «schlechten Eindrucks im Ausland».[105] Reflexionen über die Schuld der Deutschen hatten Gelbart und Heinig schon lange als «Gewimmer und Geweine» gekennzeichnet, mit dem sich die Deutschen nur selbst schaden. In seiner Rede zeigte Bauer drei Wege zum sozialdemokratischen Zukunftsprogramm auf: Durchsetzung mit Hilfe der alliierten Besatzungsmächte, was für ihn die Sowjetunion mit einschloss, sodann den regulären, also parlamentarischen Weg, was ihm aber als eine «kühne Spekulation» erschien, und schließlich den «revolutionären» Weg, den Bauer für den einzig möglichen hielt. Dafür aber bekam er keinerlei Beifall, eine ganze Reihe von Genossen widersprach lebhaft. Zugestimmt – so berichtete Gelbart – habe eigentlich nur der «Nasen-Hirsch», Bauers Redaktionskollege.[106]

Die DN betreffend konnte Referent Gelbart nach Stockholm schon seit einiger Zeit berichten, dass nun endlich die «Heinigmänner» in der Redaktion merklich das Heft in die Hand genommen hätten, so dass man erwarten dürfe, dass die «Anzahl dieser verrückten Artikel aus der Feder unserer ‹eigenen› Genossen» alsbald auslaufe; auch säßen nun mehr Sozialdemokraten als Kommunisten am Redaktionstisch und im Flüchtlingsausschuss – das Verhältnis stehe heute «60 zu 40 zu unseren Gunsten!»[107] Von daher erwartete Kurt Heinig schon zu Beginn des Jahres 1946 mit Genugtuung, dass der Kurs des Blattes sich demnächst grundlegend ändern werde, und Reinowski bestärkte ihn geflissentlich in diesem Glauben. Allerdings sei vorläufig leider immer noch zu konstatieren: «Die politische Haltung des Blattes ist nicht einwandfrei», es sei nach wie vor ein fast «bolschewistisches Blatt»; und er, Reinowski, sei eigentlich «der einzige ‹richtige› Sozialdemokrat» – sprich Heinig-Mann. Aber das werde bestimmt anders. Bis dahin allerdings müsse man damit rechnen, gab Reinowski ein bisschen klein bei, dass «der Bauersche Einheits- und Russenglaube […] immer mal durch[dringe]». Wenn Jefsen nicht da sei, «tanzen die kleinen kommunistischen Mäuslein auch einmal auf dem Tische». Es gehe jetzt «auf Hauen und Stechen […] mit diesen wurzellosen Botokuden, die keine Juden sein möchten […], keine Deutschen sind und sich nicht getrauen, offen Bolschewisten zu werden».[108]

Zufrieden berichtete Gelbart in einem weiteren Schreiben nach Stockholm, dass Reinowski beginne, sich nun auch in der SPD-Landesgruppe durchzusetzen. Der habe in der letzten Generalversammlung getobt, vor allem über die erzwungene Einigung von Kommunisten und Sozialdemokraten zur SED, über Grotewohl, aber auch über Kurt Schumacher, den Gelbart durchweg falsch «Schuhmacher» schrieb. Bei diesem irritierten ihn die «nationalistischen Tendenzen» in seinen Reden. Schließlich habe, so berichtete Gelbart weiter, Reinowski klipp und klar festgestellt: «Eine Einigung mit den Kommunisten sei ein Verbrechen am Proletariat […]. Unter keinen Umständen ein Zusammenschluß!» Der Redner habe viel Beifall bekommen. «Und Bauer saß da käsebleich wie eine geknickte Leberwurst.» Das bedeute doch so viel wie: Die «Bauer-Hirsch stehen völlig allein».[109]

Heinig hingegen fand, dass Bauer und seine Freunde immer noch auf ärgerliche Art politisch wirkten, indem sie ohne Rücksicht auf die Wirklichkeit illusionäre Propaganda über die Zusammenarbeit von Kommunisten und Sozialdemokraten verbreiteten.[110] Jede Ausgabe der *Deutschen Nachrichten*, die auf seinem Schreibtisch landete, tauchte Heinig in ein Wechselbad der Gefühle. Einmal erfasste ihn der Zorn, ein anderes Mal meinte er, sich entweder in politischer Resignation oder auch Aufstachelungen in Richtung Kopenhagen üben zu müssen. Am 6. März 1946 erklärte er: «Äußerlich ist die Zeitung jetzt wirklich gut», am 13. April und 3. Mai fand er sie sogar «ausgezeichnet», dann aber kam wieder ein Einbruch. Reinowski solle alle rausekeln, die nicht auf seiner Linie seien, schrieb er am 29. Mai. Im August war er eigentlich schon fertig mit der

Zeitung, im September vollkommen verzweifelt: «[...] ich halte es einfach nicht mehr aus mit den ‹Deutschen Nachrichten›, wie sie jetzt aussehen, seitdem Du zurückgekommen bist. Was ist in Dich gefahren. Bist Du so ‹umgeworfen›? Was ist das für eine schreckliche Objektivität gegenüber dem Stalinismus.» Anfang Oktober wollte er dann gegen Bauer «mit dem Knüppel» vorgehen, da dieser «mitunter ohrfeigenfrech wirke».[111] Die *Deutschen Nachrichten* waren für Heinig von Beginn an ein Trauerspiel, und während sie aus den Flüchtlingslagern nicht mehr wegzudenken waren, haderte er damit, dass es Fritz Bauer immer wieder gelang, seine Meinung in der Zeitung durchzusetzen. Konnte er denn nicht endlich nach Deutschland verschwinden – ein Jahr «Aufenthalt in der Ostzone», meinte Heinig, würde Bauer schon heilen.[112]

Und Reinowski echote wie gewohnt zurück: «Bauer ist nur Mitarbeiter und liefert den außenpolitischen Stoff, was er nunmehr m. E. ganz gut macht. Aber damit ist der Käse gegessen», verlautete es am 23. Februar 1946, im Juni tönte Reinwoski, er habe Bauer «einiges unter die Weste gedrückt»; und am 18. August, als Reinowski von seiner Besuchsreise nach Deutschland zurückkam und Heinig das Blatt unerträglich geworden war, stimmte er ein, die Zeitung sei unter der «glorreichen Leitung von Bauer ganz schön durcheinandergekommen». Im Übrigen gehe ihm allmählich die Lust aus. Er stehe ständig allein gegen die drei Bolschewiken Bauer, Hirsch und Rickelt, ärgerte er sich am 20. September 1946. Leider werde man von niemandem in Deutschland, nicht einmal von der eigenen Partei, angefordert – während die Amerikaner doch «Zeitungsleute, Lizenznehmer, Chefredakteure» suchten. Keiner von denen, die in Deutschland die lukrativen Lizenzen verteilten, sei bislang an ihn herangetreten; und «kein Aas [druckt] jemals ein Gedicht von mir ab [...], weil sich die Weinerts und Brechts und Bechers und Friedrich Wolfs [...] schon wieder recht breit machen mit ihrem Ramsch».[113]

Hans Reinowski war, wie man sieht, zur Rückkehr bereit, auch wenn er von Karl Raloff Schreckliches über die Lebensverhältnisse in Deutschland hörte. Raloff, der gerade in Deutschland gewesen war, verbreitete überall, dass sein alter Parteifreund Karl Gerold, der Lizenznehmer der gerade gegründeten *Frankfurter Rundschau*, über ständigen Hunger jammere und bereits fünfzig Pfund abgenommen habe, so dass er kaum noch schreiben könne.[114] Karl Raloff, der lange überlegt und viele Möglichkeiten erwogen hatte, kehrte, wie schon erwähnt, nicht nach Deutschland zurück, denn seine Familie war mittlerweile in Kopenhagen verwurzelt, sie wollte nicht nochmals von vorn anfangen.[115]

Als Fritz Bauer seinen Leitartikel «Mörder unter uns» im Januar 1947 schrieb, gab es indessen für seinen Kollegen Reinowski schon keinen Grund mehr, darüber zu schimpfen, dass ihm, dem viel bewährten Publizisten, niemand einen angemessenen Posten im neuen Deutschland anbiete.[116] Während Fritz Bauer, der verfolgte Jude und politische Emigrant, sich noch mit dem Filmtitel DIE MÖRDER SIND UNTER UNS quälte und sicher war, dass das Leben in Deutschland noch lange Zeit mit dieser Tatsache vergiftet sein würde, hatte Reinowski offenbar weniger Bedenken. Er wollte, was ihm in Kopenhagen nicht gelungen war, nämlich endlich Chefredakteur werden, was ihm kurz darauf auch tatsächlich in Darmstadt glückte.

«Ein Dichter ging uns verloren», überschrieb Niels Rickelt seinen Abschiedsartikel, den die DN ein halbes Jahr später ins Blatt setzten, gebührend beleuchtend, dass Reinowski (Hans Reinow) immer wieder Verse verfasst habe, die den Leuten gefielen.[117] Aus heutiger Sicht ist es schwer zu beurteilen, ob die Hommage an Reinowski wirklich ernst gemeint war oder ob hier nicht ein ironischer Unterton mitschwang. Das Arbeiterkind vom Jahrgang 1900, hieß es da, sei schon früh von seinem politischen Lehrer Otto Grotewohl beeindruckt worden, habe aber dann wegen Broterwerbs von seinem eigentlichen Dichterberuf Abstand nehmen müssen; trotzdem sei Reinowski, gleichsam nebenher, ein großer Lyriker geworden, sein erster Gedichtband *Lieder am Grenzpfahl* sogar vom Berner «Bund» gepriesen und mit Heinrich Heine verglichen worden.[118] Der gleich darauf folgende Abdruck sollte die Behauptung beweisen: «Du bist so braun wie die Heide, / ehe sie voll erwacht, / bist lieblich wie eine Drossel, / die aus dem Wachholder lacht»; und: «Mein Volk, mein Volk, wie hart bist du geschlagen. / Ich sehe Blut, ich sehe Tränen fließen. / Und wo sich deine Schicksalskreise schließen, / wirst du Millionen düstre Kreuze tragen.» Hans Reinowski hatte vor seiner Emigration eine ganze Menge geschrieben, der Artikelschreiber führte auch zwei Romane auf. Wenn danach vorerst nichts mehr gedruckt worden war und nur als Manuskript existierte, so zweifelte Rickelt doch keinen Moment, dass da demnächst noch beachtliche Neuerscheinungen zu erwarten seien.

Fritz Bauer schrieb seinen, wahrscheinlich den letzten, Leitartikel in den *DN* über das Meisterwerk *A Study of History* des englischen Kulturhistorikers Arnold J. Toynbee.[119] Toynbee hatte das Buch schon vor Ausbruch des Zweiten Weltkriegs abgeschlossen. Nun war es vorerst in einer Zusammenfassung von gut 600 Seiten auf den Markt gekommen und als Erfolg gefeiert worden. Dass ein solches Buch einschlage, meinte Bauer, gebe zu denken. Danach sei die Weltgeschichte nicht einfach «eine Art Bandwurm [...], der von Jahr zu Jahr weiterwächst», sondern «eine Reihe von Zivilisationen», die, wenn auch nicht völlig unabhängig voneinander, «doch ein selbständiges Leben führen». Ähnlich wie der konservative Kulturphilosoph Oswald Spengler 1919 im *Untergang des Abendlandes* glaubte auch Toynbee daran, dass die westliche Zivilisation in ihre Endphase getreten sei. Diese Entwicklung war im Werk Toynbees – anders als bei Spengler – jedoch nicht zwangsläufig. Für Toynbee konnten die Menschen noch dem Untergang der westlichen Zivilisation in Materialismus und Nihilismus entgehen, wenn sie zu einem «neuen Christentum» fänden. Bauer nahm den Gedanken Toynbees auf, änderte ihn aber in einem entscheidenden Punkt ab. Als «Sozialist unserer Zeit» sei man versucht, im Marxismus «eine solche neue Religion, eine neue Antwort in einer scheinbar aussichtslosen, glaubenslosen und nihilistischen Situation zu finden». Wie es auch sei, schloss Bauer: «Unsere Welt, Deutschland, ist herausgefordert. Und Toynbee hat Recht, von der Antwort hängt einiges ab. ‹Wir fallen, um uns zu erheben, wir sind geschlagen, um es besser zu machen, wir schlafen, um aufzuwachen ...›, heißt es bei einem englischen Dichter.»

Man wird in der zeitgenössischen deutschen Presse, lauter von den Besatzungsmächten lizenzierten Zeitungen, wenig Vergleichbares finden, keinen solchen Ton der Freizügigkeit und Freiheit. In derselben Nummer der *Deutschen Nachrichten* erschien auch eine Sonderseite, eingerichtet von Niels Rickelt, über «Die Geschwister Scholl», mit dem Abdruck ihres letzten Flugblatts vom 18. Februar 1943, das bekanntlich so begann: «Kommilitonen! Kommilitoninnen! Erschüttert steht unser Volk vor dem Untergang der Männer von Stalingrad. Dreihundertdreißigtausend [...].»

Inzwischen waren in den *Deutschen Nachrichten*, genau gesagt am 11. November 1946, längst der Aufmacher mit der Kopfzeile: «Die ersten Flüchtlingstransporte nach Deutschland» und eine Serie entsprechender Bilder erschienen. Hauptthema war, dass die ersten tausend deutschen Heimkehrer die Koffer packen und in die britische Zone einreisen durften. Heimkehr? Viele schlossen den Gedanken tatsächlich nicht aus, auch die dänische Regierung nicht, und selbst unter den politischen Flüchtlingen war die Endgültigkeit des Verlustes der deutschen Ostgebiete umstritten, die von der Roten Armee eingenommen worden waren.[120] Repatriierung bedeutete jetzt jedoch nicht viel mehr als die Chance, Verwandte und Freunde aus den gleichen Gegenden wiederzufinden. Für zahlreiche Kinder eine Rückkehr zu den Eltern, sofern sie noch lebten. Noch in den dänischen Lagern hatten die Flüchtlinge einen imponierenden Suchdienst aufgebaut und mit Hilfe der allmählich intensiveren Kontakte zu deutschen Institutionen bereits Tausende von Beziehungen wieder anknüpfen können: Briefwechsel mit Verschollenen, Hoffnung auf Rückkehr in die eigene Familie.[121] Das vor allem war die treibende Kraft, und sie war in den meisten Fällen größer als die Sorgen um Lebensmittelkarten und Minimalkalorien. Volle zwei Jahre, bis Ende 1948, als die Währungsreform in Deutschland (West) bereits anfing, eine Normalisierung der Lebensverhältnisse zu bewirken, dauerte die Flüchtlingsoperation, die Rückreise aus Dänemark in eine fremde Heimat – in ein Land, das den Rückkehrern erst wieder zur Heimat werden musste.[122]

Die letzte Ausgabe der *Deutschen Nachrichten* erschien am 15. November 1948, als nur noch ein paar tausend Flüchtlinge auf ihren Koffern saßen und die Eisenbahn erwarteten, die sie in eine der Besatzungszonen bringen sollte, in Orte, von denen sie oftmals kaum den Namen kannten.[123] «Ein Wort zum Abschied» setzte der bis zuletzt verantwortliche dänische Herausgeber Jef Jefsen an die Spitze der Schlussnummer, ein zweites der Chef der staatlichen Flüchtlingsverwaltung Minister Johannes Kjaerböl, das mit den Sätzen schloss: «Ich möchte gegenüber den Flüchtlingen meine Anerkennung zum Ausdruck bringen über die Resignation, mit der sie ihr schweres Los getragen haben, und ich hoffe, daß sie verstehen werden, daß unter den gegebenen Verhältnissen die Flüchtlingsadministration keine besseren Bedingungen schaffen konnte, als es der Fall war, möge es sich um materielle, kulturelle oder geistige handeln.» Danach ein Zitat aus der Rundfunkrede des populären Ministers Christmas Möller, in der es hieß: «Zum Schluß noch die jüdischen Flüchtlinge [...]. Man kann sich kaum denken, daß es sich um viele Juden handelt, die nach Deutschland zurück wollen. Auch hier muß sich Dänemark beteiligen, ja sogar den Weg zeigen, so daß dieses Problem im menschlichen Geiste gelöst wird.»

Von Fritz Bauer gab es kein Abschiedswort mehr in dieser Nummer – er war längst unterwegs, um in Deutschland einen neuen Arbeitsplatz zu finden, auf der Suche, wo ein deutscher Jude noch einmal heimisch werden, vielleicht neu anfangen konnte. Hingegen gab es Abschiedsworte von fast allen Kollegen: zunächst von Karl Raloff, der die Einstellung der *Deutschen Nachrichten* verkündete und seinen «Abschied und Dank» mit einer geradezu historischen Feststellung krönte: «Was diese deutsche Zeitung in Dänemark für die Hunderttausende von deutschen Flüchtlingen bedeutet hat [...], das werden viele von ihnen vielleicht erst zu einem späteren Zeitpunkt erfassen, wenn wieder Zeit ist zu Muße und Besinnlichkeit in einem gemütlichen Heim und in einer geordneten Heimat.»

Sodann von Niels Rickelt, der noch einmal bewegt zurückblendete. Er erinnerte an das Jahr 1933, als in Berlin und anderen Städten Deutschlands die Parole zu lesen war: «Hitler ist der Krieg.» An den 9. April 1940, an dem deutsche Wehrmachtstruppen Dänemark überfielen, an den August 1943, in dem die *Deutschen Nachrichten* zum ersten Mal illegal erschienen, und schließlich an den 10. Juli 1945, als sie erneut als richtige Flüchtlingszeitung erscheinen konnten.

Es kam eine Flut von Dankesworten der letzten Flüchtlinge und Heimkehrer an «ihre» Zeitung, die Franz Grossmann mit der Versicherung schloss: «Ich packe die [...] drei Jahrgänge 1945/46, 1947, 1948 ein, damit sie auch in der Heimat erhalten bleiben und als ein bleibendes Dokument eingehen, um der Nachwelt ‹Freud und Leid› im Flüchtlingselend später wieder einmal vor Augen führen zu können. Dieses ist der Dank der Flüchtlinge.»

«Dem Schwebezustand ein Ende setzen»
Von Kopenhagen über Hannover nach Braunschweig

«Die Menschen, die mit den Emigranten
zusammenkamen, empfanden ein
schlechtes Gewissen. Ihre Reaktion war
der Reflex dieses Gewissens.»
Fritz Bauer, 1968[1]

Der persönliche Schwebezustand dauerte bereits mehr als drei Jahre, jedenfalls wenn man annimmt, dass Fritz Bauer, hätte er 1945 oder 1946 aus Deutschland den Ruf oder die Einladung bekommen, eine politisch wichtige Stellung mit Einfluss auf den Gang der Dinge zu übernehmen, sofort zur Rückkehr bereit gewesen wäre. Sein vermeintliches Zögern ging die meiste Zeit wohl nicht auf eine grundsätzliche Abneigung zurück. Doch es hätte des ausdrücklichen Anstoßes, der dringenden Aufforderung oder der Versicherung bedurft, dass er gebraucht werde. Spürbar aus den wenigen vorhandenen Schreiben ist die Bereitschaft, einer solchen Einladung Folge zu leisten. «Er sehnte sich nicht nach Deutschland zurück, aber er fühlte eine große Aufgabe: die Reform des deutschen Rechtswesens», erinnerte sich die Historikerin und Kollegin Bauers am Sozialwissenschaftlichen Institut in Stockholm, Hanna Kobylinski.[2]

Ohne diese Entschlossenheit wäre Fritz Bauer mit dem jahrelangen Hin und Her, mit so viel Hindernissen und Hemmnissen kaum fertig geworden: mit der mangelnden Unterstützung durch die westlichen Besatzungsmächte, den widrigen Verhältnissen in der wieder installierten deutschen Justiz, nicht zuletzt mit den rein materiellen Unmöglichkeiten. An seinen Parteifreund Erwin Schoettle, der inzwischen aus der Emigration in London nach Stuttgart zurückgekehrt war, schrieb er: «Um hier die definitive Erlaubnis zur Übersiedlung zu bekommen, brauche ich eine feste Anstellung (plus Wohnung).»[3] Das galt 1948 noch genauso wie 1946, als er begann, den beruflichen Schwebezustand zu beenden – mit den ersten Briefen an Kurt Schumacher, die an die Stuttgarter Freundschaft anknüpften und von dieser erhofften, dass sie ihm alsbald zur Teilnahme am Wiederaufbau eines neuen Deutschland verhelfen würde.4

Kurt Schumacher, der alte Kampfgefährte, der zehn Jahre Konzentrationslager durchlitten hatte und jetzt in Hannover lebte, wo er nach seiner Entlassung aus dem KZ Dachau im März 1944 bei seiner Schwester aufgenommen worden war, hatte sich in der Partei schnell als unangefochtene Autorität durchgesetzt, wie Schoettle Mitte 1947 befriedigt an den weit entfernten Oskar Chylik in Chile schrieb. Dabei hatte der Parteiführer alle Hände voll zu tun, die alte SPD der «Graubärte», wie Schoettle sich ausdrückte, neu zu gestalten und mit einer jüngeren Mannschaft aufzubauen. Jeder Emigrant, der nach Deutschland zurückkehrte, war aus dieser Perspektive ein Gewinn.5

Tatsächlich war der politische Neuanfang nach 1945 in Hannover unter besonders günstigen Voraussetzungen zustande gekommen. Einige Sozialdemokraten hatten eine starke Stellung in dem von der alliierten Militärbehörde gegründeten «Ausschuß für Wiederaufbau» und konnten dadurch die Parteiarbeit intensiv unterstützen. Mitglieder im Ausschuss, die dem Widerstand angehört hatten, waren schon früh vom Rathaus in das «Büro Schumacher» gewechselt, das den organisatorischen Ansatzpunkt für die Neugründung der SPD in Westdeutschland bildete.6 Nur Fritz Bauer, der eben nie ein richtiger Parteimann war und sich gewiss nicht zum Funktionär geeignet hätte, konnte davon nicht profitieren. Die Parteizentrale in Hannover hatte ihn daher noch immer nicht an die richtige Adresse empfohlen und nicht unterbringen können, vor allem deshalb nicht, weil sie vorläufig noch wenige Einwirkungsmöglichkeiten auf Personalentscheidungen in den Städten und Ländern besaß.7 Aber auch darum nicht, weil er in Hannover und beim Parteivorstand als Kommunistenfreund und Einheitsparteiler verdächtigt und diskreditiert worden war, der Gegenspieler in Stockholm, Kurt Heinig, ihn geradezu als Moskauer Quisling verunglimpft hatte.8

Dennoch hatte Kurt Schumacher den bereits abgewählten Heinig erneut mit einer Vollmacht als Sprecher für die SPD-Landesgruppe im schwedischen Exil ausgestattet. Willy Brandt informierte daraufhin Schumacher über das «starke Befremden» der Stockholmer Genossen und protestierte: «Der Parteivorstand ist meiner ehrlichen Überzeugung nach nicht gut beraten, wenn er sich einseitig auf Heinig festlegt.»9 Aber Schumacher zögerte offenbar, der Darstellung Brandts zu folgen.10 Nachdem er mit ihm und Heinig gesprochen hatte, bat er auch um Fritz Bauers Meinung. Dieser schrieb am 23. Mai 1946 ausführlich an Schumacher und stellte sich dabei auf die Seite Willy Brandts: «Du schreibst von Willi [sic] Brandt und Deinem Zusammentreffen mit ihm. Ich glaube, daß Du Recht hast. Er ist nicht nur sympathisch, sondern auch sehr tüchtig. Er schreibt gewandt (wie viele Journalisten vielleicht zu gewandt). Er ist ein Mann, der in internationalen Kreisen leicht Freunde gewinnt und unter oft schwierigen Verhältnissen in Stockholm die 2. Internationale zu einigen verstand, ohne die 3. dabei vor den Kopf zu stoßen. Das sind taktische Eigenschaften, die ein so gerissener Taktiker wie Fritz Tarnow zu würdigen verstand (und der ist sehr tüchtig auf diesem Gebiet). Willi Brandt, mit dem ich übrigens befreundet bin (ich schreibe dies, um meinen Standort zu fixieren), hat mit mir mehrfach über Dich gesprochen. Er hat weder mir privat noch in den größeren Kreisen [...] etwas gesagt, was als ‹kritisch› gewertet werden könnte. [...] Es gibt Genossen, die ihn für einen ‹Windhund› halten, weil er manchmal smart ist wie ein Amerikaner. Daran ist etwas richtiges, er ist in der Emigration ein an den Westen, insbesondere Amerika assimilierter Journalist geworden. [...] Im übrigen – vergiß nie – Kritik von Emigrationsgenossen aneinander ist ohne Bedeutung. Hier herrscht Eifersucht und seit Jahren ein alles vergiftender Kampf um die paar Posten, die es gab und gibt. In Skandinavien haben wir seit Jahren die größten Schwierigkeiten (persönliche und sachliche). Du hast mit Kurt Heinig gesprochen. Sicherheitshalber bemerke ich, daß 99 % mit ihm verfeindet sind. Kritik unsererseits an ihm: nimm es mit Vorsicht! Kritik seinerseits an Willi Brandt oder uns anderen: dito!»11

Gegenüber Willy Brandt verschwieg Fritz Bauer seine Korrespondenz mit Schumacher nicht, auch wenn er sich allmählich fragen musste, was all die zeitaufwändigen Briefe nutzten, zumal Heinig direkt mit Schumacher in Kontakt treten konnte. Ganz aktuell schrieb er daher Brandt: «Im letzten Brief Schumachers war ein längerer Passus über Dich. Schumachers Eindruck war sehr günstig, aber er wurde vor Dir gewarnt. Offenbar wurdest Du von anderen Genossen denunziert (‹Du hättest Dich u. a. unangenehm über Schumacher geäußert›. Du kennst diese Kampfweise!) [...] Ich habe in meinem letzten Brief an Schumacher [...] das Nötige dazu gesagt. [...] Ob die Attacke von Kuhei kommt? Ich habe

Schumacher in diesem Zusammenhang über unser Verhältnis zu dem Burschen geschrieben.»[12]

Spätestens mit seinem Brief an Schumacher vom 23. Mai 1946 begann für Fritz Bauer die Auseinandersetzung mit den schwierigen Bedingungen der Rückkehr nach Deutschland ganz konkret. Dabei ahnte er längst, dass sein Ziel, die Selbstreinigung und Entnazifizierung der Deutschen, von parteipolitischen Interessen sowie außenpolitischen Bedingungen, in erster Linie vom Zerfall der Kriegsallianz der Besatzungsmächte, gefährdet war. An Schumacher schrieb er: «Das elementare Bedürfnis deutscher Hörer, sich entschuldigt zu sehen, sich zu verteidigen, anzuklagen, kollidiert mit dem Wunsch der breitesten Massen mindestens in den früher besetzten Ländern, auch mit dem Wunsch unserer Parteigenossen, Selbstbesinnung zu sehen, weniger – wie sie es verstehen – Selbstgerechtigkeit, ‹Verstocktheit› zu erleben. Unzweifelhaft gerät hier das Bedürfnis einer deutschen Partei, Wähler zu haben, in Konflikt mit dem außenpolitischen Interesse, das internationale Beruhigung und Entgegenkommen des Auslandes gebietet.»[13]

Fritz Bauer verstand, dass auch Schumacher in diesem Punkt politische Prioritäten setzen musste. Er wollte ihm die Stimmung in Dänemark klarmachen, vielleicht auch um den eigenen Standpunkt zu verdeutlichen. «Ich will Dir einmal schreiben», fuhr er fort, «was ‹Social-Demokraten› [über den ersten Parteitag der SPD, I. W.] schreibt: ‹Während die Diskussionen über die Besatzungsmächte sympathisch wirkten als Zeichen offener demokratischer Rede, obgleich einiges war, was übertrieben war, so gab es andere Äußerungen, die häßlich klingen mußten. Es ist verständlich, daß Sozialdemokraten, die selber gegen den Nazismus kämpften, eine Kollektivschuld abweisen, daß sie Rohstoffe wünschen und gegen die Abmontierung einzelner Produktionsmittel protestieren. Aber es gab einige Redner, die man gerne fragen wollte, ob sie die Ruinen von London, [...] die furchtbaren Verwüstungen in Rußland und all das übrige schon vergessen haben, das die deutschen Truppen sich zu schulden kommen ließen. Dr. Schumacher muß dasselbe Gefühl gehabt haben, der in seiner Schlußrede ziemlich scharf erklärte, einige Redner seien zwar wohl keine Nationalisten, aber ihr Ton sei von dem Nationalismus früherer Zeiten geprägt ...› Daraufhin lobt er übrigens sehr ausführlich die Kritik an den Gewerkschaften wegen ihrer Haltung im Mai 1933, die Erneuerung der Partei ohne Rücksicht auf Weimar-Größen, den Willen zur Bodenreform und Sozialisierung. Die bürgerliche Presse Dänemarks hat den Parteitag völlig verschwiegen, was bedauerlich ist.»[14]

Fritz Bauer war schon tief mit den deutschen Dingen befasst, man kann sagen, partiell zurückgekehrt. Zumindest war es lebhaftestes Interesse an Deutschland, echte Anteilnahme, Neugier nach Zeichen der Umkehr und Abkehr vom Nationalsozialismus. Aber sein Verhältnis zu Deutschland blieb zwiespältig. Zum einen war ihm die deutsche Kultur zutiefst fremd geworden, weil sie sich – wie Thomas Mann 1945 schrieb – zum «Schild und Vorspann des absolut Scheusäligen» hergegeben hatte. Andererseits zog ihn Deutschland unwiderstehlich an. Die «tiefe Neugier und Erregung», mit der Thomas Mann jede Kunde aus Deutschland empfing, und die «unzerreißbaren Bande, die ihn immer noch mit dem Deutschland verbanden, das ihn ausgebürgert hatte», dürfte auch Fritz Bauer gespürt haben.[15] «Ich habe natürlich große Lust», schrieb er Schumacher, «einmal zu sehen, wie die Dinge in Deutschland liegen. Ich hatte im Mai-Juni vorigen Jahres schon mit den Amerikanern wegen einer Reise nach Stuttgart verhandelt; sie selber ließen mich ein Dutzend Fragebogen ausfüllen (sie waren am Juristen interessiert). Ich habe aber nie einen positiven Bescheid bekommen. Der Grund ist mir unbekannt. Ich nahm aber an, […] daß sie keine Juden wünschen oder – richtiger formuliert – ihre mehr oder minder öffentliche Arbeit [für] inopportun halten. Das gehört zu den Dingen, die ich gerne selber einmal kontrollieren will.»[16]

Der Grund für die sichtbare Zurückhaltung der Amerikaner, wenn es um die Erteilung von Einreiseerlaubnissen für jüdische Emigranten nach Deutschland ging, mag in dem Wissen um die Ressentiments der deutschen Bevölkerung gelegen haben. Das schlechte Gewissen der Deutschen in der Nachkriegszeit verwandelte sich nicht selten in eine gehörige Portion Wut gegen die Emigranten, die wie Willy Brandt «draußen» geblieben waren, sich der Anpassung an den Nationalsozialismus widersetzt hatten und jetzt heimkehren wollten. Dies galt ganz besonders gegenüber der Verfolgung der Juden, mit deren Schicksal die Deutschen, wie sie meinten, viel zu oft konfrontiert wurden. Man erwartete und begrüßte das Gericht über die NS-Führungselite, auch noch die Entnazifizierung in Form der Ausschaltung der Träger und Förderer der NSDAP aus dem öffentlichen Leben. Aber die Berichte der Alliierten zeigten, dass es bei der Mehrheit der deutschen Bevölkerung kein Empfinden für eine Mitschuld gab.[17] Desgleichen konnte Fritz Bauer unschwer erkennen:

«Die Emigranten erinnerten an Dinge, die man verdrängen wollte. Die Leute hatten Angst vor Fragen, die man etwa an sie richten könnte.»[18] Er hatte von Anfang an eine ziemlich genaue Vorstellung von der Wucht dieser Ablehnung. Das massive Ressentiment gegenüber den Emigranten wurde aus der Zeit der NS-Diktatur fraglos weitertransportiert, um nun offen als Emigrantenhetze hervorzubrechen.[19] Später sollte er feststellen: «Sie bestand vom ersten Augenblick, als ich im Jahr 1949 zurückgekehrt bin.»[20]

Die eigene Zwiespältigkeit gegenüber Deutschland ließ sich von daher nicht auflösen: Auf der einen Seite besaß Fritz Bauer genügend Mut, um auch als ein deutscher Jude die Rückkehr nach Deutschland zu wagen und dort mitzuhelfen, den zwar offiziell geächteten, aber doch nach wie vor latenten Antisemitismus an der Wurzel zu tilgen. Auf der anderen Seite machte er sich darauf gefasst, mit den «Mördern unter uns» leben zu müssen. Nicht umsonst hatte er den Filmtitel von Wolfgang Staudte für einen Leitartikel in den *Deutschen Nachrichten* gewählt. Weil er etwas sagte, das, wie Bauer wusste, in seiner ganzen Furchtbarkeit wahr war und auf lange Zeit das Leben in Deutschland vergiften würde. Für die Opfer der NS-Diktatur konnte es kaum unbefangene Begegnungen geben, weil sie nicht wissen konnten, ob nicht Blut an der Hand ihres Gegenübers klebte. «Vielleicht», so schrieb Bauer, «war er einer derjenigen, die aus freien Stücken oder als missbrauchtes Opfer der Hitler-Clique an den millionenfachen Mordtaten beteiligt waren».[21]

Dass Fritz Bauer 1946 schon so intensiv seine Netze auswarf und, besonders in seinem Briefwechsel mit Willy Brandt, mehrfach auf Kollegen bei den *Deutschen Nachrichten* zu sprechen kam, die ihre Rückkehrpläne ernstlich vorantreiben konnten, zeigte, dass er sich eine Zukunft in Deutschland vorstellen konnte. Allerdings wusste er auch, dass Kurt Heinigs Intrigen offensichtlich Wirkung zeigten. Bei einem Besuch von Karl Raloff, der auf Einladung der Amerikaner eine Informationsreise nach Deutschland machte und in Hannover vorbeifuhr, hatte Schumacher über Bauers «‹kommunistischen Umgang› geklagt». Bauer führte dies auf die «gründliche Arbeit» Heinigs zurück.[22] Mit erstaunlicher Klarheit sah er die Entwicklung in Deutschland voraus, die Folgewirkungen der notwendigen Entnazifizierung, die, da sie nichts Geringeres als Selbstanzeige forderte, ins Gegenteil umschlug und das Denunziantenwesen gegenüber zurückkehrenden Emigranten erblühen ließ. So wurde die Entnazifizierung am Ende sogar zur Quelle deutscher Verdrängungen: «Reeducation gebar Restauration».²³

Entsprechend skeptisch beurteilte Bauer auch die Möglichkeiten der SPD im neuen Deutschland. An Willy Brandt, der damals – nach dem Nürnberger Prozess – im Auftrag skandinavischer Zeitungen, also noch als «Norweger», im Lande herumreiste und solche Fragen überprüfen konnte, schrieb er im Frühjahr 1946 unter anderem: «Meine Auffassung geht dahin, daß wir, wenn die materiellen und politischen Dinge (Entnazifizierung, Entkapitalisierung u. ä.) sich nicht bald wesentlich ändern, in die Defensive gehen. Es wird ja nicht ohne weiteres möglich sein, den Laden zuzumachen, aber wir sollten uns mit Anstand aus der Sache ziehen und möglichst der CDU die Verantwortung für die Nicht-Demokratie, den Nicht-Sozialismus etc. überlassen. Nach Jahren besteht dann wohl die Möglichkeit, mit einer politisch sauberen, nicht diskreditierten Linkspartei größeren Einfluß zu gewinnen, als es mit Mitmachen (ohne positive Resultate) der Fall sein wird. Die sog. Demokratie der Gegenwart ist aus vielen Gründen eine Farce, die die Demokratie und uns bloß blamiert. Parlamentarisch kann ich mir beim besten Willen nicht denken, daß eine Koalition KP, SP und Linksflügel der CDU möglich ist. Mit anderen Worten, ich halte es für eine Illusion, an eine Spaltung der CDU zu glauben. Also wait and see! Bei all dem meine ich nicht, wir sollten à la Scheidemann bloß von verdorrten Händen reden, sondern wirklich versuchen, eine neue Politik im Hinblick auf die nun einmal im Westen bestehenden Verhältnisse zu schaffen.»²⁴ Darüber hätte man vor allem mit Kurt Schumacher Grundsatzdiskussionen führen müssen. Der neue SPD-Führer war jedoch jetzt in erster Linie mit dem Parteiaufbau befasst. «Wenn ich die deutschen Zeitungen lese und feststelle, wo Du alles redest und wo Du überall auftrittst, ist mir bald unverständlich, daß Du auch noch Zeit zum Brieflesen hast», schrieb ihm auch Fritz Bauer.²⁵ Tatsächlich ließ Schumacher die Briefe Bauers von dem ihm nahestehenden Fritz Heine beantworten. Und auch dieser führte keine Grundsatzdebatte, sondern hielt Bauer auf dem Laufenden: «Willi [sic!] Brandt ist von uns vorgeschlagen worden: als Chefredakteur der DANA [Deutsche Allgemeine Nachrichtenagentur in der amerikanischen Zone, I. W.], und ich habe auch dem DPD [Deutscher Pressedienst in der britischen Zone, I. W.] empfohlen, sich um W. B. zu bemühen. Ich halte ihn, wie Du, für einen ungewöhnlich begabten Journalisten. Wir wissen, daß er uns in manchen Dingen noch sehr kritisch gegenübersteht, wir wissen auch, wie berechtigt vieles an kritischen Äußerungen ist, die über uns gemacht werden und gemacht werden können, und ich bin durchaus nicht dagegen, vorausgesetzt freilich, daß sie nicht aus einer prinzipiell feindseligen Haltung kommen oder rein verleumderisch sind.»[26]

Damit spielte Heine möglicherweise darauf an, dass Brandt, wie übrigens auch Bauer, in dieser Zeit noch keineswegs für einen völligen Verzicht auf die sozialistische Einheitspartei der Arbeiterklasse war.[27] Willy Brandt meinte damals noch, man solle versuchen, die Ulbricht, Grotewohl und Genossen gleichsam unterzuhaken und auf eine kooperative Linie zu kommen.[28] Er bedauerte, dass die deutsche Arbeiterbewegung 1946 in die ostorientierte KPD (SED) auf der einen Seite und die westorientierte SPD auf der anderen Seite gespalten war.[29] Dennoch fand der amerikanische Captain, der ihn damals wegen der geplanten Tätigkeit für die DANA befragte, Brandt sei zu «rechts» orientiert und gegenüber den Sowjets zu kritisch eingestellt. Jedenfalls kam es zu keiner Zusammenarbeit mit den Amerikanern und ebenso wenig mit dem Deutschen Pressedienst der britischen Zone. Willy Brandt entschied sich 1946 zunächst einmal für sein zweites Vaterland Norwegen.[30]

Über solche Möglichkeiten verfügte Fritz Bauer in Kopenhagen nicht. Seine Rückkehr war auch nicht – wie bei den sozialdemokratischen Funktionären, die aus der Emigration heimkehrten – mit parteipolitischen Ambitionen verbunden.[31] Überdies beurteilte Bauer die Entwicklung in Deutschland viel skeptischer als die sozialdemokratischen Politiker. Für ihn als Juristen, so glaubte er, gab es angesichts der beginnenden personellen Restauration beruflich wenig Anknüpfungsmöglichkeiten. Auch in Stuttgart war bei den neuen Justizbehörden, die weithin identisch mit den alten waren, wohl kaum in Vergessenheit geraten, dass er als junger jüdischer Amtsrichter in seiner Heimatstadt in die SPD eingetreten war und den Vorsitz des «Reichsbanners Schwarz-Rot-Gold» übernommen hatte.

Eifrig suchte Bauer weiter nach einer Aufgabe in Deutschland – wobei ihm ein Glücksfall zu Hilfe kam, der ihn zu dem sofort konzipierten Brief an den alten Stuttgarter Freund veranlasste: «Lieber Richard Schmid», schrieb er, «ich habe vor wenigen Minuten, also ‹brühwarm› (ich schreibe das, um zu zeigen, daß ich die heimische Sprache noch nicht ganz vergessen habe) Ihre Adresse erfahren. Ich habe oft an Sie gedacht und freue mich herzlich, daß Sie leben. Das ist zunächst das Wichtigste. Die Erfahrung zeigt, daß alles Weitere sich schnell ergibt. Die 10 verflossenen Jahre lassen sich schnell menschlich überspringen, weil man anknüpfen kann, wo man das letzte Mal aufgehört hat [...]. Ich habe seit Mai letzten Jahres immer wieder versucht, die amerikanische Erlaubnis zu einer Reise nach der amerikanischen Zone zu erhalten. Leider war dies seither aussichtslos. Es besteht zwar ein lebhaftes Interesse für werdende Journalisten, offenbar aber keines für etwaige Juristen oder Wissenschaftler.»32 Schmid antwortete umgehend, indem er Bauer versicherte: «Bei dem enormen Mangel an politisch und fachlich geeigneten Leuten ist manchmal Ihr Name gefallen: ‹Solche Leute brauchete mir.›» Schmid war sich jedoch nicht sicher, ob Bauer wirklich beabsichtigte, «sich in den deutschen Wirbel zu stürzen».33

Die brennende Neugier für die deutschen Dinge, nicht nur für die württembergische Justiz, veranlassten Bauer zu prompter Fortsetzung des Briefwechsels, so dass Schmid postwendend unter dem 17. November 1946 wiederum mehrere Seiten vorfand. Darin machte Bauer klar, dass seine Versuche, nach Stuttgart zu gelangen, immer wieder verhindert worden waren.34 Aber auch Schmid hatte daraufhin zunächst nichts weiter anzubieten, als «mit irgend einer Erklärung oder Bescheinigung» behilflich zu sein. Eine Stelle für Fritz Bauer in den höheren Justizorganen konnte er, offenbar aus parteipolitischen Gründen, nicht vermitteln oder versprechen.35

Die Regierung im traditionell konservativ-liberalen Württemberg-Baden war von Vertretern bürgerlicher Parteien beherrscht und das Justizministerium eine Domäne der CDU. Es stand seit 1945 erneut unter der Leitung von Josef Beyerle – früher Zentrums-Vorsitzender und bereits von 1923 bis 1933 Justizminister Württembergs –, also Fritz Bauers ehemaligem Dienstvorgesetzten, der vermutlich kaum an einem linken Sozialdemokraten interessiert war.36 Aber vielleicht hätte eine Bewerbung im französisch besetzten Württemberg-Hohenzollern mehr Aussicht auf Erfolg gehabt. Denn dort war ein anderer Freund aus Stuttgarter Tagen, Carlo Schmid, 1947 zum Staatssekretär ernannt worden. Als stellvertretender Ministerpräsident und Justizminister besetzte er eine einflussreiche Position, zumal er seine Rolle als Verbindungsmann zwischen Tübingen und der Stuttgarter Landesregierung in der amerikanischen Besatzungszone beibehielt. Doch auch in Südwürttemberg war ein anderer für den

Aufbau der Justizverwaltung zuständig: Dr. Gebhard Müller, bald erster Mann der dortigen CDU. Carlo Schmid, selber eben erst in die SPD eingetreten und seit 1946 Landesvorsitzender in Südwürttemberg, konnte unter diesen Umständen kaum daran denken, Fritz Bauer zu einer Heimkehr nach Tübingen aufzufordern.[37]

So gingen die Jahre 1946/47 ergebnislos dahin, und Bauer verließ allmählich der Mut. Manchmal dachte er jetzt sogar daran, in Kopenhagen zu bleiben, nicht zuletzt wegen der vielen Freunde, die er dort gefunden hatte. Doch auch in Dänemark tat man von offizieller Seite nichts, um ihm eine seinen Fähigkeiten entsprechende Stelle anzubieten oder zu sichern.[38] In jeder Hinsicht enttäuscht schrieb Bauer am 18. Mai 1947 an Kurt Schumacher, er habe ständig gehofft, nach Hannover kommen zu können, doch nur Journalisten erhielten kurzfristige «Permits». Er aber brauche unbedingt eine Aufenthaltserlaubnis für zwei bis drei Wochen, bevor er sich endgültig entscheide. Dringend müsse er mit Schumacher sprechen; mit der Stuttgarter Parteiorganisation und Juristen stehe er in Verbindung. Schließlich sei er doch, was die aktuellen Wiederaufbau-Probleme anlangt, bestens gerüstet. «Ich habe das Monopolreferat hier, habe in Deutschland ein Buch über die rechtliche Struktur der Truste geschrieben.» Und in den vergangenen beiden Jahren habe er «einen dicken Wälzer über dänisches und internationales Trust- und Kartellwesen verbrochen». Damit hätte er doch immerhin einen plausiblen Grund zur Beschäftigung in Deutschland.[39] Diesmal schrieb Schumacher prompt zurück und schickte im Namen des Parteivorstands eine dringende Aufforderung zum persönlichen Gespräch, in der Hoffnung, Fritz Bauer damit zu dem notwendigen Einreisevisum zu verhelfen.[40]

Unterdessen wurde Bauers berufliche Lage immer schwieriger. Im selben Monat sah es nämlich so aus, als würde ihm das bescheidene Honorar für seine Redakteurstätigkeit bei den *Deutschen Nachrichten* gekürzt. Mitte Mai 1947 erklärte er seinem Kollegen Niels Rickelt, dass ihm die Zeitung nicht mehr genug bezahlen wolle. Da auch seine Stelle beim dänischen Preisdirektorat herabgesetzt werden solle, bleibe ihm entschieden zu wenig Geld übrig.[41] Der Grund dafür war, dass der sächsische Ministerpräsident Max Seydewitz Bauer das Amt des Generalstaatsanwalts in Leipzig, also in der Sowjetischen Besatzungszone, angeboten hatte. Dies führte offenbar zum Verlust seiner Beschäftigung im so genannten Preisdirektorat, denn in Dänemark hatte sich mittlerweile ein starker Antikommunismus durchgesetzt.[42] Ob Bauer aber überhaupt daran dachte, das Angebot von Seydewitz anzunehmen, ist fraglich.[43]

Schließlich dauerte es noch über ein Jahr, bis Fritz Bauer, erstmals nach zwölf Jahren, wieder deutschen Boden betrat. Im Sommer 1948 war das neu gebildete Land Niedersachsen endlich Ziel einer Erfolg versprechenden Besuchsreise. Am 8. August 1948 konnte Bauer Kurt Schumacher melden, er habe in Braunschweig die nötigen Verhandlungen geführt. In der Tat brauche man dort einen Vorsitzenden des Strafsenats beim Oberlandesgericht sowie einen Generalstaatsanwalt. Das Amt des obersten Anklägers war bereits einige Zeit verwaist, denn der Sozialdemokrat Dr. Curt Staff, erster Braunschweiger Generalstaatsanwalt nach dem Krieg, war im Dezember 1947 zum Senatspräsidenten am Obersten Gerichtshof für die Britische Zone ernannt worden.[44] Bauer bewarb sich um die Stelle eines Präsidenten des Strafsenats und teilte Schumacher mit, er habe nun die erforderlichen Schreiben an das Oberlandesgericht Braunschweig, an das Justizministerium in Hannover und an das Zentraljustizamt für die Britische Zone gerichtet.[45] Mit dem Leiter des Zentraljustizamts, Dr. Wilhelm Kiesselbach, hatte er persönlich gesprochen, und der eben erst ernannte Braunschweiger OLG-Präsident Bruno Heusinger hatte sich ebenfalls positiv geäußert. Auch Hinrich Wilhelm Kopf, der SPD-Ministerpräsident, war von seinen diversen Schritten unterrichtet.[46]

Die drei Gesprächspartner, die Bauer aufsuchte – Heusinger[47], dessen Amtsvorgänger Wilhelm Mansfeld und Kiesselbach –, waren alle aus sehr unterschiedlichen Gründen von den Nationalsozialisten aus dem Amt entlassen worden. Mansfeld hatte man aufgrund seiner jüdischen Herkunft am 1. November 1939 in den Ruhestand versetzt; der ehemalige Hamburger OLG-Präsident Kiesselbach und Heusinger waren zwar ihrer Ämter enthoben worden, hatten sich aber durchaus konform verhalten.[48] Sie holten nach dem Ende des NS-Regimes auch schwer belastete Juristen zurück in ihre Ämter, weil sie meinten, auf deren Erfahrung in hohen Verwaltungsposten angewiesen zu sein.[49]

Im Schreiben Bauers an Schumacher vom August 1948 spielten solche Fragen jedoch kaum eine Rolle. Hier findet sich nichts über die Wiederbegegnung mit den zerstörten Städten oder über die Flüchtlinge und Displaced-Persons-Camps, die gerade in Niedersachsen besonders zahlreich waren; nichts über die so genannte «deutsche Frage» und die deutsche Bevölkerung, die doch jetzt über die Existenz der KZ und Vernichtungslager Bescheid wissen musste.⁵⁰ Dafür schrieb Bauer über das «schwäbische Heimweh», jenes Gefühl, das Thomas Mann als Herzasthma des Exils bezeichnete, als Schrecken der Heimatlosigkeit. Bauer bekundete gegenüber Schumacher: Er habe «Spätzle mit Sauerkraut [gegessen]. Ich habe sie seit 12 Jahren vermißt!», und dann habe er sogar die Speisekarte des Lokals «geklaut – bloß wegen der ‹Spätzle RM 1-›» und «um mein schwäbisches Heimweh zu lindern».⁵¹ Auf jeden Fall konnte Fritz Bauer neue Hoffnung schöpfen, dass der schon viel zu lang dauernde Schwebezustand bald zu Ende gehen würde. Wenn irgendwo, so war der Neueinstieg offenbar am ehesten noch in dem 1946 neu gegründeten Land Niedersachsen möglich, wo man mehrere Landesteile vereinigt hatte: die preußische Provinz Hannover, dazu das kleine ehemalige Herzogtum (vor 1933 Freistaat) Braunschweig, ferner die Länder Oldenburg und Schaumburg-Lippe; Preußen selbst war durch Kontrollratsbeschluss der alliierten Besatzungsmächte aufgelöst worden. Man brauchte hier also neue Leute, und der seit 1946 regierende, zunächst von der britischen Besatzungsmacht eingesetzte und dann mit der Regierungsbildung beauftragte Hinrich Wilhelm Kopf (1893–1961)⁵², selbst Jurist und 1933 von den Nazis zwangsweise in den Ruhestand versetzt, war durchaus damit einverstanden, Fritz Bauer in sein Land zu holen.⁵³

In einem Brief an Erwin Schoettle, der 1947 zum SPD-Landesvorsitzenden in Württemberg-Baden gewählt worden war, erwähnte Bauer all die langwierigen Versuche in Hannover, Hamburg, Stuttgart und zuletzt in Braunschweig, eine angemessene Position zu erlangen.⁵⁴ In Niedersachsen tauchten jedoch erneut Schwierigkeiten auf. Sie ergaben sich aus der Neugliederung des Landes und der geplanten Zusammenlegung der Oberlandesgerichte, wodurch Bauers Bewerbung plötzlich ins Leere zu laufen drohte. Zu der Auflösung der Oberlandesgerichte kam es dann aber doch nicht.⁵⁵

Allerdings waren die Umstrukturierungen in der Landesverwaltung nicht das einzige Problem, das sich für Bauer stellte. Auch die Praxis der Entnazifizierung, über die in Niedersachsen heftig gestritten worden war, schien seiner Rückkehr nach Deutschland im Wege zu stehen.⁵⁶ Da die meisten Richter und Staatsanwälte NSDAP-Mitglieder gewesen waren, hatte die britische Militärregierung 1945 eine Fünfzig-Prozent-Formel zur Entnazifizierung der Justiz eingeführt, die so genannte Huckepack-Klausel, die besagte, dass mit jedem Unbelasteten zugleich ein belasteter

NS-Jurist wieder ins Amt zurückkehren konnte. Die Folge war, dass es alsbald an unbelasteten Juristen fehlte. Zugleich aber wurde diese Beschränkung scharf von Seiten deutscher Juristen angegriffen, die wie der Celler Oberlandesgerichtspräsident Hodo Freiherr von Hodenberg kritisierten, dass somit mindestens vierzig Prozent der ehemaligen Kollegen nicht mehr in ihr Amt zurückkehren konnten, weil sie als NSDAP-, SS- oder SA-Mitglieder belastet waren.[57]

Doch schon ab Mitte Januar 1946 trat die Entnazifizierung in eine neue Phase. In Braunschweig wurden lokale «Säuberungsausschüsse» eingeführt, wobei die Militärregierung sich noch die letzte Entscheidung vorbehielt.[58] Auf Drängen von OLG-Präsident Mansfeld wurde Mitte des Jahres in Braunschweig ein Sonderausschuss für die Justiz eingerichtet. Nun wurde die Mehrheit der Richter und Staatsanwälte aufgrund der Überprüfungen durch den Justizausschuss nur noch in die Gruppe der Mitläufer (IV) oder Entlasteten (V) eingestuft. Damit öffnete sich «die Tür zum alten Dienstposten», die berüchtigte «Mitläuferfabrik» kam auch in Braunschweig in Gang.[59] Niedersachsen, so schien es, war sogar zum «besonders geförderten Zufluchtsort» für belastete Juristen geworden: Der Anteil der NSDAP-Mitglieder unter den niedersächsischen Richtern stieg von 65 Prozent am Ende des NS-Regimes auf 80 bis 90 Prozent im Jahre 1948.[60]

Mit Wirkung vom 1. Oktober 1947 wurde die Entnazifizierung den Länderregierungen und deutschen Gerichten übertragen; die Entscheidung über die Einstufung in die Gruppen III (Minderbelastete), IV und V lag nun bei den deutschen Ausschüssen und nicht mehr bei der Militärregierung, die sich nur noch die Kategorien I (Hauptschuldige) und II (Belastete) vorbehielt.[61] Das Justizministerium unter Leitung von Dr. Werner Hofmeister, der 1933 als Mitglied der Deutschen Volkspartei aus dem Staatsdienst entlassen worden war und nach 1945 Mitbegründer der niedersächsischen CDU wurde, erließ ein halbes Jahr später die «Verordnung über das Verfahren zur Fortführung und zum Abschluß der Entnazifizierung im Lande Niedersachsen» (30. März 1948), der bereits im Juli 1948 eine zweite «Verordnung über die Rechtsgrundsätze der Entnazifizierung» folgte; sie machte erneute Überprüfungen möglich, die den Betroffenen niedrigere Einstufungen einbrachten.[62] Schließlich wurden die im Jahr 1949 von der Gruppe III in die Gruppe IV der Mitläufer umgestuften Personen durch das «Gesetz zum Abschluß der Entnazifizierung» vom

18. Dezember 1951 allesamt in die Gruppe V der Entlasteten überführt, womit unter das prekäre Kapitel ein Schlussstrich gezogen war.⁶³

Vor dem Hintergrund dieser Entwicklungen musste sich Fritz Bauer allerdings bald fragen, ob nicht ihm, dem linken Sozialdemokraten und Exilanten gegenüber, noch zusätzliche Schwierigkeiten gemacht würden. «Hinzu kommen aber sicher auch die vom CDU-Standpunkt naheliegenden politischen Bedenken», schrieb er an Schoettle im Oktober 1948.⁶⁴ Die CDU war seit 1948 mit der SPD unter Führung Hinrich Wilhelm Kopfs in einer Großen Koalition verbunden, was Bauers Aussichten auf eine leitende Beamtenstelle nicht gerade vergrößerte. Jedenfalls wollte der CDU-Justizminister seine Anstellung nicht so ohne Weiteres befürworten und das Amt des Senatspräsidenten, das sich Oberlandesgerichtspräsident Heusinger vorerst selbst vorbehielt, einstweilen nicht besetzen.⁶⁵ Justizminister Hofmeister forderte Bauer auf, noch einmal nach Hannover zu kommen, um die neue Sachlage zu besprechen und möglicherweise etwas anderes zu finden.⁶⁶ Vorab sollte Bauer ihm schon einmal seine juristischen Bücher schicken.⁶⁷ Wahrscheinlich – so schrieb dieser an Schumacher – sei es Hofmeisters «Absicht, mir eine mehr untergeordnete und deswegen kontrollierte Stellung anzubieten, was von seinem Standpunkt aus menschlich, juristisch und auch politisch verständlich ist.» «Hast Du», fragte er Schumacher ganz direkt, «einen dritten Vorschlag?»⁶⁸

Bauer war enttäuscht, hatte er doch erwartet, dass die enge Nachbarschaft von SPD-Zentrale und Regierung Kopf in Niedersachsen zu einem schnellen Erfolg seiner Bewerbung führen würde. Er strebte eine Stellung in der Justiz oder einem Ministerium an, wie er jetzt wiederum an Schoettle in Stuttgart schrieb: «Offen ist [...]: sind unsere Genossen von sich aus imstande, eine Stellung zu sichern, oder soll ich vorher mit Maier oder Beyerle korrespondieren? Persönlich stand ich seinerzeit [als Amtsrichter vor 1933 in Stuttgart, I. W.] besser mit Maier als mit meinem Chef Beyerle, der mir meine politische Aktivität (Reichsbanner) nie verzieh. [...] Wie gesagt halte ich es für erwünscht, dem persönlichen Schwebezustand ein Ende zu setzen.»⁶⁹

Doch wieder vergingen Wochen, so dass Fritz Bauer sich gegenüber Schoettle beklagte: «Es dauert im allgemeinen Ewigkeiten.»⁷⁰ Um bald darauf neue Hoffnung zu schöpfen, wie er am 28. Oktober 1948 gegenüber Fritz Heine bekundete: «In der Zwischenzeit hörte ich von Kopf, daß mein Fall im Kabinett beraten wurde, offenbar hat die Sache Fortschritte gemacht. Nachdem ich nunmehr mein Visum erhalten habe, werde ich im Lauf der kommenden Woche zwecks Rücksprache mit Kopf nach Hannover kommen.»[71] Es war seine zweite Besuchsreise nach Deutschland.

Bauer setzte sich schließlich durch oder, besser, wurde durchgelassen. Zwar machte das Ministerium «sachliche und persönliche Bedenken» geltend, ihm bei seinem Neuanfang gleich eine Spitzenposition zu übertragen, und bot stattdessen die Stelle eines Landgerichtsdirektors an. Dennoch bedeutete dies nach Jahren vergeblicher Bemühungen den Durchbruch, denn die maßgeblichen Stellen in Braunschweig empfahlen zugleich, dass Bauer seine Bewerbung um das Amt des Generalstaatsanwalts aufrechterhalten solle.[72] Mitte Januar 1949 konnte Justizminister Dr. Hofmeister Fritz Bauer mitteilen, sein Entnazifizierungsverfahren habe ergeben, dass er «nicht vom Entnazifizierungsrecht betroffen» sei.[73] Für einen deutschen Juden und Sozialdemokraten, der nach mehrmonatiger KZ-Haft gerade noch ins rettende Exil entkommen war, muss das ziemlich weltfremd geklungen haben. Es zeigte aber auch den Formalismus, der bei der Entnazifizierung längst eingetreten war. Jedenfalls wollte der Minister ihn jetzt zum Landgerichtsdirektor in Braunschweig ernennen und ihm die Urkunde aushändigen, sobald er dort eine Wohnung bekommen habe.[74]

Gern hätte Fritz Bauer in Kopenhagen sofort seine Koffer gepackt, er habe den schnellstmöglichen Weg eingeschlagen, schrieb er nach Braunschweig an Heusinger, hoffe am 1. April da zu sein und wolle mit der «Wiedereinarbeitung auf strafrechtlichem Gebiet» beginnen.[75] Um keine Zeit zu verlieren, bat Bauer den Oberlandesgerichtspräsidenten, ihm das Strafgesetzbuch und die Strafprozessordnung nach Dänemark zu schicken. Am 11. April 1949 traf er in Braunschweig ein.[76] Tieftraurig klang der Abschiedsgruß, den Frau Bauer Petersen an den so plötzlich Scheidenden ins Tagebuch schrieb beziehungsweise ihm im Voraus nachrief: «So ist dieser Abschnitt zu Ende, heute um elf Uhr reist Du, Fritz – und nichts habe ich tun können, um das Leben für Dich zu bessern in diesen sechs Jahren. Ich hätte ehrlich und innig gehofft, für einen anderen Menschen von Nutzen zu sein.»[77]

Am 12. April erhielt Bauer seine Ernennungsurkunde, umdatiert vom 1. des Monats, weil er sich ein paar Tage verspätet hatte. Und dann, am 24. April, war es endlich so weit, und er konnte Kurt Schumacher benachrichtigen: «Ich bin vor ca. 14 Tagen hier gelandet».[78] In der Adolfstraße 46, unweit des Zentrums der zerstörten Stadt, wohne er nun zur Untermiete und sei dabei, «wieder Wurzeln zu schlagen. [...] Vorderhand fühle ich mich – viel mehr als ich erwartet hatte – wieder zu Hause. Die Menschen, sogar meine Kollegen, sind überaus freundlich und entgegenkommend.»[79]

Mit dem Tag seiner Rückkehr begann Fritz Bauers Ringen um ein Rechtssystem, das durch das nationalsozialistische Regime bis zur Unmenschlichkeit entstellt worden war. «Ich bin zurückgekehrt, weil ich glaubte, etwas von dem Optimismus und der Gläubigkeit der jungen Demokraten in der Weimarer Republik, etwas vom Widerstandsgeist und Widerstandswillen der Emigration im Kampf gegen staatliches Unrecht mitbringen zu können», bekannte er rückblickend. «Schon einmal war die deutsche Demokratie zugrunde gegangen, weil sie keine Demokraten besaß. Ich wollte einer sein. Schon einmal hatte die Justiz, als es galt, die Demokratie zu verteidigen, ihre Macht mißbraucht, und im Unrechtsstaat der Jahre 1933 bis 1945 war der staatlichen Verbrechen kein Ende. Ich wollte ein Jurist sein, der dem Gesetz und Recht, der Menschlichkeit und dem Frieden nicht nur Lippendienst leistet.»[80] Der hier im Rückblick anklingende unbedingte Glaube an seinen Auftrag war wohl auch nötig, um den Mut zum Neuanfang aufzubringen.

Ein ähnliches Ziel verfolgten Max Horkheimer und Theodor W. Adorno, die im selben Jahr aus dem amerikanischen Exil nach Frankfurt am Main zurückkehrten. Horkheimer begründete seine Rückkehr damit, der Erziehung zum Widerstand dienen zu wollen, um die «wenigen Menschen, welche unmittelbar unter dem Schrecken Hitlers ihm innerlich und äußerlich widerstanden haben», zu ermutigen und «mit ihnen zusammen der neuen faschistischen Verhärtung Trotz zu bieten».[81] Ebenso könnte man den Historiker der Arbeiterbewegung Helmut Hirsch (*1907) zitieren, der wie Fritz Bauer in seiner doppelten Außenseiterrolle als Jude und Sozialist verfolgt worden war und seine Rückkehr aus dem amerikanischen Exil mit dem Motiv begründete: «Ich wollte das Gefühl haben: Hitler hat den Krieg nicht gewonnen.»[82]

Gleich zwei Eide musste Fritz Bauer unmittelbar nach der Rückkehr als neuer Landgerichtsdirektor leisten – was auch eine Art «Heimkehr» war.[83] Er werde seine «Kraft für das Wohl des deutschen Volkes», dem er «treu und gehorsam sein werde», einsetzen und die «obliegenden Pflichten gewissenhaft erfüllen». Dann folgte der Eid der Militärregierung: dass er die Gesetze «gegenüber jedermann, ohne Rücksicht auf Religion, Rasse, Abstammung oder politische Überzeugung anwenden und handhaben [...] und stets sein Bestes tun werde, um die Gleichheit aller vor dem Gesetz zu wahren».[84] Was ihm leichter über die Lippen gekommen sein wird als das traditionelle deutsche Bekenntnis zu Treue, Gehorsam und Pflichterfüllung.

War er nicht zurückgekehrt, um die Wurzeln des Unrechtsstaats auszureißen, und lagen diese nicht in einer typisch deutschen Mythologisierung der Pflicht? «In Deutschland», so formulierte Bauer später, «wurde integriert durch Über- und Unterordnung, die in der Kantischen Mythologisierung der ‹Pflicht› ihren ideologischen Ausdruck fand.» Hier komme «die Pflicht vom Obrigkeitsstaat wie die Armut von der Poverteh». In Deutschland werde die äußere Ordnung der Gesellschaft auf Kosten der inneren Ordnung des Menschen überbetont,[85] ganz nach der Tradition des Rechtspositivismus und dessen popularisierter Formel: «Gesetz ist Gesetz, und Befehl ist Befehl» – oder deutlicher noch in der Sprache der Landser: «Dienst ist Dienst, und Schnaps ist Schnaps.»[86] Schon gleich nach seiner Rückkehr stand es also wieder vor dem Nazi-Flüchtling, das Bild des pflichttreuen deutschen Beamten und Bürgers, dessen Ethik sich in peinlichster Diensterfüllung ohne Rücksicht auf den Inhalt des Gebots erschöpfte.

Wie aber stand es um die «innere Ordnung» der Menschen in dem Land, wohin er zurückgekehrt war? Ließen sich nach zwölf Jahren NS-Herrschaft und einem totalitären System, das sich in rechtsblindem Gehorsam erschöpft hatte, noch Mut und Widerstandsgeist neu wecken? Wenn die Menschen noch immer glaubten, Opfer des Schicksals geworden zu sein, statt zu begreifen, dass ein demokratischer Wiederaufbau zumindest mit der Bereitschaft zur Wiedergutmachung beginnen und die Flüchtlinge und Exilanten einschließen müsste. Zwei Jahre hatte es nach Kriegsende gedauert, bis erstmals offiziell zum Ausdruck kam, dass man Emigranten wie Fritz Bauer brauchen würde und sie zurückrufen sollte. Die erste und einzige, im Grunde aber halbherzige gesamtdeutsche Initiative in dieser Richtung kam im Mai 1947 von der Konferenz der Ministerpräsidenten in München.

In einer Entschließung, die infolge des Scheiterns der Münchner Konferenz kaum Beachtung fand, hieß es unter der Überschrift «Aufruf an die deutsche Emigration»: «Wir haben sie schweren Herzens scheiden sehen und werden uns ihrer Rückkehr freuen.» Die Emigranten werden als Mittler zwischen «uns und der übrigen Welt» bezeichnet, sie sollen sich überzeugen, dass das deutsche Volk «keinen anderen Wunsch hat, als friedlich und arbeitsam im Kreise der übrigen Völker zu leben». Ein wirklicher Neubeginn sei ohne Hilfe der Welt nicht möglich, «ganz besonders nicht ohne die Deutschen, die heute außerhalb unserer Grenzen weilen. Deshalb rufen wir sie auf, mit uns ein besseres Deutschland aufzubauen.» Die Vorlage dieser offiziellen Rückruf-Adresse entsprach weitgehend dem Entwurf des damaligen Staatssekretärs im bayerischen Kultusministerium Dieter Sattler.[87] Darin war das 1947 zum Ausdruck gebrachte Bekenntnis noch schärfer formuliert: «Der eigentliche Kernpunkt unserer Schwierigkeiten in Deutschland ist heute die Erkenntnis der gemeinsamen Schuld (wohl besser als Kollektivschuld). [...] Was Gott vom deutschen Volke will, ist diese Erkenntnis. [...] Ich selbst kenne unter meinen besten Freunden nur ganz wenige, die [...] eine wirkliche Mitschuld des ganzen deutschen Volkes an den Taten Hitlers und seiner zwölf Jahre anerkennen.»[88]

Was der CSU-Kulturpolitiker und Katholik mit seinem Wort von der Mitschuld sagte, bezog sich auf diejenigen, die in Deutschland geblieben waren und das «Dritte Reich» erlebt und überlebt, ertragen oder ihm gehorsam gedient hatten. Doch waren die politischen Exilanten offenbar die Einzigen, die ein echtes Schuldbewusstsein plagte. Der Jurist Franz Leopold Neumann – 1933 vertrieben und am Institut für Sozialforschung an der Columbia University (New York) an der Seite von Adorno, Horkheimer und Herbert Marcuse tätig –, der 1942 im Exil sein Opus magnum *Behemoth* veröffentlicht hatte, litt zum Beispiel sein Leben lang daran, nicht genug getan zu haben, um den Sturz in die Barbarei zu verhindern. Neumann kehrte nach 1945 nicht nach Deutschland zurück. Er starb früh und hinterließ ein bezeichnendes Bekenntnis, in dem er nach seiner Verantwortlichkeit für den Nationalsozialismus fragte und sich nicht von der kollektiven Schuld ausnehmen wollte. «Wir», so schrieb er, «die wir in der Opposition standen, waren alle zu feige. Wir haben alle kompromittiert. Ich habe ja mit eigenen Augen gesehen, wie verlogen die SPD Juli 1932 bis Mai 1933 war (und nicht nur damals) und habe nichts gesagt. Wie feige die Gewerkschaftsbosse waren – und ich habe ihnen weiter gedient. Wie verlogen die Intellektuellen waren – und ich habe geschwiegen. [...] So habe ich also mitgemacht bei dem Ausverkauf der Ideen der sogenannten deutschen Linken. Sicherlich ist mein Beitrag gering und der Politiker wird meine Haltung ironisch betrachten. Aber kann man den Verfall der SPD und den Aufstieg des Nationalsozialismus nur als politisches Problem betrachten? Waren da nicht moralische Entscheidungen zu treffen? Die habe ich zu spät und immer noch nicht radikal genug getroffen.»⁸⁹

Solche Emigranten jedoch, erst Recht solche Zweifler, zu denen auch Fritz Bauer zählte, waren – sofern sie nach Deutschland zurückkehrten – unpopulär. Bauer hatte nicht erwartet, dass er mit offenen Armen empfangen, sondern dass ihm, als vertriebenem Juden, das schlechte Gewissen der im Lande Gebliebenen entgegenschlagen würde. Bei anderen konnte die Abwehr durchaus auch Verbitterung auslösen. «Man wird es uns nie verzeihen, daß wir uns nicht haben erschlagen oder ein bißchen vergasen lassen», konstatierte der Literat Walter Mehring 1948 nach einem Kurzbesuch in Westdeutschland.⁹⁰ Und die deutsche Jüdin Hannah Arendt, die 1950 erstmals Deutschland besuchte, schrieb wenig später: «Der Anblick, den die zerstörten Städte in Deutschland bieten, und die Tatsache, daß man über die deutschen Konzentrations- und Vernichtungslager Bescheid weiß, haben bewirkt, daß über Europa ein Schatten tiefer Trauer liegt […]. Doch nirgends wird dieser Alptraum von Zerstörung und Schrecken weniger verspürt und nirgendwo wird weniger darüber gesprochen als in Deutschland.» Dazu gehöre die Weigerung zu trauern, Gleichgültigkeit, Apathie, Gefühlsmangel, Herzlosigkeit, «die manchmal mit billiger Rührseligkeit kaschiert wird, ist jedoch nur das auffälligste äußerliche Symptom einer tief verwurzelten, hartnäckigen und gelegentlich brutalen Weigerung, sich dem tatsächlich Geschehenen zu stellen und sich damit abzufinden. […] Das einfachste Experiment besteht darin expressis verbis festzustellen, […] daß man Jude sei. Hierauf folgt in der Regel […] kein Anzeichen für Mitleid […], sondern es folgt eine Flut von Geschichten, wie die Deutschen gelitten hätten; und wenn die Versuchsperson zufällig gebildet und intelligent ist, dann geht sie dazu über, die Leiden der Deutschen gegen die Leiden der anderen aufzurechnen […], daß die Leidensbilanz ausgeglichen sei. […] Eine solche Flucht vor der Wirklichkeit ist natürlich auch eine Flucht vor der Verantwortung.»⁹¹

Dieselbe Erfahrung musste auch der geniale Theatermann Fritz Kortner (1892–1970) machen, der in seinen Erinnerungen ironisch feststellte, dass «das meinesgleichen Zugefügte» – er hatte elf Verwandte durch die nazistische «Endlösung» zu beklagen – «keine Rolle spielte» angesichts der «Höllenqualen», welche die zurückgebliebenen Deutschen seinerzeit zu erleiden hatten.[92] Daraus aber, aus der Flucht vor der Verantwortung, wollten Rückkehrer wie Fritz Bauer die Deutschen nicht entlassen, sondern ihre Mitwirkung am Unrechtssystem zur Sprache bringen: im SPD-Parteiapparat, wo eine ganze Anzahl Emigranten in höheren Posten wieder Betätigung gefunden hatte[93] – und wo sein Platz nie gewesen war; vor allem in der Justiz, wo er Rechenschaft einforderte – und wo sein Bekenntnis zum Sozialismus darum noch mehr beargwöhnt wurde. Wie er selbst formulierte: Die Justiz hatte nicht nur im Kampf gegen staatliches Unrecht versagt, sondern «ihre Macht mißbraucht» und damit den Unrechtsstaat unterstützt.[94]

Bauers Devise, zu der Neumanns Forderung nach einer «moralischen Entscheidung» zu passen scheint, lief auf eine jetzt von sich und allen anderen zu fordernde Rehabilitation hinaus, die man ohne Weiteres mit Umkehr und Bekenntnis, auch mit Entnazifizierung umschreiben kann, sofern man den Begriff nicht als Reglementierung, sondern als Selbstbefreiung oder Konversion versteht. Und wenn er selbst auf der Richterbank tätig werden würde, dann nicht in erster Linie wegen der Bestrafung, sondern weil er an innere Wandlung und Selbstregeneration dachte. Bauer war eine geradezu historische Aufgabe zugefallen, denn im «hiesigen Nest», wie er Braunschweig einmal nannte, schien eine exemplarische Entnazifizierung in besonderem Maße erforderlich.[95] In Braunschweig hatten die Nationalsozialisten ihre Anfangserfolge gefeiert, so dass die Historie des Ortes einiges über die Ursprünge des Nationalsozialismus zeigen konnte.

Fritz Bauer kam nicht unvorbereitet, schon gar nicht ganz ungewarnt in Braunschweig an. Von der Geschichte des Ortes und des Landes hatte er bereits im Kopenhagener Exil genug erfahren können: von SPD-Politikern, die wie er nach Dänemark geflüchtet waren. Beispielsweise konnten ihm der ehemalige Braunschweiger Landtagsabgeordnete Gustav Wolter, auch Karl Raloff als früherer Redakteur der SPD-Zeitung *Volkswille* in Hannover, vor allem aber der Journalist Hans Reinowski, 1946/47 Bauers Redaktionskollege bei den *Deutschen Nachrichten*, die ganze NS-Geschichte erzählen. Reinowski, der in den zwanziger Jahren Führer der

Sozialistischen Arbeiterjugend (SAJ) in Braunschweig gewesen war, brachte noch 1933 heimlich in Zürich eine viel beachtete Broschüre heraus, in der er die stürmische und brutale «Machtergreifung» der Nationalsozialisten in der knapp 200 000 Einwohner zählenden Stadt in vielen Details schilderte.[96] Und diese Ereignisse waren es, auf die Fritz Bauer jetzt, 1949/50, in seiner neuen Tätigkeit als Landgerichtsdirektor sofort gestoßen wurde: den mit großem Eifer 1933 von dem neuen NS-Machthaber im Freistaat Braunschweig, Dietrich Klagges (1891–1971), durchgeführten Umbruch und gewaltsamen Terror in dem kleinen Land, wo die Nationalsozialisten es bereits bei den Landtagswahlen im September 1930 von 3,7 auf 22,2 Prozent der Stimmen gebracht und daraufhin eine der ersten bürgerlichen Rechtsregierungen unter Beteiligung der NSDAP gebildet hatten.[97] In Braunschweig hatte Adolf Hitler 1931 bei der bis dahin größten Demonstration paramilitärischer NS-Einheiten den Salut von 104 000 SA- und SS-Männern entgegengenommen.[98]

Dietrich Klagges, von Beruf Lehrer, war seit September 1931 Innen- und Volksbildungsminister des Landes gewesen. Frühzeitig hatte er damit begonnen, Verwaltung, Polizei und Bildungswesen durch Auswechslung von Beamten im Sinne der NSDAP gleichzuschalten und das Land dem Nationalsozialismus zu unterwerfen. Nach der Ernennung Hitlers zum Reichskanzler weitete Klagges die Schikanen und Drangsalierungen aus. Seit dem 1. März 1933 setzte er SA und SS offiziell als «Hilfspolizei» ein.[99] Die nach dem Reichstagsbrand erlassene «Verordnung zum Schutz von Volk und Staat» vom 28. Februar 1933, die die Grund- und Freiheitsrechte aufhob, diente Klagges bei seinen Maßnahmen als «Rechtsgrundlage». Systematisch ließ er nach den KPD-Landtagsabgeordneten und anderen Funktionären der Linkspartei fahnden und weitete die Verfolgungsmaßnahmen sogleich auch auf die SPD aus. Die SPD-Parteizentrale im Gebäude der sozialdemokratischen Zeitung *Volksfreund* ließ Klagges von der SS stürmen.[100] Ernst Böhme (1892–1968), der sozialdemokratische Oberbürgermeister Braunschweigs, wurde nach schwerer Folter noch im März 1933 zum Amtsverzicht gezwungen.[101]

Am Ende des Monats richtete sich der Terror auch gegen den «Stahlhelm – Bund der Frontsoldaten», noch mehr freilich gegen Angehörige des «Reichsbanners Schwarz-Rot-Gold»; zahlreiche Mitglieder der beiden Organisationen wollten sich im Gebäude der Allgemeinen Ortskrankenkasse (AOK) vereinigen. Dort hatte der Braunschweiger «Stahlhelm», der seit dem Bündnis der «Harzburger Front» in Kampfgemeinschaft mit SA und SS stand, jetzt aber fürchtete, von der NSDAP überrannt zu werden, sein Quartier. Die Aufnahme von «Reichsbanner»-Mitgliedern wäre eine beachtliche Verstärkung der Reihen des «Stahlhelms» gewesen, während das «Reichsbanner» hoffte, der Beitritt in den Frontsoldatenbund könne vor weiterer Verfolgung schützen.[102] Am 27. März 1933 fanden sich an die 1300 Mitglieder des verfolgten «Reichsbanners» ein, um sich bei den «Stahlhelm»-Führern zu präsentierten. Als Klagges davon erfuhr, schickte er sofort alle verfügbaren Polizeikräfte, das Gebäude wurde besetzt, SS-Männer kamen hinzu, später übernahm die «Hilfspolizei» das Kommando. Das AOK-Gebäude machte Klagges nach dieser Sturmaktion zum SA-Hauptquartier und zum «Schutzhaft»-Gefängnis, wo ein Teil der festgesetzten «Stahlhelm»- und «Reichsbanner»-Männer schwer misshandelt wurden.[103]

Aufgrund der Terror- und Verfolgungsmaßnahmen konnten die Mitglieder der Fraktionen von KPD und SPD ab 14. März 1933 nicht mehr an den Landtagssitzungen teilnehmen. Am 4. April 1933 wurde der Landtag aufgrund des «Vorläufigen Gesetzes zur Gleichschaltung der Länder mit dem Reich» nach den Ergebnissen der Reichstagswahlen vom 5. März neu gebildet. Das war die Stunde des Dietrich Klagges: An der konstituierenden Sitzung Ende April nahmen lediglich 33 Abgeordnete der NSDAP teil, so dass der ehemalige Schulmeister, der am 6. Mai 1933 zum Ministerpräsidenten ernannt wurde, dem «Führer» den ersten rein nationalsozialistischen Landtag in Deutschland melden konnte.[104] Die brutale Errichtung der NS-Herrschaft, das ergaben Ermittlungen der Braunschweiger Staatsanwaltschaft nach dem Krieg, kostete im Frühjahr und Sommer des Jahres 1933 mindestens 26 Menschen das Leben. Hunderte wurden gefoltert und Tausende für längere oder kürzere Zeit ihrer Freiheit beraubt. «Bereits 1933», so lautete das Ergebnis, «war die Justiz ein willfähriges Instrument des NS-Regimes, beteiligte sich an der Verfolgung.»[105]

Einzelheiten über diesen Terror im Freistaat Braunschweig konnte Fritz Bauer im Kopenhagener Exil erfahren haben. Was er darüber hinaus von der NSDAP-Hochburg wusste oder noch wissen konnte, war die Geschichte von Hitlers Einbürgerung, die Dietrich Klagges schon 1932 inszeniert hatte.[106] Der nationalsozialistische Innenminister hatte damals die Idee, den «staatenlosen» Adolf Hitler, der für die Wahl zum Reichspräsidenten kandidierte und deshalb schnellstmöglich deutscher Staatsbürger werden wollte, zum Professor für «Organische Gesellschaftslehre und Politik» an der Technischen Hochschule Braunschweig zu berufen. Jedoch scheiterte das Vorhaben zunächst, denn die Hochschulleitung war nicht einverstanden. Erst der neue Anlauf eines Abgeordneten der Deutschen Volkspartei, der von Klagges unterstützt wurde, hatte Erfolg. Hitler sollte die Stelle eines Regierungsrats im Landeskultur- und Vermessungsamt bekommen und bei der Braunschweiger Gesandtschaft in Berlin Beschäftigung bekommen. Die Ernennung am 25. Februar 1932 machte Hitler zum Staatsbeamten, was ihm die Staatsbürgerschaft verschaffte, ohne danach Dienst leisten zu müssen.[107]

Viel Vorgeschichte also, die 1949 für den gerade ernannten Landgerichtsdirektor Dr. Fritz Bauer umgehend zur beruflichen Gegenwart wurde. Denn die nach 1945 eingeleiteten Ermittlungsverfahren betrafen vor allem ehemalige «Hilfspolizisten» und «Hilfspolizeiführer», die an den Aktionen von 1933 beteiligt gewesen waren. Generalstaatsanwalt Dr. Curt Staff, dessen Amtsnachfolge Fritz Bauer fünfzehn Monate später am 22. Juli 1950 antreten sollte, hatte unmittelbar nach der Befreiung an die 1000 Ermittlungsverfahren gegen 1500 Personen wegen NS-Verbrechen in Gang gebracht, größtenteils gegen SS- und SA-Mitglieder.[108] Mit Hilfe öffentlicher Aufrufe und unter Beteiligung der Bürgermeister und Landräte im Lande Braunschweig stellte der Generalstaatsanwalt die Weichen zur Ahndung der Brutalitäten, wenngleich auch er Staatsanwälte beschäftigen musste, die konform im NS-System gearbeitet hatten.[109] Dr. Staff ließ zugleich Ermittlungsverfahren gegen Richter und Staatsanwälte einleiten, die im Sommer 1933 im SA-Hauptquartier in der Braunschweiger AOK an Schnellgerichten oder am Sondergericht tätig waren.[110]

Insgesamt konnte Fritz Bauer nach kurzer Zeit der Einarbeitung feststellen, dass im April 1949, als er in Braunschweig ankam, die meisten von den insgesamt 985 Ermittlungsverfahren, von denen überhaupt nur 83 über die juristischen Hürden kamen, bereits erledigt waren. In immerhin 836 Ermittlungsverfahren war die Einstellung verfügt worden, 66 Verfahren waren noch anhängig.[111] Im Januar 1949 schwebten bei der Staatsanwaltschaft noch fünfzehn größere Ermittlungsverfahren wegen Gewalttaten aus dem Jahr 1933 gegen etwa 600 Beschuldigte.[112] Nur ein einziges größeres Verfahren gegen 29 Angeklagte wegen Körperverletzung in 54 Fällen war bisher zustande gekommen, der «Helmstedt-Prozess». Es sollte auch der einzige Großprozess bleiben.[113] Das Verfahren gegen die Helmstedter SA- und SS-Schläger, die 1933 politische Gegner und Juden brutal verfolgt und bei einer Großaktion gegen jüdische Geschäfte am 11. März 1933 in Braunschweig mitgewirkt hatten,[114] führte jedoch nur zu milden Urteilen. Daraufhin kam es im Herbst 1947 in Braunschweig zu lautstarken Protesten und großen Demonstrationszügen mit 20 000 Beteiligten.[115]

Darüber hinaus waren 400 Ermittlungsverfahren gegen Denunzianten eingeleitet worden, deren Opfer im KZ oder Gefängnis gelitten hatten oder gestorben waren. Doch nur 36 Verfahren kamen zum Abschluss, das schärfste Urteil belief sich auf anderthalb Jahre Gefängnis.[116] Kein Wunder also, wenn in der Braunschweiger Bevölkerung Unmut darüber laut wurde und man der Justiz zu milde Urteile und verschleppte Prozesse vorwarf.[117]

Die meisten der am Landgericht Braunschweig abgeschlossenen Verfahren, etwa 80 Prozent, betrafen Verbrechen gegen politische Gegner der Nationalsozialisten nach der Machtübernahme 1933, und der größte Teil der Prozesse fand zwischen 1947 und Anfang der fünfziger Jahre statt.[118] Nur in den seltensten Fällen kam es dabei jedoch zur Anklageerhebung gegen Verwaltungsbeamte, Juristen oder höhere Polizeibeamte, die an der Errichtung des NS-Regimes aktiv mitgewirkt hatten[119] – obgleich nach 1945 der Wille und auch die Möglichkeit zur Strafverfolgung der Schreibtischtäter durchaus vorhanden waren, wie der vormalige Braunschweiger Generalstaatsanwalt Dr. Curt Staff demonstriert hatte.[120] Nach der Gründung der Bundesrepublik im Herbst 1949 jedoch – so schien es – spielte auch in Braunschweig die juristische Auseinandersetzung mit den NS-Verbrechen kaum noch eine Rolle.[121]

Durch die misslungene Entnazifizierung waren zahlreiche ehemalige Parteimitglieder wieder in ihre alten Ämter zurückgekehrt und blockierten von dort aus jede weiter gehende Auseinandersetzung mit der Vergangenheit. Die bundesdeutschen Richter und Staatsanwälte kritisierten das Kontrollratsgesetz Nr. 10 vom 20. Dezember 1945, mit dem bislang «Verbrechen gegen die Menschlichkeit» geahndet worden waren.[122] Vielmehr teilten sie die bereits von den Verteidigern in den Nürnberger Prozessen vertretene Rechtsauffassung und beriefen sich auf das Rückwirkungsverbot: «nullum crimen, nulla poena sine lege».[123] Danach konnten nur die Verbrechen bestraft werden, die gegen das geschriebene Recht ihrer Zeit verstoßen hatten. Nur eine Minderheit der Juristen wandte sich gegen diesen Ansatz, der die NS-Justiz nachträglich legitimierte.[124] Wobei dies keine Hinwendung zum Naturrecht war, sondern Kritik an einer undifferenzierten Berufung auf das Rückwirkungsverbot und einem bedenklichen Rechtspositivismus, der als verlängerter Arm autoritärer Staatlichkeit fungierte.[125]

Seitdem deutsche Gerichte die NS-Verfahren übernahmen, spätestens aber seit der Gründung des Bundesgerichtshofes 1950, setzte sich jedoch diese Haltung zugunsten der Belasteten durch. Mit dem Kontrollratsgesetz Nr. 10 hatten die Alliierten die Berufung auf das nationalsozialistische Rechtssystem abgeschnitten und dem NS-Recht die Legitimationsgrundlage entzogen. Bauer hatte dies als «revolutionären Anlauf zu einem für Deutschland neuen Recht» begrüßt.[126] Das bereits 1946 von Gustav Radbruch in seinem berühmten Aufsatz entwickelte Theorem vom «gesetzlichen Unrecht und übergesetzlichen Recht» lieferte ihm hierfür die Grundlage.[127] Die deutsche Justiz, hoffte Fritz Bauer, würde nach dem Zusammenbruch des nationalsozialistischen Unrechtsstaats von Radbruchs Formel «eines Unrechts in Gesetzesform und durch das alliierte Gesetz gegen Verbrechen wider die Menschlichkeit beeinflußt, das unmenschlichen Gesetzen und Befehlen des Naziregimes die Beachtung verweigerte». Eine juristische «Bewältigung der Vergangenheit» sei «nur mit Hilfe eines übergesetzlichen Rechts möglich». Für ihn wahrte das Kontrollratsgesetz Nr. 10 den «gewissen Kernbereich des Rechts, der nach allgemeiner Rechtsüberzeugung von keinem Gesetz und keiner anderen obrigkeitlichen Maßnahme verletzt werden darf» und allen zivilisierten Völkern gemeinsam ist.[128]

Für Fritz Bauer war das keine theoretische Feststellung. Oder, fragte er sich nahezu ironisch, sollte tatsächlich das deutsche Volk einschließlich der Täter so von allen guten Geistern verlassen gewesen sein, dass ihm etwa bei den Anstaltsmorden der so genannten Euthanasie nie der Gedanke gekommen sei, dass es sich hier um Unrecht handelte? «Sollte wirklich jemand geglaubt haben, man wolle die unter seinen Augen abtransportierten Juden an dem Ziel ihrer Zwangsreise in eine beglückte neue Existenz versetzen?» War nicht immer das Bewusstsein der Strafwürdigkeit einer durch völlig abnorme Verhältnisse aufgehobenen Strafbarkeit im deutschen Volk vorhanden gewesen?[129] Er zog eine scharfe Grenze zwischen den unantastbaren Grund- und Menschenrechten und der Ausübung staatlicher Gewalt aufgrund einer Willkürgesetzgebung.

Bauer ging sogar noch einen Schritt weiter, indem er nicht nur das Recht, sondern die «Pflicht zum Widerstand», zum persönlichen «Nein» gegenüber staatlichen Verbrechen forderte.[130]

In der bundesdeutschen Rechtsprechung setzte sich diese Auffassung, die eine Abkehr von obrigkeitlichem Staatsdenken voraussetzte, jedoch ebenso wenig durch wie in der Staatsrechtslehre. Weite Teile der Justiz verkannten, dass das Rückwirkungsverbot der Rechtspositivisten nicht die Individuen, die der Gesetzsprechung des NS-Regimes zum Opfer gefallen waren, sondern die Träger terroristischer Staatsgewalt schützte.[131] Hinzu kamen ab 1947 die Auswirkungen des Kalten Krieges, die zunehmende politische und wirtschaftliche Verklammerung der westlichen Besatzungszonen mit der amerikanischen Frontstellung gegenüber dem Aufmarsch der sowjetischen Weltmacht in Europa, was zielstrebig zur Weststaatsgründung und schließlich zur Bildung der Bundesrepublik führte. Zusehends wurde deutlich, dass sich auch bei den Besatzungsmächten der Wille zur Aufklärung abschwäche, während auf deutscher Seite mit wachsendem Druck administrative und gesetzgeberische Wege gesucht wurden, so bald wie möglich einen Schlussstrich zu ziehen.[132]

Als Fritz Bauer im Frühjahr 1949 in Braunschweig seine Tätigkeit aufnahm, herrschte in der gerade entstehenden Bundesrepublik eine eigenartig unentschiedene Atmosphäre. Einerseits war man noch von der Vergangenheit belastet, andererseits ging es seit der 1948 vollzogenen Währungsreform wirtschaftlich aufwärts, und man war bestrebt, die Vergangenheit so schnell wie möglich zu vergessen. Vier Jahre nach dem 8. Mai 1945 diskutierte man das Problem der von den Alliierten verurteilten deutschen «Kriegsverbrecher» und Generäle, die noch in Zuchthäusern einsaßen, und ließ Spruchkammer- beziehungsweise Spruchgerichtsverfahren allmählich auslaufen, so dass die aus ihren Positionen vorläufig entlassenen Beamten alsbald zurückkehren konnten.[133] Es erregte «das tiefste Befremden der Bürokratie», stellte Bauer fest, dass es sich bei den Ereignissen zwischen 1933 bis 1945 nicht um einen «bloßen Wechsel der ‹Staatsform›» gehandelt habe und dass «daher am 8. Mai 1945 alle Beamtenverhältnisse erloschen seien». Man begreife nicht, dass zwischen 1933 und 1945 der Staat in einen Unrechtsstaat verkehrt worden sei.[134] Die Stimmen, die ein Ende der Entnazifizierung verlangten, wurden immer lauter. Was die folgenden Bonner Anfangsjahre anging, so lauteten die politischen Stichworte hierfür: Amnestie und Integration.[135]

Beide Stichwörter fallen heutzutage immer häufiger mit dem gleichzeitigen Hinweis, dies sei die größte Leistung der ersten Regierung Adenauers gewesen, mittlerweile gehören sie zur demokratischen Erfolgsgeschichte der Bundesrepublik.[136] Kurt Sontheimer beispielsweise hob hervor, dass die reibungslose Einordnung der ehemaligen Nationalsozialisten in das neue demokratische System der Bundesrepublik gelungen sei und von einer «Kontinuität nationalsozialistischen Denkens und Handelns» nicht gesprochen werden könne.[137] Fritz Bauers Rolle in der frühen Bundesrepublik gibt Anlass, dies in Frage zu stellen. Wie stellt sich diese Sicht auf die frühe Bundesrepublik eigentlich aus der Perspektive des Remigranten, des verfolgten Juden und Sozialdemokraten dar? Die so genannte Erfolgsgeschichte, die auf den Anpassungsleistungen ehemaliger Nazis beruht, ist mit vielen Ausblendungen verbunden. Nachträglich wird die Leistung derjenigen gering geschätzt, die bereits zuvor, während des NS-Regimes, nicht zu den Vielen und Mitläufern, sondern zu den Wenigen gehört hatten, die sich ihre geistige Unabhängigkeit bewahrten. Die Konsequenz aus der Umdeutung der Geschichte der fünfziger und sechziger Jahre zur Erfolgsgeschichte ist ein zweites Exil der politischen Emigranten, die wie Fritz Bauer und andere zurückgekehrt waren, um am Neuaufbau einer zweiten, demokratischen Republik mitzuwirken.

Für die Auseinandersetzungen auf diesem Feld sollte der Name Fritz Bauer bald Programm werden, um nicht zu sagen, eine fortwährende Provokation der Ewiggestrigen und derer, die die Verdrängung der NS-Zeit in der Politik, der Justiz und der Öffentlichkeit betreiben. Sarkastisch beschrieb Bauer seine damalige Situation dem in Dänemark gebliebenen Redaktionskollegen Niels Rickelt und meinte, er sei «absolut Hecht im Karpfenteich, aber die Frage ist, wer zum Schluß den anderen auffrißt».[138] Sein Neuanfang in Braunschweig fiel genau in die Übergangsphase der Weststaatsgründung mitten im Kalten Krieg. Vom Tag seiner Rückkehr an war er mit einer «Vergangenheitspolitik» konfrontiert, deren vorrangige Bemühungen dem Ziel galten, die im Zuge der beabsichtigten Entnazifizierung aus ihren Ämtern oder Posten Entlassenen möglichst bald zu rehabilitieren und ihren sozialen sowie beruflichen Status wiederherzustellen.[139] Den raschen Erfolg dieser Politik, die heute als das Ergebnis der überraschend schnell gewachsenen Integrationskraft des politischen Systems der Bundesrepublik gesehen wird, erlebte Fritz Bauer ab 1949 in der Justiz.

«Verbrechen gegen die Menschlichkeit»
Richter und Generalstaatsanwalt in Braunschweig 1949–1956

Gleich mehrere Verfahren, die sich mit dem Terror in Braunschweig nach 1933 auseinandersetzten, landeten 1949 auf dem Schreibtisch des frisch ernannten Landgerichtsdirektors Fritz Bauer. Der größte Teil der staatsanwaltlichen Ermittlungen war zwar im Frühjahr 1949 bereits eingestellt, doch bei den noch unerledigten Fällen waren immer mehr Details über die Ereignisse des Jahres 1933 und die Errichtung der NS-Diktatur im Freistaat Braunschweig ans Licht gekommen. Wahrhaftig keine harmlosen Vorfälle, so dass das Faktum, dass die Täter vier Jahre nach Kriegsende noch immer nicht vor Gericht standen, in Teilen der Bevölkerung ziemliches Unverständnis auslöste.

Dennoch war 1949 die strafrechtliche Verfolgung von NS-Tätern längst nicht mehr konsensfähig. Die von Bauer erhobene Forderung: «Kriegsverbrecher vor Gericht», mit der Möglichkeit, durch ein internationales Strafrecht und einen internationalen Gerichtshof ein neues Recht zu schaffen und dem Völkerrecht zum Durchbruch zu verhelfen, war nach dem Internationalen Militärtribunal von Nürnberg schnell verhallt.[1] In Zeiten des Kalten Krieges und erst recht nach der Einbindung des bundesrepublikanischen Teilstaates in das westliche Wirtschafts- und Militärpaktsystem hatte die Auseinandersetzung mit der NS-Vergangenheit an Priorität verloren. Im selben Zuge erfolgten der Abschluss der Entnazifizierung und die Rückkehr der Führungseliten des Hitler-Regimes in ihre Ämter.

Bereits die von den USA geführten Nürnberger Nachfolgeprozesse stießen nicht mehr auf die ungeteilte Zustimmung der Bevölkerung, sondern auf Ablehnung und Widerstand. Schon während des Nürnberger Juristenprozesses 1947 hatten sich weite Teile der juristischen und politischen Öffentlichkeit in Deutschland neu positioniert. Die Träger der terroristischen Staatsgewalt standen nun nicht mehr außerhalb von Recht und Moral, sondern galten als gesetzestreue Vertreter des NS-Staates.[2]

Fritz Bauer traf just zu dem Zeitpunkt in Braunschweig ein, als die Empörung in der Öffentlichkeit und besonders in der deutschen Oberschicht über die Nürnberger Nachfolgeprozesse einen Siedepunkt erreicht hatte. Genau am Tag vor seiner Rückkehr hatte im Fall XI, dem Wilhelmstraßenprozess, die Urteilsverkündung begonnen. Angeklagt waren der ehemalige Staatssekretär Ernst von Weizsäcker (1882–1951) und 20 weitere Personen, allein acht aus dem Auswärtigen Amt.[3] Der ehemalige Staatssekretär wurde im April 1949 wegen «Verbrechens gegen die Menschlichkeit» – weil er der Deportation von 6000 französischen und staatenlosen Juden nach Auschwitz zugestimmt hatte – zu sieben Jahren Freiheitsstrafe verurteilt.[4]

Die Entlegitimierung der alliierten Prozesse gegen NS-Verbrecher als rächende «Siegerjustiz» bekam vor allem der Ankläger Robert M. W. Kempner zu spüren. Weizsäcker hingegen, der zu seiner Verteidigung vorbrachte, seine amtliche Stellung zu Widerstandshandlungen genutzt zu haben, schlug eine Welle der Sympathie entgegen. Die Zielrichtung der Attacken gegen Kempner fasste der Angeklagte selbst in Worte und behauptete, Kempner schematisiere: «Engel und Teufel – Emigranten bzw. Attentäter oder Mitläufer. Opposition *im* Dienst sieht er nicht.»[5] Im Verlauf des Prozesses wurde Weizsäcker geradezu zum Repräsentanten der alten Bürokratieelite, die sich längst als rehabilitiert betrachtete. Kempner aber sah sich dem Vorwurf ausgesetzt, als Emigrant in amerikanischen Diensten sei er einer jener «Morgenthau-Boys», welche die deutsche Tragödie von einem Logenplatz im Ausland betrachtet hatten; er habe keine Ahnung von den Zwangslagen, in denen die zu Hause Gebliebenen gesteckt hatten. Zudem wurde ihm verübelt, dass er doch «einer von ihnen» gewesen war, ein Beamter in der preußischen Ministerialbürokratie der Weimarer Republik, der nun gegenüber seinen ehemaligen Kollegen «keine Gnade walten» lasse.[6] Fritz Bauer, der sich in ähnlicher Lage befand, musste solche Reaktionen ebenso befürchten.

Als er 1949 in Braunschweig ankam, war das Verfahren gegen den ehemaligen NSDAP-Ministerpräsidenten Dietrich Klagges, der für den Aufbau der terroristischen Strukturen in Braunschweig hauptverantwortlich gewesen war und die gewalttätigen SA-Trupps zur «Hilfspolizei» gemacht hatte, noch immer nicht eröffnet. Erst im April 1949 wurde Anklage gegen ihn erhoben, nachdem während der laufenden Untersuchungen der ermittelnde Staatsanwalt, der anfangs auch Leiter der Abteilung «NS-Verbrechen» bei der Braunschweiger Staatsanwaltschaft war, ausgewechselt und endlich der richtige Mann, der eben erst «entnazifizierte» ehemalige Oberkriegsrichter Erdtmann, für die Abfassung der Anschuldigungsschrift gefunden worden war.[7]

Sein Vorgänger Landgerichtsrat Helmut Hartmann war unter der Last der vielen Anklagepunkte, die gegen Klagges erhoben werden konnten, offenbar schier zusammengebrochen.[8] Noch im Juni 1948 hatte Hartmann in einem Bericht festgehalten, dass er vom Verbindungsstaatsanwalt beim Internationalen Gerichtshof in Nürnberg erfahren habe, dass Klagges' politisches Vorgehen 1933 im ganzen Reich aufgefallen sei. Verbrechen im Zusammenhang mit Terror gegenüber Abgeordneten, so hieß es, hätten nur in Braunschweig stattgefunden.[9] Wegen der Schwere der Taten habe es sogar außenpolitische Anfragen gegeben. Und inzwischen hatten sich in Braunschweig derartig viele Zeugen gemeldet, die noch nicht vernommen waren, dass Hartmann der Staatsanwaltschaft erklären musste, eine Erhebung der Anklage im augenblicklichen Stadium nicht verantworten zu können.[10] Hinzu kam, dass ausgerechnet gegen Hartmann, der noch von dem sozialdemokratischen Generalstaatsanwalt Staff ins Amt geholt worden war, ein Disziplinarverfahren lief, das bei Kurt Schumacher den Eindruck erweckte, auf diesem Wege solle ein republikanischer Beamter erledigt werden.[11] Auch Fritz Bauer bestätigte dies gegenüber dem Parteivorstand, meinte allerdings, die Anklage richte sich eigentlich gegen den von den Nazis verfolgten «Hintermann Staff», der als gegenwärtiger Senatspräsident beim Obersten Gerichtshof der Britischen Zone in Köln aber «unerreichbar» sei.[12]

Die Folge war, dass erst auf Druck von allen Seiten im April 1949 die Anklageschrift vorlag. Die Beschuldigungen, die sich in der Formulierung des Tatbestands an das Kontrollratsgesetz Nr. 10 (Art. 2) anlehnten, waren schwer. Klagges habe «Gewalttaten oder Vergehen wie Mord, Freiheitsberaubung, Folterung oder andere an der Zivilbevölkerung begangene unmenschliche Handlungen sowie Verfolgungen aus politischen und rassischen Gründen befohlen oder begünstigt oder durch seine Zustimmung daran teilgenommen.»[13] Der Prozess fand an 42 Verhandlungstagen vom 10. Januar bis 5. April 1950 vor dem Schwurgericht Braunschweig statt. Dietrich Klagges wurde wegen «Verbrechens gegen die Menschlichkeit» zu lebenslangem Zuchthaus verurteilt.[14]

Fritz Bauer war in diesen Aufsehen erregenden Prozess amtlich zunächst nicht involviert. Erst nach der Verurteilung von Klagges – Bauer war bereits Generalstaatsanwalt – sollte ihn auch dieser Fall noch beschäftigen, als nämlich Klagges' Gesuche um eine vorzeitige Entlassung aus der Haft auf seinem Schreibtisch landeten. Die Angelegenheit löste einen umfangreichen juristischen Schriftwechsel aus und gab Bauer die Gelegenheit, seine Auffassung über Sinn und Zweck der Bestrafung von NS-Tätern darzulegen.

Zuvor jedoch musste er sich, anfangs noch als Richter, mit den Vorgängen selbst befassen: mit den kleineren und größeren Befehlsgebern und Funktionären, Vollstreckern und Profiteuren des Terrorregimes, das die Nationalsozialisten von 1933 an errichtet hatten. Beispielsweise mit dem ehemaligen Wolfenbütteler SA-Hilfspolizeiführer Wilhelm Hannibal, der 1933 zahlreiche Gewaltaktionen gegen politische Gegner angeordnet und selbst mit durchgeführt hatte.[15] Auch mit drei Braunschweiger Sonderrichtern, die 1942 den Juden Moses Klein zum Tode verurteilt hatten.[16] Oder, bereits als Ankläger, mit dem Fall des Polizeiverwaltungsjuristen und ehemaligen SS-Oberführers Dr. Otto Diederichs, der als stellvertretender Leiter der Politischen Polizei im Braunschweiger Innenministerium unter anderem die Entscheidungen über «Inschutzhaftnahmen» getroffen hatte.[17]

Einer der ersten Fälle auf Fritz Bauers Schreibtisch war gleich im Mai 1949 der Versuch der Erben beziehungsweise der Überlebenden einer jüdischen Familie, das gegen sie vom Sondergericht Braunschweig 1938 ausgesprochene Urteil wegen Devisenverbrechens aufheben zu lassen.[18] Konkret ging es um die Kommanditisten der Firma A. J. Rothschild Söhne, Leinenfabrik in Stadtoldendorf im Landkreis Holzminden, die im Zuge der 1933 einsetzenden Verdrängung der Juden aus dem Wirtschaftsleben unter massivstem Druck dem Zwangsverkauf ihrer Fabrik hatten zustimmen müssen. Zwei der vier zu einer Gefängnisstrafe verurteilten Kommanditisten waren nach Ablauf der Haft im Konzentrationslager ums Leben gekommen.[19]

Die in der strukturschwachen Gegend im Weserbergland liegende, in Familienbesitz befindliche Weberei Rothschild war damals einer der wichtigsten Arbeitgeber der Region und ein bedeutender Devisenbeschaffer. Diese wirtschaftliche Schlüsselstellung war den ortsansässigen Nationalsozialisten schon lange ein Dorn im Auge, zumal die Eignerfamilie durch ihre karitative und soziale Einstellung in der Region sehr beliebt war.[20] Bis zum Jahr 1936 vermochten es die Eigentümer, die untereinander durch Heirat verbundenen Familien von Dr. Josef Schoenbeck, Wilhelm Matzdorf und Dr. Richard Wolff sowie der vierte, «arische» Teilhaber, Eduard Künstler, trotz Boykotts und persönlicher Übergriffe ihre Firma aus der Talsohle der Inflation herauszuholen und weitgehend unbehelligt zu produzieren. Insgeheim hatte man jedoch eine Teilverlagerung des Betriebs schon geplant und bediente sich dabei der N. V. Airos AG, einer Holdinggesellschaft in den Niederlanden.[21] Die Kapital-Anhäufung und Verwaltung im Ausland waren vor der Einführung der Devisengesetze Ende 1931 nicht strafbar.

Dies änderte sich 1933 mit der neuen Gesetzgebung.[22] Das «Steueranpassungsgesetz» und die Verschärfung der Devisengesetze bekamen eine antisemitische Zielsetzung. Durch verschärfte Prüfungen sollten unter anderem als «jüdisch» geltende Geschäfte und Betriebe arisierungsreif gemacht werden. Jüdische Geschäftsleute galten per se als Steuerbetrüger und Devisenschieber, die das der deutschen Volkswirtschaft entzogene Volksvermögen bei ihrer Flucht illegal zu transferieren suchten.[23]

Im Falle Rothschild war es so: Ende 1936 forderte die Reichsbank auch von Rothschild 75 Prozent der in den Niederlanden liegenden Devisen ein, was die Firmenleitung zu verschleppen versuchte. Nach den ersten Übergriffen auf die Firmenleiter im Frühjahr 1933 und 1935 hatte man ganz gezielt und auch im Bewusstsein des Verstoßes gegen die NS-Gesetze versucht, Kapital ins Ausland zu transferieren. Es wurde ein Devisenstrafverfahren eingeleitet, die vier Betriebsleiter wurden 1937 verhaftet. 1938 kam es zum Verfahren vor dem Sondergericht Braunschweig, an dem der wegen seiner Härte bekannte Erste Staatsanwalt Dr. Wilhelm Hirte mit der Durchführung betraut war.[24] Hirte war ein überzeugter Nationalsozialist, der 1946 über seine Tätigkeit «in den letzten 12 Jahren» lediglich zu sagen wusste, er glaube, seine «Pflicht getan zu haben, wie es die Gesetze verlangten».[25]

Die Firma Rothschild, deren Umsätze seit 1933/34 rückläufig waren, wechselte derweil den Besitzer. Von den Eignern überlebte allein der noch im Oktober 1941 nach Guatemala geflüchtete Josef Schoenbeck, der zusammen mit den Familienmitgliedern der Ermordeten nach Kriegsende eine Revision des Sondergerichtsurteils betrieb. Anfang Mai 1949 ließ die 2. Strafkammer des Landgerichts Braunschweig die Wiederaufnahme des

Verfahrens zu.²⁶ Gegner war für das Land Niedersachsen die «Niedersächsische Devisenstelle», zu der die Devisenzweigstelle Braunschweig gehört hatte; und hier war immer noch ein Großteil der seinerzeit beteiligten Beamten angestellt.²⁷ Also versuchten sie, die Wiederaufnahme des Verfahrens zu verhindern, und bestritten den antisemitischen Hintergrund des damaligen Strafverfahrens. Doch offensichtlich war den Juristen der 2. Strafkammer der nationalsozialistische Charakter des Verfahrens mehr als deutlich. Einer von ihnen war Fritz Bauer, der hier seine eigene Erfahrung mit der damaligen Willkürjustiz einbringen konnte. Er wusste, wovon die Rede war, denn seine Familie hatte infolge der nationalsozialistischen Enteignungs- und Arisierungspolitik ihre Textilhandlung in Stuttgart seinerzeit auch unter Wert verkaufen müssen. Die Handlungsweise der Rothschild-Firmenleitung war für ihn unmittelbar begreiflich. Dies floss in den Wiederaufnahmeantrag vom 2. Mai 1949 ein:

Der antisemitische Charakter des Verfahrens sei schon aus den Berichten der Zollfahndung mehr als deutlich. Auch die Anklageschrift der Staatsanwaltschaft Braunschweig sei von den rassenpolitischen Gedankengängen der damaligen nationalsozialistischen Zeit getragen, ebenso das Urteil: «In den Ausführungen zur Schuldfrage sind rassepolitische Gesichtspunkte zwar nicht ausdrücklich erwähnt wie bei der Strafzumessung. Aber auch hier ist, wie schon in der Strafanzeige der Zollfahndungsstelle, bei Würdigung der Beweisergebnisse und besonders der Einlassung der Angeklagten eine *Deutungsfreudigkeit von Tatsachen zu ihren Ungunsten* erkennbar, die den Verdacht erweckt, daß die Schuldfeststellung durch Erwägungen rassepolitischer Art nicht unbeeinflußt ist.»²⁸ Eventuell werde auch die Frage zu prüfen sein, und damit war die Quintessenz des Falles Rothschild angesprochen, «ob und inwieweit sich die Angeklagten, die als Juden oder nahe Mitarbeiter von Juden seit der nationalsozialistischen Machtergreifung in zunehmendem Maße in ihren Grundrechten auf Leib und Leben sowie Eigentum bedroht wurden, *sich auf Notwehr, einen gesetzlichen oder übergesetzlichen Notstand* berufen können.»²⁹

Die «Niedersächsische Devisenstelle» legte am 31. Mai 1949 sofortige Beschwerde ein: die Firmenleitung von Rothschild hätte erhebliche Devisenverstöße begangen.³⁰ Wörtlich hieß es: «Für die strafrechtliche Seite ergibt sich nun: Die beteiligten Komplementäre und Kommanditisten wußten, worum es ging. Sie kannten die Entwicklung seit 1922 und länger bis zu der Zeit, als es um die Verstöße gegen die Devisengesetze ernst wurde. [...] alle waren sie bereit, den Weg der Rettung ihres Vermögens um jeden Preis zu beschreiten [...]. Es kann also von einem ‹Irrtum› überhaupt nicht die Rede sein und schon gar nicht etwa von einem unverschuldeten Irrtum.»[31]

Ende Mai 1950 traf die 2. Strafkammer des Landgerichts Braunschweig ihre Entscheidung, die, trotz einiger Einschränkungen, den Kampf der Juden gegen ihre ökonomische Enteignung durch das NS-Regime rechtlich legitimierte.[32] Gleichzeitig wurden am 11. Juni 1950 die im KZ umgekommenen Angeklagten Matzdorf und Wolff freigesprochen, eine Beschwerde nicht zugelassen. Im Schlusspassus der Begründung hieß es: «Für die Strafkammer, die den Angeklagten einen schuldausschließenden devisenrechtlichen Irrtum jedenfalls bis zum Runderlaß des Jahres 1936 zubilligt, kommt es, was die Frage der Notwehrlage anbelangt, allein auf die Verhältnisse seit dem Jahr 1936 an. Die Strafkammer will damit nicht zum Ausdruck bringen, es habe vorher keine Notwehrlage für die Juden in Deutschland im allgemeinen oder die Angeklagten im Besonderen bestanden. Vom Standpunkt der Strafkammer erübrigt es sich jedoch, im einzelnen zu dem Beginn der Notwehrlage Stellung zu nehmen. Eine einheitliche Rechtsprechung in dieser Frage wäre wünschenswert.»[33]

Das Urteil war kaum gefallen, da beschäftigte Fritz Bauer genau diese Frage, die aus Sicht der 2. Strafkammer im Wiederaufnahmeverfahren Rothschild unerheblich war: der Beginn der Notwehrlage der deutschen Juden. Der Zusammenhang war nicht ohne Weiteres zu erkennen, denn der einschlägige Prozess drehte sich um den Terror des Jahres 1933. Angeklagt war der ehemalige SA-Hilfspolizeiführer Wilhelm Hannibal, dessen Fall im November 1949 vor dem Schwurgericht Braunschweig unter Vorsitz Bauers neu verhandelt wurde.

Der Berufssoldat Hannibal, seit 1930 Mitglied in der NSDAP, hatte zu Beginn der dreißiger Jahre eine steile Karriere in der SA gemacht und es im Juli 1932 bereits zum Standartenführer gebracht.[34] Im März 1933 wurde er durch die Kreisdirektion Wolfenbüttel zum Führer der SA-Hilfspolizei des Landkreises bestellt und leitete die Aktionen zur Terrorisierung der politischen Gegner. Die Braunschweiger Staatsanwaltschaft stellte nach dem Krieg bei ihren Ermittlungen wegen Straftaten im Zusammenhang mit der «Machtergreifung» fest, dass Hannibal am 24. März 1933 in Schöppenstedt sowie in zehn weiteren Orten im Kreis Wolfenbüttel Aktionen gegen Mitglieder der KPD und SPD durchgeführt hatte. Die Verhafteten wurden verhört und misshandelt, ihre Wohnungen nach Waffen und Druckschriften durchsucht.[35]

Hinzu kamen später auch noch Vorwürfe wegen Misshandlung und Freiheitsberaubung von vier Weferlinger Sozialdemokraten am 20. Juli 1933. Bei diesen Aktionen war Hannibal selbst nicht dabei, hatte jedoch die Taten seiner Untergebenen vertuscht, indem er eines der Opfer freiließ und die drei anderen, denen man die Folterungen ansah, selbst in das Strafgefängnis Wolfenbüttel brachte, um sie erst nach sieben Wochen «Schutzhaft» zu entlassen.[36] Der Prozess im Mai 1947 fand, wie das Rothschild-Verfahren, ebenfalls vor der 2. Strafkammer des Landgerichts Braunschweig statt.

Auf der Anklagebank saßen neben Hannibal zwei weitere Beschuldigte: der ehemalige Wolfenbütteler Polizeiverwalter und SA-Sturmführer Emil Kuschewski und der Schöppenstedter Feldpolizist und SA-Angehörige Erich Singelmann. Sie wurden beschuldigt, bei den Aktionen in Schöppenstedt ein Verbrechen gegen die Menschlichkeit in Tateinheit mit Freiheitsberaubung und Körperverletzung begangen zu haben.[37] Die 2. Strafkammer unter Vorsitz von Hans Gosewisch, einem ehemaligen NS-Sonderrichter, der 1945 von den Briten wieder zugelassen worden war, sprach Hannibal und den Mitangeklagten Kuschewski frei, Singelmann wurde wegen Körperverletzung im Amt zu lediglich drei Monaten Gefängnis verurteilt.[38]

Die Begründung für den Freispruch lautete, dass die Festnahmen und Vernehmungen zu Hannibals polizeilicher Amtsbefugnis gehört hatten und von seiner vorgesetzten Dienststelle angeordnet worden waren. Ein Polizeiorgan, so hieß es, habe damals nicht der Auffassung sein können, es verletze durch die Ausführung der ihm gegebenen Weisungen das bestehende Recht.[39] Es lasse sich nicht nachweisen, dass Hannibal sich einer etwaigen Rechtswidrigkeit bewusst gewesen sei. Von der Anklage der Körperverletzung wurde er mit der Begründung freigesprochen, dass er, sobald er von einer Misshandlung erfahren habe, dagegen eingeschritten sei.[40]

Die Staatsanwaltschaft beantragte Revision, woraufhin der Strafsenat des Oberlandesgerichts Braunschweig unter Vorsitz von Bruno Heusinger das Urteil am 29. November 1947 aufhob und zur Neuverhandlung an das Schwurgericht Braunschweig zurückverwies.[41] Dabei beanstandete der Revisionsantrag vor allem, dass Hannibal von den terroristischen Zielen der Aktionen von 1933 gewusst habe und für die Misshandlungen verantwortlich sei.[42] Der von der Anklage vertretenen Auffassung, dass die Reichstagsbrand-Verordnung («Verordnung des Reichspräsidenten zum Schutz von Volk und Staat») vom 28. Februar 1933 rechtswidrig und für null und nichtig anzusehen sei, folgte der Strafsenat des Oberlandesgerichts Braunschweig nicht. Sondern er erklärte, dass die Gültigkeit der Verordnung keiner Prüfung bedürfe, da eine Freiheitsberaubung wie die «Schutzhaft» beim Täter das Bewusstsein der Rechtswidrigkeit erfordert hätte – dies aber sei Hannibal nicht nachzuweisen.[43]

Fritz Bauer nahm die Neuaufnahme sehr genau und grundsätzlich unter die Lupe. Schließlich hatte die *Braunschweiger Zeitung* 1947 den Freispruch Hannibals empört als Fehlurteil kommentiert.[44] Unter Bauers Vorsitz kam es jetzt im November 1949 zu der fünftägigen Revision vor dem Schwurgericht am Landgericht Braunschweig. Sie ging in die Rechtsgeschichte der Nachkriegszeit ein und gilt als Musterbeispiel für die Kämpfe in der deutschen Nachkriegsjustiz um den juristischen Umgang mit dem NS-Regime.[45]

Die Anklage war auf acht Personen und auf die bereits erwähnte «Inschutzhaftnahme» der vier Weferlinger Sozialdemokraten ausgedehnt worden.[46] Im Urteil vom 29. November 1949 hieß es, die Aktion in Schöppenstedt am 24. März 1933 sei eine typische Aktion gewesen, die sich im ganzen Reich in der Umbruchzeit nach der Reichstagsbrand-Verordnung vom 28. Februar 1933 gegen SPD und KPD und andere politische Gegner der Nationalsozialisten abgespielt habe.[47] Ab Februar 1933 hätten SA und SS in Wolfenbüttel «Hilfspolizei» gespielt und seien durch Ausschreitungen aufgefallen, die Märzaktion war eine reine «Gleichschaltungsaktion». Sie wurde von 15 bis 20 SA-Männern ausgeführt, die sich 40 bis 50 verdächtige oder verfolgte Personen aus der linken Szene vorführen ließen und diese dann in einem Keller zur späteren «Vernehmung» einsperrten. Dabei wurden die Opfer bereits bei der Verbringung in den Keller misshandelt. Das Urteil kam zu dem Schluss, dass es sich um ein Verbrechen gegen die Menschlichkeit nach Kontrollratsgesetz Nr. 10 handele. «Die unter der Herrschaft des Nationalsozialismus begangenen unmenschlichen Handlungen» seien nicht durch die Durchführungsverordnungen der Reichstagsbrand-Verordnung gedeckt. Das Gericht konstatierte eine «rechtswidrige Freiheitsberaubung» mit einem «bewußt terroristischen» Charakter. Hannibal wurde wegen «Verbrechen gegen die Menschlichkeit» zu drei Jahren Zuchthausstrafe verurteilt, zwei Jahre Internierungs- und Untersuchungshaft wurden ihm angerechnet.48

Das Urteil des Schwurgerichts unter dem Vorsitz Fritz Bauers kam somit zu ganz anderen Ergebnissen als der Strafsenat am Oberlandesgericht Braunschweig 1947. Die Reichstagsbrand-Verordnung, die bis dahin noch als rechtliche Grundlage anerkannt worden war, wurde nun als «Verbrechen gegen die Menschlichkeit» bewertet und für «null und nichtig» erklärt.49 «Das Unrecht des Unmenschlichen», so hieß es jetzt, liege im Gesetz selbst.50

Auch der vom Strafsenat des Oberlandesgerichts angeführte Strafausschließungsgrund des mangelnden Unrechtsbewusstseins wurde verworfen. Denn die Angeklagten hätten gewusst, welchen Zweck die Terrormaßnahmen verfolgten und dass die Aktion in Schöppenstedt ein Teil der «revolutionären Machtergreifung» war. Sie hätten sich vielmehr darauf verlassen, dass Hitler und Klagges die Gewaltaktionen nachträglich legalisieren würden.51 Die Vorgänge in Weferlingen, so das Resümee, stellten eine «schnöde Verletzung der Menschenwürde» dar.52

Noch am Tag der Urteilsverkündung legten die sieben Verurteilten Revision ein. Über die Anträge entschied zweieinhalb Jahre später, im Mai 1952, der Bundesgerichtshof (BGH) in Karlsruhe. Inzwischen hatten sich aber nicht nur die institutionellen, sondern auch die gesetzlichen Voraussetzungen grundlegend geändert. Der Oberste Gerichtshof der Britischen Zone war von dem im Oktober 1950 eröffneten Bundesgerichtshof abgelöst worden und das Straffreiheitsgesetz vom 31. Dezember 1949 als eines der ersten Gesetze der Bundesrepublik in Kraft getreten.53 Es begünstigte Zehntausende NS-Täter, darunter nicht wenige, die 1933 an der blutigen «Machtergreifung» der Nazis mitgewirkt hatten.54 Hingegen war das Kontrollratsgesetz Nr. 10 außer Kraft gesetzt worden, und die Bundesregierung blockierte 1952 auch die Übernahme des Tatbestands «Verbrechen gegen die Menschlichkeit» – normiert in Art. 7 II der Europäischen Menschenrechtskonvention von 1950 – in die Rechtsordnung der Bundesrepublik Deutschland.55 Mittlerweile waren drei der in Braunschweig Verurteilten aufgrund der Amnestiegesetzgebung freigekommen.

Ebenso machte das Revisionsurteil des BGH im Fall «Hannibal und andere» am 15. Mai 1952 unmissverständlich klar, dass die mit Gründung der Bundesrepublik eingetretene politische Entwicklung einen Einschnitt in der Rechtsprechung bei NS-Verfahren markieren sollte.[56]

Im Urteil wurde festgestellt, dass die Freiheitsberaubungen objektiv rechtswidrig waren. Indessen sei die Behauptung im Urteil des Schwurgerichts Braunschweig, dass die Reichstagsbrand-Verordnung vom 28. Februar 1933 null und nichtig sei, äußerst zweifelhaft. Wenngleich bei den Angeklagten Unrechtsbewusstsein vorhanden gewesen sei, könne man es nicht nachweisen, und selbst wenn, so wäre die «Schuld gering» zu veranschlagen. Hannibal habe sich zwar Freiheitsberaubungen zu Schulden kommen lassen, trotzdem könne bei ihm wie seinen Mitangeklagten von einem Sühnebedürfnis jetzt, nach Ablauf von nunmehr 19 Jahren, nicht mehr die Rede sein.[57] Der Angeklagte habe wegen seiner Mitgliedschaft in der NSDAP seinen Beruf verloren, und mit den drei Jahren Internierungshaft, die er erlitten habe, sei er um ein Vielfaches länger seiner Freiheit beraubt gewesen als alle diejenigen zusammengenommen, die er der Freiheit beraubt habe.[58]

Die Beweisführung der BGH-Entscheidung von 1952 drehte sich im Kern um die Frage der Rechtmäßigkeit der Reichstagsbrand-Verordnung, die der Bundesgerichtshof bejahte: «Bei strenger Auslegung der Worte ‹zur Abwehr kommunistischer staatsgefährdender Gewaltakte› ließ sich [...] die Auffassung vertreten», so lautete der entscheidende Satz, «daß die Verordnung gültig war.»[59] Dies war eine der Folgen der Personalpolitik im Justizwesen, bei der, abgesehen von der Solidarität unter Juristen, «der Antikommunismus – als einziges legitimes Traditionselement der NS-Weltanschauung», das der Reichstagsbrand-Verordnung zu Grunde lag, stärker war als die Bemühungen um Entnazifizierung und Selbstreinigung.[60] Zudem vertrat der BGH die Ansicht, die Frage nach der Rechtmäßigkeit der Reichstagsbrand-Verordnung brauche nicht entschieden zu werden. Ähnlich hatte auch das Landgericht Braunschweig geurteilt, als es in Bezug auf das Rothschild-Verfahren die Frage offenließ, wann die Notwehrlage der Juden in Deutschland eigentlich begonnen hatte. Der BGH kam vielmehr zu dem Schluss, dass ein Bewusstsein von der Rechtswidrigkeit ihrer Handlungen bei den Tätern nicht vorausgesetzt werden könne, weil es den allgemeinen Lebenserfahrungen widerspreche. Die nationalsozialistischen Machthaber – so das Argument – hätten mit der Verordnung nichts ausrichten können, wenn jedem Laien ihre Rechtswidrigkeit deutlich vor Augen gestanden hätte.[61]

Doch wer zählte hier eigentlich zu den Laien: Polizeiführer, Sonderrichter und «Arisierer» ebenso wie Schlägertrupps der SA und SS? Und sie alle hätten angeblich nicht mitgemacht, wenn sie nur erkannt hätten, dass sie Terrormaßnahmen durchführten? Die juristische Argumentation setzte eine bemerkenswerte Blindheit der Beteiligten voraus, und zwar der damaligen wie der jetzigen, die über den Terror zu urteilen hatten. Für Fritz Bauer, der selbst ein unmittelbares Opfer der Reichstagsbrand-Verordnung war, muss diese Entscheidung deprimierend gewesen sein. Offenbar waren weder die politischen Verfolgungen nach der «Machtergreifung» noch die ökonomische Ausgrenzung und Enteignung der Juden seit 1933 justiziabel. Die durch den Terror offen zu Tage getretene Zielrichtung der NS-Politik, mit Macht den politischen Gegner auszuschalten und den Rechtsstaat zu beseitigen, wurde von der Justiz nachträglich legitimiert. Wohl auch deshalb, weil eine nachträgliche Erklärung zur Illegalität der Verordnung vom 28. Februar 1933, die bekanntlich während der ganzen Nazi-Zeit über in Kraft blieb, die damalige Richterschaft insgesamt belastet hätte, weil sie ihre Pflicht nicht erfüllte. Die nun wieder Eingestellten hätten also über ihre eigenen Versäumnisse zu Gericht sitzen müssen.

Exemplarisch an der BGH-Entscheidung im Fall Hannibal war ferner, dass die Verantwortung des Einzelnen auf ein Minimum reduziert wurde. Die Richter zeichneten ein unhistorisches, nahezu strukturloses Bild des NS-Regimes, das bis auf einige wenige Befehlsgeber oder Haupttäter fast überhaupt kein Gesicht mehr hatte. Die Funktionsweise des Terrorsystems, das auf die spezifische Mitwirkung und Beteiligung vieler Einzelner angewiesen war, um seine Macht entfalten zu können, wurde ausgeblendet. Bestraft wurden die Gewalttäter und brutalen Schläger, während die Befehlsgeber und diejenigen, die wie Hannibal Folter und Misshandlungen gedeckt hatten, sich auf die Staatsautorität oder mangelndes Unrechtsbewusstsein berufen konnten. Ob sie nun auf Befehl oder aus nationalsozialistischer Überzeugung gehandelt hatten, jedenfalls war ihnen genau deshalb nach Meinung des obersten Gerichtshofs der Bundesrepublik ein Bewusstsein für die Rechtswidrigkeit ihrer Taten nicht nachzuweisen. Sie wurden freigesprochen, auch wenn sie unzweifelhaft an Verbrechen beteiligt waren oder diese sogar selbst befohlen hatten.

Mit dieser Haltung sah sich Fritz Bauer von Beginn seiner Tätigkeit an konfrontiert. Sie war eine logische Folge der Bemühungen um eine reibungslose Entsorgung der NS-Justiz. Zwar wurde das geschehene Unrecht anerkannt, doch zugleich versuchte man, die eigene Beteiligung und Mitverantwortung in ein Nichts aufzulösen. So auch im Verfahren gegen die drei Braunschweiger Sonderrichter Hugo Kalweit, Rudolf Grimpe und Günter Seggelke, die 1942 den jüdischen Ziegeleiarbeiter Moses Klein am Braunschweiger Sondergericht zum Tode verurteilt hatten.[62] Der Verurteilte hatte zwei Kinder unsittlich berührt, und das Gericht konnte sich auch auf das Geständnis des Angeklagten stützen, an den Kindern zwei- bis dreimal unzüchtige Handlungen verübt zu haben. Im Urteil waren die Richter der Meinung, die «Strafe für einen Juden, der nach seiner Angabe mit Interesse die Geschehnisse in Deutschland verfolgt [...], der [...] im 10. Jahr nach der Machtübernahme noch Sittlichkeitsverbrechen an kleinen Kindern begeht, [...] kann nur die Ausmerzung sein». Moses Klein wurde am 22. September 1942 im Gefängnis Wolfenbüttel hingerichtet.[63]

Im Jahr 1948 leitete die Staatsanwaltschaft Braunschweig ein Ermittlungsverfahren gegen die drei Richter wegen «Verbrechens gegen die Menschlichkeit» (KRG NR. 10) und Rechtsbeugung ein, das jedoch nach kurzer Zeit eingestellt wurde. Als Begründung verwies der zuständige Oberstaatsanwalt auf das gesetzlich geschützte Berufsgeheimnis der Richter. Es müsse für jeden einzeln festgestellt werden, ob er für die Todesstrafe gestimmt habe.[64] Im Frühjahr 1949 verlangte Justizminister Hofmeister eine Überprüfung dieses Einstellungsbeschlusses.[65] Der Oberstaatsanwalt am Landgericht Braunschweig, Dr. Erich Topf – der Bauer bald noch größere Schwierigkeiten machen sollte –, stellte daraufhin bezüglich des Sondergerichtsurteils fest, dass «der subjektive Tatbestand des Verbrechens gegen die Menschlichkeit [...] erfüllt» sei. Allerdings beabsichtige er, das Verfahren einzustellen, da es keine Möglichkeit gebe, die Beschuldigten zu einer Aussage zu zwingen.[66]

Der Justizminister bestand jedoch weiterhin auf einer gerichtlichen Entscheidung, so dass Oberstaatsanwalt Topf am 21. August 1950 doch noch eine Schwurgerichtsanklage vorlegte. Den drei Sonderrichtern wurde vorgeworfen, unmenschliche Handlungen aus politischen und rassischen Gründen begangen zu haben, indem sie Moses Klein wegen fortgesetzter unzüchtiger Handlungen nicht zu einer Freiheitsstrafe, sondern wegen seiner Zugehörigkeit zur jüdischen Rasse zweimal zum Tode verurteilten.[67] Die Entscheidung über die Eröffnung der Verhandlung am Braunschweiger Landgericht verzögerte sich, da einige Richter sich für befangen erklärten.[68] Dann traf erneut die 2. Strafkammer die Entscheidung: Am 9. März 1951 lehnte sie den Eröffnungsantrag der Staatsanwaltschaft ab, da im Sinne des Grundsatzes «in dubio pro reo» nicht ausgeschlossen werden könne, dass einer der drei Richter damals gegen die Todesstrafe gestimmt hatte – also konnte keiner belangt werden.[69] Gegen diesen Beschluss legte die Braunschweiger Generalstaatsanwaltschaft – nun unter der Leitung Fritz Bauers! – sofort Beschwerde ein.

Dabei hatte Bauer kurz zuvor noch seine Bemühungen um die Position des Generalstaatsanwalts in Braunschweig für gescheitert gehalten. Er wolle überhaupt lieber «in einer größeren Stadt als in dem hiesigen Nest» leben, hatte er Mitte 1950 an Fritz Heine geschrieben.[70] Unmittelbarer Anlass für Bauers Pläne dürften die massiven Angriffe gewesen sein, denen er sich ausgesetzt sah, nachdem er einen Gefängnisdirektor freigesprochen hatte, dem man vorwarf, die Flucht eines inhaftierten Nazis begünstigt zu haben. Die Angriffe gipfelten in der Behauptung, er sei selbst ein «Nazi».[71]

Fritz Bauer war indes schon länger klar, dass er auf verlorenem Posten stand. Bereits Ende 1949, ein halbes Jahr nach seiner Rückkehr, hatte er eine Bilanz gezogen, die gemischt ausfiel. In einem Brief an den SPD-Landesgruppenvorsitzenden Willi Seifert in Stockholm äußerte er sich pessimistisch über das zukünftige Schicksal Westdeutschlands.[72] Zwar bedauerte er seine Rückkehr nicht, obwohl seine Pläne kaum so in Erfüllung gingen, wie er es sich zurechtgelegt hatte. Die SPD sei optimistischer, als er selbst es von Anfang an gewesen sei. Die Wahlen vom August 1949, meinte Bauer, würden das Schicksal Westdeutschlands bis auf Weiteres bestimmen: «Wir müssen mit einem konservativen Westen rechnen, das ist unangenehm, aber ein Faktum.»[73]

Ein Wiederaufleben der «nazistischen Gefahr» aber befürchtete Bauer nicht, schon gar nicht bei der Jugend, die die Nase voll habe und leben wolle.[74] Anders allerdings beurteilte er die ältere Generation, die «viel gefährlicher» und ebenso konservativ wie in der Weimarer Republik sei. Namentlich in der Justiz herrsche der «alte Geist, nicht der von 1933–45, sondern der von 1870–1933». Natürlich gab es auch noch den «althergebrachten Antisemitismus», bemerkte er, nur sei der jetzt nicht mehr «offensichtlich». Insgesamt sei das Leben «durchliberalisiert», und soziale Gesichtspunkte gebe es kaum. Was ihn selbst betraf, so sei die Arbeit in der Justiz hart und aufreibend, sogar Gallensteine habe er davon bekommen. Aber es sei auch nicht alles erfolglos, an «Zustimmung in den breiten Massen» fehle es nicht. Es heiße eben durchhalten, meinte Bauer, gegen den starken Widerstand der nazistischen und konservativen Kreise: «Sie kritisieren meine demokratisch-joviale Methode (sie selber sind ja Kriegsgerichtsräte), meine strafpolitischen Ideen, meine ‹objektive› Haltung gegen die Nazis (sie selber sind ja alle mitbetroffen und fühlen in jedem Nazi ein Stück von sich), meine bekannte sozialdemokratische Einstellung.» Kurz und gut, schloss er seine erste Bilanz nach der Rückkehr, es sei wie in der Weimarer Republik. Sogar bei der Partei sei er wieder Persona grata, allerdings richtig sei auch: «viele Emigranten scheitern».[75]

Fritz Bauer blieb dennoch in Braunschweig. Am 1. August 1950 trat er das Amt des obersten Anklägers an. Nun war er nicht mehr gewillt, das Todesurteil der Braunschweiger Sonderrichter auf sich beruhen zu lassen.[76] Seine Beschwerde gegen den Landgerichtsbeschluss, das Strafgerichtsverfahren gegen die drei Sonderrichter, die Moses Klein zum Tode verurteilt hatten, nicht zu eröffnen, gilt als Meilenstein in der juristischen Auseinandersetzung mit der NS-Justiz.[77] Er argumentierte damit, dass Sondergerichte abhängige und parteiische Organisationen gewesen seien und dass man deshalb nicht das Beratungsgeheimnis geltend machen könne.[78] Bauers Argumente lösten einen Sturm der Entrüstung aus. So warf man dem Generalstaatsanwalt vor, er habe die Ehre der Sonderrichter verletzt, die nach 1945 wieder eingestellt worden waren.[79] Am 12. Juli 1951 lehnte der Strafsenat des Oberlandesgerichts die Eröffnung der Hauptverhandlung gegen die drei Sonderrichter erneut ab.[80] Diesmal verwies der Senat auf in letzter Zeit geltend gemachte Bedenken über die verfassungsmäßige und völkerrechtliche Gültigkeit des Kontrollratsgesetzes Nr. 10. Der Bundesgerichtshof sollte deshalb zunächst klären, inwieweit das Gesetz noch angewendet werden dürfe.[81]

Sofort nach Bekanntwerden des Beschlusses wandte Bauer sich gegen das Aussetzen des Verfahrens und den Ruf nach dem Gesetzgeber. Die Frage des Senats nach Gesetzesänderungen könne «als eine verfassungswidrige Einmischung der Dritten Gewalt in die Zuständigkeit der übrigen Gewalten mißverstanden werden». Sofern der BGH das Kontrollratsgesetz Nr. 10 für verfassungs- oder völkerrechtswidrig halte, müsse über die

Aussetzung des Verfahrens das Bundesverfassungsgericht entscheiden. Falls der Senat seinem Eventualantrag auf Prüfung durch das Bundesverfassungsgericht nicht folgen wolle, formulierte der Generalstaatsanwalt, bitte er zu prüfen, ob nicht eine Neuformulierung des Beschlusses die mögliche Missdeutung beseitigen wolle, nämlich «der Senat mache seine rechtsprechende Entscheidung von dem Erlaß eines bestimmten Gesetzes [...] abhängig».[82]

Der Ruf nach dem Gesetzgeber war, nachdem Besatzungsmacht und Besatzungsrecht aus dem Spiel waren, tatsächlich nicht so selten.[83] Am 31. August 1951 war auch die Anwendung des Kontrollratsgesetzes Nr. 10, mithin die Ermittlungen wegen «Verbrechen gegen die Menschlichkeit», durch Aufhebung der Militärregierungsverordnung Nr. 47 beseitigt worden.[84] Fritz Bauer, der die Todesstrafe des Braunschweiger Sondergerichts gegen Moses Klein als «empörendes und himmelschreiendes Unrecht» bezeichnete, bat das Oberlandesgericht daher jetzt zu prüfen, ob eine Straftat nach deutschem Recht vorliege, wobei Rechtsbeugung in Tateinheit mit Mord in Frage komme.[85]

Am 28. November 1951 wies der Strafsenat des Oberlandesgerichts Braunschweig auch diesen Einspruch zurück. Die Begründung lautete, das erst lange nach dem Todesurteil gegen Moses Klein in Kraft getretene Kontrollratsgesetz Nr. 10 sei mittlerweile außer Kraft gesetzt und kein deutsches Strafgesetz. Eine antisemitische Einstellung der Richter in der Strafzumessung lasse sich nicht nachweisen, denn wenn das Sondergericht die «Eigenschaft des Angeklagten Klein als Juden betont» habe, so könne dies auch nur deshalb geschehen sein, weil das «Tatbestandsmerkmal der beiden gegen das Blutschutzgesetz gerichteten Taten hervorgehoben werden sollte». Zudem lasse sich den Richtern, die alle drei überzeugte Nationalsozialisten gewesen seien, nicht widerlegen, dass sie das «drakonische Urteil» in seiner «Primitivität, Einseitigkeit und Kälte [...] für ‹gerecht› hielten». Wenn der «Abschreckungszweck» in Betracht kam, seien solche Richter «nicht hart gegen ihre Überzeugung, sondern hart aus Überzeugung».[86] Womit das Oberlandesgericht die «Nürnberger Gesetze», nach denen hier geurteilt worden war, im Handumdrehen als legitimes Recht qualifiziert hatte. Ebenso wurde der «Nachweis», überzeugter Anhänger der nationalsozialistischen Weltanschauung gewesen zu sein, nun als Schuldausschließungsgrund anerkannt.

Wie isoliert Fritz Bauer mit seiner Rechtsauffassung war, machte der

Ausgang dieses Verfahrens in ganzem Ausmaß deutlich.[87] Die Diskrepanz zwischen seiner Rechtsauffassung und derjenigen der deutschen Gerichte hätte kaum größer sein können. Nach der Aufhebung des Kontrollratsgesetzes Nr. 10 wurde die Auseinandersetzung zu einer rein «deutsch-rechtlichen» Frage. Bauer bezog dabei eine Position, die ihn und seine wenigen Mitstreiter in den NS-Verfahren immer wieder in Gegensatz zum autoritären Rechtsverständnis und Rechtspositivismus der überwiegenden Mehrheit der Juristen brachte. Diese zogen sich auf ihre angeblich apolitische, neutrale und eine der richterlichen Unabhängigkeit geschuldete Position zurück, die einer Diskussion über die eigene Verantwortung an den Geschehnissen nach 1933 weitgehend aus dem Weg ging. In Zeiten des «Kalten Krieges» war eine Auseinandersetzung mit den Wurzeln nationalsozialistischen Handelns und autoritärer Staatsgläubigkeit, die gewiss nicht erst 1933 eingesetzt hatte, nicht gefragt.[88]

Für die Kontinuität obrigkeitsstaatlicher Traditionslinien stand auch der Fall des höheren Polizeiverwaltungsbeamten Dr. jur. Otto Diederichs, Schreibtischtäter in «Schutzhaftsachen» im Braunschweiger Innenministerium. Diederichs hatte das «Gesetz über die Braunschweigische Politische Polizei» sowie mehrere Durchführungsverordnungen angefertigt. Im Februar 1953 musste sich der Jurist wegen Freiheitsberaubung in 25 Fällen, allesamt «Schutzhaftfälle», vor der 3. Großen Strafkammer des Landgerichts Braunschweig verantworten.[89] Der Angeklagte hatte im NS-Staat eine beachtliche Karriere gemacht. Er wurde im Herbst 1942 zum Chef des Amtes «Verwaltung und Recht» beim Oberbefehlshaber der Ordnungspolizei in Riga ernannt, dort im Sommer 1943 zum Ministerialrat befördert und im Dezember 1943 in das Reichsministerium des Innern, Hauptamt Ordnungspolizei, zurückbeordert. In der SS erreichte er den Rang eines SS-Oberführers.[90]

Im Juni 1949 war Diederichs vom Spruchgericht Bielefeld, das ihn nicht als besonderen Nazi- und SS-Aktivisten einstufte, unter Anrechnung der Internierungshaft zu einem Jahr und acht Monaten Gefängnis verurteilt worden.[91] Ein halbes Jahr später hatte ihn der Entnazifizierungsausschuss in Braunschweig in die Kategorie IV eingestuft, demnach hatte Diederichs den Nationalsozialismus nur unterstützt.[92] Erst im November 1950 war die Anklageschrift der Staatsanwaltschaft Braunschweig fertig gestellt worden. Darin wurde Diederichs beschuldigt, unmenschliche Handlungen durch die Verfolgung anderer aus politischen Gründen und durch

Freiheitsberaubung in mindestens 27 «Schutzhaftfällen» begangen zu haben.[93]

Die 1. Strafkammer des Landgerichts Braunschweig unter dem Vorsitz des ehemaligen Oberkriegsgerichtsrats Hermann Hübschmann hatte jedoch am 4. Mai 1951 die Eröffnung der Hauptverhandlung abgelehnt. In der Begründung hieß es, dass die Taten Diederichs' zwar nach aktuellem Rechtsverständnis strafbar seien, dass der Angeklagte aber nach dem zu seiner Zeit gültigen Rechtsverständnis beurteilt werden müsse. Das Rechtsverständnis sei damals geprägt gewesen von der mehrheitlichen Ablehnung des demokratischen Gedankens und der Zuwendung zu einem «diktatorisch geleiteten, nationalen Sozialismus». Im Ministerium und in der politischen Polizei habe der Angeklagte «nur weisungsgebundene Arbeit» geleistet.[94] «Schutzhaft» habe er verhängt, da er meinte, die öffentliche Sicherheit sei gefährdet. Von dem Gesetzentwurf «über die Braunschweigische Politische Polizei» habe er sich eine «Beendigung der Revolutionserscheinungen [...] und die Förderung einer gedeihlichen Volksgemeinschaft versprochen».[95] Der Angeklagte sei daher weder der Beihilfe zur Freiheitsberaubung noch eines Verbrechens gegen die Menschlichkeit zu überführen.

Der ehemalige SS-Oberführer Diederichs, der offenbar wie seine drei Kollegen am Sondergericht «hart aus Überzeugung» gehandelt hatte, war also zunächst davongekommen. Aber die Staatsanwaltschaft legte Widerspruch ein, und Generalstaatsanwalt Dr. Bauer fügte eine Stellungnahme bei: Die «Verordnung des Reichspräsidenten zum Schutz von Volk und Staat» sei Unrecht in Gesetzesform gewesen, «Schutzhaft» eine der stärksten Terrormaßnahmen des NS-Gewaltregimes.[96] Der Widerspruch war erfolgreich. Der Strafsenat am Oberlandesgericht Braunschweig hob den Beschluss auf, in allen 27 Fällen sei die Verhängung der «Schutzhaft» nicht einmal durch die Reichstagsbrand-Verordnung vom 28. Februar gedeckt gewesen.[97]

Doch es war nur ein Etappensieg, denn die 3. Große Strafkammer des Landgerichts Braunschweig entschied im Februar 1953 anders. Für die Kammer war die Reichstagsbrand Verordnung kein «Unrecht in Gesetzesform», und sie prüfte jetzt jeden einzelnen der 25 «Schutzhaft»-Fälle (zwei waren mangels Beweisen fallen gelassen worden). In acht Fällen, zu diesem Ergebnis kamen die Richter, hatte Diederichs rechtswidrig gehandelt und sich der Beihilfe zur erschwerten Freiheitsberaubung im Amt schuldig gemacht, weswegen er zu neun Monaten Gefängnis verurteilt wurde. Das niedrige Strafmaß öffnete Diederichs aufgrund des Amnestiegesetzes von 1949 den Weg in die Freiheit.[98]

Mit der raschen Integration der NS-Täter ging eine Isolierung und Ausgrenzung der Rechtspositionen der Gegner des NS-Regimes einher, die Remigranten wie Fritz Bauer besonders betraf. Die Distanz zu den politischen NS-Gegnern und Opfern wuchs in der westdeutschen Nachkriegsgesellschaft im gleichen Maße, wie sie zu den Funktionseliten des NS-Staats abnahm. Zu einem nicht geringen Maße trug dazu die erwähnte frühzeitige Gewährung von Amnestie durch das Straffreiheitsgesetz von 1949 für mehrere zehntausend NS-Verbrecher bei, die in der Tat «ein großzügiges Integrationsangebot» der Bundesregierung war.[99] Ebenso konnten die so genannten Kriegsverbrecher mit erheblicher Unterstützung rechnen. Dagegen mussten Emigranten und überlebende Opfer jahrzehntelang um Wiedergutmachung und Entschädigung kämpfen, von einer Rehabilitierung der Opfer von unerträglich harten Urteilen der Sondergerichte und der Militärjustiz ganz zu schweigen.

Auch Fritz Bauer reichte im Januar 1950 über ein Stuttgarter Anwaltsbüro einen Wiedergutmachungsantrag wegen der Ausfälle im Diensteinkommen und Haftentschädigung ein.[100] Zuerst war es die Frage der Entschädigung wegen Freiheitsentziehung, die Probleme verursachte, denn wie die Landesbezirksstelle für Wiedergutmachung nach neun Monaten mitteilte, fehlten Nachweise «über die behauptete Schutzhaft» im KZ Heuberg und KZ Horserød, obgleich Bauers Aussagen und Unterlagen eindeutig waren.[101] Dann versuchte die Landesbezirksstelle in Stuttgart, nach der Verabschiedung des Gesetzes zur Regelung der Wiedergutmachung vom 11. Mai 1951 durch den Deutschen Bundestag, die Entschädigung vom Land Württemberg – Bauers früherem Dienstherrn – auf das Land Niedersachsen zu übertragen. Fritz Bauer fühlte sich derartig entmutigt, dass er resignieren wollte.[102] Die Anwälte konnten sich dazu nicht entschließen, aber Bauers Reaktion war verständlich, zumal der Bundestag am selben 11. Mai die Wiedereinstellung von ehemaligen Angehörigen der NSDAP in den Staatsdienst nach Art. 131 Grundgesetz beschlossen hatte.[103] Zur gleichen Zeit erhielten also die alten Nationalsozialisten ihre Pensionsansprüche zurück, während ein spezielles Entschädigungsgesetz für die Opfer des NS-Regimes noch immer nicht vom

Bundestag verabschiedet worden war. Bauers Wiedergutmachungsverfahren dauerte insgesamt fast neun Jahre, bis zum 12. Dezember 1958, dann erfuhr er, dass ihm zusätzlich zu den 15 300 DM Entschädigung für seine Einbußen im wirtschaftlichen und beruflichen Fortkommen 900 DM für die erlittene Haftzeit ausgezahlt werden sollten.[104]

Dem ehemaligen NSDAP-Ministerpräsidenten Klagges erging es da nach seiner Freilassung erheblich besser.[105] Seine Verteidiger hatten im April 1950 Revision gegen das Urteil des Braunschweiger Schwurgerichts eingelegt, und der Bundesgerichtshof hatte im Mai 1952 den nach deutschem Recht erkannten Schuldspruch bestätigt. Da das Kontrollratsgesetz Nr. 10 mittlerweile außer Kraft gesetzt war, hob der BGH jedoch die verhängte lebenslängliche Strafe auf, mit der Maßgabe, dass die Gesamtstrafe 15 Jahre Zuchthaus nicht überschreiten dürfe. Das rechtskräftige Urteil des Braunschweiger Schwurgerichts erging im November 1952. 1955 stellte Klagges den ersten Antrag auf vorzeitige Haftentlassung, was einen längeren Schriftverkehr auslöste. Fritz Bauer, der dem Justizminister zu berichten hatte, verhehlte nicht, dass der Verurteilte weiter seiner nationalsozialistischen Gesinnung anhing.

Bauer beabsichtigte, sofortige Beschwerde einzulegen, sollte die Strafkammer die vorzeitige Entlassung von Klagges beschließen.[106] Dieser war während seiner gesamten Haftzeit nicht nur seinen nationalsozialistischen Überzeugungen treu geblieben, sondern sogar als Ankläger aufgetreten. Bauer bewertete es als seltene Dreistigkeit, dass Klagges noch während der Haft sein Schlusswort im Prozess in Buchform mit dem Titel *Angeklagter oder Ankläger?* der Öffentlichkeit übergeben konnte. Darüber hinaus hatte Klagges dem Bundesgerichtshof eine 606 Seiten umfassende Aufzeichnung zum Urteil zukommen lassen, dem Bundesverfassungsgericht eine 91 seitige Verfassungsbeschwerde. In seinen Aufzeichnungen habe Klagges, der sich selbst als «alter Nationalsozialist» bezeichnete, die Gerichte und Staatsanwaltschaften «in der unziemlichsten und ungehörigsten Weise» angegriffen. Bauer kam zu dem Schluss, dass bei der «affektgeladenen Haltung» weiterhin mit einer antidemokratischen Betätigung gerechnet werden müsse. «Es besteht daher eine Gemeingefahr.»[107]

Der Justizminister bat in seiner Antwort, in der Stellungnahme gegenüber dem Gericht «unnötige Schärfen im Ausdruck zu vermeiden», so dass das Wort «Dreistigkeit» durch «ungewöhnlich» ersetzt wurde. Doch der Ton der Beschwerde des Generalstaatsanwalts Bauer gegen den mittlerweile ergangenen Beschluss der 3. Strafkammer des Oberlandesgerichts Braunschweig blieb erhalten.[108] Parallel dazu war das Entlassungsgesuch der Familie Klagges ebenso wie der aufschiebende Entscheid an die Öffentlichkeit gelangt und hatte gehörigen Wirbel in der Presse verursacht. Wieder einmal schieden sich die Geister. Fritz Bauer gab dies die Gelegenheit, auf einer Pressekonferenz Ende 1955 die antidemokratischen Aktivitäten des Verurteilten aufzudecken.[109] Am 10. Februar 1956 lehnte der Strafsenat des Oberlandesgerichts die vorzeitige Entlassung Klagges' ab, bis er drei Viertel seiner Strafe verbüßt habe.[110] Nach weiteren Anträgen wurde Klagges schließlich am 2. Oktober 1957 aus der Haft entlassen, mit der Auflage, sich während der vierjährigen Bewährungsfrist nicht politisch zu betätigen. Mit 63 Jahren beantragte Klagges seine Pension und klagte sich nach der ersten Ablehnung durch die Instanzen bis zum Bundesverwaltungsgericht hinauf, das ihm im August 1970 eine Versorgungsrente von monatlich 600 DM und eine Nachzahlung von 100 000 DM zusprach.[111]

Die Beobachtung, die Fritz Bauer im Fall Klagges machte, war symptomatisch und entsprach der politischen Stimmung der Zeit, die alltägliche Einzelkriminalität schwerer bewertete als die staatliche Kriminalität des «Dritten Reiches». In dieser trüben Exkulpationsstimmung bewegten sich die meisten Angeklagten, denen es zumeist an jeglicher Einsicht fehlte. Viel öfter stellte Bauer wie im Fall Klagges genau das Gegenteil fest.[112] Er vermisste in den Prozessen nicht nur den Respekt vor den überlebenden Opfern der Grausamkeiten. Auch stellte er fest, dass die Täter weit davon entfernt seien, die Grundwerte des demokratischen Staates zu bejahen, «vor allem die Menschenwürde aller, die Gleichheit eines jeden ohne Rücksicht auf Geschlecht, Abstammung, Rasse, Sprache, Heimat».[113] Mit seinen Prozessen wollte er zur Selbstaufklärung der Gesellschaft über das auf einer Unzahl von Morden errichtete Unrechtssystem beitragen. Zugleich ging es ihm darum, ein Bewusstsein für das Recht auf Widerstand und für die Legitimität von Widerstandshandlungen gegen den NS-Staat zu schaffen. Die politischen Entwicklungen in Niedersachsen lieferten rasch eine besondere Gelegenheit dazu.

«Eine Grenze hat Tyrannenmacht»
Plädoyer für den 20. Juli 1944 im Remer-Prozess

Bei den Landtagswahlen am 6. Mai 1951 erreichte die 1949 in Hannover gegründete neonazistische Sozialistische Reichspartei (SRP) mit elf Prozent der Stimmen einen erheblichen Wahlerfolg.[1] Die *Frankfurter Allgemeine Zeitung* schrieb zwei Tage später in einem Leitartikel, jeder zehnte Abgeordnete im Parlament von Niedersachsen bekenne sich zur Nachfolge des Nationalsozialismus; die SRP zog mit 16 Abgeordneten in den Landtag ein.[2] Der Partei, deren Führungspersonal ehemalige NSDAP- und SS-Mitglieder angehörten, war es offenbar gelungen, einen Großteil des ungebundenen oder in den bürgerlichen Parteien organisierten Rechtsextremismus an sich zu ziehen.[3] Indessen läutete bereits im November 1951 ein Verbotsantrag der Bundesregierung beim Bundesverfassungsgericht den Niedergang der SRP ein.[4] Mitte Juli 1952 wurde ihr jegliche politische Werbung untersagt, am 12. September kam es, um dem Verbot zuvorzukommen, zum Selbstauflösungsbeschluss, das Verbotsurteil folgte am 23. Oktober 1952. Die etwa 40 000 rechtsextremen Mitglieder der SRP verteilten sich daraufhin in den bürgerlichen Parteien von Niedersachsen und Nordrhein-Westfalen, vor allem in der Deutschen sowie in der Freien Demokratischen Partei.[5]

Die Vorgeschichte dazu lieferte im Wesentlichen der Prozess gegen Otto Ernst Remer (1912–1997)[6], der als Kommandeur des Berliner Wachbataillons «Großdeutschland» für seine Rolle bei der Niederschlagung des Umsturzversuchs vom 20. Juli 1944 von Adolf Hitler zum Generalmajor befördert worden war und nun, nach dem Krieg, zum Anstifter des Neonazismus wurde.[7] Am Tag vor der für die SRP so erfolgreichen Landtagswahl schmähte er auf einer Veranstaltung im Schützenhaus in Braunschweig die Attentäter des 20. Juli als Landesverräter, die vom Ausland bezahlt worden seien. Die Zeit werde kommen, in der man schamhaft verschweigt, daß man zum 20. Juli 1944 gehört hat.[8] Seine Äußerungen bildeten den Höhepunkt einer seit Längerem in Gang befindlichen politischen und juristischen Diskreditierung des Widerstands, der nach weit verbreiteter Auffassung durch kein Recht legitimiert gewesen war.[9] Der christdemokratische Innenminister der Bundesrepublik, Robert Lehr, der selbst zum Widerstand gehört hatte, fühlte sich durch die Verleumdung der Widerstandskämpfer, die in den Worten des Generalmajors a. D. Remer lag, beleidigt und stellte im Juni 1951 Strafantrag beim Landgericht Braunschweig. Danach wurde der Fall Remer zunächst einmal «zum Fall Topf»[10] – und dieser zu einem Ärgernis für den Braunschweiger Generalstaatsanwalt.[11]

Bereits im Verfahren gegen die drei Braunschweiger Sonderrichter, die Moses Klein zum Tode verurteilt hatten, war Oberstaatsanwalt Dr. Erich Günther Topf (1904–1983) Fritz Bauer aufgefallen. Topf hatte das Verfahren nicht eröffnet, da den Sonderrichtern keine Rechtsbeugung nachgewiesen werden könne. Der Personalakte des Juristen war zu entnehmen, dass er zwischen 1930 und 1935 Gerichtsassessor, sodann bis 1939 bei der Staatsanwaltschaft in Kiel tätig gewesen war.[12] Seit 1938 war Topf Mitglied der NSDAP und gehörte seit Mitte der dreißiger Jahre dem «Reichsbund der Deutschen Beamten» an. Seit 1936 war er Sturmmann beziehungsweise Rottenführer der SA. Im Juni 1947 wurde er bei der Entnazifizierung in die Kategorie V als entlastet eingestuft, danach war er vorübergehend wieder in Kiel als Staatsanwalt, seit 1. März 1949 als Oberstaatsanwalt in Braunschweig tätig. Fritz Bauer nahm bereits Ende 1950 dienstrechtliche Vorermittlungen auf, nachdem der Verdacht aufgekommen war, Topf habe über seine Zugehörigkeit zur NSDAP und seine Tätigkeit während der NS-Zeit falsche Angaben gemacht. Dem Oberstaatsanwalt, der am 1. November 1951 an die Staatsanwaltschaft Lüneburg versetzt wurde, konnten jedoch zu keinem Zeitpunkt dienstrechtliche Verfehlungen nachgewiesen werden.[13]

Ende September 1951 lehnte Topf, der für die Ermittlungen im Fall Remer zuständig war, die Eröffnung des Verfahrens ab. Bundesinnenminister Lehr teilte er mit, dass eine Anklageerhebung aufgrund seines Strafantrags keine Aussicht auf einen sicheren Erfolg habe. Zudem bezweifelte Topf, dass Lehr überhaupt dem Widerstand angehört habe.[14] Erst nachdem Fritz Bauer diesen Bericht zur Kenntnis bekommen und wochenlang darüber mit Topf verhandelt hatte, wurde Remer auf Weisung des Generalstaatsanwalts nach § 186 StGB angeklagt.[15] Die Anklage wegen «übler

Nachrede» bedeutete, dass die Staatsanwaltschaft für eine Verurteilung Remers den juristischen Wahrheitsbeweis erbringen musste, dass die am Attentat des 20. Juli 1944 Beteiligten mit Recht dem NS-Staat Widerstand geleistet hatten.[16] Bauer machte damit die Legitimation des Widerstands gegen den Unrechtsstaat zum Gegenstand des Strafverfahrens. Ziel seiner Prozessführung war, wie er selbst wiederholt betonte, die «Rehabilitierung der Widerstandskämpfer» – und «nichts sonst».[17] Wegen dieser grundsätzlichen Bedeutung übernahm er selber die Anklagevertretung und sicherte dem Prozess damit auch in der Öffentlichkeit die beabsichtigte Bedeutung und Aufmerksamkeit.

Die juristische Brisanz des Prozesses war damals wohl keinem bewusster als ihm selbst. Die Weigerung von Oberstaatsanwalt Dr. Topf, Antrag auf Eröffnung eines Strafverfahrens gegen Remer zu stellen, war für Bauer Beweis einer sich anbahnenden Tendenz in der Justiz. Bereits im Februar 1950 hatte ein Gericht in Schleswig-Holstein Wolfgang Hedler (1899–1986), früheres Mitglied im «Stahlhelm» und Altparteigenosse, jetzt Bundestagsabgeordneter der Deutschen Partei, vom Vorwurf der Verleumdung der Widerstandskämpfer freigesprochen.[18] Der Richter hatte erklärt, Hedler habe wohl eine nachträgliche Überbewertung des Widerstands kritisiert und taktlos formuliert, allerdings habe es sich um seine politische Meinung gehandelt, über die das Gericht nicht zu urteilen habe.[19] Damit war die Verleumdung der Widerstandskämpfer als «Vaterlandsverräter» auf die Ebene unbestreitbarer politischer Meinungsfreiheit gehoben. Zwar betonte Erich Ollenhauer (SPD) in der anschließenden Bundestagsdebatte, dass den Opfern und Gegnern des NS-Terrors ihr Recht vorenthalten worden sei.[20] Doch die SPD, die im März 1950 den Entwurf eines «Gesetzes zur Wiedergutmachung nationalsozialistischen Unrechts auf dem Gebiet der Strafrechtspflege» einbrachte, scheiterte mit dem Versuch, die juristische Entlegitimierung des Widerstands gegen das NS-Regime aufzuheben.[21]

Kaum ein Jahr später wurde der Jurist und ehemalige SS-Standartenführer Walter Huppenkothen, der die Spionageabwehr im Reichssicherheitshauptamt geleitet hatte, vom Landgericht München I freigesprochen. Huppenkothen hatte als Anklagevertreter im April 1945 die Standgerichts-Verfahren in den KZ Sachsenhausen und Flossenbürg durchgeführt, die mit den Todesurteilen gegen die Widerstandskämpfer Hans von Dohnanyi, Dietrich Bonhoeffer, Wilhelm Canaris, Hans Oster,

Ludwig Gehre und Karl Sack endeten. Im April 1951 wurde er mit der Begründung vom Vorwurf der Beihilfe zum Mord freigesprochen, dass die Widerstandskämpfer nach damaligem NS-Recht den Tatbestand des Hoch- und Landesverrats erfüllt hätten.[22] Auf dieses Urteil bezogen sich auch die Verteidiger von Otto Ernst Remer, als sie Anfang März 1952 kurz vor Eröffnung der Hauptverhandlung Walter Huppenkothen als Zeugen benannten. Als weiterer Zeuge wurde der ehemalige Generalrichter Manfred Roeder verlangt, der als Ankläger beim Reichskriegsgericht die Untersuchung und Anklage gegen die Widerstandskämpfer der Roten Kapelle sowie die Untersuchung gegen Dietrich Bonhoeffer und Hans von Dohnanyi geleitet hatte.[23] Das Verfahren gegen Roeder war im November 1951 eingestellt worden. Den Schlussbericht sowie die Einstellungsverfügung hatte Oberstaatsanwalt Dr. Topf verfasst.[24] Wie im Fall Remer argumentierte Topf auch hier, dass dem Generalrichter a. D. Roeder eine Straftat nicht nachgewiesen werden könne, da nach der damaligen Gesetzeslage verfahren worden sei.[25] Das Verhalten der Mitglieder der Roten Kapelle und der Gruppe des 20. Juli wurde so als Landesverrat und Spionage eingestuft, die Todesurteile nicht als Willkürakt nationalsozialistischer Repression bezeichnet.[26]

Vor diesem Hintergrund verfasste Bauer seine Anklageschrift gegen Remer. Sein Ziel war es, das Andenken der Männer und Frauen, die für die Erhaltung der Menschenrechte in den Tod gegangen waren, zu retten und das Widerstandsrecht, das in das «Raritätenkabinett» der Rechtsgeschichte verbannt worden war, erneut zu sanktionieren.[27] Allerdings zwangen ihn die innenpolitische Konstellation und die Machtkämpfe im Kalten Krieg bei der Vorbereitung der Anklage zu der pragmatischen Entscheidung, sich im Verfahren auf eine mögliche Rehabilitierung des 20. Juli zu beschränken. So begrüßte er ausdrücklich, dass Angehörige der ermordeten Widerstandskämpfer des 20. Juli 1944 als Nebenkläger auftraten. Dagegen bat er die Angehörigen des Widerstandskreises Rote Kapelle, ihre Strafanträge zurückzunehmen.[28] Denn die Rote Kapelle galt mittlerweile als ein von der Sowjetunion gesteuerter Spionagering.[29] Bauer wusste, dass dies im Kalten Krieg und vor dem Hintergrund des allgegenwärtigen Antikommunismus der jungen Bundesrepublik dem Verfahren gegen Remer mehr geschadet als genützt hätte, war doch nicht zuletzt der Vorsitzende Richter selbst Offizier in Stalingrad gewesen.[30] Erst in seinem Plädoyer während des Prozesses sollte Bauer dann erklären, «der 20. Juli 1944 war nur ein Ausschnitt aus dem Gesamtwiderstand des deutschen Volkes».[31]

Bei der Ausarbeitung seiner Prozessstrategie kamen die politischen Entwicklungen Fritz Bauer aber auch entgegen; sie zwangen die Bundesregierung kurz vor der Anklageerhebung gegen Remer zu einer Stellungnahme zu Gunsten des Andenkens an die Widerstandskämpfer des 20. Juli 1944. Auch hier zeigte sich, wie eng Bauers Erfolg oder Misserfolg mit den Zeitläuften verknüpft war, denn die offizielle Ehrenerklärung für die Widerstandskämpfer kam nicht freiwillig zustande, sondern nur auf Druck der Alliierten. Grund dafür war, dass Remers Äußerung über den Widerstand als Landesverrat längst kein Einzelfall mehr war, sondern zahlreiche Veteranen einschließlich des Vorsitzenden des eben erst gegründeten «Verbands deutscher Soldaten» ebenso eingestellt waren.[32] Die SRP und ihre Anhänger unterliefen mit ihrer Verratspropaganda, die auf eine neue «Dolchstoßlegende» hinauslief, jedoch die Politik der Bundesregierung. Diese hatte den 20. Juli 1944 als nationale Freiheitsbewegung anerkannt, um ihren Anspruch auf Souveränität im westlichen Bündnis historisch zu untermauern.[33] Im Zuge der geplanten Remilitarisierung der Bundesrepublik, der sich abzeichnenden Wiederbewaffnung, sah sich Adenauer gedrängt, im Oktober 1951 gegenüber den alliierten Hochkommissaren eine Abgrenzung von den Äußerungen der Soldatenverbände und deren nationalistischer Propaganda zu formulieren.[34] In diesem Kontext stand jedenfalls seine erste Ehrenerklärung für die Widerstandskämpfer, nachdem er eine andere für die ehemaligen Angehörigen der Wehrmacht bereits im April 1951 vor dem Bundestag abgegeben hatte.[35]

Für Fritz Bauer war entscheidend, dass sich im Laufe des Prozesses eine öffentliche Debatte über den Widerstand und den Soldateneid entwickelte.[36] Noch vor der Eröffnung der Hauptverhandlung erklärte er der Presse, was er in seinem Plädoyer kurz darauf ausführte, nämlich dass die Anklage den Eid auf Hitler als «unsittlich» betrachte und die Widerstandskämpfer darum diesen Eid gar nicht brechen konnten.[37] Die «Sturmflut der Briefe», über die Bauer danach in einem Schreiben an Margarethe von Hase berichtete, machte vor allem deutlich, dass er nicht nur in der Justiz ein Vereinzelter war, sondern mit seiner Auffassung vom Widerstandsrecht gegen den Unrechtsstaat auf weit verbreitete Ablehnung stieß. Abgesehen von den Drohbriefen, die ihn jetzt erstmals in größerer Zahl erreichten, waren es vor allem Angehörige gefallener Soldaten, die sich in ihren Gefühlen verletzt fühlten. Sie warfen Bauer vor, nachträglich ihren Söhnen eine unsittliche Handlung zu unterstellen.[38]

Der Prozess gegen Otto Ernst Remer fand am 7., 8., 10. und 11. März 1952 vor dem Braunschweiger Landgericht unter dem Vorsitz von Landgerichtsdirektor Joachim Heppe statt.[39] Vor jedem Prozesstag bildeten sich lange Schlangen vor dem Gerichtsgebäude, die Zuschauerbänke waren stets überfüllt.[40] Fritz Bauer hatte, was ein Novum war und künftig in der Regel zu seiner Konzeption in NS-Verfahren gehören sollte, eine ganze Reihe Sachverständige gezielt eingeladen, die in gewisser Weise als Zeugen der Anklage auftraten.[41] Nur einer, der Historiker Hans Rothfels (1891–1976), der 1934 von seinem Königsberger Lehrstuhl vertrieben worden und 1939 in die USA emigriert war und nach dem Krieg als besonderer Sachkenner der Widerstandsgeschichte galt, hatte abgelehnt.[42] Gleich am ersten Verhandlungstag hörte das Gericht stattdessen den Historiker Percy Ernst Schramm, der seit März 1943 im Führungsstab der Wehrmacht das offizielle Kriegstagebuch geführt hatte.[43] Sein Gutachten über die Situation im Sommer 1944 kam zu dem eindeutigen Ergebnis, dass die militärische Lage bereits aussichtslos gewesen sei. Der Ausgang des Krieges, betonte der Göttinger Professor, könne weder durch Sabotage noch durch Verrat erklärt werden, womit schon zu Beginn des Prozesses die von der SRP in die Welt gesetzte neue «Dolchstoßlegende», die dem Widerstand vorwarf, der kämpfenden Truppe in den Rücken gefallen zu sein, entkräftet war.[44]

Ebenfalls am ersten Prozesstag wurden zwei moraltheologische Gutachten vom Gericht gehört. Professor Rupert Angermair sprach über das «Widerstandsrecht nach katholischer Lehre»:[45] Den Eid auf Hitler bezeichnete er als «mechanisch-formalistisch», er degradiere Soldaten zu «willenlose(n) Maschinen», die katholische Kirche missbillige den Eid zum absoluten, unbedingten Gehorsam gegenüber einem Menschen; ein solcher Eid missachte die menschliche Person.[46] Übereinstimmend mit Fritz Bauer erklärte er, der Eid müsse an das Gemeinwohl des Volkes gebunden sein. Am Nachmittag wurden Professor Hans Joachim Iwand und der Kirchenhistoriker Professor Ernst Wolf, das heißt: ihr gemeinsames Gutachten «zur Frage des Widerstandsrechts nach evangelischer Lehre» gehört. Iwand hatte sich seit 1946 mit der politischen Verantwortung der Kirche im NS-Staat auseinandergesetzt. Das von ihm mitverfasste Gutachten enthielt unter anderem eine Interpretation des viel zitierten Paulus-

Briefs an die Römer, wo im 13. Kapitel alle Obrigkeit auf Gott bezogen wird.⁴⁷ Im vorliegenden Fall sei jedoch entscheidend, dass es die Regierung eines «gesetzlosen Menschen» geben könne, der die Autorität des Staates, also die Obrigkeit, die eigentlich von Gott her gesetzt sei, in Frage stelle. Dann aber hätten alle Träger der Gewalt und der Autorität die Pflicht, «das Recht neu zu errichten».⁴⁸ Mit dieser Position, die im Sinne Bauers den NS-Staat als einen Unrechtsstaat kennzeichnete, wurde auf die Apostelgeschichte (5,29) verwiesen, wo es heißt, der Christ solle «Gott mehr gehorchen als den Menschen» – Leitmotiv in allen Schriften Fritz Bauers über den Widerstand.⁴⁹

Am zweiten Prozesstag wurde ein weiteres, in der Anklage strategisch eingesetztes Gutachten von Generalleutnant a. D. Helmut Friebe «über die Stellung des Offizierskorps zum 20. Juli 1944» vorgetragen.⁵⁰ Mit Friebe hatte Bauer einen ehemaligen Wehrmachtangehörigen und jetzigen Funktionär des «Verbands deutscher Soldaten» gewonnen, der eine moderate Haltung einnahm. Friebe erklärte, die vielen Prozesse und Veröffentlichungen der letzten sieben Jahre hätten den ehemaligen Frontsoldaten die Augen geöffnet, so dass die Frage, ob sich die Einstellung des Offizierskorps zum Attentat des 20. Juli geändert habe, mit einem klaren Ja zu beantworten sei.⁵¹

Im Grunde hatte Bauer nach Anhörung der Gutachten die Auseinandersetzung um die Frage der Legitimation des Widerstandsrechts juristisch, politisch und moralisch bereits geklärt. Die Rechtsanwälte Remers, Dr. Erwin Noack und Dr. Josef Wehage, blieben zwar bei ihrer Strategie, sich auf die gängige Meinung «Eidbruch ist Verrat» zu berufen. Ihr am zweiten Prozesstag verspätet gestarteter Antrag, Generalfeldmarschall a. D. Erich von Manstein und Generalfeldmarschall a. D. Albert Kesselring, die im Kriegsverbrechergefängnis in Werl inhaftiert waren, als Zeugen zu laden, wurde nicht akzeptiert.⁵² Von einer Anhörung von Huppenkothen und Roeder sah das Gericht gleichfalls ab.⁵³ Ebenso scheiterte die Absicht der Verteidiger, den Widerstand rein formalistisch in möglicherweise ehrenhafte Hochverräter und unehrenhafte Landesverräter aufzuspalten.⁵⁴

Für den Wahrheitsbeweis, dass weder Hoch- noch Landesverrat begangen worden war, musste die Motivation der Widerstandskämpfer des 20. Juli geklärt werden. Landesverrat beging nach dem 1944 geltenden Strafgesetzbuch, wer mit dem Vorsatz handelte, «das Wohl des Reiches zu gefährden» (§ 88 StGB), oder wer mit dem Vorsatz, «schwere Nachteile für das Reich herbeizuführen, zu einer ausländischen Regierung in Beziehung tritt» (§ 91 StGB).[55] Auch in dieser Frage bezog sich Fritz Bauer auf ein Gutachten, das er bei Hans-Günther Seraphim in Auftrag gegeben hatte. Seraphim war Referent für Zeitgeschichte am Institut für Völkerrecht der Universität Göttingen. Er stützte sich vor allem auf nachgelassene Schriften des ehemaligen Generalstabschefs Ludwig Beck sowie auf die bekannte Äußerung von Generalmajor Henning von Tresckow, das Attentat müsse «um jeden Preis» erfolgen, «denn es kommt nicht mehr auf den praktischen Zweck an, sondern darauf, daß die deutsche Widerstandsbewegung vor der Welt und vor der Geschichte unter Einsatz ihres Lebens den entscheidenden Wurf gewagt hat». Damit kamen zwei Hauptmotive der Widerstandskämpfer zur Sprache: zum einen die Beseitigung des nationalsozialistischen Regimes zur «Wiederherstellung geordneter Verhältnisse» und zum anderen die «Erhaltung des deutschen Volkes und Staates in Freiheit und Unabhängigkeit».[56]

Die Aussagen zahlreicher Zeitzeugen aus dem engeren Kreis des Widerstands bestätigten dies: Das Attentat sollte ein Fanal des «anderen Deutschland» sein. Unter anderen wurden Marion Gräfin Yorck von Wartenburg, Annedore Leber, Alexander von Hase, der Präsident des Bundesamts für Verfassungsschutz Dr. Otto John, Rechtsanwalt Dr. Fabian von Schlabrendorff, Bundesminister Dr. Hans Lukaschek, Prof. Dr. Karl Friedrich Bonhoeffer, der Bruder des Ermordeten Pfarrers Dietrich Bonhoeffer, vom Gericht gehört.[57] Auf ihre Aussagen und die Gutachten stützte sich der Ankläger in seinem wegweisenden Plädoyer am letzten Tag des Remer-Prozesses.

Bereits während der streckenweise nicht undramatisch verlaufenden Verhandlung, in der «donnernde Reden» gehalten wurden und der Angeklagte zeitweise völlig in den Hintergrund trat, hatte Fritz Bauer die Prozessbeobachter nicht unbeeindruckt gelassen.[58] Erst recht geschah jetzt das Unerwartete: «Von einem deutschen Ankläger wohl noch kaum gehört», berichtete die *Stuttgarter Zeitung* am Tag danach über dieses packende Plädoyer, das «von Freund und Gegner im ganzen Land mit gleicher, gebannter Anteilnahme gehört zu werden verdient».[59] Nach einer langen Verhandlung, so erinnerte sich Bauer später selbst an die historische Stunde, die nur einen Zweck hatte: «[...] es ging allein um das Prinzip, um die Feststellung dessen, was Recht und was Unrecht war.»[60]

Nicht Zwietracht zu säen, sondern Brücken zu schlagen und zu versöhnen, betonte Bauer gleich zu Anfang seines Plädoyers, sei das Ziel des Prozesses, «freilich nicht durch einen faulen Kompromiß, sondern durch die Klärung der Frage: ‹Waren die Männer des 20. Juli Hoch- und Landesverräter?›» Der Prozess sei eine «Wiederaufnahme» des Verfahrens gegen die Widerstandskämpfer vor dem Volksgerichtshof und habe nach Auffassung der Staatsanwaltschaft den klaren Beweis erbracht, dass die Behauptung, die Widerstandskämpfer seien Hoch- oder Landesverräter, unwahr sei. Der Krieg war am 20. Juli verloren und das deutsche Volk von seiner Regierung «total verraten», erklärte Bauer. Ein verratenes Volk aber könne nicht mehr «Gegenstand eines Landesverrats» sein, genauso wenig, «wie man einen toten Mann durch einen Dolchstoß töten kann». Jeder Versuch, den Krieg zu verkürzen, bedeutete «eine Ersparnis deutscher Menschenleben».[61] Deshalb könne man einem am 20. Juli Beteiligten nicht vorwerfen, «er habe den Vorsatz gehabt, Deutschland zu schaden» – Ziel des Aufstands war, «Deutschland zu retten».[62]

Im Verlauf des Prozesses hatte auch der Fall des ehemaligen Generalmajors Hans Oster (1888–1945), der im KZ Flossenbürg ermordet worden war, eine besondere Rolle gespielt. In seinem Plädoyer ging Bauer auch darauf ein und erklärte, der Angriff Deutschlands auf Holland, Dänemark und Norwegen – Oster hatte dem militärischen Gegner im Vorfeld die Mitteilung über den Angriffszeitpunkt gemacht – sei zweifellos ein «bellum injustum», ein Bruch allgemein anerkannten Völkerrechts gewesen, zumal Deutschland mit Unterzeichnung des Briand-Kellogg-Paktes 1928 ausdrücklich auf Angriffskriege verzichtet hatte. «War nicht jeder», fragte Bauer und räumte damit den Vorwurf des Landesverrats aus, «der die Ungerechtigkeit des Krieges erkannte, berechtigt, Widerstand zu leisten und einen Unrechtskrieg zu verhüten?»[63]

Zum anderen Vorwurf erklärte Fritz Bauer, Hochverrat sei nur strafbar, wenn er keinen Erfolg habe. Entscheidend sei jedoch, «wer die letzte Schlacht gewinnt», und diese sei ein Jahr nach der Tat des 20. Juli von der deutschen Demokratie gewonnen worden. Der Samen wurde von den Menschen inner- und außerhalb der Konzentrationslager gesät, die Alliierten «haben den Stein entfernt, der verhinderte, daß dieser Samen zum Lichte empor kam». Der «Hochverrat» des 20. Juli sei deswegen «in juristischem Sinne nicht Hochverrat».[64] Vor allem, betonte Bauer, setze Hochverrat eine legale Verfassung voraus. Das «Dritte Reich» aber sei ein «Unrechtsstaat und deswegen sittenwidrig und nichtig» gewesen.[65] Desgleichen könne man nicht behaupten, dass die nationalsozialistische «Revolution» von 1933 von der Bevölkerung ohne Weiteres anerkannt worden sei, was für eine «gelungene Revolution» notwendig gewesen wäre. Vielmehr – hier folgte Fritz Bauer dem von ihm zitierten Staatsrechtler Hans Nawiasky – bewiesen die permanente Existenz des Gestapo-Systems «und die sonstige Handhabung eines ungeheuren Drucks gegenüber der Bevölkerung, dass von einer freiwilligen Zustimmung nicht die Rede sein kann».[66]

Fritz Bauer ging über diese Feststellung noch hinaus und erklärte unter Berufung auf die Rechtsprechung des Obersten Gerichtshofs der Britischen Zone und des Bundesgerichtshofs, ein Unrechtsstaat, der täglich Zehntausende Morde begehe, berechtigte jedermann zur Notwehr. Jedermann sei also berechtigt gewesen, den bedrohten Juden Nothilfe zu gewähren. Er stelle deswegen den Satz auf: «Ein Unrechtsstaat wie das Dritte Reich ist überhaupt nicht hochverratsfähig.»[67]

Zum Schluss kam er auf die dramatische Szene zu sprechen, als der Zeuge Walther Kleffel im Prozess schilderte, wie Carl Goerdeler (1884–1945), nach dem Recht des Widerstands befragt, an seinen Bücherschrank trat und aus Hitlers *Mein Kampf* die Worte zitierte: «Staatsautorität als Selbstzweck kann es nicht geben, da in diesem Falle jede Tyrannei auf dieser Welt unangreifbar und geheiligt wäre.»[68] Doch Bauer wollte nicht Hitler das letzte Wort lassen, sondern das Wichtigste über das Widerstandsrecht zitieren, das Schiller in der Rütli-Szene des *Wilhelm Tell* über die Grenzen aller Staatsgewalt gesagt habe:

«*Nein, eine Grenze hat Tyrannenmacht.*
Wenn der Gedrückte nirgends Recht kann finden,
Wenn unerträglich wird die Last, greift er
Hinauf getrosten Mutes in den Himmel
Und holt herunter seine ew'gen Rechte,
Die droben hangen unveräußerlich
Und unzerbrechlich wie die Sterne selbst.
Der alte Urstand der Natur kehrt wieder,
Wo Mensch dem Menschen gegenüber steht;
Zum letzten Mittel, wenn kein anderes mehr
Verfangen will, ist ihm das Schwert gegeben.
Der Güter höchstes dürfen wir verteid'gen
Gegen Gewalt.»

Das Plädoyer des Generalstaatsanwalts, der offenkundig das von nationalsozialistischer und deutschtümelnder Propaganda missbrauchte Erbe Schillers gleich mit zurückerobern wollte, ließ im Gerichtssaal vergessen, dass der Angeklagte Remer, der sich seiner Rolle bei der Niederschlagung des Attentats vom 20. Juli 1944 so oft gerühmt hatte, im Saale war. Fritz Bauer, der deutsche Jude mit dem Glauben an die Menschheit, vergaß sogar, das Maß einer Freiheitsstrafe zu beantragen. Ob die Strafe hoch oder niedrig war, sagte er später über sein Plädoyer, war der Staatsanwaltschaft ganz gleichgültig.[69] Es kam ihr auf die Feststellung an, dass der Widerstand gegen Hitler rechtmäßig war. Zum ersten Mal wurde ein deutscher Gerichtssaal so «zum Schauplatz wohlfundierter Rehabilitation der Widerstandskämpfer gegen Hitler».[70] Das Plädoyer, in klassisch juristischer Diktion, erteilte dem Pseudorichter Freisler die gebührende Antwort, der auf Befehl Hitlers 1944 den Prozess gegen die Widerstandskämpfer «aufgeführt» hatte.[71]

Über eine Stunde dauerte das Plädoyer, in dem Bauer Freunde wie Gegner in seinen Bann schlug. Es war eine Verteidigungsrede für die Demokratie gegen die Nachhut des Nationalsozialismus. Am Ende gingen Bauers Gedanken zurück zum humanistischen Gymnasium in Stuttgart. Die damaligen Schüler, schloss er sein Plädoyer, «darunter Claus Schenk von Stauffenberg, zu dessen Mitschülern ich mich zählen darf, hatten es als ihre Aufgabe angesehen, das Erbe Schillers zu wahren. [...] Wir haben in unserem Gymnasium den Wilhelm Tell und die Rütli-Szene aufgeführt. Was dort Stauffacher sagte, tat später Stauffenberg, [...] eingedenk unseres guten alten deutschen Rechts.»[72]

Auch Landgerichtsdirektor Heppe ergriff noch einmal das Wort und bekannte, «tief gerührt, ja in Gewissenskonflikt und Gewissensnot gestürzt»: Er habe als deutscher Offizier in Stalingrad gekämpft, sei in russische Gefangenschaft geraten und habe das Nationalkomitee Freies Deutschland «voll und ganz und ehrlich abgelehnt». Er müsse sich nun fragen, ob der Generalstaatsanwalt von ihm als deutschem Richter verlange, daß er auch das Verhalten dieser Offiziere decke.[73] Es war einer jener ergreifenden und zugleich heiklen Momente im Prozess. In seinem Schlusswort antwortete Bauer, er hätte diesen Dialog lieber nach der Verhandlung geführt. Man müsse wohl unterscheiden zwischen den Widerstandskämpfern des 20. Juli und den Männern des Nationalkomitees.[74] Aber auch diese hätten mit dem Vorsatz gehandelt, Deutschland zu retten. Dann bat er den Richter: «[L]assen Sie Ihr warmes Herz für die Kämpfer für Freiheit [...] nicht erkalten durch Ihre furchtbare Erinnerung an die sibirischen Weiten.»[75]

Nach diesen Erklärungen herrschte tiefe Stille im Gerichtssaal. Was bedeuteten sie für den Prozess? Vor allem eins, kommentierte Rüdiger Proske im *Monat*, nämlich dass es «ein Urteil aus echter und schwerer Gewissensentscheidung war».[76] Das Gericht stellte fest, dass den Widerstandskämpfern des 20. Juli der zu einer Schuldfestsetzung im Sinne der 1944 geltenden Landesverratsparagraphen erforderliche Vorsatz nicht nachzuweisen sei.[77] In keinem Falle könne auch nur entfernt eine Bezahlung aus dem Ausland nachgewiesen werden. Wenn Kontakte zum Ausland bestanden, so nur, um die Einstellung des Feindes zu dem beabsichtigten inneren Umsturz zu sondieren. Das Gericht schloss sich auch der Auffassung der Staatsanwaltschaft an, dass der NS-Staat kein Rechtsstaat, sondern ein Unrechtsstaat gewesen sei. «All das, was das deutsche Volk, angefangen vom Reichstagsbrand über den 30. Juni 1934 und den 9. November 1938, über sich hat ergehen lassen, war schreiendes Unrecht, dessen Beseitigung geboten war. Es ist schwer, bitter und hart für ein deutsches Gericht, so etwas aussprechen zu müssen.»[78]

Ein deutsches Gericht hatte somit acht Jahre nach den Geschehnissen den Aufstand des 20. Juli 1944, überhaupt den Widerstand angemessen qualifiziert. Der Angeklagte wurde wegen übler Nachrede in Tateinheit mit Verunglimpfung des Andenkens Verstorbener zu drei Monaten Gefängnis verurteilt – der Strafe entzog er sich durch Flucht ins Ausland.[79] Fritz Bauer konnte zufrieden sein, auch wenn das Gericht – wie mittlerweile in NS-Verfahren üblich – den Schwerpunkt auf die subjektive Tatseite legte und den objektiven Tatbestand Landesverrat durchaus als gegeben annahm. Nachdem die Anwälte Remers Revision eingelegt hatten, betonte Bauer in seiner Stellungnahme für den Bundesgerichtshof nochmals, dass bei Fehlen der subjektiven Unrechtselemente, das heißt des Vorsatzes, der «objektive Tatbestand» des Landesverrats nicht vorliege; von einem strafrechtlichen Tatbestand könne überhaupt nicht die Rede sein. Da die Richter im Urteil den Fall Oster ausgeklammert hatten, bat Bauer ausdrücklich um ein Grundsatzurteil, denn seiner Meinung nach hatte Oster gemäß § 53 StGB Nothilfe geleistet.[80] Der BGH verwarf Remers Revisionsantrag am 11. Dezember 1952, allerdings ohne weiter auf Bauers Stellungnahme einzugehen.

Das Urteil war juristisch besehen eine historische Zäsur, auch wenn es zunächst eine differenzierungslose Idealisierung der politischen Intentionen der Verschwörer einleitete, die allmählich zu «Vätern der westdeutschen Demokratie» wurden.[81] Im Grunde hatte das Remer selbst durch seine neonazistische Propaganda ausgelöst, so dass die *Frankfurter Allgemeine Zeitung* schon im Mai 1951 forderte, den 20. Juli zum «nationalen Feiertag» zu erklären.[82] Das Interpretationsmuster einer angeblich homogenen Widerstandsbewegung, der «Aufstand des Gewissens», der das «andere Deutschland» dargestellt habe, hatte, wie Hans Mommsen betont, in der Ära des Kalten Krieges eine handfeste politische Funktion.[83] Die Folge davon war, dass politische Beweggründe und Interessenlagen der Verschwörer, die keineswegs allesamt eine Demokratie errichten wollten, außer Acht blieben. Die Bedingungen und Handlungsmöglichkeiten politischen Widerstands im NS-System wurden erst mit dem Abklingen des Kalten Krieges zum Gegenstand kritischer Aufarbeitung.[84]

Ungeklärt und umstritten blieb auch der Fall Oster, auf den der BGH in der Revisionsentscheidung zu Remer nicht mehr einging.[85] Gegen Oster gab es immer wieder Diffamierungskampagnen bis in die sechziger Jahre, als die rechtsextreme *Deutsche Soldaten-Zeitung und Nationalzeitung* besonders laut den Verratsvorwurf erhob.[86] Wieder bezog Bauer Stellung, um deutlich zu machen, dass Osters Verhalten «eine Frage des Denkens in größeren als formaljuristisch oder nationalstaatlichen Kategorien» verlange.[87] Auch Gerhard Ritter hatte frühzeitig betont, dass «Oster seinem Deutschland nicht schaden, sondern nützen wollte».[88] Doch diese Meinungen blieben vereinzelt. Umso fester pochte Bauer auf seine im Remer-Prozess erstmals entwickelte Rechtsposition, dass Widerstand Notwehr und Nothilfe sein könne.[89] So sei es zwar populär, wenn Widerstand sich gegen den äußeren Feind richte, jedoch umstritten, wenn er sich gegen den eigenen Staat, der Unrecht tut, wende: «Unrecht bleibt aber Unrecht, ob es den Mitbürger oder den Fremden trifft.» An gleicher Stelle (1964) zitierte Bauer den Präsidenten des Bundesgerichtshofs, Hermann Weinkauff (1894–1981), der zum Fall Oster festgestellt hatte, dass die Motive Osters in jeder Beziehung ehrenhaft gewesen seien.[90]

Nach dem Remer-Prozess hat Fritz Bauer in den fünfziger und sechziger Jahren das Thema Widerstandsrecht und autoritäres Regime immer wieder aufgegriffen. Um seiner Auffassung zum Durchbruch zu verhelfen, hielt er unzählige Vorträge und nahm an vielen Diskussionsveranstaltungen in der ganzen Bundesrepublik teil.[91] Vor allem zu Beginn der sechziger Jahre – er war längst in Frankfurt am Main – kam es noch einmal zu einer intensiven Beschäftigung mit dem ganzen Themenkomplex und mehreren großen Aufsätzen.[92] Bauer kämpfte gegen die weit verbreitete Meinung, die Individuen seien im NS-System zu vollkommen willenlosen Werkzeugen einer Vernichtungsmaschinerie geworden, deren verbrecherische Ziele sie nicht erkennen konnten. Nicht zuletzt sollten Bauers NS-Prozesse dazu beitragen, das Recht und die Pflicht zum Widerstand neu in der Rechtsordnung der Bundesrepublik zu verankern.[93]

Doch in der bundesrepublikanischen Rechtsprechung setzte sich seine Sichtweise nicht durch. Hier wurde nach wie vor dem Widerstand, ungeachtet einer moralischen Anerkennung, die rechtliche Legitimation abgesprochen oder nur unter eng begrenzenden Voraussetzungen akzeptiert; vielfach ging man sogar so weit, dem NS-Normensystem bis hin zur so genannten Selbstbehauptung des Staates Gültigkeit zuzuerkennen.[94] In ausgesprochenem Gegensatz zum BGH beziehungsweise seinem Präsidenten Hermann Weinkauff geriet Fritz Bauer vor allem, als dieser sich zum 20. Juli 1944 in einer Publikation äußerte, die eigentlich eine Rechtfertigung und Würdigung des Widerstands bezwecken sollte.[95]

In seinem als Gutachten bezeichneten Beitrag «Die Militäropposition gegen Hitler und das Widerstandsrecht» führte Weinkauff, anders als Bauer im Remer-Prozess, aus, Widerstand in einer Diktatur dürfe nur leisten, wer sich «ein klares und sicheres Urteil» über die Rechtsverletzung des Staates «zutrauen» könne. Außerdem müsse die «einigermaßen begründete Hoffnung» bestehen, «daß der Widerstand Erfolg haben [...] werde».[96] Damit schränkte Weinkauff den Kreis der Widerstandsberechtigten erheblich ein. Zugleich erklärte er, dass Desertionen oder Gehorsamsverweigerungen von Heeresangehörigen in der Regel nicht als Widerstandsakte anerkannt werden dürften, auch nicht mit der Begründung, dass es sich um einen ungerechten Krieg handele.[97]

In einem Urteil des BGH vom Juli 1961 nach dem Bundesgesetz zur Entschädigung für Opfer der nationalsozialistischen Verfolgung erkannte Bauer wiederum diese Auffassung und Weinkauffs geistige Urheberschaft.[98] Hier stellte der BGH fest, dass der Dreher Georg B., Sozialdemokrat, aus politischer Gegnerschaft zum Nationalsozialismus den Kriegsdienst verweigert hatte; er war deswegen von einem Kriegsgericht zu einer Haftstrafe verurteilt worden. Einen Entschädigungsanspruch lehnte der BGH aber ab, denn die Kriegsdienstverweigerung ebenso wie die Weigerung, Minen in Russland zu legen, sei kein rechtmäßiger Widerstand gewesen. Davon könne nur gesprochen werden, wenn die Widerstandshandlung auf einer «sinnvollen Planung beruhe» und geeignet gewesen sei, der NS-Gewaltherrschaft Abbruch zu tun.[99]

Das Urteil erregte im In- und Ausland großes Aufsehen und Empörung, ebenso bei Fritz Bauer, der es auf einer SPD-Veranstaltung in Braunschweig am 13. September 1961 scharf kritisierte.[100] Im Remer-Prozess hatte er das Recht eines jeden auf Widerstand gegen den Unrechtsstaat betont und begründet. Nun aber hatte der Bundesgerichtshof mit seiner Rechtsprechung «Widerstandsprivilegien» geschaffen.[101] In dem darauf gezielten Aufsatz mit dem Titel «Das Widerstandsrecht des kleinen Mannes» reagierte Bauer auf Weinkauff und erklärte, dass an der Berechtigung passiven Widerstands, ja an der Verpflichtung zum passiven Widerstand gegenüber staatlichem Unrecht, nicht gezweifelt werden könne. Das gelte auch für die Weigerung eines Soldaten, an einem Angriffskrieg mitzuwirken. Widerstand bedeute Eintreten für eigene oder fremde Menschenrechte.[102]

Was Bauer am meisten empörte, war, dass das Urteil nicht nur allen Mitläufern des NS-Regimes die Rechtmäßigkeit ihres Gehorsams, ihres Verzichts auf jegliche Reaktion bestätigte, sondern dass sogar Eichmann sich darauf berufen konnte. Dieser habe nämlich in Jerusalem vor Gericht erklärt, vor der Alternative gestanden zu haben, entweder mitzumachen oder sich eine Kugel durch den Kopf zu schießen. Es hätte aber doch wohl noch andere Möglichkeiten gegeben, meinte Bauer, seine höchstaktive Mitwirkung an der «Endlösung» abzulehnen. «Angenommen, er hätte nein gesagt und wäre deswegen verfolgt worden», führte er weiter aus, so wäre indessen seine Weigerung nach dem jetzigen Urteil kein «rechtmäßiger Widerstand» gewesen. «Eichmanns gab es viele», wandte Fritz Bauer ein und zitierte einen eben erst erschienenen Dokumentarbericht über die «Endlösung der Judenfrage», in dem der Akzent auf die ideologische Gleichschaltung gelegt wird.[103] War denn das Urteil des BGH von Angst vor Revoluzzertum, Anarchie und ungezügeltem Tyrannenmord gezeichnet? Eine solche Furcht wäre wohl völlig unbegründet gewesen, denn eine Inflation von Widerstandskämpfern – so meinte er – sei nicht zu erwarten.[104]

Fritz Bauer kritisierte den obrigkeitsstaatlichen Widerstandsbegriff und insistierte in aufklärerischer Rechtstradition auf der Allgemeingültigkeit des Widerstandsrechts. Die Rechtsprechung des Bundesgerichtshofs zeugte für ihn von einem elitären Denken, das den Bürgern nur einen beschränkten Untertanenverstand zubilligte. Er führte dies nicht allein auf zeitgenössisches, restauratives Rechtsdenken oder konservative Tendenzen zurück, sondern auf die Tradition des deutschen Idealismus von Kant bis Hegel. Die deutschen Philosophen, so meinte Bauer, hätten dem Widerstandsrecht den Garaus gemacht. Vor allem Kant hatte den Juristen empfohlen, sie sollten jede vorhandene Verfassung für die beste halten. Damit aber habe Kant die Juristen zu gesetzestreuen Funktionären und «Rechtshandwerkern ohne Gewissen» herabgewürdigt. So wurden wir alle «Zeugen der beschämenden Tatsache [...], daß ein Adolf Eichmann sich in Jerusalem zu seiner Verteidigung auf die Pflichtenethik eines deutschen Idealismus berief und nicht ganz ohne Grund berufen konnte.»[105]

Das sollte sich auch in den kommenden NS-Prozessen zeigen, die Bauer im Amt des Generalstaatsanwalts in Frankfurt am Main initiierte. Unmittelbar nach dem Weggang aus Braunschweig im Jahr 1956 begann für ihn die Fahndung nach den NS-Verbrechern Eichmann, Bormann und Mengele. Und schon bald sollte er auch das Kapitel «Auschwitz-Prozess» eröffnen. Seine Tätigkeit in Braunschweig hatte er nie als Endpunkt betrachtet. Auch hatte er, bevor ihn der sozialdemokratische Ministerpräsident Georg August Zinn nach Hessen berief, noch andere Optionen gehabt. Zweimal war er für das Amt eines Richters am Bundesverfassungsgericht vorgeschlagen worden; das Bundesjustizministerium hatte seine Akte deswegen im Mai 1951 und nochmals im Februar 1952 angefordert.[106] Aber auch in die Kommission zur Großen Strafrechtsreform wurde er nicht berufen.

Im Jahr 1955 erwog er, mit Unterstützung Willy Brandts, der damals Präsident des Berliner Abgeordnetenhauses war, als Generalstaatsanwalt an das Berliner Kammergericht zu wechseln. Noch im Oktober 1955 schrieb er an Brandt aus seinem Urlaubsort Palma de Mallorca, er habe gegenüber der Justizministerkonferenz in Berlin sein Interesse bekundet.

Berlin solle wieder zum «Vorposten eines progressiven Strafrechts» werden; er sei gern bereit, an der Freien Universität ohne Anspruch auf Titel und Honorar über «Kriminologie nach angelsächsischem Vorbild» zu lesen. Jetzt habe er allerdings erfahren, dass nur der Posten des Generalstaatsanwalts am Landgericht frei werde, der unter seinem jetzigen Amt stehe. Jedenfalls könne Brandt mit seiner Bereitschaft, einen vernünftigen Posten in Berlin zu übernehmen, jederzeit rechnen.[107] Während Willy Brandt noch hoffte, eine Lösung zu finden, hatte sich Bauer, wie er am 26. März 1956 mitteilte, bereits für Hessen entschieden.[108]

Der Wechsel bedeutete einen beruflichen Aufstieg. In Braunschweig standen ihm gerade einmal ein Ober- und ein Erster Staatsanwalt zur Verfügung. Seine neue Behörde jedoch, die für ganz Hessen zuständig war, verfügte noch über neun weitere Staatsanwaltschaften sowie 13 Justizvollzugsanstalten. Allein in Frankfurt waren Generalstaatsanwalt Bauer vier Oberstaatsanwälte und 17 Erste Staatsanwälte unterstellt, insgesamt war er Vorgesetzter von 199 Staatsanwälten und Assessoren.[109]

Bereits frühzeitig hatten seine unterschiedlichen Bemühungen darauf hingedeutet, dass er in Braunschweig nicht bleiben wollte, wozu das dort herrschende politische Klima nicht wenig beigetragen haben wird. Mehrmals fühlte sich das niedersächsische Justizministerium veranlasst, seine Tätigkeit auf Dienstvergehen zu überprüfen.[110] Sein politisches Engagement ebenso wie die Anklage gegen Remer, nicht zuletzt sein mehrfach erfolgreiches Einschreiten gegen eine vorzeitige Entlassung des ehemaligen Machthabers Klagges aus der Haft hatten ihm das Leben nicht gerade erleichtert. Dass Braunschweig noch dazu ein Hort rechtsradikaler Verbände war und 1955 der Wahlsieg bürgerlicher Parteien dazu führte, dass der Sozialdemokrat Hinrich Wilhelm Kopf sein Amt als Ministerpräsident von Niedersachsen an Heinrich Hellwege von der Deutschen Partei abgeben musste, wird Bauer einen möglichst raschen Wechsel nahegelegt haben.[111]

Nach Hessen gab es bereits persönliche Bindungen, Curt Staff war dort Präsident des Oberlandesgerichts geworden, und vor allem war Hessen in den fünfziger Jahren das einzige dauerhaft von einer SPD-Regierung geführte Bundesland. Ministerpräsident Zinn (1950–1969), der Bauer berufen hatte, war von 1949 bis 1962 auch Justizminister des Landes, was sonst in der Bundesrepublik eine Domäne der CDU war.[112] In einer Geschichte der hessischen SPD heißt es, «kein Territorialstaat in Mitteleuropa» könne eine solche «freiheitlich-sozialistische Kontinuität» präsentieren wie Hessen, das sich unter der Regierung Zinns durch Progressivität und Liberalität ausgezeichnet habe.[113] Dieser freiheitliche Geist ist vielfach gerühmt worden, der *Spiegel* schrieb 1966, das Land gelte als «Freistaat unorthodoxer und origineller Geister» wie Wolfgang Abendroth, Theodor W. Adorno, Otto Brenner, Martin Niemöller – und eben Fritz Bauer.[114] Zinn selbst erklärte 1959, Hessen werde «ein sozialistisches Bollwerk gegen alle restaurativen Bestrebungen Bonns bleiben». In einer Kabinettsvorlage nannte er Gründe, die ihn bewogen, Fritz Bauer nach Frankfurt zu berufen: «sein hervorragendes juristisches Wissen», seine «Kenntnis ausländischen Rechts» und die Überzeugung, dass Bauers Berufung sich im Rahmen der Strafrechtsreform im Sinne einer demokratischen Gestaltung des Rechtswesens auswirken werde.[115] Auf diesem Gebiet habe er sich einen guten Ruf und besondere Kenntnisse erworben, zuletzt im Rahmen einer zweimonatigen Studienreise in die USA.[116]

Bauers für die damalige Zeit ohne Zweifel fortschrittliche Ideen für eine Reform des Strafrechts – im Wesentlichen: radikale Abkehr vom traditionellen Sühnestrafrecht und weitestgehende Orientierung der Strafjustiz auf Resozialisierungsmaßnahmen – hatte er 1954 auf einer Tagung der Arbeitsgemeinschaft Sozialdemokratischer Juristen (ASJ) vorgestellt und war dabei überwiegend auf Kritik, bei den Anwesenden aus der hessischen Justiz aber auf Zustimmung und Unterstützung gestoßen. So bei dem Sozialdemokraten und Staatssekretär im Ministerium der Justiz, Erich Rosenthal-Pelldram (1905–1989), Bauers Vorgänger im Amt des Frankfurter Generalstaatsanwalts, und bei der Richterin und Landtagsabgeordneten Nora Platiel (1896–1979), einer Widerstandskämpferin gegen den Nationalsozialismus, mit der er auch später zusammenarbeitete, vor allem wenn er Initiativen in der SPD-Fraktion oder in Fachministerien ergreifen wollte.[117]

Schon damals, bei seinem Wechsel nach Frankfurt, war Fritz Bauer ein ziemlicher Außenseiter. Seine Arbeit begleitete seit dem Remer-Prozess eine für sein juristisches Amt ungewöhnliche Publizität, ebenso Anerkennung wie Kritik. Jedenfalls war er in der Frankfurter Justiz kein ganz unbekannter Mann, und Vorbehalte von ehemaligen NS-Juristen wird es gegenüber dem jüdischen Emigranten genug gegeben haben – auch oder gerade weil es dem Juristen aus Freiheitssinn, der er sein wollte, schon bald nach seiner Rückkehr aus dem Exil gelungen war, sich Gehör zu verschaffen als Kämpfer für den Widerstand als Menschenrecht.[118] In Hessen sollten, gewissermaßen vom Tag seiner Ankunft an, die Verfahren gegen die NS-Verbrecher sein Berufs- und Privatleben vollauf bestimmen.

«Mörder unter uns»
Eichmann, Bormann und Mengele – die «Endlösung» soll vor Gericht

Fritz Bauer stürzte sich 1956 in Frankfurt geradezu in die Arbeit.[1] Endlich verfügte er auch über die personellen Voraussetzungen, um seine Vorstellungen von den notwendigen Ermittlungen gegen die Fülle der nationalsozialistischen Gewaltverbrechen zu realisieren – vor allem das Thema der Judenverfolgung und «Endlösung» aufzurollen. Denn der von den Nazis geplante Mord an den Juden und anderen, die als Feinde des deutschen Volkes angesehen wurden, war noch immer nicht zum Gegenstand einer umfassenden Strafverfolgungsaktion geworden. Auch in der noch jungen Disziplin der «Zeitgeschichte» fehlte es bislang an Forschungsergebnissen über den systematisch betriebenen Völkermord.[2]

Für Fritz Bauer bedeutete das eine in alle Richtungen ausgedehnte Suche, die sich zunächst auf drei «prominente» NS-Verbrecher konzentrierte, die von zentralen Machtstellen aus das bis dahin einzigartige Menschheitsverbrechen der Shoah ins Werk gesetzt hatten: an erster Stelle den ehemaligen SS-Obersturmbannführer Adolf Eichmann, der als Deportationsspezialist des Reichssicherheitshauptamtes Millionen Juden aus den von Hitler-Deutschland überfallenen und besetzten Ländern in die Vernichtungslager abtransportieren ließ; den KZ-Arzt Josef Mengele, der auf der Rampe von Auschwitz die Deportationsopfer selektiert und in die Gaskammern geschickt sowie furchtbare Menschenversuche durchgeführt hatte;[3] schließlich den «Sekretär des Führers» Martin Bormann, der als Hitlers rechte Hand die Mordaktionen in sklavischer Untertänigkeit ins Werk gesetzt hatte.[4] Alles, was unter dem Stichwort «Endlösung» an Kriminalität und Verbrechen zu erfassen war, sollte ermittelt und vor Gericht gebracht werden.

Die Planung versprach eine nahezu unübersehbare und wahrscheinlich endlose Operation zu werden, vor der jedoch der neue Generalstaatsanwalt in Frankfurt keinen Moment zurückschreckte. Was sich von jetzt an

SS-Obersturmbannführer Adolf Eichmann, für dessen Festnahme Fritz Bauer sorgte, in seiner Gefängniszelle beim Verfassen seiner «Memoiren» (1961). (AP)

Tag für Tag auf Fritz Bauers Schreibtisch an Akten, an Zwischenergebnissen auftürmte, was sozusagen nebenbei, neben der aktuellen Strafverfolgung, geleistet werden musste, erreichte bald ein unvorstellbares Maß. Und alles geradezu in Heimlichkeit, um die pausenlose Ermittlungsarbeit von Bauer nicht von vornherein zu gefährden. Die Öffentlichkeit erfuhr über Jahre nichts von den Anstrengungen und Erfolgen, nichts von den Widerständen, mit denen Bauer und die Frankfurter Staatsanwälte bei der Strafverfolgung zu kämpfen hatten. Am wenigsten wohl von den Schwierigkeiten, die aus der Eingliederung zahlreicher, wenn nicht der meisten Polizei- und Kriminalbeamten aus der Nazi-Zeit in den neuen Sicherheitsapparat der Bundesrepublik resultierten. So war beispielsweise fast das gesamte Leitungspersonal des Bundeskriminalamts (BKA) an den Verbrechen der Nationalsozialisten und insbesondere der Vernichtung der Juden beteiligt gewesen. 33 von 47 dort beschäftigten Beamten waren während der Zeit des Nationalsozialismus SS-Führer gewesen.[5]

Zuerst geriet der Fall Adolf Eichmann ins Visier Fritz Bauers. Bereits im

September 1957 verfügte er über den sicheren Hinweis, dass Eichmann in Südamerika lebte, kannte auch schon die hauptsächlichen Umstände seiner Flucht und konnte diese Hinweise an den Leiter der «Delegation betreffend Reparationen in Westdeutschland», den späteren ersten Botschafter Israels in Bonn, Felix Shinnar, weitergeben. Damit setzte er die weltweite Suche des israelischen Geheimdienstes Mossad zur Festnahme von Eichmann erneut in Gang.[6] Der Name Eichmann, in den Nürnberger Prozessen nur gestreift, war inzwischen längst wieder in Vergessenheit geraten. Und scheinbar wurde damals weder von deutscher noch von israelischer Seite offiziell nach ihm gefahndet. Wie Isser Harel, der Chef des israelischen Geheimdienstes, bezeugte, gab es zwischen 1948 und 1952, als er Chef des Mossad wurde, keine staatliche Stelle in Israel, die nach NS-Verbrechern suchte.[7] Man habe damals ganz andere Sorgen gehabt, etwa den fortdauernden israelisch-arabischen Konflikt und die Bewältigung der Masseneinwanderung. Erst mit seinem Amtsbeginn sei das Anliegen, vor allem die Verfolgung der berüchtigten NS-Täter Eichmann und Mengele, offiziell zum Programm erhoben worden.[8]

Ob und inwieweit in der ersten Nachkriegszeit private Instanzen – etwa der Israeli Tuviah Friedman, Gründer und Leiter einer Dokumentationsstelle über NS-Verbrecher in Haifa,[9] oder Simon Wiesenthal mit seinem Wiener Dokumentationszentrum – am Werk waren und den israelischen Geheimdienst mit ihren Erkenntnissen belieferten, lässt sich nachträglich kaum mehr entscheiden.[10] Beide haben später auf diese Zusammenarbeit gepocht, und Wiesenthal hat später behauptet, seine Kenntnisse über Eichmanns Aufenthaltsort hätten den Geheimdienstchef zu gleicher Zeit erreicht wie eine entsprechende Nachricht aus der Bundesrepublik.[11]

Fest steht, dass es keine deutsche Strafverfolgungsbehörde war, die den Anfang machte, sondern die Polizeidirektion Wien, die bereits im August 1945 ein Verfahren gegen Eichmann eingeleitet hatte – offensichtlich aber ohne Erfolg.[12] Lakonisch fasste Bauer später die österreichischen Ermittlungen zusammen: «Nach zehn Jahren ergebnisloser Bemühungen sandte die österreichische Regierung ‹zuständigkeitshalber› den Aktenbestand an das Bundesjustizministerium in Bonn. Dort leitete man den Aktenvorgang dem Bundesgerichtshof zu, der seinerseits die Staatsanwaltschaft in Frankfurt am Main für zuständig erklärte [...]. Mit dieser Odyssee eines Aktenbandes durch die Zimmerfluchten von Ministerien, Staatsanwaltschaften und Gerichten, bei der sich Unberechenbares an Unberechenbares reihte, begann das Verfahren, das schließlich in Jerusalem mit der Verurteilung Eichmanns endete.»[13]

Tatsächlich hatte Österreich die stecken gebliebenen Ermittlungsergebnisse gerne an den Bundesminister der Justiz in Bonn übersandt. Und dieser leitete dann am 6. Oktober 1956 den Fall an den Bundesgerichtshof in Karlsruhe weiter, mit dem Ersuchen um Übernahme der Strafverfolgung nicht nur gegen Eichmann, sondern gegen zwölf weitere, größtenteils vermutlich deutsche Staatsangehörige oder mutmaßlich in Deutschland lebende SS-Führer.[14] Nicht einmal die Namen waren vollständig oder korrekt.[15]

Zu den 13 Beschuldigten zählten unter anderen: Hermann Krumey (1905–1981), einer der Hauptkoordinatoren der Um- und Ansiedlungspolitik im annektierten Teil Polens, 1943/44 als SS-Obersturmbannführer und Leiter der Außenstelle Wien des SS-Sondereinsatzkommandos des RSHA bei der Erfassung und Deportation ungarischer Juden nach Auschwitz tätig;[16] Hans Günther, genannt Günther II (1910–1945), SS-Sturmbannführer und Leiter der «Zentralstelle für jüdische Auswanderung in Prag»;[17] Alfred Rahn (tatsächlich: Karl Rahm, 1907–1947), 1939 bei der «Zentralstelle» in Wien, ab 1940 Stellvertreter Günthers, ab Februar 1944 der letzte Kommandant von Theresienstadt, unter dessen Lagerleitung Tausende Häftlinge in die Gaskammern von Auschwitz deportiert wurden;[18] Franz Abromeit (*1907), SS-Hauptsturmführer und «Sachbearbeiter für die Polen- und Judenevakuierung beim Inspekteur der Sicherheitspolizei und des SD Danzig»,[19] und Franz Cserba, im Ghetto Theresienstadt von 1939 bis 1945 in der SS-Lagerkommandantur tätig (Näheres war unbekannt).

Über Adolf Eichmann (1906–1962) hieß es in den Akten: «Abteilungsleiter der Abteilung IV B/4 (Umsiedlung von Juden) im Reichssicherheitshauptamt beschäftigt. Sein Rang bei der SS war der eines Obersturmbannführers. [...] Ihm werden vielfache Morde in den Konzentrationslagern angelastet. Er soll auch einige Zeit Lagerkommandant des Vernichtungslagers Auschwitz gewesen sein.»[20] Wie wenig doch die Ermittler damals über den Deportationsspezialisten wussten beziehungsweise den Nürnberger Gerichtsakten entnommen hatten.[21]

Mit Entscheidung des Bundesgerichtshofs vom 26. Oktober 1956 wurde die nunmehr als «Strafsache gegen Krumey und andere» geführte Ermittlung an das Landgericht Frankfurt am Main gegeben.[22] Und damit landeten auf Bauers Schreibtisch die mageren Fahndungsakten der Wiener Polizei,[23] eine größere Sammlung von Zeitungsberichten und entsprechenden Aufzeichnungen sowie ein durchaus interessantes Gerücht von seinem Aufenthaltsort, über das die Boulevardzeitung *Der Abend* am 1. Oktober 1954 berichtet hatte: Im Ausseer Land gelte als feststehende Tatsache, dass Eichmann noch lebe und sich möglicherweise in der Region verberge.[24]

Tatsächlich hatte sich Eichmann 1945 im Raum Altaussee befunden, in seiner früheren Heimat, die nun zu der berüchtigten «Alpenfestung» gehörte. Von seinem letzten Dienstvorgesetzten, Ernst Kaltenbrunner (1903–1946), dem Nachfolger Heydrichs als Chef der Sicherheitspolizei und des SD, hatte er gegen Kriegsende angeblich den Befehl bekommen, im «Toten Gebirge», südöstlich von Salzburg, eine Widerstandslinie aufzubauen.[25] Nur wenig überzeugt von seinem Auftrag, löste Eichmann nach eigenen Angaben sein «Partisanenkommando» angesichts der anrückenden US-amerikanischen Truppen bald auf, versteckte 22 Kisten mit Gold und Wertschätzen und machte sich auf die Flucht[26], die ihm schließlich unter dem falschen Namen Otto Heuninger im Januar 1946 glückte.[27] In seinen während der Haft in Israel entstandenen Aufzeichnungen heißt es in der für Eichmann typischen Ausdrucksweise: «Ich fiel in amerikanische Gefangenschaft, aus der ich mich dann erst Anfang Januar 1946 selbst entließ; das heißt, mit Genehmigung meiner gefangenen Offizierskameraden, türmte ich.»[28] Die Wahrheit ist, dass einige der Offiziere Eichmanns Identität kannten und nicht mit dem Deportationsexperten des Reichssicherheitshauptamts in Verbindung gebracht werden wollten.

Henninger alias Eichmann tauchte unter, zunächst in Prien am Chiemsee, dann in der Lüneburger Heide unweit Celle. Mehrere Jahre fällte er Bäume und züchtete Hühner.[29] Gewiss spektakulärer, wenn auch nicht einmalig, war Eichmanns weitere Flucht nach Argentinien. Im Frühjahr des Jahres 1950 ließ er «Hühner, Hütte und Holzfällerei» hinter sich und begab sich auf die so genannte Klostertour nach Italien.[30] Sicher ist, dass Eichmann durch die Unterstützung des Bischofs Alois Hudal, des Rektors von Santa Maria dell'Anima, der Nationalkirche der deutschen Katholikengemeinde in Rom, der zahlreichen Nazis falsche Papiere beschaffte, nach Übersee verschwinden konnte.[31] Ausgestattet mit einem Pass auf den Namen Ricardo Klement schiffte sich der SS-Obersturmbannführer am 14. Juni 1950 auf der «Giovanni C» ein und landete am 14. Juli 1950 in der argentinischen Hauptstadt Buenos Aires.[32] Zwei Jahre später gelang es Klement alias Eichmann, seine Familie, die Ehefrau Veronika geb. Liebl und seine drei Söhne Klaus, Horst und Dieter, aus Österreich nachzuholen.

Und ebendies war in Altaussee nicht verborgen geblieben. Immer wieder kam es auch vor, dass untergetauchte ehemalige Nazi-Größen dort «gesehen» wurden, die aus dem sagenumwobenen Toplitzsee oder auf der Blaa-Alpe, wo sich auch Eichmann versteckt hatte, etwas von den angeblich in der «Alpenfestung» versteckten NS-Schätzen geborgen hätten.[33] Die *Welt am Montag* brachte am 10. Januar 1955 eine umfangreiche Reportage über die «Geheimnisvolle[n] Vorgänge in Alt-Aussee». Unter der Schlagzeile «Ein Gespenst geht durch Alt-Aussee» berichtete das Blatt, dass der gesuchte Kriegsverbrecher Eichmann wiederaufgetaucht sei, wahrscheinlich auf der Suche nach den 22 Kisten mit Gold und Juwelen im Werte von acht Millionen Dollar, die er auf Befehl Himmlers 1945 auf dem so genannten Rauchfang in Höhe von 2000 Metern vergraben habe.[34]

Neben solchen Gerüchten fanden sich in den österreichischen Akten auch immer wieder Hinweise auf Eichmanns Ehefrau, welche von der Sicherheitsdirektion für das Bundesland Steiermark überprüft worden waren[35] und ergeben hatten, dass Veronika Liebl die Rolle der verarmten, von der Familie vernachlässigten, trauernden Witwe zu spielen versuche. Angeblich sei sie um Ostern 1952 nach Deutschland zu ihrer Mutter gegangen und habe wieder geheiratet. Mehr interessierte sich Fritz Bauer aber bestimmt für die Aussage einer Vertrauensperson bei der Gendarmerie in Altaussee: «Ich habe Veronika Liebl sehr gut gekannt. Kurz vor ihrem Abgange aus Alt-Aussee im Jahre 1952 sagte sie mir, dass sie sich eine Fahrkarte nach Genua gelöst habe und dass sie in Genua nach Brasilien eingeschifft wird. Sie erzählte mir auch, dass ihr geschiedener Gatte in Brasilien unter anderem Namen lebt und dass sie dahin fahre und sie sich mit ihrem Gatten wieder verehelichen werde. [...] Die Liebl sagte mir auch, dass sie von ihrem Mann immer Geld bekam. [...] Später wurde sie aber in Genua mit ihren Kindern nach Südamerika eingeschifft. Ich glaube bestimmt, dass Adolf Eichmann in Südamerika [...] lebt.»[36]

So viel zur Situation im Herbst 1956, als sich Fritz Bauer mit den liegen gebliebenen Akten zu befassen begann. Aus dem Gestrüpp der Unterlagen ging nicht mehr hervor, als dass Eichmann lebte und sich eine neue Existenz aufgebaut hatte. Unbehelligt, wie die späteren Ermittlungen ergaben, lebte die Familie seit dem Sommer 1953 in einem Vorort der argentinischen Hauptstadt Buenos Aires.[37] Erst mit dem Sturz des Diktators Perón (1955), eigentlich schon mit dem Tod der legendären Evita Perón, die beide die Nazi-Immigration wohlwollend unterstützt hatten, löste sich das schützende Netzwerk auf, das geheimdienstlich geführte Organisationen für die geflüchteten NS-Verbrecher gesponnen hatten.[38] Mit dem Niedergang der Diktatur fiel auch die stützende und treibende Kraft hinter der deutsch-argentinischen Tarnfirma CAPRI (Compañía Argentina para Proyectos y Realizaciones Industriales, Fuldner y Cía) weg, hinter der sich unter anderem eine Anwerbeorganisation für die Fertigungsbetriebe der argentinischen Luftwaffe verbarg.[39] Diesem Netzwerk, in dem ein gewisser August Siebrecht die verdeckte Einwanderung organisierte,[40] verdankte auch Eichmann seinen unauffälligen Aufenthalt.[41] Seine Kontakte beschränkten sich auf die «alten Kameraden» aus der SS, unter ihnen auch Willem Sassen, zu dem sich alsbald eine besondere Beziehung anbahnte. Sassen ging es in dieser Zeit vermutlich nicht anders als Eichmann: Er brauchte Geld, um sich und seine Familie zu ernähren, und das war wohl letztlich das entscheidende Motiv dafür, dass er zwischen 1953 und 1955 Eichmann zu einem ausführlichen Interview überredete. Teile des Transkripts hat Sassen später, kurz nach der Entführung von Eichmann, an das amerikanische Magazin *TIME/Life* und das deutsche Magazin *Stern* verkauft und damit eine Sensation gemacht.[42]

Sassen, geboren 1918, war Mitglied der Niederländischen SS-Legion, deren Soldaten als nationale Gefechtseinheiten in der Waffen-SS an der Ostfront kämpften.[43] Er bereiste als SS-Kriegsberichterstatter in der schwarzen Uniform der deutschen Panzertruppen das von den Nationalsozialisten besetzte Europa.[44] Zu Kriegsende wurde er von den Alliierten in der Nähe von Utrecht interniert. Nach einer abenteuerlichen Flucht gelangte er nach Antwerpen, wo er sich als Jude ausgab und behauptete, dass seine Familie in Auschwitz umgekommen sei.[45] Ein Militärtribunal in Belgien ermittelte schließlich die wahre Identität von Sassen. Er wurde abgeschoben, gelangte jedoch mit Hilfe gefälschter Papiere im September 1948 nach Argentinien.[46] Auch Sassen arbeitete zunächst für die CAPRI.[47] Dann wurde er Südamerikakorrespondent des *Stern*, den sein Freund Henri Nannen, der ebenfalls als Kriegsberichterstatter an der Ostfront gewesen war, gerade jetzt gegründet hatte.[48]

Der ehemalige SS-Offizier machte rasch Karriere. Wilfried von Oven, vormals Pressereferent im Reichspropagandaministerium, machte Sassen mit dem früheren Deutschlehrer der Fridericusschule in Buenos Aires, Eberhard Fritsch, bekannt, der Eigentümer des Dürer-Verlags und Herausgeber der Zeitschrift *Der Weg* war, wo Sassen als Redakteur Anstellung fand.[49] Verlag und Zeitschrift hatten sich zu Bezugspunkten für nationalsozialistische Kreise entwickelt, unter denen es zahlreiche von den Alliierten als Kriegsverbrecher gesuchte Nazis gab.[50] Frühzeitig wusste man in dieser Gemeinde von der Ankunft des ehemaligen Lagerarztes des KZ Auschwitz, Dr. Josef Mengele. Und auch mit dem ehemaligen Leiter des Judenreferats im Reichssicherheitshauptamt Adolf Eichmann hatte man engeren Kontakt.[51] Sassen organisierte «Kameradschaftsabende» und veröffentlichte in der unverhohlen antisemitischen Zeitschrift *Der Weg* mehrere Artikel, bis diese nach der Entmachtung Peróns eingestellt wurde.[52]

Für Sassen endeten damit die goldenen Zeiten in Argentinien. Nachdem er es bis zum Berater für Öffentlichkeitsarbeit bei Evita Perón gebracht hatte, musste er sich nach dem Sturz des Diktators ernsthaft um neue Arbeit bemühen.[53] In diese Zeit fiel das Übereinkommen mit Eichmann, ein Buch zu schreiben, das im Dürer-Verlag anonym publiziert werden sollte. Das erste Interview wurde vermutlich in der zweiten Hälfte des Jahres 1956 ausgewertet.[54] Am Ende bewahrte Sassen die Tonbänder und ein von Eichmann korrigiertes Transkript in seinem Haus in La Florida auf – bis kurz vor Eichmanns Entführung im Frühjahr 1960.[55]

Ob Eichmann sich darüber im Klaren war, dass er sich mit dem Interview ganz und gar Sassens Wohlwollen auslieferte, mag dahingestellt bleiben. Jedenfalls gab er jetzt sein Inkognito «Ricardo Klement» auf, auch gegenüber dem Verleger Fritsch, der zusammen mit dem ehemaligen Befehlshaber der Sicherheitspolizei und des SD in Kopenhagen, Rudolf Mildner, zeitweise an der Planung teilnahm.[56] Seine drei heranwachsenden Söhne lebten bereits unter dem Namen Eichmann in Buenos Aires, ohne dass dies ihren Vater beunruhigt hätte. Sie kannten inzwischen Teile seiner NS-Karriere, hatten Bekanntschaften und Freundschaften; und Eichmann selbst fühlte sich inzwischen so sicher und unangefochten, dass er geradezu auftrumpfend mit Sassens Hilfe seine Vergangenheit ausbreitete. Es war die erste, unerwartete Gelegenheit zu einer umfassenden Rechtfertigung seiner Taten. Eichmann fühlte sich schon lange verunglimpft und wollte nun endlich die «Wahrheit» auftischen, auch gegenüber der Geschichte «Bescheid geben». Aber das Schicksal, besser gesagt der Zufall, fiel ihm in den Arm: Kurz nachdem er das Interview begonnen hatte, stieß ein blinder jüdischer Emigrant in Buenos Aires auf Eichmanns Spur.[57]

Im Nachhinein wurde viel über die nun folgenden Ereignisse geschrieben, nicht zuletzt von den Mossad-Agenten, die an der «Operation Eichmann» beteiligt waren. Auch in der Presse gab es zahlreiche Spekulationen, doch manches Detail blieb im Dunkeln, da einige der maßgeblich Beteiligten sich nie öffentlich äußerten. Zu diesen Verschwiegenen zählte auch Fritz Bauer, der inzwischen mit dem Remer-Prozess weit über die Grenzen Deutschlands einen enormen Bekanntheitsgrad erreicht hatte. Dadurch war wohl auch der jüdische Emigrant Lothar Hermann in Buenos Aires auf ihn aufmerksam geworden. Hermann war 1935/36 im Konzentrationslager Dachau inhaftiert und in den dreißiger Jahren nach Argentinien geflüchtet. 1947 war er, im Alter von 45 Jahren, vollständig erblindet.[58] Zehn Jahre später musste Hermann zu seinem Schrecken feststellen, dass seine Tochter sich ausgerechnet mit Klaus Eichmann, dem Sohn des ehemaligen SS-Obersturmbannführers, angefreundet hatte.[59] Daraufhin brachte er durch einen Brief an den hessischen Generalstaatsanwalt die Suche nach Eichmann 1957 wieder ins Rollen. Was danach geschah, lässt sich aus einem zweiten Schreiben – drei Jahre später – einigermaßen erschließen. Der Wortlaut des Briefes von Hermann, verfasst am 25. Juni 1960, kam der Wahrheit recht nahe:[60]

Coronel Suarez, Argentina
Sehr geehrter Herr Dr. Bauer!
Wenn ich mir heute gestatte, diesen Brief Ihnen vorzulegen, so beziehe ich mich auf den in den Jahren 1957/58 mit Ihnen wegen der Aufklärung des Falles Adolf Eichmann gepflogenen Briefwechsel. Dabei schicke ich voraus, daß, nachdem Sie mir Anfang 1958 einen Beauftragten sandten, ich seit dieser Zeit mit diesem, wie auch mit Ihnen, jeglichen Kontakt verloren habe. Sie erhielten von mir vor der Unterredung mit Karl Hubert alle genauen Daten und Details sowie den damaligen Aufenthaltsort des Gesuchten, der unter falschem Namen mit seiner Ehefrau Veronika Liebl und seinen vier Kindern in der Straße Calle Chacabuco Nr. 4261 in der Stadt Olivos, Distrikt Vicente Lopes, Provinz Buenos Aires, Argentinien,

wohnhaft gewesen war, direkt mit Luftpost nach Frankfurt a./M. zugesandt. Bestätigung dieses Briefeingangs durch Sie liegt mir vor. Mit Herrn Karl Hubert, der mir von Ihnen ein handschriftlich verfaßtes Empfehlungsschreiben in meiner Wohnung hier überreichte, verhandelte ich im Fall Adolf Eichmann und übergab diesem, mir völlig unbekannten Beauftragten alle noch in meinem Besitze befindlichen Unterlagen. Weiter erklärte mir Hubert, daß ich fortan jeglichen Briefwechsel mit Ihnen unterlassen sollte und daß ich zukünftig alle Korrespondenz nur mit ihm selbst unter der mir gegebenen Adresse: Karl Hubert c/o A. S. Richter 3965 Sedgwick Avenue Bronx 63 New York U. S. A. abwickeln möge. Bei dieser Gelegenheit legte der Erschienene ein selbst aufgenommenes Foto der Wohnung des Adolf Eichmann vor, welches hier wiedererkannt wurde und sagte mir, daß von Ihnen alles Aufklärungsmaterial in seinem Besitze sei. Nach vielen weiteren Aufklärungen meinerseits fiel mir auch durch Zufall ein Foto von Klaus Eichmann, dem ältesten Sohn des Gesuchten, in die Hände, welches ich sofort per Luftpost an die New Yorker Adresse sandte. Trotz meiner vielen Bitten, Hubert wolle mir doch meine enormen Auslagen und Kosten ersetzen, erhielt ich nur unter großen Schwierigkeiten und Mühewaltungen in zwei Raten den Betrag von 15 000 argent. Pesos, versuchte weiter bei Hubert die Festnahme von Eichmann zu erwirken, damit die Auslieferung dieses Kriegsverbrechers erfolgen konnte. Scheinbar war wenig Interesse für diesen Fall vorhanden, trotzdem lückenlos und einwandfrei der Aufenthalt von A. Eichmann nachgewiesen war.

Sie und Herr Hubert ließen unbegreiflicherweise in der Angelegenheit nichts mehr verlauten und so kam es, daß ich die versprochene Mitarbeit und die Weiterarbeit der Sache aufgab und an Sie die mir zur Verfügung gestellten Unterlagen zurückschickte. Wäre diesem Abschnitt nicht ein Zufall begegnet, so wäre vielleicht dieser Massenmörder nie in Argentinien aufgespürt worden. Als im Argentinischen Tageblatt im Jahre 1959 erneut die Suche nach A. Eichmann publiziert wurde und der Leiter des Israelischen Instituts zur Erforschung der Naziverbrechen in Haifa, Israel, Herr Tuviah Friedmann, unter Aussetzung einer Belohnung von $ 10 000 U. S. A. sich mit mir in Verbindung setzte, ließ ich diesen wissen, daß ich bereit sei, den Aufenthalt des Adolf Eichmann mit allen erforderlichen Daten bekannt zu geben, vorbehaltlich des Rechts, mir die ausgesetzte Belohnung sicherzustellen und auszuzahlen. Man hat dann von Israel aus *in diesem Jahre Eichmann in Argentinien verhaftet, ihn abtransportiert und der Justiz in Israel überstellt. Wenn auch dieser geglückte Schachzug begrüßenswert ist, so ist weniger angenehm die Taktik und das unerfüllte Versprechen des Herrn Friedmann mir gegenüber, der nur auf meine Initiative hin diesen großen Erfolg buchen konnte.*

Ich lasse Sie noch wissen, daß Adolf Eichmann alias Francisco Schmidt unter dem zweiten falschen Namen: Richard (Ricardo) Clement ging und ich diesen Clement schon im Jahre 1958 Herrn Hubert in New York als diejenige Person anzeigte, auf deren Namen der Lichtzähler in seiner Wohnung eingetragen war, mithin hat man auch Ihrerseits schon damals diesen Namen gekannt.

Die jüngsten Ereignisse, die den Fall Eichmann aufklärten, haben gezeigt, daß niemand außer mir den wahren Aufenthalt des Gesuchten gekannt hat, und wenn nun derselbe zur Strecke gebracht wurde, so verzichte ich wohl auf Ruhm in der Geschichte, möchte aber trotzdem nicht mit meiner enormen Arbeit heute bezüglich meiner Forderung mit Undank belohnt werden und ins Hintertreffen geraten. Dieses ist der Grund, warum ich an Sie schreibe und versuche, zu erfahren, ob Sie, sehr geehrter Herr Bauer, das Ihnen und Herrn Hubert zur Verfügung gestellte Beweismaterial an irgendeine Stelle in Israel übergeben haben und inwieweit Sie, Herr Generalstaatsanwalt, mit Herrn Friedmann hinsichtlich dieses Falles in Verbindung gestanden haben. Die von Ihnen und Herrn Hubert an mich gesandten Briefe liegen mir vor und sind stets der Beweis dafür, daß der Fall Eichmann von mir bearbeitet wurde, bevor noch Herr Friedmann die Verhaftung veranlassen konnte.

Was mich interessiert ist, zu erkunden, ob Israel durch mich des Eichmann habhaft wurde und deshalb bitte ich Sie sehr ergebenst, mich in diesem Sinne unterstützen zu wollen und mir gefälligst [sic] so schnell wie möglich einen ausführlichen Bericht mit Luftpost zukommen lassen zu wollen. Haben Sie im voraus meinen besten Dank für Ihre werte Mühewaltung und sehe ich mit großem Interesse Ihrer geschätzten Antwort entgegen.

Hochachtungsvoll, L. Hermann

Was Hermann nicht wissen konnte: Der Kontakt mit Generalstaatsanwalt Bauer versetzte diesen 1957 in die Lage, den zitierten Hinweis an Felix Shinnar und damit an den israelischen Geheimdienst weiterzugeben. Dieser wiederum setzte Shaul Darom (Erich Cohn), den Bruder des damals amtierenden israelischen Generalstaatsanwalts Haim Cohn, als Verbindungsmann zu Bauer ein.[61] Am 7. November 1957 fand das erste Treffen statt. Darom/Cohn erfuhr, dass Bauer einen Brief aus Buenos Aires erhalten hatte und wünschte, dass der Mossad die Identität des Mannes feststelle, den der Informant als Adolf Eichmann erkannt hatte.[62] Bauer übergab Darom/Cohn Kopien aus den Ermittlungsakten und teilte ihm mit, dass er als Einzigen Georg August Zinn, den hessischen Ministerpräsidenten, von dem Vorgang unterrichtet habe. Auf Einladung der israelischen Regierung sollte Bauer im Frühjahr 1958 nach Israel kommen.[63]

Im Januar 1958 schickte der Mossad den ersten Agenten nach Buenos Aires. Er kam mit der Nachricht zurück, dass Bauers Informationen über die Chacabuco-Straße jeglicher Grundlage entbehren.[64] Daraufhin fand am 21. Januar 1958 ein zweites Treffen in Frankfurt am Main statt, und Bauer übergab Darom/Cohn einen Brief an Lothar Hermann in Coronel Suárez.[65] Mit diesem Schreiben schickte der Mossad in der ersten Märzwoche Efraim Hofstetter unter dem Tarnnamen Karl Hubert nach Argentinien: «Der unangemeldete Gast stellte sich [gegenüber Hermann, I. W.] nicht als Agent des Israelischen Geheimdienstes vor, sondern als Fritz Bauers Emissär. Der Generalstaatsanwalt, so Hofstetter, benötige noch mehr und genauere Informationen über Eichmann.»[66]

Damit war allerdings noch immer nicht geklärt, ob der Bewohner des Hauses in der Chacabuco-Straße tatsächlich Eichmann war. Mitte März 1958 reiste Bauer für zwei Wochen nach Israel.[67] Es lässt sich nicht rekonstruieren, mit wem er dort gesprochen hat, doch besteht kein Zweifel, dass die Aufdeckung der Identität und des Aufenthaltsortes von Eichmann das Hauptanliegen der Reise war. Mossad-Chef Harel überließ es weiterhin dem Emigranten Hermann, Beweise für seine Behauptungen zu erbringen. Schließlich brach er den Kontakt im September 1958 ab, wobei dem Mossad offenbar ein Fehler unterlief: Die Agenten überprüften zwar den Eigentümer des Hauses in der Chacabuco-Straße, nicht aber den Mieter – so entging ihnen Eichmann.[68]

Zu diesem Zeitpunkt hatte bereits ein weiterer Geheimdienst die Spuren Eichmanns gefunden: die US-amerikanische Central Intelligence Agency (CIA), die nach einem geheimen Dokument vom 19. März 1958 Eichmann unter dem Namen Clemens in Argentinien lokalisiert hatte.[69]

Angeblich sei auch der Bundesnachrichtendienst (BND) informiert worden; beide Dienste verschwiegen jedoch anscheinend ihr Wissen gegenüber den bundesdeutschen Justizbehörden. Offenbar aus Sorge darüber, dass Eichmann öffentlich den Staatssekretär im Bundeskanzleramt Hans Globke, den Kommentator der Nürnberger Gesetze, aber auch andere hochrangige SS-Führer in den Diensten Bonns oder der USA belasten könnte.[70] Denn nicht nur die CIA und das Counter Intelligence Corps (CIC) bedienten sich solcher Nazifunktionäre als Agenten, auch der BND benützte an der «Endlösung» Beteiligte, beispielsweise Alois Brunner oder Klaus Barbie.[71]

Ob es überhaupt Beziehungen oder Kooperation zwischen Eichmann und Globke gegeben hat, bleibt nach wie vor zweifelhaft; wahrscheinlich nicht, obwohl sie jetzt, in den fünfziger und sechziger Jahren, wiederholt in der Presse auftauchten. Am lebhaftesten, als der Berliner Rechtsanwalt Dr. Max Merten, während des Krieges Chef der Militärverwaltung in Saloniki, 1960 publik machte, dass Globke damals eine Rettungsaktion für 20 000 griechische Juden, die Eichmann angeblich bereits genehmigt hatte, zunichtegemacht habe. Fritz Bauer wurde mit dem Fall konfrontiert, als Merten am 3. Juni 1960 bei ihm erschien und über die verhinderte Rettungsaktion berichtete.[72]

Zuletzt kam sogar der deutsche Verfassungsschutz durch reinen Zufall Eichmann auf die Spur. Ohne vom BND informiert worden zu sein, fahndete man nach einem «Karl Eichmann (nähere Personalien nicht bekannt)», der der «Organisator der Judendeportationen» gewesen sein soll und nach dem Krieg unter dem Namen «Clement» über Rom nach Argentinien geflohen sei. Zur Klärung wurde das Auswärtige Amt eingeschaltet.[73] Die Botschaft in Buenos Aires antwortete jedoch am 24. Juni 1958, alle Nachforschungen seien ergebnislos verlaufen und es sei auch nicht wahrscheinlich, dass Eichmann sich hier aufhalte, er sei vermutlich im Vorderen Orient.[74] Tatsächlich erfuhr der Verfassungsschutz erst einen Monat nach der Entführung wieder von Eichmann und ließ das Auswärtige Amt wissen: Infolge der Auskunft, dass Eichmann sich im Vorderen Orient befinde, sei 1958 «von weiteren Ermittlungen abgesehen worden».[75]

Währenddessen war Mitte 1959 allerdings eine neue Nachricht von Bauer an Harel in Israel gelangt: Er habe einen weiteren Informanten – laut Harel einen ehemaligen SS-Offizier, dessen Namen Bauer nicht preisgab –[76], und er bitte um Überprüfung seiner Angaben. Bei seinem nächsten, für Anfang Dezember geplanten Besuch in Israel hoffe er, Weiteres zu erfahren.[77] In der Zwischenzeit allerdings gewann die Suche nach Eichmann eine Dynamik, die der Mossad nicht einkalkuliert hatte und die dem hessischen Generalstaatsanwalt Fritz Bauer einige Sorgen bereitete. Im Unklaren über den Zweck des Besuches von Efraim Hofstetter alias Karl Hubert hatte sich nämlich Lothar Hermann an Tuviah Friedmann in Haifa gewandt.

Friedman hatte die Suche nach Eichmann nie aufgegeben und ungefähr zur gleichen Zeit, als Bauer seine neuen Informationen an den Mossad weitergab, einen Brief an den Leiter der Zentralen Stelle der Landesjustizverwaltungen in Ludwigsburg, Oberstaatsanwalt Dr. Erwin Schüle, geschrieben. Darin äußerte er sich irritiert darüber, dass in Westdeutschland anscheinend nicht bekannt sei, «wer der Eichmann eigentlich sei»; ob überhaupt nach Eichmann gefahndet werde.[78] Schüle antwortete am 24. Juli 1959, die «beherrschende Tätigkeit Eichmanns bei der ‹Endlösung›» sei sehr wohl bekannt. Leider sei es bis jetzt noch nicht gelungen, den Aufenthaltsort ausfindig zu machen. «Unsere Nachforschungen gehen auch in diesem Fall intensiv weiter.»[79] Schüle nahm den Briefwechsel mit Friedman zum Anlass, um sich über den Stand des Ermittlungsverfahrens informieren zu lassen, das die Frankfurter Staatsanwaltschaft 1956 gegen Eichmann eingeleitet hatte.[80] In einem zweiten Brief an Friedman teilte er mit, «daß die Ermittlungen sich deshalb sehr schwierig gestalten, weil keine dokumentarischen Unterlagen vorhanden sind, die über die Tätigkeit von Eichmann und vom Amt IV B 4 des Reichssicherheitshauptamtes Auskunft geben». Ihm stünden «auch nur Literaturhinweise von Gerald Reitlinger u. a. zur Verfügung».[81]

Bauer hatte seine Kenntnisse also absolut vertraulich behandelt. Seine Bemühungen um die Festnahme Eichmanns waren auch in der Staatsanwaltschaft Frankfurt nicht bekannt. Anscheinend ahnungslos berichtete der damit befasste Oberstaatsanwalt Anfang Oktober 1959 dem hessischen Minister der Justiz, er führe jetzt die Ermittlungen gegen den früheren Gesandten und Bevollmächtigten des Deutschen Reiches in Ungarn, Dr. Edmund Veesenmayer – Bauer hatte den Fall im August 1959 an seine Behörde gezogen –[82], sowie gegen dessen Referenten für Judenfragen, den früheren Legationsrat Dr. Theodor Horst Grell, in Verbindung mit dem Ermittlungsverfahren gegen Adolf Eichmann unter neuem Aktenzeichen und der Bezeichnung «Judenverfolgung in Ungarn».[83] Eichmann solle sich nach verlässlichen Informationen bis 1955 in Ägypten aufgehalten haben, die Fahndung werde verstärkt fortgesetzt.[84] Von den Anstrengungen Bauers und des Mossad ahnte Schüle nichts. Am 20. August 1959 schrieb er an Friedman, er habe vertraulich erfahren, dass Eichmann sich in Kuwait aufhalte. Davon habe er auch den hessischen Generalstaatsanwalt unterrichtet.[85] Diese Nachricht veranlasste Friedman, der inzwischen völlig enttäuscht war über das anscheinend mangelnde Interesse der israelischen Justiz, die Flucht nach vorn anzutreten. Er veröffentlichte einen Artikel in der Presse, dass Eichmann sich in Kuwait aufhalte. Und kurz danach, am 21. Oktober 1959, forderte er Israels Regierungschef öffentlich auf, endlich dafür zu sorgen, dass Eichmann vor Gericht komme.[86]

Der dadurch plötzlich ausgelöste Medienwirbel um Eichmann war aus der Sicht Bauers und des Mossad mehr als bedenklich. Sie fürchteten, dass Eichmann gewarnt werden und sich eine neue Adresse suchen könnte.[87] Bauer setzte sich mit Schüle in Verbindung, der daraufhin an Friedmann schrieb, dass er durch die Veröffentlichung des Artikels in einer israelischen Zeitung in einige Schwierigkeiten geraten sei. Nicht zu Unrecht habe man ihm vorgehalten, «daß durch eine solche Veröffentlichung Eichmann Gelegenheit zur Flucht gegeben worden wäre, wenn er sich tatsächlich in Kuwait aufgehalten hätte».

Zur gleichen Zeit schrieb Lothar Hermann an Friedman nach Haifa: «Die in der deutschsprachigen Zeitung ‹Argentinisches Tageblatt› in Buenos Aires vom 12.10.1959 erschienene Notiz über den Naziverbrecher Adolf Eichmann ist absolut unrichtig, denn der Genannte lebt nicht in Kuwait am Persischen Golf, sondern unter falschem Namen mit seiner Frau und 4 Kindern in der Nähe von Buenos Aires, wo er sehr vorsichtig mit viel Geld und geschickter Machenschaft im eigenen Haus sich der Öffentlichkeit fern hält.»[88]

Ende 1959 flog Bauer wieder nach Israel, mit neuen Hinweisen auf Eichmanns Aufenthaltsort.[89] Ein Treffen, an dem der israelische Generalstaatsanwalt Haim Cohn, Isser Harel, Fritz Bauer und Hermann Arndt (Zvi Aharoni) teilnahmen, führte zu konkreten Schritten. In der deutschen und israelischen Presse erschien am 24. Dezember 1959 ein Artikel, der mit dem Mossad abgesprochen war und in dem Bauer berichtete, die westdeutsche Regierung erstrebe die Auslieferung Eichmanns, der sich in

Kuwait befinde.[90] Auf diese Weise wollte man Eichmann in Sicherheit wiegen, den allerdings seine plötzliche Medienpräsenz nicht nachhaltig beunruhigt zu haben scheint. Jedenfalls tauchte er nicht unter, im Gegenteil: Er baute gerade mit seinen Söhnen nach eigenen Plänen ein neues Haus, in das sie bald darauf umziehen sollten.

Der weitere Ablauf der Ereignisse ist bekannt. Während Friedman seine privaten Ermittlungen fortsetzte, schickte Harel im Februar 1960 wiederum einen Agenten nach Argentinien – ebenjenen Hermann Arndt (Zvi Aharoni), der auch an der Besprechung mit Bauer teilgenommen hatte. Anfang April war Arndt nach umfangreichen Ermittlungen sicher, mit Hilfe seiner Mitarbeiter Klement als Eichmann identifiziert zu haben, und flog am 8. April zurück nach Israel.[91] Nun übernahm der Geheimdienstchef selbst die Leitung der Operation. Am Abend des 11. Mai 1960 wurde der ehemalige SS-Obersturmbannführer auf dem Weg nach Hause gekidnappt und für einige Tage am Stadtrand von Buenos Aires versteckt. Der Ablauf war bis ins letzte Detail geplant. Zehn Tage später brachten die Agenten Eichmann mit einem Flugzeug der israelischen Fluggesellschaft «El Al» nach Tel Aviv und von dort in ein Gefängnis in der Nähe von Haifa.

Nur ein wichtiges Detail bleibt ungeklärt: Hatte Sassen seinen SS-Kumpan Eichmann gegenüber Fritz Bauer verraten, war er also der ehemalige SS-Offizier, den Harel als Informanten erwähnte? Gelangte das Interview mit Eichmann in die Hände des Mossad, weil Sassen, ohne Wissen Eichmanns, das Transkript dem amerikanischen Magazin *TIME/Life* angeboten hatte? Dies jedenfalls behauptet der Historiker Stan Lauryssens, der sowohl Sassen als auch Harel interviewt hat.[92]

Einen Beweis dafür, dass Sassen Fritz Bauers zweiter Informant war und ihm den Aufenthaltsort Eichmanns verriet, gibt es jedoch nicht.[93] Bauer selbst, der im Besitz eines Teils der auf Tonband aufgenommenen «Eichmann-Memoiren» war, notierte über ein Gespräch mit dem *Stern*-Journalisten Robert Pendorf, dessen Bericht über die Flucht Eichmanns beruhe «auf den exakten Angaben Sassens». Dieser besitze wohl auch die noch fehlenden Tonbänder und halte sie zurück, da sie Namen und Orte verraten könnten, die für die Staatsanwaltschaft von Belang seien. Dass Sassen darüber mit ihm, Bauer, verhandele, halte Pendorf für ausgeschlossen.[94]

Unzweifelhaft ist, dass Eichmann ohne das Drängen Fritz Bauers und die Initiative von Einzelpersonen wie Lothar Hermann nicht entführt und vor Gericht gestellt worden wäre. Doch auch so trägt die ganze Geschichte den Charakter des Zufälligen und Improvisierten, den Bauer des Öfteren beanstandet hat. Immer wieder drohten die Ermittlungen im Sande zu verlaufen oder an plötzlich parallel einsetzenden Privatrecherchen zu scheitern. Was sicher nicht an mangelnder Koordinierung, wohl aber an der gebotenen Geheimhaltung lag.

Fritz Bauer informierte den israelischen Geheimdienst und seinen Regierungschef Georg August Zinn über den Aufenthaltsort Eichmanns – niemanden sonst. Fürchtete er, dass durch offizielle Maßnahmen Eichmann beizeiten gewarnt worden und wiederum entflohen wäre? Ein langwieriges bürokratisches Auslieferungsverfahren wäre mit Publizität verbunden gewesen und hätte zu einem Fehlschlag führen können. Nicht zuletzt vertrat mit Werner Junkers ein ehemaliger Nationalsozialist, der schon im Auswärtigen Amt der NS-Zeit tätig gewesen war, die Deutsche Botschaft in Buenos Aires.[95]

Der damals amtierende israelische Generalstaatsanwalt Haim Cohn und auch Isser Harel haben die Bemühungen Bauers um eine Auslieferung Eichmanns an die Bundesrepublik hervorgehoben, anerkannt und dabei unterschiedliche Motive angedeutet. So behauptete Harel, dass Bauer quasi mit einem deutschen Auslieferungsantrag «gedroht» habe, um die Entführung in Gang zu bringen. Er selbst habe mit diesem offenbar schlagkräftigen Argument Ben Gurion zum Handeln zu bewegen versucht.[96] Haim Cohn wiederum bestätigte, dass man sich lange Zeit auch in Israel nicht darüber einig war, wie man gegen Eichmann vorgehen wollte. In einem Interview offenbarte er: «Aber als ich in die Sache eintrat, da war Isser Harel derjenige, der gedrängt hat. Für mich war die Frage eine rein juristische. Ist es [...] gesetzlich, juristisch zu vertreten, was der Isser wollte, nämlich Eichmann abzufangen und hierher zu bringen und ihn hier abzuurteilen, zu richten? [...] Ich habe also ein Gutachten geschrieben und empfohlen, Eichmann [...] nach Deutschland auszuliefern.» Dies sei auch der Hauptgegenstand seiner Gespräche mit Bauer gewesen: «Ich habe das Möglichste getan, was ich konnte, um Fritz Bauer davon zu überzeugen, dass Deutschland ein Auslieferungsbegehren an Argentinien stellen sollte. Und soviel ich weiß, soviel er mir erzählt hat, das ging Jahre hindurch, jedenfalls 59, 60 [...], hat er alle zuständigen Stellen ersucht, ob das der Justizminister war, er hat mit dem Bundeskanzler verhandelt, aber die haben abgelehnt, sie wollten das nicht auf sich nehmen.»[97]

Wollte Bauer den Prozess tatsächlich nach Deutschland holen? Cohn war sich nicht sicher, ob er dies wirklich mit «ganzem Herzen» und «ganzer Seele» wollte. Er hatte Cohn auch einige Male gesagt, «dass er als Jude nicht der Mann ist, dafür zu plädieren».[98] Unabhängig davon setzte gerade in den Monaten vor der Entführung ein reger Notenaustausch zwischen deutschen und israelischen Stellen ein. Die Bundesregierung plante, ein Dossier über den Fall Eichmann anzulegen.[99] Bauer beschränkte sich in der Antwort auf eine knappe Chronologie der Zuständigkeiten bis zum Haftbefehl gegen Eichmann. Weitere Mitteilungen würden sich im Hinblick auf die im Rahmen dieses Ermittlungsverfahrens zugesicherte Diskretion verbieten.[100] Im März 1960 kam es zum ersten Treffen zwischen Ben Gurion und Konrad Adenauer in New York, und seit Anfang des Jahres plante Bundespräsident Theodor Heuss einen Besuch in Israel, über den er mehrfach mit Felix Shinnar korrespondierte.[101] Tatsächlich hielt sich Heuss noch in Israel auf, als Eichmann sich bereits im Gewahrsam der israelischen Polizei befand – was jedoch während des Besuches nicht zur Sprache kam. Politisches Kalkül? Laut Protokoll eines Gesprächs zwischen Harel, Ben Gurion und Yitzhak Navon, dem späteren israelischen Staatspräsidenten, wusste Ben Gurion nicht einmal, wer der Überbringer der Nachricht vom Aufenthaltsort Eichmanns war. Harel erwähnte Bauer nicht, sondern sprach gegenüber Ben Gurion immer nur von einem «deutschen Juden».[102] Mit Ben Gurions Zustimmung waren jedoch die Würfel für die Entführung bereits Ende 1959 gefallen.

Am 22. Mai 1960 schrieb Generalstaatsanwalt Cohn seinem Kollegen Bauer einen Brief, der die Erleichterung ausdrückte, die vermutlich alle Beteiligten empfanden: «Es ist für uns alle eine Quelle großer Befriedigung, daß wir nun tatsächlich erreicht haben, was so lange Jahre hindurch Gegenstand unseres Planens und Mühens gewesen ist. Ich brauche nicht zu sagen – und sowieso kann ich es brieflich nicht –, wie sehr wir Ihnen verbunden sind, nicht nur in Dankbarkeit, sondern auch in dem Bewußtsein der Gemeinsamkeit des Zieles und des Erfolgs.»[103] Schon zuvor hatte er eine persönliche Nachricht an Bauer geschickt – zweieinhalb Stunden bevor Ben Gurion vor dem israelischen Parlament bekannt gab, dass Eichmann sich in israelischem Gewahrsam befand.[104] Der hessische Generalstaatsanwalt sprach öffentlich nie über seine Rolle, zollte den israelischen Geheimdienstlern jedoch «grenzenlose Anerkennung für die Art, wie sie am 21. März 1960, dem silbernen Hochzeitstag Eichmanns, die wahre Identität des angeblichen Ricardo Klement ermittelten».[105]

Nach Eichmanns Entführung erklärte Bauer bei einer Besprechung im hessischen Justizministerium, dass er einen Auslieferungsantrag für geboten und dessen Erfolg, «insbesondere im Falle einer deutsch-israelischen Spezialvereinbarung, nicht für unwahrscheinlich halte».[106] Das Ministerium erhielt jedoch noch am selben Tag die Nachricht aus Bonn, dass kein solcher Antrag gestellt werde. Dr. Bauer solle aber für die nach Israel zu entsendenden Vernehmungsbeamten ein offizielles Ersuchen stellen. Dafür war jedoch längst gesorgt, Visum und Hotelzimmer für Untersuchungsrichter Grabert, der nach Israel fliegen sollte, um Eichmann zu verhören, waren bereits bestellt.[107]

Hannah Arendt schrieb in ihrem Prozessbericht: Als Eichmann dann tatsächlich in Israel im Gefängnis saß, hätten weder die deutschen Behörden noch ein nennenswerter Bestandteil der öffentlichen Meinung die Auslieferung verlangt.[108] Sie erwähnte Fritz Bauer, der sich deswegen an die Bundesregierung gewandt habe, die jedoch mit der Begründung ablehnte, zwischen Israel und Deutschland bestehe keine Vereinbarung: «Sein Antrag wurde nicht nur von Bonn abgelehnt, er wurde kaum zur Kenntnis genommen und von niemandem unterstützt.»[109] Für Bauer war dies eine Enttäuschung. Dennoch: Eichmann vor Gericht – das war vor dem Auschwitz-Prozess Fritz Bauers größter Erfolg zur Aufklärung der «Endlösung». Er wusste: Ein Prozess in Israel würde genau das anklagen, was ihm so sehr am Herzen lag: die ganze Geschichte der Judenverfolgung in den Jahren 1933 bis 1945.[110]

Demgegenüber wurde die gleichzeitig aufgenommene Ermittlungsarbeit zum Fall Martin Bormann zu einem Misserfolg, der sich über viele Jahre hinzog und Fritz Bauers Energie und Lebenskraft verbrauchte. Ganz oben auf dem Aktenstapel des Falls stößt man zunächst auf eine Kurznotiz von ihm, die zeitlich kaum einzuordnen ist: «Von glaubwürdiger Stelle wurde mir mitgeteilt, Martin Bormann habe gelebt oder lebe in Argentinien. Gerüchten zufolge sei er vor kurzem dort gestorben.»[111] Aber das hinderte Bauer keinen Moment, auch diesem Gerücht intensiv nachzuspüren.

Martin Bormann (1900–1945) war von Anfang an dabei, seit 1927 Mitglied der NSDAP mit der Nr. 60 508.[112] Ein durch und durch «alter

Kämpfer», der es mit seinem Kadavergehorsam gegenüber der geliebten und umschmeichelten Parteiprominenz fertigbrachte, schnell in die höheren Etagen der braunen Elite aufzusteigen. Schon 1933 war er Stabsleiter bei Hitlers Stellvertreter Rudolf Heß, also eine Art graue Eminenz in der Parteiführung, seinem Idol Hitler ziemlich nahe, so dass er zugleich die Verwaltung von dessen Privatvermögen sowie bald darauf seines Wohnsitzes «Berghof» am Obersalzberg übernehmen konnte. Seit dem 29. Mai 1941 leitete Bormann die NS-Parteikanzlei im Rang eines Reichsministers, seit dem 12. April 1943 war er auch offiziell Hitlers Sekretär. Bormanns Macht kam nicht in besonderen Titeln zum Ausdruck, sondern beruhte einzig darauf, dass er sich seinem «Gott» durch jedwede Form von Nützlichkeit empfahl, so dass er förmlich dessen Alter Ego wurde und bestens verstand, Hitlers Schreckensbefehle und tägliche Ausfälle in Kommandotexte zu fassen.

Seit Beginn des Krieges gegen die Sowjetunion leitete Bormann formell die NSDAP-Parteikanzlei, wichtiger war jedoch, dass er seinem «Führer und Reichskanzler», der auch den Oberbefehl über die Wehrmacht führte, als der zu allem fähige und zu allem bereite Handlanger zur Verfügung stand. Zahlreiche Äußerungen Hitlers belegen, wie wichtig er für ihn war. «Um den Krieg zu gewinnen, brauche ich Bormann», so lautete die Formel. Oder auch: «Wer gegen Bormann ist, ist gegen mich.» An anderer Stelle erklärte Hitler: «Ich weiß, daß Bormann brutal ist. Aber was er anfasst, hat Hand und Fuß, und ich kann mich unbedingt und absolut darauf verlassen, daß meine Befehle sofort und über alle Hindernisse hinweg zur Ausführung kommen.»[113] Bormann erlangte so zentralen Einfluss auf die Befehlsgebung. Insofern durfte man nachträglich seine Existenz geradezu als Hitlers rechte Hand identifizieren und Bormann für alle Schandtaten seines «Führers» mitverantwortlich machen. Nicht zuletzt für das Kapitel der «Endlösung» war die Rolle des überzeugten Antisemiten Bormann von entscheidender Bedeutung.

Doch wie und wo ließ er sich fassen? Seit Kriegsende verschwunden, blieb Bormann das Phantom, von dem niemand – und erst recht keine ermittelnde Staatsanwaltschaft – glauben mochte, dass er, wie Gerüchte wollten, bereits im Mai 1945, beim Ausbruchsversuch aus dem Führerbunker unter der Berliner Reichskanzlei, ums Leben gekommen war. Auf 200 000 Plakaten in allen Besatzungszonen zur Fahndung ausgeschrieben, wurde Bormann vom Nürnberger Militärtribunal der Besatzungsmächte in Abwesenheit zum Tode durch den Strang verurteilt.[114] Obgleich er 1954 von einem Berliner Standesamt für tot erklärt wurde,[115] geisterte er noch jahrzehntelang durch die Spalten der Boulevardpresse. Die meisten Gerüchte kamen aus Südamerika, zumal nach der Ergreifung Eichmanns. Was zur Folge hatte, dass Fritz Bauers Frankfurter Ermittlungsbehörde unentwegt in Alarm versetzt wurde und zu neuen Nachforschungen ansetzen musste.

Während die einen Bormann bei der Explosion eines Panzers in Berlin in den ersten Maitagen hatten fallen sehen, wollten ihn die anderen als Überlebenden erkannt haben. Eine zunächst für seriös erachtete Meldung war ein Artikel aus der im nordfranzösischen Lens erscheinenden exilpolnischen Tageszeitung *Narodowiec* vom 14./15. Juli 1959. Unter der Überschrift «Martin Bormann – die rechte Hand Hitlers ist im April in Argentinien gestorben» hieß es: Gut unterrichtete argentinische Quellen wollten wissen, dass Bormann Berlin auf Befehl des Führers Richtung Berchtesgaden verlassen habe. Nach dem Tod seiner Frau sei er nach Spanien gegangen, im Herbst 1948 nach Argentinien, wo ihn der Diktator Juan Perón empfing. Er sei dort an Lungenkrebs gestorben.

Diese Zeitungsmeldung wurde vom Auswärtigen Amt zur Prüfung und Information an die Deutsche Botschaft nach Buenos Aires geschickt, ebenso ans Bundesamt für Verfassungsschutz. So erfuhr man, dass bei den in Corrientes lebenden Deutschen davon gesprochen worden sei, Bormann lebe in Paso de los Libres. Die Botschaft bat um Übersendung von Fotos und Fingerabdrücken. Danach bekam Bauer Bescheid, der sich seinerseits an das polnische Blatt wandte.[116] Die Zeitung verwies auf die *Dimanche Matin* aus Alger, die der Autor als Quelle benutzt hatte. Und von dort kam am 6. Mai 1960 die Antwort, Verfasser des Artikels sei ein gewisser Edwin Muentzer und der Artikel sei in *Les Documents & Reportages Internationaux*, einem internationalen Nachrichtenbüro in Paris, erschienen.

Auch die *Frankfurter Allgemeine Zeitung* berichtete über neue Gerüchte. Ein Korrespondent schrieb, Bormann werde seit 1952 vom israelischen Geheimdienst verfolgt, von Bahia aus sei er unter dem Namen José Possea in die Provinz Santa Catarina (Brasilien) geflohen.[117] Associated Press hatte unter Hinweis auf den ehemaligen argentinischen Botschafter in Israel, Dr. Gregorio Topolsky, gemeldet, Bormann habe sich zur Zeit der Entführung Eichmanns ebenfalls unter falschem Namen in

Argentinien aufgehalten und sei nach Brasilien übergewechselt.[118] Auch über die Söhne versuchte man, seinen Aufenthaltsort herauszufinden. Als Martin Bormann junior erklärte, er wolle als Missionar nach Brasilien gehen, schloss der «Nazi-Jäger» Simon Wiesenthal daraus, dass auch der Vater dort lebe.[119] Doch alle Spuren führten ins Nichts. Am 30. Mai 1960 schrieb Bauer schließlich an den Generalbundesanwalt: «Die Zeitungsnachricht [vom Juli 1959, I. W.], dass Bormann in Argentinien verstorben sei, ist bisher nicht überprüft. Eine hiesige Zuständigkeit besteht nicht.»[120]

Dennoch war Bauer überzeugt, dass da «Feuer sein müsse, wo soviel Rauch aufstieg».[121] Zu diesem Zeitpunkt war die Staatsanwaltschaft beim Landgericht Berlin für die Fahndung zuständig; das dortige Ermittlungsverfahren war am 5. Mai 1960 vorläufig eingestellt worden, dann jedoch, möglicherweise aufgrund der Hinweise Bauers, neu aufgenommen worden.[122] Bauer wandte sich an den Generalbundesanwalt, in jedem Fall wollte er dafür sorgen, dass die Fahndung weiterging.[123]

Am 2. Juli 1961 übernahm die Frankfurter Generalstaatsanwaltschaft offiziell das Verfahren gegen Martin Bormann.[124] Die örtliche Zuständigkeit wurde mit einer Anweisung von Bormann an die Gauleiter begründet, die Judendeportationen durchzuführen. Dazu gab es bereits aussagekräftiges Material aus dem Verfahren gegen den berüchtigten Gestapo-Mitarbeiter Heinrich Baab (Az. 51 Ks 1/50), der die Deportationen der Mischehepartner aus Frankfurt am Main mit durchgeführt hatte.[125] Sachbearbeiter war Staatsanwalt Johannes Warlo, enger Mitarbeiter Bauers, der auch in den Fällen der NS-«Euthanasie» ermittelte.[126]

In der Phantasie der Zeitgenossen lebten die prominenten Nazi-Verbrecher mit Millionengeldern des «Dritten Reiches» wahlweise in Ägypten, Syrien oder in Brasilien, Paraguay, Argentinien, Bolivien oder Chile. Nicht zuletzt der argentinische Ex-Staatspräsident Juan Perón selbst gab den Gerüchten Nahrung, als er am 1. März 1962 verlauten ließ, dass 1946 ein deutsches U-Boot in Argentinien angelegt habe und die Besatzung dort aufgenommen worden sei.[127] Aus der Fülle der Hinweise kristallisierten sich zwei heraus, die eine gewisse Substanz zu haben schienen: Bormann lebe noch und stehe im Dienst der Sowjets, und Bormann sei 1959/60 in Argentinien oder Paraguay gestorben. Wahlweise wurde von einem natürlichen Tod oder vom «Nachhelfen» durch einen angeblich jüdischen Arzt namens Otto Biss gesprochen.[128]

Bis zum 17. April 1964 verfolgte die Frankfurter Staatsanwaltschaft 54 Hinweise auf Bormann oder sein mögliches Ableben im Ausland, weitere zwölf betrafen seine Flucht.[129] Und dabei war Fritz Bauer im Sommer 1961 so optimistisch gewesen: «Ich hatte das Gefühl, ich stehe dicht vor der Tür.»[130] Dennoch gab er nicht auf. Gegenüber dem *Spiegel* erläuterte er: «Wir haben manche Enttäuschung erlebt, aber ich habe das dunkle Gefühl, daß die ganze Arbeit doch nicht umsonst ist. Wir ermitteln weiter.»[131] Im Frühjahr 1964 hatte sich bei der tschechischen Zeitung *Zemědělské noviny* ein Jaroslaw Dědič gemeldet, der behauptete, zusammen mit einigen Berliner Einwohnern die Leiche Bormanns begraben zu haben. Am 22. April 1964 bat Bauer den Generalstaatsanwalt der DDR, Josef Streit, um Amtshilfe. Er bat darum, Dědič nach dem genauen Begräbnisplatz zu befragen, auch den Verbleib von den bei der Leiche gefundenen Habseligkeiten zu klären.[132] Mehrfach trafen sich die im Fall ermittelnden Staatsanwälte von Ost und West in Ostberlin und Frankfurt am Main.[133]

Im Juli 1964 ließ sich Bauer in Vorbereitung einer Besprechung mit Redakteuren der *Frankfurter Allgemeinen Zeitung* ein Dossier mit den Belegen erstellen, die für ein Überleben und eine Flucht Bormanns nach Südamerika sprachen. Staatsanwalt Warlo rekapitulierte, dass laut der bisherigen Aussagen von Personen, die sich Anfang Mai 1945 in der Reichskanzlei aufhielten, der Tod des ehemaligen Reichsleiters nicht zu beweisen war. Auch der Bericht des tschechischen Informanten über die Beerdigung Bormanns habe sich nicht bestätigt. Für eine Flucht nach Südamerika gebe es manchen Hinweis; die Meldungen über Bormanns Tod in Paraguay seien dagegen ein reines Ablenkungsmanöver.[134]

Doch auch die fieberhafte erste Suche führte zu keinem Ergebnis. Nun hoffte Bauer mehr denn je auf «Privatpersonen», die er über eine hohe Belohnung zur Mitarbeit gewinnen wollte. Auf sein Drängen hin setzte der hessische Justizminister Dr. Lauritz Lauritzen eine Belohnung in Höhe von 100 000 DM für Hinweise aus, die zur Ermittlung des Aufenthaltsortes Bormanns führten.[135] Der daraufhin in der Presse ergangene Aufruf und ein Artikel in den populären Heftchen *Reader's Digest*[136] vom März 1965 ergaben eine Flut von neuen Hinweisen. Informanten, die eine Nähe zu Neonazi-Kreisen vorgaben, ließ Bauer zumeist durch den Verfassungsschutz überprüfen.[137]

Erschreckend waren vor allem die zahlreichen Beschimpfungen und

Drohungen, die Bauer jetzt erreichten. 100 000 DM für einen Kriegsverbrecher, das schien manchen Leuten eine pure Verschwendung,[138] andere forderten Bauer in antisemitischem Ton auf, sich doch um die Kriegsverbrechen der Alliierten zu kümmern: «Wenn man Sie, Herr Dr. B., einmal im Fernsehen angesehen hat, dann spürt man, daß Sie durch und durch mit grenzenlosem Haß erfüllt sind. Warum setzen Sie sich nicht für die Entlassung des 71jährigen R. Heß-Spandau ein? [...] Wer Hass sät, wird den Tod ernten!»[139] Ein anderer, mit Dr. Altmann unterzeichneter Brief unterstrich die Ablehnung der Verfahren gegen NS-Verbrecher durch die Bevölkerung: «Haben Sie in Ihrer blinden Wut denn noch nicht verstanden, dass einem sehr grossen Teil des deutschen Volkes die so genannten Nazi-Verbrecher-Prozesse lang aus dem Hals hängen! Gehen Sie doch dorthin, wohin Sie gehören!!!»[140] In der Staatsanwaltschaft wurde angerufen: «Warten Sie nur, bald wird einmal eine Bombe platzen!»[141] Auch aus Argentinien kamen wütende Schreiben: «Hitler wird beweint werden nicht nur von Deutschland und Europa, sondern von der ganzen Welt [...]. Nehmen Sie sich die Karte Südamerikas vor und schreiben Sie da, wo es Argentinien heißt, hin: ‹hier gibt es keine Denunzianten›.»[142]

Im Juni 1965 wurde ein junger Staatsanwalt, Joachim Richter, mit der weiteren Fahndung betraut. Er war ein Jugendfreund des *Stern*-Journalisten Jochen von Lang, der eine Biographie schreiben wollte und im Gegensatz zur Frankfurter Staatsanwaltschaft vom Tod Bormanns in Berlin ausging. Und er hatte auch zwei Stellen ausgemacht, wo die Leiche möglicherweise zu finden war: den Soldatenfriedhof in der Wilsnacker Straße und das in der Nähe des Lehrter Bahnhofs gelegene Grundstück an der Invalidenstraße, das so genannte ULAP-Gelände des zerstörten «Universum-Landesausstellungsparks». Ein Zeuge hatte behauptet, dass er im Mai 1945 von Rotarmisten gezwungen worden sei, zwei Leichen zu begraben, von denen er eine aufgrund eines Taschenkalenders als Martin Bormann identifiziert haben wollte.[143]

Im Sommer 1965 ließ Bauer auf dem Gelände graben. Dabei fand man jedoch nichts, obwohl die Hinweise glaubhaft erschienen.[144] Auch der Taschenkalender Bormanns, den der Publizist Erich Kuby gesehen haben wollte, tauchte wiederum in Abschriften auf: im Besitz des sowjetischen Geheimdienstes. Auf der anderen Seite plante ein ehemaliger Geheimdienstoffizier namens Lew Besymenski ein Buch über Bormanns Flucht aus Berlin; er wiederum war davon überzeugt, dass Bormann überlebt hatte. In einem Briefwechsel diskutierte Bauer mit Besymenski die These, die im Taschenkalender angedeutete Verlagerung nach Übersee bezöge sich auf ein Ausweichquartier der NS-Prominenz in Südamerika.[145] Zugleich übergab Besymenski der Generalstaatsanwaltschaft am 8. September 1967 Funksprüche vom April 1945 über die Fahndung nach Bormann.[146] Daraufhin ging die Suche in Südamerika weiter, obwohl man in Frankfurt mittlerweile davon ausging, Bormann liege noch irgendwo unidentifiziert in Berlin begraben. Dennoch hielt Bauer es für unbedingt notwendig, die Fahndung nicht einzustellen, wie er noch 1968 der in Schwerin erscheinenden *Norddeutschen Zeitung* sagte.[147]

Zwischen den erfolglosen Grabungsarbeiten auf dem ULAP-Gelände im Sommer 1965 und dem etwas überraschenden Antrag auf Eröffnung der Voruntersuchung am 25. April 1968[148] lagen drei Jahre mühevoller Suche, in denen es allenfalls gelungen war, einige neue Details über die Ereignisse in der Nacht vom 1. auf den 2. Mai zu klären. Inzwischen hatten sich die Ermittlungen von Bauer zu Richter und mit Bauers Einverständnis zum *Stern*-Journalisten Lang hinverlagert.[149] Den schließlichen Erfolg hat Fritz Bauer nicht mehr erlebt. Vier Jahre nach seinem Tod wurden im Zuge von Bauarbeiten etwa fünfzehn Meter neben der alten Grabungsstelle am 7. und 8. Dezember 1972 die Leichen von zwei Männern gefunden, von denen eine unzweifelhaft Martin Bormann war. Eine Untersuchung ergab, dass er in der Aussichtslosigkeit, aus dem von der Roten Armee eroberten Berlin hinauszukommen, auf die Zyankalikapsel gebissen hatte, die er ständig bei sich trug.[150]

Eine womöglich noch größere Enttäuschung bereitete dem Frankfurter Generalstaatsanwalt der Fall des KZ-Arztes Josef Mengele, auf den er bei seinen Auschwitz-Ermittlungen gestoßen war.[151] Die US-Behörden, bei denen Mengele auf der Fahndungsliste stand, hatten ihn im Sommer 1945 unerkannt aus dem Internierungslager Helmbrechts entlassen.[152] Nach einer ersten Anlaufstation in München lebte er anschließend unter falschem Namen, aber in engem Kontakt zu seiner Günzburger Familie auf einem Bauernhof in Oberbayern, bis er im April 1949 nach Argentinien flüchtete. Mittlerweile waren seine grausamen medizinischen Versuche in Auschwitz bei verschiedenen Prozessen zur Sprache gekommen, einzelne Überlebende hatten ihre Erlebnisse publiziert,[153] darunter auch Miklós Nyiszli, der als Pathologe Mengeles «Experimente» hatte mit durchführen müssen.[154] Beim Nürnberger Tribunal hatte Auschwitz-Kommandant Rudolf Höß im April 1946 über Mengeles Zwillings-«Forschung» ausgesagt.[155]

Beim Krakauer Auschwitz-Prozess 1947 waren gegen 22 der 40 Angeklagten Todesurteile ausgesprochen worden.[156] Der Nürnberger Ärzteprozess hatte für sieben Angeklagte mit dem Todesurteil geendet, so dass sich Mengele ausmalen konnte, was ihn bei seiner Verhaftung erwartete.[157] Da zudem die Ehe mit seiner Frau Irene zerbrochen war, verließ der KZ-Arzt Deutschland mit einem gefälschten Pass des Roten Kreuzes als «Helmut Gregor» über die «Rattenlinie», um ebenfalls unter der schützenden Hand des argentinischen Diktators Perón Asyl zu finden.

In Argentinien waren nämlich nicht nur viele deutsche Juden auf der Flucht vor ihren Verfolgern eingewandert,[158] sondern nach 1945 auch eine ganze Reihe von Personen, die mit einer Anklage wegen Beteiligung an den NS-Verbrechen zu rechnen hatten.[159] Eine neue Heimat am Rio de la Plata hatten die «Flieger-Asse» der Luftwaffe, Hans-Ulrich Rudel und Adolf Galland, ebenso gefunden wie der Leiter der Focke-Wulf-Flugzeugwerke Bremen, Kurt Tank, SS-Offiziere wie der Ghetto-Kommandant von Przemyśl, Josef Schwammberger, der stellvertretende Ghetto-Leiter von Riga, Eduard Roschmann, der SS-Gruppenführer Ludolf von Alvensleben, die an der NS-«Euthanasie» beteiligten Juristen Dr. Gerhard Bohne und Dr. Hans Hefelmann und NS-Propagandisten wie Johann von Leers. Für andere wie Klaus Barbie, den berüchtigten Gestapo-Chef von Lyon, war Argentinien zumindest erste Anlaufstation.[160]

Mengele konnte 1956 problemlos als unerkanntes Mitglied der deutschen Kolonie bei der Deutschen Botschaft in Buenos Aires einen neuen Pass beantragen. Es gelang ihm sogar, nach Deutschland zurückzukehren, in Günzburg seine Familie zu besuchen und ein Treffen mit der Witwe seines Bruders zu arrangieren. Diese folgte ihm dann nach Argentinien, wo beide 1958 heirateten und in Buenos Aires ein gutbürgerliches Leben führten. Die Unterstützung durch seine Familie, aber auch die Freundschaft mit Rudel und Willem Sassen sowie dem für die Landmaschinenfabrik Mengele tätigen Werner Jung vermittelten ihm ein Gefühl der Sicherheit.[161]

Doch das sollte bald ein Ende finden, denn Mengele war bereits wieder ins Visier der bundesdeutschen Justiz geraten. Ausgangspunkt war der Publikationserfolg der Tagebuchaufzeichnungen von Anne Frank. Der Publizist Ernst Schnabel ging auf Spurensuche und veröffentlichte im

März 1958 sein Buch *Anne Frank. Spur eines Kindes*.[162] Es wurde in Auszügen von mehreren Zeitungen veröffentlicht, darunter auch von den *Ulmer Nachrichten*. Dort war eine Leserin auf folgenden Passus gestoßen: «Keiner weiß zum Beispiel, wo Dr. Mengele ist, ob er umkam oder ob er heute noch irgendwo lebt.»[163] Wenige Tage später erreichte die Redaktion ein am 8. Juli 1958 verfasster anonymer Brief, unterschrieben mit «eine junge Leserin», die der Zeitung mitteilte, dass «scheinbar [...] doch einige Leute» wüssten, wo sich Mengele aufhalte: «Sonst hätte nicht der alte Herr Mengele in Günzburg seiner ehemaligen Hausgehilfin Frau Angela K. in Steinheim/Neu-Ulm erzählt, dass sein Sohn, der Arzt bei der SS war, in Südamerika unter einem anderen Namen eine Praxis ausübt. Und weil er so Heimweh habe, hat Herr Mengele die Witwe seines anderen Sohnes nach drüben geschickt.»[164]

Die Redaktion leitete die Mitteilung an Schnabel weiter, der sich am 3. August 1958 mit der Staatsanwaltschaft Ulm in Verbindung setzte. Die Schriftstücke gingen an die für Günzburg zuständige Staatsanwaltschaft Memmingen weiter, die wiederum die Polizei in Günzburg ersuchte, die Personalien des Beschuldigten und seinen Wohnsitz festzustellen, und zwar möglichst so, dass die Angehörigen davon nichts bemerkten. Doch dies war vergeblich: Familie Mengele, deren Landmaschinenfabrik wichtigster Arbeitgeber in der Kleinstadt war, hatte einen Informanten bei der Polizei und wusste nun, dass gegen den Flüchtigen ermittelt wurde. Die Günzburger Polizei konnte der Staatsanwaltschaft Memmingen aber immerhin die letzte bekannte Adresse in Argentinien und den letzten Wohnsitz in Deutschland übermitteln. Da dieser in Freiburg gelegen hatte, verlagerten sich die für Günzburg höchst beunruhigenden Ermittlungen dorthin. Am 25. Februar 1959 wurde der erste Haftbefehl erlassen.[165]

Zur gleichen Zeit war der Auschwitz-Überlebende und Generalsekretär des Internationalen Auschwitz-Komitees, Hermann Langbein (1912–1995), auf die Spur des berüchtigten Arztes gelangt. Er hatte herausgefunden, dass Mengele bei seiner Scheidung einen deutschen Rechtsanwalt hatte, nämlich Fritz Steinacker, den Sozius von Dr. Hans Laternser, der später als Anwalt in den Frankfurter NS-Prozessen bekannt wurde.[166] Langbein stellte ein Dossier über den Arzt zusammen, das er beim Bundesjustizminister in Bonn einreichte. Über den letzten Urlaub, den Mengele mit seiner ersten Frau in Freiburg verbracht hatte, konnte Langbein schließlich die Adresse eruieren und bei der zuständigen Staatsanwaltschaft Freiburg vorstellig werden.

Zu diesem Zeitpunkt waren bereits zwei für die Fahndung entscheidende Weichen gestellt worden: Mengele hatte nach der ersten Anfrage der Memminger Staatsanwaltschaft in Günzburg seine Abreise aus Argentinien vorbereitet, wie später herauskam, und hatte Buenos Aires Anfang Oktober 1958 fluchtartig Richtung Paraguay verlassen. Bis zum Frühjahr 1959 kehrte er immer nur zu kurzen Aufenthalten zurück.[167] Und außerdem war die Zuständigkeit der Staatsanwaltschaft Freiburg durch eine Entscheidung des 2. Strafsenats des Bundesgerichtshofs vom April 1959 auf die Staatsanwaltschaft am Landgericht Frankfurt übertragen worden. Künftig sollten – auf einen Antrag Fritz Bauers hin – alle in Auschwitz begangenen Straftaten dort bearbeitet werden, also auch der Fall Mengele.[168] So stand die Suche nach dem KZ-Arzt am Beginn der Frankfurter Auschwitz-Verfahren.

Als am 5. Juni 1959 der zweite Haftbefehl gegen den KZ-Arzt erlassen wurde, war dieser bereits untergetaucht.[169] Unter dem Schutz des Diktators Stroessner und mit der paraguayischen Staatsangehörigkeit konnte er sich relativ sicher fühlen. Erst Eichmanns Entführung durch die Israelis am 11. Mai 1960 beendete Mengeles Traum von einer sicheren Heimstatt. Mitte Oktober 1960 verließ er den Süden Paraguays unter dem Namen «Peter Hochbichler» und fand zunächst Unterschlupf beim Leiter des «Kameradenwerks» in Brasilien, Wolfgang Gerhard, in São Paulo. Organisiert hatte die Flucht erneut Hans-Ulrich Rudel.[170]

Die Ermittlungen der Frankfurter Staatsanwaltschaft konzentrierten sich auf Günzburg. Fritz Bauer bekam unter anderem den Hinweis, Mengeles Sohn Rolf solle mehrfach erklärt haben: «Mama und ich erhalten Post von Papa.»[171] Offiziell übernahm Frankfurt die Ermittlungen erst im Februar 1961;[172] und genau in diese Übergangsphase fiel auch der erste Erfolg versprechende Hinweis.

Im Januar hatte der im Rahmen des Auschwitz-Komplexes ermittelnde junge Staatsanwalt Joachim Kügler Post aus Günzburg erhalten: Der Kraftfahrer Richard Böck, der SS-Mann in Auschwitz gewesen war, erzählte die Geschichte vom angeblichen Besuch Josef Mengeles in Günzburg 1959 anlässlich des Todes seines Vaters. Er, Böck, habe dies zunächst nicht geglaubt, da ihm der ehemalige Kapo in Auschwitz, Adolf Rögner, erzählt habe, Mengele sei im Frühjahr 1945 in der Tschechei erschlagen worden.[173] Aufgrund dieser Information schien die genaue Überwachung der Familie geraten. Der *Bild*-Journalist Günther Schwarberg[174] hatte in Erfahrung gebracht, dass Martha Mengele Anfang Februar 1961 in die Schweiz eingereist war, wo man auf Antrag aus der Bundesrepublik bereits 1960 nach Mengele alias Gregor suchte.[175]

Und nun lief ein Verfolgungsszenario ab, bei dem man scheinbar ganz dicht auf den Fersen Mengeles war: Am 4. März 1961 wurde die Kantonspolizei Zürich von Schwarberg über seinen Verdacht informiert, der KZ-Arzt halte sich bei seiner Schwägerin in Kloten auf. Am 5. März 1961 bat die schweizerische Interpolstelle um Zusendung von erkennungsdienstlichem Material. Am 7. März 1961 meldete die Kantonspolizei Zürich, dass Martha Mengele überwacht werde, und fragte an, ob Josef Mengele gegebenenfalls verhaftet werden solle. Obschon zu diesem Zeitpunkt noch kein vollständiges «Verhaftersuchen» der deutschen Behörden vorlag, wurde die Kantonspolizei Zürich am 8. März 1961 ermächtigt, Mengele in provisorische Auslieferungshaft zu versetzen, falls es gelinge, ihn zu ermitteln. Staatsanwalt Kügler fuhr selbst nach Zürich, doch es kam zu keinem Zugriff.[176]

Auf Anfrage der Kantonspolizei Zürich übersandte der Oberstaatsanwalt von Frankfurt am 22. März 1961 ein Fahndungsdossier an die Züricher Behörden. Da keine weitere Nachricht aus Deutschland eintraf und Mengele nach Medienberichten in Südamerika verhaftet worden sein sollte, fragte die Polizeiabteilung am 7. Juli sowie am 7. September 1961 in Frankfurt und am 11. September 1961 beim hessischen Justizminister an, ob die Fahndung in der Schweiz noch weiterhin erwünscht sei. Erst am 15. September 1961 lieferten die deutschen Behörden die notwendigen Angaben, die sich auf den Haftbefehl des Amtsgerichts Freiburg vom 5. Juni 1959 stützten.

Nach diesem Misserfolg konzentrierte sich die Fahndung 1961 wieder auf Südamerika und Namen, die im Zusammenhang mit Mengeles Einbürgerung in Paraguay fielen: Werner Jung, Alban Krug, Werner Schubius, Hans-Ulrich Rudel und Alejandro von Eckstein.[177] Fritz Bauer schaltete das Bundeskriminalamt ein und organisierte eine Besprechung mit dessen Leiter, dem ehemaligen SS-Untersturmführer und jetzigen Kriminaldirektor Paul Dickopf (1910–1973).[178] Er stellte alle Bedenken zurück, die auch im hessischen Justizministerium aufgrund der personellen Besetzung dieses Amtes mit Angehörigen der früheren Reichskriminalpolizei bestanden.[179] Als der Punkt zur Sprache kam, so ist einem Vermerk zu entnehmen, sagte Dickopf zu, «daß man mit den Ermittlungen ausgesuchte Beamte beauftragen werde».[180] In den Jahren 1962 und 1963 gelangten zwar viele Hinweise zu Bauer, doch konnte dies nicht darüber hinwegtäuschen, dass man Mengeles Spur verloren hatte. Und auch als der Mossad im Frühjahr 1962 Willem Sassen als Agenten anwarb, führte dies nicht zum Erfolg. Sassen fand zwar heraus, dass Mengele inzwischen in der Gegend um São Paulo lebte, aber zum Zugriff kam es nicht.[181]

Erst das Jahr 1964 schien wieder einen Durchbruch zu bringen. Angeblich soll Adenauer Präsident Stroessner zehn Millionen DM in Aussicht gestellt haben, wenn das Land Mengele ausliefere.[182] Dem deutschen Botschafter in Paraguay sei aber zu verstehen gegeben worden, dass man auf das Angebot nicht reagieren werde. Kurze Zeit später erklärte das Bundesaußenministerium, dass Mengele in der Tat Staatsbürger von Paraguay geworden sei.

Nun wandte sich Bauer an die Öffentlichkeit und ließ über die *Bild*-Zeitung verkünden, dass die Belohnung für einen Hinweis, der zur Auslieferung von Mengele führe, von 20 000 auf 50 000 DM hinaufgesetzt werde.[183] Die Zeitung selber wolle noch einen wesentlich höheren Betrag in die Ermittlungen investieren. Das Vorhaben hielt Bauer für umso begrüßenswerter, als *Bild* bisher kein besonderes Interesse an NS-Prozessen bekundet hatte.[184] Ob man dies als Ergebnis eines Wandels in den sechziger Jahren deuten kann oder als Interesse an einer spektakulären Auflagensteigerung, muss dahingestellt bleiben. Bauer jedenfalls sah eine Möglichkeit, Mengele auf die Spur zu kommen. Er telefonierte mit dem Minister und kündigte eine Enthüllungsserie in der *Bild*-Zeitung an; in diesem Zusammenhang bekam die höhere Belohnung zusätzlich Gewicht.[185] Der Minister stimmte zu und Bauer versicherte, er werde mit der *Bild*-Zeitung noch verhandeln, damit kein falscher Eindruck über dieses Zusammenspiel entstehen könne.[186]

Zu den Zeitungen, zu denen Bauer besonders gute Kontakte hatte, gehörte neben *Stern* (Jochen von Lang), *Quick* (Ottmar Katz), *Abendpost* (Fritz Holl) und *Revue* eben jetzt vor allem die *Bild*-Zeitung. Willy Schwandes aus Hamburg plante eine Reportage über Mengele und Günzburg, wozu er sich am 16. Juni 1964 mit Bauer traf.[187] Dabei habe der Generalstaatsanwalt versichert: «Ich werde die Kopfprämie auf den KZ-Arzt Dr. Josef Mengele auf 50 000 Mark erhöhen. […] Bisher sind auf die

Ergreifung von Mengele 20 000 Mark vom Staat und 10 000 Mark von Privatseite ausgesetzt. Leider muß aber auch gesagt werden, daß es kaum eine rechtliche Möglichkeit gibt, die Auslieferung Mengeles von Paraguay zu erwirken. Die einzige Möglichkeit, Mengele zu fassen, wäre seine Ergreifung in der Bundesrepublik oder aber Kidnapping wie bei Eichmann. [...] Falls ‹Bild› das versuchen sollte, würde ich meine ganze Unterstützung zusichern.»[188]

Der Schlüssel zum Aufenthaltsort Mengeles, so Bauer, liege in seiner Heimatstadt Günzburg: «Der Haftbefehl der Staatsanwaltschaft Freiburg/Brsg. aus dem Jahre 1959 verjährt erst in zwanzig Jahren. Mengele wird also auch weiterhin ein Gejagter bleiben. Allerdings verfügt er offenbar über Millionen. Für ihn ist die Welt sehr klein. Das Geld kommt zweifellos von seinem Bruder Alois Mengele aus Günzburg und von einflußreichen Freunden. Die Staatsanwaltschaft hat aber keine Möglichkeit, den Weg zu ermitteln, den das Geld aus Deutschland für den KZ-Verbrecher nimmt. Fest steht: Die Günzburger Firma Karl Mengele und Söhne hat einen hohen Millionenumsatz und einen erheblichen Export nach Südamerika. [...] Mengele hat es nicht nötig, sich mit kleinen Nazis abzugeben. Zu seinen Freunden in Südamerika zählen auch der Ministerpräsident, der Innenminister und der Polizeiminister des Landes. Das erklärt auch, warum die paraguayische Regierung auf Anfragen [...] antwortet: Der gesuchte Dr. Josef Mengele ist mit dem paraguayischen Staatsbürger Dr. José Mengele nicht identisch. Aber ich weiß hundertprozentig, daß Mengele doch in Paraguay ist. Zu viele Leute haben ihn dort erkannt. Die Gerüchte wollen auch nicht verstummen, daß er sogar in die Bundesrepublik kommt. Aber wenn wir nachfassen, weiß keiner etwas. [...] Das neueste Foto von Mengele, das wir haben, stammt aus dem Jahre 1956. Es ist aber für unsere Zwecke kaum zu gebrauchen. Wir wären ‹Bild› daher dankbar, wenn wir von der Mengele-Zeichnung vielleicht zehn Abzüge für unsere Ermittlungszwecke haben könnten.»[189]

Bauer wusste, dass Mengele von seinem Umfeld wie den alten SS-Kameraden gedeckt wurde. Auch seine Heimatstadt deckte ihn, denn Mengele war das «Lieblingskind des Ortes», wie Bauer Schwandes gegenüber bemerkte. Diese Stadt – so Bauer – wolle ihre Vergangenheit nicht bewältigen. Die Günzburger hätten Angst, denn schließlich lebte fast der ganze Ort von der Maschinenfabrik Mengele. Und auch die Familie schweige nicht zuletzt um ihrer Firma willen.[190]

Auszüge aus dem Interview von Schwandes mit Fritz Bauer erschienen am 7. Juli 1964. Am Vortag berief Bauer noch einmal Oberstaatsanwalt Dr. Rahn, Oberstaatsanwalt Metzner, die beiden Ersten Staatsanwälte Dr. Großmann und Richter sowie die beiden Staatsanwälte Kügler und Warlo zu einer Besprechung, um das weitere Vorgehen und die Reaktion auf das zu erwartende Presseecho zu koordinieren. Mitteilungen an die Presse sollten nur durch seine Behörde erteilt werden.[191] Die *Bild*-Zeitung machte am 7. Juli 1964 mit der großen Schlagzeile auf: «Blieb in Günzburg die Zeit stehen?» Daneben stand die Berichterstattung zum Auschwitz-Prozess, der seit einem halben Jahr in Frankfurt am Main lief.[192] Auch die *Günzburger Zeitung* berichtete aus dem Frankfurter Gerichtssaal, mehrere Artikel befassten sich mit Mengeles grausamen Taten.[193] Der *Bild*-Artikel führte zu einer Invasion von Journalisten in Günzburg, wo die Bezeichnung «Nazi-Hochburg» Empörung erregte. War dort wirklich die Zeit stehen geblieben? Fritz Bauer stellte sich gegenüber dem Hessischen Justizministerium vor seinen Oberstaatsanwalt Dr. Rahn, der nicht gesagt habe, dass die Bevölkerung von Günzburg wie eine «verschworene Gemeinschaft hinter der Familie Mengele stehe».[194] Natürlich kannte nur ein winzig kleiner Teil, nämlich die Familie Mengele und ihr nächstes Umfeld, vielleicht auch noch ihr vermutlich hochrangiger Informant bei der Polizei, den Aufenthaltsort des Flüchtigen.[195]

Kurz nach den unruhigen Tagen in Günzburg gelang es der Frankfurter Staatsanwaltschaft am 20. Juli 1964, endlich eine der Schlüsselfiguren befragen zu lassen: Hans-Ulrich Rudel. Der jedoch belog die österreichische Staatspolizei nach allen Regeln der Kunst, Mengele wollte er das letzte Mal 1957 gesehen haben. Er leugnete zwar seine Kontakte zu dem gesuchten KZ-Arzt nicht, über seine Tätigkeit als Arzt habe er aber nie mit ihm gesprochen. Das Thema Auschwitz sei erst bei seinem Aufenthalt in Deutschland 1959 durch Presseberichte an ihn herangetragen worden.[196]

1965/66 sah es vorübergehend so aus, als ob man eine neue Spur habe: Der mit Bauer in Kontakt stehende TV-Journalist André Libik hatte von seinem US-amerikanischen Kollegen Walon Green, der in Südamerika auf den Spuren untergetauchter Nazi-Führer war, die Information bekommen, man habe Mengele in der Nähe von São Paulo entdeckt.[197] Wenige Monate später tauchte ein brasilianischer Fernsehreporter namens Adolfo Cicero auf und behauptete, Mengele aufgenommen zu haben, als er auf einem Boot namens «Wiking» auf dem Río Paraná zwischen seinen Urwaldverstecken in Paraguay und Argentinien unterwegs gewesen sei.[198] Auch Bauer hielt das Foto für echt, das dann durch die ganze Welt ging.[199] Doch wieder einmal erwies die Spur sich als Konstrukt eines phantasievollen Journalisten.[200]

Mengele geriet zwar nicht in Vergessenheit, aber er verschwand aus dem Gesichtskreis der Fahndung und bekam immer romanhaftere Züge. So ähnelte das 1967 erschienene Buch Simon Wiesenthals *Doch die Mörder leben* mehr einem Kriminalroman als einer Dokumentation.[201] Und noch zehn Jahre später, im September 1977, zwei Jahre vor Mengeles Tod, wollte Wiesenthal wissen, der KZ-Arzt lebe als Mitglied einer Neonazi-Organisation namens «Die Spinne» nach wie vor in zwei Luxusvillen in Asunción und sei mit Leibwächter und Pistole ein häufiger Gast des hauptstädtischen Nachtlebens.[202] Tatsächlich lebte Mengele zusammen mit dem ungarischen Ehepaar Geza und Gitta Stammer höchst zurückgezogen in Brasilien, bevor er 1979 in dem Badeort Bertioga ertrank. Die Familie hielt den Tod zunächst geheim.[203] Erst am 5. Juni 1985 kam zu Tage, dass es tatsächlich seine Leiche war, die auf dem Friedhof in Embu nahe bei São Paulo unter einem Pseudonym begraben worden war.[204]

Für Fritz Bauer war zuletzt der Fall Mengele ebenso wie die Fahndung nach Bormann und Alois Brunner[205], dessen Fall der Generalstaatsanwalt 1960 auch noch an sich gezogen hatte – und der immer noch unaufgeklärt ist –, an den Rand gerückt.[206] Spätestens ab 1960 galten alle seine Anstrengungen der Anbahnung der Euthanasie-Verfahren und vor allem des großen Auschwitz-Prozesses, der immer weiter gespannte Ermittlungen erforderte.

«Wer an dieser Mordmaschine hantierte»
Der große Auschwitz-Prozess 1963–1965

«Die Naziprozesse [...] zeigen uns, wie dünn die
Haut der Zivilisation war und ist. Sie wollen zeigen,
was Menschsein in Wahrheit bedeuten sollte und
was wir zu lernen haben, wie schwer es auch fällt,
den Angeklagten und vielen anderen.»
Fritz Bauer, 1965[1]

1963, im Jahr des Auschwitz-Prozesses, erinnerte der hessische Generalstaatsanwalt an Anne Frank. «Wir gedenken des Geburtstags unserer Großen, nicht ihrer Sterbetage», sagte er in seiner Ansprache in der Frankfurter Johann-Wolfgang-Goethe-Universität, «so auch bei Anne Frank. Sicher ist nicht entscheidend, daß wir Tag und Stunde ihres Todes nicht genau kennen, sondern nur die Zeit des großen Sterbens in Bergen-Belsen. [...] Solange eines Menschen gedacht wird, ist er nicht tot.»[2]

Wie schon so oft zuvor sprach er auch an diesem Tag über diejenigen, die den Verfolgten in der Zeit des «Dritten Reiches» geholfen und an sie gedacht hatten. Denn nicht zuletzt aus eigener Erfahrung wusste Fritz Bauer, was es für die Verfolgten bedeuten konnte, in der Not auf Mitgefühl zu stoßen. In seiner Rede berichtete er, wie er in Dänemark den Nazi-Schergen in die Hände gefallen war: «Als 1940 die Gestapo mich in Dänemark suchte und auf meiner Odyssee durch das Land in dem kleinen Gasthaus einer Provinzstadt fand, brachte mich die dänische Polizei auf die Wache. Ich wurde nach dem Namen gefragt, sonst nichts; ich kam in die Zelle, sonst nichts. Kein Satz, kein Blick des stillen Einverständnisses. Ich war in der Zelle, ich war des Treibens müde. Es wird wohl gegen Mitternacht gewesen sein, als ein unbekannter junger dänischer Hilfspolizist die Türe öffnete. ‹Wollen Sie etwas essen?› – ‹Nein.› – ‹Wollen Sie etwas lesen?› – ‹Nein, danke.› Eine lange, lange Pause trat ein. Er schloß die Zellentür, er kam zu mir, legte wie ein Freund den Arm um mich und

Eröffnung des Auschwitz-Prozesses im Frankfurter Rathaus am
20. Dezember 1963; in der ersten Reihe ganz links, teilweise verdeckt
von einem Polizisten: Generalstaatsanwalt Bauer.
(AP)

sagte: ‹Ich werde an Sie denken.› Er ging, es war mir zumute, wie es in Goethes Faust in der Szene, die ‹Nacht› heißt, geschah: ‹Die Träne quillt, die Erde hat mich wieder!›»[3]

Es war auch diese eigene Vergangenheit, die Fritz Bauer trieb, als er 1959 mit großem Engagement begann, den Auschwitz-Prozess vorzubereiten und «das unvorstellbare Grauen von Auschwitz» zu dokumentieren.[4] Sie hatte ihn gelehrt, dass es zwischen Opfern und Tätern keine Vermittlung gab. Ein «Sowohl-als-auch» war ausgeschlossen, eine «geistige und politische Koexistenz» von Täter und Opfer nicht praktikabel.[5] Wie Fritz Stern gesagt hat: … «die Stunde der Auseinandersetzung mit den deutschen Verbrechen hatte geschlagen».[6] In der Bundesrepublik – so erklärte Fritz Bauer seinen Hörern – müsse man sich entscheiden zwischen der Rolle der Anne Frank und der des Wilhelm Harster, des Hauptverantwortlichen für die Deportation der Juden aus den Niederlanden nach Auschwitz.[7] Erst kürzlich war Harster in Holland als NS-Verbrecher verurteilt worden. Doch bis zum 18. April 1963 hatte er noch völlig unbehelligt als Oberregierungsrat in München gelebt. Eine solche allzu reibungslose Integration der NS-Täter in die bundesdeutsche Gesellschaft, die von der Politik der Regierung Adenauer gefördert wurde, war in den Augen Bauers eine schwere Hypothek für den Aufbau einer demokratischen, auf Freiheitsrechten gegründeten Staatsordnung.

Fritz Bauer war sich damals längst darüber im Klaren, dass der Versuch, die Gesellschaft mit den NS-Tätern zu konfrontieren, bei der Mehrheit der Deutschen an einer «Mauer des Schweigens» abprallen würde.[8] Echtes Mitgefühl mit den Opfern des Nationalsozialismus war hier nicht zu erwarten. Vielmehr musste man fürchten, dass die Konfrontation mit den NS-Tätern in den eigenen Reihen die Gesellschaft spalten würde. Konnte der Auschwitz-Prozess, den Bauer mit seinen Frankfurter Staatsanwälten seit nunmehr fünf Jahren vorbereitete, daran etwas ändern?

Die Bedeutung des Auschwitz-Prozesses lag und liegt zunächst einmal darin, dass er überhaupt zustande kam. Mehrere Zufälle führten auf das mit dem Namen Auschwitz verbundene außerordentliche Staatsverbrechen, das bis dato noch von keiner Staatsanwaltschaft zum Gegenstand der Strafverfolgung gemacht worden war. Weder ein deutsches Ministerium noch eine Staatsanwaltschaft hatte sich bislang veranlasst gesehen, diese Verbrechen vor den Bundesgerichtshof zu bringen, denn schließlich lag Auschwitz in Ostoberschlesien, das inzwischen zu Polen gehörte.[9]

Doch gegen Ende des Jahres 1958 kamen die Dinge in Bewegung. Die zögerliche Strafverfolgung der NS-Täter war durch den so genannten Ulmer Einsatzgruppenprozess zunehmend in die öffentliche Kritik geraten. Nun forderten auch Juristen eine energischere, vor allem besser organisierte Aufnahme der zu lange schon verschleppten NS-Prozesse. Auf Initiative der Justizminister der Länder wurde die «Zentrale Stelle der Landesjustizverwaltungen zur Aufklärung der nationalsozialistischen Gewaltverbrechen» gegründet. Ihre Aufgabe war es, die Verfolgung der außerhalb der Grenzen der Bundesrepublik begangenen NS-Verbrechen vorzubereiten und zu koordinieren. Anklage erheben konnten die Ludwigsburger Staatsanwälte nicht, wohl aber durch ihre Vorermittlungen dazu beitragen, Zuständigkeiten zu klären sowie Ermittlungsverfahren zusammenzuführen und Gerichtsverfahren auf den Weg zu bringen. Von jetzt an wurde es möglich, die Staatsverbrechen des Nationalsozialismus systematisch zu verfolgen. Dagegen trugen die Ermittlungen, die in die Zeit vor der Gründung der Ludwigsburger Stelle fielen, «ganz den Charakter des Zufälligen und Improvisierten», wie Fritz Bauer es formulierte.[10] Mancher Täter hatte eben «das Pech gehabt, angezeigt zu werden, der andere nicht», kommentierte auch Erich Nellmann, ein Stuttgarter Amtskollege Bauers.[11]

Dabei kam dem hessischen Generalstaatsanwalt auch der Zufall zu Hilfe. «Zum Auschwitzverfahren kam es», fasste Bauer die Reihe der Zufälle zusammen, «weil ein Opfer des Nazismus beiläufig einem Journalisten Papiere zeigte, die es aus einem von der SS in Brand gesteckten Gebäude in Breslau geborgen und zur Erinnerung aufbewahrt hatte. Es waren ausgefüllte Formulare des Lagers Auschwitz, die Erschießungen von Häftlingen ‹auf der Flucht› betrafen und mit der vorgedruckten Einstellung des gegen die KZ-Wachleute wegen Tötung eingeleiteten Strafverfahrens schlossen.»[12]

Bei dem Journalisten handelte es sich um den Korrespondenten der *Frankfurter Rundschau* Thomas Gnielka, der Mitte Januar 1959 Fritz Bauer die so genannten Breslauer Dokumente übergeben hatte.[13] Sie enthielten Namen von Tätern, die in Auschwitz eingesetzt waren. Sofort erkannte Bauer die Bedeutung der Unterlagen und nahm diesen Fund am 15. Februar 1959 zum Anlass, beim Bundesgerichtshof zu beantragen, dass die Zuständigkeit für den Verbrechenskomplex Auschwitz festgestellt werden müsse – in der Absicht, dass daraufhin das Landgericht Frankfurt am Main den «Zuschlag» bekommen sollte.[14] Tatsächlich erging der Auftrag am 17. April 1959, womit das Verfahren endlich an die maßgebende Stelle gelangt war, die unter Leitung von Fritz Bauer keine weitere Verschleppung mehr zuließ.[15] Der BGH-Beschluss nannte bereits die Namen von 95 ehemaligen Angehörigen der Kommandantur des Konzentrationslagers Auschwitz, denen Mordtaten vorgeworfen wurden.[16]

Schon kurz darauf kam weiteres, umfangreiches Aktenmaterial aus Stuttgart bei der Frankfurter Staatsanwaltschaft an, mit wichtigem Beweismaterial, das ebenfalls den Verbrechenskomplex Auschwitz betraf. Auch hier hatte der Zufall eine Rolle gespielt: Ein früherer Auschwitz-Häftling, der damals in Bruchsal in der Landesstrafanstalt einsaß, zeigte im März 1958 den ehemaligen SS-Oberscharführer und Leiter des Referats Ermittlungen und Vernehmungen der Politischen Abteilung (Abt. II) in Auschwitz, Wilhelm Boger, an; er wusste, wo Boger lebte und arbeitete.[17] Zugleich unterrichtete der ehemalige KZ-Häftling den Generalsekretär des Internationalen Auschwitz-Komitees in Wien, Hermann Langbein (1912–1995).[18] In Anbetracht der zunächst nur zögerlichen Ermittlungen der Stuttgarter Staatsanwaltschaft bedrängte Langbein seit Frühjahr 1958 die Ermittlungsbehörde monatelang, einen Haftbefehl gegen den ehemaligen SS-Oberscharführer Boger zu beantragen.

An Wilhelm Boger, dem es gelungen war, aus amerikanischer Internierungshaft zu fliehen, erinnerten sich die Überlebenden des Lagers nicht zuletzt wegen der grausamen «Boger-Schaukel», die er bei Verhören eingesetzt hatte.[19] Tadeusz Paczuła – in Auschwitz Rapportschreiber im Häftlingskrankenbau – sagte in der Zeugenvernehmung vor dem Prozess aus, dass die Häftlinge Boger «Tod» oder «Gorilla» nannten.[20] Hermann Langbein, der als Häftlingsschreiber beim SS-Standortarzt tätig war und ebenfalls Auschwitz überlebt hatte, befürchtete, dass der ehemalige SS-Führer die Flucht ergreifen würde, sollten sich die Ermittlungen weiter hinziehen.[21] Er nannte der Staatsanwaltschaft weitere Zeugen, die Boger schwer belasteten, und schließlich wurde der Beschuldigte, der von der Polizei vorweg gewarnt worden war, am 8. Oktober 1958 verhaftet – über ein halbes Jahr nach Bekanntwerden seines Aufenthaltsortes.[22]

Ende Mai 1959 übersandte der Stuttgarter Generalstaatsanwalt Erich Nellmann (SPD) seinem Kollegen Bauer die Akten im Fall Boger.[23] Dem Schreiben war zu entnehmen, dass noch weitere Beschuldigte in Untersuchungshaft genommen worden waren, die später auf der Anklagebank saßen: Hans Stark, SS-Untersturmführer und ehemaliger Leiter des Referats Aufnahme in der Politischen Abteilung, sowie der SS-Rottenführer Pery Broad, der in der Politischen Abteilung im Referat Ermittlungen und Vernehmungen eingesetzt war. Der Beschuldigte Klaus Dylewski hingegen, SS-Oberscharführer und in Auschwitz ebenfalls im Referat Ermittlungen und Vernehmungen tätig, war bereits auf Kaution wieder freigelassen worden. Dem Schreiben Nellmanns beigefügt waren außerdem die Akten des Verfahrens gegen den ehemaligen SS-Hauptsturmführer Franz Hofmann, der als Schutzhaftlagerführer im Stammlager Dienst getan hatte. Ein weiterer Beschuldigter, der ehemalige «Sanitätsdienstgrad» Josef Klehr, war im November 1958 von Hermann Langbein bei

Über Sinn und Zweck der Zentralen Stelle in Ludwigsburg schrieb Fritz Bauer 1958 einen Aufsatz, der den Filmtitel von Wolfgang Staudte *Die Mörder sind unter uns* (1946) aufgriff.
Titelseite der von Martin Niemöller und Gustav Heinemann herausgegebenen Zeitschrift.

der Staatsanwaltschaft in München wegen vielfachen Mordes angezeigt worden.[24]

Ende Juni 1959 war es endlich so weit. Die Zentrale Stelle, die im Januar des Jahres begonnen hatte, alle in der Bundesrepublik anhängigen

Auschwitz-Verfahren zu bündeln, leitete aufgrund des BGH-Beschlusses sämtliche Aktenvorgänge, die das Vernichtungslager betrafen, an die Staatsanwaltschaft des Frankfurter Landgerichts weiter.[25] Von jetzt an konnte man mit Fug und Recht vom großen Auschwitz-Verfahren oder vom Auschwitz-Komplex sprechen, der ohne Fritz Bauer nicht zustande gekommen wäre. Trotzdem sollte die Vorbereitung des Prozesses noch rund viereinhalb Jahre in Anspruch nehmen. Bis zum Abschluss der Ermittlungen und der gerichtlichen Voruntersuchung durch Landgerichtsrat Dr. Heinz Düx im Oktober 1962 wurden nahezu 1500 Zeugen ausfindig gemacht, so viele wie in keinem anderen Verfahren zuvor.[26] Hunderte von Beschuldigten wurden erfasst, Ende Mai 1960 war schon allein von 950 Verfahren gegen ehemalige Angehörige der SS-Wachmannschaft von Auschwitz die Rede.[27] Während der Prozessvorbereitungen trafen bei der Staatsanwaltschaft und im Büro Fritz Bauers ungezählte, zumeist anonyme Drohbriefe ein.

Fortschritte machte das Ermittlungsverfahren vor allem durch die Mithilfe des Internationalen Auschwitz-Komitees, dem es gelang, Täter ausfindig zu machen wie auch Überlebende als Zeugen für den Prozess zu gewinnen. Fast die Hälfte der Belastungszeugen, nämlich genau 100, konnte allein Hermann Langbein als Generalsekretär des Komitees namhaft machen.[28] Zugleich gelang es, Kontakte zur Volksrepublik Polen anzubahnen, sowohl zu den Justizbehörden und der «Hauptkommission zur Untersuchung der Naziverbrechen in Polen»[29] als auch zum «Staatlichen Museum Auschwitz-Birkenau». Obwohl die Bundesregierung damals noch keine diplomatischen Beziehungen mit Polen unterhielt, plante Fritz Bauer im Herbst 1959 sogar, mit seiner «jungen Garde», wie die von ihm eigens beauftragten jungen Staatsanwälte in der Presse genannt wurden, zu einer Ortsbesichtigung und zum Dokumentenstudium an den Tatort zu fahren. Der anvisierte Termin, der noch im September stattfinden sollte, kam jedoch zunächst nicht zustande: Die Visa, die polnische Mitglieder des Internationalen Auschwitz-Komitees beschafften, kamen zu spät in der polnischen Militärmission in Westberlin an.[30]

Hinweise auf die Vermittlungsbereitschaft Hermann Langbeins, den Frankfurter Behörden in jeder Weise behilflich zu sein, sind zahlreich überliefert. Langbein, der in Verbindung mit dem Direktor des «Staatlichen Museums Auschwitz-Birkenau» Kazimierz Smoleń stand, machte der Staatsanwaltschaft aus dem Archiv der Gedenkstätte wichtige Originaldokumente zugänglich, darunter die Kommandanturbefehle, Vernehmungsniederschriften von Überlebenden sowie von Angeklagten aus den Krakauer Auschwitz-Prozessen, Personalakten von SS-Angehörigen, Schreiben der Widerstandsbewegung, eine Aufstellung der SS-Wachmannschaften sowie Dokumente der Politischen Abteilung, die die Funktion und den Zeitraum belegten, in dem Beschuldigte dort Dienst getan hatten.

Er vermittelte der Frankfurter Staatsanwaltschaft auch verschiedene Treffen mit dem polnischen Juristen Jan Sehn (1903–1965), der Mitglied der Hauptkommission zur Untersuchung der Nazi-Verbrechen in Polen war, die seit 1945 als Sonderorgan des Justizministeriums die Voruntersuchung für die Prozesse gegen die Hauptkriegsverbrecher in Warschau durchzuführen hatte. Professor Sehn war Untersuchungsrichter im Prozess gegen den ehemaligen Auschwitz-Kommandanten Rudolf Höß sowie im Verfahren gegen 40 SS-Angehörige des Lagers gewesen, das 1947 in Krakau stattfand.[31] Er konnte, nachdem ihm in der Deutschen Botschaft in Wien ein Einreisevisum hinterlegt worden war, im Februar 1960 nach Frankfurt reisen, wo er auch mit Fritz Bauer zusammentraf, mit dem er die Übermittlung weiterer Dokumente vereinbarte.[32] Im Gegensatz zu vielen seiner Kollegen und der offiziellen politischen Linie hatte Bauer keine Vorbehalte gegenüber dem Staatsrechtler an der Krakauer Universität und schätzte die Zusammenarbeit. In dieser Zeit gab es auch erste Kontakte zwischen Vertretern der Zentralen Stelle und der Warschauer Hauptkommission. Sie standen unter großem zeitlichen Druck, denn die Verbrechen «Totschlag» und «Beihilfe zum Mord» verjährten am 8. Mai 1960. Im April 1960 konnte ein Ludwigsburger Dezernent mit Billigung des Bundesjustizministeriums in der polnischen Militärmission Einsicht in eine Fülle neuer Akten nehmen.[33] Im August unternahmen dann auch die beiden Staatsanwälte Joachim Kügler und Georg Friedrich Vogel eine «Privatreise» nach Polen und erhielten direkten Zugang zu Dokumenten im Archiv des «Staatlichen Museums Auschwitz-Birkenau».[34] Durch ihr «privates» Engagement ebneten Fritz Bauer und seine jungen Staatsanwälte nicht nur den Weg zur «Etablierung informeller Beziehungen zum Ostblock», sondern schufen die Voraussetzung dafür, dass viele NS-Prozesse überhaupt zustande kommen konnten.[35]

Warum genau Fritz Bauer an dieser «Urlaubsreise» hinter den «Eisernen Vorhang» schließlich doch nicht teilnahm, ist nicht bekannt. Sicher ist, dass dies ein Politikum ersten Ranges gewesen wäre, für das auf höherer Ebene der bundesdeutschen Justiz wohl keine Zustimmung bestand. Die Bedeutung dieser Reise bundesdeutscher Staatsanwälte nach Polen ist kaum zu überschätzen. Sie war eine der Voraussetzungen dafür, dass während des Prozesses eine Tatortbesichtigung zustande kommen konnte – ein in Anbetracht des angespannten Verhältnisses zwischen Deutschland und Polen höchst erstaunliches Ereignis.[36] Nicht weniger als 24 Prozessbeteiligten wurde eine «Augenscheineinnahme» von Auschwitz und Birkenau gewährt: einem Richter, elf Verteidigern, drei Staatsanwälten, drei Vertretern der Nebenklage sowie fünf Justizangestellten und einem Angeklagten.

Im Rahmen des zweiten Auschwitz-Prozesses, der unmittelbar nach Beendigung des ersten Prozesses am 14. Dezember 1965 begann, kam es zu einer verstärkten Kooperation zwischen den Frankfurter und den Ostberliner Justizbehörden.[37] Angeklagt waren Wilhelm Burger, ehemaliger SS-Sturmbannführer und Leiter der Abteilung Verwaltung, Josef Erber, SS-Oberscharführer in der Politischen Abteilung, und Gerhard Neubert, der beim Standortarzt als SS-Sanitätsgrad unter anderem im Häftlingskrankenbau in Buna/Monowitz eingesetzt worden war.[38] Die im Zuge des ersten Auschwitz-Prozesses begonnene Zusammenarbeit zwischen den bundesrepublikanischen Behörden und Polen sowie der DDR war auch für alle späteren Prozesse, die Bauer gegen NS-Täter anstrengte, von großer Bedeutung. Vielfach bemühte sich Bauer, der diesbezüglich keine Berührungsängste hatte, um Beweisdokumente aus DDR-Archiven und empfing Ostberliner Staatsanwälte in seinem Büro, wenn sie Material überbrachten. 1963 sichtete Oberstaatsanwalt Dr. Zinnall Dokumente in Berlin, Dresden und Leipzig, er konnte Kopien mit nach Frankfurt nehmen; gelegentlich wurden Akten an Grenzkontrollpunkten übergeben. Im Februar 1964 konnten die DDR-Staatsanwälte Carlos Foth und Gerhard Ender an einer Sitzung des Auschwitz-Prozesses teilnehmen.[39]

Bauer bedauerte, dass es ihm unmöglich war, sich ein eigenes Bild zu machen, doch war ihm klar, dass er eine Einladung nach Ostberlin nicht annehmen konnte, weil er dann «die längste Zeit sein Amt bekleidet» hätte.[40] Im November 1966 scheint es aber doch zu einem solchen Besuch gekommen zu sein, der während des zweiten Auschwitz-Prozesses verabredet wurde.[41] Bauers im Auftrag der westdeutschen Länderjustizminister ein Jahr später angeblich übermittelter Vorschlag, eine paritätisch

Die Angeklagtenbank im Frankfurter Auschwitz-Prozess: nach dem Umzug aus dem «Römer» in das Bürgerhaus «Gallus» im Frühjahr 1964.
(AP)

zusammengesetzte gesamtdeutsche «Kommission zur Bekämpfung der Naziverbrechen» zu bilden, wurde jedoch abgelehnt. Die Generalstaatsanwaltschaft der DDR sah die Ebenen nicht gewahrt. In einer solchen Kommission müsse das Bundesjustizministerium vertreten sein, sonst drücke dies die «Alleinvertretungsanmaßung» der Bonner Regierung aus.[42] Tatsächlich sollte die Kommission – unter Vorsitz von Bauer – bis zum Ende der Verjährungsfrist bloß Material in Ostberliner Archiven auswerten.[43] Über viele Jahre hinweg entwickelte sich hier, zunächst inoffiziell und mit Rückschlägen, eine Kooperation, die vor allem im gegenseitigen Austausch einer Fülle von Dokumenten zum Ausdruck kam.

Am 20. Dezember 1963 – nach fünfeinhalbjährigen Ermittlungen und Vorbereitungen – begann das einzigartige Verfahren. Dank Fritz Bauer, stellte Untersuchungsrichter Heinz Düx fest, wurde es ein Verfahren wider das Vergessen;[44] wie der Rechtsanwalt und Vertreter der Nebenklage Henry Ormond (1901–1973) in seinem Plädoyer voraussagte, der größte deutsche Strafprozess.[45] Er dauerte 20 Monate, zunächst standen 22, zuletzt 20 Angeklagte vor Gericht, und nicht weniger als 211 Überlebende des KZ Auschwitz wurden als Zeugen aufgerufen. Als Gerichtsort stand zu Beginn der Plenarsaal der Stadtverordnetenversammlung im Frankfurter Rathaus zur Verfügung, im Frühjahr 1964 zog das Gericht in das gerade fertig gestellte Bürgerhaus «Gallus» um, wo freilich alsbald, nach einer Mordandrohung, vor jedem Verhandlungstag eine Durchsuchung nach Sprengkörpern stattfinden musste. Über Jahre bestimmte der Prozess den beruflichen Alltag Fritz Bauers und war für alle Beteiligten, die Staatsanwälte, Richter, Beisitzer, Verteidiger, Zeugen, ja auch für die Presseberichterstatter und manche Polizeibeamte, eine ganz außerordentliche Arbeitsleistung und -belastung, die bei manchen sogar den Gedanken an einen Berufswechsel aufkommen ließ. Die Prozessakten waren derart umfangreich, dass die Herstellung von Kopien, die für die Verteidiger benötigt wurden, auf mehrere Amtsgerichte und Laboratorien in Hessen verteilt werden musste.[46] Oberstaatsanwalt Hanns Großmann (1912–1999) fasste in seinem Schlussplädoyer am 7. Mai 1965 die beeindruckenden Zahlen dieses Prozesses zusammen:

«Ungewöhnlich zeigt sich diese Strafsache 4 Ks 2/63 gegen Mulka und 19 andere bereits im äußeren Ablauf als ein Verfahren,
vor mehr als sechs Jahren eingeleitet, nach mehrjähriger Dauer der staatsanwaltschaftlichen Ermittlungen und der Voruntersuchung am 16.4.1963 zur Anklage gebracht, das seit dem 20.12.1963, mithin seit mehr als 16 Monaten zur Hauptverhandlung vor diesem Schwurgericht ansteht, wobei diese Hauptverhandlung bisher an 155 Sitzungstagen geführt worden ist, eine Hauptverhandlung,
die sich wegen des Vorwurfs einer Vielzahl von Morden gegen 20 Angeklagte richtet, von denen nunmehr 17 in Untersuchungshaft einsitzen [...], an der 21 Nebenkläger, vertreten durch drei Rechtsanwälte, sowie 18 Verteidiger beteiligt sind [...], in der 8 Gutachter und 356 Zeugen, davon 168 aus Deutschland und 188 aus 17 außerdeutschen Ländern, darunter allein
68 Zeugen aus Polen,
24 Zeugen aus Israel,
21 Zeugen aus der ČSSR,
17 Zeugen aus Österreich,
12 Zeugen aus den USA,

*gehört und weitere zahlreiche Zeugenaussagen neben unzähligen Urkunden nach Maßgabe der einschlägigen gesetzlichen Bestimmungen verlesen worden sind [...], in der erstmals im Nachkriegsgeschehen ein deutsches Gericht durch die Augenscheinseinnahme in Auschwitz in einem Land des östlichen Machtbereichs tätig geworden ist [...] und in der erstmals deutsche Prozeßbeteiligte an richterlichen Handlungen polnischer Gerichte teilgenommen haben,
eine Hauptverhandlung,
in der ein Aktenmaterial von zur Zeit nahezu 100 Bänden mit mehr als 18 000 Seiten – Beiakten ungeachtet – vorliegt [...],
eine Hauptverhandlung aber auch,
an der bisher mehr als 20 000 – zu einem guten Teil auch junge Menschen – als Zuhörer teilgenommen haben und von deren Ablauf Millionen durch Meldungen, Berichte und Kommentare in Presse, Rundfunk und Fernsehen des In- und des Auslandes unterrichtet worden sind und noch werden.»*[47]

Auf der Anklagebank saßen als ranghöchste SS-Führer die beiden ehemaligen Adjutanten des Lagerkommandanten, Robert Mulka und Karl Höcker, daneben fünf Mitglieder der Lager-Gestapo, vier Aufseher, drei «Sanitäter» und drei KZ-Ärzte, der Lagerapotheker Victor Capesius, der Kleiderkammerverwalter und als einziger Funktionshäftling oder «Kapo» Emil Bednarek.[48] Sie alle wurden beschuldigt, in den Jahren 1940 bis 1945 «durch mehrere selbständige Handlungen teils allein, teils gemeinschaftlich mit anderen, aus Mordlust und sonst aus niedrigen Beweggründen, heimtückisch und grausam sowie teilweise mit gemeingefährlichen Mitteln [...] Menschen getötet zu haben.»[49] Durchweg lief die Anklage der Staatsanwaltschaft auf Täter- oder Mittäterschaft hinaus.[50]

Für die Richter war es aufgrund der absehbaren zeitlichen Dauer sowie der Materialfülle, die sich aus den zahlreichen Einzelfällen ergeben musste, eine wesentliche Erleichterung, dass der größte Teil der Zeugenaussagen auf Tonband aufgenommen werden durfte. Eine kurz vor Beginn der Vernehmungen beantragte und entsprechend getroffene Entscheidung des BGH erlaubte den Tonbandmitschnitt «zum Zwecke der Stützung des Gedächtnisses des Gerichts», vorausgesetzt, dass die Zeugen jeweils vor ihrer Befragung zustimmten.[51] Kaum ein Zeuge verwahrte sich dagegen, und so entstand ein Tondokument, das rund 430 Stunden Prozesswirklichkeit erfasste. Obgleich die Bänder später gelöscht werden sollten, sind sie, wohl nicht zuletzt auf Initiative Hermann Langbeins und der Organisationen ehemaliger Häftlinge, erhalten geblieben, vom hessischen Justizminister Lauritz Lauritzen am 24. September 1965 sichergestellt und später im Hessischen Hauptstaatsarchiv verwahrt worden.[52] Die Tonbänder, urteilte Hermann Langbein, vermittelten zwar nicht Gestik und Aussehen der Zeugen, aber doch ihre Stimme und Sprechweise und nicht zuletzt die vielen beredten Pausen – «jene Minuten des Schweigens, in welchen in dem nüchternen Gerichtssaal Auschwitz am deutlichsten spürbar wurde».[53] Für den Zeithistoriker sind diese Tonbänder Quellenmaterial von unschätzbarem Wert.[54]

Darüber hinaus gab Bauer wissenschaftliche Gutachten in Auftrag, die die geradezu unvorstellbaren Vorgänge in Auschwitz vor ihrem historischen und politischen Hintergrund analysieren sollten. Denn Bauer war vor allem aufgrund seiner Erfahrung mit den NS-Prozessen zu der Einsicht gelangt, dass man in Deutschland zu wenig von der Zeitgeschichte wusste.[55] Sein Ziel war es, die Bedingungen zu klären, unter denen die Täter handelten.[56] Die Historiker sollten Auschwitz in das politische Gesamtbild der damaligen Zeit und in den größeren historischen Zusammenhang stellen, ohne zu den Handlungen im Einzelnen Stellung zu nehmen. Diese bildeten vielmehr den «weißen Fleck», der in der gerichtlichen Hauptverhandlung aufgeklärt werden sollte.[57]

Die Gutachter hatten demnach zu untersuchen, wie der nationalsozialistische Machtapparat funktionierte, wie totalitäre Herrschaft in der Alltagspraxis ausgeübt wurde, welche geistige Mentalität bei den Mitgliedern der SS herrschte oder welche besonderen Züge der nationalsozialistische Antisemitismus aufwies. Erst aus der Kenntnis über die geistigpolitische Gesamtsituation und die organisatorischen Verflechtungen, in denen die Täter lebten – so der Historiker und Gutachter Hans Buchheim – ließ sich zum Beispiel der so genannte Befehlsnotstand, den die Verteidigung zu Gunsten der Täter geltend machte, beurteilen.[58]

Auf Bauers Initiative hin verlas Buchheim als Erster sein Gutachten über «Die Organisation von SS und Polizei unter nationalsozialistischer Herrschaft» am 8. Februar 1964 vor Gericht.[59] Der Generalstaatsanwalt war sich zunächst nicht sicher gewesen, ob das Gericht auch ein geschriebenes Dokument akzeptieren würde. Deshalb hatte er Buchheim zum 16. Verhandlungstag nach Frankfurt gebeten, wo der Gutachter als Zeuge gehört und so als «präsentes Beweismittel» gewertet wurde.[60] Am 2. Juli 1964, dem 60. Verhandlungstag, trug Buchheim das zweite Gutachten vor, in dem es um den Befehlsnotstand ging. Eine Materialsammlung über dieses für die Verfolgung von NS-Verbrechen zentrale Problem lag bereits 1962 von Seiten der Zentralen Stelle vor. Darin wurde nachgewiesen, dass die Masse der Täter nicht aus einer wirklichen oder vermeintlichen Notlage gehandelt hatte, sondern vielmehr aus Überzeugung, aus Ehrgeiz, Sadismus, Bequemlichkeit oder ähnlichen Motiven, oder aber auch, weil «es eben so befohlen war».[61] Von einem «Befehlsnotstand» der Täter von Auschwitz konnte also kaum gesprochen werden.[62]

Buchheim ging in seinem Gutachten sogar noch weiter. Er zeigte, dass die Täter durchaus ein Unrechtsbewusstsein hatten, und erklärte dies aus dem generellen Rechtsverständnis des NS-Regimes, das sich auf die Führergewalt stützte. Da die Führergewalt nicht normativ war, das heißt keinen verbindlichen Rechtscharakter hatte, sondern in einer außernormativen Vollmacht bestand, sei sie auch nach damaligen Vorstellungen nicht durch geltendes Recht gedeckt gewesen, hatte also unverkennbaren Unrechtscharakter.[63] Dies – so Buchheim – sei auch den an der Vernichtungspolitik Beteiligten durchaus bewusst gewesen. «Die charakteristische Geisteshaltung der Täter [...] bestand darin, daß an sich anerkannte und im normalen Leben auch beachtete Normen für den Ausnahmefall im Namen einer geschichtlichen [oder auch politischen, H. B.] Notwendigkeit suspendiert wurden. [...] Von den an den Verbrechen Beteiligten ist also im allgemeinen zu sagen [...], daß sie ein partiell suspendiertes Unrechtsbewußtsein besaßen.»[64] Und das aus ideologischen Gründen partiell suspendierte Unrechtsbewusstsein erkläre, warum die Taten von Leuten begangen wurden, die im gutbürgerlichen Sinn anständig waren, Menschen also, die unter normalen Verhältnissen solche Verbrechen nicht begangen hätten.

Detaillierter als je bei den bisherigen Verfahren wurde im Auschwitz-Prozess das Gesamtgeschehen der «Endlösung» anhand der wissenschaftlichen Gutachten über die Organisation von SS und Polizei, über die nationalsozialistische «Judenpolitik», ferner über die Funktion der Konzentrationslager dargelegt. Oberstaatsanwalt Großmann ging in seinem Plädoyer ausführlich darauf ein und kam zu dem Schluss: «Die Geschichte kennt auch in den Jahrhunderten vor dem Nationalsozialismus Judenverfolgungen. Niemals jedoch hat es eine staatlich veranlaßte Verfolgung –

ich zitiere Krausnick – von solch diabolischer Konsequenz der Planung, kalter Systematik der Durchführung, so schauerlichem Ausmaß und Ergebnis gegeben wie die Verfolgung, die das nationalsozialistische Regime in seinem Herrschaftsbereich mit allen Mitteln administrativer und maschineller Technik unternahm.»[65]

Norbert Frei hat auf die besondere Bedeutung des Frankfurter Verfahrens und seiner Gerichtsgutachten hingewiesen. In der Zeitgeschichte sei kein anderer Fall bekannt, wo Gerichtsgutachten, wie sie auf Initiative Bauers erstellt wurden, «von vergleichbar lang anhaltender Wirkung geblieben wären».[66] Faktum ist allerdings auch, dass die zu erhoffende Forschungswelle unmittelbar nach dem Prozess ausblieb.[67] 1965 jedenfalls war die Geschichte des Konzentrationslagers Auschwitz noch nicht geschrieben, wie Hermann Langbein feststellte, und dies sollte noch lange so bleiben.[68] Erst eine jüngere Historikergeneration hat die Begegnung mit den Opfern gesucht und dadurch auch für die wissenschaftliche Arbeit neue Motivationen gewonnen.[69] Seit den 1980er Jahren fragt sie verstärkt nach den Erfahrungen der Überlebenden und versucht, mit Hilfe der persönlichen Schicksale das KZ-Terrorsystem zu erfassen.[70]

Wir stehen somit vor dem Phänomen, dass die Justizbehörden in den fünfziger und sechziger Jahren umfangreiches Quellenmaterial zusammentrugen, das über die jeweiligen NS-Prozesse hinaus für die Geschichtsschreibung überaus nützlich war und blieb. Auf der anderen Seite kam durch die historischen Gutachten ein juristischer Ahndungswille zum Tragen, der in erster Linie dem singulären Engagement Fritz Bauers zu verdanken war.[71] Der Frankfurter Auschwitz-Prozess stellte nicht zuletzt durch die Fülle der Zeugenbefragungen und überhaupt durch seinen Verlauf einen Wendepunkt in der Nachkriegsjustiz dar, einen gleichermaßen beispielgebenden Neuansatz.[72]

Das Gericht selbst hingegen wollte nicht in seiner historischen Besonderheit gesehen werden, sondern hob immer wieder die Normalität seiner Aufgabe hervor. Nicht über die Geschichte werde man urteilen, sondern über die persönliche Schuld der Angeklagten in einem gewöhnlichen Strafprozess. In ebendiesem Sinne erklärte der Vorsitzende Richter Hans Hofmeyer in der Urteilsbegründung: «Die Staatsanwaltschaft hat zu Beginn ihres Plädoyers die Fragen aufgeworfen: Warum ein Auschwitz-Prozeß, und warum heute noch ein Auschwitz-Prozeß? Diese Fragen wer-

Oswald Kaduk, der in Auschwitz Tausende Häftlinge mit der Phenolspritze umgebracht hat, reagierte vor Gericht stets wie damals: als pflichttreuer, gehorsamer SS-Funktionär. An der Seitenwand hing ein Lagerplan des KZ.
(Keystone Pressedienst)

den für die Staatsanwaltschaft von Interesse gewesen sein, als sie sich darüber schlüssig werden mußte, ob sie diesen Prozeß einleiten sollte. Für das Schwurgericht sind derartige Fragen nicht zu stellen. Wenn auch der Prozeß weit über die Grenzen dieses Landes Beachtung gefunden hat und den Namen ‹Auschwitz-Prozeß› erhalten hat, so blieb er für das Schwurgericht ein Strafprozeß gegen Mulka und andere, das heißt, es war für die Entscheidung des Schwurgerichts nur die Schuld der Angeklagten maßgeblich.»[73]

Nicht das mit dem Namen Auschwitz gekennzeichnete Menschheitsverbrechen, sondern die Auschwitz-Täter standen vor Gericht. Das Schwurgericht und in der Revision auch der Bundesgerichtshof verlangten den individuellen Tatnachweis, da das Strafgesetzbuch keine Massenverbrechen kenne.[74] Aus Mangel an den bei «normalen» Mordprozessen gegebenen Beweismitteln trugen allerdings, so Hofmeyer, die Zeugen den Hauptteil der Beweislast: «Außer wenigen und nicht sehr ergiebigen Urkunden standen dem Gericht zur Rekonstruktion der Taten der Angeklagten fast ausschließlich nur Zeugenaussagen zur Verfügung.»[75] Ohne sie wäre ein individueller Schuldnachweis nicht möglich gewesen.

Für die überlebenden Opfer war es indes eine ungeheure Zumutung, dass sie in einer Alltagsatmosphäre und anfänglich sogar spürbar inmitten öffentlicher Gleichgültigkeit, wenn nicht gar Aversion gegenüber ihrem Schicksal aussagen mussten. Dies veränderte empfindlich den Gang der Verhandlung. Sowenig in Anbetracht der «Endlösung» eine angemessene Bestrafung der Täter erwartet werden konnte, so sehr haben die Zeugen dazu beigetragen, dass ein plastisches Bild der jüngsten Zeitgeschichte entstehen konnte. Erstmals schilderten sie in aller Öffentlichkeit die beispiellosen Grausamkeiten, die ihnen widerfahren waren, erstmals wurde die Unzahl der Toten der Anonymität entrissen. Das Einzelschicksal trat aus der täglichen «Routinearbeit der Mordmaschinerie»[76] hervor. Es waren die Zeugen, die die Mauer des Schweigens durchbrachen, jene psychologische «Sperre»,[77] die bis heute darin zum Ausdruck kommt, dass Auschwitz zwar als Symbol für das einzigartige Menschheitsverbrechen der Nazis gilt, die Tatsachen selber jedoch weder nachempfunden noch durch wissenschaftliche Analyse konkret fassbar gemacht werden können. Schon vor zehn Jahren bemerkte Norbert Frei im Hinblick auf das «Interesse an einer kritischen Auseinandersetzung mit der NS-Vergangenheit», nach dem Auschwitz-Prozess sei nichts mehr so wie früher gewesen.[78] Er markiere nicht erst den Wendepunkt, sondern war «im Grunde bereits die erste Frucht einer Veränderung des vergangenheitspolitischen Klimas».[79]

Nach 182 Verhandlungstagen verkündete der Vorsitzende Richter am 20. August 1965 stockend und mit langen Pausen das Urteil: «Das Gericht mußte [...] noch einmal im Geiste all die Leiden und Qualen erleben, die die Menschen dort erlitten haben und die mit dem Namen Auschwitz auf immer verbunden sein werden. Es wird wohl mancher unter uns sein, der auf lange Zeit nicht mehr in die frohen und gläubigen Augen eines Kindes sehen kann, ohne daß im Hintergrund und im Geist ihm die hohlen, fragenden und verständnislosen, angsterfüllten Augen der Kinder auftauchen, die dort in Auschwitz ihren letzten Weg gegangen sind.»[80] Im Ergebnis befanden die Richter zehn Angeklagte der gemeinschaftlichen Beihilfe zum gemeinschaftlichen Mord schuldig, entsprechend der Mindestzahl der Opfer, die der Begründung zugrunde gelegt wurde, hatten sie Beihilfe zum Mord an 28 910 Menschen geleistet.[81] Ein Angeklagter

Der große Auschwitz-Prozess 1963–1965

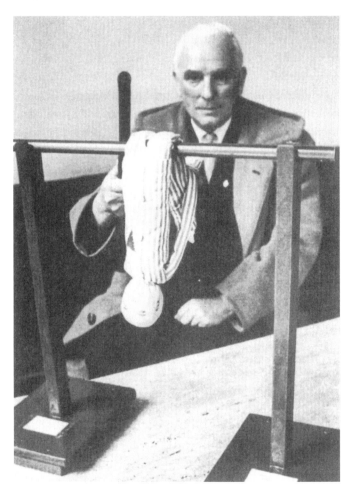

Der Auschwitz-Überlebende Paul Leo Scheidel zeigte im Prozess, wie der Angeklagte Wilhelm Boger die Häftlinge mit der von ihm erfundenen «Schaukel» folterte.
(Günter Schindler, Schindler-Foto-Report)

wurde des gemeinschaftlichen Mordes in 342 Fällen für schuldig befunden, ein weiterer des Mordes in 14 Fällen; fünf Angeklagte wurden des Mordes und gemeinschaftlichen Mordes für schuldig befunden. Sie hatten Beihilfe zum Mord an 11 990 Menschen geleistet und gemeinschaftlichen Mord an 3282 Menschen, in 605 Fällen konnte der Mord als selbständige Tat nachgewiesen werden. Drei Beschuldigte wurden freigesprochen.[82]

Schon oft wurde die Frage gestellt, ob Fritz Bauer und seine Staatsanwälte dieses Urteil wirklich vorhersehen konnten und wie es sich aus der Sicht der Ankläger darstellte, die in fast allen Fällen mindestens auf Mittäterschaft plädiert hatten. Bauer konnte nicht an der Tagung der Generalstaatsanwälte von 1964 teilnehmen, wo die spezielle Praxis der Gerichte in Verfahren wegen nationalsozialistischer Gewaltverbrechen (so genannter NSG-Verfahren) diskutiert und vielfach danach gefragt wurde, warum so oft Urteile nur wegen Beihilfe und nicht wegen Täterschaft ergingen.[83] Auch das Staschynskij-Urteil vom 19. Oktober 1962, das wesentlich zur Begründung der fortan praktizierten Gehilfen-Rechtsprechung beigetragen hat, stand zur Debatte und das psychologische Problem, dass Laienrichter (Geschworene) die Taten aus vielfältigen Gründen möglichst milde beurteilten, ebenso die fehlende wissenschaftliche Durchdringung des Täterbegriffs.[84]

Das Schwurgericht im Verfahren gegen «Mulka und andere» hatte zehn der Angeklagten als «Gehilfen» verurteilt. Konnte da, im Gesamtkontext der juristischen Auseinandersetzung mit den nationalsozialistischen Gewaltverbrechen, insbesondere hinsichtlich der geplanten Vernichtung der jüdischen Bevölkerung, noch von einem Wendepunkt in der Justizgeschichte die Rede sein? Letztlich stellte sich die Frage, ob ein Gericht, das nach dem Beweis für individuelle Schuld suchte, überhaupt zu einem Urteil kommen konnte, das dem Gesamtgeschehen der «Endlösung» gerecht wurde. Hatten die Angeklagten nicht auch dann, wenn ihnen kein direkter Wille zum Verbrechen nachzuweisen war, weil sie nur die von ihnen erwartete «Arbeit» getan oder Befehle ausgeführt hatten, am Massenmord mitgewirkt? Und musste das Gericht nicht auch diese Teilnahme am Gesamtgeschehen mit in die Bewertung einbeziehen? Am Beispiel der Urteile über die Angeklagten Josef Klehr, Robert Mulka und Karl Höcker wird dieses Dilemma ganz deutlich.

Der 8. Mai 1964 war der 43. Verhandlungstag. Die Vernehmung der Angeklagten war früher als erwartet beendet worden, denn sie hatten durchwegs «nichts zu sagen», «wußten nichts» oder «erinnerten sich nicht».[85] Sie hätten, erklärte der Vorsitzende Richter später, «keinen Anhaltspunkt für die Erforschung der Wahrheit gegeben und im wesentlichen geschwiegen und zum großen Teil die Unwahrheit gesagt».[86] Auch der ehemalige Sanitätsdienstgrad Josef Klehr, angeklagt wegen vielfachen Mordes, hatte sich dem stereotypen Leugnen seiner Kameraden angeschlossen.[87] In der

Anklageschrift hieß es über ihn, der Angeschuldigte sei «im wesentlichen geständig. An Einzelfälle will er sich nicht mehr erinnern können. Bei Selektionen im Krankenbau habe er nur den Arzt begleitet.»[88]

Der 8. Mai 1964 war der erste Prozesstag, der nach dem Umzug des Gerichts ins Bürgerhaus «Gallus» auf Tonband aufgezeichnet wurde. In einer vierstündigen Befragung wurde der Zeuge Dr. Tadeusz Paczuła aus Polen über den Fall Josef Klehr gehört.[89] Bernd Naumann (1922–1971)[90] berichtete in der *Frankfurter Allgemeinen Zeitung*: «Auschwitz-Prozeß, 43. Tag. Dr. Paczuła, der Chirurg mit dem phänomenalen Gedächtnis, wird zum zweiten Mal gehört. Der 44 Jahre alte Pole sagt die Häftlingsnummern seiner Lagerkameraden auf wie ein gut vorbereiteter Schüler Geschichtszahlen oder mathematische Formeln.» Es «komme wohl vom täglichen Umgang mit Zahlen in Auschwitz; jedenfalls habe er ganz einfach die Fähigkeit, auch solche Dinge behalten zu können. Eine Einschränkung macht er nur für die Zeit, in der er zwischen 28 und 29 Kilogramm wog; da sei sein Gedächtnis geschwächt gewesen.»[91]

Der polnische KZ-Häftling, der nach dem Krieg Medizin studierte, war im Dezember 1940 als Widerstandskämpfer verhaftet und von der Gestapo in Auschwitz eingeliefert worden.[92] Vom Sommer 1942 bis in den Sommer 1944 führte er die Totenbücher der männlichen Häftlinge des Stammlagers. In der Zeugenvernehmung vor dem Prozess hatte er erklärt, in den zwei Jahren etwa 130 000 Namen in die Bücher eingetragen zu haben, die schließlich einen solchen Umfang annahmen, dass er zum Transport einen Handwagen benutzen musste.[93] Beim Vorsitzenden Richter löste die geringe Zahl Verwunderung aus, und er fragte nach, warum Paczuła nur 130 000 Tote vermerkt habe. Die überzeugende Auskunft lautete, dass nur die im Lager ums Leben gekommenen Häftlinge in die Sterbebücher eingetragen wurden: «Wer gleich nach der Ankunft vergast wurde – es waren Millionen –, wurde nicht nummeriert.»[94] Paczuła, den sein Dienst zu einem Hauptzeugen der verübten Gräuel gemacht hatte, wurde am 27. September 1944 aus dem Lager abgeschoben und als Soldat an die italienische Front geschickt. Er lief dort im Februar 1945 zu den Engländern über und kämpfte fortan im polnischen Korps gegen die deutsche Wehrmacht.[95]

Den Angeklagten Klehr bezeichnete Paczuła als einen Mann mit sehr begrenzten Fähigkeiten und Kenntnissen.[96] Josef Klehr wurde 1904 in Langenau in Oberschlesien geboren.[97] Er besuchte die Volksschule und legte 1921 die Gesellenprüfung im Tischlerhandwerk ab. Nach einigen Jahren Tischlerei fand er von 1934 bis Mitte 1938 eine Anstellung in einer Heilanstalt, danach wurde er Hilfswachtmeister im Zuchthaus Wohlau. Klehr trat im Herbst 1932 der Allgemeinen SS bei, im August 1939 wurde er zur Waffen-SS eingezogen und kam zu den Wachmannschaften der Konzentrationslager Buchenwald und Dachau. Dort wurde er als Sanitätsdienstgrad (SDG) eingesetzt, am 30. Januar 1941 zum SS-Unterscharführer befördert und im Oktober 1941 nach Auschwitz versetzt. In den Jahren 1941 bis 1944 war Klehr als Sanitätsdienstgrad und Leiter der Vergasungskommandos eingesetzt, ab Anfang 1942 längere Zeit als der einzige SDG im Häftlingskrankenbau des Stammlagers. Am 1. Februar 1943 wurde er zum SS-Oberscharführer befördert. Zuletzt im Nebenlager Gleiwitz eingesetzt, begleitete er im Januar 1945 eine der Häftlingskolonnen auf dem Todesmarsch in das KZ Groß-Rosen. Von dort wurde Klehr in die Tschechoslowakei abkommandiert und geriet im Mai 1945 in amerikanische Gefangenschaft. Im März entlassen, kehrte er ohne Weiteres zu seiner in Braunschweig lebenden Familie zurück und arbeitete danach wieder als Tischler. Im Urteil wurde zu seinen Gunsten berücksichtigt, dass er sich nach Kriegsende unauffällig geführt habe.

Die Beschuldigungen gegen Klehr kamen am 8. Mai 1964 zur Sprache. Sie betrafen unter anderem:[98] Mitwirkung an Selektionen im Häftlingskrankenbau, eigenmächtige Selektionen und Tötungen von Häftlingen durch Phenolinjektionen, Mitwirkung bei der Massentötung der Juden, die mit den Reichssicherheitshauptamt-Transporten (RSHA-Transporten) nach Auschwitz deportiert wurden, sowie dem jüdischen Sonderkommando, dessen Aufgabe es war, in Auschwitz-Birkenau die Leichen der getöteten Menschen aus den Gaskammern herauszuziehen und in den Krematorien zu verbrennen.[99]

In der Zeugenbefragung erinnerte sich Tadeusz Paczuła an einen besonderen Tag in Auschwitz; es war der Heilige Abend 1942. Die Häftlinge hatten mit Erleichterung erfahren, dass der Lagerarzt, der sonst die Selektionen durchführte, in Urlaub war, was sie hoffen ließ, «daß an diesem Tage kein Mensch eines unnatürlichen Todes sterben wird».[100] Paczuła berichtete: «Der Tag war sehr typisch. Die anderen Selektionen, die jeden Tag stattfanden, die ließen uns irgendwie gleichgültig, die gehörten schon zur Tagesordnung, aber an diesem besonderen Tag waren wir irgendwie erschüttert, gerade durch diese besondere Situation.»[101] Der Vorsitzende

Richter wollte noch Genaueres hören: «Ich will nur jetzt wissen, von wem haben Sie gehört, daß der Klehr an diesem Tag etwa 200 Menschen ausgesondert hat?» «Wenn es sich um diese Zahl handelt», antwortete Tadeusz Paczuła, «da kam sie zu mir in Form der Meldungen, die ich erhielt. Was die Person anbetrifft desjenigen, der eben getötet hatte, da betone ich noch mal, daß ich kein Augenzeuge gewesen bin, daß ich das selbst nicht gesehen habe.» Der Gerichtsvorsitzende, offenbar überrascht von der zweimaligen Betonung, versuchte zusammenzufassen: «Wir sprechen jetzt nur von Weihnachten 1942. Sie waren also nicht Zeuge von der Arztvorstellung. Sie waren nicht Zeuge von der Selektion des Klehr, und Sie waren nicht Zeuge von der Tötung der Leute. Sie haben alles nur von dritter Seite gehört.»[102]

Das Gericht benötigte die Zeugenaussage, um nachzuweisen, dass Klehr eigenmächtige Selektionen – «Arztvorstellungen», wie es im Lagerjargon hieß – durchgeführt hatte. Das verstand auch Paczuła, der nun versuchte zu erklären, warum er für seine Beweisführung gar nicht Augenzeuge gewesen sein musste: «Ich habe doch an diesem Tag dem Angeklagten Klehr gesagt, daß der Arzt nicht an dem Tag da ist.» Wieder bemühte sich der Vorsitzende Richter um Details: «Ja, das ist richtig. Das haben Sie bisher noch nicht gesagt. Sie haben gesagt, es ist vorgekommen, daß das Telefon, durch das Telefon die Meldung kam: ‹Der Arzt kommt heut' nicht›. Aber für diesen Tag haben Sie nur gesagt: ‹Der Lagerarzt war in Urlaub›.» Im weiteren Verlauf der Verhandlung wurde allmählich klar, dass eigentlich der Lagerarzt Dr. Entress, der unmittelbare Vorgesetzte Klehrs, regelmäßig die Selektionen im Häftlingskrankenbau vornahm. Auch Paczuła bestätigte diese Ansicht: «An diesem Tag haben wir ebenfalls auf den Arzt gewartet. Er kam sonst immer sehr pünktlich. Und als er nicht kam, riefen wir das SS-Revier [an] und bekamen die Nachricht, daß der Arzt nicht kommt, weil er bereits im Urlaub sei. Und von diesem Augenblick an herrschte die Stimmung, daß heute niemand stirbt.» Aber wie konnte der Zeuge dann wissen, «daß der Angeklagte Klehr trotzdem diese Selektionen durchgeführt hat»? Paczuła erläuterte, dass der Angeklagte spontan die Vertretung übernommen habe: «Als dem Angeklagten Klehr gemeldet wurde, daß der Arzt im Urlaub sei, hat er gesagt, daß er die Arztvorstellung übernimmt.» Die Frage des Gerichtsvorsitzenden, ob der Zeuge dabei gewesen sei, als dem Angeklagten dies gemeldet wurde, lieferte endlich den erforderlichen Tatbeweis. «Das hab' ich ja selbst gemeldet», erklärt Paczuła. Nochmals Hofmeyer: «Das haben Sie selbst gemeldet. Und Sie haben deshalb auch mit eigenen Ohren gehört, daß der Angeklagte Klehr gesagt hat: Dann mache ich die Arztvorstellung. Das ist so gewesen?» Die Dolmetscherin übersetzte die Antwort des Zeugen: «Jawohl.»

Im Urteil stellte das Gericht fest, dass der Angeklagte am 24. Dezember 1942 eigenmächtig gehandelt[103] und bei seiner eigenen «Arztvorstellung» 30 Häftlinge zur Tötung ausgewählt hatte.[104] Anschließend ging er durch die Krankenblöcke 19, 20 und 21, suchte dort in den Krankenbetten mindestens noch weitere 170 Häftlinge aus und ließ sie zu den anderen auf Block 20 bringen, wo er sie eigenhändig durch Phenolinjektionen umbrachte. Die Tötungen in diesen Fällen erfüllten den Tatbestand des Mordes. Sie erfolgten aus niederen Beweggründen und waren grausam.[105] Das Gericht hielt fest, Klehr habe die in «Auschwitz herrschende allgemeine Mißachtung jüdischer Menschen, die ihren Grund in der allgemeinen nationalsozialistischen Politik gegenüber den Juden hatte, bewußt ausgenutzt, um seine niedrigen Instinkte zu befriedigen».[106] Die Tötung am Heiligabend zeige besonders klar, dass es dem Angeklagten unnatürliche, sadistische Freude bereitete, durch Phenolinjektionen zu töten. «Irgendwelche Rechtfertigungs- und Schuldausschließungsgründe liegen nicht vor.»[107]

«Die Anzahl der von dem Angeklagten Klehr durch Phenolinjektionen eigenhändig getöteten Häftlinge, die vom SS-Lagerarzt Dr. Entress zur Tötung bestimmt worden sind», so lautete das Urteil, «konnte auch nicht annähernd festgestellt werden.»[108] In der Gesamtbeurteilung des Angeklagten, der nach Aussage von Zeugen zwischen 10 000 und 30 000 Menschen ermordet hatte,[109] kam das Gericht zu dem Schluss, dass er in mindestens 475 Fällen des Mordes und in sechs Fällen wegen gemeinschaftlicher Beihilfe zum gemeinschaftlichen Mord zu verurteilen war. Bei den sechs nachgewiesenen Aktionen waren mindestens 1980 Menschen zu Tode gekommen.[110] Für jeden dieser Morde sollte er lebenslang büßen – was bedeutete, dass Klehr die höchste Strafe im Auschwitz-Prozess bekam: lebenslanges Zuchthaus und dazu weitere 15 Jahre Zuchthaus.[111]

Entsprechend der Morddefinition des Strafgesetzbuches, die Mordlust und niedere Beweggründe voraussetzt, war die Strafzumessung eindeutig. Eine Besonderheit blieb allerdings sowohl in der Verhandlung als auch im Urteil unberücksichtigt, obwohl gerade dieser Gesichtspunkt am

8. Mai 1964 immer wieder zur Sprache kam: «Nur jüdische Häftlinge wurden vom Lagerarzt zur Sonderbehandlung bestimmt, und zwar vor allem solche, die schwach aussahen (Muselmänner) oder eine Krankheit hatten, die eine baldige Wiederherstellung der Arbeitsfähigkeit des Häftlings nach Auffassung des Lagerarztes nicht erwarten ließ. Der Grund für die Tötung der schwachen und kranken jüdischen Häftlinge war, daß man sie als unnütze Esser loswerden wollte, [...] weil man sie für den Arbeitseinsatz nicht mehr verwenden konnte.»[112] Der Angeklagte wusste, so hieß es im Urteil, dass «die jüdischen Häftlinge nur deswegen getötet wurden, weil sie nicht mehr nützlich erschienen. Er hat ihre Beseitigung für richtig gehalten und innerlich bejaht. Ihm bereitete es darüber hinaus unnatürliche Freude, die Häftlinge durch Phenolinjektionen töten zu können.»[113] Klehr gefiel es, nach der Selektion durch die Krankenblocks zu gehen, und dabei «wählte [er] willkürlich jüdische Häftlinge aus, die ihm schwach erschienen, und brachte sie zu den im Block 28 wartenden Opfern oder sofort auf den Korridor des Blocks 20 [...]. Die von ihm ausgewählten Häftlinge wurden dann von ihm durch Phenolinjektionen getötet.»[114] Klehr machte das auch unabhängig von den Selektionen, und wenn er nicht gleich erkannte, «ob ein Häftling Jude sei, fragte er ihn zunächst: ‹Bist du Jude?› Bekam er eine bejahende Antwort, dann ließ er ihn auf Block 20 bringen.»[115] So auch bei der Selektion am Weihnachtsabend 1942. Klehr selbst gab zu, während «seiner Zeit seien nur jüdische Häftlinge im Häftlingskrankenbau zur Tötung mit Phenol oder zur Vergasung ausgewählt worden.»[116]

Für die Urteilsfindung des Frankfurter Schwurgerichts war es entscheidend, dass Klehr aus Mordlust und niederen Beweggründen gehandelt hatte, insofern war er Mittäter. Doch in den sechs weiteren Fällen, in denen Klehr ebenfalls beim Mord an den Juden mitgewirkt hatte und die 1980 Menschen das Leben gekostet hatten, wurde er lediglich als Mordgehilfe verurteilt. Der Grund dafür war, dass man Klehr nicht in allen Fällen zur Last legen konnte, aktiv und bejahend an der «Endlösung» mitgewirkt zu haben. Denn der organisierte Massenmord galt nicht als «natürliche Handlungseinheit» (§ 73 StGB).[117] Vielmehr wurde er als Folge einer Vielzahl einzelner Willensakte, Entschlüsse und Taten in verschiedenen Ländern und an verschiedenen Orten bewertet.[118] Dies hatte zur Folge, dass die in den besetzten Gebieten Europas durchgeführten Massentötungen nicht in den Gesamtzusammenhang der «Endlösung» gestellt wurden.[119] Vielmehr ordnete man diese Verbrechen als je eigene Kapitel den einzelnen Vernichtungslagern zu.[120]

Die von der Staatsanwaltschaft wie von Fritz Bauer vertretene Auffassung, dass Auschwitz ein «in sich geschlossener Teil» der «Endlösung» war,[121] auf jeden Fall Ausdruck ein und desselben Vernichtungswillens, Menschen nur aufgrund ihrer Rasse- oder Volkszugehörigkeit zu töten, blieb unberücksichtigt.[122] Diese Auffassung vertrat die Staatsanwaltschaft nach dem Urteil auch in der Revision und meinte, «daß jeder, der in das Vernichtungsprogramm des Konzentrationslagers Auschwitz eingegliedert war und dort irgendwie anläßlich dieses Programms tätig wurde, sich objektiv an den Morden beteiligt hat und für alles Geschehen verantwortlich ist».[123]

Indem der Prozess das kollektive Geschehen durch Atomisierung und Parzellierung sozusagen privatisierte, zu diesem Ergebnis kam Fritz Bauer, habe er es auch entschärft.[124] Die Auflösung des Massenmords in Episoden sei eine Vergewaltigung des totalen Verbrechens, das keine Summe von Einzelereignissen gewesen sei.[125] Die Tätigkeit «eines jeden Mitglieds eines Vernichtungslagers», erklärte Bauer, stelle vom Eintritt in das Lager an, mit dem die Kenntnis von der Aufgabe dieser Tötungsmaschinerie verbunden war, «bis zu seinem Ausscheiden eine natürliche Handlung dar»; jeder von ihnen habe «fortlaufend, ununterbrochen mitgewirkt».[126] Bauer hatte diese Auffassung im selben Jahr auch auf der Tagung der Generalstaatsanwälte am Beispiel der Massentötung der ungarischen Juden in Auschwitz vorgetragen und dabei die Formulierung gebraucht: «Ein Mord, begangen an Hunderttausenden von Juden im Rahmen der ‹Endlösung›».[127]

Das hessische Ministerium der Justiz befürwortete eine endgültige Klärung dieser Rechtsfrage durch den Bundesgerichtshof, da sie auch für alle weiteren NS-Prozesse von Bedeutung sein würde.[128] Aber der BGH entschied wie das Frankfurter Schwurgericht: «Diese Ansicht ist nicht richtig. Sie würde bedeuten, daß auch ein Handeln, das die Haupttat in keiner Weise konkret fördert, bestraft werden müßte. Folgerichtig wäre auch der Arzt, der zur Betreuung der Wachmannschaft bestellt war und sich streng auf diese Aufgabe beschränkt hat, der Beihilfe zum Mord schuldig. Dasselbe gälte sogar für den Arzt, der im Lager Häftlingskranke behandelt und sie gerettet hat. Nicht einmal wer an seiner Stelle dem Mordprogramm kleine Hindernisse, wenn auch in untergeordneter Weise und ohne Erfolg, bereitet hätte, wäre straffrei. Das ist nicht angängig.» Die Revision, so der BGH, komme «auf dem Umweg über den Begriff der natürlichen Handlungseinheit zu der Annahme eines Massenverbrechens, die in der Rechtsprechung des Bundesgerichtshofs immer abgelehnt worden ist».[129] In Auschwitz habe es sich «nicht um einen fest umgrenzten, abgeschlossenen Tatkomplex <u>eines einzigen bestimmten Täters</u>, sondern um Tötungen aus den verschiedensten Beweggründen, zum Teil auf Befehl, zum Teil durch eigenmächtiges Handeln, zum Teil als Täter, zum Teil als Gehilfe» gehandelt (Hervorhebungen im Original).[130]

In Anbetracht der Schwere der Verbrechen auf ein Geständnis seitens der Angeklagten zu hoffen war vergeblich. Auch der Vorsitzende Richter Hofmeyer, der die Angeklagten zum Schlusswort aufforderte, predigte offenbar gegen eine Wand: «Es ist ein Recht, keine Pflicht. Aber jeder mag sich genau überlegen, ob er nicht in letzter Minute das Eis des Schweigens brechen will. Wir wären der Wahrheit ein gutes Stück näher gekommen, wenn Sie nicht so hartnäckig eine Mauer des Schweigens um sich errichtet hätten. Vielleicht ist es dem einen oder anderen von Ihnen während des Verfahrens deutlich geworden, daß es hier nicht um Rache geht, sondern um Sühne.»[131]

Doch in ihren Schlussworten wiederholten sich die Angeklagten in geradezu mechanischen Versicherungen, wonach sie immer nur ihre Pflicht getan und dem Gesetz gehorcht hätten: Gesetz sei Gesetz und Befehl sei Befehl. Voller Selbstmitleid bekräftigten sie ihre Schuldlosigkeit und taten gerade so, als wären sie selbst Opfer gewesen. Der angeklagte Adjutant des Lagerkommandanten, Robert Mulka, berief sich auf die wahrhaft schicksalhaften Umstände, der Sanitätsdienstgrad Josef Klehr, der Tausende mit Phenolinjektionen getötet hatte, behauptete, tiefes Mitleid mit den Opfern gehabt zu haben, und der Folterknecht Wilhelm Boger hatte eben nur Befehlen gehorcht. Am eindrücklichsten gab wohl der einzige angeklagte Funktionshäftling, Emil Bednarek, die Gefühlslage der Angeklagten wieder: «Ich konnte nicht anders. – Ich fühle mich vor Gott und den Menschen nicht schuldig.»[132] Die Mauer des Schweigens blieb ungebrochen. Bis zuletzt wiesen die Täter und Mittäter jegliche Verantwortung von sich. Die begangenen Verbrechen schoben sie auf Hitler, Himmler und Heydrich ab. Und so gelangte die «Standardformel» schließlich auch ins Auschwitz-Urteil:

«Haupttäter der [...] geschilderten Vernichtungsaktionen waren Hitler als Urheber des Befehls über ‹die Endlösung der Judenfrage› und Himmler, der diesen Befehl zu seinem eigenen Anliegen und mit fanatischem Eifer seine Ausführung betrieben hat, sowie weitere Personen des engsten Führungskreises wie Göring, Heydrich und andere [...].»[133] Bei der technischen und verwaltungsmäßigen Vorbereitung der «Endlösung» schalteten diese das Reichssicherheitshauptamt ein sowie einige Dienststellen des Reiches, und von der SS ließen sie die «Ausmerzung» in den Vernichtungslagern durchführen. Die Haupttäter mordeten aus niedrigen Beweggründen, heimtückisch und grausam, also in Erfüllung des Tatbestandes des § 211 des Strafgesetzbuches.[134] Und nicht auch die hier Angeklagten?

Für die strafrechtliche Beurteilung des Robert Mulka, der als Adjutant des Lagerkommandanten Höß fungierte, bedeutete das, dass er auf Befehl seines Vorgesetzten bei der Selektion der Opfer auf der Rampe in Auschwitz «in vier Fällen einen kausalen Tatbeitrag zu den Massentötungen geleistet» hatte. Die Einsatzbefehle nach der Ankunft der RSHA-Transporte hatte er gegeben und somit «die gesamte Mordmaschinerie in Gang gesetzt, also einen entscheidenden Beitrag für die Vernichtung [...] geleistet.»[135] Die Richter bewerteten dies dennoch nur als Beihilfehandlungen im Sinne einer gleichartigen Tateinheit (§ 73 StGB), durch die jeweils 750 Menschen getötet wurden und § 211 StGB durch ein und dieselbe Handlung 750-mal verletzt wurde.[136] Der Angeklagte habe sich weder in einem «Nötigungsnotstand» (§ 52 StGB) noch im allgemeinen Notstand (§ 54 StGB) befunden, sondern die vier Vernichtungsaktionen bewusst gefördert.[137]

Da Mulka – und bis auf den angeklagten Funktionshäftling Emil Bednarek betraf dies auch alle übrigen Beschuldigten – Angehöriger der Waffen-SS war, musste seine strafrechtliche Verantwortlichkeit nach § 47 Militärstrafgesetzbuch (Ausführung eines Befehls in Dienstsachen) beurteilt werden.[138] Das Gericht hatte somit zu klären, ob Mulka wusste, dass der Tötungsbefehl ein Verbrechen bezweckte. Der Angeklagte selbst hatte die Tötungen als «himmelschreiendes Unrecht» bezeichnet, so dass die Richter von einem entsprechenden Unrechtsbewusstsein ausgehen konnten.[139] Dennoch hatte er die Vernichtung vorsätzlich gefördert und dabei durchaus «angenommen, daß die Befehle, unschuldige jüdische Menschen zu töten, trotz ihres verbrecherischen Zweckes für ihn verbindlich seien, weil sie auf einem Befehl des Führers [...] beruhen».[140]

Als Gesetz konnte ein Führerbefehl jedoch nicht angesehen werden – dies hatte Hans Buchheim in seinem Gutachten zum Befehlsnotstand gezeigt –, weil er geheim erteilt und nie veröffentlicht worden war.[141] Die Richter schlossen sich dieser Interpretation an und bezogen sich zugleich auf die Kernbereichstheorie des Bundesgerichtshofs: «Aber auch wenn dieser Befehl in Gesetzesform oder in Form einer Verordnung veröffentlicht worden wäre, hätte er aus Unrecht niemals Recht schaffen können. Denn die Freiheit eines Staates, für seinen Bereich darüber zu bestimmen, was Recht und was Unrecht ist, ist nicht unbeschränkt. Im Bewußtsein der zivilisierten Völker besteht bei allen Unterschieden, die die einzelnen nationalen Rechtsordnungen im Einzelnen aufweisen, ein gewisser Kernbereich des Rechts, der nach allgemeiner Rechtsüberzeugung von keinem Gesetz und keiner obrigkeitlichen Maßnahme verletzt werden darf.»[142]

Indem die Richter den Unrechtscharakter der Befehle feststellten, erkannten sie im Radbruch'schen Sinne an, dass zumindest im Hinblick auf einen Ausschnitt des NS-Rechts «der Widerspruch des positiven Gesetzes zur Gerechtigkeit ein so unerträgliches Maß erreicht [hatte], daß das Gesetz als ‹unrichtiges Recht› der Gerechtigkeit zu weichen hat».[143] Sie bezogen diese Feststellung gesetzlichen Unrechts auch auf die Legitimität der Führergewalt und kamen zu dem Ergebnis, daß es sich um verbrecherische Befehle handelte, die also nicht nur «unrichtiges Recht» darstellten, sondern «überhaupt der Rechtsnatur [entbehrten]».[144]

Zugleich aber kamen sie zu der Auffassung, dass die Angeklagten sich auch im Unrechtsstaat auf geltendes positives Recht berufen konnten. Indem sie den Grundsatz «nulla poena sine lege», «Wo kein Gesetz, da keine Strafe», anerkannten, legitimierten die Richter nachträglich die willkürliche Staatsgewalt. Die Schutzfunktion des Rückwirkungsverbots wurde nun auf ein Recht angewandt, das eigentlich gar kein Recht war.[145] Schließlich hatte das Gericht selbst zuvor noch festgestellt, dass den Mordbefehlen kein Rechtscharakter beigemessen werden konnte beziehungsweise solche Befehle als verbecherisch zu erkennen waren (§ 47 MStG).

Nach Ansicht der Richter war der Angeklagte Mulka in diesen Apparat der staatlich initiierten Massenmorde hineinbefohlen worden. Mulka war nur ein Rad in der Maschinerie der Vernichtung, «die durch das Zusammenwirken einer Vielzahl von Menschen ‹funktionierte›. Die Abwicklung der RSHA-Transporte in Auschwitz lief, nachdem sich die Organisation eingespielt hatte, fast zwangsläufig ab.»[146] Ein solches «Rädchen im Getriebe» verfügte nicht mehr über den notwendigen Ermessensspielraum, mit dem sich seine Tatherrschaft hätte beweisen lassen. Das bedeutete, selbst wenn Mulka einen subjektiven Täterwillen gezeigt hätte: das objektive Tatgeschehen hätte er damit nicht beeinflussen können, denn der Führerbefehl hatte das Schicksal der Deportierten bereits vorherbestimmt.[147] Einzig dem Lagerkommandanten, dem der Auftrag für die Massenvernichtung der Juden in Auschwitz erteilt worden war, wurde im Urteil noch eine gewisse Tatherrschaft über das Geschehen attestiert.[148]

Ein eigenes Tatinteresse der Angeklagten, das über den jeweiligen Befehl hinausging, hielten die Gerichte in Vernichtungslager-Prozessen generell für schwer nachweisbar, da der alleinige Zweck der Lager im befohlenen Mord bestand.[149] Obwohl Mulka von der Judenverfolgung und den verbrecherischen Zielen der Waffen-SS, der er 1941 im Alter von 46 Jahren freiwillig beigetreten war, wusste, schlossen die Richter im Auschwitz-Prozess ein eigenes Täterinteresse bei ihm aus. Denn schließlich konnte Mulka auch aus anderen, zum Beispiel Karrieregründen in die Waffen-SS eingetreten sein.[150] Das Gericht berücksichtigte ferner, dass der Angeklagte nur «garnisonsverwendungsfähig» gewesen und deshalb nach Auschwitz versetzt worden war: Wäre Mulka nicht magenkrank gewesen, wäre er wahrscheinlich «nie zum Gehilfen von Mördern geworden».[151] Sprach auch die Tatsache, dass er sich als Adjutant des Lagerkommandanten Höß von April 1942 bis März 1943 bewährt hatte, für eine Identifikation mit den Zielen der NS-Machthaber – ein sicherer Beweis, dass er die Judenvernichtung bejaht habe, sei dies nicht. Mulka hatte «als williger Befehlsempfänger getreu seinem SS-Eid die befohlenen Handlungen geleistet, ohne daß ihm überhaupt der Gedanke gekommen wäre, seine Mitwirkung zu verweigern».[152] Äußerungen oder Handlungen aus Hass gegen die Juden ließen sich, wie bei allen anderen der Beihilfe Beschuldigten, nicht feststellen.[153] Bei Abwägung all dieser Gesichtspunkte blieb bei den Richtern zwar ein erheblicher Verdacht bestehen, dass der Angeklagte Mulka als Adjutant die Massentötung der Juden innerlich bejaht und sie bereitwillig unterstützt habe – letzte Zweifel ließen sich jedoch nicht ausräumen.[154]

Deutlicher konnte die Problematik des Komplexes «Täterschaft oder Beihilfe» kaum hervortreten als in diesem Urteil gegen einen der maßgeblichen Auschwitz-Täter, den das Gericht zum Gehilfen erklärte, weil er in seiner führenden Position «nur» auf Befehl gehandelt haben wollte. Mit der übertriebenen Interpretation der subjektiven Teilnahme – selbst bei Beteiligten in hohen Rängen der Lagerhierarchie – konzedierten die Richter dem Angeklagten ein «irrendes Gewissen» sogar in den extremen Fällen von Mord und Totschlag.[155] Für die Strafzumessung hatte dies paradoxe Folgen: Je größer die Zahl der Morde und die Nähe zur Tat, desto niedriger die verhängte Strafe.[156] Im Fall Mulka wurde eine Gesamtstrafe von 14 Jahren Zuchthaus verhängt, was zugleich die höchste Strafe für einen Beihilfefall im Auschwitz-Prozess war. Grundsätzlich sieht das Gesetz für Gehilfenschaft zwar dieselbe Strafe vor wie für Täterschaft, kann diese jedoch bis auf drei Jahre Zuchthaus herabsetzen. Das Frankfurter Gericht schloss sich hier der üblichen Praxis an, das Strafmaß für Beihilfe selbst im Fall von Massenmord zu reduzieren: Sechs der Gehilfen erhielten Strafen im unteren Drittel (zwischen drei und sechs Jahren Zuchthaus) und drei im mittleren Bereich der möglichen Strafzumessung (zwischen sieben und elf Jahren Zuchthaus). «Gehilfe» Mulka jedoch wurde zur Höchststrafe in Beihilfefällen verurteilt, denn nur das erschien – die Feststellung klang fast gar wie eine Entschuldigung – im Hinblick auf «den hohen Unrechtsgehalt seiner Tatbeiträge und die große Zahl der Opfer [...] als angemessene Sühne».[157] Diese Argumentation passte allerdings kaum noch zu einem normalen Strafprozess, auf den Senatspräsident Hofmeyer so viel Wert legte, da das Gericht nicht berufen gewesen sei, die Vergangenheit zu bewältigen.[158]

Für Fritz Bauer sah die Sach- und Rechtslage jedoch vollkommen anders aus. Für ihn war jeder, der an der Mordmaschine hantierte, der Mitwirkung am Mord schuldig und als Mittäter anzusehen, vorausgesetzt, er kannte das Ziel der Maschinerie. Dabei ging er davon aus, dass alle, die in den Vernichtungslagern beschäftigt waren oder um sie wussten, über das Ziel dieser Lager informiert waren.[159] Seine Urteilsschelte lenkte den Blick auf das zentrale Problem der Verantwortung des Individuums: die Pflicht zum Widerstand gegenüber willkürlicher staatlicher Macht. Gerade dieser Gesichtspunkt sei im Auschwitz-Urteil, das nach der «inneren Willensrichtung während der Tatausübung» zu fragen hatte, nur unzureichend wahrgenommen worden.

Auch im Fall des Angeklagten Höcker, Adjutant des letzten Auschwitz-Lagerkommandanten und SS-Obersturmführer, der während der so genannten Ungarn-Aktion die Vernichtungsaktion in Gang setzte, stellte das Gericht keinen eigenen Tatwillen fest. Als Höcker nach Auschwitz kam, so die Urteilsbegründung, «war bereits eine eingespielte Organisation vorhanden, durch die die jüdischen Menschen zu Tode gebracht wurden. Die ‹Todesmaschinerie› lief bereits auf vollen Touren, [...] fast automatisch.»[160] Der Nebenklagevertreter Henry Ormond fragte empört in seiner Replik: «Wird uns nicht reichlich viel zugemutet, wenn wir in den Angeklagten nur noch gläubige Idealisten, Opfer ihrer Umgebung und ihrer Zeit, mißgeleitete Befehlsempfänger, irrende Biedermänner, verdiente Lebensretter und barmherzige Samariter erblicken sollen?»[161]

Fritz Bauer hingegen plädierte für einen unantastbaren Kernbereich des Rechts, an dem sich auch der NS-Staat messen lassen musste. Darüber hinaus erwartete er von jedem Einzelnen ein klares Bewusstsein von Recht und Unrecht, das nicht durch staatliche Gesetze oder Befehle zu beeinflussen war. Er erwog, «ob nicht die Bejahung eines durch keinen Gesetzgeber antastbaren Kernbereichs des Rechts – eines Minimum an Menschenrechten wie des Rechts auf Leben [...] – notwendigerweise auch die Bejahung eines Kernbereichs von Rechts- und Unrechtsbewußtsein bei einem jeden nach sich ziehen muß».[162] Rechtsblindheit und vorgeschobenes mangelndes Unrechtsbewusstsein mussten den Vorsatz zur verbrecherischen Tat nicht ausschließen.[163]

Bauers Sichtweise ergab sich aus der Feststellung, dass das «Dritte Reich» ein Unrechtsstaat war. Im Hinblick auf den Verbrechenskomplex Auschwitz bedeutete dies, dass die juristische Unterscheidung zwischen Täter- und Gehilfenschaft verworfen werden musste. «Sind diejenigen, die in Auschwitz waren», fragte er, «dabei gewesen, weil sie selber Nazis waren oder nicht?» Und seine Antwort lautete: «In der Regel dürfte das zum Beispiel für die Auschwitz-Leute bejaht werden müssen. So hart es klingt, und ich weiß, so unangenehm das wahrscheinlich [...] empfunden wird: Es gab ja in Deutschland nicht nur den Nazi Hitler und nicht nur den Nazi Himmler. Es gab Hunderttausende, Millionen anderer, die das, was geschehen ist, nicht nur durchgeführt haben, weil es befohlen war, sondern weil es ihre eigene Weltanschauung war, zu der sie sich aus freien Stücken bekannt haben. Und die Mehrzahl der SS war nicht bei der SS, weil sie gezwungen war, sondern sie war bei der SS, und sie war bei der Wachmannschaft im Lager Auschwitz und in Treblinka und Maidanek, und die Gestapo war in aller Regel bei den Einsatzgruppen, weil die Leute ihren eigenen Nationalsozialismus verwirklichten.»[164]

Fritz Bauer sah in der Tendenz der Rechtsprechung, die Einsatzgruppenkommandeure, administrativen Leiter von Konzentrationslagern und am Anstaltsmord beteiligten Ärzte als bloße Gehilfen in einem ihnen fremden Geschehen zu qualifizieren, den Ausdruck einer nachträglichen Wunschvorstellung der bundesdeutschen Gesellschaft.[165] Demgegenüber erklärte er: «Das war keine fremde Tat, sondern die Täter waren überwiegend Menschen, die damals jedenfalls überzeugt waren, das Richtige zu tun, nämlich ihrer nationalsozialistischen Auffassung zum Sieg zu verhelfen. Das sind in meinen Augen einfach Täter zusammen mit Hitler, Mitverschworene mit Hitler bei der ‹Endlösung der Judenfrage›, die sie für richtig hielten.»[166] Fritz Bauers Interpretation des Unrechtsbewusstseins der NS-Täter auch auf der subjektiven Handlungsebene blieb in der Rechtsprechung jedoch weitgehend folgenlos. Das Auschwitz-Urteil führte ihm vor Augen, dass sich seine Rechtsauffassung, soweit sie die strafrechtliche Beurteilung des Gesamtgeschehens betraf, nicht durchgesetzt hatte. Was sich allenfalls durchgesetzt hatte, war die Aufklärung über die Wirklichkeit von Auschwitz, die fortan niemand mehr in Frage stellen konnte.

Indem sie Auschwitz in das Gedächtnis hineinschrieben, sollten die Verfahren gegen die NS-Verbrecher verhindern, dass «Auschwitz» sich jemals wiederhole. Darum genügte Fritz Bauer auch die journalistische Dokumentation des Prozesses nicht, sosehr er das beeindruckende Medienecho begrüßte, das zunächst die öffentliche Debatte über den Prozess bestimmte. Am bekanntesten wurde Bernd Naumanns *Bericht über die Strafsache gegen Mulka und andere*, der als Artikelserie in der *Frankfurter Allgemeinen Zeitung* erschien. Daneben gab es namhafte Prozessbeobachter, vielfach junge Journalisten: Axel Eggebrecht berichtete für den Norddeutschen Rundfunk, Peter Jochen Winters schrieb in *Christ und Welt* eine mit dem «Deutschen Journalistenpreis» ausgezeichnete fünfteilige Artikelserie, Ralph Giordano kommentierte den Prozess für die *Allgemeine Wochenzeitung der Juden in Deutschland*, Inge Deutschkron übernahm diese schwierige Aufgabe für die israelische Zeitung *Maariv*; Dietrich Strothmann berichtete für *Die Zeit*, und der Jüngste unter den Kommentatoren, der Kunsthistoriker Martin Warnke, schilderte seine Eindrücke in der *Stuttgarter Zeitung*.[167]

Dass in den Presseberichten manchmal die «Mordmaschinerie» in den Hintergrund gedrängt wurde, lag wohl an der Sensationsberichterstattung einiger Boulevardzeitungen, die so genannte Exzesstäter wie Wilhelm Boger und Oswald Kaduk zu «Bestien» machten und den Eindruck erweckten, «in Auschwitz sei eine Horde von Einzeltätern am Werk gewesen» (Marcel Atze) und nicht ein Täterkollektiv.[168] Der Leichenberg wurde im Laufe der Verhandlung immer höher und höher – kommentierte Ralph Giordano –, ohne dass der individuelle Schuldnachweis auch nur im Entferntesten Schritt halten konnte.[169]

Unter den Schriftstellern, Philosophen und Publizisten, die das Prozessgeschehen beobachteten, kommentierten und schriftstellerisch verarbeiteten, waren so bekannte Namen wie H. G. Adler, Günter Grass, Peter Edel, Marie Luise Kaschnitz, Sibylle Bedford, Arthur Miller und seine Frau Inge Morath, die bedeutende Fotografin, Robert Neumann, Martin Walser, Kasimir Edschmid, Günther Anders, Hannah Arendt, Karl Jaspers und der englische Historiker Hugh Trevor-Roper.[170] Schon früh herrschte die Befürchtung, dass das zu erwartende Strafmaß in einem, wie Wolfdietrich Schnurre sich ausdrückte, entsetzlichen Missverhältnis zum Ausmaß der Schuld stehen werde: «Denn wer, der nicht eingeweiht ist, oder […] nicht eingeweiht sein möchte in den Frankfurter Auschwitz-Prozeß –, wer kann denn überhaupt in vollem Umfang ermessen, was jenen so lange in bürgerlichen Berufen untergetauchten zweiundzwanzig Angeklagten zur Last gelegt wird?»[171] Diese Furcht war, wie die Urteile zeigten, durchaus berechtigt. In seinem Vortrag «Was bedeutet: Aufarbeitung der Vergangenheit» hatte Theodor W. Adorno schon 1959 eine skeptischere Auslegung des doppeldeutigen Begriffs formuliert, der eher nach endgültiger «Erledigung» klang: «Mit Aufarbeitung der Vergangenheit ist in jenem Sprachgebrauch nicht gemeint, daß man das Vergangene im Ernst verarbeite, seinen Bann breche durch helles Bewußtsein. Sondern man will einen Schlußstrich darunter ziehen und womöglich es selbst aus der Erinnerung wegwischen.»[172]

Ausschlaggebend war für Fritz Bauer, dass die Vergegenwärtigung des Grauens nicht auf den Gerichtsaal beschränkt blieb, sondern nach draußen wirkte. Es war ein Glücksfall, dass in derselben Stadt, wo Auschwitz justiziabel wurde, zwei Hochschullehrstühle von Philosophen besetzt waren, die in der demokratischen Tradition gesellschaftskritischen Denkens standen. Max Horkheimer und Theodor W. Adorno bemühten sich nicht erst seit ihrer Rückkehr aus dem Exil, die Bedeutung von Auschwitz in den Blick der Öffentlichkeit zu rücken. Die Rezeption ihres politischen

Denkens hat für die Auseinandersetzung mit dem NS-Terrorsystem ebenso wie für die Analyse der nach 1945 einsetzenden Tendenz zur Verdrängung der nationalsozialistischen Vergangenheit herausragende Bedeutung. Die Interpretationsansätze, die Horkheimer, Adorno und Bauer in den fünfziger und sechziger Jahren entwickelten, waren geprägt von der Erfahrung der Verfolgung und des Exils, aber auch dem Verschont-Sein von dem ihnen zugedachten Schicksal. In seinen *Notizen 1950 bis 1969* hielt Horkheimer unter dem Stichwort «Nach Auschwitz» fest: «Wir jüdischen Intellektuellen, die dem Martertod unter Hitler entronnen sind, haben nur eine einzige Aufgabe, daran mitzuwirken, daß das Entsetzliche nicht wiederkehrt, nicht vergessen wird.»[173] Das war gewiss Fritz Bauer aus dem Herzen gesprochen, der die Zurückweisung einer erforderlichen Auseinandersetzung mit der NS-Vergangenheit immer wieder zu spüren bekam. Die Suche nach politischen und psychologischen Erklärungsansätzen für die NS-Verbrechen bestimmte das Leben dieser Remigranten, zugleich aber prägten auch Schuldgefühle ihr Denken. Adorno fragte sich, «ob man nach Auschwitz überhaupt noch leben kann: so wie ich es selber erfahren habe etwa in den immer wiederkehrenden Träumen, die mich plagen und in denen ich das Gefühl habe, eigentlich gar nicht mehr selbst zu leben, sondern nur noch die Emanation des Wunsches irgendeines Opfers von Auschwitz zu sein».[174] Adorno brachte in seinen Vorlesungen über Metaphysik seine Skepsis gegenüber der Kultur zum Ausdruck. Er plädierte für eine neue Moral, indem er seinen jungen Hörern erklärte, dass «Hitler uns einen neuen Imperativ aufgezwungen hat: ganz einfach den, daß kein Auschwitz sich wiederhole und daß nichts ähnliches mehr sein dürfe».[175]

Das Denken Horkheimers, Adornos und auch Fritz Bauers war von der Solidarität mit den Opfern der NS-Verbrechen bestimmt. Sie wollten sich der von Auschwitz ausgehenden Negativität stellen: mit dem nötigen «Respekt vor der Möglichkeit des Geistes, trotz allem über das was ist um ein Geringes sich zu erheben». Und aus dem Gefühl, dass sich sogar das Alleräußerste, das in Auschwitz Wirklichkeit geworden war, noch «denken lässt». Denn dies, so meinte Adorno, sei tröstlicher als jeder Trost, dem immer schon die eigene Unwahrheit innewohne.[176]

Auf die «allgemeine Vorstellungswelt» sollten die Prozesse einwirken, das hatte Fritz Bauer bereits 1944 geschrieben, und dafür setzte er sich mit aller Kraft und vielen Anregungen ein. Noch während des laufenden

Prozesses wurde eine Ausstellung über das Vernichtungslager Auschwitz in der Frankfurter Paulskirche eröffnet, die Tausende Besucher zählte. «Die Idee zu einer solchen Ausstellung stammt ausschließlich von mir», schrieb der Generalstaatsanwalt am 11. November 1964 an den Oberbürgermeister von Frankfurt, Dr. Willi Brundert. Da er skeptisch gewesen sei, «ob ein Augenschein des Gerichts [eine Tatortbesichtigung in Auschwitz, I. W.] aus rechtlichen und politischen Gründen möglich sein werde», habe er während der Prozessvorbereitungen und in Absprache mit seinem polnischen Kollegen Prof. Dr. Jan Sehn vorgeschlagen, «einen Teil des Auschwitzmuseums anläßlich des Prozesses in einer Frankfurter Ausstellung zu zeigen».[177] Die Veranstaltung wurde am 19. November 1964 eröffnet, in Gegenwart des hessischen Innenministers Heinrich Schneider, des Direktors des Auschwitz-Museums Kazimierz Smoleń, des Prager Journalisten Ota Kraus (beides Auschwitz-Überlebende) und mit einer Rede des Buchenwald-Überlebenden Eugen Kogon, Verfasser des 1946 erschienenen Buches *Der SS-Staat*. Der Oberbürgermeister fragte sich in seiner Rede, «ob das deutsche Volk aus den Vorgängen wirkungsvoll die richtigen politischen Lehren gezogen habe. [...] Mit dem Frankfurter Auschwitz-Prozeß müsse jetzt vieles nachgeholt werden, was seit 1945 versäumt worden sei.»[178]

Festzuhalten ist, dass die Mehrheit der Deutschen sich nicht sonderlich für den Prozess interessierte. Ganz anders die Intellektuellen. Der Prozess war der Wendepunkt in der literarischen Beschäftigung mit Auschwitz.[179] Auf diese Tiefenwirkung hatte Fritz Bauer gehofft, wann immer er Schriftsteller zur Teilnahme am Prozessgeschehen ermunterte. An seinen Juristenfreund aus Stuttgart Sepp Laufer, der mittlerweile als Professor an der Buffalo Law School lehrte, schrieb er, er könne «nicht über den Besuch von Auschwitz-Besuchern klagen [...]; sie kommen aus aller Welt, Juristen, Politiker, Dichter, Schriftsteller usw. Neuerdings befassen wir (auch ich) uns mit einem Film zum Thema dieser furchtbaren Prozesse. Sie werden vorläufig kein Ende nehmen und sprengen den Rahmen unserer Bürokratie (ganz abgesehen von den psycho- und soziologischen Schwierigkeiten).»[180] Diese verspürte auch der Journalist Thilo Koch, Rundfunk- und Fernsehredakteur, vor einer geplanten Fernsehdokumentation: «Ich mußte mir einen Ruck geben», erinnerte er sich. «Aber nachdem ich den Frankfurter Generalstaatsanwalt gesprochen hatte, eine eindrucksvolle dynamische Natur – wollte ich in den Prozeß.» Gemeinsam mit sei-

Brief Fritz Bauers an seinen Stuttgarter Juristenfreund Dr. Sepp Laufer, jetzt in New York, über das weltweite Interesse am Auschwitz-Prozess (20. Dezember 1964). (Privatbesitz)

nem Koautor Peter Schier-Gribowsky entwickelte Koch dann 1964 das Drehbuch für eine Fernsehdokumentation über den Auschwitz-Prozess, sein Titel: BLEIBEN DIE MÖRDER UNTER UNS? [181]

Unmöglich können hier alle Beispiele literarischer Rezeption näher aufgeführt werden. «Ohne die Besuche im Gerichtssaal», so das Ergebnis der Recherchen zur Ausstellung über den Auschwitz-Prozess 40 Jahre danach, «wären die Texte von Marie Luise Kaschnitz, Horst Krüger, Robert Neumann, Martin Walser und Peter Weiss kaum denkbar.» [182] Eine Besonderheit war der Fall des Schriftstellers Hans Frick (1930–2003), dessen Roman mit dem Satz beginnt: «Der Prozeß hört zwar nicht auf, aber der Angeklagte ist vor einer Verurteilung fast ebenso gesichert, wie wenn er frei wäre.» Man könnte darin geradezu einen zeitgenössischen Kommentar zum Auschwitz-Prozess erkennen. Doch das Zitat stammt aus Franz Kafkas bekannter Erzählung *Der Prozeß*. Im Jahr 1965 stellte es der heute fast völlig vergessene Schriftsteller seinem Debütroman *Breinitzer oder die andere Schuld* voran. [183] Frick schrieb seinen Roman während des laufenden Prozesses, und viele Passagen erinnern ganz konkret an die zur Sprache gekommenen grauenhaften Mordtaten.

Der Autor erzählte eine Geschichte, die alles, was zur gleichen Zeit im Gerichtssaal von den Angeklagten zu hören war, komplett auf den Kopf stellte: Ein ehemaliger KZ-Arzt versucht, 20 Jahre nach den Geschehnissen, mittlerweile völlig verwahrlost und heruntergekommen, im Wirtschaftswunderland Bundesrepublik vergeblich, sich selbst für seine Verbrechen vor Gericht zu bringen. Als ein Alptraum, brutal und quälend, wurde der Roman bezeichnet, doch als einer der besten nach 1945.[184] Hans Frick war gebürtiger Frankfurter und stammte aus einfachen Verhältnissen. In seiner später entstandenen autobiographischen Erzählung *Die blaue Stunde* (1978) kann man nachlesen, dass er als unehelicher Sohn zur Welt kam. Weit schlimmer aber: Seine Mutter war ein Verhältnis mit einem jüdischen Kunsthändler eingegangen. Frick war also nach nationalsozialistischer «Gesetzgebung» ein so genannter Halbjude und wuchs in der ständigen Angst auf, die Nazis könnten ihn jederzeit abholen. Der Schriftsteller war also selber ein Betroffener. Und Frick gab wieder, was ihm zu Ohren gekommen war: «Dieses Gesindel denkt nicht daran, Ruhe zu geben. Sie untergraben unser Ansehen in der Welt. […] Das ist jüdische Meinungsmache! Deutschlands Vergangenheit ist bewältigt!» Und noch dazu im Flüsterton, als verriete man «ein Geheimnis»: «Nur weil so ein Kommunistenflegel, irgendein hergelaufener Semit glaubt, sich auf billige Weise rächen zu können!»[185] Hier handelte es sich um Anfeindungen, die den hessischen Generalstaatsanwalt damals trafen, mit dem Frick in Kontakt stand.[186]

«Warum tötet ein Mensch? Warum hatte er es getan? Niemand würde diese Frage wirklich beantworten können.» Solche Gedanken schrieb Frick seinem *Breinitzer* zu.[187] Als Gegenfigur zum «normalen» Nazi-Täter ist er bereit zu gestehen. Doch unversöhnlich bleibt auch diese Geschichte, denn sein Geständnis scheitert daran, dass der Polizeipräsident ein ehemaliger Nazi-Täter ist. Damit war viel über die damalige Realität und das in der Rechtsprechung vorherrschende Täterbild gesagt oder angedeutet, doch der Autor wurde noch deutlicher: «Sie haben es getan und sie werden es jederzeit wieder tun, wenn es ihnen gestattet wird.» Und daran scheitert letztlich auch «Breinitzer», der gestehen will und durch sein Beispiel «die Gutwilligen auffordern, sie anspornen, ihm zu folgen, gleich ihm zu bekennen. Es würde eine Veränderung bewirken, eine neue Welt.» Doch zugleich musste er sich sagen: «Niemals wird es diese Veränderung geben.»[188]

Solche Gedanken quälten Fritz Bauer oft, und sie mussten ihn auch beschäftigen, als er sich erstmals mit einem Theaterstück auseinandersetzte, das dem konkreten Geschehen im Frankfurter Gerichtssaal besonders nahe kam. Als juristischer Berater des Suhrkamp Verlages nahm Fritz Bauer die Entstehung von Peter Weiss' Bühnenstück *Die Ermittlung* frühzeitig wahr. Bereits am 9. Juli 1964 hatte sich Siegfried Unseld in einem Brief an den Generalstaatsanwalt gewandt und für seinen Autor Peter Weiss um Fotografien gebeten: vom Modell der Gaskammern, von der «Boger-Schokel»; auch eine Kopie des in der Verhandlung «vorgelesenen Briefes vom Ankauf gasdichter Türen» und den Bericht des Angeklagten Pery Broad wünschte sich der Schriftsteller zur Vorbereitung seines Bühnenstücks.[189] Bauer antwortete umgehend: «Es soll an nichts fehlen. Ich werde jetzt dafür sorgen, daß die in Ihrem Brief genannten Dokumente, Abbildungen usw. so schnell als möglich Ihnen zugehen. Sie und Peter Weiss ‹belästigen› mich in keiner Weise; die Staatsanwaltschaft kennt ihre vorrangige Verpflichtung gegenüber Dichtern und Denkern!» Einen Tag später bereits bedankte sich Unseld, indem er eine Gesamtausgabe der Gedichte Bertolt Brechts an Fritz Bauer schickte, um ihm eine «reine Freude» zu machen: «[...] ich bedanke mich sehr [...] für Ihre Hilfe, für Ihre stete Bereitschaft, für Ihre Gesinnung. Sie haben mir persönlich so oft geholfen (dorthin zu kommen, wo man Vergangenheit zwar nicht bewältigt, aber sie wenigstens kennenlernt)».[190]

Im Oktober 1965 wurde Peter Weiss' Stück an 15 Bühnen in West- und Ostdeutschland sowie in London aufgeführt, zahlreiche andere Theater spielten *Die Ermittlung* nach.[191] Peter Weiss' *Oratorium* wurde als eine «Zäsur in der kulturellen Zeitgeschichte» wahrgenommen. Das Stück konfrontierte die Zeugenaussagen der Überlebenden mit der hämischen Ablehnung durch die Angeklagten und wurde so zum Lehrstück der «westdeutschen Vergangenheitsverdrängung».[192] Mehrere Monate wurde Auschwitz zu einem gesamtgesellschaftlich diskutierten Thema. Allein im Jahr 1965 erschienen circa 1200 bis 1500 Beiträge in den Zeitungen der Bundesrepublik und der DDR.[193] In der DDR warnte der Schriftsteller Stephan Hermlin die Parteiführung davor, *Die Ermittlung* als ein Stück zur Diskreditierung des westdeutschen Staates zu instrumentalisieren: «Weil das Stück sich immer wieder an das Herz jedes einzelnen Deutschen richtet, weil Auschwitz eine gesamtdeutsche Angelegenheit im äußersten Sinne ist.»[194]

Das war gewiss auch Fritz Bauers Auffassung. Im Anschluss an die berühmte Inszenierung von Peter Palitzsch im Württembergischen Staatstheater in Stuttgart nahm er an einer Podiumsdiskussion teil und äußerte sich höchst erfreut über die Öffentlichkeit «in Sachen Auschwitz»: «Wir Juristen in Frankfurt haben erschreckt gerufen [...] nach dem Dichter, der das ausspricht, was der Prozeß auszusprechen nicht im Stande ist.»[195] Peter Weiss habe eine konzentrierte und wertvolle Wiedergabe des Prozesses gegeben, doch der Auschwitz-Prozess sei weniger als Auschwitz. Und daher sei es den Juristen in den Prozessen nicht gelungen, das Herz des Problems zu erfassen. Der Richter weise nur auf Taten, doch nicht auf ihre Ursachen. «Der Auschwitz-Richter züchtigt, der Auschwitz-Dichter sollte erziehen.» Ein Drama über Auschwitz müsse von der Pflicht des Menschen handeln, Nein zu sagen, wenn Böses geschieht. Wie so oft appellierte Bauer auch hier an alle, «Auschwitz jetzt und in Zukunft zu verhüten».[196]

Aber schon vor der Uraufführung wurden Zweifel an der Bühnentauglichkeit der *Ermittlung* laut. So wandte sich der Theaterkritiker der *Süddeutschen Zeitung* gegen die Uraufführung des *Oratoriums* von Peter Weiss, obgleich es das erste große Echo auf den Auschwitz-Prozess darstellte. «Plädoyer gegen das Auschwitz-Theater»,[197] überschrieb Joachim Kaiser eine volle Feuilletonseite, die ganz im Geiste der Zeit mit Schlussstrich-Parolen aufwartete. Kaiser präsentierte ein ziemlich ausgefallenes Konzept für die Bühnenliteratur: Theater brauche Freiheit, dichterische Phantasie, Fiktion, Erfindung. Eine «Auschwitz-Dokumentation», wie sie Peter Weiss geliefert habe, tue der Bühne Gewalt an. Fakten-Wahrheit sei keine Kunst-Wahrheit. «Es ist», so meinte der Musikexperte, «als ob die Bühne mit untauglichen Mitteln jene Erziehung leisten [solle], die die tauglichen Mittel, wie viele Gutwillige meinen, nicht zu bewirken vermöchten.»[198]

Obgleich das Verdikt Kaisers heute kaum noch nachvollziehbar ist, hatte es doch erheblichen Einfluss auf die zeitgenössische Rezeption des Stückes.[199] Zum Glück löste es eine Auseinandersetzung mit Weiss' *Oratorium* aus, die zu einer öffentlichen Diskussion des historischen Themas führte. Genau das aber hatten Siegfried Unseld und Fritz Bauer beabsichtigt, als sie Weiss jede Unterstützung bei den Recherchen für sein Stück zukommen ließen. Unseld, der am 30. September 1965 die ersten drei Exemplare der *Ermittlung* in Händen hielt, schickte sofort ein Exemplar an Fritz Bauer, der bewegt antwortete: «Die Erinnerung an das Geschehen und das Buch [werden] mich durch das Leben begleiten; sie sind schwer zu tragen. Ich hoffe und wünsche, daß das Werk – entgegen allem, was Joachim Kaiser schrieb – an unsere Handlungsfreiheit appelliert, alles Menschenmögliche zu tun, das Unmenschliche in der Welt einzudämmen. Es werden viele – sehr dickleibige – Bücher über den Prozeß erscheinen. Der Strafjurist, der die Etappe des ersten Auschwitzprozesses hinter sich gelegt hat, hofft, daß Peter Weiss' Oratorium, das so nahe an das Prozeßgeschehen herankommt und es konzentriert wiedergibt, viele Leser findet, die vor den dicken Bänden zurückschrecken werden.»[200] Fritz Bauers Wunsch fand 40 Jahre später im wahrsten Sinne des Wortes noch Gehör. Im Jahr 2007 wurde Peter Weiss' *Ermittlung* als Hörspiel neu publiziert. «Es kann», kommentierte der Rezensent der *Frankfurter Allgemeinen Zeitung*, «die Opfer immer wieder in den Zeugenstand rufen und die Täter auf die Anklagebank zitieren. Diese Verhandlung ist nicht geschlossen.»[201]

Im Sinne von Fritz Bauer äußerte sich auch der Literaturkritiker Marcel Reich-Ranicki, der sich in der Wochenzeitung *Die Zeit* am 22. Mai 1964 an seine schreibenden und dichtenden Kollegen wandte: «Ich bitte also dringend, mich nicht mißzuverstehen: Ich denke nicht daran, die deutschen Schriftsteller zum Besuch des Frankfurter Prozesses zu ermahnen.» Er sei aber sehr neugierig, fügte Reich-Ranicki hinzu, was Hans Erich Nossack oder Wolfgang Koeppen oder Gerd Gaiser oder Uwe Johnson dazu sagen würden. Schließlich empfahl er einen Artikel des Schriftstellers Horst Krüger (1919–1999), der unter dem Titel «Im Labyrinth der Schuld» erschienen war.[202] Der Auschwitz-Prozess, so hatte

GENERALSTAATSANWALT
DR. FRITZ BAUER

6 FRANKFURT/MAIN,
FELDBERGSTRASSE 48   4. Oktober 1965

Herrn
Dr. U n s e l d
Suhrkamp - Verlag
Frankfurt/ain
Grüneburgweg 69

Verehrter, lieber Herr Dr. Unseld !

Herzlichen Dank für "Die Ermittlung" von Peter Weiss.
Die Erinnerung an das Geschehen und das Buch wird
mich durch das Leben begleiten; sie sind schwer zu
tragen.

Ich hoffe und wünsche, dass das Werk -entgegen allem,
was Joachim Kaiser schrieb- an unsere Handlungsfreiheit appelliert, alles Menschenmögliche zu tun, das
Unmenschliche in der Welt einzudämmen.

Es werden viele -sehr dickleibige- Bücher über den
Prozess erscheinen. Der Strafjurist, der die Etappe
des ersten Auschwitzprozesses hinter sich gelegt hat,
hofft, dass Peter Weiss' Oratorium, das so nahe an
das Prozessgeschehen herankommt und es konzentriert
wiedergibt, viele Leser findet, die vor den dicken
Bänden zurückschrecken werden.

                                Mit herzlichen Grüssen
                                       Ihr

Fritz Bauer dankt dem Verleger Dr. Siegfried Unseld vom Suhrkamp Verlag für die Buchfassung von Peter Weiss' Auschwitz-Drama *Die Ermittlung*.
(Suhrkamp Verlag, Frankfurt/M.)

Krüger in der Zeitschrift *Der Monat* vom Mai 1964 geschrieben, sei eine letzte Chance, der Vergangenheit in Fleisch und Blut, der Geschichte in ihren Akteuren zu begegnen. Hier seien Täter und Opfer keine Standbilder des Schreckens oder des Leidens, sondern lebendige Menschen «wie Du und ich».

«Ich will dieses Drama der Zeitgenossen sehen, bevor es in den Abgrund versinkt», machte Krüger sich selber Mut.[203] Den Auschwitz-Prozess zu sehen, das bedeutete für ihn Entzauberung von jedem Spuk. Dabei fürchtete er nicht Auschwitz, sondern die Justiz. Er bekannte, immer etwas Beklemmung vor deutschen Staatsanwälten, Richtern und Polizisten zu empfinden.[204] Doch fügte er hinzu, dass es in Frankfurt ja «diesen mutigen und beredten Mann» gab, «den Generalstaatsanwalt Bauer, einen Glücksfall in unserer Justiz, ein Wunder in unserem Beamtenstaat».[205] Zwölf Jahre später, 1976, eröffnete Horst Krüger in einem Nachwort zu seiner Autobiographie, die erstmals 1966 unter dem Titel *Das zerbrochene Haus. Eine Jugend in Deutschland* erschien, dass Fritz Bauer, der ihm in Frankfurt zum Freund wurde, ihn dazu gebracht hatte, den Auschwitz-Prozess zu besuchen. Vier Wochen saß Krüger als stummer Zeuge im Gerichtssaal, und allmählich «schob sich langsam der eigene Erinnerungsstoff hoch. [...] Es ging also, rückblickend, um einen Selbstprüfungsprozeß, auch gegen mich.»[206]

Fritz Bauer hielt diese Selbstprüfung für unumgänglich. Während des Auschwitz-Prozesses schrieb er: «‹Bewältigung unserer Vergangenheit› heißt Gerichtstag halten über uns selbst, Gerichtstag über die gefährlichen Faktoren in unserer Geschichte, nicht zuletzt alles, was hier inhuman war, woraus sich zugleich ein Bekenntnis zu wahrhaft menschlichen Werten in Vergangenheit und Gegenwart ergibt.»[207] Der Jurist und Politikwissenschaftler Joachim Perels hat diesen Gedanken aufgenommen und die geistig führenden Gruppen zur Selbstreflexion in Bezug auf die Geschichte aufgefordert. Nur so könne die Gesellschaft einen strukturellen Bruch mit dem NS-Regime vollziehen.[208]

Währenddessen schwiegen die Angeklagten vor dem Frankfurter Schwurgericht beharrlich, sie erinnerten sich an nichts, hatten nichts zu bedauern, und also tat ihnen auch nichts leid. «Was mir das Schlimmste zu sein scheint», meinte Henry Ormond in seinem Plädoyer: «Auch heute noch geht den Angeklagten jedes Gefühl [...] für das namenlose Unglück, das sie über unzählige wehrlose Opfer gebracht haben, völlig ab.»[209] Genauso wie dem Deportationsspezialisten Eichmann vier Jahre zuvor. «Wo keine Verantwortung, da ist auch keine Schuld», mit diesem Hinweis auf seine «Pflicht- und Schuldigkeiten» hatte dieser im Jerusalemer Prozess versucht, sich zu exkulpieren.[210] Dass die Kehrseite seines dienstbeflissenen Gehorsams sein ungeheurer, von völkischen Vernichtungszielen bestimmter Ehrgeiz war, mit dem er seine Aufgabe, die Juden nach Auschwitz zu deportieren, erfüllt hatte, kam ihm nicht in den Sinn. Eichmann konnte einfach nicht denken, schrieb Hannah Arendt in ihrem Prozessbericht *Eichmann in Jerusalem*.[211] Einer beiläufigen Anmerkung in einem Presseartikel ist zu entnehmen, dass sie auch den Frankfurter Prozess besucht hat. Danach entstand ihr Text «Der Auschwitz-Prozeß», die letzte Arbeit Arendts über den Nationalsozialismus, 1966 in New York als Vorwort zur amerikanischen Ausgabe von Bernd Naumanns *Bericht über die Strafsache gegen Mulka und andere* erschienen.[212]

Ohne über die Verhältnisse der Adenauer-Ära zu sprechen – und es wäre ziemlich unfair, dies nicht zu tun, stellte Arendt fest –, lasse sich der Mehrheit des deutschen Volkes «mangelnde Begeisterung für Gerichtsverfahren gegen Naziverbrecher» nicht vorwerfen. Doch sei es ein offenes Geheimnis, dass die deutschen Verwaltungsbehörden auf allen Ebenen mit Nazis durchsetzt seien.[213] Diese Tatsache erkläre, «warum es eine ‹Mauer des Schweigens› gab, warum die Angeklagten [in Frankfurt wie in anderen NS-Prozessen] hartnäckig, wenn auch nicht in sich stimmig logen». «Der entscheidende Punkt ist der», schrieb sie, «daß die Angeklagten [...] eine bemerkenswerte Tendenz zur Anpassung an ihre jeweilige Umgebung an den Tag legten, d. h. die Eigenschaft, sich sozusagen im Nu ‹gleichzuschalten›.»[214]

Also spiegelte sich im Verhalten der Angeklagten vor dem Frankfurter Schwurgericht auch die öffentliche Meinung außerhalb des Gerichtssaals. Die Angeklagten verhielten sich eigentlich nicht anders als die große Mehrheit der deutschen Bevölkerung. Sie hatten nichts gewusst und nichts geahnt. Dies hatte auch Fritz Bauer aus dem Auschwitz-Prozess gelernt.[215] Und die Rechtsprechung unterstützte diese Tendenzen in der Bevölkerung, indem sie in der Mehrheit der Fälle nicht Täterschaft, sondern lediglich Beihilfe annahm. Der hessische Generalstaatsanwalt, dessen Ziel es gewesen war, die Mitverantwortung der deutschen Gesellschaft für die Verbrechen des Nationalsozialismus offenzulegen, hatte befürchtet, dass sich seine «Lehre» nicht durchsetzen würde. In einer Gesprächsrunde mit Studenten in Frankfurt sagte er bereits 1964, er und seine Staatsanwälte hatten erwartet, dass die im Prozess zur Sprache gebrachten Gräuel bei den Deutschen einen Schock und auch Aversionen auslösen würden. Doch die Leute wollten nicht hören geschweige denn erkennen, «dass es in unserem Leben eine Grenze gibt, wo wir nicht mehr mitmachen dürfen».[216]

Die Enttäuschung, die Bauer am Ende des Prozesses zum Ausdruck brachte, schmälert jedoch nicht den Wert des Auschwitz-Urteils und schon gar nicht die historisch-politische Bedeutung des Prozesses. Mehr noch als die vorhergegangenen Prozesse gegen NS-Täter wurde hier das historische Bild des NS-Regimes geprägt. Für den Historiker und Prozessgutachter Buchheim war es der Ulmer Einsatzgruppen-Prozess von 1958, der erstmals überhaupt ins Bewusstsein gebracht hatte, dass es Massenverbrechen gegeben habe. Durch den Auschwitz-Prozess aber – so Buchheim – sei dieses Bewusstsein mit Wissen ausgefüllt worden.[217]

Der Auschwitz-Prozess hat der deutschen Bevölkerung den Ablauf des Völkermords an den europäischen Juden in allen schrecklichen Details vor Augen geführt – niemand kann dies mehr leugnen. «Wer könnte die Opfer mit den Tätern, wie das Gericht es tat, konfrontieren?», fragte Hermann Langbein nach dem Prozess, denn hier hatten sich Opfer und Täter unmittelbar gegenübergestanden.[218] Dass es trotz dieser durchaus übereinstimmenden Überzeugung zwischen dem Auschwitz-Überlebenden Hermann Langbein und der Frankfurter Staatsanwaltschaft nach dem Prozess zum Zerwürfnis kam, ist umso bedauerlicher. Die Ursachen dafür waren sachlicher und wohl auch persönlicher Natur.

Hermann Langbein forderte im Namen der Überlebenden beziehungsweise des Comité International des Camps Korrekturen des Urteils und lieferte zahlreiche Hinweise, die neue Ermittlungen erforderlich machten.[219] Zudem sparte er im Vorwort seiner 1965 erschienenen Dokumentation über den Auschwitz-Prozess nicht mit Kritik an der Staatsanwaltschaft. Vergebens, so behauptete er, sei die Anklagevertretung auf weitere wichtige Zeugen hingewiesen worden. Zudem sei sie schlecht beraten gewesen, als sie eine große Anzahl von ehemaligen SS-Männern und deutschen Kriminellen als Zeugen benannte.[220] Außerdem sei ungeklärt geblieben, «warum wichtige Kronzeugen, die bereits während der Voruntersuchung von dem sehr initiativ tätigen Untersuchungsrichter Dr. Düx vernommen worden waren, nicht von der Anklagebehörde geladen wurden». Am gravierendsten war vielleicht der Vorwurf, man könne sich «schwer vorstellen, wie der Prozeß verlaufen wäre, wenn sich dem Verfahren nicht Nebenkläger angeschlossen» und einen großen Teil «der Aufgaben der Anklagebehörde» übernommen hätten.[221]

Insofern war es nicht verwunderlich, dass die Schreiben und Vorwürfe Hermann Langbeins, der sich vielfach beim hessischen Minister der Justiz beschwerte, irgendwann nicht mehr beantwortet wurden. Fritz Bauer stellte sich in jeder Hinsicht vor seine Staatsanwälte, und Oberstaatsanwalt Dr. Großmann verfasste einen ausführlichen Bericht, in dem er feststellte, dass die Aufzeichnungen Langbeins keine Grundlage zur Feststellung zusätzlicher konkreter Tatbestände bildeten. Worunter Fritz Bauer ausdrücklich den Vermerk setzen ließ: «<u>Gesehen.</u> Das Verhalten des Herrn Langbein anlässlich der Vorbereitung der Auschwitz-Ausstellung, die ich selbst miterlebt habe, hat mich veranlaßt, von weiterem Kontakt mit ihm abzusehen» (Hervorhebung im Original).[222]

Der Konflikt zog sich über das Jahr 1967 hin und war nicht zu schlichten.[223] Das Zerwürfnis war symptomatisch, denn für die nur langsam mahlenden Mühlen der Justiz und das aus der Sicht der Überlebenden nahezu unverständliche, jedenfalls unerträgliche Urteil wurden ausgerechnet diejenigen kritisiert, die im Interesse der Opfer und der historischen Aufklärung die NS-Täter allesamt vor Gericht bringen wollten. Die Staatsanwaltschaft wurde zum Sündenbock erklärt, weil sie als Scharnier zwischen den Überlebenden und einer Rechtsprechung fungierte, die zu einer angemessenen Verurteilung der in Auschwitz begangenen Verbrechen offenbar außerstande war. Doch trotz aller Kontroversen sah auch Hermann Langbein, dass im Auschwitz-Prozess erstmals dokumentiert wurde, was Auschwitz war: «Zeitgeschichte wurde in einer Weise lebendig, die einem oft und oft die Stimme verschlug, das Herz klopfen ließ, in der Nacht den Schlaf raubte.»[224]

Anders ausgedrückt: Der Frankfurter Prozess machte deutlich, dass in Auschwitz das NS-Regime kulminierte. Zugleich, was Auschwitz konkret bedeutete, wie der Alltag für mindestens 400 000 angeblich arbeitsfähige, geschundene und gequälte KZ-Häftlinge verlief, welche Methoden, Strafen, Zwänge, Demütigungen, Bösartigkeiten die SS und ihre Helfer benützten, auf welch bestialische und schließlich geradezu industrielle Weise die Vernichtung vor sich ging, und alle diese Einzelheiten wurden von den Überlebenden bezeugt. Auschwitz wurde so zum Begriff für die Totalität des Unrechtssystems. Nicht um die «Schreibtischtäter» oder um den «Verwaltungsmord» ging es hier, sondern um die erstmals deutlich hervortretende Nähe der Handelnden zur Tat an ebenjenem Ort, dessen Name zum Symbol der Vernichtungspolitik geworden ist.[225] Zum ersten

Mal in der deutschen Nachkriegsgeschichte wurde die Schuld und Mitschuld der ganzen Gesellschaft greifbar, wurde endlich die Frage laut und unabweisbar, wie das Menschheitsverbrechen überhaupt möglich geworden war.[226]

Die ehemaligen Häftlinge nahmen die größte Last auf sich, indem sie die Zeit des großen Sterbens in Auschwitz wiederaufleben ließen. «So seltsam es anmutet», sagte Henry Ormond, «auch im Angesicht ihrer ehemaligen Peiniger waren sie weder haßerfüllt noch übertreibend.»[227] Auf der anderen Seite hatte Fritz Bauer davon geträumt, dass «früher oder später einer von den Angeklagten auftreten würde und sagen würde: Herr Zeuge, Frau Zeuge, was damals geschehen ist, war furchtbar, es tut mir leid. [...] Die Welt würde aufatmen, die gesamte Welt, und die Hinterbliebenen derer, die in Auschwitz gefallen sind, und die Luft würde gereinigt werden, wenn endlich einmal ein menschliches Wort fiele. Es ist nicht gefallen und es wird auch nicht fallen.»[228]

Die Bedrohungen und Schmähungen, die Bauer seit dem Beginn des Prozesses erlebt hatte, werden die Zweifel in ihm verstärkt haben, ob aus Gedanken auch das Gedenken entstehen werde. Von einer «deutsche[n] Betroffenheit», wie sie Horst Krüger «endlich einmal» während der Zeugenvernehmung im Gerichtssaal wahrnahm, bekam Bauer selbst wenig zu spüren. Und würden sie nachwirken, jene qualvollen Minuten des Schweigens, wenn nach einer Zeugenaussage im Auschwitz-Prozess nur noch die Stille zu hören war, die diese Betroffenheit noch am ehesten zum Ausdruck brachte? Die Momente nämlich, «wo das Gericht nicht mehr Gericht ist, wo sich die Wände öffnen, wo es zum Tribunal des Jahrhunderts wird».[229]

«Heute bleibt nur bescheidene Kärrnerarbeit»
Ungesühnte NS-Justiz und so genannte Euthanasie

«Eine geistige Revolution
der Deutschen wäre erforderlich [...].
Sie war 1945 fällig,
ist aber ausgeblieben.»
Fritz Bauer, 1960[1]

Was Fritz Bauer 1960 festzustellen hatte, klang bereits wie eine Kapitulation. Sie leitete den Beginn der vielleicht dunkelsten Zeit seines Lebens ein, wie Helga Einsele im Nachruf auf Bauer bemerkte.[2] 1959 hatte der hessische Generalstaatsanwalt erreicht, dass die Ermittlungen gegen die Täter von Auschwitz in Frankfurt zusammengefasst wurden. Etwa zur selben Zeit begann er mit den Vorbereitungen für die Anklage der an der NS-Euthanasie beteiligten Schreibtischtäter einschließlich der Spitzen der deutschen Justiz.

Mit der Absicht, Vertreter der eigenen Zunft anzuklagen, machte sich Fritz Bauer noch mehr Feinde, als er ohnehin schon hatte. Beruflich und besonders menschlich wurde es immer einsamer um ihn.[3] Bauer hatte schon viele Anfeindungen erlebt, jetzt aber erreichten ihn Morddrohungen. «Wenn ich mein Büro verlasse», so erzählte er Helga Einsele, «befinde ich mich im feindlichen Ausland.»[4] Und gegenüber Rudolf Wassermann äußerte er: «In der Justiz lebe ich wie im Exil.»[5] Lisa Abendroth erinnert sich an verschiedene Besuche, bei denen Fritz Bauer geradezu verzweifelt gewirkt habe und wieder nach Dänemark emigrieren wollte, wovon ihn nur der nachdrückliche Zuspruch ihres Mannes abhalten konnte.[6]

Der Gedanke, gescheitert zu sein – so scheint es –, wurde zum bestimmenden Lebensgefühl Fritz Bauers. Die Tochter von Karl Raloff, Brigitte Åkjaer, und ihr Mann trafen Fritz Bauer um das Jahr 1965 bei einem

Vortrag in Dortmund, wo er über die Wurzeln des Nazismus sprach. Sie erkannten in ihm einen völlig veränderten Menschen, er war verbittert und legte ihnen dringend nahe, bald nach Dänemark heimzukehren. Der Nazismus, wie er in Deutschland jetzt noch anzutreffen sei, könnte wie eine «ansteckende Bazille» wirken. Damals in Kopenhagen hatte er so oft ihrer Mutter Mut zugesprochen, jetzt war er nicht wiederzuerkennen.[7] Ähnlich erging es auch Ruth und Max Seydewitz; aus Capri – er konnte von Frankfurt keine Briefe in die DDR schicken – schrieb er ihnen im August 1963, solche «Exkursionen» seien «große Ausnahmen eines Aufatmens und eines Versuches, etwas Abstand zu gewinnen».[8]

Trotzdem ließ er keinen Moment nach. Gerade das Kapitel der «ungesühnten» NS-Justiz, der Anklage gegen die Juristen und Ärzte, die sich am Anstaltsmord beteiligt hatten, war ihm ungeachtet aller Widerstände derartig wichtig, dass ihn nur völlig verkennen würde, wer folgern wollte, er sei schon an der Größe, am Ausmaß der Verbrechen gescheitert. Selbst Matthias Meusch, der in seiner Studie über *Fritz Bauer und die Aufarbeitung der NS-Verbrechen in Hessen* über Gebühr Bauers Pessimismus hervorhebt, muss zugeben, dass «seine Tätigkeit als hessischer Generalstaatsanwalt zu den Höhepunkten der hessischen und der deutschen Justizgeschichte gerechnet werden muß».[9]

Für Bauer waren die NS-Täter eben nicht schon durch den Zusammenbruch des «Dritten Reiches» resozialisiert,[10] wie etwa der konservative Publizist und Kritiker Fritz Bauers, Winfried Martini, meinte.[11] Auch die Beobachtung, dass die Mörder von einst nun als «friedliche und arbeitsame Bürger» in der Bundesrepublik lebten, hielt Bauer nicht davon ab, sie als Gesetzesbrecher zu verfolgen.[12] Tatsächlich entsprach die Auffassung, die NS-Täter seien lediglich einer verbrecherischen Staatsgewalt in blindem Gehorsam erlegen, ebenjenem politischen Kalkül, das sich mit der sukzessiven Integration der ehemaligen Funktionseliten nach 1949 als «Kernstück der Vergangenheitspolitik» der Regierung Adenauer vor allem in der Justiz durchgesetzt hatte.[13] Nur eine Minderheit teilte Fritz Bauers Positionen. So erhoben sich auf dem 46. Juristentag 1966 immerhin einige Stimmen, die an der stillschweigenden Integration der «Parteigenossen» in die demokratische Gesellschaft zweifelten. Sie erkannten in diesen untadeligen und anständigen Staatsbürgern vielmehr das Potential für den Rückfall in die Diktatur.[14] Strafrechtler wie Jürgen Baumann (Tübingen), Ernst-Walter Hanack (Heidelberg), Claus Roxin (Göttingen) – die zu den Verfassern des Alternativentwurfs für ein Strafgesetzbuch gehörten – und Herbert Jäger wollten den Missetätern nicht ihre damalige Gesetzestreue zugutehalten, sondern diese nach § 211 Strafgesetzbuch wegen Mordes aus niedrigen Beweggründen verurteilt sehen.[15]

Fritz Bauers Ansatz war und blieb ein erzieherischer. Er setzte nicht auf Schuld- und Reuegefühle, sondern hoffte auf Einsicht. Die notwendige Resozialisierung war für ihn an eine kritische Selbstreflexion gebunden. Wer glaube, die Täter bedürften keiner «sozialisierenden Behandlung» – so meinte er –, gebe sich der Illusion hin, der Nazismus sei mit Hitler und seiner nächsten Umgebung identisch.[16] Auch die angeklagten NS-Funktionäre sollten dahin gebracht werden, die Unverletzlichkeit der Menschenrechte anzuerkennen.[17]

Bereits 1944 hatte er in seiner Schrift *Kriegsverbrecher vor Gericht* festgestellt, dass die Strafe ein Mittel sei, «die Rechtsauffassung des Volkes zu klären und zu vertiefen». Strafgesetze, öffentliche Strafprozesse mit ihrem Echo in der Presse und der Vollzug der Strafe sollten dazu beitragen, «auf die allgemeine Vorstellungswelt» einzuwirken.[18] Insofern ging es ihm weniger um die Person des Verbrechers als um die Wiederherstellung des Rechts. Das deutsche Volk brauche eine «Lektion im geltenden Völkerrecht», die Prozesse gegen die NS-Verbrecher sollten Wegweiser sein, «Bekenntnis zu einer neuen deutschen Welt».[19]

Dagegen beruhte das Schuldstrafrecht für ihn auf vorwissenschaftlichen, weltanschaulichen Prinzipien,[20] auf reiner Gesetzeshörigkeit, die, zu Ende gedacht, geradewegs in die Konzentrationslager von Auschwitz und Buchenwald führte.[21] Die Beibehaltung des traditionellen Vergeltungsstrafrechts bewirkte aus seiner Sicht eine «weltanschauliche Unterwanderung» des «pluralistischen Staates». Bauer hielt die rigorosen Sollensvorschriften für realitätsfern, ihr trauriges Produkt sei «recht häufig eine unleidliche Heuchelei».[22]

Am wenigsten wollte sich die Mehrheit in Fritz Bauers eigener Zunft mit der eigenen Vergangenheit auseinandersetzen, war es doch undenkbar für die allermeisten Richter und Staatsanwälte, dass sich die Elite der Juristen zu Mordgehilfen des NS-Regimes gemacht haben sollte. Der Kronjurist der SPD, Adolf Arndt, sprach das Problem in einer Justizdebatte des Bundestags im Januar 1959 ungeschönt an, indem er auf Unrechtsurteile – er sagte «Fehlsprüche» – «rechtsgelehrter Richter» während der NS-Zeit hinwies. Er bedauerte, dass den Richtern die staatlich legitimierte Ermordung zahlloser Menschen im NS-Staat noch gar nicht bewusst geworden sei. Einen blinden Schlussstrich könne es nicht geben. Doch bedeute dies nicht Unversöhnlichkeit, sondern «die Wahrheit auf sich nehmen».²³ In derselben Rede nannte Arndt Freislers Volksgerichtshof eine durch «Talare und Uniformen verkleidete Mörderzentrale», deren so genannte Richter aus dem Justizdienst entfernt werden müssten.²⁴

Adolf Arndt wollte die Befangenheit der zeitgenössischen Rechtsprechung durchbrechen.²⁵ Dass er es ablehnte, die Listen aus der DDR zu überprüfen, war vermutlich der politischen Situation des Kalten Krieges geschuldet.²⁶ Die Veröffentlichung der Listen hatte unmittelbar nach Auslösung der Berlin-Krise begonnen.²⁷ «Gestern Hitlers Blutrichter – Heute Bonner Justiz-Elite», lautete das Thema von Albert Norden, dem Leiter des Ostberliner «Ausschusses für deutsche Einheit», auf der ersten Pressekonferenz am 23. Mai 1957 in Ostberlin.²⁸ Der Bundesregierung und den westdeutschen Justizbehörden fiel es nicht schwer, dies als kommunistische Propaganda abzutun, obgleich die Listen aus der DDR im Ausland, insbesondere in Großbritannien durchaus ernst genommen wurden.²⁹ Wäre denn, fragte im August 1958 Ernst Müller-Meinigen jr. in seinem Leitartikel über den Ulmer Einsatzgruppenprozess, überhaupt dieser «Augiasstall zu vermeiden gewesen?» Er gab eine Antwort im Sinne Fritz Bauers, nämlich: nur dann, wenn man die Justiz nach 1945 «einer neuen Generation überantwortet hätte».³⁰

Die Selbstreinigung der deutschen Justiz war ausgeblieben, die während des NS-Regimes tätigen Richter und Staatsanwälte hatten ihre Positionen weitgehend behauptet. Zwar war im Dezember 1958 die «Zentrale Stelle der Landesjustizverwaltungen zur Aufklärung nationalsozialistischer Verbrechen» gegründet worden,³¹ doch blieben die Ehemaligen von dieser neuen, zentralen Vorermittlungsstelle ungeschoren, weil das Unrecht der Justiz nicht in deren Zuständigkeit fiel.³² Fritz Bauer aber nahm die «Blutrichter»-Listen ernst. Während Arndt von «Denunziationslisten» sprach, belehrte Bauer ihn, dass Nachprüfungen ihre Echtheit ergeben hätten.³³ Folglich leitete Bauer gegen mehrere Dutzend Juristen im hessischen Justizdienst Ermittlungsverfahren ein und machte sie zur Chefsache, während das Bundesjustizministerium noch immer keinen Anlass sah, strafrechtliche und disziplinarische Maßnahmen zu ergreifen, geschweige denn eine gesetzliche Regelung anzustreben.³⁴

Im Mai 1959 kam es auf Bauers Anregung hin zu einer Aussprache im Rechtspolitischen Ausschuss beim Parteivorstand der SPD. Es wurde festgehalten, dass mehr Material beschafft werden müsse, um pauschale Diffamierungen zu vermeiden.[35] Anfang Juli schrieb Bauer dann an Adolf Arndt, «daß wir vorderhand den Weg zu dem Material noch nicht beschritten haben, obwohl er wahrscheinlich nicht aussichtslos wäre».[36] Gemeint war, das Material in der DDR und Polen selber zu sichten und die Akten von dort anzufordern. Die Möglichkeit bestand durchaus: In Vorbereitung des Auschwitz-Prozesses waren bereits intensive Kontakte dorthin angeknüpft worden. Trotzdem lehnte die Justizministerkonferenz Mitte Oktober derartige Verbindungen erneut ab. Statt einer generellen Überprüfung von Sondergerichtsakten den Weg zu ebnen, blieb sie ganz auf der Linie der Hallstein-Doktrin und verweigerte die Zusammenarbeit mit den Behörden von kommunistischen Staaten.[37] Das ganze Problem der «Blutrichter» wurde verharmlost. Auch das hessische Justizministerium lehnte eine eigene Prüfungskommission ab, obwohl bislang erst 65 Fälle von insgesamt 792 betroffenen Richtern und 185 Staatsanwälten behandelt und nur in zwei Fällen Maßnahmen ergriffen worden waren.[38]

Anfang November 1959 wurde von Seiten der DDR eine neue «Blutrichter»-Liste veröffentlicht, diesmal mit 1000 Namen. Dazu kam eine sensationelle Ausstellung, die wider Erwarten eine politische Wende anbahnte. Der Berliner Student Reinhard Strecker hatte das richtige Schlagwort getroffen und mit seiner Ausstellung *Ungesühnte Nazijustiz* heftige Diskussionen in der Öffentlichkeit ausgelöst. Der Titel stammte im Übrigen von Monika Mitscherlich und Jürgen Seifert, während Strecker, der ursprünglich eine Petition an den Bundestag geplant hatte und Polemik vermeiden wollte, ihn eher unsachlich fand.[39] Die Aktion wurde vom Sozialistischen Deutschen Studentenbund (SDS) getragen und sollte dafür sorgen, dass kurz vor Ablauf der Verjährungsfrist für Totschlag am 9. Mai 1960 noch möglichst viele Verfahren in Gang kamen. Die Kooperation mit dem SDS kostete die Initiatoren allerdings die Unterstützung des SPD-Parteivorstands und stieß bei seinem Justitiar Adolf Arndt, der die angebliche kommunistische Unterwanderung des SDS und eine SED-nahe Deutschlandpolitik bekämpfte, auf scharfe Kritik.[40]

Die Ausstellung löste große Resonanz aus, da man hier erstmals politische Forderungen präsentierte, die mit historischen Belegen aus der jüngsten Vergangenheit bekräftigt werden konnten. Gezeigt wurden Fotos und

Kopien von Todesurteilen nationalsozialistischer Sondergerichte, an denen auch amtierende Richter beteiligt waren.[41] Tatsächlich ließen die Zahlen aufhorchen: Bei der ersten Präsentation, die unter großen Schwierigkeiten vom 27. bis 30. November 1959 nicht zufällig in Karlsruhe, dem Amtssitz des Bundesgerichtshofs, organisiert wurde, konnten Straf- und Personalakten gezeigt werden, die nicht weniger als 206 an Unrechtsurteilen beteiligte Juristen betrafen. Der Ostberliner «Ausschuß für Deutsche Einheit» hatte diese Juristen namhaft gemacht, und Generalbundesanwalt Max Güde musste die Authentizität des Materials bestätigen.[42] Auch Adolf Arndt, dem Strecker die Akten zusandte, konnte nicht anders als zugeben, dass es sich um «gravierend echte Dokumente» handelte.[43]

Fritz Bauer kannte die Dokumente der Ausstellung, wie sein 1960 unter dem Ausstellungstitel «Ungesühnte Nazijustiz» erschienener Aufsatz in der Zeitschrift *Die neue Gesellschaft* beweist.[44] Darin dokumentierte er gleich zu Beginn eines der Unrechtsurteile wegen Verstoßes gegen die nationalsozialistische Polenstrafrechtsverordnung, das keinen Zweifel an der Unverhältnismäßigkeit zwischen Vergehen und Strafe ließ. Unerwähnt ließ er nur, dass einer der beteiligten Staatsanwälte in der Frankfurter Justiz tätig und keineswegs bereit gewesen war, freiwillig in den Ruhestand zu treten.[45] Zugleich stellte er die Forderung nach Sühne, die schon im Titel der Ausstellung enthalten war, in Frage. Sühne – so meinte er – erfordere von den Tätern die Einsicht in die eigene schuldhafte Beteiligung an einem gesetzlosen Vorgang. Fritz Bauer wusste aber, dass sich die beschuldigten Juristen dazu so wenig verpflichtet fühlten wie jeder gewöhnliche Angeklagte, dem eine «Sühne» in Form von Monaten oder Jahren Freiheitsverlust zudiktiert wird. Genau so würden sich die Richter und Staatsanwälte mit dem längst üblichen Hinweis auf schicksalhafte Umstände, Verstrickung und Verhängnis entschuldigen.[46]

Schlimmer noch war, dass das juristische Instrumentarium im Falle der NS-Justiz versagte beziehungsweise hohe juristische Hürden aufgebaut worden waren. Bauer zählte eine ganze Reihe auf: Zunächst einmal war Freiheitsberaubung durch Verhängung rechtswidriger Freiheitsstrafen bereits verjährt. Es blieb praktisch allein noch der Tatbestand des Totschlags mittels rechtswidrigen Todesurteils. Unwahrscheinlich hingegen war, dass es zur Anklage wegen niedriger Beweggründe und damit Mord kommen würde. Sofern nicht durch eine richterliche Handlung die Verjährung unterbrochen wurde, verjährte 1960 aber auch Totschlag. Da die

Unrechtsurteile von Kollegialgerichten gefällt worden waren, bestand zudem das Problem, dass ein Richter seine damalige Zustimmung bestreiten konnte. Aufgrund des Richtergeheimnisses war dann der Beweis des Gegenteils sehr schwer. Und nach der Rechtsprechung des Bundesgerichtshofs setzte die Verurteilung eines Richters auch noch immer voraus, dass er zugleich Rechtsbeugung begangen, das heißt bewusst Unrecht gesprochen hatte. Wie aber sollte einem Sonderrichter nachgewiesen werden, dass er zum Beispiel die Polenstrafrechtsverordnung nicht aus ideologischer Verblendung, sondern aus echter Überzeugung als gültiges Recht betrachtet hatte, also Rechtsbeugung begangen hatte?[47]

Der Pessimismus des hessischen Generalstaatsanwalts war berechtigt. Er wusste das aus der Praxis, die ihn in 99 Prozent der Fälle zu Einstellungsverfügungen gezwungen hatte.[48] Kurz und knapp fasste er die herrschende Rechtsprechung in dem Text «Justiz als Symptom» zusammen: «Sollen aber Staatsanwälte und Richter etwa wegen exzessiver Todesurteile zur Rechenschaft gezogen werden, so beteuern sie, seinerzeit in ungetrübter Übereinstimmung mit ihrem Gewissen verfolgt und gerichtet zu haben, womit nach herrschendem Juristenrecht Rechtsbeugung und Totschlag entfallen.»[49]

Fritz Bauer hingegen insistierte auch hier darauf, dass Radbruchs Theorem des «gesetzlichen Unrechts» die objektive und die subjektive Seite des Tatgeschehens einschließen müsse.[50] Das von der Rechtsprechung entwickelte «mangelnde Unrechtsbewusstsein» war für ihn kein Strafausschließungsgrund, sondern eine Ausflucht.[51] Bauer bestand darauf, dass es einen unantastbaren Kernbereich des Rechts, ein Minimum an Menschenrechten wie das Recht auf Leben, auf physische Freiheit und auf Gleichheit aller geben müsse, wie es der Bundesgerichtshof in Bezug auf die an der Judendeportation beteiligten Gestapo-Beamten erklärt hatte.[52] Wenn man davon ausgehe, dass die Täter kein Unrechtsbewusstsein hatten, werde ein «ständischer Schutzwall» zu Gunsten von überzeugten nationalsozialistischen Richtern errichtet, deren positive Einstellung zum NS-Staat als Entschuldigungsgrund wirke.[53]

Für seine Sichtweise stand Fritz Bauer genügend aussagekräftiges Material zur Verfügung, denn er hatte, wie er im Februar 1960 auf einer Sitzung des Rechtspolitischen Ausschusses der SPD erklärte, keine Probleme, sich die Dokumente zu beschaffen.[54] Tatsächlich wurden ihm die Dokumente über die NS-Justiz zusammen mit denen zum Auschwitz- und zum Euthanasie-Komplex von den Ostberliner Staatsanwälten persönlich überbracht. Wobei Bauer im Übrigen kein Blatt vor den Mund nahm und die unfreien Verhältnisse in der DDR und deren Propagandapolitik genauso kritisierte wie die bundesdeutsche Justiz. So erklärte er den Besuchern aus der Ostzone, dass dort keine intellektuelle Freiheit herrsche und die Strafen insbesondere in politischen Delikten zu hoch seien. Während in der Bundesrepublik eher der Himmel einstürze, bevor ehemalige NS-Richter wegen Mordes zur Verantwortung gezogen würden: «Schließlich säßen sie ja über sich selbst zu Gericht.»[55] Als immer mehr NS-Richter-Listen veröffentlicht wurden und die Ausstellung über die «Ungesühnte Nazijustiz», mittlerweile bestückt mit Akten aus Tschechien und Polen, immer weitere Kreise zog, sogar ins Ausland gelangte, wurde zumindest das hessische Justizministerium aktiv.[56] Am 17. Februar 1960 erhielt der Generalstaatsanwalt den Auftrag einer systematischen Sichtung der Sondergerichtsurteile – immerhin 1200 Vorgänge in Darmstadt, an die 4000 in Frankfurt und 270 Aktenvorgänge in Kassel.[57]

Wenig später, am 10. März, beriet der Rechtsausschuss des Hessischen Landtags erstmals über eine Petition, die der Allgemeine Studentenausschuss (AStA) der Technischen Hochschule München – in Reaktion auf Streckers Aktion – am 24. Juli 1959 an den Bundestag und die Länderparlamente geschickt hatte.[58] Der Vertreter des Ministeriums machte offenkundig, dass von den 1000 auf den DDR-Listen genannten NS-Richtern 68 in Hessen tätig seien. Die Justizverwaltung habe sich zudem «im Gegensatz zu anderen Justizverwaltungen» intensiv um Material aus Ostberlin bemüht. Der Rechtsausschuss leitete die Petition an die Landesregierung weiter.

Kurz darauf, am 21. März, schickte Fritz Bauer den im Februar angeforderten Bericht der Staatsanwaltschaften an das Ministerium mit dem Hinweis, die Akten würden wegen der kurz bevorstehenden Verjährung von Totschlag beschleunigt nach exzessiven Todesurteilen, die Anlass zur Einleitung von Ermittlungsverfahren gäben, ausgewertet. Das Ministerium ließ selber 67 Todesurteile von NS-Richtern prüfen, mit dem Ergebnis, darunter habe sich «kein so exzessives» befunden, dass straf- oder disziplinarrechtliche Maßnahmen ergriffen werden müssten.

Einem Bericht des hessischen Justizministeriums an das Bundesjustizministerium vom 24. März 1960 war zu entnehmen, dass bis dahin fünf

Ermittlungsverfahren eingeleitet worden waren: Ein Oberstaatsanwalt war in den Ruhestand versetzt und ein Staatsanwalt an die Amtsanwaltschaft versetzt worden, gegen drei Amtsgerichtsräte wurde noch ermittelt. Alle drei Verfahren mussten jedoch 1960 von Bauer eingestellt werden, da eine direkt vorsätzliche Rechtsbeugung nicht nachweisbar war. Anfang April berichtete das Ministerium, dass von den 1146 in den Listen bisher aufgetauchten NS-Richtern 86 in Hessen tätig seien.

Die Zahl der Betroffenen hatte sich also weiter erhöht. Am 5. Mai 1960 diskutierte der Rechtsausschuss des Landtags das Problem ausführlich. Dabei wurde ersichtlich, dass inzwischen eine politische Wende eingetreten war. Das Ministerium sei überzeugt, erklärte Justizstaatssekretär Rosenthal-Pelldram, dass das Schlimmste noch bevorstehe, denn Tausende von Akten lagerten noch in ostdeutschen und osteuropäischen Archiven. Das Bundesjustizministerium habe nach den neuen Veröffentlichungen und Strafanzeigen des tschechischen Verbandes antifaschistischer Widerstandskämpfer[59] die Landesjustizminister angewiesen, in allen Fällen, in denen eine Strafanzeige eingehe, auf die Unterbrechung der Verjährung hinzuwirken. Der Generalstaatsanwalt solle noch einmal die hessische Liste überprüfen. Nun sprach man schon von 90 Betroffenen. In Bezug auf die Beschaffung des Dokumentenmaterials habe die Justizministerkonferenz entschieden, dass auch weiterhin nur Amtshilfe in Frage komme. Das bedeutete, die Akten durften weder in Polen noch in Prag, noch in der DDR eingesehen werden.[60] Der Ausschuss forderte die Regierung auf, einen Vermerk in die Personalakte derjenigen Justizbeamten einzutragen, bei denen nach Ablauf der Verjährungsfrist disziplinar- oder strafrechtliche Tatbestände bekannt würden. Jedenfalls solle der Generalstaatsanwalt geeignete Maßnahmen zur Unterbrechung der Verjährung ergreifen.

Fritz Bauer zögerte nicht. Noch am selben Tag stellte er beim Amtsgericht Wiesbaden den Antrag, ein Ermittlungsverfahren gegen 99 hessische Juristen wegen Rechtsbeugung in Tateinheit mit Tötungsdelikten zu eröffnen. Selbst dort, wo keine konkreten Beschuldigungen erhoben werden konnten, vermutete Bauer noch weiteres Material, aus dem sich der Nachweis «exzessiver Todesurteile» herleiten lassen würde. Er wusste von umfangreichem Aktenmaterial, auf das ihn bei der Vorbereitung des Auschwitz-Prozesses polnische und tschechische Behörden aufmerksam gemacht hatten. Seine dringende Empfehlung, eine Sondertagung zum

Problem der NS-Juristen anzusetzen, wurde jedoch auf der Tagung der Generalstaatsanwälte Mitte Mai 1960 abgelehnt.[61]

Am 2. Juni 1960 beriet der Hessische Landtag den Beschluss seines Rechtsausschusses vom 10. März. Dabei stellte sich heraus, dass das Ministerium mittlerweile einen Vorschlag Bauers aufgegriffen hatte, den dieser bereits ein Jahr zuvor der SPD-Bundestagsfraktion vorgelegt hatte: nämlich alle Richter und Staatsanwälte nach ihrer Tätigkeit zwischen 1933 und 1945 zu befragen. Die Fragebogen-Aktion des Ministeriums, das bereits 72 ehemalige Kriegsrichter, Richter und Staatsanwälte angeschrieben hatte, wurde von der Opposition aus CDU und FDP aufs Schärfste kritisiert. Am liebsten hätte die FDP die Debatte überhaupt vertagt, bis die Verjährungsfrist am 30. Juni 1960 endete. Für sie war die ganze Aktion und Bauers Initiative immer schon Nestbeschmutzung. In einer Landtagsdebatte deklamierte der FDP-Abgeordnete Heinz-Herbert Karry dasselbe Schiller-Zitat, das auch Fritz Bauer in seinem Buch *Das Verbrechen und die Gesellschaft* schon ins Feld geführt hatte – freilich unter umgekehrtem Vorzeichen. Denn Karry ging es darum, die NS-Richter vor der vermeintlichen Selbstgerechtigkeit des bundesrepublikanischen Rechtsstaates zu schützen: «Mißtraut Euch, edler Lord, daß nicht der Nutzen des Staats Euch als Gerechtigkeit erscheine.»[62]

Die beiden Landtagsdebatten bestätigten Bauers Pessimismus vollauf.[63] Es war klar zu sehen, dass die inkriminierten Richter und Staatsanwälte eine solide Lobby hatten. Entschieden widersetzte sich die Opposition der Absicht, die Namensnennung auf einer der Listen oder die Mitgliedschaft bei einem Sonder- oder Wehrmachtsgericht bereits als Grund für eine Unterbrechung der Verjährung zuzulassen. Das Ministerium hingegen vertrat die Ansicht, die «Blutrichter»-Listen könnten durchaus als «reguläre Strafanzeigen» behandelt werden. Der Beschluss des Rechtsausschusses wurde gegen die zwei Stimmen der FDP und vier Enthaltungen angenommen.[64]

Auf der Sitzung des Rechtspolitischen Ausschusses korrigierte Bauer tags darauf, dem 3. Juni 1960, seine Kritiker: Auch er sei zwar der Meinung, dass die Erwähnung in einer der Broschüren zur Einleitung eines Ermittlungsverfahrens ausreiche. Abgesehen von acht Fällen sei jedoch in allen anderen Verfahren – insgesamt laut Auskunft des Ministeriums mittlerweile 152 – nur auf Anzeige oder von Amts wegen ermittelt worden. Er bedauerte, dass die Chance, strafrechtlich etwas zu erreichen, nur noch sehr gering sei. Nicht zuletzt wurde entschieden, die Initiative des Justizministeriums im Bundesrat zu unterstützen und in das neue Richtergesetz eine Bestimmung aufzunehmen, dass bei Bekanntwerden belastender Tatbestände auch nach Ablauf der Verjährungsfrist noch Maßnahmen ergriffen werden konnten.[65] Allmählich vollzog sich offenbar doch ein Bewusstseinswandel.

Tatsächlich war während der langwierigen Beratungen immer mehr Material ans Licht gekommen. Die Mehrheit der Justizminister hielt deshalb eine gesetzliche Regelung für erforderlich, wollte jedoch mit Informationen an die Öffentlichkeit sparsam sein, was mit der geringen Zahl der eingeleiteten Ermittlungsverfahren zusammenhing.[66] Fritz Bauer lagen inzwischen Hunderte Akten aus Polen vor, übermittelt vor allem vom ehemaligen Untersuchungsrichter im polnischen Auschwitz-Prozess und Leiter des Kriminologischen Instituts der Universität Krakau, Prof. Dr. Jan Sehn. Ende September 1960 schickte Bauer 226 Urteile der Sondergerichte Posen und Bromberg ans Ministerium. Im Januar 1961 berichtete er, dass im Keller des Amtsgerichts Camberg 19 Bände mit Urteilen des Sondergerichts Frankfurt gefunden worden seien. Jedenfalls beschloss das hessische Kabinett am 7. Februar 1961, dem Vorschlag der Länderjustizminister zuzustimmen und ein Gesetz zur Zwangspensionierung anzustreben.

Maßgeblichen Anteil daran, dass überhaupt eine Mehrheit zustande gekommen war, hatte Hessens Ministerpräsident Georg August Zinn. Nach seiner Meinung, die er wenige Tage zuvor am 2. Februar 1961 auf der Sitzung des Rechtsausschusses des Bundesrats zum Ausdruck gebracht hatte, durfte die in der Verfassung verankerte Unabhängigkeit der Richter kein Standesprivileg sein; die Frage sei nicht: «Wie schützen wir den einzelnen Richter?, sondern: wie schützen wir die Justiz, die Rechtsstaatlichkeit?»[67] Vor allem müsse man jetzt durch eine Ergänzung zum aktuellen Entwurf des neuen Richtergesetzes zu einem Ergebnis kommen. Doch seine Ministerkollegen beharrten auf einer Grundgesetzänderung. Sie fürchteten, die beabsichtigte Pensionierung der belasteten Richter werde das Bundesverfassungsgericht auf den Plan rufen.[68] Adolf Arndt wiederum teilte Ministerpräsident Zinn Mitte März mit, dass die SPD-Bundestagsfraktion auch einer Änderung des Grundgesetzes zustimmen werde.[69]

Zweimal tagten der Rechtsausschuss des Bundesrats und des Bundestags und berieten den Gesetzentwurf der Justizminister, der in Ergänzung des Artikels 132 GG vorsah, dass Richter und Staatsanwälte, die vor dem 9. Mai 1945 an Todesurteilen mitgewirkt hatten, in den Ruhestand zu versetzen wären. Gegen den Willen der Betroffenen sollte die Pensionierung nur aufgrund einer Entscheidung des Bundesgerichtshofs zulässig sein. Zwischen der ersten Sitzung Ende Februar, auf der Adolf Arndt hart mit der Verharmlosung der NS-Justiz ins Gericht ging, und der zweiten Sitzung Ende April 1961 berieten die Bundestagsfraktionen den Gesetzentwurf, wobei sich herausstellte, dass CDU und FDP die geplante Verfassungsänderung entschieden ablehnten.[70]

Als man zur abschließenden Sitzung zusammentrat, ging es um mindestens 72 Richter und Staatsanwälte, die an exzessiven Urteilen beteiligt gewesen waren, sich aber weigerten, in den Ruhestand zu treten.[71] Allein in Hessen waren es zehn, die so stark belastet waren, dass ihr Verbleiben im Dienst nicht tragbar erschien. Zinn hielt eine gesetzliche Regelung für unvermeidbar, zumal er mit neuem Material rechnete.[72] Was sich im Übrigen wenige Wochen später bestätigte, als zwei Staatsanwälte aus der DDR dem Generalbundesanwalt Akten vom Volksgerichtshof und von Sondergerichten in Polen mit dem Hinweis überbrachten, in den Archiven der DDR und Polens lagerten noch Tausende Akten deutscher Sondergerichte und circa 50 000 Kriegsgerichtsakten.[73]

Noch Mitte Mai 1961 schickte Staatssekretär Rosenthal-Pelldram einen Gesetzentwurf zur Ergänzung von Artikel 132 GG an den Rechtsausschuss des Bundestags, der von Hamburg und Berlin unterstützt wurde und vorsah, dass Richter und Staatsanwälte, die vor 1945 an einer auf Todesstrafe erkennenden Entscheidung mitgewirkt hatten, in den Ruhestand versetzt werden konnten, sofern «die Strafe unmenschlich hart» war.[74] Die Rechtsausschüsse von Bundestag und Bundesrat hatten sich jedoch bereits am 29. Mai in einer gemeinsamen Sitzung für die «kleine Lösung» entschieden, die Niedersachsen im April eingebracht hatte. Danach sollte den belasteten NS-Richtern ermöglicht werden, sich innerhalb einer Frist von einem Jahr freiwillig in den Ruhestand versetzen zu lassen. Das Gesetz wurde fast einstimmig am 14. Juni 1961 verabschiedet.[75]

Nachdem es am 8. September in Kraft getreten war, stellte sich jedoch schnell heraus, dass es ein Schlag ins Wasser war: Von den insgesamt 14 500 amtierenden Richtern und Staatsanwälten, die betroffen waren, quittierten nur 135 ihren Dienst.[76] Vier Jahre lang hatten sich Justizverwaltungen, Justizminister, Bundestag und Bundesrat mit der Selbstreinigung der Justiz beschäftigt – und jetzt dieser weitgehende Misserfolg.

Auch im folgenden Jahr kam es wieder zu «Enttarnungen», darunter so spektakulären wie dem Fall des seit 1962 amtierenden Generalbundesanwalts Wolfgang Immerwahr Fränkel.[77] Allein in Hessen amtierten 1962 noch zwischen 80 und über 100 Juristen, die an Unrechtsurteilen beteiligt gewesen waren. Reinhard Strecker schätzte ihre Gesamtzahl auf über 400.[78] In Anbetracht der Dunkelziffer und der noch schwebenden Fälle konnte Fritz Bauer jetzt nur noch auf eine Änderung des Grundgesetzes hoffen. Doch die Mehrzahl der Länderjustizverwaltungen lehnte ab, und auch Hamburgs und Hessens Vorstoß im Bundesrat verlief erfolglos.

Kaum weniger enttäuschend war es für Fritz Bauer, als der Bundestag den Antrag der SPD gegen die Verjährung von Totschlag, die am 8. Mai 1960 wirksam wurde, ablehnte und damit eine Fülle von nazistischen Untaten durch eine De-facto-Amnestie der Ahndung entzog.[79] 20 Jahre nach Kriegsende, am 8. Mai 1965, drohte sogar die Verjährung von NS-Mordverbrechen, wenn nicht noch im letzten Moment eine Wendung eintrat. Die denkwürdige Bundestagsdebatte, die unter dem Eindruck der Auschwitz-Prozesse stattfand, gilt heute als eine der Sternstunden des deutschen Parlaments. Die Reden des SPD-Abgeordneten Adolf Arndt und des jungen CDU-Abgeordneten Ernst Benda sind berühmt geworden. Am Ende der Debatte stand ein Kompromiss. Der Deutsche Bundestag entschied 1965, die Verjährungsfrist für Mord zwar nicht zu verlängern, aber den Beginn auf den 1. Januar 1950 zu verlegen, was einen Aufschub bis Ende 1969 bedeutete.[80]

Bauer hatte, wenn man von der zeitlich begrenzten Aufhebung der Verjährungsfrist absieht, eigentlich nur schwere Rückschläge erlitten, als sich ihm 1967/68 auch noch der Fall Rehse präsentierte. Richter Hans-Joachim Rehse war Beisitzer des berüchtigten Roland Freisler am Volksgerichtshof gewesen und hatte mindestens 231 Todesurteile mit unterzeichnet.[81] Das Landgericht Berlin verurteilte ihn im Juli 1967 wegen Beihilfe zum Mord zunächst zu fünf Jahren Zuchthaus. Im Frühjahr 1968 wurde das Urteil jedoch vom Bundesgerichtshof aufgehoben. Die Begründung lautete, Rehse sei als Mitglied des Volksgerichtshofs nur dem Gesetz unterworfen und seinem Gewissen verantwortlich gewesen; er habe lediglich seiner eigenen Rechtsüberzeugung zu folgen gehabt, und also gelte es nur zu prüfen, ob er aus niedrigen Beweggründen für die Todesstrafe gestimmt habe.[82] Hinzu fügte der Bundesgerichtshof den Satz, dass es eine besonders schwierige Aufgabe für ein Gericht sei, «wenn es nach so langer Zeit innere Vorgänge aufklären und werten» müsse.[83] Das Berliner Landgericht folgte der Zurechtweisung durch den BGH und sprach Rehse in einem zweiten Verfahren frei, da er das Recht weder vorsätzlich noch aus innerer Überzeugung gebeugt habe.[84] Die Urteilsbegründung ging sogar so weit, zu behaupten, dass keiner der sieben Richter des Volksgerichtshofs das Recht gebeugt habe. Aber diese Entscheidung, die am 6. Dezember 1968 erging, hat Fritz Bauer nicht mehr erlebt. Sein letztes Wort in dieser Sache des «gesetzlichen Unrechts» war Gustav Radbruch gewidmet. In der Gedächtnisschrift, die im gleichen Jahr 1968 erschien, schrieb Bauer, das Kontrollratsgesetz Nr. 10 – Stichwort: «Verbrechen gegen die Menschlichkeit» – habe der deutschen Rechtspflege eine Chance gegeben, «einer Zeit revolutionären Unrechts, die Radbruch dämonisch und apokalyptisch nannte, durch revolutionäres Recht Herr zu werden». Radbruch habe bei seiner Bejahung des Kontrollratsgesetzes auf eine naturrechtliche Begründung Wert gelegt. Das Rückwirkungsverbot war nicht verletzt worden, da der Inhalt des Gesetzes schon vorher gegolten hatte: als Naturrecht, Vernunftrecht, «kurzum als übergesetzliches Recht». Doch der BGH, so kommentierte Bauer die herrschende deutsche Rechtsprechung, wünsche keine Revolution, nicht einmal in Gesetzesform.[85] So blieben seine Bemühungen, die Menschenrechte, die Humanität zum Rechtsbegriff zu machen, weitgehend folgenlos. In Westdeutschland wurde kein einziger Richter des Volksgerichtshofs, der Sonder- sowie anderer NS-Gerichte nach 1945 verurteilt.

Das hier beschriebene Rechtsverständnis hatte sich bereits Ende der vierziger Jahre prononciert abgezeichnet.[86] Als die Anstaltsmorde der Euthanasie-Aktion zum Thema wurden, sprach man zunächst nur vom beteiligten Anstaltspersonal, während den übergeordneten Ärzten und Juristen ohne Weiteres schuldloser Verbotsirrtum eingeräumt wurde und von ideologischen Motiven nicht die Rede war.[87] Die Argumentation schlug zu Gunsten der Ärzte aus, es wurde darauf verwiesen, dass die «Euthanasie»-Ärzte durch Aussonderung noch arbeitsfähiger Kranker sogar «die Gesamtzahl der zu Tötenden» verringert hätten.[88]
Im Auschwitz-Prozess gipfelte diese Exkulpations-Konstruktion in der

Behauptung des Verteidigers Dr. Hans Laternser, die Mitwirkung an Selektionen habe der Lebensrettung gedient.[89] Der arbeitsteilig organisierte Massenmord galt als Normalität, der gegenüber man sich auf mangelndes Unrechtsbewusstsein berufen konnte.[90] Bei solchem Geschichtsverständnis konnte nur ein enger politischer Führungskreis, nämlich Hitler und die prominenten Initiatoren der verbrecherischen Aktionen, als Täter gelten, während alle Übrigen der Beihilfe beschuldigt wurden.[91] Umso erstaunlicher muss es danach erscheinen, dass Fritz Bauer sich auch noch den Verfahrenskomplex der Euthanasieverbrechen aufbürdete.[92] Dem hessischen Generalstaatsanwalt ist zu verdanken, dass es in der zweiten Hälfte der fünfziger Jahre überhaupt zu neuen Ermittlungen wegen der Anstaltsmorde kam.[93]

Die Verbrechen der NS-Euthanasie, deren Aufklärung Bauer Ende 1959 an sich zog, wurden schnell zu einem der größten Untersuchungskomplexe der Frankfurter Justiz. Noch vor der Übernahme des Verfahrens gegen den ehemaligen «Obergutachter» und medizinischen Leiter der Tarnorganisation «T4» Prof. Dr. Werner Heyde, der sich nach seiner spektakulären Enttarnung am 12. November 1959 der Staatsanwaltschaft stellte, hatte Fritz Bauer umfangreiche Ermittlungen gegen die maßgeblichen Organisatoren angeordnet. Spätestens seit dieser Festnahme sah Bauer die Notwendigkeit, auch den Spitzenjuristen den Prozess zu machen.[94] Und so entwickelte seine Dienststelle sich schnell zur bundesweiten Ermittlungsbehörde für Euthanasieverbrechen, denen bis 1945 nach vorsichtigen Schätzungen 125 000 Menschen, darunter 5000 Kinder, zum Opfer gefallen waren.[95]

Die «Euthanasie» war wie die Judenverfolgung nicht ausschließlich zentral gesteuert. Sie radikalisierte sich unter dem Druck konkurrierender Gruppierungen, die zunächst Widerstände bei einigen Provinzial- und Landesbehörden ausräumen mussten. Danach eskalierte sie in mehreren Stufen von der «Asylierung» über die Zwangssterilisation und Abtreibung bis zur systematischen Tötung «lebensunwerten» Lebens.[96] Durch die Ausweitung des Mordprogramms auf Häftlinge in den Konzentrationslagern («Sonderbehandlung 14 f 13»), wo Juden, Sinti, Roma und «Asoziale» ausgesondert wurden, war dann früh eine Vorstufe zur «Endlösung» erreicht.[97]

Die in der Berliner Tiergartenstraße 4, von der sich die Bezeichnung «T4» ableitet, angesiedelte «Euthanasie»-Zentrale führte den ersten Massenmord an Juden durch. Jüdische Insassen von Heil- und Pflegeanstalten wurden seit 1940 gesondert erfasst und in Sammeltransporten des «T4»-Transportunternehmens GEKRAT (Gemeinnützige Kranken-Transport GmbH) in die «Euthanasie»-Mordzentren gebracht; etwa 4000, vielleicht sogar 5000 Patienten.[98] Sowohl die Tötungstechnologie wie das Mordpersonal wurden in die besetzten Ostgebiete übernommen, so dass ab Herbst 1941 ein direkter Zusammenhang mit der systematischen Judenvernichtung bestand. Das gilt ebenso für das erste Vernichtungslager Chełmno (Kulmhof), wo die Opfer in Gaswagen endeten, wie für die Vernichtungslager der «Aktion Reinhardt» – Bełżec, Sobibór und Treblinka –, bei der alle Juden und Roma des «Generalgouvernements» vernichtet werden sollten.

Die Frankfurter Ermittlungen ergaben, dass 1944 auch in Italien, in San Sabba bei Triest, ehemalige Mitglieder des «T4»-Führungspersonals am Werk waren. Ernst Klee hat als einer der Ersten auf diesen Tatkomplex in Italien hingewiesen. Zudem machte er den Geschäftsführer der «Euthanasie»-Zentrale Dietrich Allers namhaft.[99] In San Sabba wurden Tausende von Opfern in eine ehemalige Reismühle verschleppt, gefoltert und grausamen Verhören unterworfen, die Juden darunter nach Auschwitz oder in andere KZ deportiert. Im Januar 1968 beantragte Fritz Bauer die Ausdehnung der gerichtlichen Voruntersuchung gegen Dietrich Allers auf den ganzen Tatkomplex.[100]

Die Durchführung des Euthanasie-Mordprogramms wurde, da es heimlich und ohne gesetzliche Grundlage realisiert werden sollte, einer eigenen Exekutive übertragen: der «Kanzlei des Führers». Hier, bei Reichsleiter Philipp Bouhler (1899–1945), gingen alle an Hitler gerichteten Gesuche um «Genehmigung» zur Tötung der unheilbar Kranken ein. Hier wurden sie im Hauptamt II unter Leitung von Viktor Brack (1904–1948) und innerhalb dieses Hauptamtes wiederum vom Amt IIb unter Dr. Hans Hefelmann bearbeitet.[101] Die «außerordentliche» Methode hatte Hitler erstmals Ende 1938 angewandt. Über seinen Leibarzt Dr. Karl Brandt gestattete er den Ärzten eines behinderten Kindes die «Euthanasie». Danach wurden Dr. Brandt und Reichsleiter Bouhler ermächtigt, in analogen Fällen ebenso zu verfahren, was zur systematischen, bis 1945 praktizierten Ermordung behinderter Kinder führte.[102]

Im Sommer 1939 erteilte der «Führer» dann Bouhler und Brandt die Ermächtigung, die «Euthanasie» auf alle Patienten in den Heil- und Pflegeanstalten auszudehnen. Der entsprechende «Erlass» wurde Ende Oktober auf den Kriegsbeginn 1. September 1939 rückdatiert und nur einem beschränkten Personenkreis zugänglich gemacht. Selbst dem Justizministerium wurde er erst im August 1940 als Fotokopie übergeben.[103] Als 1941 die Tarnung nicht mehr aufrechtzuerhalten war, verfügte Hitler den Stopp der Tötungsaktionen. Vor allem die Predigten des Bischofs von Galen in Münster hatten weithin gewirkt und alarmiert. Der plötzliche Abbruch konnte und sollte jedoch nicht verhindern, dass eine «wilde Euthanasie» einsetzte, die nicht mehr zentral gesteuert war.[104]

Die eigentliche Euthanasie-Aktion zwischen 1939 und 1941 wurde in sechs dafür eingerichteten Mordanstalten realisiert und von Tarnorganisationen besorgt: Die «Reichsarbeitsgemeinschaft Heil- und Pflegeanstalten» (RAG) und ein Gutachter-Gremium aus Ärzten unter Leitung des Obergutachters Professor Dr. Werner Heyde regelten die Erfassung und Auslese, die erwähnte GEKRAT den Transport und die Anstalten selbst, die von der «Gemeinnützigen Stiftung für Anstaltspflege» betrieben wurden, die Vernichtung der Opfer.[105] Die gesamte Organisation war ein maßnahmenstaatliches Instrument, kam allerdings an zwei Punkten mit zunächst normenstaatlich agierenden Institutionen in Berührung: mit der Abteilung IV «Gesundheitswesen und Volkspflege» im Reichsinnenministerium, die zur Erfassung der Patienten notwendig war, und mit dem Reichsjustizministerium, das an § 211 Strafgesetzbuch (Mord), an die Anzeigepflicht (§ 129 StGB) und an § 152 StGB (Verfolgungszwang durch staatliche Behörden) gebunden war.[106]

Die Mitwirkung des Reichsinnenministeriums bestand in der Verschickung von Patienten-Fragebögen an die Anstalten. Die zurückgesandten Formulare wurden in Kopie an die RAG weitergeleitet, deren ärztliche Gutachter durch Eintragung eines Plus- (+) oder Minuszeichens (–) über Leben und Tod entschieden. Diese «Gutachten» dienten der RAG als Grundlage für ihre Transportlisten, von denen Abschriften wiederum über das Reichsinnenministerium an die Heil- und Pflegeanstalten gingen, um dort die Verlegung vorzubereiten. Unter der Vorgabe einer «kriegswichtigen Maßnahme» übernahm die GEKRAT den Transport in eine Tötungsanstalt.[107]

Das Reichsinnenministerium blieb jedoch nicht die einzige staatliche Stelle, die mit den Euthanasie-Aktionen zu tun bekam und aktiv mitwirkte.[108] Als die Tötungsaktionen zu Protesten führten, bemühte sich

Reichsjustizminister Dr. Franz Gürtner (1881–1941), eine gesetzliche Legitimation zu schaffen, steckte aber zurück, nachdem er die Kopie des «Führerbefehls» gesehen hatte. Wenige Monate später, am 23./24. April 1941, ließ sich die Führungsmannschaft der deutschen Justiz, Oberlandesgerichtspräsidenten und Generalstaatsanwälte, im Berliner «Haus der Flieger» widerspruchslos auf die Geheimhaltung und reibungslose Durchführung der Euthanasie-Aktionen einschwören. Zur Konferenz hatte das Reichsjustizministerium eingeladen, mittlerweile unter kommissarischer Leitung von Staatssekretär Dr. Franz Schlegelberger, um, wie er plante, «die Tätigkeit seiner Organe den außernormativen Euthanasiemaßnahmen möglichst anzupassen». Zur Täuschung schrieb Schlegelberger jedoch, dass es um Vorträge gehen sollte.[109] Einer der Hauptakteure war Professor Dr. Heyde, der zusammen mit Viktor Brack den Anwesenden das Tötungsprogramm vorstellte.

So hatten sich Juristen mit hoher Qualifikation und langjähriger Berufserfahrung in den Dienst der Mordaktion gestellt. Aus der Sicht Fritz Bauers bestand die Funktion der Tagung lediglich in der Scheinlegalisierung der NS-Euthanasie. Jetzt, im Mai 1960, übernahm er kurzfristig die Ermittlungen gegen zunächst 29 Juristen und erwirkte, vier Tage vor dem Stichtag 8. Mai 1960, durch die beschleunigte Vernehmung von Professor Heyde die Unterbrechung der Verjährung.[110] Doch schon bald drohte dieses «wohl spektakulärste Verfahren der deutschen Justiz-Geschichte» im Sande zu verlaufen.[111] Die Staatsanwaltschaft Stuttgart, die mit der Fortsetzung der Ermittlungen beauftragt worden war, wollte schon im Mai 1961 und erneut im August 1962 das Verfahren einstellen. Unter den damaligen Umständen, so befand sie, hätte ein Protest der Konferenzteilnehmer die Mordaktionen nicht behindern können.[112]

Daraufhin holte Fritz Bauer im Juni 1963 wieder einmal das Verfahren nach Frankfurt.[113] Er ließ eingehende Ermittlungen anstellen, die sich jedoch wegen der Überlastung der Staatsanwaltschaft hinzogen. Am 22. April 1965 ging beim Landgericht Limburg an der Lahn der Antrag auf Eröffnung der Voruntersuchung mit einer 53seitigen Anschuldigungsschrift ein.[114] Gegen Staatssekretär a. D. Dr. Franz Schlegelberger und 15, später 20 hohe Justizbeamte, die an der Juristenkonferenz teilgenommen hatten, machte Bauer geltend: «Gemessen an den Anforderungen, die in den Strafverfahren der Nachkriegszeit an kleinste Gehilfen nationalsozialistischen Unrechts gestellt wurden, war von den versammelten Spitzen der deutschen Justiz zu erwarten, dass sie widersprachen, notfalls sogar erklärten, ihr Amt zur Verfügung zu stellen, um zu verhindern, dass sie durch ihr Stillschweigen zu Gehilfen tausendfachen Mordes wurden.»[115] Aber der Antrag blieb unbearbeitet beim Limburger Untersuchungsrichter liegen.

Wer sich, wie Fritz Bauer, ohne jeden Vorbehalt um Aufklärung der nationalsozialistischen Gewaltverbrechen bemühte, stieß immerfort an Grenzen. Seine Anstrengungen, den Gesamtkomplex der Morde in den Heil- und Pflegeanstalten aufzuklären und die verantwortlichen Spitzen der NS-Justiz und Ärzteschaft vor Gericht zu bringen, lösten erhebliche Gegenwehr aus. Sogar die Selbstanzeige des medizinischen Leiters der «Euthanasie»-Aktionen, Professor Dr. Heyde, hatte Schwierigkeiten bereitet. Wer sollte das Verfahren übernehmen, wenn sich keine andere Staatsanwaltschaft für zuständig erklärte?[116]

Dabei waren gerade die Vorbereitungen zum großen Auschwitz-Verfahren angelaufen. Und außerdem hatte der Generalstaatsanwalt eben erst die Aufklärung des Tatbeitrags der zum Teil in Hessen tätigen oder tätig gewesenen NS-Juristen an sich gezogen. Seine Dienststelle führte im Juni 1960 nicht weniger als 126 Verfahren gegen NS-Juristen, darunter auch die 30 überlebenden Teilnehmer an der von Schlegelberger einberufenen Konferenz von 1941.[117]

Und zu diesen Großkomplexen kamen nun auch noch die Ermittlungen gegen den ehemaligen «T4»-Leiter Heyde, der seit 1947 unbehelligt in Schleswig-Holstein lebte und unter falschem Namen (Sawade) als neurologischer Gutachter tätig war. Eine Verfügung Fritz Bauers von Mitte 1961 zeigt, wie umfangreich mittlerweile die Nachforschungen geworden waren. Demnach hatte sich die Zahl der möglicherweise an der «Aktion T4» beteiligten Personen auf 347 erhöht. Davon waren 168 verstorben beziehungsweise in bereits anhängigen Strafverfahren erfasst.[118] Anfang Oktober war die Zahl der Beschuldigten bereits auf 505 Personen gestiegen.[119] Schließlich richtete sich das Sammelverfahren gegen mehrere hundert Personen, die auszuwertende Personenkartei umfasste 2000 bis 3000 Namen.[120] Die Vernehmungen füllten 59 Aktenordner, allesamt von der Frankfurter Generalstaatsanwaltschaft angelegt.[121]

Im Fall Heyde wurde unter anderem gegen drei weitere hohe Verwaltungsfunktionäre ermittelt: Rechtsanwalt Dr. Gerhard Bohne, den ersten Geschäftsführer der «T4» und verantwortlich für ihre juristisch-formale

Organisationsstruktur, seinen Nachfolger Friedrich Tillmann und gegen den erwähnten Dr. Hans Hefelmann, der sich am 30. August 1960 selbst stellte.[122] Unmittelbar nachdem Bauer das Heyde-Verfahren übernommen hatte, übermittelte die Zentrale Stelle in Ludwigsburg am 18. Januar 1960 die Vorgänge gegen Dietrich Allers und Hans-Joachim Becker, den Leiter der «Zentralverrechnungsstelle Heil- und Pflegeanstalten».[123] Und gleichzeitig bat der Berliner Generalstaatsanwalt, das Verfahren gegen den ehemaligen Chef des Amtes IIa der «Kanzlei des Führers», Werner Blankenburg, sowie gegen zwei «Obergutachter» der «Kindereuthanasie», Ernst Wentzler und Hans Heinze, zu übernehmen. Doch Bauer lehnte ab, weil er die fortgeschrittenen Ermittlungen im Heyde-Verfahren nicht in die Länge ziehen wollte.[124]

Mit dem Vermerk «Verjährung droht!» beantragte die Zentrale Stelle am 13. April 1960 beim Generalbundesanwalt, in der Anzeigensache gegen Blankenburg und andere die Bestimmung eines Gerichtsorts vorzunehmen. Der Generalbundesanwalt übertrug die Untersuchung und Entscheidung am 13. Mai 1960 dem Landgericht Frankfurt am Main.[125] Bauer bat um Überprüfung, damit das Heyde-Verfahren sich nicht noch mehr verzögere. Doch er bekam am 22. September 1960 auch noch das erwähnte Berliner Verfahren gegen Blankenburg sowie ein weiteres auferlegt.[126]

Im August 1960 übernahm Bauer das Verfahren gegen den erwähnten Rechtsanwalt Dr. Bohne aus Tübingen und führte es im Zusammenhang mit dem Fall Heyde weiter. Bohne sollte ebenso wie Heyde als Schreibtischtäter wegen Mittäterschaft am Massenmord angeklagt werden. Das ganze Verfahren sollte zu einem Grundlagenprozess für Rechtsfragen der NS-Euthanasie werden.[127] Fritz Bauer wollte wie im Auschwitz-Prozess die seit dem Ulmer Einsatzgruppen-Prozess (1958) dominierende Gehilfenjudikatur erneut auf den Prüfstand stellen. Als Erstes legte er Beschwerde ein, dass der Haftbefehl nur auf Beihilfe laute. Heyde, dem «Obergutachter» in der «Kanzlei des Führers», sei bewusst gewesen, dass die Tötungen heimtückisch vorgenommen wurden. Das Landgericht gab seiner Beschwerde statt und stellte fest, dass der Beschuldigte nicht lediglich fremde Handlungen fördern, sondern seinen Teil zur Tötung der Geisteskranken mit eigenem Tatwillen habe beisteuern wollen.[128]

Anders hingegen fiel die Entscheidung im Fall Bohne aus. Das zuständige Amtsgericht Frankfurt bewertete den Tatbeitrag als Beihilfe.[129] Zwar habe man die «Euthanasie heute als einen niedrigen Beweggrund» zu betrachten, die «sittliche Wertung der Überzeugungen» sei jedoch unter Berücksichtigung der damaligen Verhältnisse zu treffen. «Der Beschuldigte», so hieß es weiter, «beging seine Tat zu einer Zeit, als das gesamte deutsche Volk irregeführt war.»[130] Dasselbe hatte Heydes Rechtsanwalt schon im November 1959 vor der Presse erklärt: Seinem Mandanten habe das «Bewußtsein der Rechtswidrigkeit» gefehlt, er sei unschuldig. Sein einziger Irrtum habe in der ideologischen Überzeugung sowie in autoritärer Staatsgläubigkeit bestanden, was entschuldbar sei.[131]

Der Frankfurter Generalstaatsanwalt strebte eine möglichst rasche Eröffnung der Hauptverhandlung an. Am 3. Januar 1961 lagen bereits 519 Seiten zum Verfahren gegen Heyde und Bohne vor. Ausführlich ging der Text auf die Konferenz der Oberlandesgerichtspräsidenten und Generalstaatsanwälte im «Haus der Flieger» ein.[132] Vierzehn Tage später reichte Fritz Bauer die Anklage beim Landgericht Limburg ein und beschuldigte darin Dr. Werner Heyde, von 1939 bis 1942 als so genannter Obergutachter und ab Sommer 1940 auch als Leiter der Tarnorganisation ‹T4› Heilanstaltsinsassen und Konzentrationslagerhäftlinge heimtückisch und mit Überlegung getötet zu haben, insgesamt mindestens 100 000 Menschen. Dr. Gerhard Bohne wurden mindestens 15 000 Tötungen zur Last gelegt.[133]

Wie üblich ließ der Generalstaatsanwalt die Zentrale Stelle über den Verfahrensstand informieren: «Ich bemerke, daß ich die strafbare Beteiligung der übrigen Funktionäre und Ärzte der ‹Aktion T4› sowie die der Angehörigen des Zentralbüros der Tarnorganisation ‹T4› an den Tötungen [...] in dem Ermittlungsverfahren Js 149/60 (GStA) gegen Werner Blankenburg u. a. und in dem allein gegen Dr. Hans Hefelmann gerichteten Ermittlungsverfahren Js 148/60 (GStA) nachprüfe.»[134] Kurz darauf benachrichtigte er den Leiter der Zentralen Stelle Erwin Schüle, dass der Untersuchungsrichter des Landgerichts Limburg die Voruntersuchung gegen Heyde und Bohne eröffnet hatte. Gleiches geschah im März gegen Dr. Hans Hefelmann, der später zusammen mit Heyde und Bohne angeklagt wurde.[135] Anderthalb Monate später kam noch ein weiteres Strafverfahren hinzu.

Angeschuldigt wurde jetzt auch der «T4»-Arzt Dr. Horst Schumann, der ab Januar 1940 die erste Vergasungsanstalt Grafeneck (bei Münsingen), ab Juni 1940 die Vergasungsanstalt Sonnenstein (Pirna) geleitet hatte und dazu an der Aktion «14 f 13» gegen KZ-Häftlinge beteiligt gewesen war. Mit dem berüchtigten Dr. Schumann, der für die Ermordung von mehr als 15 000 Menschen mitverantwortlich war, hatte man einen Beschuldigten ermittelt, dessen Name überdies mit grausamen Menschenversuchen (Sterilisation durch Röntgenstrahlen) in Auschwitz-Birkenau verbunden war.[136] Der Arzt hatte sich Anfang 1951, als seine Enttarnung kurz bevorstand, mit seiner Frau und zwei Kindern aus Gladbeck in den Sudan, später nach Ghana abgesetzt, wo er unter dem Schutz von Staatspräsident Kwame Nkrumah (1909–1972) als Krankenhausleiter fungierte, eine Auslieferung jedenfalls nicht befürchten musste. Dazu kam es erst nach dem Sturz des Diktators.[137] Als fünfter und letzter Fall wurde schließlich im März 1963 das Verfahren gegen den Ex-Bürochef (und Bohne-Nachfolger) Friedrich Tillmann mit dem Heyde-Fall verbunden.[138]

Zu diesem Zeitpunkt lag die 833seitige Anklageschrift der Frankfurter Generalstaatsanwaltschaft gegen Dr. Heyde, Dr. Bohne und Dr. Hefelmann beinahe ein Jahr vor.[139] Die Vorgeschichte der Tat, die Tarnorganisation, der Ablauf der Aktion «T4» und der «Sonderbehandlung 14 f 13», im Detail die Kinderaktion und die so genannten «Kinderfachabteilungen», der Aufbau der Tötungsanstalten, die Vorführung einer Massentötung in Brandenburg – dies alles wurde dargestellt und aufgeklärt. In der rechtlichen Würdigung stellte die Anklageschrift fest, dass «das Geheim-Schreiben Hitlers vom 1.9.1939» die Rechtswidrigkeit nicht ausschließen konnte. Hinsichtlich der Tatbestandsmerkmale des § 211 StGB wurde festgestellt: Als Beweggründe standen «reines Nützlichkeitsdenken, rassische und politische Unduldsamkeit und Überheblichkeit so im Vordergrund, dass sonstige Vorstellungen, die zur Durchführung dieser Tötungen führten, daneben kein entscheidendes Gewicht mehr haben können». Das planmäßige Massentöten müsse, wie es in der Juristensprache hieß, als «ein natürliches Ganzes angesehen werden» – was Bauers Interpretation eines «kollektiven Geschehens» entsprach.[140]

Aus dem maßgeblichen Einfluss, den die Angeschuldigten auf den jeweiligen Geschehensablauf genommen hatten, ergab sich für Bauer, dass sie mit Täterwillen handelten und deshalb als Mittäter, nicht als Gehilfen zu beurteilen waren.[141] Die Anklageschrift Fritz Bauers gilt bis heute als Standardwerk über die «Euthanasie», doch im Ergebnis bewirkte sie nicht viel.¹⁴² Es mussten noch einmal zwei Jahre vergehen, bis die Hauptverhandlung am 18. Februar 1964 eröffnet wurde. Grund dafür war die erfolgreiche Verzögerungstaktik der Verteidiger. Entweder, behaupteten sie, hätten sie nicht früh genug Akteneinsicht nehmen können, oder es waren plötzlich Urlaub, Krankheit, Terminschwierigkeiten und Überlastung dazwischengekommen. Und schon waren wieder Wochen oder Monate gewonnen.¹⁴³ Zudem erhob Heydes Wahlverteidiger Dr. Schmidt-Leichner eine Dienstaufsichtsbeschwerde. Fritz Bauer hatte beim Landgericht Limburg zu prüfen angeregt, ob der Verteidiger nicht ausgeschlossen werden müsse, da er in der Voruntersuchung als Zeuge gehört worden war. Schmidt-Leichner legte dagegen Verfassungsbeschwerde ein.¹⁴⁴

Jedenfalls erschien am Ende nur noch einer der Angeschuldigten, Dr. Hans Hefelmann, vor dem Limburger Gericht. Kaum begonnen, musste jedoch auch das Verfahren gegen den Organisator der «Kindereuthanasie» eingestellt werden. Seine «Verhandlungsunfähigkeit», die immer wieder durch ein medizinisches Gutachten bescheinigt wurde, endete erst am 8. Oktober 1972 mit dem Einstellungsbeschluss. Danach aber gewährte wohl gerade diese angeblich dramatische Verschlechterung seines Gesundheitszustands Dr. Hefelmann noch ein langes Leben in Freiheit.¹⁴⁵

Indessen trat die gerichtliche Voruntersuchung im Fall des Dr. Schumann am 12. Oktober 1962 in ein neues Stadium. Der Mann lebte nach wie vor in Ghana, was dazu zwang, seinen Fall mit einer anderen, ähnlich gelagerten Voruntersuchung, der «Strafsache gegen Dr. Ullrich u. a. wegen Mordes», zusammenzulegen.¹⁴⁶ Dr. Aquilin Ullrich, vormals Stellvertreter des Leiters der Vergasungsanstalt Brandenburg, war am 22. August 1961 verhaftet worden. In dem Verfahren, auf das noch zurückzukommen sein wird, kam die Hauptverhandlung im Oktober 1966 zustande – allerdings wiederum ohne den flüchtigen Dr. Schumann, der erst nach achtmonatiger Auslieferungshaft am 16. November 1966 auf dem Frankfurter Flughafen eintraf.¹⁴⁷

Dem im Heyde-Verfahren mitangeklagten Rechtsanwalt Dr. Gerhard Bohne gelang Mitte 1963 die Flucht ins Ausland. Der Ex-Organisator der «Gemeinnützigen Stiftung für Anstaltspflege» nutzte seine Haftverschonung und floh nach Argentinien, wo er, ebenso wie Dr. Hefelmann, schon 1949 für einige Zeit untergetaucht war.¹⁴⁸ Sein Anwalt hatte ihm zuvor ein schweres Leiden bescheinigt und eine Flucht als seinen «sicheren Tod» bezeichnet. Im Februar 1964 jedoch wurde Bohne verhaftet und schließlich im November 1966 als erster NS-Verbrecher von Argentinien ausgeliefert. Zu einem Urteil kam es trotzdem nicht, denn 1968 wurde Bohne wegen «Gefahr eines Herzinfarkts» für verhandlungsunfähig erklärt, ein Jahr später das Verfahren krankheitshalber endgültig eingestellt. Bohne starb mehr als 20 Jahre nach dieser Entscheidung.[149]

Friedrich Tillmann, sein Nachfolger bei «T4», der gegen eine Kaution von der Untersuchungshaft verschont wurde, stürzte sich sechs Tage vor Prozessbeginn, am 12. Februar 1964, unter ungeklärten Umständen aus dem Fenster eines Kölner Hochhauses zu Tode.[150] Und Werner Heyde, der mindestens 100 000 Menschen auf dem Gewissen hatte? Auch er entzog sich dem Gericht.[151] Einen Tag danach, am 13. Februar 1964, fand man ihn erhängt am Heizungskörper seiner Zelle. In einem Abschiedsbrief prangerte er den Generalstaatsanwalt an: Fritz Bauer diffamiere das deutsche Volk und gehe persönlichen Rachegefühlen nach.[152] Seine Anklageschrift hatte er anscheinend nie gelesen, sie lag zusammengeschnürt unter dem Bett.[153]

Eigentlich sollte der Euthanasie-Prozess zur größten öffentlichen Abrechnung mit dem nationalsozialistischen Regime werden.[154] Über 80 000 Seiten Prozessakten waren zusammengetragen und über 300 Zeugen geladen worden. Zwei Staatsanwälte aus der DDR, Carlos Foth und Gerhard Ender, hatten mehrmals persönlich Originalmaterial gegen Heyde und andere überbracht, Akten von Krankenhäusern in der DDR.[155] Der Limburger Schwurgerichtssaal war modernisiert worden, etwa 100 Journalisten hatten sich angesagt. Fritz Bauer hatte Tobias Brocher (1917–1998), Professor für Sozialpsychologie an der Johann-Wolfgang-Goethe-Universität, als Prozessbeobachter eingeladen.[156] Und jetzt diese Bilanz: zwei Selbstmorde, zwei Einstellungen wegen Verhandlungsunfähigkeit, und der fünfte Beschuldigte weiterhin unbehelligt in Ghana. Die Anklageschrift sei wohl nur ein Werk der Zeitgeschichte geworden, meinte Fritz Bauer auf einer Pressekonferenz.[157] Offenbar habe eine «stillschweigende Übereinkunft» bestanden, dass der Prozess nicht stattfinden solle.[158]

Dennoch waren die Vorbereitungen nicht umsonst. Heyde war nicht davongekommen. Und nicht zuletzt hatte die Anklage zu einer Neubewertung eines machtnahen Lebenslaufs geführt, die einem ehrenden Nachruf des staatlich geschützten Massenmörders die Grundlage entzog, wie Wolfgang Naucke schrieb. Heydes Abschiedsbrief war ein Beweis

Fritz Bauer gibt am 13. Februar 1964 auf einer Pressekonferenz in Frankfurt/M. den Selbstmord des ehemaligen Leiters des NS-Euthanasieprogramms Prof. Werner Heyde bekannt.
(Ullstein-Bilderdienst)

dafür, dass er das verstanden hatte.[159] Für Fritz Bauer zählte, dass die westdeutsche Justiz auch die Spitzen der NS-Justiz dokumentarisch zur Rechenschaft zog. Allein schon die in der Anklage enthaltene Feststellung, dass der Hitler-«Erlass» vom 1. September 1939 die NS-Euthanasie niemals zu gesetzlichen Aktionen gemacht hatte, war ein bedeutsamer Vorgang. Das Schweigen der Juristen, die an Schlegelbergers Konferenz vom April 1941 teilgenommen hatten und sich verpflichten ließen, musste demnach als Zustimmung zum Massenmord gewertet werden. Die Strafjustiz der Bundesrepublik hatte den allgemeinen Konsens über die Gültigkeit der menschenverachtenden Machtausübung in der Zeit des Nationalsozialismus weitgehend zerstört.[160] Allein das Wissen, dass die Opfer systematisch ausgewählt worden waren, machte diesen Prozess historisch notwendig. Denn diejenigen, die die Unmenschlichkeit am eigenen Leibe erfahren hatten, schrieb Ruth Gay, hatten einen Anspruch darauf, dass darüber zutreffend berichtet und die Übeltäter an den Pranger gestellt würden. Ihr Hunger nach Gerechtigkeit, der sich in der Forderung nach genauer, ja akribischer Dokumentation äußerte, hatte nicht nur mit der Wiederherstellung des Rechts zu tun, sondern prägte sich tief ins Geschichtsbewusstsein ein.[161]

Fritz Bauer hingegen fand sich in der «Heyde-Nummer» des Nachrichtenmagazins Der Spiegel mit folgenden Worten wieder: «Immer wenn ich an meinem alten KZ vorbeifahre, halte ich, steige aus und tanke Erinnerungen.» Er schrieb daraufhin an die Redaktion: «Sie brauchen das nicht zu berichten. Ich möchte aber doch meinen, dass hier irgendein Missverständnis vorliegt. Tatsächlich habe ich noch nie wieder ‹meine› KZs oder ‹meine› Gefängnisse im In- oder Ausland aufgesucht und werde das auch sicher nicht in Zukunft tun. Wohl aber habe ich, wenn gerade mein Weg in der Nähe vorbeiführte, Bergen-Belsen oder Dachau, wo ich selbst nicht gewesen bin, besucht – so, wie man Friedhöfe mit toten Verwandten und Freunden besucht.»[162]

Die Frankfurter «Euthanasie»-Prozesse zogen sich noch bis in die neunziger Jahre hin, gestützt vor allem auf Fritz Bauers Bemühungen, die Angeschuldigten, von denen die meisten 1961 bekannt waren, vor Gericht zu bringen. So auch Reinhold Vorberg aus der «Kanzlei des Führers», den Ex-Leiter der «Gemeinnützigen Krankentransport GmbH». Vorberg entwischte im März 1962 nach Spanien, durch Observierung seiner Ehefrau kam man ihm aber wieder auf die Spur.[163] Im Mai reiste Generalstaatsanwalt Bauer selber nach Madrid und sprach in der Deutschen Botschaft vor. Bauer bezweifelte, dass die Franco-Regierung einen Nazi-Täter ausliefern würde. Deshalb setzte er sich mit dem Militärattaché, Oberst Achim Oster, in Verbindung, der die Wohnung Vorbergs ausfindig machte. Desgleichen suchte Bauer Kontakt zur katholischen Kirche, sprach im September 1962 mit dem Limburger Weihbischof Kampe, der bereit war, anlässlich des Konzils in Rom den Fall mit einem spanischen «Kollegen» zu besprechen. Tatsächlich wurde Vorberg am 11. November 1962 verhaftet und am 5. März 1963 von den spanischen Behörden ausgeliefert.[164]

Aufgrund solcher Ermittlungsergebnisse änderte sich die Anzahl der Beschuldigten ständig, so dass es unmöglich erscheint, den gesamten «Euthanasie»-Komplex hier nachzuzeichnen. Erkennbar ist jedoch, wie viel Zeit regelmäßig bis zum Beginn einer Hauptverhandlung verstrich. Die Vorbereitung der wichtigsten Verfahren zog sich über Jahre hin. Dabei machte der enorme bürokratische Aufwand genauso wie die Verzögerungstaktik der Verteidiger die Bemühungen nicht selten zur Farce. So auch in den Verfahren gegen die Ärzte von «Euthanasie»-Anstalten. Vom Beschluss der Voruntersuchung gegen Dr. Ullrich und andere am 24. November 1961 bis zum Beginn der Hauptverhandlung vergingen nicht weniger als fünf Jahre. Am Ende war der Prozess der erste und einzige, bei dem Fritz Bauer das Urteil noch erlebte.

Der Antrag auf Eröffnung der gerichtlichen Voruntersuchung, den der Generalstaatsanwalt am 24. Oktober 1961 eingereicht hatte, legte den beschuldigten Ärzten Dr. Ullrich und zunächst noch Dr. Victor Ratka und Dr. Curd Runckel zur Last, im Rahmen der «T4»-Aktion «aus niedrigen Beweggründen und mit Überlegung Menschen getötet zu haben».[165] Als Nächstes übernahm Bauer im Februar 1962 von der Staatsanwaltschaft Amberg das Verfahren gegen den Frauenarzt Dr. Heinrich Bunke, der in Celle wieder praktizierte.[166] Wie die weiteren Ermittlungen ergaben, waren Bunke sowie der in Bettrum bei Hildesheim tätige Dr. med. Klaus Endruweit 1940 bis 1941 als Assistenzärzte in den Vergasungsanstalten Brandenburg an der Havel, Bernburg an der Saale und Sonnenstein bei Pirna eingesetzt worden. Sie waren also am organisierten Massenmord der «T4»-Aktion beteiligt. Bauer leitete gegen die beiden ein gesondertes Ermittlungsverfahren ein und erwirkte gegen Bunke am 19. März 1962, gegen Endruweit am 20. Juni 1962 einen Haftbefehl.[167] Bunke wurde am 12. April 1962 festgenommen, Endruweit stellte sich am 18. Juni selbst, beide wurden jedoch gegen Auflagen von der Untersuchungshaft verschont.[168]

Eine Woche nach der Verhaftung von Endruweit berichtete Bauer dem Justizministerium, dass die 5. Strafkammer des Landgerichts Frankfurt auf seine Beschwerde hin Untersuchungshaft gegen den ehemaligen «T4»-Arzt Dr. Kurt Borm, wohnhaft in Uetersen (Holstein), angeordnet habe. Der Arzt war Mitglied der Waffen-SS und seit 1940 der «Kanzlei des Führers» zugewiesen, bis Spätsommer 1941 war er Stellvertreter von Dr. Schumann in der Anstalt Sonnenstein, danach in der Berliner «T4»-Zentrale.[169] Borm wurde am 13. Juni 1962 festgenommen, wobei sich herausstellte, dass er zu diesem Zeitpunkt beamteter Medizinalrat am Städtischen Krankenhaus war und die Innere Abteilung leitete. Der Magistrat der Stadt leitete ein Dienststrafverfahren wegen Betrugsverdachts ein. Doch auch Borm erwirkte Haftverschonung.[170]

Weitere Monate mussten vergehen, bis Bauer am 19. Februar 1963 die

Eröffnung der gerichtlichen Voruntersuchung gegen Bunke und Endruweit beantragen konnte. Die Anklagebehörde warf Dr. Bunke vor, mit Überlegung, heimtückisch, grausam und aus niederen Beweggründen mindestens 10 000 Menschen getötet zu haben. 1940 und 1941 habe er mit Professor Dr. Werner Heyde und Professor Dr. Paul Nitsche sowie dem Anstaltsleiter Dr. Irmfried Eberl und anderen an den unter den Tarnbezeichnungen «Aktion T4» und «Sonderbehandlung 14 f 13» durchgeführten Massentötungen mitgewirkt. Für Endruweit galt derselbe Tatvorwurf des Mordes.[171]

Nicht weniger als 310 Seiten umfasste die Anklageschrift, die Bauer einreichte, datiert auf den 15. Januar 1965. Die rechtliche Würdigung qualifizierte, wie im Fall Heyde, den Geheimauftrag Hitlers als rechtswidrig und rechtsunwirksam: «Gesetz und Befehl sind an überpositiven Grundsätzen zu messen und entbehren der Rechtsqualität, wenn sie diesen Grundsätzen widersprechen. [...] Mag man sie aus dem Naturrecht ableiten [...] oder auf eine allgemeine Humanität, eine allgemeine Vernunft oder das allgemeine, jeden Kulturstaat beherrschende Rechtsstaatsprinzip zurückführen.»[172]

Zu diesem Zeitpunkt zog sich das Verfahren «gegen Dr. Ullrich u. a.» mehr und mehr in die Länge, und Fritz Bauers Erfahrungen wiederholten sich auf bezeichnende Weise. So musste er dem hessischen Justizministerium berichten: «Über meine Anträge aus der Anklageschrift [...] hat die Strafkammer bisher nicht entschieden. Auf eine Sachstandsanfrage erklärte der Berichterstatter der 3. Strafkammer, Landgerichtsrat Dr. Koch, folgendes: Die Akten müßten zunächst den einzelnen Anwälten zur Akteneinsicht übersandt werden. Es hätten sich bisher 8 Anwälte gemeldet [...]. Da man jedem Anwalt etwa eine 3monatige Erklärungsfrist zubilligt und er für diese Zeit die Akten benötige, würden allein über die Akteneinsicht 2 bis 3 Jahre vergehen, ohne daß über meine Anträge entschieden werden könnte. Der Vorsitzende der Kammer [...] habe [...] die Akten (4 Ordner Hauptakten, 13 Ordner Nebenakten, 3 Ordner Protokolle, 4 Bände Beiakten) vervielfältigen lassen, bei der Verwaltungsabteilung des Landgerichts versucht, für die Vervielfältigungsarbeiten einen Fotokopisten zu erhalten, damit dieser [...] die anfallenden Arbeiten erledigen könnte. [...] Die Verwaltungsabteilung habe aber die Gestellung einer Hilfskraft abgelehnt. Demgegenüber ist mir bekannt, daß der Untersuchungsrichter IV, Landgerichtsrat Dr. Düx, der [...] die Ablichtung von

25 Leitzordnern mit Zeugenaussagen für nötig hielt, durch persönliche Vorsprache beim Landgerichtspräsidenten in Frankfurt (Main) für 14 Tage eine Ersatzkraft gestellt erhielt.

Ich vermag über die Personalschwierigkeiten des Landgerichts mich nicht zu äußern. Ich halte es aber nicht für vertretbar, daß bei der bisherigen Sachbehandlung allein 2 bis 3 Jahre vergehen, bis über meinen Antrag auf Eröffnung der Hauptverhandlung entschieden werden kann. Unter diesen Umständen ist überhaupt nicht abzusehen, wann es zu einer Hauptverhandlung kommt. Bei dem Umfang des Materials, welches in den NSG-Verfahren anfällt, sollte mit allen Mitteln gegen Verzögerungen vorgegangen werden. Da auch bei meiner Behörde personell keine Möglichkeit besteht, die Ablichtung der Akten durchzuführen, wäre ich dankbar, wenn ein solcher Fotokopist für etwa 3 bis 4 Wochen zur Anfertigung der Ablichtungsarbeiten zur Verfügung gestellt werden könnte.»[173]

Neun Monate später – das Verfahren gegen Dr. Ratka hatte sich mittlerweile erledigt, da er am 5. April 1966 verstorben war, und die Voruntersuchung richtete sich jetzt noch gegen Dr. Schumann und Dr. Runckel –[174] berichtete Bauer dem Ministerium erneut: «Der Sachstand ist unverändert. Über meine Anträge aus der Anklageschrift vom 15.1.1965, insbesondere über die Eröffnung des Hauptverfahrens, ist bisher nicht entschieden worden. Auf meine letzte Sachstandsanfrage hat der Vorsitzende der 3. Strafkammer des Landgerichts Frankfurt (Main) durch Schreiben vom 16.3.1966 mitgeteilt, daß sämtlichen Verteidigern mit Schreiben vom 16.1.1966 die Übersendung der Fotokopien der Haupt- und Nebenakten mit dem Hinweis angekündigt worden sei, Erklärungen und etwaige Anträge innerhalb von 4 Wochen nach Erhalt der Fotokopien zu stellen [...]. Auf entsprechende Anträge der Verteidiger sei die Einlassungsfrist im Falle Dr. Borm bis Ende März, in den Fällen Dr. Bunke und Dr. Ullrich bis Mitte April 1966 verlängert worden.»[175]

Der bisherige Berichterstatter, erklärte Bauer weiter, sei infolge seiner Ernennung zum Landgerichtsdirektor aus der Kammer ausgeschieden, ein neuer offenbar bisher nicht bestellt. Ein weiterer Monat verging, und dem Generalstaatsanwalt blieb nichts weiter, als zu berichten: «Der Vorsitzende der 3. Strafkammer des Landgerichts Frankfurt (Main) hat mit Schreiben vom 6.5.1966 meine Sachstandsanfrage vom 26.4.1966 wie folgt beantwortet: ‹Rechtsanwalt Dr. Martin Löffler hat mit Schreiben vom 13.4.1966 reklamiert, daß ihm ‚Band IV' der Akten nicht zugegangen sei, und gleichzeitig erklärt, daß er abschließend nur Stellung nehmen könne, wenn ihm die gesamten der Anklage zugrunde liegenden Materialien zugänglich gemacht worden seien. Ihm ist inzwischen ein Exemplar der Anklageschrift gegen Dr. Heyde (= Sonderakte VI der Nebenakten, die er offenbar meint) übersandt worden.›»[176]

Am 8. Juni 1966, viereinhalb Jahre nachdem die gerichtliche Voruntersuchung gegen Ullrich und drei Jahre nachdem diese gegen Bunke und Endruweit eröffnet worden war, ließ die 3. Strafkammer des Landgerichts Frankfurt endlich die Eröffnung des Hauptverfahrens zu. Doch sollten die Angeschuldigten nicht der Mittäterschaft, sondern nur noch der Beihilfe zum gemeinschaftlichen Mord verdächtigt werden.[177] Hinsichtlich des Angeschuldigten Borm wurde die Ergänzung der Voruntersuchung angeordnet, da Verdacht auf weitere Straftaten bestand. Dabei hätte die Kammer nur den zusätzlich gegen Borm erhobenen Vorwurf der Mitwirkung an der so genannten Häftlings-Euthanasie (Aktion «14 f 13») abzutrennen brauchen.[178] Ab 3. Oktober 1966, dem ersten Tag der Hauptverhandlung, mussten sich daher nur Borms drei Kollegen vor Gericht verantworten. Staatsanwalt Johannes Warlo, der für zahlreiche «Euthanasie»-Verfahren zuständige Vertreter der Anklagebehörde, gab gleich zu Beginn eine grundsätzliche Erklärung ab, in der er feststellte, dass es sich im Gegensatz zum Eröffnungsbeschluss nicht um Gehilfen, sondern um Täter handele.[179]

Am zweiten Tag dieses ersten Euthanasie-Prozesses gab der Angeklagte Dr. Ullrich zu Protokoll, dass er die Vergasung für eine «bittere Pflichterfüllung» gehalten und sich deshalb allenfalls der Beihilfe schuldig gemacht habe. Auf die Frage des Gerichtsvorsitzenden, woran denn zu erkennen gewesen sei, dass es sich um unheilbar Kranke gehandelt habe, antwortete er, sie hätten keine «Äußerungen getan» und nicht einmal durch den Gruß «Heil Hitler» zu erkennen gegeben, dass in ihnen noch «ein Funke Leben» stecke. Auf die Frage, weshalb er denn als Arzt selber den Gashahn aufgedreht habe, antwortete Ullrich, dass er die Euthanasie für Sterbehilfe hielt und verhindern wollte, dass Sadisten an den Gashahn kämen.[180]

Die Hauptverhandlung gegen Ullrich, Bunke und Endruweit, die beschuldigt waren, in den Anstalten Bernburg, Sonnenstein und Brandenburg Tausende Patienten in den Tod geschickt zu haben, endete am 23. Mai 1967 nach 57 Verhandlungstagen, an denen über 100 Zeugen vernommen und zehn Sachverständige gehört worden waren. Als Theologen gutachteten Professor Dr. Rupert Angermair für die katholische und Professor Dr. Ernst Wolf für die evangelische Kirche. Beide waren schon 1952 im Remer-Prozess tätig gewesen. Sie entkräfteten das Argument der Verteidigung, beide Kirchen hätten damals die Vernichtung «lebensunwerten» Lebens vollauf akzeptiert. Als historischer Sachverständiger fungierte Dr. Hans Buchheim, wie schon im Auschwitz-Prozess. Gleich mehrere psychiatrische Gutachten erstellte Professor Dr. Franz J. Kallmann von der Columbia University in New York, der 1936 aufgrund der «Rassegesetze» aus Deutschland emigrieren musste. Er wies nach, dass die erbbiologischen Forschungen der Nationalsozialisten jeglicher wissenschaftlichen Grundlage entbehrten.[181]

Ergebnis des Prozesses war, dass alle drei Angeklagten aus Mangel an Beweisen freigesprochen wurden. Der Vorwurf der Beihilfe zum tausendfachen Mord, hieß es, könne nicht mit der «erforderlichen Sicherheit» aufrechterhalten werden. Die Angeklagten hätten auch nicht schuldhaft gehandelt, sondern «in einem unvermeidbaren Verbotsirrtum»: Das Urteil attestierte ihnen, dass sie die Ermordung der Kranken für Sterbehilfe halten konnten, da sie damals unter dem Einfluss der NS-Ideologie gestanden hätten.[182] Die Staatsanwaltschaft hatte gegen Dr. Ullrich acht Jahre, gegen Dr. Bunke sieben und gegen Dr. Endruweit vier Jahre Zuchthaus beantragt.[183] «Objektiv Mordgehilfen – subjektiv freigesprochen», hieß es in der *Ludwigsburger Kreiszeitung*. Und die *Frankfurter Allgemeine Zeitung* titelte: «Irrigerweise an die Legalität geglaubt. Freispruch im Frankfurter Euthanasie-Prozess. Frenetischer Beifall im Zuhörerraum».[184] Friedrich Karl Fromme kommentierte ironisch, das Bewusstsein der Rechtswidrigkeit pflege «mit den Jahren dem Streben der Menschen, mit sich halbwegs im Reinen zu sein, zum Opfer zu fallen».[185]

Im August 1970 hob der Bundesgerichtshof das Urteil auf und wies es an das Frankfurter Schwurgericht zurück. Unter anderem mit der Begründung, es sei unverständlich, dass man den geringen Kenntnissen der Angeklagten im Fachbereich der Psychiatrie besonderes Gewicht beigelegt habe; Kundgebungen des Lebenswillens könne jedermann bei seinem Mitmenschen wahrnehmen und deuten. Auch lasse das Argument, die Angeklagten hätten das Ausmaß der gesamten Tötungsaktion nicht übersehen, außer Acht, dass es dafür sehr wohl Anhaltspunkte gegeben habe, beispielsweise wenn die Opfer alle aus bestimmten Anstalten kamen.[186]

Dennoch kam in den folgenden 20 Jahren keine Revision zustande, denn die Angeklagten machten Verhandlungsunfähigkeit geltend, obwohl alle drei weiterhin ihrer ärztlichen Tätigkeit nachgingen.[187]

Auch der ehemals Mitangeklagte Dr. Borm wurde am 6. Juni 1972, zehn Jahre nach seiner Festnahme, freigesprochen. Er hatte tatbestandsmäßig Beihilfe zum «Gesamtgeschehen» geleistet, doch das Gericht billigte auch ihm «unüberwindbaren Verbotsirrtum» zu. Der Angeklagte – so das Urteil – habe sein Gewissen vorübergehend durch politische Parolen beschwichtigen können und sei deshalb nicht dem Taturheber gleichzusetzen. Als Entschuldigung galt ebenso, dass der Angeklagte in einer Atmosphäre der Verherrlichung nationalsozialistischen Gedankenguts aufgewachsen sei. Borm stamme aus einem Beamtenhaushalt, in dem erfahrungsgemäß staatstreue Gesinnung und unbedingter Glaube an die Gesetzmäßigkeit geherrscht habe. Mit dem Verweis auf zeitgenössische Staatsrechtler, auf Reichsjustizminister Dr. Gürtner und Staatssekretär Dr. Schlegelberger, erklärte das Gericht Hitlers «Euthanasie»-Erlass kurzerhand zu gültigem Recht.[188]

Folgte man dieser Begründung, so musste man mit Staatsanwalt Warlo zu dem Schluss kommen, dass zukünftig nur noch Angeklagte mit einem «Unrechtsbewusstsein» verurteilt werden würden, während die Gewissenlosen frei ausgingen.[189] Doch der BGH lehnte die Revision im Fall Dr. Borm am 20. März 1974 ab.[190] Die Folge war ein lauter Protest: In einem «offenen Brief» an Bundespräsident Dr. Gustav Heinemann protestierten zahlreiche Künstler, Schriftsteller und Politiker, unter ihnen Josef Beuys, Heinrich Böll, Marion Gräfin Dönhoff, Günter Grass, Marie Luise Kaschnitz, Siegfried Lenz und Martin Walser, gegen Borms Freispruch. Als skandalös wurde vor allem die Argumentation empfunden, dass Dr. Borm zur Tatzeit ein überzeugter Nationalsozialist gewesen sei.[191]

Die Beweisaufnahme im ersten Frankfurter «Euthanasie»-Prozess war just an dem Tag abgeschlossen worden, als am 25. April 1967 ein zweiter Prozess begann – auch er von der Frankfurter Generalstaatsanwaltschaft in Gang gebracht. Er richtete sich gegen die wichtigsten noch lebenden ehemaligen Funktionäre der Euthanasie-Aktion.[192] Angeklagt waren diesmal, nicht nur wegen Beihilfe, sondern wegen Mittäterschaft an tausendfachem Mord: der von Spanien ausgelieferte Referent in der «Kanzlei des Führers» und Ex-Leiter der GEKRAT, Reinhold Vorberg, nach Viktor

Brack und Werner Blankenburg der dritte Mann in der «T4»; Rechtsanwalt Dietrich Allers, Geschäftsführer der Stiftung für Anstaltspflege, der sich als Einziger noch auf freiem Fuß befand; der Inspekteur der «T4», Adolf Gustav Kaufmann, der die Einrichtung und den Betrieb der Vernichtungsanstalten überwacht hatte und in der Aufbauphase Leiter der Anstalt Hartheim bei Linz war; schließlich der bereits mit Dr. Heyde angeklagte Rechtsanwalt Dr. Bohne, der mittlerweile von Argentinien ausgeliefert worden war.[193]

Der Erste, der aus dem Verfahren wegen Herzinfarkt ausschied, war Kaufmann, Dr. Bohne wegen ärztlich attestierter «fortgeschrittener Verkalkung» der Zweite. Das Gericht verhandelte bis zum 20. Dezember 1968, wertete die Aussagen von 261 Zeugen und fünf Gutachten sowie unzählige Dokumente aus. Am Ende wurde Vorberg zu zehn Jahren, Allers zu acht Jahren Zuchthaus wegen Beihilfe verurteilt; vom Vorwurf der Tötung von KZ-Häftlingen wurden beide freigesprochen. Die Haftstrafen galten als verbüßt. Für die *Neue Zürcher Zeitung* ein weiterer Beweis der durch den BGH präjudizierten fragwürdigen Abgrenzung von Täterschaft und Beihilfe. Am Ende – so ihr Kommentar – lasse sich nur ein Mann als Täter verurteilen: Adolf Hitler.[194]

Im dritten von der hessischen Generalstaatsanwaltschaft unter Bauer veranlassten «Euthanasie»-Prozess mussten sich drei Angeklagte verantworten. Die Ermittlungen hatte Frankfurt Anfang 1960 von der Zentralen Stelle übernommen.[195] Allen Beschuldigten war die Mitwirkung an der Aktion «T4» sowie Tötung von Häftlingen aus den Konzentrationslagern vorgeworfen worden.[196] Hans-Joachim Becker hatte als Leiter der «Zentralverrechnungsstelle Heil- und Pflegeanstalten» die Abrechnung mit den Kostenträgern besorgt. Er war, nach Auslagerung einzelner Abteilungen nach Hartheim, Büroleiter dieser Anstalt. Friedrich Robert Lorent, Leiter der Wirtschaftsabteilung, war für die gesamte Haus- und Wirtschaftsverwaltung verantwortlich gewesen. «Er vereinnahmte», fasste Staatsanwalt Warlo zusammen, «das Gold von den Goldzähnen der getöteten Kranken und Häftlinge, Schmuck und andere Wertsachen»; beide hatten sich dabei immer wieder bereichert. Dr. Georg Renno schließlich, der Dritte, war «Euthanasie»-Arzt in Hartheim gewesen, wo 1943/44 Tausende von KZ-Häftlingen aus Mauthausen vergast worden waren.[197]

Wegen der vordringlichen Arbeiten an der Strafsache gegen Dr. Beger und andere zum Tatbestand «jüdische Skelettsammlung» musste der Fall vorübergehend zurückgestellt werden, so dass insgesamt sechs Jahre vergingen, bis am 7. November 1967 Anklage gegen Renno, Becker und Lorent erhoben werden konnte. Der Eröffnungsbeschluss – aber da lebte Generalstaatsanwalt Bauer schon nicht mehr – erging am 20. Dezember 1968, die Hauptverhandlung wurde neun weitere Monate später eröffnet.[198] Doch just in dem Moment, als Dr. Renno schwer belastet wurde, musste er sich den Blinddarm entfernen lassen. Das Verfahren wurde abgetrennt und fünf Jahre später wegen Verhandlungsunfähigkeit eingestellt.[199] Aber «Renno lebt noch heute», konnte Warlo Mitte der achtziger Jahre lapidar konstatieren. Gegen die beiden anderen erging das Urteil im Mai 1970: Becker wurde wegen Beihilfe zum Mord in zwei Fällen zu zehn Jahren, Lorent wegen Beihilfe zu sieben Jahren Freiheitsstrafe verurteilt. Diesmal blieb die Revision der Angeklagten erfolglos.[200]

In dem jahrelangen Frankfurter Verfahren gegen Dr. Horst Schumann, den ehemaligen Leiter der «Euthanasie»-Anstalten Grafeneck und Sonnenstein, der später auch Sterilisationsversuche mit Röntgenstrahlen im Konzentrationslager Auschwitz anstellte, kam es erst am 12. Dezember 1969 zur Anklageerhebung. Neun Monate später begann der Strafprozess, und bereits am 14. April 1971 war er erledigt: Es war zu keinem Urteil gekommen. Ein Fiasko laut Staatsanwalt Warlo: Die Ärzte bescheinigten Schumann Verhandlungsunfähigkeit, Manipulation konnte nicht nachgewiesen werden. Ende Juli 1972 wurde der Prozess endgültig eingestellt.[201] Schumann starb elf Jahre später, am 5. Mai 1983.[202]

Die Bilanz war wahrlich katastrophal. Aus der Sicht Fritz Bauers konnte sie enttäuschender, ja verheerender nicht sein. Nur vier Spitzenfunktionäre der «T4» wurden rechtskräftig zu Freiheitsstrafen verurteilt, und dies auch nur wegen Beihilfe: Vorberg, Allers, Lorent und Becker. Drei Funktionäre und drei «Euthanasie»-Ärzte, Dr. Hefelmann, Dr. Bohne, Kaufmann sowie Dr. Renno, Dr. Endruweit und Dr. Schumann, schieden wegen Verhandlungsunfähigkeit vorzeitig aus den Verfahren aus. Vier Ärzte wurden wegen fehlenden Unrechtsbewusstseins freigesprochen, Dr. Borm sogar rechtskräftig mit Bestätigung durch den BGH. Zu Lebzeiten Fritz Bauers erging nur ein Urteilsspruch gegen die «T4»-Funktionäre und -Organisatoren: der Freispruch für Dr. Ullrich, Dr. Bunke und Dr. Endruweit.

Erst 20 Jahre später kam es zu einer gewissen Wendung: Im Revisionsverfahren 1987, als zwei der Ärzte überraschenderweise wieder verhandlungsfähig waren, konnte das Frankfurter Landgericht Dr. Ullrich und Dr. Bunke wegen Beihilfe zum Mord – Ullrich in mindestens 4500, Bunke in 11 000 Fällen – zu je vier Jahren Freiheitsstrafe verurteilen. Der BGH setzte allerdings anderthalb Jahre später das Strafmaß auf die Mindeststrafe herab: Man habe, so die Begründung, den Angeklagten eine zu große Anzahl von Tatbeteiligungen zugerechnet, auch Ermordungen, die in Abwesenheit stattfanden.[203]

Bis zuletzt war es bei solcher Rechtsprechung geblieben. Sie ging davon aus, dass die Angeklagten vor lauter Autoritäts- und Staatsgläubigkeit sowie ideologischer Verblendung einem entschuldbaren Verbotsirrtum erlegen waren und das Unrecht nicht erkennen konnten, obgleich sie allesamt Juristen, Ärzte oder Kaufleute, insofern nicht ungebildet waren. Im Übrigen wurden sie ohnehin nicht als Täter, sondern allenfalls als Gehilfen betrachtet und hatten schon deshalb keine härtere Strafe zu erwarten. Eigener Täterwille – selbst wenn der Betreffende die Tat eigenhändig ausgeführt hatte – lag nach Ansicht der Gerichte nicht vor: Die Angeklagten hatten ja nur den Willen der Staatsführung ausgeführt.[204]

Dreißig Jahre nachdem Fritz Bauer die Strafverfolgung wegen der Euthanasieverbrechen in Gang gebracht hatte, fasste die *Ludwigsburger Kreiszeitung* zusammen: «Ullrich wurde 1961 für 18 Tage in Untersuchungshaft genommen, Bunke 1962 für sieben Tage.» 1967 wurden sie freigesprochen, das Gericht «attestierte ihnen einen entschuldbaren Verbotsirrtum». Der BGH hob diese Entscheidung auf, doch musste der nächste Prozess abgebrochen werden: «Die Ärzte waren erkrankt, so schwer, dass sie trotzdem ihre Patienten weiter behandelten.» Diese «erfolgreich praktizierte Verhandlungsunfähigkeit» dauerte von 1972 bis 1985. Dann verurteilte das Landgericht Frankfurt die Mordgehilfen zu je vier Jahren Freiheitsstrafe. «Dies wurde nunmehr vom Bundesgerichtshof in letzter Instanz beanstandet.»[205] Hinzuzufügen bliebe nur noch: Das Verfahren gegen Dr. Endruweit endete im Oktober 1990, das Landgericht Hildesheim am Wohnort von Endruweit erkannte die Verhandlungsunfähigkeit an. Der Angeklagte starb 1994, Dr. Aquilin Ullrich 2001.[206] Die Auffassung Bauers, bei den Euthanasie-Aktionen habe es sich, vergleichbar der Tätigkeit der SS-Wachmannschaften in den KZ und den Mordaktionen der Einsatzgruppen, um eine «natürliche Handlungseinheit» und Mittäterschaft gehandelt, setzte sich nicht durch. Genauso wenig seine Kritik an den Gerichten, welche nur die Taten der Einzelnen bis ins Detail aufklären wollten. Diese Praxis fand Bauer rechtlich untauglich, denn schließlich habe es von nazistischer Seite von Anfang an immer summarische Bezeichnungen gegeben, die, wie etwa der Begriff der «Endlösung der Judenfrage», das Gesamtziel bei den Mitwirkenden als bekannt voraussetzten.[207] Bei den Einzeltaten anzusetzen und dies zur Grundlage eines Urteils zu machen führe unter Umständen zu gänzlich absurden Ergebnissen. So legte Bauer dar, dass Hitler möglicherweise nur eine allgemeine Weisung zur Tötung der Juden gegeben habe, während seine Untergebenen bei der Umsetzung dieser Vorgabe weit mehr Mordbefehle gaben und juristisch gesehen deshalb zu weit höheren Strafen hätten verurteilt werden müssen.[208] Die Taten des Einzelnen ließen sich eben nicht vom Gesamtziel abtrennen und müssten deshalb als «natürliche Handlungseinheit» gewertet werden.

Aber Fritz Bauer fand, außer im Stab seiner engen Mitarbeiter und bei wenigen Strafrechtlern, kein Gehör. Ähnlich enttäuschend verliefen die Prozesse gegen die Spitzen der deutschen Justiz, die der Generalstaatsanwalt 1965 zur Anklage brachte, weil sie der Euthanasie-Aktion auf der Konferenz im April 1941 schweigend zugestimmt hatten. Der Beschluss der Strafkammer des Landgerichts Limburg zur Eröffnung der Voruntersuchung «gegen Schlegelberger u. a.» erging erst am 26. Januar 1967, eindreiviertel Jahre nach Eingang von Bauers Anschuldigungsschrift – und einen Monat nachdem der Untersuchungsrichter die Eröffnung der Voruntersuchung gegen Dr. Schlegelberger, den am schwersten Beschuldigten, bereits abgelehnt hatte. Die Begründung lautete, dass die Tatvorwürfe im Nürnberger Juristenprozess schon abgeurteilt worden seien.[209] In der Folgezeit wurde der Kreis der Angeschuldigten immer kleiner, einige starben, andere Verfahren wurden wegen Verhandlungsunfähigkeit eingestellt. Vermutlich setzten unmittelbar nach Bauers Tod Überlegungen ein, wie man den ganzen Verfahrenskomplex unauffällig zu Ende bringen könnte. Nach über elf Jahren, in denen sich die Zahl der Angeschuldigten von dreißig auf vier reduziert hatte, endete die Voruntersuchung mit einem neunzeiligen Einstellungsbeschluss des Landgerichts Limburg am 27. Mai 1970, der mit keinem Wort auf die von Fritz Bauer erhobenen Beschuldigungen einging.[210]

Damit war ein Tiefpunkt in der so genannten Bewältigung der Vergangenheit erreicht.[211] Ebenso sah es auch der nachmalige Generalstaatsanwalt Dr. Hans Christoph Schaefer, dritter Amtsnachfolger Fritz Bauers, als er feststellte, dass die berüchtigte Konferenz vom April 1941 strafrechtlich nicht überzeugend bewältigt worden sei.[212] Als Helmut Kramer, Richter am Braunschweiger Oberlandesgericht, die lautlose Einstellung des Verfahrens 1984 in einer juristischen Fachzeitschrift aufdeckte, wurde er fast noch genauso angefeindet wie seinerzeit der hessische Generalstaatsanwalt.[213] Aber die hessische Justiz wollte sich keine «Verschleierung» nationalsozialistischer Gräueltaten nachsagen lassen.[214] Allenfalls gab das Ministerium zu, dass bei Beendigung des Verfahrens dem hohen publizistischen Interesse im In- und Ausland nicht ausreichend Rechnung getragen worden sei.[215] Wenige Monate nach dem Erscheinen des Artikels, den Kramer dem Andenken Fritz Bauers gewidmet hatte, wurde ihm außerdem in einem Rundschreiben des deutschen Botschafters in Budapest, Dr. Ernst Friedrich Jung, bewusste Wahrheitsfälschung vorgeworfen.[216] Der Text stammte vom Sohn des Berliner NS-Generalstaatsanwalts Dr. Friedrich Walter Jung, der an der Konferenz Schlegelbergers vom April 1941 teilgenommen hatte. Unterstützung erhielt er von Lothar Gruchmann vom Münchner Institut für Zeitgeschichte, dem Kramer allerdings Widersprüchlichkeit bescheinigte.[217]

Anders als seine Kollegen Martin Broszat und Hans Buchheim bezeichnete Gruchmann Hitlers auf den 1. September 1939 rückdatierten «Euthanasie»-Erlass zwar als vom geltenden positiven Recht nicht gedeckt, jedoch «nach den damaligen staatsrechtlichen Vorstellungen» als bindend.[218] Die Äußerung rechtlicher Bedenken wäre aussichtslos und ein «nur die eigene Existenz gefährdende[s] Unterfangen» gewesen.[219] Genau das Gegenteil war der Kern der Anklage von Fritz Bauer gewesen.

Helmut Kramer erstattete Strafanzeige gegen Botschafter Jung. Es kam zu einer Anklage wegen Beleidigung, Verleumdung und falscher Verdächtigung. Das Verfahren zog sich bis 1990 hin und war, wie Kramer schrieb, von «prozessualen Merkwürdigkeiten» nicht frei. Beispielsweise verschwanden vorübergehend sämtliche Akten, immerhin 15 Bände von zeitgeschichtlicher Bedeutung, unter ungeklärten Umständen auf dem Weg von der Bonner Staatsanwaltschaft ins dortige Amtsgericht.[220] Ergebnis war, dass zunächst ein Schöffengericht den Botschafter freisprach, das Verfahren aber schließlich mit einer Einstellung wegen Geringfügigkeit endete.[221] «Um es kurz zu machen», kommentierte *Die Zeit*: «Die

Rabentauglichkeit in der deutschen Justiz hat wieder einmal funktioniert.» Ob es dem Sohn eines «zu Recht Beschuldigten [...] fünfzig Jahre nach der Tat sogar gelungen ist, die verlorene Ehre seines Vaters zu retten»? Neues hatte der Prozess nicht ans Licht gebracht. Was zu Gunsten des NS-Generalstaatsanwalts Jung angeführt worden war, ließ sich nicht beweisen. Angeblich hatte er auf der Konferenz von 1941 seinem Nachbarn zugeflüstert: «Jetzt möchte ich den sehen, der vor Scham nicht rot wird.» Ebenso unbewiesen blieb die Behauptung, Jung habe später Staatssekretär Schlegelberger erklärt, er könne aus religiösen und rechtlichen Gründen die ihm erteilten Weisungen nicht ausführen. Aber Dr. Schlegelberger konnte sich nicht an Jung erinnern.[222]

Der Beleidigungsprozess hatte zur Folge, was der Botschafter gewiss nicht beabsichtigt hatte: Über das Verfahren gegen seinen Vater und die mitbeschuldigten Konferenzteilnehmer, für das Fritz Bauer seinerzeit Aufhebung des Geheimschutzes angeordnet hatte, wurde wie bei Erscheinen von Kramers Artikel erneut in allen großen Zeitungen umfänglich berichtet. Der Fall «Jung sen.» war damit noch nicht erledigt. Der Redakteur der *Süddeutschen Zeitung* Helmut Kerscher schrieb 1990 noch einmal über den Verlauf der Konferenz vom April 1941 und zitierte Jung mit den Worten: «Eine Diskussion nach den Vorträgen fand nicht statt. Es herrschte bei den Teilnehmern eisiges Schweigen, das einer Ablehnung gleichkam.»[223] Fritz Bauer aber hatte zeit seines Lebens anderes als eine passive, stillschweigende «Ablehnung» von seiner Zunft im NS-Staat erwartet. In seinen Augen hätten die Juristen laut widersprechen müssen, wenn grundsätzliche sittliche Werte in Frage gestellt wurden.[224]

«That thou shalt do no murder»¹
Die endlose Liste der Nazi-Verbrechen

Keine andere Strafverfolgungsbehörde in der Bundesrepublik nahm eine solche Arbeitslast bei der Verfolgung nationalsozialistischer Gewaltverbrechen auf sich wie die Frankfurter Staatsanwaltschaft ab 1959 – parallel zu den Ermittlungen im Auschwitz-Komplex. Ohne Rücksicht darauf, dass die Verfahren intensive, lang andauernde Recherchearbeit erforderten und dass ein gravierender Personalmangel bestand, nahm Fritz Bauer die zusätzliche Belastung in Kauf, auch wenn diese «Übernahmefreudigkeit» von seinen Mitarbeitern verständlicherweise nicht ganz ohne Murren quittiert wurde.²

Wie im Auschwitz-Verfahren ging es ihm darum, nicht nur Einzelfälle vor Gericht zu bringen.³ Bauer, dem die Nürnberger Prozesse ein Vorbild waren, plante gleich mehrere Großverfahren. Er ließ sich nicht davon abschrecken, dass die Listen seiner Behörde bald Tausende von Verdächtigen erfassten. Die erforderlichen Ermittlungen waren, wie er selbst betonte, «ungewöhnlich schwierig». «Es wird nötig sein, Gesamtkomplexe aus dem historischen Geschehen herauszuschälen und ihren genauen Ablauf zu klären, z. B. die Vorgänge in den einzelnen KZ, die Vernichtungsaktionen in den einzelnen besetzten Ländern, z. B. Polen, der Ukraine oder den Balkanstaaten, ferner Einzelaktionen wie die Auslöschung von Lidice. Der vielschichtige Täterkreis wird festzustellen sein, wobei nicht nur an die Werkzeuge und Handlanger in den untersten Rängen, sondern auch an die geistigen Urheber gedacht werden muß.»⁴ Die komplette Mordmaschinerie aus Tätern, Mittätern und Gehilfen sollte in Erscheinung treten.⁵ Der Hanauer Oberstaatsanwalt notierte beispielsweise im Januar 1959, Bauer habe ihn mit der Erforschung «des ganzen Komplexes Czenstochau» beauftragt.⁶

Ohne zu zögern, hatte Bauer Ende 1959 auch das große «Euthanasie»-Verfahren übernommen, nachdem er zuvor bereits die Zuständigkeit für die Ermittlungen zum Tatbeitrag der NS-Justiz an sich gezogen hatte. War noch mehr denkbar? Hinzu kamen die seit 1958 laufenden Untersuchungen wegen des Genozids an Sinti und Roma. Die Strafsache gegen die Hauptbeschuldigte Dr. Eva Justin, seinerzeit Assistentin des Psychiaters und Leiters der 1936 eingerichteten «Rassenhygienischen und bevölkerungsbiologischen Forschungsstelle des Reichsgesundheitsamtes», Dr. Robert Ritter, wurde in eine Reihe mit den Vorbereitungen zum großen Auschwitz- und Ungarn-Komplex gestellt.[7] Mitte 1960 wurden die Ermittlungen auf dreißig weitere Mitarbeiter der «Rassenhygienischen Forschungsstelle» sowie auf die Reichskriminalpolizei ausgedehnt.[8] Am Ende konnte Eva Justin, die seit den ersten Nachkriegsjahren im Gesundheitsamt bei der Stadt Frankfurt beschäftigt war, keine Tatbeteiligung nachgewiesen werden. Die Akten mit vielen Vernehmungsprotokollen gelten jedoch noch heute als «eines der wichtigsten Nachkriegsdokumente» über die Ermordung der Sinti und Roma.[9]

Der Genozid an den Zigeunern und die «Euthanasie» waren jedoch nicht die einzigen Verbrechen, an denen Mediziner und Humanwissenschaftler beteiligt waren. Bereits 1961 begannen die Ermittlungen gegen den ehemaligen SS-Hauptsturmführer Dr. rer. nat. Bruno Beger, Privatdozent Dr. Hans Helmut Fleischhacker sowie gegen den kaufmännischen Angestellten und SS-Obersturmführer Wolf-Dietrich Wolff.[10] Alle drei wurden beschuldigt, sich zwischen 1941 und 1943 mit einer «seltsamen Skelettsammlung» befasst zu haben. Im Anatomischen Institut der «Reichsuniversität Straßburg», so urteilte der Politikwissenschaftler Raul Hilberg über die Geschehnisse, geschah 1943 «das Äußerste, dessen deutsche Ärzte fähig waren».[11] Beger und Fleischhacker hatten in Auschwitz bei der Auswahl der für eine «jüdische Schädel- und Skelettsammlung» bestimmten Häftlinge mitgewirkt, Beger zugleich als Leiter der Untersuchungsgruppe und Miturheber des Projekts, Wolff als persönlicher Referent des Geschäftsführers der SS-Organisation «Das Ahnenerbe», Wolfram Sievers (1905–1948). Die Wissenschaftsorganisation «Ahnenerbe» hatte das Projekt für Propagandazwecke der «Reichsuniversität Straßburg» übertragen; dazu wurden 29 Frauen und 57 Männer selektiert und in der Gaskammer des Konzentrationslagers Natzweiler-Struthof umgebracht: fortan und für Jahrzehnte 86 namenlose, mit Nummern gekennzeichnete Opfer beziehungsweise Skelette.[12]

Die Anklageschrift gegen Beger und zwei andere lag Fritz Bauer am

8. Mai 1968 nach jahrelangen Ermittlungen vor. Staatsanwalt Kügler, der zugleich Sachbearbeiter im Ermittlungsverfahren gegen den KZ-Arzt Mengele war, hatte daran bereits während des laufenden Auschwitz-Prozesses gearbeitet. Er war jedoch im Dezember 1965, unmittelbar nach dessen Ende, aus dem hessischen Justizdienst ausgeschieden.[13] Da der Oberstaatsanwalt beim Landgericht Frankfurt aufgrund der angespannten Personallage die Anklageschriften nicht fertig stellen konnte, übernahm Fritz Bauer Ende Mai 1966 auch noch diesen Fall.[14] Und tatsächlich berichtete Staatsanwalt Warlo drei Monate später, die Anklageschrift sei im Konzept fertig gestellt und werde gegenwärtig in der Kanzlei geschrieben.[15] Dass sich die Anklageerhebung dennoch verzögerte, lag wieder einmal daran, dass ein Verteidiger eine Auslandsreise antreten musste und daher nicht zur Akteneinsicht kam. Fritz Bauer seinerseits nahm die Gelegenheit wahr und informierte das Ministerium im selben Bericht, dass einer der Angeklagten, nämlich Fleischhacker, nach wie vor im *Justizministerialblatt* als Sachverständiger zur Erstattung anthropologisch-erbbiologischer Abstammungsgutachten aufgeführt werde.[16] Die Anklage, die Fritz Bauer schließlich am 8. Mai 1968 an das Justizministerium weiterleitete, enthüllte den grausigen Plan: Vorbereitet worden war ein Museum mit toten Juden als Exponaten.[17] Im Juni 1968 wurden die Verfahren gegen Beger, Fleischhacker und Wolff miteinander verbunden.[18] Es war, was niemand ahnte, die letzte Anschuldigungsschrift wegen Mordes in Mittäterschaft, die der hessische Generalstaatsanwalt unterzeichnen sollte.

Der bizarre Fall der «jüdischen Skelettsammlung» endete im April 1971. Das Urteil war absehbar, denn die 3. Strafkammer bei dem Landgericht Frankfurt am Main ließ die Anklage des Generalstaatsanwalts im Oktober 1969 nur mit der Maßgabe zur Hauptverhandlung zu, dass Beger und Wolff wegen Beihilfe zum Mord hinreichend verdächtig seien; der Angeklagte Fleischhacker wurde am gleichen Tag außer Verfolgung gesetzt.[19] Das Verfahren gegen den Beschuldigten Wolff wurde wegen Verjährung eingestellt, bereits einen Monat vorher war Dr. Fleischhacker von der Beihilfe zum Mord freigesprochen worden, da ihm nicht nachgewiesen werden konnte, dass er bei der Selektion der Häftlinge in Auschwitz vom Zweck der Untersuchungen gewusst habe. Nur Dr. Beger wurde wegen Beihilfe zur Mindeststrafe von drei Jahren verurteilt, allerdings nicht als (Mit-)Urheber der Skelettsammlung. Im Hinblick auf das Gesamtgeschehen urteilten die Richter: Mörder der 86 Häftlinge waren Himmler und Prof. August Hirt, der Leiter der Anatomie in Straßburg, die an der Erstellung des «Museums» persönlich interessiert waren.[20]

Zehn Jahre vorher – die Suche nach Eichmann, Bormann und Mengele, die Ermittlungen gegen die Auschwitz-Täter, NS-Juristen und «Euthanasie»-Ärzte waren schon in vollem Gang – wollte Fritz Bauer im August 1959 auch im Ungarn-Komplex erneut die Weichen stellen. Mit der Durchführung der Zeit raubenden Ermittlungen sollte der Oberstaatsanwalt in Frankfurt am Main beauftragt und Staatsanwalt Dr. Steinbacher zur Unterstützung aus Darmstadt abgeordnet werden.[21] Gegenüber dem Ministerium betonte Bauer, dass mit einem Verfahren gegen den verhafteten Diplomaten und Bevollmächtigten des Großdeutschen Reiches in Ungarn, Dr. Edmund Veesenmayer (1904–1977), aufgrund der bestehenden Sachzusammenhänge die «Aufklärung des gesamten Komplexes der Judendeportationen aus Ungarn» begründet werden könne.[22] Die Rechtsfrage, dass Veesenmayer wegen der gleichen Taten bereits im Nürnberger «Wilhelmstraßenprozess» verurteilt war, hielt Bauer für unerheblich, da es ihm – laut Vermerk des Ministeriums – «weniger um die Person des Veesenmayer an sich», sondern um eine Durcharbeitung des Prozessstoffes und die Ermittlung weiterer Beteiligter an den Deportationen ging: «GStA Dr. Bauer zog einen Vergleich mit dem Auschwitz-Komplex».[23]

Die Ermittlungen gegen Veesenmayer wegen Teilnahme an den antijüdischen Maßnahmen in Ungarn, von der Staatsanwaltschaft alsbald mit denjenigen gegen Adolf Eichmann verbunden, wurden im Juni 1961 eingestellt.[24] Im Prozess gegen zwei Experten des Reichssicherheitshauptamtes in Eichmanns «Sondereinsatzkommando» Ungarn, Hermann Krumey und Otto Hunsche, kamen jedoch weitere Beteiligte an diesem Massenverbrechen noch während des laufenden Auschwitz-Prozesses vor Gericht.[25] Auf die Spur der beiden ehemaligen «Berater für Judenfragen» war die Frankfurter Staatsanwaltschaft 1956, nachdem die ersten spärlichen Erkenntnisse aus Wien nach Frankfurt gelangt waren, bei den Ermittlungen im Fall Eichmann gestoßen. Es ging um die Deportation von etwa 430 000 ungarischen Juden nach Auschwitz-Birkenau, die Eichmanns Sonderkommando unter Mitwirkung von Krumey und Hunsche ab Mitte Mai 1944 in nur acht Wochen organisiert hatte. Die meisten der Deportierten wurden sofort in den Gaskammern ermordet, etwa ein Viertel wurde ausgesondert zur Zwangsarbeit.[26]

Doch das Verfahren gegen Krumey und den Juristen Otto Hunsche, zuständig für die Aberkennung der deutschen Staatsbürgerschaft nach der 11. Verordnung zum Reichsbürgergesetz vom 25. Januar 1941 sowie für die Verwertung des Eigentums der Deportierten, erwies sich wieder einmal als justitielles Trauerspiel. Dank seines Anwalts Erich Schmidt-Leichner war es Krumey schon nach seiner ersten Verhaftung 1957 mehrfach gelungen, aus der Untersuchungshaft entlassen zu werden. Die erste Verhandlung vor dem Frankfurter Schwurgericht endete im Februar 1965 wegen Beihilfe zum Mord mit einer Zuchthausstrafe von fünf Jahren, die durch die Untersuchungshaft abgegolten war. Krumey verließ den Gerichtssaal als freier Mann. Staatsanwaltschaft und Nebenklage gingen in die Revision. Im März 1967 hob der 2. Strafsenat des Bundesgerichtshofs das Urteil vom 3. Februar 1965 auf und verwies das Verfahren an das Frankfurter Landgericht zurück. Am 26./29. August 1969 wurde Krumey wegen Beihilfe zum Mord in Tateinheit mit Freiheitsberaubung im Amt mit Todesfolge zu einer Zuchthausstrafe von zwölf Jahren verurteilt.[27]

Im Zuge des Ermittlungsverfahrens gegen Eichmann und seine Helfer wurden noch weitere Beschuldigte ausfindig gemacht, so 1962 der ehemalige SS-Obersturmbannführer Friedrich Robert Boßhammer, der allerdings erst 1968 verhaftet wurde.[28] Boßhammer war ein enger Vertrauter Eichmanns und als «Judenberater» des Reichssicherheitshauptamtes in Italien eingesetzt. Nach dem Krieg lebte er unter falschem Namen, wurde von der Spruchkammer als Mitläufer eingestuft und wieder als Rechtsanwalt zugelassen. Das Landgericht Berlin verurteilte ihn 1972 zu lebenslanger Haft – er starb Ende dieses Jahres.[29]

Das teilweise parallel zum Auschwitz-Prozess vorbereitete Verfahren gegen Krumey und Hunsche zeigte einen vor allem die U-Haft Krumeys und Hunsches wegen Fluchtverdacht hart durchsetzenden Generalstaatsanwalt Bauer. Die Ehefrau des mitangeklagten Hunsche ging bei ihren Versuchen, die Untersuchungshaft aussetzen zu lassen, bis hinauf zu Bundeskanzler Adenauer, bei dem sie sich beklagte: «Es ist doch nicht möglich, daß es soviel Ungerechtigkeit bei uns gibt. Es handelt sich in Frankfurt offensichtlich um eine jüdische Clique, die sich einzelne kleine Leute herausgreift, um ihre Rache daran zu kühlen. Wie ich von einem Frankfurter hörte, soll das ganze Gericht von Juden besetzt werden.»[30] Solche Briefe bekam Fritz Bauer seit Beginn des Auschwitz-Prozesses fast täglich. Dass es da noch Steigerungen gab, sollte er allerdings bald erleben. Denn

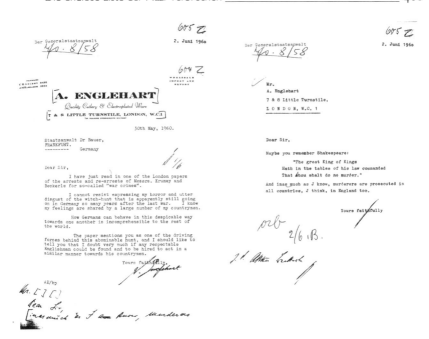

Böse Briefe erhielt Fritz Bauer zu Dutzenden in den 1950er und 1960er Jahren – meist mit Beschimpfungen als Nazi-Jäger. Seine prompte Antwort, hier nach London: Er verfolge nur Mörder, die «in allen Ländern der Welt», auch in England, belangt würden.
(HHStA Wiesbaden; Handakte Beckerle-Prozess, 631a/723, Bl. 604/605)

noch ein weiteres spektakuläres Verfahren wegen der «Endlösung der Judenfrage» kam 1959 in Gang, der so genannte Frankfurter Diplomaten-Prozess.

Der Beschuldigte Adolf Heinz Beckerle, ehemals Polizeipräsident von Frankfurt am Main und zwischen 1941 und 1944 Gesandter der Deutschen Botschaft in Sofia, wurde der Mittäterschaft an der Deportation von 11 343 «neubulgarischen» Juden aus Thrakien und Mazedonien beschuldigt. Das Verfahren wurde 1965 mit der Strafsache gegen den früheren Legationssekretär Fritz-Gebhardt von Hahn wegen Mittäterschaft an der Deportation von mindestens 20 000 griechischen Juden aus Saloniki verbunden. Die Ermittlungen, die in enger Verbindung zum Auschwitz-Komplex standen, erregten wegen der Beteiligung des Auswärtigen Amtes ziemliches Aufsehen. Doch hätte Fritz Bauer, der 1959 erklärte, dass die Ermittlungen «unter allen Umständen geführt werden»,³¹ nicht wissen und berücksichtigen müssen, dass Beckerle einstmals eine Frankfurter Lokalgröße war?

Mit den Ermittlungen gegen den SA-Obergruppenführer und zeitweiligen Polizeipräsidenten Adolf Heinz Beckerle begab sich der hessische Generalstaatsanwalt in seiner nächsten Frankfurter Umgebung auf ein besonders heißes Pflaster.³² Der aus kleinen Verhältnissen hervorgegangene «alte Kämpfer» Beckerle galt an sich als Inbegriff des verkrachten Studenten und – später geläuterten – Radau-Antisemiten, der jedoch nach 1933 den sozialen Aufstieg in das diplomatische Korps geschafft hatte; und eigentlich schien seine Verstrickung in die NS-Verbrechen mit zehn Jahren in sowjetischen Straflagern und Gefängnissen inzwischen als erledigt.³³

Beckerle, geboren am 4. Februar 1902 als Sohn eines Postbeamten, hatte sich bereits in seiner Jugend in rechtsextremen und antisemitischen Kreisen bewegt. Er legte sein Abitur 1921 an der Frankfurter Wöhlerschule ab, einer Schule, die im selben Jahr wegen eines geheimen Waffenverstecks und des von den Lehrern veranstalteten Wehrsports auf dem Schulhof in die Schlagzeilen geraten war. Er trat in den «Jungdeutschen Orden» ein, eine aus dem Selbstschutzverband um Arthur Mahraun in Kassel hervorgegangene Organisation mit zu diesem Zeitpunkt deutlich rechtsradikaler Tendenz. Schriftführer des Ordens war damals der Leutnant a. D. Friedrich Wilhelm Heinz, der zusammen mit anderen Kameraden aus den Freikorps wie Ernst von Salomon und dem späteren Rathenau-Attentäter Erwin Kern die jungen Aktivisten der Bünde sammelte und sie der Geheim- und Terrororganisation «Consul» zuführte. Nach der Ermordung des ehemaligen Reichsfinanzministers Matthias Erzberger verbarg sich die Organisation im «Verband nationalgesinnter Soldaten», dem Beckerle 1922 ebenso beitrat wie dem Ende 1922 gegründeten Wiking-Bund. Die ehemaligen Kämpfer der «Brigade Ehrhardt» im Auftrag Hitlers übernahmen außerhalb Bayerns den Aufbau von NSDAP und SA, so dass im Frühjahr 1922 auch eine Ortsgruppe der NSDAP in Frankfurt entstand. Und dort wurde Beckerle ab August 1922 Parteimitglied.³⁴

Er studierte zunächst Volkswirtschaft in Frankfurt, jobbte hier und da im Bankgewerbe, als Bergmann und in der Industrie und ging 1924 aus Abenteuerlust nach Südamerika, nach Argentinien, Paraguay und Uruguay.³⁵ Nach seiner Rückkehr trat er am 1. April 1925 als Offiziersanwärter der preußischen Schutzpolizei in die Polizeischule Hannoversch

Münden ein, wurde jedoch nicht übernommen und beendete dann sein Studium als Diplom-Volkswirt. Ein darauf folgendes Jurastudium konnte er nicht abschließen. Denn mit dem Wiedereintritt in die NSDAP und SA 1928 widmete er sich ganz dem Aufbau der Sturmabteilungen, den Propagandafahrten und Saalschlachten. 1932 brachte er es sogar zum Reichstagsmitglied, nach 1933 zum SA-Obergruppenführer und zum Polizeipräsidenten von Frankfurt. 1939, nach Ausbruch des Zweiten Weltkrieges, wurde Beckerle für einige Monate kommissarischer Polizeipräsident von Lodz, diente als Leutnant der Reserve einige Monate an der Westfront, bevor er im Juni 1941 in den Auswärtigen Dienst berufen wurde. Von Ende Juni 1941 bis zu seiner Festnahme am 18. September 1944 durch die «Rote Armee» wirkte er als deutscher Gesandter in Sofia. Bulgarien war zu dieser Zeit einer der deutschen Satellitenstaaten, die mit Territorial- oder Landgewinnen für ihre Kollaboration belohnt wurden. So waren das ursprünglich im April 1941 zu Jugoslawien gehörende Nordmakedonien und das griechische Westthrakien an Bulgarien gefallen.

Im zaristischen Bulgarien gab es seit Ende 1940 antisemitische Gesetze, die im Zuge des Anschlusses an das verbündete Deutschland erlassen worden waren. Im Herbst 1942 erging vom Auswärtigen Amt der Befehl, mit den Judenevakuierungen aus Bulgarien zu beginnen, und bereits Mitte November war die bulgarische Regierung bereit, die Juden abtransportieren zu lassen – für 250 Reichsmark pro Kopf.[36] Im Januar 1943 wurde nach einer Absprache zwischen dem zuständigen Judenreferenten im Auswärtigen Amt, Fritz-Gebhardt von Hahn, und der Dienststelle Eichmann im Reichssicherheitshauptamt mit SS-Hauptsturmführer Theodor Dannecker ein «Deportationsspezialist» nach Bulgarien in Marsch gesetzt, der die Verschleppung der dort lebenden etwa 65 000 Juden organisieren sollte.[37] Er wurde als «Judenberater» mit dem Titel «Gehilfe des Polizeiattachés» in den Apparat der Botschaft eingebaut und von Beckerle mit politisch Maßgeblichen für die Judenpolitik in Bulgarien zusammengebracht.

Doch die bulgarische Regierung weigerte sich zunächst, auch die altbulgarischen Juden auszuliefern, und wollte den Abtransport ausschließlich auf die 10 000 bis 12 000 Juden in Thrakien und Makedonien beschränken. Dannecker fand allerdings im bulgarischen Judenkommissar Alexander Belev, der als großer Antisemit galt, einen mehr als willigen Verbündeten.[38] So eilig hatten sie es im Frühjahr 1943, dass Beckerle seinen «Gehilfen» sogar die Transportmöglichkeiten auf dem Seeweg prüfen ließ – mit Erfolg. Mit mehreren Schiffen wurden mindestens 4150 thrakische Juden im März zunächst nach Wien und von dort mit der Eisenbahn nach Treblinka befördert, wo sie sofort ermordet wurden. Danach folgten Eisenbahntransporte mit 7122 makedonischen Juden.[39] In der bulgarischen Bevölkerung kam es jedoch zu Protesten, als die vertraglich vereinbarte Zahl von 20 000 Juden durch die Deportation der altbulgarischen Juden erfüllt werden sollte. Dannecker beschwerte sich in Berlin im Reichssicherheitshauptamt, was wiederum bei Beckerle nicht gut ankam. Denn Beckerle wollte angeblich keine Schwierigkeiten mit der bulgarischen Regierung, sondern warten, bis sich die Lage beruhigt hatte.[40] Tatsächlich blieb die altbulgarische jüdische Gemeinde weitgehend unangetastet. Zar Boris ließ 20 000 Juden aus Sofia in die Provinz umsiedeln, so dass die altbulgarischen Juden zu Arbeitseinsätzen im eigenen Land blieben, was wiederum Beckerle sich selbst zuguteschrieb.[41]

Als Bulgarien im September 1944 die diplomatischen Beziehungen zum Deutschen Reich abbrach, versuchte Beckerle in die Türkei zu flüchten, wurde aber von russischen Luftlandetruppen aus dem Zug herausgeholt. Von einem sowjetischen Gericht wurde er im Oktober 1951 «wegen aktiver nazistischer Tätigkeit» zu 25 Jahren Haft verurteilt; Gegenstand des sowjetischen Verfahrens, und dies sollte für eine Anklage in Frankfurt gegen Beckerle entscheidend sein, war jedoch nicht seine Tätigkeit als Gesandter in Sofia, sondern seine Rolle bei der Bekämpfung sowjetischer Partisanen.[42] Beckerle konnte im Oktober 1955 nach Frankfurt zurückkehren, wo er bis zu seiner Festnahme 1959 zunächst unbehelligt als Abteilungsleiter bei der Firma A. van Kaick, Generatoren- und Motorenwerke, Neu-Isenburg, arbeitete, obwohl ihn die zentrale Spruchkammer Hessen-Süd im März 1950 als Hauptschuldigen eingestuft und zu drei Jahren Arbeitslager und Vermögensentzug verurteilt hatte.[43]

Die Rückkehr des berüchtigten «alten Kämpfers», SA-Führers und NS-Polizeipräsidenten blieb bei seinen politischen Gegnern von einst nicht unbemerkt. Als skandalös empfanden es viele, dass der einstige SA-Führer vom Frankfurter Oberbürgermeister auf den Stufen des Rathauses mit Handschlag empfangen worden sei, angeblich hatte er von der Stadt sogar 6000 DM finanzielle Unterstützung erhalten. Die Vereinigung der Verfolgten des Nationalsozialismus (VVN) erstattete am 27. Juli 1956

Anzeige wegen Mordes, Totschlags, gefährlicher Körperverletzung mit Todesfolge, Brandstiftung und Verbrechen gegen die Menschlichkeit.[44] Dieses erste Verfahren, das sich mit Beckerles Rolle als SA-Führer während der «Machtübernahme» und seiner Zeit als Polizeipräsident befasste, stellte die Staatsanwaltschaft im April 1957 ergebnislos ein, da die Taten entweder verjährt waren oder nicht nachgewiesen werden konnten.[45] Doch nun interessierte sich Generalstaatsanwalt Fritz Bauer für den Fall und ließ parallel zu der Anzeige der VVN unter dem Aktenzeichen 4a Js 114/56 gegen Beckerle wegen seiner Rolle als Gesandter bei der Deportation jüdischer Bürger aus Bulgarien ermitteln.[46]

Der Oberstaatsanwalt beim Landgericht Frankfurt, Buchthal, fragte im März 1956 zunächst beim Auswärtigen Amt um Personalakten an.[47] Die Ermittlungen der Frankfurter Polizei hatten zwar ergeben, dass Beckerle im Verdacht stand, sich an Misshandlungen von politischen Gegnern beteiligt zu haben, doch dass er als Polizeipräsident sein Amt im Großen und Ganzen korrekt ausgeübt habe.[48] Vom Auswärtigen Amt erhielt die Frankfurter Staatsanwaltschaft im Spätherbst 1956 erstmals umfangreiche Akten zur «Behandlung der Judenfrage und ihrer Regelung in Bulgarien». Angesichts der umfangreichen, für die Staatsanwaltschaft Frankfurt kaum zu bewältigenden Ermittlungen – zu dieser Zeit wurde dort nicht nur gegen Beckerle und andere Diplomaten, gegen Eichmann, Krumey, Hunsche, zum Auschwitz-Komplex und im «Euthanasie»-Zusammenhang ermittelt – kam der Gedanke auf, die eben erst gegründete Zentrale Stelle in Ludwigsburg um Übernahme des Verfahrens gegen Beckerle zu bitten.

Bauer teilte noch im Januar 1959 dem Ministerpräsidenten und Justizminister Georg August Zinn mit, Ludwigsburg habe sich sehr interessiert daran gezeigt. Denn die umfangreichen Dokumente über Bulgarien würden mit großer Wahrscheinlichkeit die Ermittlungen auf zahlreiche weitere für die «Endlösung» der Judenfrage in Bulgarien und auf dem Balkan überhaupt verantwortliche Personen lenken, weshalb diese dann systematisiert werden müssten. Schüle machte seine Zustimmung allerdings von der Delegation eines von Hessen alimentierten Sachbearbeiters nach Ludwigsburg und der Übernahme der Verfahrenskosten abhängig – was vom Justizministerium abgelehnt wurde.[49] Ob aus Kostengründen oder prinzipiellen Erwägungen, sei dahingestellt.

Bei dem Versuch, die Ermittlungen gegen die an der Judenvernichtung beteiligten Diplomaten des Auswärtigen Amtes an einer Stelle zu konzentrieren, erlitt Bauer einen weiteren Rückschlag, als das hessische Justizministerium zwar eine enge Kooperation mit Ludwigsburg anheimstellte, aber keine weitere Unterstützung anbot. Bauer ließ nicht locker. Wegen der herannahenden Verjährung von Totschlagverbrechen brachte er das Thema bei der nächsten Tagung der Generalstaatsanwälte zur Sprache. Zwar nahmen sich auch die Landesjustizminister der Problematik an, konnten sich jedoch nicht dazu entschließen, eine zusätzliche Stelle für das Beckerle-Verfahren zu schaffen. So blieb der hessische Generalstaatsanwalt wieder einmal allein auf sich gestellt.[50] Im Juli 1959 berichtete er dem Justizministerium, dass die Mitwirkung Beckerles an den Deportationen von mindestens 11 343 thrakischen und makedonischen Juden dokumentarisch belegt sei, festzustellen seien allerdings noch die Deportationsziele, ob Treblinka, Sobibór, Auschwitz oder Chełmno, und weitere Tatbeteiligte.[51]

Die Ermittlungen führten im September 1959 zu einem Haftbefehl gegen Beckerle, der beschuldigt wurde, als deutscher Gesandter in Sofia durch Verhandlungen mit der bulgarischen Regierung Beihilfe zur Ermordung einer nicht näher bestimmten Zahl makedonischer Juden geleistet zu haben.[52] Zweiter Angeklagter im «Frankfurter Diplomatenprozeß» wurde dann der Legationsrat im Reichsaußenministerium Fritz-Gebhardt von Hahn. Er hatte 1962 im Verfahren gegen Wagner und Eberhard von Thadden vor dem Landgericht Essen ausgesprochen freimütig über seine Tätigkeit als für Bulgarien zuständiger Judenreferent berichtet und auch zugegeben, dass er von dem gewaltsamen Tod der Deportierten gewusst habe. Hahn und Beckerle wurden als Mittäter an der Deportation von über 11 000 Juden aus Thrakien und Makedonien und im Falle von Hahn zusätzlich auch an der Deportation von mindestens 20 000 griechischen Juden aus Saloniki beschuldigt. Die Verfahren wurden durch Beschluss vom 29. Juni 1965 verbunden, die Voruntersuchung am 9. Juli 1965 abgeschlossen.[53]

Doch zurück zu Beckerle, der nach seiner Verhaftung alle Register zog. Er selbst sah sich als unschuldig verfolgt, trat in Hungerstreik und machte dunkle Andeutungen über einen geplanten Selbstmord. Kein Richter werde ihn trotz seiner Unschuld im Hinblick auf seine hohe Stellung in SA und Partei freisprechen, er sei 57 Jahre und zum zweiten Male aus einer geschaffenen Position gerissen worden.[54] Sein Verteidiger, Rechtsanwalt

Hans Schalast, versuchte mehrfach, den Vollzug der Untersuchungshaft durch Stellung von Sicherheitsleistungen zu verhindern. Zwischen seiner ersten Inhaftierung im September 1959 und dem Beginn des Prozesses 1967 befand sich Beckerle wiederholt als «fluchtverdächtig» im Untersuchungsgefängnis in der Frankfurter Hammelsgasse. Im Protokoll des ersten Verhandlungstags am 8. November 1967 hieß es, der Angeschuldigte übe zurzeit keine berufliche Tätigkeit aus, habe keine familiären Bindungen; zudem mache ihn auch sein früherer Aufenthalt in Südamerika verdächtig.[55]

Beckerle wurde nach seiner Verhaftung im September 1959 nach fünf Wochen mit Auflagen in Freiheit gesetzt, nach sieben Monaten erneut für sechs Monate in Untersuchungshaft genommen und wieder freigelassen, wogegen die Generalstaatsanwaltschaft im Juli und Dezember 1960 mehrfach Beschwerde einlegte.[56] In seiner Begründung führte der 1. Strafsenat des Oberlandesgerichts Frankfurt am Main aus, dass der Angeschuldigte nach wie vor dringend tatverdächtig sei, zu seinen Gunsten spreche jedoch, dass bislang keinerlei Fluchtverdacht bestehe und er sich beim Erlass des letzten Haftbefehls freiwillig gestellt habe.[57] Der Senat widersprach damit der dezidiert von Bauer geltend gemachten Fluchtgefahr.[58]

Am 27. Januar 1961 gab der Erste Staatsanwalt Wilhelm Wentzke dem Untersuchungsrichter III beim Landgericht Frankfurt acht Bände Ermittlungsakten und elf Leitzordner, die die bisherigen Ergebnisse enthielten, darunter auch Personalakten zurück und bat ihn zu prüfen, ob sich Zeugen für Beckerles Behauptungen fänden, er sei wegen der Tat, die ihm wegen seiner Tätigkeit in Bulgarien zur Last gelegt wird, von einem sowjetischen Gericht zu 25 Jahren Freiheitsentzug verurteilt worden.[59] Der Durchbruch kam mit dem Fund von Beckerles Diensttagebuch Ende 1964, womit dessen bisherige Einlassungen für Bauer fast vollständig widerlegt waren.[60] Der ermittelnde Staatsanwalt Richter hatte es im Archiv des Auswärtigen Amtes gefunden. Auch das sowjetische Außenministerium reagierte Ende 1965 auf die Rechtshilfeersuchen. Am 22. Dezember 1965 übersandte das sowjetische Außenministerium der Deutschen Botschaft in Moskau eine Note mit einer Abschrift der seinerzeitigen Anklageschrift gegen Beckerle.[61]

Neben dem Diensttagebuch von Beckerle waren es vor allem die Kontakte zu Bulgarien, die umfangreiches Dokumentenmaterial erbrachten.

Bauer hatte zuerst in Jugoslawien beim Institut für Militärgeschichte nachgefragt, wo 1960 Material über die Deportation der makedonischen Juden vermutet wurde, aber nicht auffindbar war. Zur Beschaffung der endgültigen Beweismittel kam es 1967 durch den Besuch des Legationssekretärs bei der Handelsvertretung der Volksrepublik Bulgarien in Frankfurt, Dimiter Dimitrov. In Sofia hatte sich ein angeblich «inoffizielles Komitee» zum Zwecke der Unterstützung des Strafverfahrens gegen Beckerle gegründet. Von diesem war auch Isidor Solomonoff, Journalist und Präsident der Jüdischen Kultusgemeinde, zur Besprechung mit Fritz Bauer angereist. Beide überreichten wichtige Dokumente, die dem Prozess bis dahin fehlten, und versprachen, inner- und außerhalb Bulgariens Zeugen, die die Gräuel überlebt hatten, ausfindig zu machen.[62]

Der Besuch der Bulgaren hatte einen besonderen Hintergrund: Es gab wohl Überlegungen, einen juristischen Vertreter mit einer bulgarischen Nebenklage zu betrauen. Bei einem weiteren Besuch von Dimitrov und Solomonoff am 13. November 1967 erklärten diese: Nebenklagevertreter sollte der in Frankfurt am Main durch seine Rolle als Nebenkläger beim ersten Auschwitz-Prozess hinlänglich bekannt gewordene Ostberliner Jurist Friedrich Karl Kaul sein, den die bulgarische Kommunistische Partei vorgeschlagen hatte.[63] Kaul wurde schließlich nach langem Hin und Her für einen bulgarischen Betroffenen, Solomon A. Levi, am 27. März 1968 als Nebenklagevertreter zugelassen, vor der entscheidenden Aussage Bundeskanzler Kurt Georg Kiesingers jedoch wieder ausgeschlossen, da die Verwandtschaft des Nebenklägers zu der deportierten Person nicht zweifelsfrei zu klären war.[64]

Am 8. November 1967 begann unter ungewöhnlich starkem Zuhörerandrang der lange vorbereitete Prozess. Bereits am Eröffnungstag ging Beckerle in die Offensive. Der sich «distinguiert und gekränkt gebende»[65] Ex-Diplomat verlas eine drei bis vier Seiten lange Erklärung, wonach er durch die «brutalen Verfolgungsmaßnahmen» des Generalstaatsanwalts Dr. Bauer seine Existenz verloren habe.[66] Die Presse berichtete eingehend über den theatralischen Auftritt des ehemaligen SA-Führers. Beckerle hatte tatsächlich behauptet, zusammen mit dem bulgarischen Zaren Boris 40 000 Juden vor der Deportation und damit dem sicheren Tod bewahrt zu haben. Dem Generalstaatsanwalt warf Beckerle egozentrische Machtpolitik vor, mit der er die Geschichtsschreibung zu beeinflussen suche. Dies – so meinte er – gefährde die Demokratie und habe ihn persönlich in eine hoffnungslose Zukunft gestürzt. Beckerles Angriffe gipfelten schließlich in der Behauptung, er befinde sich in einer ähnlichen Lage wie der jüdische Hauptmann Dreyfus: Der Prozess gegen ihn sei in der modernen Rechtsgeschichte ohne Beispiel.[67] Und er fügte hinzu: «Nur wäre es hier in Hessen selbst einem Émile Zola unmöglich, sein J'accuse dem Herrn Generalstaatsanwalt Bauer angesichts dessen Machtusurpation entgegenzuschleudern.»[68]

Nur wenige Tage später nahm Beckerle seine Äußerungen partiell zurück, versuchte jedoch erneut Bauer als rachsüchtig darzustellen: «Ich bin ja ein höflicher Mensch [...], aber wenn ich derart körperlich und wirtschaftlich geschädigt werde, dann muß ich mich zur Wehr setzen.» Er habe vor Jahren einmal den Generalstaatsanwalt vergeblich um ein persönliches Treffen gebeten und gehofft, die lästigen Vernehmungen würden sich nach einem klärenden Gespräch erübrigen.[69] In der Darstellung seiner Vita versuchte Beckerle erneut, das Gericht für dumm zu verkaufen. Er behauptete beispielsweise, er sei aus dem Jungdeutschen Orden ausgetreten und in den Wiking eingetreten, weil der Jungdo Juden ausgeschlossen habe.[70] Ein Mitglied des Frankfurter Jungdeutschen Ordens korrigierte diese offensichtliche Falschaussage in einem Leserbrief an die *Frankfurter Neue Presse*: Man habe keine Juden ausschließen können, weil die Zugehörigkeit zum deutschen Volkstum Grundvoraussetzung für eine Mitgliedschaft war. Im Jungdeutschen Orden hatte es keine Juden gegeben, die man hätte ausschließen können![71] Wie Beckerle behauptete, habe er seine prosemitische Einstellung auch noch nach 1933 vertreten und beispielsweise mit dem Frankfurter Oberbürgermeister Friedrich Krebs besprochen, wie man den Juden beistehen könne. «Man mußte Tricks anwenden, um Leuten zu helfen. Habe Juden und Halbarier in SA gehabt.»[72] Sein Glaube an Hitler sei am 30. Juni 1934 erschüttert worden, da Göring versehentlich einen Erschießungsbefehl für ihn ausgestellt habe, der ein «eindeutiger Mordanschlag Hitlers» gewesen war: «Habe am 30.6.1934 erkannt, daß Führung verbrecherisch ist.» Auf seiner Position sei er dann nur geblieben, um anderen zu helfen. Die «Reichskristallnacht» in Frankfurt sei der Wendepunkt seines Lebens gewesen.

Auch am zweiten Verhandlungstag stellte Beckerle den Generalstaatsanwalt an den Pranger und behauptete, dass der Staatsanwalt, der «heute auf Anweisung des Generalstaatsanwalts die Anklage vertritt», das Verfahren schon habe einstellen wollen. Dagegen verwahrte sich der Erste

Staatsanwalt Richter, der 1964 nach dem Ausscheiden Wentzkes die Ermittlungen übernommen hatte, jedoch ganz vehement: «Nein, ich bekam nie irgendeine Anweisung. Als ich die Ermittlungen 1964 übernahm und weiterführte, fand ich soviel Material gegen Herrn Beckerle, insbesondere dessen eigenes Tagebuch über die Tätigkeit in Bulgarien vor, daß an eine Einstellung überhaupt nicht zu denken war!»[73]

Beckerle führte seine aggressive Verteidigungsstrategie vor Gericht fort. Er berief sich auf Hannah Arendt, die in ihrem Buch zum Eichmann-Prozess behauptet hatte, dass die Juden aus Makedonien und Thrakien allein von den Bulgaren und ohne Zutun der Deutschen nach Treblinka deportiert worden seien.[74] Schließlich bezichtigte er sogar Staatsanwalt Richter des Antisemitismus, denn dieser hatte darauf hingewiesen, dass Arendt keine seriöse Geschichtsforschung betrieben habe.[75] Die Verteidiger hatten zuvor vergeblich versucht, Hannah Arendt zu einer Aussage zu bewegen. Mit einem Vertreter der Staatsanwaltschaft waren sie im Mai 1968 sogar noch nach New York geflogen, um die berühmte Autorin umzustimmen.[76]

Der Prozess litt, wie Bauer dem hessischen Justizministerium am 13. Februar 1968 berichtete, vor allem unter der Verzögerungstaktik der Verteidiger Schalast und Geis.[77] Im Juni 1968 verschlechterte sich dann auch noch der Gesundheitszustand von Beckerle anscheinend derartig, dass er zunächst auf einer Bahre liegend in den Gerichtssaal gebracht werden musste. Um den Fortgang des Verfahrens gegen Hahn nicht zu gefährden, wurden beide Verfahren am 28. Juni vorläufig getrennt; das Verfahren gegen Beckerle wurde schließlich aus Krankheitsgründen am 19. August 1968 eingestellt.[78]

Generalstaatsanwalt Fritz Bauer erlebte diesen Schicksalstag nicht mehr; er starb überraschend am 30. Juni 1968. Noch ganz unter dem Eindruck seines plötzlichen Todes stand dann die lang erwartete und von vielen Journalisten beobachtete Aussage des Bundeskanzlers Kiesinger.[79] Rasch machten Gerüchte die Runde, Bauer sei einem Mordanschlag zum Opfer gefallen, der im Zusammenhang mit den verschiedenen NS-Verfahren stand. Dem Vertreter der Generalstaatsanwaltschaft der DDR, Gerhard Ender, gegenüber äußerten der Erste Staatsanwalt Johannes Warlo und Landgerichtsdirektor Bach im Folgejahr, dass es sich angesichts des Obduktionsbefundes vermutlich um keinen gewaltsamen Tod handele. Dennoch glaubten sie, dass die Vielzahl anonymer Morddrohungen Bauer nervlich zerrüttet hatten. Es war unübersehbar, dass Bauer insbesondere in der letzten Zeit ein übertriebenes Misstrauen gegenüber seiner Umgebung pflegte, das ihn zunehmend auch von seinen Mitarbeitern isolierte.[80] Beckerle war in Frankfurt kein Unbekannter und konnte sich vermutlich auf eine nicht unbeträchtliche Anzahl früherer SA- und NSDAP-Mitglieder stützen, die Bauer böse Briefe schrieben oder versuchten, ihn über die Presse zu diffamieren.

Der «Frankfurter Diplomaten-Prozess» endete nach 61 Verhandlungstagen und nach der Vernehmung von 90 Zeugen und einer Reihe von Sachverständigen am 19. August 1968 mit der Verurteilung Hahns zu acht Jahren Zuchthaus wegen Beihilfe an der Ermordung von mindestens 31 343 griechischen und neubulgarischen Juden. Zugleich allerdings verwarf das Gericht die Forderung der Staatsanwaltschaft, den ehemaligen Judenreferenten wegen der von ihm entwickelten Eigeninitiative als Mittäter zu bestrafen. Beckerle hingegen musste sich einem irdischen Richter nicht mehr stellen – er starb im April 1976 in Frankfurt.[81]

Für Bauer wäre der Ausgang des Prozesses erneut eine juristische Niederlage gewesen, denn Beckerle, der dreist log und zudem selbstbewusst und provozierend auftrat, hatte der Öffentlichkeit vor Augen geführt, was in einem deutschen Gerichtssaal 1967/68 für einen ehemaligen Haupttäter möglich war. Auch in der Riege der jungen Staatsanwälte, die Bauer unterstanden hatten, machte sich nun Kritik breit. So äußerte Joachim Kügler, Pflichtverteidiger im «Diplomaten-Prozess», dass die NS-Verfahren der Bundesrepublik mehr schadeten als nützten, da sie angeblich dem alltäglichen Rechtsradikalismus Vorschub leisteten. Darüber hinaus kritisierte Kügler, dass die Gerichte mit den Verfahren 25 Jahre nach den Taten überfordert seien, so dass eine Wahrheitsfindung kaum noch möglich sei. Außerdem wäre es die Aufgabe des Bundestags und der Bundesregierung gewesen, dafür zu sorgen, dass alte Nationalsozialisten nach 1949 nicht wieder in neue Machtpositionen aufstiegen. Auch machte Kügler geltend, dass im totalitären System des Nationalsozialismus der Einzelne nicht frei habe entscheiden können und sich deshalb strukturbedingt opportunistisch verhalten musste.[82]

Demgegenüber hatte Staatsanwalt Richter in seinem Plädoyer[83] im Sinne Bauers noch einmal die Vorwürfe des Angeklagten Beckerle aufgegriffen und diese auf die Tradition des Antisemitismus zurückgeführt. Die Geschworenen forderte er auf, das Rad der Geschichte um 25 Jahre zurückzudrehen. Gegenüber dem vielfach geäußerten Vorwurf, hier handele es sich um einen politischen Prozess, führte Richter aus, dass dies nur bedingt richtig sei: «Richtig ist nach unserer Ansicht in erster Linie, dass wir hier einen Mordprozess durchgeführt haben, in dem die Ermordung von 11343 Juden aus den sogenannten neubulgarischen Gebieten [...] und von mindestens 20000, wahrscheinlich über 50000 Juden aus Saloniki zu sühnen ist. Politisch ist der Prozess nur insofern, als die Straftaten nur in der finstersten politischen Epoche Deutschlands, nämlich unter der totalitären Herrschaft des vom Rassenwahn besessenen Hitler-Regimes begangen werden konnten. Allerdings hat dieser Prozess auch einen echten politischen Akzent. Auch er soll vor aller Welt beweisen, dass das deutsche Volk sich selbst reinigt und damit beweist, dass es würdig ist, wieder gemeinsam mit und neben anderen Kulturvölkern zu bestehen. Nur insofern verdient dieser Prozess den Anspruch, ein politischer genannt zu werden.»[84]

Auch das wohl letzte größere Verfahren, das im Zuständigkeitsbereich des Generalstaatsanwalts Bauer geführt und noch während des laufenden Beckerle-Verfahrens eröffnet wurde, enthielt politischen Sprengstoff: Der vom Landgericht Darmstadt zwischen 1965 und 1968 geführte so genannte Darmstädter Einsatzgruppenprozess befasste sich mit den Massakern des Sonderkommandos 4a der Einsatzgruppe C in der Sowjetunion, bei denen Zehntausende Menschen erschossen, erschlagen oder vergast wurden.[85] Grausiger Höhepunkt war der Massenmord in Babi Jar bei Kiew, den der amerikanische Chefankläger Robert H. Jackson in seiner Anklage vor dem Nürnberger Militärtribunal als einen jener «unglaublichen Vorfälle» bezeichnet hatte, für die er Beweise vorlegen werde.[86] Er machte sein Versprechen wahr und zitierte aus den Berichten der SS-Einsatzgruppen, der paramilitärischen Einheiten, deren Aufgabe es war, hinter den deutschen Fronttruppen alle Juden, Zigeuner und andere Gruppen zu töten, die als Feinde der Deutschen galten. In Kiew wurden am 29. und 30. September 1941 33711 Juden exekutiert.[87] Das Massaker von Babi Jar war das größte überhaupt auf dem Gebiet der Sowjetunion und angeblich eine Vergeltungsmaßnahme für sowjetische Brandanschläge. Fritz Bauer brachte die Geschehnisse 25 Jahre später vor Gericht.[88]

Politisch brisant war der Prozess, weil hier erstmals in einem bundesdeutschen Gerichtsverfahren von der Mitwirkung der Wehrmacht an den Verbrechen der SS gesprochen wurde.[89] Dabei hatte die furchtbare Kooperation von Wehrmacht und SS schon die Nürnberger Nachfolgeverfahren beschäftigt; doch im Zuge des Kalten Krieges und der deutschen Wiederaufrüstung wurden die Kriegsverbrechen ausschließlich der SS zugeschrieben. Die unrühmliche Rolle der Wehrmacht überdeckte man seitdem mit dem Mantel des Schweigens.

Zwar hatte Raul Hilberg bereits 1961 in seinem bahnbrechenden Werk über die Täter der Judenvernichtung auf die Rolle der Wehrmacht bei der massenhaften Ermordung von Juden hingewiesen.[90] In der Bundesrepublik aber fand dieses Buch nur wenige Leser. Unter ihnen Fritz Bauer, der in seinem Artikel «Genocidium» daraus zitierte. Erst 1982 erschien Hilbergs Standardwerk in deutscher Sprache.[91] An der Seite der Wehrmacht rückte von der ersten Stunde an auch die Einsatzgruppe C der Sicherheitspolizei und des SD in die Sowjetunion ein. Ihre Aufgabe war es, im von der 6. und 17. Armee besetzten Gebiet in der Ukraine die Ausrottung der jüdischen Bevölkerung in die Wege zu leiten und systematisch Funktionäre der Kommunistischen Partei umzubringen, aber auch Patienten in Heil- und Pflegeanstalten sowie Sinti und Roma. Zur Einsatzgruppe C, die zunächst dem SS-Brigadeführer und Juristen Dr. Otto Rasch unterstand, zählten die Sondereinsatzkommandos 4a und 4b sowie die Einsatzkommandos 5 und 6. Die blutige Spur des Sonderkommandos 4a führte von Sokal nach Kiew; das Massaker von Babi Jar war Höhe-, aber nicht Endpunkt einer Exekutionswelle, der im Bereich der Einsatzgruppe C schätzungsweise 90 000 Menschen zum Opfer fielen.[92]

Das Sondereinsatzkommando 4a entwickelte sich rasch zum zentralen Mordkommando der Einsatzgruppe, resultierend aus der besonderen Radikalität seines ersten Führers Paul Blobel.[93] Während Blobel im Juni 1951 in Landsberg am Lech hingerichtet wurde, entgingen die meisten Angehörigen des Sondereinsatzkommandos 4a, die mindestens 45 000 Menschen ermordet hatten, juristischer Verfolgung.[94] Nicht wenige von ihnen arbeiteten nach 1945 wieder im Staatsdienst – bei der Polizei. Erst nach der Etablierung der Zentralen Stelle in Ludwigsburg wurden 1960 umfangreiche Ermittlungen gegen das leitende Personal der Einsatzgruppe C in die Wege geleitet.[95] Denn bis 1961 war kein Verfahren bei einer bundesdeutschen Staatsanwaltschaft anhängig; nur einer der Beschuldigten, der ehemalige stellvertretende Stapoleiter von Hannover, Friedrich Schmidt-Schütte, saß in Kiel wegen anderer Verbrechen in Haft.[96]

In der zweiten Hälfte des Jahres 1964 kündigte sich eine Übernahme der weiteren Ermittlungen durch Hessen an. Zu diesem Zeitpunkt führte die Zentrale Stelle noch Vorermittlungen über die Massenexekutionen des Sondereinsatzkommandos 4a im Jahre 1941 an folgenden Orten:

«Kiew 29. und 30.9.1941 (33 000 ermordete Juden)
Shitomir Juli bis 19.9.1941 (4500 Juden erschossen)
Lucz Juli 1941 (3500 Juden exekutiert)
Sokal 28.6.–31.6. (324 Personen erschossen)
Berditschew Juli/August 1941 (148 Juden erschossen)
Tschernjachow Juli 1941 (Festnahme sämtlicher männlicher Juden)
Fastow August 1941 («Erschießung der gesamten Judenschaft» im Alter von 12–60 Jahren)
Radomyschel Judenaktion am 6.9.1941 (1107 erwachsene und 561 jugendliche Juden erschossen)
Perojeslaw am 4.10.41 Judenaktion durch Vorkommando des SK 4a, (Erschießung von 537 Juden, Männer, Frauen und Jugendliche)
Jagotin 8.10.1941 (125 Juden liquidiert) […]
Charkow und Bjelala-Zerkow».

Noch unbekannt war zu diesem Zeitpunkt das Ausmaß der vom Sondereinsatzkommando verübten Tötungen durch Kohlenmonoxyd in eigens konstruierten Gaswagen; und ebenso wenig wusste man noch von den Vernichtungsaktionen mit sowjetischer Sprengmunition.[97] Einer der Beschuldigten in dem Ermittlungsverfahren war Kuno Callsen, wohnhaft in Neu-Isenburg in Hessen, was offenbar dazu führte, dass der hessische Generalstaatsanwalt das Verfahren, wie nun schon vielfach geschehen, an sich zog. Callsen, ehemaliger SS-Sturmbannführer, war während des Krieges Persönlicher Referent im Amt III des Reichssicherheitshauptamtes, also bei SS-Gruppenführer Otto Ohlendorf, sowie Teilkommandoführer und zeitweise Vertreter von Paul Blobel.[98]

Bei Übernahme des Verfahrens durch den Frankfurter Generalstaatsanwalt richtete es sich nicht allein gegen das Sondereinsatzkommando 4a, sondern auch gegen Angehörige verschiedener anderer Einheiten. Dies hätte jedoch für die beauftragte Staatsanwaltschaft zu unüberschaubaren Ermittlungen geführt, so dass mit Unterstützung des Untersuchungsrichters und in Absprache mit der Zentralen Stelle einzelne Fälle abgetrennt und an außerhessische Verfolgungsbehörden abgegeben wurden. Dabei war allerdings noch nicht absehbar, dass die Ermittlungen wieder einmal nicht nur über die Grenzen Hessens, sondern auch über die der Bundesrepublik hinaus erstreckt werden müssten.[99]

Die Organisation der Ermittlungen, die Fritz Bauer im März 1965 gemäß §145 selbst übernahm, gestaltete sich wegen mangelnden Personals schwierig. Bauer beabsichtigte, die Eröffnung der Voruntersuchung beim Landgericht Darmstadt zu beantragen.[100] Erst als die Staatsanwaltschaft zusätzliche Beamte bewilligt bekam, konnten die Ermittlungen im Frühjahr 1965 beginnen. Das Verfahren blieb jedoch wegen seiner politischen Brisanz im Zuständigkeitsbereich des Generalstaatsanwalts. In Absprache mit Bauer wurde zugleich auch eine Sonderkommission des hessischen Landeskriminalamtes errichtet, die vor allem die Ermittlungen außerhalb Hessens durchführen sollte.[101] Prekär war ferner, dass im Verlauf der Ermittlungen und nach den ersten Verhaftungen der Leiter der Sonderkommission, Kriminalmeister Walther, die Generalstaatsanwaltschaft darauf hinweisen konnte, dass Callsen beste Beziehungen zu leitenden Angehörigen des Wiesbadener Bundeskriminalamtes (BKA) pflegte, bei denen es sich um frühere Kollegen aus dem RSHA, der Reichskriminalpolizei und dem Sicherheitsdienst handelte. Der Prominenteste unter ihnen war der Leiter des BKA, der ehemalige SS-Führer Paul Dickopf.[102]

Die Voruntersuchung wurde am 12. März 1965 gegen Kuno Callsen, Neu-Isenburg, und Friedrich Schmidt-Schütte, München, eröffnet.[103] Die Angeklagten wurden beschuldigt, von Juni 1941 bis Oktober 1943 in der Sowjetunion durch mehrere selbständige Handlungen, teils allein, teils gemeinschaftlich, vorsätzlich und mit Überlegung, aus Mordlust, niedrigen Beweggründen, heimtückisch und grausam Menschen getötet oder zur Begehung dieser Verbrechen durch Rat und Tat wissentlich Hilfe geleistet zu haben. Die Anklage warf Callsen vor, neben dem ehemaligen Kommandoführer Blobel maßgeblich an der Planung und Durchführung zahlreicher Massentötungen beteiligt gewesen zu sein, «bei denen diese Einheit entsprechend der von Hitler, Himmler und Heydrich befohlenen Ausrottung [...] in einzelnen Ortschaften mitunter über 30 000 Menschen – zusammentrieb, an vorbereitete Massengräber führte und in Anwesenheit der später zu Tötenden reihenweise niederschoss, insbesondere folgende Exekutionen dieser Art zumindest zeitweilig geleitet oder sonst daran mitgewirkt zu haben:

1. Erschießungen von 1160 Juden am 2.7.1941 in Luzk,
2. von 30–50 Juden im Juli 1941 nahe Zwiahel
3. von 402 Juden am 7.8.1941 in Shitomir
4. etwa 8–10 Exekutionen von jeweils 30–40 Juden, Kommunisten oder versprengten sowjetischen Soldaten im August 1941 ebenfalls in Shitomir (Wehrmachtslager)
5. von 3145 jüdischen Männern, Frauen und Kindern am 19.9.1941 wiederum in Shitomir
6. Tötung von 68 Personen, überwiegend Juden, im August 1941 in Bjelaja-Zerkow [sic] und
7. von 33 771 Juden am 29. und 30.9.1941 in der Babij Jar-Schlucht bei Kiew.[104]

Der Angeschuldigte Schmidt-Schütte gehörte von Herbst 1942 an ebenfalls dem Sonderkommando 4a als SS-Sturmbannführer an und führte diese Einheit ab Januar 1943. Er war hinreichend verdächtig, an den Vernichtungsaktionen des Sonderkommandos mitgewirkt und später Exekutionen auch selber geleitet zu haben. Ihm wurde die Tötung von etwa hundert jüdischen Häftlingen im Spätherbst in Kursk und von 360 Zivilisten im Sommer 1943 in Konotyp zur Last gelegt.[105]

Die gerichtliche Voruntersuchung wurde am 18. Mai 1965 noch einmal auf weitere 13 Beschuldigte ausgedehnt.[106] Bei einigen war zu diesem Zeitpunkt der Wohnort nicht bekannt; der SS-Sturmbannführer Theodor Christensen, Teilkommandoführer nach Blobel, war 1947 aus dem Internierungslager geflohen und verbarg sich unter dem Namen Fritz Ramm in Kassel, wo er 1988 starb. Die Einsatzkommando-Angehörigen – vom Teilkommandoführer und hohen Offizier bis zum Kraftwagenfahrer – wurden ebenfalls wegen Mordes im Sinne § 211 StGB angeschuldigt, begangen «durch mehrere selbständige Handlungen, teils allein, teils gemeinschaftlich».[107]

Der Ablauf der Mordaktionen konnte sehr genau beschrieben werden, da die Zentrale Stelle ausgesprochen umfangreiche Vorermittlungen geführt hatte und in den Archiven ausreichend Aktenmaterial über das Vorgehen des Sondereinsatzkommandos 4a vorlag.[108] Eindeutig war dabei die Einwilligung und Mitwirkung der Wehrmacht, wie aus der folgenden Schilderung hervorgeht: «Seine Vernichtungsaktionen führte das Sonderkommando 4a in der Regel etwa folgendermaßen durch: Die jüdischen Einwohner und kommunistischen Funktionäre wurden in den einzelnen besetzten Ortschaften – oftmals durch Vorkommandos – mit Hilfe von Dolmetschern, vielfach auf Hinweise aus der Bevölkerung, ermittelt und an Sammelplätzen zusammengefasst oder von Wehrmachtsdienststellen auf Grund des sogenannten ‹Kommissarbefehls› überstellt. Mitunter lockte man die späteren Opfer durch Plakatanschläge, die eine ‹Umsiedlung› ankündigten, zu den Sammelplätzen oder bildete Ghettos, in die die jüdischen Einwohner zunächst geschlossen eingewiesen wurden, um sich dadurch die möglichst lückenlose Erfassung zu erleichtern. Währenddessen hoben zumeist Angehörige einer bald nach dem Einmarsch der deutschen Truppen aufgestellten einheimischen Miliz an geeignet erscheinenden Stellen eine oder mehrere große Gruben aus, die das Massengrab der Opfer werden sollten. An anderen Orten wählte man als Exekutionsstätte Schluchten oder Geländeeinschnitte, deren Ränder nach der vollzogenen Massenerschießung kurzerhand abgesprengt wurden, so dass das herabfallende Erdreich die Leichen unter sich begrub.»[109]

Durch Befragung zahlreicher Zeugen, unter denen sich allerdings nur sehr wenige Überlebende befanden, hatte man auch Details über die so genannten Gaswagen eruiert. Die fünf oder sechs mobilen Tötungsinstrumente wurden offenbar auch eingesetzt, weil sich die Einsatzgruppe mit der Durchführung der Massenerschießungen überfordert sah. Sie wiesen allerdings zahlreiche technische Mängel auf, so dass die Erschießungen unverändert weitergingen.[110] So heißt es in einem Bericht vom Ersten Staatsanwalt Dr. Uhse vom Mai 1965 über den Einsatz der Gaswagen: «Zumindest in Poltawa und Charkow setzte das Sonderkommando 4a auch einen oder zwei Gaswagen ein. Es handelte sich um große Fahrzeuge mit luftdichtem Kastenaufbau, die einem Möbelwagen ähnelten. Unter der Vorspiegelung eines Transportes zum Arbeitseinsatz oder einer Umsiedlung veranlasste man jeweils ungefähr zwanzig Personen zum Einsteigen, bis die Opfer die Ladefläche dicht gedrängt füllten. Danach wurden die Türen verriegelt. Während der anschließenden Fahrt leitete der Führer des Kraftfahrzeuges die giftigen Abgase in das Innere des Wagenaufbaues, so dass die Insassen einen qualvollen Tod erlitten.»[111]

Alle Beschuldigten wurden bis auf den vorher gewarnten Christensen, der unauffindbar blieb, und den noch nicht zu lokalisierenden Gaswagenfahrer SS-Oberscharführer Wilhelm Findeisen am 25. Mai 1965 verhaftet.[112] Die meisten Angeschuldigten machten mehr oder minder abwehrende Aussagen, verkleinerten ihre Mitwirkung oder schoben die Verantwortung auf den hingerichteten Paul Blobel oder die Wehrmacht. In Anbetracht von so viel Gleichgültigkeit einerseits und der Grausamkeit der Massaker andererseits war es verwunderlich, dass überhaupt ein Beschuldigter partiell Verantwortung zu übernehmen schien, jedenfalls menschliche Regungen zeigte: August Häfner, ein ehemaliger SS-Obersturmführer, der unter anderem die Ermordung der jüdischen Bevölkerung der Stadt Bjelaja Zerkow, einer Kreisstadt etwa 80 Kilometer südwestlich von Kiew, durchgeführt hatte, bei der die Kinder zunächst verschont geblieben waren.[113] Bis Ende August 1941 hatten einige SS- und Polizeieinheiten Frauen und Kinder bei den Vernichtungsaktionen übergangen.[114]

Die Ermordung der 90 jüdischen Kinder in Bjelaja Zerkow – im Alter zwischen wenigen Wochen und acht Jahren – sowie die ausgesprochen unrühmliche Rolle der Wehrmacht dabei sollten neben den Morden von Babi Jar bei der Gerichtsverhandlung in Darmstadt vom Spätherbst 1967 an großes Aufsehen erregen. Die Kinder der Ermordeten waren in einem Gebäude außerhalb der Stadt, bewacht von ukrainischen «Hilfswilligen», untergebracht worden. Soldaten, die in der Nähe des Gebäudes lagerten und in der Nacht das Wimmern der Kinder hörten, informierten zwei Kriegspfarrer, diese wiederum die Divisionspfarrer der gerade am Ort stationierten 295. Infanteriedivision. Die Kriegspfarrer sahen nach und fanden die Kinder im eigenen Kot liegend und ohne jegliches Wasser. Daraufhin machten sie bei Oberstleutnant Helmuth Groscurth Meldung.[115] Groscurth gehörte zum militärischen Widerstand um Wilhelm Canaris und Hans Oster und war 1941 1. Generalstabsoffizier der 295. Infanteriedivision unter Generalleutnant Herbert Geitner, die zur Heeresgruppe Süd gehörte.[116] Bei der Besichtigung des Gebäudes am 20. August 1941 sah Groscurth die vollkommen verdreckten und vor Hunger den Mörtel von den Wänden kratzenden Kinder, die im Laufe des Tages erschossen werden sollten. Drei Lastwagenladungen waren bereits am Vorabend weggeschafft, die Kinder exekutiert worden.[117]

Groscurth versuchte, die Mordaktion aufzuhalten, und wandte sich an den Oberbefehlshaber der 6. Armee, Generalfeldmarschall Walter von Reichenau.[118] Reichenau, ein radikaler Nationalsozialist und Antisemit, entschied jedoch, «daß die einmal begonnene Aktion in zweckmäßiger Weise durchzuführen sei».[119] Pro forma hatte Reichenau zusätzlich angeordnet, dass noch am gleichen Vormittag ein Vertreter seines Armee-Oberkommandos zusammen mit dem Führer des SS-Sonderkommandos 4a, Blobel, nach Bjelaja Zerkow gehen sollte, um die Verhältnisse zu prüfen. Hauptmann Friedrich Luley, der Vertreter Reichenaus, bezeichnete Groscurths Meldung als unnötige Einmischung; Feldkommandant Josef Riedl hielt die Ausrottung der jüdischen Frauen und Kinder für dringend erforderlich, der eigens einbestellte SS-Standartenführer Blobel warf Groscurth Schnüffelei vor und drohte, dass Kommandeure, die solche Maßnahmen aufhielten, selbst das Kommando der Exekutionstruppe zu übernehmen hätten. Am Nachmittag des 22. August, nachdem Wehrmachtsangehörige die Gruben ausgehoben und die Kinder zur Erschießungsstelle gebracht hatten, wurden diese von SS-Obersturmführer Häfner, das heißt von einer Abteilung ukrainischer Hilfswilliger, erschossen.[120]

Während noch die schwierigen Ermittlungen zu Babi Jar und Bjelaja Zerkow liefen, wurde ein besonders heikles Problem an Fritz Bauer herangetragen: Der Fahrer des Gaswagens, Hans oder Wilhelm Findeisen, schien seinen Wohnsitz auf dem Gebiet der DDR zu haben.[121] Einer der Beschuldigten meinte, auf einem Foto den in der Nähe von Torgau wohnenden «Hans Findeisen» wiedererkannt zu haben. Generalstaatsanwaltschaft und Zentrale Stelle sowie der Bundesjustizminister standen nun vor dem Problem, entweder um Amtshilfe ersuchen und ein Auslieferungsbegehren an die Regierung der DDR richten zu müssen, was innenpolitisch undenkbar schien, oder – im Kalten Krieg genauso undenkbar – das Verfahren an Ostberlin abzugeben. Während auf oberster politischer Ebene noch diskutiert wurde, trafen am 16. Februar 1966 zwei Vertreter der DDR-Generalstaatsanwaltschaft, die Staatsanwälte Carlos Foth und Gerhard Ender, in Frankfurt ein, wo sie – in Bauers Abwesenheit – von den Staatsanwälten Dr. Bernd Uhse, Joachim Richter und Gerhard Wiese empfangen wurden.[122]

Ergebnis des Gesprächs war, dass Untersuchungsrichter Wagner zunächst nach Ostberlin, zur «Zentralen Stelle für die Bearbeitung nationalsozialistischer Verbrechen beim Generalstaatsanwalt der DDR», fahren solle, um eine zweifelsfreie Identifikation Findeisens vorzunehmen. Doch Wagner wurde in Ostberlin hingehalten und erfuhr auch nicht, ob man Findeisen inzwischen verhaftet habe.[123] Reichlich verärgert fuhr er zurück nach Westdeutschland. Das Problem löste sich indessen von selbst, als der Fahrer des Gaswagens schließlich als «Wilhelm» Findeisen aus

Karlsruhe identifiziert werden konnte. Findeisen wurde später wegen Beihilfe zum Mord verurteilt.[124]

Generalstaatsanwalt Bauer musste sich neben den zahllosen juristischen Fragen auch immer wieder mit den Bitten der Ehefrauen um Haftverschonung ihrer Männer beschäftigen. So wandte sich Adelheid Hans, Ehefrau des später wegen Beihilfe zum Mord im Darmstädter Einsatzgruppen-Prozess zu elf Jahren Zuchthaus verurteilten Angeklagten Kurt Hans, seinerzeit SS-Obersturmführer und Teilkommandoführer des Sondereinsatzkommandos 4a, an Bauer. Sie betonte die christliche Einstellung ihrer Familie, die Tatsache, dass ihr Mann schon einmal von den US-Amerikanern in Dachau verurteilt und zehn Jahre inhaftiert worden war, sowie ihre zerrüttete Gesundheit und bat Fritz Bauer, «doch meinen Mann recht bald zu uns zurückkehren zu lassen».[125] Solche Bitten beantwortete Bauer in der Regel nicht, sondern reichte sie an einen der damit beauftragten Staatsanwälte weiter.

Eine Besonderheit des Darmstädter Einsatzgruppen-Prozesses war, dass Zuschriften «aus dem Volke», das heißt die üblichen Anfeindungen und Beschwerdebriefe an die Staatsanwaltschaft, ausblieben. Lediglich ein einzelner Schreiber aus Stuttgart zieh den Ersten Staatsanwalt Dr. Bernd Uhse und seinen Vorgesetzten Fritz Bauer unter Berufung ausgerechnet auf den Dichter Jewgeni Jewtuschenko und sein Gedicht «Babi Jar»[126] der Verfolgung Unschuldiger: «In der Zeitung stand, Sie wollten Deutsche für die Massenexekutionen in Babij Jar zur Rechenschaft ziehen. Darf ich daran erinnern, dass ein Gedicht von Jewtuschenko besteht, welches sagt: ‹‹Schlagt Juden! Rettet Russland! Hört man schrein. O du mein Russenvolk – o wie gemein, dass sie bedenkenlos sich ihres Judenhasses rühmen ...› Weshalb also verfolgen Sie Deutsche? [...] Sie waren gewiss nicht im Russenkrieg [...]. Blindwütig aber verfolgen deutsche Richter unter der Anleitung des Herrn Bauer die Tausende von gestern. [...] erwarten Sie eigentlich Lob und Anerkennung für solches Tun? Sie säen doch Sturm und ernten Hass! Politische Richter – politische Schauprozesse – aber kein Volk beauftragt Sie damit – und da Gottes Mühlen langsam mahlen, wird es noch dauern, bis Sie des Volkes Zorn erfasst. Einer, der ihn jetzt schon hat.»[127]

Am 2. Oktober 1967 begann vor dem Darmstädter Schwurgericht die Hauptverhandlung gegen Callsen und andere. Der zur Verfügung stehende Saal erwies sich infolge der zahlreichen Angeklagten und ihrer Verteidiger als viel zu klein. Auch das Interesse der Presse war enorm. Die beiden örtlichen Tageszeitungen, das *Darmstädter Echo* und das *Tageblatt*, wetteiferten mit detaillierter Berichterstattung, die Fritz Bauer, folgt man seinen Anstreichungen, bis zu seinem Tod intensiv rezipierte.[128] Besonders die kritischen Berichte von Richard H. Weber vom *Echo* fanden seine Aufmerksamkeit. Was Bauer dort lesen konnte – die Äußerungen des Angeklagten betreffend –, war ein tief deprimierender Einblick in wütenden Judenhass, Zeugnis für Mitleidlosigkeit, Korruption, aber auch bedingungslosen Gehorsam ohne Reue und ohne jede Reflexion.

In dem Prozess wurde vor allem deutlich, dass es sich gegen die Sowjetunion nicht um einen «normalen Feldzug», sondern um einen brutalen Vernichtungskrieg gehandelt hatte. Die Zeitungsberichterstatter zeigten sich erschüttert: «Das Schrecklichste, was ich je gesehen habe – Beweisaufnahme im SK-4a-Prozeß – Zeuge beging Selbstmord», schrieb das *Darmstädter Tageblatt* am 28. November 1967, und das *Darmstädter Echo* titelte am 14. November 1967: «Verbrecher werden – oder sich drücken».

Intensiv wurde die Frage diskutiert, ob die Wehrmachtsführung den Mord in Babi Jar oder Bjelaja Zerkow befohlen hatte, seitenweise konnten die Leser die Abläufe von Massenexekutionen verfolgen: «Das war ein grauenhaftes Bild. Am Kopfende der 60 bis 80 Meter langen Grube lagen schon mehrere Schichten Leichen übereinander, und in der Grube regte es sich noch [...] Tuch schmorte und es roch nach verbranntem Fleisch. In der Grube regte sich noch Leben [...] ich sah einen liegen, der schrie, ‹macht mich kaputt!› und während von vorne noch geschossen wurde, stieg ich hinunter in die Grube.»[129]

Fritz Bauer sollte den Richterspruch im Callsen-Prozess, bei dem die «unglaublichen Vorfälle» von Babi Jar nach mehr als 20 Jahren zur Sprache kamen, nicht mehr erleben. Kuno Callsen wurde wegen Beihilfe zum Mord (in fünf Fällen) zu 15 Jahren Zuchthaus verurteilt, August Häfner (in vier Fällen) zu neun Jahren Zuchthaus, Kurt Hans (in fünf Fällen) zu elf, Adolf Janssen (in zwei Fällen) zu elf Jahren, Alexander Riesle (in einem Fall) zu vier Jahren, Victor Woithon (in zwei Fällen) zu sieben Jahren, Christian Schulte (in zwei Fällen) zu vier Jahren und sechs Monaten Zuchthaus. Bei den Angeklagten Georg Pfarrkircher (angeschuldigt in drei Fällen), Ernst Consee (angeschuldigt in fünf Fällen) und Victor Trill (angeschuldigt in zwei Fällen) wurde gemäß § 47, Absatz II des Militärstrafgesetzbuches von der Bestrafung abgesehen.[130]

Das Blutbad von Babi Jar, der Mord an den Kindern von Bjelaja Zerkow, die Deportationen der bulgarischen, der griechischen und der ungarischen Juden in die Vernichtungslager Auschwitz und Treblinka, der Krankenmord, die «ungesühnte Nazi-Justiz» ... ganz gleich: die Mitwirkenden an den grauenhaften Massenmorden wurden wegen Beihilfe verurteilt, keiner von ihnen sollte Täter gewesen sein. Am Ende fragt man sich, ob es nicht ein Glück war, dass Fritz Bauer den Ausgang, das enttäuschende Ergebnis von vielen Jahren arbeitsintensiver Ermittlungen, nicht mehr erleben musste. Er selbst hätte dies vermutlich verneint. Denn sein primäres Ziel war nicht die Bestrafung der Täter, sondern die Aufklärung der Gesellschaft darüber, dass es sich auch beim kleinsten Mitwirkenden an der Mordmaschinerie um einen Täter handelte. Jeder Angehörige der SS-Wachmannschaft in Auschwitz, so hatte er gesagt, war Täter, weil er den Zweck der Todesfabrik kannte. War es anders in Babi Jar, in den Tötungsanstalten der NS-«Euthanasie», bei den Deportationen aus Bulgarien, Griechenland, Ungarn?

Der Sinn der NS-Prozesse bestand für Fritz Bauer in der Wiederherstellung des Rechts und somit in der Anerkennung des Leids und Martyriums der Opfer der Gewaltherrschaft. Dies konnte nur durch das Aufdecken der Verbrechen geschehen. Zudem hoffte er, dass die Prozesse dazu beitragen könnten, die vielfältigen sozialen Mechanismen und Denkweisen aufzuklären, die zu der Eskalation der Gewalt und der Verbrechen geführt hatten. Vielleicht waren die von Erschütterung sprechenden Presseberichte über die von Bauer auf den Weg gebrachten NS-Prozesse ein Anzeichen dafür, das sich das Bewusstsein seiner Zeitgenossen – wenn auch nur unmerklich – doch verändert hatte.

Jedenfalls vermittelten sie die empfindliche Warnung: «Wenn etwas befohlen wird – sei es durch Gesetz oder Befehl –, was rechtswidrig ist, was also im Widerspruch steht zu den [...] Geboten, etwa den Zehn Geboten, die eigentlich jedermann beherrschen sollte, dann musst du Nein sagen.»[131] Solche Gesetze und Befehle waren «null und nichtig», wie es in einer gerade publizierten Enzyklika des Papstes zum Ausdruck kam. Doppelt und dreifach unterstrich Fritz Bauer die zentralen Lehrsätze, die Johannes XXIII. in seinem Sendschreiben *Pacem in Terris* verkündet hatte: «Da die staatliche Gewalt [...] von Gott ausgeht, können weder erlassene Gesetze noch erteilte Vollmachten die Staatsbürger verpflichten, wenn die Staatslenker [...] gegen Gottes Willen Gesetze erlassen oder etwas vorschreiben, denn ‹man muß Gott mehr gehorchen als den Menschen›; in diesem Fall wird die Autorität sogar ganz hinfällig und zum Missbrauch der Gewalt [...]. Wenn deshalb Staatsbehörden die Rechte der Menschen nicht anerkennen oder sie verletzen, weichen sie nicht nur von ihren Aufgaben ab, vielmehr verlieren ihre Anordnungen auch jede rechtliche Verpflichtung!» So stand es in der Friedensbotschaft vom 11. April 1963 im Kapitel über die «Beziehungen zwischen den Menschen und der Staatsgewalt», die der Konzilspapst noch kurz vor seinem Tode allen Menschen ins Gewissen rufen wollte.[132]

Fritz Bauer beließ es nicht bei Unterstreichungen, sondern kritzelte auf die Rückseite des Broschürenheftes der Enzyklika zahlreiche Stichworte, die den päpstlichen Gedankengang fortführten. Mitten unter den nur schwer zu entziffernden Notizen steht das von der Mutter in frühester Jugendzeit übernommene Lebensmotto: «Was du nicht willst, dass man dir tu', das füg' auch keinem andern zu». Bauer verstand die Enzyklika als explizite Ermutigung, als Unterstützung seiner Hoffnungen; und nicht zuletzt als Argument gegen die von Nazi-Tätern immer wieder präsentierte Entschuldigung, sie hätten doch nur ihre Pflicht getan, seien also nicht verantwortlich. Eine andere handschriftliche Anmerkung von ihm besagte: «nicht Gesetz ist Gesetz, Befehl ist Befehl». Diese Worte, so Bauer, bedeuteten ein eindeutiges Nein gegenüber allen Arten von «Nürnberger Gesetzen», von Verletzungen menschlicher Würde und Freiheit.[133]

Mit besonderer Genugtuung nahm Bauer auch den Anstoß wahr, den Johannes XXIII. seiner Kirche zum Thema des Antisemitismus geben wollte. Das von ihm einberufene Konzil sollte das Verhältnis des Katholizismus zur heutigen Welt, nicht zuletzt zum Judentum auf eine neue Grundlage stellen. Zu oft und zu lange schon hatte sich die traditionelle Lehre für eine christlich verbrämte Judenfeindschaft missbrauchen lassen. Ein nachdrückliches Zeichen, eine förmliche Korrektur war dringend geboten.

In päpstlichem Auftrag befasste sich der deutsche Kardinal Augustin Bea, der Präsident des Einheitssekretariats, mit dem Anliegen und brachte einen Entwurf zustande, der in den Sessionen des II. Vatikanischen Konzils (1962–1965) intensiv beraten, infolge islamischer Opposition verschiedentlich verändert, am Ende jedoch in eindeutiger Textform verabschiedet wurde: als Zeugnis für das «gemeinsame geistliche Erbe», das

PACEM IN TERRIS

Pacem in terris, die Enzyklika des Papstes Johannes XXIII. von 1963, betrachtete Fritz Bauer in zahlreichen Punkten als Bestätigung seiner eigenen Rechtsauffassung. Auf der Rückseite notierte er unter anderem seine «goldene Regel»: «Was du nicht willst ...»
(Sonderdruck der von der Katholischen Nachrichten-Agentur verbreiteten Fassung in Deutsch, Vatikanische Polyglott-Druckerei, 1963; Privatbesitz)

Judentum und Christentum verbindet. Der zentrale Passus lautete wie ein Eingeständnis: «Im Bewußtsein des Erbes, das sie mit den Juden gemeinsam hat, beklagt die Kirche, die alle Verfolgungen gegen irgendwelche Menschen verwirft, nicht aus politischen Gründen, sondern auf Antrieb der religiösen Liebe des Evangeliums, alle Haßausbrüche, Verfolgungen und Manifestationen des Antisemitismus, die sich zu irgendeiner Zeit und von irgendjemand gegen die Juden gerichtet haben.»

In diesen Zusammenhang gehört auch der Essay über den «Prozeß Jesu», den Fritz Bauer im Sommer 1965 veröffentlichte, ehe die Bischofsversammlung in Rom endgültig über das Judenschema beriet und das Abstimmungsergebnis noch nicht feststand. Die Wortmeldung klang wie ein Monitum, das mit juristischen Gesichtspunkten Mithilfe leisten wollte, um jedweden christlichen Antisemitismus ad absurdum zu führen. Den Hauptakzent setzte der Artikel auf Pontius Pilatus und sein «Fehlurteil», wogegen die jüdischen Behörden gar nicht über die entsprechenden Kompetenzen verfügt hätten. Daneben wird an die theologische Deutung als «Weltenplan des Allmächtigen» erinnert, aus der die Folgerung abzuleiten wäre: «Deswegen gehört auch die [...] Verfolgung der Juden, soweit sie [...] mit dem Prozeß Jesu christlich-religiös motiviert wurde, zu den tragischen Paradoxien menschlicher Geschichte.» Der kritischste Satz stand gleich am Anfang: «Ein Kollektivurteil scheidet unter allen Umständen aus», was heißt, dass jede Art von Beschuldigung des Volkes Israel eine Missdeutung der historischen Wahrheit darstelle.[134] Dankbar beobachtete Fritz Bauer, dass die katholische Hierarchie im gleichen Sinne über das Schema debattierte und die Judenerklärung schließlich mit überwältigender Mehrheit guthieß.[135]

«Auf der Suche nach dem Recht»
Ein Leben aus sachlicher Leidenschaft

Der Mensch ist das Maß
aller Dinge, auch allen Rechts.
Was aber ist der Mensch?
Fritz Bauer, 1966

Fritz Bauer wollte seine letzte, eine unvollendet gebliebene Untersuchung dem Thema «Kafka und das Recht» widmen. Bezeichnenderweise, denn auf der lebenslangen «Suche nach dem Recht» hatte er ein Gefühl für die Vergeblichkeit dieser Suche bekommen.[1] Dennoch glaubte er daran, dass sich Gegenwart und Zukunft im Sinne von Recht und Gerechtigkeit gestalten ließen, weil letztlich alle Menschen das richtige, das wahre Recht suchen. Man kann dies als seine Lebensmaxime bezeichnen, jedenfalls aber war es Bauers Umschreibung für seinen unermüdlichen Kampf um Freiheit und Menschenrechte.

Nur die Menschenrechte boten ihm die Gewähr, dass sich Auschwitz nicht mehr wiederhole. Es ging ihm um die Zukunft. In der Wiederherstellung des Rechts bestand für Bauer die Legitimation des Widerstands gegen den Nationalsozialismus. Um die Wiederherstellung des Rechts ging es auch nach 1945, als Bauer darum kämpfte, der Erinnerung und der Geschichte der Opfer Anerkennung zu verschaffen. Wie Theodor W. Adorno und mit ihm zahlreiche vor allem jüdische Intellektuelle wandte er sich gegen die nach dem Zweiten Weltkrieg flagrante deutsche Tendenz, sich kurzatmig an das Gegenwärtige anzupassen und die Vergangenheit zu verdrängen.[2]

Recht und Gerechtigkeit waren dabei für ihn, wie er immer wieder betont hat, verschieden von Ethik und Moral. Zwar werde viel über Ethik und Moral geredet, doch über Recht und Gerechtigkeit herrschten nur sehr unklare Vorstellungen.[3] Zur Moral und Ethik zählte das Gebot der Nächstenliebe: «Was du willst, dass man dir tu', das tu' auch allen ande-

Hessens Generalstaatsanwalt Fritz Bauer am Schreibtisch seines Frankfurter Dienstzimmers in den 1960er Jahren.
(Foto: Stefan Moses)

ren», oder anders formuliert: Liebe deinen Nächsten wie dich selbst.[4] Bauer fand, dass Staat und Gesellschaft nicht auf dem Gebot der Nächstenliebe gründen könnten, da eine so weit reichende Moral die Menschen überfordere.[5] Zudem liege hier ein Freiheitsverständnis vor, das den Menschen aus seinem sozialen Bedingungsgefüge herausreiße und voraussetze, dass es nur *eine* Moral gebe, die für alle Menschen gleichermaßen gültig ist.[6] Er wollte aber das Augenmerk auf die Verschiedenheit richten, darauf, dass «Menschen verschieden denken, fühlen und wollen» – weil es *den* Menschen nicht gibt.[7] In der Individualität, die durch viele innere und äußere Faktoren beeinflusst wird, sah Bauer zugleich eine kausale Determinierung menschlichen Handelns. Den Glauben an die unbedingte Freiheit eines jeden betrachtete er als Wunschdenken, das Psychologie, Pädagogik und Rechtsprechung erleichtert, nicht aber unsere Aufgabe sein könne.[8]

Kants Lehrmeinung sowie seine Ethik wurden für ihn zweifelhaft, weil der Philosoph seine ethischen Grundsätze nicht mehr aus der menschlichen Vernunft heraus begründete, sondern auf den Glauben zurückgreifen musste. Er verarge Kant gewiss nicht, dass es ihm um die Freiheit des menschlichen Willens ging, fixierte Bauer seine Überzeugung, sondern dass er an Dinge glaube, die hinter unserer sichtbaren Welt existieren und wirken.[9] Im Unterschied zu Kant ging er nicht davon aus, dass man an die Freiheit des Menschen glauben müsse – so wie an Gott oder die Unsterblichkeit der Seele.[10] Er wisse, schrieb er einmal an den Publizisten und Herausgeber der *Streit-Zeit-Schrift* Horst Bingel, «mit der kantischen Theologie nichts anzufangen».[11]

Dies war auch der Grund, warum er das Schuldstrafrecht ablehnte. In seinen Augen war der Mensch eben kein Engel, der sich kraft freien Willens über alles Ererbte und Erlebte hinwegsetzen konnte.[12] Bauer wollte den Menschen in seiner einzigartigen Individualität begreifen, mit all seinen Freiheiten, aber auch Grenzen. Freilich bedeutete dies nicht, dass er bei der Auseinandersetzung mit den NS-Verbrechen oder auch bezüglich der Reform des Strafrechts eine Versöhnungsethik im Sinne von «Alles verstehen heißt alles verzeihen» vertrat. Vielmehr bekämpfte er ein falsches Schuldverständnis, das aus Rache oder Vergeltungsdrang dem «Schuldigen» nicht zubilligte, zu lernen oder sich zu verändern.[13]

Dennoch unterstellte man ihm, dem nach Krieg und Vernichtung zurückgekehrten Juden, Sozialdemokraten und Emigranten, immer wieder, von Rache- und Vergeltungsdenken geleitet zu sein. Tatsächlich aber schrieb er mit den NS-Prozessen ein Stück juristischer Zeitgeschichte und Aufklärung nationalsozialistischer Vernichtungspolitik, das in seiner ganzen Tragweite bis heute nicht vollends entdeckt und aufgearbeitet worden ist. Seine politischen Gegner von damals mögen das geahnt haben, als sie Fritz Bauer als «Ruhestörer» und «Unversöhnlichen» mehr und mehr ins Abseits und in die Isolierung drängten – er war ihnen zu unbequem.

Für Bauer muss es die wohl schmerzlichste Erfahrung gewesen sein, dass hinter den Anfeindungen und Morddrohungen, die ihn seit der Vorbereitung des Auschwitz-Prozesses in immer größerer Zahl trafen, nichts anderes stand als dieselbe Ideologie, gegen die anzukämpfen er zurückgekehrt war. Bauer machte sich nichts vor, dass hier mit zweierlei Maß gemessen wurde. Schließlich konnte er ja leicht feststellen, dass, wenn es um fremde Täter ging, das Publikum jederzeit eine harte Strafe verlangte, ohne sich mit den Lebensumständen des Täters zu beschäftigen.[14] Einem, den man nicht kannte, gestand man auch keine Geschichte, keine Eltern, keine Umgebung zu, die sein Handeln erklären konnten. Vielmehr war es den meisten egal, ob ein Angeklagter auf dem Land lebte oder in der Stadt, ob Krieg oder Frieden herrschte oder herrscht, ob er Glück im Leben hatte oder Unglück.[15]

Ganz anders die Reaktion in den NS-Prozessen: «Leute, die im Alltag hart und pharisäerhaft sind und andere hart verurteilen, sind ganz anders, wenn es um sie selber geht.» Wie oft hatte Fritz Bauer diese Erfahrung gemacht, dass die härtesten Männer und Frauen plötzlich weinend vor einem standen und um Verständnis baten, wenn es um ihre eigenen Familienmitglieder ging.[16] Den Unterschied machte die Nähe zur Tat aus. «Plötzlich wird gefragt: Welchen Sinn haben Strafprozesse? Gar mancher ist ‹betroffen›, als wär's ein Stück von ihm. Der soziale und individuelle Hintergrund dieser Strafsachen soll aufgeklärt werden, um den sich sonst kaum einer wirklich schert. Man bezweifelt, ob wirklich ‹Täterschaft› vorliegt, schlimmstenfalls will man eine Beihilfe anerkennen. Man redet von Notstand, der sonst, mag soziale und wirtschaftliche Not auch zum Himmel schreien und der Einzelne keinen Ausweg sehen, ein Schattendasein führt. Man beruft sich auf den Selbsterhaltungstrieb des Einzelnen, auf den berechtigten Willen zu eigenem und familiärem Fortkommen, auf ein ‹Recht› zur Schwäche und Feigheit.»[17]

Gegen diese Doppelmoral kämpfte Fritz Bauer zeit seines Lebens und blieb bei der Auffassung, dass das Handeln des Menschen der realistischere Maßstab ist. So auch bei den NS-Gewaltverbrechen. In einem Lexikonbeitrag entwickelte er 1965 eine förmliche Tätertypologie. Bauer unterschied zwischen Gläubigen, das waren die fanatischen NS-Anhänger und Überzeugungstäter, Formalisten, das heißt den Anhängern einer formalen Ethik, die Pflichterfüllung als «Gesetzesbefehl» verstanden, den Nutznießern, die von kriminellen Motiven, Gewinnstreben oder Karrieregründen getrieben waren, und nicht zuletzt den Mitläufern und Zuschauern, die von den Verbrechen wussten, ohne sich zu distanzieren.[18] «Gläubigen» und «Formalisten», betonte Bauer, sei mit einem Schuldstrafrecht nicht beizukommen, da dies bei allen Beteiligten ein gleiches Gewissen voraussetze.[19]

Theodor W. Adorno hat die Rechtsauffassung seines Juristenfreundes, der ein ausgesprochener Gegner der Todesstrafe war, in der *Negativen Dialektik* auf den Punkt gebracht: «Fritz Bauer hat bemerkt, daß dieselben Typen, die mit hundert faulen Argumenten den Freispruch der Schinder von Auschwitz verlangen, Freunde der Wiedereinführung der

Todesstrafe seien. Darin konzentriert sich der jüngste Stand der moralischen Dialektik: der Freispruch wäre das nackte Unrecht, die gerechte Sühne würde von dem Prinzip zuschlagender Gewalt sich anstecken lassen, dem zu widerstehen allein Humanität ist. Benjamins Satz, der Vollzug der Todesstrafe könne moralisch sein, niemals ihre Legitimierung, prophezeit diese Dialektik. Hätte man die Chargierten der Folter samt ihren Auftraggebern und deren hochmögenden Gönnern sogleich erschossen, so wäre es moralischer gewesen, als einigen von ihnen den Prozeß zu machen. Daß ihnen zu fliehen, zwanzig Jahre sich zu verstecken gelang, verändert qualitativ die damals versäumte Gerechtigkeit. Sobald gegen sie eine Justizmaschine mit Strafprozeßordnung, Talar und verständnisvollen Verteidigern mobilisiert werden muß, ist die Gerechtigkeit, ohnehin keiner Sanktion fähig, die der begangenen Untat gerecht würde, schon falsch, kompromittiert vom gleichen Prinzip, nach dem die Mörder einmal handelten. Die Faschisten sind klug genug, solchen objektiven Wahnsinn mit ihrer teuflisch irren Vernunft auszuschlachten. Der geschichtliche Grund der Aporie ist, daß in Deutschland die Revolution gegen die Faschisten scheiterte, vielmehr daß es 1944 keine revolutionäre Massenbewegung gab. Der Widerspruch, empirischen Determinismus zu lehren und gleichwohl die Normalungetüme zu verurteilen – vielleicht sollte man sie danach laufen lassen –, ist von keiner übergeordneten Logik zu schlichten. Theoretisch reflektierte Justiz dürfte ihn nicht scheuen.»[20] Diese Gedanken sind vom gleichen Geist, der auch Fritz Bauers Überzeugungen prägte.

Das Primäre waren für ihn nicht die biologischen, psychologischen und soziologischen Freiheiten des Menschen. Dieses Menschenbild, das Aufklärung, Idealismus und Christentum miteinander teilten, setzte voraus, dass der Mensch jederzeit frei war, sich über seine Prägungen und Gefühle hinwegzusetzen. Bauer hingegen vertrat ein weitaus pessimistischeres Menschenbild. In seinen Augen hatte der Mensch durch die Jahrtausende eine Aggressivität herausgebildet, die sich in einem «Maß für Maß» auslebte und mit der der Mensch sein «Mütchen» an seinen Mitmenschen kühlte.[21]

Staat und Gesellschaft sollten ihr Recht deshalb nicht auf die Nächstenliebe, sondern auf den Grundsatz «Schädige keinen anderen!»[22] gründen. Diese Lebensmaxime wurde Bauer schon von seiner Mutter mit auf den Weg gegeben. Zum Ausdruck kam darin das Erbe der jüdischen Emanzipation im 19. Jahrhundert, die ihre Vollendung erst in der rechtlichen Gleichstellung der Juden fand. Bedrängt von den gemeinen antisemitischen Attacken seiner Mitschüler, die ihn quälten, hatte er die Mutter gefragt: «Was ist eigentlich Gott?» Sie wusste darauf keine Antwort, sondern sagte ihm die bekannte «goldene Regel».

Bei dieser Maxime, die in den Weltreligionen seit Jahrtausenden verankert ist und zu bewusstem Handeln in Form eines aktiven Unterlassens auffordert, blieb Fritz Bauer.[23] Die Erfahrung, die er als Jude in Deutschland nach 1933 gemacht hatte, wird mit dazu beigetragen haben. Zu viele hatten im nationalsozialistischen Unrechtsstaat mitgemacht, weggeschaut oder geschwiegen, «etwa bei den ‹Arisierungen›, bei der ‹Evakuierung›, Umsiedlung und Vertreibung von Millionen, bei harten, mitunter grausamen Gerichtsentscheidungen, bei den Ausschreitungen der sogenannten Kristallnacht, in den Konzentrations- und Vernichtungslagern, bei den Einsatzgruppen des Ostens und bei vielen anderen Unrechtstaten».[24] Grund für den Rückfall in die Barbarei, in der sich persönliche Interessen und affektgeladene Ressentiments schrankenlos ausleben konnten, war für ihn die Auflösung des Rechtsstaats. Im NS-Regime herrschten willkürliche Regeln und Maßnahmen, die Regierung war selber kriminell und schützte Kriminalität.

Diese erlebte Wirklichkeit bekräftigte Bauers Skepsis gegenüber «höheren» Werten oder angeblich universell gültigen Prinzipien. Moralisch wären die Menschen verpflichtet gewesen, den bedrängten Juden zu helfen. Doch Moral, da hielt er es mit Radbruch, kennt Pflichten, jedoch keine Ansprüche, wohl Schuld, aber nicht Schulden.[25] Ausgangspunkt seines juristischen Denkens waren das Recht und im Marx'schen Sinne die empirische Wirklichkeit, die weder den Staat noch das Gemeinwesen absolut nimmt. Er kämpfte nach dem Ende des Unrechtsstaats für den Neuaufbau eines freiheitlich-demokratischen Rechtsstaats, weil er überzeugt war, dass es nur dort Schuldner und Gläubiger gibt, wenn dem rechtlich Verpflichteten immer ein Berechtigter fordernd gegenübersteht. Radbruch hatte dies auf eine Formel gebracht, der Bauers Denken entsprach: «Im Rechtsgebiet ist die Pflicht des einen immer nur da um des Rechts des anderen willen.»[26]

An anderer Stelle meinte Bauer, der Satz «Was du nicht willst, dass man dir tu', das füg' auch keinem andern zu» könne auch als kategorischer Imperativ dienen. Er schütze «vor der Wiederkehr des Vergangenen. Er umschließt den Widerstand gegen alle Trägheit des Herzens und gegen Unrecht, wo immer es geschieht, nicht zuletzt, wenn der Staat selber es begeht. Er fordert Zivilcourage und Mut.»[27] Doch er wollte dies nicht im Sinne einer rigorosen Pflichterfüllung im Sinne Kants verstanden wissen, sondern lediglich als handlungsleitende Maxime. Für Bauer war es das Recht, das erst die sittliche Pflichterfüllung ermöglichte. Das Recht umriss das Maß äußerer Freiheit, ohne das die innere Freiheit der ethischen Entscheidung gar nicht erst möglich werden konnte.[28] Auch darin stimmte Bauer mit Radbruch überein, dass es der Sinn der Menschenrechte sei, diese äußere Freiheit zu garantieren.

Fritz Bauer wollte durch praktisches Handeln ein immer vollendeteres Recht schaffen. In diesem Bemühen war er nicht zu bezwingen. Zwar schätzte er seine Umwelt häufig negativ ein, äußerte Zweifel an der Fähigkeit der Deutschen, die Fakten ihrer Gegenwart zur Kenntnis zu nehmen und rational zu verarbeiten. Eine Idealisierung der Realität lag ihm völlig fern. Doch solche Erkenntnis führte bei ihm nicht in die Gleichgültigkeit. Vielmehr scheint die eher negative Grundstimmung sogar die Quelle seines Tatendrangs gewesen zu sein. Aus ihr schöpfte er seine «sachliche Leidenschaft» bis zu einer Intensität, die schließlich seine physischen Lebenskräfte aufzehrte.[29]

Ob Fritz Bauer derweil ein «normales» Privatleben führte, ist fraglich. Er lebte in Frankfurt das Leben eines Singles, eines heutzutage ganz gewöhnlichen Junggesellen; eine Nachbarin ging für ihn einkaufen, er hatte eine Haushälterin, und wenn er nicht gerade an einem Manuskript arbeitete, war er, das machen seine Briefe deutlich, quasi ununterbrochen unterwegs.[30] Bauer liebte seit seiner Jugend die Literatur, er ging gern ins Theater, im Frankfurter Schauspielhaus war er, wenn seine Zeit es erlaubte, bei den Premieren zu Gast.[31] Eine weitere Vorliebe galt der modernen Kunst, was die Einrichtung in seinem Büro eindrucksvoll dokumentierte. Engagiert setzte er sich, auch das freilich wieder beruflich, für die Freiheit der Kunst ein, sei es im Film,[32] in der Literatur oder auf der Bühne.[33]

Ende 1967 plante er sogar, die Protokolle des Skandalprozesses um den Schriftsteller Oscar Wilde zu bearbeiten, der wegen seiner Homosexualität und künstlerischen Auffassung, die einen Affront gegen die viktorianische Gesellschaft darstellten, zu zwei Jahren Gefängnis verurteilt worden war.

Bauer stand deswegen im Kontakt mit Hela Gerber-Külüs, der Leiterin des Berliner Theaters und Hebbel-Theaters, das nach dem Krieg zu einer bekannten Volksbühne geworden war. In Verbindung mit den Briefen und sonstigen Arbeiten Oscar Wildes wollte er die Prozess-Protokolle dramatisch zu einem Theaterstück gestalten.34 Er begann Material zu sammeln, korrespondierte über seine Pläne mit dem Schriftsteller Rolf Italiaander (1913–1991).35 Der Vertrag mit dem Hebbel-Theater besagte, dass Bauer zunächst ein Szenenkonzept entwerfen sollte, der endgültige Ablieferungstermin war auf den 1. Juli 1968 festgelegt und die Uraufführung sollte anlässlich der Berliner Festwochen stattfinden – doch dazu kam es nicht.36 Und mehr als das ist im Grunde nicht bekannt. Vielleicht noch, dass Fritz Bauer Mozart liebte, was vielleicht auch ein Grund dafür war, dass er 1962 keine Mühe scheute, die Städtischen Bühnen Augsburg zu unterstützen, gegen deren Intendanten, Regisseur und Bühnenbildner ein Verfahren wegen einer angeblich obszönen Aufführung von *Figaros Hochzeit* eingeleitet worden war. Die ganze Angelegenheit einschließlich des Gutachtens von Fritz Bauer wurde dann in der Publikation *Der obszöne Figaro* dokumentiert.37 Zum Schluss bleibt, was die Leerstelle seines Privatlebens angeht, nur Spekulation. Oder eben die Vorstellung, dass es keine Zeit dafür gab.

In den Briefen an Thomas Harlan erweist sich Bauer als ein von seinem Engagement Bestimmter, ja Getriebener, der bemüht ist, auf den jüngeren Freund und seine künstlerischen Ambitionen einzugehen, aber nicht bereit, den einmal eingeschlagenen Weg vorzeitig zu verlassen. Im August 1967 schrieb er an Harlan, der mit Freunden plante, ein oder gleich mehrere Häuser in der Schweiz zu kaufen, und ihn für das Projekt gewinnen wollte: «An sich habe ich hier noch vier Jahre zu arbeiten. Was bringen diese Jahre? Wenn ich das nur wüsste. […] ich muss selber zur Klarheit kommen. […] Du siehst nur eine Unsicherheit, ein Fragezeichen. […] dass ich nun einmal vorläufig hier sitze, um zu arbeiten und einen Tropfen Sinn aus dem Dasein zu quetschen.»38 Harlan und seine Freunde hatten Bauer vorgeschlagen, er könne doch dort, mit ihnen zusammen, nach seiner Pensionierung wohnen. Aber der Frankfurter Generalstaatsanwalt hatte noch einiges vor. Er wolle seine Amtszeit verlängern, schrieb er zurück, und: «[…] ich will hier bis 1971 arbeiten. Geht es nicht, so könnte ich bälder kommen, krank oder tot sein.» Lieber wollte er «mit Verstand und Gefühl» eine Antwort finden. Ohnehin könne er sich nur ein Mietobjekt vorstellen. Natürlich wollte er die Freunde nicht entmutigen, aber im Grunde hielt er die ganze Sache für viel zu fragwürdig.39

Für den Jüngeren, der mit seinem Vater wegen dessen NS-Vergangenheit zutiefst zerfallen war, empfand Fritz Bauer ersichtlich Freundschaft und Verbundenheit.40 Persönlich kennen gelernt hatten sie sich zu Beginn der sechziger Jahre, als die Konflikte um den Filmregisseur Veit Harlan und sein Comeback in der bundesdeutschen Kinoöffentlichkeit, die in den frühen fünfziger Jahren ein Dauerthema nicht nur in den Medien, sondern auch vor Gericht gewesen waren, längst abgeflaut erschienen.41 Thomas Harlan erinnerte sich später, Fritz Bauer habe sich bei ihm wegen Dokumenten aus polnischen Archiven gemeldet und ihn nach Frankfurt eingeladen. Bauer sei ihm Lehrmeister in juristischen Fragen geworden, woraus schließlich eine Freundschaft erwachsen sei. Erst da, «nach langer Zeit», habe ihn Bauer wissen lassen, dass er der Urheber des Prozesses gegen seinen Vater «wegen Verbrechen gegen die Menschlichkeit» gewesen sei.42 Was allerdings nicht stimmte, denn Bauer lebte 1948, als sich Veit Harlan erstmals auf Betreiben der «Vereinigung der Verfolgten des Nazi-Regimes» (VVN) und der «Notgemeinschaft der durch die Nürnberger Gesetze Betroffenen» vor einem Schwurgericht verantworten musste, noch in Dänemark.43 Es war der Hamburger Oberstaatsanwalt Gerhard Friedrich Kramer, unter dessen Leitung das Material für den Prozess gesammelt wurde. Er war es, der Veit Harlan am 3. Februar 1948 offiziell eröffnete, dass die Beschuldigungen besonders wegen seiner Arbeit als JUD SÜSS-Regisseur erhoben wurden.44

Die Briefe Bauers erwecken den Eindruck, dass er den Konflikt verstand, den der Sohn wegen der antisemitischen Filme seines Vaters und dessen Karriere im «Dritten Reich» mit sich und der Welt auszufechten hatte. Thomas Harlan hatte sich der politischen Linken angeschlossen, und er betrieb seit Mitte der fünfziger Jahre höchst engagiert die Aufdeckung von NS-Verbrechen. Von 1959 bis 1964 recherchierte er in Polen und schickte von dort belastende Dokumente nach Westdeutschland. Daraus ging eine Fülle von Anzeigen gegen NS-Verbrecher hervor, beispielsweise 1960 eine Sammelstrafanzeige gegen 263 Personen, darunter viele ehemalige Angehörige des RSHA. Die Veröffentlichung innenpolitisch unerwünschter Dokumente in den polnischen Medien brachte Harlan jedoch ein Verfahren wegen Landesverrats ein; ab 1964 lebte er in Italien, später in Frankreich.45

Auch der mit Fritz Bauer befreundete Schriftsteller Robert Neumann kannte diesen Hintergrund und schrieb darüber mit dem ihm eigenen Sarkasmus in sein «Tagebuch»: «[...] ein Mann mit einem invertierten Ödipuskomplex: Sein Vater, Hitlers Groß-Regisseur, sei erstens unschuldig, weil von Goebbels zu jenem wüsten Film gezwungen, und zweitens seien Hunderttausende wahrhaft Schuldige unentdeckt, und er werde sie finden, seinem Vater zu Ehren. Er kam vor ein paar Jahren hier vorbei, ein herrisch-weicher, schöner und ernster Mann – er kam mit der Auschwitz-Jüdin, für ihn hatte sie ihre Welt verlassen, ihm zulieb war sie tief davon überzeugt, daß der Nazi-Vater des Geliebten unschuldig und ein Opfer gewesen sei; der Sohn deponierte sie sogar im Zug dieser Reise bei diesem Vater, daß sie dort wohne. Dreiviertel-zerstört, hin und her gerissen, um zehn oder fünfzehn Jahre älter als ihr Freund – sie wurde für zwei Wochen unser Gast, und der Ernste und Schöne saß bei mir im Zimmer und sprach von ungeheuren Naziverbrecher-Entlarvungen und Verlagsverträgen in aller Welt. Übermorgen erwartete er die Fotokopien von zehntausend Dokumenten aus Warschau – so lang ‹übermorgen›, bis ich und Verleger und Staatsanwälte nicht mehr recht daran glaubten und ich die beiden aus den Augen verlor.»[46]

Fritz Bauer kannte, oder er ahnte vielleicht auch nur die Abgründe dieser Biographie, jedenfalls nahm er an Thomas Harlans Leben freundschaftlich Anteil. Er ließ sich von der Vergangenheit nicht beirren und versuchte, Harlan sowohl bei seinen schriftstellerischen als auch bei seinen Filmprojekten zu unterstützen. So kam es im Laufe der Zeit zu einigen Treffen und zu gemeinsamen Urlaubsreisen; Bauer fuhr nach Italien, sie reisten zusammen nach Tunesien, auch nach Athen. Harlan selbst meinte, es war eine Beziehung «doch mehr wie Vater und Sohn».[47] Manchmal stritten sie, erinnerte sich Harlan; was er an Bauer nicht verstehen konnte oder falsch verstand, war, dass Bauer Deutschland liebte. Dessen Nationalismus, so bekannte Harlan, sei für ihn sogar ein Problem gewesen.[48] Die Urlaube mussten aufgrund des übervollen Terminkalenders Bauers lange voraus geplant sein. Wenn es dazu kam, taten sie Fritz Bauer gesundheitlich sichtlich gut, denn sie verschafften ihm eine der so dringend notwendigen Pausen von seinem bedrückenden Justizalltag.

Wie nötig diese Erholung tatsächlich war, wird aus den Briefen von Jahr zu Jahr deutlicher. Doch selbst in diesem persönlichsten Briefwechsel schrieb Bauer so gut wie nichts Privates. Er ging ausführlich auf die literarischen Pläne und Manuskripte des Freundes ein, auch auf dessen Fragen zu den NS-Prozessen. Von Bauer erfährt man jedoch nur, dass sein Leben, von den Urlaubsreisen abgesehen, Tag- und Nachtarbeit war. Er hetzte von Termin zu Termin, zu Sitzungen, Vorträgen und Diskussionsrunden, redigierte seine Reden und Manuskripte noch im Auto und publizierte Bücher. Und er leitete seine Frankfurter Behörde, wo die Staatsanwälte in den furchtbarsten Mordkomplexen immer monströsere Verbrechen aufdeckten.

Entsprechend traurig ist der Tonfall mancher Briefe, besonders wenn Bauer von einer Reise nach Frankfurt heimkehrte: «Seit Ascona regnet es weiter. Es regnete hinter dem Gotthard, es regnete in Zürich und die Fahrt durch das Rheintal war sintflutartig. Ich weiss nicht, ob ich mir wünschen soll, der Wolkenschieber Zeus möge ein Loch in die Himmelswand bohren, oder ob er das Grau lassen soll, das über einem regennassen und regenvollen wilden Grün steht. Das letzte passt einigermassen zu mir und meinem Ausblick. [...] Die Arbeit lag da, die grausigen Briefe sind beantwortet. Des unbekannten ‹Bormann's› Fingerabdrücke waren nicht echt, und so geht es im Amte. Das Suchen und Nichtfinden ist auch hier symptomatisch.»[49]

Ähnliche Andeutungen und Hinweise gab es im Laufe der Zeit genug. Spürbar wird vor allem der Wunsch nach der Unverbrüchlichkeit ihrer Freundschaft: «Schreibt jedenfalls!» – «ich habe an die 20 bis 30 Mal angerufen» – «gestern bis 24, heute bis 19 Uhr ständig versucht, Dich zu erreichen» – «vergiss mich nicht ganz» – «niemand kam ans Telefon» – «ich bin erstaunt, so gar nichts von Dir zu hören». Oder Mitte September 1965: «Beim Juristentag in Essen, wo es um die NS-Prozesse ging, wurde das grosse Unbehagen gegen die Prozesse (und mich) deutlich. Verstehe, dass ich gegen viele Seiten kämpfen darf. Ich stehe doch praktisch in einem luftleeren Raum.» Und zum Schluss wieder: «Wo in aller Welt käme ich hin, wenn ich fürchten müsste, dass Du meine Worte nicht im Sinn der völligen Verbundenheit interpretieren würdest. Ich bin von Gott und Welt verlassen genug». Das war kurz vor dem Ende des Auschwitz-Prozesses, als die Anfeindungen und Morddrohungen überhandnahmen. «Es war unbeschreiblich, wie er angefeindet wurde», erinnerte sich Heinz Düx an diese Zeit.[50] Nicht nur ein Mal wurden Hakenkreuze an Bauers Haus plakatiert.[51]

Thomas Harlan hatte darum gebeten, Prozessprotokolle für seine literarische Arbeit zu bekommen, die es jedoch – jedenfalls in der Ausführlichkeit, wie er gehofft hatte – nach deutschem Recht nicht gab.⁵² Bauer schrieb zurück, er hoffe, der gesunde Menschenverstand der Richter werde siegen und wenigstens der Tonbandmitschnitt des Auschwitz-Prozesses erhalten bleiben. Die Prozessprotokolle fand er zweitrangig und die faktische Detailbesessenheit beim Thema Judenvernichtung fehl am Platze, denn es sei doch ziemlich gleichgültig, wo dieses oder jenes Ereignis sich abgespielt habe. Die historische Wahrheit lag für Bauer nicht im akribischen Nachweis. Vielmehr – so vermutete er gegenüber Harlan – sei die verdichtete, die dichterische Wahrheit wohl viel tiefer als die der Prozessprotokolle.⁵³

Den letzten Briefen ist anzumerken, dass Bauer an seine Grenzen gekommen war. Ende 1967 schrieb er aus dem Hotel «Europäischer Hof» in Baden-Baden an Harlan.⁵⁴ Er hatte sich ein paar Tage Urlaub genommen, denn seine Frau war aus Dänemark zu Besuch gekommen, was nicht häufig geschah. Er begann mit den Worten: «Ich bin müde, sehr müde ... » Wieder einmal hatte er krasse Anfeindungen erlebt, Vorwürfe gegen ihn und gleich mehrere Disziplinarverfahren, weil er gegen das vom sowjetzonalen Staatsverlag auf der Frankfurter Buchmesse ausgestellte *Braunbuch*,⁵⁵ das die Namen von NS-Juristen enthielt, nicht eingegriffen habe. Die Vorwürfe, das hatte der hessische Justizminister mittlerweile bekannt gegeben, waren nicht berechtigt. Nach einem Gespräch mit Vertretern aus der CDU hoffte Bauer jetzt, dass die Geschichte erledigt sei, wenngleich er schon fürchtete, dass dies wieder eine seiner Illusionen bleiben würde. Dass seine Behörde das *Braunbuch* nicht beschlagnahmt habe, schrieb er, sei weder heroisch noch unheroisch gewesen, «sondern rechtlich allein möglich und allein richtig». Und dann folgte ein bitterer Satz, der zeigte, wie es mittlerweile um ihn stand: «Entsetzlich ist, zu sehen, wie solche Anlässe die Braunen im Lande vereinen und zum Kesseltreiben veranlassen. Der Jude wird eben verbrannt.»⁵⁶ War es also nicht ganz unbegründet, dass er in der Wohnung eine Pistole bereithielt, die nach seinem Tod von der Polizei aufgefunden wurde?⁵⁷

An Silvester 1967 schrieb er sein Testament, auch das womöglich ein Zeichen dafür, dass er spürte, wie die Kräfte erlahmten.⁵⁸ Doch trotz solcher Gedanken ersparte Fritz Bauer sich nichts. Am 6. Januar 1968 folgte wieder ein Gruß an Thomas Harlan und die Freunde in der Schweiz: Auch er stelle sich – «oft sehr gequält» – die Frage, wann sie endlich ein Haus, eine «Burg» haben würden. Er fühle sich unter den gegenwärtigen Ver-

Generalstaatsanwalt von Hessen sollte ermordet werden

rib KARLSRUHE, 14. Oktober (Eig. Bericht). Der Frankfurter Generalstaatsanwalt Bauer sollte ermordet werden. Das ist einer der Pläne zweier Terroristen, die sich ab 7. November vor dem Dritten Strafsenat des Bundesgerichtshofs verantworten müssen.

Der Generalbundesanwalt erhob Anklage gegen den Fernmeldemonteur Reinhold Ruppe (24) aus Torsolt, Bezirk Oldenburg, der die amerikanische Staatsbürgschaft besitzt, und den Maurer Erich Lindner (34) aus Oldenburg i. O. Ihnen wird vorgeworfen, in den Jahren 1965 und 1966 gemeinsam mit einem amerikanischen Staatsbürger, der sich vorübergehend in der Bundesrepublik aufhielt, eine Geheimorganisation gegründet zu haben. Die Beteiligten verfolgten das Ziel, in Zusammenarbeit mit anderen Gruppen in der Bundesrepublik ein NS-System zu errichten. Generalstaatsanwalt Bauer war nach Meinung der Terroristen der „Hauptverantwortliche" für die Kriegsverbrecherprozesse.

Morddrohungen trafen Fritz Bauer seit dem Auschwitz-Prozess immer wieder. 1966 konnte sogar ein regelrechtes Komplott aufgedeckt werden. Ausschnitt aus der *Frankfurter Rundschau* vom 15. November 1966

hältnissen «nicht eben glücklich» in seiner Haut, und was passieren werde, wenn er jetzt auch noch mit «Adolf II von Thadden» in Hamburg diskutiere, das «wissen die Teufel».[59] Er wollte sich mit dem Mitbegründer und künftigen Bundesvorsitzenden der rechtsextremen «Nationaldemokratischen Partei Deutschlands» (NPD) auseinandersetzen und deswegen extra nach Hamburg reisen.[60]

Fritz Bauer war von der Gründung der NPD im November 1964 alarmiert, zumal die rechtsextreme Partei im Herbst 1966 bei den hessischen

Landtagswahlen 7,9 Prozent der Stimmen erreichte und mit acht Abgeordneten in den Landtag einzog.[61] Auch der Bundestagswahlkampf 1964/65 war insofern gewiss nicht spurlos an ihm vorbeigegangen, da die CDU/CSU eine Neuauflage ihrer Kampagne von 1960/61 gegen den SPD-Kanzlerkandidaten Willy Brandt initiierte und dem Emigranten und angeblichen «Vaterlandsverräter» politische Unfähigkeit bescheinigte. Die Argumente der NPD gegen den «Emigranten Brandt» und «Volks- oder Landesverräter» unterschieden sich kaum von denen der CDU und waren nur in der Wortwahl häufig noch radikaler.[62] Zudem bestätigte die Zusammensetzung der NPD-Wählerschaft, was Bauer seit Jahren behauptete: Die Wahlergebnisse zeigten Parallelitäten zum Jahr 1933, denn unter den NPD-Wählern waren wie 1933 die etwa 45- bis 60jährigen überdurchschnittlich vertreten.[63] Dass Bauer das Problem der Deutschen 15 bis 20 Jahre nach Kriegsende mehr bei den Älteren und nicht bei den Jüngeren sah, das heißt bei dem «Immer noch» und nicht bei dem «Schon wieder», löste häufig heftigen Widerspruch und Wutgeschrei aus.[64] Wenn er in einer Debatte oder einem Vortrag solche Skepsis zum Ausdruck brachte, konnte er mit ziemlicher Sicherheit mit einer solchen Reaktion rechnen, die bis hin zu Rücktrittsforderungen reichten.

Die Ursache dafür war seine Suche nach den Wurzeln nationalsozialistischen und faschistischen Handelns, sein Bemühen, das Gewicht der historischen Faktoren zu präzisieren, indem er den Nationalsozialismus nicht allein aus empirischen Fakten und sozialen Verhältnissen ableitete, sondern bestimmte Denktraditionen in Frage stellte. Wie 1960 in seinem Vortrag auf Einladung des Landesjugendrings Rheinland-Pfalz in Mainz, wo er sich, entgegen der immer häufigeren Feststellung vom «Ende der Nachkriegszeit», historisch und psychologisch mit der autoritären Disposition der Deutschen und der Tradition antisemitischen und obrigkeitsstaatlichen Denkens auseinandersetzte.[65]

Stein des Anstoßes war Bauers Behauptung, dass wirtschaftliche und politische Faktoren der Weimarer Republik keine ausreichende Erklärung für den Sturz Deutschlands in kriminelle und totalitäre Verhältnisse seien. Dies löste beim rheinland-pfälzischen CDU-Kultusminister Dr. Eduard Orth nachhaltige Empörung aus.[66] Ebenso erregte es vor allem konservative Gemüter, dass Bauer bei den Deutschen einen Hang zum Autoritären und die Neigung zur Reglementierung fand, überhaupt die Sucht zu Gehorsamsleistung.[67] Das Fass zum Überlaufen aber brachte hier wie auch sonst die Behauptung, der Sturz in die Barbarei könne sich unter bestimmten Bedingungen wiederholen, weil die ursächlichen Faktoren noch nicht alle verschwunden seien. Eine Überzeugung, die Bauer mit vielen jüdischen Exilanten und Remigranten teilte, angefangen von Adorno und Horkheimer über Hannah Arendt bis zu Helmuth Plessner, der die demokratische Entwicklung Deutschlands keineswegs für selbstverständlich hielt und einen Auftrieb latenter antisemitischer und faschistischer Tendenzen fürchtete, sollten wichtige Lehrstühle in der Soziologie mit erklärten Antidemokraten besetzt werden.[68]

Tatsächlich hat Bauer nach 1949, jedenfalls in seinen Schriften und publizierten Vorträgen, nicht gesagt, er befürchte demnächst einen Rückfall in den Nationalsozialismus. Diese meist moralisch empört vorgebrachte Behauptung war eine Unterstellung von Seiten seiner Kritiker und politischen Gegner. Der Mainzer Kultusminister Orth untersagte jedoch mit Zustimmung von CDU und FDP, Bauers gedruckten Vortrag von 1960 für Schulen in Broschüreform zur Verfügung zu stellen.[69] Allerdings ohne Erfolg. Die SPD-Fraktion forderte in einer Großen Anfrage im Landesparlament Auskunft über das anonym gebliebene Gutachtergremium, und der Landesjugendring sowie einige Lehrer widersetzten sich.[70] Außerdem wurden die zunächst 2000 gedruckten Exemplare der Bauer-Broschüre aus anderen Bundesländern angefordert, so dass im Oktober 1962 bereits an eine Neuauflage gedacht werden musste. Zugleich druckte eine dänische Zeitung den Text im Wortlaut, was Fritz Bauer die Einladung an eine dänische Universität einbrachte.[71]

Nicht viel anders verlief der Skandal, den Bauers Interview mit der dänischen Zeitung *B. T.*, der Boulevardausgabe von *Berlingske Tidende*, im Jahr 1963 verursachte. Hier habe Bauer von einem latenten, ja sogar, wie es wörtlich hieß, von einem «glühenden Antisemitismus» gesprochen. Zugleich habe er autoritäre Dispositionen der Deutschen zum Thema gemacht.[72] Die dänische Zeitung hatte das Interview offenbar in der Aussage noch mehr überspitzt. Für die «Bild-Zeitung des Nordens» bedeutete dies, dass die Deutschen noch immer für einen neuen Hitler und für Antisemitismus anfällig seien.[73] Das genügte der CDU/FDP-Opposition in Hessen als Aufhänger, eine monatelang fortgeführte Kampagne zu starten, in der Bauer vorgeworfen wurde, er schade dem Ansehen der deutschen Justiz und dem politischen Ansehen der Bundesrepublik.[74] «Mit den Amtspflichten vereinbar?», fragte der Bundeskanzler Adenauer besonders nahestehende *Rheinische Merkur*.⁷⁵ Auch die Bundesregierung schaltete sich ein.⁷⁶ Der «Sturm um den Generalstaatsanwalt Hessens» führte zu der Forderung nach seiner vorläufigen Suspendierung vom Amt, doch stellte sich die SPD-Landesregierung hinter ihn.⁷⁷

Die hessische FDP- und die CDU-Landtagsfraktion aber warfen Ministerpräsident Zinn vor, er habe schon zu viel Geduld mit Bauer gehabt, und forderten ein Nachspiel.⁷⁸ Sogar das Bundeskabinett ließ durch seinen Sprecher erklären, die Regierung habe eine wesentlich andere Auffassung von der Reife des deutschen Volkes als Dr. Bauer.⁷⁹ Und der *Rheinische Merkur* schürte in einem Zweispalter über den «merkwürdigen Generalstaatsanwalt» noch zusätzlich die Emigrantenhetze. Man könne dem Generalstaatsanwalt zugutehalten, «daß er ein rassisch Verfolgter [war], daß er KZ und Emigration zu tragen hatte, aus der er allerdings erst 1948 [richtig 1949, I. W.] zurückkehrte», schrieb Paul Weingärtner mokant und wiederholte prompt die ganzen Vorwürfe: Fritz Bauer leiste einer «fast krankhaften Vaterlandslosigkeit so vieler Deutscher Vorschub», gebe den Kommunisten Narrenfreiheit, sei die «Einbruchstelle» für sowjetzonale Volksstaatsanwälte und gebe der SPD in ihrer Kampagne gegen Dr. Globke Auftrieb. Er zeige sich verwundert über die Charakterisierung als der «Linksaußen aller deutschen Strafrechtskritiker». Doch, fragte Weingärtner: «Kommt das alles von ungefähr?»⁸⁰

Es gab in dieser Zeit aber auch einige Solidaritätsadressen, die den Hintergrund des angeblichen Skandals ausleuchteten. Der Kommentator der *Süddeutschen Zeitung* Ernst Müller-Meiningen jr. spießte die allzu beflissene Bonner Empörung über das *B. T.*-Interview auf und fragte, ob sie nicht ein Indiz dafür sei, dass Bauer «gar so Unrecht nicht hat».⁸¹ Die Wochenzeitung *Die Zeit* druckte Auszüge aus der Gegendarstellung des Generalstaatsanwalts, in der es hieß, dass selbst dort, wo es Antisemitismus geben mochte, dieser infolge der Tabuisierung gar nicht sichtbar würde.⁸² Eine ganze Reihe von prominenten Zeitgenossen schrieb an Fritz Bauer persönlich, wie Kasimir Edschmid: «[I]ch weiß genau, was Sie meinen. [...] Die Apathie einer Nation.» Auch Gottfried Bermann Fischer: «Sollte es wirklich jetzt soweit sein, dass das Ansprechen der Wahrheit [...] von oberster Regierungsstelle unterdrückt wird, dann wird es wirklich Zeit zur zweiten Emigration. Sollte man Ihnen zu nahe treten, so wird das für mich Anlass zu solchen Consequenzen sein. Ich biete Ihnen ein Dauerasyl in meinem Haus in Italien an.»⁸³

Zwei eng beschriebene Seiten kamen aus Stuttgart, vom mittlerweile 93jährigen ehemaligen SPD-Landtagsabgeordneten und Chefredakteur der *Schwäbischen Tagwacht* Wilhelm Keil, die Fritz Bauer besonders zu Herzen gingen. Obgleich sein Alter ihn hindere, öffentlich Stellung zu nehmen, schrieb Keil, zwinge ihn das Kesseltreiben zu einer Äußerung: «Ich bin empört über die Empörung.» Schließlich sei es das verbriefte Recht jedes deutschen Bürgers, seine Anschauungen zu äußern, er müsse Bauer rückhaltlos zustimmen. «Sind denn die ehemaligen Nazisten, von denen es in der öffentlichen Verwaltung von unten bis zu den obersten Spitzen nur so wimmelt, wirklich in ihrer großen Mehrheit echte Demokraten geworden?» Und weiter: «Man muss scheint's ein Globke gewesen sein, um ‹tragbar› zu sein.» Keil wollte Fritz Bauer ermutigen und rief ihm zu: «Lassen Sie sich, alter Freund Dr. Bauer, nicht einschüchtern. Bleiben Sie so, wie ich Sie von der Zeit her kenne, da Sie mit Kurt Schumacher kühn und furchtlos für die Freiheit kämpften.»[84]

Bauer antwortete umgehend, er habe in diesen Tagen viele Briefe bekommen, doch keiner habe ihn «so tief bewegt und erschüttert […]. Ich gestehe Ihnen, daß ich ihn mit Ergriffenheit und viel Stolz gelesen habe und immer besitzen werde. Als ich auf der Universität war und meinen politischen Weg suchte, waren Sie Minister; Sie haben für mich die sozialdemokratische Partei verkörpert; Sie haben mir so geholfen, den richtigen Weg zu finden. Dafür danke ich Ihnen heute und immer. Ich habe nicht vergessen, wann und wo wir uns letztmals sahen und sprachen; es war kurz vor meiner Emigration.»[85]

Die Zustimmung seiner Freunde ermutigte Fritz Bauer, der in den letzten Lebensjahren wieder an Emigration dachte und nach Dänemark zurückkehren wollte.[86] Zumal die bösen Anfeindungen nicht vereinzelt blieben. 1965 löste ein Interview, das er der dänischen KP-Zeitung *Land og Folk* gegeben und in dem er angeblich einen «wertenden Vergleich» der Rechtsentwicklung in den «Westzonen und in der Ostzone nach 1945» vorgenommen habe, neuerlich einen Schlagabtausch zwischen CDU/FDP und SPD im Bundestag aus. Im Hessischen Landtag erklärte der CDU-Abgeordnete Alfred Dregger, Bauers Gerede sei so töricht, dass er ungeeignet erscheine, Generalstaatsanwalt zu sein.[87] Bundesjustizminister Dr. Weber (CDU) sagte im Bundestag, Bauer hätte sich «seiner hohen Stellung und der damit gegebenen Verantwortung bewußt sein müssen».[88] Diesmal erschien ein Leserbrief von dem jungen Gerichtsreferendar Manfred Amend, der dann Fritz Bauers Testamentsvollstrecker wurde, in der *Frankfurter Rundschau*. Wenn das Ansehen der deutschen Justiz, insbesondere im Ausland, gering sei, so doch wohl eher, weil im «Dritten Reich» allzu viele Richter und Staatsanwälte willfährige Diener der Gewalt und des Unrechts waren. Vorbehalte gegenüber der Justiz seien leider bisweilen berechtigt, denn heute seien Richter in hohen Stellungen tätig, «die damals das Recht verrieten».[89]

Fritz Bauers Ausbrüche der Bitternis entstammten den Begegnungen mit dem Hass der Ewiggestrigen und ihren üblen Verleumdungen.[90] Der Militärjurist und Feldkriegsgerichtsrat Erich Schwinge, der 1936 mit seinem Kommentar zum Militärstrafgesetzbuch nationalsozialistischen Forderungen zum Durchbruch verhelfen wollte und erklärt hatte, das Gesetz müsse sich an die Anschauungen der Gegenwart anpassen, gehörte zu diesen Gestrigen. Schwinge hatte seinerzeit einen neuen Schuldbegriff gefordert, der von der Blutsgemeinschaft des deutschen Volkes ausgehen sollte.[91] Jahrelang versuchte Schwinge, Bauer aus dem Amt zu drängen. Als Bundestagskandidat der FDP polemisierte er gegen ihn im Wahlkampf und sprach ihm jede Eignung für den Posten des Generalstaatsanwalts ab. Er schwärzte ihn bei seinen Vorgesetzten an, reichte Dienstaufsichtsbeschwerden ein und behauptete, Bauer trage die Hauptverantwortung für das Emporkommen der NPD.[92] Seine Erlebnisse mit Bauer, erklärte er, seien Beispiel dafür, wie schwer es ist, im «sozialdemokratisch beherrschten Hessen […] eine rechtsstaatlich korrekte Behandlung durchzusetzen».[93]

Im Amt des Generalstaatsanwalts trieb Fritz Bauer indessen die strafrechtliche Aufarbeitung des NS-Unrechts in den Jahren 1967 und 1968 auf einen neuen Höhepunkt und machte nach den Auschwitz- und Euthanasie-Prozessen auch noch die Verbrechen der Wehrmacht und die Beteiligung des Auswärtigen Amtes an der nationalsozialistischen «Endlösung der Judenfrage» zu einem gesamtgesellschaftlich diskutierten Thema. Weit über 140 größere und noch Dutzende kleinere NS-Verfahren waren im Januar 1968 bei den hessischen Staatsanwaltschaften anhängig, erklärte er gegenüber der Presse.[94]

Daneben griff Fritz Bauer unentwegt in die Debatten um die Strafrechtsreform ein – wozu er eine Fülle von Aufsätzen, Artikeln und Buchpublikationen veröffentlichte; ein Erbe, das es noch weithin zu entdecken gilt.⁹⁵ Sein Ausgangspunkt war das Grundgesetz, die Haltepunkte bildeten die Menschenrechte, die es in seinen Augen immer wieder neu zu verteidigen und auszubauen galt.⁹⁶ Das überkommene Vergeltungs- und Schuldstrafrecht betrachtete er als unvereinbar mit dem Grundgesetz und dem sozialen Auftrag des Staates. Dabei berief er sich immer wieder auf Radbruch,⁹⁷ der schon 1929 die Strafrechtsreform in eine weite Perspektive gerückt hatte: «Das unendliche Ziel der strafrechtlichen Entwicklung [...] bleibt das Strafgesetzbuch ohne Strafen, [...] nicht die Verbesserung des Strafrechts, sondern der Ersatz des Strafrechts durch Besseres.»⁹⁸ Dass die 1954 berufene Große Strafrechtskommission hinter diese Ziele zurückfiel, die politisch insbesondere von der Sozialdemokratie bereits im Heidelberger Programm von 1925 entwickelt worden waren, war für Fritz Bauer ein Zeichen fortwirkenden obrigkeitsstaatlichen Denkens.⁹⁹

Der Bonner Justizminister Fritz Neumayer (FDP) hatte ihn – wahrscheinlich wegen seiner Radikalität – gar nicht erst in die Kommission berufen. In Bonn strebte wohl niemand eine so radikale Reform des Strafrechts an.¹⁰⁰ Trotzdem machte Fritz Bauer seinen Einfluss unentwegt geltend: als Vorsitzender des Unterausschusses des Rechtspolitischen Ausschusses beim Vorstand der SPD. Die Protokolle enthalten zahlreiche Reformvorschläge und Formulierungen, die sich auf Bauers Handschrift zurückführen lassen – so der Wortlaut einer neuen Strafbestimmung: «Wer das wider das Leben, die Gesundheit oder die Freiheit begangene Unrecht des nationalsozialistischen Staates oder einer nationalsozialistischen Organisation billigt, wer Gegner nationalsozialistischen Unrechts wegen ihres Widerstands gegen das Unrecht oder wer Menschen um ihrer Religion, Abstammung oder Rasse willen beleidigt (§§ 185, 186, 189 StGB), wird mit Gefängnis bestraft.» Oder die grundsätzliche Zielsetzung der Reform: «Maßnahmen strafender, bessernder und sichernder Art dienen der Bestätigung der Rechtsordnung, der Eingliederung des Täters in die Gemeinschaft und, soweit diese nicht mehr möglich ist, dem Schutze der Gemeinschaft. Das Gericht hat hierbei das Vorleben, die persönlichen und sozialen Verhältnisse des Täters sowie die Umstände, welche für seine Tat bestimmend waren, zu berücksichtigen. Die Verabschiedung von Maßnahmen zwecks Abschreckung Dritter ist unzulässig.»¹⁰¹ Insgesamt betrachtete Fritz Bauer den vorliegenden Reformentwurf als völlig ungenügend und bezeichnete ihn als Versuch der «Überrumpelung des Parlaments».¹⁰²

Genauso war er seiner Partei zu Diensten, als die SPD das Godesberger Programm von 1959 entwickelte und er ein Jahr lang den Unterausschuss Verfassungspolitik leitete, der den Abschnitt über «Die staatliche Ordnung» formulieren sollte – vom Kronjuristen der SPD Adolf Arndt wurde die Abschlussvorlage dann jedoch nicht verwertet.[103]

Als Sachkenner, der in Hessen für 13 Vollzugsanstalten zuständig war, kritisierte Bauer, dass im Strafrecht mehr Glauben als Wissen am Werk sei. Der Glaube an Strafe als Mittel der Vergeltung beruhe auf dem idealistischen Irrtum, dass man durch Strafe seine wahre Subjektivität wiederfinden könne. Zumal in Fragen der alltäglichen Kriminalität plädierte er für mehr soziale und gesellschaftliche Ursachenforschung, insbesondere für eine Verstärkung kriminologischer Forschungen, die er vor allem in den USA besonders fortschrittlich fand.[104] Es war für ihn kein Zufall, dass die Strafrechtskommission nur aus Juristen bestand, während andere Wissenschaftler – Psychoanalytiker, Soziologen und Psychiater –[105] nicht zu ordentlichen Mitgliedern berufen worden waren. Der rationale Blick, der die Kriminalität der Einzelnen nicht auf ein zeitlos Böses, sondern auf zugespitzte soziale und individuelle Konfliktlagen zurückführt, konnte sich deshalb nicht ausbilden. Bauer, der in einer Rede vor Gefangenen diese einmal als «meine Kameraden» ansprach,[106] hielt es stattdessen mit Schiller: «Warum achtet man nicht in eben dem Grade auf die Beschaffenheit und die Stellung der Dinge, die einen Menschen [...] umgaben, bis der gesammelte Zunder in seinem Inwendigen Feuer fing? [...] Die Seelenkunde [...] behält schon allein darum den Vorzug, weil sie den grausamen Hohn und die stolze Sicherheit ausrottet, womit gemeiniglich die ungeprüft aufrechtstehende Tugend auf die gefallene herunterblickt, weil sie den sanften Geist der Duldung verbreitet, ohne welchen kein Flüchtling zurückkehrt, keine Aussöhnung des Gesetzes mit seinem Beleidiger stattfindet, kein angestecktes Glied der Gesellschaft von dem gänzlichen Brande gerettet wird.»[107]

Ins Gedächtnis zu rufen wären nach wie vor Bauers für die damalige Zeit und zum Teil heute noch provozierende kriminologische und rechtstheoretische Auffassungen, die auch in den Alternativentwurf der SPD zur Neufassung des überholten Strafgesetzbuches eingegangen sind – der keine Gesetzeskraft erlangte. Einer der an der Ausarbeitung beteiligten Strafrechtler, Jürgen Baumann, hat nicht umsonst Fritz Bauer als Sprecher vorgeschlagen, als es darum ging, den Entwurf vor der SPD-Bundestagsfraktion zu vertreten: «Fritz Bauer war ein herrlicher Feuerkopf. [...] Roxin hat gesprochen, ich habe gesprochen, und dann Fritz Bauer. Das war herrlich. Er hatte solch eine tiefe, röhrende Stimme. Dort saßen die ganzen Bundestagsabgeordneten der SPD, alles feine Herren. Und er fing an: ‹Genossen, Genossinnen!› Die fuhren richtig zusammen. Ein elektrischer Kontakt unterm Stuhl hätte nicht schlimmer wirken können. Das war Fritz Bauer.»[108]

«Pflicht zum Ungehorsam»
30. Juni 1968 – Tod und Vermächtnis

Fritz Bauers hauptsächliche Lebensleistung ist seine historische Funktion als Ankläger des verbrecherischen NS-Regimes und der Mordtaten von Auschwitz. Er erkannte die Wurzeln nationalsozialistischen Handelns in autoritärer Staatsgläubigkeit und mangelnder Zivilcourage. Für die staatsrechtliche und politische Anerkennung des Widerstands gegen den Nationalsozialismus hat sich Fritz Bauer mit allen Kräften eingesetzt. Hervorzuheben ist die gerichtliche Rechtfertigung beziehungsweise Würdigung des Widerstands gegen ein totales Terrorsystem, wofür er zu seiner Zeit wenig Anerkennung erfuhr.

So ging einer seiner letzten Vorträge bezeichnenderweise über das Thema «Ungehorsam und Widerstand in Geschichte und Gegenwart».[1] Es war eine Veranstaltung der Humanistischen Union am 21. Juni 1968 in der Münchner Universität – zehn Tage vor Bauers Tod. Den Ort des Geschehens, die Münchner Universität, immer wieder in die Betrachtung einbeziehend und symbolisch verdeutlichend, wenn er auf das Vorbild der Geschwister Scholl und die Widerstandskämpfer der «Weißen Rose» verwies, entfaltete er noch einmal die Geschichte des Widerstandsrechts durch die Jahrtausende. Sein Münchner Vortrag war ein Plädoyer für Ungehorsam und Widerstand gegen usurpierte staatliche Gewalt, zugleich ein menschliches Dokument, das sein lebenslanges Engagement zusammenfaßte:

«Alle im Namen des Widerstandsrechts erfolgten Handlungen», begann er, «auch Unterlassungen im Sinne des Ungehorsams, sind der Versuch einer Kritik, einer Einflußnahme, einer Korrektur staatlichen Geschehens, das gewogen und möglicherweise zu leicht befunden wird. Maßstab ist, so wie das Widerstandsrecht überkommen ist, freilich nicht ein neues Recht, sondern immer ein altes Recht, das nach Auffassung der Widerstandskämpfer von Staats wegen gebeugt wird. Widerstandsrecht meint nicht Revolution, sondern Realisierung eines bereits gültigen, aber nicht verwirklichten Rechts.»² Auf die Verhältnisse in der Bundesrepublik übergehend, betonte er mit Genugtuung, dass unser Staat, unser Recht «eine Pflicht zum Ungehorsam» fordere, sowohl im Beamten- wie im Soldatengesetz. Wohlverstanden, ein Recht auf Befehlsverweigerung und Ungehorsam, «wenn ein Befehl nicht befolgt wird, der die Menschenwürde verletzt [...], wenn dadurch ein Verbrechen oder Vergehen begangen würde».³ Mehr könne man nicht verlangen: «Es gibt nur eine Pflicht zum *passiven* Widerstand, nur eine Pflicht, das Böse zu unterlassen, nur eine *Pflicht*, nicht Komplize des Unrechts zu werden.»⁴ Eine Pflicht zum aktiven Widerstand konnte man seiner Meinung nach nicht verordnen, mit anderen Worten, niemandem das Opfer seiner selbst abverlangen. Das «große Maximum» sei das «Nein», ein rechtswidriges Gesetz oder einen solchen Befehl zu befolgen. Und zum Schluss, ganz in eigener Sache, folgerte Fritz Bauer daraus: «Unsere Strafprozesse gegen die NS-Täter beruhen ausnahmslos auf der Annahme einer solchen Pflicht zum Ungehorsam. Dies ist der Beitrag dieser Prozesse zur Bewältigung des Unrechtsstaates in Vergangenheit, Gegenwart und Zukunft.»⁵

Immer wieder sollte in Erinnerung gebracht werden, dass es – nicht erst im Unrechtsregime, sondern auch im demokratischen Staat – das Recht und die Pflicht eines jeden ist, Widerstand zu leisten, wenn Unrecht geschieht oder gar die Würde des Menschen verletzt wird. Bauer sah darin keine Gewissensfrage, vielmehr die Verantwortung des Einzelnen in einem auf Achtung der Menschenrechte gründenden Staat, in dem «Gläubiger des Rechts» nicht nur der Staat, sondern auch der Bürger gegenüber seinem Mitbürger ist.⁶

Fritz Bauer hielt seinen letzten Vortrag am Freitag, den 28. Juni 1968, in Karlsruhe. Anschließend saß er noch bis weit über Mitternacht hinaus mit den Veranstaltern und Diskussionsteilnehmern zusammen, danach fuhr er zurück nach Frankfurt ins Wochenende – in den Tag hinein, der sein letzter Lebenstag werden sollte.⁷ Am 30. Juni 1968 ging sein Leben zu Ende, wann genau, wissen wir nicht. Zumindest nach außen hin sah es so aus, als ob das Ende für alle überraschend gekommen wäre. Die Zeitungen brachten die Nachricht von seinem Tod erst zwei oder drei Tage danach. In der Justiz löste die Nachricht vom plötzlichen Ableben Bestürzung aus. In der *Frankfurter Rundschau* hieß es: «Es fehlen die Worte. Man könnte Bücher über den hessischen Generalstaatsanwalt schreiben, die Biographen werden es auch noch tun.»⁸

Ein engagierter, unbequemer Jurist
Zum Tode von Hessens Generalstaatsanwalt Dr. Fritz Bauer

hm. Erschüttert waren Frankfurter Juristen, als sie gestern vom Tod ihres bekanntesten und liberalsten Vertreters, des Generalstaatsanwalts Dr. Fritz Bauer, erfuhren. In vierzehn Tagen wäre Fritz Bauer 65 Jahre alt geworden, gestern morgen wurde er tot in seiner Wohnung aufgefunden. Ein Herzversagen während des Bades, vermutet der Polizeiarzt, war die Todesursache.

Noch vor wenigen Tagen hatte Bauer gesagt, er werde, wie die Verfolgten des nationalsozialistischen Regimes können, drei weitere Jahre bei der Justiz bleiben. In deren Dienst trat der gebürtige Stuttgarter 1930, damals als jüngster Amtsrichter Deutschlands. Drei Jahre später wurde er wegen antinationalsozialistischer Haltung entlassen und mit seinem Freund Kurt Schumacher in ein KZ eingewiesen. Weitere drei Jahre später verließ er Deutschland und ging nach Skandinavien. 1949 kehrte er aus der Emigration zurück, war dann zuerst Landgerichtsdirektor, dann Generalstaatsanwalt in Braunschweig. Dort wurde er vor allem durch sein Plädoyer im Remer-Prozeß bekannt, wo er in brillanter Weise den Widerstand gegen die Gewalt im Dritten Reich würdigte. Der Widerstand war immer eines seiner Hauptthemen gewesen, auch zuletzt noch, als er bereits zwölf Jahre lang das Amt des obersten hessischen Staatsanwalts bekleidete. Eines seiner Bücher heißt „Widerstand gegen die Staatsgewalt", sein letztes, über „Kafka und das Recht", bleibt unvollendet.

Bauer war ein leidenschaftlicher Fechter für ein humaneres Strafrecht, ein unermüdlicher Kämpfer für die Abschaffung der traditionellen Vergeltungsstrafe mit so umstrittenen Begriffen wie Schuld und Sühne. Als einer der Vertreter der Lehre von der „défense sociale" wollte er statt der Vergeltung ein reines Maßnahmen- und Erziehungsrecht mit dem Ziel, den Straffälligen wieder in die Gesellschaft einzugliedern.

Der temperamentvolle unbequeme Jurist mit einem Kopf, der an den Ben Gurions erinnerte, ist oft mißverstanden, oft angegriffen worden. Viele erinnern sich noch seiner in dieser Zeitung geführten großen Kontroverse mit dem Münchner Strafrechtler Bockel-

Fritz Bauer   Foto fpa

mann. Viele lasen seine Bücher über den Zusammenhang zwischen Verbrechen und Gesellschaft oder über die Wirtschaftskriminalität, viele seine Aufsätze zur Frage der Kunst im Recht oder der Neufassung des politischen Strafrechts. Nicht hierzulande, sondern in Skandinavien wurde ein anderes Buch aus Bauers Feder, „Das Geld", viel beachtet. Der Volkswirtschaftler Fritz Bauer hatte es während der Emigration geschrieben.

Viele seiner Ideen, so die der sozialtherapeutischen Anstalt für bestimmte Täter, sind in heute diskutierte Reformpläne, wie etwa der der sechzehn Strafrechtsprofessoren, eingegangen. Wann und wo immer die Rede über ein besseres Strafrecht sein wird, Bauers Vorschläge wird man dabei nicht außer acht lassen können, auch wenn er jetzt, was viele Juristen schmerzlich bedauern, nicht mehr selbst mitdiskutieren. (Siehe Seite 2.)

Tod am Sonntagmorgen

im. Auf Sonntagmorgen hat der Polizeiarzt den Zeitpunkt des Todes von Generalstaatsanwalt Dr. Fritz Bauer datiert, nachdem dieser gestern mittag in seiner Wohnung in der Feldbergstraße leblos aufgefunden worden war. Wie das Hessische Justizministerium mitteilte, war Bauer von den Mitbewohnern des Hauses, in dem er wohnt seit Samstag nicht mehr gesehen worden. Sie unterrichteten Bauers Stellvertreter, Oberstaatsanwalt Dr. Krüger, der anordnete, die Wohnung zu öffnen. Dort fand man den leblosen Körper in der Badewanne. Der Arzt führt den Tod auf ein plötzliches Versagen des Herzens zurück.

Würdigungen

dpa. Der hessische Ministerpräsident Zinn würdigte die Persönlichkeit Bauers: „Mit Generalstaatsanwalt Dr. Fritz Bauer ist uns ein Mann dahingegangen, der ohne Furcht und Tadel mit großer Leidenschaft dem Recht gedient hat. Er hat sich auch nicht gescheut, mancherlei Anfeindungen in Kauf zu nehmen, wenn er glaubte, der Freiheit und der Gerechtigkeit nützen zu können. Fritz Bauer war eine im höchsten Maße unabhängige Persönlichkeit, was sich auch in seinem entschiedenen politischen Engagement ausdrückte."

Als einen aufrechten, furchtlosen und leidenschaftlichen Vertreter eines freiheitlichen Staates bezeichnete der hessische Justizminister Strelitz am Montagabend den verstorbenen Generalstaatsanwalt. Bauer habe die Justiz vor die unbestechliche Kritik seines scharfen und der Menschlichkeit verschriebenen Geistes gestellt. Er habe seine Ansicht ohne Rücksicht auf Mißfallen oder Beifall aus seiner Gewissensentscheidung heraus immer freimütig bekannt. Dabei seien seine Verdienste um einen modernen und humanen Strafvollzug als beste Sicherung der Gesellschaft vor Rechtsbrechern unbestritten, sagte Strelitz. „Fritz Bauer handelte immer nach dem Wort, daß die Würde des Menschen zu achten Aufgabe aller staatlichen Gewalt sei."

Die Todesnachricht in der *Frankfurter Allgemeinen Zeitung* vom 2. Juli 1968.

Im fernen New York notierte der Schriftsteller Uwe Johnson für die *Jahrestage. Aus dem Leben von Gesine Cresspahl* unter dem Datum des 2. Juli 1968: «In Hessen, westdeutsche Republik, ist Dr. Fritz Bauer gestorben, Generalstaatsanwalt und einer der wenigen im Amt, die von Anfang an die Verbrechen der Nazis für gerichtlich erfaßbar hielten und erfaßten. Gerade die suchte er, die als Beweis von Unschuld reine Hände vorzeigten, alle Tintenflecken abgewaschen, von Eichmann bis zu den Ärzten der Konzentrationslager. [...] Viele Schriftsätze an Herrn Fritz Bauer hat sie sich ausgedacht, das Kind das ich war, keinen abgeschickt. Bloß 64 Jahre alt, gestorben.»[9]

Der Schriftsteller Horst Krüger kam in diesen Tagen gerade von einem vierwöchigen Aufenthalt aus Hamburg zurück, zu spät, um den Freund noch einmal zu treffen, der ihn vor nicht allzu langer Zeit, während des Auschwitz-Prozesses, nach Frankfurt gerufen hatte, wo Krüger seitdem als freier Schriftsteller lebte. Sie hatten sich gelegentlich getroffen, zumeist im Café Kranzler, das Fritz Bauer liebte und wo er gern diskutierte oder die Zeitung las. Am 5. Juli 1968 notierte Krüger in seinen Taschenkalender: «11.30 – Bauer Friedhof».[10]

Der Schriftsteller ließ es sich nicht nehmen, einen Nachruf, ein Gedenkblatt zu schreiben.[11] Krüger hatte sich viele Gedanken über den Kämpfer für Freiheit und Vernunft gemacht, der nicht müde wurde, zu streiten. Einen gläubigen Atheisten und zornigen Rationalisten nannte er ihn. Mit seinem über die Jahre zerfurchten Gesicht, seinen flammenden weißen Haaren und seiner rauen, stoßartigen Stimme habe Bauer auf den ersten Blick wie ein Patriarch, ein Prophet der Aufklärung gewirkt. «Wollte er nicht mehr?», fragte sich Krüger. Man müsste schreiben, meinte er: «Ein mutiger und unbequemer Kämpfer ist gestorben. […] Er hat uns im Ausland viel Ehre verschafft, unverdient für uns.» Das alles und noch viel mehr müsste man würdigen, nur bleibe es viel zu glatt, zu eindeutig, «um das Rauhe, das Sperrige, das Ungelöste seiner Existenz zu fassen». Wer Fritz Bauer näher kannte, habe seine Unruhe gespürt. Er haderte, schrieb der Schriftsteller, nicht nur mit der Gesellschaft, sondern zuerst und auf eine rabiate Weise mit sich selbst. Und er habe zuletzt «oft von seiner Kindheit, den Qualen einer falschen Jugend» gesprochen. In dem Alter, wo andere sich zur Ruhe setzen, bewegte ihn die Frage, ob er sich in eine Psychoanalyse begeben solle: «Welcher deutsche Jurist täte das?»

Und jetzt auch noch dies ungelöste Rätsel seines Todes. Fritz Bauer, erinnerte sich Krüger an frühere Besuche bei ihm, hatte auf eine schwer erträgliche Weise allein gelebt. «Er war einfach zu ehrlich, um nur beliebt sein zu können.» In dieser Stadt, wo er bekannt war, wurde er von vielen respektiert, von einigen geachtet, von sehr vielen aber auch gehasst. Man fand ihn am Montagmorgen, dem 1. Juli 1968, «im Badezimmer, im Wasser, tot». Da er im Laufe des Vormittags nicht in seiner Behörde erschienen war, ließ die Staatsanwaltschaft schließlich seine Wohnung aufbrechen. Der Arzt diagnostizierte, dass der Tod schon viel früher eingetreten war: «Herzversagen bei akuter Bronchitis. Das war es also: das viele Rauchen, das heiße Bad ... Das allein?»[12]

Seit seiner Rückkehr aus der Emigration, resümierte Krüger, habe Fritz Bauer nur für unsere Demokratie gelebt. «Gestorben war er allein, in seiner Wohnung. Manche werden aufatmen bei dieser Nachricht, aber einige haben ihn geliebt. Er war ein Emigrant zu Hause: ein Fremdling in der Stadt.» An den Schriftsteller und Publizisten Jean Améry (1912–1978) schrieb er an diesem 5. Juli 1968, nachdem er eben noch rechtzeitig zur Trauerfeier auf dem Friedhof angekommen war, deutlicher, was ihn bewegte. Es sei «ziemlich schrecklich gewesen», wie auch Fritz Bauers Ende: «Es ist grausam zu wissen, wie dieser Mann für die Öffentlichkeit lebte, wie verlassen, vollkommen einsam er starb. Man hat einen Herzschlag diagnostiziert, aber offenbar war auch Seelisches im Spiel: eine gewisse Ratlosigkeit, fast Angst vor dem Augenblick der Pensionierung.»[13] Jean Améry, Auschwitz-Häftling, der die Folter überlebt hatte, kannte Krügers Nachruf bereits und schrieb ihm zurück, er habe Bauer erst vor Kurzem in Nürnberg, bei dessen Rückkehr aus dem Urlaub getroffen, und ihm gesagt, wie gut er aussehe.[14] Man sollte sich «gar nichts Besseres wünschen als die radikale Herzattacke, die einen fällt».[15]

Auch der Erzähler und Filmautor Alexander Kluge widmete Bauer einen Nachruf in seinen Notizbüchern. «Wer ein Wort des Trostes spricht, ist ein Verräter», lautete die viel sagende Überschrift, die ein Zitat von Theodor W. Adorno sein könnte, der wie auch die anderen Freunde zur Trauerfeier auf den Friedhof gekommen war.[16] Kluge erdichtete in seinem Nachruf so manches über die Trauerfeier zum Gedenken des streitbaren Juristen. In seinem Film ABSCHIED VON GESTERN, der 1966 in die Kinos kam, tritt der hessische Generalstaatsanwalt in einer kurzen Sequenz selbst vor dem Gebäude des Frankfurter Gerichts auf und plädiert für einen «runden Tisch», an dem alle Beteiligten des Verfahrens, also auch die Richter, auf gleicher Augenhöhe diskutieren.[17]

Auch die Lyrikerin Hilde Domin (1909–2006), die in Heidelberg lebte und Bauer gekannt hatte, war auf den Nachruf von Horst Krüger gestoßen und schrieb daraufhin, Bauer habe ihr wenige Tage vor seinem Tode noch für ihr Buch gedankt. Sie selbst habe eben erst auf dem Frankfurter Literaturforum erlebt, wie enorm angefeindet er war, denn in ihrer Gegenwart wurden Drohungen («Solang der noch rumläuft») gegen Bauer ausgestoßen. Er habe aber zu ihr gesagt, sie solle es vergessen. Das bekomme er dauernd.[18] Schließlich fragte sie Krüger, wie er über einen Selbstmord Bauers denke. Sie wusste zwar, dass er unglücklich über die Zeit gewesen war, aber zum Selbstmord fand sie keinen so ungeeignet wie ihn.[19]

Zahlreichen Nachrufen und Gedenkreden, die jetzt und auch später noch publiziert wurden, ist diese Überraschung und Betroffenheit anzumerken. Vielfach klingt ein Schuldgefühl mit, das durch die Vorstellung von Bauers einsamem Tod provoziert wurde. Nach der Totenfeier im engsten Kreise fand am 6. Juli 1968 die offizielle Gedenkfeier der Hessischen Landesregierung im Haus Dornbusch statt, mit mehreren denkwürdigen Reden, obgleich sich der Verstorbene Ansprachen testamentarisch verboten hatte.[20] Der hessische Justizminister Dr. Johannes E. Strelitz sprach als Erster: Die Bevölkerung in Hessen, viele Menschen in Deutschland und viele in aller Welt, meinte er, hätten den Atem angehalten, als die Nachricht vom Tode Fritz Bauers sie überraschte. Bauers Elan sei doch ungebrochen gewesen, und er habe die Anfeindungen gegen ihn «mit der Überlegenheit des Weisen» getragen. Nur wer ihn persönlich kannte, habe plötzlich gemerkt, wie sehr er darunter litt und dass die gewollte Missdeutung seiner Motive ihn verwundete.

Strelitz hob das Verdienst des Verstorbenen hervor, als einer der ersten führenden Juristen mit der Ermittlung und Verfolgung der NS-Mordverbrechen ernst gemacht zu haben. Ebenso betonte er Bauers maßgebende Ziele im Strafrecht und Strafvollzug, wo es ihm darum ging, ein Recht nach dem Gedanken zu schaffen, «dass auch der strauchelnde Mitmensch die Menschenwürde unverletzlich noch für sich in Anspruch nehmen kann». Nicht Vergeltung und Verstärkung des Zwangs waren sein Ziel, sondern der Schutz der Gesellschaft vor dem Rechtsbrecher. Strelitz vermied das umstrittene Wort, doch er beschrieb Bauers Auffassung von der Resozialisierung. Bauer sei überzeugt gewesen, das Ziel nur zu erreichen, wenn der Täter dazu gebracht werde, aus eigenem Antrieb das Recht anzuerkennen und zu achten.

Im Grunde betonten alle Redner die Eigenwilligkeit Bauers bei der «strafrechtlichen Bewältigung einer bösen Vergangenheit» und der Reform des Strafrechts. Oberstaatsanwalt Metzner sprach zugleich für die Gewerkschaft Öffentliche Dienste, Transport und Verkehr, deren Mitglied der Verstorbene war. Ungewöhnlich war für einen damaligen Staatsakt der Landesregierung, dass Dr. Joseph Cornelius Rossaint (1902–1991), katholischer Priester und Widerstandskämpfer, der vom Volksgerichtshof zu elf Jahren Zuchthaus verurteilt worden war und nach dem Krieg Vorsitzender und Mitbegründer der Vereinigung der Verfolgten des Naziregimes wurde, eine Trauerrede hielt.[21] Er erwähnte zahlreiche Anrufe und Telegramme, die vor allem aus dem Ausland beim Sitz der VVN in Frankfurt am Main angekommen waren und Horst Krügers Nachruf eindrucksvoll bestätigten. Bauer habe der deutschen Demokratie vor allem im Ausland einen großen Dienst erwiesen. Rossaint sprach im Namen der Internationalen Föderation der Widerstandskämpfer und der ihr angeschlossenen 42 Verbände in 21 Ländern Europas (des Komitees der Antifaschistischen Widerstandskämpfer in der DDR, der ehemaligen Gestapo-Häftlinge in Dänemark, der Internationalen Lagergemeinschaft Neuengamme sowie von Überlebenden des Vernichtungslagers Auschwitz in Frankreich, Österreich und Polen).

Dr. Diether H. Hoffmann ergriff für die Sozialdemokratische Partei Deutschlands das Wort, für ihren Rechtspolitischen Ausschuss und die Arbeitsgemeinschaft Sozialdemokratischer Juristen, auf deren erster Tagung 1954 in Hannover Fritz Bauer, damals noch Generalstaatsanwalt in Braunschweig, in seinem Referat zum Thema «Der Zweck im Strafrecht» Thesen angesprochen hatte, die im Zuge der Strafrechtsreform erst langsam und nur zum Teil akzeptiert worden waren. Hoffmann, der sich als Bauers Schüler bezeichnete, betonte, dass dieser vor allem die junge Generation begeistert habe.

Und immer wieder fiel auch das Wort «prophetisch», so bei Dr. Robert M. W. Kempner, dem ehemaligen Ankläger in den Nürnberger Prozessen. Kempner erinnerte vor allem an die «Lektion im Völkerrecht», die dem Emigranten Bauer noch während des Krieges für das andere, neue Deutschland vorschwebte. Im schwedischen Exil hatte er 1944 sein Buch über *Die Kriegsverbrecher vor Gericht* geschrieben, das vom Gerichtshof in Nürnberg verwandt worden war. Doch auch Kempner hatte in jüngster Zeit Bauers Resignation gespürt, und so brachte er wohl am deutlichsten zum Ausdruck, was auch einige andere der Anwesenden bewegte: «Was haben wir für ihn getan?» In dem hessischen Generalstaatsanwalt sah er den Sprecher der Ermordeten, der Opfer, der sich in den Prozessen dafür eingesetzt hatte, dass die Zeugen, die aus dem Ausland kamen, fürsorglich betreut wurden: «Ideen, an die früher noch niemand gedacht hatte.»

Zum Schluss sprachen Walter Schachtel für den Ortsverband Frankfurt der Humanistischen Union, deren Mitgründer Bauer gewesen war, und der Braunschweiger Generalstaatsanwalt Mützelburg, nach Bauers Tod der nach Dienstjahren älteste amtierende Generalstaatsanwalt. Auch Mützelburg wusste von Bauers Herz für alles Menschliche «auf der Suche nach dem Recht» zu berichten. Seine Liebe zur Kunst und zur Wissenschaft, meinte Mützelburg, habe sich in Braunschweig an dem von ihm initiierten Gebäude der Staatsanwaltschaft in Stein und Bronze niedergeschlagen. Die von Bauer angeregte Bronzeplastik «Justitia» von Bodo Kampmann trage seine eigenwillige Prägung: «Sie wägt zwei Menschen in den Waagschalen. Mensch gegen Mensch, als wollte sie sagen: Jeder ist des Mitmenschen Gewicht, an dem er hinuntergezogen werden, an dem er sich aber auch wieder hinaufziehen kann. Immer bleibt jedoch der Mensch das Maß aller irdischen Dinge.»[22] Am Gebäude des Frankfurter Landgerichts ließ Bauer nach seinem Wechsel in die hessische Metropole die Richtschnur seines Amtes und seines Handelns in Stein gemeißelt anbringen: «Die Würde des Menschen ist unantastbar, sie zu achten und zu schützen ist Verpflichtung aller staatlichen Gewalt.»

Einer hatte Fritz Bauer schon vor seinem Tod ein Denkmal gesetzt, der Schriftsteller Robert Neumann, der mit dem hessischen Generalstaatsanwalt befreundet war. Neumann besuchte 1964 den Auschwitz-Prozess und notierte Eindrücke, die denen Bauers ähnlich waren. Auch er sah die wichtigste Aufgabe der Prozesse in der «Vermittlung von Fakten, denen gegenüber der Normaldeutsche [...] Augen und Ohren verschließt».[23] Neumann war damals in Frankfurt am Main, weil er für einen neuen Roman recherchierte, dessen Handlungsstränge und Hauptpersonen sich nun herauskristallisierten und wofür der Auschwitz-Prozess zum entscheidenden Hintergrund wurde: *Der Tatbestand oder Der gute Glaube der Deutschen*.[24] Der Roman mit einem höchst dramatischen Plot – ein Jude bezichtigt sich eines nationalsozialistischen Gewaltverbrechens – kam noch vor der Urteilsverkündung im Auschwitz-Prozess heraus und verursachte hitzige Debatten. Neumann habe der bundesrepublikanischen Schlussstrich-Gesellschaft den Fehdehandschuh hingeworfen, meinte sein Verlagslektor, indem er die aufrechte Haltung eines Juden dagegenstellte, den sein Gewissen noch nach 20 Jahren nicht ruhen lässt und der die eigene Bestrafung fordert. Der im Roman mit der Anklage betraute Oberstaatsanwalt ist Remigrant, wie Fritz Bauer. Ihm wurde die Selbstanzeige überreicht.

Über diese Hauptfigur hatte Neumann, als er noch auf der Suche nach geeigneten Vorbildern war, mit ziemlicher Ironie in sein Tagebuch geschrieben: «Ich nenne diesen Staatsanwalt Bach; so heißen nicht selten

Juden – daher können ihm die Deutschen nach Bedarf ‹nachsagen›, er sei Jude: weil er sich nicht wie ein normaler deutscher Staatsanwalt verhält, sondern a) menschlich ist und b) ‹links›. Das brauche ich so [...].» Der Staatsanwalt im Roman durfte kein Schurke sein, denn dann würde der Weg seines Selbstanklägers zu leicht, der Leser stünde zu rasch auf seiner Seite und «die größere Anklage, die gegen die deutsche Gegenwart, käme erst gar nicht zum Zuge». Hieraus ergab sich allerdings, wie Neumann meinte, die enorme Schwierigkeit, «einen deutschen Staatsanwalt menschlich und links zu machen – und doch glaubwürdig aus Fleisch und Blut.» In diesem Zusammenhang fiel ihm als Romanvorlage Fritz Bauer ein: «Jede Nation, jeder Stand schafft sich seine Alibis. Dieser Generalstaatsanwalt in Frankfurt; aber der ist allzu notorisch ein weißer Elefant.» 25

Die persönlichsten Worte für Fritz Bauer fand die Juristin Ilse Staff auf der nichtoffiziellen Trauerfeier in einer kleinen Kapelle des Frankfurter Hauptfriedhofs. Sie sprach über sein vielfältiges, gewiss nicht einfaches Leben: «Erste kindliche Erfahrungen des Anders-Seins, nein, des Anders-Sein-Sollens, schon als tiefes Unglück empfunden, weil Trennlinien zwischen Menschen gezogen wurden, die ihm zutiefst unbegreiflich blieben. Dann später die grausame Variante desselben Themas: Fritz Bauer als junger Amtsrichter, plötzlich 1933 nicht mehr gegrüßt, isoliert, verfemt, gefangen genommen. Die Flucht, die Fahrt im kleinen Boot bei Nacht, die tiefe Angst um seine Verwandten, denen er helfen wollte. [...] er erzählte selten von sich – ohne Vorwurf für irgendeinen Menschen, aber mit tiefer Trauer um die Menschheit. Und dennoch kam er zurück. Warum? [...] Weil er glaubte, dass der Mensch dem Menschen helfen könne, darum kam er zurück. Und dieser Glaube gab dem Grundton von Trauer, der wohl immer in ihm war, einen heiteren Beiklang, damals. Damals, vor 10–12 Jahren [...]. Dann kam der Auschwitz-Prozeß und mit ihm die Drohungen, anonyme Telefonanrufe, Beschimpfungen. Es kam der angeblich sachliche Einwand, er sei inkonsequent – er kämpfe für die Resozialisierung jedes Verbrechers, aber bei den Nazimördern sei er erbarmungslos, sei er rachsüchtig. [...] Was haben wir getan? Wir haben es im Großen und im Kleinen zu einer Situation kommen lassen, in der er unendlich einsam, unendlich deprimiert, unendlich traurig gestorben ist. Der letzte Satz in einer seiner letzten Veröffentlichungen lautet: ‹Der praktisch tätige Mensch hält es mit dem Prinzip Hoffnung, mag er auch selbstkritisch sich mitunter des Gefühls nicht erwehren können, es könnte eine Lebenslüge sein.›» 26

«Der Grundsatz, der am vollständigsten wahrem Recht entspricht, hat mit dem Wesen der Freundschaft zu tun.» Aristoteles (*Nikomachische Ethik*) Mit diesem Gedanken schloss Fritz Bauer sein letztes Buch *Auf der Suche nach dem Recht*.

Fritz Bauer, fotografiert von Stefan Moses

Dank

Wie fast alle Bücher hat auch dieses seine Geschichte. Sie begann vor zehn Jahren mit ersten Studien über das Exil Fritz Bauers in Dänemark und Schweden, gefördert von der Hans-Böckler-Stiftung. Darauf folgten – mit Unterbrechungen durch andere Verpflichtungen – Vorarbeiten vor allem in Israel. Während mir ein Stipendium an der Holocaust-Gedenkstätte Yad Vashem in Jerusalem ermöglichte, Bauers entscheidenden Anteil bei der Festnahme Eichmanns zu ermitteln, wurde mir vom Israelischen Staatsarchiv das von Adolf Eichmann in der Haft verfasste Manuskript *Götzen* zugänglich gemacht. Aus dieser Kooperation entstand ein Forschungsprojekt über die Rechtfertigungsschriften des Deportationsspezialisten, 2001 publiziert unter dem Titel *Eichmanns Memoiren*. Dem Israelischen Staatsarchiv und dem deutschen Bundesarchiv danke ich für die Unterstützung hierbei sowie bei den aufwendigen Recherchen zur Biographie Fritz Bauers.

Schnell wurde klar, dass Fritz Bauer verschlungene, zum Teil unkonventionelle Wege gehen musste, um sein Ziel zu erreichen: Aufklärung über den Holocaust, das heißt das bis dahin größte Verbrechen der Menschheitsgeschichte, und zugleich Strafverfolgung der Täter, um dadurch für alle Zukunft einen Rückfall in solche Barbarei zu verhüten. Fritz Bauer hat sich dabei viele Feinde gemacht. Die heutzutage vielfach hervorgehobene und gepriesene Integration der nationalsozialistischen Parteigenossen in die deutsche Nachkriegsgesellschaft hat er als schwere Hypothek empfunden. Das kreiden ihm manche nach wie vor an.

Bauer fragte nicht bloß nach individuellen Motiven, sondern wollte den tieferen Ursachen für den Zivilisationsbruch Auschwitz auf die Spur kommen. Die Wurzeln des Nationalsozialismus seien vor allem in uns selbst zu suchen. Fritz Bauer wollte, dass diese Erkenntnis aus der «Bewältigung der Vergangenheit» dem Gedächtnis der Nation eingeprägt bleibe. In dem von 1963 bis 1965 dauernden, von Fritz Bauer initiierten Strafverfahren «4Ks 2/63» stand Auschwitz vor Gericht. Das war auch die Absicht der großen Ausstellung zum 40jährigen Gedächtnis des Prozesses im Frankfurter Haus «Gallus», wo das eindrucksvolle Ereignis stattgefunden hatte. Konzeption und Durchführung der Wanderausstellung waren für die Niederschrift der Biographie von großem Wert.

Für die vielfachen Ermutigungen und die Unterstützung, die ich von Freunden und Kollegen bekam, bin ich sehr dankbar. Unentbehrlich waren die Gespräche mit Prof. Dr. Herbert Obenaus und Prof. Dr. Joachim Perels von der Leibniz-Universität Hannover. Sie haben die Entstehung der Arbeit kenntnisreich und unermüdlich begleitet, bis sie als Habilitationsschrift 2007 angenommen wurde. Beiden habe ich weitaus mehr zu verdanken, als hier zum Ausdruck gebracht werden kann. Das gleiche gilt für Prof. Dr. Michael Stolleis, Direktor des Max Planck Instituts für Europäische Rechtsgeschichte (Frankfurt/M.), der die Habilitationsschrift auch begutachtete.

Ohne die Unterstützung von Joachim Perels als langjährigem Vorsitzenden des Wissenschaftlichen Beirats des Fritz Bauer Instituts sowie von Prof. Dr. Gerhard Hirschfeld, Direktor der Bibliothek für Zeitgeschichte in Stuttgart und damals stellvertretender Beiratsvorsitzender, einem profunden Kenner der Geschichte des Ersten Weltkriegs und der Struktur des NS-Staates, hätte dieses Buch nicht geschrieben werden können. Das trifft ebenso auf die permanente Ermutigung durch Prof. Dr. Albert Wucher zu. Ihnen allen danke ich auch für die Bemühungen um das Stipendium, das den Abschluss des Projekts ermöglichte. Desgleichen fühle ich mich gegenüber Prof. Dr. Friedrich P. Kahlenberg, Präsident des Bundesarchivs a. D. und seinerzeit Mitglied des Wissenschaftlichen Beirats, verpflichtet, der vielfach freundschaftliche Ratschläge und hilfreiche Anregungen gab.

Prof. Dr. Hans Mommsen, mein Doktorvater an der Ruhr-Universität Bochum, hat an der Entstehung der Fritz Bauer-Biographie besonderen Anteil. Seine strukturelle Erklärung für die Eskalation des NS-Regimes in Gewalt und Krieg sowie seine Erkenntnisse über die Ursachen für die weitgehende Beteiligung an der Vernichtungsmaschinerie korrespondieren mit Fritz Bauers Überzeugung von der bereitwilligen Mitwirkung zahlreicher Kollaborateure an der nationalsozialistischen «Endlösung».

Zur Buchfassung der Habilitation hat die Historikerin Dr. Dagmar Pöpping (Berlin) als kenntnisreiche und einfühlsame Lektorin die erforderlichen Kürzungen «verordnet»; ich bin ihr herzlich dankbar. Desgleichen danke ich Dr. Susanne Meinl, der früheren Kollegin am Fritz Bauer Institut, für ihr vielfaches Interesse.

Spezieller Dank gebührt auch einer Reihe von Kollegen im In- und Ausland, vor allem der Archive in Schweden und Dänemark, die hier nicht namentlich aufgezählt werden können. Erwähnt werden muss jedoch die Zentrale Stelle der Landesjustizverwaltungen zur Aufklärung nationalsozialistischer Verbrechen in Ludwigsburg, eine Außenstelle des Bundesarchivs, wo man mir Ermittlungsakten umfassend und rasch zugänglich machte. Ebenso konnte ich im Archiv der sozialen Demokratie der Friedrich Ebert Stiftung in Bonn sowie im dortigen Willy-Brandt-Archiv zahlreiche Nachlässe oder Akten zur Geschichte der SPD einsehen. Dr. Patrick von zur Mühlen war dabei eine stets bereite Hilfe und seine Kenntnis der Exilforschung von größtem Wert. Gleiches gilt für Professor Klaus Schulte, Associate Professor in Cultural Encounters and German an der Universität Roskilde in Dänemark.

Besondere Unterstützung erfuhr ich auch seitens der Generalstaatsanwaltschaft beim Oberlandesgericht Frankfurt am Main, sowohl von Dr. Hans Christoph Schaefer als auch von seinem Nachfolger, Generalstaatsanwalt Dieter Anders. Das gilt auch für das Hessische Justizministerium, wo mir Dr. Helmut Fünfsinn, Leiter der Abteilung Strafrecht, die benötigten Akten zur Verfügung stellte.

Ohne die Freunde Fritz Bauers wären manche Details der Biographie nicht zu erschließen gewesen. Für ständige Bereitschaft zum Gespräch danke ich in erster Linie Dr. Heinz Meyer-Velde und seiner Frau Gisela. Frau Prof. Dr. Ilse Staff hat mir viel über Fritz Bauer erzählt und in dankenswerter Weise Teile des Manuskripts korrigiert. Rechtsanwalt Manfred Amend, der Testamentsvollstrecker Bauers, gab mir wertvolle Hinweise. In Dänemark war es Fritz Bauers Neffe Rolf Tiefenthal, der mir nicht nur bei der Recherche in den Archiven half; Rolf und sein Bruder Peter Tiefenthal, der in Stockholm lebt, lieferten manches Mosaiksteinchen: voran die Erinnerungen an ihre Kindheit und die Flucht vor den Nazis. Benützen durfte ich auch die Briefe Fritz Bauers an den befreundeten Autor Thomas Harlan.

Eine besondere Freude bereitete mir, dass Wolfgang Beck sofort zustimmte, als ihm die Biographie zur Publikation im C.H. Beck Verlag (München) angeboten wurde. Frau Dr. Christine Zeile, meiner Lektorin, habe ich herzlich für ihre umsichtige Behandlung des Manuskripts, die Hilfe bei der Bildauswahl und darüber hinaus für viele anregende Gespräche zu danken.

Prof. Dr. Raphael Gross, der jetzige Leiter des Fritz Bauer Instituts, ermöglichte mir den Abschluss der Habilitation im Rahmen meiner Institutsarbeit. Dafür danke ich ihm sehr. Zu weiteren, bereits geplanten Projekten ist es nicht mehr gekommen, da für mich inzwischen ein neues berufliches Kapitel beim International Tracing Service (ITS) in Bad Arolsen begonnen hat. Die kürzliche Öffnung des einzigartigen Archivs ist eine Herausforderung für die Forschung über Ursachen und Folgen der nationalsozialistischen Vernichtungspolitik und des Zweiten Weltkriegs. Reto Meister, Direktor des ITS, und Dr. Vincent Frank-Steiner (Basel), danke ich für ihr großzügiges Entgegenkommen und die Förderung der Drucklegung der Fritz Bauer-Biographie.

Irmtrud Wojak

Auswahl der Schriften von Fritz Bauer

Zeitungsartikel sowie kleinere Aufsätze, die Fritz Bauer in großer Zahl schrieb, werden hier – von wenigen Beispielen abgesehen – nicht genannt, finden sich allerdings im Buch. Soweit Aufsätze von Bauer in der Schriftensammlung *Die Humanität der Rechtsordnung* (1998) wieder abgedruckt sind, wurde in diesem Buch daraus zitiert.

1927 *Die rechtliche Struktur der Truste: Ein Beitrag zur Organisation der wirtschaftlichen Zusammenschlüsse in Deutschland unter vergleichender Heranziehung der Trustformen in den Vereinigten Staaten von Amerika und Rußland.* Mannheim, Berlin, Leipzig 1927 (Wirtschaftliche Abhandlungen 4).
1941 *Penge.* Kopenhagen 1941.
1944 *Pengar i går, i dag och i morgon.* Stockholm 1944.
 Krigsförbrytarna inför domstol. Stockholm 1944.
1945 *Krigsforbrydere for domstolen.* Kopenhagen 1945.
– *Die Kriegsverbrecher vor Gericht.* Zürich, New York 1945.
– *Ökonomisk Nyorientering: Udgivet af Dansk Forening for Social Oplysning.* Kopenhagen 1945.
– «Nationale Front?», in: *Politische Information*, 1.2.1945.
1946 *Rättegangen i Nürnberg.* Stockholm 1946 (Världspolitikens dags fragor, 1946, Nr. 8).
1947 «Mörder unter uns», in: *Deutsche Nachrichten*, 20.1.1947.
1948 *Monopolernes Diktatur.* Kopenhagen 1948.
1949 «Warum Gefängnisse?», in: *Geist und Tat. Monatsschrift für Recht, Freiheit und Kultur*, Jg. 4 (1949), H. 11, S. 489–492.
1952 «Wiederaufnahme teilweise abgeschlossener Strafverfahren», in: *Juristenzeitung*, Jg. 7 (1952), H. 7/8, S. 209 ff.
– «Das Land der Kartelle», in: *Geist und Tat. Monatsschrift für Recht, Freiheit und Kultur*, Jg. 7 (1952), H. 6, S. 167–171.
– «Eine Grenze hat Tyrannenmacht», in: *Geist und Tat. Monatsschrift für Recht, Freiheit und Kultur*, Jg. 7 (1952), H. 7, S. 194–200.
1953 «Zum Begriff des Verletzten in der StPO», in: *Juristenzeitung*, Jg. 8 (1953), H. 10, S. 298–301.
– «Politischer Streik und Strafrecht», in: *Juristenzeitung*, Jg. 8 (1953), H. 21, S. 649–653.
– «Der Unrechtsstaat und das Recht», in: *Das Parlament*, Jg. 3 (1953), H. 11, S. 9
1954 «Die modernen Aufgaben einer Strafrechtsreform», in: *Hessische Hochschulwochen für staatswissenschaftliche Fortbildung.* Bad Homburg, Berlin 1954, Bd. 4, S. 67–86.
– «Die Stärke der Demokratie», in: *Geist und Tat. Monatsschrift für Recht, Freiheit und Kultur*, Jg. 9 (1954), H. 2, S. 42–45.
– «Vorwort» (zusammen mit Willi Eichler, Erich Pothoff, Otto Stammer), in: *Die neue Gesellschaft*, Jg. 1 (1954), H. 1, S. 3 f.

1955 «Im Kampf um des Menschen Rechte», in: Elga Kern (Hg.), *Wegweiser in die Zeitenwende*. München, Basel 1955, S. 176–188.
- «Streik und Strafrecht», in: *Arbeit und Recht: Zeitschrift für Arbeitsrechtspraxis*, Jg. 3 (1955), H. 3, S. 65–71.
1957 «Straffälligenhilfe nach der Entlassung», in: *Bewährungshilfe*, Jg. 3 (1957), H. 3, S. 180–199.
- *Das Verbrechen und die Gesellschaft*. München, Basel 1957.
- «Bodo Kampmanns ‹Justitia›», in: *Braunschweiger Berichte aus dem kulturellen Leben* (1957), H. 1, S. 28.
- «Selbstverwaltung und Gruppen-Therapie im Strafvollzug», in: *Recht der Jugend*, Jg. 5 (1957), H. 17, S. 257 ff., Jg. 5 (1957), H. 18, S. 278 ff., Jg. 5 (1957), H. 19, S. 298 ff.
1958 «Gegen die Todesstrafe», in: *Stimme der Gemeinde zum kirchlichen Leben, zur Politik, Wirtschaft und Kultur*, Jg. 10 (1958), H. 20, S. 726–729.
- «Mörder unter uns!», in: *Stimme der Gemeinde zum kirchlichen Leben, zur Politik, Wirtschaft und Kultur*, Jg. 10 (1958), H. 22, S. 789–792.
1959 «Familie und Verbrechen», in: *Deutsche Gesundheitspolitik*, Jg. 1 (1959), H. 5, S. 285–293.
- «Der junge Mensch, das Recht und die Publizistik», in: *Neues Beginnen: Zeitschrift der Arbeiterwohlfahrt*, Jg. 10 (1959), H. 4, S. 49 ff.
- «Aug um Auge – Zahn um Zahn?», in: *Welt der Arbeit*, Jg. 10, H. 17, 24.4.1959.
- «Hintergründe der Kriminalität», in: *Welt der Arbeit*, Jg. 10, H. 18, 1.5.1959.
- «Soziale Hilfe statt Vergeltung», in: *Welt der Arbeit*, Jg. 10, H. 19, 8.5.1959.
- «Potpourri der Halbheiten», in: *Welt der Arbeit*, Jg. 10, H. 20, 15.5.1959.
- «Ein modernes Strafrecht tut Not», in: *Gewerkschafter* (1959), Nr. 8, S. 12.
- «Wozu Todesstrafe?», in: *Neues Beginnen. Zeitschrift der Arbeiterwohlfahrt*, Jg. 10 (1959), H. 6, S. 81 ff.
- «Von Spitzbuben, Verbrechern und ehrenwerten Leuten», in: *Werden. Jahrbuch für die Gewerkschaften*, Jg. 2, Köln 1959.
- «Gedanken zur Strafrechtsreform: Wie steht die SPD zum Entwurf der Großen Strafrechtskommission?», in: *Die neue Gesellschaft*, Jg. 6 (1959), H. 4, S. 281–289.
1960 »Die ‹ungesühnte Nazijustiz›», in: *Die neue Gesellschaft*, Jg. 7 (1960), H. 3, S. 179–191.
- «Kriminologie, Strafrechtwissenschaft und -pflege», in: *Recht der Jugend*, Jg. 8 (1960), H. 8, S. 113 ff.
- «Die Rückkehr in die Freiheit: Problem der Resozialisierung», in: Burghard Freudenfeld (Hg.), *Schuld und Sühne*. München 1960, S. 13.
- «Ergebnisse moderner Kriminalstatistik», in: *Universitas: Zeitschrift für Wissenschaft, Kunst und Literatur*, Jg. 15 (1960), H. 2, S. 177–184.
- *Die Mobilisierung des Geistes*. Hg. v. Fritz Bauer, Bielefeld 1960.
1961 *Die Wurzeln faschistischen und nationalsozialistischen Handelns*. Hg. v. Landesjugendring Rheinland-Pfalz, Mainz 1961.
- «Züchtigung und Recht», in: *Recht und Wirtschaft der Schule*, Jg. 2 (1961), H. 7, S. 193–197.
- *Wir aber wollen Male richten euch zum Gedächtnis*, Dortmund 1961 (Dortmunder Vorträge, hg. v. Kulturamt Dortmund, H. 46).
- «Hauptverhandlung in zwei Etappen?: Sollen Strafe und Maßnahmen erst in zwei Verhandlungen – eventuell durch ein sachverständiges Gremium – bestimmt werden?», in: *Schriftenreihe für Oberbeamte der Polizei*, Jg. 1961, H. 1/2, Hiltrup, S. 75.

- «Strafrechtsreform und Bundestag: Überrumpelung des Parlaments?», in: *Gewerkschaftliche Monatshefte*, Jg. 12 (1961), H. 11, S. 655–660.
- «Im Gleichschritt marsch?: Widerstandspflicht aus Nächstenliebe», in: *Diskus: Frankfurter Studentenzeitung*, Jg. 11 (1961), H. 10, S. 1f.

1962 «Züchtigung und Recht», in: *Recht der Jugend*, Jg. 10 (1962), H. 20, S. 305–309.
- «Die Bedeutung der Strafrechtsreform für die akademischen Heilberufe», in: *Gesundheitspolitik*, Jg. 4 (1962), H. 5, S. 287–295.
- «Das Widerstandsrecht des kleinen Mannes», in: *Geist und Tat: Monatsschrift für Recht, Freiheit und Kultur*, Jg. 17 (1962), H. 1, S. 78–83.
- «Widerstandsrecht und Widerstandspflicht des Staatsbürgers», in: *Die Friedensrundschau: Monatszeitschrift der Internationale der Kriegsdienstgegner, Deutscher Zweig, und des Internationalen Versöhnungsbundes*, Jg. 16 (1962), H. 7/8, S. 24.
- «Widerstandsrecht und Widerstandspflicht des Staatsbürgers», in: Martin Niemöller, *Tempelreinigung: Predigt über Johannes 2,13–22*. Frankfurt/M. 1962, S. 41–68.
- «Die Schuld im Strafrecht», in: *Kriminalistik*, Jg. 16 (1962), H. 7, S. 289–292.
- «Was ist Landesverrat?», in: *Der Spiegel*, 7.11.1962.
- «Was ist unzüchtig?», in: *Vorgänge: Eine kulturpolitische Korrespondenz*, Jg. 1 (1962), H. 4/5, S. 8–11.
- «Forderungen der Gesellschaft an die Strafrechtsreform», in: *Neues Beginnen: Zeitschrift der Arbeiterwohlfahrt*, Jg. 13 (1962), H. 7, S. 99–102.
- «Justiz als Symptom», in: Hans Werner Richter (Hg.), *Bestandsaufnahme: Eine deutsche Bilanz 1962. Sechsunddreißig Beiträge deutscher Wissenschaftler, Schriftsteller und Publizisten*. München, Wien, Basel 1962, S. 221–232.
- «Selbstreinigung klappt nicht: Interview der Welt der Arbeit mit Generalstaatsanwalt Dr. Fritz Bauer über das gegenwärtige Dilemma der Justiz», in: *Welt der Arbeit*, Jg. 8, H. 28, 13.7.1962.
- «Kriminologie in neuerer Sicht», in: *Die neue Polizei: Fachzeitschrift für die gesamte Polizei*, Jg. 16 (1962), H. 3, S. 60 ff.
- «Die zehn Gebote», in: *Vorgänge: Eine kulturpolitische Korrespondenz*, Jg. 1 (1962), H. 7, S. 167.
- Antwort auf die Weihnachtsumfrage der Zeitschrift *Deutsche Post* unter dem Motto «Warum sind Sie zurückgekehrt?», in: *Deutsche Post*, Jg. 14 (1962), H. 24, S. 657 f.

1963 «Sexualstrafrecht heute», in: Fritz Bauer, Hans Bürger-Prinz, Hans Giese, Herbert Jäger (Hg.), *Sexualität und Verbrechen: Beiträge zur Strafrechtsreform*. Frankfurt/M., Hamburg 1963, S. 11–26.
- «Herrschaft der Sachverständigen», in: *Frankfurter Rundschau*, 10.1.1963.
- *Das Widerstandsrecht in unserer Geschichte*. Vortrag am 27. Mai 1963 in Wien. Wien: Bund Jüdischer Verfolgter des Naziregimes 1963.
- «Lebendige Vergangenheit», in: *Vorgänge: Eine kulturpolitische Korrespondenz*, Jg. 2 (1963), H. 7, S. 197–200.
- «Zu den Naziverbrecher-Prozessen», in: *Stimme der Gemeinde zum kirchlichen Leben, zur Politik, Wirtschaft und Kultur*, Jg. 15 (1963), H. 18, S. 563–574.
- «Die Schuld im Strafrecht», in: *Club Voltaire: Jahrbuch für kritische Aufklärung*. München 1963, S. 114–138.
- «Die Schuld im Strafrecht», in: *Vorgänge: Eine kulturpolitische Korrespondenz*, Jg. 2 (1963), H. 10, S. 297–308.
- «Demokratie und Kunst», in: *Der Treffpunkt* (1963), H. 8, S. 2 f.
- «Widerstandsrecht in Gegenwart und Vergangenheit», in: *Der Staatsbürger*, Jg. 16 (1963), H. 16, S. 1.

- «Kritische Bemerkungen zur Strafrechtsreform», in: *Kriminalistik*, Jg. 17 (1963), H. 1, S. 1 f.
- «Anm. zu BGHSt. v. 22.5.1962 – 1 StR 156/62», in: *Juristenzeitung*, Jg. 18 (1963), H. 1, S. 35 f.
- «Einleitung», in: Jürgen Seifert, *Gefahr im Verzuge. Zur Problematik der Notstandsgesetzgebung*. Frankfurt/M. 1963, S. 5–10.
- Zwei Briefe von Fritz Bauer an Dr. Egon Kochanowski/Chefdramaturg an den Städtischen Bühnen Augsburg, in: Arthur Vierbacher, *Der obszöne Figaro: Eine Dokumentation in Wort und Bild zur Aufführung von Figaros Hochzeit an den Städtischen Bühnen Augsburg*. München 1963 (*Vorgänge*-Sonderheft, Jg. 2 (1963), S. 78.

1964 «Die Verjährung der nazistischen Massenverbrechen», in: *Tribüne: Zeitschrift zum Verständnis des Judentums*, Jg. 3 (1964), H. 12, S. 1249–1255.
- «Kritik an der Strafrechtsreform», in: *DAG-Hefte für Wirtschafts-, Sozial- und Kulturpolitik*, Jg. 3 (1964), H. 3, S. 102–105.
- «Der Schriftsachverständige und der Graphologe im Strafprozeß», in: *Die neue Polizei*, Jg. 18 (1964), H. 1, S. 8.
- «Eine Dokumentation über die Todesstrafe», in: *Gewerkschaftliche Umschau*, Jg. 8 (1964), H. 1, S. 1 f.
- «NS-Verbrechen vor deutschen Gerichten», in: *Diskussion: Zeitschrift für Probleme der Gesellschaft und der deutsch-israelischen Beziehungen*, Jg. 5 (1964), H. 14, S. 4 f.
- «Anm. zu OLG Hamburg», in: *Juristenzeitung*, Jg. 19 (1964), H. 11/12, S. 384 f.
- «Staat und Sexus», in: *Littera. Dokumente. Berichte. Kommentare.* Hg. von Walter Böckmann, Bd. 3 (1964), S. 9–16.
- *Die neue Gewalt: Die Notwendigkeit der Einführung eines Kontrollorgans in der Bundesrepublik Deutschland*. München 1964 (Vortrag).
- «Was an der Strafrechtsreform reformbedürftig ist», in: Robert Jungk, Hans Josef Mundt (Hg.), *Deutschland ohne Konzeption? Am Beginn einer neuen Epoche. Zwanzig Beiträge internationaler Wissenschaftler, Schriftsteller und Publizisten.* München, Wien, Basel 1964, S. 374–393.
- «Was an der Strafrechtsreform reformbedürftig ist», in: *Informationen*, hg. v. d. Humanistischen Union (1964), H. 4, S. 1–24.
- «Nach den Wurzeln des Bösen fragen», in: *Die Tat*, 7.3.1964.
- «Das Recht auf Widerstand und General Oster», in: *Freiheit und Recht*, Jg. 10 (1964), H. 7, S. 14–17.
- «Oster und das Widerstandsrecht», in: *Politische Studien*, Jg. 15 (1964), H. 154, S. 188–194.
- «Frieden in unserer Zeit?», in: *Blickpunkt*, Jg. 14 (1964), H. 131, S. 2.

1965 «Die Widerstandsidee in Vergangenheit und Gegenwart», in: *Zeitschrift für Geopolitik*, Jg. 13 (1965), H. 9/10, S. 289–294.
- «Der Prozeß Jesu», in: *Tribüne: Zeitschrift zum Verständnis des Judentums*, Jg. 4 (1965), H. 16, S. 1710–1722.
- «Diensteid und Grenzen der Dienstpflicht», in: Hildburg Bethke (Hg.), *Eid, Gewissen, Treuepflicht*. Frankfurt/M. 1965, S. 122–135.
- *Die Wurzeln faschistischen und nationalsozialistischen Handelns*. Frankfurt/M. 1965.
- «Diese Verbrechen einfach vergessen?», in: *Holzarbeiterzeitung*, Jg. 72 (1965), H. 2, S. 8 f.
- «Mythologisierung der ‹Pflicht›», in: *Tribüne: Zeitschrift zum Verständnis des Judentums*, Jg. 4 (1965), H. 14, S. 1493 f.

- «Genocidium (Völkermord)», in: Rudolf Sieverts, Hans Joachim Schneider (Hg.), *Handwörterbuch der Kriminologie*. Bd. 1. Berlin, New York 1965, S. 268–274.
- «Antinazistische Prozesse und politisches Bewußtsein: Dienen NS-Prozesse der politischen Aufklärung?», in: Hermann Huss, Andreas Schröder (Hg.), *Antisemitismus: Zur Pathologie der bürgerlichen Gesellschaft*. Frankfurt/M. 1965, S. 168–193.
- *Widerstand gegen die Staatsgewalt: Dokumente der Jahrtausende*. Zusammengestellt und kommentiert von Fritz Bauer. Frankfurt/M., Hamburg 1965.
- «Im Namen des Volkes. Die Strafrechtliche Bewältigung der Vergangenheit», in: Helmut Hammerschmidt (Hg.), *Zwanzig Jahre danach: Eine Deutsche Bilanz 1945–1965*. München, Wien, Basel 1965, S. 301–314.
- «Grundgesetz und ‹Schmutz- und Schundgesetz›», in: *Juristenzeitung*, Jg. 20 (1965), H. 2, S. 41–47.
- «Nachwort», in: Hermann Schreiber, *Die zehn Gebote: Der Mensch und sein Recht*. Berlin, Darmstadt, Wien 1965.
- «Gesetz und Recht im Wandel unserer Zeit», in: *Vorgänge: Eine kulturpolitische Korrespondenz*, Jg. 4 (1965), H. 6, S. 251–255.
- «Die Verjährung nazistischer Mordtaten», in: *Vorgänge: Eine kulturpolitische Korrespondenz*, Jg. 4 (1965), H. 2, S. 49.
- «Die Verjährung nazistischer Massenverbrechen», in: ÖTV Stuttgart (Hg.), *Vergessen, vergeben, verjähren?* Stuttgart 1965, S. 25–32.
- «Einleitung», in: Jürgen Seifert, *Gefahr im Verzuge*. Frankfurt/M. 1965, S. 7–12.
- «Vorwort», in: Arthur Weinberg, *Anwalt der Verdammten*. Berlin, Darmstadt, Wien 1965, S. 7–12.
- «Warum Auschwitzprozesse?», in: *Neutralität: Kritische Schweizer Zeitschrift für Kultur und Politik*, Jg. 2 (1965), H. 6/7, S. 76.

1966
- «Vorwort», in: Heinz Kraschutzki, *Die Untaten der Gerechtigkeit. Vom Übel der Vergeltungsstrafe*. München 1966, S. 7–9.
- «Von der Kriminalität der ‹Weißen Kragen›», in: *Die Neue Rundschau*, Jg. 77 (1966), H. 2, S. 282–298.
- «Was hat Auschwitz mit dem ‹Deutschen Menschen› zu tun?», in: Hermann Glaser (Hg.), *Haltungen und Fehlhaltungen in Deutschland: Ein Tagungsbericht/Das Nürnberger Gespräch*. Freiburg 1966, S. 107–119.
- «Die SPD zum Strafvollzug», in: *Recht und Politik: Vierteljahreshefte für Rechts- und Verwaltungspolitik*, Jg. 2 (1966), H. 1, S. 11 ff.
- *Auf der Suche nach dem Recht*. Stuttgart 1966.
- «Der Staat und die Intellektuellen», in: *Tribüne: Zeitschrift zum Verständnis des Judentums*, Jg. 5 (1966), H. 17, S. 1799 f.

1967
- «Die Reformbedürftigkeit der Strafrechtsreform», in: *Gestern und Heute: Dokumentationen und zeitgeschichtliche Beiträge*, Sonderreihe (1967), H. 20, S. 1–23.
- «Ideal- oder Realkonkurrenz bei nationalsozialistischen Verbrechen?», in: *Juristenzeitung*, Jg. 22 (1967), H. 20, S. 625–628.
- «Strafrecht, Wertordnung und pluralistische Gesellschaft», in: Richard Schwarz (Hg.), *Menschliche Existenz und moderne Welt: Ein internationales Symposium zum Selbstverständnis des heutigen Menschen*. Teil I. Berlin 1967, S. 596–616.
- «Sexualtabus und Sexualethik im Spiegel des Strafgesetzes», in: *gestern und heute: Dokumentationen und zeitgeschichtliche Beiträge. Schuld und Sühne in der Bundesrepublik*. München 1967 (Sonderreihe, Nr. 29), S. 1–22.
- «Kriminologie und Prophylaxe des Völkermords», in: *Recht und Politik: Vierteljahreshefte für Rechts- und Verwaltungspolitik*, Jg. 3 (1967), H. 3, S. 67–74.

- «Das Strafrecht und das heutige Bild vom Menschen», in: Leonhard Reinisch (Hg.), *Die deutsche Strafrechtsreform. Zehn Beiträge von Fritz Bauer, Jürgen Baumann, Werner Maihofer und Armand Mergen.* München 1967, S. 11–23.
- «Wertordnung und pluralistische Gesellschaft», in: Leonhard Reinisch (Hg.), *Die deutsche Strafrechtsreform.* Zehn Beiträge von Fritz Bauer, Jürgen Baumann, Werner Maihofer und Armand Mergen. München 1967, S. 24–39.
- «Geburtenkontrolle nach dem Recht der Bundesrepublik», in: Bodo Manstein (Hg.), *Liebe und Hunger: Die Urtriebe im Licht der Zukunft.* München, Wien, Basel 1967, S. 201 ff.
- «Considérations sur le génocide», in: *La prophylaxie du génocide: Études internationales de psycho-sociologie criminelle,* Paris, Juli 1967, H. 11–13.
- «Sexualverbrechen – Sexualtabus», in: *Die Berliner Ärztekammer,* Jg. 4 (1967), H. 6, S. 230.
- «Rechtsradikalismus – eine deutsche Krankheit?», in: *Vorwärts,* März 1967, S. 8 f.
- «Zur Jugendkriminalität», in: *Neue Sammlung: Göttinger Blätter für Kultur und Erziehung,* Jg. 7 (1967), H. 5, S. 459–463.

1968 «Rezept für Kartoffelpuffer», in: Erna Hammer-Höstery, Hugo Sieker (Hg.), *Die bleibende Spur: Ein Gedenkbuch für Walter Hammer 1888–1966.* Hamburg 1968, S. 180 f.

Justiz und NS-Verbrechen. Sammlung deutscher Strafurteile wegen nationalsozialistischen Tötungsverbrechen 1945–1966. Bd. 1. Amsterdam 1968 (Hg. F. Bauer u. a.).

- «Das ‹gesetzliche Unrecht› des Nationalsozialismus und die deutsche Strafrechtspflege», in: Arthur Kaufmann (Hg.), *Gedächtnisschrift für Gustav Radbruch.* Göttingen 1968, S. 302–307.
- «Ungehorsam und Widerstand in Geschichte und Gegenwart», in: *Vorgänge: Eine kulturpolitische Korrespondenz,* Jg. 7 (1968), H. 8/9, S. 286–292.
- «Kriminologie des Völkermordes», in Peter Schneider, Hermann Josef Meyer (Hg.), *Rechtliche und politische Aspekte der NS-Verbrecherprozesse.* Mainz 1968, S. 16–24.
- «Jäger, Herbert: Verbrechen unter totalitärer Herrschaft», in: *Juristenzeitung,* Jg. 23 (1968), H. 7, S. 238.
- «Das Sexualstrafrecht», in: Fritz Bauer, Heinz-Joachim Heydorn, Berthold Simonsohn, Friedrich Hahn, Anselmus Hertz (Hg.), *Erziehung und Sexualität.* Frankfurt/M., Berlin, Bonn, München 1968, S. 76–93.
- «Zu zwei Gedichten von Heinrich Jacob», in: *Streit-Zeit-Schrift,* Jg. 6 (1968), H. 2, S. 110.
- «Auf der Flucht erschossen», in: *Streit-Zeit-Schrift,* Jg. 6 (1968), H. 2, S. 93–96.
- «Fritz Bauer antwortet (auf Winfried Haug)», in: *Streit-Zeit-Schrift,* Jg. 6 (1968), H. 2, S. 99 f.
- Gerhard Zwerenz, «Gespräche mit Fritz Bauer», in: *Streit-Zeit-Schrift,* Jg. 6 (1968), H. 2, S. 89–93.
- «Schopenhauer und die Strafrechtsproblematik», in: Arthur Hübscher (Hg.), *Schopenhauer Jahrbuch für das Jahr 1968.* Frankfurt/M., Jg. 49 (1968), S. 13–29.
- «Zwei autobiographische Schilderungen», in: Sender Freies Berlin (Hg.), *Um uns die Fremde: Die Vertreibung des Geistes 1933–1945.* Berlin 1968, S. 31 f. und 69.

1969 *Vom kommenden Strafrecht.* Karlsruhe 1969.
- «Alternativen zum politischen Strafrecht», in: *Vorträge gehalten anläßlich der Hessischen Hochschulwoche für staatswissenschaftliche Fortbildung 3.–9. März 1968.* Bd. 62. Bad Homburg, Berlin, Zürich 1969, S. 85–99.

- «Zur sexualstrafrechtlichen Situation in Deutschland», in: *Sexualität ist nicht pervers*. Wien, Frankfurt/M., Zürich 1969, S. 113–121.
- «Kunstzensur», in: *Streit-Zeit-Schrift*, Jg. 7 (1969), H. 1, S. 42–47.
1972 «Widerstandsrecht und Widerstandspflicht des Staatsbürgers (1962)», in: Arthur Kaufmann (Hg.), *Widerstandsrecht*. Darmstadt 1972, S. 482–504.
1973 «Kindeszüchtigung und Recht», in: *Vorgänge: Eine kulturpolitische Korrespondenz*, Jg. 12 (1973), H. 5, S. 21–31.
1977 «Auf der Flucht erschossen», in Wolfgang Bittner (Hg.), *Strafjustiz: Ein bundesdeutsches Lesebuch*. Fischerhude 1977 (Fischerhuder Texte, H. 20), S. 116 ff.
- «Scham bei der Lektüre: Richter zerstören die Demokratie», in: Heinrich Hannover, Elisabeth Hannover-Drück (Hg.), *Politische Justiz 1918–1933*. Hamburg 1977.
1979 «Die Kriminalität der ‹Weißen Kragen›», in: *Beiträge über Wirtschaftskriminalität: Präventive Maßnahmen. Tatbegehung und Täterpersönlichkeit. Reformen des Strafrechts und des Wirtschaftsrechts. Bibliographie*. Frankfurt/M. 1979, S. 9–25.
1998 *Die Humanität der Rechtsordnung. Ausgewählte Schriften*. Hg. v. Joachim Perels und Irmtrud Wojak. Frankfurt/M., New York 1998 (Wissenschaftliche Reihe des Fritz Bauer Instituts, Bd. 5).

Quellen- und Literaturverzeichnis

Unveröffentlichte Quellen

Arbejderbevaegelsens Bibliotek og Arkiv (ABA), Kopenhagen
    Erinnerungen von Margarete Raloff
    Protokollbuch der SoPaDe-Landesgruppe Dänemark
Arbetarrörelsens Arkiv och Bibliotek (ARA), Stockholm
    Exilen (1933–1945), Freie Bühne
    Nachlass Otto Friedländer
    Nachlass Kurt Heinig
    Sammlung SPD in Schweden
Archiv der sozialen Demokratie (AdsD), Bonn
    Nachlass Fritz Bauer
    Nachlass Wilhelm Keil
    Nachlass Karl Raloff
    Nachlass Carlo Schmid
    Nachlass Erwin Schoettle
    Nachlass Kurt Schumacher
    SoPaDe Emigration
    SPD-Parteivorstand, Sekr. Fritz Heine
    SPD-Bundestagsfraktion, 3. und 4. Wahlperiode
    Willy-Brandt-Archiv (WBA) im Archiv der sozialen Demokratie, Bonn
        Korrespondenz 1933–1945
Archiv des dänischen Außenministeriums, Kopenhagen
    Polizeiakte Fritz Bauer
Archiv des Eberhard-Ludwigs-Gymnasiums, Stuttgart
Auswärtiges Amt (AA), Politisches Archiv, Berlin
    Aberkennung der deutschen Staatsangehörigkeit Dr. Fritz Max Bauer, R 99722
Bundesamt für Verfassungsschutz (BfV), Köln
    Korrespondenz-Akten betr. A. Eichmann
Bundesarchiv (BA), Berlin
    All. Proz. 6 Eichmann-Prozess (Nachlass Servatius)
    N 1497 Nachlass Eichmann
    DP 3 (Generalstaatsanwaltschaft): Beckerle-Verfahren; Ermittlungen gegen Bormann
    Bereitstellung von Beweisdokumenten für GStA-BRD
Bundesarchiv, Zentrale Stelle (BAZSt), Ludwigsburg
    B 162/4445–4458; B 162/4460; B 162/4461; B 162/4468–4470; B 162/4466–4467; B 162/4526–4529; B 162/4462–4463; B 162/14506; B 162/14419; B 162/4471–4473; B 162/14474; B 162/4504; B 162/14483
Der Bundesbeauftragte für die Unterlagen des Staatssicherheitsdienstes der ehemaligen Deutschen Demokratischen Republik (BStU) Berlin, MfS SdM 1239

Central Zionist Archives (CZA), Jerusalem
    109, 122: Shinnar/Blum
Hauptstaatsarchiv (HStA), Stuttgart
    Nachlass Richard Schmid
Hessisches Hauptstaatsarchiv (HHStA), Wiesbaden
    Akten der Abt. 631a (Generalstaatsanwaltschaft)
Hessisches Ministerium der Justiz (HMJ), Wiesbaden
    Personalakte Dr. Fritz Bauer
    Personalakte Dr. Helga Einsele
    Strafsache gegen Dr. Bruno Beger u. a., Az III/4 – 1213/612; Ermittlungsverfahren gegen Schlegelberger u. a., Az. III/4 – 557/65, Bd. 1 und 2; Dr. Mengele, Josef. Auslieferung, Bd. I und II, Az. 9351EIV – 314/61; Dr. Josef Mengele, Az. 9351E III (V) – 314/61 und Az. 9351E III (IV) – 314/61, Bd. III; Dr. Lucas (Auschwitz), Az.III/2 – 1076/59; Komplex KZ Auschwitz. Beyer, Mengele, Muka u. a., Az. IV – 1076/59, Bd. IV; Komplex KZ Auschwitz. Beyer, Mengele, Mulka u. a., Az. III/2 (IV) – 1076/59, Bd. VI; Veesenmayer, Edmund, jetzt: Eichmann, Adolf, Az. 1280/59, Bd. Bd. I, II und III; Ermittlungsverfahren gegen Kuno Callsen (Sonderkommando 4a), Az. III/2 – 227/65, Bd. I; Dr. Werner Heyde u. a., Az. IV – 1834/59, Bd. III und IV; Werner Blankenburg u. a., Az. IV – 1554/60, Bd. I und Bd. II; Dr. Horst Schumann, Auslieferung von Ghana nach Deutschland, Az. 9351 E IV – 653/61, Bd. I; Ermittlungsverfahren gegen Alois Brunner, 4000/1E-III/3–541/61, Bd. I.
Max-Horkheimer-Archiv (MHA) in der Stadt- und Landesbibliothek Frankfurt/M.
Institut für Zeitgeschichte (IfZ), München
    Sammlung Walter Hammer
    Sammlung Hans Reinowski
Israel State Archive (ISA), Jerusalem
    Akten des Eichmann-Prozesses; Adolf Eichmann, «Götzen», Aufzeichnungen im Gefängnis in Israel, datiert 6.9.1961, Original und Abschrift, 676 Seiten
Landesarchiv (LA) for Sjaelland, Lolland-Falster og Bornholm, Kopenhagen
    Fritz Bauer, file # 52
Niedersächsisches Staatsarchiv (Nds StA), Wolfenbüttel
    61 Nds Fb. 1   Staatsanwaltschaft beim Oberlandesgericht Braunschweig
    61 Nds Fb. 1   Staatsanwaltschaft beim Landgericht Braunschweig
    62 Nds Fb. 2   Staatsanwaltschaft beim Landgericht Braunschweig
Österreichisches Staatsarchiv, Wien
    Depot Pelinka, Nachlass Hermann Langbein
Privatarchiv Anna Maria Bauer-Petersen, Kopenhagen
Privatarchiv Horst Krüger, Frankfurt/M.
Privatarchiv Prof. Dr. Sepp Laufer, Sarasota (Florida, USA)
Privatarchiv Dr. Heinz Meyer-Velde, Oldenburg
Privatarchiv Sibylle Obenaus und Prof. Dr. Herbert Obenaus, Isernhagen
Privatarchiv Prof. Dr. Joachim Perels, Hannover
Privatarchiv Ilse Staff, Kelkheim
Privatarchiv Rolf Tiefenthal, Velbaek (Dänemark)
Reichsarchiv (RA), Kopenhagen
    Polizeiakte Fritz Bauer
Staatsanwaltschaft (StA) beim Oberlandesgericht (OLG) Frankfurt/M.
    Sammel-Akten, Betr. Tagungen der Generalstaatanwälte, 3131 E – 105 (1962), 3131 E – 108 (1963), 3131 E – 114 (1964), 3131 E – 120 (1965), 3131 E – 135 (1968)
    Strafsache gegen Alois Brunner, 50 Js 36019/84 (GStA)

Staatsarchiv (StA) Ludwigsburg
   Entschädigungssache Dr. Fritz Bauer ES 9223 (EL 350)
   Entschädigungssache Ludwig Bauer ES 5229
Stadtarchiv Frankfurt/M.
   Magistratsakten Sign. 61
Stadtarchiv Kopenhagen
   Heiratsregister, 2092/1943
Stadtarchiv München
   Polizeimeldebogen (PMB) B63
Statens Invandrarverk, Norrköping
   Statens Utlänningskommission, Mölle, Lagerarkiv, Visumsregister und Kontrollregister
Universitätsarchiv Heidelberg
Universitätsarchiv Tübingen
Yad Vashem, Jerusalem
   Interview von Leni Yahil mit Fritz Bauer
   Nachlass Henry Ormond

Interviews und Filme

Lisa Abendroth
   Interviewmitschrift I. Wojak, 9.6.1997, Frankfurt am Main
ALS SIE NOCH JUNG WAREN / Dr. Fritz Bauer, TV-Dokumentation 1967, Interviewer: Renate Harprecht; Müller Scherak Produktion; für den Westdeutschen Rundfunk (WDR), Köln. Transkription des Interviews: Susanne Krejcik, Juli 2003.
Brigitte Åkjaer
   Tonbandinterview Sibylle und Herbert Obenaus, 15.9.1993, Kopenhagen
Anna Maria Bauer Petersen
   Interviewmitschrift I. Wojak, 28.2.1997, Kopenhagen
Haim Cohn
   Tonbandinterview I. Wojak, 7.1.1997, Jerusalem
Ole Grünbaum
   Telefongespräch, Mitschrift I. Wojak, 23.2.1997, Kopenhagen
Isser Harel
   Tonbandinterview I. Wojak, 14.1.1997, Tel Aviv (Dolmetscherin: Antje Naujoks, Jerusalem)
Thomas Harlan
   Interviewmitschrift I. Wojak, 29.5.2005, Bad Schönau
HEUTE ABEND KELLER CLUB, TV-Dokumentation 1964, BRD; Redaktion: Dietrich Wagner; Hessischer Rundfunk. Frankfurt/M.
Hanna Kobylinski Rozental
   Gesprächsmitschrift I. Wojak, 26.2.1997, Kopenhagen
Helmut Mielke
   Tonbandinterview I. Wojak, 2.6.1997, Stuttgart
NORMAL – VERSUCH EINER DEFINITION, TV-Dokumentation 1967, BRD; Regie: J. Brede; Radio Bremen.
Niels Rickelt
   Interviewmitschrift I. Wojak, 27.2.1997, Kopenhagen
Lotte Ruggaber
   Tonbandinterview I. Wojak, 5.6.1997, Stuttgart

Rolf Tiefenthal
  Interviewmitschrift I. Wojak, 23. 2.1997, Kopenhagen
Gerhard Zwerenz
  Interview mit Fritz Bauer, in: *Streit-Zeit-Schrift*, Jg. 6 (1968), H. 2, S. 89–93.

Gedruckte und/oder digitalisierte Quellen

«Auschwitz auf dem Theater? Ein Podiumsgespräch im Württembergischen Staatstheater Stuttgart am 24. Oktober 1965 aus Anlaß der Erstaufführung der ‹Ermittlung›» [von Peter Weiss], in: Stephan Braese u. a. (Hg.), *Deutsche Nachkriegsgesellschaft und der Holocaust*. Frankfurt/M., New York 1998 (Wissenschaftliche Reihe des Fritz Bauer Instituts, Bd. 6), S. 71–98.
Der Auschwitz-Prozeß. Tonbandmitschnitte/Protokolle/Dokumente. Hg. v. Fritz Bauer Institut und dem Staatlichen Museum Auschwitz-Birkenau. Digitale Bibliothek Nr. 101 (DVD-Rom). Berlin 2004.
Friedman, Tuviah (Hg.), *Die «Ergreifung Eichmanns». Dokumentarische Sammlung*. Haifa 1971.
Hepp, Michael (Hg.), *Die Ausbürgerung deutscher Staatsangehöriger 1933–45 nach den im Reichsanzeiger veröffentlichten Listen*. Bd. 1. *Listen in chronologischer Reihenfolge*. München, New York, London, Paris 1985.
Kontrollratsgesetz Nr. 10. Erläutert von Herbert Kraus, Verteidiger beim Internationalen Militär-Gerichtshof, Nürnberg. Hamburg 1948.
Kulka, Otto und Eberhard Jäckel (Hg.), *Die Juden in den geheimen NS-Stimmungsberichten 1933–1945*. Düsseldorf 2004 (Schriften des Bundesarchivs, Bd. 62).
Langbein, Hermann, *Der Auschwitz-Prozeß: Eine Dokumentation*. 2 Bde. Wien 1965, Neuaufl. Frankfurt/M. 1995.
Sauer, Paul (Bearb.), *Dokumente über die Verfolgung der jüdischen Bürger in Baden-Württemberg durch das Nationalsozialistische Regime 1933–1945*. Bd. 2. Stuttgart 1966.
State of Israel, Ministry of Justice, *The Trial of Adolf Eichmann. Record of Proceedings in the District Court of Jerusalem*. Vol. IV. Jerusalem 1993.
«Urteil des Landgerichts Braunschweig vom 15. März 1952 in der Strafsache gegen Generalmajor a. D. Remer wegen übler Nachrede», in: Herbert Kraus (Hg.), *Die im Braunschweiger Remer-Prozeß erstatteten moraltheologischen und historischen Gutachten nebst Urteil*. Hamburg 1953, S. 105–136.
Verzeichnis der Behörden, Mitglieder, Vereine der Israelitischen Gemeinden Stuttgart, Cannstadt, Eßlingen, Göppingen, Heilbronn, Ludwigsburg, Ulm. Hg. v. M. Meyer. Stuttgart 1929/30.

Autobiographien, Erinnerungen und Tagebücher

Bedford, Sibylle, *Treibsand. Erinnerungen einer Europäerin*. München 2008.
Brandt, Rut, *Freundesland*. Düsseldorf 1996.
Brandt, Willy, *Mein Weg nach Berlin. Aufgezeichnet von Leo Lania*. München 1960.
Düx, Heinz, *Die Beschützer der willigen Vollstrecker. Persönliche Innenansichten der bundesdeutschen Justiz*. Bonn 2004.
Einsele, Helga, *Mein Leben mit Frauen in Haft*. Stuttgart 1994.
Friedman, Tuviah, *The Hunter*. London 1961.
Groscurth, Helmuth, *Tagebücher eines Abwehroffiziers 1938–1940. Mit weiteren Dokumenten zur Militäropposition gegen Hitler*. Hg. v. Helmut Krausnick. Stuttgart 1970.

Haag, Lina, *Eine Hand voll Staub. Widerstand einer Frau 1933–1945*. Tübingen 2004 (Orig. 1947).
Harel, Isser, *The House on Garibaldi Street. The Capture of Adolf Eichmann*. London 1975.
Kardorff, Ursula von, *Berliner Aufzeichnungen aus den Jahren 1942 bis 1945*. München 1962.
Kaufmann, Hanne, *Die Nacht am Öresund. Ein jüdisches Schicksal*. Gerlingen 1994 (Orig. 1968).
Keil, Wilhelm, *Erlebnisse eines Sozialdemokraten*. 2 Bde. Stuttgart 1947/48.
Kempner, Robert M. W., *Ankläger einer Epoche. Lebenserinnerungen* (in Zusammenarbeit mit Jörg Friedrich). Frankfurt/M., Berlin, Wien 1983.
Klemperer, Victor, *Ich will Zeugnis ablegen bis zum letzten. Tagebücher 1933–1941*. 2. Aufl. Berlin 1995.
Kortner, Fritz, *Aller Tage Abend*. München 1959.
Krüger, Horst, *Das zerbrochene Haus. Eine Jugend in Deutschland*. 6. Aufl. München 1999.
Kügler, Joachim, «Es hat das Leben verändert», in: Fritz Bauer Institut (Hg.), *Im Labyrinth der Schuld. Täter–Opfer–Ankläger*. Hg. v. Irmtrud Wojak und Susanne Meinl. Frankfurt/M., New York 2003 (Jahrbuch 2003 zur Geschichte und Wirkung des Holocaust), S. 297–314.
Miller, Arthur, *Zeitkurven. Ein Leben*. 4. Aufl. Frankfurt/M. 1987
Neumann, Robert, *Vielleicht das Heitere. Tagebuch aus einem anderen Jahr*. München, Wien, Basel 1968.
Raloff, Karl, *Ein bewegtes Leben. Vom Kaiserreich bis zur Bundesrepublik*. Eingeleitet und kommentiert von Herbert und Sibylle Obenaus. Hannover 1995.
Roßmann, Erich, *Ein Leben für Sozialismus und Demokratie*. Stuttgart und Tübingen 1946.
Schmid, Carlo, *Erinnerungen*. Bern, München 1981.
Schmid, Richard, *Letzter Unwille*. Stuttgart 1984.
Schön, Heinz, *Die Gustloff-Katastrophe. Bericht eines Überlebenden*. 6. Aufl. Stuttgart 2002.
Schwinge, Erich, *Ein Juristenleben im zwanzigsten Jahrhundert*. Frankfurt/M. 1997.
Seydewitz, Ruth und Max, *Unvergessene Jahre. Begegnungen*. Berlin 1984.
Stern, Fritz, *Fünf Deutschland und ein Leben. Erinnerungen*. München 2007.
Tiefenthal, Rolf, *Double Exodus*. Aufzeichnung über die Flucht der Familie nach Dänemark und Schweden, o. D. 1993, Privatarchiv Rolf Tiefenthal, Velbaek (Dänemark).
Toller, Ernst, *Eine Jugend in Deutschland*. Reinbek bei Hamburg 1963 (Orig. Amsterdam 1933).
Uhlmann, Fred, *Erinnerungen eines Stuttgarter Juden*. Stuttgart 1992 (Veröffentlichungen des Archivs der Stadt Stuttgart, Bd. 56).
Wiesenthal, Simon, *Recht, nicht Rache*. Frankfurt/M., Berlin 1988.
Zweig, Stefan, *Die Welt von gestern. Erinnerungen eines Europäers*. Frankfurt/M. 1955 (Orig. Stockholm 1944).

Sekundärliteratur

Adam, Uwe Dietrich, *Judenpolitik im Dritten Reich*. 2. Aufl. Düsseldorf 1972.
Adamas, Myrah, *Das KZ Oberer Kuhberg in Ulm 1933–1935. Die Würde des Menschen ist unantastbar* (Katalog zur Ausstellung). Ulm 2000.

Adler, Max, *Politische oder soziale Demokratie. Ein Beitrag zur sozialistischen Erziehung.* Berlin 1926.

Adler, Max, *Die Staatsauffassung des Marxismus. Ein Beitrag zur Unterscheidung von soziologischer und juristischer Methode.* Wien 1922 (Marx-Studien. Blätter zur Theorie und Politik des wissenschaftlichen Sozialismus. Hg. v. Max Adler und Rudolf Hilferding, 4. Bd., II. Hälfte).

Adorno, Theodor W., «Metaphysik. Begriff und Probleme» (1965). Hg. v. Rolf Tiedemann, in: *Nachgelassene Schriften.* Hg. v. Theodor W. Adorno Archiv. Abt. IV: *Vorlesungen.* Bd. 15. Frankfurt/M. 1998.

Adorno, Theodor W., *Minima Moralia.* Frankfurt/M. 2003 (Orig. 1951).

Adorno, Theodor W., *Negative Dialektik. Jargon der Eigentlichkeit.* Dritter Teil: *Modelle. Gesammelte Schriften.* Bd. 6. Hg. v. Rolf Tiedemann. Frankfurt/M. 1986 (CD-Rom, Digitale Bibliothek).

Adorno, Theodor W., «Was bedeutet: Aufarbeitung der Vergangenheit», in: ders., *Kulturkritik und Gesellschaft II. Gesammelte Schriften.* Bd. 10.2. Hg. v. Rolf Tiedemann. Frankfurt/M. 1977, S. 555–572, hier S. 555.

Aharoni, Zvi und Wilhelm Dietl, *Der Jäger. Operation Eichmann. Was wirklich geschah.* Stuttgart 1996.

Aly, Götz (Hg.), *Aktion T4 1939–1945. Die «Euthanasie-Zentrale in der Tiergartenstraße 4.* Berlin 1987.

Aly, Götz, *«Endlösung». Völkerverschiebung und der Mord an den europäischen Juden.* Frankfurt/M. 1995.

Aly, Götz und Christian Gerlach, *Das letzte Kapitel. Der Mord an den ungarischen Juden.* Stuttgart, München 2002.

Amend, Manfred, «Ansehen der Justiz», in: *Frankfurter Rundschau,* 13.5.1965.

Angress, Werner T., «Juden im politischen Leben der Revolutionszeit», in: Werner E. Mosse unter Mitwirkung von Arnold Paucker (Hg.), *Deutsches Judentum in Krieg und Revolution 1916–1923.* Tübingen 1971, S. 137–315.

Arbeiterbewegung in Stuttgart 1933. Erinnerungen, Berichte, Dokumente. Hg. v. Arbeitskreis zur Erforschung der Geschichte der Stuttgarter Arbeiterbewegung beim DGB. Zusammengestellt und bearbeitet von Helmut Fidler. Tübingen 1984.

Arendt, Hannah, «Der Auschwitz-Prozeß», in: dies., *Nach Auschwitz. Essays & Kommentare I.* Hg. von Elke Geisel und Klaus Bittermann. Berlin 1989, S. 99–136.

Arendt, Hannah, «Besuch in Deutschland 1950. Die Nachwirkungen des Naziregimes», in: dies., *Zur Zeit. Politische Essays.* Hg. v. Marie Luise Knott. Berlin 1986, S. 43–70.

Arendt, Hannah, *Eichmann in Jerusalem. Ein Bericht von der Banalität des Bösen.* München 1964.

Arendt, Hannah, «Persönliche Verantwortung in der Diktatur», in: dies., *Israel, Palästina und der Antisemitismus. Aufsätze.* Hg. v. Eike Geisel und Klaus Bittermann. Berlin 1991, S. 7–38.

Arndt, Ino und Heinz Boberach, «Deutsches Reich», in: Wolfgang Benz (Hg.), *Dimension des Völkermords. Die Zahl der jüdischen Opfer des Nationalsozialismus.* München 1991, S. 23–65.

Arnold, Klaus Jochen, «Die Eroberung und Behandlung der Stadt Kiew durch die Wehrmacht im September 1941. Zur Radikalisierung der Besatzungspolitik», in: *Militärgeschichtliche Mitteilungen,* Bd. 58 (1999), H. 1, S. 23–63.

Atze, Marcel, «‹... an die Front des Auschwitz-Prozesses›», in: Irmtrud Wojak (Hg.), *Auschwitz-Prozeß 4 Ks 2/63 Frankfurt am Main.* Köln 2004, S. 637–647.

Atze, Marcel, «‹Deutscher Mord›. Horst Krüger», in: Irmtrud Wojak (Hg.), *Auschwitz-Prozeß 4 Ks 2/63 Frankfurt am Main.* Köln 2004, S. 759–765.

Atze, Marcel, «‹Gewiß, das muß man gesehen haben›. Robert Neumann», in: Irmtrud Wojak (Hg.), *Auschwitz-Prozeß 4 Ks 2/63 Frankfurt am Main*. Köln 2004, S. 695–703.

Bästlein, Klaus, «Nazi-Blutrichter als Stützen des Adenauer-Regimes», in: Helge Grabitz, Klaus Bästlein und Johannes Tuchel (Hg.), *Die Normalität des Verbrechens. Bilanz und Perspektiven der Forschung zu den nationalsozialistischen Gewaltverbrechen*. Festschrift für Wolfgang Scheffler zum 65. Geburtstag. Berlin 1994, S. 408–443.

Bajohr, Frank, «Über die Entwicklung eines schlechten Gewissens. Die deutsche Bevölkerung und die Deportationen 1941–1945», in: *Beiträge zur Geschichte des Nationalsozialismus*. Bd. 20: *Die Deportation der Juden aus Deutschland. Pläne – Praxis – Reaktionen 1938–1945*. Göttingen 2004, S. 180–195.

Bar-Zohar, Michael, *Ben-Gurion*. Tel Aviv 1978.

Barkai, Avraham, «Jüdisches Leben unter der Verfolgung», in: Michael A. Meyer unter Mitw. v. Michael Brenner im Auftrag des Leo-Baeck-Instituts (Hg.): *Deutsch-jüdische Geschichte in der Neuzeit*. Bd. IV. *Aufbruch und Zerstörung 1918–1945*. München 1997, S. 225–248.

Barkai, Avraham, *Vom Boykott zur «Entjudung». Der wirtschaftliche Existenzkampf der Juden im Dritten Reich 1933–1943*. Frankfurt/M. 1987.

Barkai, Avraham, *«Wehr dich!» Der Zentralverein deutscher Staatsbürger jüdischen Glaubens 1893–1938*. München 2002.

Bauer, Yehuda, *Freikauf von Juden? Verhandlungen zwischen dem nationalsozialistischen Deutschland und jüdischen Repräsentanten von 1933 bis 1945*. 2. Aufl. Frankfurt/M. 1996.

Baumann, Jürgen, «Beihilfe bei eigenhändiger voller Tatbestandserfüllung», in: *Neue Juristische Wochenschrift*, Jg. 16 (1963), Nr. 13, S. 561–565.

Baumann, Jürgen, «Die Tatherrschaft in der Rechtsprechung des BGH», in: *Neue Juristische Wochenschrift*, Jg. 15 (1962), Nr. 9, S. 374–37.

Baumann, Jürgen, «Warum Auschwitz-Prozesse»?, in: *Die politische Meinung*, Jg. 9 (1964), H. 98, S. 53–63.

Beier, Gerhard, *SPD Hessen. Chronik 1945–1988*. Bonn 1989.

Bein, Reinhard, *Widerstand im Nationalsozialismus. Braunschweig 1930 bis 1945*. Braunschweig 1985.

Benz, Wolfgang, «Bürger als Mörder und die Unfähigkeit zur Einsicht. Der Auschwitz-Prozeß», in: Uwe Schulz (Hg.), *Große Prozesse. Recht und Gerechtigkeit in der Geschichte*. München 1996, S. 382–391.

Benz, Wolfgang, «Das Exil der kleinen Leute», in: ders. (Hg.), *Das Exil der kleinen Leute. Alltagserfahrung deutscher Juden in der Emigration*. München 1991, S. 7–37.

Benz, Wolfgang, «Die Jüdische Emigration», in: *Handbuch der deutschsprachigen Emigration 1933–1945*. Hg. v. Claus-Dieter Krohn, Patrik von zur Mühlen, Gerhard Paul und Lutz Winckler unter redaktioneller Mitarbeit von Elisabeth Kohlhaas. Darmstadt 1998, Sp. 5–16.

Benz, Wolfgang, Hermann Graml und Hermann Weiß (Hg.), *Enzyklopädie des Nationalsozialismus*. 2. Aufl. München 1997.

Benzler, Susanne, «Justiz und Anstaltsmord nach 1945», in: Redaktion Kritische Justiz (Hg.), *Die juristische Aufarbeitung des Unrechts-Staats*. Baden-Baden 1998, S. 383–411.

Benzler, Susanne und Joachim Perels, «Über den juristischen Umgang mit der NS-‹Euthanasie›», in: Hanno Loewy und Bettina Winter (Hg.), *NS-Euthanasie vor Gericht. Fritz Bauer und die Grenzen juristischer Bewältigung*. Frankfurt/M., New York 1996 (Wissenschaftliche Reihe des Fritz Bauer Instituts, Bd. 1), S. 15–34.

Bernstein, Eduard, *Die deutsche Revolution. Geschichte der Entstehung und ersten Arbeitsperiode der deutschen Republik*. Berlin 1921.

Bessel, Richard, «Die Heimkehr der Soldaten», in: Gerhard Hirschfeld und Gerd Krumeich in Verbindung mit Irena Renz (Hg.), *Keiner fühlt sich hier mehr als Mensch ... Erlebnis und Wirkung des Ersten Weltkriegs*. Essen 1993 (Schriften der Bibliothek für Zeitgeschichte, N. F., Bd. 1), S. 221–239.

Besson, Waldemar, *Württemberg und die deutsche Staatskrise 1928–1933. Eine Studie zur Auflösung der Weimarer Republik*. Stuttgart 1959.

Biographisches Handbuch der deutschsprachigen Emigration nach 1933. Bd. I: *Politik, Wirtschaft, Öffentliches Leben*. Leitung und Bearbeitung Werner Röder und Herbert A. Strauss. München, New York, London, Paris 1980.

Blänsdorf, Agnes, «Zur Konfrontation mit der NS-Vergangenheit in der Bundesrepublik, der DDR und in Österreich», in: *Aus Politik und Zeitgeschichte*, B 16–17 (1987), S. 3–18.

Blasius, Dirk, «Zwischen Rechtsvertrauen und Rechtszerstörung. Deutsche Juden 1933–1935», in: *Zerbrochene Geschichte. Leben und Selbstverständnis der Juden in Deutschland*. Hg. v. Dirk Blasius und Dan Diner. Frankfurt/M. 1991, S. 121–137.

Blasius, Rainer, «Zum Schutz von Globke? Der BND wusste schon 1958, dass Eichmann sich in Argentinien versteckte», in: *Frankfurter Allgemeine Zeitung*, 8.6.2006.

Blau, Günter, «Fritz Bauer», in: *Monatsschrift für Kriminologie und Strafrechtsreform*, 51. Jg. (1968), H. 7/8, S. 363 ff.

Bleckmann, Maja, *Barrieren gegen den Unrechtsstaat?. Kontinuitäten und Brüche in den rechtsphilosophischen Lehren Alfred Manigks, Gustav Radbruchs und Felix Holldacks angesichts des Nationalsozialismus*. Baden-Baden 2004 (Fundamenta Juridica. Beiträge zur rechtswissenschaftlichen Grundlagenforschung, Bd. 47).

Bockelmann, Paul, *Der Strafgesetzentwurf 1960 und seine Kritiker. Sonderdruck aus Juristen-Jahrbuch*. 1. Bd. Köln, Hamburg 1960, S. 90–110.

Böttcher, Hans-Ernst, «Richard Schmid – ein Radikaler im öffentlichen Dienst», in: Claudia Fröhlich und Michael Kohlstruck (Hg.), *Engagierte Demokraten. Vergangenheitspolitik in kritischer Absicht*. Münster 1999, S. 143–153.

Borst, Otto, *Stuttgart. Die Geschichte der Stadt*. Stuttgart und Aalen 1973.

Borst, Otto (Hg.), *Das Dritte Reich in Baden und Württemberg*. Stuttgart 1988.

Bracher, Karl Dietrich, *Die Auflösung der Weimarer Republik. Eine Studie zum Problem des Machtverfalls in der Demokratie*. Stuttgart und Düsseldorf 1955 (Schriften des Instituts für politische Wissenschaft 4).

Braese, Stephan, «‹In einer deutschen Angelegenheit› – Der Frankfurter Auschwitz-Prozeß in der westdeutschen Nachkriegsliteratur», in: Fritz Bauer Institut (Hg.), *«Gerichtstag halten über uns selbst ...» Geschichte und Wirkung des ersten Frankfurter Auschwitz-Prozesses*. Hg. v. Irmtrud Wojak. Frankfurt/M., New York 2001 (Jahrbuch 2001 zur Geschichte und Wirkung des Holocaust), S. 217–244.

Brandt, Willy, «‹Die Friedensziele der demokratischen Sozialisten› (März 1943)», in: Willy Brandt, *Zwei Vaterländer, Deutsch-Norweger im schwedischen Exil – Rückkehr nach Deutschland 1940–1947*. Bearbeitet von Einhart Lorenz. Bonn 2000 (Willy Brandt, Berliner Ausgabe. Bd. 2), S. 88–104.

Brandt, Willy, «Die Krise der deutschen Arbeiterbewegung (März 1946). Ausarbeitung des Mitglieds der Leitung der SPD-Landesgruppe Schweden», in: Willy Brandt, *Zwei Vaterländer. Deutsch-Norweger im schwedischen Exil – Rückkehr nach Deutschland 1940–1947*. Bearbeitet von Einhart Lorenz. Bonn 2000 (Willy Brandt, Berliner Ausgabe, Bd. 2), S. 265–295.

Brandt, Willy, *Draußen. Schriften während der Emigration*. Hg. v. Günter Struve. München 1966.

Brehl, Medardus, «Diese Schwarzen haben vor Gott und den Menschen den Tod verdient». Der Völkermord an den Herero 1904 und seine zeitgenössische Legitimation, in: Fritz Bauer Institut (Hg.), *Völkermord und Kriegsverbrechen in der ersten Hälfte des 20. Jahrhunderts*. Hg. v. Irmtrud Wojak und Susanne Meinl. Frankfurt/M. 2004 (Jahrbuch 2004 zur Geschichte und Wirkung des Holocaust), S. 77-97.

Brenner, Michael, *Jüdische Kultur in der Weimarer Republik*. München 2000 (Orig. London 1996).

Breyer, Wolfgang, *Dr. Max Merten – ein Militärbeamter der deutschen Wehrmacht im Spannungsfeld zwischen Legende und Wahrheit*. Mannheim 2003 (Diss. Mskr.).

Brochhagen, Ulrich, *Nach Nürnberg. Vergangenheitsbewältigung und Westintegration in der Ära Adenauer*. Hamburg 1994.

Broszat, Martin, *Die Machtergreifung – Der Aufstieg der NSDAP und die Zerstörung der Weimarer Republik*. München 1984.

Broszat, Martin, «Siegerjustiz oder strafrechtliche ‹Selbstreinigung›. Aspekte der Vergangenheitsbewältigung der deutschen Justiz während der Besatzungszeit 1945–1949», in: *Vierteljahrshefte für Zeitgeschichte*, Jg. 29 (1981), H. 4, S. 477-544.

Brügel, Rudolf, *Unvergessenes Stuttgart. Begegnungen nach der Jahrhundertwende*. Stuttgart 1958.

Brumlik, Micha, «Fritz Bauer, Adolf Eichmann, Immanuel Kant und Hannah Arendt. Die Frage nach den Grenzen strafrechtlicher Vergangenheitsbewältigung», S. 5, siehe: Website des Fritz Bauer Instituts: http://www.fritz-bauer-institut.de/texte.htm#Debatte.

Brustin-Berenstein, Tatiana, «The historiographic treatment of the abortive attempt to deport the Danish Jews», in: *Yad Vashem Studies XVII*, *Jerusalem 1986*, S. 181–218.

Buchheim, Hans und Hermann Graml, «Die fünfziger Jahre: Zwei Erfahrungsberichte», in: Horst Möller, Udo Wengst (Hg.), *50 Jahre Institut für Zeitgeschichte. Eine Bilanz*. München 1999, S. 69-83.

Buchheim, Hans, Martin Broszat, Hans Adolf Jacobsen und Helmut Krausnick, *Anatomie des SS-Staates*. Bd. 1 und 2. Olten und Freiburg/Br. 1965.

Bundesministerium der Justiz (Hg.), *Im Namen des Deutschen Volkes. Justiz und Nationalsozialismus*. Köln 1989.

Cesarani, David, *Adolf Eichmann – Bürokrat und Massenmörder*. Berlin, München 2004.

Christ-Gmelin, Maja, «Die württembergische Sozialdemokratie 1890–1914», in: Jörg Schadt und Wolfgang Schmierer (Hg.), *Die SPD in Baden-Württemberg und ihre Geschichte. Von den Anfängen der Arbeiterbewegung bis heute*. Stuttgart u.a. 1979 (Schriften zur politischen Landeskunde Baden-Württembergs, Bd. 3), S. 107-127.

Chronik der Stadt Stuttgart 1918–1933 (Veröffentlichungen des Archivs der Stadt Stuttgart, 17).

Claussen, Detlev, *Theodor W. Adorno. Ein letztes Genie*. Frankfurt/M. 2003.

Clarke, Blake, «World's most wanted Criminal», in: *Reader's Digest*, März 1965.

Cohn, Chaim, *Der Prozeß und Tod Jesu aus jüdischer Sicht*. Frankfurt/M. 1997.

Cordes, Günther (Bearb.), *Krieg, Revolution, Republik. Die Jahre 1918–1920 in Baden und Württemberg. Eine Dokumentation*. Ulm 1978.

Dähn, Horst, «SPD im Widerstand und Wiederaufbau 1933–1952», in: Schadt, Jörg und Wolfgang Schmierer (Hg.), *Die SPD in Baden-Württemberg und ihre Geschichte. Von den Anfängen der Arbeiterbewegung bis heute*. Stuttgart 1979, S. 192–232.

Dähnhardt, Willy und Birgit S. Nielsen, «Einleitung: Dänemark als Asylland», in: dies. (Hg.), *Exil in Dänemark. Deutschsprachige Wissenschaftler, Künstler und Schriftsteller im dänischen Exil*. Heide 1993, S. 14–54.

Däubler, Wolfgang, «Otto Kahn-Freund (1900–1979). Ideologiekritik und Rechtsfortschritt im Arbeitsrecht», in: Kritische Justiz (Hg.), *Streitbare Juristen. Eine andere Tradition*. Baden-Baden 1988, S. 380–389.

Daniel, Silvia, «‹Troubled Loyality›? Britisch-deutsche Debatten um Adam von Trott zu Solz 1933–1969», in: *Vierteljahrshefte für Zeitgeschichte*, Jg. 52 (2004), H. 3, S. 409–440.

Danyel, Jürgen (Hg.), *Die geteilte Vergangenheit. Zum Umgang mit Nationalsozialismus und Widerstand in beiden deutschen Staaten*. Berlin 1995 (Zeithistorische Studien, Bd. 4).

Demirović, Alex, «Das Glück der Wahrheit. Die Rückkehr der ‹Frankfurter Schule›», in: *Die Neue Gesellschaft. Frankfurter Hefte*, 36. Jg. (1989), Nr. 8, S. 700–707.

Dempsey, Patrick, *Babi-Yar. A Jewish Catastrophe*. Measham 2005.

Diehl, James M., *Paramilitary Politics in Weimar Germany*. Bloomington, London 1977.

Dietze, Carola, *Nachgeholtes Leben. Helmuth Plessner 1892–1985*. Göttingen 2006.

Distel, Barbara, «Das Zeugnis der Zurückgekehrten: Zur konfliktreichen Beziehung zwischen KZ-Überlebenden und Nachkriegsöffentlichkeit», in: Ulrich Herbert, Karin Orth, Christoph Dieckmann (Hg.), *Die nationalsozialistischen Konzentrationslager: Entwicklung und Struktur*. Bd. 1. Göttingen 1998, S. 11–16.

Dirks, Christian, *«Die Verbrechen der anderen». Auschwitz und der Auschwitz-Prozeß der DDR: Das Verfahren gegen den KZ-Arzt Dr. Horst Fischer*. Paderborn 2006.

Dirks, Christian, «Selekteure als Lebensretter. Die Verteidigungsstrategie des Rechtsanwalts Dr. Hans Laterner», in: Fritz Bauer Institut (Hg.), *«Gerichtstag halten über uns selbst …» Geschichte und Wirkung des ersten Frankfurter Auschwitz-Prozesses*. Hg. v. Irmtrud Wojak. New York 2001 (Jahrbuch 2001 zur Geschichte und Wirkung des Holocaust), S. 163–192.

Długoborski, Wacław und Franciszek Piper (Hg.), *Auschwitz 1940–1945. Studien zur Geschichte des Konzentrations- und Vernichtungslagers Auschwitz*. Bd. V, Oświęcim 1999, S. 87–108.

Dreßen, Willi, «Die Zentrale Stelle der Landesjustizverwaltungen zur Aufklärung von NS-Verbrechen in Ludwigsburg», in: *Erinnern oder Verweigern: Das schwierige Thema Nationalsozialismus, Dachauer Hefte 6*. München 1994, S. 85–94.

Edelmann, Heinz, *Wir wollten arbeiten. Erlebnisse deutscher Auswanderer in Südamerika*. Frankfurt/M. 1942.

Edinger, Lewis J., *Kurt Schumacher. Persönlichkeit und politisches Verhalten*. Köln, Opladen 1967.

Eiber, Ludwig, «Richard Hansen, das Grenzsekretariat der SoPaDe in Kopenhagen und die Verbindungen nach Hamburg», in: Einhart Lorenz, Klaus Misgeld, Helmut Müssener und Hans Uwe Petersen (Hg.), *Ein sehr trübes Kapitel? Hitlerflüchtlinge im nordeuropäischen Exil 1933–1945*. Hamburg 1998, S. 181–193.

Einsele, Helga, «Worte der Erinnerung», in: Hessisches Ministerium der Justiz (Hg.), *Fritz Bauer. Eine Denkschrift*. Wiesbaden 1993, S. 19–22.

Eppe, Claus, «Aus der Verfolgung in den Wartesaal 1. Klasse», in: Siegfried Bassler (Hg.), *Mit uns für die Freiheit. 100 Jahre SPD in Stuttgart*. Stuttgart, Wien 1987, S. 46–72.

Erichsen, Regine, «Fluchthilfe», in: *Handbuch der deutschsprachigen Emigration 1933–1945*. Hg. v. Claus-Dieter Krohn, Patrik von zur Mühlen, Gerhard Paul und Lutz Winckler unter redaktioneller Mitarbeit von Elisabeth Kohlhaas. Darmstadt 1998, Sp. 62–81.

Ernesti, Christoph, «Der Schauprozeß – Die ‹Arisierung› der Weberei Rothschild», in: Stadt Stadtoldendorf (Hg.), *Sie waren unsere Nachbarn. Die Geschichte der Juden in Stadtoldendorf*. Ein Gedenkbuch von Christoph Ernesti mit Beiträgen von Günther Lilge. Holzminden 1996, S. 56–62.

Essner, Cornelia, *Die «Nürnberger Gesetze» oder: Die Verwaltung des Rassenwahns 1933–1945*. Paderborn, München, Wien, Zürich 2002.

Fabian, Walter, über F. Bauer, in: *Gewerkschaftliche Monatshefte* (1968), H. 8, S. 490.

Feinstein, Tamara, «Uncovering the Architect of the Holocaust: The CIA Names File on Adolf Eichmann», 24.5.2006, http://www.gwu.edu/~nsarchiv/NSAEBB/NSAEBB150/index.htm.

Fidler, Helmut (Bearb.), *Arbeiterbewegung in Stuttgart 1933. Erinnerungen, Berichte, Dokumente*. Hg. v. Arbeitskreis zur Erforschung der Geschichte der Stuttgarter Arbeiterbewegung beim DGB. Tübingen 1984.

Flach, Karl-Hermann, «Nur keine Heuchelei», in: *Frankfurter Rundschau*, 2.3.1963.

Flotho, Manfred, «Bruno Heusinger – ein Präsident im Konflikt zwischen Solidarität und Gewissen», in: Rudolf Wassermann (Hg.), *Justiz im Wandel der Zeit. Festschrift des Oberlandesgerichts Braunschweig*. Braunschweig 1989, S. 349–369.

Foitzik, Jan, «Die Rückkehr aus dem Exil und das politische Umfeld der Reintegration sozialdemokratischer Emigranten in Westdeutschland», in: Wolfgang Frühwald und Manfred Briegel (Hg.), *Die Erfahrung der Fremde. Kolloquium des Schwerpunktprogramms «Exilforschung» der Deutschen Forschungsgemeinschaft*. Weinheim u. a. 1988, S. 255–270.

Forsthoff, Ernst, «Der Zeithistoriker als gerichtlicher Sachverständiger», in: *Neue Juristische Wochenschrift* (1965), H. 13, S. 574 f.

Fraenkel, Ernst, *Der Doppelstaat*. Frankfurt/M., Köln 1974.

Frei, Norbert, «Auschwitz und Holocaust», in: Hanno Loewy (Hg.), *Holocaust – Die Grenzen des Verstehens*. Reinbek bei Hamburg 1992, S. 101–109.

Frei, Norbert, «Der Frankfurter Auschwitz-Prozeß und die deutsche Zeitgeschichtsforschung», in: Fritz Bauer Institut (Hg.), *Auschwitz. Geschichte, Rezeption und Wirkung*. Frankfurt/M., New York 1996 (Jahrbuch 1996 zur Geschichte und Wirkung des Holocaust), S. 123–138.

Frei, Norbert, «Das Problem der NS-Vergangenheit in der Ära Adenauer», in: Bernd Weisbrod (Hg.), *Rechtsradikalismus in der politischen Kultur der Nachkriegszeit. Die verzögerte Normalisierung in Niedersachsen*. Hannover 1995, S. 19–31.

Frei, Norbert, «Die Rückkehr des Rechts. Justiz und Zeitgeschichte nach dem Holocaust», in: ders., *1945 und wir. Das Dritte Reich im Bewußtsein der Deutschen*. München 2005, S. 63–82.

Frei, Norbert (Hg.), *Standort- und Kommandanturbefehle des Konzentrationslagers Auschwitz: 1940–1945*. München 2000 (Darstellungen und Quellen zur Geschichte von Auschwitz, Bd. 1).

Frei, Norbert, *Vergangenheitspolitik. Die Anfänge der Bundesrepublik und die NS-Vergangenheit*. München 1996.

Frei, Norbert, Sybille Steinbacher und Bernd C. Wagner (Hg.), Ausbeutung, Vernichtung, Öffentlichkeit. Neue Studien zur nationalsozialistischen Lagerpolitik. München 2000 (Darstellungen und Quellen zur Geschichte von Auschwitz, Bd. 4).

Freudiger, Kerstin, *Die juristische Aufarbeitung von NS-Verbrechen*. Tübingen 2002 (Beiträge zur Rechtsgeschichte des 20. Jahrhunderts, Bd. 33).

Frick, Hans, *Breinitzer oder Die andere Schuld*. München 1965.

Friedländer, Saul, «Die politischen Veränderungen der Kriegzeit und ihre Auswirkungen auf die Judenfrage», in: Werner E. Mosse unter Mitwirkung von Arnold Paucker (Hg.), *Deutsches Judentum in Krieg und Revolution 1916–1923*. Tübingen 1971, S. 27–65.

Friedlander, Henry, *Der Weg zum NS-Genozid. Von der Euthanasie zur Endlösung*. Darmstadt 1997.

Friedman, Tuviah, *Die «Ergreifung Eichmanns»*. Dokumentarische Sammlung. Haifa 1971.
Friedman, Tuviah, *Die Korrespondenz zwischen der Zentralen Stelle in Ludwigsburg und der Dokumentation in Haifa*. Haifa 1993.
Friedman, Tuviah, *We shall never forget. An Album of Photographs, Articles and Documents*. Haifa 1965.
Friesenhahn, Ernst, «Probleme der Verfolgung und Ahndung von nationalsozialistischen Gewaltverbrechen. Bericht über eine von der Ständigen Deputation des Deutschen Juristentages veranstaltete Klausurtagung, erstattet vom Präsidenten des 46. DJT», in: Ständige Deputation des Deutschen Juristentages (Hg.), *Verhandlungen des sechsundvierzigsten Deutschen Juristentages*. Bd. II (Sitzungsberichte), Teil C. München, Berlin 1967, S. C12–C32.
Fröhlich, Claudia, «Der Braunschweiger Remer-Prozeß 1952. Zum Umgang mit dem Widerstand gegen den NS-Staat in der frühen Bundesrepublik», in: *Schuldig. NS-Verbrechen vor deutschen Gerichten. Beiträge zur Geschichte der nationalsozialistischen Verfolgung in Norddeutschland*. Hg. v. der KZ-Gedenkstätte Neuengamme. Bd. 9, S. 17–28.
Fröhlich, Claudia, «Fritz Bauer – Ungehorsam und Widerstand sind ein ‹wichtiger Teil unserer Neubesinnung auf die demokratischen Grundwerte›», in: dies. und Michael Kohlstruck (Hg.), *Engagierte Demokraten. Vergangenheitspolitik in kritischer Absicht*. Münster 1999, S. 106–120.
Fröhlich, Claudia, «*Wider die Tabuisierung des Ungehorsams*». *Fritz Bauers Widerstandsbegriff und die Aufarbeitung von NS-Verfahren*. Frankfurt/M. 2006 (Wissenschaftliche Reihe des Fritz Bauer Instituts, Bd. 13).
Gamillscheg, Hannes, «‹Die Deutschen konnten sich nicht vorstellen, daß man Juden hilft›. Vor fünfzig Jahren: Dokumente zur Rettung der in Dänemark lebenden Juden», in: *Frankfurter Rundschau*, 4.10.1993.
Gammelgaard, Arne, *Drivtommer. Tyske flygtninge i Danmark*. Herning 1993 (überarbeitete Fassung der Originalausgabe 1981; deutsche Übersetzung: *Treibholz*. Blaavandshuk Egnsmuseum 1993).
Garbe, Detlef, *«In jedem Einzelfall … bis zur Todesstrafe». Der Militärstrafrechtler Erich Schwinge – Ein deutsches Juristenleben*. Hamburg 1989.
Gay, Peter, *Freud. Eine Biographie für unsere Zeit*. 5. Aufl. Frankfurt/M. 2004.
Gay, Peter, *Die Republik der Außenseiter. Geist und Kultur in der Weimarer Zeit 1918–1933*. Neuausgabe. Frankfurt/M. 2004.
Gay, Ruth, *Das Undenkbare tun. Juden in Deutschland nach 1945*. München 2001.
Geile, Dirk, *Der Remer-Mythos in der frühen Bundesrepublik. Ein Beitrag zum organisierten Rechtsextremismus in Niedersachsen*. Göttingen 1993 (Magisterarbeit).
Geinitz, Christian und Uta Hinz, «Das Augusterlebnis in Südbaden: Ambivalente Reaktionen der deutschen Öffentlichkeit auf den Kriegsbeginn 1914», in: Gerhard Hirschfeld, Gerd Krumeich, Dieter Langewiesche und Hans-Peter Ullmann (Hg.), *Kriegserfahrungen. Studien zur Sozial- und Mentalitätsgeschichte des Ersten Weltkriegs*. Essen 1997 (Schriftenreihe der Bibliothek für Zeitgeschichte, N. F., Bd. 5), S. 20–35.
Genschel, Helmut, *Die Verdrängung der Juden aus der Wirtschaft im Dritten Reich*. Göttingen u. a. 1966 (Göttinger Bausteine zur Geschichtswissenschaft, 38).
Geschichtswerkstatt Tübingen (Hg.), *Zerstörte Hoffnungen. Wege der Tübinger Juden*. Tübingen 1995.
Giefer, Rena und Thomas Giefer, *Die Rattenlinie. Fluchtwege der Nazis. Eine Dokumentation*. 3. Aufl. Weinheim 1995.
Glienke, Stephan Alexander, *Die Ausstellung «Ungesühnte Nazijustiz» (1959–1962). Zur*

Geschichte der Aufarbeitung nationalsozialistischer Justizverbrechen. Hannover 2006 (Dissertations-Manuskript).
Glückauf, Erich, «Nationale Front?», in: Politische Information, Nr. 24, 15.12.1944, S. 4 f.
Godau-Schüttke, Klaus-Detlev, Der Bundesgerichtshof. Justiz in Deutschland. Berlin 2005.
Godau-Schüttke, Klaus-Detlev, Die Heyde/Sawade-Affäre. Wie Juristen und Mediziner den NS-Euthanasieprofessor Heyde nach 1945 deckten und straflos blieben. 2. Aufl. Baden-Baden 2001.
Goeppinger, Horst, Die Verfolgung der Juristen jüdischer Abstammung durch den Nationalsozialismus. Villingen 1963.
Goñi, Uki, Odessa. Die wahre Geschichte. Fluchthilfe für NS-Kriegsverbrecher. Berlin, Hamburg 2006.
Gosewinkel, Dieter, Adolf Arndt. Die Wiederbegründung des Rechtsstaats aus dem Geist der Sozialdemokratie (1945–1961). Bonn 1991 (Politik und Gesellschaftsgeschichte, Bd. 25).
Gosewinkel, Dieter, «Politische Ahndung an den Grenzen des Justizstaats. Die Geschichte der nationalsozialistischen Justiz im Deutschen Richtergesetz von 1961», in: Norbert Frei u. a. (Hg.), Geschichte vor Gericht. Historiker, Richter und die Suche nach Gerechtigkeit. München 2000, S. 60–71.
Gotschlich, Helga, Zwischen Kampf und Kapitulation. Zur Geschichte des Reichsbanners Schwarz-Rot-Gold. Berlin 1987.
Grass, Günter, Im Krebsgang. Eine Novelle. Göttingen 2002.
Grebing, Helga, Arbeiterbewegung. Sozialer Protest und kollektive Interessenvertretung bis 1914. München 1985.
Grebing, Helga, Der «deutsche Sonderweg» in Europa 1806–1945. Eine Kritik. Stuttgart, Berlin, Köln, Mainz 1986.
Grebing, Helga (Hg.), Lehrstücke in Solidarität. Briefe und Biographien deutscher Sozialisten 1945–1949. Stuttgart 1983.
Grebing, Helga, «Entscheidung für die SPD – und was dann? Bemerkungen zu den politischen Aktivitäten der Linkssozialisten aus der SAP in den ersten Jahren ‹nach Hitler›», in: Einhart Lorenz (Hg.), Willy Brandt. Perspektiven aus den Exiljahren. Berlin 2000 (Schriftenreihe der Bundeskanzler-Willy-Brandt-Stiftung, H. 7), S. 71–76.
Greiffenhagen, Martin, «Vom Obrigkeitsstaat zur Demokratie. Die politische Kultur in der Bundesrepublik Deutschland», in: Peter Reichel (Hg.), Politische Kultur in Westeuropa. Bürger und Staaten in der Europäischen Gemeinschaft. Frankfurt/M., New York 1984, S. 52–76.
Greiffenhagen, Sylvia, «Die württembergische Sozialdemokratie im Ersten Weltkrieg und in der Weimarer Republik (1914–1933)», in: Jörg Schadt und Wolfgang Schmierer (Hg.), Die SPD in Baden-Württemberg und ihre Geschichte. Stuttgart, Berlin, Köln, Mainz 1979 (Schriften zur politischen Landeskunde Baden-Württembergs, Bd. 3), S. 160–191.
Greve, Michael, Der justizielle und rechtspolitische Umgang mit den NS-Gewaltverbrechen in den sechziger Jahren. Frankfurt/M. u. a. 2001.
Grosse, Heinrich, «Ankläger von Widerstandskämpfern und Apologet des NS-Regimes nach 1945 – Kriegsgerichtsrat Manfred Roeder», in: Kritische Justiz, Jg. 38 (2005), H. 1, S. 36–55.
Grossmann, Kurt, Emigration. Geschichte der Hitler-Flüchtinge 1933–1945. Frankfurt/ M. 1969.
Gruchmann, Lothar, «Euthanasie und Justiz im Dritten Reich», in: Vierteljahrshefte für Zeitgeschichte, Jg. 20 (1972), H. 3, S. 235–279.

Gumbel, Emil Julius, *Denkschrift des Reichsjustizministers zu «Vier Jahre politischer Mord»*. Reprint Heidelberg 1980 (Orig. 1924).

Gumbel, Emil Julius, *Verschwörer*. Reprint Heidelberg 1979 (Orig. 1924).

Haas-Rietschel, Helga und Sabine Hering, *Nora Platiel, Sozialistin – Emigrantin – Politikerin. Eine Biographie*. Köln 1989.

Hafner, Georg M. und Esther Schapira, *Die Akte Alois Brunner. Warum einer der größten Naziverbrecher noch immer auf freiem Fuß ist*. Frankfurt/M., New York 2000.

Hagenlücke, Heinz, «Formverwandlungen der Politik in Deutschland im Übergang vom Kaiserreich zur Weimarer Republik», in: Hans Mommsen (Hg.), *Der Erste Weltkrieg und die europäische Nachkriegsordnung. Sozialer Wandel und Formveränderung der Politik*. Köln u. a. 2000 (Industrielle Welt. Schriftenreihe des Arbeitskreises moderne Sozialgeschichte. Hg. v. Wolfgang Schieder und Friedrich Wilhelm Graf, Bd. 60), S. 107–124.

Hahn, Joachim, *Erinnerungen und Zeugnisse jüdischer Geschichte in Baden-Württemberg*. Hg. v. der Kommission für geschichtliche Landeskunde in Baden-Württemberg und dem Innenministerium Baden-Württemberg. Stuttgart 1988.

Hamburger Institut für Sozialforschung (Hg.), *Verbrechen der Wehrmacht, Dimensionen des Vernichtungskrieges 1941–1944*. 2., ergänzte Aufl. Hamburg 2002.

Hammer-Höstery, Erna und Hugo Sieker (Hg.), *Die bleibende Spur: Ein Gedenkbuch für Walter Hammer 1888–1966*. Hamburg 1968.

Hannover, Heinrich, *Die Republik vor Gericht 1954–1974*. 2. Aufl. Berlin 1998.

Harlan, Thomas, *Heldenfriedhof*. Frankfurt/M. 2006.

Haueisen, Heinz, «Auschwitz – eine Herausforderung», in: Horst Henrichs und Karl Stephan (Hg.), *Ein Jahrhundert Frankfurter Justiz: Gerichtsgebäude A: 1889–1989*. Frankfurt/M. 1989 (Studien zur Frankfurter Geschichte 27), S. 185–200.

Havrehed, Henrik, *Die deutschen Flüchtlinge in Dänemark 1945–1949*. Heide 1989.

Hedtoft-Hansen, Hans, «Vorwort», in: Aage Bertelsen, *Oktober 1943*. München 1960.

Hehl, Ulrich von, «Der Beamte im Reichsinnenministerium: Die Beurteilung Globkes in der Diskussion in der Nachkriegszeit», in: Klaus Gotto (Hg.), *Der Staatssekretär Adenauers. Persönlichkeit und Wirken Hans Globkes*. Stuttgart 1980, S. 230–282.

Heidelberger-Leonard, Irene, *Jean Améry. Revolte in der Resignation. Biographie*. Stuttgart 2004.

Heinrichs, Helmut u. a. (Hg.), *Juristen jüdischer Herkunft*. München 1993.

Henkys, Reinhard (Hg.), *Die nationalsozialistischen Gewaltverbrechen*. Stuttgart, Berlin 1964.

Henne, Thomas, «Curt Staff (1901–1976). Richter», in: Joachim Rückert und Jürgen Vortmann (Hg.), *Niedersächsische Juristen. Ein historisches Lexikon mit einer landesgeschichtlichen Einführung und Bibliographie*. Göttingen 2003, S. 302 f.

Henne, Thomas, «Hofmeister, Werner (1902–1984)», in: Joachim Rückert und Jürgen Vortmann (Hg.), *Niedersächsische Juristen. Ein historisches Lexikon mit einer landesgeschichtlichen Einführung und Bibliographie*. Göttingen 2003, S. 362.

Henne, Thomas und Arne Riedlinger (Hg.), *Das Lüth-Urteil aus (rechts-)historischer Sicht. Die Konflikte um Veit Harlan und die Grundrechtsjudikatur des Bundesverfassungsgerichts*. Berlin 2005.

Herbert, Ulrich, *Best. Biographische Studien über Radikalismus, Weltanschauung und Vernunft. 1903–1989*. 3. Aufl. Bonn 1996.

Herz, John H. (Hg.), «The Fiasco of Denazification in Germany», in: *Political Science Quarterly*, 63 (1948), S. 569–594.

Hessisches Ministerium der Justiz (Hg.), *Fritz Bauer. Eine Denkschrift*. Wiesbaden 1993.

Hilberg, Raul, *Die Vernichtung der europäischen Juden*. Bd. 1 und Bd. 2 (3 Bde.). Frankfurt/M. 1991 (Orig. 1961).

Hobsbawm, Eric, *Das Zeitalter der Extreme. Weltgeschichte des 20. Jahrhunderts*. München 1998 (Orig. London 1994).
Höffler, Felix, «Kriegserfahrungen in der Heimat: Kriegsverlauf, Kriegsschuld und Kriegsende in württembergischen Stimmungsbildern des Ersten Weltkriegs», in: Gerhard Hirschfeld, Gerd Krumeich, Dieter Langewiesche und Hans-Peter Ullmann (Hg.), *Kriegserfahrungen. Studien zur Sozial- und Mentalitätsgeschichte des Ersten Weltkriegs*. Essen 1997 (Schriftenreihe der Bibliothek für Zeitgeschichte, N. F., Bd. 5), S. 68–82.
Höpfner, Edith, *Stuttgarter Arbeiterbewegung. Zwischen Republik und Faschismus*. Stuttgart 1984.
Hoffmann, Diether H. (Trauerrede), in: Hessisches Ministerium der Justiz (Hg.), *Fritz Bauer. In memoriam*. Wiesbaden 1969 (Hg. v. Hessischen Minister der Justiz, Dr. Johannes E. Strelitz), S. 19–22.
Hoffmann, Friedrich, «Die Rechtsauffassung der Staatsanwaltschaft im Auschwitz-Prozess», in: *Der Auschwitz-Prozeß. Tonbandmitschnitte/Protokolle/Dokumente*. Hg. v. Fritz Bauer Institut und dem Staatlichen Museum Auschwitz-Birkenau. Digitale Bibliothek Nr. 101 (DVD-Rom). Berlin 2004, S. 1036–1079.
Hoffmann, Hilmar, *Die großen Frankfurter. Ehrenwürdige Bürger und Ehrenbürger. Von Karl dem Großen bis Friedrich von Metzler*. 2. Aufl. Frankfurt/M. 2005.
Hoffmann, Peter, *Claus Schenk Graf von Stauffenberg. Die Biographie*. München 2007.
Hoffmann, Peter, *Widerstand, Staatsstreich, Attentat. Der Kampf der Opposition gegen Hitler*. 4. Aufl. München 1985 (Erstausgabe 1969).
Hofmeyer, Hans, «Prozessrechtliche Probleme und praktische Schwierigkeiten bei der Durchführung der Prozesse», in: Ständige Deputation des Deutschen Juristentages (Hg.), *Verhandlungen des sechsundvierzigsten Deutschen Juristentages*. Bd. II *(Sitzungsberichte)*, Teil C. München, Berlin 1967, S. C38–C44.
Hollender, Martin, «Was wäre die Arbeiterbewegung ohne ihn? Ein inspirierter Außenseiter: Dem Historiker Helmut Hirsch zum hundertsten Geburtstag», in: *Frankfurter Allgemeine Zeitung*, 31.8.2007.
Homann, Ulrike, «Die verleugnete Alternative – Der Oberste Gerichtshof für die britische Zone», in: *Recht und Politik*, Jg. 37 (2001), H. 4, S. 210–218.
Horch, Hans Otto, «Die Juden und Goethe», in: Annette Weber (Hg.), *«Außerdem waren sie ja auch Menschen». Goethes Begegnung mit Juden und Judentum*. Berlin, Wien 2000, S. 117–131 (Schriftenreihe des Jüdischen Museums Frankfurt am Main, Bd. 7).
Horkheimer, Max, *Notizen 1950 bis 1969 und Dämmerung*. Hg. v. Werner Brede. Frankfurt/M. 1974.
Horstmann, Thomas und Heike Litzinger, *An den Grenzen des Rechts. Gespräche mit Juristen über die Verfolgung von NS-Verbrechen*. Frankfurt/M. 2006 (Wissenschaftliche Reihe des Fritz Bauer Instituts, Bd. 14).
Hügin, Karl, «Aus den Anfängen eines Malers», in: Josef Halperin (Hg.), *Als das Jahrhundert noch jung war*. Zürich und Stuttgart 1961, S. 87–95.
Hürter, Johannes, *Hitlers Heerführer. Die deutschen Oberbefehlshaber im Krieg gegen die Sowjetunion 1941/42*. München 2007.
Iwand, Hans-Joachim, «Gott mehr gehorchen als den Menschen!», in: *20. Juli 1944*. Bearbeitet von Hans Royce. Hg. v. der Bundeszentrale für Heimatdienst. Bonn 1953, S. 140–146.
Jäger, Herbert, «Erinnerung an Fritz Bauer», in: *Strafverteidiger*, Nr. 7 (1993), S. 389 f.
Jäger, Herbert, *Verbrechen unter totalitärer Herrschaft. Studien zur nationalsozialistischen Gewaltkriminalität*. Olten, Freiburg i. Br. 1967.
Jahnke, Karl-Heinz und Alexander Rossaint, *Hauptangeklagter im Berliner Katholikenprozess 1937. Kaplan Dr. Joseph Cornelius Rossaint*. Frankfurt/M. 2002.

Jansen, Christian, *Emil Julius Gumbel. Porträt eines Zivilisten.* Heidelberg 1991.
Jansen, Christian, *Professoren und Politik. Politisches Denken und Handeln der Heidelberger Hochschullehrer 1914–1935.* Göttingen 1992 (Kritische Studien zur Geschichtswissenschaft, Bd. 99).
Jefsen, Jef, «Deutsche Nachrichten (August 1943 – November 1945). Zeitung für deutsche Flüchtlinge in Dänemark (November 1945–November 1948)», in: Willy Dähnhardt und Birgit S. Nielsen (Hg.), *Exil in Dänemark. Deutschsprachige Wissenschaftler, Künstler und Schriftsteller im dänischen Exil.* Heide 1993, S. 659–701.
Jenke, Manfred, *Die nationale Rechte. Parteien, Politiker, Publizisten.* Frankfurt/M., Wien, Zürich 1967.
Jochmann, Werner, «Die Ausbreitung des Antisemitismus», in: Werner E. Mosse unter Mitwirkung von Arnold Paucker (Hg.), *Deutsches Judentum in Krieg und Revolution 1916–1923.* Tübingen 1971, S. 409–510.
Johnson, Uwe, *Jahrestage. Aus dem Leben von Gesine Cresspahl.* Bd. 3 und 4. Frankfurt/M. 1970.
Der jüdische Friedhof Wankheim. Dokumentiert von Frowald Gil Hüttenmeister. In Zusammenarbeit mit Elke Maier und Jan Maier. Stuttgart 1995 (Beiträge zur Stuttgarter Geschichte, Bd. 7).
Just-Dahlmann, Barbara und Helmut Just, *Die Gehilfen – NS-Verbrechen und die Justiz nach 1945.* Frankfurt/M. 1988.
Kaiser, Joachim, «Plädoyer gegen das Auschwitz-Theater», in: *Süddeutsche Zeitung,* 4.9.1965.
Kaufmann, Arthur, «Ein Jurist, der in unsteter Zeit gegen den Strom schwamm. Gustav Radbruch: Leben und Werk im Spiegel der Gesamtausgabe», in: *Frankfurter Rundschau,* 16.7.1987.
Keller, Sven, *Günzburg und der Fall Josef Mengele. Die Heimatstadt und die Jagd nach dem NS-Verbrecher.* München 2003 (Schriftenreihe der Vierteljahrshefte für Zeitgeschichte).
Kempner, Robert M. W., «Der Republikanische Richterbund. Eine Kampforganisation für die Weimarer Republik», in: *Recht und Politik,* Jg. 3 (1967), H. 4, S. 129–139.
Kempner, Robert M. W. (Trauerrede), in: Hessisches Ministerium der Justiz (Hg.), *Fritz Bauer. In memoriam.* Wiesbaden 1969 (Hg. v. Hessischen Minister der Justiz, Dr. Johannes E. Strelitz), S. 23–26.
Kerscher, Helmut, «Der Streit über das beschämende Schweigen», in: *Süddeutsche Zeitung,* 13.9.1990.
Kershaw, Ian, *Hitler 1889–1936.* Stuttgart 1998.
Kirchhoff, Hans, «Die dänische Staatskollaboration», in: Werner Röhr (Hg.), *Europa unterm Hakenkreuz. Okkupation und Kollaboration (1938–1945).* Berlin 1994, S. 101–118.
Kirchhoff, Hans, «Georg Ferdinand Duckwitz. Die Zeit in Dänemark», in: Auswärtiges Amt (Hg.), *Zum Gedenken an Georg Ferdinand Duckwitz 1904–1973.* Berlin 2004, S. 13–37.
Klee, Ernst, *Persilscheine und falsche Pässe. Wie die Kirchen den Nazis halfen.* Frankfurt/M. 1991.
Klee, Ernst, *Was sie taten – was sie wurden. Ärzte, Juristen und andere Beteiligte am Kranken- oder Judenmord.* Frankfurt/M. 1994 (Orig. 1986).
Klee, Ernst und Willi Dreßen (Hg.), *«Gott mit uns». Der deutsche Vernichtungskrieg im Osten 1939–1945.* Frankfurt/M. 1989.
Klee, Ernst, Willi Dreßen und Volker Rieß (Hg.), *«Schöne Zeiten». Judenmord aus Sicht der Täter und Gaffer.* Frankfurt/M. 1988.
Kleine-Brockhoff, Thomas und Joachim Riedl, «Unter Freunden», in: *Die Zeit,* 14.6.2006.

Kleßmann, Christoph, *Die doppelte Staatsgründung. Deutsche Geschichte 1945–1955*. Bonn 1982 (Schriftenreihe der Bundeszentrale für politische Bildung, Bd. 193).

Klitgaard, Brian und Jens Melson, «Die Flüchtlingspolitik als Bestandteil der dänischen Außenpolitik 1933–1940», in: Hans Uwe Petersen (Hg.), *Hitlerflüchtlinge im Norden. Asyl und politisches Exil 1933–1945*. Kiel 1991, S. 79–91.

Kluge, Alexander, *Neue Geschichten. Hefte 1–18. ‹Unheimlichkeit der Zeit›*. Frankfurt/M. 1978.

Köhler, Manfred, «Widerstandspflicht gegen den Unrechtsstaat, Widerstandsrecht gegen den ungerechten Staat. Biographische Skizze des hessischen Generalstaatsanwalts und Radikaldemokraten Fritz Bauer (1903–1968)», in: Christof Dipper u. a. (Hg.), *Hessen in der Geschichte. Festschrift für Eckhart G. Franz zum 65. Geburtstag*. Darmstadt 1996, S. 403–426.

Kößler, Reinhart und Henning Melber, «Völkermord und Gedenken. Der Genozid an den Herero und Nama in Deutsch-Südwestafrika 1904–1908», in: *Völkermord und Kriegsverbrechen in der ersten Hälfte des 20. Jahrhunderts*. Hg. v. Irmtrud Wojak und Susanne Meinl Fritz Bauer Institut (Hg.), Frankfurt/M., New York 2004 (Jahrbuch 2004 zur Geschichte und Wirkung des Holocaust), S. 37–76.

Kohlstruck, Michael, «Reinhard Strecker – ‹Darf man seinen Kindern wieder ein Leben in Deutschland zumuten?›», in: Claudia Fröhlich und ders. (Hg.), *Engagierte Demokraten. Vergangenheitspolitik in kritischer Absicht*. Münster 1999, S. 185–200.

Kohn, Hans, *Der Nationalismus in der Sowjetunion*. Frankfurt/M. 1932.

Kolb, Eberhard, *Die Weimarer Republik*. München, Wien 1984 (Grundriß der Geschichte. Hg. v. Jochen Bleicken u. a., Bd. 16).

Kolk, Jürgen, «Walter Hammer: Mentale Remigration und Widerstandsforschung im Kalten Krieg», in: Claus-Dieter Krohn und Patrik von zur Mühlen (Hg.), *Rückkehr und Aufbau nach 1945. Deutsche Remigranten im öffentlichen Leben Nachkriegsdeutschlands*. Marburg 1997, S. 305–320.

Koppel, Wolfgang (Hg.), *Ungesühnte Nazijustiz. Hundert Urteile klagen ihre Richter an*. Karlsruhe 1960.

Kramer, Alan, «‹Greueltaten›. Zum Problem der deutschen Kriegsverbrechen in Belgien und Frankreich 1914», in: Gerhard Hirschfeld und Gerd Krumeich in Verbindung mit Irena Renz (Hg.), *Keiner fühlt sich hier mehr als Mensch ... Erlebnis und Wirkung des Ersten Weltkriegs*. Essen 1993 (Schriften der Bibliothek für Zeitgeschichte, N. F., Bd. 1), S. 85–114.

Kramer, Helmut, «Barbara Just-Dahlmann – ‹Ludwigsburg öffnete uns schockartig die Augen, Ohren und Herzen›», in: Claudia Fröhlich und Michael Kohlstruck (Hg.), *Engagierte Demokraten. Vergangenheitspolitik in kritischer Absicht*. Münster 1999, S. 201–212.

Kramer, Helmut, «Entlastung als System. Zur strafrechtlichen Aufarbeitung der Justiz- und Verwaltungs-Verbrechen des Dritten Reiches», in: Martin Bennhold (Hg.), *Spuren des Unrechts. Recht und Nationalsozialismus – Beiträge zur historischen Kontinuität*. Köln 1989, S. 101–130.

Kramer, Helmut, «‹Gerichtstag halten über uns selbst›. Das Verfahren Fritz Bauers zur Beteiligung der Justiz am Anstaltsmord», in: Hanno Loewy und Bettina Winter (Hg.), *NS-Euthanasie vor Gericht. Fritz Bauer und die Grenzen juristischer Bewältigung*. Frankfurt/M., New York 1996 (Wissenschaftliche Reihe des Fritz Bauer Instituts, Bd. 1), S. 81–131.

Kramer, Helmut, «Die NS-Justiz in Braunschweig und ihre Bewältigung ab 1945», in: ders. (Hg.), *Braunschweig unterm Hakenkreuz. Bürger, Justiz und Kirche – Eine Vortragsreihe und ihr Echo*. Braunschweig 1981, S. 29–59.

Kramer, Helmut, «Oberlandesgerichtspräsidenten und Generalstaatsanwälte als Gehilfen der NS-‹Euthanasie› – Selbstentlastung der Justiz für die Teilnahme am Anstaltsmord», in: Redaktion Kritische Justiz (Hg.), *Die juristische Aufarbeitung des Unrechtsstaats.* Baden-Baden 1998, S. 413–439.

Kramer, Helmut, «Selbstentlastung der Justiz für die Teilnahme am Anstaltsmord», in: *Frankfurter Rundschau*, 26.4.1984.

Kramer, Helmut, «Vergangenheitsbewältigung wider Willen. Zu einem bevorstehenden Beleidigungsprozeß, der auf das Jahr 1941 zurückgeht», in: *Frankfurter Rundschau*, 19.5.1987.

Kraushaar, Wolfgang (Hg.), *Frankfurter Schule und Studentenbewegung. Von der Flaschenpost zum Molotowcocktail 1946–1995.* Bd. 1: *Chronik.* Hamburg 1998.

Krausnick, Helmut, «Judenverfolgung», in: Hans Büchheim u.a. (Hg.), *Anatomie des SS-Staates.* Bd. 2. 5. Aufl. München 1989, S. 235–365.

Krausnick, Helmut und Hans-Heinrich Wilhelm, *Die Truppe des Weltanschauungskrieges. Die Einsatzgruppen der Sicherheitspolizei und des SD 1938–1942.* Stuttgart 1981.

Krauss, Marita, *Heimkehr in ein fremdes Land – Geschichte der Remigration nach 1945.* München 2001.

Krauss, Marita, «Westliche Besatzungszonen und Bundesrepublik Deutschland», in: *Handbuch der deutschsprachigen Emigration 1933–1945.* Hg. v. Claus-Dieter Krohn, Patrik von zur Mühlen, Gerhard Paul und Lutz Winckler unter redaktioneller Mitarbeit von Elisabeth Kohlhaas. Darmstadt 1998, Sp. 1161–1171.

Kretschmann, Carsten, «Schuld und Sühne. Annäherungen an Erich Lüth», in: Thomas Henne und Arne Riedlinger (Hg.), *Das Lüth-Urteil aus (rechts-)historischer Sicht. Die Konflikte um Veit Harlan und die Grundrechtsjudikatur des Bundesverfassungsgerichts.* Berlin 2005, S. 47–63.

Kröger, Ullrich, *Die Ahndung von NS-Verbrechen vor westdeutschen Gerichten und ihre Rezeption in der deutschen Öffentlichkeit 1958–1965 unter besonderer Berücksichtigung von «Spiegel», «Stern», «Zeit», «SZ», «FAZ», «Welt», «Bild», «Hamburger Abendblatt», «NZ» und «Neuem Deutschland».* Hamburg 1973 (Diss.).

Krohn, Claus-Dieter und Axel Schildt (Hg.), *Zwischen den Stühlen? – Remigranten und Remigration in der deutschen Medienöffentlichkeit der Nachkriegszeit.* Hamburg 2002 (Hamburger Beiträge zur Sozial- und Zeitgeschichte, Bd. 39).

Krüger, Horst, «Fremdling in der Stadt. Gedenkblatt für Fritz Bauer», in: *Die Zeit*, 12.7.1968.

Krüger, Horst, «Im Labyrinth der Schuld. Ein Tag im Frankfurter Auschwitz-Prozeß», in: *Der Monat*, 16. Jg. (1964), H. 188, S. 19–29.

Krumeich, Gerd, «Die Dolchstoß-Legende», in: Étienne François und Hagen Schulze (Hg.), *Deutsche Erinnerungsorte.* Bd. 1. München 2001, S. 585–599.

Krumeich, Gerd und Gerhard Hirschfeld, «Die Geschichtsschreibung zum Ersten Weltkrieg», in: Gerhard Hirschfeld, Gerd Krumeich und Irena Renz in Verbindung mit Markus Pöhlmann (Hg.), *Enzyklopädie Erster Weltkrieg.* 2., durchgesehene Aufl. Paderborn u. a. 2004, S. 304–315.

Krummacher, F. A. und Albert Wucher, *Die Weimarer Republik. Ihre Geschichte in Texten, Bildern und Dokumenten. 1918–1933.* Unter Mitwirkung v. Karl Otmar Freiherr von Aretin. München 1965.

Kuby, Erich, «Auschwitz und die Deutschen», in: *das beste aus gestern und heute*, Jg. 3 (1963), H. 1, S. 7 ff.

Kulka, Otto Dov und Eberhard Jäckel (Hg.), *Die Juden in den geheimen NS-Stimmungsberichten 1933–1945.* Düsseldorf 2004 (Schriften des Bundesarchivs, Bd. 62).

Kurz, Thomas, *Die feindlichen Brüder in Deutschlands Südwesten – Sozialdemokraten und Kommunisten in Baden und Württemberg 1928–1933*. Freiburg/Br. 1994 (Berliner historische Studien. Berlin 1996).

Laage, Clea, «Auseinandersetzung um gesetzliches Unrecht nach 1945», in: Redaktion Kritische Justiz (Hg.), *Die juristische Aufarbeitung des Unrechts-Staats*. Baden-Baden 1998, S. 265–297.

Lammers, Karl Christian, «Die deutsche Besatzungspolitik und ihre dänischen Partner. Eine Forschungsbilanz», in: Robert Bohn (Hg.), *Die deutsche Herrschaft in den «germanischen Ländern»*. Stuttgart 1997, S. 134–144.

Lang, Hans-Joachim, *Die Namen der Nummern. Wie es gelang, die 86 Opfer eines NS-Verbrechens zu identifizieren*. Hamburg 2004.

Lang, Jochen von, *Der Sekretär. Martin Bormann. Der Mann, der Hitler beherrschte*. Korrigierte Ausgabe aufgrund der 3. Neuaufl. Augsburg 2007.

Langewiesche, Dieter, «Wanderungsbewegungen in der Hochindustrialisierungsperiode», in: *Vierteljahrsschrift für Sozial- und Wirtschaftsgeschichte*, Bd. 64 (1977), S. 1–40.

Lasik, Aleksander, «Nachkriegsprozesse gegen die SS-Besatzung des KL Auschwitz», in: Staatliches Museum Auschwitz-Birkenau (Hg.), *Auschwitz, Nationalsozialistisches Vernichtungslager*. Auschwitz-Birkenau 1997, S. 448–463.

Lasik, Aleksander, «Die Strafverfolgung der Angehörigen der SS-Besatzung des Konzentrations- und Vernichtungslagers Auschwitz-Birkenau», in: Wacław Długoborski und Franciszek Piper (Hg.), *Auschwitz 1940–1945. Studien zur Geschichte des Konzentrations- und Vernichtungslagers Auschwitz*. Bd. V, Oświęcim 1999, S. 87–108.

Lauryssens, Stan, *De fatale vriendschappen van Adolf Eichmann*. Leuven 1998.

Lehmann, Hans Georg und Michael Hepp, «Die individuelle Ausbürgerung deutscher Emigranten 1933–1945», in: *Geschichte in Wissenschaft und Unterricht*, 38. Jg. (1987), H. 12, S. 163–172.

Levy, Alan, *Die Akte Wiesenthal*. Wien 1995.

Lewald, Walter, «Das Dritte Reich – Rechtsstaat oder Unrechtsstaat», in: *Neue Juristische Wochenschrift* (1964), H. 36, S. 1658–1661.

Leyendecker, Hans, «BKA gräbt nach braunen Wurzeln. Viele Beamte der frühen Jahre hatten NS-Vergangenheit», in: *Süddeutsche Zeitung*, 8.8.2007.

Liebert, Frank, «Vom Karrierestreben zum ‹Nötigungsnotstand›. ‹Jud Süß›, Veit Harlan und die westdeutsche Nachkriegsgesellschaft (1945–1950)», in: Thomas Henne und Arne Riedlinger (Hg.), *Das Lüth-Urteil aus (rechts-)historischer Sicht. Die Konflikte um Veit Harlan und die Grundrechtsjudikatur des Bundesverfassungsgerichts*. Berlin 2005, S. 111–146.

Lilge, Günther, «Vom ‹toten gewerbelosen Ort› zum prosperierenden Industriestandort. Der Wandel Stadtoldendorfs im 19. Jahrhundert und der Anteil, den jüdische Bürger daran hatten», in: Stadt Stadtoldendorf (Hg.), *Sie waren unsere Nachbarn. Die Geschichte der Juden in Stadtoldendorf. Ein Gedenkbuch von Christoph Ernesti mit Beiträgen von Günther Lilge*. Holzminden 1996.

Linck, Stephan, «‹Festung Nord› und ‹Alpenfestung›. Das Ende des NS-Sicherheitsapparates», in: Gerhard Paul und Klaus Michael Mallmann (Hg.), *Die Gestapo im Zweiten Weltkrieg. «Heimatfront» und besetztes Europa*. Darmstadt 2000, S. 569–595.

Lindberg, Hans, *Svensk flyktingspolitik under internationellt tryck 1936–1941*. Stockholm 1973.

Lindgren, Henrik, «Adam von Trotts Reisen nach Schweden 1942–1944. Ein Beitrag der Auslandsverbindungen des deutschen Widerstands», in: *Vierteljahrshefte für Zeitgeschichte*, Jg. 18 (1970), H. 2, S. 274–291.

Lindner, Jörg, «Diskriminierung, Degradierung, Disziplinierung. Deutschsprachige

Flüchtlinge in schwedischen Internierungslagern während des Zweiten Weltkriegs», in: Einhart Lorenz, Klaus Misgeld, Helmut Müssener und Hans Uwe Petersen (Hg.), *Ein sehr trübes Kapitel? Hitlerflüchtlinge im nordeuropäischen Exil 1933–1945*. Hamburg 1998, S. 43–68.

Lööw, Heléne, «Der institutionelle und organisierte Widerstand gegen Flüchtlinge in Schweden 1933–1945», in: Hans Uwe Petersen (Hg.), *Hitlerflüchtlinge im Norden. Asyl und politisches Exil 1933–1945*. Kiel 1991, S. 123–144.

Longerich, Peter, «*Davon haben wir nichts gewußt*». *Die Deutschen und die Judenverfolgung 1933–1945*. München 2006.

Lorenz, Einhart, «Dänemark», in: *Handbuch der deutschsprachigen Emigration 1933–1945*. Hg. v. Claus-Dieter Krohn, Patrik von zur Mühlen, Gerhard Paul und Lutz Winckler unter redaktioneller Mitarbeit von Elisabeth Kohlhaas. Darmstadt 1998, Sp. 204–208.

Lorenz, Einhart, «Einleitung: Willy Brandts Exiljahre 1940–1947», in: Willy Brandt, *Zwei Vaterländer. Deutsch-Norweger im schwedischen Exil – Rückkehr nach Deutschland 1940–1947*. Bearbeitet von Einhart Lorenz. Bonn 2000 (Willy Brandt, Berliner Ausgabe, Bd. 2), S. 15–51.

Lorenz, Einhart, «Der junge Willy Brandt, die Judenverfolgung und die Frage einer jüdischen Heimstätte in Palästina», in: ders. (Hg.), *Perspektiven aus den Exiljahren*. Berlin 2000 (Schriftenreihe der Bundeskanzler-Willy-Brandt-Stiftung, H. 7), S. 33–46.

Lorenz, Einhart, «Schweden», in: *Handbuch der deutschsprachigen Emigration 1933–1945*. Hg. v. Claus-Dieter Krohn, Patrik von zur Mühlen, Gerhard Paul und Lutz Winckler unter redaktioneller Mitarbeit von Elisabeth Kohlhaas. Darmstadt 1998, Sp. 371–375.

Lorenz, Einhart und Hans Uwe Petersen, «Fremdenpolitik und Asylpraxis», in: Einhart Lorenz, Klaus Misgeld, Helmut Müssener und Hans Uwe Petersen (Hg.), *Ein sehr trübes Kapitel? Hitlerflüchtlinge im nordeuropäischen Exil 1933–1945*. Hamburg 1998, S. 17–42.

Ludewig, Hans Ulrich und Dietrich Kuessner, «*Es sei also jeder gewarnt*». *Das Sondergericht Braunschweig 1933–1945*. Braunschweig 2000.

Lyloff, Kirsten, «Kan laegeløftet gradbøjes»?, in: *Historisk Tidskrift*, Bd. 99/1, Kopenhagen 1999, S. 33–68.

Lyloff, Kirsten, «Svar pa Thorkild Frederiksens indlaeg», in: *Historisk Tidskrift*, Bd. 100/2, Kopenhagen 2000, S. 233–237.

Maelicke, Bernd und Renate Simmerdinger (Hg.), *Schwimmen gegen den Strom. Um der Überzeugung willen*. Festschrift für Helga Einsele. Frankfurt/M. 1990.

Manig, Bert-Oliver, *Die Politik der Ehre. Die Rehabilitierung der Berufssoldaten in der frühen Bundesrepublik*. Göttingen 2004 (Veröffentlichungen des Zeitgeschichtlichen Arbeitskreises Niedersachsen, Bd. 22).

Mann, Thomas, *Briefe 1889–1936*. Hg. v. Erika Mann. Bd. 1. Frankfurt/M. 1961.

Mann, Thomas, *Briefe 1937–1947*. Hg. v. Erika Mann. Bd. 2. Frankfurt/M. 1979.

Mann, Thomas, «Ein Appell an die Vernunft», in: ders., *Essays*. Bd. 3: *Ein Appell an die Vernunft 1926–1933*. Hg. v. Hermann Kurzke und Stephan Stachorski. Frankfurt/M. 1994, S. 259–279.

Mann, Thomas, «Von deutscher Republik. Gerhart Hauptmann zum sechzigsten Geburtstag», in: ders., *Essays*. Bd. 2: *Für das neue Deutschland 1919–1925*. Hg. v. Hermann Kurzke und Stephan Stachorski. Frankfurt/M. 1993, S. 126–166.

Mannheim, Karl, «The Problems of Generations» (1927), in: Paul Kecskemeti (Hg.), *Karl Mannheim. Essays on the Sociology of Knowledge*. London 1952, S. 276–320.

Martini, Winfried, *Die NS-Prozesse im ost-westlichen Spannungsfeld*. Pfaffenhofen 1969.

Marx, Alfred, «Das Schicksal der jüdischen Juristen in Württemberg und Hohenzollern 1933–1945», in: *Die Justiz. Amtsblatt des Justizministeriums Baden-Württemberg*, Juni 1965, H. 6, S. 178–184; Juli 1965, H. 7, S. 202–211; August 1965, H. 8, 245 ff.

Matić, Igor-Philip, *Edmund Veesenmayer. Agent und Diplomat der nationalsozialistischen Expansionspolitik*. München 2002 (Südosteuropäische Arbeiten, 114).

Maurer, Trude, «Die Juden in der Weimarer Republik», in: Dirk Blasius und Dan Diner (Hg.), *Zerbrochene Geschichte. Leben und Selbstverständnis der Juden in Deutschland*. Frankfurt/M. 1991, S. 102–120.

Meding, Holger M., *Flucht vor Nürnberg? Deutsche und österreichische Einwanderung in Argentinien 1945–1955*. Köln, Weimar, Wien 1992.

Mehringer, Helmut, Werner Röder und Dieter Marc Schneider, «Zum Anteil ehemaliger Emigranten am politischen Leben der Bundesrepublik Deutschland, der Deutschen Demokratischen Republik und der Republik Österreich», in: Wolfgang Frühwald und Wolfgang Schieder (Hg.), *Leben im Exil. Probleme der Integration deutscher Flüchtlinge im Ausland 1933–1945*. Hamburg 1981, S. 207–223.

Meinl, Susanne, *Nationalsozialisten gegen Hitler. Die nationalrevolutionäre Opposition um Friedrich Wilhelm Heinz*. Berlin 2000.

Meinl, Susanne und Jutta Zwilling, *Legalisierter Raub, Die Reichsfinanzverwaltung und die Ausplünderung der Juden in Hessen*. Frankfurt/M., New York 2004.

Meissner, Gustav, *Dänemark unterm Hakenkreuz – Die Nord-Invasion und die Besetzung Dänemarks 1940–1945*. Berlin 1990.

Mergen, Armand, «Fritz Bauer», in: *Sonderdruck aus Kriminalistik. Zeitschrift für die gesamte kriminalistische Wissenschaft und Praxis*. Ausgabe August 1968, o. S.

Merseburger, Peter, *Der schwierige Deutsche. Kurt Schumacher. Eine Biographie*. 3. Aufl. Stuttgart 1996.

Merseburger, Peter, *Willy Brandt. 1913–1992. Visionär und Realist*. 4. Aufl. München 2002.

Mertz, Peter, *Und das wurde nicht ihr Staat. Erfahrungen emigrierter Schriftsteller mit Westdeutschland*. München 1985.

Messerschmidt, Manfred, *Die Wehrmacht im NS-Staat. Zeit der Indoktrination*. Hamburg 1969.

Messerschmidt, Manfred, *Die Wehrmachtsjustiz 1933–1945*. Paderborn u. a. 2005.

Meusch, Matthias, *Von der Diktatur zur Demokratie. Fritz Bauer und die Aufarbeitung der NS-Verbrechen in Hessen (1959–1968)*. Wiesbaden 2001 (Politische und parlamentarische Geschichte des Landes Hessen, 26).

Mewis, Karl, «‹Reine Arbeiterbewegung› oder Freiheitsbewegung», in: *Politische Information*, Nr. 4, 15.2.1942, S. 10 f.

Meyer, Christoph, *Herbert Wehner. Biographie*. 2. Aufl. München 2006.

Meyer, Michael A., unter Mitw. von Michael Brenner im Auftrag des Leo-Baeck-Instituts (Hg.), *Deutsch-jüdische Geschichte in der Neuzeit*. Bd. IV: *Aufbruch und Zerstörung 1918–1945*. Hg. v. Avraham Barkai und Paul Mendes-Flohr. Mit einem Epilog von Steven M. Lowenstein. München 1997.

Michalka, Wolfgang, «Patriotismus und Judenzählung: Juden und Militär während des Ersten Weltkrieges», in: ders. und Martin Vogt (Hg.), *Judenemanzipation und Antisemitismus in Deutschland im 19. und 20. Jahrhundert*. Eggingen 2003 (Bibliothek europäischer Freiheitsbewegungen, Bd. 3), S. 105–115.

Mielke, Helmut, «Die Zeit von 1932–1945», in: SPD-Landesvorstand Baden-Württemberg (Hg.), *Unser Land und seine Sozialdemokraten. Die Sozialdemokratie in Baden und Württemberg*. Stuttgart u. a. 1980, S. 60–67.

Miosge, Dieter, «Die Braunschweiger Juristenfamilie Mansfeld», in: Rudolf Wassermann (Hg.), *Justiz im Wandel der Zeit. Festschrift des Oberlandesgerichts Braunschweig*. Braunschweig 1989, S. 328–348.

Miquel, Marc von, *Ahnden oder amnestieren? Westdeutsche Justiz und Vergangenheitspolitik in den sechziger Jahren*. Göttingen 2004 (Beiträge zur Geschichte des 20. Jahrhunderts, Bd. 1).

Miquel, Marc von, «Aufklärung, Distanzierung, Apologie. Die Debatte über die Strafverfolgung von NS-Verfahren in den sechziger Jahren», in: Norbert Frei und Sibylle Steinbacher (Hg.), *Beschweigen und Bekennen. Die deutsche Nachkriegsgesellschaft und der Holocaust*. Göttingen 2001, S. 51–70.

Misgeld, Klaus, *Die «Internationale Gruppe demokratischer Sozialisten» in Stockholm 1942–1945*. Uppsala, Bonn 1976.

Mittag, Jürgen, *Wilhelm Keil (1870–1968). Sozialdemokratischer Parlamentarier zwischen Kaiserreich und Bundesrepublik. Eine politische Biographie*. Düsseldorf 2001 (Beiträge zur Geschichte des Parlamentarismus und der politischen Parteien, Bd. 131).

Mix, Karl-Georg, *Deutsche Flüchtlinge in Dänemark 1945–1949*. Stuttgart 2005 (Historische Mitteilungen im Auftrag der Ranke-Gesellschaft, Bd. 59).

Molitor, Jan, «Die Schatten der Toten vom 20. Juli …», in: *Die Zeit*, 11 (1952), http://images.zeit.de/text/1952/11/Zt19520313_002_0007_p.

Mommsen, Hans, «Die Auflösung des Bürgertums seit dem späten 19. Jahrhundert» (1987), in: ders., *Von Weimar nach Auschwitz. Zur Geschichte Deutschlands in der Weltkriegsepoche*. Stuttgart 1999, S. 21–43.

Mommsen, Hans, «Generationskonflikt und Jugendrevolte in der Weimarer Republik» (1985), in: ders., *Von Weimar nach Auschwitz. Zur Geschichte Deutschlands in der Weltkriegsepoche*. Stuttgart 1999, S. 58–72.

Mommsen, Hans, «Die Geschichte des deutschen Widerstands im Lichte der neueren Forschung», in: *Aus Politik und Zeitgeschichte* (1986), H. 50, S. 3–18.

Mommsen, Hans, «Der nationalsozialistische Polizeistaat und die Judenverfolgung», in: *Vierteljahrshefte für Zeitgeschichte*, Jg. 10 (1962), H. 1, S. 68–87.

Mommsen, Hans, «Die Realisierung des Utopischen: Die ‹Endlösung der Judenfrage› im ‹Dritten Reich›», in: ders., *Der Nationalsozialismus und die deutsche Gesellschaft. Ausgewählte Aufsätze. Zum 60. Geburtstag hg. v. Lutz Niethammer und Bernd Weisbrod*. Reinbek bei Hamburg 1991, S. 184–232.

Mommsen, Hans, «Sozialdemokratie in der Defensive. Der Immobilismus der SPD und der Aufstieg des Nationalsozialismus», in: ders. (Hg.), *Sozialdemokratie zwischen Klassenbewegung und Volkspartei. Verhandlungen der Sektion «Geschichte der Arbeiterbewegung» des Deutschen Historikertages in Regensburg*, Oktober 1972. Frankfurt/M. 1974, S. 106–133.

Mommsen, Hans, *Die verspielte Freiheit. Der Weg der Republik von Weimar in den Untergang 1918–1933*. Berlin 1989 (Propyläen Geschichte Deutschlands, Bd. 8).

Mommsen, Hans und Dieter Obst, «Die Reaktion der deutschen Bevölkerung auf die Verfolgung der Juden 1933–1943», in: Hans Mommsen und Susanne Willems (Hg.), *Herrschaftsalltag im Dritten Reich. Studien und Texte*. Düsseldorf 1988, S. 374–421.

Mommsen, Wolfgang J., *Bürgerstolz und Weltmachtstreben. Deutschland unter Wilhelm II. 1890–1918*. Berlin 1995.

Mommsen, Wolfgang J., «Kultur und Politik im deutschen Kaiserreich», in: ders., *Der autoritäre Nationalstaat. Verfassung, Gesellschaft und Kultur im deutschen Kaiserreich*. Frankfurt/M. 1990, S. 257–286.

Mommsen, Wolfgang J., «Die latente Krise des Wilhelminischen Reiches: Staat und Gesellschaft in Deutschland 1890–1914», in: ders., *Der autoritäre Nationalstaat. Verfassung, Gesellschaft und Kultur im deutschen Kaiserreich.* Frankfurt/M. 1990, S. 287–315.

Mommsen, Wolfgang J., *War der Kaiser an allem schuld? Wilhelm II. und die preußischdeutschen Machteliten.* München 2002.

Moritz, Klaus und Ernst Noam, *NS-Verbrechen vor Gericht, Dokumente aus hessischen Justizakten.* Wiesbaden 1978.

Mosse, Georg L., *Jüdische Intellektuelle in Deutschland. Zwischen Religion und Nationalismus.* Frankfurt/M., New York 1992.

Mosse, Werner E., unter Mitwirkung von Arnold Paucker (Hg.), *Deutsches Judentum in Krieg und Revolution 1916–1923.* Tübingen 1971.

Mostar, Gerhart Hermann, «Dann wird die Rebellion zur Pflicht», in: *Stuttgarter Zeitung,* 12.3.1952.

Müller, Hans-Erhard und Thomas Henne, «Bruno Heusinger (1900–1987). Richter», in: Joachim Rückert und Jürgen Vortmann (Hg.), *Niedersächsische Juristen. Ein historisches Lexikon mit einer landesgeschichtlichen Einführung und Bibliographie.* Göttingen 2003, S. 293–301.

Müller, Ingo, *Furchtbare Juristen. Die unbewältigte Vergangenheit unserer Justiz.* München 1989.

Müller, Peter F. und Michael Mueller, *Gegen Freund und Feind: der BND, geheime Politik und schmutzige Geschäfte.* Reinbek 2002.

Müller, Roland, *Stuttgart zur Zeit des Nationalsozialismus.* Stuttgart 1988.

Müller, Rudolf, «Wege erfolgreicher Verbrechensbekämpfung. Erfahrungen in Amerika», in: *Kriminalistik,* Jg. 11 (1957), H. 4, S. 147ff.

Müller-Heidelberg, Till, «Die HUMANISTISCHE UNION als älteste deutsche Bürgerrechtsorganisation. Geschichte und Perspektiven», in: *Vorgänge 155. Zeitschrift für Bürgerrechte und Gesellschaftspolitik,* 40. Jg. (2001), H. 3, S. 13–24.

Müller-Meiningen jr., Ernst, «Warum gleich Empörung?», in: *Süddeutsche Zeitung,* 4.3.1963, abgedruckt in: ders., *Das Jahr Tausendundeins. Eine deutsche Wende?* Basel, Frankfurt/M. 1987.

Müller-Meiningen jr., Ernst, «Wenn einer nicht im Dutzend mitläuft. Erinnerungen an den hessischen Generalstaatsanwalt Bauer, der am 16. Juli 65 Jahre alt geworden wäre», in: *Süddeutsche Zeitung,* 16.7.1968.

Müller-Münch, Ingrid, «Unentschieden endete der lange Kampf um des Vaters Ehre. Die Schuld der NS-Juristen und die Not der Söhne – ein Beleidigungsprozeß mit politischem Hintergrund», in: *Frankfurter Rundschau,* 12.9.1990.

Münkel, Daniela, «‹Alias Frahm› – Die Diffamierungskampagnen gegen Willy Brandt in der rechtsgerichteten Presse», in: Claus-Dieter Krohn und Axel Schildt (Hg.), *Zwischen den Stühlen? Remigranten und Remigration in der deutschen Medienöffentlichkeit der Nachkriegszeit.* Hamburg 2002 (Hamburger Beiträge zur Sozial- und Zeitgeschichte, Bd. 39), S. 397–418.

Müssener, Helmut, *Exil in Schweden. Politische und kulturelle Emigration nach 1933.* München 1974.

Müssener, Helmut, «Exil in Schweden», in: Hans Uwe Petersen (Hg.), *Hitlerflüchtlinge im Norden. Asyl und politisches Exil 1933–1945.* Kiel 1991, S. 93–121.

Müssener, Helmut, «‹Meine Heimat fand ich hoch im Norden› – ‹Schweden ist gut – für die Schweden›. Aspekte geglückter und mißglückter Integration in Schweden nach 1933», in: Wolfgang Frühwald und Wolfgang Schieder (Hg.), *Leben im Exil. Probleme deutscher Flüchtlinge im Ausland 1933–1945.* Hamburg 1981, S. 39–53.

Naumann, Bernd, *Auschwitz: Bericht über die Strafsache gegen Mulka u. a. vor dem Schwurgericht Frankfurt*. Frankfurt/M. 1968.

Naucke, Wolfgang, «Muster der Wende. In der ‹Heyde/Sawade-Affäre› steckt auch eine Karl-Binding-Affäre», in: *Frankfurter Allgemeine Zeitung*, 23.6.1999.

Nehmer, Bettina, «Die Täter als Gehilfen? Zur Ahndung von Einsatzgruppenverbrechen», in: Redaktion Kritische Justiz (Hg.), *Die juristische Aufarbeitung des Unrechts-Staats*. Baden-Baden 1998, S. 635–668.

Nelhiebel, Kurt (= Conrad Taler), *Einem Nestbeschmutzer zum Gedenken. Über Fritz Bauers Wirken als politischer Mensch*. Essay, gesendet bei Radio Bremen am 18.12.1993 (Mskr.).

Nelles, Dieter und Armin Nolzen, «Adam von Trott zu Solz' Treffen mit Willy Brandt in Stockholm im Juni 1944. Kontakte zwischen Kreisauer Kreis und linkssozialistischem Exil» (Fundstück), in: *Kooperation und Verbrechen. Formen der «Kollaboration» im östlichen Europa 1939–1945. Beiträge zur Geschichte des Nationalsozialismus*. Bd. 19. Göttingen 2003, S. 243–259.

Neumann, Franz L., *Behemoth. Struktur und Praxis des Nationalsozialismus 1933–1944*. Hg. mit einem Nachwort von Gert Schäfer. Frankfurt/M. 1977.

Neumann, Robert, *Der Tatbestand oder Der gute Glaube der Deutschen*. München 1965.

Neuschl-Marzahn, Sylvia, «Große Hoffnungen und eine große Frau», in: Siegfried Bassler (Hg.), *Mit uns die Freiheit. 100 Jahre SPD in Stuttgart*. Stuttgart, Wien 1987, S. 76–93.

Niess, Wolfgang, «Richard Schmid, Rechtsanwalt und Sympathisant der SAP», in: Michael Bosch und Wolfgang Niess (Hg.), *Der Widerstand im deutschen Südwesten 1933–1945*. Stuttgart u. a. 1984, S. 143–151.

Niethammer, Lutz, *Die Mitläuferfabrik. Die Entnazifizierung am Beispiel Bayerns*. Bonn 1982.

Nyiszli, Miklós, *Im Jenseits der Menschlichkeit. Ein Gerichtsmediziner in Auschwitz*. Hg. v. Friedrich Herber. Berlin 1991.

Obenaus, Herbert, «Der politische Neuanfang von 1945 in Hannover», in: *Niedersächsisches Jahrbuch für Landesgeschichte*, Bd. 78 (2006), S. 383–412.

Der obszöne Figaro. Eine Dokumentation in Wort und Bild. Hg. von Stadtrat Arthur Vierbacher. Hannover 2003 (Sonderheft der kulturpolitischen Korrespondenz *Vorgänge*).

Ormond, Henry, «Plädoyer im Auschwitz-Prozeß am 24.5.1965», in: *Sonderreihe aus gestern und heute* (1965), H. 7, S. 1–63.

Ormond, Henry, «Replik des Rechtsanwalts Henry Ormond im Auschwitz-Prozeß», in: *Frankfurter Hefte*, Jg. 20 (1965), H. 12, S. 827–837.

Ormond, Henry, «Rückblick auf den Auschwitz-Prozeß», in: *Tribüne*, Jg. 3 (1964), H. 11, S. 1183–1190.

Osti Guerrazzi, Amedeo und Constantino di Sante, «Die Geschichte der Konzentrationslager im faschistischen Italien», in: Sven Reichardt und Armin Nolzen (Hg.), *Faschismus in Italien und Deutschland. Studien zu Transfer und Vergleich. Beiträge zur Geschichte des Nationalsozialismus*. Bd. 21. Göttingen 2005, S. 176–200.

Overesch, Manfred, «Die Einbürgerung Hitlers 1930», in: *Vierteljahrshefte für Zeitgeschichte*, Jg. 40 (1992), H. 4, S. 443–448.

Paul, Ernst, *Die «Kleine Internationale» in Stockholm*. Bielefeld 1961.

Pendas, Devin O., *The Frankfurt Auschwitz Trial, 1963–1965. Genocide, History, and the Limits of Law*. Cambridge 2006.

Pendorf, Robert, *Mörder und Ermordete. Eichmann und die Judenpolitik des Dritten Reiches*. Hamburg 1961.

Perels, Joachim, «Amnestien für NS-Täter in der Bundesrepublik», in: ders., *Das juristische Erbe des «Dritten Reiches». Beschädigungen der demokratischen Rechtsordnung.* Frankfurt/M., New York 1999 (Wissenschaftliche Reihe des Fritz Bauer Instituts, Bd. 7), S. 203–222.

Perels, Joachim, «Die Humanität einer demokratischen Rechtsordnung – Fritz Bauer», in: ders., *Entsorgung der NS-Herrschaft? Konfliktlinien im Umgang mit dem Hitler-Regime.* Hannover 2004, S. 311–317.

Perels, Joachim, «Ein Jurist aus Freiheitssinn – Fritz Bauer», in: *Vorgänge 155. Zeitschrift für Bürgerrechte und Gesellschaftspolitik,* 40. Jg. (2001), H. 3, S. 219–224.

Perels, Joachim, «Kritische Bemerkungen zu einer Urteilsanalyse», im Internet unter http://www.gps.uni-hannover.de/forschung/veroeff/perels/Die_rechtliche_Bedeutung_des_ Auschwitz-Prozesses.pdf.

Perels, Joachim, «Der Nürnberger Juristenprozeß im Kontext der Nachkriegsgeschichte», in: ders., *Das juristische Erbe des «Dritten Reiches». Beschädigungen der demokratischen Rechtsordnung.* Frankfurt/M., New York 1999 (Wissenschaftliche Reihe des Fritz Bauer Instituts, Bd. 7), S. 47–70.

Perels, Joachim, «Politik am Abgrund. Die Herausforderungen des Reichsjustizministers in den Krisenjahren 1922/23», in: Friedrich Ebert Stiftung (Hg.), *Gustav Radbruch als Reichsjustizminister (1921–1923).* Konferenz der Friedrich-Ebert-Stiftung/Forum Berlin. Dokumentation. Berlin 2004, S. 63–82.

Perels, Joachim, «Die Restauration der Rechtslehre nach 1945», in: Redaktion Kritische Justiz (Hg.), *Die juristische Aufarbeitung des Unrechts-Staats.* Baden-Baden 1998, S. 237–264.

Perels, Joachim, «Die schrittweise Rechtfertigung der NS-Justiz», in: ders., *Das juristische Erbe des «Dritten Reiches». Beschädigungen der demokratischen Rechtsordnung.* Frankfurt/M., New York 1999 (Wissenschaftliche Reihe des Fritz Bauer Instituts, Bd. 7), S. 181–202.

Perels, Joachim, «Die Strafsache gegen Mulka und andere. 4 Ks 2/63 – Juristische Grundlagen», in: Irmtrud Wojak (Hg.), *Auschwitz-Prozeß 4 Ks 2/63 Frankfurt am Main.* Köln 2004, S. 124–147.

Perels, Joachim, «Die Umdeutung der NS-Diktatur in einen Rechtsstaat. Über ideologische Tendenzen in der Justiz der Bundesrepublik», in: Wolfram Wette (Hg.), *Filbinger – eine deutsche Karriere.* Springe 2006, S. 81–97.

Perels, Joachim, «Der Umgang mit Tätern und Widerstandskämpfern in der Ära Adenauer», in: ders., *Das juristische Erbe des «Dritten Reiches». Beschädigungen der demokratischen Rechtsordnung.* Frankfurt/M., New York 1999 (Wissenschaftliche Reihe des Fritz Bauer Instituts, Bd. 7), S. 155–180.

Perels, Joachim und Irmtrud Wojak, «Motive im Denken und Handeln Fritz Bauers», in: *Fritz Bauer, Die Humanität der Rechtsordnung. Ausgewählte Schriften.* Hg. v. Joachim Perels und Irmtrud Wojak. Frankfurt/M., New York 1998 (Wissenschaftliche Reihe des Fritz Bauer Instituts, Bd. 5), S. 9–33.

Peters, Jan, *Exilland Schweden. Deutsche und schwedische Antifaschisten 1933–1945.* Berlin 1984.

Petersen, Hans Uwe, «Dänemark und die antinazistischen Flüchtlinge (1940–1941)», in: ders. (Hg.), *Hitlerflüchtlinge im Norden. Asyl und politisches Exil 1933–1945.* Kiel 199, S. 55–78.

Petrick, Fritz, «Dänemark, das ‹Musterprotektorat›?», in: Robert Bohn (Hg.), *Die deutsche Herrschaft in den «germanischen Ländern».* Stuttgart 1997, S. 121–134.

Peukert, Detlev J. K., *Max Webers Diagnose der Moderne.* Göttingen 1989.

Picht, Clemens, «Zwischen Vaterland und Volk. Das deutsche Judentum im Ersten Weltkrieg», in: Wolfgang Michalka (Hg.), *Der Erste Weltkrieg. Wirkung – Wahrnehmung – Analyse*. Im Auftrag des Militärgeschichtlichen Forschungsamtes. Weyharn 1997, S. 736–755.

Pöppmann, Dirk, «Robert Kempner und Ernst von Weizsäcker im Wilhemstraßenprozess. Zur Diskussion über die Beteiligung der deutschen Funktionselite an den NS-Verbrechen», in: Fritz Bauer Institut (Hg.), *Im Labyrinth der Schuld. Täter – Opfer – Ankläger*. Hg. v. Irmtrud Wojak und Susanne Meinl. Frankfurt/M., New York 2003 (Jahrbuch 2003 zur Geschichte und Wirkung des Holocaust), S. 163–197.

Pohl, Dieter, «Die Einsatzgruppe C», in: Peter Klein (Hg.), *Die Einsatzgruppen in der besetzten Sowjetunion 1941/42. Die Tätigkeits- und Lageberichte des Chefs der Sicherheitspolizei und des SD*. Berlin 1997, S. 71–87.

Pohl, Dieter, «Schauplatz Ukraine: Der Massenmord an den Juden im Militärverwaltungsgebiet und im Reichskommissariat 1941–1943», in: Norbert Frei, Sibylle Steinbacher und Bernd Wagner (Hg.), *Ausbeutung, Vernichtung, Öffentlichkeit. Neue Studien zur nationalsozialistischen Lagerpolitik*. München 2000, S. 135–173.

Posner, Gerald L. und John Ware, *Mengele. Die Jagd auf den Todesengel*. Berlin 1993.

Prantl, Heribert, «Am Anfang war das Loch. Die Rückwärts-Reform des Strafvollzugs hat begonnen», in: *Süddeutsche Zeitung*, 20.3.2006.

Prantl, Heribert, «Der liberale Raufbold», in: *Süddeutsche Zeitung*, 11.4.2006.

Preuß, Ulrich K., «Franz L. Neumann (1900–1954). Demokratie als unvollendetes Projekt», in: Kritische Justiz (Hg.), *Streitbare Juristen. Eine andere Tradition*. Baden-Baden 1988, S. 390–414.

Probst, Robert, «Viele Opfer den Peinigern durch Flucht entrissen», in: *Süddeutsche Zeitung*, 31.5.2006.

Proske, Rüdiger, «Prozeß um den 20. Juli», in: *Der Monat*, Jg. 4 (1952), H. 43, S. 16–21.

Raberg, Frank, «Ein vergessener württembergischer Minister. Berthold Heymann war ein bedeutender Vertreter der SPD im Landtag», in: *Beiträge zur Landeskunde des Staatsanzeigers für Württemberg*, 3 (1996), S. 14–18.

Radbruch, Gustav, *Einführung in die Rechtswissenschaft*. 13., durchgesehene Aufl. nach dem Tode des Verfassers besorgt von Konrad Zweigert. Stuttgart 1980 (Orig. 1909).

Radbruch, Gustav, «Gesetzliches Unrecht und übergesetzliches Recht» (Orig. 1946), in: ders., *Der Mensch im Recht*. Göttingen 1961, S. 111–124.

Radbruch, Gustav, «Gesetzliches Unrecht und übergesetzliches Recht», in: *Süddeutsche Juristenzeitung*, Jg. 1 (1946), Nr. 5, S. 105–108.

Radbruch, Gustav, «Urteilsanmerkung», in: *Süddeutsche Juristenzeitung*, Jg. 2 (1947), Sp. 634.

Radbruch, Gustav, «Zur Diskussion über die Verbrechen gegen die Menschlichkeit», in: *Süddeutsche Juristenzeitung*, Jg. 2 (1947), Sp. 131–136.

Radkau, Joachim, *Das Zeitalter der Nervosität. Deutschland zwischen Bismarck und Hitler*. Darmstadt 1998.

Radowitz, Sven, *Schweden und das «Dritte Reich» 1939–1945. Die deutsch-schwedischen Beziehungen im Schatten des Zweiten Weltkrieges*. Hamburg 2005 (Beiträge zur deutschen und europäischen Geschichte, Bd. 34).

Reents, Edo, «Wie es war, als mir Goebbels eine Märklin kaufte», in: *Frankfurter Allgemeine Zeitung*, 15.1.2007.

Reich-Ranicki, Marcel, «In einer deutschen Angelegenheit», in: ders., *Wer schreibt, provoziert – Kommentare und Pamphlete*. Frankfurt/M. 1993, S. 109–112.

Reichel, Peter, *Erfundene Erinnerung. Weltkrieg und Judenmord in Film und Theater*. München, Wien 2004.

Reichmann, Eva, «Der Bewußtseinswandel der deutschen Juden», in: Werner E. Mosse unter Mitwirkung von Arnold Paucker (Hg.), *Deutsches Judentum in Krieg und Revolution 1916–1923*. Tübingen 1971, S. 511–612.

Reinowski, Hans, *Terror in Braunschweig. Aus dem ersten Quartal der Hitlerherrschaft.* Bericht hg. v. der Kommission zur Untersuchung der Lage der politischen Gefangenen. Verlag Sozialistische Arbeiter-Internationale Zürich 1933. (Die Veröffentlichung erschien 1933 anonym.)

Renz, Werner, «Auschwitz als Augenscheinobjekt», in: *Mittelweg 36*, Jg. 10 (2001), H. 1, S. 63–72.

Renz, Werner, «Der 1. Frankfurter Auschwitz-Prozeß. Zwei Vorgeschichten», in: *Der Auschwitz-Prozeß. Tonbandmitschnitte/Protokolle/Dokumente*. Hg. v. Fritz Bauer Institut und dem Staatlichen Museum Auschwitz-Birkenau. Digitale Bibliothek Nr. 101. Berlin 2004 (DVD-Rom), S. 972–1035.

Renz, Werner, «Die unwillige Frankfurter Anklagebehörde», in: *Materialdienst. Evangelischer Arbeitskreis Kirche und Israel in Hessen und Nassau*, Nr. 3, Juni 2004 (Langfassung eines Artikels in der *Frankfurter Rundschau*, 19.12.2003).

Renz, Werner, «40 Jahre Auschwitz-Urteil. Täterexkulpation und Opfergedenken», in: *Newsletter. Informationen des Fritz Bauer Instituts*, Nr. 27 (2005), S. 14–17.

Riedlinger, Arne, «Vom Boykottaufruf zur Verfassungsbeschwerde. Erich Lüth und die Kontroversen um Harlans Nachkriegsfilme», in: Thomas Henne und Arne Riedlinger (Hg.), *Das Lüth-Urteil aus (rechts-)historischer Sicht. Die Konflikte um Veit Harlan und die Grundrechtsjudikatur des Bundesverfassungsgerichts*. Berlin 2005, S. 146–186.

Riskaer Steffensen, Henriette, «Hans J. Reinowski (1900–1977). Schriftsteller und Redakteur», in: Willy Dähnhardt und Birgit Nielsen (Hg.), *Exil in Dänemark. Deutschsprachige Wissenschaftler, Künstler und Schriftsteller im dänischen Exil*. Heide 1993, S. 615–621.

Ritter, Gerhard, *Carl Goerdeler und die deutsche Widerstandsbewegung*. München 1954.

Ritz, Christian, «Die westdeutsche Nebenklagevertretung in den Frankfurter Auschwitz-Prozessen und im Verfahrenskomplex Krumey/Hunsche», in: *Kritische Justiz*, Jg. 40 (2007), H. 1, S. 51–72.

Robusch, Kerstin, *Hermann Langbein und der 1. Frankfurter Auschwitz-Prozeß 1963–1965. Zur Rolle der Überlebenden der Nationalsozialistischen Konzentrationslager in bundesdeutschen Verfahren gegen NS-Gewaltverbrechen*. Bochum 2001 (Magisterarbeit).

Röder, Werner, «Die politische Emigration», in: *Handbuch der deutschsprachigen Emigration 1933–1945*. Hg. v. Claus-Dieter Krohn, Patrik von zur Mühlen, Gerhard Paul und Lutz Winckler unter redaktioneller Mitarbeit von Elisabeth Kohlhaas. Darmstadt 1998, Sp. 16–30.

Roesen, Anton, «Rechtsfragen der Einsatzgruppen-Prozesse», in: *Neue Juristische Wochenschrift* (1964), H. 4, S. 133–136.

Rohe, Karl, *Das Reichsbanner Schwarz-Rot-Gold. Ein Beitrag zur Geschichte und Struktur der politischen Kampfverbände zur Zeit der Weimarer Republik*. Düsseldorf 1966.

Rohlén-Wohlgemuth, Hilde, «Die Kunst zu überleben. Emigrantenalltag in Stockholm», in: Wolfgang Benz (Hg.), *Das Exil der kleinen Leute. Alltagserfahrung deutscher Juden in der Emigration*. München 1991, S. 69–80.

Roloff, Ernst-August, *Bürgertum und Nationalsozialismus 1930–1933. Braunschweigs Weg ins Dritte Reich*. Hannover 1961.

Roloff, Stefan, «Die Entstehung der Roten Kapelle und die Verzerrung ihrer Geschichte im Kalten Krieg», in: Karl Heinz Roth und Angelika Ebbinghaus (Hg.), *Rote Kapelle –*

Kreisauer Kreise – Schwarze Kapellen. Neue Sichtweisen auf den Widerstand gegen die NS-Diktatur 1938–1945. Hamburg 2004, S. 186–205.

Rosenberg, Arthur, *Geschichte des Bolschewismus. Von Marx bis zur Gegenwart*. Berlin 1932.

Rosskopf, Annette, *Friedrich Karl Kaul. Anwalt im geteilten Deutschland (1906–1981)*. Berlin 2002.

Rothfels, Hans, *Die deutsche Opposition gegen Hitler. Eine Würdigung*. Krefeld 1949.

Roxin, Claus, «Straftaten im Rahmen organisatorischer Machtapparate», in: *Goltdammer's Archiv für Strafrecht* (1963), Nr. 110, S. 193–207.

Roxin, Claus, *Täterschaft und Tatherrschaft*. Hamburg 1963 (7. Aufl. Berlin, New York 2000).

Rückerl, Adalbert, *NS-Verbrechen vor Gericht. Versuch einer Vergangenheitsbewältigung*. Heidelberg 1984.

Rückerl, Adalbert, *Die Strafverfolgung von NS-Verbrechen 1945–1978. Eine Dokumentation*. Heidelberg, Karlsruhe 1979.

Rürup, Reinhard, «Jüdische Geschichte in Deutschland. Von der Emanzipation bis zur nationalsozialistischen Gewaltherrschaft», in: Dirk Blasius und Dan Diner (Hg.), *Zerbrochene Geschichte. Leben und Selbstverständnis der Juden in Deutschland*. Frankfurt/M. 1991, S. 79–101.

Rüß, Hartmut, «Wer war verantwortlich für das Massaker von Babij Jar?», in: *Militärgeschichtliche Mitteilungen*, Bd. 57 (1998), H. 2, S. 483–508.

Sadowsky, Oliver und Sören Seitzberg, «Sinnvolle Wartezeit? Die demokratische und antinazistische Aufklärungs- und Schulungsarbeit in der Flüchtlingslagerzeitung Deutsche Nachrichten von 1945 bis 1948», in: *Exilforschung. Ein internationales Jahrbuch*. Hg. im Auftrag der Gesellschaft für Exilforschung. Bd. 24: *Kindheit und Jugend im Exil – Ein Generationenthema*. München 2006, S. 168–182.

Safrian, Hans, *Eichmann und seine Gehilfen*. Frankfurt/M. 1995.

Salpelli, Adolfo (ed.), *San Sabba. Instruttoria e processo per il lager della Risiera*. 2 voll. Trieste 1995.

Sandner, Peter, *Frankfurt. Auschwitz. Die nationalsozialistische Verfolgung der Sinti und Roma in Frankfurt am Main*. Frankfurt/M. 1998 («Hornhaut auf der Seele». Dokumentationen der Verfolgung von Sinti und Roma in hessischen Städten und Gemeinden, Bd. 4).

Sarkowicz, Hans, *Die großen Frankfurter*. Frankfurt/M., Leipzig 1994.

Sauer, Paul, *Demokratischer Neubeginn in Not und Elend. Das Land Württemberg-Baden 1945–1953*. Ulm 1978.

Sauer, Paul, *Die jüdischen Gemeinden in Württemberg und Hohenzollern. Denkmale, Geschichte, Schicksale*. Stuttgart 1966.

Sauer, Paul, *Die Schicksale der jüdischen Bürger Baden-Württembergs während der nationalsozialistischen Verfolgungszeit 1933–1945*. Stuttgart 1969.

Sauer, Paul, *Das Werden einer Großstadt. Stuttgart zwischen Reichsgründung und Erstem Weltkrieg 1871–1914*. Stuttgart 1988.

Sauer, Paul und Sonja Hosseinzadeh, *Jüdisches Leben im Wandel der Zeit. 170 Jahre Israelitische Religionsgemeinschaft. 50 Jahre neue Synagoge Stuttgart*. Gerlingen 2002.

Schadt, Jörg, «Verfolgung und Widerstand», in: Otto Borst (Hg.), *Das Dritte Reich in Baden und Württemberg*. Stuttgart 1988, S. 96–120.

Schadt, Jörg und Wolfgang Schmierer (Hg.), *Die SPD in Baden-Württemberg und ihre Geschichte. Von den Anfängen der Arbeiterbewegung bis heute*. Stuttgart 1979.

Schaefer, Hans Christoph, «Begrüßung», in: Hessisches Ministerium der Justiz (Hg.), *Fritz Bauer. Eine Denkschrift*. Wiesbaden 1993, S. 7–11.

Schaefer, Hans Christoph, «Gedenkrede zur Erinnerung an Fritz Bauer vom 2. Juli 1998», in: Fritz Bauer Institut (Hg.), *Die Humanität der Rechtsordnung. Zur Erinnerung an Fritz Bauer*. Frankfurt/M. 1998, S. 13–17.

Schaefer, Hans Christoph, «Die historische Bewertung der NS-Prozesse», siehe: http://www.fritz-bauer-institut.de/texte/debatte/Schaefer.pdf, S. 1–13.

Schaefer, Hans Christoph, «Unbewältigte Justizvergangenheit. Zur Einstellung des Ermittlungsverfahrens gegen die Oberlandesgerichtspräsidenten und Generalstaatsanwälte», in: Hanno Loewy und Bettina Winter (Hg.), *NS-Euthanasie vor Gericht. Fritz Bauer und die Grenzen juristischer Bewältigung*. Frankfurt/M., New York 1996 (Wissenschaftliche Reihe des Fritz Bauer Instituts, Bd. 1), S. 133–144.

Schätzle, Julius, *Stationen zur Hölle. Konzentrationslager in Baden und Württemberg 1933–1945*. Hg. im Auftrag der Lagergemeinschaft Heuberg – Kuhberg – Welzheim. Frankfurt/M. 1974.

Schenk, Dieter, *Der Chef. Horst Herold und das BKA*. Hamburg 1998.

Schilter, Thomas, «Psychiatrieverbrechen im Dritten Reich. Die Karriere Horst Schumanns», in: *Internationale Zeitschrift für Geschichte und Ethik der Naturwissenschaften, Technik und Medizin* (NTM), Neue Serie 6 (1998), S. 42–55.

Schlesinger, Rudolf, *Soviet Legal Theory. Its Social Background and Development*. London 1945, Reprint 1946 (International Library of Sociology and Social Reconstruction, Hg. v. Karl Mannheim).

Schmaus, Christoph, «Auf Höllenfahrt. Der Auschwitz-Prozess als Hörspiel», in: *Frankfurter Allgemeine Zeitung*, 7.5.2007.

Schmid, Manfred, «Von der Kneipe zur Katerfrühmesse. Aus den unveröffentlichten Aufzeichnungen des Tübinger Juden Robert Hirsch», in: *Schwäbisches Tageblatt*, 5.1.1985.

Schmid, Richard, «Fritz Bauer 1903–1968», in: *Kritische Justiz*, Jg. 1 (1968), H. 1, S. 60f.; ebenfalls erschienen unter dem Titel: «Ein Gedenken für Fritz Bauer», in: *Vorgänge*, (1968), H. 7, S. 241.

Schmuhl, Hans-Walter, *Rassenhygiene, Nationalsozialismus, Euthanasie. Von der Verhütung zur Vernichtung «lebensunwerten Lebens» 1880–1945*. Göttingen 1987 (Kritische Studien zur Geschichtswissenschaft, Bd. 75).

Schnabel, Ernst, *Anne Frank. Spur eines Kindes*. Frankfurt/M. 1958.

Schnabel, Thomas (Hg.), *Formen des Widerstands im Südwesten 1933–1945. Scheitern und Nachwirken*. Ulm 1994.

Schnabel, Thomas (Hg.), *Die Machtergreifung in Südwestdeutschland. Das Ende der Weimarer Republik in Baden und Württemberg 1928–1933*. Stuttgart 1982 (Schriften zur politischen Landeskunde Baden-Württembergs, Bd. 6).

Schnabel, Thomas, *Württemberg zwischen Weimar und Bonn 1928–1945/46*. Hg. v. der Landeszentrale für politische Bildung Baden-Württemberg. Stuttgart, Berlin, Köln, Mainz 1986 (Schriften zur politischen Landeskunde Baden-Württembergs, Bd. 13).

Schneider, Christian, «Trauma und Zeugenschaft», in: *Mittelweg 36*, Jg. 16 (2007), Juni-Juli-Heft, S. 59–74.

Schneider, Hans-Peter, «Gustav Radbruch (1878–1949). Rechtsphilosoph zwischen Wissenschaft und Politik», in: Kritische Justiz (Hg.), *Streitbare Juristen. Eine andere Tradition*. Baden-Baden 1988, S. 295–306.

Schön, Eberhard, *Die Entstehung des Nationalsozialismus in Hessen*. Meisenheim/Glan 1972.

Schön, Heinz, *Rettung über die Ostsee. Die Flucht aus den Ostseehäfen*. Stuttgart 2003.

Schönhagen, Benigna, *Tübingen unterm Hakenkreuz. Eine Universitätsstadt in der Zeit des Nationalsozialismus*. Stuttgart 1991.

Schoenberner, Gerhard, *Joseph Wulf – Aufklärer über den NS-Staat – Initiator der Gedenkstätte Haus der Wannsee-Konferenz*. Berlin 2006.
Schoenberner, Gerhard, «Joseph Wulf – Eine Dokumentation des Verbrechens», in: Claudia Fröhlich und Michael Kohlstruck (Hg.), *Engagierte Demokraten. Vergangenheitspolitik in kritischer Absicht*. Münster 1999, S. 132–142.
Scholz, Hans und Heinz Ohff (Hg.), *Vöglein singe mir was Schönes vor. Dokumente aus Kindertagen*. Gütersloh 1965.
Scholz, Michael F., «Die Rückkehr des KPD-Exils aus Schweden 1945–1947», in: Einhart Lorenz, Klaus Misgeld, Helmut Müssener und Hans Uwe Petersen (Hg.), *Ein sehr trübes Kapitel? Hitlerflüchtlinge im nordeuropäischen Exil 1933–1945*. Hamburg 1998, S. 367–398.
Schopenhauer, Arthur, *Über das Mitleid*. Hg. v. Franco Volpi. München 2005.
Schramm, Percy Ernst, «Der Krieg war verloren», in: *20. Juli 1944*. Bearbeitet von Hans Royce. Hg. v. der Bundeszentrale für Heimatdienst. Bonn 1953, S. 107–118.
Schueler, Hans, «In alter Rabentauglichkeit», in: *Die Zeit*, 26.10.1990.
Schueler, Hans, «Ein Leben für die Humanität. Zum Tode Fritz Bauers», in: *Die Welt*, 3.7.1968
Schulte, Klaus, «Nachexil im Exil: Zur politischen und publizistischen Arbeit antifaschistischer Emigranten in deutschen Flüchtlingslagern», in: Einhart Lorenz, Klaus Misgeld, Helmut Müssener und Hans Uwe Petersen (Hg.), *Ein sehr trübes Kapitel? Hitlerflüchtlinge im nordeuropäischen Exil 1933–1945*. Hamburg 1998, S. 335–365.
Schwarberg, Günther, *Der SS-Arzt und die Kinder vom Bullenhuser Damm*. Göttingen 1988.
Schwartz, Lothar, «Den Fragen der Vergangenheit nicht ausweichen», in: *Frankfurter Rundschau*, 18.6.1962.
Schwarz, Lothar, «Geistige Bevormundung in Rheinland-Pfalz», in: *Frankfurter Rundschau*, 3.10.1962.
Segev, Tom, *The Seventh Million. The Israelis and the Holocaust*. New York 1994 (Orig. 1991).
Seifert, Jürgen, *Gefahr im Verzuge. Zur Problematik der Notstandsgesetzgebung*. Frankfurt/M. 1963.
Seifert, Jürgen, «Verfassungspatriotismus im Streit um die Notstandsgesetzgebung», in: *Vorgänge 155. Zeitschrift für Bürgerrechte und Gesellschaftspolitik*, 40. Jg. (2001), H. 3, S. 93–113.
Sender Freies Berlin (Hg.), *Um uns die Fremde. Die Vertreibung des Geistes 1933–1945*. Berlin 1968.
Seraphim, Hans-Günther, «Die Motive der Widerstandskämpfer», in: *20. Juli 1944*. Bearbeitet von Hans Royce. Hg. v. der Bundeszentrale für Heimatdienst. Bonn 1953, S. 98–103.
Sereny, Gitta, *Am Abgrund. Gespräche mit dem Henker. Franz Stangl und die Morde von Treblinka*. Überarb. Neuausgabe München, Zürich 1995.
Skrentny, Werner, Rolf Schwenker, Sibylle Weitz und Ulrich Weitz (Hg.), *Stuttgart zu Fuß. 20 Stadtteil-Streifzüge durch Geschichte und Gegenwart*. Tübingen 2005.
Smoleń, Kazimierz, «Bestrafung der Kriegsverbrecher», in: Staatliches Museum Auschwitz-Birkenau (Hg.), *Auschwitz, Nationalsozialistisches Vernichtungslager*. Auschwitz-Birkenau 1997, S. 429–447.
Söllner, Alfons, «Peter Weiss – Die Dramatisierung der Erinnerung und ihre Widersprüche», in: Claudia Fröhlich und Michael Kohlstruck (Hg.), *Engagierte Demokraten. Vergangenheitspolitik in kritischer Absicht*. Münster 1999, S. 265–276.

Sohn, Werner, *Im Spiegel der Nachkriegsprozesse: Die Errichtung der NS-Herrschaft im Freistaat Braunschweig*. Braunschweig 2003.

Sontheimer, Kurt, *Die Adenauer-Ära. Grundlegung der Bundesrepublik*. 2. Aufl. München 1996.

Spendel, Günter, «Gustav Radbruchs politischer Weg», in: Friedrich Ebert Stiftung (Hg.), *Gustav Radbruch als Reichsjustizminister (1921-1923)*. Konferenz der Friedrich-Ebert-Stiftung/Forum Berlin. Dokumentation. Berlin 2004, S. 23-34.

Spendel, Günter, *Rechtsbeugung durch Rechtsprechung*. Berlin 1984.

Stadtarchiv Ulm (Hg.), *Zeugnisse zur Geschichte der Juden in Ulm. Erinnerungen und Dokumente*. Ulm 1991.

Staff, Ilse, «Fritz Bauer (1903-1968). ‹Im Kampf um des Menschen Rechte›», in: Kritische Justiz (Hg.), *Streitbare Juristen. Eine andere Tradition*. Baden-Baden 1988, S. 440-450.

Staff, Ilse, «In memoriam Fritz Bauer», in: *Tribüne. Zeitschrift zum Verständnis des Judentums*, 7. Jg. (1968), H. 27, S. 2857 ff.

Staff, Ilse, «Überlegungen zum Staat als einer ‹Vereinigung einer Menge von Menschen unter Rechtsgesetzen›. In memoriam Fritz Bauer», in: *Blätter für deutsche und internationale Politik*, 12 (1993), S. 1520-1529.

Stargardt, Nicholas, *«Maikäfer flieg!» Hitlers Krieg und die Kinder*. München 2006.

Steffensen, Steffen, «Erich H. Jacoby (1903-1979). Jurist und Volkswirt», in: Willy Dähnhardt und Birgit S. Nielsen (Hg.), *Exil in Dänemark. Deutschsprachige Wissenschaftler, Künstler und Schriftsteller im dänischen Exil*. Heide 1993, S. 205-209.

Steffensen, Steffen, «Fritz Bauer (1903-1968). Jurist und Volkswirt», in: Willy Dähnhardt und Birgit S. Nielsen (Hg.), *Exil in Dänemark. Deutschsprachige Wissenschaftler, Künstler und Schriftsteller im dänischen Exil*. Heide 1993, S. 171-177.

Steffensen, Steffen, «Karl Raloff (Karl Ehrlich, 1899-1976), Journalist», in: Willy Dähnhardt und Birgit S. Nielsen (Hg.), *Exil in Dänemark. Deutschsprachige Wissenschaftler, Künstler und Schriftsteller im dänischen Exil*. Heide 1993, S. 611-614.

Steinbach, Peter, «Teufel Hitler – Beelzebub Stalin? Zur Kontroverse um die Darstellung des Nationalkomitees Freies Deutschland in der ständigen Ausstellung ‹Widerstand gegen den Nationalsozialismus› in der Gedenkstätte Deutscher Widerstand», in: *Zeitschrift für Geschichtswissenschaft*, Jg. 42 (1994), H. 7, S. 651-661.

Steinbacher, Sibylle, «Darstellungen und Quellen zur Geschichte von Auschwitz», in: Horst Möller und Udo Wengst (Hg.), *50 Jahre Institut für Zeitgeschichte. Eine Bilanz*. München 1999, S. 265-280.

Steinbacher, Sibylle, *Musterstadt Auschwitz: Germanisierungspolitik und Judenmord in Ostoberschlesien*. München 2000.

Steinbacher, Sibylle, «‹Protokoll vor der Schwarzen Wand›. Die Ortsbesichtigung des Frankfurter Schwurgerichts in Auschwitz», in: Fritz Bauer Institut (Hg.), «Gerichtstag halten über uns selbst ...» Geschichte und Wirkung des ersten Frankfurter Auschwitz-Prozesses. Hg. v. Irmtrud Wojak. Frankfurt/M., New York 2001 (Jahrbuch 2001 zur Geschichte und Wirkung des Holocaust), S. 61-89.

Stephan, Jean Pierre, *Thomas Harlan, Das Gesicht deines Feindes. Eine deutsche Geschichte*. Berlin 2007.

Stern, Fritz, «Die erzwungene Verlogenheit» (1994), in: ders., *Das feine Schweigen. Historische Essays*. München 1999, S. 98-157.

Stern, Fritz, «Das feine Schweigen und seine Folgen» (1998), in: ders., *Das feine Schweigen. Historische Essays*. München 1999, S. 158-173.

Stern, Fritz, *Gold und Eisen. Bismarck und sein Bankier Bleichröder*. Neuausgabe Reinbek bei Hamburg 1999 (Orig. 1977).

Stern, Fritz, «Tod in Weimar», in: ders., *Das feine Schweigen. Historische Essays.* München 1999, S. 64–97.
Sternberger, Dolf, «Fritz Bauer», in: *Die Zeit*, 5.7.1968.
Steur, Claudia, «Eichmanns Emissäre. Die ‹Judenberater› in Hitlers Europa», in: Gerhard Paul und Michael Mallmann (Hg.), *Die Gestapo im Zweiten Weltkrieg. «Heimatfront» und besetztes Europa.* Darmstadt 2002, S. 403–436.
Steur, Claudia, *Theodor Dannecker. Ein Funktionär der «Endlösung».* Essen 1997.
Stockhorst, Erich, *5000 Köpfe. Wer war was im 3. Reich?* Kiel 1985.
Stoll, Ulrike, *Kulturpolitik als Beruf. Dieter Sattler (1906–1968) in München, Bonn und Rom.* Paderborn 2005 (Veröffentlichungen der Kommission für Zeitgeschichte, Reihe B, Forschungen 98).
Stolleis, Michael, *Recht im Unrecht. Studien zur Rechtsgeschichte des Nationalsozialismus.* Frankfurt/M. 1994.
Stolleis, Michael, «Rechtsordnung und Justizpolitik 1945–1949», in: Norbert Horn (Hg.), *Europäisches Rechtsdenken in Geschichte und Gegenwart. Festschrift für Helmut Coing.* Bd. 1. München 1982, S. 383–407.
Stolleis, Michael, *Reluctance to Glance in the Mirror: The Changing Face of German Jurisprudence after 1933 and post-1945.* Chicago 2002.
Straede, Therkel, *Octobre 1943. Le sauvetage des juifs danois menacés d'extermination.* Kopenhagen 1993.
Strauss, Walter (Hg.), *Lebenszeichen, Juden aus Württemberg nach 1933.* Gerlingen 1982.
Stuttgart im Dritten Reich. Die Machtergreifung. Von der republikanischen zur braunen Stadt. Hg. v. Projekt Zeitgeschichte im Kulturamt der Landeshauptstadt Stuttgart. Redaktion: Karlheinz Fuchs. Stuttgart, Bad Cannstatt 1983.
Szende, Stefan, *Den siste Juden fran Polen.* Stockholm 1944 (deutsch: *Der letzte Jude aus Polen.* Zürich, New York 1945).
Szczesny, Christian, «Mein Großvater Gerhard Szczesny und die HUMANISTISCHE UNION», in: *Vorgänge 155. Zeitschrift für Bürgerrechte und Gesellschaftspolitik*, 40. Jg. (2001), H. 3, S. 25–32.
Taylor, Telford, *Die Nürnberger Prozesse. Hintergründe, Analysen und Erkenntnisse aus heutiger Sicht.* München 1995.
Toury, Jacob, *Jüdische Textilunternehmen in Baden-Württemberg 1683–1938.* Tübingen 1984.
Tramer, Hans, «Der Beitrag der Juden zu Geist und Kultur», in: Werner E. Mosse unter Mitwirkung von Arnold Paucker (Hg.), *Deutsches Judentum in Krieg und Revolution 1916–1923.* Tübingen 1971, S. 317–385.
Tregenza, Michael, «Bełżec – Das vergessene Lager des Holocaust», in: Fritz Bauer Institut (Hg.), *«Arisierung» im Nationalsozialismus. Volksgemeinschaft, Raub und Gedächtnis.* Hg. v. Irmtrud Wojak und Peter Hayes. Frankfurt/M. 2000 (Jahrbuch 2000 zur Geschichte und Wirkung des Holocaust), S. 241–267.
Treue, Wilhelm, «Zur Frage der wirtschaftlichen Motive im deutschen Antisemitismus», in: Werner E. Mosse unter Mitwirkung von Arnold Paucker (Hg.), *Deutsches Judentum in Krieg und Revolution 1916–1923.* Tübingen 1971, S. 387–408.
Trittel, Günter J., «Die Sozialistische Reichspartei als Niedersächsische Regionalpartei», in: Bernd Weisbrod (Hg.), *Rechtsradikalismus in der politischen Kultur der Nachkriegszeit. Die verzögerte Normalisierung in Niedersachsen.* Hannover 1995 (Quellen und Untersuchungen zur Geschichte Niedersachsens nach 1945, Bd. 11), S. 67–85.
Troll, Thaddäus, *Stuttgarter Zeiten... von dazumal bis heute. 100 Jahre Stadtgeschichte.* Stuttgart 1977.
Ueberschär, Gerd R., *Stauffenberg. Der 20. Juli 1944.* Frankfurt/M. 2004.

Ueberschär, Gerd R., *Der 20. Juli 1944. Rezeption und Bewertung des deutschen Widerstands gegen das NS-Regime*. Köln 1994.
Ullrich, Volker, «Kriegsalltag. Zur inneren Revolutionierung der wilhelminischen Gesellschaft», in: Wolfgang Michalka (Hg.), *Der Erste Weltkrieg. Wirkung – Wahrnehmung – Analyse*. Im Auftrag des Militärgeschichtlichen Forschungsamtes. Weyharn 1997, S. 603–621.
Ullrich, Volker, *Die nervöse Großmacht 1871–1918. Aufstieg und Untergang des deutschen Kaiserreichs*. 5. Aufl. Frankfurt/M. 2004.
«*Unsere Aufgabe heißt Hessen*». *Georg August Zinn. Ministerpräsident 1950–1969*. Katalog zur Ausstellung des Hessischen Hauptstaatsarchivs. Wiesbaden 2001.
Vec, Miloš, «Sehnsucht nach Vorbeugehaft. Forschungssache BKA: Die deutschen Kriminalisten wollten nach 1945 zurück zu NS-Befugnissen», in: *Frankfurter Allgemeine Zeitung*, 22.9.2007.
Völklein, Ulrich, *Josef Mengele. Der Arzt von Auschwitz*. Göttingen 1999.
Vogelsang, Thilo, *Hinrich Wilhelm Kopf und Niedersachsen*. Hannover 1963.
Vollnhals, Clemens (Hg.), *Entnazifizierung, Politische Säuberung und Rehabilitierung in den vier Besatzungszonen 1945–1949*. München 1991.
Vortmann, Jürgen, «Hinrich Wilhelm Kopf (1893–1961). Politiker», in: Joachim Rückert und Jürgen Vortmann (Hg.), *Niedersächsische Juristen. Ein historisches Lexikon mit einer landesgeschichtlichen Einführung und Bibliographie*. Göttingen 2003, S. 286–290.
Wagner, Bernd C., *IG Auschwitz: Zwangsarbeit und Vernichtung von Häftlingen des Lagers Monowitz 1941–1945*. München 2000.
Wagner, Marc-Christoph, «Uns gibt es gar nicht. Deutsch-dänische Kinder suchen ihre Vergangenheit», in: *Frankfurter Allgemeine Zeitung*, 18.12.2001.
Warlo, Johannes, «NSG-Verfahren in Frankfurt am Main. Versuche einer justitiellen Aufarbeitung der Vergangenheit», in: Horst Henrichs und Karl Stephan (Hg.), *Ein Jahrhundert Frankfurter Justiz: Gerichtsgebäude A: 1889–1989*. Frankfurt/M. 1989 (Studien zur Frankfurter Geschichte 27), S. 155–183.
Wassermann, Rudolf, «Fritz Bauer (1903–1968)», in: Peter Glotz und Wolfgang R. Langenbucher (Hg.), *Vorbilder für Deutsche. Korrektur einer Heldengalerie*. München, Zürich 1974, S. 296–309.
Wassermann, Rudolf, «Fritz Bauers Plädoyer im Remer-Prozeß. Eine Erinnerung», in: *Strafverteidiger* (1985), Nr. 1, S. 40–43.
Wassermann, Rudolf, «›Die Justiz‹. Eine rechtspolitische Zeitschrift der Weimarer Republik», in: *Recht und Politik*, Jg. 1 (1965), H. 1, S. 19 ff.
Wassermann, Rudolf, «Ein Streiter ohne Furcht und Tadel. Nachruf für Fritz Bauer», in: *Recht und Politik*, Jg. 4 (1968), H. 2, S. 41.
Wassermann, Rudolf, «Zur Geschichte des Oberlandesgerichts Braunschweig», in: ders. (Hg.), *Justiz im Wandel der Zeit. Festschrift des Oberlandesgerichts Braunschweig*. Braunschweig 1989, S. 11–111.
Wassermann, Rudolf, «Zur juristischen Bewertung des 20. Juli 1944. Der Braunschweiger Remer-Prozeß als Meilenstein der Nachkriegsgeschichte», in: *Recht und Politik*, Jg. 20 (1984), H. 2, S. 68–80.
Weber, Jürgen und Peter Steinbach (Hg.), *Vergangenheitsbewältigung durch Strafverfahren? NS-Prozesse in der Bundesrepublik Deutschland*. München 1984.
Wehler, Hans-Ulrich, *Deutsche Gesellschaftsgeschichte*. Bd. 3: *Von der «Deutschen Doppelrevolution» bis zum Ersten Weltkrieg 1849–1914*. München 1995.
Wehler, Hans-Ulrich, *Deutsche Gesellschaftsgeschichte*. Bd. 4: *Vom Beginn des Ersten Weltkriegs bis zur Gründung der beiden deutschen Staaten 1914–1919*. München 2003.

Weingärtner, Paul, «Dr. Bauer und die Deutschen. Ein merkwürdiger Generalstaatsanwalt», in: *Rheinischer Merkur*, 8.3.1963.

Weinkauff, Hermann, «Die Militäropposition gegen Hitler und das Widerstandsrecht», in: Arbeitskreis Europäische Publikation e. V. (Hg.), *Vollmacht des Gewissens. Probleme des militärischen Widerstands gegen Hitler*. Bd. 1. Frankfurt/M., Berlin 1960, S. 139 ff.

Weinke, Annette, *Die strafrechtliche Verfolgung von NS- und Kriegsverbrechen im geteilten Deutschland 1949–1989*, in: *Recht und Politik*, Jg. 32 (1996), H. 2, S. 98–106.

Weinke, Annette, *Die Verfolgung von NS-Tätern im geteilten Deutschland. Vergangenheitsbewältigungen 1949–1969 oder: Eine deutsch-deutsche Beziehungsgeschichte im Kalten Krieg*. Paderborn u. a. 2002.

Weinzierl, Erika, «Hermann Langbein – Zeitzeuge in Wort und Schrift», in: Claudia Fröhlich und Michael Kohlstruck (Hg.), *Engagierte Demokraten. Vergangenheitspolitik in kritischer Absicht*. Münster 1999, S. 224–236.

Weiss, Peter, *Die Ermittlung. Oratorium in 11 Gesängen*. Frankfurt/M. 1965.

Weiss, Peter, *Die Ermittlung. Oratorium in 11 Gesängen*. Regie: Peter Schulze-Rohr. Hörverlag, München 2007 (3 CDs, 179 Minuten).

Weiß, Christoph, *Auschwitz in der geteilten Welt. Peter Weiss und die «Ermittlung» im Kalten Krieg*. St. Ingbert 2000.

Weiß, Christoph, «‹... eine gesamtdeutsche Angelegenheit im äußersten Sinne ...› Zur Diskussion um Peter Weiss' ‹Ermittlung› im Jahre 1965», in: Stephan Braese u. a. (Hg.), *Deutsche Nachkriegsliteratur und der Holocaust*. Frankfurt/M. 1998 (Wissenschaftliche Reihe des Fritz Bauer Instituts, Bd. 6), S. 53–70.

Weiß, Hermann, «Dänemark», in: Wolfgang Benz (Hg.), *Dimension des Völkermords. Die Zahl der jüdischen Opfer des Nationalsozialismus*. München 1991, S. 167–185.

Wendeberg, Werner, *Darmstädter Gefängnisse. Architektur und Ideologie – Standort-Entscheidungen und Bauweise der Gefängnisse in Darmstadt als Spiegel der Einstellung zu Kriminalität und Strafvollzug*. Darmstadt 2005 (Mskr.).

Wenzlau, Joachim Reinhold, *Der Wiederaufbau der Justiz in Nordwestdeutschland 1945–1949*. Königstein/Taunus 1979.

Werle, Gerhard und Thomas Wandres, *Auschwitz vor Gericht. Völkermord und bundesdeutsche Strafjustiz*. München 1995.

Wette, Wolfram, «Babij Jar 1941», in: ders. u. Gerd R. Ueberschär (Hg.), *Kriegsverbrechen im 20. Jahrhundert*. Darmstadt 2001, S. 152–164.

Wette, Wolfram, «Fall 12: Der OKW-Prozeß (gegen Wilhelm Ritter von Leeb und andere)», in: Gerd R. Ueberschär (Hg.), *Der Nationalsozialismus vor Gericht. Die alliierten Prozesse gegen Kriegsverbrecher und Soldaten 1943–1952*. Frankfurt/M. 1999, S. 199–212.

Wiehn, Erhard Roy (Hg.), *Die Schoáh von Babij Jar. Das Massaker deutscher Sonderkommandos an der jüdischen Bevölkerung von Kiew 1941. Fünfzig Jahre danach zum Gedenken*. Konstanz 1991.

Wieland, Günter, «Die deutsch-deutschen Rechtsbeziehungen zur Ahndung von NS-Verbrechen zwischen Mauerbau und Wiedervereinigung», in: Helge Grabitz, Klaus Bästlein und Johannes Tuchel (Hg.), *Die Normalität des Verbrechens. Bilanz und Perspektiven der Forschung zu den nationalsozialistischen Gewaltverbrechen. Festschrift für Wolfgang Scheffler zum 65. Geburtstag*. Berlin 1994, S. 386–407.

Wiesenthal, Simon, *Doch die Mörder leben*. München u. a. 1967.

Wildt, Michael, «‹Götzendämmerung›. Das Reichssicherheitshauptamt im letzten Kriegsjahr», in: *Sozialwissenschaftliche Informationen*, Jg. 24 (1995), H. 2, S. 101–108.

Wildt, Michael, *Generation des Unbedingten. Das Führungskorps des Reichssicherheitshauptamtes*. Hamburg 2003.

Wilhelm, Friedrich, *Die württembergische Polizei im Dritten Reich*. Stuttgart 1989.
Wilke, Jürgen, Birgit Schenk, Akiba A. Cohen und Tamat Zemach (Hg.), *Holocaust und NS-Prozesse. Die Presseberichterstattung in Israel und Deutschland zwischen Aneignung und Abwehr*. Köln, Weimar, Wien 1995.
Willerslev, Kirsten, «Hanna Kobylinski (geb. 1907). Historikerin», in: Willy Dähnhardt und Birgit S. Nielsen (Hg.), *Exil in Dänemark. Deutschsprachige Wissenschaftler, Künstler und Schriftsteller im dänischen Exil*. Heide 1993, S. 211-214.
Winkel, Harald, «Die wirtschaftlichen Beziehungen Deutschlands zu Dänemark in den Jahren der Besetzung 1940-1945», in: Friedrich-Wilhelm Henning (Hg.), *Probleme der nationalsozialistischen Wirtschaftspolitik*. Berlin 1976, S. 119-174.
Winkler, Heinrich August, «Die deutsche Gesellschaft und der Antisemitismus – Juden als ‹Blitzableiter›», in: Wolfgang Benz und Werner Bergmann (Hg.), *Vorurteil und Völkermord. Entwicklungslinien des Antisemitismus*. Freiburg/Br. 1997, S. 341-365.
Winkler, Heinrich August, *Weimar 1918-1933. Die Geschichte der ersten deutschen Demokratie*. München 1998 (Orig. 1993).
Winters, Peter Jochen, «Bernd Naumann – Die Protokolle des Frankfurter Auschwitz-Prozesses», in: Claudia Fröhlich und Michael Kohlstruck (Hg.), *Engagierte Demokraten. Vergangenheitspolitik in kritischer Absicht*. Münster 1999, S. 254-264.
Winters, Peter Jochen, «Unrecht als Gesetz. Vom 30. Juni 1934 zu den ‹Mauerschützen›», in: Helge Grabitz, Klaus Bästlein und Johannes Tuchel (Hg.), *Die Normalität des Verbrechens. Bilanz und Perspektiven der Forschung zu den nationalsozialistischen Gewaltverbrechen. Festschrift für Wolfgang Scheffler zum 65. Geburtstag*. Berlin 1994, S. 42-67.
Wittke, Stefan, «Teilexkulpation von KZ-Tätern?», in: Redaktion Kritische Justiz (Hg.), *Die juristische Aufarbeitung des Unrechts-Staats*. Baden-Baden 1998, S. 57-594.
Wittmann, Katrin, «Firmenerfolg durch Vermarktung von Nationalbewußtsein?: Die Werbestrategie des Markenartiklers Bleyle vor und im Ersten Weltkrieg», in: Gerhard Hirschfeld, Gerd Krumeich, Dieter Langewiesche und Hans-Peter Ullmann (Hg.), *Kriegserfahrungen. Studien zur Sozial- und Mentalitätsgeschichte des Ersten Weltkriegs*. Essen 1997 (Schriftenreihe der Bibliothek für Zeitgeschichte, N. F., Bd. 5), S. 303-322.
Wojak, Irmtrud (Hg.), *Auschwitz-Prozeß 4 Ks 2/63 Frankfurt am Main*. Köln 2004.
Wojak, Irmtrud, *Eichmanns Memoiren. Ein kritischer Essay*. Frankfurt/M. 2001.
Wojak, Irmtrud, «Fritz Bauer, Robert M. W. Kempner und der Aufbau einer demokratischen Rechtsordnung nach 1945», in: Claus-Dieter Krohn und Martin Schumacher (Hg.), *Exil und Neuordnung. Beiträge zur verfassungspolitischen Entwicklung in Deutschland nach 1945*. Düsseldorf 2000, S. 299-320.
Wojak, Irmtrud, «Das ‹irrende Gewissen› der NS-Verbrecher und die deutsche Rechtsprechung. Die ‹jüdische Skelettsammlung› am Anatomischen Institut der ‹Reichsuniversität Straßburg›», in: Fritz Bauer Institut (Hg.), *«Beseitigung des jüdischen Einflusses...». Antisemitische Forschung, Eliten und Karrieren im Nationalsozialismus*. Hg. v. Irmtrud Wojak. Frankfurt/M., New York 1999 (Jahrbuch 1998/99 zur Geschichte und Wirkung des Holocaust), S. 101-130.
Wojak, Irmtrud, «Die Verschmelzung von Geschichte und Kriminologie: Historische Gutachten im ersten Frankfurter Auschwitz-Prozeß», in: Norbert Frei, Dirk van Laak und Michael Stolleis (Hg.), *Geschichte vor Gericht: Historiker, Richter und die Suche nach Gerechtigkeit*. München 2000, S. 29-45.
Wolff, Wilfried, *Max Hodann (1894-1946). Sozialist und Sexualreformer*. Hamburg 1993 (Schriftenreihe der Magnus-Hirschfeld-Gesellschaft, Bd. 9).
Wolffheim, Elsbeth, «Nie verloren – auch nicht gefunden. Walter Mehrings Rückkehr nach Europa», in: Thomas Koebner und Erwin Rothermund (Hg.), *Rückkehr aus dem*

Exil. Emigranten aus dem Dritten Reich in Deutschland nach 1945. Marburg 1990, S. 95–105.

Wolfrum, Edgar, *Die geglückte Demokratie. Geschichte der Bundesrepublik Deutschland von ihren Anfängen bis zur Gegenwart*. Stuttgart 2006.

Wucher, Albert, *Eichmanns gab es viele. Ein Dokumentarbericht über die Endlösung der Judenfrage*. München, Zürich 1961.

Wuermeling, Henric L., *Doppelspiel. Adam von Trott zu Solz im Widerstand gegen Hitler*. Stuttgart 2004.

Wulf, Joseph, *Martin Bormann – Hitlers Schatten*. Gütersloh 1962.

Yahil, Leni, *The Rescue of Danish Jewry. Test of a Democracy*. Philadelphia 1969.

Yahil, Leni, *Die Shoah. Überlebenskampf und Vernichtung der europäischen Juden*. München 1998.

Zapf, Lilli, *Die Tübinger Juden. Eine Dokumentation*. 3. Aufl. Tübingen 1981.

Zelzer, Maria, *Stuttgart unterm Hakenkreuz. Chronik aus Stuttgart 1933–1945*. 2. Aufl. Stuttgart 1984.

Zelzer, Maria, *Weg und Schicksal der Stuttgarter Juden. Ein Gedenkbuch*. Stuttgart 1964.

Ziegler, Gerhard, «Fangfragen für den Staatsanwalt. Dr. Bauers Interview in Kopenhagen und die vorschnelle Kritik aus Bonn», in: *Die Zeit*, 8.3.1963.

Zolling, Hermann und Heinz Höhne, *Pullach intern. General Gehlen und die Geschichte des Bundesnachrichtendienstes*. Hamburg 1971.

20. Juli 1944. Bearbeitet von Hans Royce. Hg. v. der Bundeszentrale für Heimatdienst. Bonn 1953.

(o. A.), «Eichmann's ghost writer. A Dutch friend in the Argentine», in: *Wiener Library Bulletin*, Vol. XV (1961), Nr. 1, S. 2.

Anmerkungen

Einführung

1 Walter Fabian über F. Bauer, in: *Gewerkschaftliche Monatshefte* (1968), H. 8, S. 490.
2 Hans Sarkowicz, *Die großen Frankfurter*. Frankfurt/M. und Leipzig 1994, S. 9.
3 Horst Krüger, «Fremdling in der Stadt. Gedenkblatt für Fritz Bauer», in: *Die Zeit*, 12.7.1968.
4 Vgl. ebd.
5 Hilmar Hoffmann, *Die großen Frankfurter. Ehrenwürdige Bürger und Ehrenbürger. Von Karl dem Großen bis Friedrich von Metzler*. 2. Aufl. Frankfurt/M. 2005.
6 In der *Deutschen Richterzeitung* (August 1968) erschien in der «Umschau», S. 287, ein Artikel von acht Absätzen. Rudolf Wassermann verfasste einen Nachruf für das Organ der Arbeitsgemeinschaft Sozialdemokratischer Juristen (ASJ): «Ein Streiter ohne Furcht und Tadel. Nachruf für Fritz Bauer», in: *Recht und Politik*, Jg. 4 (1968), H. 2, S. 41. Oberlandesgerichtsrat Dr. Günter Blau (Frankfurt/M.) verfasste einen Nachruf für die *Monatsschrift für Kriminologie und Strafrechtsreform*, 51. Jg. (1968), H. 7/8, S. 363 ff.
7 Ilse Staff, Promotion 1954 mit einer Untersuchung über das Gnadenrecht, Habilitation 1969 mit einer Arbeit über staatliche Bildungsplanung, bis zu ihrer Emeritierung Professorin für Staats- und Verwaltungsrecht an der Johann-W.-Goethe-Universität, Frankfurt/M.; Curt Staff (1901–1976), seit 1919 SPD-Mitglied, 1930 Landgerichtsrat in Braunschweig, 1933 entlassen, 1935/36 KZ Dachau, 1945 zum GStA in Braunschweig ernannt, 1947 Ernennung zum Senatspräsidenten beim Obersten Gerichtshof für die Britische Zone (Aufhebung eines Freispruchs von Veit Harlan, der aufgrund antisemitischer Propagandafilme angeklagt war; OGHST 2, 291), seit 1951 OLG-Präsident in Frankfurt/M. und Vorsitzender des 1. Strafsenats, Tätigkeit in der Großen Strafrechtskommission, einer der wenigen Sozialdemokraten in einer herausgehobenen Justizposition; vgl. Thomas Henne, «Curt Staff (1901–1976). Richter», in: Joachim Rückert und Jürgen Vortmann, *Niedersächsische Juristen. Ein historisches Lexikon mit einer landesgeschichtlichen Einführung und Bibliographie*. Göttingen 2003, S. 302 f.
8 Ilse Staff, «In memoriam Fritz Bauer», in: *Tribüne. Zeitschrift zum Verständnis des Judentums*, 7. Jg. (1968), H. 27, S. 2857 ff. Die Einladung zur Gründungsversammlung der *Kritischen Justiz* vom 15.2.1968 trägt Fritz Bauers Unterschrift neben der von Jan Gehlen und Dr. Hans G. Joachim, Kopie erhalten von Prof. Dr. Joachim Perels (Hannover).
9 Richard Schmid, «Fritz Bauer 1903–1968», in: *Kritische Justiz*, Jg. 1 (1968), H. 1, S. 60 f.; ebenfalls erschienen unter dem Titel: «Ein Gedenken für Fritz Bauer», in: *Vorgänge* (1968), H. 7, S. 241; dazu *Frankfurter Allgemeine Zeitung*, 17.7.1973.
10 Walter Fabian (1902–1992), aus liberaler jüdischer Familie; studierte Philosophie, Pädagogik, Geschichte und Ökonomie, 1920 Promotion; 1924 Eintritt in die SPD und die Deutsche Friedensgesellschaft; Kritiker des SPD-Parteivorstands, 1931 aus-

geschlossen, Anfang der dreißiger Jahre Mitglied der Sozialistischen Arbeiterpartei Deutschlands (SAPD); nach 1933 untergetaucht, 1935 Flucht nach Frankreich; im Exilvorstand der SAPD. Seit 1943 arbeitete Fabian für den deutschen Exil-PEN (Schutzverband Deutscher Schriftsteller) in der Schweiz; 1957 Übersiedlung in die Bundesrepublik Deutschland, bis 1970 Chefredakteur der *Gewerkschaftlichen Monatshefte*. Engagement in der Friedensbewegung, gegen den Vietnamkrieg, für die deutsch-polnische Verständigung (1977 Ehrenpräsident der Deutsch-Polnischen Gesellschaft) und gegen die Notstandsgesetze. 1969–1973 Vorsitzender der Bürgerrechtsbewegung «Humanistische Union»; 1970 Auszeichnung mit der Carl-von-Ossietzky-Medaille der Internationalen Liga für Menschenrechte.
11 Hessisches Ministerium der Justiz (HMJ) Wiesbaden, Personalakte Fritz Bauer.
12 Schreiben des Stadtarchivs München an die Verf. vom 20.5. und 28.5.1999; siehe auch die Berichte in der *Bild-Zeitung* München und im *Münchner Merkur* am 15.5.1968 sowie in der *Frankfurter Allgemeinen Zeitung* am 11.7.1968.
13 [D. St.], «Fritz Bauer», in: *Die Zeit*, 5.7.1968; dieser wahrscheinlich von Dietrich Strothmann verfasste, in der 1. Auflage Dolf Sternberger zugeschriebene Kommentar kann wohl auch für das nach Bauer benannte, jährlich durchgeführte Fußballturnier der hessischen und thüringischen Justizbehörden gelten.
14 *Frankfurter Rundschau*, 24.7.1968.
15 Fritz Bauer, «Im Kampf um des Menschen Rechte» (1955), in: ders., *Die Humanität der Rechtsordnung. Ausgewählte Schriften*. Hg. v. Joachim Perels und Irmtrud Wojak. Frankfurt/M., New York 1998 (Wissenschaftliche Reihe des Fritz Bauer Instituts, Bd. 5), S. 37–49.
16 Fritz Bauer, «Die ‹ungesühnte Nazijustiz›» (1960), in: ebd., S. 119–141, hier S. 139.
17 Michael Stolleis, *Reluctance to Glance in the Mirror: The Changing Face of German Jurisprudence after 1933 and post-1945*. Chicago 2002.
18 Gerhard Schoenberner, *Joseph Wulf – Aufklärer über den NS-Staat – Initiator der Gedenkstätte Haus der Wannsee-Konferenz*. Berlin 2006, S. 19.
19 Zur Geschichte der HU vgl. Till Müller-Heidelberg, «Die HUMANISTISCHE UNION als älteste deutsche Bürgerrechtsorganisation. Geschichte und Perspektiven», in: *Vorgänge 155. Zeitschrift für Bürgerrechte und Gesellschaftspolitik*, 40. Jg. (2001), H. 3, S. 13–24.
20 Gerhard Szczesny (1918–2002) studierte Philosophie, Literaturgeschichte und Publizistik in Königsberg, Berlin und München, 1940 Dr. phil., 1941 bis 1945 Soldat an der Ostfront; 1947–1962 Redakteur beim Bayerischen Rundfunk. 1961 begründete er die HU in München, deren Vorsitz er 1961–1968 ausübte. 1963–1968 leitete er den Szczesny-Verlag, in dem er neben zahlreichen anderen Publikationen das *Jahrbuch für kritische Aufklärung «Club Voltaire»* veröffentlichte. Vgl. Christian Szczesny, «Mein Großvater Gerhard Szczesny und die HUMANISTISCHE UNION», in: *Vorgänge 155*, ebd., S. 25–32. In Frankfurt/M. existiert der «Club Voltaire» bis heute. – Theodor W. Adorno, «Was bedeutet Aufarbeitung der Vergangenheit 1959», in: ders., *Erziehung zur Mündigkeit*. Frankfurt/M. 1971, S. 10–28.
21 Laut einem *Spiegel*-Artikel, Nr. 22 (1967), hatte die HU mittlerweile 4200 Mitglieder, darunter 229 Ärzte, Psychotherapeuten und Psychologen, 200 Universitätsprofessoren und Hochschullehrer sowie 123 Richter. Im Vorstand oder Beirat saßen Alexander Mitscherlich, Helmut Gollwitzer, Ulrich Sonnemann, Hermann Kesten, Fritz Bauer, Richard Schmid und Käte Strobel. – Die Reden der Preisträger zu untersuchen wäre eine eigene kleine Geschichte der BRD.
22 Fritz Bauer, «Was ist ‹unzüchtig›?», in: *Vorgänge*, 1. Jg. (1962), H. 4/5, S. 8–11, hier S. 10.

23 *Frankfurter Rundschau*, 18.8.1968.
24 Müller-Heidelberg, «Die HUMANISTISCHE UNION», S. 20.
25 Vgl. im Folgenden die Rede von Dr. Christine Gutmann zum 85. Geburtstag von H. Einsele, 1. Juni 1995, HMJ Wiesbaden, Personalakte Dr. Helga Einsele; Bernd Maelicke und Renate Simmerdinger (Hg.), *Schwimmen gegen den Strom. Um der Überzeugung willen. Festschrift für Helga Einsele*. Frankfurt/M. 1990.
26 Vgl. zur Preisverleihung an H. Einsele: *Vorgänge*, Jg. 1 (1969), H. 5, S. 176 sowie zahlreiche Artikel in: *Vorgänge*, Jg. 1 (1969), H. 6; über Leben und Werk siehe die Autobiographie von H. Einsele, *Mein Leben mit Frauen in Haft*. Stuttgart 1994. – Eine Kopie der Mitgliedskarte Bauers («Gründer, – 2-» überschrieben) in der Deutschen Kriminologischen Gesellschaft, 1.1.1960, unterzeichnet von A. Mergen und C. Staff, findet sich in der Personalakte von Fritz Bauer, HMJ Wiesbaden.
27 Vgl. die Zusammenstellung der Presse-Artikel in: *Vorgänge*, Jg. 1 (1969), H. 9, S. 323 ff.
28 Blau, «Fritz Bauer», S. 363.
29 Helga Einsele, «Worte der Erinnerung», in: Hessisches Ministerium der Justiz (Hg.), *Fritz Bauer. Eine Denkschrift*. Wiesbaden 1993, S. 19–22, hier S. 20.
30 Ernst Müller-Meinigen jr., «Wenn einer nicht im Dutzend mitläuft. Erinnerungen an den hessischen Generalstaatsanwalt Bauer, der am 16. Juli 65 Jahre alt geworden wäre», in: *Süddeutsche Zeitung*, 16.7.1968.
31 Ilse Staff, «Überlegungen zum Staat als einer ‹Vereinigung einer Menge von Menschen unter Rechtsgesetzen›. In memoriam Fritz Bauer», in: *Blätter für deutsche und internationale Politik*, 12 (1993), S. 1520–1529. Ebenfalls gedruckt in: Hessisches Ministerium der Justiz (Hg.), *Fritz Bauer. Eine Denkschrift*, S. 27–38, hier S. 37.
32 Vgl. die Trauerrede von Dr. Diether H. Hoffmann, in: Hessisches Ministerium der Justiz (Hg.), *Fritz Bauer. In memoriam*. Wiesbaden 1969 (Hg. v. Hessischen Minister der Justiz, Dr. Johannes E. Strelitz), S. 19–22, hier S. 20.
33 Ebd.
34 Blau, «Fritz Bauer», S. 363; Fritz Bauer, *Das Verbrechen und die Gesellschaft*. München, Basel 1957, S. 237. Beschlossen wurde die Reform von der Großen Koalition, die ersten beiden Strafrechtsreformgesetze im Juni und Juli 1969 verabschiedet. Zu Bauers Vorstellungen auch ders., «Selbstverwaltung und Gruppen-Therapie im Strafvollzug». Schriften des Fliedner-Vereins Rockenberg (1957), H. 15, S. 3–23 (Sonderdruck aus *Recht der Jugend*, 5. Jg. [1957], H. 17–19). Vgl. im Gegensatz zu Bauer die Schrift von Paul Bockelmann, *Der Strafgesetzentwurf 1960 und seine Kritiker. Sonderdruck aus Juristen-Jahrbuch*. 1. Bd. Köln, Hamburg 1960, S. 90–110, hier S. 101 f.; Fritz Bauer, «Professor Bockelmann und die Strafrechtsreform», in: *Frankfurter Allgemeine Zeitung*, 31.1.1964; «Schuldstrafe. Aus der Affenzeit», in: *Der Spiegel*, 18. Jg. (1964), Nr. 25.
35 Vgl. die Ansprache des hessischen Generalstaatsanwalts Dieter Anders zum 100. Geburtstag Fritz Bauers am 16.7.2003 in der Goethe-Universität Frankfurt/M. (Mskr.), S. 9.
36 Staff, «Überlegungen zum Staat als einer ‹Vereinigung einer Menge von Menschen unter Rechtsgesetzen›», S. 37. 1970 wurde die neue Justizvollzugsanstalt Darmstadt nach Fritz Bauer benannt. An der Planung war er selbst beteiligt und setzte sich für ein «Gefängnis-Hochhaus» ein (Vorbild war ein neunstöckiges Gefängnis im New Yorker Stadtteil Brooklyn), das mitten in der Stadt gebaut werden sollte. Der Entwurf, der heftige Kontroversen auslöste, setzte sich jedoch nicht durch, sondern die Anstalt wurde am Stadtrand gebaut. Vgl. Werner Wendeberg, *Darmstädter Gefängnisse. Architektur und Ideologie – Standort-Entscheidungen und Bauweise der Ge-*

fängnisse in Darmstadt als Spiegel der Einstellung zu Kriminalität und Strafvollzug. Darmstadt 2005 (Mskr.), S. 19.
37 Ansprache des hessischen Generalstaatsanwalts Anders zum 100. Geburtstag Bauers (wie Anm. 35), S. 9 f.; heute setzt das Berufsbildungswerk Dr. Fritz Bauer (für die berufliche Bildung im hessischen Strafvollzug) das Wirken Bauers fort; ebd., S. 10. Vgl. den aufschlussreichen Artikel von Heribert Prantl, «Am Anfang war das Loch. Die Rückwärts-Reform des Strafvollzugs hat begonnen», in: *Süddeutsche Zeitung*, 20.3.2006.
38 Einstellungsverfügung der OStA Darmstadt, 4.12.1967, auf die Strafanzeige des Vorstands der Deutschland-Stiftung e. V. vom 27.10.1967, HMJ Wiesbaden, Personalakte Fritz Bauer. In der Sache wurden gleich fünf Strafanzeigen gegen Bauer erhoben.
39 Anonymer Brief, 24.11.1964, Hessisches Hauptstaatsarchiv (HHStA) Wiesbaden, Abt. 631a, Nr. 1550 (Verfahren gegen Martin Bormann), o. Bl.
40 Anonymer handschriftl. Brief (Fehler im Original), o. Dt., Eingangsstempel 2.11.1959, HHStA Wiesbaden, Abt. 631a, Nr. 722 (Verfahren gegen Adolf Heinz Beckerle), o. Bl.; das Wort «[erlaubt]» ist unleserlich durch einen Stempel und von der Verf. ergänzt worden.
41 Bauer schrieb damals die Einleitung zu der Publikation, die erforderlich war, damit Otto Brenner von der Gewerkschaft IG-Metall die erforderlichen 1000 Exemplare abnahm. Seiferts Analyse hätte andernfalls – wegen seines Ausschlusses aus der SPD – aus Sicht der IG-Metall unter Pseudonym gedruckt werden müssen. Vgl. Jürgen Seifert, «Verfassungspatriotismus im Streit um die Notstandsgesetzgebung», in: *Vorgänge 155* (wie Anm. 19), S. 93–113, hier S. 96 f.; Jürgen Seifert, *Gefahr im Verzuge. Zur Problematik der Notstandsgesetzgebung.* Frankfurt/M. 1963.
42 Armand Mergen, «Fritz Bauer», in: *Sonderdruck aus Kriminalistik. Zeitschrift für die gesamte kriminalistische Wissenschaft und Praxis.* Ausgabe August 1968, o. S.
43 Karl-Hermann Flach, «Nur keine Heuchelei», in: *Frankfurter Rundschau*, 2.3.1963.
44 Helmut Kramer, «Oberlandesgerichtspräsidenten und Generalstaatsanwälte als Gehilfen der NS-‹Euthanasie› – Selbstentlastung der Justiz für die Teilnahme am Anstaltsmord», in: Redaktion Kritische Justiz (Hg.), *Die juristische Aufarbeitung des Unrechts-Staats.* Baden-Baden 1998, S. 413–439. Helmut Kramer, «‹Gerichtstag halten über uns selbst›. Das Verfahren Fritz Bauers zur Beteiligung der Justiz am Anstaltsmord», in: Hanno Loewy und Bettina Winter (Hg.), *NS-Euthanasie vor Gericht. Fritz Bauer und die Grenzen juristischer Bewältigung.* Frankfurt/M., New York 1996 (Wissenschaftliche Reihe des Fritz Bauer Instituts, Bd. 1), S. 81–131.
45 Manfred Köhler, «Widerstandspflicht gegen den Unrechtsstaat, Widerstandsrecht gegen den ungerechten Staat. Biographische Skizze des hessischen Generalstaatsanwalts und Radikaldemokraten Fritz Bauer (1903–1968)», in: Christof Dipper u. a. (Hg.), *Hessen in der Geschichte. Festschrift für Eckhart G. Franz zum 65. Geburtstag.* Darmstadt 1996, S. 403–426; Kurt Nelhiebel (= Conrad Taler), *Einem Nestbeschmutzer zum Gedenken. Über Fritz Bauers Wirken als politischer Mensch.* Essay, gesendet bei Radio Bremen am 18.12.1993 (Mskr.).
46 Hans Christoph Schaefer, «Begrüßung», in: Hessisches Ministerium der Justiz (Hg.), *Fritz Bauer. Eine Denkschrift.* Wiesbaden 1993, S. 7–11.
47 Ebd., S. 10.
48 Staff, «Überlegungen zum Staat als einer ‹Vereinigung einer Menge von Menschen unter Rechtsgesetzen›», S. 27–38.
49 Schaefer, «Begrüßung», S. 11. Siehe die Publikation der Trauerreden einschließlich

OStA Metzners, in: Hessisches Ministerium der Justiz (Hg.), *Fritz Bauer. In memoriam* (wie Anm. 32).
50 Gerhard Schoenberner, «Joseph Wulf – Eine Dokumentation des Verbrechens», in: Claudia Fröhlich und Michael Kohlstruck, *Engagierte Demokraten. Vergangenheitspolitik in kritischer Absicht.* Münster 1999, S. 132–142, hier S. 139.
51 Bauer, *Die Humanität der Rechtsordnung. Ausgewählte Schriften* (1998); siehe auch Joachim Perels, «Ein Jurist aus Freiheitssinn – Fritz Bauer», in: *Vorgänge 155* (wie Anm. 19), S. 219–224. Perels widmete dem Andenken Bauers eine Sammlung seiner Schriften: *Entsorgung der NS-Herrschaft? Konfliktlinien im Umgang mit dem Hitler-Regime.* Hannover 2004.
52 Vgl. Staff, «In memoriam Fritz Bauer», in: *Tribüne*, S. 2857 ff.; dies., «Fritz Bauer (1903–1968). ‹Im Kampf um des Menschen Rechte›», in: Kritische Justiz (Hg.), *Streitbare Juristen. Eine andere Tradition.* Baden Baden 1988, S. 440–450; sowie vor allem den bereits zitierten Aufsatz von Staff, «Überlegungen zum Staat», S. 1520–1529.
53 Brief von H. Jäger an die Verfasserin, 29.8.1996 (Privatbesitz); Jäger schrieb, dieser Eindruck habe vor allem Bauers Buch *Das Verbrechen und die Gesellschaft* (1957) betroffen.
54 Fritz Bauer, *Vom kommenden Strafrecht.* Hgg. und mit einem Vorwort versehen von Herbert Jäger. Karlsruhe 1969.
55 Herbert Jäger, «Erinnerung an Fritz Bauer», in: *Strafverteidiger*, Nr. 7 (1993), S. 389 f., hier S. 389.
56 Rudolf Wassermann, «Fritz Bauer (1903–1968)», in: Peter Glotz und Wolfgang R. Langenbucher (Hg.), *Vorbilder für Deutsche. Korrektur einer Heldengalerie.* München, Zürich 1974, S. 296–309; ders., «Zur juristischen Bewertung des 20. Juli 1944. Der Braunschweiger Remer-Prozess als Meilenstein der Nachkriegsgeschichte», in: *Recht und Politik*, Jg. 20 (1984), H. 2, S. 68–80; ders., «Fritz Bauers Plädoyer im Remer-Prozess. Eine Erinnerung», in: *Strafverteidiger* (1985), Nr. 1, S. 40–43.
57 Wassermann, «Fritz Bauer (1903–1968)», S. 297.
58 Norbert Frei, *Vergangenheitspolitik. Die Anfänge der Bundesrepublik und die NS-Vergangenheit.* München 1996, S. 348 ff.; ders., «Der Frankfurter Auschwitz-Prozeß und die deutsche Zeitgeschichtsforschung». In memoriam Hermann Langbein (1912–1995), in: Fritz Bauer Institut (Hg.), *Auschwitz. Geschichte, Rezeption und Wirkung.* Frankfurt/M., New York 1996 (Jahrbuch 1996 zur Geschichte und Wirkung des Holocaust), S. 123–136, hier S. 127.
59 Frei, «Der Frankfurter Auschwitz-Prozeß», S. 126 f.
60 Ebd., S. 128.
61 Claudia Fröhlich, «*Wider die Tabuisierung des Ungehorsams*». *Fritz Bauers Widerstandsbegriff und die Aufarbeitung von NS-Verbrechen.* Frankfurt/M., New York 2006 (Wissenschaftliche Reihe des Fritz Bauer Instituts, Bd. 13), S. 14; C. Fröhlich, «Fritz Bauer – Ungehorsam und Widerstand sind ein ‹wichtiger Teil unserer Neubesinnung auf die demokratischen Grundwerte›», in: dies. und Kohlstruck (Hg.), *Engagierte Demokraten*, S. 106–120.
62 Matthias Meusch, *Von der Diktatur zur Demokratie. Fritz Bauer und die Aufarbeitung der NS-Verbrechen in Hessen (1956–1968).* Wiesbaden 2001 (Politische und parlamentarische Geschichte des Landes Hessen, Bd. 26).
63 Fröhlich, «*Wider die Tabuisierung des Ungehorsams*», S. 15, bezieht sich hier auf Martin Greiffenhagen, «Vom Obrigkeitsstaat zur Demokratie. Die politische Kultur in der Bundesrepublik Deutschland», in: Peter Reichel (Hg.), *Politische Kultur in Westeuropa. Bürger und Staaten in der Europäischen Gemeinschaft.* Frankfurt/M., New York 1984, S. 52–76.

64 Meusch, *Von der Diktatur zur Demokratie*, S. 165 ff.
65 Ebd., S. 382.
66 Vgl. die auf der Website des Fritz Bauer Instituts dokumentierte Debatte: http://www.fritz-bauer-institut.de/texte.htm#Debatte.
67 Vgl. die Auszüge aus einem privaten Briefwechsel, abgedruckt von Walter Fabian zum Gedenken an Fritz Bauer, in: *Gewerkschaftliche Monatshefte*, August 1968, S. 490 ff., hier S. 491.
68 Eine Filmographie der Filme, die sich mit dem Leben Fritz Bauers und mit dem Auschwitz-Prozess befassen, erstellte Ronny Loewy für den Katalog der Ausstellung zum 40. Jahrestag der Eröffnung des Prozesses. Vgl. Irmtrud Wojak (Hg.), *Auschwitz-Prozeß 4 Ks 2/63 Frankfurt am Main*. Köln 2004, S. 854–860.
69 Meusch, *Von der Diktatur zur Demokratie*, S. 5, bemerkt, dass der Nachlass von Bauer im Archiv der sozialen Demokratie (Bonn) nur aus zwei Ordnern besteht, und erwähnt einen weiteren, der aus einem gescheiterten Biographie-Versuch Walter Fabians über F. Bauer zurückblieb. Daraus zitiert er auch einige Manuskripte. Tatsächlich muss die Hinterlassenschaft Bauers viel umfangreicher gewesen sein.
70 Thomas Harlan (geb. 1929) übergab der Verf. Kopien der Briefe. Er ist der Sohn des Regisseurs Veit Harlan und der Schauspielerin Hilde Körber. Zur Biographie siehe Jean-Pierre Stephan, *Thomas Harlan. Das Gesicht deines Feindes. Ein deutsches Leben*. Berlin 2007; Edo Reents, «Wie es war, als mir Goebbels eine Märklin kaufte», in: *Frankfurter Allgemeine Zeitung*, 15.1.2007.
71 StA bei dem OLG Frankfurt/M., Richter, an Karl-Heinz-Ritter, Mannheim, 15.12.1971 (Fahndungsakte Martin Bormann), HHStA Wiesbaden, Abtlg. 631a, Nr. 1573, Bl. 6410 f. – Die so genannte Leichensache vom 1.7.1968, die nach Auskunft von GStA a. D. Dr. Hans Christoph Schaefer v. 18.2.1998 bei der StA nicht mehr vorhanden war, tauchte 2003 wieder auf: Sie fand sich in dem noch vorhandenen Brandschutt des Zentrums für Rechtsmedizin und wurde von Prof. Gerchow, der Bauer obduzierte, an Dieter Schenk und in Kopie an die Verf. sowie an W. Renz (Fritz Bauer Institut) geschickt; Brief v. Schenk, 8.10.2003.
72 Interview mit Rolf Tiefenthal in Kopenhagen, 23.2.1997 (Mitschrift d. Verf.).
73 Anna Maria Bauer Petersen übergab die Postkarten der Verfasserin. Siehe dazu Irmtrud Wojak, *Eichmanns Memoiren. Ein kritischer Essay*. Frankfurt/M., New York 2001.
74 Interview mit Rolf Tiefenthal in Kopenhagen, 23.2.1997 (Mitschrift d. Verf.). Zu den angesprochenen Ferien kann es aber nicht oft gekommen sein. Anna Maria Bauer Petersen selbst erzählte, dass sie einmal mit ihrem Mann in Baden-Baden gewesen sei. Interview mit Anna Maria Bauer Petersen in Kopenhagen, 28.2.1997 (Mitschrift d. Verf.).
75 Vgl. Hans Scholz und Heinz Ohff (Hg.), *Vöglein singe mir was Schönes vor. Dokumente aus Kindertagen*. Gütersloh 1965, S. 5 und S. 16 ff.
76 F. Bauer, Frankfurt/M., an Walter Hammer, 29.7.1963, Institut für Zeitgeschichte (IfZ) München, ED 106 (Sammlung Hammer). Walter Hösterey genannt Walter Hammer (1888–1966), Verleger und Schriftsteller, 1925 Mitglied im Reichsausschuss des Reichsbanners, 1933 verhaftet, Flucht nach Amsterdam, Ende 1934 nach Dänemark; 1940 durch die dänische Polizei verhaftet und an die Gestapo ausgeliefert; Einlieferung in das KZ Sachsenhausen, am 29. Oktober 1942 zu fünf Jahren Zuchthaus verurteilt. Nach Kriegsende begann er mit der Bergung von Akten und erteilte Auskünfte an Angehörige ehemaliger KZ-Häftlinge. 1948 wurde W. Hösterey Leiter des Forschungsinstituts Brandenburg (Landesarchiv Potsdam) und begann mit dem Aufbau eines Museums mit angeschlossenem Archiv. 1950 schloss die SED seine Ar-

beitsstelle, er verließ die DDR. In Hamburg baute er das Walter-Hammer-Archiv über Widerstand und Verfolgung auf, es wurde 1966 an das IfZ in München übergeben. Vgl. *Biographisches Handbuch der deutschsprachigen Emigration nach 1933. Bd. I: Politik, Wirtschaft, Öffentliches Leben.* Leitung und Bearbeitung Werner Röder und Herbert A. Strauss. München, New York, London, Paris 1980, S. 267 f.; Jürgen Kolk, «Walter Hammer: Mentale Remigration und Widerstandsforschung im Kalten Krieg», in: Claus-Dieter Krohn und Patrik von zur Mühlen (Hg.), *Rückkehr und Aufbau nach 1945. Deutsche Remigranten im öffentlichen Leben Nachkriegsdeutschlands.* Marburg 1997, S. 305–320.

77 Robert M. W. Kempner (Trauerrede), in: Hessisches Ministerium der Justiz (Hg.), *Fritz Bauer. In memoriam* (wie Anm. 32), S. 23–26, hier S. 25.

78 Seifert, «Verfassungspatriotismus im Streit um die Notstandsgesetzgebung», S. 112 und S. 93; Interview mit Dr. Lisa Abendroth, 9.6.1997 in Frankfurt/M. (Mitschrift der Verf.) – W. Abendroth (1906–1985), 1930–1933 Gerichtsreferendar, 1935 Dr. jur. in Bern; seit 1920 Mitglied des Kommunistischen Jugendverbandes, später KPD. Nach 1933 in verschiedenen illegalen Organisationen aktiv, im Februar 1937 von der Gestapo verhaftet, wegen Hochverrats zu vier Jahren Zuchthaus verurteilt, 1943 zur Strafdivision 999 eingezogen. In Griechenland eingesetzt, desertierte A. 1944 zur griechischen Widerstandsorganisation ELAS, im Oktober 1944 als britischer Kriegsgefangener nach Ägypten überführt, Ende November 1946 entlassen. Im Januar 1947 zum Richter beim Landgericht in Potsdam bestellt, seit September 1947 Dozent an der Rechts- und Staatswissenschaftlichen Fakultät der Universität Halle-Wittenberg. Ende 1947 Berufung an die Universität Leipzig, bald darauf von der Friedrich-Schiller-Universität Jena berufen, im Oktober 1948 Ernennung zum Professor für Öffentliches Recht. Im Dezember 1948 mit Frau und Tochter Flucht in den Westen. Am 21.12.1948 Berufung zum ordentlichen Professor für Öffentliches Recht und Politik an der Hochschule Wilhelmshaven-Rüstersiel, seit 1949 ordentliches Mitglied des Staatsgerichtshofs des Landes Bremen sowie der Vereinigung Deutscher Staatsrechtslehrer. Am 15.11.1950 Ernennung zum Professor für wissenschaftliche Politik an der Philosophischen Fakultät der Universität Marburg bis zu seiner Emeritierung 1972.

79 Brief von I. Staff an die Verf., 2007.

80 Seifert, «Verfassungspatriotismus im Streit um die Notstandsgesetzgebung», S. 112.

81 Handschriftliches Testament von F. Bauer (datiert 31.12.1967), beglaubigte Abschrift (Privatbesitz).

82 Ebd.

83 Vgl. das Obduktionsgutachten von Prof. Dr. med. J. Gerchow, HMJ Wiesbaden, Personalakte Fritz Bauer. Ebenso die Ansprache von Generalstaatsanwalt Anders zum 100. Geburtstag Bauers (wie Anm. 35), der die von Guido Knopp zu verantwortende, in Folge 6 der ZDF-Produktion DIE SS – EINE WARNUNG AN DIE GESCHICHTE aufgestellte Behauptung zurückwies, Bauer sei eines unnatürlichen Todes gestorben.

«Tübingen, die alte Kronenstraße, die Stille der Alleen»

1 ALS SIE NOCH JUNG WAREN / Dr. Fritz Bauer, TV-Dokumentation 1967, Interviewer: Renate Harprecht; Müller Scherak Produktion; für den Westdeutschen Rundfunk (WDR), Köln. Transkription des Interviews: Susanne Krejcik, Juli 2003.

2 Vgl. den Brief von Fritz Bauer an seine Mutter Ella Bauer, Sommer 1938, o. D. (Privatbesitz Dr. Heinz Meyer-Velde, Oldenburg).

3 Ebd.

4 Ebd.
5 Ebd.
6 Ebd.
7 Ebd.
8 Ebd.
9 Geschichtswerkstatt Tübingen (Hg.), *Zerstörte Hoffnungen. Wege der Tübinger Juden*. Tübingen 1995, S. 27.
10 Ebd.
11 Vgl. Paul Sauer, *Die jüdischen Gemeinden in Württemberg und Hohenzollern. Denkmale, Geschichte, Schicksale.* Stuttgart 1966, S. 176 f.; Paul Sauer und Sonja Hosseinzadeh, *Jüdisches Leben im Wandel der Zeit. 170 Jahre Israelitische Religionsgemeinschaft. 50 Jahre neue Synagoge Stuttgart.* Gerlingen 2002, S. 23.
12 Fritz Bauer, «Im Namen des Volkes. Die strafrechtliche Bewältigung der Vergangenheit» (1965), in: ders., *Die Humanität der Rechtsordnung*, S. 77–90, hier S. 88 ff.
13 Vgl. Manfred Schmid, «Von der Kneipe zur Katerfrühmesse. Aus den unveröffentlichten Aufzeichnungen des Tübinger Juden Robert Hirsch», in: *Schwäbisches Tageblatt*, 5.1.1985; das Original der Aufzeichnungen von Dr. jur. Robert Hirsch, geboren am 10.7.1857 in Tübingen, befindet sich im Leo Baeck Institute, New York. Kurzbiographien finden sich in: Walter Strauss (Hg.), *Lebenszeichen. Juden aus Württemberg nach 1933.* Gerlingen 1982, S. 121, sowie Stadtarchiv Ulm (Hg.), *Zeugnisse zur Geschichte der Juden in Ulm. Erinnerungen und Dokumente.* Ulm 1991, S. 13 ff.
14 Schmid, «Von der Kneipe zur Katerfrühmesse».
15 Stadtarchiv Ulm (Hg.), *Zeugnisse zur Geschichte der Juden in Ulm*, S. 13.
16 Ebd., S. 14 f.
17 Ebd.
18 Ebd.
19 Ebd., S. 15.
20 Reinhard Rürup, «Jüdische Geschichte in Deutschland. Von der Emanzipation bis zur nationalsozialistischen Gewaltherrschaft», in: Dirk Blasius und Dan Diner (Hg.), *Zerbrochene Geschichte. Leben und Selbstverständnis der Juden in Deutschland.* Frankfurt/M. 1991, S. 79–101, hier S. 88 f.
21 Ebd., S. 89.
22 Ebd., S. 85.
23 Vgl. im Folgenden Geschichtswerkstatt Tübingen (Hg.), *Zerstörte Hoffnungen*, S. 25 ff.
24 Ebd., S. 26.
25 *Der jüdische Friedhof Wankheim*. Dokumentiert von Frowald Gil Hüttenmeister. In Zusammenarbeit mit Elke Maier und Jan Maier. Stuttgart 1995 (Beiträge zur Stuttgarter Geschichte, Bd. 7), S. 99 f.
26 Geschichtswerkstatt Tübingen (Hg.), *Zerstörte Hoffnungen*, S. 27.
27 Ebd.
28 Vgl. im folgenden Lilli Zapf, *Die Tübinger Juden. Eine Dokumentation.* 3. Aufl. Tübingen 1981, S. 14 ff.
29 Ebd., S. 27 f.; Geschichtswerkstatt Tübingen (Hg.), *Zerstörte Hoffnungen*, S. 27.
30 Geschichtswerkstatt Tübingen (Hg.), ebd., S. 31.
31 Ebd., S. 29.
32 Ebd.
33 Rürup, «Jüdische Geschichte in Deutschland», S. 97.

34 Geschichtswerkstatt Tübingen (Hg.), *Zerstörte Hoffnungen*, S. 30 f.
35 *Der jüdische Friedhof Wankheim*, S. 100.
36 Ebd., S. 150.
37 Geschichtswerkstatt Tübingen (Hg.), *Zerstörte Hoffnungen*, S. 29.
38 Georg L. Mosse, *Jüdische Intellektuelle in Deutschland. Zwischen Religion und Nationalismus*. Frankfurt/M., New York 1992, S. 73.
39 Vgl. ebd.
40 Geschichtswerkstatt Tübingen (Hg.), *Zerstörte Hoffnungen*, S. 30; Sauer, *Die jüdischen Gemeinden in Württemberg*, S. 177.
41 Geschichtswerkstatt Tübingen (Hg.), *Zerstörte Hoffnungen*, ebd.
42 Sauer, *Die jüdischen Gemeinden in Württemberg*, S. 177.
43 Geschichtswerkstatt Tübingen (Hg.), *Zerstörte Hoffnungen*, S. 33.
44 *Der jüdische Friedhof Wankheim*, S. 99 und 189 f.
45 Zapf, *Die Tübinger Juden*, S. 41.
46 Geschichtswerkstatt Tübingen (Hg.), *Zerstörte Hoffnungen*, S. 35.
47 Zapf, *Die Tübinger Juden*, S. 38 f.
48 Geschichtswerkstatt Tübingen (Hg.), *Zerstörte Hoffnungen*, S. 35.
49 Ebd., S. 208.
50 Brief von Fritz Bauer an seine Mutter Ella Bauer, Sommer 1938 (wie Anm. 2).
51 Ebd.
52 Ebd.
53 Geschichtswerkstatt Tübingen (Hg.), *Zerstörte Hoffnungen*, S. 35.
54 Stadtarchiv Ulm (Hg.), *Zeugnisse zur Geschichte der Juden in Ulm*, S. 15.
55 Sauer, *Die jüdischen Gemeinden in Württemberg*, S. 178.

«Dann bauen wir Städte der Zukunft»

1 Vgl. Otto Borst, *Stuttgart. Die Geschichte der Stadt*. Stuttgart und Aalen 1973, S. 16–27.
2 Ebd., S. 17.
3 Vgl. Wolfgang J. Mommsen, «Kultur und Politik im deutschen Kaiserreich», in: ders., *Der autoritäre Nationalstaat. Verfassung, Gesellschaft und Kultur im deutschen Kaiserreich*. Frankfurt/M. 1990, S. 257–286, hier S. 274 f.
4 Ebd., S. 279.
5 Vgl. Borst, *Stuttgart*, S. 17.
6 Ebd., S. 335 f.
7 Vgl. Rudolf Brügel, *Unvergessenes Stuttgart. Begegnungen nach der Jahrhundertwende*. Stuttgart 1958, S. 7.
8 Vgl. Werner Skrentny, Rolf Schwenker, Sybille Weitz und Ulrich Weitz (Hg.), *Stuttgart zu Fuß. 20 Stadtteil-Streifzüge durch Geschichte und Gegenwart*. Tübingen 2005, S. 100 f.
9 Vgl. Maja Christ-Gmelin, «Die württembergische Sozialdemokratie 1890–1914», in: Jörg Schadt und Wolfgang Schmierer (Hg.), *Die SPD in Baden-Württemberg und ihre Geschichte. Von den Anfängen der Arbeiterbewegung bis heute*. Stuttgart u. a. 1979 (Schriften zur politischen Landeskunde Baden-Württembergs, Bd. 3), S. 107–127, hier S. 107.
10 Vgl. Claus Eppe, «Aus der Verfolgung in den Wartesaal 1. Klasse», in: Siegfried Bassler (Hg.), *Mit uns für die Freiheit. 100 Jahre SPD in Stuttgart*. Stuttgart, Wien 1987, S. 46–72, hier S. 53.
11 Ebd., S. 49. Der Wartesaal wurde den Delegierten des Reichsparteitags der SPD zu

deren Überraschung schon einmal, 1898, zur Verfügung gestellt; vgl. Christ-Gmelin, «Die württembergische Sozialdemokratie», S. 114 ff.
12 Christ-Gmelin, ebd., S. 108 ff.
13 Ebd., S. 111.
14 Vgl. Jürgen Mittag, *Wilhelm Keil (1870–1968). Sozialdemokratischer Parlamentarier zwischen Kaiserreich und Republik. Eine politische Biographie.* Düsseldorf 2001 (Beiträge zur Geschichte des Parlamentarismus und der politischen Parteien, Bd. 131), S. 78 ff.; Borst, *Stuttgart*, S. 345 und S. 344: Die *Schwäbische Tagwacht* wurde von dem Stuttgarter Verleger Heinrich Dietz gedruckt, dem Herausgeber der *Neuen Zeit*, der auch den *Wahren Jacob* druckte; in den Jahrzehnten vor 1933 hatte der Verlag J. H. W. Dietz Weltruf. Lenin wohnte bei Dietz im April 1901, und die marxistische *Sarja (Die Morgenröte)* ist 1901–1902 dort erschienen; 1902 druckte Dietz in russischer Sprache die Schrift *Was tun*, eine der wichtigsten Publikationen des Leninismus.
15 Vgl. Karl Hügin, «Aus den Anfängen eines Malers», in: Josef Halperin (Hg.), *Als das Jahrhundert noch jung war*. Zürich und Stuttgart 1961, S. 87–95, hier S. 91.
16 Vgl. Mittag, *Wilhelm Keil*, S. 79.
17 Vgl. ebd., S. 80; Christ-Gmelin, «Die württembergische Sozialdemokratie», S. 109 ff.; vgl. dagegen Borst, *Stuttgart*, S. 344, der die ausgewogene Atmosphäre hervorhob: das gesellschaftliche und politische Leben habe nicht dieselbe Schärfe des Klassengegensatzes gezeigt.
18 Vgl. Volker Ullrich, *Die nervöse Großmacht 1871–1918. Aufstieg und Untergang des deutschen Kaiserreichs.* 5. Aufl. Frankfurt/M. 2004, S. 139.
19 Vgl. Hans-Ulrich Wehler, *Deutsche Gesellschaftsgeschichte.* Bd. 3: *Von der «Deutschen Doppelrevolution» bis zum Ersten Weltkrieg 1849–1914.* München 1995, S. 606, und Wolfgang J. Mommsen, *Bürgerstolz und Weltmachtstreben. Deutschland unter Wilhelm II. 1890–1918.* Berlin 1995, S. 12.
20 Wehler, ebd.
21 Vgl. Christ-Gmelin, «Die württembergische Sozialdemokratie», S. 109.
22 Vgl. Helga Grebing, *Arbeiterbewegung. Sozialer Protest und kollektive Interessenvertretung bis 1914.* München 1985, S. 110 f.
23 Vgl. Helga Grebing, *Der «deutsche Sonderweg» in Europa 1806–1945. Eine Kritik.* Stuttgart, Berlin, Köln, Mainz 1986, S. 132.
24 Vgl. Christ-Gmelin, «Die württembergische Sozialdemokratie», S. 108 f.
25 Ebd., S. 114.
26 Ebd., S. 120.
27 Borst urteilte über die württembergische Parteispaltung: «Alles, was sich auf dieser Linie wenig später in Berlin nachvollzogen hat, der Ausschluß der achtzehn sozialdemokratischen Abgeordneten aus der Reichstagsfraktion im März 1916, der Ausschluß der Opposition aus der SPD im Januar 1917, die Gründung der USP Anfang April 1917, der sich dann der ‹Spartakus› anschloß – das alles ist in Stuttgart vorbereitet und vorexerziert worden.» Vgl. Borst, *Stuttgart*, S. 342.
28 Vgl. Eppe, «Aus der Verfolgung in den Wartesaal 1. Klasse», S. 68.
29 Vgl. Mittag, *Wilhelm Keil*, S. 109: Keil legte die Redaktionsleitung der *Schwäbischen Tagwacht* im Oktober 1911 nieder.
30 Vgl. Sylvia Neuschl-Marzahn, «Große Hoffnungen und eine große Frau», in: Bassler (Hg.), *Mit uns für die Freiheit*, S. 76–93, hier S. 76.
31 Vgl. Sylvia Greiffenhagen, «Die württembergische Sozialdemokratie im Ersten Weltkrieg und in der Weimarer Republik (1914–1933)», in: Schadt und Schmierer (Hg.), *Die SPD in Baden-Württemberg*, S. 160–191, hier S. 164 ff.

32 Vgl. Neuschl-Marzahn, «Große Hoffnungen und eine große Frau», S. 80 f.
33 Vgl. Greiffenhagen, «Die württembergische Sozialdemokratie», S. 173.
34 H.-U. Wehler sprach in diesem Zusammenhang vom «Janusgesicht von Moderne und Tradition», das entsteht, wenn die dynamische sozialökonomische Entwicklung auf die Behauptungskraft politischer Traditionsmächte trifft. Vgl. Wehler, *Deutsche Gesellschaftsgeschichte*. Bd. 3, S. 1251.
35 Vgl. Detlev J. K. Peukert, *Max Webers Diagnose der Moderne*. Göttingen 1989, S. 62 f.
36 Vgl. Borst, *Stuttgart*, S. 316 ff. und 376.
37 Ebd., S. 325 ff.
38 Ebd., S. 326.
39 Vgl. ebd., S. 336.
40 Vgl. Thaddäus Troll, *Stuttgarter Zeiten... von dazumal bis heute. 100 Jahre Stadtgeschichte*. Stuttgart 1977, S. 75.
41 Vgl. Skrentny u. a. (Hg.), *Stuttgart zu Fuß*, S. 403 f.
42 Ob Le Corbusier tatsächlich den Entwurf machte, wurde nicht verifiziert.
43 Information von Dr. Heinz Meyer-Velde, Oldenburg.
44 Gerhard Zwerenz, «Interview mit Fritz Bauer», in: *Streit-Zeit-Schrift*, Jg. 6 (1968), H. 2, S. 89–93, hier S. 92; vgl. auch *Frankfurter Rundschau*, 9.11.1968.
45 Vgl. Wolfgang J. Mommsen, *Bürgerstolz und Weltmachtstreben. Deutschland unter Wilhelm II. 1890–1918*. Berlin 1995, S. 12; Ullrich, *Die nervöse Großmacht*, S. 128.
46 Vgl. Ullrich, ebd.
47 Ebd., S. 135.
48 Ebd., S. 136, nach: Dieter Langewiesche, «Wanderungsbewegungen in der Hochindustrialisierungsperiode», in: *Vierteljahrsschrift für Sozial- und Wirtschaftsgeschichte*, Bd. 64 (1977), S. 1–40, hier S. 2.
49 Vgl. http://www.ebelu.de/ebgesch.htm (abgefragt am 2.12.2007). Vgl. vor allem Peter Hoffmann, *Claus Schenk Graf von Stauffenberg. Die Biographie*. München 2007, S. 46 ff., mit weiteren Literaturangaben über das Eberhard-Ludwigs-Gymnasium.
50 Vgl. Paul Sauer, *Das Werden einer Großstadt. Stuttgart zwischen Reichsgründung und Erstem Weltkrieg 1871–1914*. Stuttgart 1988, S. 31.
51 Ebd.
52 Vgl. Sauer und Hosseinzadeh, *Jüdisches Leben im Wandel der Zeit*, S. 43.

«Meine Familie war brav und bürgerlich»

1 Vgl. das *Familienregister des Standesamtes Stuttgart*, Bd. 92, S. 263, sowie den Ehevertrag zwischen Ludwig Bauer und Ella Bauer, geborene Hirsch, vom 29. Juli 1902 (Privatarchiv Rolf Tiefenthal, Velbaek, Dänemark).
2 Vgl. ebd. sowie Joachim Hahn, *Erinnerungen und Zeugnisse jüdischer Geschichte in Baden-Württemberg*. Hg. v. der Kommission für geschichtliche Landeskunde in Baden-Württemberg und dem Innenministerium Baden-Württemberg. Stuttgart 1988, S. 423; Sauer, *Die jüdischen Gemeinden in Württemberg*, S. 72.
3 Vgl. das *Familienregister des Standesamtes Stuttgart*, Bd. 92, S. 263, sowie den Ehevertrag zwischen L. und E. Bauer.
4 *Familienregister des Standesamtes Stuttgart*, Bd. 92, S. 263.
5 Ebd.
6 Vgl. Thomas Schnabel, *Württemberg zwischen Weimar und Bonn 1928–1945/46*. Hg. v. der Landeszentrale für politische Bildung Baden-Württemberg. Stuttgart, Ber-

lin, Köln, Mainz 1986 (Schriften zur politischen Landeskunde Baden-Württembergs, Bd. 13), S. 20.
7 *Familienregister des Standesamtes Stuttgart*, Bd. 92, S. 263.
8 Vgl. *Verzeichnis der Behörden, Mitglieder, Vereine der Israelitischen Gemeinden Stuttgart, Cannstatt, Eßlingen, Göppingen, Heilbronn, Ludwigsburg, Ulm.* Hg. v. M. Meyer. Stuttgart 1929/30.
9 Vgl. Sauer, *Das Werden einer Großstadt*, S. 140 ff.
10 Vgl. Borst, *Stuttgart*, S. 289 ff.
11 Vgl. Schnabel, *Württemberg zwischen Weimar und Bonn*, S. 19.
12 Brief von Rolf Tiefenthal, Velbaek, an die Verf. vom 29.8.2005 sowie Interview mit R. Tiefenthal in Kopenhagen, 23.2.1997 (Mitschrift d. Verf.).
13 Das ist einem Interview mit Thomas Harlan zu entnehmen, Schönau, 29.5.2005 (Mitschrift der Verf.). Ob die Kinderfrau noch mehr war und für ihren Schützling auch «Lehrerin in sexuellen Dingen» wurde, wie Sigmund Freud formulierte und es ja auch nicht selten war, bleibt unklar. Vgl. Peter Gay, *Freud. Eine Biographie für unsere Zeit*. 5. Aufl. Frankfurt/M. 2004, S. 15.
14 Vgl. das Führungszeugnis für Ludwig Bauer, in welchem sein Hauptmann und Kompaniechef ihm gute Führung bescheinigte, vom 1. Oktober 1894 (Privatarchiv Rolf Tiefenthal, Velbaek, Dänemark).
15 Vgl. Fritz Stern, *Gold und Eisen. Bismarck und sein Bankier Bleichröder*. Neuausgabe Reinbek bei Hamburg 1999, S. 646 f.
16 Vgl. Katrin Wittmann, «Firmenerfolg durch Vermarktung von Nationalbewußtsein?: Die Werbestrategie des Markenartiklers Bleyle vor und im Ersten Weltkrieg», in: Gerhard Hirschfeld, Gerd Krumeich, Dieter Langewiesche und Hans-Peter Ullmann (Hg.), *Kriegserfahrungen. Studien zur Sozial- und Mentalitätsgeschichte des Ersten Weltkriegs*. Essen 1997 (Schriftenreihe der Bibliothek für Zeitgeschichte, N. F., Bd. 5), S. 303–322.
17 Ebd., S. 320 f.
18 Vgl. Wolfgang J. Mommsen, *War der Kaiser an allem schuld? Wilhelm II. und die preußisch-deutschen Machteliten*. München 2002, S. 100.
19 Am 6. Dezember 1897 hielt Bülow (frisch ernannt zum Staatssekretär des Auswärtigen Amtes) seine berühmte Jungfernrede im Reichstag, in der es hieß: «Wir wollen niemanden in den Schatten stellen, aber wir verlangen auch unseren Platz an der Sonne.» Vgl. Ullrich, *Die nervöse Großmacht*, S. 193, dort zitiert nach: *Fürst Bülows Reden nebst urkundlichen Beiträgen zu seiner Politik*. Hg. v. J. Penzler. Bd. 1. Berlin 1907, S. 71.
20 Ullrich, ebd., S. 194. Vgl. Joachim Radkau, *Das Zeitalter der Nervosität. Deutschland zwischen Bismarck und Hitler*. Darmstadt 1998.
21 Vgl. v. Tirpitz in einem Brief an Admiral von Stosch, 21.12.1895, zitiert nach Ullrich, ebd., S. 197; dazu Wolfgang J. Mommsen, «Die latente Krise des Wilhelminischen Reiches: Staat und Gesellschaft in Deutschland 1890–1914», in: ders., *Der autoritäre Nationalstaat. Verfassung, Gesellschaft und Kultur im deutschen Kaiserreich*. Frankfurt/M. 1990, S. 287–315, hier S. 295.
22 Vgl. Wehler, *Deutsche Gesellschaftsgeschichte*. Bd. 3, S. 1009.
23 Vgl. ebd., S. 1120. Ullrich, *Die nervöse Großmacht*, S. 215, spricht von einem «brutalen Vernichtungsfeldzug».
24 Vgl. Reinhart Kößler und Henning Melber, «Völkermord und Gedenken. Der Genozid an den Herero und Nama in Deutsch-Südwestafrika 1904–1908», in: Fritz Bauer Institut (Hg.), *Völkermord und Kriegsverbrechen in der ersten Hälfte des 20. Jahrhunderts*. Hg. v. Irmtrud Wojak und Susanne Meinl. Frankfurt/M. 2004 (Jahrbuch

2004 zur Geschichte und Wirkung des Holocaust), S. 37–76, hier S. 41 und 56; siehe auch Medardus Brehl, «‹Diese Schwarzen haben vor Gott und den Menschen den Tod verdient›. Der Völkermord an den Herero 1904 und seine zeitgenössische Legitimation», ebd., S. 77–97.
25 ALS SIE NOCH JUNG WAREN / Dr. Fritz Bauer, TV-Dokumentation 1967.
26 Ebd.
27 Ebd.
28 Ebd.
29 Peter Gay schreibt in seiner Freud-Biographie bezeichnenderweise, dass die Freuds zu den sehr wenigen Mittelstandsfamilien Mitteleuropas ohne Klavier gehört haben, was daran lag, dass sich die Familie der jungenhaften Herrschsucht ihres Sohnes gebeugt hat, der sich über den Lärm beklagte, den die Klavierstunden seiner Schwester Anna machten; Gay, *Freud*, S. 23.
30 Vgl. *Verzeichnis der Behörden, Mitglieder, Vereine der Israelitischen Gemeinden Stuttgart*, 1929/30; vgl. Sauer und Hosseinzadeh, *Jüdisches Leben im Wandel der Zeit*, S. 50 ff., über die «stürmische Aufwärtsentwicklung», die Vereine und Stiftungen der jüdischen Gemeinde Stuttgart vor dem Ersten Weltkrieg nahmen.
31 Maria Zelzer, *Weg und Schicksal der Stuttgarter Juden. Ein Gedenkbuch*. Hg. v. der Stadt Stuttgart. Stuttgart o. J. (1964), S. 127.
32 Vgl. Michael Brenner, *Jüdische Kultur in der Weimarer Republik*. München 2000 (Orig. London 1996), S. 13 f.
33 Vgl. im Folgenden ebd., S. 29–32. Vgl. auch die Überblicksdarstellung von Avraham Barkai, «*Wehr dich!*». *Der Zentralverein deutscher Staatsbürger jüdischen Glaubens 1893–1938*. München 2002.
34 Stern, *Gold und Eisen*, S. 650.
35 Ebd.
36 Vgl. Bauer, «Im Kampf um des Menschen Rechte» (1955), in: ders., *Die Humanität der Rechtsordnung*, S. 37–49.
37 Vgl. im Folgenden Stefan Zweig, *Die Welt von gestern. Erinnerungen eines Europäers*. Frankfurt/M. 1955 (Orig. Stockholm 1944), S. 180 ff.
38 Vgl. Hans Mommsen, «Die Auflösung des Bürgertums seit dem späten 19. Jahrhundert» (1987), in: ders., *Von Weimar nach Auschwitz. Zur Geschichte Deutschlands in der Weltkriegsepoche*. Stuttgart 1999, S. 21–43, hier S. 23.
39 Vgl. Hans Mommsen, «Generationskonflikt und Jugendrevolte in der Weimarer Republik» (1985), in: ebd., S. 58–72, hier S. 62 f.
40 Ebd., S. 62 f.
41 Stern, *Gold und Eisen*, S. 651.
42 Vgl. in diesem Zusammenhang die biographische Werkstudie von Detlev Claussen, *Theodor W. Adorno. Ein letztes Genie*. Frankfurt/M. 2003, S. 21. Eric Hobsbawm, *Das Zeitalter der Extreme. Weltgeschichte des 20. Jahrhunderts*. München 1998 (Orig. London 1994). Vgl. Fritz Stern, «Die erzwungene Verlogenheit» (1994), in: ders., *Das feine Schweigen. Historische Essays*. München 1999, S. 98–157, hier S. 142.
43 Hobsbawm, ebd., S. 38.
44 Vgl. Bauer, «Im Kampf um des Menschen Rechte», S. 38.
45 Vgl. Hans Otto Horch, «Die Juden und Goethe», in: Annette Weber (Hg.), «*Außerdem waren sie ja auch Menschen*». *Goethes Begegnung mit Juden und Judentum*. Berlin, Wien 2000, S. 117–131 (Schriftenreihe des Jüdischen Museums Frankfurt am Main, Bd. 7), hier S. 121.
46 Vgl. ebd., S. 125.

47 Vgl. Bauer, «Im Kampf um des Menschen Rechte», S. 38.
48 Vgl. Als Sie noch jung waren / Dr. Fritz Bauer, TV-Dokumentation 1967.
49 Dies gilt wohl trotz unterschiedlicher Anschauungen im hier angesprochenen deutschen Judentum, trotz Statusunterschieden und regionalen Differenzen, vor allem zwischen Preußen und Süddeutschland (vor allem Bayern und Baden).
50 Vgl. Ernst Toller, *Eine Jugend in Deutschland*. Reinbek bei Hamburg 1963 (Orig. Amsterdam 1933), S. 12 und 17.
51 Vgl. Wolfgang Michalka, «Patriotismus und Judenzählung: Juden und Militär während des Ersten Weltkrieges», in: ders. und Martin Vogt (Hg.), *Judenemanzipation und Antisemitismus in Deutschland im 19. und 20. Jahrhundert*. Eggingen 2003 (Bibliothek europäischer Freiheitsbewegungen, Bd. 3), S. 105–115, hier S. 108.
52 Ilse Staff überließ der Verf. ihre Rede, die sie anlässlich der Gedenkfeier für F. Bauer im privaten Freundeskreis im Juli 1968 hielt.
53 Gay, *Freud*, S. 38, weist darauf hin, welch starken Widerstand und Unabhängigkeitsgeist beim jungen Sigmund Freud das Gefühl auslöste, sich angeblich minderwertig fühlen zu sollen.
54 Bauer, «Im Kampf um des Menschen Rechte», S. 37.
55 Ebd.
56 Ebd., S. 38.
57 Vgl. Horch, «Die Juden und Goethe», S. 124.
58 Vgl. den Brief von Fritz Bauer an seine Mutter Ella Bauer, Sommer 1938, ohne Datum (Privatarchiv Dr. Heinz Meyer-Velde, Oldenburg).
59 Vgl. im Folgenden Zweig, *Die Welt von gestern*, S. 200 ff.
60 Über die schwankende Stimmungslage in der Bevölkerung vor Kriegsbeginn vgl. Christian Geinitz und Uta Hinz, «Das Augusterlebnis in Südbaden: Ambivalente Reaktionen der deutschen Öffentlichkeit auf den Kriegsbeginn 1914», in: Hirschfeld u. a. (Hg.), *Kriegserfahrungen*, S. 20–35, hier S. 24 ff. und S. 34 f.
61 Zweig, *Die Welt von gestern*, S. 203.
62 Ebd., S. 205.
63 Ebd.
64 Vgl. Als Sie noch jung waren / Dr. Fritz Bauer, TV-Dokumentation 1967.
65 Zweig, *Die Welt von gestern*, S. 205 f.
66 Vgl. Alan Kramer, «‹Greueltaten›. Zum Problem der deutschen Kriegsverbrechen in Belgien und Frankreich 1914», in: Gerhard Hirschfeld und Gerd Krumeich in Verbindung mit Irena Renz (Hg.), *Keiner fühlt sich hier mehr als Mensch ... Erlebnis und Wirkung des Ersten Weltkriegs*. Essen 1993 (Schriften der Bibliothek für Zeitgeschichte, N. F., Bd. 1), S. 85–114, hier S. 86.
67 Vgl. Als Sie noch jung waren / Dr. Fritz Bauer, TV-Dokumentation 1967.
68 Fred Uhlmann, *Erinnerungen eines Stuttgarter Juden*. Stuttgart 1992 (Veröffentlichungen des Archivs der Stadt Stuttgart, Bd. 56), S. 28.
69 Vgl. Volker Ullrich, «Kriegsalltag. Zur inneren Revolutionierung der wilhelminischen Gesellschaft», in: Wolfgang Michalka (Hg.), *Der Erste Weltkrieg. Wirkung – Wahrnehmung – Analyse*. Im Auftrag des Militärgeschichtlichen Forschungsamtes. Weyharn 1997, S. 603–621, hier S. 604 f.
70 Ebd.
71 Ebd., S. 605.
72 Vgl. Ullrich, *Die nervöse Großmacht*, S. 473, sowie Uhlmann, *Erinnerungen*, S. 29 f.
73 Uhlmann, ebd., S. 32.
74 Ullrich, «Kriegsalltag», S. 606 f.
75 Ebd., S. 607, sowie Ullrich, *Die nervöse Großmacht*, S. 475 ff.

76 Uhlmann, *Erinnerungen*, S. 29.
77 Ebd., S. 30 f.
78 Ebd., S. 31.
79 Ullrich, *Die nervöse Großmacht*, S. 482 f.
80 Vgl. Hans-Ulrich Wehler, *Deutsche Gesellschaftsgeschichte*. Bd. 4: *Vom Beginn des Ersten Weltkriegs bis zur Gründung der beiden deutschen Staaten 1914–1919*. München 2003, S. 103.
81 Uhlmann, *Erinnerungen*, S. 189.
82 Vgl. Sauer und Hosseinzadeh, *Jüdisches Leben im Wandel der Zeit*, S. 80 f.
83 Ebd., S. 81.
84 Ebd., S. 84 f.
85 Ebd., S. 86.
86 Allein die badische Regierung führte nach einer Intervention badischer Juden gegen diese Statistik die Zählung nicht durch; vgl. Michalka, «Patriotismus und Judenzählung», S. 113.
87 Ebd., S. 115.
88 Wehler, *Deutsche Gesellschaftsgeschichte*. Bd. 4, S. 128.
89 Brenner, *Jüdische Kultur in der Weimarer Republik*, S. 42 f.
90 Vgl. Michael A. Meyer unter Mitw. v. Michael Brenner im Auftrag des Leo-Baeck-Instituts (Hg.), *Deutsch-jüdische Geschichte in der Neuzeit*. Bd. IV: *Aufbruch und Zerstörung 1918–1945*. Hg. v. Avraham Barkai und Paul Mendes-Flohr. Mit einem Epilog von Steven M. Lowenstein. München 1997, S. 15–36: «Im Schatten des Weltkrieges» (Autor: Paul Mendes-Flohr), hier S. 17–20.
91 Zitat v. Franz Oppenheimer, nach: Werner Jochmann, «Die Ausbreitung des Antisemitismus», in: Werner E. Mosse unter Mitwirkung von Arnold Paucker (Hg.), *Deutsches Judentum in Krieg und Revolution 1916–1923*. Tübingen 1971, S. 409–510, hier S. 426.
92 Ullrich, *Die nervöse Großmacht*, S. 485.
93 Wehler, *Deutsche Gesellschaftsgeschichte*. Bd. 3, S. 1063 ff., betrachtet die rechtsradikale Partei als «protofaschistische Massenpartei», was jedoch umstritten ist; dazu Heinz Hagenlücke, «Formverwandlungen der Politik in Deutschland im Übergang vom Kaiserreich zur Weimarer Republik», in: Hans Mommsen (Hg.), *Der Erste Weltkrieg und die europäische Nachkriegsordnung. Sozialer Wandel und Formveränderung der Politik*. Köln u. a. 2000 (Industrielle Welt. Schriftenreihe des Arbeitskreises moderne Sozialgeschichte. Hg. v. Wolfgang Schieder und Friedrich Wilhelm Graf, Bd. 60), S. 107–124; s. a. Michalka, «Patriotismus und Judenzählung», 112 f., und Clemens Picht, «Zwischen Vaterland und Volk. Das deutsche Judentum im Ersten Weltkrieg», in: Michalka (Hg.), *Der Erste Weltkrieg*, S. 736–755, hier S. 750 f.
94 Ullrich, *Die nervöse Großmacht*, S. 492 f.
95 Wehler, *Deutsche Gesellschaftsgeschichte*. Bd. 3, S. 1066 ff.
96 Vgl. Stern, «Die erzwungene Verlogenheit», S. 113.
97 Zitat nach Wehler, *Deutsche Gesellschaftsgeschichte*. Bd. 4, S. 128.
98 Der Mythos, dass die heimkehrenden Soldaten in der Heimat nicht mit genügend Dank und Ehrenbezeugungen begrüßt wurden, sowie das irreführende Bild von der deutschen «Frontgeneration», das die Nationalsozialisten in der Endphase der Weimarer Republik zu ihren Gunsten ausnutzten, wurden von R. Bessel aufgeklärt. Vgl. Richard Bessel, «Die Heimkehr der Soldaten», in: Hirschfeld u. a. (Hg.), *Keiner fühlt sich hier mehr als Mensch …*, S. 221–239, hier besonders S. 224–229.
99 Jochmann, «Die Ausbreitung des Antisemitismus», S. 426.

100 Die Nachricht vom Kriegsende kam jedenfalls in Württemberg und Baden nicht ganz so überraschend; vgl. Felix Höffler, «Kriegserfahrungen in der Heimat: Kriegsverlauf, Kriegsschuld und Kriegsende in württembergischen Stimmungsbildern des Ersten Weltkriegs», in: Hirschfeld u. a. (Hg.), *Kriegserfahrungen*, S. 68–82, hier S. 77.
101 Uhlmann, *Erinnerungen*, S. 37.
102 Hagenlücke, «Formverwandlungen der Politik in Deutschland», S. 109 und 118.
103 Vgl. ALS SIE NOCH JUNG WAREN / Dr. Fritz Bauer, TV-Dokumentation 1967.
104 Siehe dazu Hans Tramer, «Der Beitrag der Juden zu Geist und Kultur», in: Mosse und Paucker (Hg.), *Deutsches Judentum in Krieg und Revolution*, S. 317–385, hier S. 321, aus: «Unser Kriegserlebnis», in: *Jüdische Jugend* (1919), H. 1 (hier: über Ernst Simon).
105 Vgl. Jochmann, «Die Ausbreitung des Antisemitismus», S. 427 (das Zitat von W. Rathenau).
106 Ebd., S. 428.
107 Ebd., S. 445.
108 Ebd.

«Im Kampf um des Menschen Rechte»

1 Vgl. Fritz Bauer, «Antinazistische Prozesse und politisches Bewusstsein», in: Hermann Huss und Andreas Schröder (Hg.), *Antisemitismus. Zur Pathologie der bürgerlichen Gesellschaft*. Frankfurt am Main 1965, S. 168–193, hier S. 187.
2 Scholz und Ohff (Hg.), *Vöglein singe mir was Schönes vor*, S. 17 f.
3 Vgl. das Abiturzeugnis im Archiv des Eberhard-Ludwigs-Gymnasiums, Stuttgart.
4 Vgl. Fritz Bauer, «Im Kampf um des Menschen Rechte», S. 41.
5 Vgl. Claussen, *Theodor W. Adorno*, S. 19; Theodor W. Adorno, *Minima Moralia*. Frankfurt/M. 2003 (Orig. 1951).
6 Claussen, ebd., S. 20 f.
7 Uhlmann, *Erinnerungen*, S. 38.
8 Scholz und Ohff (Hg.), *Vöglein singe mir was Schönes vor*, S. 16.
9 Uhlmann, *Erinnerungen*, S. 39. Vgl. zu den Einwohnerwehren, denen sich Angehörige akademischer Schichten, Oberschüler und Studenten anschlossen, die nicht im Kaiserreich gedient hatten: Hans Mommsen, *Die verspielte Freiheit. Der Weg der Republik von Weimar in den Untergang 1918–1933*. Berlin 1989 (Propyläen Geschichte Deutschlands, Bd. 8), S. 23 f.
10 Uhlmann, ebd., S. 38 f.
11 Hoffmann, *Claus Schenk Graf von Stauffenberg*, S. 39.
12 ALS SIE NOCH JUNG WAREN / Dr. Fritz Bauer, TV-Dokumentation 1967.
13 Borst, *Stuttgart*, S. 354.
14 Ebd., S. 355. Vgl. aus der Perspektive des Königshauses und der Familie Stauffenberg, für die am 30. November 1918 eine Tradition zu Ende ging, hatte sie doch jahrhundertelang regierenden Monarchen gedient, Hoffmann, *Claus Schenk Graf von Stauffenberg*, S. 40 f.
15 Siehe dazu Peter Gay, *Die Republik der Außenseiter. Geist und Kultur in der Weimarer Zeit 1918–1933*. Neuausgabe. Frankfurt/M. 2004, S. 28. Gay führt hier mehrere Beispiele für diese bald übliche Redensart an, die man zum Beispiel bei Lion Feuchtwanger (1928), Siegfried Jacobsohn, dem Hg. der *Weltbühne* (1919), bei Harry Graf Kessler (1919) und Franz Neumann (1953) zitiert findet. – Peter Merseburger. *Der schwierige Deutsche. Kurt Schumacher. Eine Biographie.* 3. Aufl. Stuttgart 1996, S. 76 ff.

16 Gay, ebd., S. 27 und 30 f.; Eduard Bernstein, *Die deutsche Revolution. Geschichte der Entstehung und ersten Arbeitsperiode der deutschen Republik*. Berlin 1921.
17 Gay, ebd., S. 38.
18 Merseburger, *Der schwierige Deutsche*, S. 71 ff.
19 Mittag, *Wilhelm Keil*, S. 132; Merseburger, ebd., S. 76.
20 Greiffenhagen, «Die württembergische Sozialdemokratie», S. 175.
21 Ebd.
22 Mittag, *Wilhelm Keil*, S. 164; Mommsen, *Die verspielte Freiheit*, S. 29 und 33.
23 Mittag, ebd., S. 165 ff.; Greiffenhagen, «Die württembergische Sozialdemokratie», S. 177.
24 Mittag, ebd., S. 167 und 170.
25 Ebd., S. 172, Greiffenhagen, «Die württembergische Sozialdemokratie», S. 177.
26 Vgl. Mommsen, *Die verspielte Freiheit*, S. 50: Bei den Reichstagswahlen Anfang Juni errang die MSPD 21,6 und die USPD 18 Prozent.
27 «Flucht aus der Verantwortung» nannte Merseburger diesen Verzicht, der mit dem Austritt aus dem Kabinett des Reichskanzlers Joseph Wirth (Zentrum) eine unmittelbare Folge der Vereinigung mit den Resten der USPD (1922) war; Merseburger, *Der schwierige Deutsche*, S. 85.
28 Werner T. Angress, «Juden im politischen Leben der Revolutionszeit», in: Mosse und Paucker (Hg.), *Deutsches Judentum in Krieg und Revolution*, S. 137–315, hier S. 163. Frank Raberg, «Ein vergessener württembergischer Minister. Berthold Heymann war ein bedeutender Vertreter der SPD im Landtag», in: *Beiträge zur Landeskunde des Staatsanzeigers für Württemberg*, 3 (1996), S. 14–18.
29 ALS SIE NOCH JUNG WAREN / Dr. Fritz Bauer, TV-Dokumentation 1967. – Gemeint sein konnte auch ein bei den Schülern am Eberhard-Ludwigs-Gymnasium beliebter Philosophieprofessor, nämlich Dr. Paul Sakmann. Er gab 1929 (im Verlag Quelle & Meyer) eine *Philosophische Denkschule für den Unterricht an höheren Lehranstalten* heraus, die einen Eindruck von seinem Unterricht vermittelt.
30 Vgl. Bauer, «Im Kampf um des Menschen Rechte», S. 38 f.
31 Gustav Radbruch, *Einführung in die Rechtswissenschaft*. 13., durchgesehene Aufl. nach dem Tode des Verfassers besorgt von Konrad Zweigert. Stuttgart 1980 (Orig. 1909), S. 23.
32 Ebd.
33 Ebd., S. 28.
34 Zitat Günter Spendel, «Gustav Radbruchs politischer Weg», in: Friedrich Ebert Stiftung (Hg.), *Gustav Radbruch als Reichsjustizminister (1921–1923)*. Konferenz der Friedrich-Ebert-Stiftung/ Forum Berlin. Dokumentation. Berlin 2004, S. 23–34, hier S. 26. Vgl. Mommsen, *Die verspielte Freiheit*, S. 219, der Radbruchs beredte Klage zitiert, dass die Partei die Demokratie «nur als Leiter zum Sozialismus empfindet», während sie in Wahrheit «die große, bereits verwirklichte und in jedem Augenblick zu verwirklichende Hälfte ihres Programms» darstelle.
35 Vgl. Fritz Bauer, «Lebendige Vergangenheit» (1963), in: ders., *Die Humanität der Rechtsordnung*, S. 157–165, hier S. 162 ff.; vgl. zur Rechtsphilosophie des Neukantianismus, die eine Reaktion auf den philosophischen Positivismus darstellte, bzgl. Radbruch: Maja Bleckmann, *Barrieren gegen den Unrechtsstaat? Kontinuitäten und Brüche in den rechtsphilosophischen Lehren Alfred Manigks, Gustav Radbruchs und Felix Holldacks angesichts des Nationalsozialismus*. Baden-Baden 2004 (Fundamenta Juridica. Beiträge zur rechtswissenschaftlichen Grundlagenforschung, Bd. 47), S. 97 ff.
36 Arthur Kaufmann, «Ein Jurist, der in unsteter Zeit gegen den Strom schwamm. Gus-

tav Radbruch: Leben und Werk im Spiegel der Gesamtausgabe», in: *Frankfurter Rundschau* (Dokumentation), 16.7.1987; vgl. Bleckmann, ebd., S. 128.

37 Fritz Bauer, «Widerstandsrecht und Widerstandspflicht des Staatsbürgers» (1962), in: ders., *Die Humanität der Rechtsordnung*, S. 181–201, hier S. 200 f. Vgl. dazu Arthur Schopenhauer, *Über das Mitleid*. Hg. v. Franco Volpi. München 2005, S. 127.

38 Karl Mannheim, «The Problems of Generations» (1927), in: Paul Kecskemeti (Hg.), *Karl Mannheim. Essays on the Sociology of Knowledge*. London 1952, S. 276–320.

39 Vgl. ALS SIE NOCH JUNG WAREN / Dr. Fritz Bauer, TV-Dokumentation 1967.

40 Vgl. Toller, *Eine Jugend in Deutschland*, S. 12 und 17.

41 Siehe dazu Eva Reichmann, «Der Bewußtseinswandel der deutschen Juden», in: Mosse und Paucker (Hg.), *Deutsches Judentum in Krieg und Revolution*, S. 511–612.

42 Toller, *Eine Jugend in Deutschland*, S. 60.

43 Hier wird W. Jochmanns These deutlich, der meinte: «Die Jugenderzieher, Gymnasiallehrer und Universitätsdozenten, die nach dem Ersten Weltkrieg völkische Ideen verkündeten oder offen tolerierten, haben an erster Stelle die Verantwortung dafür zu tragen, daß die Mehrheit der von ihnen geprägten Nachkriegsgeneration, als sie in verantwortlichen Stellen stand, bei der Ausschaltung und Vernichtung der deutschen Juden mitwirkte und das deutsche Volk in den Ruin führen half.» Vgl. Jochmann, «Die Ausbreitung des Antisemitismus», S. 477.

44 Ulrich Herbert, *Best. Biographische Studien über Radikalismus, Weltanschauung und Vernunft. 1903–1989*. 3. Aufl. Bonn 1996, S. 44 f.

45 Michael Wildt, *Generation des Unbedingten. Das Führungskorps des Reichssicherheitshauptamtes*. Hamburg 2003, S. 45. Die Liste kann weiter ausgedehnt werden und umfasst auch Angehörige des Jahrgangs 1900: Hans Fritzsche, Karl Wolff (Chef des Persönlichen Stabs des Reichsführer-SS), Gestapo-Chef Heinrich Müller, Arno Breker, NS-Gauleiter Karl Kaufmann, SS-Brigadeführer und Einsatzkommandoführer Walther Stahlecker und Rudolf Diels; 1901: Robert Ritter (NS-Rassetheoretiker), Walther Wüst (Kurator der Forschungsgemeinschaft deutsches Ahnenerbe), Theodor Maunz (Verwaltungsrechtler); 1902: Dr. Werner Heyde (Euthanasie-Organisator), Hans Joachim Rehse (Richter am Volksgerichtshof), Leni Riefenstahl; 1903: Botschafter Otto Abetz, Staatsrechtler Ernst Rudolf Huber, Ernst Wilhelm Bohle (Leiter der NSDAP-Auslandsorganisation); 1904: Hitlers Leibarzt Karl Brandt, Heinz Jost (Chef der Einsatzgruppe A, Amtschef Amt VI SD-Ausland im RSHA), SS-Diplomat Edmund Veesenmayer; 1905: SA-Obergruppenführer Hanns Ludin; 1906: KZ-Arzt und Auschwitz-Täter Horst Schumann, SS-Offizier Hermann Fegelein, Ehemann der Schwester von Eva Braun, und KZ-Kommandant Josef Kramer.

46 Vgl. Eric Hobsbawm, *Das Zeitalter der Extreme*, S. 163.

47 Mommsen, *Die verspielte Freiheit*, S. 22.

48 Gerd Krumeich und Gerhard Hirschfeld, «Die Geschichtsschreibung zum Ersten Weltkrieg», in: Gerhard Hirschfeld, Gerd Krumeich und Irena Renz in Verbindung mit Markus Pöhlmann (Hg.), *Enzyklopädie Erster Weltkrieg*. 2., durchgesehene Aufl. Paderborn u. a. 2004, S. 304–315, hier S. 305 f.; Gerd Krumeich, «Die Dolchstoß-Legende», in: Étienne François und Hagen Schulze (Hg.), *Deutsche Erinnerungsorte*. Bd. 1. München 2001, S. 585–599.

49 Stern, «Die erzwungene Verlogenheit», S. 115 ff.

50 Vgl. die Note von Clemenceau vom 16.6.1919 in: F. A. Krummacher und Albert Wucher (Hg.), *Die Weimarer Republik. Ihre Geschichte in Texten, Bildern und Dokumenten. 1918–1933*. Unter Mitwirkung v. Karl Otmar Freiherr von Aretin. München 1965, S. 78; zur Haltung Präsident Wilsons: Mommsen, *Die verspielte Freiheit*, S. 105 f.

51 Heinrich August Winkler, «Die deutsche Gesellschaft und der Antisemitismus – Juden als ‹Blitzableiter›», in: Wolfgang Benz und Werner Bergmann (Hg.), *Vorurteil und Völkermord. Entwicklungslinien des Antisemitismus*. Freiburg/Br. 1997, S. 341–365, hier S. 343.
52 Jochmann, «Die Ausbreitung des Antisemitismus», S. 431.
53 Ebd., S. 431 ff. – E. Reichmann zitierte in diesem Zusammenhang eine düstere Voraussicht in der Monatsschrift des Centralvereins der Juden in Deutschland, *Im Deutschen Reich*: «Uns [Juden] steht ein Krieg nach dem Kriege bevor. Wenn die Waffen ruhen, werden für uns des Krieges Stürme noch lange nicht schweigen [...]. Der Reichstag nimmt eine Friedensresolution an, die den Alldeutschen nicht gefällt: es ist eine Judenresolution; der ganze Reichstag hat nicht das Glück, die Gunst der Antisemiten zu besitzen: es ist ein Judenreichstag [...]. Ein Verständigungsfriede widerstrebt ihnen – es ist ein Judenfriede.» Vgl. Reichmann, «Der Bewußtseinswandel der deutschen Juden», S. 518.
54 Saul Friedländer, «Die politischen Veränderungen der Kriegszeit und ihre Auswirkungen auf die Judenfrage», in: Mosse und Paucker (Hg.), *Deutsches Judentum in Krieg und Revolution*, S. 27–65, hier S. 49; die Rede hielt G. Mann am 4.8.1966 in Brüssel. Er führte damals weiter aus: «[...] Sie war damals viel wütender als 1930 bis 1933 oder 1933 bis 1945. Es war die Epoche des ersten großen Erfolges der Nationalsozialisten. Kaum erschien mit dem Ende der Inflation für die Massen neue Hoffnung auf ein menschenwürdiges Leben, so wurde die Bewegung rückläufig.»
55 Vgl. Trude Maurer, «Die Juden in der Weimarer Republik», in: Dirk Blasius und Dan Diner (Hg.), *Zerbrochene Geschichte. Leben und Selbstverständnis der Juden in Deutschland*. Frankfurt/M. 1991, S. 102–120, hier S. 107.
56 Vgl. Jochmann, «Die Ausbreitung des Antisemitismus», S. 455 ff.
57 Vgl. Susanne Meinl, *Nationalsozialisten gegen Hitler. Die nationalrevolutionäre Opposition um Friedrich Wilhelm Heinz*. Berlin 2000, S. 31.
58 Maurer, «Die Juden in der Weimarer Republik», S. 107, zitiert eine mittlerweile vielfach aufgegriffene, prägnante Zusammenfassung der antisemitischen Vorwürfe, die am 25.6.1919 die *Ostdeutsche Rundschau* (Bromberg) lieferte: «Die Juden haben unseren Siegeslauf gehemmt und uns um die Früchte unserer Siege betrogen. Die Juden haben die Axt an die Throne gelegt und die monarchische Verfassung in Stücke geschlagen. Die Juden haben die innere Front und dadurch auch die äußere zermürbt. Die Juden haben unseren Mittelstand vernichtet, den Wucher wie eine Pest verbreitet, die Städte gegen das Land, den Arbeiter gegen den Staat und (das) Vaterland aufgehetzt. Die Juden haben uns die Revolution gebracht, und wenn wir jetzt nach dem verlorenen Kriege auch noch den Frieden verlieren, so hat auch Juda sein gerüttelt Maß an Schuld. Darum, deutsches Volk, vor allem das Eine – befreie dich von der Judenherrschaft.» – Besonders traurige Berühmtheit erlangte Artur Dinters Roman *Die Sünde wider das Blut*, von dem in wenigen Jahren mehr als 200 000 Exemplare verkauft wurden und der nach vorsichtigen Schätzungen in Deutschland rund anderthalb Millionen Leser fand. Ebenso wie Dinters Roman das Denken und Handeln beeinflusste, galt dies für Ludwig Müller von Hausen, den Vorsitzenden des Verbandes gegen die Überhebung des Judentums, und die Veröffentlichung der *Protokolle der Weisen von Zion*, deren erste Auflage im Juli 1919 herauskam; bis zum Herbst 1923 erschienen acht Auflagen. Vgl. Jochmann, «Die Ausbreitung des Antisemitismus», S. 460.
59 Wilhelm Treue, «Zur Frage der wirtschaftlichen Motive im deutschen Antisemitismus», in: Mosse und Paucker (Hg.), *Deutsches Judentum in Krieg und Revolution*, S. 387–408, hier S. 387. Jochmann, «Die Ausbreitung des Antisemitismus», S. 428.

Meyer unter Mitw. v. Brenner (Hg.), *Deutsch-jüdische Geschichte in der Neuzeit*. Bd. IV. Hg. v. Barkai und Mendes-Flohr, S. 29.
60 Friedländer, «Die politischen Veränderungen der Kriegszeit», S. 52, weist auf das vielfältig benützte Argument hin, dass fast im selben Augenblick Béla Kun in Ungarn eine kommunistische Regierung bildete, in der zwei Drittel der Volkskommissare Juden waren, und in der Sowjetunion die Zahl der Juden an der Spitze besonders hoch war: Trotzki, Sinowjew, Radek, Kamenew, Joffe.
61 Vgl. im Folgenden die Beiträge von Paul Mendes-Flohr, «Im Schatten des Weltkrieges», «Unter dem Schatten des Antisemitismus» sowie «Politische Orientierungen und Krisenbewußtsein», in: Meyer unter Mitw. v. Brenner (Hg.), *Deutschjüdische Geschichte*. Bd. IV. Hg. v. Barkai und Mendes-Flohr, S. 15 ff., hier S. 16, 28 und 103.
62 Gay, *Die Republik der Außenseiter*, S. 10.
63 Dirk Blasius, «Zwischen Rechtsvertrauen und Rechtszerstörung. Deutsche Juden 1933–1935», in: ders. und Dan Diner (Hg.), *Zerbrochene Geschichte. Leben und Selbstverständnis der Juden in Deutschland*. Frankfurt/M. 1991, S. 121–137, hier S. 123 f.
64 Gay, *Die Republik der Außenseiter*, S. 10.
65 Fritz Stern, «Tod in Weimar», in: ders., *Das feine Schweigen*, S. 64–97, hier S. 74 ff.
66 ALS SIE NOCH JUNG WAREN / Dr. Fritz Bauer, TV-Dokumentation 1967.
67 Christian Jansen, *Professoren und Politik. Politisches Denken und Handeln der Heidelberger Hochschullehrer 1914–1935*. Göttingen 1992 (Kritische Studien zur Geschichtswissenschaft, Bd. 99), S. 149 f.
68 Ebd., S. 189: Direktoren des Instituts waren Gumbels Parteifreund Emil Lederer und der vorübergehende DDP-Vorsitzende Alfred Weber.
69 Vgl. im Folgenden Jansen, *Professoren und Politik*, S. 40 f.
70 Die «Gemeinschaft», deren politisch engagierte Mitglieder alle in der SPD waren, löste sich auf, als die äußeren Verhältnisse stabiler wurden. Was die Dynamik und Lust an allem zeitgenössischen Neuem, zum Teil auch einen gewissen Hang zum Mystizismus anbetrifft – so Christian Jansen, der die Heidelberger Gelehrtenkultur genauestens erforscht hat –, gehörten die Mitglieder des Kreises eher zu den Vorläufern des Nationalbolschewismus und der so genannten konservativen Revolution, der als Merkmal zugleich ihr Antimodernismus anhaftete.
71 Vgl. den Polizeimeldebogen (PMB) B63 im Stadtarchiv München: Fritz Bauer, stud. jur. et rer. pol., angemeldet am 18. Mai 1922, Viktoriastraße 19/0, bei Seybold; abgemeldet am 16. März 1923 nach Stuttgart, Widerholdstraße 10. – Glaubensbekenntnis: israelitisch. – Über die Studienzeit in München gibt es keine Dokumente.
72 Jahre später hat Fritz Bauer gegenüber seiner Frau eine solche Erinnerung gestreift; Interview der Verf. mit Anna Maria Bauer Petersen, 28.2.1997, Kopenhagen (Mitschrift der Verf.).
73 Auf der Konferenz räumten die Alliierten immerhin ein, dass der Währungsverfall in Deutschland von den hohen Reparationszahlungen verursacht wurde. Zu den Konferenzteilnehmern zählte auch die Sowjetunion, und Berlin bemühte sich, noch vor der Zusammenkunft in Genua ein Separatabkommen mit den östlichen Nachbarn zu erzielen, das im gemeinsamen Interesse lag. Überraschend gelang das bündnispolitisch umstrittene Vertragsabkommen mit Russland im oberitalienischen Seebad Rapallo, wobei die Parteien wechselseitig auf kriegsbedingte Reparationszahlungen verzichteten und diplomatische Beziehungen vereinbarten. Vgl. Heinrich August Winkler, *Weimar 1918–1933. Die Geschichte der ersten deutschen Demokratie*. München 1998 (Orig. 1993), S. 167.

74 Vgl. Joachim Perels, «Politik am Abgrund. Die Herausforderungen des Reichsjustizministers in den Krisenjahren 1922/23», in: Friedrich Ebert Stiftung (Hg.), *Gustav Radbruch*, S. 63–82, hier S. 69.
75 Die zeitgenössische Chronik verzeichnete: Im August 1922 erklärte Kardinal Faulhaber auf dem Deutschen Katholikentag in München, die Weimarer Republik sei der Ausbund von «Meineid und Verrat». Am 27.11. organisierte die NSDAP fünf Massenveranstaltungen gegen die französische Androhung einer Ruhrbesetzung; Mussolini startete zum «Marsch auf Rom». Am 13.12.1922 kam es zu zehn Massenveranstaltungen der NSDAP. Vom 27. bis 29.1.1923 fand der erste Reichsparteitag der NSDAP statt. Ab 8.2.1923 wurde der in München erscheinende *Völkische Beobachter* Tageszeitung. Am 5.3.1923 lehnte die Bayerische Regierung das Verbot der NSDAP ab.
76 ALS SIE NOCH JUNG WAREN / Dr. Fritz Bauer, TV-Dokumentation 1967.
77 Vgl. Thomas Mann, *Briefe 1889–1936*. Hg. v. Erika Mann. Bd. 1. Frankfurt/M. 1961, S. 199 f.
78 Thomas Mann, «Von deutscher Republik. Gerhart Hauptmann zum sechzigsten Geburtstag», in: ders., *Essays*. Bd. 2: *Für das neue Deutschland 1919–1925*. Hg. v. Hermann Kurzke und Stephan Stachorski. Frankfurt/M. 1993, S. 126–166, hier S. 142 f.
79 Fritz Stern, «Das feine Schweigen und seine Folgen», in: ders., *Das feine Schweigen*, S. 158–173, hier S. 165 f.
80 Vgl. die Einzugsliste von Fritz Bauer vom Sommersemester 1923 im Archiv der Universität Heidelberg. K. Geiler hatte soeben die 2., erweiterte Auflage seines Buches über *Gesellschaftliche Organisationsformen des neueren Wirtschaftsrechts* herausgebracht (bei J. Bensheimer, Mannheim, Berlin, Leipzig 1922). Dass Bauer das Buch sofort erwarb, sieht man an seiner Signatur, die noch jugendlicher, «ordentlicher» aussieht als die später schwungvoll hingesetzten Namenszüge; das Buch weist zahllose Unterstreichungen und handschriftl. Anmerkungen auf, aus denen hervorgeht, dass er die Neuerscheinung für seine geplante Doktorarbeit ausführlich zu benutzen beabsichtigte. Besonders dick unterstrichen sind Geilers Ausführungen über industrielle Konzentrationen sowie Trustbildung (so die S. 18 ff.) oder über «erwerbswirtschaftliche Zusammenschlüsse» (S. 53 ff.) – was auf Bauers entstehende Dissertation hindeutet.
81 Christian Jansen bezeichnet Geiler und den Juristen Anschütz als die beiden treuesten Anhänger der DDP, die in den frühen Jahren der Republik den Heidelberger Gelehrten zu ihrer politischen Heimat wurde. Weder Geiler noch Anschütz traten 1933 oder danach der NSDAP bei oder wurden Mitglied des Nationalsozialistischen Lehrerbundes. Vgl. Jansen, *Professoren und Politik*, S. 245.
82 Vgl. Perels, «Politik am Abgrund», S. 82. Leopold Perels wurde 1933 als «nicht arischer» Beamter ein Opfer des nationalsozialistischen «Berufsbeamtengesetzes», und 1940, als die badischen Juden ins Lager Gurs nach Frankreich abtransportiert wurden, begleitete ihn sein Kollege Gustav Radbruch in ohnmächtiger Solidarität zum Deportationszug. Er überlebte den Krieg, kehrte aber nach 1945 nicht nach Deutschland zurück.
83 Jansen, *Professoren und Politik*, S. 36.
84 Fritz Bauer, «Die ‹ungesühnte Nazijustiz›» (1960), in: ders., *Die Humanität der Rechtsordnung*, S. 119–142, hier S. 134.
85 Vgl. Spendel, «Gustav Radbruchs politischer Weg», S. 34. Von G. Radbruch stammte der Satz: «Politik erprobt [anstelle von «verdirbt», I. W.] den Charakter.» – Vgl. über Radbruch auch Hans-Peter Schneider, «Gustav Radbruch (1878–1949). Rechtsphi-

losoph zwischen Wissenschaft und Politik», in: Kritische Justiz (Hg.), *Streitbare Juristen. Eine andere Tradition*. Baden-Baden 1988, S. 295–306.
86 Perels, «Politik am Abgrund», S. 69.
87 Mommsen, *Die verspielte Freiheit*, S. 139.
88 Perels, «Politik am Abgrund», S. 67. Emil Julius Gumbel, *Denkschrift des Reichsjustizministers zu «Vier Jahre politischer Mord»*. Reprint Heidelberg 1980 (Orig. Berlin 1924).
89 Perels, ebd., S. 68.
90 Jansen, *Professoren und Politik*, S. 189. Emil Julius Gumbel, *Verschwörer*. Reprint Heidelberg 1979 (Orig. Wien 1924). Vgl. auch Christian Jansen, *Emil Julius Gumbel. Porträt eines Zivilisten*. Heidelberg 1991.
91 Siehe dazu: Robert M. W. Kempner, «Der Republikanische Richterbund. Eine Kampforganisation für die Weimarer Republik», in: *Recht und Politik*, Jg. 3 (1967), H. 4, S. 129–139; Rudolf Wassermann, «‹Die Justiz›. Eine rechtspolitische Zeitschrift der Weimarer Republik», in: *Recht und Politik*, Jg. 1 (1965), H. 1, S. 19 ff.
92 Wassermann, «Fritz Bauer (1903–1968)», S. 303.
93 Fritz Bauer, «Die ‹ungesühnte Nazijustiz›», S. 134.
94 ALS SIE NOCH JUNG WAREN / Dr. Fritz Bauer, TV-Dokumentation 1967.
95 Vgl. Zapf, *Die Tübinger Juden*, S. 266.
96 Uhlmann, *Erinnerungen*, S. 61.
97 HMJ Wiesbaden, Personalakte Fritz Bauer. Handschriftlich verfasster Lebenslauf Bauers, Stuttgart, 25.1.1926, Archiv der Universität Heidelberg.
98 Gutachten von Karl Geiler, o. D., 1926, Archiv der Universität Heidelberg.
99 Vorwort von Karl Geiler, 27.1.1927, in: Fritz Bauer, *Die rechtliche Struktur der Truste. Ein Beitrag zur Organisation der wirtschaftlichen Zusammenschlüsse in Deutschland unter vergleichender Heranziehung der Trustformen in den Vereinigten Staaten und Rußland*. Mannheim, Berlin, Leipzig 1927.
100 Bauer, *Die rechtliche Struktur der Truste*, S. 1 f.
101 Ebd., S. 2.
102 Ebd., S. 4 ff.; vgl. Manfred Köhler, «Widerstandspflicht gegen den Unrechtsstaat, Widerstandsrecht gegen den ungerechten Staat. Biographische Skizze des hessischen Generalstaatsanwalts und Radikaldemokraten Fritz Bauer (1903–1968)», in: Christof Dipper u. a. (Hg.), *Hessen in der Geschichte. Festschrift für Eckhart G. Franz zum 65. Geburtstag*. Darmstadt 1996, S. 403–426, hier S. 406.
103 Übrigens erscheint es typisch für F. Bauers Belesenheit, dass er selbst in einer so nüchternen wissenschaftlichen Abhandlung Thomas Mann zitiert, der in seiner *Königlichen Hoheit* (1909 in *Die Neue Rundschau* erschienen) ein Fräulein von Isenschnibbe sagen lässt: «Da gibt es drüben in Amerika diese großen Handelsgesellschaften, die man Truste nennt, wie Königliche Hoheit wissen [...].» Bauer, *Die rechtliche Struktur der Truste*, S. 51.
104 F. Bauer an M. Horkheimer, Kopenhagen, 21.9.1937, Max Horkheimer Archiv (MHA) in der Stadt- und Landesbibliothek Frankfurt/M., I/2 230.
105 ALS SIE NOCH JUNG WAREN / Dr. Fritz Bauer, TV-Dokumentation 1967.
106 Uhlmann, *Erinnerungen*, S. 92.
107 HMJ Wiesbaden, Personalakte Fritz Bauer. Leider lassen sich dafür keine Proben aufs Exempel zitieren, da im Zweiten Weltkrieg sämtliche einschlägigen Akten durch Bombenangriffe auf Stuttgart verloren gegangen sind.
108 Merseburger, *Der schwierige Deutsche*, S. 87.
109 James M. Diehl, *Paramilitary Politics in Weimar Germany*. Bloomington, London 1977, S. 176. Die Gründungsinitiative ging vom Oberpräsidenten von Sachsen, Otto

Hörsing, sowie von Karl Höltermann aus, Hg. der sozialdemokratischen *Magdeburger Volksstimme*. Vgl. über das «Reichsbanner» auch Karl Rohe, *Das Reichsbanner Schwarz Rot Gold. Ein Beitrag zur Geschichte und Struktur der politischen Kampfverbände zur Zeit der Weimarer Republik*. Düsseldorf 1966; Helga Gotschlich, *Zwischen Kampf und Kapitulation. Zur Geschichte des Reichsbanners Schwarz-Rot-Gold*. Berlin 1987.
110 Diehl, ebd., S. 177 ff.
111 Merseburger, *Der schwierige Deutsche*, S. 124 f.
112 Der Berthold-Auerbach-Verein war dem Landesverband der jüdischen Jugendvereine Württembergs angeschlossen und leistete Bildungs- und Erziehungsarbeit; vgl. Paul Sauer, *Die Schicksale der jüdischen Bürger Baden-Württembergs während der nationalsozialistischen Verfolgungszeit 1933–1945*. Stuttgart 1969, S. 95.
113 Interview der Verf. mit Helmut Mielke, Stuttgart, 2.6.1997 (Transkript). Siehe auch Helmut Mielke, «Die Zeit von 1932–1945», in: SPD-Landesvorstand Baden-Württemberg (Hg.), *Unser Land und seine Sozialdemokraten. Die Sozialdemokratie in Baden und Württemberg*. Stuttgart u. a. 1980, S. 60–67.
114 Zitat nach Merseburger, *Der schwierige Deutsche*, S. 88.
115 Interview der Verf. mit Helmut Mielke, Stuttgart, 2.6.1997 (Transkript).
116 Vgl. im Folgenden Merseburger, *Der schwierige Deutsche*, S. 102; Mommsen, *Die verspielte Freiheit*, S. 259 f.
117 Merseburger, ebd., S. 103 ff.
118 Roland Müller, *Stuttgart zur Zeit des Nationalsozialismus*. Stuttgart 1988, S. 22 f.; Mommsen, *Die verspielte Freiheit*, S. 318 f.
119 Müller, *Stuttgart zur Zeit des Nationalsozialismus*, S. 24 ff. Am Ende des Jahres zählten die Stuttgarter Sturmabteilungen (SA) 180 Aktive, die SA-Reserve 40 Männer und die SS 30 Mitglieder. Die Ortsgruppe Stuttgart der NSDAP bezog samt der Gauleitung bereits am 1. Mai 1932 ihr «Braunes Haus» in der Goethestraße 14.
120 Merseburger, *Der schwierige Deutsche*, S. 127.
121 Der Balanceakt in Preußen fand ein jähes Ende, als die Parteien der Weimarer Koalition bei den Landtagswahlen im April 1932 dramatische Einbußen hinnehmen mussten. Die Regierung Braun verlor ihre Mehrheit im Parlament, wusste sich aber, auf die Geschäftsordnung gestützt, im Amt zu behaupten, da die negative Mehrheit von Kommunisten und Nationalsozialisten gemeinsam keine neue Regierung bilden konnte. Siehe Merseburger, *Der schwierige Deutsche*, S. 129 ff.; vgl. über die SPD-Politik auch Hans Mommsen, «Sozialdemokratie in der Defensive. Der Immobilismus der SPD und der Aufstieg des Nationalsozialismus», in: ders. (Hg.), *Sozialdemokratie zwischen Klassenbewegung und Volkspartei*. Verhandlungen der Sektion «Geschichte der Arbeiterbewegung» des Deutschen Historikertages in Regensburg, Oktober 1972. Frankfurt/M. 1974, S. 106–133.
122 Vgl. im Folgenden Merseburger, ebd., S. 39 ff.
123 Ebd., S. 149 f.

«Die glückliche Insel Dänemark»

1 Julius Schätzle, *Stationen zur Hölle. Konzentrationslager in Baden und Württemberg 1933–1945*. Hg. im Auftrag der Lagergemeinschaft Heuberg – Kuhberg – Welzheim. Frankfurt/M. 1974, S. 15.
2 *Stuttgart im Dritten Reich. Die Machtergreifung. Von der republikanischen zur braunen Stadt*. Hg. v. Projekt Zeitgeschichte im Kulturamt der Landeshauptstadt Stuttgart. Redaktion: Karlheinz Fuchs. Stuttgart, Bad Cannstatt 1983, S. 402 f.; vgl. zu

diesem Kapitel auch Thomas Schnabel (Hg.), *Formen des Widerstands im Südwesten 1933–1945. Scheitern und Nachwirken*. Ulm 1994, sowie Thomas Schnabel (Hg.), *Die Machtergreifung in Südwestdeutschland. Das Ende der Weimarer Republik in Baden und Württemberg 1928–1933*. Stuttgart 1982 (Schriften zur politischen Landeskunde Baden-Württembergs, Bd. 6).

3 Jörg Schadt, «Verfolgung und Widerstand», in: Otto Borst (Hg.), *Das Dritte Reich in Baden und Württemberg*. Stuttgart 1988, S. 96–120, hier S. 100.

4 Erich Roßmann, *Ein Leben für Sozialismus und Demokratie*. Stuttgart und Tübingen 1946, S. 63.

5 Vgl. im Folgenden ebd., S. 69–79.

6 Ebd.

7 Ebd.

8 Karl Buck (1894–1977) leitete nach der Schließung der KZ Heuberg und Kuhberg ab 1935 das KZ Welzheim, 1941 übernahm er die Kommandantur des «Sicherungslagers» Schirmeck-Vorbruck im Elsass. Von einem britischen und einem französischen Militärgericht wurde er nach dem Krieg zum Tode verurteilt, dann zu lebenslänglich begnadigt und im April 1955 an die BRD ausgeliefert, wo er bis zu seinem Tod lebte. Vgl. Myrah Adamas, *Das KZ Oberer Kuhberg in Ulm 1933–1935. Die Würde des Menschen ist unantastbar* (Katalog zur Ausstellung). Ulm 2000, S. 39.

9 Vgl. im Folgenden Lina Haag, *Eine Hand voll Staub. Widerstand einer Frau 1933–1945*. Tübingen 2004 (Orig. 1947).

10 Schätzle, *Stationen zur Hölle*, S. 23 und 29. Der Autor der Zeilen war selbst Häftling auf dem Oberen Kuhberg.

11 Bauer, «Im Kampf um des Menschen Rechte», S. 39.

12 Vgl. die Angaben in der Personalakte von F. Bauer, HMJ Wiesbaden.

13 Siehe dazu seinen Artikel: «Das Ende waren die Gaskammern» (1960), in: ders., *Die Humanität der Rechtsordnung*, S. 91–96, hier S. 91.

14 Vgl. Wolfgang Benz, «Die jüdische Emigration», in: *Handbuch der deutschsprachigen Emigration 1933–1945*. Hg. v. Claus-Dieter Krohn, Patrik von zur Mühlen, Gerhard Paul und Lutz Winckler unter redaktioneller Mitarbeit von Elisabeth Kohlhaas. Darmstadt 1998, Sp. 5–15, hier Sp. 5.

15 Bauer, «Das Ende waren die Gaskammern», S. 94 und 96.

16 Hannah Arendt, «Persönliche Verantwortung in der Diktatur», in: dies., *Israel, Palästina und der Antisemitismus. Aufsätze*. Hg. v. Eike Geisel und Klaus Bittermann. Berlin 1991, S. 7–38, hier S. 15.

17 Otto Dov Kulka und Eberhard Jäckel (Hg.), *Die Juden in den geheimen NS-Stimmungsberichten 1933–1945*. Düsseldorf 2004 (Schriften des Bundesarchivs, Bd. 62), S. 82.

18 Müller, *Stuttgart zur Zeit des Nationalsozialismus*, S. 287.

19 Zelzer, *Weg und Schicksal der Stuttgarter Juden*, S. 500.

20 Uhlmann, *Erinnerungen*, S. 182 f.

21 Müller, *Stuttgart zur Zeit des Nationalsozialismus*, S. 288.

22 Urkunde im Privatbesitz von Rolf Tiefenthal, Velbaek, Dänemark.

23 Müller, *Stuttgart zur Zeit des Nationalsozialismus*, S. 298; eine Untersuchung über die Ausgrenzung der Juden aus der Wirtschaft und «Arisierungen» in Stuttgart fehlt bislang. Vgl. Avraham Barkai, *Vom Boykott zur «Entjudung». Der wirtschaftliche Existenzkampf der Juden im Dritten Reich*. Frankfurt/M. 1987, S. 80.

24 Barkai, ebd., S. 80 f., schätzt, dass Mitte 1935 etwa 20 bis 25 Prozent aller jüdischen Betriebe entweder liquidiert worden oder in «arische» Hände übergegangen waren, zunächst vor allem in ländlichen Gebieten.

25 *Reichsgesetzblatt* (*RGBl.*), Teil I. Hg. v. Reichsministerium des Innern, Berlin 1933, S. 175 und S. 188.
26 Blasius, «Zwischen Rechtsvertrauen und Rechtszerstörung», S. 130.
27 *RGBl.* I, 1935, S. 1333 f.
28 Blasius, «Zwischen Rechtsvertrauen und Rechtszerstörung», S. 129.
29 Uwe Dietrich Adam, *Judenpolitik im Dritten Reich*. 2. Aufl. Düsseldorf 1972, S. 86; Hans Mommsen und Dieter Obst, «Die Reaktion der deutschen Bevölkerung auf die Verfolgung der Juden 1933–1943», in: Hans Mommsen und Susanne Willems (Hg.), *Herrschaftsalltag im Dritten Reich. Studien und Texte*. Düsseldorf 1988, S. 374–421, hier S. 374 f.
30 *RGBl.* I, 1933, S. 175 ff.
31 Müller, *Stuttgart zur Zeit des Nationalsozialismus*, S. 285, verweist auf den grundlegenden Wandel, den das «Berufsbeamtengesetz» dokumentierte, der aber der jüdischen Bevölkerung in dieser Dimension nicht bewusst wurde.
32 Ebd., S. 295.
33 Raul Hilberg, *Die Vernichtung der europäischen Juden*. Bd. 1. Durchgesehene und erweiterte Ausgabe Frankfurt/M. 1991 (Orig. 1961), S. 58.
34 Brief von F. Bauer an seine Schwester Margot Tiefenthal, o. D., Privatarchiv Rolf Tiefenthal, Velbaek, Dänemark.
35 Benz, «Die jüdische Emigration», Sp. 5; Avraham Barkai, «Jüdisches Leben unter der Verfolgung», in: Meyer unter Mitw. v. Brenner (Hg.), *Deutsch-jüdische Geschichte in der Neuzeit*. Bd. IV, S. 225–248, hier S. 227.
36 Vgl. Hans Mommsen, «Der nationalsozialistische Polizeistaat und die Judenverfolgung», in: *Vierteljahrshefte für Zeitgeschichte*, Jg. 10 (1962), H. 1, S. 68–87, hier S. 75 f.
37 Benz, «Die jüdische Emigration», Sp. 9: Nach der Definition der «Nürnberger Gesetze» lebten in Österreich 209 000 Juden, davon 191 481 israelitischer Konfession.
38 Genauere statistische Angaben siehe bei Ino Arndt und Heinz Boberach, «Deutsches Reich», in: Wolfgang Benz (Hg.), *Dimension des Völkermords. Die Zahl der jüdischen Opfer des Nationalsozialismus*. München 1991, S. 23–65.
39 Müller, *Stuttgart zur Zeit des Nationalsozialismus*, S. 296.
40 Vgl. Hans Mommsen, «Die Realisierung des Utopischen: Die ‹Endlösung der Judenfrage› im ‹Dritten Reich›», in: ders., *Der Nationalsozialismus und die deutsche Gesellschaft. Ausgewählte Aufsätze*. Zum 60. Geburtstag hg. v. Lutz Niethammer und Bernd Weisbrod. Reinbek bei Hamburg 1991, S. 184–232, hier S. 201.
41 Wie weit das Tauziehen zwischen amtlichen und Parteistellen um die antisemitischen Maßnahmen ging, hat Cornelia Essner am Beispiel der «Nürnberger Gesetze» herausgearbeitet. Vgl. Cornelia Essner, *Die «Nürnberger Gesetze» oder: Die Verwaltung des Rassenwahns 1933–1945*. Paderborn, München, Wien, Zürich 2002, S. 111 und 246 ff.; Mommsen, «Der nationalsozialistische Polizeistaat», S. 76.
42 Mommsen, ebd., S. 74 f.
43 Essner, *Die «Nürnberger Gesetze»*, S. 253 ff.; *RGBl.* I (1938), S. 1044.
44 Mommsen, «Der nationalsozialistische Polizeistaat», S. 75.
45 Ebd.
46 Victor Klemperer, *Ich will Zeugnis ablegen bis zum letzten. Tagebücher 1933–1941*. 2. Aufl. Berlin 1995, Eintragung vom 13.8.1936, S. 291 f.; die *Baseler Nationalzeitung* kündigte bereits am 18. September 1935 an, der Abschluss der Olympiade werde eine Radikalisierung der Judenverfolgung bringen, vgl. Mommsen, «Der nationalsozialistische Polizeistaat», S. 75.

47 Werner Röder, «Die politische Emigration», in: *Handbuch der deutschsprachigen Emigration*, Sp. 16–30, hier Sp. 16 f.
48 F. Bauer an M. Horkheimer, Kopenhagen, 21.9.1937, Max Horkheimer Archiv (MHA) in der Stadt- und Landesbibliothek Frankfurt/M., I/2 230.
49 Interview mit Rolf Tiefenthal in Kopenhagen, 23.2.1997 (Mitschrift d. Verf.); Bauer hielt sich vom 1.6. bis 21.6.1935 in Kopenhagen auf, wie seiner Polizeiakte zu entnehmen ist, vgl. Reichsarchiv (RA) Kopenhagen, Polizeiakte F. Bauer, Udl.nr. 53.658–113.954.
50 Helmut Fidler (Bearb.), *Arbeiterbewegung in Stuttgart 1933. Erinnerungen, Berichte, Dokumente*. Hg. v. Arbeitskreis zur Erforschung der Geschichte der Stuttgarter Arbeiterbewegung beim DGB. Tübingen 1984, S. 51. Mielke besuchte Bauer 1937 in Kopenhagen.
51 Vgl. Wolfgang Niess, *Richard Schmid. Rechtsanwalt und Sympathisant der SAP* (Mskr. 1984), Hauptstaatsarchiv (HStA) Stuttgart, Nachlass Richard Schmid, Erinnerungen (a 1/40); Wolfgang Niess, «Richard Schmid, Rechtsanwalt und Sympathisant der SAP», in: Michael Bosch und Wolfgang Niess (Hg.), *Der Widerstand im deutschen Südwesten 1933–1945*. Stuttgart u. a. 1984, S. 143–151.
52 Ebd., sowie Müller, *Stuttgart zur Zeit des Nationalsozialismus*, S. 173 ff.; Helga Grebing (Hg.), *Lehrstücke in Solidarität. Briefe und Biographien deutscher Sozialisten 1945–1949*. Stuttgart 1983, S. 371. – Nach dem Krieg wurde Schmid GStA in Stuttgart, danach bis zu seiner Pensionierung 1964 OLG-Präsident; vgl. Hans-Ernst Böttcher, «Richard Schmid – ein Radikaler im öffentlichen Dienst», in: Fröhlich und Kohlstruck (Hg.), *Engagierte Demokraten*, S. 143–153, hier S. 144.
53 Lebenslauf Fritz Bauers, verfasst am 3.9.1948 in Kopenhagen, HMJ Wiesbaden, Personalakte Fritz Bauer.
54 Schreiben von Fritz Bauer (Braunschweig), 18.5.1954, betr. Antrag auf Entschädigung (BEG) vom 18.9.1953 (BGBl. I, S. 1387), Staatsarchiv (StA) Ludwigsburg, ES 9223 (EL 350): Entschädigungssache Dr. Fritz Bauer.
55 F. Bauer an Carlo Schmid zum 65. Geburtstag, 4.12.1961, Archiv der sozialen Demokratie (AdsD) Bonn, Nachlass C. Schmid, Mappe 972.
56 Die dänische Presse, vor allem die führenden Blätter, drückten keinerlei Sympathie mit dem Nationalsozialismus aus, eine kritische Haltung gegenüber der Machtübernahme Hitlers kennzeichnete nicht nur die sozialdemokratische und kommunistische Presse, sondern auch ein konservatives Blatt wie *Berlingske Tidende*. Allerdings ließ die Kritik schnell nach und machte einer vorsichtigeren Haltung im Sinne der Mahnungen der Regierung, mit Kritik an Deutschland zurückhaltend zu verfahren, schon bald Platz. Die restriktive dänische Flüchtlingspolitik wurde deshalb so gut wie nicht in der Presse zum Thema gemacht. Vgl. Brian Klitgaard und Jens Melson, «Die Flüchtlingspolitik als Bestandteil der dänischen Außenpolitik 1933–1940», in: Hans Uwe Petersen (Hg.), *Hitlerflüchtlinge im Norden. Asyl und politisches Exil 1933–1945*. Kiel 1991, S. 79–91, hier S. 85 ff.
57 Müller, *Stuttgart zur Zeit des Nationalsozialismus*, S. 296.
58 Vgl. Herbert, *Best*, S. 327; Harald Winkel, «Die wirtschaftlichen Beziehungen Deutschlands zu Dänemark in den Jahren der Besetzung 1940–1945», in: Friedrich-Wilhelm Henning (Hg.), *Probleme der nationalsozialistischen Wirtschaftspolitik*. Berlin 1976, S. 119–174.
59 Vgl. Willy Dähnhardt und Birgit S. Nielsen, «Einleitung: Dänemark als Asylland», in: dies. (Hg.), *Exil in Dänemark. Deutschsprachige Wissenschaftler, Künstler und Schriftsteller im dänischen Exil*. Heide 1993, S. 14–54, hier S. 30.

60 Vgl. ebd. sowie Einhart Lorenz, «Dänemark», in: *Handbuch der deutschsprachigen Emigration*, Sp. 204–208, hier Sp. 204.
61 Dähnhardt und Nielsen, «Einleitung», S. 30.
62 Lorenz, «Dänemark», Sp. 204; vgl. auch die etwas differierenden Angaben in: Einhart Lorenz und Hans-Uwe Petersen, «Fremdenpolitik und Asylpraxis», in: Einhart Lorenz, Klaus Misgeld, Helmut Müssener und Hans Uwe Petersen (Hg.), *Ein sehr trübes Kapitel? Hitlerflüchtlinge im nordeuropäischen Exil 1933–1945*. Hamburg 1998, S. 17–42, hier S. 24.
63 Dähnhardt und Nielsen, «Einleitung», S. 17.
64 Ebd., S. 31.
65 Ebd.; Lorenz, «Dänemark», Sp. 204.
66 Hans Uwe Petersen, «Dänemark und die antinazistischen Flüchtlinge (1940–1941)», in: ders. (Hg.), *Hitlerflüchtlinge im Norden*, S. 55–78, hier S. 56.
67 Dähnhardt und Nielsen, «Einleitung», S. 33 f. Das Komitee war nach dem italienischen Sozialisten Giacomo Matteotti benannt, der 1925 von den Faschisten umgebracht worden war.
68 Herbert, *Best*, S. 368 f.
69 Klitgaard und Melson, «Die Flüchtlingspolitik», S. 82. Zitat von Hans Mouritzen.
70 Zitat: ebd., S. 80.
71 Dähnhardt und Nielsen, «Einleitung», S. 34; das Zitat: Lorenz, «Dänemark», Sp. 206; Ludwig Eiber, «Richard Hansen. Das Grenzsekretariat der SoPaDe in Kopenhagen und die Verbindungen nach Hamburg», in: Lorenz u. a. (Hg.), *Ein sehr trübes Kapitel?*, S. 181–193.
72 Dähnhardt und Nielsen, ebd., S. 38.
73 Petersen, «Dänemark», S. 57; Lorenz und Petersen, «Fremdenpolitik», S. 32.
74 Dähnhardt und Nielsen, «Einleitung», S. 34 f.; Lorenz, «Dänemark», Sp. 206; Die Zahlen differieren: Von 70 bis 150 Emigranten, die das Komitee von 1934 bis zu seiner Auflösung im April 1941 unterstützte, sprechen Herbert Obenaus und Sibylle Obenaus in: Karl Raloff, *Ein bewegtes Leben. Vom Kaiserreich bis zur Bundesrepublik*. Eingeleitet und kommentiert von Herbert und Sibylle Obenaus. Hannover 1995, S. 90, Anm. 4.
75 Vgl. auch im Folgenden das Interview von Leni Yahil mit F. Bauer, von ihm abgezeichnet am 9.3.1962, Yad Vashem 0–27/13–5, 4 S.; siehe auch Steffen Steffensen, «Fritz Bauer (1903–1968). Jurist und Volkswirt», in: Dähnhardt und Nielsen (Hg.), *Exil in Dänemark*, S. 171–177, hier S. 171. Im Interview mit Yahil und bei Steffensen findet sich die Angabe, dass Bauer Anfang 1936 nach Dänemark emigrierte, während er in seinem Lebenslauf (1948) selbst schrieb, er sei Ende 1935 geflüchtet.
76 Zitat: Steffensen, ebd.
77 Zitat: Yahil, Interview mit Fritz Bauer, S. 2.
78 Ebd.; Dähnhardt und Nielsen, «Einleitung», S. 18.
79 Steffensen, «Fritz Bauer», S. 171.
80 Raloff war vor der Emigration verantwortlicher politischer Redakteur der SPD-Zeitung *Volkswille* in Hannover, seit 1932 Mitglied des Reichstags und gehörte zum Kreis um Kurt Schumacher und Carlo Mierendorff.
81 Yahil, Interview mit Fritz Bauer, S. 3. Karl Raloff, an den L. Yahil sich wenden sollte, war zur Zeit des Interviews Presseattaché der Deutschen Botschaft in Kopenhagen.
82 Raloff, *Ein bewegtes Leben*, S. 135.
83 Petersen, «Dänemark», S. 56 f.
84 Vgl. bzgl. der folgenden Auflistung die Polizeiakte von F. Bauer, RA Kopenhagen, Udl.nr. 53.658–113.954.

85 Petersen, «Dänemark», S. 60. Oluf Carlsson (*1907), 1943–45 im Folketing, 1957–61 Parteisekretär der Sozialdemokratischen Partei; 1944 Flucht nach Schweden, wo er in der dänischen Flüchtlingsverwaltung tätig war, 1944/45 im «inneren Kreis» der so genannten «Kleinen Internationale», 1945 Rückkehr nach Dänemark; vgl. Raloff, *Ein bewegtes Leben*, S. 114, Anm. 6.
86 Sepp Laufer (*1909 in Stuttgart), Studium in Heidelberg, Berlin und Tübingen 1927–31, als Referendar am Amtsgericht 1933 entlassen, danach Emigration nach Palästina, 1937 in die USA, Studium an der Duke Law School (Durham, North Carolina), Master's degree 1941 von der Harvard Law School; seit 1943 amerikanischer Staatsbürger; seit 1944 im Justizministerium, 1952–57 erster Direktor der «Harvard-Brandeis-Israel Cooperative Research for Israel's Legal Development», danach Professor für Vergleichendes Recht in Harvard, 1958–78 an der Buffalo Law School (New York State University); lebte seit der Pensionierung mit seiner Frau Lily (geborene Loewy, aus Wien) in Sarasota (Florida); Lebenslauf: Privatarchiv Sepp Laufer.
87 Steffensen, «Fritz Bauer», S. 172.
88 Otto Kahn-Freund (1900–1979), Jurist und Sozialdemokrat, 1929–1933 Richter am Reichsarbeitsgericht, 1933 aufgrund des «Gesetzes zur Wiederherstellung des Berufsbeamtentums» aus dem Dienst entfernt, Emigration nach London, wo er sich an der London School of Economics einschrieb, ab 1935 zum Lehrkörper gehörte und 1951 eine Professur erhielt. Er kehrte nicht nach Deutschland zurück; vgl. Wolfgang Däubler, «Otto Kahn-Freund (1900–1979). Ideologiekritik und Rechtsfortschritt im Arbeitsrecht», in: Kritische Justiz (Hg.), *Streitbare Juristen*, S. 380–389.
Franz Leopold Neumann (1900–1954), Jurist und Sozialdemokrat; Promotion in Frankfurt/M., bis zum Assessorexamen 1927 Assistent von Hugo Sinzheimer, danach Rechtsanwaltspraxis mit Ernst Fraenkel in Berlin; Emigration im Mai 1933 über London, wo er an der London School of Economics studierte, Weiterwanderung in die USA. Dort erschien, geschrieben im Institut für Sozialforschung, 1942 sein Hauptwerk *Behemoth*. Vgl. Ulrich K. Preuß, «Franz L. Neumann (1900–1954). Demokratie als unvollendetes Projekt», in: Kritische Justiz (Hg.), *Streitbare Juristen*, S. 390–414.
89 F. Bauer an M. Horkheimer, Kopenhagen, 21.9.1937, MHA Frankfurt/M., I/2 230.
90 M. Horkheimer an F. Bauer, New York, 9.10.1937, ebd., I/2 229.
91 F. Bauer an M. Horkheimer, Kopenhagen 1.2.1938; Antwort im Auftrag von Horkheimer, 7.3.1938, ebd., I/2 228 und I/2 227.
92 Polizeiakte von F. Bauer, RA Kopenhagen, Udl.nr. 53.658–113.954.
93 Ebd.
94 Steffensen, «Fritz Bauer», S. 172.
95 *Central-Verein-Zeitung – Allgemeine Zeitung des Judentums*, Jg. XV, Nr. 52, 24.12.1936. Ein weiterer Artikel erschien in Nr. 38, 22.9.1938: «Juden in Europas Norden».
96 Klitgaard und Melson, «Die Flüchtlingspolitik», S. 84.
97 Regine Erichsen, «Fluchthilfe», in: *Handbuch der deutschsprachigen Emigration*, Sp. 62–81, hier Sp. 63. Kurt Grossmann, *Emigration. Geschichte der Hitler-Flüchtlinge 1933–1945*. Frankfurt/M. 1969, S. 61 ff.
98 Das erklärte F. Bauer selbst, vgl. Yahil, Interview mit Bauer, S. 3.
99 Steffensen, «Fritz Bauer», S. 172.
100 Steffen Steffensen, «Erich H. Jacoby (1903–1979). Jurist und Volkswirt», in: Dähnhardt und Nielsen (Hg.), *Exil in Dänemark*, S. 205–209. Jacoby emigrierte nach dem deutschen Einmarsch über Schweden auf die Philippinen und dann weiter in die USA;

er wollte mit seiner Frau Lotte geb. Friediger, der Tochter des Kopenhagener Oberrabbiners, nach dem Krieg zurückkehren, fand aber keine Anstellung mehr und lebte bis zu seinem Tod in Schweden.
101 Zitat: Yahil, Interview mit Bauer, S. 2 f.; Steffensen, «Fritz Bauer», S. 172.
102 Polizeiakte von F. Bauer, RA Kopenhagen, Udl.nr. 53.658-113.954.
103 Raloff, *Ein bewegtes Leben*, S. 91.
104 Petersen, «Dänemark», S. 71.
105 Vgl. Hans Georg Lehmann und Michael Hepp, «Die individuelle Ausbürgerung deutscher Emigranten 1933-1945», in: *Geschichte in Wissenschaft und Unterricht*, 38. Jg. (1987), H. 12, S. 163-172, hier S. 163.
106 Geheime Staatspolizei/Staatspolizeileitstelle Stuttgart, 12.7.1938, an das Geheime Staatspolizeiamt, Berlin, «betrifft: Aberkennung der deutschen Staatsangehörigkeit des jüdischen Emigranten Dr. Fritz Max Bauer, led. Kaufmann», Auswärtiges Amt (AA), Politisches Archiv (Berlin), R 99722. – Joachim Böes war der Chef der Gestapo-Leitstelle Stuttgart.
107 Essner, *Die «Nürnberger Gesetze»*, S. 276.
108 Kurt Lischka (1909-1989), 1938 Chef des Judendezernats der Gestapo, 1939 Leiter der Berliner Reichszentrale für jüdische Auswanderung, 1940 Gestapo-Chef in Köln, 1940-42 ständiger Vertreter des Befehlshabers der Sipo und des SD in Paris, 1943-45 beim RSHA in Berlin; 1980 zu zehn Jahren Gefängnis verurteilt.
109 Lehmann und Hepp, «Die individuelle Ausbürgerung», S. 164.
110 Staatspolizeileitstelle Stuttgart, 12.7.1938, an das Geheime Staatspolizeiamt (siehe weiter oben, wie Anm. 106), Berlin, AA Politisches Archiv, Berlin, R 99722. – C. von Renthe-Fink war vom 9.4.1940 bis November 1942 Reichsbevollmächtigter in Dänemark.
111 Vgl. *RGBl*. I, S. 480. Michael Hepp (Hg.), *Die Ausbürgerung deutscher Staatsangehöriger 1933-1945 nach den im Reichsanzeiger veröffentlichten Listen. Bd. 1. Listen in chronologischer Reihenfolge*. München, New York, London, Paris 1985, S. 79 (Liste 69). Raloff, *Ein bewegtes Leben*, S. 90.
112 Lehmann und Hepp, «Die individuelle Ausbürgerung», S. 165. Insgesamt wurden zwischen 38 600 und 39 000 Personen ausgebürgert; siehe ebd., S. 166.
113 Vgl. *RGBl*. I, S. 1342. Verordnung vom Reichsministerium des Innern, 5.10.1938.
114 Helmut Genschel, *Die Verdrängung der Juden aus der Wirtschaft im Dritten Reich*. Göttingen u. a. 1966 (Göttinger Bausteine zur Geschichtswissenschaft, Bd. 38), S. 247.
115 Geschichtswerkstatt Tübingen (Hg.), *Zerstörte Hoffnungen*, S. 209.
116 Leopold Hirsch erhielt auch nach dem Krieg keine Wiedergutmachung, weil er bei der «Arisierung» – angeblich «vertraglich» – auf alle Ansprüche hinsichtlich Haus und Grundstück verzichtet hatte. Josef Tressel dagegen konnte geltend machen, er habe als «loyaler Käufer» «ein Haus und Geschäft allein in der Absicht gekauft, dem Verkäufer einen Gefallen zu erweisen». Vgl. ebd., S. 210 und 212.
117 Vgl. zum 9./10. November 1938: Benigna Schönhagen, *Tübingen unterm Hakenkreuz. Eine Universitätsstadt in der Zeit des Nationalsozialismus*. Stuttgart 1991, S. 293 ff., hier S. 298. Die Behauptung Tressels, die er nach dem Krieg in einer Rechtfertigungsschrift über den Verkaufsvorgang aufstellte, eigentlich sei er der Geschädigte gewesen, denn er hätte die Steuerrückstände von Hirsch bezahlen müssen, war also glatt erfunden. Sie bestätigte nur die Hinterhältigkeit seiner Behauptung, das Haus und Geschäft rechtmäßig erworben zu haben, was sich als der Versuch darstellt, die «Arisierungen» nachträglich zu legitimieren. Vgl. Geschichtswerkstatt Tübingen (Hg.), *Zerstörte Hoffnungen*, S. 212.

118 Vgl. hierzu die Kopien aus dem Nachlass von Lilli Zapf (Universität Tübingen) im Stadtarchiv Tübingen, E 10/N 65: Abschrift: Der Landrat, Tübingen, 12.11.1938: Betr.: Einzelhandelserlaubnis für Josef Tressel, Neustadt/Weinstraße.

119 Paul Sauer (Bearb.), *Dokumente über die Verfolgung der jüdischen Bürger in Baden-Württemberg durch das Nationalsozialistische Regime 1933–1945*. Bd. 2. Stuttgart 1966, S. 116, Nr. 360.

120 Johanna Hirsch starb im Alter von 57 Jahren bereits drei Jahre nach der Flucht in Johannesburg, ihr Ehemann starb 1966 in Südafrika. Vgl. Geschichtswerkstatt Tübingen (Hg.), *Zerstörte Hoffnungen*, S. 35, 208 und 211.

121 Vgl. im Folgenden: Müller, *Stuttgart zur Zeit des Nationalsozialismus*, S. 303 ff.

122 Ebd., S. 309.

123 Vgl. die Zeugenvernehmungen von Xaver Schreiber, Kaufmann, Stuttgart, früherer Verkaufs- und Versandleiter der Firma Adolf Bauer, am 6.5.1953 und Hugo Eissele am 13.5.1953, Landgericht Stuttgart, 6.5.1953, StA Ludwigsburg, ES 5229: Entschädigungssache Ludwig Bauer.

124 Abschrift des Vertrags zwischen Ludwig, Julius und Manfred Bauer (Verkäufer) und Hugo Eissele und Otto Bossert (Käufer), 30.8.1938, ebd.

125 Vgl. die Zeugenvernehmung von X. Schreiber (wie Anm. 123).

126 Privatarchiv Rolf Tiefenthal, Velbaek, Dänemark.

127 Vgl. die autobiographische Schilderung von F. Bauer, in: Sender Freies Berlin (Hg.), *Um uns die Fremde. Die Vertreibung des Geistes 1933–1945*. Berlin 1968, S. 31 f.

128 Anmeldung aufgrund des «Gesetzes zur Wiedergutmachung nationalsozialistischen Unrechts», Antragsteller: Ella Bauer, 22. April 1950, an die Landesbezirksstelle für die Wiedergutmachung (Stuttgart), StA Ludwigsburg, ES 5229: Entschädigungssache Ludwig Bauer.

129 Ebd.

130 Ebd.

131 *RGBl.* I, 1938, S. 922. Die Kennkarten von Ludwig und Ella Bauer wurden am 22. Dezember 1938 abgestempelt; Privatarchiv Rolf Tiefenthal, Velbaek, Dänemark.

132 Schreiben von F. Bauer, 8.10.1954, an Rechtsanwalt Dr. Ostertag (Stuttgart), StA Ludwigsburg, ES 5229: Entschädigungssache Ludwig Bauer.

133 Interview mit Rolf Tiefenthal in Kopenhagen, 23.2.1997 (Mitschrift d. Verf.) sowie «Double Exodus», Aufzeichnung über die zweifache Flucht der Familie (nach Dänemark und Schweden) von R. Tiefenthal (o. D. 1993). – In Deutschland zurück blieb damals Ella Bauers Schwester Paula Hirsch, die in Reichenberg lebte. Sie erhielt am 19. November 1941 für sich und ihren siebzehnjährigen Sohn Erich auf Anordnung der Gestapo Stuttgart von der Jüdischen Kultusvereinigung Württemberg e. V. den Deportationsbescheid. (Vgl. Zapf, *Die Tübinger Juden*, S. 88 ff. und 198 ff.) Sich der «Evakuierung» zu widersetzen, hieß es in dem Bescheid, sei zwecklos. Es empfehle sich, warme Wäsche und Kleider, die stärksten Stiefel oder Schuhe anzuziehen. Wichtig seien «insbesondere Spaten, Schaufeln und dergleichen, sowie alles Bauhandwerkszeug». Am Schluss stand die Bitte, «nicht zu verzagen; die Leistungen unserer Mitglieder besonders im Arbeitseinsatz berechtigen zu der Hoffnung, daß auch diese neue und schwierigste Aufgabe gemeistert werden kann». F. Bauers Tante Paula Hirsch und ihr Sohn Erich wurden am 1. Dezember 1941 nach Riga deportiert, wo sie am 4. des Monats ankamen und im Lager Jungfernhof untergebracht wurden. Es war eisig kalt, gab kaum Matratzen, die Menschen starben an Unterernährung, Kälte oder Misshandlungen, sie konnten in dem gefrorenen Boden nicht einmal begraben

werden. Am 26. März 1942 wurden alle Frauen mit Kindern, die über Fünfzigjährigen und die Kranken zur im Hochwald bei Riga gelegenen Hinrichtungsstätte gebracht und erschossen. Sollten Paula Hirsch und ihr Sohn die grauenhaften Verhältnisse im Lager so lange überlebt haben, gehörten sie zu diesen Opfern. Sie waren die letzten noch in Württemberg lebenden Angehörigen der einstmals weit verzweigten jüdischen Familie Hirsch aus Tübingen.
134 Polizeiakte Fritz Bauer, RA Kopenhagen, Udl.nr. 53.658–113.954.
135 Steffensen, «Fritz Bauer», S. 172.
136 Ebd. – Das Buch erschien 1944 auch in Schweden: Fritz Bauer, *Pengar i går, i dag och i morgon*. Förord av. Rich. Sterner. Stockholm: Natur och Kultur 1944.
137 Vgl. ebd.; der Titel des 1945 erschienenen Buches lautete: Økonomisk Nyorientering (Wirtschaftliche Neuorientierung); in dem Buch ging es um die Wirtschaftspolitik der Nachkriegszeit. Bauer schloss sich den Autoren an, die für die kommende Friedenszeit für Planwirtschaft plädierten, und er hielt diese, abwägend zwischen Liberalismus und planwirtschaftlichen Vorstellungen, unter den Bedingungen der Demokratie für die kommende Wirtschaftsordnung.
138 Das bezeugt ein Brief des Mitgefangenen Fritz Gelbart vom 10.12.1943 an Kurt Heinig, Arbetarrörelsens Arkiv och Bibliotek (ARA), Stockholm, Nachlass Kurt Heinig, Bd. 10 (F–G).
139 Petersen, «Dänemark», S. 59 f.
140 Polizeiakte von F. Bauer, RA Kopenhagen, Udl.nr. 53.658–113.954.
141 Dähnhardt und Nielsen, «Einleitung», S. 20.
142 Vgl. die Erinnerungen von Margarete Raloff, S. 10 f. (ohne Titel, verfasst nach dem Tode ihres Mannes für ihre beiden Töchter), Arbejderbevaegelsens Bibliotek og Arkiv (ABA), Kopenhagen. Für den Hinweis auf dieses Manuskript, das auch von Hans Uwe Petersen zitiert wird und in vielfacher Hinsicht eine Ergänzung der Erinnerungen von Karl Raloff ist, weil es all die Probleme der Emigration einer Familie mit zwei Kindern schildert, sowie für viele weitere freundschaftliche Hinweise danke ich Prof. Dr. Klaus Schulte, Roskilde (Dänemark).
143 Petersen, «Dänemark», S. 60 ff.; Richard Hansen wurde offenbar von der deutschen (Spionage-)Abwehr gesucht. In den beiden Monaten gelang etwa 55 Sozialdemokraten die Flucht.
144 Vgl. das Protokollbuch der SoPaDe-Landesgruppe Dänemark, verfasst von Gustav Wolter, ABA Kopenhagen. Dort heißt es, Richard Hansen habe seine gefährdeten Genossen dem Zufall überlassen, ohne die «Kollektivflucht», deren Notwendigkeit vorauszusehen war, «in allen Einzelheiten» vorzubereiten; noch während die Besetzung vor sich ging, sei er mit der «letzten ordinären Fähre» nach Schweden gefahren (o. S.).
145 Vgl. Emigrantenlejren Horserød 1940–44, Landesarchiv (LA) for Sjaelland, Lolland-Falster og Bornholm (Kopenhagen), file # 52: Fritz Bauer; Dähnhardt und Nielsen, «Einleitung», S. 45; Petersen, «Dänemark», S. 66 ff. Horserød wurde bereits während des Ersten Weltkriegs als Internierungslager benutzt, nach dem Krieg war es ein Schullandheim.
146 Ebd.
147 Vgl. die Briefe von F. Bauer, 16. und 29.3.1952, an: W. Hammer, Institut für Zeitgeschichte (IfZ) München, Sammlung W. Hammer. – Landesgruppe Dänemark, Kopenhagen, 4.10.1945, an: Parteivorstand der SPD, London: Verzeichnis der in Kopenhagen lebenden Genossen (jetzt, 1945, 106 Namen) sowie derjenigen, die verhaftet und nach Deutschland abtransportiert wurden (19 der Opfer sind namentlich aufgeführt), AdsD Bonn, SoPaDe Emigration, Mappe 123.

148 Schreiben des Justizministeriums Kopenhagen vom 10.10.1940 an: Dänisches Außenministerium, Archiv des dänischen Außenministeriums (Kopenhagen).
149 Dazu ausführlich: Fritz Petrick, «Dänemark, das ‹Musterprotektorat›?», in: Robert Bohn (Hg.), *Die deutsche Herrschaft in den «germanischen Ländern»*. Stuttgart 1997, S. 121–134, hier S. 123 f.; zur (deutschen und dänischen) Historiographie vgl. Karl Christian Lammers, «Die deutsche Besatzungspolitik und ihre dänischen Partner. Eine Forschungsbilanz», in: Bohn (Hg.), ebd., S. 134–144.
150 Herbert, *Best*, S. 61 und S. 75.
151 Ebd., S. 61.
152 Petersen, «Dänemark», S. 68 f.
153 Zitat: Yahil, Interview mit Bauer, S. 3. Bauer meinte den politischen Kreis um Jens Otto Krag und Henry Grünbaum, der sich besonders mit wirtschaftlichen Fragen beschäftigte.
154 Brief von Fritz Tarnow, Stockholm, 21.12.1943, an: Raloff, AdsD Bonn, Nachlass Karl Raloff, Mappe 24.
155 Vgl. das Erinnerungsblatt von Bauer über Walter Hammer im dänischen Exil, wo der Freund ihn mit Kartoffelpuffern bekocht hatte: «Fritz Bauer, Rezept für Kartoffelpuffer», in: Erna Hammer-Höstery und Hugo Sieker (Hg.), *Die bleibende Spur: Ein Gedenkbuch für Walter Hammer 1888–1966*. Hamburg 1968, S. 180 f.
156 *Biographisches Handbuch der deutschsprachigen Emigration nach 1933*. Bd. I, S. 11; vgl. Petersen, «Dänemark», S. 63.
157 *Biographisches Handbuch der deutschsprachigen Emigration nach 1933*. Bd. I, S. 102.
158 Interview von Sibylle und Herbert Obenaus mit Brigitte Åkjaer, Tochter von Grete und Karl Raloff, in Kopenhagen, 15.9.1993 (Privatarchiv).
159 Vgl. die Empfehlungsschreiben und Anträge auf Arbeitserlaubnis in der Polizeiakte von F. Bauer, RA Kopenhagen, Udl.nr. 53.658–113.954.
160 Zitat: Yahil, Interview mit Bauer, S. 3.
161 Petersen, «Dänemark», S. 72.
162 Dähnhardt und Nielsen, «Einleitung», S. 45, schreiben von 600 Emigranten, die nach dem Einmarsch der Wehrmacht in die Sowjetunion verhaftet wurden; insgesamt seien 74 im Jahr 1941 ausgeliefert worden. Petersen, «Dänemark», ermittelte 49 Flüchtlinge, die im Januar 1941 der Gestapo übergeben wurden. Die Zahlen divergieren in der Literatur, doch scheint eine genauere Angabe nicht möglich; Petrick, «Dänemark, das ‹Musterprotektorat›?», S. 125, schreibt von 300 verhafteten Kommunisten, darunter der greise Martin Andersen-Nexö.
163 Petersen, ebd., S. 73.
164 Vgl. Hermann Weiß, «Dänemark», in: Benz (Hg.), *Dimension des Völkermords*, S. 167–185, hier S. 170. Die an den Staatssekretär im AA, Ernst von Weizsäcker, gerichtete Denkschrift zitiert nach: Gustav Meissner, *Dänemark unterm Hakenkreuz – Die Nord-Invasion und die Besetzung Dänemarks 1940–1945*. Berlin 1990, S. 257. Diese «Memoiren» stammen, wie Ulrich Herbert hervorhebt, von einem Mitläufer des NS-Regimes und dienten in erster Linie der Rechtfertigung; Meissner war als Presse-Attaché auch noch während der Amtszeit des Reichsbevollmächtigten Werner Best in der deutschen Gesandtschaft tätig. – Vgl. auch Petrick, «Dänemark, das ‹Musterprotektorat›?», S. 125 f.
165 Weiß, «Dänemark», S. 169.
166 Herbert, *Best*, S. 326 ff.
167 Ebd., S. 327 f.; Petrick, «Dänemark, das ‹Musterprotektorat›?», S. 126, betont, dass aufgrund Anweisung Hitlers vom 23.3.1942 Dänemark seit Mai wieder im vollen

Umfang Operationsgebiet der Wehrmacht und der Befehlshaber der dortigen deutschen Truppen dem OKW unterstellt war – womit die «zivile» Seite des Okkupationsregimes «grundsätzlich in Frage gestellt» war.

168 Herbert, *Best*, S. 328 f.; Stuckart war im Reichsinnenministerium für die Koordinierung der Verwaltung besetzter Gebiete zuständig.

169 Ebd., S. 331. Die Instruktionen Hitlers, die er Hanneken mündlich erteilte, sind von dem Gesandten Werner von Grundherr am 3.10.1942 aufgezeichnet worden.

170 Herbert, *Best*, S. 332; Petrick, «Dänemark, das ‹Musterprotektorat›?», S. 128; Hans Kirchhoff führte den Begriff der «Staatskollaboration» ein; H. Kirchhoff, «Die dänische Staatskollaboration», in: Werner Röhr (Hg.), *Europa unterm Hakenkreuz. Okkupation und Kollaboration (1938–1945)*. Berlin 1994, S. 101–118; vgl. Lammers, «Die deutsche Besatzungspolitik», S. 140.

171 Vgl. im folgenden Herbert, *Best*, S. 271 ff.; die letzte Best-Publikation ebd., S. 287 ff. Best vertrat seine Ideen in der Zeitschrift *Reich – Volksordnung – Lebensraum*, wo er Mitherausgeber war.

172 Vgl. Herberts Darlegung, wonach in Bests Argumentation die im Großraum unerwünschten Völker «total vernichtet» oder verdrängt werden mussten, ebd., S. 283.

173 Zitat: Yahil, Interview mit Bauer, S. 2.

174 Herbert, *Best*, S. 336–340; Petrick, «Dänemark, das ‹Musterprotektorat›?», S. 129, hebt hervor, dass diese Reichstagswahl nur vermeintlich höchst bemerkenswert war, da das Okkupationsregime unter Best bisher nur unwesentlich modifiziert worden war und ohne eine scheinbar souveräne Regierung gar nicht auskommen konnte.

175 Herbert, ebd., S. 342 ff.

176 Ebd., S. 351 ff.; Petrick, «Dänemark, das ‹Musterprotektorat›?», S. 130, bezeichnet diese Situation als «vorprogrammiert», weil die Kompetenzverteilung zwischen dem Reichsbevollmächtigten und dem Befehlshaber der deutschen Truppen seit der Hitler-Weisung vom März 1943 nicht geändert worden war – das heißt, das Bestehen des «Musterprotektorats» war vom Kriegsverlauf abhängig.

177 Herbert, *Best*, S. 357 ff.

178 Ebd., S. 358; Petrick, «Dänemark, das ‹Musterprotektorat›?», S. 132.

179 Vgl. die Auszüge aus dem Telegramm bei Herbert, *Best*, S. 359; dazu auch Weiß, «Dänemark», S. 174 f.

180 Herbert, *Best*, S. 365.

181 Vgl. Hans Kirchhoff, «Georg Ferdinand Duckwitz. Die Zeit in Dänemark», in: Auswärtiges Amt (Hg.), *Zum Gedenken an Georg Ferdinand Duckwitz 1904–1973*. Berlin 2004, S. 13–37, hier S. 22 f.

182 Herbert, *Best*, S. 363.

183 Kirchhoff, «Georg Ferdinand Duckwitz», S. 24 f.

184 Ebd., S. 27 f. – Die von Tatiana Brustin-Berenstein aufgebrachte Version, wonach dem Reichssicherheitshauptamt in Berlin nicht besonders viel an Dänemark gelegen habe und deshalb die dortigen Juden bislang ausgespart worden seien, Eichmann also nicht zugreifen wollte und sich stattdessen begnügt habe, die Juden aus dem deutschen Machtbereich nach Schweden zu vertreiben (womit Dänemark «judenrein» war), dürfte als abwegig zu bezeichnen sein. Sie verkennt Himmlers und besonders Eichmanns Ziele und Interessen und zieht nicht in Betracht, dass sein ideologischer Fanatismus sich ebenso in Einzelfällen unerbittlich austoben konnte. In Argentinien erklärte er nach dem Krieg seinem SS-Kumpan Willem Sassen in einem Interview bzgl. der Deportationen, wie wenig Dänemark ihn kümmerte: «Man muß schon entschuldigen, wenn ich mich schon oft nur sehr vage an 20 000 oder 30 000 Juden erinnern kann, daß ich mich dann an 1000 oder 2000 wohl gar nicht mehr erinnere.»

Vgl. Wojak, *Eichmanns Memoiren*, S. 194; T. Brustin-Berenstein, «The historiographic treatment of the abortive attempt to deport the Danish Jews», in: *Yad Vashem Studies* XVII, Jerusalem 1986, S. 181–218; dazu Weiß, «Dänemark», S. 174 f.; Kirchhoff, «Georg Ferdinand Duckwitz», S. 21.
185 Zitat: Yahil, Interview mit Fritz Bauer, S. 4.
186 Kirchhoff, «Georg Ferdinand Duckwitz», S. 26 f.; Herbert, *Best*, S. 368.
187 Hans Hedtoft-Hansen, «Vorwort», in: Aage Bertelsen, *Oktober 1943*. München 1960, S. 14.
188 Herbert, *Best*, S. 369.
189 Leni Yahil, *Die Shoah. Überlebenskampf und Vernichtung der europäischen Juden*. München 1998, S. 774 ff.
190 Weiß, «Dänemark», S. 177 f.; Leni Yahil, *The Rescue of Danish Jewry. Test of a Democracy*. Philadelphia 1969, S. 244; Therkel Straede, *Octobre 1943. Le sauvetage des juifs danois menacés d'extermination*. Kopenhagen 1993, S. 18, spricht von 7000 Geretteten und 481, vor allem älteren jüdischen Deportierten, die ins KZ Theresienstadt abtransportiert wurden. Einen Zeugenbericht über die eigene Rettung verfasste: Hanne Kaufmann, *Die Nacht am Öresund. Ein jüdisches Schicksal*. Gerlingen 1994 (Orig. 1968).
191 Zitat: Yahil, Interview mit Bauer, S. 4.
192 Vgl. Heiratsregister, 2092/1943: Fritz Max Bauer, Großhändler, Parmagade 56, staatenlos / Anna Maria Petersen, Stadtarchiv Kopenhagen.
193 Privatarchiv Rolf Tiefenthal, Velbaek, Dänemark.
194 Interview der Verf. mit Anna Maria Bauer Petersen am 28.2.1997, Kopenhagen (Mitschrift der Verf.).
195 Privatarchiv Rolf Tiefenthal, Velbaek, Dänemark. – Über E. Jørgensen ließ sich nichts weiter in Erfahrung bringen.

«Wäre es eine Sommerfrische – großartig!»

1 Die Flucht vom nördlichen Küstenort Rörvig ging vielleicht über Hundested und dann Gilleje, von wo aus eine der organisierten Routen nach Schweden führte; der hilfreiche Bootsbesitzer kann Herluf Olsen gewesen sein; Svend Andersen, den die Verf. am 10.5.1997 in Rörvig interviewte, berichtete auch, dass man seit 1940 in Rörvig Deutsche in Naziuniformen wahrnehmen konnte und dass die Küste von deutschen Wachposten kontrolliert wurde, die aber nicht unbedingt zugriffen, wenn sie erkannten, dass es sich um Flüchtlinge handelte. – Vgl. Hannes Gamillscheg, «‹Die Deutschen konnten sich nicht vorstellen, daß man Juden hilft›. Vor fünfzig Jahren: Dokumente zur Rettung der in Dänemark lebenden Juden», in: *Frankfurter Rundschau*, 4.10.1993.
2 Interview von Sibylle und Herbert Obenaus mit Brigitte Åkjaer, Tochter von Grete und Karl Raloff, in Kopenhagen, 15.9.1993 (Privatbesitz).
3 Interview mit Rolf Tiefenthal in Kopenhagen, 23.2.1997 (Mitschrift d. Verf.), sowie «Double Exodus», Aufzeichnung über die Flucht der Familie nach Dänemark und Schweden von R. Tiefenthal, o. D. 1993, Privatarchiv Rolf Tiefenthal, Velbaek, Dänemark.
4 Ebd.
5 Einen Bericht über die Alltagssituation jüdischer Flüchtlinge in Schweden seit 1933 verfasste Hilde Rohlén-Wohlgemuth, «Die Kunst zu überleben. Emigrantenalltag in Stockholm», in: Wolfgang Benz (Hg.), *Das Exil der kleinen Leute. Alltagserfahrung deutscher Juden in der Emigration*. München 1991, S. 69–80. Sie weist darauf hin,

dass nur junge Juristen, die Verbindungen hatten, nochmals studieren konnten: «Aber all die anderen?» (S. 69); zur Problematik der Integration Helmut Müssener, «‹Meine Heimat fand ich hoch im Norden› – ‹Schweden ist gut – für die Schweden›. Aspekte geglückter und mißglückter Integration in Schweden nach 1933», in: Wolfgang Frühwald und Wolfgang Schieder (Hg.), *Leben im Exil. Probleme deutscher Flüchtlinge im Ausland 1933–1945*. Hamburg 1981, S. 39–53, hier S. 39 ff.

6 Vgl. die Überblicksdarstellung von Jan Peters, *Exilland Schweden. Deutsche und schwedische Antifaschisten 1933–1945*. Berlin 1984, S. 28 f., sowie Lorenz und Petersen, «Fremdenpolitik und Asylpraxis», hier vor allem S. 17 mit Hinweisen auf zahlreiche kritische Stimmen.

7 Peter Merseburger, *Willy Brandt. 1913–1992. Visionär und Realist*. 4. Aufl. München 2002, S. 175.

8 Heléne Lööw, «Der institutionelle und organisierte Widerstand gegen Flüchtlinge in Schweden 1933–1945», in: Hans Uwe Petersen (Hg.), *Hitlerflüchtlinge im Norden*, S. 123–144, hier S. 124 f.; Lorenz und Petersen, «Fremdenpolitik», S. 18 über rassistische und antisemitische Motive der schwedischen Fremdenpolitik sowie Einhart Lorenz, «Schweden», in: *Handbuch der deutschsprachigen Emigration 1933–1945*. Hg. v. Claus-Dieter Krohn u. a., Sp. 371–375.

9 Vgl. Wolfgang Benz, «Das Exil der kleinen Leute», in: ders. (Hg.), *Das Exil der kleinen Leute*, S. 7–37, hier S. 24.

10 Vgl. Helmut Müssener, «Exil in Schweden», in: Hans Uwe Petersen (Hg.), *Hitlerflüchtlinge im Norden*, S. 93–121, hier S. 96; dazu Peters, *Exilland Schweden*, S. 33. Vgl. auch die Überblicksdarstellung von H. Müssener, *Exil in Schweden. Politische und kulturelle Emigration nach 1933*. München 1974, S. 65; nach wie vor ist Müsseners Buch die vollständigste Darstellung, in der er vielfach auf die Kritik zu sprechen kommt, die diese von «Egoismus und Furcht» (vor Überfremdung, Konkurrenz sowie Antisemitismus) getriebene Tendenz der schwedischen Flüchtlingspolitik in der Öffentlichkeit gefunden hat – auch in Schweden selbst z. B. durch Axel Brunius' 1939 in *Industria* (Nr. 6) erschienenen Artikel «Die Schwindsucht der Humanität» (Müssener, S. 68, S. 72 und S. 414); vgl. die Dissertation von Hans Lindberg, *Svensk flyktingspolitik under internationellt tryck 1936–1941*. Stockholm 1973, sowie Lorenz und Petersen, «Fremdenpolitik», S. 23 f.

11 Die Stellungnahme der Sozialverwaltung ist von Anfang November 1938, vgl. Müssener, *Exil in Schweden. Politische und kulturelle Emigration*, S. 67.

12 Lorenz, «Schweden», Sp. 372.

13 Ebd., Sp. 371; ausführlich zur Einwanderungsstatistik seit 1938: Müssener, *Exil in Schweden. Politische und kulturelle Emigration*, S. 64 ff.

14 Peters, *Exilland Schweden*, S. 123; Müssener, ebd., S. 59.

15 Vgl. Sven Radowitz, *Schweden und das «Dritte Reich» 1939–1945. Die deutsch-schwedischen Beziehungen im Schatten des Zweiten Weltkrieges*. Hamburg 2005 (Beiträge zur deutschen und europäischen Geschichte, Bd. 34), S. 365.

16 Ebd., S. 371.

17 Lorenz, «Schweden», Sp. 273; Peters, *Exilland Schweden*, S. 152 ff. («Die Wende: 1943–1945»); Müssener, *Exil in Schweden. Politische und kulturelle Emigration*, S. 74 ff.

18 Peters, ebd., S. 34; vgl. Lorenz und Petersen, «Fremdenpolitik», S. 39; Jörg Lindner, «Diskriminierung, Degradierung, Disziplinierung. Deutschsprachige Flüchtlinge in schwedischen Internierungslagern während des zweiten Weltkriegs», in: Lorenz u. a. (Hg.), *Ein sehr trübes Kapitel?*, S. 43–68.

19 Der Journalist und Parteifunktionär M. Seydewitz (1892–1987), von Beruf Schrift-

setzer, war seit 1910 Mitglied der SPD und Redakteur zahlreicher sächsischer Arbeiterzeitungen; 1931 wurde er aus der SPD ausgeschlossen (er stimmte im Reichstag gegen den Panzerkreuzerbau), war Anfang Oktober 1931 Mitbegründer der SAP, aus der er 1933 wieder austrat, um sich, nach der Brüsseler Konferenz 1935, mehr und mehr der KPD anzuschließen. 1933 Emigration nach Prag, 1938 Oslo, 1940 Stockholm, wo er sich offen zur KPD bekannte und in der Landesgruppe, besonders in der Parteipresse, mitwirkte; vgl. *Biographisches Handbuch der deutschsprachigen Emigration nach 1933*. Bd. I, S. 690 f.

20 Raloff, *Ein bewegtes Leben*, S. 112–116. Müssener, *Exil in Schweden. Politische und kulturelle Emigration*, S. 75 f., schreibt, dass zeitweise 200 bis 300, vor allem deutsche und sudetendeutsche Sozialdemokraten und circa 50 Kommunisten in Loka Brunn interniert wurden. Raloff wurde als Vorsitzender des Lagerkomitees der SoPaDe gewählt, das Lager im Juli/August 1940 aufgelöst.

21 Vgl. die Erklärung von G. Möller im schwedischen Reichstag, 18.1.1945, abgedruckt in: Peters, *Exilland Schweden*, S. 218 f.; Möller war einer der führenden schwedischen Sozialdemokraten und Reformpolitiker, der, wie Willy Brandt festhielt, eine «moderne Sozialpolitik aus einem Guss» entwarf. Vgl. Willy Brandt, *Draußen. Schriften während der Emigration*. Hg. v. Günter Struve. München 1966, S. 285.

22 Ebd., S. 137.

23 Vgl. über Wehners Exilzeit in Schweden Christoph Meyer, *Herbert Wehner. Biographie*. 2. Aufl. München 2006.

24 Weiß, «Dänemark», S. 177; Müssener, «‹Meine Heimat fand ich hoch im Norden›», S. 40.

25 Vgl. Kirchhoff, «Georg Ferdinand Duckwitz», S. 24 f.

26 Weiß, «Dänemark», S. 176; Straede, *Octobre 1943*, S. 21.

27 Müssener, *Exil in Schweden. Politische und kulturelle Emigration*, S. 77 ff.

28 Ebd., S. 88 f.

29 Vgl. die Briefe von F. Gelbart an K. Heinig vom 7.10. und 22.11.1943, ARA Stockholm, Nachlass Kurt Heinig, Bd. 10 (F–G). Ebd. auch ein Brief von K. Heinig vom 14.10.1943 an F. Bauer, wo er schreibt, dass die jüdische Gemeinde seit zehn Jahren finanziell überlastet sei; Nachlass Kurt Heinig, Bd. 8 (A–B).

30 F. Gelbart an K. Heinig, 22.11.1943, ARA Stockholm, ebd.; der größte Teil der jüdischen Emigranten kam in zwei Lager in Dalarna.

31 Ebd.

32 K. Heinig an F. Bauer, 14.10.1943, ARA Stockholm, Nachlass Kurt Heinig, Bd. 8 (A–B).

33 Interview mit Rolf Tiefenthal in Kopenhagen, 23.2.1997 (Mitschrift d. Verf.); im Dezember 1944 waren Ella und Ludwig Bauer vorerst allein in Mölle zurückgeblieben; vgl. F. Gelbart an K. Heinig, 10.12.1943, ARA Stockholm, Nachlass Kurt Heinig, Bd. 10 (F–G).

34 Die Pass- und Visaanträge befinden sich im Archiv der Einwanderungsbehörde: Statens Invandrarverk (Norrköping): Statens Utlänningskommission, Mölle, Lagerarkiv, Vol. 2; Visumsregister F. Bauer, Vol. D1A:5; Kontrollregister Fritz Bauer, Vol. D2A:4.

35 *Handbuch der deutschsprachigen Emigration nach 1933*. Bd. I, S. 281.

36 Dafür, so heißt es bei Helmut Müssener, sei Heinig jedes Mittel recht gewesen. Müssener, *Exil in Schweden. Politische und kulturelle Emigration*, S. 140 f. und 145 ff.

37 Ebd., S. 143; *Biographisches Handbuch der deutschsprachigen Emigration*, Bd. I, S. 595: H. Reinowski war von Beruf Journalist und Verleger, kam über die USPD zur SPD; 1923–1933 war er Bezirkssekretär der SPD Braunschweig und Mitglied der

SPD-Pressekommission sowie Mitglied des Reichsbanners Schwarz-Rot-Gold; im April flüchtete er nach Dänemark, wo er als Metallarbeiter und wiederum journalistisch tätig war; 1940 flüchtete er vor den Nazis nach Schweden, wo er nach der Internierung in Loka Brunn zurückgezogen im südschwedischen Kinnahult lebte; 1945 kehrte er nach Dänemark zurück und wurde – wie F. Bauer – im Auftrag der dänischen Flüchtlingsverwaltung, Redakteur bei den *Deutschen Nachrichten*, der Lagerzeitung für internierte deutsche Flüchtlinge; 1947 kehrte er, durch Vermittlung der US-Botschaft Kopenhagen, als Lizenzträger des *Darmstädter Echos* zurück und war dort Hg. und Chefredakteur bis 1970.

38 Müssener, «Exil in Schweden», S. 143.
39 Brief von F. Tarnow an K. Raloff, 21.12.1943, AdsD Bonn, Nachlass Karl Raloff, Mappe 24. – F. Gelbart antwortete auf ein entsprechendes Schreiben von Heinig, dass er aufgrund der Verfolgung durch die Gestapo nicht Mitglied der dänischen Parteiorganisation werden konnte. Doch sei die Warnung durch den Parteisekretär Oluf Carlsson, der ihn acht Tage vor der Judenverfolgung deshalb in seiner Wohnung besuchte, Beweis genug, dass man ihn als dänischen Genossen betrachtete. Er glaubte, durch die Anmeldung beim Fluchtlingskomitee bei Heinig sei die Sache geregelt. Beiträge könne er im Moment überhaupt nicht zahlen, denn er habe bisher nur 10 Kronen bekommen. Brief von F. Gelbart an K. Heinig, 22.11.1943, ARA Stockholm, Nachlass Kurt Heinig, Bd. 10 (F–G).
40 F. Bauer an K. Heinig, 12.10.1943, ARA Stockholm, Nachlass Kurt Heinig, Bd. 1 (A–C); das Buch von Heinig, 1942 in Stockholm veröffentlicht, erschien in deutscher Übersetzung erstmals unter dem Titel: *Nationalökonomie des Alltags*. Hamburg (Union-Verlag) 1948 und erlebte noch mehrere Neuausgaben.
41 K. Heinig an F. Bauer, 14.10.1943, ARA Stockholm, Nachlass Kurt Heinig, Bd. 8 (A–B).
42 K. Heinig an F. Bauer, 8.11.1943, ebd., Bd. 8 (A–B).
43 Fritz Bauer, *Pengar i går, i dag och i morgon*. Stockholm 1944.
44 F. Bauer an K. Heinig, 11.11.1943, ARA Stockholm, Nachlass Kurt Heinig, Bd. 1 (A–C).
45 K. Heinig an F. Bauer, 4.11.1943, ebd., Bd. 8 (A–B).
46 K. Heinig an F. Bauer, 30.10.1943, ebd.
47 Müssener, *Exil in Schweden. Politische und kulturelle Emigration*, S. 159. Erich Glückauf, Bergmann, 1927–32 Sekretär der KPD-Reichstagsfraktion und Chefredakteur ihres Pressedienstes, emigrierte 1933 ins Saargebiet und dann nach Frankreich, 1936 nahm er am Spanischen Bürgerkrieg teil, wo er einer der beiden Redakteure des «Deutschen Freiheitssenders 29,8» war; 1939 über Frankreich nach Norwegen, 1940 nach Schweden, interniert in Loka Brunn und Langmora bis 1943. 1945 illegal in die SBZ zurückgekehrt, SED-Funktionär; vgl. Raloff, *Ein bewegtes Leben*, S. 124, Anm. 34.
48 Abschrift eines Briefes von F. Bauer (Mölle) an Dr. Nordström, Arbetsmarknadskommissionen (Stockholm), 10.11.1943, ARA Stockholm, Nachlass Kurt Heinig, Bd. 1 (A–C); Müssener, *Exil in Schweden. Politische und kulturelle Emigration*, S. 337. – Sowohl Gunnar Myrdal als auch Bertil Ohlin erhielten (1974 bzw. 1977) den Nobelpreis für Wirtschaftswissenschaften. Ohlin war über Jahrzehnte als Vorsitzender der Volkspartei (1944–1967) einer der wichtigsten und einflussreichsten Politiker seines Landes. Myrdal, der 1945–47 Handelsminister war, gehörte der Sozialdemokratischen Partei an, war 1933–50 Professor für Wirtschaftspolitik und Finanzwissenschaften an der Handelshochschule in Stockholm und hatte 1960–67 den Lehrstuhl für Internationale Wirtschaftspolitik inne. Er gilt als einer der Vorreiter internationa-

ler Entwicklungspolitik und war 1947–57 Leiter der Europäischen Wirtschaftskommission der UNO.
49 Schreiben der Flüchtlingshilfe vom 3.11.1943 an F. Bauer, ARA Stockholm, Flüchtlingshilfe, Gr. 613 (Forts.).
50 Statens Invandrarverk (Norrköping): Statens Utlänningskommission, Visumsregister Fritz Bauer, Vol. D1A:5; Kontrollregister Fritz Bauer, Vol. D2A:4.
51 F. Tarnow an K. Raloff, 21.12.1943, AdsD Bonn, Nachlass Karl Raloff, Mappe 24.
52 Ebd.
53 Ebd. sowie Müssener, *Exil in Schweden. Politische und kulturelle Emigration*, S. 120.
54 K. Heinig, «An alle Ortsvereinsvorsitzenden», 19.10. und 5.11.1944, ARA Stockholm, Sammlung SPD in Schweden, Vol. 3.
55 Vgl. sämtliche biographische Angaben in: *Biographisches Handbuch der deutschsprachigen Emigration*. Bd. I.
56 Vgl. die Fluchtgeschichte von Berendsohn bei Gamillscheg, «‹Die Deutschen konnten sich nicht vorstellen›».
57 Weitere Kontakte waren der sudetendeutsche Sozialdemokrat Ernst Paul (1897–1978), Mitglied der «Sozialistischen Arbeiterinternationale» (1949–1969 SPD-Bundestagsabgeordneter), der die «Kleine Internationale» in der schwedischen Hauptstadt beschrieben hat: E. Paul, *Die «Kleine Internationale» in Stockholm*. Bielefeld 1961; der Buchdrucker und Redakteur Max Seydewitz (1892–1987), SPD-Reichstagsmitglied 1924–1932, im Exil in der Tschechoslowakei Mitbegründer der «Revolutionären Sozialisten Deutschlands», der 1940 aus Norwegen nach Schweden flüchtete, nach dem Krieg in die SBZ zurückkehrte und Ministerpräsident von Sachsen wurde.
58 Selbst nach 1945 und noch Jahre später musste Brandt seine Loyalität gegenüber der Partei immer wieder einmal formal bekunden, z. B. in jenem Brief vom 23.12.1947 an den SPD-Vorsitzenden Schumacher, wo er davon sprach, «daß sich bei Ihnen ein Mißtrauen eingestellt hat», wo ferner von «Schreibereien», also Intrigen die Rede war und von Unterstellungen, dass er, wenn nun in Berlin eine neue Parteiführung zu bestellen sei, wohl nicht der richtige Mann sein könne. Er sei ja bereits in Stockholm von Emigrantenkollegen als «verkappter SED-Mann» abgestempelt worden. Brandt verschwieg gegenüber Kurt Schumacher keineswegs, dass er seinerzeit «Anhänger einer einheitlichen sozialistischen Partei war»; zugleich aber wollte er jetzt eine regelrechte Grundsatzerklärung abgeben, die lautete: «Ich stehe zu den Grundsätzen des demokratischen Sozialismus im allgemeinen und zur Politik der deutschen Sozialdemokratie». Der um Verständnis werbende Brief fuhr fort: «Um noch einmal auf Stockholm zurückzukommen: Sie haben sicher schon manchmal ein Lied davon singen hören, zu welchen Verrücktheiten sich die Emigrantenmentalität bisweilen steigern konnte.» Vgl. Brandt, *Draußen*, S. 359 ff.
59 Willy Brandt (1913–1992), Mitglied der Sozialistischen Arbeiterjugend und der SAP, emigrierte am 1.4.1933 nach Norwegen; in der zweiten Hälfte des Jahres 1936 war er mehrere Monate illegal in Berlin, 1937/38 in Spanien. 1940 kam er nach Schweden, wo er 1944 wieder in die SPD eintrat. Er betätigte sich als Journalist, leitete ab 1942 das von ihm gegründete «Svensk-Norska pressbyra» und kehrte 1945 (anlässlich der Nürnberger Prozesse) zunächst als norwegischer Journalist nach Deutschland zurück. 1947 war er Vertreter des Parteivorstands in Berlin, wurde dort 1957 regierender Bürgermeister und 1969–74 Bundeskanzler der BRD; 1971 erhielt er den Friedensnobelpreis; vgl. die Biographie von P. Merseburger.
60 Zur Biographie Brandts in dieser Zeit vgl. Merseburger, *Willy Brandt*, S. 172 ff.

61 Brandt fand diese Bezeichnung irreführend, und sie wurde auch von den Beteiligten nicht gebraucht, vgl. ebd., S. 183.
62 «‹Die Friedensziele der demokratischen Sozialisten› (März 1943)», in: Willy Brandt, *Zwei Vaterländer, Deutsch-Norweger im schwedischen Exil – Rückkehr nach Deutschland 1940–1947*. Bearbeitet von Einhart Lorenz. Bonn 2000 (Willy Brandt, Berliner Ausgabe. Bd. 2), S. 88–104. – Dazu Müssener, *Exil in Schweden. Politische und kulturelle Emigration*, S. 139 und 170; Paul, *Die «kleine Internationale»*, S. 6 ff.; Brandt, *Draußen*, S. 291; Merseburger, *Willy Brandt*, S. 186 und 189.
63 Paul, ebd., S. 5 f.; Brandt, ebd., S. 283 und 288. Umfassend zur Geschichte der Gruppe vgl. Klaus Misgeld, *Die «Internationale Gruppe demokratischer Sozialisten» in Stockholm 1942–1945*. Uppsala, Bonn 1976.
64 Paul, ebd., S. 5; Merseburger, *Willy Brandt*, S. 184; Einhart Lorenz, «Einleitung: Willy Brandts Exiljahre 1940–1947», in: Brandt, *Zwei Vaterländer*, S. 15–51, hier S. 23 ff.
65 Diese Auffassung konnte F. Bauer, genau wie W. Brandt, «um so leichter vertreten», als er ebenso «die Kommunistische Partei für einen bedeutenden Teil der Arbeiterbewegung hielt»; vgl. Brandt, *Draußen*, S. 286, der andererseits von den Kommunisten immer wieder heftig angegriffen wurde; ebd., S. 306.
66 Dazu Müssener, *Exil in Schweden. Politische und kulturelle Emigration*, S. 119 ff. und 170 ff.
67 Merseburger, *Willy Brandt*, S. 189, zur Charakteristik Brandts.
68 Das jedenfalls erklärte Ole Grünbaum in einem Gespräch mit der Verf. am 23. Februar 1997 in Kopenhagen; O. Grünbaum, Sohn von Henry Grünbaum, wechselte viele Briefe mit F. Bauer, an den er sich als einen sehr lebhaften Menschen erinnerte; keiner der Briefe von F. B. ist jedoch erhalten geblieben, sagte Grünbaum: «I am not a collector.»
69 Lorenz, «Einleitung», S. 39.
70 Müssener, *Exil in Schweden. Politische und kulturelle Emigration*, S. 171.
71 Das Zitat von Tarnow vom 17.8.1942 gegenüber dem Parteivorstand vgl. Müssener, ebd.; dazu auch Lorenz, «Einleitung», S. 40.
72 F. Tarnow an K. Raloff, 21.12.1943 und 8.7.1944, AdsD Bonn, Nachlass Karl Raloff, Mappe 24 und Mappe 25.
73 Peters, *Exilland Schweden*, S. 159 ff., vereinnahmt den FDKB als «kommunistische Initiative» ganz für die Bewegung «Freies Deutschland», was so nicht zutreffend ist.
74 Peters, ebd., S. 190. Weinert war der Vorsitzendes des NKFD in Moskau.
75 Erich Glückauf, «Nationale Front?», in: *Politische Information*, Nr. 24, 15.12.1944, S. 4 f.
76 Vgl. die Artikel in der *Politischen Information* von: H. Warnke, 1.1.1945; K. Mewis, 15.2.1945; ein anonymer Artikel von G. Hk., 1.3.1945, sowie von P. Verner, 13.3.1945. – Paul Verner (1911–1986), Metallarbeiter, war seit 1929 Mitglied der KPD und als Redakteur tätig, nahm am Spanischen Bürgerkrieg teil und kam 1939 nach Schweden, wo er bis 1943 inhaftiert wurde. In Schweden war er Mitglied des FDKB, der KPD und der Gewerkschaftsgruppe. Er kehrte 1946 zurück und war Mitbegründer der Freien Deutschen Jugend (FDJ), seit 1950 Mitglied des ZK der SED und seit 1963 Mitglied des Politbüros; vgl. Müssener, *Exil in Schweden. Politische und kulturelle Emigration*, S. 523.
77 Vgl. im Folgenden F. Bauer, «Nationale Front?», in: *Politische Information*, 1.2.1945, S. 10 f.
78 Karl Mewis, «‹Reine Arbeiterbewegung› oder Freiheitsbewegung», in: *Politische Information*, Nr. 4, 15.2.1942, S. 10 f.

79 F. Tarnow an K. Raloff, 21.12.1943, AdsD Bonn, Nachlass Karl Raloff, Mappe 24.
80 Vgl. ebd. sowie Müssener, *Exil in Schweden. Politische und kulturelle Emigration*, S. 166.
81 Ebd., S. 199; dazu Peter, *Exilland Schweden*, S. 161 f., verwischt die Zusammenhänge, indem er die Vorgänge ausschließlich als Erfolg der Bewegung «Freies Deutschland», die sich gleichsam untergründig durchgesetzt habe, hinstellt.
82 *Politische Information* (Titelseite), 11. Jg., Nr. 2, 15.1.1944: «Aufruf zur Sammlung im ‹Freien Deutschen Kulturbund›», ARA Stockholm, Nachlass Kurt Heinig, Vol. 38.
83 Ebd.; einige seien hier genannt: der Redakteur August Enderle und des Politikwissenschaftler Dr. Otto Friedländer; Theodor Hartwig, der früher Mitglied des Preußischen Landtags war; der Bildhauer Kurt Helbig und der bekannte Sexualpädagoge Dr. Max Hodann, der Kaufmann Kurt Juster, Walter Kwasnick, früher Mitglied des Reichswirtschaftsrates; der Metallarbeiter Karl Mewis, der Rechtsanwalt Dr. Walter Kraus und Joseph Miller, auch ein früheres Mitglied des Reichstags; Gewerkschaftssekretär Carl Polenske und Dr. Thea Rippner, ehemals Sekretärin der Demokratischen Partei; der Privatlehrer Dr. Walter Schirren sowie der Nationalökonom und Statistiker Dr. Hans Paul Schwarz, der Parteisekretär Willi Seifert sowie Max Seydewitz, ehemaliges Mitglied des Reichstags, der Verlagsvertreter des Bermann-Fischer Verlags Walter Singer, Privatdozent Wolfgang Steinitz und der Soziologe Dr. Willy Strzelewicz; der Schauspieler und Begründer der «Freien Bühne» Curt Trepte und der schon vielfach genannte Reichstagsabgeordnete Herbert Warnke.
84 Vgl. den Sonderdruck der Erklärung mit sämtlichen Unterzeichnern und dem Titel «Freier Deutscher Kulturbund in Schweden», Stockholm o. D. 1943, ARA Stockholm, Nachlass Kurt Heinig, Vol. 24, sowie dazu Müssener, *Exil in Schweden. Politische und kulturelle Emigration*, S. 207 ff.
85 Vgl. dazu Müssener, ebd., S. 205, der betont, dass schon die Zahl seiner Mitglieder es unwahrscheinlich macht, dass der FDKB eine Tarnorganisation der Kommunisten war.
86 Müssener, ebd., S. 201; Wilfried Wolff, *Max Hodann (1894–1946). Sozialist und Sexualreformer*. Hamburg 1993 (Schriftenreihe der Magnus Hirschfeld Gesellschaft, Bd. 9), S. 63.
87 «Stellungnahme der deutschen antinazistischen Organisationen in Schweden», in: *Freier Deutscher Kulturbund*, Nr. 1, S. 4, ARA Stockholm, Exilen (1933–1945), Freie Bühne, Vol. 1:1, Nr. 1122.
88 E. Ollenhauer an K. Heinig, 25.1.1944, ARA Stockholm, Nachlass Kurt Heinig, Bd. 1, Briefe von E. Ollenhauer (1943–1944).
89 Vgl. das gedruckte Programm vom 28.1.1944, ARA Stockholm, Exilen (1933–1945), Freie Bühne, Nr. 1122, Vol. 1.
90 Eröffnungsrede Max Hodann, 28.1.1944, ARA Stockholm, Box 1124, S-111 81; abgedruckt in: *Politische Information*, Jg. 2, Nr. 4, S. 2.
91 Hermann Greid, geb. 1892 in Wien, war Regisseur in Berlin und Düsseldorf, leitete 1929–31 die Gruppe «Theater im Westen» und emigrierte 1933 aus politischen Gründen nach Schweden; er war Mitglied des FDKB und der «Freien Bühne», hielt sich 1935/36 eine Zeit als Schauspieler in der Sowjetunion auf, 1940/41 war er mit Bertolt Brecht in Finnland. Er war Mitbegründer der Friedensbewegung in Schweden und zahlreicher Zeitungen und Zeitschriften der Arbeiterbewegung sowie kirchlicher Organisationen; eine Rückkehr zog er nicht in Betracht; vgl. Müssener, *Exil in Schweden. Politische und kulturelle Emigration*, S. 505.
92 Vgl. *Information*, Stockholm Nr. 14/15, 10.6.1944.
93 Ebd.

94 Vgl. «Was will der Freie deutsche Kulturbund?», o. D. 1944, ARA Stockholm, Nachlass Otto Friedländer, Vol. 5.
95 Ebd.
96 E. Ollenhauer an K. Heinig, 23.7.1944, ebd.
97 Vgl. dazu Henrik Lindgren, «Adam von Trotts Reisen nach Schweden 1942–1944. Ein Beitrag der Auslandsverbindungen des deutschen Widerstands», in: *Vierteljahrshefte für Zeitgeschichte*, Jg. 18 (1970), H. 2, S. 274–291, sowie Silvia Daniel, «‹Troubled Loyalty›? Britisch-deutsche Debatten um Adam von Trott zu Solz 1933–1969», in: *Vierteljahrshefte für Zeitgeschichte*, Jg. 52 (2004), H. 3, S. 409–440; ferner Henric L. Wuermeling, *Doppelspiel. Adam von Trott zu Solz im Widerstand gegen Hitler*. Stuttgart 2004. Dieter Nelles und Armin Nolzen, «Adam von Trott zu Solz' Treffen mit Willy Brandt in Stockholm im Juni 1944. Kontakte zwischen Kreisauer Kreis und linkssozialistischem Exil» (Fundstück), in: *Kooperation und Verbrechen. Formen der «Kollaboration» im östlichen Europa 1939–1945. Beiträge zur Geschichte des Nationalsozialismus*. Bd. 19. Göttingen 2003, S. 243–259.
98 Müssener, *Exil in Schweden. Politische und kulturelle Emigration*, S. 214 und 248.
99 Ebd., S. 215.
100 K. Heinig an F. Gelbart, 31.5.1945, ARA Stockholm, Nachlass Kurt Heinig, Bd. 2.
101 Vgl. im Folgenden die detaillierte Darstellung der Geschichte der Landeskonferenz bei Müssener, *Exil in Schweden. Politische und kulturelle Emigration*, S. 146 ff.
102 Ebd., S. 147 und S. 171; dazu auch Lorenz, «Einleitung», S. 37 ff.; Merseburger, *Willy Brandt*, S. 213 ff., der vor allem die Ablehnung Heinigs gegenüber Brandt, den «Neunorweger», hervorhebt; Heinig habe mit seiner starren Haltung die Exil-Sozialdemokratie in zwei Lager gespalten. – K. Heinig an alle Ortsvereinsvorsitzenden und Vertrauensmänner, 19.10.1944, ARA Stockholm, Sammlung SPD in Schweden, Vol. 3; *Information*, 5.11.1944: dort ist die Rede von 19 (nicht 15) neuen Mitgliedern, was sich nicht überprüfen ließ; Merseburger, *Willy Brandt*, S. 213, schreibt von 14 SAP-Mitgliedern, die um Aufnahme ersuchten. Die Gruppe der ehemaligen SAP-Mitglieder gab eine Erklärung zu ihrem Eintritt in die SPD ab, 9.10.1944, in: Willy Brandt, *Zwei Vaterländer*, S. 213 ff.
103 Vgl. die Zusammenfassung der Konferenz von Willi Seifert, 9.12.1944, ARA Stockholm, Nachlass Otto Friedländer, Vol. 5.
104 «Ein Telegramm des Parteivorstandes», von Willi Seifert, Dezember 1944, ARA Stockholm, Sammlung SPD in Schweden, Vol. 3.
105 Ebd.
106 Ebd.
107 W. Seifert, 9.12.1944, ARA Stockholm, Nachlass Otto Friedländer, Vol. 5.
108 Vgl. im Folgenden Müssener, *Exil in Schweden. Politische und kulturelle Emigration*, S. 158 f.
109 Vgl. *Sozialistische Tribüne*, Nr. 2, Februar 1945; Nr. 3, März 1945; Nr. 8 und 9, September 1945.
110 Müssener, *Exil in Schweden. Politische und kulturelle Emigration*, S. 247.
111 Ebd., S. 337; Fritz Bauer, *Pengar i går, i dag och i morgon (Geld gestern, heute und morgen)*. Stockholm 1944 (Aufl. 2500 Exemplare), S. 240. Vgl. die Atlantik-Charta vom 14.8.1941, unterzeichnet von Premierminister Winston Churchill und dem amerikanischen Präsidenten Franklin D. Roosevelt; die Charta verkündete Vorstellungen über die zukünftige Welt-Friedensordnung nach der Niederlage der Achsenmächte in acht Punkten, darunter: (Punkt 1) Verzicht auf Annexionen, (Punkt 4) uneingeschränkter Zugang zu Märkten und Rohstoffen, (Punkt 6) ein Leben frei

von «Furcht und Not»; Wolfgang Benz, Hermann Graml und Hermann Weiß (Hg.), *Enzyklopädie des Nationalsozialismus*. 2. Aufl. München 1997, S. 378.
112 Rezension von Erich Glückauf, in: *Politische Information*, Nr. 20, 15.10.1944.
113 «Kriegsverbrecher vor Gericht», Klubabend des FDKB in Stockholm, in: *Politische Information*, Nr. 22, 15.11.1944.
114 S. Steinbacher schreibt: «Seit Jahrzehnten steht ‹Auschwitz› in der öffentlichen und in der geschichtswissenschaftlichen Diskussion metaphorisch für die Untaten des Hitler-Regimes»; Sibylle Steinbacher, «Darstellungen und Quellen zur Geschichte von Auschwitz», in: Horst Möller und Udo Wengst (Hg.), *50 Jahre Institut für Zeitgeschichte. Eine Bilanz*. München 1999, S. 265–280, hier S. 265. Siehe auch: Norbert Frei, «Auschwitz und Holocaust», in: Hanno Loewy (Hg.), *Holocaust – Die Grenzen des Verstehens*. Reinbek bei Hamburg 1992, S. 101–109, hier S. 101 f.
115 Noch im Jahr darauf benutzte Klemperer den Begriff «Arbeitslager Auschwitz» – was eben nur für einen Teil des Mordkomplexes gilt. Vgl. die Zitate bei Peter Longerich, *«Davon haben wir nichts gewußt». Die Deutschen und die Judenverfolgung 1933–1945*. München 2006, S. 231 ff.; bislang hielt man die These Frank Bajohrs für ausreichend, dass ein Drittel der deutschen Bevölkerung von den Deportationen gewusst hat: F. Bajohr, «Über die Entwicklung eines schlechten Gewissens. Die deutsche Bevölkerung und die Deportationen 1941–1945», in: *Beiträge zur Geschichte des Nationalsozialismus* Bd. 20: *Die Deportation der Juden aus Deutschland. Pläne – Praxis – Reaktionen 1938–1945*. Göttingen 2004, S. 180–195. P. Longerich unterstützt diese These: «ein weit verbreitetes Wissen von Einzelheiten der Praxis der Judenverfolgung und -vernichtung» habe jedoch nicht zu einem Gesamtwissen über die «Endlösung» geführt. Longerich spricht in seinem Buch von 32 bis 40 Prozent.
116 Longerich, ebd., S. 254 f. und 256 f.
117 Merseburger, *Willy Brandt*, S. 204. Zitat aus einem Schreiben von W. Brandt an Robert M. W. Kempner vom 12.9.1972. Siehe auch Einhart Lorenz, «Der junge Willy Brandt, die Judenverfolgung und die Frage einer jüdischen Heimstätte in Palästina», in: ders. (Hg.), *Willy Brandt. Perspektiven aus den Exiljahren*. Berlin 2000 (Schriftenreihe der Bundeskanzler-Willy-Brandt-Stiftung, H. 7), S. 33–46, hier S. 41.
118 Willy Brandt, *Mein Weg nach Berlin*. Aufgezeichnet von Leo Lania. München 1960, S. 159.
119 Merseburger, *Willy Brandt*, S. 205; Schreiben von W. Brandt an R. M. W. Kempner vom 12.9.1972.
120 Stefan Szende, *Den siste Juden från Polen*. Stockholm (Albert Bonnier's Bokförlag) 1944. Deutsch: *Der letzte Jude aus Polen*. Zürich, New York (Europa Verlag) 1945.
121 Der von S. Szende im März 1944 publizierte Bericht erscheint jedoch in manchen Punkten als zweifelhaft. Bei Folkmann ist bereits von der Deportation der ungarischen Juden die Rede, die Adolf Eichmann «erst» im Laufe des Jahres durchführte. Desgleichen sind bezüglich des KZ Bełzec die hier erprobten Vernichtungsmethoden, die zu noch schnellerer und umfassender Eliminierung als in Auschwitz führten, unbekannt: Wasserbecken, in denen die Opfer mittels eines Starkstromschlages zu Tausenden ermordet wurden, was von dem Experten Michael Tregenza nicht bestätigt wird; allerdings stimmen die außerordentlich hohen Zahlen der Ermordeten bei beiden überein; vgl. ders., «Bełzec – Das vergessene Lager des Holocaust», in: Fritz Bauer Institut (Hg.), *«Arisierung» im Nationalsozialismus. Volksgemeinschaft, Raub und Gedächtnis*. Hg. v. Irmtrud Wojak und Peter Hayes. Frankfurt/M. 2000 (Jahrbuch 2000 zur Geschichte und Wirkung des Holocaust), S. 241–267. Der «Internationale Arbeitskreis demokratischer Sozialisten» diskutierte 1944 mehrfach den

«Ausrottungsfeldzug gegenüber den europäischen Juden», so auch in der Broschüre *Zur Nachkriegspolitik der demokratischen Sozialisten*; Lorenz, «Der junge Willy Brandt», S. 42.
122 Bauer schrieb auch, die «lokalen Behörden bezeichneten Maidanek als ‹Vernichtungslager›. Die Deutschen nannten es ein Nationalmuseum. Es soll erhalten bleiben, um kommenden Generationen ein deutliches Bild davon zu geben, was der deutsche Nazismus gewesen ist.» Der Majdanek-Bericht stammte von dem Korrespondenten des *Daily Express* in Moskau, Alaric Jacob, «der Gelegenheit hatte, das Lager zu besuchen»; er wurde am 30.8.1944 publiziert. Vgl. Fritz Bauer, *Die Kriegsverbrecher vor Gericht*. Mit einem Nachwort von Prof. Dr. H. F. Pfenninger. Zürich, New York 1945 (Neue internationale Bibliothek, Bd. 3), S. 212 f.
123 Ebd., S. 211.
124 Rut Brandt, *Freundesland*. Düsseldorf 1996, S. 86 f.; vgl. Merseburger, *Willy Brandt*, S. 218.
125 Paul, Die «Kleine Internationale», S. 15.
126 *Politische Information*, Nr. 10, 15.5.1945, S. 11 f.
127 Vgl. F. Bauers Rede ebd.
128 Viele Emigranten täuschten sich in diesem Punkte im Sinne einer zu positiven Bewertung; vgl. Helga Grebing, «Entscheidung für die SPD – und was dann? Bemerkungen zu den politischen Aktivitäten der Linkssozialisten aus der SAP in den ersten Jahren ‹nach Hitler›», in: Lorenz (Hg.), *Willy Brandt. Perspektiven aus den Exiljahren*, S. 71–76, hier S. 72.
129 F. Tarnow an K. Raloff, 28.5.1945, wonach die «40er» Flüchtlinge weitaus größere Schwierigkeiten hatten, nach Dänemark zurückzukehren, AdsD Bonn, Nachlass Karl Raloff, Mappe 26.
130 F. Bauer besuchte seine Mutter, so oft es ging, von Kopenhagen und später von Westdeutschland aus, wie den Reiseanträgen bei der dänischen Polizei zu entnehmen ist, meist zwei- oder dreimal im Jahr; vgl. RA Kopenhagen, Polizeiakte Fritz Bauer, Udl. nr. 53.658–113.954.

«Eine Lektion im Völkerrecht»

1 K. Raloff an E. Ollenhauer, 25.11.1943, in: Raloff, *Ein bewegtes Leben*, S. 16 f.
2 Siehe entsprechende Äußerungen jüdischer Emigranten in: Müssener, *Exil in Schweden. Politische und kulturelle Emigration nach 1933*, S. 105.
3 F. Bauer an K. Heinig, 11.11.1943, ARA Stockholm, Nachlass Kurt Heinig, Bd. 1 (A–C). – Heinig notierte über die Wucht der Niederlage in sein Tagebuch: «Aber geweint habe ich nur dreimal [...]. Und das dritte Mal weinte ich, als ich im Radio die Einzelheiten über die Konzentrationslager hörte. Es kam so wild in mir auf, diese Schande über Deutschland, diese Qual von hunderttausend Menschen, dieses Elend»; vgl. Müssener, ebd., S. 100.
4 K. Raloff an E. Ollenhauer, 25.11.1943, in: Raloff, *Ein bewegtes Leben* (Einführung), S. 16.
5 Ebd., S. 18.
6 Müssener, *Exil in Schweden. Politische und kulturelle Emigration*, S. 99 f.
7 Ebd., S. 101.
8 Ebd. – Insgesamt sind circa 70 Prozent der Flüchtlinge aus Mitteleuropa in Schweden geblieben; vgl. ebd., S. 104. Dazu ausführlich Michael F. Scholz, «Die Rückkehr des KPD-Exils aus Schweden 1945–1947», in: Lorenz u.a. (Hg.), *Ein sehr trübes Kapitel?*, S. 367–398.

9 G. Wolter (*1899), Sept. 1930 – Dez. 1932 SPD-Landtagsabgeordneter in Braunschweig; Oktober 1933 Flucht nach Dänemark, 1941 nach missglücktem Fluchtversuch nach Schweden verhaftet, Auslieferung verhindert durch das dänische Königshaus. 1945 Vorsitzender der Landesgruppe Dänemark der SPD, Mithilfe bei der Betreuung und Rückführung von Flüchtlingen in Verbindung mit dem Londoner Parteivorstand. Siehe *Biographisches Handbuch der deutschsprachigen Emigration nach 1933.* Bd. I, S. 835.

10 K. Rowold (1911–1993), ab 1928 Mitgl. der SPD, 1929–33 Vors. des Jungbanners im Reichsbanner im Kreis Wolfenbüttel; 1933 Zuchthaus, danach Emigration nach Kopenhagen; Arbeit als Reiseführer, Sprachlehrer und freier Mitarbeiter der sozialdemokratischen Presse. 1944–45 in Schweden; ab 1947 Vorsitzender der SPD-Sektion Dänemark. 1950 Eintritt in den diplomatischen Dienst, 1955–58 im Auswärtigen Amt in Bonn, zuletzt Botschafter in Reykjavík; ab 1974 lebte er in Ruhestand wieder in Kopenhagen. *Biographisches Handbuch der deutschsprachigen Emigration, Bd. I,* S. 623.

11 Protokollbuch der SPD-Landesgruppe Dänemark, o. S., sowie: Protokoll des Arbeitsausschusses der deutschen sozialdemokratischen Emigranten in Dänemark, ab 2. Juli 1945, ABA Kopenhagen.

12 Protokollbuch der SPD-Landesgruppe, ebd.

13 Vgl. im Folgenden ebd.

14 Klaus Schulte, «Nachexil im Exil: Zur politischen und publizistischen Arbeit antifaschistischer Emigranten in deutschen Flüchtlingslagern», in: Lorenz u. a. (Hg.), *Ein sehr trübes Kapitel?*, S. 335–365, hier S. 342. – Walter Schulze kam 1943 als Kommandanturschreiber und Personalbearbeiter einer Wehrmachtseinheit nach Kopenhagen und wurde zu einer Schlüsselfigur des sozialdemokratischen Widerstandes; vgl. ebd.

15 Vgl. die (von einem Betroffenen geschriebene) Darstellung von Karl-Georg Mix, *Deutsche Flüchtlinge in Dänemark 1945–1949.* Stuttgart 2005 (Historische Mitteilungen im Auftrage der Ranke-Gesellschaft, Bd. 59). – Generell die Gesamtdarstellung von Henrik Havrehed, *Die deutschen Flüchtlinge in Dänemark 1945–1949.* Heide 1989, sowie mit Ergebnissen aus Flüchtlingsinterviews Arne Gammelgaard, *Drivtømmer. Tyske flygtninge i Danmark.* Herning 1993 (überarbeitete Fassung der Originalausgabe 1981; deutsche Übersetzung: *Treibholz.* Blaavandshuk Egnsmuseum 1993).

16 Protokollbuch der SPD-Landesgruppe Dänemark, o. S., ABA Kopenhagen.

17 Ebd.

18 In dem Brief der neuen Ortsgruppe an den Parteivorstand im Londoner Exil vom 4.10.1945 sind alle namentlich genannt, auch die 19 Genossen, die im Laufe der Besatzungszeit «ausgeliefert» worden waren. Dokument im AdsD Bonn, Emigration SoPaDe, Mappe 123.

19 Gelbart selbst berichtete darüber Heinig: Man habe ihm Spaltungsversuche vorgeworfen, auch verlangt, dass er die Briefe von Heinig dem Vorstand aushändige, was er schließlich sogar getan habe. Gelbart trat auch aus dem Geschäftsausschuss der *Deutschen Nachrichten* aus. F. Gelbart, Kopenhagen, an K. Heinig, 14.9.1945, ARA Stockholm, Nachlass Kurt Heinig, Bd. 10 (F–G).

20 F. Gelbart, Kopenhagen, an K. Heinig, Norrköping 26.5.1945, ebd.; Gelbart schrieb in dem Brief auch: «Selbstverständlich bist Du der Vertreter des P. V. [Parteivorstands, I. W.] auch für Dänemark.»

21 K. Heinig an F. Gelbart, Stockholm 31. Mai 1945, ebd., Vol. 2.

22 Ebd.

23 K. Heinig an Paul Steiner, Stockholm 30.5. und 18.6.1945, ebd., Vol. 6.

24 F. Gelbart an K. Heinig, Kopenhagen 31.8.1945, ebd., Bd. 10 (F–G).
25 Steffen Steffensen, «Karl Raloff (Karl Ehrlich, 1899–1976), Journalist», in: Dähnhardt und Nielsen (Hg.), *Exil in Dänemark*, S. 611–614, hier S. 611.
26 Bauer, *Die Kriegsverbrecher vor Gericht* (1945).
27 Irmtrud Wojak, «Fritz Bauer, Robert M. W. Kempner und der Aufbau einer demokratischen Rechtsordnung nach 1945», in: Claus-Dieter Krohn und Martin Schumacher (Hg.), *Exil und Neuordnung. Beiträge zur verfassungspolitischen Entwicklung in Deutschland nach 1945.* Düsseldorf 2000, S. 299–320.
28 Bauer, *Kriegsverbrecher*, S. 7.
29 Siehe ebd. das Nachwort von H. F. Pfenninger, S. 219–232, hier S. 220, der F. Bauer bescheinigte, dass er «keinen Moment den Boden des Rechtsstaats verläßt» und sein «Rechtsgefühl auch den Kriegsverbrechern gegenüber wachgeblieben ist».
30 Ebd., S. 10.
31 Ebd., S. 11 ff.
32 Ebd., S. 206.
33 Ebd.
34 Ebd., S. 76.
35 Ebd., S. 77.
36 Ebd., S. 80.
37 Ebd., S. 236.
38 Ebd., S. 209 ff.
39 Mix, *Deutsche Flüchtlinge*, S. 34 ff. («Eine große Aufgabe für ein kleines Land»). – Die Dänen nahmen den nach fünf Jahren deutscher Besatzung fälligen Umbruch ziemlich radikal in Angriff. König Christian X. gab zwar nach der Befreiung die Losung aus: «Wir haben immerhin erreicht, daß Kopenhagen nicht bombardiert und das Land nicht zerstört wurde.» Aber die Befreiungsbewegung, die zuletzt ganz Dänemark erfasst hatte, war nicht zur Gnade bereit und vollzog eine «Entnazifizierung», die sowohl die am 4. Mai 1945 kapitulierende Wehrmacht als auch die eigenen Kollaborateure betraf – und das waren eben auch die bislang zu Einvernehmen gezwungene Regierung und insbesondere die dänische Staatsverwaltung. Die Behauptung, dass man Schlimmeres zu verhüten versucht hatte, galt nicht mehr viel; jedenfalls wurden einige zehntausend dänische Staatsbürger (die Schätzungen schwanken zwischen 20000 und 40000) in Internierungslager gebracht, also eine nachdrückliche Abrechnung vollzogen. Vgl. Meissner, *Dänemark unterm Hakenkreuz*, S. 7 und besonders S. 377 ff., sowie Herbert, *Best*, S. 403 ff., der im dritten Teil seiner Biographie vielleicht die stärksten Abschnitte vorgelegt hat und speziell die Gerissenheit dieses NS-Funktionärs analysiert – beginnend mit dem Zitat eines hochmütigen Gedichts, das der ehemalige Reichsbevollmächtigte, nunmehr in Gefangenschaft, dem «König mit der Märtyrerkrone!» zu widmen wagte (S. 408 f.): «Und Ihr seid Sieger [...]. Seid deshalb nicht des ewigen Hasses Hüter, / [...] damit einst neu erblühn nach dieser Not / des Friedens und der Freundschaft edle Güter!»
40 Gunter Grass, *Im Krebsgang. Eine Novelle.* Göttingen 2002; Heinz Schön, *Die Gustloff-Katastrophe. Bericht eines Überlebenden.* 6. Aufl. Stuttgart 2002, vgl. ders., *Rettung über die Ostsee. Die Flucht aus den Ostseehäfen.* Stuttgart 2003. – Mix, *Deutsche Flüchtlinge*, S. 14: Die Zahlen der bei den Schiffskatastrophen in der Ostsee ertrunkenen Flüchtlinge und Soldaten sind nicht mehr genau zu ermitteln; untergegangen sind auch die «Goya», «Steuben» und «Karlsruhe».
41 Mix, *Deutsche Flüchtlinge*, S. 34.
42 Mix, ebd., S. 15 und S. 57 ff.; zu den Zahlen auch Raloff, *Ein bewegtes Leben*,

S. 132. Tatsächlich waren natürlich viel mehr deutsche Soldaten in Dänemark und hatten laut britischen Quellen bis Ende Juli 1945 bereits 257 617 das Land verlassen. Im Mai 1945 wurden von den Sowjets etwa 17 000 Soldaten und 3000 Flüchtlinge von der Insel Bornholm nach Kolberg transportiert; siehe Mix, ebd., S. 34.

43 F. Bauer, Brief aus Dänemark. Kopenhagen im August 1945, in: *Sozialistische Tribüne*, H. 8–9, S. 23–25, hier S, 24 f.

44 In Dänemark wurde die Kapitulation am Abend des 4. Mai über BBC bekannt und trat am 5. Mai in Kraft.

45 H. Reinowski, Kopenhagen, an K. Heinig, 17.12.1949, ARA Stockholm, Vol. 15 (Briefe von H. Reinowski 1940–1955).

46 Vgl. K. Rowold, Deutsche Flüchtlinge in Dänemark, Januar 1947, S. 1, IfZ München, ED 203 (Sammlung Reinowski), 4600/71.

47 Mix, *Deutsche Flüchtlinge*., S. 38.

48 Rowold, Deutsche Flüchtlinge, S. 6 f., IfZ München, ED 203 (Sammlung Reinowski), 4600/71.

49 Kirsten Lyloff, «Kan laegeløftet gradbøjes»?, in: *Historisk Tidskrift*, Bd. 99/1, Kopenhagen 1999, S. 33–68; dies., «Svar pa Thorkild Frederiksens indlaeg», in: *Historisk Tidskrift*, Bd. 100/2, Kopenhagen 2000, S. 233–237.

50 Dazu Mix, *Deutsche Flüchtlinge*, S. 119 ff., der meint, Lyloff erhebe zu Recht den Vorwurf, dass «nach der Kapitulation die Mangelernährung und die schlechten Lagerverhältnisse Ursachen für den Tod vieler Kleinkinder waren».

51 Vgl. Marc-Christoph Wagner, «Uns gibt es gar nicht. Deutsch-dänische Kinder suchen ihre Vergangenheit», in: *Frankfurter Allgemeine Zeitung*, 18.12.2001; *Die Tagespost*, 28.4.2005: «Kindstod hinter dänischem Stacheldraht».

52 Rowold, Deutsche Flüchtlinge, S. 4 f. und S. 10, IfZ München, 203 (Sammlung Reinowski), 4600/71.

53 Siehe Mix, *Deutsche Flüchtlinge*, S. 137 ff., der auch die Beteiligung der dänischen Schulverwaltung positiv darstellt sowie den je nach Lager sehr unterschiedlichen Schulalltag. Dazu jüngst Oliver Sadowsky und Soren Seitzberg, «Sinnvolle Wartezeit? Die demokratische und antinazistische Aufklärungs- und Schulungsarbeit in der Flüchtlingslagerzeitung Deutsche Nachrichten von 1945 bis 1948», in: *Exilforschung. Ein internationales Jahrbuch*. Hg. im Auftrag der Gesellschaft für Exilforschung. Bd. 24: *Kindheit und Jugend im Exil – Ein Generationenthema*. München 2006, S. 168–182.

54 Vgl. Schulte, «Nachexil im Exil», S. 339 über diese Funktion der *Deutschen Nachrichten*; auch Jef Jefsen, «Deutsche Nachrichten (August 1943 – November 1945). Zeitung für deutsche Flüchtlinge in Dänemark (November 1945 – November 1948)», in: Dähnhardt und Nielsen (Hg.), *Exil in Dänemark*, S. 659–701, hier S. 669, sowie Raloff, *Ein bewegtes Leben*, S. 132 f., über seine Tätigkeit als Leiter der Kulturarbeit im Lager Klövermarken (mit 18 000 Evakuierten auf einem ehemaligen Flugplatz in Kopenhagen).

55 F. Bauer, Brief aus Dänemark (wie Anm. 43), in: *Sozialistische Tribüne*, H. 8–9, S. 23–25.

56 Schulte, «Nachexil im Exil», S. 345; vgl. das Schreiben von G. Wolter, Kopenhagen, an H. Reinowski, 26.9.1945, wo er diesen genau über die geplante Zusammenarbeit unterrichtet, IfZ München, ED 203, Bd. 2 (Sammlung Reinowski).

57 Schulte, ebd., S. 346.

58 Jefsen, «Deutsche Nachrichten», S. 660 ff.; Jef Jefsen (1905–1975) war Vertreter der Flüchtlingsverwaltung und der dänische Lektor der *DN*.

59 Ebd., S. 670; *Biographisches Handbuch der deutschsprachigen Emigration*, Bd. I, S. 713; M. Spangenberg war Funktionär beim Kommunistischen Jugendverband (KJVD), zeitweise in Moskau und Spanienkämpfer; nach dem Exil wurde er Redakteur bei *Neues Deutschland*.
60 Schulte, «Nachexil im Exil», S. 347. Presserechtlich verantwortlich war ein Dane: «Ansvarshabende: Ing. Knud Rolandsen», hieß es im Impressum, später war der verantwortlich Zeichnende Jef Jefsen, und das Impressum lautete: «Herausgegeben von der dänischen Flüchtlings-Administration in Zusammenarbeit mit deutschen Antinazisten in Dänemark. Abonnementspreis 4,00 Kr. per Quartal». Preis: 25 Öre.
61 Ebd., S. 346 und 351; vgl. das Zitat von G. Wolter, Kopenhagen, an H. Reinowski, 26.9.1945, IfZ München, ED 203 (Sammlung Reinowski), 4600/71, Bd. 2.
62 N. Rickelt flüchtete, von der Gestapo verfolgt, 1934 nach Kopenhagen und verschaffte sich unter dem Namen Niels Baumann eine zweite Identität. Während der Besatzung wurde er von der Wehrmacht eingezogen, nahm am Russlandkrieg teil und kam nach einer Verletzung in eine Ersatzabteilung in Dresden, wo er mit dem militärischen Widerstand in Verbindung trat. Rickelt wurde als Dolmetscher nach Dänemark geschickt, wo er frei herumreisen und Kontakt zu seinen im Verborgenen wirkenden Kameraden aufnehmen konnte. Er wurde einer der beiden Kuriere der DN, arbeitete mit der dänischen Widerstandsbewegung zusammen und tauchte gegen Kriegsende nochmals unter. Als Redakteur der *DN* hatte er 1945 eine offizielle Zukunft, wurde 1953 Archivregistrator im Landesarchiv auf Seeland, von 1971 bis 1982 war er Dezernent im Archiv. Vgl. Jefsen, «Deutsche Nachrichten», S. 666 f.
63 Schulte, «Nachexil im Exil», S. 356 f.
64 Jefsen, «Deutsche Nachrichten», S. 670.
65 K. Heinig, Stockholm, an F. Gelbart, 3.8.1945, ARA Stockholm, Nachlass Kurt Heinig, Vol. 2.
66 K. Heinig, Stockholm, an F. Gelbart, 1.9.1945, ebd.
67 F. Gelbart, Kopenhagen, an K. Heinig, 31.8./7.9.1945, ebd.
68 K. Rowold, Kopenhagen, an K. Heinig, 28.4.1947, ARA Stockholm, Nachlass K. Heinig, Vol. 21 (Briefe von K. Rowold, SPD-DK, 1945–1947).
69 Der Ausdruck «Heinigmänner» stammte von Reinowski selbst, der Heinig damit schmeicheln wollte; vgl. H. Reinowski, Kopenhagen, an K. Heinig, 30.11.1945, ebd., Vol. 15.
70 H. Reinowski, Kopenhagen, an K. Heinig, 9.11.1945, ebd.
71 K. Heinig, Stockholm, an H. Reinowski, 22.11.1945, IfZ München, ED 203 (Sammlung Reinowski).
72 H. Reinowski, Kopenhagen, an K. Heinig, 9.11. und 30.11.1945, ARA Stockholm, Nachlass K. Heinig, Vol. 15.
73 H. Reinowski, Kopenhagen, an K. Heinig, 30.11.1945, ebd.; Reinowski und Heinig pflegten in ihrem Briefwechsel einen ziemlich deftigen Sprachstil, soweit überhaupt noch von Stil die Rede sein kann. Im selben Schreiben hieß es: «Bauer, bisher Redakteur, intimster Busenfreund des Furzes [gemeint war damit K. Raloff, I. W.], also Bauer wandte sich im Beisein der Kommunisten gegen mich und erklärte, ich sei nicht tragbar, denn ich hätte in Schweden sehr schlecht über die Dänen geschrieben.»
74 K. Heinig, Stockholm, an H. Reinowski, 5.12.1945, IfZ München, ED 203 (Sammlung Reinowski).
75 H. Reinowski, Kopenhagen, an K. Heinig, 17.12.1945, ebd.
76 A. Hirsch wurde 1933 in einem Konzentrationslager misshandelt, und in der Nazi-Propaganda wurde sein Bild mit der Unterschrift gebracht: «Das ist das Gesicht des Juden»; vgl. Jefsen, «Deutsche Nachrichten», S. 670.

77 Die «Blütenlese» stammt aus den Briefwechseln Heinig–Gelbart, Heinig–Reinowski und umgekehrt sowie aus anderen Heinig-Briefen, die im ARA Stockholm, Nachlass Heinig, und zum Teil im IfZ München, ED 203 (Sammlung Reinowski), aufbewahrt sind.
78 Ebd., 13.4.1946.
79 Ebd., 10.11.1946.
80 Ebd., 5.11.1945.
81 Ebd., 22.11.1945.
82 Ebd., 21.8.1946.
83 Vgl. ebd., «diese kommunistische ‹Selbst›-Geißelung und diese weinerliche Zusicherungspropaganda [...] diese ganze Erziehungsidee der Alliierten ist jammervoller Kohl [...], um Deutschland auf dem Weltmarkt unmöglich zu machen» (5.2.46). «Der Nürnberger Prozeß wird sicherlich so lange dauern, bis die Zulukaffer [...] verstanden haben: keine deutsche Zahncreme mehr und kein deutsches Aspirin. Dieser aufgeblasene Gerechtigkeitswahn [...]» (13.4.46). Mit einem Wort: «[...] mit ihrem ewigen Geweimer von Schuld und Sühne» (6.3.46).
84 K. Heinig, Stockholm, an H. Reinowski, 29.5.1946, IfZ München, ED 203 (Sammlung Reinowski).
85 H. Reinowski, Kopenhagen, an K. Heinig, 8.1./24.6.1946, ARA Stockholm, Nachlass K. Heinig, Vol. 15; Schulte, «Nachexil im Exil», S. 354.
86 H. Reinowski, Kopenhagen, an K. Heinig, 8.1.1946, ebd.; Schulte, ebd., S. 357.
87 H. Reinowski, Kopenhagen, an K. Heinig, 26.1.1946, ebd.; Schulte, ebd., S. 356.
88 H. Reinowski, Kopenhagen, an K. Heinig, 26.1.1946, ebd.
89 Schulte, «Nachexil im Exil», S. 366; H. Reinowski, Kopenhagen, an K. Heinig, 23.2.1946, ebd.
90 Schulte, ebd., S. 357.
91 Ebd., S. 356 f.; weitere Themen der Aufklärungskampagne waren: «Die Lage in Deutschland» und «Die Agrarreform in Deutschland».
92 Ebd., S. 360 f.
93 Ebd., S. 346.
94 Ebd., S. 358.
95 K. Heinig, Stockholm, 22.12.1946, ARA Stockholm, Nachlass K. Heinig.
96 F. Gelbart, Kopenhagen, an K. Heinig, 4.2.1946, ARA Stockholm, Nachlass K. Heinig, Vol. 10; Herbert Obenaus und Sibylle Obenaus, «Einführung», in: Raloff, *Ein bewegtes Leben*, S. 19.
97 Jefsen, «Deutsche Nachrichten», S. 690.
98 Ebd., S. 674 f.; Fritz Bauer, «Nürnberg», in: *Deutsche Nachrichten*, 14.10.1946.
99 F. Gelbart, Kopenhagen, an K. Heinig, 4.2.1946, ARA Stockholm, Nachlass K. Heinig, Vol. 10; Heinig hatte bereits davon gehört, dass Bauer auch in den Flüchtlingslagern Vorträge hielt, und am 28. Januar 1946 Gelbart geschrieben: «Der Bauer redet in den Flüchtlingslagern? Dass Gott erbarm!»
100 Jefsen, «Deutsche Nachrichten», S. 674.
101 Ebd., S. 679 ff.
102 Ebd., S. 682 ff.
103 Ebd., S. 689.
104 H. Reinowski, Kopenhagen, an K. Heinig, 17.12.1945, ARA Stockholm, Nachlass K. Heinig, Vol. 15.
105 F. Gelbart, Kopenhagen, an K. Heinig, 2.7.1946, ebd., Bd. 10.
106 Ebd.
107 F. Gelbart, Kopenhagen, an K. Heinig, 23.1.1946, ebd.

108 H. Reinowski, Kopenhagen, an K. Heinig, 26.1. und 26.5.1946, ebd., Vol. 15.
109 F. Gelbart, Kopenhagen, an K. Heinig, 5.4.1946, ebd., Bd. 10.
110 K. Heinig, Stockholm, R. Stille, Kopenhagen, 1.6.1946, ebd., Vol. 6. Briefe an R. Stille (1944–1951).
111 Alle Briefe von K. Heinig, Stockholm, an H. Reinowski, in: IfZ München, ED 203 (Sammlung Reinowski), 4600/71.
112 K. Heinig, Stockholm, an F. Gelbart, 2.12.1947, ARA Stockholm, Nachlass K. Heinig, Vol. 2.
113 H. Reinowski, Kopenhagen, an K. Heinig, 24.6.1946, ebd., Vol. 15.
114 Herbert und Sibylle Obenaus, «Einführung», in: Raloff, *Ein bewegtes Leben*, S. 19.
115 Ebd., S. 20 ff.
116 *Deutsche Nachrichten*, 20.1.1946.
117 Vgl. Henriette Riskaer Steffensen, «Hans J. Reinowski (1900–1977). Schriftsteller und Redakteur», in: Dähnhardt und Nielsen (Hg.), *Exil in Dänemark*, S. 615–621, hier S. 617; siehe den Artikel in *DN*, Nr. 37, 1947.
118 H. Reinow, *Lieder am Grenzpfahl*. Zürich 1940. Unter diesem Pseudonym erschienen auch: *Wer stürzt den Diktator*. New York 1939, sowie: *Die traurige Geschichte des hochedlen Grafen von Itzenplitz in munteren Verslein erzählt*. Offenbach/M. 1947. Unter dem Namen Reinowski: *Pastor Niemöller und das Achte Gebot*. Darmstadt 1957; *Ein Mann aus Deutschland besucht Onkel Sam*. Darmstadt 1958; *Heimat, Pflugschar, Schwert und Brücke. Israels Aufstieg aus dunkler Zeit*. Darmstadt 1960; *Ja, wir lieben dieses Land*. Darmstadt 1965.
119 *Deutsche Nachrichten*, 2.2.1948.
120 Mix, *Deutsche Flüchtlinge*, S. 201.
121 Ebd., S. 54 ff.
122 Insgesamt wurden repatriiert: 44 377 Flüchtlinge in die britische, 51 045 in die französische, 14 817 in die amerikanische und 36 001 in die russische Zone, 1 618 nach Berlin; hinzu kamen 53 317 Personen des Wehrmachtsgefolges. Ebd., S. 210.
123 Vgl. zu dieser letzten Ausgabe auch Jefsen, «Deutsche Nachrichten», S. 698 ff.

«Dem Schwebezustand ein Ende setzen»

1 Vgl. die Schilderung Fritz Bauers in: Sender Freies Berlin (Hg.), *Um uns die Fremde*, S. 69.
2 Dr. Hanna Kobylinski Rozental (1907–1999) in einem Gespräch mit der Verf. am 26.2.1997, Kopenhagen. H. Kobylinski emigrierte 1933 aus Berlin nach Dänemark und musste 1943 vor den Judenverfolgungen nach Schweden fliehen. Sie kehrte am Ende des Krieges nach Kopenhagen zurück, wo sie als Historikerin tätig war. Vgl. Kirsten Willerslev, «Hanna Kobylinski (geb. 1907). Historikerin», in: Dähnhardt und Nielsen (Hg.), *Exil in Dänemark*, S. 211–214.
3 F. Bauer, Kopenhagen, an E. Schoettle, Stuttgart, 12.10.1948, AdsD Bonn, Nachlass Erwin Schoettle, Mappe 15. Vgl. die Überblicksdarstellungen von Jan Foitzik, «Die Rückkehr aus dem Exil und das politische Umfeld der Reintegration sozialdemokratischer Emigranten in Westdeutschland», in: Wolfgang Frühwald und Manfred Briegel (Hg.), *Die Erfahrung der Fremde. Kolloquium des Schwerpunktprogramms «Exilforschung» der Deutschen Forschungsgemeinschaft*. Weinheim u. a. 1988, S. 255–270, und Marita Krauss, «Westliche Besatzungszonen und Bundesrepublik Deutschland», in: *Handbuch der deutschsprachigen Emigration*, Sp. 1161–1171.

4 Peter Mertz, *Und das wurde nicht ihr Staat. Erfahrungen emigrierter Schriftsteller mit Westdeutschland*. München 1985, S. 87 ff., hat in seiner Darstellung die ganze Bandbreite der Rückkehr-Problematik aufgefächert.
5 E. Schoettle, Stuttgart, an O. Chylik, Osorno, Chile, 31. Juli 1947, AdsD Bonn, Korr. Schoettle–Chylik, Nachlass Schoettle, Mappe 15.
6 Herbert Obenaus, «Der politische Neuanfang von 1945 in Hannover», in: *Niedersächsisches Jahrbuch für Landesgeschichte*, Bd. 78 (2006), S. 383–412, hier S. 404 f.; siehe Merseburger, *Willy Brandt*, S. 201.
7 Merseburger, ebd., S. 238.
8 Vgl. in diesem Zusammenhang die zahlreichen Briefe von K. Heinig an H. Reinowski, wo immer wieder das Wort «Quislinge» fällt und die über Heinigs Attacken gegen F. Bauer und W. Brandt Aufschluss geben, IfZ München, ED 203 (Sammlung Reinowski).
9 Merseburger, *Willy Brandt*, S. 249.
10 So jedenfalls muss man den im Folgenden zitierten Brief F. Bauers an K. Schumacher vom 23.5.1946 verstehen, AdsD Bonn, Nachlass K. Schumacher, Mappe 64.
11 Ebd.; siehe auch Merseburger, *Willy Brandt*, S. 240.
12 F. Bauer, Kopenhagen, an W. Brandt, 11.6.1946, Willy Brandt Archiv (WBA) im Archiv der sozialen Demokratie Bonn, Korrespondenz 1933–1945.
13 F. Bauer an K. Schumacher, 23.5.1946, AdsD Bonn, Nachlass K. Schumacher, Mappe 64.
14 Ebd.
15 Zitiert nach: Thomas Mann, *Briefe 1937–1947*. Hg. v. Erika Mann. Bd 2. Frankfurt/M. 1979, S. 443 ff.
16 F. Bauer an K. Schumacher, 23.5.1946, AdsD Bonn, Nachlass K. Schumacher, Mappe 64.
17 Agnes Blänsdorf, «Zur Konfrontation mit der NS-Vergangenheit in der Bundesrepublik, der DDR und in Österreich», in: *Aus Politik und Zeitgeschichte*, B 16–17 (1987), S. 3–18, hier S. 4; siehe auch Christoph Kleßmann, *Die doppelte Staatsgründung. Deutsche Geschichte 1945–1955*. Bonn 1982 (Schriftenreihe der Bundeszentrale für politische Bildung, Bd. 193), S. 78 ff., und vor allem Bajohr, «Über die Entwicklung eines schlechten Gewissens, S. 190 ff., über «Kriegswende, Angst und schlechtes Gewissen».
18 Bauer, in: Sender Freies Berlin (Hg.), *Um uns die Fremde*, S. 69.
19 Foitzik, «Die Rückkehr aus dem Exil», S. 270.
20 Bauer, in: Sender Freies Berlin (Hg.), *Um uns die Fremde*, S. 69.
21 Fritz Bauer, «Mörder unter uns», in: *Deutsche Nachrichten*, 20.1.1947. Später übernahm Bauer nochmals diesen Titel für einen Artikel anlässlich der Gründung der «Zentralen Stelle der Landesjustizverwaltungen zur Aufarbeitung der nationalsozialistischen Gewaltverbrechen»; vgl. Fritz Bauer, «Mörder unter uns» (1958), in: ders., *Die Humanität der Rechtsordnung*, S. 97–100.
22 F. Bauer an W. Brandt, 30.6.1946, WBA Bonn, Korrespondenz 1933–1945. W. Brandt konnte solche Vermutungen nur bestätigen; siehe Merseburger, *Willy Brandt*, S. 249 f., sowie einen Brief von K. Heinig an H. Reinowski, 4.10.1946, IfZ München, ED 203 (Sammlung Reinowski). Siehe auch ebd., Heinigs Brief vom 10.11.1946, wo er Brandts Tätigkeit als Korrespondent («Füllfedermajor») und seine Berichterstattung über die Nürnberger Prozesse mit Spott auf die Dänen und Norweger verbindet. Über die Diffamierung Brandts als «kommunistischer Agent» und die Rolle Heinigs siehe: Daniela Münkel, ««Alias Frahm› – Die Diffamierungskampagnen gegen Willy Brandt in der rechtsgerichteten Presse», in: Claus-Dieter Krohn und Axel Schildt

(Hg.), *Zwischen den Stühlen? Remigranten und Remigration in der deutschen Medienöffentlichkeit der Nachkriegszeit*. Hamburg 2002 (Hamburger Beiträge zur Sozial- und Zeitgeschichte. Hg. v. der Forschungsstelle für Zeitgeschichte in Hamburg. Darstellungen, Bd. 39), S. 397–418.

23 Mertz, *Und das wurde nicht ihr Staat*, S. 99.
24 F. Bauer an W. Brandt, 30.6.1946, WBA Bonn, Allgemeine Korrespondenz 1933–1946; mit «à la Scheidemann» wird auf das Kriegsende von 1918 und den Kriegsschuldpassus im Versailler Vertrag angespielt.
25 F. Bauer an K. Schumacher, 23.5.1946, AdsD Bonn, Nachlass K. Schumacher, Mappe 64. Vgl. Sontheimers Charakteristik der «Repräsentanten einer Ära»: an der Spitze Konrad Adenauer und sein Gegenüber Kurt Schumacher, in: Kurt Sontheimer, *Die Adenauer-Ära. Grundlegung der Bundesrepublik*. 2. Aufl. München 1996, S. 9 ff.
26 F. Heine an F. Bauer, 8.7.1946, AdsD Bonn, Nachlass K. Schumacher, Mappe 64; siehe Merseburger, *Willy Brandt*, S. 240.
27 Merseburger, ebd., S. 245; dazu auch Grebing, «Entscheidung für die SPD – und was dann?», S. 71–76.
28 Siehe dazu Merseburger, *Willy Brandt*, S. 246 ff.
29 Willy Brandt, «Die Krise der deutschen Arbeiterbewegung (März 1946). Ausarbeitung des Mitglieds der Leitung der SPD-Landesgruppe Schweden», in: Brandt, *Zwei Vaterländer*, S. 265–295, hier S. 271.
30 Merseburger, *Willy Brandt*, S. 239 f.
31 Vgl. Foitzik, «Die Rückkehr aus dem Exil», S. 270; Krauss, «Westliche Besatzungszonen und Bundesrepublik Deutschland», Sp. 1166: Der sozialdemokratische Parteivorstand war in den vierziger, fünfziger Jahren bis zur Hälfte mit Remigranten besetzt.
32 F. Bauer an R. Schmid, 7.10.1946, Hauptstaatsarchiv (HStA) Stuttgart, Nachlass R. Schmid, Q 1 / Erinnerungen.
33 R. Schmid an F. Bauer, 24.10.1946. HStA Stuttgart, ebd.
34 F. Bauer an R. Schmid, 17.11.1946, HStA Stuttgart, ebd.
35 Schmid selbst wurde 1953 Präsident des Oberlandesgerichts Stuttgart.
36 Dr. Josef E. Beyerle (1881–1963), Landesvorsitzender des Zentrums in Württemberg 1919–33, war 1934–45 Richter am Oberlandesgericht in Stuttgart; nach 1945 war er Mitbegründer des Nordwürttembergischen Landesverbands der CDU, seit 1949 stellvertretender Ministerpräsident der Regierung unter Führung von Dr. Reinhold Maier (DVP/FDP), 1951 schied er aus der Regierung aus. Zur Regierungsbildung in Württemberg-Baden vgl. Paul Sauer, *Demokratischer Neubeginn in Not und Elend. Das Land Württemberg-Baden 1945–1953*. Ulm 1978, S. 186 ff.; vgl. in diesem Zusammenhang die (auch von Schmid in seinem Brief an Bauer angedeutete) besonders scharfe Ablehnung der amerikanischen Entlassungsmaßnahmen und die «württembergische Zurückhaltung» bezüglich der deutschen Entnazifizierungsgesetzgebung: Lutz Niethammer, *Die Mitläuferfabrik. Die Entnazifizierung am Beispiel Bayerns*. Bonn 1982, S. 286. Erst in der Schlussphase wurden auch Sozialdemokraten wie Schmid in die Beratung der Gesetzentwürfe einbezogen.
37 Carlo Schmid, *Erinnerungen*. Bern, München 1981, S. 234 ff.
38 Steffensen, «Fritz Bauer (1903–1968)», S. 174.
39 F. Bauer an K. Schumacher, 18.5.1947, AdsD Bonn, Nachlass K. Schumacher, Mappe 71.
40 K. Schumacher an F. Bauer, 29.5.1947, AdsD Bonn, ebd.
41 Niels Rickelt übergab der Verf. den Brief von F. Bauer, datiert 16.5.1947.

42 Siehe dazu Foitzik, «Die Rückkehr aus dem Exil», S. 259 f., über die erpresserische Politik der sowjetischen Militäradministration in Verhandlungen mit Dänemark über die Rückkehr deutscher Flüchtlinge, die 1948 mit dem Angebot eines Tauschhandels (Zwangsauslieferung einiger tausend baltischer Flüchtlinge) beantwortet wurde.

43 Interviewmitschrift der Verf. mit Niels Rickelt am 27.2.1997, Kopenhagen. Fritz Bauers Frau erinnerte sich, ihr Mann sei freiwillig und nicht aus politischen Gründen aus dem Preisdirektorat ausgeschieden; das Angebot aus der Sowjetischen Besatzungszone habe er nicht annehmen wollen; Interviewmitschrift der Verf. mit Anna Maria Bauer Petersen in Kopenhagen, 28.2.1997.

44 Werner Sohn, *Im Spiegel der Nachkriegsprozesse: Die Errichtung der NS-Herrschaft im Freistaat Braunschweig*. Braunschweig 2003, S. 52 f.; Henne, «Curt Staff (1901–1976). Richter», S. 302 f.

45 Sohn, ebd., S. 40 f.; Rudolf Wassermann, «Zur Geschichte des Oberlandesgerichts Braunschweig», in: ders. (Hg.), *Justiz im Wandel der Zeit. Festschrift des Oberlandesgerichts Braunschweig*. Braunschweig 1989, S. 11–111, hier S. 88. Michael Stolleis, «Rechtsordnung und Justizpolitik. 1945–1949», in: Norbert Horn (Hg.), *Europäisches Rechtsdenken in Geschichte und Gegenwart. Festschrift für Helmut Coing*. Bd. 1. München 1982, S. 383–407, hier S. 394 f.

46 F. Bauer an K. Schumacher, 8.8.1948, AdsD Bonn, Nachlass K. Schumacher, Mappe 71; F. Bauer an OLG-Präsident Dr. Heusinger, 7.8.1948, HMJ Wiesbaden, Personalakte Fritz Bauer. – Über Wilhelm Kiesselbach (*1867), Präsident des Hanseatischen OLG 1928–33 und 1945/46, vgl. Helmut Kramer, «Die NS-Justiz in Braunschweig und ihre Bewältigung ab 1945», in: ders. (Hg.), *Braunschweig unterm Hakenkreuz. Bürger, Justiz und Kirche – Eine Vortragsreihe und ihr Echo*. Braunschweig 1981, S. 29–59, hier S. 47 ff.; auch Joachim Reinhold Wenzlau, *Der Wiederaufbau der Justiz in Nordwestdeutschland 1945–1949*. Königstein/Taunus 1979, S. 113 ff.

47 F. Bauer an OLG-Präsident Dr. Heusinger, 7.8.1948, Personalakte Fritz Bauer, HMJ Wiesbaden; Sohn, *Im Spiegel der Nachkriegsprozesse*, S. 52 f.; B. Heusinger (1900–1987) wurde 1955 OLG-Präsident in Celle, 1960–68 Präsident des BGH in Karlsruhe.

48 Vgl. über Wilhelm Mansfeld (1875–1955), 1923–39 Oberlandesgerichtsrat am Braunschweiger Landgericht: Wassermann, «Zur Geschichte des Oberlandesgerichts Braunschweig», S. 82 ff.; Dieter Miosge, «Die Braunschweiger Juristenfamilie Mansfeld», in: Wassermann (Hg.), *Justiz im Wandel der Zeit*, S. 328–348, hier S. 337 ff. – Bruno Heusinger wurde am 1.5.1935 in das Amt des Senatspräsidenten zurückgestuft; am 7.11.1945 wurde er erneut Senatspräsident am OLG-Braunschweig, am 1.8.1948 Chefpräsident, vgl. Wassermann, «Zur Geschichte des Oberlandesgerichts Braunschweig», S. 402 f.; auch Hans-Erhard Müller und Thomas Henne, «Bruno Heusinger (1900–1987). Richter», in: Rückert und Vortmann (Hg.), *Niedersächsische Juristen*, S. 293–301; Klaus-Detlef Godau-Schüttke, *Der Bundesgerichtshof – Justiz in Deutschland*. Berlin 2005, S. 269 ff.; Heusingers Tätigkeit im «Dritten Reich» wird unterschiedlich kritisch beurteilt. Sohn, *Im Spiegel der Nachkriegsprozesse*, S. 52, schreibt, er sei den Nationalsozialisten «trotz seiner völkischnationalen Gesinnung nicht nazistisch genug» gewesen. Ein abgewogenes Porträt zeichnet Manfred Flotho, «Bruno Heusinger – ein Präsident im Konflikt zwischen Solidarität und Gewissen», in: Wassermann (Hg.), *Justiz im Wandel der Zeit*, S. 349–369.

49 Kramer, «Die NS-Justiz in Braunschweig und ihre Bewältigung», S. 49.

50 Vgl. hingegen Hannah Arendt, «Besuch in Deutschland 1950. Die Nachwirkungen des Naziregimes», in: dies., *Zur Zeit. Politische Essays.* Hg. v. Marie Luise Knott. Berlin 1986, S. 43–70, hier S. 43, wo eine schwere Bezichtigung der deutschen Apathie steht.
51 F. Bauer an K. Schumacher, 8.8.1948, AdsD Bonn, Nachlass K. Schumacher, Mappe 71.
52 Vgl. die Biographie von Thilo Vogelsang, *Hinrich Wilhelm Kopf und Niedersachsen.* Hannover 1963, sowie Jürgen Vortmann, «Hinrich Wilhelm Kopf (1893–1961). Politiker», in: Rückert und Vortmann (Hg.), *Niedersächsische Juristen*, S. 286–290.
53 Vogelsang, *Hinrich Wilhelm Kopf*, S. 36; F. Bauer an F. Heine, 28.10.1948, AdsD Bonn, Nachlass K. Schumacher, Mappe 71. Dazu auch Meusch, *Von der Diktatur zur Demokratie*, S. 13, und Sohn, *Im Spiegel der Nachkriegsprozesse*, S. 53.
54 F. Bauer an E. Schoettle, 12.10.1948, AdsD Bonn, Nachlass E. Schoettle, Mappe 15; die Schleswig-Holsteiner, schrieb Bauer am 14.9.1948 an K. Schumacher, hatten ihm die Stellung eines Präsidenten des Verwaltungsgerichts angeboten, doch er sei dem nicht nahe getreten, da ihm jede verwaltungsgerichtliche Erfahrung fehle und «im übrigen auch», meinte er, weil er vermute, «daß die Leute damit eine präsidentielle Würde verbinden, die ich nicht habe». Allerdings glaubte er, Hamburg verspreche wegen der «politischen Verhältnisse «am meisten Aussicht», denn die SPD hatte im Oktober 1946 einen überwältigenden Wahlsieg bei der ersten Bürgerschaftswahl errungen. F. Bauer an K. Schumacher, AdsD Bonn, Nachlass K. Schumacher, Mappe 71.
55 Wassermann, «Zur Geschichte des Oberlandesgerichts Braunschweig», S. 88; Sohn, *Im Spiegel der Nachkriegsprozesse*, S. 40.
56 Siehe dazu Martin Broszat, «Siegerjustiz oder strafrechtliche ‹Selbstreinigung›. Aspekte der Vergangenheitsbewältigung der deutschen Justiz während der Besatzungszeit 1945–1949», in: *Vierteljahrshefte für Zeitgeschichte*, 29. Jg. (1981), H. 4, S. 477–544, hier S. 508 ff.; Clemens Vollnhals (Hg.), *Entnazifizierung. Politische Säuberung und Rehabilitierung in den vier Besatzungszonen 1945–1949.* München 1991, S. 24 ff.; John H. Herz (Hg.), «The Fiasco of Denazification in Germany», in: *Political Science Quarterly* 63 (1948), S. 569–594.
57 Vgl. Wassermann, «Zur Geschichte des Oberlandesgerichts Braunschweig», S. 92.
58 Ebd., S. 95.
59 Ebd., S. 95 f. Vgl. dazu Niethammer, *Die Mitläuferfabrik.*
60 Helmut Kramer, «Entlastung als System. Zur strafrechtlichen Aufarbeitung der Justiz- und Verwaltungs-Verbrechen des Dritten Reiches», in: Martin Bennhold (Hg.), *Spuren des Unrechts. Recht und Nationalsozialismus – Beiträge zur historischen Kontinuität.* Köln 1989, S. 101–130, hier S. 114 und 117.
61 Sohn, *Im Spiegel der Nachkriegsprozesse*, S. 48 f.; Wassermann, «Zur Geschichte des Oberlandesgerichts Braunschweig», S. 96.
62 Wassermann, ebd. – Werner Hofmeister (1902–1984), Studium und Promotion in Göttingen, arbeitete nach seiner Entlassung aus dem Staatsdienst 1933 als Rechtsanwalt; ab 1947 Justizminister, gehörte ab 10.12.1948 dem Parlamentarischen Rat an und war an der Beratung des Grundgesetzes beteiligt; 1955–57 Präsident des Niedersächsischen Landtags, bis 1959 Justizminister, danach bis 1967 Vizepräsident des Landtags; vgl. Thomas Henne, «Hofmeister, Werner (1902–1984)», in: Rückert und Vortmann (Hg.), *Niedersächsische Juristen*, S. 362.
63 Wassermann, ebd.; Sohn, *Im Spiegel der Nachkriegsprozesse*, S. 48. Vgl. zur Entnazifizierung im OLG-Bezirk Braunschweig auch Wenzlau, *Der Wiederaufbau der Justiz in Nordwestdeutschland*, S. 94–170.

64 F. Bauer, Kopenhagen, an E. Schoettle, Stuttgart, 12.10.1948, AdsD Bonn, Nachlass E. Schoettle, Mappe 15.
65 Antwortschreiben des Justizministeriums Niedersachsen an F. Bauer, 25.8.1948, Personalakte Fritz Bauer, HMJ Wiesbaden.
66 F. Bauer, Kopenhagen, an E. Schoettle, Stuttgart, 12.10.1948, AdsD Bonn, Nachlass E. Schoettle, Mappe 15.
67 Antwortschreiben des Justizministeriums Niedersachsen an F. Bauer, 25.8.1948, Personalakte Fritz Bauer, HMJ Wiesbaden.
68 Hervorhebung im Original. F. Bauer an K. Schumacher, 14.9.1948, AdsD Bonn, Nachlass K. Schumacher, Mappe 64.
69 F. Bauer, Kopenhagen, an E. Schoettle, Stuttgart, 12.10.1948, AdsD Bonn, Nachlass E. Schoettle, Mappe 15.
70 Ebd.
71 F. Bauer, Kopenhagen, an F. Heine, SPD-Parteivorstand Hannover, 28.10.1948, AdsD Bonn, Nachlass K. Schumacher, Mappe 71.
72 Vermerk des Justizministeriums Niedersachsen, 3.11.1948, HMJ Wiesbaden, Personalakte Fritz Bauer.
73 Der Niedersächsische Minister der Justiz, gez. Dr. Hofmeister, an F. Bauer, 10.1.1949.
74 Ebd.
75 Vgl. dazu F. Bauers Briefe an OLG-Präsident Dr. Heusinger, 19.1., 13.2., 9.3. und 27.3.1949, ebd. – Für Bauers Frau war die Mitteilung von seiner Abreise ein Schock. Die beiden lebten und wohnten auch nach dem Krieg nicht zusammen, was zugleich heißen mag, dass er sie die letzten Jahre in Kopenhagen nicht in seine Erwägungen eingeweiht hat. Anna Maria Bauer Petersen hatte als Leiterin eines Montessori-Kindergartens in Kopenhagen ihren Beruf und Einkommen. Seine Entscheidung hatte Bauer sich bis ganz zuletzt vorbehalten. Anna Maria erinnerte sich noch, dass er kurz vor seiner für sie so plötzlichen Abreise erklärt hatte, er bleibe in Dänemark, wenn man ihm ein «entsprechendes Angebot» machen würde. In den letzten Tagen vor der Rückkehr sei er «sehr nervös» gewesen; Interviewmitschrift d. Verf. mit Anna Maria Bauer Petersen in Kopenhagen, 28.2.1997.
76 Vgl. F. Bauers Briefe an OLG-Präsident Dr. Heusinger, ebd.
77 Übersetzung von Rolf Tiefenthal, Velbaek, Dänemark (Privatarchiv).
78 F. Bauer, Braunschweig, an K. Schumacher, 24.4.1949, AdsD Bonn, Nachlass K. Schumacher, Mappe 71.
79 Schumacher lud ihn daraufhin am 5. Mai 1949 sofort zu sich nach Hause ein, vgl. ebd.
80 Zitat aus einem unbetitelten Artikel von F. Bauer für die *Deutsche Post*, Jg. 14 (1962), II. 24, S. 657 f.
81 Vgl. Christian Schneider, «Trauma und Zeugenschaft», in: *Mittelweg 36*, Jg. 16 (2007), Juni Juli-Heft, S. 59–74, hier S. 68 f.; siehe besonders den Aufsatz von Alex Demirović, «Das Glück der Wahrheit. Die Rückkehr der ‹Frankfurter Schule›», in: *Die Neue Gesellschaft. Frankfurter Hefte*, 36. Jg. (1989), Nr. 8, S. 700–707.
82 Martin Hollender, «Was wäre die Arbeiterbewegung ohne ihn? Ein inspirierter Außenseiter: Dem Historiker Helmut Hirsch zum hundertsten Geburtstag», in: *Frankfurter Allgemeine Zeitung*, 31.8.2007.
83 Landgerichtspräsident war Kurt Trinks (1882–1958), der als einer der wenigen unbelasteten Richter im Mai 1945 in das Amt eingesetzt wurde. Die Nazis hatten ihn 1933 wegen seiner «nichtarischen Abstammung» aufgrund des «Gesetzes zur Wiederherstellung des Berufsbeamtentums» aus ebendiesem Amt entfernt und zum

Amtsgerichtsrat zurückgestuft; vgl. Wassermann (Hg.), *Justiz im Wandel der Zeit*, S. 405 (biographischer Anhang).
84 Vgl. den Vermerk von Landgerichtspräsident Trinks über die Vereidigung, 14.4.1949, HMJ Wiesbaden, Personalakte Fritz Bauer.
85 Fritz Bauer, «Mythologisierung der ‹Pflicht›», in: *Tribüne. Zeitschrift zum Verständnis des Judentums*, Jg. 4 (1965), H. 14, S. 1493 f., hier S. 1493.
86 Ebd.
87 D. Sattler (1906–1968), später Botschafter am Vatikan, hatte darin Gedanken niedergelegt, die er bereits 1946 in einem privaten Exposé formuliert hatte; vgl. Marita Krauss, *Heimkehr in ein fremdes Land – Geschichte der Remigration nach 1945*. München 2001, S. 75 ff. – Claus-Dieter Krohn und Axel Schildt (Hg.), *Zwischen den Stühlen? – Remigranten und Remigration in der deutschen Medienöffentlichkeit der Nachkriegszeit*. Hamburg 2002, S. 9, nennen als Autor des Münchner Aufrufs immer noch den Hamburger SPD-Bürgermeister Max Brauer.
88 Vgl. das Zitat bei Krauss, ebd., S. 76. Über Sattler siehe: Ulrike Stoll, *Kulturpolitik als Beruf. Dieter Sattler (1906–1968) in München, Bonn und Rom*. Paderborn 2005 (Veröffentlichungen der Kommission für Zeitgeschichte, Reihe B, Forschungen 98).
89 Zitat aus einem Brief Neumanns von 1954, kurz vor seinem Unfalltod, im Anhang der ersten deutschen Ausgabe des *Behemoth*: Franz L. Neumann, *Behemoth. Struktur und Praxis des Nationalsozialismus 1933–1944*. Hg. mit einem Nachwort von Gert Schäfer. Frankfurt/M. 1977 (New York 1942), S. 669 f.
90 Zitat nach Elsbeth Wolffheim, «Nie verloren – auch nicht gefunden. Walter Mehrings Rückkehr nach Europa», in: Thomas Koebner und Erwin Rothermund (Hg.), *Rückkehr aus dem Exil. Emigranten aus dem Dritten Reich in Deutschland nach 1945*. Marburg 1990, S. 95–105, hier S. 97 (wo fast nur Emigranten behandelt werden, die nicht zurückgekehrt sind). Die Schätzungen, wie viele deutsch-jüdische Emigranten zurückgekehrt sind, gehen weit auseinander; Krauss, *Heimkehr in ein fremdes Land*, S. 9 f., beziffert sie auf 12 000 bis 15 000 und schätzt die gesamte Emigration auf 500 000 Flüchtlinge, wovon rund 30 000 zurückgekehrt seien.
91 Arendt, «Besuch in Deutschland», S. 43 ff.
92 Vgl. Fritz Kortner, *Aller Tage Abend*. München 1959, S. 561. Kortner kehrte bereits 1947 aus dem Exil in Hollywood zurück; seine künstlerische Heimat wurden jetzt die Münchner Kammerspiele unter Intendant Hans Schweikart und das Berliner Schillertheater.
93 Vgl. Helmut Mehringer, Werner Röder und Dieter Marc Schneider, «Zum Anteil ehemaliger Emigranten am politischen Leben der Bundesrepublik Deutschland, der Deutschen Demokratischen Republik und der Republik Österreich», in: Frühwald und Schieder (Hg.), *Leben im Exil*, S. 207–223.
94 Zitat wie Anm. 80.
95 F. Bauer an F. Heine, 15.5.1950; in der Antwort vom 9.6. versprach Heine im Übrigen, mitzuhelfen, «Dir eine Aufgabe zu verschaffen, die sich lohnt»; AdsD Bonn, SPD-PV, Sekr. Heine, Sign. 2/PVV 8.
96 Natürlich erschien die Broschüre damals anonym: *Terror in Braunschweig. Aus dem ersten Quartal der Hitlerherrschaft*. Bericht hg. v. der Kommission zur Untersuchung der Lage der politischen Gefangenen. Verlag Sozialistische Arbeiter-Internationale Zürich 1933.
97 Sohn, *Im Spiegel der Nachkriegsprozesse*, S. 18. Zu den Vorgängen auch Ernst-August Roloff, *Bürgertum und Nationalsozialismus 1930–1933. Braunschweigs Weg ins Dritte Reich*. Hannover 1961.
98 Ian Kershaw, *Hitler 1889–1936*. Stuttgart 1998, S. 448.

99 Vgl. Sohn, *Im Spiegel der Nachkriegsprozesse*, S. 19 ff.
100 Ebd., S. 24.
101 Zu den Vorgängen siehe Flotho, «Bruno Heusinger», S. 359.
102 Ebd., S. 359 f.
103 Sohn, *Im Spiegel der Nachkriegsprozesse*, S. 26 f.; Reinhard Bein, *Widerstand im Nationalsozialismus. Braunschweig 1930 bis 1945*. Braunschweig 1985, S. 58 ff.
104 Roloff, *Bürgertum und Nationalsozialismus*, S. 26; Sohn, ebd., S. 18.
105 Sohn, ebd., S. 28, zeichnet die NS-Geschichte Braunschweigs und die Beteiligung staatlicher und nichtstaatlicher Organisationen an dem Terror von 1933 in seinem Buch detailliert nach; siehe dazu auch die Studie von Hans-Ulrich Ludewig und Dietrich Kuessner, *«Es sei also jeder gewarnt». Das Sondergericht Braunschweig 1933–1945*. Selbstverlag des Braunschweigischen Geschichtsvereins 2000 (Quellen und Forschungen zur Braunschweigschen Landesgeschichte, Bd. 36).
106 Roloff, *Bürgertum und Nationalsozialismus*, S. 89 ff.; Sohn, ebd., S. 18.
107 Sohn, ebd., S. 18; Kershaw, *Hitler 1889–1936*, S. 455. Manfred Overesch, «Die Einbürgerung Hitlers 1930», in: *Vierteljahrshefte für Zeitgeschichte*, Jg. 40 (1992), H. 4, S. 443–448.
108 Erlass des niedersächsischen Justizministeriums, 22.7.1950, HMJ Wiesbaden, Personalakte Fritz Bauer. – Sohn, ebd., S. 211.
109 Sohn, ebd., S. 51 und 55.
110 Ebd., S. 211; Ludewig und Kuessner, *«Es sei also jeder gewarnt»*, S. 242 ff.
111 Sohn, ebd., S. 72 f. und 212.
112 Vgl. im Folgenden ebd., S. 69.
113 Zum Helmstedt-Prozess siehe ebd., S. 95 ff.
114 Vgl. dazu im Urteil in der Strafsache gegen den früheren braunschweigischen Ministerpräsidenten Klagges, 5.10.1950, Niedersächsisches Staatsarchiv (Nds StA) Wolfenbüttel, 61 Nds Fb 1, Nr. 2/6, S. 27 ff.: «Die Zerstörung jüdischer Geschäfte in Braunschweig am 11. März 1933».
115 Sohn, *Im Spiegel der Nachkriegsprozesse*, S. 95 ff.
116 Beispiele bei Ludewig und Kuessner, *«Es sei also jeder gewarnt»*, S. 246 ff.; ebd. ist auch nachzulesen, wie schwer sich die Gerichte nach 1945 damit taten, Denunziationen zu verurteilen. Personelle Kontinuitäten in den Richterämtern machten sich dabei in Form der Berufung auf einen Rechtspositivismus bemerkbar, der die NS-Justiz keineswegs als Teil eines Unrechtssystems betrachtete. Dazu ausführlich Broszat, «Siegerjustiz oder strafrechtliche ‹Selbstreinigung›», S. 490 ff.
117 Vgl. zahlreiche Beispiele in der Studie von Sohn, *Im Spiegel der Nachkriegsprozesse*.
118 Ebd., S. 73.
119 Ebd., S. 28 f.
120 Ebd., S. 51 ff.
121 Ebd., S. 67; Sohns Ergebnisse entsprechen insofern der Studie von Frei, *Vergangenheitspolitik*.
122 Artikel II, 1 c fasste darunter auch die «Verfolgung aus politischen, rassischen oder religiösen Gründen, ohne Rücksicht darauf, ob sie das nationale Recht des Landes, in welchem die Handlung begangen worden ist, verletzen». Vgl. *Kontrollratsgesetz Nr. 10*. Erläutert von Herbert Kraus, Verteidiger beim Internationalen Militär-Gerichtshof, Nürnberg. Hamburg 1948, S. 69. Sohn, *Im Spiegel der Nachkriegsprozesse*, S. 33 ff.; Joachim Perels, «Die Restauration der Rechtslehre», in: ders., *Das juristische Erbe des «Dritten Reiches». Beschädigungen der demokratischen Rechtsordnung*. Frankfurt/M., New York 1999 (Wissenschaftliche Reihe des Fritz Bauer

Instituts, Bd. 7), S. 71–102, hier S. 85; Broszat, «Siegerjustiz oder strafrechtliche ‹Selbstreinigung›», S. 516 ff.
123 Broszat, ebd., S. 520 ff. Joachim Perels, «Der Nürnberger Juristenprozess im Kontext der Nachkriegsgeschichte», in: ders., *Das juristische Erbe des «Dritten Reiches»*, S. 47–70.
124 Vgl. das Zitat bei Broszat, ebd., S. 521.
125 Vgl. ebd. sowie Joachim Perels und Irmtrud Wojak, «Motive im Denken und Handeln Fritz Bauers», in: Fritz Bauer, *Die Humanität der Rechtsordnung*, S. 9–33, hier S. 20.
126 Bauer, «Justiz als Symptom» (1962), in: ders., *Die Humanität der Rechtsordnung*, S. 365–376, hier S. 371 f.
127 Gustav Radbruch, «Gesetzliches Unrecht und übergesetzliches Recht» (1946), in: ders., *Der Mensch im Recht*. Göttingen 1961, S. 111–124.
128 Bauer, «Justiz als Symptom», S. 371 f.
129 Fritz Bauer, «Das ‹gesetzliche Unrecht› des Nationalsozialismus und die deutsche Strafrechtspflege» (1968), in: ders., *Die Humanität der Rechtsordnung*, S. 53–59, hier S. 56 und 58; Gustav Radbruch, «Zur Diskussion über die Verbrechen gegen die Menschlichkeit», in: *Süddeutsche Juristenzeitung* (1947), Sp. 131–136, hier Sp. 136; dazu Broszat, «Siegerjustiz oder strafrechtliche ‹Selbstreinigung›», S. 526.
130 Bauer, «Justiz als Symptom», S. 372.
131 Perels, «Die Restauration der Rechtslehre nach 1945», S. 86.
132 Broszat, «Siegerjustiz oder strafrechtliche ‹Selbstreinigung›», S. 534.
133 Sohn, *Im Spiegel der Nachkriegsprozesse*, S. 29 ff. und S. 133 ff.
134 Bauer, «Justiz als Symptom», S. 368.
135 Norbert Frei, «Das Problem der NS-Vergangenheit in der Ära Adenauer», in: Bernd Weisbrod (Hg.), *Rechtsradikalismus in der politischen Kultur der Nachkriegszeit. Die verzögerte Normalisierung in Niedersachsen*. Hannover 1995, S. 19–31, spricht von den Leitbegriffen: Amnestie, Integration und Abgrenzung.
136 «Die Zahl derer wächst, die den bundesdeutschen Umgang mit der NS-Vergangenheit nicht in erster Linie als von Defiziten und Skandalen geprägt sehen, sondern im Grunde für respektabel, ja für mustergültig halten.» Frei, ebd., S. 19 ff.
137 Sontheimer, *Die Adenauer-Ära*, S. 177. – Vgl. dazu auch die bereits erwähnte Kontroverse auf der Website des Fritz Bauer Instituts: http://www.fritz-bauer-institut.de/texte.htm#Debatte, die sich um diesen Komplex dreht. Eine sozusagen vollendete Erfolgsgeschichte ist jüngst erschienen als die erste moderne Gesamtdarstellung der Bundesrepublik: Edgar Wolfrum, *Die geglückte Demokratie. Geschichte der Bundesrepublik Deutschland von ihren Anfängen bis zur Gegenwart*. Stuttgart 2006.
138 F. Bauer, Braunschweig, an N. Rickelt, Kopenhagen, 25.6.1949 (Privatbesitz).
139 Frei, «Das Problem der NS-Vergangenheit», S. 23.

«Verbrechen gegen die Menschlichkeit»

1 Bauer, *Kriegsverbrecher vor Gericht*, S. 167.
2 Perels, «Der Nürnberger Juristenprozeß im Kontext der Nachkriegsgeschichte», S. 52 f.
3 Dirk Pöppmann, «Robert Kempner und Ernst von Weizsäcker im Wilhelmstraßenprozess. Zur Diskussion über die Beteiligung der deutschen Funktionselite an den NS-Verbrechen», in: Fritz Bauer Institut (Hg.), *Im Labyrinth der Schuld. Täter – Opfer – Ankläger*. Hg. v. Irmtrud Wojak und Susanne Meinl. Frankfurt/M., New York

2003 (Jahrbuch 2003 zur Geschichte und Wirkung des Holocaust), S. 163–197, hier S. 181; auch Norbert Frei, «Die Rückkehr des Rechts. Justiz und Zeitgeschichte nach dem Holocaust», in: ders., *1945 und wir. Das Dritte Reich im Bewußtsein der Deutschen.* München 2005, S. 63–82, hier S. 71. Im Zuge der Recherchen für den Prozess wurde 1947 das bis heute einzig erhaltene Protokoll der Wannseekonferenz vom 20. Januar 1942 im Nachlass des ehemaligen Staatssekretärs Martin Luther entdeckt.
4 Die Strafe wurde später auf fünf Jahre herabgesetzt; vgl. Pöppmann, ebd., S. 181 ff.
5 Zitiert nach Pöppmann, ebd., S. 181 (Hervorhebung im Orig.).
6 Vgl. die Zitate ebd., S. 185. Die Wiedereinstellungsbegehren belasteter Mitarbeiter wurden später bei der Neugründung des Auswärtigen Amtes nahezu ausnahmslos erfüllt.
7 Vgl. zu den Vorgängen betr. seinen Vorgänger Landgerichtsrat Helmut Hartmann: Sohn, *Im Spiegel der Nachkriegsprozesse*, S. 56 ff. und 135 ff.
8 Vgl. den Bericht von Landgerichtsrat Hartmann über die Ermittlungen im Verfahren gegen Klagges, an den Generalstaatsanwalt (GStA), 26.9.1947, Nds StA Wolfenbüttel, 61 Nds Fb 1, Nr. 2/1, Bl. 105 und 105R.
9 Bericht Landgerichtsrat Hartmann, an den GStA, 26.6.1948, ebd., Bl. 165.
10 Ebd., Bl. 165R.
11 Siehe das Schreiben von F. Heine, SPD-Parteivorstand Hannover, an F. Bauer, 18.10.1949, AdsD Bonn, SPD-Parteivorstand, Sekretariat Fritz Heine, 2/PVV 8.
12 F. Bauer an F. Heine, 21.10.1949, ebd.
13 Zitat aus der Anklageschrift, Nds StA Wolfenbüttel, 62 Nds Fb. 2, Nr. 790, Bl. 1, zitiert nach Sohn, *Im Spiegel der Nachkriegsprozesse*, S. 138.
14 Urteil in der Strafsache gegen den früheren braunschweigischen Ministerpräsidenten Klagges, 5.10.1950, Nds StA Wolfenbüttel, 61 Nds Fb 1, Nr. 2/6, S. 2.
15 Sohn, *Im Spiegel der Nachkriegsprozesse*, S. 75 ff.
16 Ludewig und Kuessner, *«Es sei also jeder gewarnt»*, S. 243 ff.
17 Sohn, *Im Spiegel der Nachkriegsprozesse*, S. 189 ff.
18 Ich bedanke mich für den Hinweis auf den Fall Rothschild bei Christoph Franke, Historisches Seminar der Leibniz-Universität Hannover, der anhand der Steuer- und Devisenakten die Geschichte der Arisierung der Fa. A. J. Rothschild in seiner Dissertation untersucht und mir Einblick in sein Manuskript gewährt hat. Quellenangaben im Fall Rothschild sind im Folgenden seinen Ergebnissen entnommen.
19 Zum Fall Rothschild vgl. Christoph Ernesti, «Der Schauprozeß – Die ‹Arisierung› der Weberei Rothschild», in: Stadt Stadtoldendorf (Hg.), *Sie waren unsere Nachbarn. Die Geschichte der Juden in Stadtoldendorf.* Ein Gedenkbuch von Christoph Ernesti mit Beiträgen von Günther Lilge. Holzminden 1996, S. 56–62.
20 Vgl. Günther Lilge, «Vom ‹toten gewerbelosen Ort› zum prosperierenden Industriestandort. Der Wandel Stadtoldendorfs im 19. Jahrhundert und der Anteil, den jüdische Bürger daran hatten», in: Stadt Stadtoldendorf (Hg.), *Sie waren unsere Nachbarn*, S. 8–24, und Informationen von Christoph Franke.
21 Die N.V. [Namenlooze Vennootschaft] «Airos» war 1923 aus im Ausland deponierten Guthaben als Holdinggesellschaft gegründet worden, ursprünglich um das Auslandsgeschäft, insbesondere den Export nach England anzukurbeln, wo deutsche Waren mit hohen Importzöllen belegt wurden. Sie übte in den folgenden Jahren keine Geschäftstätigkeit aus. Vgl. Ludewig und Kuessner, *«Es sei also jeder gewarnt»*, S. 81.
22 Vgl. Susanne Meinl und Jutta Zwilling, *Legalisierter Raub, Die Reichsfinanzverwaltung und die Ausplünderung der Juden in Hessen.* Frankfurt/M., New York 2004.

23 Die Transferverluste konnten bis zu 96 Prozent ausmachen und eine Emigration verhindern. Vgl. ebd., S. 42 f.
24 Zum Sondergericht Braunschweig und seinem berüchtigten Ersten Staatsanwalt Dr. Wilhelm Hirte vgl. Ludewig und Kuessner, «Es sei also jeder gewarnt», S. 81 und 285 ff. In seiner Funktion als Stellvertreter des GSTAs nahm Hirte am 23./24. April 1941 zusammen mit dem Braunschweiger OLG-Präsidenten Günther Nebelung an der vom amtierenden Reichsjustizminister Dr. Schlegelberger einberufenen Geheimkonferenz in Berlin teil, auf der die Spitzen der deutschen Justiz über die Euthanasie-Aktion informiert wurden. Gegen die Beteiligten leitete Fritz Bauer als hessischer GSTA später ein Ermittlungsverfahren wegen Beihilfe zum Mord ein, wobei Dr. Hirte sich mit seiner Jugend und Unerfahrenheit verteidigte, Widerspruch wäre angeblich nutzlos gewesen. Das Ermittlungsverfahren wurde am 27. Mai 1970 eingestellt; vgl. ebd., S. 287; der Einstellungsbeschluss ist abgedruckt in: Hanno Loewy und Bettina Winter (Hg.), NS-*Euthanasie vor Gericht. Fritz Bauer und die Grenzen juristischer Bewältigung*. Frankfurt/M., New York 1996 (Wissenschaftliche Reihe des Fritz Bauer Instituts, Bd. 1), S. 81–131, S. 180 f.
25 So Hirte in einem Schreiben an den Entnazifizierungsausschuss am 5.6.1946, zitiert nach Ludewig und Kuessner, ebd., S. 287.
26 Die 2. Strafkammer des LGs Braunschweig, Beschluss in der Strafsache gegen Schoenbeck u. a., 2.5.1949, HStA Hannover, Hann 210 Acc. 2001/521, Nr. 613/4, Bl. 70–81.
27 Information von Christoph Franke (siehe oben, Anm. 18).
28 Beschluss in der Strafsache gegen Schoenbeck u. a., 2.5.1949, HStA Hannover, Hann 210 Acc. 2001/521, Nr. 613/4, Bl. 78.
29 Ebd., Bl. 81. Hervorhebung durch die Verfasserin.
30 Niedersächsische Devisenstelle, Überwachungsabteilung, an den Strafsenat des OLG Braunschweig, 31.5.1949, HStA Hannover, Hann 210 Acc. 2001/521, Nr. 613/4, o. Bl.
31 Niedersächsische Devisenstelle, Überwachungsabteilung, Stellungnahme zu den Schriftsätzen der Rechtsanwälte Dr. Hendus, Fulda, und Dr. Abels, Stadtoldendorf, ebd., o. Bl.
32 Beschluss der 2. Strafkammer des LGs Braunschweig v. 24.5.1950, ebd., o. Bl.
33 Beschluss der 2. Strafkammer des LGs Braunschweig v. 11.6.1950, ebd., o. Bl.
34 Sohn, *Im Spiegel der Nachkriegsprozesse*, S. 76 ff.
35 Ebd., S. 76.
36 Ebd., S. 79.
37 Ebd., S. 80 f.
38 Ebd., S. 80 f.; über Hans Gosewisch vgl. Ludewig und Kuessner, «Es sei also jeder gewarnt», S. 281: Gosewisch war einer der wenigen Sonderrichter, die nicht Mitglied der NSDAP waren. Er war Ende 1940 kurzzeitig am Sondergericht Braunschweig tätig, danach 1941 an den Amtsgerichten Eschershausen, Stadtoldendorf und Wolfenbüttel tätig, wollte aber offenbar keine Karriere machen. Ende 1941 kehrte er nach Braunschweig zurück und wurde im Juli 1942 eingezogen, 1943 wieder entlassen. Nach kurzem Dienst in Braunschweig wurde er nach Posen versetzt, im Sommer 1944 erneut eingezogen. Im Oktober 1945 setzte ihn die britische Militärregierung wieder in den Justizdienst ein, 1949 wurde er zum Landgerichtsdirektor befördert.
39 Sohn, *Im Spiegel der Nachkriegsprozesse*, S. 82.
40 Ebd., S. 83.
41 Ebd., S. 81.

42 Ebd., S. 84 f.
43 Ebd., S. 85.
44 Ebd., S. 84; *Braunschweiger Zeitung*, 20.5.1947.
45 Sohn, ebd., S. 75; vgl. das Urteil Hannibal u. a., 1 Ks 31/48, Nds StA Wolfenbüttel, 61 Nds Fb. 1, Nr. 15/2. Das Schwurgericht beim LG Braunschweig tagte am 24./25./ 26./28./29.11.1949, ebd., Bl. 72.
46 Sohn, ebd. , S. 85 f.
47 Vgl. im Folgenden das Verfahren gegen Hannibal u. a., 1 Ks 31/48, 29.11.1949, Nds StA Wolfenbüttel, 61 Nds Fb. 1, Nr. 15/2, Bl. 80 ff.
48 Ebd., Bl. 73. Was im Übrigen eine milde und nicht die Höchststrafe war; der SA-Sturmführer Günther wurde zu zwei Jahren und acht Monaten Zuchthausstrafe (bei Anrechnung von acht Monaten Internierungs- und Untersuchungshaft) verurteilt, der Polizeibeamte Kuschewski erhielt wegen Beihilfe zur Freiheitsberaubung neun Monate Zuchthaus, von den übrigen fünf wurde einer wegen Unzurechnungsfähigkeit freigesprochen, die restlichen vier zu Freiheitsstrafen zwischen drei und einem Monat verurteilt. Sohn, *Im Spiegel der Nachkriegsprozesse*, S. 88 f.
49 Siehe das Urteilszitat bei Sohn, ebd., S. 86 (Urteil, Nds StA Wolfenbüttel, 62 Nds Fb. 2, Nr. 774).
50 Ebd.
51 Ebd., S. 87.
52 Ebd., S. 88.
53 Frei, *Vergangenheitspolitik*, S. 46.
54 Über die Folgen siehe ebd., S. 46 ff.; hier besonders S. 52.
55 Joachim Perels, «Der Umgang mit Tätern und Widerstandskämpfern in der Ära Adenauer», in: ders., *Das juristische Erbe des «Dritten Reiches»*, S. 155–180, hier S. 168.
56 Der 5. Senat des BGHs kam am 15.5.1952 zu der Verfügung: Das Urteil wird aufgehoben, das Verfahren auf Kosten der Staatskasse eingestellt (2 Kls 5/52), Nds StA Wolfenbüttel, 61 Nds Fb. 1, Nr. 15/2, Bl. 171 ff.
57 Ebd., Bl. 174 f.
58 Sohn, *Im Spiegel der Nachkriegsprozesse*, S. 91, Zitat aus dem BGH-Urteil (Nds StA Wolfenbüttel, 62 Nds Fb. 2, Nr. 766. Bl. 51).
59 Ebd., S. 89, Zitat aus dem BGH-Urteil, Bl. 50.
60 Stolleis, «Rechtsordnung und Justizpolitik 1945–1949», S. 395.
61 Sohn, *Im Spiegel der Nachkriegsprozesse*, S. 89, Zitat aus dem BGH-Urteil. Siehe in diesem Zusammenhang die Analyse von Ernst Fraenkel, *Der Doppelstaat*. Frankfurt/ M. und Köln 1974, wo zwischen Normen- und Maßnahmenstaat unterschieden wird.
62 Vgl. Ludewig und Kuessner, *«Es sei also jeder gewarnt»*, S. 266 ff. über Hugo Kalweit (*1882) und S. 275 ff. über Dr. Rudolf Grimpe (*1910).
63 Ebd., S. 84 (Zitat aus dem Urteil gegen Moses Klein); im so genannten Blutschutzgesetz war die Todesstrafe nicht vorgesehen.
64 Ebd., S. 243.
65 In seinem Schreiben an den GStA Braunschweig (= weiterhin in Vertretung der vakanten Stelle der GStA von Celle) wies der Minister darauf hin, «daß die Pflicht zur Wahrung des Beratungsgeheimnisses an einer höheren Pflicht ihre Grenze finden kann», 1.1.1949 (Verfahren gegen Kalweit u. a.), Nds StA Wolfenbüttel, 62 Nds Fb. 2, Nr. 758, Bl. 12.
66 OStA Dr. Topf, an den Niedersächsischen Minister der Justiz (NMJ), 30.6.1949, ebd., Bl. 17R und 18R.

67 Ludewig und Kuessner, «*Es sei also jeder gewarnt*», S. 244 (Zitat aus der Anklage vom 21.8.1950).
68 Vgl. Schreiben der OStA Braunschweig, an den NMJ, 9.10.1950 und 3.3.1951, Nds StA Wolfenbüttel, 62 Nds Fb. 2, Nr. 758, Bl. 77 und 86.
69 Beschluss des LG Braunschweig, 9.3.1951, ebd., Bl. 99.
70 F. Bauer, Braunschweig, an F. Heine, Hannover, 15.5.1950, AdsD Bonn, SPD-Parteivorstand, Sekretariat Fritz Heine, 2/PVV 8.
71 F. Bauer an F. Heine, 21.6.1950, ebd.
72 F. Bauer an W. Seifert, 3.12.1949, ARA Stockholm, Gr. 592.
73 Ebd.
74 Ebd.
75 Ebd.
76 Vgl. *Hannoversche Presse*, 3.8.1950.
77 Ludewig und Kuessner, «*Es sei also jeder gewarnt*», S. 244.
78 Ebd.
79 Ebd.
80 Über Dr. Hans Meier-Branecke, der es im «Dritten Reich» bis zum Oberstkriegsgerichtsrat brachte, vgl. Kramer, «Die NS-Justiz in Braunschweig und ihre Bewältigung ab 1945», S. 36 ff.
81 Beschluss OLG Braunschweig in der Strafsache (LG 1 Ks 24/50), 12.7.1951, Nds StA Wolfenbüttel, 62 Nds Fb. 2, Nr. 758, Bl. 132 ff.
82 Gegenvorstellung des GStA Braunschweig, 16.7.1951 gegen den Beschluss des Strafsenats vom 12.7.1951, gez. Fritz Bauer, ebd., Bl. 125 ff., hier Bl. 130 f.
83 Broszat, «Siegerjustiz oder strafrechtliche ‹Selbstreinigung›», S. 540.
84 Ebd., S. 540 f.
85 Ludewig und Kuessner, «*Es sei also jeder gewarnt*», S. 245.
86 Beschluss des OLG Braunschweig vom 28.11.1951 in der Strafsache gegen Kalweit, Seggelke und Grimpe, Nds StA Wolfenbüttel, 62 Nds Fb. 2, Nr. 758, Bl. 214 ff, hier Bl. 222 ff. (Hervorh. im Original).
87 Vgl. in diesem Zusammenhang den Aufsatzband von Stolleis, *Recht im Unrecht* (1994).
88 Vgl. Ulrike Homann, «Die verleugnete Alternative – Der Oberste Gerichtshof für die britische Zone», in: *Recht und Politik*, Jg. 37 (2001), H. 4, S. 210–218. – Eine seiner besonders angefochtenen Publikationen überschrieb Fritz Bauer, *Die Wurzeln faschistischen und nationalsozialistischen Handelns*. Frankfurt/M. 1965.
89 Sohn, *Im Spiegel der Nachkriegsprozesse*, S. 189 ff., zum Fall Diederichs, hier S. 207.
90 Ebd., S. 196.
91 Ebd., S. 201.
92 Ebd., S. 203.
93 Ebd., S. 202.
94 LG Braunschweig, 1. Strafkammer, 4. Mai 1951: Beschluss in der Strafsache gegen Diederichs wegen Verbrechens gegen die Menschlichkeit, Nds StA Wolfenbüttel, 62 Nds Fb. 2, Nr. 984, Bl. 145–154.
95 Ebd., Bl. 148.
96 Sohn, *Im Spiegel der Nachkriegsprozesse*, S. 206.
97 Ebd., S. 207.
98 Ebd., S. 207 f.
99 Frei, *Vergangenheitspolitik*, S. 53. Siehe dazu auch Joachim Perels, «Amnestien für NS-Täter in der Bundesrepublik», in: ders., *Das juristische Erbe des «Dritten Reiches»*, S. 203–222.

100 Vgl. die Wiedergutmachungsakte im Staatsarchiv (StA) Ludwigsburg, EL 350 (Dr. Fritz Bauer).
101 Landesbezirksstelle für Wiedergutmachung, Stuttgart, 8.11.1950, StA Ludwigsburg, EL 350.
102 Schreiben des Rechtsanwaltsbüros Dr. Ostertag, Dr. Ulmer und Dr. Werner an den Staatsbeauftragten für Wiedergutmachung, 27.7.1951, StA Ludwigsburg, EL 350.
103 Frei, *Vergangenheitspolitik*, S. 70: Die Anspruchsberechtigten wurden auf über 430000 beziffert, einschließlich Familienangehörigen waren demnach schätzungsweise 1,3 Millionen Menschen betroffen.
104 Landesamt für Wiedergutmachung, Stuttgart, an RA Dr. Ulmer, 12.12.1959, StA Ludwigsburg, EL 350. Als Rückwanderer erhielt F. Bauer außerdem eine Starthilfe von 6000 DM.
105 Vgl. im folgenden Sohn, *Im Spiegel der Nachkriegsprozesse*, S. 147 ff.
106 Vgl. F. Bauer an den Niedersächsischen Minister der Justiz, 7.12.1955, Nds StA Wolfenbüttel, 61 Nds. Fb. 1, Nr. 2/2
107 Der Oberstaatsanwalt (OStA), Entwurf einer Stellungnahme (1 Ks 17/49), gez. (Paraphe F. Bauers), o. D., ebd., Bl. 420–426.
108 Der Niedersächsische Minister der Justiz an den GStA Braunschweig, 14.12.1955, ebd., Bl. 431; der OStA an die 3. Strafkammer des LG Braunschweig (korrigierter Entwurf in der Strafsache 1 Ks 17/49), o. D., ebd., Bl. 455–462; GStA Braunschweig an den Vorsitzenden der 3. Strafkammer des OLG Braunschweig, 24.12.1955, ebd., Bl. 483.
109 Justizpressestelle, Aktenvermerk, 27.12.1955, ebd., Bl. 492 ff.
110 Sohn, *Im Spiegel der Nachkriegsprozesse*, S. 148.
111 Ebd., S. 149.
112 Vgl. Perels und Wojak, «Motive im Denken und Handeln Fritz Bauers», S. 24.
113 Fritz Bauer, *Auf der Suche nach dem Recht*. Stuttgart 1966, S. 198.

«Eine Grenze hat Tyrannenmacht»

1 Manfred Jenke, *Die nationale Rechte. Parteien Politiker Publizisten*. Frankfurt/M., Wien, Zürich 1967, S. 15 f.; zu Aufstieg und Verbot der SRP siehe detailliert Frei, *Vergangenheitspolitik*, S. 326 ff.
2 Paul Sethe, in: *Frankfurter Allgemeine Zeitung*, 8.5.1951, zit. nach Günter J. Trittel, «Die Sozialistische Reichspartei als Niedersächsische Regionalpartei», in: Weisbrod (Hg.), *Rechtsradikalismus in der politischen Kultur der Nachkriegszeit*, S. 67–85, hier S. 67.
3 Trittel, ebd., S. 69.
4 Jenke, *Die nationale Rechte*, S. 40 ff.; zugleich wurde Antrag auf Feststellung der Verfassungswidrigkeit (Art. 21 GG) der Kommunistischen Partei Deutschlands (KPD) gestellt; siehe zu dem gesamten Vorgang Frei, *Vergangenheitspolitik*, S. 340 ff.
5 Trittel, «Die Sozialistische Reichspartei», S. 70; Jenke, ebd., S. 45 f., auch das Urteil des Bundesverfassungsgerichts sowie S. 72 ff. zur FDP; dazu auch Herbert, *Best*, S. 461 ff.
6 Siehe über den Remer-Prozess vor allem: Fröhlich, «*Wider die Tabuisierung des Ungehorsams*» (2006); in diesem Band auch die umfangreiche Literatur zu dem Thema, die hier nicht aufgeführt werden kann, unter anderem dies., «Fritz Bauer – Ungehorsam und Widerstand sind ein ‹wichtiger Teil unserer Neubesinnung auf die demokratischen Grundwerte›», in: dies. und Kohlstruck, *Engagierte Demokraten*,

S. 106–120; dies., «Der Braunschweiger Remer-Prozeß 1952. Zum Umgang mit dem Widerstand gegen den NS-Staat in der frühen Bundesrepublik», in: *Schuldig. NS-Verbrechen vor deutschen Gerichten. Beiträge zur Geschichte der nationalsozialistischen Verfolgung in Norddeutschland*. Bd. 9. Hg. v. der KZ-Gedenkstätte Neuengamme. Bremen 2005, S. 17–28. Rudolf Wassermann, «Zur juristischen Bewertung des 20. Juli 1944. Der Braunschweiger Remer-Prozeß als Meilenstein der Nachkriegsgeschichte», in: *Recht und Politik*, Jg. 20 (1984), H. 2, S. 68–80. – Zur SRP vor allem Frei, *Vergangenheitspolitik*, S. 326 ff.
7 Remer war als «Verhinderer des Verrats vom 20. Juli» eine Galionsfigur der SRP, vgl. Jenke, *Die nationale Rechte*, S. 27.
8 Fröhlich, «Der Braunschweiger Remer-Prozeß», S. 17. *Frankfurter Allgemeine Zeitung*, 5.5.1951.
9 Ebd., S. 18.
10 Ebd., S. 19.
11 Einen Briefwechsel über Topf führte Bauer mit Fritz Heine vom SPD-Parteivorstand, der bereits im Februar 1951 fand, das Zweckmäßigste wäre eine Versetzung von Topf aus der Justizverwaltung, was jedenfalls versucht werden sollte. Heine kam dabei auf eine, wie Bauer meinte, «kleine Episode» zu sprechen, denn: «Leider gibt es viel, viel wichtigere Dinge im Zusammenhang mit der von Dir genannten Person.» F. Heine an F. Bauer, 6.2.1951; Antwort von Bauer an Heine, 9.2.1951, AdsD Bonn, SPD-Parteivorstand, Sekretariat Heine, 2/PVV 8.
12 Vgl. die Angaben aus der Personalakte von Topf bei Fröhlich, «Der Braunschweiger Remer-Prozeß», S. 19.
13 Fröhlich, «*Wider die Tabuisierung des Ungehorsams*», S. 60.
14 Ebd., S. 35 f. – Die Zweifel an Lehrs Widerstandstätigkeit räumte Bauer mit einem Hinweis auf ein gerade in 2. Aufl. erschienenes Buch aus, nämlich: Hans Rothfels, *Die deutsche Opposition gegen Hitler. Eine Würdigung*. Krefeld 1949.
15 Fröhlich, «Der Braunschweiger Remer-Prozeß», S. 19.
16 Fröhlich, «*Wider die Tabuisierung des Ungehorsams*», S. 37.
17 Siehe das Interview mit Fritz Bauer unter dem Titel «Das Lehrstück von Kain und Abel», in: *Frankenpost*, 24.12.1964, zit. nach Fröhlich, ebd., S. 37.
18 Zum Fall Hedler ausführlich Frei, *Vergangenheitspolitik*, S. 306 ff.
19 Fröhlich, «Der Braunschweiger Remer-Prozeß», S. 18. Im Berufungsverfahren wurde Hedler im Sommer 1951 wegen «öffentlicher Beleidigung in Tateinheit mit öffentlicher Verunglimpfung des Andenkens Verstorbener und mit öffentlicher übler Nachrede» zu neun Monaten Haft verurteilt, sein Revisionsantrag beim BGH scheiterte im Mai 1952. Vgl. das Urteil in der Strafsache gegen Hedler vom 16.8.1951, Nds Sta Wolfenbüttel, 62 Nds Zg. 51 / 1985 Nr. 2, sowie Frei, ebd., S. 313.
20 Fröhlich, «*Wider die Tabuisierung des Ungehorsams*», S. 51.
21 Ebd., S. 52. Perels, «Amnestien für NS-Täter», S. 203 f.; Radbruch, «Gesetzliches Unrecht und übergesetzliches Recht», S. 121, nahm in seinem Aufsatz auf das Gesetz Bezug.
22 Fröhlich, «*Wider die Tabuisierung des Ungehorsams*», S. 61. Vgl. zu diesem Schlüsselverfahren zur NS-Justiz besonders Joachim Perels, «Die schrittweise Rechtfertigung der NS-Justiz», in: ders., *Das juristische Erbe des «Dritten Reiches»*, S. 181–202. Der BGH hob die Entscheidung im Februar 1952 mit einer für das oberste deutsche Gericht geradezu revolutionär wirkenden Entscheidung auf, die allerdings in der Gesamtgeschichte des Verfahrens eine Ausnahme blieb.
23 Fröhlich, ebd., S. 62.

24 Ebd., S. 57f.
25 Ebd., S. 57.
26 In diesem Sinne siehe vor allem Gerhard Ritter, *Carl Goerdeler und die deutsche Widerstandsbewegung*. München 1954, S. 106 ff. – Roeder und Huppenkothen taten selbst alles für eine Verunglimpfung des Widerstands der Roten Kapelle, wobei ihnen der «Kalte Krieg» zuarbeitete, denn in Zeiten des Antikommunismus konnten sie sich und den Amerikanern wechselseitig bescheinigen, als beste Gestapo-Beamte auf dem «Fachgebiet Kommunismus» gewirkt zu haben. Vgl. dazu jetzt Karl Heinz Roth und Angelika Ebbinghaus (Hg.), *Rote Kapelle – Kreisauer Kreise – Schwarze Kapellen. Neue Sichtweisen auf den Widerstand gegen die NS-Diktatur 1938–1945*. Hamburg 2004. Darin auch der Aufsatz von Stefan Roloff, «Die Entstehung der Roten Kapelle und die Verzerrung ihrer Geschichte im Kalten Krieg», S. 186–205, wo vor allem über Roeders Aktivitäten nachzulesen ist.
27 Bauer, «Im Kampf um des Menschen Rechte», S. 42.
28 Fröhlich, *«Wider die Tabuisierung des Ungehorsams»*, S. 64.
29 Siehe dazu Heinrich Grosse, «Ankläger von Widerstandskämpfern und Apologet des NS-Regimes nach 1945 – Kriegsgerichtsrat Manfred Roeder», in: *Kritische Justiz* Jg. 38 (2005), H. 1, S. 36–55.
30 Ebd., S. 65. Das «Nationalkomitee» blieb auch weiterhin umstritten, siehe Peter Steinbach, «Teufel Hitler – Beelzebub Stalin? Zur Kontroverse um die Darstellung des Nationalkomitees Freies Deutschland in der ständigen Ausstellung ‹Widerstand gegen den Nationalsozialismus› in der Gedenkstätte Deutscher Widerstand», in: *Zeitschrift für Geschichtswissenschaft*, Jg. 42 (1994), H. 7, S. 651–661. Generell zur Widerstandsrezeption im Systemkonflikt: Jürgen Danyel (Hg.), *Die geteilte Vergangenheit. Zum Umgang mit Nationalsozialismus und Widerstand in beiden deutschen Staaten*. Berlin 1995 (Zeithistorische Studien, Bd. 4).
31 Fritz Bauer, «Eine Grenze hat Tyrannenmacht. Plädoyer im Remer-Pozeß» (1952), in: ders., *Die Humanität der Rechtsordnung*, S. 169–179, hier S. 174.
32 Einzelheiten über die Entwicklung und Aktivitäten der seit 1950 entstehenden Soldatenverbände sowie ihre Einstellung zum 20. Juli 1944 beziehungsweise zur Bonner Politik der Wiederbewaffnung siehe bei Bert-Oliver Manig, *Die Politik der Ehre. Die Rehabilitierung der Berufssoldaten in der frühen Bundesrepublik*. Göttingen 2004 (Veröffentlichungen des Zeitgeschichtlichen Arbeitskreises Niedersachsen, Bd. 22).
33 Fröhlich, *«Wider die Tabuisierung des Ungehorsams»*, S. 100 f.
34 Ebd., S. 69 ff.; dort auch Auszüge aus der Regierungserklärung vom 2.10.1951; Frei, *Vergangenheitspolitik*, S. 343.
35 Vgl. den Auszug aus der Rede von Bundeskanzler Adenauer am 5.4.1951 im Bundestag: Fröhlich, *«Wider die Tabuisierung des Ungehorsams»*, S. 72, Anm. 195; auch Frei, *Vergangenheitspolitik*, S. 77.
36 Fröhlich, ebd, S. 77.
37 Ebd., S. 78.
38 Auszüge aus Briefen an F. Bauer ebd., S. 79 ff.
39 Joachim Heppe (*1906), 1931–34 Gerichtsassessor, 1934 Amts- und Landrichter, seit 1937 Oberlandesgerichtsrat beim OLG Braunschweig, seit Mai 1933 SA-Rottenführer, Mitglied im NS-Rechtswahrerbund, seit Herbst 1937 NSDAP-Parteianwärter, seit 1939 Dienst in der Wehrmacht, 1942 Leutnant, im Februar 1943 bei Stalingrad in russische Gefangenschaft geraten, 1950 entlassen. Im Januar 1950 durch den Entnazifizierungs-Hauptausschuss in die Kategorie V («entlastet») eingestuft, seit 1.9.1950 Landgerichtsdirektor in Braunschweig. Vgl. die Personalien bei

Fröhlich, «*Wider die Tabuisierung des Ungehorsams*», S. 66, Anm. 166 (aus der Personalakte).
40 Fröhlich, «Der Braunschweiger Remer-Prozeß», S. 17.
41 Vgl. die Gutachten in: *20. Juli 1944*. Bearbeitet von Hans Royce. Hg. v. der Bundeszentrale für Heimatdienst. Bonn 1953; Herbert Kraus (Hg.), *Die im Baunschweiger-Remer-Prozeß erstatteten moraltheologischen und historischen Gutachten nebst Urteil*. Hamburg 1953.
42 Hans Rothfels hatte mit der Begründung abgesagt, wenn er von der Verteidigung zu den Tatsachen befragt werde, könnte er nicht bestreiten, «daß im positiv rechtlichen Sinn die Männer des 20. Juli Hochverräter waren und einige von ihnen [...] auch Landesverräter»; vgl. seinen Brief an F. Bauer, 6.12.1951, zit. bei Fröhlich, «*Wider die Tabuisierung des Ungehorsams*», S. 48.
43 Ebd., S. 107 f.; auf Schramm war Bauer gekommen, weil er ein solches Gutachten bereits für den Hedler-Prozess verfasst hatte, vgl. Dirk Geile, *Der Remer-Mythos in der frühen Bundesrepublik. Ein Beitrag zum organisierten Rechtsextremismus in Niedersachsen*. Göttingen 1993 (Magisterarbeit), S. 123.
44 Vgl. das Gutachten von Prof. Dr. Percy Ernst Schramm, «Der Krieg war verloren», in: *20. Juli 1944*, S. 107–118, hier S. 117 f.
45 Vgl. das Gutachten ebd.
46 Zitat ebd., S. 88.
47 Ebd., S. 89 f.
48 Hans Joachim Iwand, «Gott mehr gehorchen als den Menschen!», in: *20. Juli 1944*, S. 140–146, hier S. 142.
49 Fröhlich, «*Wider die Tabuisierung des Ungehorsams*», S. 93.
50 Ebd., S. 84.
51 Ebd.
52 Ebd., S. 81.
53 Ebd., S. 67.
54 Ebd., S. 114.
55 Bauer, «Eine Grenze hat Tyrannenmacht», S. 170.
56 Fröhlich, «*Wider die Tabuisierung des Ungehorsams*», S. 108 f.; vgl. Prof. Dr. Hans-Günther Seraphim, «Die Motive der Widerstandskämpfer», in: *20. Juli 1944*, S. 98–103, hier S. 102. Seraphim wurde 1946 als Abteilungsleiter in die Wissenschaftliche Kommission zur Herausgabe der Akten des «Prozesses gegen die Hauptkriegsverbrecher» nach Nürnberg berufen und war dort gleichzeitig als historischer Berater der Verteidigung tätig; vgl. ebd., S. 103.
57 Rüdiger Proske, «Prozeß um den 20. Juli», in: *Der Monat*, Jg. 4 (1952), H. 43, S. 16–21, hier S. 17.
58 Michael Freund, «Der Angeklagte aus Versehen», in: *Die Gegenwart* (1952), H. 6, S. 168, zit. nach Fröhlich, «*Wider die Tabuisierung des Ungehorsams*», S. 105.
59 Gerhart H. Mostar, «Dann wird die Rebellion zur Pflicht», in: *Stuttgarter Zeitung*, 12.3.1952, zit. ebd.
60 Bauer, «Im Kampf um des Menschen Rechte», S. 42.
61 Bauer, «Eine Grenze hat Tyrannenmacht» S. 171.
62 Ebd., S. 173.
63 Ebd., S. 174.
64 Ebd., S. 174 f.
65 Ebd., S. 175.
66 Ebd., S. 176.
67 Ebd., S. 177.

68 Ebd., S. 178. Dazu ausführlich Proske, «Prozeß um den 20. Juli», S. 17.
69 Bauer, «Im Kampf um des Menschen Rechte», S. 42.
70 Jan Molitor, «Die Schatten der Toten vom 20. Juli …», in: *Die Zeit*, Nr. 11 (1952), http://images.zeit.de/text/1952/11/Zt19520313_002_0007_p. Vgl. dazu auch die Ausführungen über die Frage «Was verstand Schiller unter der Gerechtigkeit?» in Bauers letztem Buch: *Auf der Suche nach dem Recht*. Stuttgart 1966, S. 59 ff.
71 Molitor, ebd.
72 Bauer, «Im Kampf um des Menschen Rechte», S. 42. Claus Schenk Graf von Stauffenberg (1907–1944), deutscher Offizier, führte das gescheiterte Attentat vom 20. Juli 1944 auf Adolf Hitler aus und war als Stabschef beim Befehlshaber des Ersatzheeres maßgeblich an der Operation Walküre beteiligt. Vgl. die Biographie von Peter Hoffmann, *Claus Schenk Graf von Stauffenberg* (2007).
73 Mostar, «Dann wird die Rebellion zur Pflicht», in: *Stuttgarter Zeitung*, 12.3.1952; zit. nach Fröhlich, «Wider die Tabuisierung des Ungehorsams», S. 67.
74 Proske, «Prozeß um den 20. Juli», S. 18.
75 Zit. nach der Prozessmitschrift bei Fröhlich, «*Wider die Tabuisierung des Ungehorsams*», S. 67.
76 Proske, «Prozeß um den 20. Juli», S. 18.
77 Vgl. im Folgenden die Auszüge aus der Urteilsbegründung ebd., S. 20 f.
78 Ebd., S. 21.
79 Vgl. «Urteil des Landgerichts Braunschweig vom 15. März 1952 in der Strafsache gegen Generalmajor a. D. Remer wegen übler Nachrede», in: Kraus (Hg.), *Die im Braunschweiger Remer-Prozeß erstatteten Gutachten nebst Urteil*, S. 105–136, hier S. 136.
80 Vgl. zu Bauers Stellungnahme zum Revisionsantrag Fröhlich, «*Wider die Tabuisierung des Ungehorsams*», S. 120 ff.
81 So Frei, *Vergangenheitspolitik*, S. 350, der sich vor allem bezieht auf: Hans Mommsen, «Die Geschichte des deutschen Widerstands im Lichte der neueren Forschung», in: *Aus Politik und Zeitgeschichte* (1986), H. 50, S. 3–18.
82 Geile, «Der Remer-Mythos», S. 8; *Frankfurter Allgemeine Zeitung*, 7.5.1951.
83 Mommsen, «Die Geschichte des deutschen Widerstands», S. 4.
84 Ebd.; dazu Gerd R. Ueberschär, *Stauffenberg. Der 20. Juli 1944*. Frankfurt/M. 2004, S. 182 ff.; ders., *Der 20. Juli 1944. Rezeption und Bewertung des deutschen Widerstands gegen das NS-Regime*. Köln 1994.
85 Siehe die detaillierte Darstellung bei Fröhlich, «*Wider die Tabuisierung des Ungehorsams*», S. 229 ff.
86 Ebd., S. 232.
87 Zitat Peter Hoffmann, *Widerstand, Staatsstreich, Attentat. Der Kampf der Opposition gegen Hitler*. 4. Aufl. München 1985 (Erstausgabe 1969), S. 218 nach Fröhlich, ebd., S. 241.
88 Fritz Bauer, «Das Recht auf Widerstand und General Oster» (1964), in: ders., *Die Humanität der Rechtsordnung*, S. 215–223, hier S. 216, rezipierte Ritters Buch über *Carl Goerdeler und die deutsche Widerstandsbewegung*; dazu auch Fröhlich, ebd., S. 240.
89 Bauer, ebd., S. 215.
90 Ebd., S. 223. – 1965 veröffentlichte Bauer ein Sammelwerk über den Widerstand, das verdeutlichte, aus welch vielfältigen Quellen sich seine Widerstandsidee speiste: *Widerstand gegen die Staatsgewalt. Dokumente der Jahrtausende*. Zusammengestellt und kommentiert von Fritz Bauer. Frankfurt/M., Hamburg 1965.
91 Nur ein paar Beispiele: eine Veranstaltung der Braunschweiger SPD, eine Vortrags-

veranstaltung vor Göttinger Professoren und Studierenden, ein Vortrag anlässlich der Kreisjugendkonferenz des Deutschen Gewerkschaftsbundes in Frankfurt/M., ein weiterer vor dem Bund Jüdischer Verfolgter in Wien, dann wieder im «Club Voltaire» in Frankfurt, bei der Volkshochschule in Darmstadt vor voll besetztem Auditorium und so weiter und so fort. Vgl. die Berichte und Hinweise in: *Frankfurter Rundschau*, 14.9.1962, 5.12.1962, 18.12.1962, 29.5.1963, 24.11.1964, 14.12.1964 und 2.2.1965.

92 Vgl. Fritz Bauer, «Widerstandsrecht und Widerstandspflicht des Staatsbürgers» (1962), in: ders., *Die Humanität der Rechtsordnung*, S. 181–205; ders., «Das Widerstandsrecht des kleinen Mannes» (1962), ebd., S. 207–214; ders., «Vom Recht auf Widerstand. Das Vermächtnis des 20. Juli an die Justiz» (1962), ebd., S. 225–229; ders., «Justiz als Symptom» (1962), ebd., S. 365–376; ders., «Was ist Landesverrat?» (1962), ebd., S. 399–408.

93 Bauer, «Widerstandsrecht und Widerstandspflicht des Staatsbürgers», S. 196.

94 Perels und Wojak, «Motive im Denken und Handeln Fritz Bauers», S. 26.

95 Vgl. im Folgenden Fröhlich, «*Wider die Tabuisierung des Unrechtsstaats*», S. 175 ff.; über Weinkauff siehe Godau-Schuttke, *Der Bundesgerichtshof*, S. 217 ff.

96 Godau-Schüttke, ebd., S. 234; Hermann Weinkauff, «Die Militäropposition gegen Hitler und das Widerstandsrecht», in: Arbeitskreis Europäische Publikation e. V. (Hg.), *Vollmacht des Gewissens. Probleme des militärischen Widerstands gegen Hitler*. Bd. 1. München 1956, S. 137–158, hier S. 155.

97 Ebd., S. 156.

98 BEG vom 18.9.1953, BGBl. I, S. 1387; Fröhlich, «*Wider die Tabuisierung des Unrechtsstaats*», S. 179.

99 Zitat aus dem Urteil des BGH vom 14.7.1961, ebd., S. 176 f. (BGH NJW, 1962, H. 5, S. 195 ff.)

100 Fröhlich, «*Wider die Tabuisierung des Unrechtsstaats*», S. 178. Heinrich Hannover hat den Fall und die öffentliche Reaktion in seinen Erinnerungen dargestellt, vgl. ders., *Die Republik vor Gericht 1954–1974*. 2. Aufl. Berlin 1998, S. 81 ff.

101 Fröhlich, ebd., S. 183. Bauer, «Widerstand gegen die Staatsgewalt», S. 252.

102 Bauer, «Das Widerstandsrecht des kleinen Mannes», S. 208 f.

103 Ebd., S. 208. Albert Wucher, *Eichmanns gab es viele. Ein Dokumentarbericht über die Endlösung der Judenfrage*. München, Zürich 1961.

104 Bauer, «Das Widerstandsrecht des kleinen Mannes», S. 212.

105 Bauer, «Widerstandsrecht und Widerstandspflicht des Staatsbürgers», S. 188 f.; siehe dazu den Vortrag von Micha Brumlik, «Fritz Bauer, Adolf Eichmann, Immanuel Kant und Hannah Arendt. Die Frage nach den Grenzen strafrechtlicher Vergangenheitsbewältigung», S. 5 und 9, erschienen auf der Website des Fritz Bauer Instituts: http://www.fritz-bauer-institut.de/texte.htm#Debatte, der F. Bauers Interpretation missverstanden hat. Bauer hat im Übrigen keineswegs ein so eindeutiges Urteil über Kant gefällt, wie der Vortrag von Brumlik denken lässt (vgl. ders., *Die Humanität der Rechtsordnung*).

106 HMJ Wiesbaden, Personalakte Fritz Bauer.

107 F. Bauer an W. Brandt, 24.10.1955, in: WBA Bonn, beruflicher Werdegang und berufliches Wirken in Berlin 1947–1966, Mappe 15, zit. nach Meusch, *Von der Diktatur zur Demokratie*, S. 15.

108 WBA Bonn, ebd.

109 Meusch, *Von der Diktatur zur Demokratie*, S. 15.

110 Ebd., S. 16.

111 Ebd.

112 *«Unsere Aufgabe heißt Hessen». Georg August Zinn. Ministerpräsident 1950–1969.* Katalog zur Ausstellung des Hessischen Hauptstaatsarchivs. Wiesbaden 2001.
113 Gerhard Beier, *SPD Hessen. Chronik 1945–1988.* Bonn 1989, S. 7 ff., zit. nach Meusch, *Von der Diktatur zur Demokratie,* S. 19.
114 *Der Spiegel,* 20. Jg. (1966), Nr. 45.
115 Kabinettsvorlage von Ministerpräsident Zinn, zitiert bei Meusch (wie Anm. 113).
116 Ebd. (Die Reise fand vom 1.3. bis 30.4.1955 statt.)
117 Ebd., S. 20 ff. – Helga Haas-Rietschel und Sabine Hering, *Nora Platiel, Sozialistin – Emigrantin – Politikerin. Eine Biographie.* Köln 1989.
118 Fröhlich, *«Wider die Tabuisierung des Ungehorsams»,* S. 133 ff. hat Bauers Denken als eine «Ethik des Pluralismus», mit dem Vorrang des Subjekts und mündigen Bürgers gegenüber nationaler Identität, beschrieben. Als Grundlage dieses Denkens diente vor allem Gustav Radbruch, der nach dem Tod von Max Weber (1920) der führende Vertreter der Rechtsphilosophie geworden war.

«Mörder unter uns»

1 Vgl. zu diesem Kapitel Irmtrud Wojak, *Eichmanns Memoiren. Ein kritischer Essay.* Frankfurt/M., New York 2001.
2 Frei, «Der Frankfurter Auschwitz-Prozeß und die deutsche Zeitgeschichtsforschung», S. 123–136.
3 Über Josef Mengele und die Fahndung nach ihm vgl. aus der Fülle der Literatur Sven Keller, *Günzburg und der Fall Josef Mengele. Die Heimatstadt und die Jagd nach dem NS-Verbrecher.* München 2003 (Schriftenreihe der Vierteljahrshefte für Zeitgeschichte). Basierend auf den Akten der Staatsanwaltschaft beim Landgericht Frankfurt/M.: Ulrich Völklein, *Josef Mengele. Der Arzt von Auschwitz.* Göttingen 1999.
4 Zu Martin Bormann vgl. die Biographie des eng mit der Frankfurter Staatsanwaltschaft zusammenarbeitenden Journalisten Jochen von Lang, *Der Sekretär. Martin Bormann. Der Mann, der Hitler beherrschte.* Korrigierte Ausgabe aufgrund der 3. Neuaufl. Augsburg 2007. Insgesamt aufschlussreich sind die Fahndungsakten der Fälle Eichmann/Krumey, Mengele und Bormann im Hessischen Hauptstaatsarchiv (HHStA) Wiesbaden, Abteilungen 461 und 631a.
5 Vgl. dazu die Studie des früheren BKA-Direktors Dieter Schenk, *Der Chef. Horst Herold und das BKA.* Hamburg 1998, sowie die im Jahr 2007 auf Initiative des BKA-Präsidenten Jörg Ziercke in Gang gesetzte Aufarbeitung der NS-Vergangenheit des BKA. Dazu: Hans Leyendecker, «BKA gräbt nach braunen Wurzeln. Viele Beamte der frühen Jahre hatten NS-Vergangenheit», in: *Süddeutsche Zeitung,* 8.8.2007, und Miloš Vec, «Sehnsucht nach Vorbeugehaft. Forschungssache BKA: Die deutschen Kriminalisten wollten nach 1945 zurück zu NS-Befugnissen», in: *Frankfurter Allgemeine Zeitung,* 22.9.2007.
6 Isser Harel, *The House on Garibaldi Street. The Capture of Adolf Eichmann.* London 1975, S. 19 ff.
7 Tom Segev, *The Seventh Million. The Israelis and the Holocaust.* New York 1994 (Orig. hebräisch 1991), S. 325: Nach Segev ist Harel die nahezu einzige Quelle für die Geschichte des Mossad.
8 Interview der Verf. mit Isser Harel, Tel Aviv, 14.1.1997; Antje Naujoks (Jerusalem) begleitete das Interview als Dolmetscherin.
9 Tuviah Friedman, *The Hunter.* London 1961; ders. (Hg.), *Die «Ergreifung Eichmanns». Dokumentarische Sammlung.* Haifa 1971.

10 Simon Wiesenthal, *Recht, nicht Rache*. Frankfurt/M., Berlin 1988.
11 Interview der Verf. mit Isser Harel, Tel Aviv, 14.1.1997. Alan Levy, *Die Akte Wiesenthal*. Wien 1995, S. 131.
12 Teile der Ermittlungsakten des Landgerichts für Strafsachen Wien aus den Jahren 1945 ff. in HHStA Wiesbaden, Abt. 461, Verfahren gegen Hermann Krumey und Otto Hunsche, Nr. 33531.
13 Bauer, «Im Namen des Volkes», S. 81. Vgl. Bauers Bericht an den HMJ, 2.8.1960, HMJ Wiesbaden, IV 1280/59, Bl. 128 f.
14 Schreiben des Bundesministers der Justiz v. 6.10.1956 an den Oberbundesanwalt beim BGH Karlsruhe, betr.: Österreichisches Ersuchen um Übernahme der Strafverfolgung gegen 13 größtenteils vermutlich deutsche Staatsangehörige, die sich in der Bundesrepublik aufhalten sollen, HHStA Wiesbaden, Abt. 461, Nr. 33531, Bl. 1.
15 Sachverhaltsdarstellung 15 St 13028/55/Vg 9 vr 748/55, 11.5.1955, HHStA Wiesbaden, Abt. 461, Nr. 33531, Bl. 2–4.
16 Hans Safrian, *Eichmann und seine Gehilfen*. Frankfurt/M. 1995, S. 92 und 295 f.; zahlreiche Belege über Krumeys Aktivitäten in Ungarn auch bei: Götz Aly und Christian Gerlach, *Das letzte Kapitel. Der Mord an den ungarischen Juden*. Stuttgart, München 2002, sowie Götz Aly, *«Endlösung». Völkerverschiebung und der Mord an den europäischen Juden*. Frankfurt/M. 1995; über die Rolle von Krumey bei der «Austauschaktion» von ungarischen Juden ins Ausland vgl. Yehuda Bauer, *Freikauf von Juden? Verhandlungen zwischen dem nationalsozialistischen Deutschland und jüdischen Repräsentanten von 1933 bis 1945*. 2. Aufl. Frankfurt/M. 1996, S. 231 ff.
17 Safrian, ebd., S. 41 und 52.
18 Ebd., S. 13 und S. 50 f.; Rahm war bereits 1947 hingerichtet worden.
19 Ebd., S. 92.
20 Sachverhaltsdarstellung 15 St 13028/55/Vg 9 vr 748/55, 11.5.1955, HHStA Wiesbaden, Abt. 461, Nr. 33531, Bl. 2–4: Krumey lebte in Korbach.
21 Eichmann wuchs ab 1914 in Linz in Österreich auf. Er war als Vertreter einer Elektrofirma und einer Mineralölfirma in Oberösterreich, Salzburg und Nordtirol tätig, trat 1927 dem deutsch-österreichischen Frontkämpferbund und 1932 der österreichischen NSDAP und der SS bei. Als diese 1933 in Österreich verboten wurden, ging Eichmann nach Bayern, wo er im Lager Lechfeld und später in Dachau eine militärische Ausbildung bei der SS absolvierte. Hier meldete er sich im Oktober 1934 zum SD nach Berlin. Zunächst arbeitete er als Hilfskraft im SD-Referat II 111, das u. a. für den Aufbau einer «Freimaurerkartei» zuständig war. Im Juni 1935 wurde Eichmann in das neu geschaffene Referat II 112 (Referat Juden) versetzt und war Sachbearbeiter für «Judenangelegenheiten». In Zusammenarbeit mit der Gestapo intensivierte er die Vertreibung der Juden. Nach dem «Anschluss» Österreichs leitete er in Wien zusammen mit seinem Stellvertreter Alois Brunner die «Zentralstelle für jüdische Auswanderung», die die Ausplünderung und Vertreibung der Juden aus Österreich organisierte. Im März 1939 wurde er mit der Errichtung einer Auswanderungsbehörde nach demselben Modell in Prag beauftragt. Ende 1939/Anfang 1940 übernahm Eichmann die Leitung der zuvor von Heydrich eingerichteten Reichszentrale für jüdische Auswanderung in Berlin und wurde Leiter des Referats IV D 4 («Räumungsangelegenheiten und Reichszentrale für jüdische Auswanderung») beim RSHA in Berlin. Im Juli 1941 wurde Eichmanns Referat im Zuge einer Umstrukturierung des RSHA und infolge des Auswanderungsverbots für Juden (Herbst 41) in IV B 4 («Juden- und Räumungsangelegenheiten») umbenannt. Als Leiter des Referats war Eichmann für die Organisation der Deportationen aus Deutschland und den

besetzten Ländern zuständig, er besorgte die Eisenbahnzüge. Er war somit ein Hauptverantwortlicher für die Enteignung, Deportation und Vernichtung von über sechs Millionen Juden. Als Deportationsspezialist war er auch bei der Wannsee-Konferenz 1942 anwesend, wo er als Protokollführer fungierte. Ab 1944 organisierten Eichmann und sein «Sondereinsatzkommando» die Deportation der Juden Ungarns nach Auschwitz. Gleichzeitig verhandelte er im Auftrag Himmlers gemeinsam mit dem SS-Führer Kurt Becher mit dem jüdischen Hilfskomitee in Budapest über den Freikauf jüdischer Gefangener. Vgl. Wojak, *Eichmanns Memoiren*; zur Vita Eichmanns auch: David Cesarani, *Adolf Eichmann – Bürokrat und Massenmörder*. Berlin, München 2004.

22 Entscheidung BGH v. 26.10.56 (2 Ars 74/56), HHStA Wiesbaden, Abt. 461, Nr. 33532, Bl. 163 f.

23 Sachverhaltsdarstellung 15 St 13028/55/Vg 9 vr 748/55, 11.5.1955, HHStW Wiesbaden, Abt. 461, Nr. 33531, Bl. 2–4.

24 Staatsanwaltschaft Wien, Nachforschungen nach dem Verbleib Eichmanns, 26.11.1954, HHStA Wiesbaden, Abt. 461, Nr. 33532, Bl. 118 RS.

25 Michael Wildt, «‹Götzendämmerung›. Das Reichssicherheitshauptamt im letzten Kriegsjahr», in: *Sozialwissenschaftliche Informationen*, Jg. 24 (1995), H. 2, S. 101–108.

26 Vgl. Stephan Linck, «‹Festung Nord› und ‹Alpenfestung›. Das Ende des NS-Sicherheitsapparates», in: Gerhard Paul und Klaus Michael Mallmann (Hg.), *Die Gestapo im Zweiten Weltkrieg. «Heimatfront» und besetztes Europa*. Darmstadt 2000, S. 569–595. Ebenso Rena Giefer und Thomas Giefer, *Die Rattenlinie. Fluchtwege der Nazis. Eine Dokumentation*. 3. Aufl. Weinheim 1995, 62 ff.

27 Vgl. Zvi Aharoni und Wilhelm Dietl, *Der Jäger. Operation Eichmann. Was wirklich geschah*. Stuttgart 1996, S. 71.

28 Adolf Eichmann, «Götzen», Aufzeichnungen im Gefängnis in Israel, datiert 6.9.1961, Abschrift, 676 S., hier S. 541, Israel State Archive (ISA), Jerusalem.

29 Vgl. Aharoni und Dietl, *Der Jäger*, S. 72 ff. und 75 ff.

30 Robert Pendorf, *Mörder und Ermordete. Eichmann und die Judenpolitik des Dritten Reiches*. Hamburg 1961, S. 139. Aharoni und Dietl, *Der Jäger*, S. 82.

31 Hudal, der 1952 in den Ruhestand trat (er starb 1963), war eine schillernde Persönlichkeit, u. a. ein Verfechter des «Anschlusses» Österreichs. Er scheint nach dem Krieg vor allem Österreichern Fluchthilfe geleistet zu haben, jedenfalls behauptete dies Pater Anton Weber, ein Priester der Pallottiner bei der St.-Raphael-Gemeinschaft in Rom, der mit Hudal in Verbindung stand. In einem Gespräch mit der Publizistin Gitta Sereny erzählte Weber, Eichmann sei unter dem Namen Richard Klement zu Hudal gekommen und habe behauptet, er stamme aus dem Osten Deutschlands, wohin er nicht zurückkehren könne, da er nicht unter den Bolschewiken leben wolle; also habe Hudal ihm geholfen. Gitta Sereny, *Am Abgrund. Gespräche mit dem Henker. Franz Stangl und die Morde von Treblinka*. Überarbeitete Neuausgabe. München, Zürich 1995, S. 377 und 379 f.; dazu auch Ernst Klee, *Persilscheine und falsche Pässe. Wie die Kirchen den Nazis halfen*. Frankfurt/M. 1991, S. 25. Robert Probst, «Viele Opfer den Peinigern durch Flucht entrissen», in: *Süddeutsche Zeitung*, 31.5.2006.

32 Aharoni und Dietl, *Der Jäger*, S. 84.

33 Sicherheitsdirektion für das Bundesland Steiermark am 17.12.1954 betr. Aufenthalt A. Eichmann, an das Landgericht für Strafsachen Wien nach Erhebung durch den Gendarmerie-Posten Alt-Aussee, 26.11.1954, HHStA Wiesbaden, Abt. 461, Nr. 33532, Bl. 138–146.

34 Landgericht für Strafsachen Wien an das Bundesministerium für Inneres, Abt. 2, 17.10.1955, ebd., Bl. 148 ff.
35 Befragung des pensionierten örtlichen Gendarmeriewachmeisters Valentin Tarra, o. D. [Nov. 1954], ebd., Bl. 143 ff.
36 Sicherheitsdirektion für das Bundesland Steiermark am 17.12.1954, betr. Aufenthalt A. Eichmann, 26.11.1954, ebd., Bl. 142.
37 Vgl. Pendorf, *Mörder und Ermordete*, S. 140 und 144; Aharoni und Dietl, *Der Jäger*, S. 106.
38 Vgl. Harel, *The House on Garibaldi Street*, S. 26. Im Interview mit Willem Sassen in Argentinien meinte Eichmann, dass er nicht mehr gesucht werde; vgl. Sassen-Interview, Transkript, Bd. 3, S. 28, Bundesarchiv (BA) Koblenz, Nachlass Servatius, All. Proz. 6/95.
39 Aharoni und Dietl, *Der Jäger*, S. 106; Stan Lauryssens, *De fatale vriendschappen van Adolf Eichmann*. Leuven 1998, S. 56 und 64; Holger M. Meding, *Flucht vor Nürnberg? Deutsche und österreichische Einwanderung in Argentinien 1945–1955*. Köln, Weimar, Wien 1992, S. 215. Nach Meding, S. 211, beschäftigte die CAPRI 13 deutsche Nazifluchtlinge.
40 Ebd., S. 214.
41 Aharoni und Dietl, *Der Jäger*, S. 100 ff.
42 (o. A.), «Eichmann's Ghost Writer. A Dutch friend in the Argentine», in: *Wiener Library Bulletin*, Vol. XV (1961), Nr. 1, S. 2.
43 Lauryssens, *De fatale vriendschappen*, S. 75.
44 Ebd., S. 78 f.
45 Ebd., S. 12.
46 Alle Details ebd., S. 14 ff., 19 ff., 38 und 75 f.
47 Ebd., S. 56.
48 Ebd., S. 55.
49 Vgl. Meding, *Flucht vor Nürnberg?*, S. 268: Als Chefredakteur der *Freien Presse* in Buenos Aires hatte Oven die Federführung der Zeitung der deutschen Kolonie in Argentinien übernommen, die er selbst als nationalsozialistisches Blatt bezeichnete. Nach Lauryssens, *De fatale vriendschappen*, S. 53, soll Sassens besonderer Freund der Antisemit Johannes von Leers gewesen sein, der 1933 das Buch *Juden sehen dich an* publizierte und ebenfalls nach Argentinien flüchtete; vgl. ebd., S. 54.
50 Meding, *Flucht vor Nürnberg?*, S. 260 f.
51 Ebd., S. 261.
52 Ebd., S. 181, 258 und 261.
53 Ebd., S. 66 f.
54 Ebd., S. 209.
55 Ebd., S. 153 f.; ein Teil der Bänder befindet sich heute im Bundesarchiv in Koblenz, wo die Verf. sie erstmals anhören konnte.
56 Ebd., S. 128. Auch Eichmann verwies im Prozess auf seinen Verleger Fritsch; vgl. State of Israel, Ministry of Justice, *The Trial of Adolf Eichmann. Record of Proceedings in the District Court of Jerusalem. Vol. IV*. Jerusalem 1993, S. 1665. Mildner war vorher Chef der Gestapo in Kattowitz und als solcher unterstand ihm das «Polizei- und Standgericht» der Gestapo in Auschwitz, er hatte Tausende Juden deportieren und ermorden lassen; vgl. Herbert, *Best*, S. 367.
57 Friedmann, *Die «Ergreifung» Eichmanns*, o. Seitenzahl (o. S.), Brief von L. Hermann an Friedmann, 2.6.1971.
58 Vgl. ebd.; Hermann schrieb an Friedmann, er sei 69 Jahre alt, seit 1947 vollständig

erblindet, außerdem «Volljude» – was eine Reaktion auf Pressemeldungen war, ein «fast erblindeter Halbjude» habe Eichmann ausfindig gemacht.
59 Ebd.
60 Brief von Lothar Hermann an F. Bauer, 25.6.1960, AdS Bonn, Nachlass Fritz Bauer.
61 Interview der Verf. mit Isser Harel, Tel Aviv, 14.1.1997. Nach Harel, *The House on Garibaldi Street*, S. 33, hatte Hermann sich schon an den Vorgänger von F. Bauer gewandt.
62 Vgl. Harel, ebd., S. 21.
63 Ebd.; in der englischen Ausgabe erwähnt Harel den Namen Georg August Zinn noch nicht, wohl aber in der hebräischen Ausgabe (Tel Aviv 1990) seines Buches. Liza Lott danke ich für die Übersetzung. Bauer schrieb über seine Eindrücke in Israel am 14.4.1958 einen Brief an Dr. Heinz Meyer-Velde (Privatbesitz). Er zeigte sich beeindruckt von dem Selbstbewusstsein der Israelis, dem «amerikanisch internationalen Leben» in Tel Aviv – «eine Art kleines Los Angeles» –, konnte aber auch die Härte des täglichen Lebens nachempfinden. Er habe «nirgends Feindschaft oder Haß gegen die Araber gefunden».
64 Aharoni und Dietl, *Der Jäger*, S. 121.
65 Vgl. die hebräische Ausgabe von Isser Harel, *Das Haus in der Garibaldistraße*. Tel Aviv 1990.
66 Aharoni und Dietl, *Der Jäger*, S. 122.
67 Postkarten von F. Bauer an seine Frau Anna Maria Bauer Petersen in Kopenhagen: 17. März 1958, Dan Hotel, Tel Aviv; 1. April 1958, Sharon Hotel, Herzliya (Privatbesitz).
68 Aharoni und Dietl, *Der Jäger*, S. 125.
69 Rainer Blasius, «Zum Schutz von Globke? Der BND wusste schon 1958, dass Eichmann sich in Argentinien versteckte», in: *Frankfurter Allgemeine Zeitung*, 8.6.2006.
70 Vgl. den informativen Text von Tamara Feinstein, «Uncovering the Architect of the Holocaust: The CIA Names File on Adolf Eichmann», 24.5.2006, http://www.gwu.edu/~nsarchiv/NSAEBB/NSAEBB150/index.htm, mit Links zu allen erschienenen Dokumenten, sowie Thomas Kleine-Brockhoff und Joachim Riedl, «Unter Freunden», in: *Die Zeit*, 14.6.2006, über die Freigabe der 27 000 Blatt Dokumente der CIA und die darin enthaltenen Akten über die Suche nach Eichmann (RG 263, Box 20).
71 Vgl. Hermann Zolling und Heinz Höhne, *Pullach intern. General Gehlen und die Geschichte des Bundesnachrichtendienstes*. Hamburg 1971; Peter F. Müller und Michael Mueller, *Gegen Freund und Feind: der BND, geheime Politik und schmutzige Geschäfte*. Reinbek 2002.
72 Gegenüber seinem Verteidiger hat Eichmann jedoch bekundet, dass er Globke nicht kannte. Sicher ist auch, dass der damalige Ministerialrat im Reichsinnenministerium nicht über die Kompetenz verfügte, eine Anweisung Eichmanns, der für das RSHA die Judendeportationen organisierte, zu verhindern. Bauer gab die eingeleiteten Ermittlungen (AZ. I AR/26/60 GStA) am 15.2.1961 zuständigkeitshalber an die StA Bonn ab. Staatssekretär Globke und Adenauer reagierten mit einer Klage gegen den Beschuldiger, der dann den Wahrheitsbeweis nicht liefern konnte. Die Unterlagen, die Bauer 1960 zur Verfügung standen, stammten aus der DDR und wurden im *Braunbuch* veröffentlicht. Siehe «Max Merten contra Hans Globke», in: *Die Zeit*, 5.11.1965; Wolfgang Breyer, *Dr. Max Merten – ein Militärbeamter der deutschen Wehrmacht im Spannungsfeld zwischen Legende und Wahrheit*. Mannheim 2003 (Diss. Mskr.); Ulrich von Hehl, «Der Beamte im Reichsinnenministerium: Die Beurteilung Globkes in der Diskussion in der Nachkriegszeit», in: Klaus Gotto (Hg.), *Der*

Staatssekretär Adenauers. Persönlichkeit und Wirken Hans Globkes. Stuttgart 1980, S. 230–282.
73 Das Bundesamt für Verfassungsschutz (BfV), Köln, gab im Mai 2000 vier Aktenstücke der Korrespondenz zwischen dem BfV und dem Auswärtigen Amt frei, die sich mit der Person Eichmann befassen. Die Korrespondenz umfasst den Zeitraum zwischen dem 11. April 1958 und dem 9. Juni 1960; vgl. Schreiben des BfV an das Auswärtige Amt, Verschlusssache (VS) – Vertraulich, 11.4.1958.
74 Schreiben des Auswärtigen Amtes an das BfV, 4.7.1958.
75 Schreiben des BfV an das Auswärtige Amt, 9.6.1960.
76 Hebräische Ausgabe von Harel, *Das Haus in der Garibaldistraße*, S. 50.
77 Ebd.
78 Tuviah Friedman, *Die Korrespondenz zwischen der Zentralen Stelle in Ludwigsburg und der Dokumentation in Haifa*. Haifa 1993, o. S., Brief an OStA Schüle, 13.7.1959.
79 Ebd.
80 Aus diesem Verfahren ging der Prozess gegen Otto Hunsche und Hermann Krumey hervor; vgl. die Prozessakten im HHStA Wiesbaden, Abt. 461.
81 Friedman, *Die Korrespondenz*, o. S., Brief von OStA Schüle an Friedman vom 4.8.1959.
82 GStA Bauer, 7.8.1959, an den HMJ, Betr.: Judenverfolgung in Ungarn, hier: Edmund Veesenmayer, HMJ Wiesbaden, Veesenmayer, Edmund, jetzt: Eichmann, Adolf, Az. 1280/59, Bd. I, Bl. 1.
83 Der OStA beim LG Frankfurt/M., 6.10.1959, an den HMJ, Betr.: Ermittlungsverfahren gegen Eichmann, Dr. Veesenmayer u. a. wegen Mordes, HMJ Wiesbaden, ebd., Bl. 7 f.
84 Ebd., Bl. 8.
85 Friedman, *Die Korrespondenz*, o. S., Brief von OStA Schüle vom 4.8.1959.
86 Vgl. Tuviah Friedman, *We shall never forget. An Album of Photographs, Articles and Documents*. Haifa 1965, S. 123.
87 Hebräische Ausgabe von Harel, *Das Haus in der Garibaldistraße*.
88 Friedman, *Die «Ergreifung Eichmanns»*, o. S., Brief von Hermann an Friedman, 17.10.1959.
89 Aharoni und Dietl, *Der Jäger*, S. 127. – Postkarten Bauers an seine Frau Anna Maria Bauer Petersen in Kopenhagen ist zu entnehmen, dass er 1958/59 mindestens viermal nach Israel flog. Die Postkarten wurden verschickt aus Herzliya, undatiert (1958), sowie dreimal aus Tel Aviv, 14. (Monat unleserlich) 1958, 17.3.1958 und 3.12.1959 (Privatbesitz).
90 Friedman erwähnt die Pressemeldung in einem Brief an OStA Schüle, 24.12.1959; vgl. Friedmann, *Die Korrespondenz*, o. S.
91 Hebräische Ausgabe von Harel, *Das Haus in der Garibaldistraße*, S. 59.
92 Vgl. dazu Lauryssens, *De fatale vriendschappen*, S. 179 f., S. 207 f. und S. 246.
93 Dass Bauer die Transkription des Sassen-Interviews übermittelt bekam, belegt auch ein Vermerk im hessischen Justizministerium. Dort ging im März 1961 eine Anfrage des Bundesjustizministeriums ein, das um Fotokopien einer 4000 Seiten umfassenden Vernehmungsniederschrift Eichmanns bat. Es stellte sich heraus, dass die «Frankfurter Kopieranlage nicht mehr ausreiche», was nur darauf zurückzuführen sei, dass GStA Bauer Ablichtungen von der Transkription eines Tonbandes fertigen ließ, «das angeblich Eichmann diktiert habe, als er sich noch auf freiem Fuße befunden habe». Vermerk vom 7.3.1961, HMJ Wiesbaden, Veesenmayer, Edmund – Novak, jetzt: Adolf Eichmann, Bd. II, Bl. 211 f.; am 23.6.1961 teilte GStA Bauer dem HMJ

mit, dass StA Steinbacher demnächst in Wien – «um eine Bestätigung der Echtheit der Sassen-Protokolle zu erreichen» – versuchen wolle, den früheren Chef des *Wegs* in Buenos Aires, Eberhard Fritsch, zu vernehmen; ebd., Bl. 346.
94 Notiz F. Bauers v. 5.2.1963, Fahndungsakte Bormann, Bd. 6, HHStA Wiesbaden, Abt. 631a/1545, Bl. 790.
95 Gerald L. Posner und John Ware, *Mengele. Die Jagd auf den Todesengel*. Berlin 1993, S. 172.
96 Vgl. Segev, *The Seventh Million*, S. 325, mit Bezug auf: Michael Bar-Zohar, *Ben-Gurion*. Tel Aviv 1978, Vol. III, S. 1374: Am 6. Dezember 1959 informierte Harel GStA Haim Cohn über die neuen Nachrichten von Bauer, und gemeinsam gingen sie zu Ben Gurion. Sie teilten ihm mit, dass Bauer einen Auslieferungsantrag stellen werde, wenn Israel nicht handele. Ben Gurion schrieb am 6.12.1959 in sein Tagebuch: «I suggested asking him not to tell anyone and not to ask for his extradition, but to give us his address. If it turns out that he is there, we will catch him and bring him here. Isser will take care of it.»
97 Tonband-Interview der Verf. mit Haim Cohn, Jerusalem, 7.1.1997.
98 Ebd.
99 Vermerk vom 28.3.1961, HMJ Wiesbaden, Veesenmayer, Edmund – Novak, jetzt: Adolf Eichmann, Bd. II, Bl. 227.
100 GStA Bauer, 27.3.1961, an den HMJ, Betr.: Ermittlungsverfahren gegen Eichmann, HMJ Wiesbaden, ebd., Bl. 229 f.
101 Am 1. Februar 1960 schrieb Theodor Heuss an F. Shinnar im Hinblick auf seine Israelreise, die für Ende April 1960 geplant war; am 23. April schickte er vor seiner Abreise die vor der Universität Jerusalem geplante Rede mit der Bitte, ihn wissen zu lassen, «wo eine Andeutung in der Gefahr eines Mißverständnisses steht, wo Sie eine Verdeutlichung oder eine Ergänzung für wünschenswert halten». Vgl. Council of Jews from Germany, Secretary Jerusalem, 1950–1984, Central Zionist Archives (CZA), Jerusalem, J 109, 122: Shinnar/Blum.
102 Der Biograph Ben Gurions, Shabtai Teveth, hat mich auf dieses Dokument hingewiesen und mir die entsprechenden Passagen übersetzt.
103 Nachlass Fritz Bauer, AdsD Bonn.
104 Harel, *Das Haus in der Garibaldistraße*, S. 290.
105 Dazu auch der Artikel «Generalstaatsanwalt Bauer glaubt nicht an Bormanns Tod», in: *Frankfurter Rundschau*, 14.4.1961.
106 Handschriftlicher Vermerk vom 24.5.1960, HMJ Wiesbaden, Veesenmayer, Edmund, jetzt: Eichmann, Adolf, Az. 1280/59, Bd. I, Bl. 44 f.
107 Ebd.
108 Hannah Arendt, *Eichmann in Jerusalem. Ein Bericht von der Banalität des Bösen*. München 1964, S. 43.
109 Ebd.
110 GStA Bauer, 19.12.1960, an den HMJ, Betr.: Strafsache gegen Eichmann u. a., HMJ Wiesbaden (wie Anm. 83), Bl. 158.
111 Aktennotiz Bauer o. D. [April 1960], HHStA Wiesbaden, Abt. 631a, Nr. 150, Hauptakten Bd. 1, Bl. 5.
112 Vgl. die Angaben zur Biographie und Fahndung bei Jochen von Lang, *Der Sekretär* (2007). Die erste Biographie verfasste Joseph Wulf, *Martin Bormann – Hitlers Schatten*. Gütersloh 1962. Wulf stand deswegen mit Bauer in Verbindung, vgl. das Nachwort ebd., S. 239, und er ließ die Frage offen, ob Bormann noch lebte.
113 Vgl. ebd., S. 184.
114 Vgl. ebd., S. 20 ff.

115 Standesamt Berlin I, Az. I/1483, Nr. 29223 v. 24.7.1954, HHStA Wiesbaden, Nr. 1530, ohne Bl.
116 Vermerk Bauers v. 4.4.1960, HHStA Wiesbaden, Abt. 631a, Nr. 1530, Hauptakten Bd. 1, Bl. 2–11.
117 *Frankfurter Allgemeine Zeitung*, 28.5.1960.
118 AP-Meldung vom 9.5.1960.
119 StA Warlo, Meldungen über das angebliche Auftauchen Bormanns im Ausland, HHStA Wiesbaden, Abt. 631a, Nr. 1547, Fahndungsakten Bd. 8, Bl. 1257.
120 F. Bauer an den Generalbundesanwalt bei dem BGH in Karlsruhe betr.: Martin Bormann, 30.5.1960, HHStA Wiesbaden, Abt. 631 a, Nr. 1530, Hauptakten Bd. 1, Bl. 12.
121 So wohl die Äußerung Bauers gegenüber Jochen von Lang, vgl. Lang, *Der Sekretär*, S. 344.
122 Staatsanwalt Hoenisch, Zentrale Stelle, an Justizministerium Baden-Württemberg und Bundesminister der Justiz, 15.8.1960, HHStA Wiesbaden, Abt. 631a, Nr. 1530, Hauptakten Bd. 1, Bl. 61.
123 Eine Rolle muss die Frage gespielt haben, ob man Bormann nach seinem Todesurteil in Abwesenheit in Nürnberg erneut vor Gericht stellen könne. Bauer schrieb dem GStA beim Landgericht Berlin am 14.3.1961: «Betr.: Ermittlungsverfahren gegen Martin Bormann wegen Mordes. [...] Mein Schreiben an den Herrn Generalbundesanwalt stützte sich auf das Nürnberger Urteil gegen Bormann. Ein deutsches Verfahren gegen Bormann wird auch in der Bundesrepublik nicht durch den Überleitungsvertrag gehindert.» HHStA Wiesbaden, Abt. 631a, Nr. 1530, Hauptakten Bd. 1, Bl. 79.
124 I AR 15/60 (GSTA), Js 11/61, Dr. Bauer, Vf. v. 2.7.1961, HHStA Wiesbaden, Abt. 631a, Nr. 1531, Bl. 130 f.
125 Vgl. Klaus Moritz und Ernst Noam, *NS-Verbrechen vor Gericht. Dokumente aus hessischen Justizakten*. Wiesbaden 1978; Kerstin Freudiger, *Die juristische Aufarbeitung von NS-Verbrechen*. Tübingen 2002 (Beiträge zur Rechtsgeschichte des 20. Jahrhunderts, Bd. 33), S. 84–90.
126 Vgl. die Sachverhaltsdarstellung von StA Warlo, 27.6.1961, HHStA Wiesbaden, Abt. 631a, Nr. 1531, Hauptakten Bd. 2, Bl. 105–129, hier Bl. 128. Vgl. auch Lang, *Der Sekretär*, S. 207 f.
127 StA Warlo, Meldungen über das angebliche Auftauchen Bormanns im Ausland, HHStA Wiesbaden, Abt. 631a, Nr. 1547, Fahndungsakten Bd. 8, Bl. 1257, ergo Bl. 1260.
128 StA Warlo, Meldungen über das angebliche Auftauchen Bormanns im Ausland, ebd.; vgl. auch Zeugenvernehmung von Werner Jung, 22.12.1961, HHStA Wiesbaden, Abt. 631a, Nr. 1532, Bl. 321 ff.
129 StA Warlo, Meldungen über das angebliche Auftauchen Bormanns im Ausland, HHStA Wiesbaden, Abt. 631a, Nr. 1547, Fahndungsakten Bd. 8, Bl. 1256–1265.
130 «Bormann: Auf Wiedersehen», in: *Der Spiegel*, Nr. 7, 1964, S. 22–26.
131 Ebd., S. 26.
132 Bauer an den GStA der Deutschen Demokratischen Republik, 22.4.1964, HHStA Wiesbaden, Abt. 631a, Nr. 1550, Bl. 1825 ff. Vgl. auch die Parallelüberlieferung in BA Berlin, DP 3 (Generalstaatsanwaltschaft), Ermittlungen Bormann, Karton 80, RhW 15/64, Bd. 1. Der Ostberliner GStA Streit hielt die Ermittlungen für so wichtig, dass er den Minister für Staatssicherheit Erich Mielke am 30.4.1964 einschaltete; ebd., Bl. 30 f.
133 Aktenvermerk Streit v. 29.6.1964, HHStA Wiesbaden, Abt. 631a, Nr. 1550,

Bl. 1829 f.; Korrespondenz Bauer/Streit, Bl. 1824; BA Berlin, DP 3, Ermittlungen Bormann, Karton 80, RhW 15/64, Bd. 1, Bl. 41 ff.
134 Betr.: Bormann, Schriftsatz von StA Warlo, 28.7.1964, HHStA Wiesbaden, Nr. 1449, Bl. 1716 ff.
135 F. Bauer, an den HMJ, 15.9.1964, HHStA Wiesbaden, ebd., Bl. 1806, und Bauer an denselben, 4.11.1964, ebd., Bl. 1853. – «100 000 DM für die Ergreifung Martin Bormanns», in: *Westdeutsche Allgemeine Zeitung*, 23.11.1964; «100 000 DM Belohnung ausgesetzt. Hohe Summe für die Ergreifung von Martin Bormann», in: *Frankfurter Rundschau*, 24.11.1964.
136 Blake Clarke, «World's most wanted Criminal», in: *Reader's Digest*, März 1965.
137 HHStA Wiesbaden, Abt. 631a, Nr. 1551, Bl. 2123, 2200 und passim.
138 «Herr Generalstaatsanwalt Bauer! Donnerwetter, Herr Staatsanwalt, Sie gehen aber grosszügig mit den sauer erarbeiteten Steuergroschen um! Oder bezahlen Sie die 100 000 Piepen aus Ihrer eigenen Tasche? Das glaube ich doch nicht! Haben Sie keine anderen Sorgen als ständig Tote auszugraben?» Anonymes Schreiben o. D. an Bauer mit Paraphe Bauer v. 25.11.1964, HHStA Wiesbaden, Abt. 631a, Nr. 1550, Bl. 1866.
139 Henry May, Nürnberg, an Herrn «Generalstaatsanwalt» Dr. Bauer, «VVN-Haus?», HHStA Wiesbaden, Abt. 631a, Nr. 1551 o. Bl.
140 Dr. Altmann, Schreiben an Bauer o. D., Paraphe Bauers v. 27.11.1964, HHStA Wiesbaden, Abt. 631a, Nr. 1550, Bl. 1887.
141 Vermerk OStA Krüger v. 25.11.1964, HHStA Wiesbaden, Abt. 631a, Nr. 1550, Bl. 1930.
142 HHStA Wiesbaden, ebd., Bl. 2041.
143 Vgl. Jochen von Lang, «Nachwort: Wie ich Martin Bormann fand», in: Lang, *Der Sekretär*, S. 343–350.
144 HHStA Wiesbaden, Abt. 631a, Nr. 1575, Sonderband Grabung Berlin 1965.
145 Korrespondenz Bauer/Besymenski/Richter, HHStA Wiesbaden, Abt. 631a, Nr. 1564, Bl. 4517 ff., Nr. 1563, Bl. 4426.
146 Vermerk StA Metzner, 15.9.1967, HHStA Wiesbaden, Abt. 631a, Nr. 1569, Bd. 30, Bl. 5580.
147 Korrespondenz F. Bauer – Günter Grasmeyer, *Norddeutsche Zeitung*, Januar 1968, HHStA Wiesbaden, Abt. 631a, Nr. 1569, Bd. 30, Bl. 5631–5638.
148 HHStA Wiesbaden, Abt. 631a, Nr. 1533, Bd. 4, F. Bauer, Antrag auf Eröffnung der Voruntersuchung v. 25.4.1968, Bl. 396–410.
149 Vgl. Korrespondenz Richter – Jochen von Lang, HHStA Wiesbaden, Abt. 631a, Nr. 1568, Bl. 5316 f., 5322, 5323 ff., 5350 f., 5416–19, 5424–27, 5491 ff.
150 Über die Skelettfunde in Berlin, HHStA Wiesbaden, Abt. 631a, Nr. 1573–1578. Vgl. auch Lang, *Der Sekretär*, S. 349 f.
151 Mengele hatte in Frankfurt/M. bei Otmar Freiherr von Verschuer an dessen «Institut für erbbiologische Forschung und Rassenhygiene» gearbeitet. Er hatte 1935 bei dem Münchner Anthropologen Theodor Mollison mit dem Thema «Rassenmorphologische Untersuchung des vorderen Unterkieferabschnitts bei vier rassischen Gruppen» promoviert. Als Assistent von Verschuer verfasste er Gutachten für Zwangssterilisationen und war mit der Erstellung von «Vaterschaftsgutachten» für «Rassenschandeprozesse» befasst. Aufgrund der Ermittlungen erkannte die Frankfurter Universität Mengele seinen Doktorgrad ab, vgl. die Korrespondenz im Ordner «Fahndung Argentinien», HHStA Wiesbaden, Abt. 631a; dieser Teil der Vita Mengeles ist bislang kaum erforscht. Vgl. auch Posner und Ware, *Mengele*, S. 246 f., und den Artikel in der *Frankfurter Rundschau*, 10.1.1963: «Generalstaatsanwalt Bauer ist überzeugt: Mengele lebt».

152 Vgl. Keller, *Günzburg und der Fall Mengele*, S. 115 ff.
153 Vgl. Völklein, *Josef Mengele*, S. 200; Posner und Ware, *Mengele*, S. 86 f.
154 Miklós Nyiszli, *Im Jenseits der Menschlichkeit. Ein Gerichtsmediziner in Auschwitz*. Hg. v. Friedrich Herber. Berlin 1991 (ungar. Ausgabe 1946). M. Nyiszli, ungarischer Jude mit rumänischer Staatsbürgerschaft, war im Mai 1944 mit seiner Familie nach Auschwitz deportiert worden. Vom Juni 1944 an arbeitete er als Häftlingsarzt für Mengele. Nyiszlis Aufgabe war, die Leichen zu sezieren und eine vergleichende Analyse der inneren Organe vorzunehmen. Wenn Nyiszli bei den Analysen Auffälligkeiten entdeckte, so wurden die Organe präpariert. Diese Präparate wurden mit dem Stempel: «Eilig, kriegswichtiger Inhalt!» zur genaueren «wissenschaftlichen Auswertung» an das Kaiser-Wilhelm-Institut in Berlin-Dahlem geschickt. Nyiszli wurde 1945 im KZ Ebensee in Oberösterreich befreit. Im Oktober 1947 sagte er als Zeuge vor einem Militärgericht in Nürnberg über seine Zeit im «Sonderkommando» von Auschwitz aus.
155 Vgl. Posner und Ware, *Mengele*, S. 102.
156 Vgl. Kazimierz Smoleń, «Bestrafung der Kriegsverbrecher», in: Staatliches Museum Auschwitz-Birkenau (Hg.), *Auschwitz, Nationalsozialistisches Vernichtungslager*. Auschwitz-Birkenau 1997, S. 429–447; Aleksander Lasik, «Nachkriegsprozesse gegen die SS-Besatzung des KL Auschwitz», in: ebd., S. 448–463.
157 Vgl. Posner und Ware, *Mengele*, S. 104–107.
158 Vgl. Meding, *Flucht vor Nürnberg?*, S. 31.
159 Das im Aufbau begriffene Auswärtige Amt bezifferte 1950 die Zahl der – offiziellen – deutschen Nachkriegseinwanderer mit 5000 bis 10 000 Personen, vgl. ebd., S. 131.
160 Ebd., S. 147–152.
161 Vgl. Posner und Ware, *Mengele*, S. 131 f.; Völklein, *Mengele*, S. 240 f.
162 Ernst Schnabel, *Anne Frank. Spur eines Kindes*. Frankfurt/M. 1958.
163 Ebd., S. 138.
164 HHStA Wiesbaden, Abt. 631a, Ermittlungsakten, Bd. 1, Bl. 7. Die Mengele-Akten waren zum Zeitpunkt der Durchsicht nicht verzeichnet.
165 Ebd., Bl. 287.
166 Ein Zeuge erklärte in einem Verhör im Dezember 1984 gegenüber der StA Frankfurt sogar, dass Mengele anlässlich der Scheidung unbemerkt in Wiesbaden gewesen sei. Dort habe er sich mit Kollegen aus seiner Zeit im Frankfurter Institut für Erbbiologie und Rassenhygiene getroffen. Da Irene Mengele im Oktober 1954 eine neue Ehe einging, muss dieser Besuch unter dem Namen «Helmut Gregor» im Jahr 1953/54 gewesen sein: vgl. Völklein, *Mengele*, S. 244 f.
167 Vgl. Posner und Ware, *Mengele*, S. 15 ff.
168 Beschluss des 2. Strafsenats des BHG in Karlsruhe vom 17.4.1959 (2 Ars 60/59), HHStA Wiesbaden, Abt. 631a, Ermittlungen gegen Mengele, Fahndungsordner 13, Bl. 6.
169 HHStA Wiesbaden, Abt. 631a, Fahndungsordner 10, Handakten StA Freiburg in der Strafsache Mengele, Bd. 1, 2 Js 15/59, o. Bl.
170 Vgl. Keller, *Günzburg und der Fall Mengele*, S. 54.
171 F. Bauer, an OStA LG Frankfurt, 22.8.1961, HHStA Wiesbaden, Abt. 631a, Fahndungsordner 15, o. Bl.
172 Mitteilung der StA Frankfurt an die StA Freiburg betr.: Verfahrensübernahme, 28.3.1961, HHStA Wiesbaden, Abt. 631a, Handakten, Bd. II, Bl. 2.
173 Richard Böck an OStA Krüger, Leseabschrift o. D. (vermutlich 26.1.1961; Eingangsbestätigung durch StA Kügler), HHStA Wiesbaden, Abt. 631a, Ordner 18, Fahndungsordner Deutschland I, o. Bl.

174 Günther Schwarberg (*1926) arbeitete später unter anderem auch für den *Stern* (bis 1988) und wurde bekannt mit seinem Buch: *Der SS-Arzt und die Kinder vom Bullenhuser Damm*. Göttingen 1988.
175 Sitzung des Nationalrats vom 19. Mai 1999, 980. Interpellation (Aufenthalt des Kriegsverbrechers Josef Mengele im Kanton Zürich – Missglückte Verhaftung von Josef Mengele), http://209.85.129.104/search?q=cache:oLN1nRvVlNQJ:www.kantonsrat.zh.ch/Dokumente/Gesch%C3%A4fte/1999/R58_99.DOC+Fahndung+Mengele&hl=de&ct=clnk&cd=10&gl=de&ie=UTF-8.
176 Vgl. HHStA Wiesbaden, Abt. 631a, FO Schweiz; Einfache Anfrage Jean Ziegler an den Schweizer Nationalrat über «Mengele in der Schweiz» vom 19.3.1999, http://search.parlament.ch/homepage/cv-geschaefte.htm?gesch_id=19991042 und Sitzung des Nationalrats vom 19. Mai 1999. Interpellation und Anfrage (Aufenthalt des Kriegsverbrechers Josef Mengele im Kanton Zürich – Missglückte Verhaftung von Josef Mengele) (wie Anm. 175), sowie Fernseh-Interview von Rolf Bickel und Dietrich Wagner (HR) mit Joachim Kügler, «Es hat das Leben verändert», Auszüge in: Fritz Bauer Institut (Hg.), *Im Labyrinth der Schuld. Täter-Opfer-Ankläger*. Hg. v. Irmtrud Wojak und Susanne Meinl. Frankfurt/M., New York 2003, S. 297–314, hier S. 303 f.
177 Vgl. die Vernehmung von Werner Jung, 22.12.1961, HHStA Wiesbaden, Abt. 631a, Nr. 1532, Bl. 321 ff.; «Mengele: Nr. 293 384», *Der Spiegel*, Nr. 32 (1964), S. 58 f.
178 Vgl. über P. Dickopf die Angaben bei Schenk, *Der Chef*, S. 65 ff.
179 Vermerk, 20.12.1961, HMJ Wiesbaden, Dr. Mengele, Josef. Auslieferung, Az. 9351E – IV – 314/61, Bd. II.
180 Ebd.
181 Vgl. Posner und Ware, *Mengele*, S. 225–236.
182 Ebd., S. 239. Als Quelle hierfür ist Philip S. Gutis, «Bonn will Mengeles Auslieferung zu erkaufen versucht haben», in: *New York Times*, 10.6.1985, angegeben.
183 Zur beabsichtigten Erhöhung der Belohnung bat Bauer das HMJ am 22.6. und 1.7.1964 um Zustimmung, HMJ Wiesbaden, Dr. Josef Mengele, Az. 9351E III (V) 314/61.
184 Ebd.
185 Vgl. den Vermerk vom 3.7.1964 über Bauers Telefonate mit dem Ministerium und den weiteren Ablauf der Geschehnisse, HMJ Wiesbaden, Dr. Josef Mengele, Az. 9351E – III/(IV) – 314/61, Bd. III, Bl. 338 f.
186 Ebd.
187 Aktenvermerk/Gesprächsnotiz der *Bild*-Zeitung, Gespräch mit Hessens GStA Dr. Fritz Bauer in Frankfurt/M. am 16.6.1964, HHStAW, Abt. 631a, Fahndungsakten Martin Bormann, Nr. 1549, Bl. 1608 f.
188 Ebd.
189 Eine der Schwierigkeiten bei der Suche war das unzureichende Fotomaterial. Es lagen zumeist nur die Bilder aus der SS-Stammrolle oder zum Teil gefälschte Fotos vor. Jochen von Lang vom *Stern* kritisierte noch im Februar 1967, dass es die StA Frankfurt nicht fertiggebracht habe, in Günzburg nach neueren Fotos von Mengele zu suchen. Vgl. Korrespondenz Richter/Jochen von Lang vom Frühjahr 1967, HHStA Wiesbaden, Abt. 631a, Nr. 1568, Bl. 5316 f., 5322, 5323 ff., 5350 f., 5416–19, 5424–27, 5491 ff. Zeitnahe Fotos von Martha und Rolf Mengele hatte die *Quick* Bauer im Februar zugeschickt, vgl. *Quick*, Ottmar Katz, an F. Bauer, 28.2.1964, weitergesandt an OStA Metzner am 4.3.1964, HHStA Wiesbaden, Abt. 631a, Fahndungsordner 15, o. Bl.
190 HHStA Wiesbaden, Abt. 631a, Nr. 1549, Bl. 1608 f.

191 Betr.: a) Dr. Josef Mengele b) Martin Bormann, Besprechungsmitschrift 6.7.1964, HHStA Wiesbaden, Abt. 631a, Nr. 1549, Bl. 1659 ff.
192 Vgl. dazu Devin O. Pendas, *The Frankfurt Auschwitz Trial, 1963–1965. Genocide, History, and the Limits of the Law*. Cambridge, New York 2006, insbes. S. 249–287. Am selben Tag veröffentlichte der OStA bei dem LG Frankfurt/M. die Auslobung von 50 000 DM für Angaben, die zur Ergreifung beziehungsweise Auslieferung Mengeles führen: Presseerklärung, 7.7.1964, gez. Dr. Rahn, HMJ Wiesbaden, Dr. Mengele, Josef. Auslieferung, Az. 9351E – IV – 314/61, Bd. II.
193 Vgl. Keller, *Günzburg und der Fall Mengele*, S. 132.
194 GStA Bauer, 22.7.1964, an den HMJ, Betr.: Ermittlungsverfahren 4 Js 444/59 StA Ffm., HMJ Wiesbaden, Dr. Mengele, Josef. Auslieferung, Az. 9351E – IV – 314/61, Bd. I, Bl. 380 f.
195 Keller, *Günzburg und der Fall Mengele*, S. 130 f.
196 Befragung Hans-Ulrich Rudel, 20.7.1964, HHStA Wiesbaden, Abt. 631a, Nr. 1549, Bl. 1720 ff.
197 Vernehmung André Libik in der Voruntersuchung gegen Bormann wegen Mordes, 28.8.1970, HHStA Wiesbaden, Abt. 631a, Nr. 1535, Handakten Bd. 6, Bl. 868 ff.
198 «Mengele: Spur nach Eldorado», in: *Der Spiegel*, Nr. 25, 12.6.1967, S. 97.
199 Ebd. Das Prager Fernsehen hatte die Rechte an dem Filmstreifen erworben und zeigte Bauer die Dokumentation, der daraufhin laut eigener Aussage zu «erneuter Aktivität» angespornt wurde.
200 Vgl. Posner und Ware, *Mengele*, S. 254–269, 298–313, 354–366, sowie die zahlreichen Fahndungsordner der StA Frankfurt im Bestand 631a im HHStA Wiesbaden.
201 Simon Wiesenthal, *Doch die Mörder leben*. München u. a. 1967.
202 Vgl. Posner und Ware, *Mengele*, S. 354. Es ist kein Zufall, dass gerade in dieser Zeit die Kinofilme DER MARATHON-MANN (1977) und THE BOYS FROM BRAZIL (1978) Mengele als dämonischen Arzt darstellten, der im Exil nach wie vor für die Errichtung des «Vierten Reiches» tätig sei. In THE BOYS FROM BRAZIL hatte der fiktive Mengele 94 kleine Hitlers geklont; eine «Fortentwicklung» der Zwillingsforschung.
203 Vgl. Posner und Ware, *Mengele*, S. 372 ff.; Keller, *Günzburg und der Fall Mengele*, S. 176 f.
204 Dennoch wollten die Stimmen, die am Tod Mengeles zweifelten, nicht verstummen. Erst am 8.4.1992 berief die StA Frankfurt eine Pressekonferenz ein, auf der OStA Gerhard Wiese die Fahndung nach Mengele beendete, indem er die Sachverständigen vorstellte, die juristisch bindend anhand der DNA-Analyse bestätigten, dass der Leichnam von Embu der des KZ-Arztes war. Endlich konnte das Ermittlungsverfahren 4 Js 1173/62 zu den Akten gelegt werden. Vgl. Völklein, *Mengele*, S. 308 ff; Posner und Ware, ebd., S. 377 ff.; Keller, ebd., S. 60 f., Schlussvermerk der StA Frankfurt im Verfahren gegen Mengele, 4 Js 340/68, 14.7.1986, HHStA Wiesbaden, Abt. 631a.
205 Brunner (*1912) wurde beschuldigt, zwischen 1938 und 1945 in Berlin, Wien, Saloniki, Paris und Pressburg im Zusammenwirken mit anderen, darunter Eichmann, mindestens 65 000 Menschen getötet zu haben, Haftbefehl v. 1.8.1961, HMJ Wiesbaden, Ermittlungsverfahren gegen Alois Brunner, 4000/1E-III/3–541/61, Bd. 1, Bl. 35. Vgl. Georg M. Hafner und Esther Schapira, *Die Akte Alois Brunner. Warum einer der größten Naziverbrecher noch immer auf freiem Fuß ist*. Frankfurt/M., New York 2000.
206 Am 22.6.1960 wurde der GStA das Verfahren übertragen, vgl. StA LG Frankfurt/M, Alois Brunner, 50 Js 36019/84, Bd. V, Bl. 4.

«Wer an dieser Mordmaschine hantierte»

1 Fritz Bauer, «Antinazistische Prozesse und politisches Bewusstsein», in: Hermann Huss, Andreas Schröder (Hg.), *Antisemitismus. Zur Pathologie der bürgerlichen Gesellschaft*. Frankfurt/M. 1965, S. 168–193, hier S. 176.
2 Bauer, «Lebendige Vergangenheit», S. 164 und 158. Die Gedenkfeiern zum Geburtstag von Anne Frank hatten in Frankfurt eine langjährige Tradition. 1967 nahm F. Bauer an der Gedenkveranstaltung in der Aula der Frankfurter Universität teil, die Festrede hielt Max Horkheimer. Vgl. Wolfgang Kraushaar (Hg.), *Frankfurter Schule und Studentenbewegung. Von der Flaschenpost zum Molotowcocktail 1946–1995*. Bd. 1: *Chronik*. Hamburg 1998, S. 260.
3 Bauer, ebd., S. 159.
4 Fritz Stern, *Fünf Deutschland und ein Leben. Erinnerungen*. München 2007, S. 299.
5 Bauer, «Lebendige Vergangenheit», S. 158.
6 Stern, *Fünf Deutschland*, S. 298.
7 Wilhelm Harster (1904–1991), SS-Gruppenführer, Befehlshaber der Sicherheitspolizei und des SD in den Niederlanden.
8 Die Formulierung stammt von Henry Ormond, «Plädoyer im Auschwitz-Prozeß am 24.5.1965», in: *Sonderreihe aus gestern und heute* (1965), H. 7, S. 1–63, hier S. 54.
9 Bauer, «Im Namen des Volkes», S. 80.
10 Ebd, S. 81; dazu Joachim Perels, «Die Strafsache gegen Mulka und andere. 4 Ks 2/63 – Juristische Grundlagen», in: Irmtrud Wojak (Hg.), *Auschwitz-Prozeß 4 Ks 2/63 Frankfurt am Main*. Köln 2004, S. 124–147, hier S. 126.
11 Vgl. Annette Weinke, *Die Verfolgung von NS-Tätern im geteilten Deutschland. Vergangenheitsbewältigungen 1949–1969 oder: Eine deutsch-deutsche Beziehungsgeschichte im Kalten Krieg*. Paderborn u. a. 2002, S. 84.
12 Bauer, «Im Namen des Volkes», S. 81.
13 Vgl. die «Breslauer Dokumente» aus dem Jahr 1942 (die Bezeichnung weist auf die Korrespondenz der Kommandantur mit dem SS- und Polizeigericht XV, Breslau hin); *Der Auschwitz-Prozeß. Tonbandmitschnitte/Protokolle/Dokumente*. Hg. v. Fritz Bauer Institut und dem Staatlichen Museum Auschwitz-Birkenau. Digitale Bibliothek Nr. 101 (DVD-Rom). Berlin 2004, S. 1303 ff.
14 Ebd., S. 1345.
15 Dass Bauer mit seinen Bemühungen, in Frankfurt ein großes Auschwitz-Verfahren einzuleiten, bei der Staatsanwaltschaft zunächst nicht auf Zustimmung stieß, betont Werner Renz, «Der 1. Frankfurter Auschwitz-Prozeß. Zwei Vorgeschichten», ebd., S. 972–1035, hier S. 991 ff., sowie ders., «Die unwillige Frankfurter Anklagebehörde», in: *Materialdienst. Evangelischer Arbeitskreis Kirche und Israel in Hessen und Nassau*, Nr. 3, Juni 2004 (Langfassung eines Artikels in der *Frankfurter Rundschau*, 19.12.2003).
16 DVD-Rom: *Der Auschwitz-Prozeß*, S. 1350.
17 Vgl. Renz, «Der 1. Frankfurter Auschwitz-Prozeß», S. 976.
18 Vgl. Erika Weinzierl, «Hermann Langbein – Zeitzeuge in Wort und Schrift», in: Fröhlich und Kohlstruck (Hg.), *Engagierte Demokraten*, S. 224–236.
19 Vgl. Hermann Langbein, *Der Auschwitz-Prozeß: Eine Dokumentation*. 2 Bde. Wien 1965, Neuaufl. Frankfurt/M. 1995, hier Bd. 1, S. 21 ff. – Als weitere wichtige Prozessdokumentation ist zu nennen: Bernd Naumann, *Auschwitz: Bericht über die Strafsache gegen Mulka u. a. vor dem Schwurgericht Frankfurt*. Frankfurt/M. 1968.
20 Zeugenvernehmung Dr. med. Tadeusz Paczuła, 24.10.1959, StA LG Frankfurt/M., 4 Ks 2/63, Bl. 2561.

21 Langbein, *Der Auschwitz-Prozeß*, Bd. 1, S. 21 ff.
22 Ebd., S. 25.
23 Vgl. das Schreiben von GStA Nellmann an GStA Bauer, 29.5.1959, DVD-Rom: *Der Auschwitz-Prozeß*, S. 1362 ff.; Nellmann (1895–1968) setzte sich nach dem Ulmer Einsatzgruppen-Prozess besonders intensiv und in aller Öffentlichkeit für die Gründung einer zentralen Vorermittlungsstelle ein, um nicht zuzulassen, «daß Mörder und ihre Gehilfen, die wir mit systematischem und planvollem Vorgehen erreichen können, straflos ausgehen». Vgl. Weinke, *Die Verfolgung von NS-Tätern*, S. 84.
24 Vgl. Kerstin Robusch, *Hermann Langbein und der 1. Frankfurter Auschwitz-Prozeß 1963–1965. Zur Rolle der Überlebenden der Nationalsozialistischen Konzentrationslager in bundesdeutschen Verfahren gegen NS-Gewaltverbrechen*. Bochum (Magisterarbeit) 2001, S. 55.
25 Schreiben der Zentralen Stelle vom 30. Juni 1959, DVD-Rom: *Der Auschwitz-Prozeß*, S. 1365 ff.; Robusch, ebd., S. 56 ff.
26 Langbein, *Der Auschwitz-Prozeß*, Bd. 1, S. 12; Heinz Haueisen, «Auschwitz – eine Herausforderung», in: Horst Henrichs und Karl Stephan (Hg.), *Ein Jahrhundert Frankfurter Justiz: Gerichtsgebäude A: 1889–1989*. Frankfurt/M. 1989 (Studien zur Frankfurter Geschichte, 27), S. 185–200, hier S. 193.
27 So OStA Heinz Wolf auf einer Pressekonferenz, vgl. *Kölner Stadt-Anzeiger*, 21./22.5.1960.
28 Robusch, *Hermann Langbein*, S. 84.
29 Heute umbenannt in: Hauptkommission zur Untersuchung der Verbrechen gegen das polnische Volk – Institut des Nationalen Gedenkens.
30 Robusch, *Hermann Langbein*, S. 77 f.
31 Insgesamt gehörten zur Wachmannschaft in Auschwitz rund 8 200 SS-Männer und 200 Aufseherinnen. Vgl. Aleksander Lasik, «Die Strafverfolgung der Angehörigen der SS-Besatzung des Konzentrations- und Vernichtungslagers Auschwitz-Birkenau», DVD-Rom: *Der Auschwitz-Prozeß*, S. 588 ff. Original in: Wacław Długoborski und Franciszek Piper (Hg.), *Auschwitz 1940–1945. Studien zur Geschichte des Konzentrations- und Vernichtungslagers Auschwitz*. Bd. V. Oświęcim 1999, S. 87–108.
32 Robusch, *Hermann Langbein*, S. 76 f.
33 Weinke, *Die Verfolgung von NS-Tätern*, S. 115; Marc von Miquel, *Ahnden oder amnestieren? Westdeutsche Justiz und Vergangenheitspolitik in den sechziger Jahren*. Göttingen 2004 (Beiträge zur Geschichte des 20. Jahrhunderts, Bd. 1), S. 79.
34 Robusch, *Hermann Langbein*, S. 75 ff. Auch Untersuchungsrichter Dr. Heinz Düx reiste vor dem Prozess im Juli 1963 nach Auschwitz.
35 In diesem Sinne Weinke, *Die Verfolgung von NS-Tätern*, S. 238.
36 Vgl. Sibylle Steinbacher, «‹Protokoll vor der Schwarzen Wand›. Die Ortsbesichtigung des Frankfurter Schwurgerichts in Auschwitz», in: Fritz Bauer Institut (Hg.), «*Gerichtstag halten über uns selbst ...» Geschichte und Wirkung des ersten Frankfurter Auschwitz-Prozesses*. Hg. v. Irmtrud Wojak. Frankfurt/M., New York 2001 (Jahrbuch 2001 zur Geschichte und Wirkung des Holocaust), S. 61–89, hier S. 72; Werner Renz, «Auschwitz als Augenscheinobjekt», in: *Mittelweg 36*, Jg. 10 (2001), H. 1, S. 63–72.
37 Die Zusammenarbeit mit der Justiz der DDR ist scharf kritisiert worden. So spricht die Historikerin Annette Weinke von «passiver Komplizenschaft mit einer diktatorischen Justiz». Das sozialistische Rechtssystem, so der Vorwurf, sei durch die Kooperationsbereitschaft der Frankfurter Staatsanwaltschaft propagandistisch aufgewertet worden. Für eine Komplizenschaft oder Beeinflussung der bundesdeut-

schen Behörden gibt es jedoch keine Belege. Und auch der propagandistische Erfolg für das DDR-Regime dürfte kleiner ausgefallen sein als vielfach angenommen. Weinke selbst stuft die Rolle des DDR-Nebenklägers Friedrich Karl Kaul eher geringer ein. Vgl. Weinke, *Die Verfolgung von NS-Tätern*, S. 255. Vgl. auch Annette Rosskopf, *Friedrich Karl Kaul. Anwalt im geteilten Deutschland (1906–1981)*. Berlin 2002.

38 Neun Monate später wurde Burger zu acht Jahren, Erber zu lebenslangem und Neubert wegen Beihilfe zum Mord zu dreieinhalb Jahren Zuchthaus verurteilt. Vgl. DVD-Rom: *Der Auschwitz-Prozeß*, S. 43161, 43466 und 45323. Insgesamt gab es fünf Nachfolgeprozesse mit jeweils zwischen einem und drei Angeklagten, der letzte endete im Jahr 1981; vgl. Kerstin Freudiger, *Die juristische Aufarbeitung von NS-Verbrechen*, S. 42.

39 Diese deutsch-deutsche und deutsch-polnische «Beziehungsgeschichte» hat A. Weinke erstmals aufgegriffen: *Die Verfolgung von NS-Tätern*, S. 161 ff.; vgl. BA Berlin, DP 3 (Generalstaatsanwalt), Karton 279, 2–3, Bereitstellung von Beweisdokumenten für GStA-BRD, hier vor allem Blatt 88 ff.; zahlreiche Dokumente über die Kooperation zwischen Ostberlin und Frankfurt/M. In diesem Zusammenhang siehe auch: Christian Dirks, *«Die Verbrechen der anderen». Auschwitz und der Auschwitz-Prozess der DDR: Das Verfahren gegen den KZ-Arzt Dr. Horst Fischer*. Paderborn 2006.

40 So Bauers Äußerung laut Protokoll eines Besuchs Ostberliner Staatsanwälte (1960/61), BA Berlin, DP 3, Karton 279, 2–3, Bl. 31 f.

41 Vgl. F. K. Kaul an den Minister für Staatssicherheit, 31.10.1966: «Am Sonnabend, dem 29. Oktober 1966, habe ich mit Bauer zu Abend gegessen. Bei dieser Gelegenheit wurde noch einmal seine Reise nach hier besprochen. Nach anfänglichem Zögern sagte er zu. Es ist verabredet, daß er am Mittwoch, dem 2. November 1966, um 10.30 Uhr auf dem Stadtbahnsteig des Bahnhofs Friedrichstraße, oben, ankommen wird. Ich werde ihn dort erwarten»; vgl. Der Bundesbeauftragte für die Unterlagen des Staatssicherheitsdienstes der ehemaligen Deutschen Demokratischen Republik (BStU) Berlin, MfS SdM 1239, Bl. 200.

42 Ebd., Bl. 201 ff.

43 «Bauer soll Material sichten», in: *Frankfurter Rundschau*, 20.10.1967.

44 Heinz Düx, *Die Beschützer der willigen Vollstrecker. Persönliche Innenansichten der bundesdeutschen Justiz*. Bonn 2004, S. 27. Auch Düx wurde, nach langem Zögern der Justizverwaltung, im Rahmen der Voruntersuchung eine «private» Dienstreise nach Auschwitz genehmigt; vgl. ebd., S. 38 ff.

45 Ormond, «Plädoyer», S. 62.

46 HMJ Wiesbaden, betr. Großverfahren wegen NS-Verbrechen, 30.10.1961, HMJ Wiesbaden, Dr. Werner Heyde, Az. IV-1834/59, Bl. 264 ff.

47 DVD-Rom: *Der Auschwitz-Prozeß*, S. 32831 ff.

48 Vgl. Langbein, *Der Auschwitz-Prozeß*, Bd. 1, S. 33, und Henry Ormond, «Rückblick auf den Auschwitz-Prozeß», in: *Tribüne*, Jg. 3 (1964), H. 11, S. 1183–1190, hier S. 1183.

49 Vgl. die Anklageschrift der StA am LG Frankfurt/M. in der Strafsache gegen Baer u. a., 16.4.1963, DVD-Rom: *Der Auschwitz-Prozeß*, S. 1855.

50 Der Eröffnungsbeschluss des Gerichts erging hingegen in 14 Fällen wegen Beihilfe zum Mord, und zwei Angeklagte hatten sich zugleich wegen Mordes und Beihilfe zu verantworten; vgl. ebd., S. 4596 ff.: Eröffnungsbeschluss des LG Frankfurts/M., 7.10.1963. Auf diesen Unterschied hingewiesen hat: Jürgen Baumann, «Warum Auschwitz-Prozesse?», in: *Die politische Meinung*, Jg. 9 (1964), H. 98, S. 53–63,

hier S. 54. Dass sich in der divergierenden rechtlichen Qualifikation eine Tendenz der Rechtsprechung spiegelte, wurde dann am Urteil noch deutlicher. Siehe auch das Plädoyer von OStA Großmann, DVD-Rom: *Der Auschwitz-Prozeß*, S. 32834.

51 *BGHSt*, Bd. 19 (1964), S. 193–196, hier S. 195.

52 Schreiben von GStA Bauer an den hessischen Kultusminister (Pressereferat), 23.3.1966 (Abschrift für H. Langbein), Österreichisches Staatsarchiv, Depot Pelinka, Nachlass Hermann Langbein, E/1797:96; siehe auch Langbein, *Der Auschwitz-Prozeß*, Bd. 1, S. 13.

53 Langbein, ebd., S. 16. Vgl. Originalausschnitte des Tonbandmitschnitts auf der DVD-Rom: *Der Auschwitz-Prozeß*.

54 Vgl. Langbein, ebd., S. 13.

55 Fritz Bauer, «Herrschaft der Sachverständigen», in: *Frankfurter Rundschau*, 10.1.1963.

56 Zitiert nach Frei, «Der Frankfurter Auschwitz-Prozeß und die deutsche Zeitgeschichtsforschung», S. 128 ff.: IfZ – Hausarchiv, Karton I, Kopie eines Vermerks von StA Warlo (Behörde des Generalstaatsanwalts) vom 8.11.1962 über eine Besprechung der «altpolitischen» Dezernenten der Staatsanwaltschaft bei dem OLG und der Staatsanwaltschaften Frankfurt/M. und Wiesbaden am 7.11.1962 bei GStA Dr. Bauer.

57 Ebd. – Ein «forensischer Historismus», den Ernst Forsthoff den Gutachten nachsagte, ließ sich jedenfalls in ihrer dezidierten Ausrichtung auf das Gesamtgeschehen – und nicht auf die «individuellen Ergebnisse» historischer Forschung – nicht feststellen. Vgl. E. Forsthoff, «Der Zeithistoriker als gerichtlicher Sachverständiger», in: *Neue Juristische Wochenschrift* (1965), H. 13, S. 574 f.

58 H. Krausnick, M. Broszat und H. Buchheim erstellten am Institut für Zeitgeschichte vier der Expertisen, die bis heute Standardwerke der historischen Forschung geblieben sind. Vgl. Hans Buchheim, Martin Broszat, Hans-Adolf Jacobsen, Helmut Krausnick, *Anatomie des SS-Staates*. Bd. 1 und Bd. 2. Olten und Freiburg im Breisgau 1965, hier: Buchheim, «Befehl und Gehorsam» (Vorbemerkung), Bd. 1, S. 257. Vgl. auch Broszat, «Vorbemerkung», ebd., S. 7; zu den Gutachten vgl. Irmtrud Wojak, «Die Verschmelzung von Geschichte und Kriminologie: Historische Gutachten im ersten Frankfurter Auschwitz-Prozeß», in: Norbert Frei, Dirk van Laak, Michael Stolleis (Hg.), *Geschichte vor Gericht: Historiker, Richter und die Suche nach Gerechtigkeit*. München 2000, S. 29–45.

59 Vgl. Buchheim, «Die SS – Das Herrschaftsinstrument», in: ders. u. a., *Anatomie des SS-Staates*, Bd. 1, S. 13–256. Siehe dazu Walter Lewald, «Das Dritte Reich – Rechtsstaat oder Unrechtsstaat», in: *Neue Juristische Wochenschrift* (1964), H. 36, S. 1658–1661.

60 H. Buchheim erläuterte: «Zwischen Bauer und dem Gericht schwelte eine Meinungsverschiedenheit. Bauer wollte den Prozeß auch als Beitrag zur Aufklärung der Öffentlichkeit […] verstanden wissen […]. Bauer befürchtete daher, das Gericht könne beschließen, auf die Gutachten zu verzichten. Um das zu verhindern, bediente er sich eines prozeßtaktischen Tricks: Nach der Strafprozeßordnung ist ein Gericht gezwungen, ‹präsente Beweismittel› zur Kenntnis zu nehmen – und das waren wir, da wir ja vor der Tür saßen.» Vgl. Hans Buchheim, Hermann Graml, «Die fünfziger Jahre: Zwei Erfahrungsberichte», in: Horst Möller und Udo Wengst (Hg.), *50 Jahre Institut für Zeitgeschichte. Eine Bilanz*. München 1999, S. 69–83, hier S. 74 f.

61 Vgl. den Bericht von OStA Mühe (Stuttgart) über «Die gegenwärtige Situation bei der Verfolgung von NS-Gewaltverbrechen» auf der Jahrestagung der Generalstaatsanwälte 1962 in Bad Harzburg, S. 3 (BGH 1 StR 117/56, 8.6.1956); StA OLG Frank-

furt/M., Sammel-Akten, 3131 E – 105. Mühe erklärte in seinem Bericht, es lasse sich «allgemein konstatieren», dass der Zentralen Stelle «kein Fall bekannt geworden ist, in dem die Verweigerung eines Exekutionsbefehls einen Schaden für Leib oder Leben zur Folge gehabt hätte» oder zu einer SS- und polizeigerichtlichen Verurteilung geführt hätte; ebd., S. 4 f.

62 Während des Auschwitz-Prozesses erschien ein Aufsatz, der behauptete, dass ein allgemeiner Befehlsnotstand gegeben war: Anton Roesen, «Rechtsfragen der Einsatzgruppen-Prozesse», in: *Neue Juristische Wochenschrift* (1964), H. 4, S. 133–136.

63 Vgl. Buchheim, «Befehl und Gehorsam», in: ders. u.a., *Anatomie des SS-Staates*, Bd. 1, S. 328.

64 Ebd., S. 333 f.

65 DVD-Rom, *Der Auschwitz-Prozeß*, S. 32895 f.

66 Frei, «Der Frankfurter Auschwitz-Prozeß», S. 131.

67 Als wichtigste in jüngster Zeit erschienene Auswertung wurde die Reihe der «Darstellungen und Quellen zur Geschichte von Auschwitz» von N. Frei im Auftrag des IfZ herausgegeben: Norbert Frei (Hg.), *Standort- und Kommandanturbefehle des Konzentrationslagers Auschwitz: 1940–1945*. München 2000 (Bd. 1); Sibylle Steinbacher, *Musterstadt Auschwitz: Germanisierungspolitik und Judenmord in Oberschlesien*. München 2000 (Bd. 2); Bernd C. Wagner, *IG Auschwitz: Zwangsarbeit und Vernichtung von Häftlingen des Lagers Monowitz 1941–1945*. München 2000 (Bd. 3); N. Frei u.a. (Hg.), Ausbeutung, Vernichtung, Öffentlichkeit. Neue Studien zur national-sozialistischen Lagerpolitik. München 2000 (Bd. 4).

68 Langbein, *Der Auschwitz-Prozeß*, Bd. 1, S. 19.

69 Vgl. Barbara Distel, «Das Zeugnis der Zurückgekehrten: Zur konfliktreichen Beziehung zwischen KZ-Überlebenden und Nachkriegsöffentlichkeit», in: Ulrich Herbert, Karin Orth, Christoph Dieckmann (Hg.), *Die nationalsozialistischen Konzentrationslager: Entwicklung und Struktur*. Bd. 1. Göttingen 1998, S. 11–16, hier S. 13 f. – In den Gutachten wurden Genese und Struktur der Verbrechen «auf einem analytischen Niveau» untersucht, «das die Wissenschaft erst zwei Jahrzehnte später wieder erreichte», schreibt Steinbacher, «Darstellungen und Quellen zur Geschichte von Auschwitz», S. 266.

70 Distel, ebd., S. 13 ff.

71 Frei, «Der Frankfurter Auschwitz-Prozeß», S. 127.

72 Vgl. Willi Dreßen, «Die Zentrale Stelle der Landesjustizverwaltungen zur Aufklärung von NS-Verbrechen in Ludwigsburg», in: *Erinnern oder Verweigern: Das schwierige Thema Nationalsozialismus, Dachauer Hefte 6*. München 1994, S. 85–94, hier S. 89.

73 Vgl. DVD-Rom: *Der Auschwitz-Prozeß*, S. 36665.

74 Ebd., S. 36685. Vgl. zur Problematik des individuellen Schuldnachweises auch die Studie von Devin O. Pendas, *The Frankfurt Auschwitz-Trial* (2006). D. Pendas sieht vor allem im individuellen Schuldnachweis die Grenzen deutschen Strafrechts gegenüber Genozid. Fritz Bauer hingegen kritisierte eine Über-Individualisierung durch das herrschende Schuldstrafrecht, das die objektive Mitwirkung relativierte. In diesem Sinne schreibt auch Pendas zutreffend (S. 294), dass die Betonung persönlicher Verantwortung (und individueller Grausamkeiten) die Bedeutung sozialer und bürokratischer Strukturen vermindert – ohne deren Ein- oder Zusammenwirken jedoch weder die Ursachen noch das Ausmaß der NS-Vernichtungspolitik zu erklären sind.

75 DVD-Rom: *Der Auschwitz-Prozeß*, S. 36678.

76 Langbein, *Der Auschwitz-Prozeß*, Bd. 1, S. 40.
77 Erich Kuby, «Auschwitz und die Deutschen», in: *das beste aus gestern und heute*, Jg. 3 (1963), H. 1, S. 7 ff., hier S. 7.
78 Frei, «Der Frankfurter Auschwitz-Prozeß», S. 124.
79 Ebd., S. 126.
80 Vgl. die mündliche Urteilsbegründung des Vorsitzenden Richters am 20.8.1965, DVD-Rom: *Der Auschwitz-Prozeß*, S. 37068 f.
81 Vgl. das Urteil vom 19./20.8.1965, ebd., S. 37106 ff.
82 Ebd.; vgl. Wojak, «Die Verschmelzung von Geschichte und Kriminologie», S. 33.
83 Schreiben von F. Bauer, 25.5.1964, sowie Protokoll und Anlagen zur Tagung der Generalstaatsanwälte 1964 in Husum, StA OLG Frankfurt/M., 3131 E – 114.
84 Vgl. ebd.; ein Referat von Bundesanwalt Schumacher beschäftigte sich mit der «Revisionsrechtsprechung des Bundesgerichtshofes» unter Berücksichtigung der Rechtsprechung in NSG-Verfahren und insbesondere zum Täterbegriff. Diskutiert wurden die bereits erschienenen Arbeiten von Claus Roxin, «Straftaten im Rahmen organisatorischer Machtapparate», in: *Goltdammer's Archiv für Strafrecht* (1963), Nr. 110, S. 193–207; ders., *Täterschaft und Tatherrschaft*. Hamburg 1963 (7. Aufl. Berlin, New York 2000); Jürgen Baumann, «Die Tatherrschaft in der Rechtsprechung des BGH», in: *Neue Juristische Wochenschrift*, Jg. 15 (1962), Nr. 9, S. 374 ff.; ders., «Beihilfe bei eigener voller Tatbestandserfüllung» (1963), Nr. 13, S. 561–565. Im Tagungsjahr erschien Reinhard Henkys (Hg.), *Die nationalsozialistischen Gewaltverbrechen*. Stuttgart, Berlin 1964. – Ausschlaggebend für die Durchsetzung der Gehilfen-Rechtsprechung waren ein Urteil des Reichsgerichts (RG), der so genannte Badewannen-Fall aus dem Jahr 1940, in dem das RG erklärte, nicht allein die Tötungshandlung, sondern der Wille zur eigenen Tat sei maßgebend, ob jemand als Täter oder Gehilfe zu verurteilen sei (*RGSt* 47, S. 85), sowie das Staschynskij-Urteil des Bundesgerichtshofs von 1962 (*BGHSt* 18, S. 87). Der KGB-Agent Staschynskij hatte auf Befehl sowjetischer Stellen zwei ukrainische Exilpolitiker erschossen und war danach übergelaufen. Der BGH kam in diesem Fall zu einer Argumentation, die allen NS-Tätern einen Ausweg bot: Wer solche Verbrechensbefehle missbillige, sie widerstrebend, aber gleichwohl aus menschlicher Schwäche ausführe, weil er der Staatsautorität nicht gewachsen sei und ihm der Mut zum Widerstand und die Intelligenz zur Ausflucht fehle, müsse nicht zwangsläufig als Taturheber dem überzeugten, willigen Befehlsempfänger gleichgesetzt werden.
85 Langbein, *Der Auschwitz-Prozeß*, Bd. I, S. 39 und 42.
86 Naumann, *Auschwitz*, S. 278.
87 Langbein, *Der Auschwitz-Prozeß*, Bd. I, S. 39.
88 Strafsache gegen Baer u. a., Anklageschrift, 16.4.1963, StA LG Frankfurt, DVD-Rom: *Der Auschwitz-Prozeß*, S. 2948.
89 Die Befragung wurde von der Dolmetscherin Wera Kapkajew übersetzt, die das Gericht für die Übersetzung der Aussagen in polnischer und russischer Sprache eingestellt hatte. Sie übersetzte nicht nur korrekt, sondern besaß auch die besondere Gabe, «Ton und Nuancen in einer Weise wiederzugeben, die dem Zuhörer den Eindruck vermittelt[e], den Zeugen selbst sprechen zu hören». Vgl. Langbein, *Der Auschwitz-Prozeß*, Bd. 1, S. 17.
90 Bernd Naumanns Artikelserie wurde als «der journalistische Höhepunkt der Berichterstattung der FAZ» bezeichnet; vgl. Peter Jochen Winters, «Bernd Naumann – Die Protokolle des Frankfurter Auschwitz-Prozesses», in: Fröhlich und Kohlstruck (Hg.), *Engagierte Demokraten*, S. 254–264, hier S. 256 (Zitat von U. Kröger).
91 Naumann, *Auschwitz*, S. 131 f.

92 Vgl. die Zeugenvernehmung Dr. med. Tadeusz Paczuła, 22.10.1959, StA LG Frankfurt, 4 Ks 2/63, Bl. 2546.
93 Ebd., Bl. 2549 f.
94 Naumann, *Auschwitz*, S. 131.
95 Zeugenvernehmung Dr. med. Tadeusz Paczuła, 22.10.1959, StA LG Frankfurt, 4 Ks 2/63, Bl. 2547.
96 Vgl. im Folgenden für die Zitate den Tonbandmitschnitt des Auschwitz-Prozesses vom 8.5.1964 in der am Fritz Bauer Institut erstellten Transkription, DVD-Rom: *Der Auschwitz-Prozeß*, S. 6629 ff.; siehe auch Naumann, *Auschwitz*, S. 132.
97 Vgl. im Folgenden die Vernehmung von Josef Klehr am 24.5.1961 (Klehr befand sich seit 17.9.1960 in Untersuchungshaft) in der gerichtlichen Voruntersuchung, DVD-Rom: *Der Auschwitz-Prozeß*, S. 1619 ff., sowie das Urteil in der Strafsache gegen Mulka u. a., ebd., S. 38091 ff.
98 Vgl. im Urteil den Abschnitt «Die Straftaten des Angeklagten Klehr», ebd.
99 Ebd., S. 38124.
100 Aussage des Zeugen Dr. Tadeusz Paczuła, 8.5.1964, DVD-Rom: *Der Auschwitz-Prozeß*, S. 6645.
101 Ebd., S. 6680.
102 Vgl. im Folgenden ebd., S. 6681 f.
103 Urteil in der Strafsache gegen Mulka u. a., ebd., S. 38139 und 38147.
104 Ebd.
105 Ebd., S. 38188.
106 Ebd.
107 Ebd.
108 Ebd., S. 38139.
109 Ebd., S. 38139 f.
110 Vgl. Naumann, *Auschwitz*, S. 271.
111 Urteil in der Strafsache gegen Mulka u. a., DVD-Rom: *Der Auschwitz-Prozeß*, S. 38218.
112 Ebd., S. 38097.
113 Ebd., S. 38103.
114 Ebd., S. 38105.
115 Ebd., S. 38106.
116 Ebd., S. 38133.
117 Vgl. Fritz Bauer, «Ideal- oder Realkonkurrenz bei nationalsozialistischen Verbrechen?», in: *Juristenzeitung*, Nr. 20 (1967), S. 625–628, hier S. 627. Siehe dazu auch das Schlussplädoyer des DDR-Nebenklägers RA Kaul.
118 Vgl. Bauer, «Im Namen des Volkes», S. 133 f.; Urteil in der Strafsache gegen Mulka u. a., DVD-Rom: *Der Auschwitz-Prozeß*, S. 37327. Siehe dazu auch das Schlussplädoyer des DDR-Nebenklägers RA Kaul, ebd., S. 36475 ff.
119 Urteil in der Strafsache gegen Mulka u. a., DVD-Rom: *Der Auschwitz-Prozeß*, S. 37327. Siehe dazu: Friedrich Hoffmann, «Die Rechtsauffassung der Staatsanwaltschaft im Auschwitz-Prozess», ebd., S. 1036–1079, hier S. 1054»; Hoffmann nennt zahlreiche Beispiele der BGH-Rechtsprechung in «Euthanasie-» und in Einsatzgruppen-Prozessen, wo «natürliche Handlungseinheit» angenommen wurde.
120 Vgl. in diesem Zusammenhang die Revisionsergänzung der Staatsanwaltschaft in der Strafsache gegen Mulka u. a. vom 9.5.1967, DVD-Rom: *Der Auschwitz-Prozeß*, S. 38695. – In der Strafsache gegen Burger u. a. ergänzte die StA mit derselben Begründung die mit Revision vom 20.9.1966 erhobene Ruge der Verletzung materiellen Rechts: «Der Auffassung des Schwurgerichts, dass die von den Angeklagten be-

gangenen strafbaren Handlungen als Einzelhandlungen im Sinne des § 74 StGB anzusehen seien, stehen rechtliche Bedenken entgegen.» OStA beim LG Frankfurt/M., 1.4.1968, an das LG (3. Strafkammer), HMJ Wiesbaden, Dr. Lucas (Auschwitz), Az. III/2 – 1076/59.
121 Vgl. ebd.
122 Ebd.
123 Urteil des BGH im Revisionsverfahren (Az. 2 StR 280/67) vom 20.2.1969, DVD-Rom: *Der Auschwitz-Prozeß*, S. 39765–39968, hier S. 39949 f.
124 Bauer, «Im Namen des Volkes», S. 84.
125 Ebd.
126 Bauer, «Ideal- oder Realkonkurrenz», S. 628.
127 Generalbundesanwalt Martin versicherte ihm daraufhin, er werde diese Interpretation «trotz gewisser Bedenken vor dem Bundesgerichtshof vertreten lassen». Protokoll der Tagung der Generalstaatsanwälte 1965 in Bad Dürkheim, Sammel-Akten, StA OLG Frankfurt/M., 3131 E – 120.
128 Vermerk vom 9.6.1967, HMJ Wiesbaden, Komplex KZ Auschwitz. Beyer, Mengele, Mulka u. a., Az. III/2 (IV) – 1076/59, Bd. VI, Bl. 285.
129 DVD-Rom: *Der Auschwitz-Prozeß*, S. 39950. Siehe dazu Hoffmann, «Die Rechtsauffassung der Staatsanwaltschaft im Auschwitz-Prozess», S. 1061 ff.
130 Ebd., S. 39951.
131 Naumann, *Auschwitz*, S. 261.
132 Vgl. die Schlussworte sämtlicher Angeklagter am 180./181. Verhandlungstag, 6./12.8.1965, DVD-Rom: *Der Auschwitz-Prozeß*, S. 36604 ff.
133 Vgl. das Urteil in der Strafsache gegen Mulka u. a., ebd., S. 37316. – Zur Rechtsprechung in den Einsatzgruppenprozessen: Bettina Nehmer, «Die Täter als Gehilfen? Zur Ahndung von Einsatzgruppenprozessen», in: Redaktion Kritische Justiz (Hg.), *Die juristische Aufarbeitung des Unrechts-Staats*. Baden-Baden 1998, S. 635–668, hier S. 666.
134 Urteil in der Strafsache gegen Mulka u. a., ebd., S. 37317.
135 Ebd., S. 37361.
136 Ebd., S. 37351.
137 Ebd., S. 37348 und 37350.
138 Ebd., S. 37331.
139 Ebd., S. 37332.
140 Ebd., S. 37346. Auch ein Irrtum über die Verbindlichkeit wäre aber kein Tatbestandsirrtum im Sinne § 59 StGB gewesen, der zur Straffreiheit hätte führen müssen, sondern ein vermeidbarer «Verbotsirrtum» (im Sinne *BGHSt* 2, S. 194), der nur bei der Strafzumessung hätte Berücksichtigung finden können.
141 Buchheim, «Befehl und Gehorsam», in: ders. u. a., *Anatomie des SS-Staates*, Bd. 1, S. 328. Vgl. dagegen Gerhard Werle und Thomas Wandres, *Auschwitz vor Gericht. Völkermord und bundesdeutsche Strafjustiz*. München 1995, S. 35, die den Führerbefehl nach der damaligen Rechtsauffassung als Rechtsquelle betrachten.
142 Urteil in der Strafsache gegen Mulka u. a., DVD-Rom: *Der Auschwitz-Prozeß*, S. 37322 (*BGHSt*, 2/234); siehe dazu auch: «Replik des Rechtsanwalts Henry Ormond im Auschwitz-Prozeß», in: *Frankfurter Hefte*, Jg. 20 (1965), H. 12, S. 827–837, nachzulesen auf der DVD-Rom: *Der Auschwitz-Prozess*, S. 36501–36537, hier S. 36512 (179. Verhandlungstag, 29.07.1965).
143 Gustav Radbruch, «Gesetzliches Unrecht und übergesetzliches Recht», in: *Süddeutsche Juristenzeitung*, Jg. 1 (1946), Nr. 5, S. 105–108, hier S. 107. Zur punktuellen Entlegitimierung der NS-Rechtsordnung im Sinne der Radbruch'schen Formel vgl.

Clea Laage, «Auseinandersetzung um gesetzliches Unrecht nach 1945», in: Redaktion Kritische Justiz (Hg.), *Die juristische Aufarbeitung des Unrechts-Staats.* Baden-Baden 1998, S. 265–297, hier S. 269.
144 Radbruch, ebd., S. 107; Laage, ebd., S. 268 f.
145 Vgl. Perels, «Die Restauration der Rechtslehre nach 1945», S. 250 f.
146 Urteil in der Strafsache gegen Mulka u. a., DVD-Rom: *Der Auschwitz-Prozeß,* S. 37335.
147 Die Argumentation entsprach dem Staschynskij-Urteil (*BGHSt* 18, S. 87).
148 Urteil in der Strafsache gegen Mulka u. a., DVD-Rom: *Der Auschwitz-Prozeß,* S. 37335.
149 Vgl. Stefan Wittke, «Teilexkulpation von KZ-Tätern?», in: Redaktion Kritische Justiz (Hg.), *Die juristische Aufarbeitung des Unrechts-Staats,* S. 57–594, hier S. 580.
150 Urteil in der Strafsache gegen Mulka u. a., DVD-Rom: *Der Auschwitz-Prozeß,* S. 37338 f.
151 Ebd., S. 37360.
152 Ebd., S. 37349.
153 Ebd., S. 37343.
154 Ebd., S. 37345.
155 Bauer, «Im Namen des Volkes», S. 82; vgl. Baumann, «Beihilfe bei eigenhändiger voller Tatbestandserfüllung», S. 563, der betonte, nicht Befehl und Druck, sondern allein die Kenntnis und das Gefühl der Notlage oder Nötigung beseitigten den Tatherrschaftswillen. Dies hatte das Gericht aber ausgeschlossen, insofern gab es einen Ermessensspielraum für die Angeklagten.
156 Adalbert Rückerl, *NS-Verbrechen vor Gericht. Versuch einer Vergangenheitsbewältigung.* Heidelberg 1984, S. 274 ff.; vgl. Barbara Just-Dahlmann und Helmut Just, *Die Gehilfen – NS-Verbrechen und die Justiz nach 1945.* Frankfurt/M. 1988, S. 308, wo es resümierend heißt, «die meisten Täter der NS-Verbrechen wurden nur als Gehilfen verurteilt. Die Strafzumessung blieb in vielen Fällen […] unverständlich gering und unangemessen.»
157 Urteil in der Strafsache gegen Mulka u. a., DVD-Rom: *Der Auschwitz-Prozeß,* S. 37363.
158 Ebd., S. 36665; Naumann, *Auschwitz,* S. 274.
159 Bauer, «Im Namen des Volkes», S. 83 f.
160 Urteil in der Strafsache gegen Mulka u. a., DVD-Rom: *Der Auschwitz-Prozeß,* S. 37391.
161 «Replik des Rechtsanwalts Ormond», ebd., S. 36510.
162 Vgl. Perels und Wojak, «Motive im Denken und Handeln Fritz Bauers», S. 22. Bauer, «Das ‹gesetzliche Unrecht› des Nationalsozialismus und die deutsche Strafrechtspflege», S. 57.
163 Vgl. Gustav Radbruch, «Urteilsanmerkung», in: *Süddeutsche Juristenzeitung,* Jg. 2 (1947), Sp. 634.
164 Vgl. Fritz Bauer, «Zu den Naziverbrecher-Prozessen» (1963), in: ders., *Die Humanität der Rechtsordnung,* S. 101–117, hier S. 110.
165 Perels und Wojak, «Motive im Denken und Handeln Fritz Bauers», S. 24.
166 Bauer, «Zu den Naziverbrecher-Prozessen», S. 110.
167 Vgl. den Überblick über die zeitgenössische Rezeption von Marcel Atze, «‹... an die Front des Auschwitz-Prozesses›», in: Irmtrud Wojak (Hg.), *Auschwitz-Prozeß. 4 Ks 2/63. Frankfurt am Main.* Köln 2004, S. 637 ff., S. 644 ff. und 775 ff.
168 Ebd., S. 645.

169 Vgl. das Zitat von Ralph Giordano, *Allgemeine Wochenzeitung der Juden in Deutschland*, 27.8.1965, zitiert ebd.
170 Vgl. im Einzelnen Atze, ebd., S. 648–743; Kasimir Edschmid, Ehrenpräsident des PEN-Zentrums Deutschland, beschrieb F. Bauer am 2. Mai 1964 seine Eindrücke vom Besuch des Auschwitz-Prozesses und war besonders empört über die Bedrängnis, in die die Zeugen durch die Verteidiger sowie Hofmeyers Verhandlungsführung gebracht wurden; HMJ Wiesbaden, Komplex KZ-Auschwitz. Beyer, Mengele, Muka u. a., Bd. IV, Az. IV – 1076/59. Arthur Miller erzählt in seiner Autobiographie, dass er einen Tag am Auschwitz-Prozess teilnahm, und erwähnt auch Bauer, seine Erinnerungen sind jedoch nicht sehr klar; Arthur Miller, *Zeitkurven. Ein Leben*. 4. Aufl. Frankfurt/M. 1987, S. 689. Sibylle Bedford erwähnt den Prozess, an dem sie als Gerichtsreporterin teilnahm, in: *Treibsand. Erinnerungen einer Europäerin*. München 2008, S. 263 f.
171 Atze, «'… an die Front des Auschwitz-Prozesses'», S. 637, Zitat von Wolfdietrich Schnurre (1920–1989) am 30.1.1964 vor der Jüdischen Gemeinde in Berlin.
172 Theodor W. Adorno, «Was bedeutet: Aufarbeitung der Vergangenheit», in: ders., *Kulturkritik und Gesellschaft II*. Gesammelte Schriften Bd. 10.2. Hg. v. Rolf Tiedemann. Frankfurt/M. 1977, S. 555–572, hier S. 555.
173 Max Horkheimer, *Notizen 1950 bis 1969 und Dämmerung*. Hg. v. Werner Brede. Frankfurt/M. 1974, S. 213.
174 Theodor W. Adorno, «Metaphysik. Begriff und Probleme» (1965). Hg. v. Rolf Tiedemann, in: *Nachgelassene Schriften*. Hg. v. Theodor W. Adorno Archiv. Abt. IV: *Vorlesungen*. Bd. 15. Frankfurt/M. 1998, S. 173.
175 Ebd., S. 181 (Vorlesung von Adorno am 20. Juli 1965).
176 Ebd., S. 196 (Vorlesung von Adorno am 22. Juli 1965).
177 Vgl. Brief von GStA Bauer an den OB der Stadt Frankfurt/M., 4.11.1964, Stadtarchiv Frankfurt/M., Magistratsakten, Sign. 61, 4 Bl.
178 Vgl. «Die Schreckliche Wahrheit», in: *Frankfurter Neue Presse*, 20.11.1964.
179 So M. Atze, «'… an die Front des Auschwitz-Prozesses'», S. 637–641.
180 Undatierter Brief von F. Bauer aus dem Privatarchiv von Sepp Laufer, Sarasota (Florida).
181 Zitat Koch: Atze, «'… an die Front des Auschwitz-Prozesses'», S. 724 f.
182 Ebd., S. 639.
183 Hans Frick, *Breinitzer oder Die andere Schuld*. München 1965. Frick widmete den Roman Hans-Joachim Kulenkampff.
184 Franz Dobler, in: *Frankfurter Rundschau*, 5.2.2003.
185 Frick, *Breinitzer*, S. 105.
186 Rechtsanwalt Manfred Amend übergab dem Fritz Bauer Institut einige maschinenschriftliche Manuskripte, die sich im Nachlass von Fritz Bauer fanden, darunter von Hans Frick *Stufen einer Erinnerung. Hörspiel nach dem gleichnamigen Roman* (gemeint ist *Breinitzer*), *Taxi für Herrn Skarwanneck* und *Der Dezernent*.
187 Frick, *Breinitzer*, S. 82 f.
188 Ebd., S. 80.
189 Die Verf. dankt dem Suhrkamp Verlag für Kopien der Korrespondenz von Dr. Siegfried Unseld (1924–2002) mit F. Bauer.
190 Brief von F. Bauer vom 15.7.1964, Brief von S. Unseld vom 16.7.1964.
191 Vgl. Christoph Weiß, «'… eine gesamtdeutsche Angelegenheit im äußersten Sinne …' Zur Diskussion um Peter Weiss' 'Ermittlung' im Jahre 1965», in: Stephan Braese u. a. (Hg.), *Deutsche Nachkriegsliteratur und der Holocaust*. Frankfurt/M. 1998 (Wissenschaftliche Reihe des Fritz Bauer Instituts, Bd. 6), S. 53–70, hier S. 58.
192 Vgl. Alfons Söllner, «Peter Weiss – Die Dramatisierung der Erinnerung und ihre

Widersprüche», in: Fröhlich und Kohlstruck (Hg.), *Engagierte Demokraten*, S. 265–276, hier S. 271.
193 Weiß, «‹… eine gesamtdeutsche Angelegenheit im äußersten Sinne …›», S. 59. Vgl. zur Rezeptionsgeschichte insgesamt: Christoph Weiß, *Auschwitz in der geteilten Welt. Peter Weiss und die «Ermittlung» im Kalten Krieg*. St. Ingbert 2000.
194 Söllner, «‹… eine gesamtdeutsche Angelegenheit im äußersten Sinne …›», S. 63 f.
195 «Auschwitz auf dem Theater? Ein Podiumsgespräch im Württembergischen Staatstheater Stuttgart am 24. Oktober 1965 aus Anlaß der Erstaufführung der ‹Ermittlung›», in: Braese u. a. (Hg.), *Deutsche Nachkriegsliteratur und der Holocaust*, S. 71–97, hier S. 75.
196 Ebd., S. 75 f.
197 *Süddeutsche Zeitung*, 4.9.1965.
198 Ebd.
199 Vgl. Peter Reichel, *Erfundene Erinnerung. Weltkrieg und Judenmord in Film und Theater*. München, Wien 2004, S. 230.
200 Brief von F. Bauer an S. Unseld vom 4.10.1965, Suhrkamp Verlag.
201 Peter Weiss, *Die Ermittlung. Oratorium in 11 Gesängen*. Regie: Peter Schulze-Rohr. Hörverlag, München 2007 (3 CDs, 179 Minuten). Christoph Schmaus, «Auf Höllenfahrt. Der Auschwitz-Prozess als Hörspiel», in: *Frankfurter Allgemeine Zeitung*, 7.5.2007.
202 Vgl. Marcel Reich-Ranicki, «In einer deutschen Angelegenheit», in: ders., *Wer schreibt, provoziert – Kommentare und Pamphlete*. Frankfurt/M. 1993, S. 109–112. Dazu Stephan Braese, «‹In einer deutschen Angelegenheit› – Der Frankfurter Auschwitz-Prozeß in der westdeutschen Nachkriegsliteratur», in: Fritz Bauer Institut (Hg.), *«Gerichtstag halten über uns selbst …»*, S. 217–244.
203 Horst Krüger, «Im Labyrinth der Schuld. Ein Tag im Frankfurter Auschwitz-Prozeß», in: *Der Monat*, 16. Jg. (1964), H. 188, S. 19–29, hier: S. 20.
204 Ebd.
205 Ebd., S. 26.
206 Horst Krüger, *Das zerbrochene Haus. Eine Jugend in Deutschland*. 6. Aufl. München 1999, S. 182.
207 Bauer, *Die Wurzeln faschistischen und nationalsozialistischen Handelns*, S. 66 f. Das rheinland-pfälzische Kultusministerium lehnte damals den Vorschlag des Landesjugendrings ab, F. Bauers Vortrag als Broschüre in höheren Schulen als Unterrichtsmaterial zur Verfügung zu stellen. Als es daraufhin zu einer Großen Anfrage der SPD kam, warf ihm die FDP in der Landtagsdebatte ein mangelndes Verhältnis zur Geschichte vor, ein CDU-Abgeordneter erklärte, das Dritte Reich sei «wie ein dunkler Schatten auf Deutschland gefallen». Vgl. Staff, «Fritz Bauer (1903–1968)», S. 447.
208 Perels, «Der Nürnberger Juristenprozeß», S. 49.
209 Ormond, «Plädoyer», S. 9.
210 Adolf Eichmann, «Götzen». Aufzeichnungen im Gefängnis in Israel, datiert 6.9.1961 (Abschrift), S. 477. Dazu Wojak, *Eichmanns Memoiren* (2001).
211 Arendt, *Eichmann in Jerusalem*, S. 70.
212 Vgl. Hannah Arendt, «Der Auschwitz-Prozeß», in: dies., *Nach Auschwitz. Essays & Kommentare I*. Hg. v. Elke Geisel und Klaus Bittermann. Berlin 1989, S. 99–136.
213 Ebd., S. 111.
214 Ebd., S. 108.
215 Bauer, «Antinazistische Prozesse und politisches Bewusstsein», S. 171.
216 Heute Abend Keller Club, TV-Dokumentation 1964, BRD; Redaktion: Dietrich Wagner; Hessischer Rundfunk. Frankfurt/M.

217 Diskussionsbeitrag von Hans Buchheim anlässlich der Eröffnungsveranstaltung des Fritz Bauer Instituts zum Kolloquium über den ersten Frankfurter Auschwitz-Prozess, Plenarsaal im Frankfurter Römer, 29. Juni 1999 (Transkription d. Verf.).
218 Langbein, *Der Auschwitz-Prozeß*, Bd. 1, S. 12.
219 Vgl. beispielsweise H. Langbein an den HMJ 16.4.1966, 6.11.1966 und 30.11.1966, HMJ Wiesbaden, Komplex KZ Auschwitz. Beyer, Mengele, Mulka u. a., Az. III/2 (IV) – 1076/59, Bd. VI, Bl. 153 ff., 202 und 217.
220 Vgl. Langbein, *Der Auschwitz-Prozeß*, Bd. 1, S. 43 f.; im Folgenden ebd., S. 44 ff.
221 Ebd., S. 46.
222 GStA bei dem LG Frankfurt/Main, 24.6.1966, an den HMj, Betr.: Strafverfahren gegen Mulka u. a., HMJ Wiesbaden, Komplex KZ Auschwitz. Beyer, Mengele, Mulka u. a., Az. III/2 (IV) – 1076/59, Bd. VI, Bl. 146–152.
223 H. Langbein an den HMJ, 21.6.1967, HMJ Wiesbaden, ebd., Bl. 286 f.
224 Hermann Langbein, *Der Auschwitz-Prozeß*, Bd. 1, S. 50.
225 Vgl. Bauer, «Zu den Naziverbrecher-Prozessen», S. 109.
226 Vgl. Wolfgang Benz, «Bürger als Mörder und die Unfähigkeit zur Einsicht. Der Auschwitz-Prozeß», in: Uwe Schulz (Hg.), *Große Prozesse. Recht und Gerechtigkeit in der Geschichte*. München 1996, S. 382–391, hier S. 382. Vgl. über die Presseberichterstattung insgesamt: Jürgen Wilke u. a. (Hg.), *Holocaust und NS-Prozesse. Die Presseberichterstattung in Israel und Deutschland zwischen Aneignung und Abwehr*. Köln, Weimar, Wien 1995.
227 Ormond, «Plädoyer», S. 18.
228 Heute Abend Keller Club (wie Anm. 216).
229 Krüger, *Das zerbrochene Haus*, S. 171.

«Heute bleibt nur bescheidene Kärrnerarbeit»

1 Bauer, «Die ‹ungesühnte Nazijustiz›», hier S. 139.
2 Helga Einsele, «Worte der Erinnerung», in: Hessisches Ministerium der Justiz (Hg.), *Fritz Bauer. Eine Denkschrift*, S. 19–22, hier S. 21 f.
3 Vgl. Kramer, «‹Gerichtstag halten über uns selbst›. Das Verfahren Fritz Bauers zur Beteiligung der Justiz am Anstaltsmord», S. 89.
4 Einsele, «Worte der Erinnerung», S. 21.
5 Wassermann, «Fritz Bauer (1903–1968)», S. 296.
6 Interview mit Dr. Lisa Abendroth, 9.6.1997 in Frankfurt/M. (Mitschrift der Verf.).
7 Interview von Sibylle und Herbert Obenaus mit Brigitte Åkjaer, Tochter von Grete und Karl Raloff, in Kopenhagen, 15.9.1993 (Privatarchiv).
8 Ruth Seydewitz war Mitte der sechziger Jahre auf einer Vortragsreise in Frankfurt/M., bei der ihr F. Bauer erzählt habe, der «Verfassungsschutz und Agentenzentralen aller Art bespitzelten ihn auf Schritt und Tritt. Seine Telefongespräche wurden abgehört und Material gesammelt, um den ‹lästigen› Generalstaatsanwalt zu verdrängen. Auch seine Post wurde kontrolliert»; vgl. Ruth und Max Seydewitz, «Eine paradoxe Tatsache», in: dies., *Unvergessene Jahre. Begegnungen*. Berlin 1984, S. 91–95, hier S. 92 f.; die «paradoxe Tatsache» war, dass Bauer, wie er in seinem Brief mitteilte, «in den letzten zehn Jahren weite Teile der Welt gesehen» hatte, aber «von der DDR schlechterdings nichts» wisse.
9 Meusch, *Von der Diktatur zur Demokratie*, S. 382.
10 Vgl. die Rechtsauffassung Bauers bzgl. der NS-Prozesse in ders., «Antinazistische Prozesse und politisches Bewusstsein» (1965).
11 Winfried Martini, *Die NS-Prozesse im ost-westlichen Spannungsfeld*. Pfaffenhofen

1969, S. 4, zit. nach Fröhlich, *«Wider die Tabuisierung des Ungehorsams»*, S. 300. Wie Martini argumentiert Werner Renz, «40 Jahre Auschwitz-Urteil. Täterexkulpation und Opfergedenken», in: *Newsletter. Informationen des Fritz Bauer Instituts*, Nr. 27 (2005), S. 14–17: «Spezialpräventiver Einflussnahme bedurften die vor Gericht stehenden, in den bundesrepublikanischen Verhältnissen sich untadelig verhaltenden Staatsbürger freilich nicht: Weder bestand bei ihnen die Gefahr des Rückfalls in staatlich befohlenes kriminelles Handeln, noch gab es bei den wohl integrierten und unauffälligen, in der NS-Zeit jedoch so beflissenen Gefolgsleuten den Verdacht mangelnder Rechtstreue […]»; dazu die Replik von Joachim Perels, «Kritische Bemerkungen zu einer Urteilsanalyse», im Internet unter http://www.gps.uni-hannover.de/forschung/veroeff/perels/Die_rechtliche_Bedeutung_des_Auschwitz-Prozesses.pdf.
12 Haueisen, «Auschwitz – eine Herausforderung an die Frankfurter Justizbehörden», S. 192.
13 Fröhlich, *«Wider die Tabuisierung des Ungehorsams»*, S. 301. Zur Rechtsprechung siehe Nehmer, «Die Täter als Gehilfen?», hier vor allem S. 666 ff.
14 Hans Christoph Schaefer, «Die historische Bewertung der NS-Prozesse», siehe: http://www.fritz-bauer-institut.de/texte/debatte/Schaefer.pdf, S. 1–13, hier S. 11.
15 Ernst Friesenhahn, «Probleme der Verfolgung und Ahndung von nationalsozialistischen Gewaltverbrechen. Bericht über eine von der Ständigen Deputation des Deutschen Juristentages veranstaltete Klausurtagung, erstattet vom Präsidenten des 46. DJT», in: Ständige Deputation des Deutschen Juristentages (Hg.), *Verhandlungen des sechsundvierzigsten Deutschen Juristentages. Bd. II (Sitzungsberichte), Teil C*. München, Berlin 1967, S. C12–C32, hier S. C23. Insgesamt zu dem Expertentreffen – im Übrigen das erste und letzte dieser Art unter juristischen Fachleuten: Thomas Horstmann und Heike Litzinger, *An den Grenzen des Rechts. Gespräche mit Juristen über die Verfolgung von NS-Verbrechen*. Frankfurt/M. 2006 (Wissenschaftliche Reihe des Fritz Bauer Instituts, Bd. 14).
16 Bauer, «Antinazistische Prozesse und politisches Bewußtsein», S. 175.
17 Ebd., S. 173. Dazu Fröhlich, *«Wider die Tabuisierung des Ungehorsams»*, S. 307. Jäger, «Erinnerung an Fritz Bauer», S. 390, meinte, Bauer habe die Möglichkeiten des Strafvollzugs, was das Weiterwirken der «autoritär-totalitären Infektion» betrifft, «illusionär überschätzt».
18 Bauer, *Die Kriegsverbrecher vor Gericht*, S. 205.
19 Ebd., S. 211.
20 Vgl. Schaefer, «Die historische Bewertung der NS-Prozesse», S. 11; Hans Christoph Schaefer, «Gedenkrede zur Erinnerung an Fritz Bauer vom 2. Juli 1998», in: Fritz Bauer Institut (Hg.), *Die Humanität der Rechtsordnung. Zur Erinnerung an Fritz Bauer*. Frankfurt/M. 1998, S. 13–17. Bereits 1949 stellte Bauer die Frage: «Warum Gefängnisse?», in: *Geist und Tat. Monatsschrift für Recht, Freiheit und Kultur*, Jg. 4 (1949), H. 6, S. 489–492.
21 Bauer, «Im Kampf um des Menschen Rechte», S. 40.
22 Bauer, «Justiz als Symptom», in: Hans Werner Richter (Hg.), *Bestandsaufnahme. Eine deutsche Bilanz 1962*. München, Wien, Basel 1962, S. 221–232, hier S. 231 f. – Eine umfassende empirische Studie über das historisch-politische Anliegen Bauers und die Wirkung seiner Prozesse auf das öffentliche Bewusstsein gibt es bisher nicht. Auch deshalb nicht, weil die Rezeption mindestens bis Ende der achtziger Jahre erforscht werden müsste. Denn eine unmittelbare, plötzlich spürbar werdende positive Rückwirkung der Prozesse auf das politische Bewusstsein war wohl kaum zu erwarten (vgl. Friesenhahn, «Probleme der Verfolgung und Ahndung», S. C12 f.). Nur

wenige Strafrechtslehrer wie Jürgen Baumann, Claus Roxin, Herbert Jäger und Günter Spendel machten die NS-Verfahren früher schon zum Gegenstand wissenschaftlicher Untersuchungen, vgl. Perels, «Die Strafsache gegen Mulka und andere. 4 Ks 2/63 – Juristische Grundlagen», S. 127. Vgl. die Analyse von Urteilen in NS-Verfahren, die einen Ansatz für eine solche Untersuchung liefert, von Freudiger, *Die juristische Aufarbeitung von NS-Verbrechen* (2002).

23 Dieter Gosewinkel, *Adolf Arndt. Die Wiederbegründung des Rechtsstaats aus dem Geist der Sozialdemokratie (1945–1961)*. Bonn 1991 (Politik und Gesellschaftsgeschichte, Bd. 25), S. 463 (ebd. das Zitat aus Arndts Bundestagsrede am 22.1.1959, 3. WP, 56. Sitzung, Protokolle des Bundestags, S. 3051 B).

24 Ebd., S. 463 f.

25 Die Justizministerkonferenz im Oktober 1958 hielt es nicht für ratsam, dass ehemalige Sonderrichter wieder in Strafsachen tätig wurden. Siehe Klaus Bästlein, «Nazi-Blutrichter als Stützen des Adenauer-Regimes», in: Helge Grabitz, Klaus Bästlein und Johannes Tuchel (Hg.), *Die Normalität des Verbrechens. Bilanz und Perspektiven der Forschung zu den nationalsozialistischen Gewaltverbrechen. Festschrift für Wolfgang Scheffler zum 65. Geburtstag*. Berlin 1994, S. 408–443, hier S. 416; von Miquel, *Ahnden oder Amnestieren?*, S. 25, schreibt, die Richter seien «kollektiv befangen» gewesen; Arndts Vorschlag versprach keinen Erfolg, da der Deutsche Richterbund sich solidarisch mit allen von der Kampagne Betroffenen erklärte (S. 23).

26 Vgl. Arndt, 26.1.1960, AdsD Bonn, SPD-Bundestagsfraktion, 3. Wahlperiode, Mappe 396.

27 Dazu Annette Weinke, «Die strafrechtliche Verfolgung von NS- und Kriegsverbrechen im geteilten Deutschland 1949–1989», in: *Recht und Politik*, Jg. 32 (1996), H. 2, S. 98–106, hier S. 99.

28 Bästlein, «Nazi-Blutrichter als Stützen des Adenauer-Regimes», S. 412.

29 von Miquel, *Ahnden oder Amnestieren?*, S. 36.

30 Ebd., S. 40 (Zitat aus der *Süddeutschen Zeitung*, 30.8.1958). Siehe auch Marc von Miquel, «Aufklärung, Distanzierung, Apologie. Die Debatte über die Strafverfolgung von NS-Verfahren in den sechziger Jahren», in: Norbert Frei und Sibylle Steinbacher (Hg.), *Beschweigen und Bekennen. Die deutsche Nachkriegsgesellschaft und der Holocaust*. Göttingen 2001, S. 51–70, hier S. 55. Über Ernst-Müller Meiningen jr. siehe den Gedenkartikel von Heribert Prantl, «Der liberale Raufbold», in: *Süddeutsche Zeitung*, 11.4.2006.

31 von Miquel, *Ahnden oder Amnestieren?*, S. 41; Ulrich Brochhagen, *Nach Nürnberg. Vergangenheitsbewältigung und Westintegration in der Ära Adenauer*. Hamburg 1994, S. 229 ff.

32 Gemäß der von den Justizministern und -senatoren getroffenen Verwaltungsvereinbarung erstreckte sich die Zuständigkeit der Zentralen Stelle in erster Linie auf Mord- und Totschlagsverbrechen, die in Konzentrationslagern, Zwangsarbeitslagern und Ghettos sowie von den Einsatzgruppen und Einsatzkommandos der Sicherheitspolizei und des SD begangen wurden. Erst 1964 wurde die Zuständigkeit auf Vorermittlungen gegen Angehörige der obersten Reichsbehörden ausgedehnt; die Zuständigkeit bei Verfahren gegen Angehörige des Reichssicherheitshauptamtes, gegen die bei der Berliner Staatsanwaltschaft 1963 Vorermittlungen eingeleitet wurden, und des Volksgerichtshofs blieb hingegen immer bei der StA beim Kammergericht in Berlin. StA OLG Frankfurt/M., Sammel-Akten, Betr. Tagung der Generalstaatsanwälte 1963 in Konstanz, 03131 E – 108. Adalbert Rückerl, *Die Strafverfolgung von NS-Verbrechen 1945–1978. Eine Dokumentation*. Heidelberg, Karlsruhe 1979, S. 50 f.; dazu Weinke, «Die strafrechtliche Verfolgung von NS- und Kriegsverbre-

chen», S. 100; Helmut Kramer, «Barbara Just-Dahlmann – ‹Ludwigsburg öffnete uns schockartig die Augen, Ohren und Herzen›», in: Fröhlich und Kohlstruck (Hg.), *Engagierte Demokraten*, S. 201–212, hier S. 202 f.

33 F. Bauer an A. Arndt, 27.6.1959, AdsD Bonn, SPD-Bundestagsfraktion, 3. Wahlperiode, Mappe 222.

34 Meusch, *Von der Diktatur zur Demokratie*, S. 246 ff., stellt die Reaktionen auf die «Blutrichter»-Kampagne dar, arbeitet allerdings Bauers Einflussnahme nur unzureichend heraus.

35 Ebd., S. 261.

36 Ebd., S. 259, F. Bauer an A. Arndt, 6.7.1959.

37 Ebd., S. 256 und 258.

38 Ebd., S. 262 (Anm. 289 und 291).

39 Vgl. Stephan Alexander Glienke, *Die Ausstellung «Ungesühnte Nazijustiz» (1959–1962). Zur Geschichte der Aufarbeitung nationalsozialistischer Justizverbrechen.* Hannover 2006 (Dissertations-Manuskript), S. 44 f.

40 Ebd., S. 56 ff.; Gosewinkel, *Adolf Arndt*, S. 465. Arndt befürchtete damals «dunkle Quellen».

41 Michael Kohlstruck, «Richard Strecker – ‹Darf man seinen Kindern wieder ein Leben in Deutschland zumuten?›», in: Fröhlich und Kohlstruck (Hg.), *Engagierte Demokraten*, S. 185–200, hier S. 185.

42 Ebd., S. 189; Glienke, *Die Ausstellung «Ungesühnte Nazijustiz»*, S. 77 und 103; vgl. den hektographierten Ausstellungskatalog: Wolfgang Koppel (Hg.), *Ungesühnte Nazijustiz. Hundert Urteile klagen ihre Richter an.* Karlsruhe 1960.

43 Gosewinkel, *Adolf Arndt*, S. 466; Glienke, ebd., S. 254.

44 Bauer, «‹Ungesühnte Nazijustiz›».

45 Vgl. Bericht des Hessischen Justizministers an den Vorsitzenden des Rechtsausschusses im Deutschen Bundestag, 10.5.1961, wo der Fall in der Anlage dokumentiert ist, AdsD Bonn, SPD-Bundestagfraktion, 3. Wahlperiode, Mappe 398; dazu Meusch, *Von der Diktatur zur Demokratie*, S. 255.

46 Bauer, «‹Ungesühnte Nazijustiz›», S. 135; Gosewinkel, *Adolf Arndt*, S. 469, Arndt behauptete im selben Jahr, es sei alles getan worden, Richter aus der Justiz zu entfernen, die «unverzeihliche Urteile fällten»; dagegen Meusch, ebd., S. 246 (Anm. 207).

47 Bauer, ebd., S. 135 ff.

48 Ingo Müller, *Furchtbare Juristen. Die unbewältigte Vergangenheit unserer Justiz.* München 1989, S. 277. Meusch, *Von der Diktatur zur Demokratie*, S. 253, erwähnt ein Sonderheft der Justizverwaltung mit rund 60 Einstellungsverfügungen Bauers 1960/61.

49 Bauer, «Justiz als Symptom», S. 371. Dazu Peter Jochen Winters, «Unrecht als Gesetz. Vom 30. Juni 1934 zu den ‹Mauerschützen›», in: Grabitz u. a. (Hg.), *Die Normalität des Verbrechens*, S. 42–67, hier S. 52.

50 Winters, «Unrecht als Gesetz», S. 55; vgl. dazu Laage, «Die Auseinandersetzung um den Begriff des gesetzlichen Unrechts nach 1945», S. 268 ff.

51 Bauer, «Im Namen des Volkes», S. 83. Siehe zu dieser Problematik Günter Spendel, *Rechtsbeugung durch Rechtsprechung.* Berlin 1984.

52 Bauer, «Das ‹gesetzliche Unrecht› des Nationalsozialismus», S. 57. Dazu Winters, «Unrecht als Gesetz», S. 54. Auch das Urteil im ersten Auschwitz-Prozess berief sich auf die Kernbereichstheorie (BGHSt Bd. 2, 1952, 234), die Richter zogen aber nicht den Umkehrschluss der Bejahung eines «Kernbereichs von Rechts- und Unrechtsbewußtsein». Dazu Wojak, «Die Verschmelzung von Geschichte und Kriminologie», S. 35 f.

53 Bauer, «Im Namen des Volkes», S. 83.

54 Meusch, *Von der Diktatur zur Demokratie*, S. 262.
55 Vgl. die «Kurze Zusammenfassung der Gespräche mit Generalstaatsanwalt Dr. Bauer», vermutlich von den Ostberliner StA Foth und Ender verfasst, ohne Datum (1960/61), BA Berlin, DP 3 (Generalstaatsanwaltschaft), Bereitstellung von Dokumenten für GStA-BRD, Karton 279, 2–3, Bl. 32.
56 Vgl. im Folgenden Meusch, «Im Namen des Volkes», S. 262 ff.
57 Von einem einheitlichen Vorgehen von Bund und Ländern konnte ab 1959 keine Rede sein. Eine gesetzliche Regelung wurde im Juni 1959 von Berlin und Hessen gefordert sowie von Hamburg befürwortet. Vgl. Bästlein, «Nazi-Blutrichter als Stützen des Adenauer-Regimes», S. 416 f.; Meusch, ebd., S. 278, sieht diese Forderung damals noch auf Hessen beschränkt.
58 Glienke, *Die Ausstellung «Ungesühnte Nazijustiz»*, S. 38.
59 Ebd., S. 103; im Februar 1960 war Strecker in Prag, und es wurden ihm weitere Dokumente zur Verfügung gestellt, vgl. ebd., S. 253.
60 Allerdings gestand das BJM den Landesjustizverwaltungen bereits am 24.3.1960 zu, sich an die polnische und tschechoslowakische Militärmission zu wenden und dort Akten zu recherchieren, insofern ist die Ablehnung dieses Vorschlags durch den hessischen Justizstaatssekretär auf der Sitzung nicht verständlich; Meusch, *Von der Diktatur zur Demokratie*, S. 266.
61 Ebd., S. 258 und 275.
62 Zu der Debatte am 29. Juni 1960 s. ebd., S. 271 ff. – Der Deutsche Richterbund hatte bereits im November 1958 gefordert, die «Staatsführung [solle sich] schützend vor die Organe der Rechtspflege stellen»; vgl. Bästlein, «Nazi-Blutrichter als Stützen des Adenauer-Regimes», S. 416.
63 So «sinn- und harmlos», wie Meusch meint, war die Aktion also nicht; vgl. Meusch, ebd., S. 270 und 274, der fragt, warum das Ministerium die Sprengkraft seiner Nachforschungen angesichts der Herkunft der Dokumente aus der DDR, Tschechien und Polen so sehr unterschätzt habe. Außerdem hatten die Justizverwaltungen schon 1957 von den Betroffenen dienstliche Äußerungen zu ihrer Tätigkeit in der NS-Zeit verlangt; vgl. Bästlein, ebd., S. 415.
64 Dazu auch Glienke, *Die Ausstellung «Ungesühnte Nazijustiz»*, S. 38 f.
65 Meusch, *Von der Diktatur zur Demokratie*, S. 270.
66 Bästlein, «Nazi-Blutrichter als Stützen des Adenauer-Regimes», S. 418; von Miquel, *Ahnden oder Amnestieren?*, S. 82.
67 Miquel, ebd., S. 84; vgl. zur allgemeinen justizpolitischen Entwicklung Joachim Perels, «Die Umdeutung der NS-Diktatur in einen Rechtsstaat. Über ideologische Tendenzen in der Justiz der Bundesrepublik», in: Wolfram Wette (Hg.), *Filbinger – eine deutsche Karriere*. Springe 2006, S. 81–97.
68 Ebd., S. 84 f.
69 Schreiben A. Arndt an G. A. Zinn vom 15.3.1961, zitiert nach Meusch, *Von der Diktatur zur Demokratie*, S. 277.
70 von Miquel, *Ahnden oder Amnestieren?*, S. 91.
71 Ebd., S. 94.
72 Der HMJ an den Vorsitzenden des Rechtsausschusses des Deutschen Bundestages, 10.5.1961, AdsD Bonn, Mappe 398.
73 Meusch, *Von der Diktatur zur Demokratie*, S. 278. Zu solchen Kurierdiensten war es allerdings schon früher gekommen, laut Dr. Günter Wieland, StA a. D. im Geschäftsbereich des GStA der DDR und Sachbearbeiter für Verfahren wegen NS-Gewaltverbrechen, erstmals am 26.2.1960; vgl. G. Wieland, «Die deutsch-deutschen Rechtsbeziehungen zur Ahndung von NS-Verbrechen zwischen Mauerbau und Wie-

dervereinigung», in: Grabitz u. a. (Hg.), *Die Normalität des Verbrechens*, S. 386–407, hier S. 393; von Miquel, *Ahnden oder Amnestieren?*, S. 75 f., berichtet von einem überraschenden Besuch zweier Staatsanwälte, die am 29.2.1960 mit 40 Aktenkopien in Stuttgart im Justizministerium vorsprachen und dann nach Karlsruhe weiterreisten.

74 Vgl. den vollständigen Text bei Meusch, ebd., S. 279.
75 Bästlein, «Nazi-Blutrichter als Stützen des Adenauer-Regimes», S. 419; von Miquel, *Ahnden oder Amnestieren?*, S. 95.
76 von Miquel, ebd., S. 97 f. – Dieter Gosewinkel, «Politische Ahndung an den Grenzen des Justizstaats. Die Geschichte der nationalsozialistischen Justiz im Deutschen Richtergesetz von 1961», in: Frei u. a. (Hg.), *Geschichte vor Gericht*. S. 60–71, hier S. 67.
77 Vgl. von Miquel, ebd., S. 99 ff.
78 Vgl. Meusch, *Von der Diktatur zur Demokratie*, S. 283.
79 Gosewinkel, «Politische Ahndung», S. 63.
80 Vgl. Rückerl, *Die Strafverfolgung von NS-Verbrechen*, S. 60 ff., über die Neuberechnung der Verjährungsfrist.
81 Gosewinkel, «Politische Ahndung», S. 60. Insgesamt rechnet man mit über 40 000 Todesurteilen, die während des Krieges, zumeist von Sondergerichten, verhängt wurden – fast immer wegen angeblicher «Zersetzung der Wehrkraft» sowie abfälliger Urteile über die Staatsführung.
82 Zitiert nach Michael Greve, *Der justizielle und rechtspolitische Umgang mit den NS-Gewaltverbrechen in den sechziger Jahren*. Frankfurt/M. u. a. 2001, S. 136.
83 Ebd.
84 Ebd.
85 Bauer, «Das ‹gesetzliche Unrecht› des Nationalsozialismus», S. 59 (der Originalbeitrag erschien in: Arthur Kaufmann [Hg.], *Gedächtnisschrift für Gustav Radbruch*. Göttingen 1968, S. 302–307.)
86 Perels, «Die Restauration der Rechtslehre nach 1945», S. 253.
87 Susanne Benzler und Joachim Perels, «Über den juristischen Umgang mit der NS-‹Euthanasie›», in: Loewy und Winter (Hg.), *NS-Euthanasie vor Gericht*, S. 15–34, hier S. 23 ff.; diese Rechtslehre wurde von Hans Welzel bereits 1948 entwickelt; vgl. Freudiger, *Die juristische Aufarbeitung von NS-Verbrechen*, S. 340 ff.
88 Welzel bezweifelte insoweit den Tatbestand des Mordes und fragte: «Wenn [...] die angeklagte Ärztin [...] ‹von der Liste der ohnehin zu Tötenden die noch Arbeitsfähigen aussondert, die Gesamtzahl der zu Tötenden also verringert hat›, hat sie dann überhaupt den objektiven Tatbestand des § 211 verwirklicht?», zitiert nach Benzler und Perels, «Über den juristischen Umgang mit der NS-‹Euthanasie›», S. 25: Hans Welzel, «Der Irrtum über die Rechtswidrigkeit des Handelns», in: *Süddeutsche Juristenzeitung*, 1948, Sp. 371, Anm. 8.
89 Christian Dirks, «Selekteure als Lebensretter. Die Verteidigungsstrategie des Rechtsanwalts Dr. Hans Laternser», in: Fritz Bauer Institut (Hg.), *«Gerichtstag halten über uns selbst ...»*, S. 163–192, hier S. 174 f.
90 Benzler und Perels, «Über den juristischen Umgang mit der NS-‹Euthanasie›», S. 25. Vgl. zur Kritik dieser Rechtsprechung und kriminologischen Neubewertung Herbert Jäger, *Verbrechen unter totalitärer Herrschaft. Studien zur nationalsozialistischen Gewaltkriminalität*. Olten, Freiburg i. Br. 1967.
91 Freudiger, *Die juristische Aufarbeitung von NS-Verbrechen*, S. 248 und 251; nach 1950 wurden über 80 Prozent der wegen Beteiligung an «Euthanasie»-Aktionen Verurteilten als Gehilfen eingestuft. Vgl. Dirks, «Selekteure als Lebensretter», S. 173 f.,

über die Argumentation von RA Laternser, die Vernichtung der Juden in Auschwitz sei «ausschließlich die Tat Hitlers».
92 Kramer, «‹Gerichtstag halten über uns selbst›», S. 87.
93 Ebd., S. 88.
94 Ebd., S. 88.
95 Benzler und Perels, «Über den juristischen Umgang mit der NS-‹Euthanasie›», S. 15. Über die NS-Euthanasie als Vorstufe der «Endlösung der Judenfrage» vgl. Henry Friedlander, *Der Weg zum NS-Genozid. Von der Euthanasie zur Endlösung.* Berlin 1997.
96 Vgl. die strukturgeschichtliche Interpretation einer sukzessiven Radikalisierung der NS-Vernichtungspolitik von Hans-Walter Schmuhl, *Rassenhygiene, Nationalsozialismus, Euthanasie. Von der Verhütung zur Vernichtung «lebensunwerten Lebens» 1880–1945.* Göttingen 1987 (Kritische Studien zur Geschichtswissenschaft, Bd. 75).
97 Peter Sandner, *Frankfurt. Auschwitz. Die nationalsozialistische Verfolgung der Sinti und Roma in Frankfurt am Main.* Frankfurt/M. 1998 («Hornhaut auf der Seele». Dokumentationen der Verfolgung von Sinti und Roma in hessischen Städten und Gemeinden, Bd. 4), S. 240.
98 Friedlander, *Der Weg zum NS-Genozid,* S. 430 ff.
99 Ernst Klee, *Was sie taten – was sie wurden. Ärzte, Juristen und andere Beteiligte am Kranken- oder Judenmord.* Frankfurt/M. 1994, S. 56 f.; dazu Adolfo Salpelli (ed.), *San Sabba. Instruttoria e processo per il lager della Risiera.* 2 voll. Trieste 1995; allerdings irrt Klee, wenn er schreibt, die italienischen Faschisten hätten die Juden geschont, gar die Vernichtung sabotiert, vgl. Amedeo Osti Guerrazzi und Constantino di Sante, «Die Geschichte der Konzentrationslager im faschistischen Italien», in: Sven Reichardt und Armin Nolzen (Hg.), *Faschismus in Italien und Deutschland. Studien zu Transfer und Vergleich. Beiträge zur Geschichte des Nationalsozialismus,* Bd. 21. Göttingen 2005, S. 176–200, hier S. 194 ff.
100 GStA Bauer an den Untersuchungsrichter III beim LG Frankfurt/M., 9.1.1968, HHStA Wiesbaden, Abt. 631a, Nr. 1314, Bl. 118. Einen Roman über die zum Lager umfunktionierte Reismühle und die NS-Täter der «Aktion Reinhardt» verfasste Thomas Harlan, *Heldenfriedhof.* Frankfurt/M. 2006.
101 Lothar Gruchmann, «Euthanasie und Justiz im Dritten Reich», in: *Vierteljahrshefte für Zeitgeschichte,* Jg. 20 (1972), H. 3, S. 235–279, hier S. 238 f.; dazu auch Benzler und Perels, «Über den juristischen Umgang mit der NS-‹Euthanasie›», S. 16 ff.; zum Ablauf der Euthanasie-Aktion s. die Beiträge in: Götz Aly (Hg.), *Aktion T4 1939–1945. Die «Euthanasie»-Zentrale in der Tiergartenstraße 4.* Berlin 1987.
102 Gruchmann, ebd., S. 240.
103 Ebd., S. 241.
104 Benzler und Perels, «Über den juristischen Umgang mit der NS-‹Euthanasie›», S. 17.
105 Gruchmann, «Euthanasie und Justiz im Dritten Reich», S. 242 f.
106 Benzler und Perels, «Über den juristischen Umgang mit der NS-‹Euthanasie›», S. 19.
107 Gruchmann, «Euthanasie und Justiz im Dritten Reich», S. 242 f.
108 Ebd., S. 244, vertritt Gruchmann die Ansicht, das Reichsjustizministerium sei weder beteiligt noch zu den aufgeworfenen Rechtsfragen gehört und von der Aktion in Kenntnis gesetzt worden.
109 Vgl. das Zitat ebd., S. 268 und S. 271; Benzler und Perels, «Über den juristischen Umgang mit der NS-‹Euthanasie›», S. 20; Fröhlich, *«Wider die Tabuisierung des Ungehorsams»,* S. 360 ff.
110 Fröhlich, ebd., S. 287.

111 Ebd., S. 288; Zitat aus: *Der Spiegel*, 13.12.1961.
112 Kramer, «‹Gerichtstag halten über uns selbst›», S. 91.
113 GStA Bauer, Bericht vom 25.5.1964, HMJ Wiesbaden, Werner Blankenburg u. a., IV-1554/60, Bd. II, Bl. 238.
114 Kramer, «‹Gerichtstag halten über uns selbst›», S. 92.
115 Vgl. den Abdruck der Anschuldigungsschrift im Ermittlungsverfahren gegen Schlegelberger u. a., Js 20/63 GStA Frankfurt/M., hier: Antrag auf Eröffnung der gerichtlichen Voruntersuchung, 22.4.1965, in: Loewy und Winter (Hg.), *NS-Euthanasie vor Gericht*, S. 145–167, hier S. 165.
116 Meusch, *Von der Diktatur zur Demokratie*, S. 183, zitiert den entsprechenden Bericht Bauers an das HMJ vom 23.12.1959.
117 Kramer, «‹Gerichtstag halten über uns selbst›», S. 120.
118 Verfügung von GStA Bauer, 20.7.1961, HHStA Wiesbaden, Abteilung (Abt.) 631a, Nr. 857a, Bl. 1.
119 Meusch, *Von der Diktatur zur Demokratie*, S. 187 und 307, über den Bericht des GStA vom 5.10.1961.
120 Schreiben von StA Engelhardt, an OStA beim LG Limburg, 27.2.1968, Bundesarchiv, Zentrale Stelle (BAZSt) Ludwigsburg, B 162/4453, Bl. 2197 f.
121 Dokumentensammlung «Euthanasie» der GStA Frankfurt/M., HHStA Wiesbaden, Abt. 631a, Nr. 1654–1733.
122 Meusch, *Von der Diktatur zur Demokratie*, S. 184; vgl. Klee, *Was sie taten*, S. 29 ff. über Bohne, S. 33 ff. über Tillmann und S. 37 ff. über Hefelmann.
123 Vgl. Klee, ebd., S. 79 ff., über Becker, der aufgrund der für «T4» erwirtschafteten Gewinne den Spitznamen «Millionen-Becker» bekam. Schreiben von StA Hinrichsen, Zentrale Stelle (ZSt), an den GStA Frankfurt/Main, 18.1.1960, BAZSt Ludwigsburg, B 162/4461, Bl. 142.
124 GStA Bauer, 7.9.1960, an den Generalbundesanwalt, HMJ Wiesbaden, Werner Blankenburg u. a., Az. IV – 1554/60, Bd. I, Bl. 5 f.; Meusch, *Von der Diktatur zur Demokratie*, S. 184. Blankenburg tauchte nach dem Krieg unter und starb 1957 unbehelligt in Stuttgart; Klee, *Was sie taten*, S. 17.
125 Schreiben von Erwin Schüle (ZSt) an den GStA Frankfurt/Main, 13.4.1960; BGH-Beschluss vom 13.5.1960, BAZSt Ludwigsburg, B 162/4461, Bl. 292 und 295.
126 Meusch, *Von der Diktatur zur Demokratie*, S. 185; bei dem Berliner Verfahren handelte es sich um das Restverfahren, das 1950 von der StA Limburg abgegeben worden war und sich gegen 29 «Euthanasie»-Täter richtete, die bisher nicht auffindbar waren, so dass, was die Ermittlungen in Hessen anbetrifft, von einer «bemerkenswerten […] Kontinuität» die Rede sein kann; ebd. S. 186.
127 Fröhlich, «*Wider die Tabuisierung des Ungehorsams*», S. 312.
128 Beschwerde gegen den Haftbefehl gegen Heyde von GStA Bauer vom 5.1.1960, Fröhlich, «*Wider die Tabuisierung des Ungehorsams*», S. 327; Beschluss des LG Frankfurt/M. vom 29.1.1960, ebd., S. 310. – «Dr. Bauer besteht auf Mordverdacht», in: *Frankfurter Rundschau*, 9.1.1960.
129 Beschluss des AG Frankfurt/M. vom 12.9.1960, Fröhlich, ebd., S. 312.
130 Ebd., S. 326.
131 Ebd., S. 321.
132 Aktenvermerk zum Ermittlungsverfahren Js 17/59 (GStA) Frankfurt/M., Stand 1.1.1961, gez. Zinnall (Erster StA), BAZSt Ludwigsburg, B 162/4468–4470, Bl. 1–519; StA Hinrichsen von der ZSt reagierte daher im Mai 1962 (fast anderthalb Jahre später!) mit gewissem Erstaunen auf eine Anfrage aus Stuttgart zum Schlegelberger-Verfahren und fragte, ob dort der instruktive zweibändige Aktenvermerk nicht

bekannt war; Schreiben von StA Hinrichsen (ZSt) an die StA Stuttgart, 25.5.1962, BAZSt Ludwigsburg, B 162/4447, Bl. 995 f.
133 Schreiben von GStA Bauer an die ZSt, 2.2.1961, BAZSt Ludwigsburg, B 162/4446, Bl. 647 ff.
134 Ebd.
135 Ebd., Bl. 672 und 698.
136 Ebd., Bl. 714; über Dr. H. Schumann (1906–1983) s. Klee, *Was sie taten*, S. 98 ff., sowie Thomas Schilter, «Psychiatrieverbrechen im Dritten Reich. Die Karriere Horst Schumanns», in: *Internationale Zeitschrift für Geschichte und Ethik der Naturwissenschaften, Technik und Medizin* (NTM), Neue Serie 6 (1998), S. 42–55.
137 Schilter, ebd., S. 51; vgl. dazu den Schriftwechsel in: HMJ Wiesbaden, Dr. Horst Schumann, Auslieferung von Ghana nach Deutschland, Az. 9351 E IV – 653/61.
138 Klee, *Was sie taten*, S. 42.
139 Anklageschrift GStA Frankfurt, Js 17/59, 22.5.1962, BAZSt Ludwigsburg, B 162/4526–4529, Bl. 1–833.
140 Vgl. dazu die Ausführungen über das Urteil im Auschwitz-Prozess in diesem Buch.
141 Anklageschrift GStA Frankfurt/M., Js 17/59, 22.5.1962, BAZSt Ludwigsburg, B 162/4526–4529, Bl. 766 ff.
142 Schreiben von A. Rückerl (Leitender OStA), 17.1.1967, BAZSt Ludwigsburg, B 162/4451, Bl. 1898. Der Leiter der Landespolizeistelle in Freiburg i. Br. ließ sich im Februar 1964 ein Exemplar der Anklageschrift für seine Lehrmittelsammlung zusenden, BAZSt Ludwigsburg, B 162/4450, Bl. 1380 ff.; ebenfalls verwies StA Engelhardt (ZSt Ludwigsburg) am 13.1.1966 in einer Ermittlungssache beim LG Darmstadt auf die Anklageschrift als «Standardwerk in Euthanasiefragen», BAZSt Ludwigsburg, B 162/4451, Bl. 1869.
143 Fröhlich, «*Wider die Tabuisierung des Ungehorsams*», S. 346 ff., hat diese Verschleppungsmethode rekonstruiert.
144 GStA Bauer, 7.2.1963, an den HMJ; Bauers Antrag wurde erst vom LG Limburg zurückgewiesen, der Beschluss jedoch aufgehoben und Schmidt-Leichner ausgeschlossen (15.3.1963); die Verfassungsbeschwerde des Rechtsanwalts war erfolgreich (11.6.1963, 1 BvR 156/63), HMJ Wiesbaden, Dr. Werner Heyde u.a., Az. IV – 1834/59, Bd. III, Bl. 11, 51 ff., 62 und 118; «Dienstaufsichtsbeschwerde gegen Generalstaatsanwalt Bauer», in: *Frankfurter Rundschau*, 20.11.1962. Eine Presseerklärung der GStA (gez. Bauer) vom 12.11.1962 fand ihren Nachhall in: ‹›Heyde-Prozeß wird nicht verzögert›. Eine Erklärung des Generalstaatsanwalts›, in: *Frankfurter Allgemeine Zeitung*, 14.11.1962, vgl. HMJ Wiesbaden, Dr. Werner Heyde u.a., Az. IV – 1834/59, Bl. 305 ff.
145 Klee, *Was sie taten*, S. 52 ff., erwähnt, dass Hefelmann noch lebte, während er seine Rechercheergebnisse zu dem Fall 1986 aufs Papier brachte.
146 Dies bestätigte Landgerichtsrat Grabert in einem Schreiben an GStA Bauer am 12.10.1962 und forderte noch am gleichen Tag zu dem Verfahren (Az. Js 15/61) von der ZSt alle Materialien an, die dort gegen Schumann erhobenen Beschuldigungen vorlagen, BAZSt Ludwigsburg, B 162/4448, Bl. 1051 b und c.
147 Klee, *Was sie taten*, S. 106; Schilter, «Psychiatrieverbrechen im Dritten Reich», S. 51.
148 Zitiert nach Johannes Warlo, «NSG-Verfahren in Frankfurt am Main. Versuche einer justitiellen Aufarbeitung der Vergangenheit», in: Henrichs und Stephan (Hg.), *Ein Jahrhundert Frankfurter Justiz*, S. 155–183, hier S. 167.
149 Uki Goñi, *Odessa. Die Wahre Geschichte. Fluchthilfe für NS-Kriegsverbrecher*. Berlin, Hamburg 2006, S. 258 f.; Klee, *Was sie taten*, S. 42 ff.; Warlo, ebd.
150 Klee, ebd., S. 47 f.; Warlo, ebd.

151 Vgl. den Bericht der GStA (gez. Bauer) über Heydes Ausbruchsversuch, 15.11.1963, HMJ Wiesbaden, Dr. Werner Heyde, Az. IV – 1834/59, Bd. III, Bl. 146 ff.
152 Vgl. zu den Vorgängen: Klaus-Detlev Godau-Schüttke, *Die Heyde/Sawade-Affäre. Wie Juristen und Mediziner den NS-Euthanasieprofessor Heyde nach 1945 deckten und straflos blieben*. 2. Aufl. Baden-Baden 2001, S. 236. Klee, *Was sie taten*, S. 49; Heydes Brief siehe in: HMJ Wiesbaden, betr. Dr. Werner Heyde, Az. III/4 – 1834/59, Bd. IV, Bl. 55–64.
153 «Nazi-Geheimbund am Werk. Euthanasie-Prozeß sollte verhindert werden. Hintergründe müssen geklärt werden», in: *Die Tat*, 22.2.1964.
154 *Stuttgarter Zeitung*, 8.2.1967, BAZSt Ludwigsburg, B 162/4451, Bl. 1938; *Der Spiegel*, 19.2.1964, zit. nach Meusch, *Von der Diktatur zur Demokratie*, S. 184.
155 Siehe das Schreiben von Bauer, 14.12.1962, an den HMJ, und das Schreiben des GStA der DDR, Streit, 12.12.1962, HMJ Wiesbaden, betr. Dr. Heyde u. a., Az. IV – 1834/59, Bd. III; die StA aus der DDR überbrachten auch Material, welches das Auschwitz-Verfahren, das Lidice- und Zamość-Verfahren betraf; Bauer berichtete am 22.1.1963 und am 21.2.1963, dass sie bei ihrem Besuch angeboten hatten, im Staatsarchiv der SBZ in Potsdam einschlägige Archivbestände einzusehen, was er nach Prüfung von Einzelstücken auch in Anspruch nehmen wollte, 29.3.1963, vgl. ebd., Bl. 5, Bl. 39 und Bl. 57; über den Besuch: «Staatsanwälte aus der DDR brachten Material gegen Professor Heyde», in: *Frankfurter Rundschau*, 2.3.1963. Siehe auch BA Berlin, DP 3, Bereitstellung von Beweisdokumenten für GStA-BRD, Karton 279, 2–3.
156 Schreiben von Bauer an Staatssekretär E. Rosenthal-Pelldram, 17.1.1964, HMJ Wiesbaden, betr. Dr. Werner Heyde, Az. III/4 – 1834/59, Bd. IV, o. Bl.
157 «Die Fragen bleiben», in: *Frankfurter Rundschau*, 14.2.1964.
158 «NS-Verbrechen, Euthanasie», in: *Der Spiegel*, 17.2.1964.
159 Vgl. Wolfgang Naucke, «Muster der Wende. In der ‹Heyde/Sawade-Affäre› steckt auch eine Karl-Binding-Affäre», in: *Frankfurter Allgemeine Zeitung*, 23.6.1999.
160 Ebd.
161 Ruth Gay, *Das Undenkbare tun. Juden in Deutschland nach 1945*. München 2001, S. 23.
162 Bauer an Herrn Thelen, Spiegel-Verlag, Frankfurt/M., 18.2.1964, HMJ Wiesbaden, betr. Dr. Werner Heyde, Az. III/4 – 1834/59, Bd. IV, Bl. 321.
163 Warlo, «NSG-Verfahren in Frankfurt am Main», S. 170.
164 Klee, *Was sie taten*, S. 69; Warlo, ebd., erwähnt dies nicht; über die Verhaftung berichtete die GStA Frankfurt/M. am 7.3.1963 der ZSt, BAZSt Ludwigsburg, B 162/4448, Bl. 1154.
165 Vgl. über den «T4»-Gutachter Dr. Curd Runckel: Klee, ebd., S. 183 ff., sowie über Dr. Ratka, ehemals Direktor der Vernichtungsanstalt Tiegenhof im «Reichsgau Wartheland», ebd., S. 221 f.
166 Dies berichtete die StA Amberg der ZSt., 16.2.1962, Betr.: Prof. Dr. Keller alias Dr. Bunke wegen NS-Gewaltverbrechen, 2 Js 1343/61 pol, BAZSt Ludwigsburg, B 162/4447, Bl. 964.
167 Meusch, *Von der Diktatur zur Demokratie*, S. 186.
168 Bericht GStA Frankfurt/M., an das HMJ, 16.7.1962, im Ermittlungsverfahren gegen Bunke und Endruweit, HHStA Wiesbaden, Abt. 631a, Nr. 1800, Bd. 37, Bl. 28.
169 Klee, *Was sie taten*, S. 121 f.
170 Bericht GStA Frankfurt/M., an das HMJ, 4.7.1962, Haftverschonung für Borm, am 29.6.1962 nach Uetersen entlassen, HHStA Wiesbaden, Abt. 631a, Nr. 1800, Bd. 37, Bl. 67; dazu: «Chefarzt hinter Gittern», in: *Frankfurter Rundschau*, 29.6.1962.

171 LG Frankfurt/M., Beschluss in der Voruntersuchungssache Ullrich u. a. wegen Mordes, 2.5.1963, BAZSt Ludwigsburg, B 162/4448, Bl. 1200.
172 Anklageschrift, Js 15/61 GStA Frankfurt/M., 15.01.1965, BAZSt Ludwigsburg, B 162/4463, S. 277.
173 Bericht von GStA Bauer an das HMJ, 8.7.1965, HHStA Wiesbaden, Abt. 631a, Nr. 1800, Bd. 37, Bl. 96 f.
174 Bericht GStA Bauer, 7.6.1966, an das HMJ, BAZSt Ludwigsburg, B 162/4451, Bl. 1749; «Ghana verhandelt über KZ-Arzt», in: *Frankfurter Rundschau*, 18.8.1966.
175 Bericht GStA Bauer, 15.4.1966, an das HMJ, HHStA Wiesbaden, Abtl. 631a, Nr. 1800, Bd. 37, Bl. 101 f.
176 Ebd., Bl. 103 f.
177 GStA Frankfurt/M., an den HMJ, 30.6.1966, HHStA Wiesbaden, Abt. 631a, Nr. 1800, Bd. 37, Bl. 105.
178 Warlo, «NSG-Verfahren in Frankfurt am Main», S. 168.
179 Vgl. «Prozeßbeginn im ersten Euthanasie-Prozeß gegen Ullrich, Bunke, Endruweit», in: *Frankfurter Allgemeine Zeitung*, 3.10.1966, BAZSt Ludwigsburg, B 162/4451, Bl. 1783.
180 Ullrichs Verteidiger, Rechtsanwalt Dr. Erich Schmidt-Leichner, korrigierte seinen Mandanten in der *Frankfurter Allgemeinen Zeitung* und erklärte, dem Angeklagten seien die Worte in den Mund gelegt worden. Stattdessen müsse es heißen: Auf die Frage, ob die Kranken Dr. Ullrich nicht angesprochen hätten, etwa mit «Heil Hitler», habe Ullrich geantwortet, «dies sei nie geschehen und hätte bei dem geistigen Zustand dieser Menschen auch nie geschehen können». *Frankfurter Allgemeine Zeitung*, 4.10.1966, ebd., Bl. 1784.
181 Vgl. Meusch, *Von der Diktatur zur Demokratie*, S. 178 f.; dass Bauer Professor Kallmann um Gutachten bat, war allerdings weniger ein «äußerst geschickter Schachzug» als eben genau jener Tatsache geschuldet, dass es wegen der personellen Kontinuität schwierig war, unter den deutschen Ordinarien einen geeigneten Gutachter zu finden.
182 Urteil in den Fällen Ullrich, Bunke, Endruweit, 23.5.1967, LG Frankfurt/M., Ks 1/66 (GStA), BAZSt B 162/14419, 96 S., hier S. 90 ff. Dazu Susanne Benzler, «Justiz und Anstaltsmord nach 1945», in: Redaktion Kritische Justiz (Hg.), *Die juristische Aufarbeitung des Unrechts-Staats*, S. 383–411.
183 Bericht GStA Bauer, 26.5.1967, an das HMJ, HHStA Wiesbaden, Abt. 631a, Nr. 1800, Bd. 37, Bl. 112.
184 *Ludwigsburger Kreiszeitung* und *Frankfurter Allgemeine Zeitung*, 24.5.1967, BAZSt Ludwigsburg, B 162/4452, Bl. 2049 und 2051.
185 Warlo, «NSG-Verfahren in Frankfurt am Main», S. 169.
186 BGH-Urteil 2 StR 353/68, 7.8.1970, BAZSt Ludwigsburg, B 162/14419; dazu der Bericht des GStA Frankfurt/M. (OStA Metzner), an das HMJ, 27.101970, mit den Zitaten aus dem Beschluss, HHStA Wiesbaden, Abt. 631a, Nr. 1800, Bd. 37, Bl. 126.
187 Vgl. den Bericht in der *Allgemeinen Jüdischen Wochenzeitung*, 22.11.1985, über den bevorstehenden neuen «Euthanasie»-Prozess, BAZSt, B 162/4458, Bl. 3368.
188 Urteil in der Strafsache gegen Borm wegen Verbrechen nach §§ 211, 49 StGB, Ks 1/66 (GStA), Frankfurt/M., 6.6.1972, BAZSt Ludwigsburg, B 162/14506, Bl. 260 ff.
189 Warlo, «NSG-Verfahren in Frankfurt am Main», S. 174.
190 BGH-Urteil 2 StR 589/72, 20.3.1974, BAZSt Ludwigsburg, B 162/4456, Bl. 2950–2954.
191 «Offener Brief» an Bundespräsident Heinemann in der *Frankfurter Allgemeinen*

Zeitung, 10.6.1974, BAZSt Ludwigsburg, B 162/14506. Weitere Unterzeichner waren: Norbert Blüm, HAP Grieshaber, Gert Kalow, Hans Noever, Ulrich Sonnemann, Eckart Spoo, Walter Warnach, Ulrich Wickert.

192 Warlo, «NSG-Verfahren in Frankfurt am Main», S. 170.
193 Vgl. «‹Gemeinnützige Stiftung für Anstaltspflege›. In Frankfurt beginnt der zweite Euthanasie-Prozeß», in: *Frankfurter Allgemeine Zeitung*, 25.4.1967, BAZSt Ludwigsburg, B 162/4451, Bl. 2023. Gegen den im November 1966 von Ghana ausgelieferten Dr. Schumann war die gerichtliche Voruntersuchung nicht abgeschlossen.
194 *Neue Zürcher Zeitung*, 23.11.1968, zitiert nach Warlo, «NSG-Verfahren in Frankfurt am Main», S. 172. 1972 bestätigte der BGH das Urteil, wandelte jedoch die inzwischen abgeschaffte Zuchthausstrafe in eine Gefängnisstrafe um und ließ den Verlust der Ehrenrechte fallen. Warlo, ebd.
195 Am 13.7.1961 schickte die ZSt die Akten des Verfahrens gegen Dr. Renno an GStA Bauer, der am 20.7.1961 die Übernahme verfügte; vgl. HHStA Wiesbaden, Abtl. 631a, Nr. 857a, Bl. 1 f.
196 Warlo, «NSG-Verfahren in Frankfurt am Main», S. 172.
197 Gegen Renno wurde am 9.11.1961 die Voruntersuchung eröffnet; Bericht von GStA Frankfurt/M., an das HMJ, 22.11.1961, HHStA Wiesbaden, Abt. 631a, Nr. 857a, Bl. 4.
198 Eröffnungsbeschluss LG Frankfurt/M., 20.12.1968, HHStA Wiesbaden, Abt. 631a, Nr. 811.
199 Vgl. die Berichte des GStA Frankfurt/M., 16.4.1970, an das HMJ (Abtrennung des Verfahrens gegen Renno wegen Blinddarmoperation) und 24.12.1975 (Einstellung), HHStA Wiesbaden, Abt. 631a, Nr. 811, Bl. 80 und Bl. 112.
200 Warlo, «NSG-Verfahren in Frankfurt am Main», S. 173; Urteil des Landgerichts Frankfurt/M. in der Strafsache gegen Becker und Lorent, Ks 1/69 (GStA), 27.5.1970, BAZSt Ludwigsburg, B 162/14483 (205 Seiten).
201 Dabei blieb es trotz wiederholten Einspruchs der StA bei dem OLG Frankfurt/M., die darauf hinwies, dass Dr. Schumann seinen Blutdruck als Arzt manipulieren könne, HHStA Wiesbaden, Abt. 631a, Nr. 454a, Bl. 210–233.
202 Warlo, «NSG-Verfahren in Frankfurt am Main», S. 174; vgl. die Sterbeurkunde des Dr. Horst Schumann, gestorben am 5.5.1983, BAZSt Ludwigsburg, B 162/4458, Bl. 3367.
203 Urteil des LG Frankfurt/M., 18.5.1987, BAZSt Ludwigsburg, B162/14419, o. Bl.; auch: HHStA Wiesbaden, Abt. 631a, Nr. 1800, Bd. 9; BGH-Beschluß, 14.12.1988, BAZSt Ludwigsburg, B 162/14419, Bl. 541.
204 Vgl. Benzler, «Justiz und Anstaltsmord nach 1945», S. 405 ff.
205 «Urteile: Beihilfe zum tausendfachen Mord», in: *Ludwigsburger Kreiszeitung*, 9.2.1989, BAZSt Ludwigsburg, B 162/4458, Bl. 3480.
206 Beschluss des LG Hildesheim in der Strafsache gegen Dr. Endruweit, 16.10.1990, BAZSt Ludwigsburg, B 162/14419, Bl. 244 und 252.
207 Bauer, «Ideal- oder Realkonkurrenz bei nationalsozialistischen Verbrechen?», S. 625–628, hier S. 625 und 627; «T4» war allerdings keine zeitgenössische Abkürzung.
208 Ebd., S. 627.
209 Kramer, «‹Gerichtstag halten über uns selbst›», S. 94 f. und S. 97; «GStA Bauer informierte die Presse: Zwölf Juristen schwer belastet», in: *Frankfurter Rundschau*, 7.2.1967. Rechtsmittel legte Bauer gegen den Beschluss des Landgerichts Limburg, das am 21.12.1966 die Eröffnung der Voruntersuchung gegen Schlegelberger ablehnte, nicht ein; vgl. GStA Bauer, 5.1.1967, an das HMJ, Ermittlungsverfahren

gegen Schlegelberger u. a., HMJ Wiesbaden, Az. III/4 – 557/65, Bd. 1, Bl. 117.
210 Vgl. den Abdruck des Einstellungsbeschlusses, Js 20/63 (GStA), in: Loewy und Winter (Hg.), *NS-Euthanasie vor Gericht*, hier S. 180 f.
211 Kramer, «‹Gerichtstag halten über uns selbst›», S. 112.
212 Hans Christoph Schaefer, «Unbewältigte Justizvergangenheit. Zur Einstellung des Ermittlungsverfahrens gegen die Oberlandesgerichtspräsidenten und Generalstaatsanwälte», in: Loewy und Winter (Hg.), *NS-Euthanasie vor Gericht*, S. 133–144, hier S. 143 f.
213 Vgl. H. Kramer, «Oberlandesgerichtspräsidenten und Generalstaatsanwälte als Gehilfen der NS-‹Euthanasie›», in: Redaktion Kritische Justiz (Hg.), *Die juristische Aufarbeitung des Unrechtsstaats*, S. 413–439 (z. T. überarbeiteter und ergänzter Wiederabdruck des Aufsatzes von 1984).
214 Helmut Kramer, «Selbstentlastung der Justiz für die Teilnahme am Anstaltsmord», in: *Frankfurter Rundschau*, 26.4.1984.
215 Vgl. das Schreiben des HMJ, gez. von Dr. Christoph Schaefer, gedruckt unter dem Titel: «Über jeden Verdacht erhaben», in: *Frankfurter Rundschau*, 9.6.1984; in dem Schreiben stellte sich das Ministerium vor allem hinter GStA Dr. Gauf, den Amtsnachfolger Bauers, dessen Behörde die Einstellung des Verfahrens beantragt hatte. Gauf sei von Bauer zum Leitenden OStA ernannt worden und über jeden Verdacht erhaben. Eingeräumt wurde, dass H. Kramer die «erbetene Akteneinsicht zunächst verweigert worden ist», aber «kurz danach» und «später immer wieder» gewährt wurde.
216 Die Hintergründe und den Beleidigungsprozess gegen Dr. Ernst F. Jung erläuterte Kramer in einem Artikel in der *Kritischen Justiz* (H. 2, 1987), der ebenfalls in der *Frankfurter Rundschau* veröffentlicht wurde; H. Kramer, «Vergangenheitsbewältigung wider Willen. Zu einem bevorstehenden Beleidigungsprozess, der auf das Jahr 1941 zurückgeht», in: *Frankfurter Rundschau*, 19.5.1987.
217 Gemeint ist der auch hier zitierte Aufsatz in den *Vierteljahrsheften für Zeitgeschichte*: Gruchmann, «Euthanasie und Justiz im Dritten Reich»; dazu Kramer, «Oberlandesgerichtspräsidenten und Generalstaatsanwälte», S. 416.
218 Gruchmann, ebd., S. 242.
219 Ebd. und S. 278.
220 Kramer, «Oberlandesgerichtspräsidenten und Generalstaatsanwälte», S. 413; Helmut Kerscher, «Der Streit über das beschämende Schweigen», in: *Süddeutsche Zeitung*, 13.9.1990.
221 Kramer, ebd., mit Hinweisen auf weitere Artikel über die Hintergründe des Prozesses.
222 Hans Schueler, «In alter Rabentauglichkeit», in: *Die Zeit*, 26.10.1990.
223 Ebd.; Bundesministerium der Justiz (Hg.), *Im Namen des Deutschen Volkes. Justiz und Nationalsozialismus*. Köln 1989, S. 205. Das Zitat findet sich auch bei Klee, *Was sie taten*, S. 250.
224 Vgl. Ingrid Müller-Münch, «Unentschieden endete der lange Kampf um des Vaters Ehre. Die Schuld der NS-Juristen und die Not der Söhne – ein Beleidigungsprozess mit politischen Hintergrund», in: *Frankfurter Rundschau*, 12.9.1990, die diese Auffassung Bauers noch einmal herausstellte und mit der Erklärung von Botschafter Jung konfrontierte, der in dem Prozess gesagt hatte: «Wir lassen uns von niemandem vorwerfen, daß wir nicht an die Opfer denken. Wir sind selbst Opfer.»

«That thou shalt do no murder»

1 Antwort Bauers auf eine Beschwerde aus London über ein Verfahren gegen Adolf Heinz Beckerle, HHStA Wiesbaden, Abt. 631a.
2 Kramer, «‹Gerichtstag halten über uns selbst›. Das Verfahren Fritz Bauers zur Beteiligung der Justiz am Anstaltsmord», S. 89; Bauer hatte jedoch nicht erst seit Mitte der sechziger Jahre mit Personalsorgen zu kämpfen.
3 Meusch, *Von der Diktatur zur Demokratie*, S. 180 ff., hat dies besonders herausgestellt; Fröhlich, «*Wider die Tabuisierung des Ungehorsams*», S. 298.
4 Bauer, «Mörder unter uns», S. 99.
5 Vgl. die Kritik von Senatspräsident Hans Hofmeyer (Vorsitzender Richter im Auschwitz-Prozess), die Angeklagten «im Rahmen einer sogenannten Aktion» anzuklagen. Hofmeyer fand, ein «derartiges summarisches Verfahren würde den rechtsstaatlichen Grundsätzen und Erfordernissen unserer Strafprozeßordnung nicht gerecht», es müsse «auch geprüft werden, inwieweit das Tätigwerden des Einzelnen überhaupt kausal für den Enderfolg des Todes der Opfer gewesen ist.» Hans Hofmeyer, «Prozessrechtliche Probleme und praktische Schwierigkeiten bei der Durchführung der Prozesse», in: Ständige Deputation des Deutschen Juristentages (Hg.), *Verhandlungen des sechsundvierzigsten Deutschen Juristentages*. Bd. II (Sitzungsberichte), Teil C. München, Berlin 1967, S. C38–C44, hier S. C38 f.
6 Meusch, *Von der Diktatur zur Demokratie*, S. 182.
7 Sandner, *Frankfurt. Auschwitz*, S. 302.
8 Ebd., S. 195 und 306.
9 Ebd., S. 303; «Ist Eva Justin ohne Schuld?», in: *Frankfurter Rundschau*, 27.4.1963.
10 Vgl. Irmtrud Wojak, «Das ‹irrende Gewissen› der NS-Verbrecher und die deutsche Rechtsprechung. Die ‹jüdische Skelettsammlung› am Anatomischen Institut der ‹Reichsuniversität Straßburg›», in: Fritz Bauer Institut (Hg.), *«Beseitigung des jüdischen Einflusses...». Antisemitische Forschung, Eliten und Karrieren im Nationalsozialismus*. Frankfurt/M., New York 1999 (Jahrbuch zur Geschichte und Wirkung des Holocaust 1998/99), S. 101–130.
11 Raul Hilberg, *Die Vernichtung der europäischen Juden*. Bd. 2. Frankfurt/M. 1991 (Orig. 1961), S. 1012.
12 Der Tübinger Journalist und Historiker Hans-Joachim Lang konnte den Opfern ihre Namen nach fünfjähriger Recherche «zurückgeben» und erhielt dafür den «Preis der Brüsseler Fondation Auschwitz 2003/2004». H.-J. Lang, *Die Namen der Nummern. Wie es gelang, die 86 Opfer eines NS-Verbrechens zu identifizieren*. Hamburg 2004.
13 Vgl. die Berichte von OStA Rahn an den HMJ in der Strafsache gegen Hans Fleischhacker und Wolf-Dietrich Wolff, 9.3.1964 und 16.9.1964, HMJ Wiesbaden, Strafsache gegen Dr. Bruno Beger u. a., Az III/4 – 1213/612.
14 GStA Bauer, 31.5.1966, an das HMJ, Strafsachen gegen Beger und Fleischhacker, HMJ Wiesbaden, ebd.
15 StA Warlo im Auftrag der GStA, 1.9.1966, an das HMJ, Strafsachen gegen Beger und Fleischhacker, HMJ Wiesbaden, ebd.
16 GStA Bauer, 2.2.1967, an das HMJ, Strafsachen gegen Beger und Fleischhacker, HMJ Wiesbaden, ebd.
17 Wojak, «Das ‹irrende Gewissen›», S. 101; das Zitat s. Lang, *Die Namen der Nummern*, S. 106.
18 Der GStA bei dem LG Frankfurt/M., in Vertretung: Wentzke, 6.6.1968, an das HMJ,

Strafverfahren gegen Beger und zwei andere, HMJ Wiesbaden, Strafsache gegen Dr. Bruno Beger u. a., Az III/4 – 1213/612.
19 Der OStA bei dem LG Frankfurt/M., 29.10.1969, an das HMJ, Strafverfahren gegen Beger u. a., Beschluss der 3. Strafkammer bei dem LG Frankfurt/M. vom 16.10.1969, HMJ Wiesbaden, ebd.
20 Wojak, «Das ‹irrende Gewissen›», S. 113.
21 GStA Bauer, 7.8.1959, an den HMJ, Betr.: Judenverfolgung im 2. Weltkrieg in Ungarn, HMJ Wiesbaden, Veesenmayer, Edmund – jetzt: Eichmann, Adolf, Az. IV – 1280/59, Bd. I, o. Bl.; um Steinbacher in Darmstadt zu ersetzen, sollte ein Assessor der Amtsanwaltschaft Frankfurt zur Verfügung gestellt werden.
22 Vermerk HMJ vom 25.8.1959, Strafrechtliche Verfolgung des E. Veesenmayer u. a., HMJ Wiesbaden, ebd.; Bauer beauftragte noch im August 1959 den OStA LG Frankfurt/M. mit dem Ermittlungsverfahren.
23 Ebd. – Veesenmayer war im Wilhelmstraßenprozess in drei von fünf Anklagepunkten schuldig befunden und zu 20 Jahren verurteilt, jedoch am 16.12.1951 begnadigt worden. Er sagte im Eichmann-Prozess als Zeuge (der von der Verteidigung kommissarisch in der BRD vernommen worden war) aus, das Protokoll wurde vor Gericht verlesen. Vgl. Igor-Philip Matić, *Edmund Veesenmayer. Agent und Diplomat der nationalsozialistischen Expansionspolitik*. München 2002 (Südosteuropäische Arbeiten, 114), S. 293 ff.
24 OStA LG Frankfurt/M., 21.6.1961, an den HMJ, Ermittlungsverfahren gegen Eichmann, Becher, Winkelmann wegen Mordes (Judenverfolgung in Ungarn), HMJ Wiesbaden, Veesenmayer, Edmund – Novak, jetzt: Eichmann, Adolf, Az. IV – 1280/59, Bd. II, Bl. 349 f.
25 Die Entscheidung in der Strafsache gegen Krumey wurde dem LG Frankfurt/M. am 26.10.1956 vom BGH übertragen, BAZSt Ludwigsburg, B 162/ 1484, Bl. 179.
26 Aly und Gerlach, *Das letzte Kapitel*. 2002.
27 Vgl. Christian Ritz, «Die westdeutsche Nebenklagevertretung in den Frankfurter Auschwitz-Prozessen und im Verfahrenskomplex Krumey/Hunsche», in: *Kritische Justiz*, Jg. 40 (2007), H. 1, S. 51–72, insbes. S. 66 f.; Freudiger, *Die juristische Aufarbeitung von NS-Verbrechen*, S. 97–103.
28 OStA bei dem LG Frankfurt/M., Bericht v. StA Dr. Steinbacher, 21.12.1962, HMJ Wiesbaden, Veesenmayer, Edmund – Novak, jetzt: Eichmann, Adolf, Az. IV – 1280/59, Bd. II, Bl. 733 f.
29 Claudia Steur, «Eichmanns Emissäre. Die ‹Judenberater› in Hitlers Europa», in: Gerhard Paul und Michael Mallmann (Hg.), *Die Gestapo im Zweiten Weltkrieg. «Heimatfront» und besetztes Europa*. Darmstadt 2002, S. 403–436, hier S. 435.
30 HHStA Wiesbaden, Abt. 461, Nr. 33535, Bl. 802–805.
31 GStA Frankfurt/M., an das HMJ, 4.3.1959, HHStA Wiesbaden, Abt. 631a, Nr. 618, Bl. 31.
32 Zu Beckerle und seiner Rolle in der «Kampfzeit» der NSDAP, als Polizeipräsident in Frankfurt und schließlich als Gesandter des Auswärtigen Amtes in Bulgarien existiert bislang keine Monographie. Die Thematik mit dem Fokus «Instrumentalisierung der NS-Prozesse» durch DDR anreißend: Weinke, *Die Verfolgung von NS-Tätern im geteilten Deutschland*, S. 258 ff. – Beckerle starb 1976.
33 Vgl. im Folgenden die Kurzbiographie nach: Erich Stockhorst, *5000 Köpfe. Wer war was im 3. Reich*. Kiel 1985, S. 48; beruflicher und politischer Werdegang des Beschuldigten Beckerle, HHStA Wiesbaden, Abt. 631a, Nr. 559, Bl. 453 ff.
34 Vgl. ausführlich hierzu: Meinl, *Nationalsozialisten gegen Hitler* (2000); allgemein zur «Kampfzeit» der NSDAP in Hessen: Eberhard Schön, *Die Entstehung des Nationalsozialismus in Hessen*. Meisenheim/Glan 1972.

35 Seine Erlebnisse in Nordamerika und Argentinien erschienen 1942 im Frankfurter Diesterweg-Verlag unter dem Nachnamen seiner Frau, Heinz Edelmann, *Wir wollten arbeiten. Erlebnisse deutscher Auswanderer in Südamerika*.
36 Vgl. Claudia Steur, *Theodor Dannecker. Ein Funktionär der «Endlösung»*. Essen 1997, S. 94 ff.
37 Zur Rolle Danneckers als Gehilfe des Polizeiattachés in Bulgarien siehe ebd., S. 92 ff.
38 Ebd., S. 100 f.
39 Ebd., S. 105 ff.
40 Ebd., S. 109 f.
41 Vgl. Weinke, *Die Verfolgung von NS-Tätern im geteilten Deutschland*, S. 265–268.
42 Abschrift der sowjetischen Anklageschrift vom 31.8.1951, BA Berlin, Abt. DDR, N 2503, W-Ka 230, Bl. 298, zit. n. Weinke, ebd., S. 262.
43 Bericht des Polizeioberrats Hofmann, 11.1.1956, HHStA Wiesbaden, Abt. 631a, Nr. 628, Dokumentenband I, Bl. 29 f.
44 Ebd.
45 Einstellungsverfügung vom 13.4.1957, HHStA Wiesbaden, Abt. 631a, Nr. 571, Bl. 1 und 76.
46 Bericht OStA Frankfurt/M. an den HMJ, 10.8.1956, HHStAW Wiesbaden, Abt. 631a, Nr. 618, Bl. 5.
47 Der OStA beim LG Frankfurt an das Auswärtige Amt, 7.3.1956, HHStA Wiesbaden, Abt. 631a, Nr. 628, Dokumentenband I, Bl. 24.
48 Aussagen Fries, Meckel, Hofmann, ebd., Bl. 27–30.
49 HMJ, Flick an Bauer, 9.3.1959, HHStA Wiesbaden, Abt. 631a, Nr. 618, Bl. 28.
50 Korrespondenz Schüle/Bauer/Nellmann, ebd., Bl. 28–34.
51 Bericht Bauer an den HMJ, 2.7.1959, ebd., Bl. 34.
52 Am 26./27. September 1959 meldete die *Frankfurter Neue Presse* die Verhaftung von Beckerle und schilderte eingehend dessen Aktivitäten in der «Kampfzeit»: provozierende Auftritte vor Gericht, wenn ein beteiligter Jurist Jude war, Misshandlungen von politischen Gegnern in seiner Dienststelle, von denen sogar manche «auf der Flucht erschossen» worden waren oder an den schweren Misshandlungen starben. «Polizeipräsident und alter Kämpfer», in: *Frankfurter Neue Presse*, 26./27.9.1959, HHStA Wiesbaden, Abt. 631a, Nr. 620 (Presseheft), Bl. 3.
53 Bauer an den HMJ, 9.7.1965, HHStA Wiesbaden, Abt. 631a, Nr. 618, Bl. 87 f.
54 Korrespondenz Wentzke mit dem Direktor der Straf- und Untersuchungshaftanstalt Hammelsgasse, Oberregierungsrat Sadowski, 23.9.1959, HHStA Wiesbaden, Abt. 631a, Nr. 559, Bl. 529 f.
55 Protokoll des 1. Verhandlungstages (8.11.1967), Ks 2/67, HHStA Wiesbaden, Nr. 631a, Nr. 599, zusammenfassende Darstellung der Verhandlungen 1.–33. Verhandlungstag, Bl. 3.
56 Dr. Erich Schmidt-Leichner/Hanns Schalast an den 1. Strafsenat des OLG Frankfurt/M., 10.1.1961, Stellungnahme, HHStA Wiesbaden, Abt. 631a, Nr. 564, Hauptakten, Bd. 8, Bl. 1531–1542.
57 Staff/Dr. Rühl/Reichert, Beschluss in der Strafsache Beckerle, 20.1.1961, HHStA Wiesbaden, Abt. 631a, Nr. 564, Hauptakten, Bd. 8, Bl. 1548 ff.
58 Der GStA hatte wiederholt hervorgehoben, dass bei der außerordentlichen Schwere der dem Angeschuldigten zur Last gelegten Taten anhaltender Fluchtverdacht bestehe, auch wenn der Verteidiger eine hohe Sicherheitsleistung in Aussicht gestellt hatte. Diese schien wohl von dritter Seite, möglicherweise von der Familie seiner

Verlobten, in Höhe von 20 000 DM zur Verfügung gestellt worden sein. Bauer an den Vorsitzenden der 3. Strafkammer beim LG Frankfurt, 1.7.1960, HHStA Wiesbaden, Abt. 631a, Nr. 562, Bl. 1129 f.

59 Der GStA/ i. A. Wentzke an Untersuchungsrichter III beim LG Frankfurt, 27.1.1961, Nr. 563, Bl. 1656 ff.

60 GStA Bauer an den HMJ, 14.1.1965, HHStA Wiesbaden, Abt. 631a, Nr. 618, Bl. 86 und Besuch Landgerichtsrat Vollhardt im Archiv des Auswärtigen Amtes v. 1.3.1965, HHStA Wiesbaden, Abt. 631a, Nr. 570, Bl. 2817.

61 Botschaft der Bundesrepublik Deutschland in Moskau an das Auswärtige Amt, Bonn, 30.12.1965, HHStA Wiesbaden, Abt. 631a, Nr. 577, Handakte, Bd. 6, Bl. 2009.

62 Bericht Bauer an den HMJ, 17.3.1967, HHStA Wiesbaden, Abt. 631a, Nr. 618, Bl. 116 f.; OStA Adalbert Rückerl, Leiter der ZSt, hob diesen Einzelfall einer Kooperation mit bulgarischen Stellen in seinem Bericht auf der Tagung der Generalstaatsanwälte 1968 in Berlin hervor, zumal die ZSt keine Kontakte dorthin hatte; vgl. Sammel-Akten StA OLG Frankfurt/M., 3131 E – 135.

63 Ebd., Bl. 124 ff. Vgl. Kauls Bericht über den Beckerle-Prozess, BA Berlin, DP 3 (Generalstaatsanwaltschaft), Beckerle-Verfahren, Karton 88, V 139/64, Bl. 125–133.

64 Ziel des Auftritts von Kaul war es, den Diplomaten-Prozess, in dem Aussagen von Eugen Gerstenmaier und Bundeskanzler Kiesinger erwartet wurden, zu einem spektakulären Schauprozess umzufunktionieren. Vgl. Weinke, *Die Verfolgung von NS-Tätern im geteilten Deutschland*, S. 278–283. Siehe das Schreiben von F. K. Kaul an StA Foth, 1.4.1968, der meinte, Kiesinger habe auf seine Aussage verzichtet, da er (Kaul) als Vertreter der Nebenklage zugelassen wurde, BA Berlin, DP 3, Beckerle-Verfahren, Karton 88, V 139/64, Bl. 89 f.

65 «Der Hitler-Gesandte Beckerle vor dem Schwurgericht», in: *Israelitisches Wochenblatt*, Zürich, 1.12.1967.

66 Protokoll des 1. Verhandlungstages (8.11.1967), Ks 2/67, HHStA Wiesbaden, Nr. 631a, Nr. 599 (wie Anm. 55), Bl. 1.

67 «Beckerle attackiert den Generalstaatsanwalt», in: *Frankfurter Rundschau*, 9.11.1967, HHStA Wiesbaden, Abt. 631a, Nr. 620 (Presseheft), o. Bl.

68 Beckerle: «Ich war nie Antisemit», in: *Frankfurter Neue Presse*, 9.11.1967. HHStA Wiesbaden, Abt. 631a, Nr. 620 (Presseheft), o. Bl.

69 «Beckerle: ‹Ich bin ja höflich!› Frankfurts Ex-Polizeichef steckt zurück», in: *Frankfurter Rundschau*, 11.11.1967, HHStA Wiesbaden, Abt. 631a, Nr. 620 (Presseheft), o. Bl.

70 Vgl. Protokoll des 1. Verhandlungstages (8.11.1967), Ks 2/67, HHStA Wiesbaden, Nr. 631a, Nr. 599 (wie Anm. 55), Bl. 2 f.

71 Kurt Moog an Leberecht (Kolumne), in: *Frankfurter Neue Presse*, 16.11.1967.

72 Protokoll des 1. Verhandlungstages (8.11.1967), Ks 2/67, HHStA Wiesbaden, Nr. 631a, Nr. 599 (wie Anm. 55), Bl. 3. Alle weiteren Zitate ebd.

73 Angeklagter Beckerle, «‹Hitler war wahnsinnig!› Widersprüche auch am zweiten Prozesstag», in: *Frankfurter Neue Presse*, 11.11.1967.

74 Tatsächlich hatte Arendt den Eindruck gewonnen, Eichmann und sein Judenreferent Dannecker seien in Bulgarien vollständig gescheitert, was so nicht stimmte, und sie hatte über Beckerle gesagt, er habe dem RSHA daraufhin «in merklich gereiztem Ton» mitgeteilt, dass «nichts weiter zu machen sei»; vgl. Arendt, *Eichmann in Jerusalem*, S. 229.

75 «Streit über Hannah Arendt – Beckerle macht sich zu ihrem Verteidiger», in: *Frankfurter Allgemeine Zeitung*, 21.3.1968.

76 Ks 2/67 (GStA), Vermerk vom 4.6.1968, Wiesbaden, Abt. 631a, Nr. 581, Hauptakten, Bd. 10, Bl. 107.
77 Bauer an HMJ, 13.2.1968, HHStA Wiesbaden, Abt. 631a, Nr. 618, Bl. 128 f.
78 «Tauziehen um den Beckerle-Prozeß», in: *Frankfurter Neue Presse*, 1.7.1968.
79 Am 4. Juli 1968 sagte Bundeskanzler Kiesinger in Frankfurt aus. Er entlastete Hahn, der Kiesinger durch seinen Verteidiger Schalast hatte laden lassen, um zu bekunden, dass sogar der stellvertretende Leiter der rundfunkpolitischen Abteilung des Auswärtigen Amtes nicht an Meldungen über Massenmorde an den Juden geglaubt habe.
80 Vermerk Ender für Borchert, Abt. IA vom 20.6.1969, BstU, ZA; HA IX/11, RHE-West Nr. 424/1, Bl. 22, zit. nach Weinke, *Die Verfolgung von NS-Tätern im geteilten Deutschland*, S. 457.
81 Vgl. ebd., S. 448.
82 «Verteidiger bezweifelt den Sinn der NS-Verfahren», in: *Frankfurter Allgemeine Zeitung*, 8.8.1968, und «Verteidiger im Diplomatenprozeß beantragt Freispruch», ebd., 16.8.1968.
83 EStA Richter/StA Pischel, Plädoyer, 15.7.1968, HHStA Wiesbaden, Abt. 631a, Nr. 602, Bl. 6.
84 Ebd., Bl. 3 f.
85 Vgl. Dieter Pohl, «Die Einsatzgruppe C», in: Peter Klein (Hg.), *Die Einsatzgruppen in der besetzten Sowjetunion 1941/42. Die Tätigkeits- und Lageberichte des Chefs der Sicherheitspolizei und des SD*. Berlin 1997, S. 71–87. Zu den Einsatzgruppen in der Sowjetunion allgemein: Helmut Krausnick und Hans-Heinrich Wilhelm, *Die Truppe des Weltanschauungskrieges. Die Einsatzgruppen der Sicherheitspolizei und des SD 1938–1942*. Stuttgart 1981; Ernst Klee und Willi Dreßen (Hg.), *«Gott mit uns». Der deutsche Vernichtungskrieg im Osten 1939–1945*. Frankfurt/M. 1989.
86 Vgl. Telford Taylor, *Die Nürnberger Prozesse. Hintergründe, Analysen und Erkenntnisse aus heutiger Sicht*. München 1995, S. 207 f.; Erhard Roy Wiehn (Hg.), *Die Schoáh von Babij Jar. Das Massaker deutscher Sonderkommandos an der jüdischen Bevölkerung von Kiew 1941. Fünfzig Jahre danach zum Gedenken*. Konstanz 1991; Patrick Dempsey, *Babi-Yar. A Jewish Catastrophe*. Measham 2005.
87 Vgl. das Zitat aus der Rede von Jackson bei Taylor, ebd., S. 208.
88 Pohl, «Die Einsatzgruppe C», S. 75; siehe auch Dieter Pohl, «Schauplatz Ukraine: Der Massenmord an den Juden im Militärverwaltungsgebiet und im Reichskommissariat 1941–1943», in: Norbert Frei, Sibylle Steinbacher und Bernd Wagner (Hg.), *Ausbeutung, Vernichtung, Öffentlichkeit. Neue Studien zur nationalsozialistischen Lagerpolitik*. München 2000, S. 135–173. Von den 220 000 Juden Kiews wurden etwa 50 000 ermordet. – Zu dem Massaker auch: Ernst Klee, Willi Dreßen und Volker Rieß (Hg.), *«Schöne Zeiten». Judenmord aus Sicht der Täter und Gaffer*. Frankfurt/M. 1988, S. 66 ff.; Hartmut Rüß, «Wer war verantwortlich für das Massaker von Babij Jar?», in: *Militärgeschichtliche Mitteilungen*, Bd. 57 (1998), H. 2, S. 483–508; Klaus Jochen Arnold, «Die Eroberung und Behandlung der Stadt Kiew durch die Wehrmacht im September 1941. Zur Radikalisierung der Besatzungspolitik», in: *Militärgeschichtliche Mitteilungen*, Bd. 58 (1999), H. 1, S. 23–63.
89 Die Beteiligung der Wehrmacht war Ende der vierziger Jahre unter anderem im britischen Prozess gegen Generalfeldmarschall Erich von Manstein und im Nürnberger OKW-Prozess (Fall 12) genau skizziert worden; vgl. Hamburger Institut für Sozialforschung (Hg.), *Verbrechen der Wehrmacht, Dimensionen des Vernichtungskrieges*

1941–1944. 2., durchgesehene und ergänzte Aufl. Hamburg 2002, S. 647 ff. und 652; ebd., S. 160 ff.; Wolfram Wette, «Fall 12: Der OKW-Prozeß (gegen Wilhelm Ritter von Leeb und andere)», in: Gerd R. Ueberschär (Hg.), *Der Nationalsozialismus vor Gericht. Die alliierten Prozesse gegen Kriegsverbrecher und Soldaten 1943–1952*. Frankfurt/M. 1999, S. 199–212. Die Massaker von Babi Jar und Bjelaja Zerkow, die zu den Tatkomplexen im Callsen-Prozess zählten, waren Bestandteil der «Wehrmachtsausstellung»; vgl. Hamburger Institut für Sozialforschung (Hg.), *Verbrechen der Wehrmacht*, S. 160–165, 598–605; W. Wette, «Babij Jar 1941», in: ders. u. Gerd R. Ueberschär (Hg.), *Kriegsverbrechen im 20. Jahrhundert*. Darmstadt 2001, S. 152–164.

90 Hilberg, *Die Vernichtung der europäischen Juden*. Bd. 2, S. 288.

91 Fritz Bauer, «Genocidium (Völkermord)» (1965), in: ders., *Die Humanität der Rechtsordnung*, S. 61–75. Im Rahmen der von F. Bauer für den Auschwitz-Prozess in Auftrag gegebenen historischen Gutachten, die 1967 publiziert wurden, beschäftigte sich auch Helmut Krausnick in einem knappen Kapitel mit der «Endlösung» im besetzten UdSSR-Gebiet. Helmut Krausnick, «Judenverfolgung», in: *Anatomie des SS-Staates*. Bd. 2, 5. Aufl. München 1989, S. 235–365, hier S. 297 ff. Eigentlich aber begann erst Manfred Messerschmitts 1969 erschienene Studie mit dem Mythos der «sauberen Wehrmacht» aufzuräumen. M. Messerschmidt, *Die Wehrmacht im NS-Staat. Zeit der Indoktrination*. Hamburg 1969.

92 Unterstützt wurde das Sonderkommando von zwei Abteilungen des Ordnungspolizeiregiments Süd, dessen Rolle bei dem Massaker offenbar so augenfällig war, dass sich das Sonderkommando am 12. Oktober 1941 zu der Mitteilung veranlasst sah, es habe über die Kiew-Aktion hinaus 14 000 Juden «ohne fremde Hilfe erledigt»; vgl. Hilberg, *Die Vernichtung der europäischen Juden*, Bd. 2, S. 311; siehe auch ebd., S. 331 (Anm. 150), zu den differierenden Zahlangaben der Vernichtungsaktion.

93 Vgl. Pohl, «Einsatzgruppe C», S. 82.

94 In der Ukraine wurden etwa 1,4 Millionen Juden Opfer der nationalsozialistischen Massenverbrechen, davon war die Einsatzgruppe C mindestens für 118 000 Ermordete verantwortlich. Doch trotz «dieser unglaublichen Zahl», so D. Pohl, war die Einsatzgruppe C «nur ein Element unter vielen im Vernichtungskrieg auf ukrainischem Boden»; vgl. Pohl, «Einsatzgruppe C», S. 77.

95 Ebd., S. 83.

96 Ermittlungssache/Strafsache gegen Callsen, Kuno, Neu-Isenburg, und andere, HHStA Wiesbaden, Abt. 631a, Nr. 1868, Bl. 2588. Schmidt-Schütte war unter anderem vom Dezember 1937 bis Juni 1939 stellvertretender Leiter der Stapoleitstelle Hannover, von Oktober 1942 bis Weihnachten 1943 bei der 2. Armee im Raum Kursk zur Partisanenbekämpfung eingesetzt, von Anfang 1944 bis Mai 1945 Leiter der Staatspolizeistelle Kiel.

97 Vermerk Ludwigsburg v. 26.10.1960 und ZSt der Landesjustizverwaltungen, D. Artzt, an Herrn OStA bei dem LG Darmstadt (über den Herrn GStA), 13.1.1965, HHStA W, Abt. 631a, Bl. 2528 ff. Siehe dazu Klee, Dreßen und Rieß (Hg.), *«Schöne Zeiten»*, S. 71 ff.

98 Vgl. Klee, Dreßen und Rieß (Hg.), ebd., S. 256.

99 Ursprünglich hatte die ZSt gegen den gesamten Verbrechenskomplex der Einsatzgruppe C vorermittelt. Die Ermittlungen gegen den Stab der Einsatzgruppe wurden beispielsweise an die StA Hamburg abgegeben, das «Sonderkommando Plath» übernahm die StA Würzburg, während die ZSt weiter Vorermittlungen gegen das Oberkommando der 6. Armee führte. Vgl.: Der Generalstaatsanwalt (i. A. Metzner),

Bericht über die Voruntersuchung in der Strafsache gegen Callsen u.a. (Js 4/65), 19.1.1967, HHStA Wiesbaden, Abt. 631a, Nr. 2040, Bl. 101 f. – Unberücksichtigt blieben bei der Voruntersuchung auch die Mannschaftsangehörigen des Sondereinsatzkommandos 4a, soweit sie sich nicht willig und eifrig an Massenexekutionen beteiligt oder von sich aus Exzesstaten begangen hatten. Vermerk Dr. Uhse, 5.5.1965, HHStA Wiesbaden, Abt. 631a, Nr. 2032, Bl. 65–71. Bauer markierte die von Uhse skizzierten «in Aussicht genommenen Maßnahmen» mit «Einverstanden».

100 Dem dortigen Untersuchungsrichter IV, Landgerichtsrat Wagner, sprach die Generalstaatsanwaltschaft später großes Lob für die vorbildliche Voruntersuchung aus. GStA Frankfurt/M. (i. A. Metzner), 12.3.1965, an den HMJ, Betr.: Ermittlungsverfahren gegen Kuno Callsen, HMJ Wiesbaden (Sonderkommando 4a), Az. III/2 – 227/65, Bd. I, Bl. 3.

101 Vgl. ebd., Bl. 218 f., sowie Der GStA (i. A. Metzner), Bericht über die Voruntersuchung in der Strafsache gegen Callsen u.a. (Js 4/65), 19.1.1967, HHStA Wiesbaden, Abt. 631a, Nr. 2040, Bl. 99–105.

102 Hess. Landeskriminalamt, Abt. V/Sonderkommission, KM Walther, Vermerk zum Verfahren EK 4a (GStA Frankfurt/M. Js 4/65), 1.6.1965, HHStA Wiesbaden, Abt. 631a, Nr. 1871, Bl. 3521 f.

103 GStA an den Untersuchungsrichter am LG Darmstadt, Landgerichtsrat Wagner, Antrag auf Eröffnung der Voruntersuchung gegen Callsen und Schütte, 12.3.1965, HHStA Wiesbaden, Abt. 631a, Nr. 1868, Bl. 2637–2640.

104 Ebd.

105 Ebd.

106 Vgl. Dr. Uhse, EStA beim GStA, Antrag der Ausdehnung der Voruntersuchung, 18.5.1965, HHStA Wiesbaden, Abt. 631a, Nr. 1870, Bl. 3241–3262.

107 Ebd.

108 Auch die Sonderkommission des LKA Wiesbaden der Abt. V war bereits seit Februar 1965 unter anderem im Berlin Document Center (über die US-Regierung), der Wehrmachts-Auskunftsstelle, dem Bundesarchiv Koblenz und in anderen Archiven mit der Auswertung der einschlägigen Akten beschäftigt, vgl. Ermittlungsauftrag vom 17.2.1965, HHStA Wiesbaden Nr. 1868, Bl. 2778.

109 Dr. Uhse, EStA beim GStA, 18.5.1965, HHStA Wiesbaden, Abt. 631a, Nr. 1870, Bl. 3241–3262.

110 Pohl, «Einsatzgruppe C», S. 76.

111 Dr. Uhse, EStA beim GStA, Antrag der Ausdehnung der Voruntersuchung, 18.5.1965, HHStA Wiesbaden, Abt. 631a, Nr. 1870, Bl. 3241–3262.

112 Vermerk Js 4/65 (GStA), 26.5.1965, HHStA Wiesbaden, Abt. 631a, Nr. 2040, Bl. 94.

113 Klee, Dreßen und Rieß (Hg.), «*Schöne Zeiten*», S. 132; Pohl, «Die Einsatzgruppe C», S. 74. – «Häfner war bei seiner Vernehmung am 31. Mai 1965 über die Vorgänge in Bjelaja-Zerkow derart erregt, dass er dem Weinen nahe war. Es ist ihm zu glauben, dass ihm diese Vorgänge heute noch nachgehen. Er hat mehrere Zornesausbrüche gehabt, weil er den seitherigen Verfahren gegen Angehörige der Einsatzgruppen den Vorwurf machen müsse, dass in diesen Verfahren die Ermittlungen gegen Angehörige der Wehrmacht vernachlässigt worden seien. Auch die Wehrmacht habe die Judenerschießungen befohlen.» «Dieses Bild vergesse ich nie mehr in meinem Leben. Ich trage sehr schwer daran.» Vermerk, Landgerichtsrat Wagner, 31.5.1965, HHStA Wiesbaden, Abt. 631a, Nr. 1871, Bl. 3456. Vgl. zu den Vorgängen ausführlich Nicholas Stargardt, «*Maikäfer flieg!» Hitlers Krieg und die Kinder*. München 2006, S. 177 ff.

114 Stargardt, ebd., S. 177.
115 Ebd., S. 178; Klee, Dreßen und Rieß (Hg.), «Schöne Zeiten», S. 137.
116 Dessen Tagebücher wurden just in der Laufzeit des Darmstädter Prozesses vom IfZ München zur Edition vorbereitet, darunter auch die Schriftwechsel zum Fall Bjelaja Zerkow, und dem Untersuchungsrichter zur Verfügung gestellt; vgl. Helmuth Groscurth, *Tagebücher eines Abwehroffiziers 1938–1940. Mit weiteren Dokumenten zur Militäropposition gegen Hitler*. Hg. v. Helmut Krausnick. Stuttgart 1970.
117 Stargardt, «*Maikäfer flieg!*», S. 178.
118 Siehe über Reichenau in diesem Zusammenhang auch: Johannes Hürter, *Hitlers Heerführer. Die deutschen Oberbefehlshaber im Krieg gegen die Sowjetunion 1941/42*. München 2007, S. 581 ff.
119 Der Oberbefehlshaber der 6. Armee, Ic/AO, 26.8.1941, Stellungnahme zu dem Bericht der 295. Div. über die Vorgänge in Bialacerkiew [sic], in: Hamburger Institut für Sozialforschung (Hg.), *Verbrechen der Wehrmacht*, S. 605.
120 Ebd, S. 598–605, dort auch Fotos der Angeschuldigten und Beteiligten aus den Prozessunterlagen.
121 Vermerk EStA Dr. Uhse über Vortrag bei Herrn GStA Bauer, 13.7.1965, HHStA Wiesbaden, Abt. 631a, Nr. 2032, Bl. 138 f.
122 Korrespondenz GStA/Zentrale Stelle/Untersuchungsrichter/HMJ von 1965–66, in: HHStA Wiesbaden, Abt. 631a, Nr. 1940: Sonderband XI (Findeisen).
123 Vermerk Wagner, 12.4.1966, HHStA Wiesbaden, Abt. 631a, Nr. 1940, Bl. 71.
124 Klee, Dreßen und Rieß (Hg.), «*Schöne Zeiten*», S. 257.
125 Adelheid Hans an GStA Bauer, 18.11.1965, HHStA Wiesbaden, Abt. 631a, Nr. 2032, Bl. 192. Bauer reichte die Petition an OStA Metzner weiter, der angesichts der Vorwürfe keinerlei Anlass für eine Haftverschonung sah. Ebd., Schreiben Metzner an Adelheid Hans, 22.11.1965, Bl. 194.
126 Eine von Paul Celan vorgenommene Übersetzung des Gedichts vgl. http://www.nizza-thobi.com/paul_celan.htm.
127 Der vermutlich falsche Absender war «D. Michel, Stuttgart, Libanonstr.», HHStA Wiesbaden, Abt. 631a, Nr. 2070, o. Bl.; Bauer hatte in einem Vortrag zum Gedenken an Anne Frank einmal ein Gedicht Jewtuschenkos zitiert: Bauer, «Lebendige Vergangenheit» (1963), S. 164 f.
128 HHStA Wiesbaden, Abt. 631a, Nr. 1921 (Presseband).
129 Vgl. die Vernehmung von Woithon in dem Artikel: «Befahlen Wehrmachtsstäbe den Mord von Babij-Jar?», in: *Darmstädter Echo*, 9.11.1967.
130 Der GStA (i. A. Metzner) an den HMJ, Wiesbaden, Strafsache gegen den kaufmännischen Angestellten Kuno Callsen, 2.12.1968, HHStA Wiesbaden, Abt. 631a, Nr. 2040, o. Bl.
131 Zitat aus einem Rundfunk-Interview von F. Bauer, «Zu den Naziverbrecher-Prozessen. Gespräch im NDR» (1963), in: ders., *Die Humanität der Rechtsordnung*, S. 101–117, hier S. 113.
132 Zitate auf den S. 16 ff. in dem von der Katholischen Nachrichten-Agentur verbreiteten Sonderdruck der Enyzklika der Vatikanischen Polyglott-Druckerei, 1963.
133 Bauer, «Lebendige Vergangenheit», S. 163.
134 Nachdruck des Aufsatzes von Fritz Bauer, «Der Prozeß Jesu» (1965), in: ders., *Die Humanität der Rechtsordnung*, S. 411–426, hier S. 411, ursprünglich in: *Tribüne. Zeitschrift zum Verständnis des Judentums*, 4. Jg. (1965), H. 16, S. 1710–1722. Haim Cohn führte Gespräche mit F. Bauer über den Prozess und veröffentliche eine Studie dazu: *Der Prozeß und Tod Jesu aus jüdischer Sicht*. Frankfurt/M. 1997.
135 Bauer erhielt persönliche Unterrichtung aus Rom durch Weihbischof Walter Kampe,

16.10.1965; Kampe hatte Bauer bereits nach dessen Aufsatz über den «Prozeß Jesu» versichert, dass die Verabschiedung gewiss zustande kommen werde. Siehe den Briefwechsel Bauer–Kampe in Privatbesitz.

«Auf der Suche nach dem Recht»

1 Bauer, *Auf der Suche nach dem Recht*, S. 11. Was den Titel angeht, entschied sich Bauer gegen den ursprünglichen Arbeitstitel «Auf der Suche nach Gerechtigkeit» und meinte: «[...] bleibt wohl die Möglichkeit ‹Auf der Suche nach dem Recht› (‹Recht› ist überhaupt besser als ‹Gerechtigkeit›). [...] ich dachte neulich an Prousts ‹a la recherche ...›»; vgl. Bauer an die Franck'sche Verlagsbuchhandlung, 21.1.1965.
2 Vgl. Theodor W. Adorno, «Was bedeutet: Aufarbeitung der Vergangenheit», in: ders., *Erziehung zur Mündigkeit*. Frankfurt/M. 1971, S. 10–28, S. 12 f.
3 Bauer, *Auf der Suche nach dem Recht*, S. 12.
4 Ebd., S. 11 f.
5 Ebd., S. 12.
6 Ebd., S. 161. Vgl. dazu: NORMAL – VERSUCH EINER DEFINITION, TV-Dokumentation 1967, BRD; Regie: J. Brede; Radio Bremen, u. a. mit F. Bauer.
7 Bauer, *Auf der Suche nach dem Recht*, S. 161 (Hervorh. d. Verf.).
8 Ebd., S. 162.
9 Ebd.
10 Ebd., S. 163.
11 Brief v. F. Bauer an Horst Bingel, 30.1.1968; der Brief fand sich in Büchern aus dem Besitz Bauers.
12 Bauer, *Auf der Suche nach dem Recht*, S. 167.
13 Ebd., S. 164.
14 Bauer, «Zu den Naziverbrecher-Prozessen», hier S. 109.
15 Bauer, *Auf der Suche nach dem Recht*, S. 165.
16 Bauer, «Zu den Naziverbrecher-Prozessen», S. 109.
17 Bauer, «Die Reformbedürftigkeit der Strafrechtsreform», S. 283.
18 Bauer, «Genocidium (Völkermord)» (1965), S. 69–75.
19 Ebd., S. 74.
20 Vgl. Theodor W. Adorno, *Negative Dialektik. Jargon der Eigentlichkeit*. Dritter Teil: *Modelle. Gesammelte Schriften*. Bd. 6. Hg. v. Rolf Tiedemann, Frankfurt/M. 1986, S. 282, CD-Rom: Digitale Bibliothek, S. 3281.
21 Bauer, *Auf der Suche nach dem Recht*, S. 165.
22 Ebd., S. 12
23 Im Übrigen auch in Art. 2 GG: «Jeder hat das Recht auf freie Entfaltung der Persönlichkeit, soweit er nicht die Rechte anderer verletzt.»
24 Bauer, *Die Wurzeln faschistischen und nationalsozialistischen Handelns*, S. 32. (Es handelt sich um einen Vortrag aus dem Jahr 1960; s. dazu auch weiter unten in diesem Kapitel.)
25 Radbruch, *Einführung in die Rechtswissenschaft*, S. 19.
26 Ebd.
27 Bauer, *Die Wurzeln faschistischen und nationalsozialistischen Handelns*, S. 39.
28 Radbruch, *Einführung in die Rechtswissenschaft*, S. 38.
29 Richard Schmid, «Ein Gedenken für Fritz Bauer», in: *Vorgänge*, H. 7 (1968), S. 241.
30 Vgl. Horst Krüger, «Fremdling in der Stadt. Gedenkblatt für Fritz Bauer», in: *Die Zeit*, 12.7.1968; Herr Dr. Heinz Meyer-Velde und seine Frau Gisela Meyer-Velde, die

mich auf viele Details aufmerksam machten, wussten auch eine Geschichte über die Taufe ihrer Tochter zu berichten, deren Patenonkel Fritz Bauer wurde. Vom Pfarrer wurde Bauer vor der Taufe gefragt: Wenn er nicht an Gott glaube, woran denn dann? Bauer antwortete: «An die Bergpredigt und an die Zehn Gebote», was ihn als Taufpate qualifizierte.

31 Aus Gesprächen mit Dr. Heinz Meyer-Velde und seiner Frau Gisela Meyer-Velde.
32 Vgl. Bauers Artikel anlässlich der Diskussion um den Kunstvorbehalt, ausgelöst durch die Verleihung des Prädikats «Besonders wertvoll» für den Film DAS SCHWEIGEN von Ingmar Bergman: «Darf Kunst alles? Generalstaatsanwalt Fritz Bauer: Das Grundgesetz sagt: ja», in: *Rheinischer Merkur*, 27.11.1964.
33 *Der obszöne Figaro. Eine Dokumentation in Wort und Bild*. Hg. von Stadtrat Arthur Vierbacher. München 1963(Sonderheft der «kulturpolitischen Korrespondenz» *Vorgänge*). Vgl. auch Fritz Bauer, «Was ist ‹unzüchtig?›», in: *Vorgänge*, (1962), H. 4/5, S. 8–11. Ders., «Kunstzensur (Aus dem Nachlaß)», in: *Streit-Zeit-Schrift*, Jg. 13 (1969), H. VII/1, S. 42–47.
34 Vgl. Brief v. F. Bauer an H. Gerber-Külüs, 5.10.1967, der Brief fand sich unter Büchern aus der Bibliothek Bauers, von denen RA Manfred Amend einige dem Fritz Bauer Institut überließ.
35 R. Italiaander an F. Bauer, 10.4.1968, ebd.
36 Vertrag zwischen H. Gerber-Külüs und F. Bauer, Ascona 14.9.1967, unterzeichnet von H. Gerber-Külüs; Telegramm v. 14.9.1967 aus Ascona, ebd.
37 Aus Gesprächen mit Dr. Heinz Meyer-Velde und seiner Frau Gisela Meyer-Velde.
38 F. Bauer an T. Harlan, 2.8.1967. Bauer beantragte am 17. Juli 1967 die Verlängerung seiner Dienstzeit, was der hessische Justizminister Dr. Strelitz am 19. Juli 1967 gemäß dem Hessischen Beamtengesetz bewilligte, das als Altersgrenze die Vollendung des 68. Lebensjahrs vorsah; vgl. HMJ Wiesbaden, Personalakte Fritz Bauer.
39 Undatierter Brief (August 1967).
40 F. Bauer war über die Prozesse gegen Veit Harlan informiert. Als V. Harlan 1964 starb, versuchte Bauer in einem Brief an T. Harlan, diesen mit der Vergangenheit seines Vaters auszusöhnen. – Vgl. zu den Prozessen: Thomas Henne und Arne Riedlinger (Hg.), *Das Lüth-Urteil aus (rechts-)historischer Sicht. Die Konflikte um Veit Harlan und die Grundrechtsjudikatur des Bundesverfassungsgerichts*. Berlin 2005.
41 Siehe Arne Riedlinger, «Vom Boykottaufruf zur Verfassungsbeschwerde. Erich Lüth und die Kontroversen um Harlans Nachkriegsfilme», in: Henne und Riedlinger (Hg.), ebd., S. 146–186.
42 Stephan, *Thomas Harlan, Das Gesicht deines Feindes*, S. 94 f.
43 Vgl. Carsten Kretschmann, «Schuld und Sühne. Annäherungen an Erich Lüth», in: Henne und Riedlinger (Hg.), *Das Lüth-Urteil aus (rechts-)historischer Sicht*, S. 47–63, hier S. 59.
44 Frank Liebert, «Vom Karrierestreben zum ‹Nötigungsnotstand›. ‹Jud Süß›, Veit Harlan und die westdeutsche Nachkriegsgesellschaft (1945–1950)», in: Henne und Riedlinger (Hg.), *Das Lüth-Urteil aus (rechts-)historischer Sicht*, S. 111–146, hier S. 123. Der erste Prozess gegen V. Harlan endete mit einem Freispruch; der Vorsitzende des Schwurgerichts I am Landgericht Hamburg war Dr. Walter Tyrolf, der als Staatsanwalt an einem Sondergericht tätig gewesen und an zahlreichen Todesurteilen beteiligt war; vgl. dazu den biographischen Anhang bei Henne und Riedlinger, S. 569 f. Dazu auch Stephan, *Thomas Harlan. Das Gesicht deines Feindes*, S. 39 ff.
45 Edo Reents, «Wie es war, als mir Goebbels eine Märklin kaufte», in: *Frankfurter Allgemeine Zeitung*, 15.1.2007; Interview der Verf. mit T. Harlan (Mitschrift),

29.5.2005, Bad Schönau; Bericht von GStA Hans Günther (Berlin) über die Vorermittlungen gegen Angehörige des RSHA anlässlich der Tagung der Generalstaatsanwälte 1964, Sammel-Akten, StA OLG Frankfurt am Main, 3131 E – 114. Bezeichnend in diesem Zusammenhang ist T. Harlans jüngst herausgekommenes Buch über die Fortsetzung der Judenvernichtung durch das Personal der «Aktion T4» in Italien; vgl. Harlan, *Heldenfriedhof* (2006).

46 Robert Neumann, *Vielleicht das Heitere. Tagebuch aus einem anderen Jahr*. München, Wien, Basel 1968. – Bauer teilte, das ist einem der Briefe (undatiert) an Harlan zu entnehmen, nicht die Meinung, dass Veit Harlan zu seinen Filmen von Goebbels gezwungen worden war.

47 Stephan, *Thomas Harlan. Das Gesicht deines Feindes*, S. 103.

48 Ebd.

49 F. Bauer an T. Harlan, 13.6.1965 nach der Rückkehr aus Ascona.

50 Düx, *Die Beschützer der willigen Vollstrecker*, S. 29.

51 «Hakenkreuz-Plakate sichergestellt», *Frankfurter Rundschau*, Juni 1963. Vgl. auch über ein neonazistisches Mordkomplott: «Gerhard Mauz im Prozess gegen die NS-Geheimbündler Ruppe und Lindner», in: *Der Spiegel*, 20. Jg. (1966), Nr. 47. «Generalstaatsanwalt von Hessen sollte ermordet werden», in: *Frankfurter Rundschau*, 15.11.1966. «Entging Dr. Bauer einem Attentat? Rechtsradikale in Karlsruhe angeklagt – Anschlag geplant», in: *Frankfurter Rundschau*, 27.9.1966.

52 Dies antwortete ihm auch F. Bauer in einem undatierten Brief im September 1965.

53 Ebd.

54 F. Bauer an T. Harlan, o. D., Ende 1967.

55 «Vorwürfe gegen Staatsanwalt Bauer sind unberechtigt», in: *Frankfurter Neue Presse*, 1.11.1967.

56 F. Bauer an T. Harlan, o. D., Ende 1967.

57 Vgl. Leichensache des GStA Dr. Fritz Max Bauer, 1.7.1968, Punkt 7 (s. dazu Anm. 70 in der Einleitung).

58 Handschriftliches Testament von F. Bauer (datiert 31.12.1967), beglaubigte Abschrift (Privatbesitz).

59 F. Bauer an T. Harlan, 6.1.1967.

60 Die vom Norddeutschen Rundfunk aufgezeichnete Diskussion zum Thema «Radikalismus in der Demokratie» fand am 14.2.1967 in der Universität Hamburg statt, weitere Teilnehmer waren Professor Ralf Dahrendorf, der Schriftsteller Rudolf Krämer-Badoni und der Ostberliner Anwalt Friedrich Karl Kaul. Vgl. Fritz Bauer Institut, Cinematographie des Holocaust, FBW002530 (TV-Dokumentation).

61 Ansprache von Justizministerin Dr. Christine Hohmann-Dennhardt, in: Hessisches Ministerium der Justiz (Hg.), *Fritz Bauer. Eine Denkschrift*, S. 13–16, hier S. 14.

62 Münkel, «‹Alias Frahm› – Die Diffamierungskampagnen gegen Willy Brandt», S. 412 ff.

63 Hohmann-Dennhardt (wie Anm. 61).

64 Ebd., S. 13.

65 Ebd.

66 Bauer, *Die Wurzeln faschistischen und nationalsozialistischen Handelns*, S. 15; die Äußerungen von Kultusminister Orth in der Landtagsdebatte, die aufgrund einer Großen Anfrage der SPD zustande kam, vgl. ebd., S. 49.

67 Ebd., S. 27, die Kritik von Kultusminister Orth, ebd., S. 49. Dazu auch Lothar Schwartz, «Den Fragen der Vergangenheit nicht ausweichen», in: *Frankfurter Rundschau*, 18.6.1962.

68 Carola Dietze, *Nachgeholtes Leben. Helmuth Plessner 1892–1985*. Göttingen 2006,

S. 459. Horkheimer hatte anlässlich der internen Feier des Institutsneubaus am 12.11.1951 seine Skepsis ebenso deutlich gemacht und, derer gedenkend, die in den KZ umgekommen waren, gesagt: «Wir wollen an die denken, die unter einer künftigen Gestapo werden sterben müssen, und trinken auf die, die unseres Geistes sind.» Vgl. Alex Demirović, «Das Glück der Wahrheit. Die Rückkehr der ‹Frankfurter Schule›», in: *Die Neue Gesellschaft. Frankfurter Hefte*, 36. Jg. (1989), Nr. 8, S. 700–707, hier S. 707.

69 Die Debatte ist dokumentiert in: Bauer, *Die Wurzeln faschistischen und nationalsozialistischen Handelns*, S. 43 ff.; vgl. auch die Gegendarstellung: F. Bauer, «Im Mainzer Kultusministerium gilt ein merkwürdiges Geschichtsbild», in: *Frankfurter Rundschau*, 14.7.1962.

70 «Rheinland-Pfalz lehnt kritische Betrachtung des Faschismus ab», in: *Frankfurter Rundschau*, 16.6.1962. Lothar Schwarz, «Den Fragen der Vergangenheit nicht ausweichen», in: *Frankfurter Rundschau*, 16.6.1962.

71 Lothar Schwarz, «Geistige Bevormundung in Rheinland-Pfalz», in: *Frankfurter Rundschau*, 3.10.1962.

72 Nach eigenem Bekunden im Hessischen Rundfunk hatte Bauer vielmehr gesagt, dass «möglicherweise noch Glut in der Asche des Antisemitismus» der Nazi-Zeit vorhanden sei; vgl. DPA, Abt. Nachrichten, HR-Zeitfunk, 1.3.1963, AdsD Bonn, SPD-Bundestagsfraktion, 4. Wahlperiode, Mappe 460.

73 Paul Weingärtner, «Dr. Bauer und die Deutschen. Ein merkwürdiger Generalstaatsanwalt», in: *Rheinischer Merkur*, 8.3.1963; *B. T.*, 27.2.1963.

74 «Lauritzen stellt sich vor Bauer», in: *Frankfurter Rundschau*, 13.5.1965.

75 Paul Weingärtner, «Dr. Bauer und die Deutschen. Ein merkwürdiger Generalstaatsanwalt», in: *Rheinischer Merkur*, 8.3.1963.

76 «Bonn empört über Äußerungen Bauers», in: *Frankfurter Allgemeine Zeitung*, 1.3.1963.

77 «Sturm um den Generalstaatsanwalt Hessens», in: *Neue Zürcher Zeitung*, 3.3.1963; «Rechtfertigung Bauers durch die hessische Regierung», in: *Neue Zürcher Zeitung*, 9.4.1963.

78 «Bauer beim Justizminister» (dpa), in: *Süddeutsche Zeitung*, 5.3.1963.

79 «Bauer distanziert sich» (eigener Bericht), in: *Frankfurter Allgemeine Zeitung*, 1.3.1963.

80 Paul Weingärtner, «Dr. Bauer und die Deutschen. Ein merkwürdiger Generalstaatsanwalt», in: *Rheinischer Merkur*, 8.3.1963.

81 Ernst Müller-Meiningen jr., «Warum gleich Empörung»?, in: *Süddeutsche Zeitung*, 4.3.1963; gedruckt in: ders., *Das Jahr Tausendundeins. Eine deutsche Wende?* Basel, Frankfurt/M. 1987, S. 89 f.

82 Vgl. das Zitat aus Bauers Gegendarstellung in dem Artikel von Gerhard Ziegler, «Fangfragen für den Staatsanwalt. Dr. Bauers Interview in Kopenhagen und die vorschnelle Kritik aus Bonn», in: *Die Zeit*, 8.3.1963.

83 Dr. Kasimir Edschmid an F. Bauer, 7.3.1963; Gottfried Bermann Fischer an F. Bauer, 1.3.1963, HMJ Wiesbaden, Personalakte Fritz Bauer.

84 Wilhelm Keil an F. Bauer, 3.3.1963, HMJ Wiesbaden, Personalakte Fritz Bauer.

85 F. Bauer an W. Keil, 12.3.1963, AdsD Bonn, Nachlass Wilhelm Keil, Mappe 5.

86 Auch andere Remigranten dachten, in Sorge über die bedrohliche Entwicklung der Bundesrepublik, an ein zweites Exil, so Max Horkheimer im März 1953; vgl. Demirović, «Das Glück der Wahrheit», S. 707.

87 Dpa-Meldung: «Misstrauenserklärungen gegen hessischen Generalstaatsanwalt», 3.6.1965.

88 *Protokolle der Sitzungen des Deutschen Bundestags. Deutscher Bundestag – 4. Wahlperiode – 180. Sitzung.* Bonn, Donnerstag, den 6. Mai 1965, S. 9069. «Bauer distanziert sich. Das Interview in der dänischen Zeitung war falsch interpretiert», in: *Frankfurter Allgemeine Zeitung,* 23.4.1965.
89 Manfred Amend, «Ansehen der Justiz», in: *Frankfurter Rundschau,* 13.5.1965.
90 Vgl. Hans Schueler, «Ein Leben für die Humanität. Zum Tode Fritz Bauers», in: *Die Welt,* 3.7.1968.
91 Vgl. Manfred Messerschmidt, *Die Wehrmachtsjustiz 1933–1945.* Paderborn u. a. 2005, hier S. 53 ff.
92 Brief v. Prof. Dr. E. Schwinge an OLG Präsident Dr. Curt Staff, 16.12.1966 (Privatbesitz).
93 Vgl. die Autobiographie: Erich Schwinge, *Ein Juristenleben im zwanzigsten Jahrhundert.* Frankfurt/M. 1997, sowie Detlef Garbe, *«In jedem Einzelfall … bis zur Todesstrafe». Der Militärstrafrechtler Erich Schwinge – Ein deutsches Juristenleben.* Hamburg 1989.
94 «NS-Prozesse auf Jahre hinaus. Generalstaatsanwalt Bauer: Über 140 Verfahren in Hessen anhängig», in: *Frankfurter Rundschau,* 24.1.1968.
95 Einige Beispiele: Bauer, «Gedanken zur Strafrechtsreform. Wie steht die SPD zum Entwurf der Großen Strafrechtskommission?» (1959), in: ders., *Die Humanität der Rechtsordnung,* S. 233–247; ders., «Die Reformbedürftigkeit der Strafrechtsreform» (1966), ebd., S. 279–296; ders., «Sexualstrafrecht heute» (1963), ebd., S. 297–313; ders., «Straffälligenhilfe nach der Entlassung» (1957), ebd., S. 315–339; ders., «Das Strafrecht und das heutige Bild vom Menschen», in: Leonhard Reinisch (Hg.), *Die deutsche Strafrechtsreform.* München 1967, S. 11–23.
96 Bauer, *Auf der Suche nach dem Recht,* S. 252.
97 Fritz Bauer, «Die Schuld im Strafrecht» (1962), in: ders., *Die Humanität der Rechtsordnung,* S. 249–278, hier S. 274.
98 Gustav Radbruch, *Einführung in die Rechtswissenschaft.* 8. Aufl. Leipzig 1929, S. 106.
99 Bauer, «Gedanken zur Strafrechtsreform», S. 236.
100 Schmid, «Ein Gedenken für Fritz Bauer», S. 241.
101 AdsD Bonn, SPD-Bundestagsfraktion, 3. Wahlperiode, Mappe 22, Protokolle der Sitzungen vom 27.2.1959 und 1.5.1959.
102 AdsD Bonn, SPD-Bundestagsfraktion, 4. Wahlperiode, Mappe 555.
103 Vgl. Gosewinkel, *Adolf Arndt,* S. 542 ff.
104 Vgl. über einen Vortrag von Bauer: Rudolf Müller, «Wege erfolgreicher Verbrechensbekämpfung. Erfahrungen in Amerika», in: *Kriminalistik,* Jg. 11 (1957), H. 4, S. 147 f.
105 Bauer, «Die Reformbedürftigkeit der Strafrechtsreform», S. 284.
106 Vgl. Joachim Perels, «Die Humanität einer demokratischen Rechtsordnung – Fritz Bauer», in: ders., *Entsorgung der NS-Herrschaft? Konfliktlinien im Umgang mit dem Hitlerregime.* Hannover 2004, S. 311–317, hier S. 315. Bauers Anrede der Gefangenen löste, in zahlreichen Presseartikeln, neuerlich einen Sturm der Entrüstung aus; der CDU-Abgeordnete Dr. Fay reichte abermals eine parlamentarische Anfrage ein.
107 Bauer, «Straffälligenhilfe nach der Entlassung», S. 322 (Zitat aus Friedrich Schiller, *Verbrecher aus verlorener Ehre*).
108 Horstmann und Litzinger, *An den Grenzen des Rechts,* S. 136 (Interview mit Jürgen Baumann).

«Pflicht zum Ungehorsam»

1 Fritz Bauer, «Ungehorsam und Widerstand in Geschichte und Gegenwart», in: *Vorgänge* (1968), H. 8/9, S. 286–292.
2 Ebd., S. 286.
3 Ebd., S. 291.
4 Ebd.
5 Ebd.
6 Vgl. Staff, «Überlegungen zum Staat als einer ‹Vereinigung einer Menge von Menschen unter Rechtsgesetzen›», S. 1528. Bauer, *Auf der Suche nach dem Recht*, S. 15.
7 Brief von Christof Müller-Wirth, Karlsruhe, an Horst Krüger, 14.7.1968, Nachlass Horst Krüger (Privatarchiv).
8 *Frankfurter Rundschau*, 2.7.1968.
9 Uwe Johnson, *Jahrestage. Aus dem Leben von Gesine Cresspahl*. Bd. 3 und 4. Frankfurt/M. 1970, S. 405.
10 Vgl. Marcel Atze, «‹Deutscher Mord›. Horst Krüger», in: Wojak (Hg.), *Auschwitz-Prozeß*, S. 759–765, hier S. 765.
11 Horst Krüger, «Fremdling in der Stadt. Gedenkblatt für Fritz Bauer», in: *Die Zeit*, 12.7.1968.
12 Das jedenfalls besagte die Presseerklärung des Justizministeriums über das Ergebnis der gerichtsmedizinischen Untersuchung und schloss ein Verschulden Dritter aus; *Frankfurter Rundschau*, 4.7.1968. Gerichtsmediziner Prof. Gerchow hat hingegen erklärt, dass es keine gerichtliche Obduktion gab, worüber er sich wunderte. Es wurde keine Leichenöffnung im Beisein von zwei Medizinern durchgeführt, sondern er habe eine so genannte Verwaltungssektion allein vorgenommen. Vgl. Brief v. Dieter Schenk, 8.10.2003 (s. dazu Anm. 71 der Einleitung).
13 Brief vom 5.7.1968, Nachlass Horst Krüger, Privatbesitz.
14 Brief vom 24. Juli 1968, Nachlass Horst Krüger, Privatbesitz. Auch für J. Améry war der Auschwitz-Prozess Auslöser zum Schreiben geworden, und er hatte einen Beitrag unter dem Titel «An den Grenzen des Geistes. Versuch über die Begegnung des Intellektuellen mit Auschwitz» geschrieben, der am 5.6.1964 in der Zürcher *Weltwoche* erschien; vgl. über Améry und den Auschwitz-Prozess beziehungsweise die deutsche Nachkriegsgeschichte Irene Heidelberger-Leonard, *Jean Améry. Revolte in der Resignation. Biographie*. Stuttgart 2004, S. 192 ff.
15 Ebd.
16 Alexander Kluge, *Neue Geschichten. Hefte 1–18. ‹Unheimlichkeit der Zeit›*. Frankfurt/M. 1978, S. 304 ff.
17 Der Film ABSCHIED VON GESTERN kam 1966 in die Kinos.
18 Brief vom 30.7.1968, Nachlass Horst Krüger, Privatbesitz.
19 Ebd.
20 Siehe das handschriftliche Testament von F. Bauer (datiert 31.12.1967), beglaubigte Abschrift, Privatbesitz Rolf Tiefenthal (Velbaek). Vgl. im Folgenden: Hessisches Ministerium der Justiz (Hg.), *Fritz Bauer. In memoriam*. Wiesbaden 1969 (hg. vom Hessischen Minister der Justiz, Dr. Johannes E. Strelitz, anlässlich des Jahrestages seines Todes).
21 Karl-Heinz Jahnke und Alexander Rossaint, *Hauptangeklagter im Berliner Katholikenprozess 1937. Kaplan Dr. Joseph Cornelius Rossaint*. Frankfurt/M. 2002. Rossaint, der von Mai 1937 bis April 1945 im Zuchthaus in Remscheid-Lüttringhausen inhaftiert war, stand im Kontakt zu Kommunisten. Die Auflage der katholischen

Kirche, sich jeglicher politischen Betätigung zu enthalten, lehnte er nach seiner Befreiung ab.
22 Hessisches Ministerium der Justiz (Hg.), *Fritz Bauer*, S. 30.
23 Vgl. im Folgenden Marcel Atze, «‹Gewiß, das muß man gesehen haben›. Robert Neumann», in: Wojak (Hg.), *Auschwitz-Prozeß*, S. 695–703, hier S. 698 ff.
24 Robert Neumann, *Der Tatbestand oder Der gute Glaube der Deutschen*. München 1965.
25 Neumann, *Vielleicht das Heitere*, S. 145 f.
26 Gedenkrede von Ilse Staff, Juli 1968 (Privatbesitz). Das Zitat ist entnommen aus: Fritz Bauer, «Schopenhauer und die Strafrechtsproblematik» (1968), in: ders., *Die Humanität der Rechtsordnung*, S. 341–362, hier S. 362.

Personenregister

Abendroth, Lisa 363, 516, 600
Abendroth, Wolfgang 282, 516
Abetz, Otto 526
Abromeit, Franz 287
Ackermann, Max 45
Adenauer, Konrad 15, 243, 269, 301, 313, 319, 359, 364, 405, 445, 560, 573, 581
Adler, H. G. 349
Adler, Max 106
Adler, Victor 46
Adorno, Theodor W. 11, 67, 84, 232, 282, 349 f., 430, 434, 445, 511, 522, 525, 598, 621
Aharoni, Zvi 298 f., 579–582
Åkjaer, Brigitte 145, 363, 541, 543, 600
Alfringhaus, Erich 144
Allers, Dietrich 378, 382, 395
Altmann, Dr. 307
Alvensleben, Ludolf v. 309
Amend, Manfred 21, 27, 448, 465, 598, 622, 625
Améry, Jean 456, 626
Anders, Dieter 465, 512 f., 516
Anders, Günther 349
Andersen, Svend 543
Andersen-Nexö, Martin 541
Angermair, Rupert 270, 393
Anschütz, Gerhard 96, 530
Arendt, Hannah 116, 235, 302, 349, 359, 415, 445, 533, 562, 564, 583, 599, 616
Arndt, Adolf 365–368, 373–375, 450, 602–604
Arndt, Hermann 298 f.,
Atze, Marcel 349, 597
Auerbach, Berthold 54, 109, 135, 532

Baab, Heinrich 305
Bach (Landgerichtsdirektor) 415
Baer, Richard 591, 594
Barbie, Klaus 296, 309
Bauer, Adolf Abraham 56 f.
Bauer geb. Hirsch, Ella Gudele 13 f., 31–36, 40 f., 57–60 (Abb.), 62 f., 70–72, 76, 94, 108, 118, 122, 131, 136, 138–140, 142 f., 155 f., 161 f., 184, 428, 435 f., 516, 518, 523, 538, 544, 551
Bauer geb. Isaak, Dole 56
Bauer geb. Regensteiner, Auguste 56 f.
Bauer, Hedwig 56
Bauer, Julius 58, 137, 539
Bauer, Ludwig 13, 56–60 (Abb.), 62, 64, 71, 76, 78, 94, 108, 117–119, 122 f., 131, 136–140, 142, 155 f., 161 f., 184, 400, 520 f., 539, 543
Bauer, Manfred 137, 539
Bauer, Max 57 f., 137
Bauer, Moses Samuel 56
Bauer Petersen, Anna Maria 28, 153, 231, 515, 529, 543, 561, 563, 581 f.
Baumann, Jürgen 364, 450, 591, 594, 602
Baumeister, Willi 45
Bea, Augustin 428
Bebel, August 46
Becher, Johannes Robert 212
Becher, Kurt 578, 613
Beck, Ludwig 272
Beck, Peter 188
Becker, Hans Joachim 382, 395 f., 607, 611
Beckerle, Adolf Heinz 19, 21, 406–417, 474, 513, 613–615
Bedford, Sibylle 349, 598
Bednarek, Emil 328, 342 f.
Beethoven, Ludwig van 174
Beger, Bruno 395, 402 f., 613 f.
Belev, Alexander 408
Benda, Ernst 375
Benjamin, Walter 435
Berendsohn, Walter A. 167, 174 f., 547
Bermann Fischer, Gottfried 446, 549, 624
Bernstein, Eduard 86, 526

Best, Werner 147–152, 541 f., 554, 571, 580
Besymenski, Lew 307 f., 585
Beuys, Josef 394
Beyerle, Josef Ernst 104, 107, 225, 230, 560
Bingel, Horst 433, 621
Birnbaum, Immanuel 208
Biss, Otto 305
Blankenburg, Werner 382 f., 395, 607
Blau, Günther 510, 512
Bleichröder, Gerson 64, 521
Blobel, Paul 418–421, 423 f.
Blos, Wilhelm 88
Böck, Richard 311, 586
Böes, Joachim 135, 538
Böhm, Wilhelm 168
Böhme, Ernst 237
Böll, Heinrich 394
Boger, Wilhelm 321, 334, 342, 349, 354
Bohle, Ernst Wilhelm 527
Bohne, Gerhard 309, 381–386, 395 f., 607
Bohr, Niels 160
Bonatz, Paul 51 f.
Bonhoeffer, Dietrich 267 f., 272
Bonhoeffer, Karl Friedrich 272
Boris III., Zar 409
Borm, Kurt 389, 391 f., 394, 396, 609 f.
Bormann, Martin 7 f., 21, 29, 92, 280, 302–308, 316, 404, 441, 474, 513, 515, 577, 583–585, 587 f.
Borst, Otto 44 f., 51 f., 86, 518
Bosch, Robert 57
Bossert, Otto 138, 539
Boßhammer, Friedrich Robert 405
Bouhler, Philipp 378
Brack, Viktor 378, 380, 395
Bramsnaes, Carl Valdemar 144, 149
Brandt, Karl 378, 527
Brandt, Willy 8, 167–169, 175–178, 181–183, 202, 208, 218 f., 221–224, 280 f., 444, 495 f., 544 f., 547 f., 550 f., 559 f., 623
Braun, Eva 527
Brecht, Bertolt 14, 175, 212, 354, 549
Breitscheid, Rudolf 176
Breker, Arno 527
Brenner, Ida 129
Brenner, Otto 282, 513
Broad, Pery 321, 354

Brocher, Tobias 386
Bromme, Paul 167
Broszat, Martin 399, 562, 565 f., 570, 592
Brügel, Rudolf 46, 518
Brüning, Heinrich 110 f.
Brumlik, Micha 576
Brundert, Willi 351
Brunner, Alois 296, 316, 578, 588
Brustin-Berenstein, Tatjana 542
Buchheim, Hans 329 f., 343, 360, 393, 399, 592, 596, 600
Buchthal, Arnold 410
Buchwitz, Otto 126, 144
Buck, Karl 114 f., 533
Bülow, Bernhard v. 61, 521
Bunke, Heinrich (alias Dr. Keller) 389–393, 396 f., 609 f.
Burger, Wilhelm 325, 591, 595

Callsen, Kuno 419 f., 425 f., 474, 618–620
Canaris, Wilhelm 267, 423
Capesius, Victor 328
Carlsson, Oluf 128–130, 537, 546
Christensen, Theodor (alias Fritz Ramm) 421 f.
Chylik, Oskar 218, 559
Cicero, Adolfo 315
Cohn, Erich (alias Shaul Darom) 295
Cohn, Haim 295, 298, 300 f., 476, 583, 620
Consee, Ernst 426
Corinth, Lovis 45
Cotta, Johann Friedrich 54
Crispien, Arthur 88
Cserba, Franz 287
Czerny, Carl 63 f.

Däubler, Theodor 97
Daimler, Gottlieb 57
Dannecker, Theodor 408 f., 615 f.
Dědič, Jaroslaw 306
Deutschkron, Inge 348
Dickopf, Paul 312 f., 420, 587
Diederichs, Otto 247, 260–262, 570
Diels, Rudolf 527
Dimitrov, Dimiter 413
Dinter, Artur 528
Dinter, Robert 114
Dohnanyi, Hans v. 267 f.
Domin, Hilde 456

Dönhoff, Marion Gräfin 394
Dregger, Alfred 447
Dreyfus, Alfred 414
Drögemüller, Alfred 197, 203
Duckwitz, Georg Ferdinand 151 f., 159, 542 f., 545
Düx, Heinz 323, 326, 360, 390, 441, 590 f., 623
Duncker, Hermann 49
Duncker, Käthe 49
Dylewski, Klaus 321

Eberhard im Bart, Graf 35
Eberl, Irmfried 390
Ebert, Friedrich 87, 93, 95
Eckstein, Alejandro v. 312
Edel, Peter 349
Edschmid, Kasimir 349, 446, 598, 624
Eggebrecht, Axel 348
Eichmann, Adolf (alias Richard Clement, Francisco Schmidt) 7 f., 21, 28 f., 151, 279 f., 284–304 (Abb.), 311, 314, 358 f., 404 f., 454, 462, 473 f., 480, 515, 542, 551, 576–583, 588, 599, 614
Eichmann, Dieter 289
Eichmann, Horst 289
Eichmann, Klaus 289, 292 f.
Eichmann geb. Liebl, Veronika 289, 292
Einsele, Helga 16 f., 21, 363, 512, 600
Eisner, Kurt 93, 95
Eissele, Hugo 138, 539
Ender, Gerhard 325, 386, 415, 424, 604, 617
Enderle, August 167, 169, 549
Enderle, Irmgard 167, 176
Endruweit, Klaus 389 f., 392 f., 396 f., 609–611
Entress, Friedrich Karl Hermann 338 f.
Erber, Josef 325, 591
Erdtmann (Oberkriegsrichter) 246
Erzberger, Matthias 96, 407

Faber, Eduard 37
Fabian, Walter 11 f., 17, 510 f., 515
Fallada, Hans 208
Fegelein, Hermann 527
Fehr, Hans 96, 100
Fest, Anton 143
Findeisen, Hans 424, 620
Findeisen, Wilhelm («Hans») 422, 424 f.

Fischer, Leo 128
Fischer, Theodor 51 f.
Flach, Karl-Hermann 20, 513
Flake, Otto 97
Flechtheim, Ossip 16
Fleischhacker, Hans Helmut 402 f., 613
Folkmann, Adolf 182, 551
Foth, Carlos 325, 386, 424, 604, 616
Frank, Anne 90, 309 f., 317 f., 589, 620
Frank, Hans 92
Franke, Christoph 567 f.
Franke, Ernst 186
Franz Ferdinand v. Österreich-Ungarn, Erzherzog 70
Frei, Norbert 24 f., 331, 333, 514, 551, 566 f., 569 ff., 577, 592 ff., 602, 605, 617
Freisler, Roland 275, 366, 375
Freud, Sigmund 51, 521–523
Frick, Hans 352 f., 598
Friebe, Helmut 271
Friedländer, Otto 167, 172, 174, 176, 529, 549 f.
Friedmann, Tuviah 293 f., 297 f., 580, 582
Friis, Aage 124, 127
Fritsch, Eberhard 291, 580, 583
Fritzsche, Hans 527
Fröhlich, Claudia 25, 514, 535, 571–576, 589, 594, 599, 601, 603, 606–608, 613
Fromme, Friedrich Karl 393
Funcke, Liselotte 16

Gaiser, Gerd 356
Galland, Adolf 309
Gauf, Horst 612
Gay, Peter 86, 521–523, 525 f., 529
Gay, Ruth 387, 609
Gehlen, Jan 510
Gehre, Ludwig 268
Gehrke, Carla 188
Geiler, Karl 7, 13, 100, 104, 530 f.
Geis (Rechtsanwalt) 415
Geitner, Herbert 423
Gelbart, Fritz 160, 176, 188, 198–201, 208, 210 f., 540, 545 f., 550, 553 f., 556–558
Gerber-Külüs, Hela 438, 622
Gerchow, Joachim 515 f., 626
Gerhard, Wolfgang 311
Gerok, Karl 54

Gerold, Karl 212
Gerstenmaier, Eugen 54, 616
Giordano, Ralph 348 f., 598
Globke, Hans 296, 446 f., 581 f.
Glückauf, Erich 165, 167, 170, 172, 174, 179 f., 187, 546, 548, 551
Gnielka, Thomas 320
Goebbels, Joseph 440, 515, 622 f.
Goerdeler, Carl 274, 573, 575
Goethe, Johann Wolfgang v. 13, 45, 67, 89, 208, 318, 522
Göring, Hermann 343, 414
Gollwitzer, Helmut 511
Gosewisch, Hans 251, 568
Gothein, Eberhard 100
Goverts, Henry 97
Grabert (Richter) 302, 608
Grass, Günter 16, 194, 349, 394, 554
Green, Walon 315
Greid, Hermann 174, 549
Grell, Theodor Horst 297
Grimmelshausen, Hans Jakob Christoph 208
Grimpe, Rudolf 256, 569 f.
Gropius, Walter 45, 53
Groscurth, Helmuth 423 f., 620
Grossmann, Franz 216
Großmann, Hanns 21, 315, 327, 330, 361, 592
Grotewohl, Otto 188, 211, 224
Gruchmann, Lothar 399, 606, 612
Grünbaum, Henry 133 f., 144, 166, 168, 541, 548
Grünbaum, Ole 548
Grundherr, Werner v. 542
Grünwald, Gerald 16
Güde, Max 368
Gumbel, Emil Julius 96, 102, 529, 531
Günther, Hans 287
Gurion, Ben 300 f., 583
Gürtner, Franz 380, 394

Haag, Alfred 114 f.
Haag, Lina 114, 533
Haas, Ludwig 79
Haase, Hugo 95
Haekkerup, Per 133
Häfner, August 423 f., 426, 619
Hahn, Fritz Gebhardt v. 406, 408, 411, 415 f., 617

Hammar, Gillis 172
Hammer, Walter (= Walter Hösterey) 142, 144, 515 f., 540 f.
Hanack, Ernst-Walter 364
Hanneken, Hermann v. 148-150, 542
Hannibal, Wilhelm 247, 250-255, 569
Hannover, Heinrich 16, 576
Hans, Adelheid 425, 620
Hans, Kurt 425 f.
Hansen, H. C. 152
Hansen, Richard 126, 142, 536, 540
Hansson, Per Albin 157, 159, 165
Harel, Isser 286, 295 f., 298-301, 577 f., 580-583
Harlan, Thomas 27 f., 438-442, 465, 515, 521, 606, 622 f.
Harlan, Veit 439, 510, 515, 622 f.
Harster, Wilhelm 318, 589
Hartmann, Helmut 246, 567
Hartwig, Theodor 172, 549
Hase, Alexander v. 269
Hase, Margarethe v. 269
Haubach, Theodor 97
Hauff, Wilhelm 45
Hauptmann, Gerhart 46, 98 f., 530
Heckscher, Eli F. 172
Hedler, Wolfgang 267, 572, 574
Hedtoft-Hansen, Hans 125, 134, 152, 543
Hefelmann, Hans 309, 378, 382-385, 396, 607 f.
Hegel, Georg Wilhelm Friedrich 35, 54, 280
Heim, Karl 104
Heine, Fritz 223 f., 230, 257, 560, 562-567, 572
Heine, Heinrich 13, 208, 213
Heinemann, Gustav 16, 322, 394, 610
Heinig, Kurt 126 f., 142, 161-167, 169, 171 f., 174-176, 178, 185, 187, 189 f., 198-203, 205, 210-212, 218 f., 222, 540, 545-547, 549 f., 552-559
Heinz, Friedrich Wilhelm 407
Heinze, Hans 382
Heitmüller, Wilhelm 104
Helbig, Kurt 549
Helfferich, Karl 96
Hellwege, Heinrich 281
Heppe, Joachim 270, 275, 573
Herbert, Ulrich 151, 527, 535 f., 541-543, 554, 571, 580, 593

Hermann, Lothar 292–295, 297–299, 580–582
Hermlin, Stephan 355
Herwegh, Georg 54
Heß, Rudolf 303, 307
Hesse, Hermann 208
Heusinger, Bruno 227, 230 f., 251, 561, 563, 565
Heuss, Theodor 95, 301, 583
Heyde, Werner 377, 379–388, 390, 392, 395, 527, 591, 607–609
Heydrich, Reinhard 135, 147, 149, 288, 342 f., 420, 578
Heymann, Berthold 89, 526
Hilberg, Raul 119, 402, 418, 534, 613, 618
Hildebrandt, Regine 16
Hilferding, Rudolf 105
Himmler, Heinrich 92, 121, 147, 149, 289, 342 f., 347, 404, 420, 542, 579
Hindenburg, Paul v. 110 f., 117
Hirsch, Adolf 189, 198, 200–202, 210–212, 556
Hirsch, Eleonora 137
Hirsch geb. Lindauer, Emma 31–35 (Abb.), 41–43
Hirsch, Erich 538 f.
Hirsch, Gustav 32 f. (Abb.), 40–42
Hirsch, Helmut 232, 563
Hirsch, Johanna 137, 539
Hirsch geb. Hänle (Hühnle/Hünle), Lea
Hirsch, Leopold 37–40, 136 f., 538
Hirsch, Paula 42, 539 f.
Hirsch, Robert 36 f., 39, 42 f., 502, 517
Hirsch, Simon Seev 38
Hirsch geb. Tölzele, Therese 39
Hirsch, Walter 137
Hirt, August 404
Hirte, Wilhelm 248, 568
Hitler, Adolf 78, 97, 99, 102, 110–112, 118 f., 121, 144, 148–150, 158, 166, 170, 175, 181, 183, 188, 216, 222, 232, 234, 237–239, 244, 253, 265, 269 f., 274 f., 278, 284, 303 f., 307, 342, 347 f., 350, 365 f., 377–379, 384, 387, 390, 394 f., 398 f., 407, 414, 420, 445, 521, 528, 535 f., 541 f., 564 f., 572 f., 575–577, 583, 588, 606, 616, 619 f.
Hobsbawm, Eric 66, 522, 527
Hodann, Max 172–174, 182, 549
Hodenberg, Freiherr Hodo v. 229

Höcker, Karl 328, 335, 346 f.
Hölderlin, Friedrich 35 f.
Hölzel, Adolf 45
Höß, Rudolf Franz Ferdinand 92, 309, 324, 343, 345
Hösterey, Walter (alias Walter Hammer, s. dort)
Hoffmann, Diether H. 458, 512
Hoffmann, Hilmar 11, 510
Hofmann, Franz 321, 615
Hofmeister, Werner 229–231, 256, 562 f.
Hofmeyer, Hans 331 f., 339, 342, 346, 598, 613
Hofstetter, Efraim (alias Karl Hubert) 292–295, 297
Holl, Fritz 313
Horkheimer, Max 106, 130, 232, 234, 349 f., 445, 531, 535, 537, 589, 598, 624
Huber, Ernst Rudolf 527
Hudal, Alois 288, 579
Hübschmann, Hermann 261
Hügin, Karl 47, 519
Hünlich, Oskar 126
Hunsche, Otto 404 f., 410, 578, 582, 614
Huppenkothen, Walter 267 f., 271, 573
Hurwitz, Stephan 134, 191

Italiaander, Rolf 438, 622
Itten, Johannes 45
Iwand, Hans Joachim 270, 574

Jacob, Alaric 552
Jacobsohn, Siegfried 525
Jacoby, Erich H. 133, 537
Jäger, Herbert 23, 365, 514, 601 f., 605
Jahnke, Karl-Heinz 626
Janssen, Adolf 426
Jaspers, Karl 208, 349
Jaurès, Jean 46, 71
Jefsen, Jef 206, 209, 211, 215, 555–558
Jewtuschenko, Jewgeni 425, 620
Joachim, Hans G. 510
Jochmann, Werner 524 f., 527 f.
Johannes XXIII., Papst 427–429
John, Otto 272
Johnson, Uwe 356, 454
Jørgensen, Lis (Elisabeth) 154, 542
Jost, Heinz 527
Jugow, Aron 106

Jung, Ernst Friedrich 399 f., 612
Jung, Werner 309, 312, 584, 587
Junkers, Werner 300
Juster, Kurt 549
Justin, Eva 402, 613

Kaduk, Oswald 332 (Abb.), 349
Kästner, Erich 208
Kafka, Franz 352, 431
Kahn-Freund, Otto 130, 537
Kaiser, Joachim 355 f.
Kallmann, Franz J. 393, 610
Kaltenbrunner, Ernst 288
Kalweit, Hugo 256, 569 f.
Kampe, Walter 388, 620 f.
Kampmann, Bodo 459
Kampmann, Viggo 133
Kanstein, Paul 143, 147, 151
Kant, Immanuel 62, 280, 432 f., 437, 576
Kapp, Wolfgang 95
Karniol, Maurycy 168, 181
Karry, Heinz-Herbert 372
Kaschnitz, Marie Luise 349, 352, 394
Katz, Ottmar 313, 587
Kaufmann, Adolf Gustav 395 f.
Kaufmann, Karl 527
Kaul, Friedrich Karl 413, 591, 595, 616, 623
Kautsky, Karl 93
Keil, Wilhelm 47, 49 f., 86–88, 110, 447, 519, 526, 624
Kempner, Robert M. W. 7, 29 f., 191, 245, 458, 516, 531, 551, 554, 566
Kerkovius, Ida 45
Kern, Erwin 407
Kerner, Justinus 45
Kerscher, Helmut 400, 612
Kesselring, Albert v. 271
Kesten, Hermann 511
Kienzle, Michael 13
Kiesinger, Kurt Georg 21, 413, 415, 616 f.
Kiesselbach, Wilhelm 227, 561
Kjaerböl, Johannes 196, 215
Klabund 97
Klagges, Dietrich 237–239, 245–247, 253, 263 f., 281, 565, 567
Klee, Ernst 378, 579, 606–609, 612, 617–620
Kleffel, Walther 274
Klehr, Josef 321, 335–340, 342, 595

Klein, Moses 247, 256–259, 266, 569
Klemperer, Victor 121, 123, 181, 534, 551
Kluge, Alexander 456, 626
Kobylinski, Hanna 217, 558
Koch, Hal 204
Koch, Thilo 351 f.
Koch (Landgerichtsrat) 390
Kochanowski, Egon 470
Koeppen, Wolfgang 356
Köhler, Ludwig v. 104
Kogon, Eugen 351
Kohn, Hans 106
Kollwitz, Käthe 45
Kopf, Hinrich Wilhelm 227 f., 230 f., 281, 562
Kortner, Fritz 235, 564
Krag, Jens Otto 133 f., 541
Kramer, Gerhard Friedrich 439
Kramer, Helmut 20, 399 f., 489 f., 513, 561 f., 570, 600, 603, 606 f., 611–613
Kramer, Josef 527
Kraus, Ota 351
Kraus, Walter 549
Krausnick, Helmut 331, 592, 617 f., 620
Krebs, Friedrich 414
Kreisky, Bruno 167 f., 177
Kreller, Hans 104
Krüger, Horst 11, 352, 356–358, 362, 455 f., 458, 510, 599 f., 621, 626
Krug, Alban 312
Krumey, Hermann 287, 404 f., 410, 577 f., 582, 614
Kuby, Erich 307, 594
Kügler, Joachim 21, 311 f., 315, 324, 403, 416, 586 f.
Künstler, Eduard 248
Kuschewski, Emil 251, 569
Kwasnick, Walter 549

Landes, David S. 53
Lang, Jochen v. 307, 313, 577, 583–585, 587
Langbein, Hermann 310 f., 321–324, 329, 331, 360 f., 474, 514, 589–594, 600
Langrock, Willy 167
Laternser, Hans 310, 377, 605 f.
Laufer, Sepp 129, 351 f., 537, 598
Lauritzen, Lauritz 306, 329, 624
Lauryssens, Stan 299, 580, 582
Le Corbusier 52, 520

Leber, Annedore 272
Leers, Johann v. 309, 580
Lehr, Robert 266, 572
Lenz, Siegfried 394
Lernet-Holenia, Alexander 208
Lessing, Gotthold Ephraim 85, 90, 132
Leuschner, Wilhelm 176
Leuze, Ruth 16
Levi, Solomon A. 413
Libik, André 315, 588
Liebermann, Max 45
Liebknecht, Karl 50, 95
Lindberg, Niels 144
Lischka, Kurt 135, 538
Löffler, Martin 391
Lorent, Friedrich Robert 395 f., 611
Ludendorff, Erich 99
Ludin, Hanns 527
Lüttwitz, Walther v. 95
Lukaschek, Hans 272
Luley, Friedrich 424
Luxemburg, Rosa 50, 95

Mahraun, Arthur 407
Mann, Golo 94, 528
Mann, Thomas 98 f., 170, 174, 208, 221, 228, 530 f., 559
Mannheim, Karl 91, 106, 527
Mansfeld, Wilhelm 227, 229, 561
Manstein, Erich v. 271, 617
Marcuse, Herbert 234
Martin, Ludwig 596
Martini, Winfried 364, 600 f.
Marx, Karl 84, 207
Matzdorf, Wilhelm 248, 250
Maunz, Theodor 527
Maybach, Wilhelm 57
Mehring, Walter 235, 564
Meinecke, Friedrich 78
Mengele, Alois 314
Mengele, Josef 7 f., 21, 29, 280, 284, 286, 291, 308-316, 403 f., 474, 577, 583, 585-588, 596, 598, 600
Mengele, Martha 312
Mengele, Rolf 587
Mergen, Armand 17, 512 f.
Merten, Max 296, 581
Metzler, Friedrich v. 11, 510
Metzner, Wilhelm 22, 315, 457, 514, 585, 587, 610, 618-620

Meusch, Matthias 25 f., 364, 514 f., 562, 576 f., 601, 603-605, 607, 609 f., 613
Mewis, Karl 167, 170 f., 176, 187, 548 f.
Meyer-Amden, Otto 45
Meyer-Velde, Gisela 464, 621 f.
Meyer-Velde, Heinz 21, 465, 474, 516, 520, 523, 581, 621 f.
Mielke, Erich 583
Mielke, Helmut 108 f., 122, 494, 532, 535
Mierendorff, Carlo 97, 536
Mies van der Rohe, Ludwig 52 f.
Mildner, Rudolf 152, 291, 580
Miller, Arthur 349, 598
Miller, Joseph 549
Mitscherlich, Alexander 511
Mitscherlich, Monika 367
Möller, Christmas 215
Möller, Gustav 159, 545
Mörike, Eduard 45
Mohl, Robert 54
Mollison, Theodor 585
Moltke, Helmuth v. 73
Mommsen, Hans 65, 277, 464, 522, 524-527, 531 f., 534, 575
Mommsen, Wolfgang J. 48, 518-521
Morath, Inge 349
Moser, Johann Jakob 54
Mozart, Wolfgang Amadeus 438
Muentzer, Edwin 304
Mühe (Oberstaatsanwalt) 592 f.
Mugrauer, Hans 167, 172
Müller, Gebhard 226
Müller, Heinrich 527
Müller, Hermann 109 f.
Müller-Meiningen jr., Ernst 17 f., 366, 446, 512, 602, 624
Müller-Wirth, Christof 626
Müller von Hausen, Ludwig 528
Mützelburg, Gerhard 458 f.
Mulka, Robert 8, 327 f., 332, 335, 342, 346, 348, 359, 474, 589, 595-597, 600, 602
Mussolini, Benito 121, 150, 530
Myrdal, Alva 168, 172
Myrdal, Gunnar 165 f., 168, 172, 174 f., 177, 546

Nannen, Henri 290
Nathansen, Henri 132
Naucke, Wolfgang 386, 609

Naumann, Bernd 336, 348, 359, 508, 589, 594–597
Navon, Yitzak 301
Nawiasky, Hans 274
Nellmann, Erich 320 f., 590, 615
Neubert, Gerhard 325, 591
Neumann, Franz Leopold 130, 234, 236, 525, 537, 564
Neumann, Robert 349, 352, 440, 459 f., 623, 627
Neumayer, Fritz 449
Neurath, Constantin v. 79
Niemöller, Martin 282, 322, 558
Nikolaus I., russ. Zar 58
Nitsche, Paul 390
Nkrumah, Kwame 384
Noack, Erwin 271
Norden, Albert 366
Nordström, Dr. 164, 546
Nossack, Hans Erich 356
Nyiszli, Miklós 308, 586

Ohlendorf, Otto 419
Ohlin, Bertil Gotthard 165, 546
Olga, Königin von Württemberg 58
Ollenhauer, Erich 161, 172, 175, 177 f., 267, 549 f., 552
Olsen, Herluf 543
Oprecht, Emil 191
Ormond, Henry 326, 347, 358, 362, 475, 589, 591, 596 f., 599 f.
Orth, Eduard 444 f., 623
Oster, Achim 388
Oster, Hans 267, 273, 276 f., 423, 575
Ostertag (Rechtsanwalt) 539, 571
Oven, Wilfried v. 291, 580

Paczuła, Tadeusz 321, 336–339, 589, 595
Palitzsch, Peter 355
Papen, Franz v. 111 f.
Paul, Ernst 168, 183, 547 f., 552
Pendorf, Robert 299, 579 f.
Perels, Joachim 358, 464, 510 f., 514, 530 f., 565 f., 569–572, 576, 589, 597, 599, 601 f., 604–606, 625
Perels, Leopold 100
Perón, Evita 290 f.
Perón, Juan 290 f., 304 f., 309
Perseke, Josef 21

Petersen, Anna Maria, verh. Bauer Petersen, s. dort
Petersen, Jørgen 144
Pfarrkircher, Georg 426
Pilatus, Pontius 430
Pirandello, Luigi 208
Planck, Max 51
Platiel, Nora 282, 577
Plessner, Helmuth 445, 623
Poelzig, Hans 45
Polenske, Carl 172, 549
Proske, Rüdiger 276, 574 f.

Radbruch, Gustav 16, 89 f., 96, 99–102, 241, 344, 369, 376, 436 f., 449, 526 f., 530, 566, 572, 577, 596 f., 605, 621, 625
Rahn, Alfred 287, 315, 588, 613
Raloff, Grete 155, 600
Raloff, Karl 122–128, 134, 142, 158, 162, 166, 171, 185 f., 200, 202, 206, 212, 216, 222, 236, 363, 536–538, 540 f., 543, 545–549, 552, 554–558, 600
Raloff, Margarete 142, 155, 540
Ramm, Fritz (= Theodor Christensen) 421 f.
Ranke, Leopold v. 208
Rasch, Otto 418
Rathenau, Walther 68, 80, 97–99, 101, 105 f., 525
Ratka, Victor 389, 391, 609
Regensteiner, Lazarus 56
Regensteiner geb. Rosenfelder, Sara 56
Rehse, Hans Joachim 375 f., 527
Reichenau, Walter v. 423 f., 620
Reich-Ranicki, Marcel 356, 599
Reifenberg, Benno 208
Reinowski, Hans 126 f., 142, 162, 187, 200–206, 209, 211–213, 236, 500, 545, 555–559
Reitlinger, Gerald 297
Remer, Otto Ernst 12, 24 f., 28, 265–272, 275–279, 281, 283, 292, 393, 514, 571–575
Renno, Georg 395 f., 611
Renthe-Fink, Cécil v. 135, 143, 146–148, 538
Renz, Werner 515, 589 f., 601
Ribbentrop, Joachim v. 150

Richter, Joachim 21, 307 f., 315, 414–417, 424, 617
Rickelt, Niels 198, 201, 203 f., 209, 212–214, 216, 226, 243, 556, 560 f., 566
Riedl, Josef 424
Riefenstahl, Leni 527
Riesle, Alexander 426
Rippner, Thea 549
Ritschel, Albrecht 104
Ritter, Gerhard 208, 277, 573, 575
Ritter, Robert 402, 527
Roeder, Manfred 268, 271, 573
Rögner, Adolf 311
Roschmann, Eduard 309
Rosenberg, Arthur 106
Rosenthal-Pelldram, Erich 282, 371, 374, 609
Rossaint, Joseph Cornelius 457 f., 626
Roßmann, Erich 113 f., 533
Rothfels, Hans 270, 572, 574
Rothschild, A. J. 247–251, 254, 567
Rowold, Karl 187–189, 195 f., 199, 553, 555 f.
Roxin, Claus 364, 451, 594, 602
Rudel, Hans-Ulrich 309, 311 f., 315, 588
Rück, Fritz 87
Rückerl, Adalbert 597, 602, 605, 608, 616
Rümelin, Max 103
Rürup, Reinhard 37, 517
Ruggaber, Karl 114
Runckel, Curd 389, 391, 609

Sack, Karl 268
Sakmann, Paul 526
Salomon, Ernst v. 407
Sartre, Jean Paul 208
Sassen, Willem 290 f., 299, 309, 313, 542, 580, 582 f.
Sattler, Dieter 234, 564
Sauer, Paul 77, 517 f., 520–522, 524, 532, 539, 560
Scavenius, Eric 149
Schachtel, Walter 458
Schaefer, Hans Christoph 20–22, 399, 465, 513, 515, 601, 612
Schalast, Hans 412, 415, 615, 617
Scheel, Otto 104
Scheidel, Paul Leo 334 (Abb.)

Scheidemann, Philipp 126, 128, 560
Schelling, Friedrich Wilhelm 35
Schier-Gribowsky, Peter 352
Schiller, Friedrich 13, 174, 193, 274 f., 372, 450, 575, 625
Schirren, Walter 549
Schlabrendorff, Fabian v. 272
Schlegelberger, Franz 380 f., 387, 394, 398–400, 568, 607, 611 f.
Schleiermacher, Friedrich 104
Schlemmer, Oskar 45
Schlesinger, Rudolf 106
Schmid, Carlo 123, 225 f., 473, 535, 560
Schmid, Richard 12, 30, 122, 224 f., 474, 510 f., 535, 560, 621, 625
Schmidt, Arthur Benno 104
Schmidt-Leichner, Erich 385, 405, 608, 610, 615
Schmidt-Schütte, Friedrich 418, 420 f., 618
Schmitt, Carl 148
Schnabel, Ernst 309 f., 586
Schneider, Heinrich 351
Schnitzler, Arthur 98
Schnurre, Wolfdietrich 349, 598
Schoenbeck, Josef 248, 568
Schoettle, Erwin 109, 217 f., 228, 230, 558 f., 562 f.
Scholer, Friedrich Eugen 51
Scholl, Hans 214, 452
Scholl, Sophie 214, 452
Schopenhauer, Arthur 90, 527, 627
Schramm, Percy Ernst 270, 574
Schreiner, Albert 88
Schubius, Werner 312
Schüle, Erwin 297 f., 383, 410, 582, 607, 615
Schüler-Springorum, Horst 17
Schulte, Christian 426
Schulte, Klaus 197, 203, 465, 540, 553, 555–557
Schulze, Walter 188 f., 197, 200, 202, 553
Schumacher, Kurt 13 f., 49, 86, 89, 106–110, 112, 115, 202, 211, 218–223, 226–228, 230 f., 246, 447, 473, 525, 536, 547, 559–563
Schumacher (Bundesanwalt) 594
Schumann, Horst 383–385, 389, 391, 396, 527, 608, 611
Schwab, Gustav 45, 54
Schwammberger, Josef 309

Schwandes, Willy 313–315
Schwarberg, Günther 312, 587
Schwarz, Hans Paul 549
Schwinge, Erich 448, 625
Seggelke, Günter 256, 570
Seghers, Anna 208
Sehn, Jan 324, 351, 373
Seifert, Jürgen 19, 30, 367, 513, 516
Seifert, Willi 177, 187, 257, 549 f., 570
Seraphim, Hans-Günther 272, 574
Seydewitz, Max 158, 172, 187, 226 f., 364, 544, 547, 549, 600
Seydewitz, Ruth 364, 600
Shinnar, Felix 286, 294, 301, 583
Siebrecht, August 290
Sievers, Hans 126
Sievers, Wolfram 402
Singelmann, Erich 251
Singer, Walter 549
Slevogt, Max 45
Smoleń, Kazimierz 323, 351, 586
Solomonoff, Isidor 413
Sonnemann, Ulrich 511, 611
Spangenberg, Max 167, 197 f., 203, 207, 556
Spengler, Oswald 50, 214
Spitzweg, Carl 33
Spoo, Eckart 16, 611
Staff, Curt 12, 227, 239 f., 246, 281, 510, 512, 561, 625
Staff, Ilse 12, 17 f., 21, 23, 30, 69, 460, 465, 474, 510, 512–514, 516, 523, 626 f.
Stahlecker, Walther 527
Staiger, Karlheinz 21
Stammer, Geza 316
Stammer, Gitta 316
Stark, Hans 321
Staudte, Wolfgang 222, 322 f.
Staschynskij, Bogdan 335, 594, 597
Stauffenberg, Alexander Graf v. 54
Stauffenberg, Berthold Graf v. 54
Stauffenberg, Claus Schenk Graf v. 54, 175, 275, 520, 525, 575
Steffensen, Steffen 128, 133, 536–538, 540, 554, 560
Steinacker, Fritz 310
Steiner, Paul 190, 553
Steinitz, Wolfgang 549
Steinke, K. K. 125

Stern, Fritz 58, 64, 66, 78, 93, 95, 318, 478, 521, 524, 527, 529 f., 589
Sternberger, Dolf 12, 511
Sterner, Richard 178, 540
Stille, Robert 187, 558
Stosch, Albrecht v. 521
Strecker, Reinhard 367 f., 370, 375, 604
Streit, Josef 306, 584 f., 609
Strelitz, Johannes E. 457, 512, 622, 626
Stresemann, Gustav 96
Strobel, Käthe 511
Stroessner, Alfredo 311, 313
Strölin, Karl 123
Strothmann, Dietrich 348
Strzelewicz, Willy 549
Stuckart, Wilhelm 147, 542
Süskind, Wilhelm Emanuel 208
Suhrkamp, Peter 92
Szczesny, Gerhard 16, 511
Szende, Stefan 167–169, 176, 182, 551

Tank, Kurt 309
Tarnow, Fritz 126 f., 142, 144, 162, 166, 168 f., 171 f., 176, 181, 219, 541, 546, 547–549, 552
Tegen, Einar 172
Thadden, Adolf v. 443
Thadden, Eberhard v. 411
Thälmann, Ernst 176
Thalheimer, August 87 f.
Tiefenthal, geb. Bauer, Margot 28 f., 30 f., 33 f., 41, 57–59, 60 (Abb.), 62 f., 69, 76, 81 (Abb.), 119, 122, 131, 138, 145, 152, 155, 161, 534
Tiefenthal, Peter 122, 153, 155, 465
Tiefenthal, Rolf 28, 122, 152, 155, 465, 474, 476, 515, 521, 533, 535, 539, 543, 545
Tiefenthal, Walter 122, 131, 153, 155
Tillmann, Friedrich 382, 384, 386
Tingsten, Herbert 166, 172
Tirpitz, Alfred v. 61, 78, 521
Toller, Ernst 68, 89, 91 f., 523, 527
Tolstoi, Leo 208
Topf, Erich Günther 256, 266–268, 569, 572
Topolsky, Gregorio 304
Toynbee, Arnold J. 214
Tranmael, Martin 168, 177
Traub, Friedrich 104

Trepte, Curt 549
Tresckow, Henning v. 272
Tressel, Josef 42, 136, 538 f.
Trevor-Roper, Hugh 349
Trill, Victor 426
Trinks, Kurt 563 f.
Troeltsch, Ernst 99
Troll, Thaddäus (alias Hans Bayer) 52, 520
Tucholsky, Kurt 13

Uhland, Ludwig 45
Uhlmann, Fred 74–76, 79, 84 f., 91, 103, 107, 117, 523–525, 531, 533
Uhse, Bernd 422, 424 f., 619 f.
Ulbricht, Walter 224
Ullrich, Aquilin 385, 389–393, 396 f., 610
Ullrich, Volker 76, 519–521, 523 f.
Unseld, Siegfried 354, 356 f., 598 f.

Veesenmayer, Edmund 297, 404, 527, 582 f., 614
Verner, Paul 170, 548
Verschuer, Ottmar Freiherr v. 585
Vogel, Georg Friedrich 324
Vogel, Hans 161, 177
Vogel, Hans-Jochen 13
Voltaire 192
Vorberg, Reinhold 388, 394–396

Wagner (Untersuchungsrichter) 424, 619 f.
Wagner, Horst 411
Waiblinger, Wilhelm 54
Walser, Martin 349, 352, 394
Walther (Kriminalmeister) 420, 619
Warlo, Johannes 21, 305 f., 315, 392, 394–396, 403, 415, 584 f., 592, 608–613
Warnke, Herbert 167, 170, 187, 548 f., 611
Warnke, Martin 348
Wassermann, Rudolf 24, 363, 510, 514, 531, 561 f., 564, 572, 600
Weber, Alfred 529
Weber, Anton 579
Weber, Karl 447
Weber, Max 100, 520, 577
Weber, Richard H. 426

Wehage, Josef 271
Wehler, Hans-Ulrich 48, 519–521, 524
Wehner, Herbert 159, 167, 545
Weinert, Erich 170, 212, 548
Weingärtner, Paul 446, 624
Weinkauff, Hermann 277–279, 576
Weiß, Hermann 153, 541–543, 545, 551
Weiss, Peter 8, 352, 354–357, 598 f.
Weizsäcker, Ernst v. 245, 541, 566
Wels, Otto 109, 144
Wentzke, Wilhelm 412, 415, 613, 615 f.
Wentzler, Ernst 382
Westmayer, Friedrich 49
Wiese, Gerhard 21, 424, 588
Wiesenthal, Simon 286, 305, 316, 578, 588
Wilde, Oscar 437 f.
Wildt, Michael 92, 527, 579
Wilhelm I., württemberg. König 58
Wilhelm II., dt. Kaiser 60 f., 79, 521
Wilhelm II., württemberg. König 46 f., 79
Winkel, Karl 197
Winters, Peter Jochen 348, 594, 603
Wirth, Joseph 97, 526
Woithon, Victor 426, 620
Wolf, Ernst 270, 393
Wolf, Friedrich 212
Wolf, Heinz 590
Wolff, Karl 527
Wolff, Richard 248, 250
Wolff, Wolf-Dietrich 402 f., 613
Wolter, Gustav 126, 187–189, 195, 197, 200, 202, 236, 540, 553, 555 f.
Wormser, Therese 38
Wüst, Walther 527
Wulf, Joseph 15, 22, 511, 514, 583

Yahil, Leni 152, 536–538, 541–543
Yorck v. Wartenburg, Gräfin Marion 272

Zetkin, Clara 49 f.
Ziegler, Gerhard 624
Zinn, Georg August 14, 280–282, 295, 300, 373 f., 410, 446, 577, 581, 604
Zinnall, Karl-Heinz 325, 607
Zola, Émile 414
Zuckmayer, Carl 97, 208
Zweig, Stefan 65, 70 f., 73, 522 f.
Zwerenz, Gerhard 52, 520